Diesem Bande ist ein

Nachweis wichtiger Gesetzesausgaben

beigefügt, in dem die lieferbaren Bände der Guttentagschen Sammlung, Textausgaben mit und ohne Erläuterungen, größere und kleinere Kommentare, Lehrbücher, Sammelwerke, Entscheidungssammlungen, Zeitschriften verzeichnet sind.

GUTTENTAGSCHE SAMMLUNG
Nr. 2 DEUTSCHER REICHSGESETZE Nr. 2
KOMMENTARE UND ERLÄUTERTE TEXTAUSGABEN

STRAFGESETZBUCH

mit

Erläuterungen und Nebengesetzen

39. und 40. Auflage

von

Dr. Eduard Kohlrausch
weiland Professor des Strafrechts an der Universität Berlin

und

Dr. Richard Lange
Professor des Strafrechts an der Freien Universität Berlin

Berlin 1950

Walter de Gruyter & Co.

vormals G. J. Göschen'sche Verlagsbuchhandlung / J. Guttentag, Verlagsbuchhandlung / Georg Reimer / Karl J. Trübner / Veit & Comp.

Archiv-Nr.: 211 002
12621. Druck: A. W. Hayn's Erben, Berlin SO 36 (VIII/99)

Vorwort

Gegen Kriegsende lag eine 39. Auflage dieses Buches im Umbruch vor. Von Vorahnungen erfüllt und in tiefster Sorge um den Bestand von Gerechtigkeit und Rechtssicherheit, seinen Hauptanliegen auch in diesem Buch, schrieb ihr damals Eduard Kohlrausch das Vorwort:

»Die 39. Auflage ist von § 153 ab erneut durchgearbeitet worden. Bis dahin wurde aus zeitbedingten Gründen der alte Satz übernommen, der auf dem Stand der Gesetzgebung und Rechtsprechung vom November 1943 beruht.

Neue Bearbeitung forderten die Vorschriften gegen **Meineid und Falschaussage.** Sie sind in jüngster Zeit zweimal geändert worden. Auf eine allgemeine Strafrechtsreform konnte da nicht gewartet werden. Der Entwicklung des Prozeßrechts war Rechnung zu tragen, die Zurückdrängung des Zeugeneides hatte die Bestrafung der uneidlichen Falschaussage unaufschiebbar gemacht; ebenso den neuen „Teilnahme"-Regeln und dem Willensstrafrecht, was freilich bei der Auslegung des Begriffs „falsch" zu Uebersteigerungen führte. Da zu einer gesetzlichen Neufundamentierung der ganzen Materie die Zeit nicht geeignet war, so daß die seit Jahrhunderten sie durchziehenden Risse immer fühlbarer werden, ist das Ergebnis neben mancher Klärung auch eine Anzahl neuer Schwierigkeiten. Für den Ausleger ergab sich, daß er hier ausführlicher werden mußte, als es der sonstigen Gepflogenheit dieses auf Kürze bedachten Buches entspricht.

Eine umfassendere Darstellung wurde u. a. auch bei dem Recht zu ärztlichen Eingriffen für richtig gehalten. Nicht freilich gegenüber der schwierigen Umgrenzung der „Fahrlässigkeit" — hier hatte einer meiner Schüler, Assessor Blitz, eine ausgezeichnete Untersuchung der höchstrichterlichen Rechtsprechung gerade beendet, als er fiel. Wohl aber bei der doktrinär scheinenden und doch unerläßlichen Vorfrage: wie das Recht zu solchen Eingriffen überhaupt zu erklären und folgeweise zu umgrenzen sei. Hier ist seit einem halben Jahrhundert das Schrifttum in der Negative darüber nahezu einig, daß das Reichsgericht auf unrichtigem Wege sei, wenn es den „Tatbestand" der Körperverletzung bejahe und nur die „Rechtswidrigkeit" der Tatbestandsverwirklichung u. U., besonders bei Einwilligung, verneine. Indessen im Positiven, d. h. in der Frage, **wann** man bereits die „Tatbestandsmäßigkeit" einer Körperverletzung zu verneinen habe, ist die literarische Opposition dermaßen vielstimmig, daß man den Konservativismus des höchsten Gerichts (grundlegend noch heute E. **25** 375) begreift. Es war geboten, das weit verzweigte Schrifttum einmal wieder zusammenzufassen. So ausführlich auch die Anm. III zu § 223 geraten ist: gegenüber dem Irrgarten, den das Schrifttum nebst den Strafgesetzentwürfen von 1919 bis 1938 hier darstellt, ist diese Anm. III nur ein kurzer Orientierungsversuch. Nachdenklich stimmt, daß, obwohl prominente Mitglieder des Reichsgerichts sowohl als Schriftsteller wie als maßgebliche Urheber der Entwürfe sich gegen die Rechtsprechung gewandt hatten, auch diese Entwürfe, deren „Begründungen" zunächst erklärt hatten, eines gesetzlichen Eingreifens würde es hier eigentlich gar nicht bedürfen (z. B. der doch wahrlich konservative VE. 1909, S. 600), auf die Rechtsprechung keinerlei Einfluß gewonnen haben.

Wie unsicher und fluktuierend das heutige Rechtsdenken ist, zeigt sich auch in der Stellung zu strafrechtlichen **Grundfragen** richtiger: darin, wie der Gesetzgeber eine Stellungnahme vermeidet und solche dem Richter überläßt. Daß es weit über hundert neue Gesetze gibt, in denen durch Anbau von schwersten und von leichtesten Strafmaßen für **unbenannte** „besondere" Fälle der Rechtswahrer führerlos gelassen wird, wurde schon zur 38. Auflage vermerkt. Vgl. das inzwischen stark ergänzungsbedürftig gewordene Verzeichnis auf Seite 18! — Die Vermeidung einer Stellungnahme des Gesetzgebers zu Grundfragen liegt auch in der häufigen alternativen Gegenüberstellung von **„Gerechtigkeit oder Zweckmäßigkeit"**, wozu auf Vorbemerkung I vor § 13 und Anmerkung V zu § 20 a verwiesen sei. Niemals wird die Zweckmäßigkeit ein Ersatz für die Gerechtigkeit sein können; es sei denn, daß wir den Gedanken an Schuld und Strafe überhaupt aufgeben. „Denn" — dem Eindruck dieser Worte von Kant kann sich schwer jemand entziehen — „wenn die Gerechtigkeit untergeht, hat es **keinen Wert** mehr, daß Menschen auf Erden leben." Logisch läßt sich das so wenig begründen, wie biologisch, nur postulatmäßig. Daß aber Wertwissenschaften nicht mit formaler Logik auskommen, haben wir inzwischen wohl eingesehen. Daß sie biologisch ebensowenig begründbar sind, sollte evident sein.

Die 39. Auflage dieses Buches ist vermutlich die letzte, an der ich mitgearbeitet habe. Wie sehr ich es bedauere, daß ich ihm nicht eine einheitlichere Gestalt geben konnte, habe ich seit zwei Jahrzehnten in manchem Vorwort gesagt. Die Kurzreferate über die Rechtsprechung haben sich immer mehr zu persönlich gefärbten Erläuterungen ausgewachsen, ohne daß Druck und Format dem folgen konnten. Immer wieder stand „ein neues Strafgesetzbuch unmittelbar vor der Türe", so daß der Entschluß, dem Buch auch äußerlich die Gestalt eines „Kommentars" zu geben, immer wieder vertagt wurde. Viel Arbeit wurde trotzdem darauf verwendet, es bis zu der erhofften Umstellung auf ein neues Strafgesetzbuch auf der Höhe zu halten.

Daß die studierende Jugend es viel benutzte, hat mich aufrichtig gefreut. Eine leichte Lektüre ist es nicht. Schon daß ich überall nach knappsten Fassungen strebte, steht dem entgegen. So hoffe ich, daß es nicht nur als Nachschlagebuch für Einzelheiten sich bewährt hat, sondern auch, aufmerksam gelesen und durchdacht, zum Weiterdenken anregt. Gerade auch die Hinweise auf die vielen Entscheidungen verfolgen diesen Zweck. **Die wichtigsten unter ihnen wollen im Original studiert werden.**

Dann, aber auch nur dann, entstehen Recht und Pflicht, entweder ihnen zu folgen oder, aus wohl erwogenen Gründen, sie abzulehnen. Abweichende Ansichten bringt auch dieses Buch; aber aufs Ganze gesehen, selten.«

Als nach dem Tode Eduard Kohlrauschs die Arbeit an der Neuauflage wieder aufgenommen wurde, sah sich der Bearbeiter vor allem der Frage nach dem Bestande unseres Strafrechts gegenüber. Hier war auf der einen Seite manche letzten Endes unfruchtbare Kasuistik zu verzeichnen und kritisch zu behandeln, so in Vorbem. VI vor § 13, den Anmerkungen zu §§ 49 a, 175, 175 a, 240, 253, 330 a und an vielen anderen Stellen. Auf der anderen Seite aber war hier Anlaß zu grundsätzlicher Besinnung. Sie drängt sich dem Kommentator einer in ihrer Positivität geschlossenen Kodifikation nicht so zwingend auf wie dem, der sich Lücken und Rissen im Gesetzesgebäude gegenübersieht und an entscheidenden Stellen unmittelbar auf die Maßstäbe der Gerechtigkeit, der Rechtssicherheit, der Menschlichkeit zurückgehen muß — nicht nur aus heteronomer, sondern auch aus autonomer Nötigung. Als eine in manchem Betracht „gemeinrechtliche" Strafrechtswissenschaft stehen wir heute vor neuen, ebenso schweren wie fruchtbaren Aufgaben.

In dieser Lage mußten namentlich die Bemerkungen zu den Fragen der Auslegung (§ 2), der materiellen Rechtswidrigkeit (Syst. Vorbem. III), der Schuld (§ 59) und der Strafe (Vorbem. vor § 13) weiter ausgebaut werden, zumal hier und anderswo auch auf die moderne Handlungs- und Schuldlehre einzugehen war. Die kritischen Partien wurden so noch umfänglicher, die Darstellung noch ungleichmäßiger als in den Vorauflagen. Dies ist in dem Bewußtsein, daß sich eben darin die Wirklichkeit unseres Strafrechts spiegelt, in Kauf genommen worden. Die ruhigen und die unruhigen Bereiche können kein gleichmäßiges Bild geben.

In fast allen Grundfragen weiß sich der Bearbeiter nach wie vor Eduard Kohlrausch verbunden und zu Dank verpflichtet. Bei Abweichungen sind stets beide Standpunkte dargestellt worden, so bei der Dreiteilung der strafbaren Handlung, der Schuld des Teilnehmers, den Tötungsdelikten, dem ärztlichen Eingriff, dem Betrugsbegriff.

Als die wesentlichste praktische Aufgabe des Buches ist nach wie vor die Uebersicht über die Rechtsprechung betrachtet worden. Die neue Auflage hat sich vor allem zum Ziel gesetzt, neben der älteren Judikatur, soweit diese Bestand behalten hat, alle seit 1945 ergangenen Entscheidungen von Bedeutung wiederzugeben und nach Möglichkeit kritisch zu behandeln. Die veröffentlichten Urteile sind bis Anfang Februar 1950 erfaßt. Auch die Literatur ist bis zu diesem Zeitpunkt berücksichtigt worden, wenngleich Zweck und Umfang dieses Buches eine vollständige Auseinandersetzung nicht gestatteten.

Berlin, im März 1950

Lange

Inhalt

Nebengesetze

Kontrollratsbeschlüsse

Nebengesetze und Besatzungsrecht im Text

Abkürzungen

A. od. Anm. = Anmerkung
a. A. = anderer Ansicht
a. a. O. = am angeführten Ort
a. F. = alte Fassung
AG. od. AGer. = Amtsgericht
AV. = Allgemeine Verfügung
DJ. = Deutsche Justiz
DJZ. = Deutsche Juristenzeitung
DR. = Deutsches Recht (früher: Juristische Wochenschrift)
DRZ. = Deutsche Rechts-Zeitschrift; in älteren Zitaten = Deutsche Richterzeitung
DStrR. = Deutsches Strafrecht
DRPfl. = Deutsche Rechtspflege
E. = Entscheidungen des Reichsgerichts in Strafsachen oder: Entwurf
Entw. = Entwurf eines neuen StGB.; vgl. hierüber Seite 5
Ebermayer siehe LK.
Fr., Frank = Reinhard Frank, Das Strafgesetzbuch für das Deutsche Reich, 18. Aufl., 1931
GA. = Goltdammers Archiv für Strafrecht
GG. = Grundgesetz der Deutschen Bundesrepublik
GS. = Gerichtssaal
GSSt. = Großer Senat des Reichsgerichts für Strafsachen
Herrsch. A. = herrschende Ansicht
HESt. = Höchstrichterliche Entscheidung in Strafsachen
HRR. = Höchstrichterliche Rechtsprechung
JR. = Juristische Rundschau
JW. = Juristische Wochenschrift
KE. = Kommissionsentwurf von 1913

KG. od. KGer.	= Kammergericht
KRG.	= Kontrollratsgesetz
Krim. Abh.	= Kriminalistische Abhandlungen
LG. od. LGer.	= Landgericht
LK.	= Leipziger Kommentar zum StGB. von Ebermayer, Lobe und Rosenberg, 4. Aufl.; Nagler u. a. 6. Aufl.
L.-S.	= v. Liszt-Schmidt, Lehrbuch des deutschen Strafrechts, 25. Aufl., Allg. Teil, 26. Aufl.
MDR.	= Monatsschrift für deutsches Recht
MoKrimBi.	= Monatsschrift für Kriminalbiologie und Strafrechtsreform
n. F.	= neue Fassung
NJ.	= Neue Justiz
NJW.	= Neue Juristische Wochenschrift
OLG.	= Oberlandesgericht
Olshausen	= Olshausen, Kommentar zum StGB., 11. u. 12. Aufl.
ORA.	= Oberreichsanwalt
Plen. Entsch.	= Entscheidung der Vereinigten Strafsenate
Prokl.	= Kontrollratsproklamation
Recht	= Das Recht, Monatsbeilage zur Deutschen Justiz
RG. od. RGer.	= Reichsgericht
RGBl.	= Reichsgesetzblatt
RGes.	= Reichsgesetz
RJGG.	= Reichsjugendgerichtsgesetz vom 6. Nov. 1943
RJM.	= Reichsjustizminister
Schwarz	= Schwarz, Strafgesetzbuch
SJZ.	= Süddeutsche Juristen-Zeitung
StPO.	= Strafprozeßordnung
Str. Abh.	= Strafrechtliche Abhandlungen
TB.	= Tatbestand
Thür.	= StGB. in der Fassung des Thüringischen Anwendungsgesetzes vom. 5. November 1945
VE.	= Vorentwurf 1909
VO.	= Verordnung
WiStrGes.	= Wirtschaftsstrafgesetz vom 26. Juli 1949
WiStrVO.	= Wirtschaftsstrafverordnung vom 23. September 1948
ZAk.	= Zeitschrift der Akademie für deutsches Recht
ZStW.	= Zeitschrift für die gesamte Strafrechtswissenschaft

Zitierweise

E., DStrR., GS., ZStW. sind nach Band und Seite angeführt; DJ., DR., JW. und ZAk. nach Jahrgang und Seite; HRR. nach Jahrgang und Nummer. — Sind Band oder Jahrgang **fett** gedruckt, so steht dort ein **Gerichtsurteil;** anderenfalls ein Aufsatz oder eine Anmerkung zu einem Gerichtsurteil. Ohne weiteren Zusatz weist die fett gedruckte Ziffer auf ein Urteil des Reichsgerichts.

A.
Geltendes Gesetz

31. Mai 1870: Veröffentlichung des „Strafgesetzbuchs für den Norddeutschen Bund" im Bundesgesetzblatt.

15. Mai 1871: Verkündung im RGBl. als „Strafgesetzbuch für das Deutsche Reich".

In Kraft getreten: Am 1. 1. 71 im Nordd. Bund und in Hessen; am 1. 10. 71 in Elsaß-Lothringen; am 1. 1. 72 im übrigen Süddeutschland.

Die wichtigsten Aenderungen seitdem sind folgende:

1. Das Ges. vom 10. Dezember 1871 fügte den sog. Kanzelparagraphen 130 a ein.

2. Die Strafgesetznovelle vom 26. Februar 1876 brachte den sog. Duchesneparagraphen 49a und den sog. Arnimparagraphen 353a, ferner die §§ 103a, 223a, 296a, 361 Ziff. 9.

3. Anläßlich der Einführung der Konkursordnung wurden am 10. Februar 1877 die §§ 281—283 StGB. aufgehoben.

4. Das Wuchergesetz vom 24. Mai 1880 fügte die §§ 302a—d ein.

5. Das Ges. vom 19. Juni 1893 erweiterte die §§ 302a—d und fügte die §§ 302e und § 367 Ziff. 16 hinzu.

6. Die sog. lex Heinze vom 25. Juni 1900 fügte die §§ 181a, 184a und 184b ein und änderte die §§ 180, 181, 184 und 362.

7. Das Ges. vom 19. Juni 1912 stellte die §§ 248a, 264a, 223a Abs. 2 ein und änderte eine Reihe anderer Bestimmungen.

8. Das Ges. gegen das Glücksspiel vom 23. Dezember 1919 ersetzte die §§ 284, 285 a. F. durch die jetzigen §§ 284—285a und änderte den § 360.

9. Das Ges. vom 23. Mai 1923 fügte den § 107a (Sprengung nichtverbotener Versammlungen) ein.

10. Das Ges. vom 18. Mai 1926 ersetzte die §§ 218—220 durch eine Neufassung des § 218.

11. Die Notverordnung vom 19. Dezember 1932 fügte die §§ 49b, 94 und 134a ein.

Seit 1933 insbesondere:

1. Gesetz zur Abänderung strafrechtlicher Vorschriften vom 26. Mai 1933 betr. §§ 4, 17, 20, 39a, 87, 88, 89, 90, 92, 92a, 92b, 145b, 164, 210a, 219, 220, 223b, 226a, 263, 266, 360 Nr. 7 und 13, 361, 362.

2. Gesetz gegen gefährliche Gewohnheitsverbrecher und über Maßregeln der Sicherung und Besse-

rung vom 24. November 1933. Es fügte in den I. Teil den 1a. Abschnitt ein: „Maßregeln der Sicherung und Besserung" (§§ 42a—42n) und brachte Ergänzungen und Aenderungen betr. die §§ 2a, 20a, 36, 51, 58, 60, 67, 70—72, 76, 122a, 122b, 145c, 181a, 245a, 257a, 285a, 330a, 330b, 345—347, 362.

3. Aenderungsgesetz vom 24. April 1934 betr. §§ 80—93a. Im Zusammenhang damit wurden geändert die §§ 4, 16, 102; gestrichen § 329.

4. Gesetz zur Aenderung des StGB. vom 28. Juni 1935 betr. §§ 2, 2a, 2b, 42l, 117, 132a, 134b, 140—143a, 175—175b, 265a, 292—296, 310, 310a, 315, 316, 319—323, 330c, 360, 368, 370.

5. Gesetz gegen erpresserischen Kindesraub vom 22. Juni 1936; fügte § 239a ein.

6. Gesetz zur Aenderung des StGB. vom 2. Juli 1936 betr. §§ 139, 143a, 353b, 353c.

7. Während des Krieges: Aenderungsges. vom 16. 9. 39 betr. §§ 89, 90; VO. v. 2. 4. 40 betr. §§ 139a, 222, 230; VO. v. 6. 5. 40 betr. §§ 3—5 8, 37; Aenderungsges. v. 4. 9. 41; betr. §§ 211, 212, 214, 215, 281, 309; VO. v. 9. 4. 42 betr. § 132; VO. v. 9. 3. 43 betr. §§ 170a—d, 218, 219, 226b; Strafangleichungs-VO. v. 29. 5. 43 betr. §§ 44, 48—50, 63, 64, 66, 113 Abs. 4, 117 Abs. 4, 145d, 174, 189 Abs. 3, 216, 240, 253, 254, 259 Abs. 2, 267—270, 339, 348, 349; VO. v. 20. 1. 44 betr. §§ 153—163.

Ueber die durch Besatzungsmacht aufgehobenen oder abgeänderten Bestimmungen vgl. Art. I des KRG. Nr. 11 sowie KRG. Nr. 1 u. 55, KRProkl. Nr. 3 und die in Vorbem. vor § 13 angegebenen Stellen, über landesrechtliche oder zonale Aufhebungen oder Aenderungen jeweils den Text.

B.
Strafrechtsreform

In der Sitzung des Reichstags vom 21. März 1901 erklärte der Staatssekretär des Reichsjustizamts Dr. Nieberding seine Bereitwilligkeit, mit den Vorarbeiten zu einem neuen deutschen Strafgesetzbuch zu beginnen. Es erschienen sodann folgende Entwürfe:

Vorentwurf 1909 mit Begründung. — Kommissionsentwurf 1913. — Desgl. 1919 mit Begr. — Entw. 1922 (im Zusammenwirken mit der österr. Justizverwaltung). — „Amtl. Entw. e. Allg. Deutschen StGB." 1925; allgemein, weil gleichmäßige Einführung im Deutschen Reich und in Oesterreich geplant war. — AE. 25 wurde, nach Beratung im Reichsrat, 1927 dem RTag vorgelegt und dort in besonders gebildeten Ausschüssen beraten: 32. Aussch. der III. Wahlperiode v. 6. 7. 27 bis 2. 3. 28; 21. Aussch. der IV. Wahlperiode v. 12. 7. 28 bis 11. 7. 29; 18. Aussch. der V. Wahlperiode v. 11. 12. 30 bis 24. 3. 31 und v. 12. 1. 32 bis 18. 3. 32. — Alle Entwürfe außer E. 22 sind (z. T. als „Reichstagsdrucksachen") veröffentlicht; die Beratungen der RT-Ausschüsse nicht, aber in öffentlichen Bibliotheken und Universitätsinstituten als Drucksachen vorhanden. Zum Verständnis der Zusammenhänge und zur Auslegung sowohl des geltenden wie des kommenden Rechts bleibt die Geschichte der StrRReform wichtig. Näheres in früheren Auflagen. Ein nach 1933 hergestellter Entwurf wurde nicht veröffentlicht.

Systematische Vorbemerkungen zum Allgemeinen Teil des Strafrechts

I.

Verbrechen — (i. w. S. gleich „Straftat"; enger § 1) — ist Unrecht, das dem Täter als strafbare Pflichtwidrigkeit zugerechnet wird. Strafgrund ist die persönliche Schuld. Anlaß, die Schuldfrage aufzuwerfen, ist die Rechtswidrigkeit: das Nicht-sein-sollende eines derartigen Verhaltens; die Frage der Rechtswidrigkeit (III) also vor der des Verschuldens (IV) zu prüfen, und zwar unter strenger Bindung an die gesetzlichen Tatbestände (II). Beisp.: **Erste Frage:** Hat A den B im Sinne der §§ 211 oder 212 getötet? Wenn ja: **zweite Frage:** hatte er einen Rechtfertigungsgrund, z. B. Notwehr? Wenn nein: **dritte Frage:** ist diese nicht gerechtfertigte Tötung ihm zur Schuld zuzurechnen oder hatte er z. B. den Entschuldigungsgrund des Notstandes?

Eine **vierte Frage:** ob alle Verbrechen positiv mit Strafe bedroht und verfolgbar sind, ist ausnahmsweise zu verneinen z. B. bei Diebstahl unter Ehegatten oder bei verjährten Taten.

An der Notwendigkeit, Rechtswidrigkeit und Schuld zu unterscheiden, ändert nichts, daß bereits zur Tatbestandsmäßigkeit und zur Rechtswidrigkeit „subjektive" Momente gehören, d.h. Vorgänge im Innenleben des Täters. Z. B. kann die gleiche Handlung ärztliche Untersuchung oder „Unzucht" sein. Ist sie der Willensrichtung entsprechend Unzucht, so ist immer noch die Frage der rechtlichen Schuldzurechnung offen.

Jeder Untersuchung, ob ein gegebener Sachverhalt eine strafbare Handlung darstellt, ist die obige Dreiteilung — Tatbestandsmäßigkeit — Rechtswidrigkeit — Schuld — in der angegebenen Reihenfolge der Fragen zugrunde zu legen. Die Frage nach einem strafrechtlichen „Verschulden" ist gegenstandslos, wenn der Täter so handeln durfte; und die Frage wiederum, ob er dies durfte, ist gegenstandslos, wenn überhaupt kein strafgesetzlicher Tatbestand verwirklicht ist.

Eine **Neugruppierung** des Verbrechenssystems unternehmen die Grundrisse von Graf Dohna, Welzel, v. Weber, Maurach sowie Busch, Moderne Wandlungen der Verbrechenslehre (1949). Am bisherigen Systemaufbau halten demgegenüber fest Mezger StB., Sauer Allg. StrRLehre. Dazu näher in Anm. II zu § 59.

II.

A. In den **Tatbeständen** trifft das Strafgesetzbuch eine Auswahl aus dem Bereich des Unrechts (unten III). Und zwar darf um der Rechtssicherheit willen nur im Rahmen dieser festumrissenen Unrechtstypen gestraft werden (§ 2); Umgehung des Gesetzes nur, falls dies ausdrücklich bestimmt ist, wie im Steuerrecht oder in § 1 PreisstrafrechtsVO. vom 26. 10. 44. Eine positivrechtliche Betrachtung hat daher von den Tatbeständen auszugehen.

Sie beschreiben regelmäßig bestimmte Handlungen als sozial erhebliches Verhalten (ausnahmsweise asoziale Existenzformen, wie den Zuhälter, Landstreicher, Arbeitsscheuen, §§ 181a, 361 Nr. 3, 5) und knüpfen an deren Begehung die Drohung der Strafe oder anderer Maßnahmen.

B. **Handlung** ist das durch die Unrechtstypisierung gewertete Verhalten. Die Wertung knüpft in der Regel daran an, daß das Verhalten in tatbestandsmäßiger Weise als Willensbetätigung auf einen Erfolg, d. i. eine Veränderung in der Außenwelt, gerichtet ist und ihn herbeiführt. Aber auch die auf den deliktischen Erfolg gerichtete Willensbetätigung kann — als Versuchshandlung — für sich allein relevant sein oder umgekehrt die Erfolgsverursachung ohne darauf gerichteten Willen — als fahrlässige Handlung. Grund: im ersten Fall erwartet der Täter den Erfolg, im zweiten die Rechtsordnung vom Täter die Vermeidung des Erfolges. Dort kommt es nicht darauf an, ob der Erfolg erreichbar war, hier nicht darauf, ob der Täter überhaupt einen Willen betätigte. Schließlich kann ein Verhalten deshalb negativ gewertet werden, weil die Rechtsordnung einen bestimmten Erfolg und eine darauf gerichtete Willenbetätigung erwartet und in beidem enttäuscht wird: ein Hausbesitzer vergißt, bei Glätte vor seiner Tür zu streuen; jemand erfährt einen Mordplan und kommt nicht auf den Gedanken, die Polizei oder den Bedrohten zu benachrichtigen (Strafbarkeit hier bestr.).

Mit dem Erfordernis der — wirklichen oder erwarteten — Willensbetätigung wird der Handlungsbegriff auf ein finales Element bezogen. Vgl. hierzu vor allem Welzel § 8 ff. und früher. Daraus folgt aber nicht, daß dieses Merkmal nur unter Handlungsgesichtspunkten bedeutsam sei. Vgl. unten Anm. II zu § 59.

I. Kausalzusammenhang ist Bestandteil der Tatbestandsmäßigkeit dann, wenn der Tatbestand außer der Willensbetätigung auch den Eintritt eines Erfolges voraussetzt. Die herrschende Lehre nimmt KZ. an, wenn die Willensbetätigung eine nicht wegdenkbare Bedingung des Erfolgs ist; einerlei ob eine mehr oder weniger entfernte, ob eine mehr oder weniger wirksame, ob eine allein oder nur mit anderen Bedingungen zusammen wirksame, ob der Erfolg objektiv vorhersehbar war oder „zufällig" eintrat: sog Bedingungs- oder Aequivalenztheorie (E. **56** 348, **57** 285, **63** 211, **66** 184, **67** 69, **69** 44, **70** 257, **76** 86), gegenüber den Theorien der adäquaten Verursachung. Ebenso Braunschweig SJZ. **49** 130 (Anm. Spendel). — Eine Unterbrechung des KZ. bei schuldhaftem (vorsätzlichem oder fahrlässigem) Einwirken eines anderen auf den tatbestandsmäßigen Erfolg erkennt das RGer. (entgegen vereinzelten früheren Entscheidungen) nicht mehr an. Hiermit begann die Möglichkeit, einen sog. extensiven Täterbegriff zu entwickeln. Vgl. unten IV sowie E. 56 348, **58** 366, **61** 318, **64** 316 u. 370, **67** 17, **69** 44; HRR. **41** 789. — Die notwendige Korrektur des Einzelfalls sieht die Bedingungstheorie in dem Erfordernis des (subjektiven) Verschuldens. — Abweichend sieht die sog. Adäquanztheorie (begründet von v. Kries) nur die Willensbetätigung als Ursache an, die generell, erfahrungsgemäß geeignet ist, den Erfolg herbeizuführen. Damit wird ein für die Tatbestandsmäßigkeit der Handlung, namentlich für ihre Finalität, beachtlicher Gesichtspunkt auf das Kausalgebiet verschoben. Richtiger insoweit die Relevanztheorie Mezgers (Lb. S. 116, 122, StB. I 57).

Aus dem gleichen Grunde sind die älteren individualisierenden Kausaltheorien (Ursache sei nur die wirksamste Bedingung oder die, die das Uebergewicht zum Erfolge herstelle), abzulehnen. Hier wird überdies statt mit dem Gedanken der conditio sine qua non mit der naturwissenschaftlichen Kategorie der causa efficiens gearbeitet, was methodisch bedenklich ist und das Problem der Unterlassung unlösbar macht. Vgl. aber neuerdings Nagler LK. S. 54: „nur die im sozialen Zusammenhang ausschlaggebende" Bedingung sei Ursache.

II. Auch eine **Unterlassung** kann sozial erhebliches Verhalten sein.

1. Zu unterscheiden echte und unechte. Echte, wenn ein gebotenes Tun unterlassen, ein erwünschter Erfolg nicht herbeigeführt wird, wie z. B. die Anzeige eines Verbrechensvorhabens in § 139. Unechte, wenn sie nur eine besondere Erscheinungsform der verbotswidrigen Begehung ist, z. B. die Mutter tötet ihr Kind, indem sie ihm nichts zu essen gibt.

2. Auch Unterlassungen können final, zielbewußt auf die Herbeiführung eines verbotenen bzw. Nichtherbeiführung eines gebotenen Erfolges gerichtet, oder bloß kausal sein. **Kausal** sind die unechten UVerbrechen, wenn der Unterlassende den Erfolg abwenden **konnte.** Das RGer. formuliert, indem es statt der nichtwegdenkbaren Erfolgsbedingung (oben Vorbemerkung II B I) die hinzudenkbare setzt: „Eine U. ist nur dann ursächlich, wenn die unterlassene Handlung nicht hinzugedacht werden kann, ohne daß zugleich der Erfolg wegfiele": E. **63** 392, **75** 50. Zu beachten ist aber, daß hier nicht ein wirkliches, sondern ein unterstelltes Geschehen auf seine erfolgabwendende Bedeutung zu prüfen ist. Daraus folgt, daß — anders als bei Prüfung der Kausalität positiven Tuns — ein Wahrscheinlichkeitsurteil genügen muß. Die Frage: „wäre der Tod des Kranken vermieden worden, wenn der Arzt eine Seruminjektion gemacht hätte?" kann höchstens „mit einer an Sicherheit grenzenden Wahrscheinlichkeit" bejaht werden. (E. **51** 127, **58** 130, **74** 350, **75** 50, 324 mit Anm. Mezger in ZAk. 42, 29 und Anm. Kallfelz in DR. 41, 2235; E. **75** 372 mit Anm. Würtenberger in ZAk. 42, 167. Vgl. hierzu Mezger, Lehrbuch 130—150, StB. I 61 ff., der ebenfalls auf die Kausalität der erwarteten Handlung abstellt, und andererseits Eb. Schmidt, Arzt im Strafrecht S. 85, dessen Auffassung der unechten Unterlassungsdelikte als „Nichtabwendung des Erfolges" eine schärfere Unterscheidung von den echten ermöglicht.

3. Tatbestandsmäßiges Unrecht ist eine unechte Unterlassung dann, wenn die Passivität der Aktivität an asozialer Bedeutung gleichsteht. Das ist der Fall, wenn die Rechtsordnung bestimmte Personen besonders zur Abwendung drohender Erfolge verpflichtet, im Vertrauen darauf weitere Sicherungen unterläßt und daher durch die Nichtabwendung des Erfolges beeinträchtigt wird. Vgl. Nagler GS. 111 S. 1 ff., Eb. Schmidt a. a. O. Bedenken bei H. Mayer, SJZ. 47, 12 ff.

Die Gleichstellung geschieht entweder

a) im Tatbestande selbst, z. B. §§ 121, 221, 223b, 315, 318 II, 357, 361 Nr. 4 und 9 StGB., oder

b) im sonstigen Gesetzesrecht, insbes. dem Familienrecht und im öffentlichen Recht. Z. B. Personensorgepflicht der Eltern: E. **66** 73, 143; **69** 283; **70** 82, 390; **71** 193. Ueber die Pflichten der Polizei JW. 39, 543 mit Anm. Mittelbach, oder

c) auf Grund besonderer Pflichtenübernahme. Z. B. wer einen Hilflosen in Pflege nimmt, muß für ihn sorgen und begeht andernfalls rechtswidrige Körperverletzung. Das Kindermädchen achtet nicht auf das Kind, so daß dieses zu Schaden kommt. Hierzu E. **10** 100, **38** 123, **46** 25, **71** 193. Strafgrund ist in diesen Fällen nicht der Vertragsbruch als solcher, sondern die durch ihn geschaffene Gefahrlage. Eine solche kann aber auch unabhängig von einer Vereinbarung entstehen aus

d) vorangegangenem Tun. Z. B. Mitnahme eines Ungeübten auf eine gefährliche Bergbesteigung, oder: jemand hat einen anderen versehentlich eingeschlossen und befreit ihn nicht, nachdem er es bemerkt hat. Der Strafgrund folgt hier unmittelbar aus dem an die Spitze gestellten Satz. Wer die Gefahrlage geschaffen hat, von dem wird erwartet, daß er den drohenden Erfolg abwendet; wenn nicht, haftet er für ihn Zudem befindet er sich regelmäßig in der Schlüsselstellung, von der aus die Verletzung abgewendet werden kann. Hierzu E. **24** 339, **46** 343, **51** 9, **57** 197, **58** 130, 244, **60** 77, **63** 392, **64** 372, **68** 99, **69** 321, **70** 151, **73** 52. Mehrfach wurde neuerdings Beihilfe zum Meineid, begangen durch Unterlassung, in Fällen angenommen, wo jemand durch eigenes Verhalten (z. B. durch wahrheitswidrige Parteibehauptung oder -bestreitung in einem Ehescheidungs- oder einem Unterhaltsprozeß) die Gefahr bewirkt habe, daß auch ein Zeuge in diesem Sinne falsch aussagen werde, wodurch er verpflichtet sei, den Zeugenmeineid zu verhindern: E. **72** 23. **75** 271; DR. **43** 577.

e) Soziale Sonderstellung, z. B. enge Lebensgemeinschaft, natürliche Blutsbande (uneheliche Vaterschaft), Familienautorität, Stellung als Haushaltungsvorstand oder eine sonstige persönliche Nähe oder Ueberlegenheitssituation kann ebenfalls für bestimmte Personen eine Garantenhaftung begründen. Hier unmittelbarer Rückgriff des StrR. auf soziologische Tatsachen und Wertungen, nicht nur Sanktionierung der übrigen positiven Rechtsordnung. E. **64** 316, **66** 72, **69** 321, **70** 151, **74** 309 (Anm. Boldt in DR. 41, 195). — Aus den zahlreichen Entscheidungen betr. Fahrlässigkeit des Arztes durch Unterlassung sei besonders hervorgehoben E. **74** 350 (Anm. Engisch in ZAk. 41, 129; Mezger in DR. 41, 150; bes. Eb. Schmidt in MoKriBi. 42, 85). — Vgl. ferner Niethammer DRZ. 46, 13.

Nicht genügen diejenigen Strafgesetze, die echte Unterlassungsverbrechen normieren, um die aus ihnen folgenden Pflichten zur Konstruktion auch eines unechten UV. zu benutzen. Beispiel: Die Verabsäumung einer durch § 139 gebotenen Anzeigepflicht oder einer durch § 330 c gebotenen Hilfepflicht genügt für sich allein noch nicht, um den Unterlassenden etwa wegen Mordes usw. zu strafen. Bedenklich E. **71** 187. Zutr. E. **73** 55.

Aus dem neueren Schrifttum: Schaffstein in Festschrift für Gleispach (1936). — Drost in Gerichtssaal 109 (1937) 1 ff. — Niethammer in ZStrW. 57, 431. — Nagler in GS. 111, 1 ff. — Dahm in ZStrW. 59, 133 ff. — Graf Dohna in DStrR. 39, 142. — Georgakis, Hilfspflicht und Erfolgsabwendungspflicht, 1938. — Roeder in DStrR. 41, 105 u. 152.

C. **Aufbau der Tatbestände.** Sie werden in erster Linie charakterisiert durch das verletzte Rechtsgut (Leben, Gesundheit, Ehre, Eigentum, Funktionieren der Rechtspflege, der Verwaltung), ferner durch das Angriffsmittel (Täuschung, Drohung, Gewalt), durch besondere Eigenschaften des Täters (Mann, Beamter, Arzt), durch Motive und Gesinnungsmerkmale (aus Habgier, gewissenlos). Besonderheiten im Aufbau zeigen die zusammengesetzten Delikte (§ 249), die zweiaktigen (§ 277), die verkümmert zweiaktigen (§ 242), die Dauerdelikte (Freiheitsberaubung des § 239 wird begangen, solange die Einsperrung dauert), Zustandsdelikte (Bigamie, § 171, schafft einen rechtswidrigen Zustand, ist aber mit der Eheschließung vollendet).

Ferner die **abgewandelten Tatbestände:** verschärfte (qualifizierte) und gemilderte (privilegierte). Hier wird ein Grundtatbestand durch

Hinzufügung weiterer Tatbestandsmerkmale erweitert und danach milder oder strenger gestraft. Die qualifizierten und privilegierten Tatbestände folgen den Regeln des Grundtatbestandes. Anders bei einer nicht nur quantitativen, sondern qualitativen Aenderung des Tatbestandes, insbes. bei Abwandlung oder Erweiterung des Rechtsguts oder Abschichtung besonderer Tätergruppen, wodurch ein **delictum sui generis** mit eigenen Regeln entsteht. Z. B. ist § 265 nicht nur Vermögensdelikt, sondern gemeingefährliches Verbrechen, daher del. s. g. gegenüber § 263. — Ob das eine oder das andere, ist vielfach zweifelhaft, praktisch aber äußerst bedeutsam. Vgl. im einzelnen etwa zu §§ 175a, 216, 217, 229, 248a, 252, 264a, 370 Nr. 5, und zur ganzen Frage Nagler LK. Einl. Anh. 3 II. Im Wirkungsbereich der AA. f. R. hat die Frage für die seit 1933 veränderten Tatbestände erhöhte Bedeutung erlangt. Vgl. v. Weber SJZ. 46, 239, Labin MDR. 48, 62. Näheres unten zu § 175a. — Qualifizierungen erfolgen bei besonderer „Absicht" (z. B. § 225), bei Gewerbs- oder Gewohnheitsmäßigkeit (z. B. § 260), bei besonderer Gefährlichkeit des Mittels oder der Begehungsart (z. B. §§ 223a, 243), bei besonderen Eigenschaften des verletzten Rechtsguts (z. B. §§ 215, 223b), besonders häufig bei Eintritt eines schwereren Erfolgs, insbesondere von Todesfolge (z. B. §§ 118, 178, 221 Abs. 3, 224, 226, 229 Abs. 2, 239 Abs. 3. 306 ff.). Bei den letzteren — „durch einen schwereren **Erfolg qualifizierten** Verbrechen" — ist bezüglich dieses Erfolgseintritts adäquate Kausalität (oben A I) zu fordern, da hier das Korrektiv eines subjektiven, auf den Enderfolg bezogenen Verschuldens nicht gegeben zu sein braucht. Das RGer. freilich neigt auch hier zur Bed.-Theorie: E. **44** 137, **61** 375, **63** 6. Vgl. aber neuerdings LG. Heidelberg SJZ. **48** 207 (Anm. Engisch). Braunschweig SJZ. **49** 130 hält an der Bed.-Th. fest (zust. Anm. Spendel). OGH. SJZ. **49** 357 läßt die Frage dahingestellt. Lösung der Frage durch den Gesetzgeber im § 56 Thür. Fassung (im Anschluß an frühere Reformvorschläge). Eine Mischung von schwererem Erfolg und Verschulden als Strafschärfungsgrund in § 225 und SprStG. § 5 Abs. 3.

Neuerdings wurde immer häufiger an einen Grundtatbestand (z. B. Betrug: § 263 I) ein strengerer Strafrahmen angefügt (z. B. § 263 IV), ohne daß dies vom Hinzutreten neuer Tatbestandsmerkmale abhängig gemacht wurde. Entsprechend auch mildere Strafrahmen. Ueber die Herkunft dieser Erscheinung aus den Entwürfen und die hier zu beachtenden Verschiedenheiten vgl. MDR. 48, 310 ff. und unten § 1 A. V. An solchen mehr oder weniger **unbenannten** Straferhöhungs- und Strafminderungsgründen (an die sich erhebliche Zweifelsfragen angeknüpft haben, vgl. bes. zu § 1) kennen die neueren Strafgesetze u. a. die folgenden (die eingeklammerten Ziffern bezeichnen die Nummer, unter der das Gesetz hier — im Anhang — abgedruckt ist):

1. **„Besonders schwere Fälle":** St. §§ 49b, 139a, 223b, 240, 263, 266, 281, 292, 293, 315, 353b, 353c. — Börsengesetz (5) § 95. — Depotgesetz (13) § 34. — GmbH.-Ges. § 81a II. — Genossenschaftsges. § 146. — Aktienges. §§ 294, 296, 298. — Jugendschutzges. 16 § 24 II, III. — KrWirtschVO. §§ 1 I, II, 1 d. — PaßstrafVO. § 1. — Devisenges. v. 12. 12. 38 (RGBl. I 1733) § 69. — PolVO. über Wirtshausverbot v. 18. 10. 39 (RGBl. I 2115) § 5. — Mutterschutzges. v. 17. 5. 42 (RGBl. I 321) § 11.

2. **„Schwere Fälle":** StGB. §§ 132, 267, 348. — VerbrRegStrVO. § 2 IV. — WirtschaftsStrafVO. der Sowj. Bes.-Zone vom 23. 9. 48 in zahlreichen Fällen. — WirtschStrGes. § 25; hier gilt jedoch Abweichendes, vgl. § 1 Anm. VIII.

3. **„Fälle von geringerer Bedeutung"**: VerbrRegStr.VO. § 4. — **Minderschwere Fälle**: WiStrVO. § 1.

4. **„Leichte Fälle"**: VerbrRegStr.VO. §§ 1, 3. — PaßStr.VO. § 5. — WiStr-VO. § 5.

5. **„Besonders leichte Fälle"**: StGB. § 175 II.

6. **Besondere Ausnahmefälle**: StGB. § 211 III.

Die immer häufigere Anwendung dieser Gesetzestechnik bedeutete eine weitgehende Resignation des Gesetzgebers in der Bewertung der Delikte und eine Uebertragung der Verantwortung für richtige Bewertung auf den Richter; hiermit natürlich auch die Erschwerung einer tunlichst gleichmäßigen Bewertung. Die Grenze zwischen Gesetz und Richter verschob sich damit wesentlich.

Schrifttum: Vgl. zu § 1.

D. Zu jeder Tat gehört ein **Täter**. Probleme liegen hier insbes. nach zwei Richtungen:

1. Täterschaft und Teilnahme. Täter ist, wer die tatbestandsmäßige Handlung selber oder dadurch begeht, daß er ganz oder teilweise andere für sich handeln läßt (unmittelbare, mittelbare, Mittäterschaft). Neben diese primäre Erscheinungsform des Verbrechens tritt die sekundäre der Teilnahme (Anstiftung und Beihilfe). Denn abgesehen von den Fällen der persönlichen Tatausführung kann jemand in strafwürdiger Weise eine Tat herbeiführen oder fördern, ohne Täter zu sein: sei es, daß er nicht Täter sein kann, weil die Natur der Sache es nicht zuläßt (Meineid, Geschlechtsakt) oder weil ihm bei den sog. Sonderdelikten die Täterqualität als Beamter usw. fehlt — sei es, daß er nicht Täter sein will: er rät oder hilft einem anderen zu dessen Tat, ohne sie sich zu eigen zu machen. Näheres vor und zu §§ 47 ff.

2. Das Tatstrafrecht wird in neuerer Zeit in steigendem Maße durch ein Täterstrafrecht ergänzt. Hier knüpft das Gesetz nicht an ein einzelnes Geschehnis, sondern an das Vorliegen einer asozialen oder aktiv antisozialen Existenzform an; kriminologische Tätertypen des gefährlichen Gewohnheitsverbrechers (§ 20a), ausbeuterischen Zuhälters (§ 181a), Bettlers, Landstreichers, Arbeitsscheuen, Müßiggängers des § 361 Nrn. 3—5, Spielers. Näheres bei diesen Bestimmungen.

III.

Materiell **rechtswidrig** ist eine Handlung (oder in den Fällen oben II D 2 eine Existenzform), wenn sie wegen ihrer Sozialschädlichkeit und Sittenwidrigkeit mit dem rechtlich geordneten Zusammenleben in unerträglichem Widerspruch steht. Strafbar ist nur tatbestandsmäßiges und in diesem Sinne formelles Unrecht (oben zu II). Aber die materielle Begriffsbestimmung bleibt in dreifacher Hinsicht bedeutsam:

1. als Auslegungsmaßstab der Tatbestände. So ausdrücklich in §§ 193, 226a, 240 n. F., 253 n. F. StGB., § 13 RAerzteO. Ueber die Unzulänglichkeit formaler Maßstäbe zutr. Pfalz DRZ. **47** 235 (betr. § 240). Aber auch z. B. für folgende Fragen: Liegt der Betrieb eines gefährlichen Gewerbes, eine gewagte Spekulation mit anvertrautem fremdem Geld, die Ausübung gewisser Sportarten noch innerhalb der Sphäre der sozialen Adäquität, des erlaubten Risikos? Ergeben sich aus gefährdendem Tun, aus enger

Lebensgemeinschaft, aus natürlichen Blutsbanden Rechtspflichten zur Abwendung anderen drohender Gefahren (s. o. II B 3 d.)? Ist eine medizinisch gebotene kunstgerechte Operation, die tief in die körperliche Integrität des Patienten eingreift, eine Körperverletzung? Ist es eine Fälschung, wenn man eine Urkunde im Einverständnis mit einem anderen mit dessen Namen unterschreibt?

2. Wenn die Handlung tatbestandsmäßig, also ihrem T y p nach Unrecht ist, kann sie dennoch in Ausnahmesituationen durch einen besonderen U n r e c h t s a u s s c h l i e ß u n g s grund gerechtfertigt sein. Derartige Gründe sind teils im Gesetz vertypt, teils seinen Grundgedanken zu entnehmen.

So kann im Einzelfall das Interesse der Rechtsordnung am Rechtsgüterschutz infolge E i n w i l l i g u n g des Verletzten entfallen, z. B. bei Eingriffen in die private Vermögenssphäre. Für Körperverletzung Sonderregelung in § 226a. Grenze der Verfügungsmacht des Verletzten in § 216.

Oder verschiedene rechtliche Interessen kollidieren, und die Rechtsordnung gewährt dem Handelnden ein N o t r e c h t : so ausdrücklich in §§ 53, 193 StGB., 228, 229, 859, 904 BGB., 127 StPO. usw. Kollisionsfälle können sich ferner bei Ausübung einer Amtspflicht oder eines Züchtigungsrechts ergeben. Vgl. Vorbem. II vor § 51. Stets ist hier der oben angegebene materielle Maßstab anzulegen. E. **73** 258: Unabänderliche letzte Grenze für die Erlaubtheit einer Züchtigung ist das Sittengesetz. So namentlich auch beim sog. übergesetzlichen Notstand, in dem ein höherwertiges Rechtsgut nur auf Kosten eines minderen erhalten werden kann. Hauptfall der Praxis: das keimende Leben wird geopfert, um das Leben der Schwangeren zu retten. E. **61** 242, **62** 137 haben dies mit dem Grundsatz der Güter- und Pflichtenabwägung gerechtfertigt. In der Lit. ist man z. T. auf naturrechtlicher Grundlage noch weiter gegangen und hat die Verfolgung eines anerkannten Zwecks mit einem angemessenen Mittel allgemein für gerechtfertigt erklärt (Zwecktheorie, G r a f D o h n a , über frühere Vertreter N a g l e r LK. 364 ff. Vgl. hierzu L. - S c h m i d t S. 206 ff., Eb. S c h m i d t ZStW. 49, 370, der aber (S. 377 ff.) zutr. darauf hinweist, daß das Erfordernis der Angemessenheit des Mittels u. U. die Rechtfertigung durch Güterabwägung einschränkt; anders N a g l e r LK. 366/7, insofern er die Güterabwägung gegenüber der Zwecktheorie für grundsätzlich selbständig erklärt. — M e z g e r , StB. I 105 erklärt die Güterabwägung für das übergeordnete Prinzip, sein Maßstab versagt aber bei Gleichwertigkeit der Rechtsgüter (vgl. auch unten § 54 Anm. I a. E.). Aber nicht nur bei Schwangerschaftsunterbrechungen kommen „übergesetzliche" Rechtfertigungsgründe in Betracht; vgl. z. B. betr. ärztl. Eingriff gegen Willen: E. **74** 353; betr. § 34 StrVerk.O. HRR. **40** 38. Auch ZAk. **41** 131 (Anm. E n g i s c h). Vgl. ferner E. **20** 190; dazu jetzt, nicht voll überzeugend, M e i s t e r MDR. 47, 47. Ueber die Möglichkeit des ü. N. bei Verstößen gegen die Wirtschaftsstrafbestimmungen RG. in DR. **44** 21 (Anm. L a n g e) und neuerdings Kiel NJW. **47** 231. Auch und gerade bei rechtlich nicht geordneten Verhältnissen kann der ü. N. eingreifen. AA. OGHE. **1** 321; dagegen mit Recht W e l z e l und Eb. S c h m i d t (s. u. zu 3). Vgl. dieselben auch zu der vom ü. N. zu unterscheidenden Konstellation, daß nicht die Verletzung verschiedener ungleichwertiger Rechtsgüter, sondern verschiedener Träger desselben Rechtsgutes droht (z. B. ein Mensch kann in gemeinsamer Berg- oder Seenot nur unter Opferung eines anderen gerettet werden). Diese Fälle liegen, wie S c h m i d t a. a. O. Sp. 565 nachweist, sehr verschieden. Stets aber hängt die Rechtfertigung des Handelns von den sittlichen Maßstäben unserer Kultur, nicht von seinem Nutzeffekt ab. Deshalb kommt es hierfür (gegen Schmidt a. a. O.) auf die Beweggründe des Täters und die von ihm verfolgten Zwecke u. U. ebenso an, wie bei der Pflichtenabwägung im ü. N. (vgl. **61** 242, **62** 137). Die Rechtswidrigkeit oder Strafbarkeit ist nicht dadurch ausgeschlossen, daß auch der unmittelbar Verletzte selber gegen das Sitten- oder Strafgesetz verstoßen hat. Vgl. hierzu E. **44** 230, 242, **65** 3, **70** 7, **73** 157, HRR. **40** 320.

3. Wenn der Inhaber der Rechtsmacht materielles Unrecht formell gestattet oder gebietet (z. B. befohlene Massentötungen von Geisteskranken in Anstalten) oder materiell rechtmäßige Handlungen, nämlich solche, die sich innerhalb des nach unseren Kulturanschauungen verbürgten Minimums der unveräußerlichen und unantastbaren persönlichen Freiheit halten, bei Strafe verbietet, entsteht ein Konflikt zwischen „gesetzlichem Unrecht" und „übergesetzlichem Recht" (Radbruch SJZ. 46, 105). Vgl. hierzu KG. in DRZ. **47** 199 (Anm. Lange) Frankfurt SJZ. **47** 627 (Anm. Radbruch) sowie OGHE. **1** 321 = SJZ. **49** 347 (Anm. Eb. Schmidt 559) = MDR. **49** 370 (Anm. Welzel), dazu unten Vorbem. III vor § 51 betr. Anstaltstötungen, bei denen jedoch bereits die positivrechtliche Grundlage brüchig war; Dresden JR. **47** 121 (bei Beurteilung der RW. heutige Auffassung zugrunde zu legen); Stuttgart SJZ. **46**, 237 (der Richter habe das Recht, Rechts- und Verwaltungs-VOen. wegen groben Verstoßes gegen die Gesetze der Moral für nichtig zu erklären (betr. Gewährung von Sonderzulagen); nicht unbedenklich; Pfalz DRZ. **47** 236: zu prüfen, ob das Rechtsbewußtsein mit den ewigen und allgemeinen Rechtsgrundsätzen, wie sie in den Rechten aller Kulturvölker ihren Niederschlag gefunden haben, vereinbar bzw. nicht in Widerspruch; Stuttgart SJZ. **47** 204 (Anm. Küster); weiteres Material aus der Rspr. s. DRZ. 48, 155 ff., 185 ff. SJZ. 48, 302 ff. Vgl. auch Vorbem I B 3 h vor § 47.

Aus dem **Schrifttum:** Radbruch, Gesetzliches Unrecht und übergesetzliches Recht, SJZ 46, 105 ff. — Geiler, Legalität und Legitimität, Die Gegenwart 1947. — Roemer, Von den Grenzen und Antinomien des Rechts. SJZ. 46, 9. — Wiederaufbau des Rechts. SJZ. 47, 93. — Naturrecht vor 150 Jahren und heute, in Kiesselbach-Festschrift S. 157 ff. — Coing, Die obersten Grundsätze des Rechts. 1947. — Zur strafr. Haftung der Richter für die Anwendung naturrechtswidriger Gesetze. SJZ. 47, 61 ff. — Carl Schmid, Unteilbarkeit der Rechtsordnung. DRZ. 47, 205. — Eb. Schmidt, Justitia fundamentum regnorum. Fünf Vorträge. 1947. — Zur Problematik von Recht und Justiz in der Gegenwart, in Kiesselbach-Festschrift. S. 177 ff. — v. Weber, Die Pflichtenkollision im Strafrecht, ebenda S. 233 ff. — Die strafrechtliche Verantwortlichkeit für Handeln auf Befehl. MDR. 48, S. 34 ff. — Meister, Die Widerspruchslosigkeit der Rechtsordnung. MDR. 47, 47. — Arndt, Die Krise des Rechts (Die Wandlung III. Jg., H. 5). — Figge, Zur Verantwortlichkeit des Richter, SJZ. 47, 179 ff. — W. G. Becker, Der richterliche Widerstand. SJZ. 47, 480 ff. — Lange, KRG. 10 in Theorie und Praxis. DRZ. 48, 155 ff. — KRG. 10 und deutsches Recht DRZ. 48, 185 ff. — Zum Denunziantenproblem. SJZ. 48, 302 ff. — Kern, Die Grenzen der naturrechtlichen Rechtserneuerung MDR. 49. 137.

IV.

Schuldhaft ist eine Handlung dann, wenn sie nicht nur objektiv rechtswidrig ist (d. h. der Regel nach verboten und auch im Einzelfall nicht gerechtfertigt), sondern auch persönlich verwerfbar ist, dem Täter zur Schuld zugerechnet werden kann; das ist der Fall, wenn von der Person des Täters rechtmäßiges Handeln gefordert werden konnte; d. h. wenn für ihn die Möglichkeit bestand

a) das Unrecht seiner Tat einzusehen, und

b) nach dieser Einsicht zu handeln.

Diese Möglichkeit kann

1. bei dem betr. Täter überhaupt fehlen, sie kann auch
2. aus Gründen des Einzelfalls ausgeschlossen sein.

Hieraus ergeben sich die bei der Schuldfrage entstehenden Probleme, ihr Zusammenhang und ihre Systematik. Die Schuld kann ausgeschlossen sein:

1. weil der **Täter** wegen Geisteskrankheit usw. nicht durch Rechtsnormen bestimmbar ist, weil er schuldunfähig, „unzurechnungsfähig" ist (§ 51); sei es, daß aus jenen Gründen
   a) die Fähigkeit fehlt, sein Tun mit den Anforderungen der Umwelt zu vergleichen; oder daß
   b) die Fähigkeit fehlt, sein Triebleben diesen Anforderungen anzupassen;
2. weil die Norm **im Einzelfall** nicht als Regulativ in Betracht kommen kann; weil also zwar der Täter schuldfähig, die Tat aber nicht schuldhaft begangen war; der Täter zurechnungsfähig, die Tat aber nicht zurechenbar war; was — entsprechend wie zu 1 — wieder den Doppelgrund haben kann:
   a) daß die Divergenz zwischen Trieb und Norm nicht zum Bewußtsein kommen konnte: Fälle des **Irrtums,** § 59, und solche, in denen kein **Unrechtsbewußtsein** erwartet werden kann (unten vor § 51 und zu § 59) oder
   b) daß der Gesetzgeber die Uebermacht des Triebs entschuldigend gelten läßt: Fälle entschuldigenden **Notstandes** §§ 52 (2. Fall), 53 Abs. 3, 54. 157. Bei **§ 54** ist die Zugehörigkeit zum Schuld- bzw. zum Rechtswidrigkeitsproblem streitig; E. **72** 59.

Das RStGB. hat nur einige dieser Fragen positiv geregelt; vgl. die §§ 51, 52, 54, 59 mit Anm. und Vorbem. Dazu § 3 JugGG.

Schrifttum: Vgl. vor § 59.

V.

Positive Strafbarkeit. Das Gesetz fordert in einigen Fällen, daß über die Tatbestandshandlung hinaus objektive Bedingungen der Strafbarkeit (A) vorliegen. In einigen anderen Fällen schließt es aus Gründen in der Person des Täters, deren Berücksichtigung meist jenseits der Strafrechtszwecke ihren Ursprung hat, trotz vollen Deliktcharakters der Handlung deren Strafbarkeit aus (B). Schließlich macht das Prozeßrecht in einer Reihe von Fällen die Verfolgung von bestimmten Voraussetzungen abhängig (VI).

A. **Bedingungen der Strafbarkeit.** Grundsätzlicher Unterschied von Tatbestandsmerkmalen: Die B. d. Str. brauchen nicht von Vorsatz und Fahrlässigkeit umfaßt zu sein, die B. d. Str. haben nichts mit Ort und Zeit der Verbrechensvollendung zu tun. Fehlt eine Bed. der Strafb., so ist nicht einzustellen (wie unten VI), sondern freizusprechen. — „Bedingungen der Strafbarkeit" finden sich z. B. in § 139 a. F., §§ 139b, 186 (Nichterweislichkeit, str.); KO. §§ 239 ff. (Zahlungseinstellung oder Konkurseröffnung: E. 45, 88 gegen ältere Entscheidungen). — Eine eigenartige Bedingung der Strafbarkeit in § 330a: Begehung einer mit Strafe bedrohten Handlung. Vgl. dort. Unrichtig OLGer. Dresden, JW. 39 1500: begangen sei das Vergehen des § 330a mit Begehung der Rauschtat.

B. **Persönliche Strafausschließungsgründe** berühren weder die Rechtswidrigkeit noch die Schuld der tatbestandsmäßigen Handlung. Notwehr gegen solche Taten also gestattet, Teilnahme an ihnen strafbar. Bei ihrem Vorhandensein ist freizusprechen. — Vgl. StGB. § 46 (Rücktritt vom Versuch und tätige Reue, genau genommen Strafaufhebungsgründe: E. **56** 149 und 210, str.); § 199 (Aufrechnung von Beleidigungen); § 247 II. — Gemeinsam ist diesen Gründen, daß sie außerhalb des Verbrechensbegriffs liegen. Mißverständlich daher OGHE. **1** 337 (hierzu oben III 2, 3, aber auch Peters JR. 49, 496, Reinicke MDR. 50, 77).

VI.

Bedingungen der Verfolgbarkeit. Sie sind lediglich Prozeßvoraussetzungen und an sich im Strafprozeßrecht geregelt. Dazu §§ 61 ff. (Strafantrag); 67—69 (Nicht-Verjährung); 172 (Scheidung der Ehe E. **22** 135, str.); 238 (Nichtigerklärung der Ehe); JGG. § 2 (Alter unter 14 Jahren: E. **57** 206; E. **61** 265 berührt diese Frage nicht). Auch Amnestie und Niederschlagung (Abolition) hindern nur die Verfolgung (E. **55** 231), Begnadigung sogar nur die Strafvollstreckung. — Fehlt eine B. d. V., so ist nicht freizusprechen, sondern das Verfahren einzustellen; in der Hauptverhandlung durch Urteil (StPO. § 260), außerhalb durch Beschluß.

Schrifttum

Von größeren **Erläuterungswerken** seien erwähnt:

Olshausen's Kommentar zum StGB., 11. Aufl., 2 Bände (1927). — Ergänzungsband hierzu von Freiesleben, Kirchner und Niethammer (1936). — Neuerdings:

Olshausen, 12. Aufl., 1. bis 3. Lieferung (§§ 1—247 StGB.) von Niethammer, Freiesleben; Hörchner und Kirchner (1942/4).

Ebermayer, Lobe und Rosenberg, RStGB. (vielfach „Leipziger Kommentar" genannt), 4. Aufl. (1929). — Der „Allg. Teil" in 5. Aufl. von Lobe (1933). — Von der 6. Aufl., herausgegeben von Nagler u. a. ist 1944 die 1. Lieferung (§§ 1—152) erschienen.

Frank, StGB., 18. Aufl. (1931). — Ergänzungsband hierzu von E. Schäfer und v. Dohnanyi (1936). Der Kommentar von Frank gibt noch heute wertvollste Anregungen.

Schönke, Kommentar, 4. Aufl. 1949.

Ferner **systematische** Darstellungen:

v. Liszt, Lehrbuch des Deutschen Strafrechts, bearbeitet von Eb. Schmidt, 25. Aufl. (1927). — Allg. Teil in 26. Aufl. (1932).

Binding, Lehrbuch, Bes. Teil, 3 Bände, teilweise 2. Aufl. 1902 ff.). In vielen Teilen nach wie vor wertvoll.

v. Hippel, Deutsches Strafrecht. 1. Band, Allg. Grundlagen und Geschichte (1925); 2. Band, Allgemeiner Teil (1930).

v. Hippel, Lehrbuch 1932.

Mezger, Strafrecht, ein Lehrbuch. 2. Aufl. (1933, nur Allg. Teil). — Als Ergänzung: Ders., Deutsches Strafrecht, ein Leitfaden (1936). — Grundriß, 3. Aufl. (1943). — Neuerdings: Strafrecht, Ein Studienbuch Allg. T. 2. Aufl. 1948, Bes. T. 1949.

Graf zu Dohna, Aufbau der Verbrechenslehre, 2. Aufl. 1941.

Hellmuth Mayer, Das Strafrecht des deutschen Volkes, 1936.

Welzel, Das deutsche Strafrecht in seinen Grundzügen 2. Aufl. 1949.

v. Weber, Grundriß des deutschen Strafrechts, 2. Aufl. 1948.

Maurach, Grundriß 1948.

Sauer, Allg. StrRLehre 1949.

Kern, Grundriß Bes. T. 1950.

Kurzkommentare insbes. von Dalcke, seit 1879, 34. Aufl. 1947; Schwarz, seit 1932, 13. Aufl. 1949 — beide mit zahlreichen Nebengesetzen.

Zeitschriften

Bis 1945:

Der Gerichtssaal, seit 1849 (angeführt: GS.).

Archiv für Strafrecht, seit 1853; häufig angeführt als „Goltdammers Archiv"; fortgesetzt 1934 als Deutsches Strafrecht (angeführt: GA. bzw. DStR.).

Zeitschrift für die gesamte Strafrechtswissenschaft seit 1881 (angeführt: ZStW.).

Monatsschrift für Kriminalpsychologie (ab 1937: Kriminalbiologie) und Strafrechtsreform, seit 1904 (angeführt: MoKrimBi.).

Ferner zahlreiche strafrechtliche Aufsätze in den allgemeinjuristischen Zeitschriften, wie Juristische Wochenschrift, Deutsche Juristenzeitung.

Seit 1945:

Siehe die allgemein-juristischen Zeitschriften (SJZ., DRZ., NJW., JR., MDR., NJ.).

Die ZStW. ist im Wiedererscheinen begriffen.

Entscheidungssammlungen

1. Entscheidungen des Reichsgerichts in Strafsachen, herausgegeben von den Mitgliedern des RGer. und der Reichsanwaltschaft; 76 Bände (angeführt: E.). Verlag W. de Gruyter & Co.

2. Höchstrichterliche Entscheidungen, Sammlung von Entscheidungen der Oberlandesgerichte in Strafsachen. Verlag Lambert Schneider.

3. Entscheidungen des Obersten Gerichtshofs der brit. Bes.-Zone in Strafsachen. Verlag W. de Gruyter & Co.

Einführungsgesetz

Vom 31. Mai 1870

1. **Das Strafgesetzbuch für den Norddeutschen Bund** (das Deutsche Reich) **tritt im ganzen Umfange des Bundesgebietes mit dem 1. Januar 1871 in Kraft.**

Zum Reichsgesetz wurde das StGB. erklärt durch Ges. v. 15. 5. 1871.

2. **Mit diesem Tage tritt das Bundes-** (Reichs-) **und Landesstrafrecht, insoweit dasselbe Materien betrifft, welche Gegenstand des Strafgesetzbuchs für den Norddeutschen Bund** (das Deutsche Reich) **sind, außer Kraft.**

In Kraft bleiben die besonderen Vorschriften des Bundes- (Reichs-) **und Landesstrafrechts, namentlich über strafbare Verletzungen der Preßpolizei-, Post-, Steuer-, Zoll-, Fischerei-, [Jagd-], Forst- und Feldpolizeigesetze und über den Holz- (Forst-) Diebstahl.**

I. Die §§ 2 ff. regelten das Verhältnis von **Reichsrecht und Landesrecht** nach den Reichsverfassungen von 1871 und 1919. Nach ihnen war das Reich „zuständig für die Gesetzgebung über Strafrecht". Nur soweit es hiervon keinen Gebrauch gemacht hatte, waren auch die Einzelstaaten (seit 1919: „Länder") zuständig, StrGesetze zu erlassen. Beispiel: Die „Materie" der Sittlichkeitsverbrechen ist reichsrechtlich abschließend geregelt. Landesgesetze gegen den Konkubinat waren ungültig, wenn dieser seiner „Unsittlichkeit" wegen unter Str. gestellt war; nicht aber, wenn „Störung der öffentlichen Ordnung" entscheidend war, denn die „öffentliche Ordnung" war keine reichsrechtlich geregelte „Materie". So E. **33** 273. — Betr. § 270 PrStGB (Abhalten vom Bieten) E. **27** 106, **37** 130. — Vgl. jetzt allgemein Art. 72, 74 Nr. 1 GG.

II. **Die besonderen Vorschriften** blieben also ausdrücklich in Kraft (und haben sich l a n d e s r e c h t l i c h weiter entwickelt), obwohl sie an sich „Materien" betreffen, die reichsrechtlich geregelt sind; z. B. betrifft der Forstdiebstahl die Materie des Diebstahls, ist aber trotzdem landesrechtlich unter Strafe gestellt, in Preußen durch das Ges. betr. Forstdiebstahl v. 15. April 1878. Jedoch:

1. Nach Reichsjagdgesetz vom 3. Juli 1934, § 71, ist der § 2 Abs. 2 des EinfGes. z. StGB., soweit er die Jagd betrifft, am 1. April 1935 außer Kraft getreten. Jagddelikte sind jetzt r e i c h s r e c h t l i c h unter Strafe gestellt: RJagdG. §§ 60 ff. Dazu StGB. §§ 292 ff. wegen Wilderei.

2. Nach der „VO. über Feld- und Forstdiebstähle" v. 20. 9. 42 (RGBl. I 558) können F.- u. F.-Diebstähle a u c h nach allg. StR. als Diebstahl bzw. Unterschlagung bestraft werden. Vgl. Vorbem. vor § 242.

5. In landesgesetzlichen Vorschriften über Materien, welche nicht Gegenstand des Strafgesetzbuchs für das Deutsche Reich sind, darf nur Gefängnis bis zu zwei Jahren, Haft, Geldstrafe, Einziehung einzelner Gegenstände und die Entziehung öffentlicher Aemter angedroht werden.

6. Vom 1. Januar 1871 (1872) **ab darf nur auf die im Strafgesetzbuche für den Norddeutschen Bund** (das Deutsche Reich) **enthaltenen Strafarten erkannt werden.**

Wenn in Landesgesetzen anstatt der Gefängnis- oder Geldstrafe Forst- oder Gemeindearbeit angedroht oder nachgelassen ist, so behält es hierbei sein Bewenden.

Maßregeln, die nicht „Strafen" sind, kann das Landesrecht dagegen anwenden; vgl. Vorbem. vor § 13.

Strafgesetzbuch für das Deutsche Reich

Vom 15. Mai 1871

Einleitende Bestimmungen

Dreiteilung der strafbaren Handlungen

1. Eine mit dem Tode, mit Zuchthaus oder mit Festungshaft von mehr als fünf Jahren bedrohte Handlung ist ein Verbrechen.

Eine mit Festungshaft bis zu fünf Jahren, mit Gefängnis oder mit Geldstrafe von mehr als einhundertfünfzig Reichsmark oder mit Geldstrafe schlechthin bedrohte Handlung ist ein Vergehen.

Eine mit Haft oder mit Geldstrafe bis zu einhundertfünfzig Reichsmark bedrohte Handlung ist eine Uebertretung.

Schrifttum: Niethammer in DRZ. 47, 100; — Engisch in SJZ. 46, 232. — Derselbe: Die neuere Rechtspr. zur Trichotomie der Straftaten, SJZ. 48, 660; — Lange, Probleme des § 1 StGB., in MDR. 48, 310; — Nüse, Zur Frage der Dreiteilung der Straftaten nach § 1 StGB., JR. 49, 5.

I. Ein gemeinsames Wort für alle strafbaren Handlungen, mindestens für Verbrechen und Vergehen, hat sich noch nicht durchgesetzt. „Verbrechen", obwohl viel so verwendet, paßt nicht für leichtere Fälle; ist auch, da gleichzeitig Artbegriff, ungeeignet zum Gattungsbegriff. — „Delikt", früher gleichfalls viel gebraucht, weicht vor dem Wunsch, zu verdeutschen, allmählich zurück; ist auch mehrfach anderweit festgelegt (röm. delictum gegenüber maleficium, crimen; oder wissenschaftlich: Delikt gleich schuldhafte Normübertretung, Verbrechen gleich strafbares Delikt). — Neuerdings bürgerte sich das Wort „Straftat" ein, auch beim RGer. und in neueren Gesetzen, z. B. StGB. §§ 3, 211 (Neufassungen!), n. JGG. — Das Gesetz gebraucht auch die zusammenfassenden Wendungen „strafbare Handlung (= tatbestandsmäße, rechtswidrige und schuldhafte Handlung), z. B. §§ 51—54, 59, 190, 257; „eine mit Strafe bedrohte Handlung" (= tatbestandsmäßige und rechtswidrige Handlung) in §§ 42b, 48, 49, 330a. Die Abgrenzung ist nicht immer einfach, zumal in den Gesetzen keineswegs immer dem gleichen Wort der gleiche Sinn entspricht. Vgl. Vorbem. vor III. Abschnitt.

II. Praktische Bedeutung hat die Dreiteilung heute als technisches Mittel zur Vereinfachung der Gesetzessprache durch Zusammenfassung von Gruppen. Hier reicht sie so weit und greift so tief, daß die Grenzen der drei Tatgruppen eindeutig klargestellt werden müssen. Vgl. StGB. §§ 6, 20a, 27ff., insbes. § **27b**, 40, 42c, **43**, 49, 49a, 49b, **67**, 74, 139, 151, 157, 257; StPO. §§ 112 II, 113, 153 ff., 200 II, 201, 233, 266 II, 374, 407, 413, 429e, 433; StRegisterVO. § 3 II; Verbr.-RegStrVO. § 21. — Die unserem System nicht angepaßten **Sperrvorschriften** (Vorbem. VI vor § 13) haben auf die Dreiteilung keinen Einfluß. Vgl. OGHE. 1 126 = DRZ. 49 207 (Anm. Gallas), MDR. 48 366 (Braunschweig m. Anm. v. Weber) und 368 (Hamburg m. Anm. Kühn); abw. Reinicke in MDR. 48, 486 (Hamm).

III. Rückblick und Ausblick. Einen tieferen Sinn hatte die **Dreiteilung** in der Zeit, in der das neuere Strafrecht wurzelt (vor und nach 1800). Sie entstammt dem Naturrechtsdenken des 18. Jahrhunderts und hat verschiedene gedankliche Wurzeln, die mannigfach miteinander verflochten sind und von denen schwer auszumachen ist, welches die primäre, die die anderen bedingende ist. a) Ein Gedanke ging dahin, daß echtes kriminelles Unrecht eine Verletzung von „Rechten" enthalten müsse, und daß hierbei zwischen „angeborenen" (z. B. Leben) und „erworbenen" Rechten (z. B. Eigentum) unterschieden werden müsse; daß diesen Rechtsverletzungen gegenüberzustellen sei die bloße Zuwiderhandlung gegen Ge- und Verbote. b) Teils in Verbindung hiermit (zum anderen Teil freilich aus selbständigen politischen Beweggründen) entstand der Gedanke, daß über Verletzung angeborener Rechte ungelehrte Richter urteilen könnten und sollten, daß dagegen Verletzungen erworbener Rechte nur der Kenner des Gesetzes zutreffend beurteilen könne; während bei bloßen Ungehorsamsfällen ein Polizei- oder Friedensrichter die Gesetzesfolge aussprechen möge. c) Die sich herausbildende Unterscheidung von entehrenden und nichtentehrenden Strafen deckte sich hiermit teilweise. Das Ergebnis des 18. Jahrhunderts war im wesentlichen folgendes:

1. Verletzung angeborener Rechte, z. B. Mord; aber auch schwere politische Untaten: crime, Verbrechen; entehrendes Zuchthaus; Volksrichter, cour d'assises, Geschworenengerichte. — 2. Verletzung erworbener Rechte, z. B. Diebstahl délit, Vergehen; Gefängnis, sühnend, aber nicht grundsätzlich entehrend; Juristengericht, tribunal correctionel, Strafkammer. — 3. Bloßer Ungehorsam, z. B. unerlaubtes Schießen, zu schnell fahren, nicht begriffsnotwendig verbunden mit Verletzung von Rechten, u. U. mit der Gefährdung solcher: contravention, Uebertretung; Haft, Denkzettel ohne Sühnecharakter und ohne Ehrminderung; Juge de paix, Friedensrichter, Polizeirichter, in Deutschland später Schöffengerichte. — So Frankreich 1791, 1810; Bayern 1813; dann vielfach im In- und Ausland.

Nach 1800 Entwertung der Dreiteilung. Zunächst durch die geistige und politische Umstellung vom Naturrecht auf Gesetzespositivismus: bestraft wurde nicht mehr die Verletzung von Rechten, sondern von Gesetzen; und ein Unterschied von angeborenen und erworbenen Rechten wurde nicht mehr anerkannt. Der Wert der Dreiteilung lag im wesentlichen nur noch darin, daß sie die Gerichtszuständigkeiten erkennen ließ, im übrigen waren aus Artunterschieden Gradunterschiede geworden. Bald verschwand auch dieser Formalwert, da aus Zweckmäßigkeitsgründen die Gerichtszuständigkeiten sich nach unten verschoben, d. h. immer mehr Verbrechen vor die Strafkammern, Vergehen vor den Einzelrichter kamen. Trotz Verflüchtigung des Grundgedankens und Entwertung der Dreiteilung und trotz zunehmender Kritik an ihr wurde sie (unter dem Einfluß der aus dem Gebiet des Code Pénal stammenden rheinpreußischen Juristen) in das Preuß. StGB. v. 1851 übernommen, von da in das RStGB. Seitdem aber hat sie sich eingebürgert. Auch im Volksbewußtsein ist der Unterschied von Verbrechen und Vergehen lebendig (so mit Recht KG. in DRZ. 47 162 = JR. 47 98). Wie der französische Entw. 1934 und das Schweizer StGB. von 1937 (1942) halten auch die deutschen Entwürfe bis 1933 an ihr fest.

Das ist um so bemerkenswerter, als die Entw. mit ihren zahlreichen und weitgespannten Strafänderungsgründen zugleich eine Entwicklung anbahnten, die sich nach 1933 vielfach übersteigerte: die starke Verlagerung der Entscheidung über die Strafhöhe vom Gesetzgeber auf den Richter. Die neuen Strafgesetze seit 1933 umgrenzten zwar die Tatbestände. Aber die Schwere ihres Unrechtsgehalts zu bestimmen überließen sie weitgehend dem Richter, dem sie Strafrahmen von äußersten Spannweiten zur Verfügung stellten, und zwar meist ohne konkrete Anweisungen für seine strafzumessende Tätigkeit. Eine gesetzliche Strafdrohung, die für die gleiche Tatbestandsverwirklichung leichte Gefängnis- oder gar Geldstrafe bis zu schwersten Zuchthaus- oder gar bis zur Todesstrafe androht (vgl. Vorbem. II vor § 1), bedeutet ohne solche Anweisung einen Verzicht des Gesetzgebers darauf, diesen Tat-Typ einzustufen. Dies soll im Einzelfall der Richter tun. Aber damit hat § 1 nichts zu tun, denn dieser geht von der generell angedrohten, nicht von der individuell verwirkten Strafe aus (vgl. Anm. IV). Er wollte Typen einstufen; der Richter sollte nur entscheiden, welchem Typ die Tat entsprach.

IV. Aus dieser Standpunktsverschiebung, aus der weitgehenden Verlagerung der wertenden Tätigkeit vom Gesetzgeber auf den Richter einerseits, der Beibehaltung des gegenteilig orientierten § 1 mit seinen weittragenden Folgerungen (Anm. II) anderseits, waren im Bereich der neuen Strafgesetze **Schwierigkeiten** entstanden, deren annähernde Lösung in der Vorauflage nach folgender Richtung gesucht wurde: Nicht sei möglich der Uebergang von der abstrakten zu einer wirklich konkreten Betrachtung, d. h. von dem Grundsatz, die Einstufung der Straftaten nach der gesetzlich angedrohten Strafe vorzunehmen, zu dem Grundsatz, dies nach Maßgabe der im Einzelfall verwirkten Strafe zu tun. Es würde, wenn die Verwirrung nicht hoffnungslos werden soll, zur Voraussetzung haben müssen, daß der § 1 mit allen seinen Konsequenzen geändert würde. Möglich sei nur, innerhalb jener weitgespannten Tatbestände abgestufte Wertgruppen zu bilden, soweit das Gesetz dies irgend ermögliche. Beispiel aus den „besonders schweren Fällen": Nicht zwar dürfe und könne für die Einstufung als Verbrechen oder als Vergehen maßgebend sein, ob der Einzelfall endgültig mit Zuchthaus oder mit Gefängnis gestraft werde; denn eine Einstufung müsse schon vor Beginn des Verfahrens erfolgen (z. B. wegen Zuständigkeit, Verjährung usw.). Wohl aber sei maßgebend, ob bei solcher Prognose der Fall in die Gruppe der „besonders schweren", grundsätzlich mit Zuchthaus „bedrohten" Fälle gehöre, oder aber in die Gruppe der einfachen, die grundsätzlich mit Gefängnis bedroht seien. Nicht also Uebergang zu einer konkreten, sondern zu einer „konkreteren" Betrachtung.

V. Aber die **„besonders schweren Fälle"** und ähnliche Gruppen, die den Herd der konstruktiven Schwierigkeiten bildeten, sind seit 1945 zahlenmäßig erheblich zurückgetreten. Schon darum kann das System der Dreiteilung nicht ihnen, sondern müssen sie dem System eingeordnet werden. Dies ergibt auch ihre Struktur ebenso wie ihre Geschichte.

Zu unterscheiden sind

1. die „unbenannten" besonders schweren Fälle, die auf die Entwürfe vor 1933 zurückgehen und dort bestimmt waren als Fälle, in denen „der verbrecherische Wille des Täters ungewöhnlich stark und verwerflich und die

Tat wegen der besonderen Umstände ihrer Begehung oder wegen ihrer verschuldeten Folgen besonders strafwürdig ist" (§ 77 II E. 1927);

2. die „benannten", die 1933 in §§ 263 IV, 266 II StGB. sowie in § 294 III Aktien-Ges., 95 II Börsen-Ges., 81a II GmbH.-Ges., 146 II Genossenschafts-Ges. und 34 II Depot-Ges. eingeführt wurden.

Im Gegensatz zu der älteren Gruppe begnügte sich die jüngere mit objektiv oder subjektiv schweren Fällen und führte dies nicht abschließend, sondern nur beispielsweise auf. Sie band also den Richter weit weniger als bei richtiger Auslegung die „unbenannten", die in Wahrheit den vor die Klammer gezogenen Inhalt des § 77 II E. 27 bargen. An diesen und nicht an jenen hat sich daher die heutige Auslegung wieder zu orientieren, und zwar folgerichtig auch ihrer Funktion nach, nämlich als bloßer Strafzumessungsgründe ohne Einfluß auf die Qualifikation; so ausdrücklich die Entwürfe vgl. § 11 III E. 27.

Im Ergebnis ist daher dem RG. zuzustimmen, das sie in E. 69 168 ausdrücklich als Gegenstück zu den „mildernden Umständen" behandelt. Vgl. ferner E. 59 127, 60 145, 68 391, 69 49, 340, 71 104.

VI. Uebersicht. Folgende Ansichten werden in dieser Streitfrage vertreten:

1. **Abstrahierend:** Die schlechthin höchste Strafmöglichkeit entscheidet, gleichviel ob der Straferhöhungsgrund benannt oder unbenannt ist. So Gerland, 2. Aufl. S. 90 Note 4, der ORR. zu E. 60 177. Jeder Betrugsfall wäre hiernach durch § 263 IV zum Verbrechen geworden.

2. **Generalisierend:** Der ordentliche Strafrahmen ist maßgebend auch für die Qualifikation besonders schwerer Fälle usw. Diesen Standpunkt teilt der Text mit dem RG. und der bisher herrschenden Lehre; vgl. Nagler LK. 6. Aufl. S. 79 und die dort Zitierten; Eb. Schmidt, Vorb. 2 vor § 294 Aktien-Ges.

3. **Spezialisierend:** So Engisch, SJZ. 46 S. 232, Wertgruppen bildend. Grundsätzlich ebenso schon Kohlrausch in der Voraufl. vgl. oben zu IV.: Soweit ein Fall in concreto der schwereren oder leichteren Gruppe unterfällt, wird er zum Verbrechen usw. Doch will Kohlrausch, ebenso Welzel, S. 13, nur den „benannten" Fällen der §§ 263 IV usw., Engisch allen Strafänderungsgründen diese Wirkung beilegen.

4. **Differenzierend** innerhalb der „benannten" Fälle: Mezger, Grundriß 2. Aufl. S. 63, Olsh.-Nieth. § 1, 8d, die in §§ 263 IV usw. die Beispiele als strafändernd behandeln wollen, den durch sie erläuterten Allgemeinbegriff dagegen nicht.

5. **Konkretisierend:** Nicht die angedrohte, sondern die im Einzelfall verwirkte Strafe ist maßgebend. So früher Schönke, § 1 II 1 — aufgegeben in der 4. Aufl. — und — für die VRStVO. die eine Sonderregel vorsah. — Frankfurt SJZ. 46 231, anders aber in SJZ. 48 638 betr. § 218.

Die Auffassung zu 1. wird durch das Gesetz selbst widerlegt, das in §§ 139a, 153, 218 II, 240, 267, 281, 348, 353 b u. c usw. den Versuch auch bei Vorliegen besonders schwerer Fälle ausdrücklich mit Strafe bedroht. — Entgegen der hier vertretenen 2. Auffassung ging § 21 VRStVO. von der qualifikationsändernden Wirkung der besonders schweren oder leichten Fälle aus. Aber dies ist eine systemfremde Ausnahme geblieben. Gegenbeispiele wie § 218 IV StGB. oder § 5 I i. V. m. § 3 PaßstrafVO. zeigen, daß aus einer derartigen Einzelbestimmung keine allgemeinen Schlüsse gezogen werden können. Der Vorwurf, daß die Straflosigkeit der versuchten Untreue auch in schweren Fällen angesichts der Strafbarkeit der versuchten Veruntreuung unbefriedigend sei (so die Voraufl.), richtet sich in Wahrheit gegen den Grundtatbestand; seine Berechtigung ist im übrigen umstritten (Niethammer, DRZ. 47, 100). — Zu 3. ist die Unterscheidung zwischen „tatbestandlichen" und persönlichen Strafänderungsgründen innerhalb dieser Fallgruppe nicht durchführbar, wie Engisch nachgewiesen hat. Alle Versuche, etwa „mildernde Umstände" von „minder schweren Fällen" abzugrenzen, sind gescheitert (Nagler, S. 172). Gesteht man aber mit Engisch allen Strafänderungsgründen Bedeutung für die Zuordnung nach § 1 zu, so läuft dies auf die Auffassung zu 5. hinaus. Dies ist weder mit dem Wort und dem Sinn des § 1 — „bedroht", nicht „verwirkt" — noch mit der Struktur der Entwürfe vereinbar und führt praktisch zu größter Unsicherheit (Niethammer, DRZ. 47, 100). Schönke begründete seinen alten Standpunkt mit der konkreten Zuständigkeitsregelung der VO. vom 21. 2. 40. Aber deren zufällige, nicht überall in Deutschland gültige Gestaltung kann nicht eine tiefgreifende Strukturfrage des materiellen Strafrechts entscheiden.

Die Auffassung zu 4. ist logischen Einwänden ausgesetzt, da sie das Beispiel anders behandeln will als den Grundbegriff, dem es angehört.

Teilweise rechtsähnlich sind die Gegenüberstellung von sog. abstrakten und konkreten Maßstäben in § 2a und in § 73. Vergleiche können hier aber mehr irreführen als fördern. — 1. Daß es nach § 2a darauf ankommt, welches der Gesetze im Einzelfall die mildeste Beurteilung zuläßt, ist nicht nur sachgemäß, sondern selbstverständlich. So deshalb immer die Rechtspr.: E. **33** 190 bis **71** 42, **75** 210. Für § 1 folgt hieraus nichts. — 2. § 73 fordert, wie § 1, einen „abstrakten" Maßstab: „androht", i. Gegs. zu § 74: „verwirkt". Daran konnte und wollte auch das RGer. nichts ändern. Es hatte aber für § 73 die Abstraktheit überspannt, indem es nach Einführung der „besonders schweren Fälle" einen Einheitsstrafrahmen annahm, also z. B. annahm, bei „Betrug" reiche nunmehr der StrRahmen von 3 RM. Geldstrafe bis zu 10 Jahren Zuchthaus. Um die absurden Folgen abzubiegen, die sich für § 73 hieraus ergaben, hatte der GSStr. aus § 73 den vernünftigen Satz herausgelesen, bei Tateinheit dürfe das Mindestmaß des milderen Gesetzes nicht unterschritten werden. Die Frage: „abstrakte oder konkrete Betrachtung?" hatte er unentschieden gelassen (E. **73** 148). Weiter waren dann E. **75** 191 und DR. **41** 1659 gegangen, die sich freilich auf den GSStr. zu Unrecht beriefen. Für § 1 jedenfalls ist die Parallele zu § 73 unergiebig. Daß der StrRahmen für Betrug von 3 RM. bis 10 Jahr. Zuchth. reiche, ist für § 1 auch vom RGer. nicht behauptet worden. Es würde bedeutet haben, daß seit Einführung der „bes. schw. Fälle" jeder Betrug ein Verbrechen sei! — 3. Einen echt konkreten Maßstab hat dagegen die ZuständVO. v. 21. 2. 40 an die Stelle des abstrakten der §§ 24 ff. GVG. treten lassen. Aber für § 1 folgt auch hieraus nichts, s. o.

VII. Der ordentliche Strafrahmen, nicht die verwirkte Strafe, auch nicht die Ausnahmegruppe, ist hiernach, von der positivrechtlichen, völlig singulär gebliebenen Ausnahme des § 21 VRStVO. abgesehen, für die Zuordnung nach § 1 maßgebend. So ausdrücklich auch § 11 III E. 27.

In einzelnen Fällen stehen Verbrechens- und Vergehensstrafrahmen nebeneinander. So z. B. in §§ 139b, 174 n. F., 224, 226, 253 n. F., 3 PaßstrafVO., 1 KWVO., 8 Sprengstoff-Ges., 21 Naturschutz-Ges., 30 Jug.-Wohlf.-Gesetz.

Hier ist jeder Strafrahmen in seinem Bereich maßgebend. Das folgt aus ihrer vom RG. stets anerkannten Gleichwertigkeit. Vgl. E. **75** 240; ein gesetzliches Argument in § 5 i. V. m., § 3 PaßstrafVO. So jetzt für § 1 KWVO. das KG. in DRZ. **47** 99 und 162, sowie für KRG. 10 Halle in JR. **47** 120. Anders Braunschweig DRZ. **48** 106, und durchweg früher das RG.: E. **39** 160, **52** 344, **74** 287 ohne Begr., E. **42** 397 unter Bezugnahme auf die Motive, die jedoch dieses Problem noch nicht kannten. Lediglich in den Fällen der §§ 185, 186, in denen das System des § 1 durch die Einfügung der Haftstrafe in den Reichstagsverhandlungen bewußt durchbrochen wurde (S c h ü t z e in Goltd. A. 20, 362), ist durchgängig ein Vergehen anzunehmen. Dagegen liegt in allen anderen hier genannten Fällen echte Zwitterbildung zwischen Verbrechen und Vergehen bzw. Vergehen und Uebertretung vor. Wenn der Fall der Wertgruppe des Vergehensstrafrahmens angehörte, konnte also § 27b auch im Falle etwa des § 1 KWVO. eingreifen, was rechtspolitisch dringend erwünscht war.

Die Frage, ob in solchen Fällen bei Anwendung des Vergehensstrafrahmens der V e r s u c h strafbar ist, entscheidet sich nach der erkennbaren Absicht des Gesetzgebers im Einzelfall. A. A. insoweit das KG. in DRZ. **47** 99 und 162. § 5 I PaßstrafVO. hält eine besondere Versuchsstrafdrohung im Fall des § 3 für erforderlich, obwohl dieser Gefängnis und Zuchthaus nebeneinander vorsieht. § 43 II StGB. steht der hier vertretenen Meinung nicht entgegen. Denn diese Bestimmung meint nur den Fall, daß ein Vergehen selbständiger Deliktstyp ist; der Fall des doppelten Strafrahmens kam im Jahre 1871 noch nicht vor, soweit Versuchsfragen in Betracht standen.

VIII. Tatbestandsänderungen. Wo das Gesetz nicht nur Sondergruppen für die S t r a f z u m e s s u n g bildet, denen wegen ihrer mangelnden Bestimmtheit oder wegen ihrer bloß exemplifikativen Methode keine tatbestandliche Qualität zukommt, sondern die D e l i k t s t y p i z i t ä t ändert, sei es in objektiven oder subjektiven Merkmalen, sei es innerhalb einer Bestimmung oder durch Schaffung einer neuen, da ändert sich mit dem Strafrahmen auch die Zuordnung nach § 1. So in § 243 gegenüber § 242, in §§ 224 bis 226 gegenüber 223. So machen aber auch die schweren Folgen in §§ 221 IV, 321 II, 340 II oder eine besondere Absicht in §§ 235 III, 313 II, 356 II aus Vergehen Verbrechen oder umgekehrt. Ebenso die Gewerbsmäßigkeit, z. B. § 260, aber auch der Rückfall (über seinen strukturellen Gegensatz zu dem Täterstrafrecht des § 20a vgl. B o c k e l m a n n , Studien 1 S. 11 ff., 27. Vgl. auch § 1 V PreisStrafVO., dazu E. **75** 237). Neuerdings die Wirtschaftsstraftat aus Gewinnsucht oder im Rückfall (§ 25 WStG.); die Ueberschrift „Schwere Fälle" ist demgegenüber nicht entscheidend. Nicht dagegen in den Fällen kriminologischer T ä t e r t y p i z i t ä t, die das Tatunrecht nicht berührt: RJGG. § 4 ff., § 51, § 20a (vgl. dort Note III und E. **74** 65).

Art. 103 GG. (2). Eine Tat kann nur bestraft werden, wenn die Strafbarkeit gesetzlich bestimmt war, bevor die Tat begangen wurde.

Schrifttum über Analogie, Gewohnheitsrecht, Auslegung: Zur **Geschichte:** B i n d i n g , Hdb. §§ 4, 46, 47; v. W e b e r , ZStW. Bd. 56 S. 653 ff. — Aus dem neuesten Schrifttum H. M a y e r , Das Analogieverbot im gegenwärtigen deutschen Strafrecht, SJZ. 47, 12 ff. — S c h ö n k e , Auslegung,

Analogie und Gewohnheitsrecht im StrR., MDR. 47, 85. — Derselbe, Komm. zu § 2 (rechtsvergl.). — Wengler, Nichtanwendung NS.-Rechts usw. JR. 49, 67.

I. Analogieverbot.

§ 2 hatte in **alter Fassung** gelautet: „Eine Handlung kann nur dann mit Strafe belegt werden, wenn diese Strafe gesetzlich bestimmt war, bevor die Handlung begangen wurde." Damit waren zwei Regeln aufgestellt. (1) Die erste lautete: Nur ein Gesetz kann eine Handlung zum Verbrechen machen (nullum crimen sine lege), und nur ein Gesetz kann eine Strafe hierfür bestimmen (nulla poena sine lege). Darin lagen zwei Verbote: a) Ausschluß gewohnheitsrechtlicher Rechtsbildung im Strafrecht; b) Verbot entsprechender (sog. „analoger") Anwendung eines Strafgesetzes auf rechtsähnliche Fälle. (Zu b: a. M. insbes. Binding, Hdb. §§ 46, 47, der aber hierbei unter Analogie wohl nur sinngemäße Auslegung verstanden hat, nicht entsprechende Anwendung auf Fälle, die durch den Wortlaut überhaupt nicht mehr gedeckt waren.) — (2) Die zweite aus § 2 a. F. folgende Regel war dahin gegangen: Strafgesetze wirken nicht zurück. Sie müssen bereits zur Zeit der Tatbegehung gegolten haben. Anders, wenn sie sich selber rückwirkende Kraft beilegen: das Rückwirkungsverbot des § 2 a. F. galt dem Richter, nicht dem Gesetzgeber. Hierzu Binding, Hdb. § 4 (lehrreich für Geschichte und Problematik dieser Grundsätze!).

Durch Gesetz vom 28. 6. 35 wurde das Analogieverbot des § 2 in ein Analogiegebot verwandelt und das Rückwirkungsverbot in § 2a neu gefaßt. Ueber den Kampf, den Kohlrausch seitdem in diesem Buch gegen die strafbegründende Analogie geführt hat, s. die Vorauflagen. Jenen § 2 hat KRG. 11 aufhoben, ohne den § 2 a. F. wiederherzustellen. Dieser ist damit auch nicht von selbst formell wieder aufgelebt (Art. IV KRG. 11), wohl aber dem Sinne nach wiederhergestellt. Auch in dem im wesentlichen Inhalt gleicher Art. 116 Weim. Verf., lebte dieser Grundsatz fort. Ebenso in KRProkl. 3 II Nr. 2: „Strafrechtliche Verantwortlichkeit besteht nur für rechtlich als strafbar erklärte Handlungen", Nr. 3: „Kein Gericht darf irgendeine Handlung auf Grund von ‚Analogie' oder im Hinblick auf das sogenannte ‚gesunde Volksempfinden' für strafbar erklären, wie das im deutschen Strafgesetzbuch der Fall war", Nr. 4: „. . . Strafen, die das Gesetz nicht vorsieht, dürfen nicht verhängt werden." Ferner in Art. IV MR. 6 Nr. 1: „Anklagen dürfen nur erhoben, Urteile nur erlassen und Strafen nur verhängt werden, falls ein zur Zeit der Begehung der Handlung in Kraft befindliches Gesetz diese Handlung ausdrücklich für strafbar erklärt. Bestrafung von Taten unter Anwendung von Analogie oder nach angeblichem ‚gesundem Volksempfinden' ist verboten." Jetzt gilt Art. 103 Abs. 2 GG. unmittelbar. Vgl. jedoch zu einer damit wieder auflebenden Auslegungsfrage Frank I zu § 2.

Ist danach Analogie zuungunsten des Täters verboten, so bleibt sie zugunsten des Täters möglich und ist u. U. geboten. So wird die Verfolgung der Untreue von Angehörigen analog dem § 247, 263 V von einem Antrag abhängig gemacht in E. 70 205, 71 323, 75 242. Der Rechtfertigungsgrund des übergesetzlichen Notstandes (Syst. Vorbem. III) ist durch Rechtsanalogie aus einer Reihe von Einzelbestimmungen zu gewinnen.

II. Gewohnheitsrecht.

Es gilt im Strafrecht unmittelbar, soweit es derogierende Wirkung ausübt, wie gelegentlich in Nebenstrafgesetzen, oder soweit es zur Strafmilderung oder -ausschließung führt. So, wenn man die Bildung der Begriffe des Fortsetzungszusammenhangs oder des übergesetzlichen Notstandes zum Gewohnheitsrecht rechnet (Schönke, § 2 IV). Mittelbar, soweit das Strafrecht auf gewohnheitsrechtliche Bildungen in anderen Rechtsgebieten zurückgreift. E. **46** 111. Insoweit kann es auch zur Erweiterung der Strafbarkeit führen. So bei den Vorfragen über Rechtspflicht zum Reden oder Handeln beim Betruge (unten zu § 263) oder die Rechtspflicht zur Abwendung des Erfolges bei den unechten Unterlassungsdelikten (Gerland, 129 N. 3; L.-Schm., § 32 III N. 17).

III. Auslegung.

Für diese war immer und ist auch heute auf Sinn und Zweck des Gesetzes zurückzugehen. Denn der Wortlaut eines Gesetzes ist selten eindeutig. Beispiele: Was ein „Mensch" i. S. der Strafgesetze ist (bis wann die Tötung eines Neugeborenen unter § 218, von wann ab sie unter § 211 fällt); was eine „Sache" i. S. der §§ 242 ff. ist (ob auch Gas, Luft, Energien, Forderungen „gestohlen" oder „unterschlagen" werden können); was eine „Urkunde" i. S. der §§ 267 ff. ist (ob nur Schriftstücke, ob nur beweisbestimmte); ob für die Strafbarkeit des untauglichen Versuchs der § 43 objektiv oder subjektiv auszulegen ist; ob die §§ 48, 49 a. F. für strenge oder beschränkte Abhängigkeit der Teilnahme von der Haupttat sprachen: welches das Anwendungsgebiet des § 50 ist, wie hier „persönliche Eigenschaften und Verhältnisse" zu verstehen sind — diese und unzählige ähnliche Fragen von größter Tragweite lassen sich aus dem Wortlaut der Gesetze nicht beantworten. Sinngemäße Auslegung war und ist stets geboten. Wenig überzeugend hält Hamburg SJZ. **49** 426 (Anm. Busch) im wesentlichen am Wortlaut fest.

Jede juristische Auslegung ist teleologisch, wobei Telos nicht als reiner Nützlichkeitswert verstanden werden darf. Auszugehen ist daher von den Zielen der Auslegung, sodann sind ihre Mittel und Arten festzustellen. Im einzelnen:

A. Die **Ziele** der Auslegung:

1. In erster Linie hat sie der Gerechtigkeitsidee zu entsprechen, wie sie in der Wertwelt unserer Kulturgemeinschaft gebildet und im Einklang damit in den Rechtsüberzeugungen unseres Volkes lebendig ist. Das „gesunde Volksempfinden" als solches ist daher auch unabhängig von den oben wiedergegebenen positiven Verboten nicht als letzter materialer Wertmaßstab anzuerkennen. Treffend Pfalz, DRZ. **47** 236 (betr. § 240, vgl. Syst. Vorbem. III 3).

2. Daneben ist die Auslegung am Wert der Rechtssicherheit, insbes. am Ordnungszweck des Rechtes zu orientieren. Auch das Ziel zu 1. kann nur in diesem Rahmen angestrebt werden. Das folgt unmittelbar aus dem durch die Aufhebung des § 2 n. F. wiederhergestellten Grundsatzes den Gesetzesbestimmtheit. Vom Gesetz bewußt gezogene feste Grenzen, z. B. des Schutzalters bei gewissen Sittlichkeitsdelikten, sind daher zu beachten, auch wenn die ratio legis specialis zu ihrer Ueber- oder Unterschreitung im Einzelfall drängt. Beim übergesetzlichen Notstand

(System. Vorbem. III) darf die Zwecktheorie wegen ihrer Unbestimmtheit nicht ohne nähere Bestimmungsgründe verwendet werden. Aus den §§ 52, 53 III, 54 die allgemeine Schuldvoraussetzung der Zumutbarkeit herzuleiten, würde zu völliger Subjektivierung des richterlichen Urteils führen und damit die Sicherheit der Rechtsanwendung vernichten.

Wo das Gesetz selbst das hiernach erforderliche Minimum der Bestimmtheit unterschreitet, kann also die Anwendbarkeit in Zweifel gezogen werden. Vgl. Welzel, § 53, 4 zu § 170d „sittliches Wohl". So ist ferner § 3 II 2 RJGG., betr. Bestrafung Zwölfjähriger, auch wegen der Unbestimmtheit seiner Voraussetzungen in seiner Geltung mindestens zweifelhaft. Sodann liegt hier eine letzte Grenze für die Anwendbarkeit der heute namentlich im Wirtschaftsstrafrecht wieder allzu beliebten Generalklauseln und Blankette. Vgl. hierzu auch § 59 Anm. II und VI, § 253 II.

3. Andererseits gibt das Strafrecht außerrechtlichen Gegeninteressen Raum. Der Rechtswert ist das Wertgefüge im Gefüge der Werte (Bauch). Er kann nicht losgelöst von den übrigen Kulturwerten verwirklicht werden. Dem trägt das StGB. Rechnung, wenn es den Ehegatten- und Aszendentendiebstahl für straflos erklärt, weil ihre Strafverfolgung mehr Schaden als Nutzen stiften würde. Aus ähnlichen Gründen ist auch für die Auslegung der Sittlichkeitsdelikte zu beachten, daß der Gesetzgeber eine begründete Scheu hat, allzu tief in die Intimitäten des Familienlebens einzudringen. Die Auslegung des allzu weitgefaßten § 266 hat zu berücksichtigen, daß der redliche Unternehmergeist nicht gelähmt werden darf, wie überhaupt die Freiheitssphäre der wirtschaftlichen Betätigung und der persönlichen Initiative zu respektieren ist.

4. Im Rahmen dieser allgemeinen Wertgesichtspunkte ist die ratio legis der auszulegenden Einzelbestimmung zu ermitteln, in erster Linie also deren spezieller Schutzzweck. Er erhellt vor allem aus dem zu schützenden Rechtsgut (nur hierauf stellt Mezger StB, II § 3 ab). Aber dessen Bestimmung ist auch bei den geläufigsten Delikten nicht immer einfach. Diebstahl: Eigentum, Besitz? Erpressung: Vermögen, Freiheit? Abtreibung: keimendes Leben, Volkskraft, Gesundheit der Frau? Daneben ist eine Fülle anderer Momente zu beachten, z. B. gesteigerte oder geminderte Verwerflichkeit oder Gefährlichkeit der Handlung oder Schutzwürdigkeit des Objekts (Mord, Totschlag, Kindestötung, gemeiner, schwerer, leichter Diebstahl), die Erfassung bestimmter Gesinnungsmomente (böswillig, gewissenlos) oder kriminologischer Tätertypen (Zuhälter). Aus der Korrespondenz der Begriffe Verbrechen und Strafe folgt, daß auch die Strafhöhe bedeutsame Anhaltspunkte für die Auslegung der Norm liefert. Vgl. Hamm SJZ. 48, 613, Hessen HESt. 1 154, betr. KRG. Nr. 50.

B. Die **Mittel** der Auslegung.

1. Der Lebenssprachgebrauch gibt nur einen ungefähren Anhalt. Seine Bedeutung liegt vor allem im Negativen: die Auslegung darf nicht sprachwidrig sein. Positiv verbindlich aber ist er nicht ohne weiteres. So versteht man unter „Waffe" im Leben die typische Kampfwaffe. Das Gesetz aber beschränkt den Begriff hierauf nur in einigen Fällen, z. B. §§ 127, 201. In § 223a versteht es ihn in einem weiteren Sinne, bei §§ 123, 243 u. a. ist die Frage bestritten. Und während für den Lebenssprachgebrauch „gefährliches Werkzeug" der Oberbegriff zu „Waffe" ist, spricht § 223a gerade umgekehrt von „Waffe, insbesondere ... gefährlichem Werkzeug". Vgl. RG. in DJ. 38 518.

2. Der Gesetzessprachgebrauch, wenn auch verbindlicher als der des Lebens, beseitigt ebenfalls nicht alle Zweifel. „Besitz" hat im bürgerlichen Recht und im Strafrecht sehr verschiedene Bedeutung. „Kind" ist nach dem JGG. und dem StGB. im allgemeinen eine noch nicht vierzehnjährige Person. In § 239a II wurde dagegen auch der Minderjährige unter 18 Jahren als Kind bezeichnet. Zweifelhaft ist die Grenze in § 170d. Vgl. Anm. dort und Braunschweig, HESt. 1 48. — Betr. „Gegenstand" vgl. §,90 BGB. einerseits, § 40 StGB. und Anm. II dort andererseits.

3. Die Absicht des Gesetzgebers. Ueber dem Wort steht der Sinn. Die Feststellung der Motive des Gesetzgebers, insbes. aus der Entstehungsgeschichte führt unmittelbar an das Telos des Gesetzes heran. Aber auch ihre Verbindlichkeit ist in jedem einzelnen Falle zu prüfen. Das Leben geht weiter, die tatsächlichen oder Wertgrundlagen können sich entscheidend verändert haben. Es gibt lebendige und abgestorbene Traditionen. Verfehlt war es z. B., daß sich das RG. bei der Ablehnung des Elektrizitätsdiebstahls auf den Sachbegriff des römischen Rechts berief, dem die Elektrotechnik unbekannt war. Die Unbeachtlichkeit historischer Absichten wegen Wegfalls ihrer Wertgrundlagen und ihres Gegenstandes spricht Art. II MRG. 1 aus, indem er bestimmt: „Die Auslegung oder Anwendung deutschen Rechts nach nationalsozialistischen Lehren, gleichgültig wie und wann dieselben kundgemacht wurden, ist verboten. Als Quelle für die Auslegung oder Anwendung deutschen Rechts dürfen Entscheidungen deutscher Gerichte, Amtsstellen und Beamten und juristische Schriften, die nationalsozialistische Ziele oder Lehren vertreten, erklären oder anwenden, nicht mehr zitiert oder befolgt werden. Deutsches Recht, das nach dem 30. Januar 1933 in Kraft trat und in Kraft bleiben darf, ist entsprechend dem klaren Sinn des Wortlautes auszulegen und anzuwenden. Gesetzeszwecke und Deutungen, die in Vorsprüchen oder anderen Erklärungen enthalten sind, bleiben bei der Auslegung außer Betracht." Damit ist nicht auf philologische Wortinterpretation verwiesen, sondern auf den losgelöst von den ehemaligen Absichten des Gesetzgebers geltenden Sinn des Gesetzes selbst. Zutr. Schönke, § 2 V. Gerade in solchen Fällen, in denen die historischen Absichten des Gesetzes nicht mehr tragen, werden wir auf ein weiteres Auslegungsmittel verwiesen:

4. den Systemzusammenhang.

Zunächst ist hier die Legalordnung zugrunde zu legen. So erhellt der Sinn des § 330a als „gemeingefährlicher Rausch" aus der Stellung im 27. Abschnitt. Aber auch diese Ordnung kann täuschen, so beim Hausfriedensbruch des § 123, der kein Vergehen gegen die öffentliche Ordnung ist und nur aus technischen Gründen an der Spitze des 7. Abschnitts steht. Die Auslegung muß daher in die Tiefe des inneren Sinnzusammenhangs gehen, das Gesetz als objektives, im Ganzen der Rechtsordnung funktionierendes Sinngebilde erschließen, die immanente Ordnung des Gesetzes u. U. gegen die äußere Legalordnung, das, was das Gesetz vernünftigerweise nur bezwecken kann, u. U. gegen den historischen Willen des Gesetzgebers durchsetzen. Dieser Gegensatz zwischen objektiver und subjektiver Auslegungsmethode entfällt weitgehend da, wo der Gesetzgeber selbst durch Reformbestrebungen und Entwürfe oder durch Verfassungsbestimmungen der Auslegung eine neue Richtung weist. Aber auch abgesehen davon ist er insofern nur ein scheinbarer, als der Wille des Gesetzgebers, richtig verstanden, gar nicht anders aufgefaßt werden kann, als daß das Gesetz bei späterer Anwendung veränderten Lebensverhältnissen und -wertungen zu entsprechen habe. So mündet hier das Mittel der Auslegung in ihr Ziel ein, die analytische Einzelinterpretation wächst sich zur synthetischen Konstruktion und Systematik aus. — Zwischen zivilrechtlicher, mehr subjektiv, und strafrechtlicher, mehr objektiv orientierter Auslegung unterscheidet Mezger ZStW. 59, 572 Anm. 36.

C. Die **Arten** der Auslegung sind die gleichen wie in den übrigen Rechtsgebieten.

1. Die erklärende Auslegung stellt mehrdeutige Begriffe fest (z. B. „Nachtzeit" in § 243 Nr. 7: die Zeit zwischen Abend- und Morgendämmerung oder die ortsübliche Zeit der Nachtruhe?) und bestimmt den näheren Inhalt normativer Begriffe (z B. „wichtiges Glied" in § 224: Daumen, Ringfinger?).

2. Die berichtigende Auslegung stellt den Sinn des Gesetzes gegenüber dessen zu engem oder zu weitem Ausdruck her (z. B. Rücktrittsmöglichkeit nach § 46 für Teilnehmer über den Wortlaut „Täter" hinaus, E. 59 412). Sie geht also davon aus, daß das Gesetz etwas anderes als das Erklärte wolle, setzt einen error in faciendo voraus. Einen unrichtigen Willen des Gesetzes (error in iudicando) feststellen und korrigieren zu wollen, hieße dagegen über den Gesetzesinhalt hinausgehen und Analogie treiben. Ueber deren Grenzen oben zu I. So konnte der Gedanke, die durch Mißbrauch von Automaten begangene Leistungserschleichung zu strafen, im Jahre 1870 gar nicht gefaßt werden; ihn durfte daher der Richter nicht in das Gesetz hineinbringen. Richtig E. 68 65. Vgl. auch Maurach, § 8.

Zeitliche Geltung der Strafgesetze

2a. Die Strafbarkeit einer Tat und die Strafe bestimmen sich nach dem Recht, das zur Zeit der Tat gilt.

Gilt zur Zeit der Entscheidung ein milderes Gesetz als zur Zeit der Tat, so kann das mildere Gesetz angewandt werden; ist die Tat zur Zeit der Entscheidung nicht mehr mit Strafe bedroht, so kann die Bestrafung unterbleiben.

Ein Gesetz, das nur für eine bestimmte Zeit erlassen ist, ist auf die während seiner Geltung begangenen Straftaten auch dann anzuwenden, wenn es außer Kraft getreten ist.

Ueber Maßregeln der Sicherung und Besserung ist nach dem Gesetz zu entscheiden, das zur Zeit der Entscheidung gilt.

I. Der **Grundsatz der Nichtrückwirkung** der Strafgesetze beherrscht das strafrechtliche Denken seit dem Beginn des 19. Jahrh. Feuerbach hat ihm die klassische Formulierung gegeben. Zu seiner Strafrechtstheorie gehört der Satz als integrierender Bestandteil, da die positive Strafdrohung nur abschrecken kann, wenn sie dem Täter vor der Tat bekannt war. Ueber die doppelte geschichtliche Wurzel des Satzes in staatsrechtlichen und strafrechtlichen Erwägungen und über seine Bedingtheit vgl. Binding, Hdb. § 4. Er war der Hauptinhalt des bisherigen § 2 und ist der alleinige Inhalt des neuen § 2a. Nach wie vor aber gilt dieser Grundsatz nur für den Richter. Ein Gesetz kann sich selber rückwirkende Kraft beilegen. Die Problematik solcher Ausnahmen ist neuerdings anläßlich des KRG. 10 viel erörtert worden. Vgl. v. Hodenberg, SJZ. 47, 115 ff., Wimmer, SJZ. 47,

131 ff., Radbruch, SJZ. 47, 134 ff., Graveson, MDR. 47, 278 ff., Lange, DRZ., 48, 155 ff. (dort weitere Lit.). Zu unterscheiden ist, ob eine Tat zur Zeit ihrer Begehung rechtlich unverboten war — dann ist eine rückwirkende Bestrafung als ungerecht schlechthin unzulässig; der Richter wäre einem solchen Gesetze nur als einer vis maior unterworfen, soweit ihm das Prüfungsrecht versagt ist — oder ob eine lex imperfecta nachträglich mit Strafsanktion versehen wird. Soweit das Verbot schon zur Tatzeit bestand, ist die Strafbarerklärung nicht ungerecht; wohl aber können Gefahren für die Rechtssicherheit entstehen. Aus der Praxis zu KRG. 10 vgl. insbes. Hamburg MDR. **47** 242, LG. Siegen MDR. **47** 203 ff., dazu Hamm ebendort S. 205 ff.; KG. in DRZ. **47** 345, anders in DRZ. **47** 308. — Vgl. auch Anm. IV.

II. „Recht" ist weiter als „Gesetz"; wichtig für derogierendes Gewohnheitsrecht.

III. Tatzeit: „Eine Straftat ist zu der Zeit begangen, zu der der Täter gehandelt hat oder im Falle des Unterlassens hätte handeln sollen. Wann der Erfolg eintritt, ist nicht maßgebend, sofern im Gesetz nichts anderes bestimmt ist" (so Entw. 36). Vgl. auch E. **44** 277, **57** 193. — Wird während einer „fortgesetzten Straftat" (Vorbem. II 1 vor § 73) das Gesetz geändert, so dürfen die vorher begangenen Einzelhandlungen in den Fortsetzungszusammenhang nicht einbezogen werden, soweit sie, für sich betrachtet, zur Begehungszeit unverboten waren (E. **62** 1). Anders, wenn das neue Recht keinen neuen Tatbestand schafft, sondern nur die Strafdrohung erweitert (E. **68** 338 betr. § 20a). Vgl. hierzu auch E. **71** 64, 92 und Recht **40** 1806.

IV. Ausnahme: Rückwirkung des milderen Gesetzes. Es würde der materiellen Gerechtigkeit widersprechen, eine Tat nach dem Gesetz der Tatzeit abzuurteilen, wenn die Auffassungen über Recht und Unrecht oder über die Schwere einer Tat sich inzwischen gewandelt haben. Indem die Ausnahme des Abs. 2 aus diesem Grunde das Prinzip des Abs. 1 durchbricht, beweist sie, daß dieses seinerseits in Erwägungen der Rechtssicherheit, nicht unbedingt der Gerechtigkeit wurzelt. Das ist von Bedeutung, weil die Rechtssicherheit Ausnahmen zuläßt, die Gerechtigkeit nicht. Näheres in Anm. I und der dort zit. Lit. Zu vergleichen ist der gesamte Rechtszustand zur Zeit der Aburteilung mit dem der Tatzeit; also auch Berücksichtigung von strafausschließenden und strafmildernden Umständen. Streitig, ob auch außerstrafrechtliche Rechtsänderungen (z. B. Einführung von Pfändungsbeschränkungen gegenüber § 137, Einschränkung des Vermieterpfandrechts gegenüber § 289) zu berücksichtigen sind. Das RGer. hat dies i. allg. nur dann angenommen, wenn hierin eine grundsätzliche Aenderung der Strafrechtsauffassung lag, nicht aber, wenn nur tatsächliche Bedürfnisse sich geändert haben (E. **33** 184, **55** 12; DR. **42** 1781). Mit Recht: denn nur im ersten Falle ist eine Normenänderung eingetreten. — Betr. Abschaffung der Todesstrafe OGHE. **2** 1.

Entsprechend dem Doppelcharakter der Strafe als gerechter Vergeltung und als Verbrechensbekämpfung ist aber der mildere Rechtszustand auch dann zugrunde zu legen, wenn sich zwar die Auffassungen über die Strafbarkeit eines Verhaltens nicht grundsätzlich gewandelt haben, das geschützte Interesse indessen völlig weggefallen ist. Auch wenn Fahnenflucht in abstracto nach wie vor als strafwürdig gilt, ist jedenfalls ihre nachträgliche Bestrafung nach Wegfall der Wehrpflicht und der Armee überhaupt angesichts der praktischen Zwecke des Strafrechts nicht zu rechtfertigen.

Aehnlich Frank V. 1 schon für die Zeit nach dem ersten Weltkriege; a. A. damals E. **47** 414; **55** 125. Unzulässig ist es, auf dieselbe Tat teilweise das alte und teilweise das neue Recht anzuwenden (E. **74** 132). — Wegen Strafantrag vgl. Anm. II zu § 61. — Da nach 1933 die Mußmilderung zu einer Kannmilderung abgeschwächt worden ist, greifen u. U. **Sperrvorschriften** ein. Darüber Vorbem. vor § 13. AA. v. Weber MDR. 49, 58, Nürnberg SJZ. **49** 646.

Maßgebend ist das **in concreto** mildere Gesetz: E. **33** 190 (betr. Bankerott), **61** 135, **64** 363.

V. Zwischengesetze, nach denen die Tat milder angesehen oder straflos gelassen war, bleiben außer Betracht. Früher streitig.

VI. Zeitgesetze. Zum Begriff E. **74** 3019; ZG. auch dann, wenn ein Gesetz ohne formelle Befristung von vornherein nur für die Dauer der außergewöhnlichen Verhältnisse gelten soll, derentwegen es erlassen wurde; hierzu Drost MDR. 49, 454 betr. Wirtschaftsstrafrecht. Vgl aber auch Hessen (Kassel) MDR. **49** 58 (Anm. v. Weber): PreisstrafVO. kein Zeitgesetz. Zeitgesetze **wirken nach** (auch hier von Nichtrückwirkung des milderen RZustandes zu sprechen, ist üblich, aber unrichtig). Wird Nachwirkung hier nicht ausdrücklich angeordnet, so ist die in Anm. IV aE. angedeutete Erwägung maßgebend.

VII. Maßregeln sind keine Strafen. So §§ 42a bis 42m, sowie alle, die nicht eine begangene Straftat sühnen, sondern der Begehung weiterer vorbeugen sollen. Vgl. V. 2 vor § 13. Für die ohne Rücksicht auf das Eigentum des Täters zulässige „Einziehung" (§ 40 Anm. I) schon ebenso E. **67** 215. Rückwirkung für die Voraussetzungen der unbestimmten Strafe in § 2 StGB. Thür. Fassung, weil insoweit das Präventionsmoment überwiegt.

VIII. Prozessuales. Bei Anfechtung des Urteils ist die Zeit der Berufungs- oder Revisionsentscheidung maßgebend. Die Aufhebung des § 354a StPO. ändert an diesem Grundsatz nichts. Oldenburg SJZ. **49** 866 (Anm. Schmidt).

Wahlfeststellung

[**2b.** Steht fest, daß jemand gegen eines von mehreren Strafgesetzen verstoßen hat, ist aber eine Tatfeststellung nur wahlweise möglich, so ist der Täter aus dem mildesten Gesetz zu bestrafen.]

Aus dem Schrifttum vor 1935: Oetker, 3. Band des Handbuchs des Strafprozesses von Glaser, 1907, S. 275—311. — Zeiler, ZStW. 40, 168; 42, 665; 43, 596. — Mannheim, ZStW. 44, 440. — Grünhut, MoKrim. Psych. 1934, 327. — Nüse, Das Problem der Zulässigkeit von Alternativ-Schuldfeststellungen (Strafr. Abh. Nr. 324, 1933; dort weitere Literatur, besbeachtlich Rumpf und Zeiler). — **Seit 1935:** E. Schäfer im „Nachtrag zu Frank StGB.", S. 191 ff. — Niethammer im Nachtrag zu Olshausen, StGB., 1936. — Oetker im Gerichtssaal, Bd. 106, S. 401 ff. — Ders. in ZAk. 36, 217. — Graf Dohna in ZStrW., Bd. 55, S. 576. — Zeiler in JW. 38, 149, und DStrR. 1942, 65 — Niederreuther in DJ. 38, 634.

I. Das Problem. — Es gibt Fälle, in denen der Richter einen Sachverhalt nicht restlos, aber doch soweit klären kann, daß er zu der Ueberzeugung kommt: strafbar hat sich der Täter gemacht; es fragt sich nur, unter welchem Gesichtspunkt. Die Wahlfeststellung will verhindern, daß der Richter hier entweder freisprechen muß oder nur mit einer unehrlichen „tatsächlichen Feststellung" wegen einer der möglichen Taten schuldig sprechen kann. Im wichtigsten und unbedenklichsten Fall — Diebstahl oder Hehlerei? — ließ die PlenEntsch. E. **68** 257 eine Wahlfeststellung zu.

Der durch Ges. v. 28. 6. 35 eingefügte § 2b, der die WF. allgemein zuließ, ist durch KRG. 11 aufgehoben worden. Auf die Gefahr der Verdachtsstrafe, die sich aus der abstrakten Fassung des § 2b ergab, hatten die Voraufl. hingewiesen und folgende einschränkende Voraussetzungen verlangt:

1. **Unmöglichkeit eindeutiger Feststellung.** „Das Gericht hat von Amts wegen alles zu tun, was zur Erforschung der Wahrheit notwendig ist" (StPO. § 244 II). Weiterer Aufklärung darf nicht durch Berufung auf die Möglichkeit den WF. ausgewichen werden. JW. 39, 221 (für § 2b).

2. **Unmöglichkeit, strafloses Verhalten anzunehmen.** Feststehen muß also zunächst ein bestimmtes Verhalten. Gegenstand richterlicher Feststellung sind nicht mehrere mögliche Verhaltensweisen (denn auch zusammengenommen ergeben mehrere Verdachtfeststellungen noch keine Schuldfeststellung), sondern ein wirkliches Verhalten. Einzelheiten dürfen (wie immer) dahingestellt bleiben. Während dies aber früher nur bei solchen Einzelheiten geschah, die für die Identifizierung der Tat und für ihre strafrechtliche Beurteilung belanglos waren, gestattete die WF. dies nun auch für solche Einzelheiten, die zwar nicht für die Strafbarkeit überhaupt, wohl aber für die Strafbarkeit unter einem bestimmten strafrechtlichen Gesichtspunkt maßgebend sind. **Gegenstand der Verurteilung ist hier ein Gesamtverhalten.** Die verschiedenen unterstellten Möglichkeiten müssen ein Bestandteil dieses einheitlichen Verhaltens sein. Welche von ihnen der Wirklichkeit entspricht, bleibt dahingestellt, wenn und soweit dies für die kriminelle Beurteilung dieses Gesamtverhaltens unwesentlich ist. Die strafrechtliche Beurteilung erfolgt dann unter Unterstellung der am wenigsten belastenden Möglichkeit.

So ist die Zulassung einer Wahlfeststellung, wenn diese eine wirkliche Schuldfeststellung sein soll, Zulassung einer Persönlichkeitsfeststellung; nicht ein Tattyp, sondern ein **Tätertyp** wird festgestellt und hierauf die Strafe gegründet. Nur so sind Wahlfeststellungen zu rechtfertigen. Hält man am Gedanken der Tatstrafe i. alten Sinne fest, so ist der Einwand, daß WF. zu Verdachtstrafen führen — trotz Zeiler — nicht zu widerlegen.

Darin lag dem Wortlaut des § 2b gegenüber eine sinngemäße Einschränkung (Nr. 3) und eine sinngemäße Erweiterung (Nr. 4), nämlich:

3. **Rechtsethische und psychologische Vergleichbarkeit** der möglichen Verhaltensweisen. Es geht nicht an, ohne solche Vergleichbarkeit das wirkliche Verhalten dahingestellt zu lassen und trotzdem aus einem bestimmten Gesichtspunkt zu strafen. — Beispiele: Eine Frau hat an einer anderen gegen Bezahlung einen Eingriff vorgenommen, den sie ihr gegenüber als Abtreibungshandlung ausgab, der aber erfolglos blieb. Ob sie einen ernsten Eingriff beabsichtigt hatte, läßt sich nicht feststellen. Vollendeter Betrug oder versuchte Abtreibung? — Ein Mädchen erzählt, mit ihrem Vater geschlechtlich verkehrt zu haben. Dieser bestreitet es, feststellen läßt es sich

nicht. Blutschande oder Verleumdung? — In beiden Fällen darf die Alternative, obwohl logisch zwingend, nicht ausreichen, auf Grund einer wahldeutigen Feststellung eindeutig zu verurteilen. Daß jene Frau eine „Betrügerin" sei, dieses Mädchen eine „Verleumderin" oder gar — falls sie es „öffentlich" erzählt hätte — eine „Blutschänderin", wären ungerechte Verdächtigungen ihrer Persönlichkeit. Leider haben E. **69** 369 (Anm. Schaffstein in JW. 36, 195) und E. **71** 44 Wahlfeststellung von vollendetem Betrug und versuchter Abtreibung zugelassen.

Unter den genannten Voraussetzungen ist auch heute WF. zulässig und u. U. geboten. Die Rspr. wendet sie durchweg im Rahmen der und unter Berufung auf die Plenar-Entsch. E. **68** 257 an: Celle HESt. **1** 3 (= DRZ. **47** 67) mit eingehendem Rückblick, Freiburg HESt. **1** 10 (= DRZ. **47** 65), gestützt auf Niethammer DRZ. 46, 11, Kassel NJW. **48** 696. Vgl. auch Schönke DRZ. 47, 48.

Typisch zulässige Fälle von Wahlfeststellungen sind z. B.: Diebstahl oder Hehlerei; Möglichkeiten des § 243; Unterschlagung oder Untreue; Unterschlagung oder Diebstahl; Raub oder Erpressung.

4. Eine **Erweiterung** war schon gegenüber dem Wortlaut des § 2b insofern sinngemäß und unbedenklich, als Gleichheit der übertretenen Gesetze einer WF. nicht entgegenzustehen braucht, z. B. bei zwei entgegengesetzten Eiden über die gleiche Tatsache, Vorsatz beiderseits vorausgesetzt. „Mehrheit" der Strafgesetze bedeutet nicht Verschiedenheit.

III. Mildestes Strafgesetz ist das, welches die mildeste Gesamtbeurteilung zuläßt. Nach E. **70** 281 ist hierbei „nicht, wie in § 73, von den Strafdrohungen auszugehen, sondern festzustellen, welche Strafe im gegebenen Fall angemessen wäre, wenn zweifelsfrei eindeutig die eine Handlung, und welche Strafe, wenn zweifelsfrei eindeutig die andere Handlung nachgewiesen wäre". Vgl. auch E. **69** 369 sowie Schaffstein in JW. 36, 195; Bruns in DStrR. 36, 278.

IV. Prozessuale Behandlung: Alternative Anklage und alternativer Eröffnungsbeschluß sind zulässig; Zuständigkeit nach der schwereren Straftat; Urteil: „Der Angekl. ist wegen Hehlerei zu Strafe zu verurteilen." Begründung, warum eindeutige Feststellung (Hehlerei oder aber Diebstahl) unmöglich: StPO. § 267b Abs. 2 ist dem Grundgedanken nach auch heute noch anwendbar.

V. Rückfallbegründung streitig. Eine andere Lösung, als die eindeutige Urteilsformel maßgebend sein zu lassen, ist schwer möglich. Sie kann aber zur Ungerechtigkeit führen. Gleiche Bedenken betr. Strafregister, Kriminalstatistik, Amnestiefragen. Auch Zeiler, der Vorkämpfer für die Zulassung der WF., sieht eine Lösung nur in einer Gesetzesänderung.

Geltungsbereich des deutschen Strafrechts

Vorbemerkungen zu §§ 3—8

Aus dem neueren Schrifttum. 1. Internationales Strafrecht. Maurach, DStrR. 38, 1. — v. Weber, GS. 114, 267. — Hartung, RVerwBl. 40, 631. — Schröder, ZStrW. 61, 57 (betr. Teilnahme).

2. Interlokales Strafrecht. v. Weber, DStrR. 40, 182. — Kümmerlein, DStrR. 38, 280. — Middel, DR. 40, 1498. — Jung, DJ. 41, 597. — Satter, DRWiss. 41, 427. — Rittler, ZStrW. Bd. 61. — Schröder, DR. 42, 1115.

I. Das Geltungsgebiet des deutschen Strafrechts muß gegenüber dem des Auslandsrechts abgegrenzt werden. Die Regeln, nach denen dies geschieht, nennt man vielfach (ungenau) **internationales Strafrecht.** Ueber ihre streitige Rechtsnatur vgl. DStrR. 41, 6 ff. Sie haben Antwort zu geben auf folgende Fragen: wo — von wem — gegen wen muß eine Tat begangen sein, damit deutsches StrR. auf sie anwendbar ist? Grundsätzlich sind vier Antworten denkbar:

a) Der Territorialgrundsatz antwortet: im Inland;

b) der Personalgrundsatz: von einem Inländer;

c) der Schutzgrundsatz: gegen einen Inländer.

d) Der Universalgrundsatz (Grundsatz der Weltrechtspflege) sieht von jeder Beziehung der Tat, des Täters und des Angegriffenen zu einer bestimmten Rechtsordnung ab. Er geht davon aus, daß Verbrechensbekämpfung eine internationale, jeden Staat gleichermaßen angehende Aufgabe ist. Jeder Staat könne nach eigenem Recht jeden Verbrecher aburteilen, dessen er habhaft werde. Diesem Ausgangspunkt entspringt ferner

e) der Grundsatz der stellvertretenden Strafrechtspflege in Fällen, in denen eine zunächst erwartete Bestrafung durch das Ausland nicht stattfindet.

Keiner dieser Grundsätze ist rein durchführbar. Jeder würde allseitige Anerkennung und namentlich eine Uebereinstimmung über die Schutzwürdigkeit der angegriffenen Interessen wie über die Strafwürdigkeit der Taten voraussetzen, die nicht vorhanden ist und nicht vorhanden sein kann. Damit nicht Doppelverfolgungen und anderseits Lücken in der Strafverfolgung entstehen, müssen die Grundsätze kombiniert werden.

Dagegen sind weitere Grundsätze des internationalen Strafrechts in unserem Recht nicht allgemein anerkannt. Dies gilt, wie hier schon in den Vorauflagen betont wurde, namentlich von dem sog. Umgehungsgrundsatz, d. i. der Gleichstellung einer zu Umgehungszwecken im Ausland begangenen Tat mit der Inlandstat.

II. Das bis zum Jahre 1940 geltende Recht*) ging aus vom Territorialgrundsatz (§§ 3 und 4 I). Dieser war erweitert nach der Rich-

---

*) **§ 3.** Die Strafgesetze des Deutschen Reichs finden Anwendung auf alle im Gebiete desselben begangenen strafbaren Handlungen, auch wenn der Täter ein Ausländer ist.

§ 4. Wegen der im Auslande begangenen Verbrechen und Vergehen findet in der Regel keine Verfolgung statt.

Jedoch kann nach den Strafgesetzen des Deutschen Reichs verfolgt werden:

1. ein Deutscher oder ein Ausländer, welcher im Auslande eine hochverräterische Handlung gegen das Deutsche Reich oder ein Münzverbrechen oder Münzvergehen oder als Träger eines deutschen Amtes eine Handlung begangen hat, die nach den Gesetzen des Deutschen Reichs als Verbrechen oder Vergehen im Amte anzusehen ist;

tung des Schutzgrundsatzes für Hochverrat, Landesverrat und Amtsdelikte (§ 4 Nr. 1 und 2); nach der Richtung des Universalgrundsatzes für Gelddelikte (§ 4 Nr. 1 i. Vbdg. mit § 146). — Der Personalgrundsatz galt dagegen nicht. Die Nr. 3 des § 4 war vielmehr nur die unvermeidliche Konsequenz des Grundsatzes der Nichtauslieferung von Deutschen (§ 9), der dazu nötigte, ihre Auslandstaten in Deutschland in dem durch das Recht des Tatorts gebotenen Rahmen (!) zu strafen: ein Anwendungsfall des Grundsatzes der stellvertretenden Strafrechtspflege.

Ungenügend war dagegen der Schutz deutscher Rechtsgüter gegen strafbare Angriffe im Ausland. (Beispiel: im Ausland wurde ein Deutscher von einem Ausländer ermordet, bestohlen usw.; der in Deutschland betroffene Täter konnte nicht hier bestraft, nur ausgeliefert werden). Dazu kommt, daß der Deutsche auch im Ausland das deutsche Recht zu achten hat, soweit nicht die tatsächlichen Verhältnisse anderes gebieten, daß also mit dieser Maßgabe der Personalgrundsatz durchzuführen ist.

III. Durch die VO. (mit Gesetzeskraft) v. 6. 5. 40 sind die folgenden §§ 3 bis 5 an die Stelle der bisherigen §§ 3 bis 5 und des bisherigen § 8 getreten. Die Neuerungen, die durchweg Erweiterungen der Strafmöglichkeiten bringen, bestehen in folgendem:

1. Anerkennung des Personalgrundsatzes; der Deutsche lebt für deutsche Beurteilung nach deutschem Strafrecht, auch im Ausland: § 3 I, Lex ossibus inhaeret! — Die „Strafbarkeit" nach Auslandsrecht ist

---

2. ein Deutscher oder ein Ausländer, der im Ausland eine landesverräterische Handlung gegen das Deutsche Reich oder einen Angriff gegen den Reichspräsidenten (§ 94 Abs. 1, 2) begangen hat;
3. ein Deutscher, welcher im Auslande eine Handlung begangen hat, die nach den Gesetzen des Deutschen Reichs als Verbrechen oder Vergehen anzusehen und durch die Gesetze des Orts, an welchem sie begangen wurde, mit Strafe bedroht ist.

   Die Verfolgung ist auch zulässig, wenn der Täter bei Begehung der Handlung noch nicht Deutscher war. In diesem Falle bedarf es jedoch eines Antrages der zuständigen Behörde des Landes, in welchem die strafbare Handlung begangen worden, und das ausländische Strafgesetz ist anzuwenden, soweit dieses milder ist.

Soll ein Ausländer wegen einer im Ausland begangenen Tat verfolgt werden, so darf die Anklage nur mit Zustimmung des Reichsministers der Justiz erhoben werden.

§ 5. Im Falle des § 4 Nr. 3 bleibt die Verfolgung ausgeschlossen, wenn

1. von den Gerichten des Auslandes über die Handlung rechtskräftig erkannt und entweder eine Freisprechung erfolgt oder die ausgesprochene Strafe vollzogen,
2. die Strafverfolgung oder die Strafvollstreckung nach den Gesetzen des Auslandes verjährt oder die Strafe erlassen, oder
3. der nach den Gesetzen des Auslandes zur Verfolgbarkeit der Handlung erforderliche Antrag des Verletzten nicht gestellt worden ist.

§ 8. Ausland im Sinne dieses Strafgesetzes ist jedes nicht zum Deutschen Reich gehörige Gebiet.

ersetzt durch „Strafwürdigkeit" der Auslandstat nach deutscher Rechtsanschauung: § 3 II.

2. Der Territorialgrundsatz ist daneben nicht aufgegeben. Er ist für einen souveränen Staat selbstverständlich: § 4 I.

3. Personal- und Territorialgrundsatz werden ergänzt durch den gegen früher erheblich erweiterten Schutzgrundsatz: § 4 II Z. 2 und III Z. 1, 2, 5 u. 6.

4. Sie werden ferner ergänzt durch den gleichfalls erweiterten Universalgrundsatz: § 4 Abs. III Z. 3, 4, 7, 8 u. 9.

5. Der Gedanke der stellvertretenden Strafjustiz (bisher § 4 Z. 3) bleibt unerläßlich in den Fällen des § 4 II.

IV. Interlokales Strafrecht nennt man neuerdings die Grundsätze, nach denen bei Rechtsverschiedenheit innerhalb Deutschlands die Geltungsgebiete der verschiedenen Strafrechte abzugrenzen sind. Das Gesetz regelt diese Materie nicht. Lediglich in der Thür. Fassung wird (§ 10 n. F.) bestimmt: „Die innerhalb Deutschlands begangenen Straftaten sind nach dem Recht des Tatorts oder, wenn die Tat nach dem am Wohnsitz des Täters geltenden Recht schwerer strafbar ist, nach diesem zu strafen. Uebertretungen werden nur nach dem Recht des Tatorts verfolgt."

Grundsätzlich kommen in Betracht: 1. das Recht des Gerichtsortes, 2. der Heimat des Täters, 3. des Tatorts.

1. Das Recht des Gerichtsortes hat den großen praktischen Vorzug, dem anwendenden Richter geläufig zu sein. Aber es wäre widersinnig, wenn der Angeklagte wegen derselben Tat in X. nach dem einen, in Y. nach einem anderen Rechtszustand abgeurteilt werden müßte. Für die lex fori daher nur Satter, DRWiss. 41, 427, und Rittler, ZStrW. Bd. 61; letzterer mit dem beachtlichen Hinweis, daß durch Anweisung an die Staatsanwaltschaft, etwa stets beim Gericht des Tatorts Anklage zu erheben, die Willkür ausgeschaltet werden könnte. Indessen bedürfte eine solche Entscheidung doch wohl einer Stütze am Gesetz.

2. Die Anwendung des Heimatrechtes (nach der herrschenden Meinung ist hierfür der Wohnsitz des Täters, nach anderen seine frühere Staatsangehörigkeit maßgebend; vgl. z. B. Beitzke und Wengler in ZAk. 40, 353) wird durch die Einführung des Personalgrundsatzes im Internationalen Strafrecht scheinbar nahegelegt. So insbesondere Middel, DR. 40, 1498. Aber die Grundsätze des Int. StrR. haben es mit ganz anderen Fragen zu tun. Und auch nach Klärung der Frage, was unter dem Heimatrecht zu verstehen ist, bliebe hier eine Quelle praktischer Zweifel und Schwierigkeiten. Deshalb mit Recht ablehnend E. **74** 219.

3. Schon früher wurde deshalb hier der Standpunkt vertreten und begründet, daß das materielle Recht des **Tatortes** anzuwenden ist, einerlei, welches Gericht den Fall aburteilt. Am Tatort liegt der Schwerpunkt des Verbrechens. So wie die Rechtsordnung — in ihrem Anspruch auf unverbrüchliche Geltung wie in dem einzelnen Rechtsgut — getroffen worden ist, muß sie wiederhergestellt werden. Ebenso die ständige Rspr. des RG.: E. **74** 219, **75** 104, **76** 97, 201.

Aber die Grundsätze des interlokalen Strafrechts bedürfen ebenso der Kombination wie die des internationalen. Es gibt Fälle, in denen das Strafbedürfnis unabweisbar über das Tatortsrecht hinausgeht: so, wenn die Tat nicht am Tatort, wohl aber nach Heimatrecht strafbar ist. Dann verlagert sich der Schwerpunkt des Verbrechens beim Inländer auf das Recht, das er von Hause aus mit sich trägt. Die Zufälligkeit oder gar die bewußte Verlegung des Tatorts darf nicht dazu führen, daß der Unrechtsgehalt, der in dem Verstoß gegen dieses Recht liegt, unter den Tisch fällt. Hier ist deshalb das Heimatrecht ergänzend heranzuziehen. Ebenso Thüringen (s. o.).

Auch für Auslandstaten von Inländern ist aus dem gleichen Grunde das Heimatrecht heranzuziehen.

Bei Auslandstaten von Ausländern ist mangels anderweiter Anknüpfungsmöglichkeit auf die lex fori zurückzugreifen.

Bei Distanzdelikten (X. schreibt einen beleidigenden Brief an Y.) wollte der VI. Senat in E. **75** 104 allein das Strafrecht anwenden, das am Handlungsort, dem „Tatort im engsten Sinne" gilt. Nur wenn das Recht des Handlungsortes die Tat nicht mit Strafe bedroht, wohl aber das Recht des Erfolgsortes, soll dieses maßgebend sein. Ebenso HRR. 41 1069. Nach dem dem § 3 Abs. 3 zugrunde liegenden Gedanken (darüber vgl. dort) ist aber das strengste Recht anzuwenden, da sonst der Unrechtsgehalt der Tat nicht voll erfaßt wird; von großer praktischer Bedeutung ist dabei, daß zur Schuld die Möglichkeit des Bewußtseins der Rechtswidrigkeit gehört, namentlich dann, wenn am Handlungsort die Tat straflos ist. Der V. Senat wollte jedenfalls dann, wenn sich die Tätigkeit in verschiedenen deutschen Rechtsgebieten abspielt, das strengste Gesetz anwenden: E. **75** 385 = ZAk. **42** 91 mit Anm. Bruns. Für das strengere Recht, Mezger DR 40, 1527, Schäfer DJ. 40, 1182 und ZAk. 41, 213 (zu E. **75** 104), v. Weber DStrR. 40, 182, Schönke S. 3; für das mildere Kümmerlein in DStrR. 40, 292.

Aus denselben Gründen ist auch bei fortgesetzter oder mehraktiger Tätigkeit in verschiedenen inländischen Rechtsgebieten jeweils das strengste Recht anzuwenden. Ebenso bei Tatmehrheit.

Für die Teilnahme folgt das gleiche aus den bei dem Internat. Strafr. behandelten Gründen; vgl. zu § 3 Abs. 3 und E. **75** 385, Recht **43** 2031, DR. **43** 890 (Bruns).

Die — durch KRG. 11 nicht beanstandete — Neufassung der §§ 3 bis 7 durch Gesetz v. 6. 5. 40 ist nicht typisch nationalsozialistisch (bestr., Thür. 1945 ist zur a. F. zurückgekehrt). Zwar kamen der Personalgrundsatz und der Schutzgrundsatz nationalsozialistischem Denken entgegen, aber sie entstammen ihm nicht. Sie wurden seit Jahrzehnten ernsthaft erwogen und sind in viele Gesetze des Inlands und des Auslands aufgenommen worden. Unmittelbares Vorbild war das österr. StGB. von 1803.

Der Personalgrundsatz, der auf das früheste deutsche Mittelalter zurückgeht, war neuerdings anerkannt u. a. in Oesterreich, Griechenland, Rumänien, Italien (schon 1889), Schweden, den Niederlanden, Ungarn, Bulgarien, in Rußland (sowohl 1903 wie 1925); in der Schweiz galt er schon früher in vielen Kantonen, er gilt jetzt in dem Schweizer Strafgesetzbuch von 1937, Art. 6. In Frankreich gilt er seit dem Ges. v. 26. 6. 66 für Verbrechen („crimes"). Die inländische Strafbarkeit ist in den meisten dieser Fälle unabhängig davon, daß die Auslandstat am Tatort strafbar war. — In Deutschland galt der Personalgrundsatz in Hessen 1841, Sachsen 1855, Bayern 1861. Der VE. 1909 hatte ihn in reiner Form übernehmen wollen, also sogar ohne die Voraussetzung der Strafbarkeit am Tatort. Spätere Entwürfe hatten ihn wieder abgeschwächt.

Auch der Schutzgedanke ist alt. Er begegnet in verschiedenen Abstufungen, teils indem alle Rechtsgüter von Inländern gegen Auslandstaten geschützt werden, teils auch nur Rechtsgüter des Staates (also gegen Hoch- und Landesverrat). Vielfach ist die Strafdrohung auf Inländer beschränkt, häufig aber auch auf jeden Täter ausgedehnt. Der Schutzgedanke (auch Realprinzip genannt oder passiver Personalgrundsatz) war anerkannt in Bayern 1861, Württemberg 1839, Thüringen 1852, teilweise auch in Sachsen, Braunschweig und Hamburg. Im Ausland u. a. in Dänemark, Italien (1889), Argentinien, weitgehend auch in Frankreich nach dem Ges. v. 27. 6. 1866: Code d'instr. crim. Art. 7 I. In der Schweiz hatten schon mehrere Kantonalstrafgesetze ihn anerkannt, in weitester Fassung ist er dann in das Schweizer Strafgesetzbuch von 1937 aufgenommen worden. Die Neufassung des Strafgesetzbuchs von 1940 geht zurück auf den Vorentwurf von 1909.

Personalgrundsatz und Schutzgrundsatz hängen zusammen. Wenn ein Inländer verpflichtet ist, im Ausland nach Inlandsrecht zu leben, dann kann er auch im Ausland von dem Staat, dem er angehört, Strafschutz erwarten. Und wer im Ausland durch den eigenen Staat geschützt wird, muß auch im Ausland die rechtlichen Pflichten, die dieser Staat seinen Angehörigen auferlegt, anerkennen.

Völkerrecht steht weder dem Personal- noch dem Schutzgrundsatz entgegen. Daß die Auslandstat des Deutschen auch vom Ausland bestraft werden darf, folgt schon aus dem überall anerkannten Territorialgrundsatz; überdies ist nach Streichung des § 9 das Ausland auch in der Lage, in solchem Falle die Auslieferung des deutschen Missetäters zu verlangen. Auch den Schutzgedanken läßt die Streichung des § 9 als völkerrechtlich unbedenklich erscheinen.

Betr. Angehörige der Vereinten Nationen und Gerichtsbarkeit der Militärgerichte der Besatzungsmächte, vgl. Schönke, Vorbem. IV.

3. Das deutsche Strafrecht gilt für die Tat eines deutschen Staatsangehörigen, einerlei, ob er sie im Inland oder im Ausland begeht.

Für eine im Ausland begangene Tat, die nach dem Recht des Tatorts nicht mit Strafe bedroht ist, gilt das deutsche Strafrecht nicht, wenn die Tat nach dem gesunden Empfinden des deutschen Volkes wegen der besonderen Verhältnisse am Tatort kein strafwürdiges Unrecht ist.

Eine Tat ist an jedem Ort begangen, an dem der Täter gehandelt hat oder im Falle des Unterlassens hätte handeln sollen oder an dem der Erfolg eingetreten ist oder eintreten sollte.

Zu Abs. I. Personalgrundsatz.

2. Tat. Zweifelhaft ist, ob auch politische Delikte „Taten" in diesem Sinne sind. Daß Hoch- und Landesverrat gegen ausländische Staaten in den §§ 80 ff. nicht mitgemeint waren, ergab sich aus dem Wortlaut der Tatbestände und aus § 102. Aber auch für Widerstand, Meuterei und andere Vergehen gegen die Staatsverwaltung muß das gleiche gelten (anders jedoch die alte preußische Praxis sowie E. **8** 53; wie hier E. **14** 124). Delikte gegen

die Rechtspflege eines fremden Kulturstaates (z. B. Meineid vor einem italienischen Gericht) sind hingegen als „Taten" eines Deutschen im Ausland anzusehen. Entscheidend ist, ob uns die Handlung ihrer Natur nach als Verbrechen erscheint oder nur als Bestandteil einer positiven fremden Ordnung. Näheres DStrR. 41, 7 ff.; Mezger DStR. S. 22 ff., besonderes gilt auch hier für das Besatzungsrecht, s. o. Vorbem. a. F.

Zu Abs. II. Ausnahmen. Die strenge Durchführung des Personalgrundsatzes würde zu Härten führen; denn der Deutsche muß sich im Ausland gewissen dort herrschenden Verhältnissen anpassen. Ab. II schafft daher die Möglichkeit, diese Besonderheiten zu berücksichtigen; allerdings nur dann, wenn die Tat am ausländischen Tatort nicht mit Strafe bedroht ist, eine Einschränkung, die der Personalgrundsatz keineswegs fordert.

Auf Grund der besonderen ausländischen Verhältnisse kann schon der Sinn des Tatbestandes als typischen Unrechts entfallen. Da hier die tatsächlichen Voraussetzungen unserer Strafdrohung nicht gegeben sind, würde es ihrem Sinn nicht entsprechen, sie anzuwenden.

Wenn dagegen am Tatort die gleichen Tatsachen nur strafrechtlich anders gewertet werden, so steht dies im allgemeinen einer Bestrafung der Auslandstat nicht entgegen. Denn ob ein Handeln als Unrecht zu werten ist, darüber müssen deutsche Maßstäbe entscheiden. Wenn etwa mannmännliche Unzucht, Abtreibung oder gewerbsmäßiges Glücksspiel am Tatort straflos sind, so hindert das die Bestrafung des Deutschen nicht.

Zu beachten ist aber, daß das Gesetz strafwürdiges Unrecht fordert. Wenn sich ein deutscher Kaufmann im Auslande, um wettbewerbsfähig zu bleiben, den dort herrschenden Anschauungen über Versprechungen, Kreditunterlagen u. dgl. anpaßt, kann er nicht wegen Betruges verantwortlich gemacht werden, auch wenn dieser nach den deutschen Maßstäben vorläge. Sein Handeln ist entschuldigt, zum mindesten überschreitet es nicht die Schwelle der Strafwürdigkeit; vgl. im einzelnen Mezger, DStrR. 41, 21.

Zu Abs. III. Die **Legaldefinition vom Ort der Handlung** oder Unterlassung entspricht der schon bisher herrschenden Ansicht. Vgl. E. **23** 156, **48** 60, **50** 423.

Aus der hier für die Täterschaft gegebenen Regel folgt die gleiche für die Teilnahme (a. A. Hartung RVerwBl. 40, 631 ff., nach dem die Fragen für die Teilnehmer offengeblieben sind, u. E. **74** 59, die die Entscheidung aus Akzessorietätsfragen ableiten will; vgl. aber dazu jetzt § 49a n. F.). Die Regel des Abs. 3 führt unmittelbar auf die für alle Erscheinungsformen geltende Wesensbestimmung des Verbrechens zurück. Wenn ein Ausländer im Ausland Beihilfe für eine Inlandstat leistet, verursacht er eine im Inland eintretende Rechtsgutsverletzung und ist deshalb strafbar. Aber das Verbrechen ist nicht nur Verletzung des einzelnen Rechtsguts, sondern auch unerträgliches Beispiel einer Auflehnung gegen die Rechtsordnung in ihrer Gesamtheit. Als solches berührt es die inländische Rechtsordnung auch dann, wenn die schädlichen Folgen ausschließlich das Ausland treffen. Auch ein Ausländer, der im Inland Beihilfe zur Auslandstat eines Ausländers leistet, ist daher strafbar.

Nach der Regel des § 3 Abs. 3 ist Anstiftung überall da begangen, wo die Verleitung unternommen, wo sie wirksam geworden und wo der Tatentschluß verwirklicht worden ist; Beihilfe da, wo die fördernde Handlung erfolgt und wo der Erfolg eintritt.

Im Ergebnis ebenso die Rspr.: E 57 145, 75 386 betr. Mittäterschaft; E. 67 138 betr. mittelbare Täterschaft; E. 25 426 betr. Anstiftung; E. 11 20, 20 169, JW. 36 2655, E. 74 59 betr. Beihilfe. Zutr. Schröder ZStrW. 61, 129. Betr. Fortsetzungszusammenhang vgl. HRR. 39 480.

4. Das deutsche Strafrecht gilt auch für Taten, die ein Ausländer im Inland begeht.

Für eine von einem Ausländer im Ausland begangene Straftat gilt das deutsche Strafrecht, wenn sie durch das Recht des Tatorts mit Strafe bedroht oder der Tatort keiner Strafgewalt unterworfen ist und wenn

1. **der Täter die deutsche Staatsangehörigkeit nach der Tat erworben hat oder**
2. **die Straftat gegen das deutsche Volk oder gegen einen deutschen Staatsangehörigen gerichtet ist oder**
3. **der Täter im Inland betroffen und nicht ausgeliefert wird, obwohl die Auslieferung nach der Art der Straftat zulässig wäre.**

Unabhängig von dem Recht des Tatorts gilt das deutsche Strafrecht für folgende Straftaten, die ein Ausländer im Ausland begeht:

1. **Straftaten, die er als Träger eines deutschen staatlichen Amts** ... (gegenstandslos) ... **oder die er gegen den Träger eines deutschen Amts** ... (gegenstandslos) ... **während der Ausübung ihres Dienstes oder in Beziehung auf ihren Dienst begeht;**
2. hoch- oder landesverräterische Handlungen gegen das Deutsche Reich;
3. **Sprengstoffverbrechen;**
4. **Kinderhandel und Frauenhandel;**
5. **Verrat eines Betriebs- oder Geschäftsgeheimnisses eines deutschen Betriebes;**
6. **Meineid in einem Verfahren, das bei einem deutschen Gericht oder einer anderen zur Abnahme von Eiden zuständigen deutschen Stelle anhängig ist;**
7. **Münzverbrechen und Münzvergehen;**
8. **unbefugter Vertrieb von Betäubungsmitteln;**
9. **Handel mit unzüchtigen Veröffentlichungen.**

Zu Abs. I. Territorialgrundsatz. Bei Inlandstaten von Deutschen gleiches zu sagen, ist, da jetzt der Personalgrundsatz im Vordergrund steht, nicht mehr notwendig.

Zu Abs. II. Stellvertretende Strafrechtspflege. Bedingte Strafbarkeit: 1. Neubürger wurden nicht ausgeliefert (§ 9, jetzt aufgehoben). An Stelle der verwirkten Auslandsbestrafung trat daher die Bestrafung im Inland, und zwar nach deutschem Recht (anders u. U. früher, vgl. § 4 II Ziff. 3 Abs. 2 a. F.). — 2. Schutz des deutschen Volkes oder des einzelnen Deutschen, falls die zunächst erwartete Auslandsbestrafung versagt. —

3. Die Auslieferung kann daran scheitern, daß mit dem betr. Staat kein Auslieferungsvertrag geschlossen ist; oder daß dieser ein Auslieferungsersuchen nicht gestellt hat; oder daß die Auslieferung tatsächlich unmöglich ist, z. B. wegen Krieges. In solchen Fällen muß die Möglichkeit geschaffen werden, zu strafen.

Auch in den Fällen, in denen der Tatort keiner Strafgewalt unterworfen ist (Schiffbrüchige auf hoher See, Polarexpedition), liegt stellvertretende Strafjustiz vor. Nur setzt sich das deutsche Strafrecht hier nicht an die Stelle eines bestimmten Auslandsstrafrechts, sondern es tritt für den Gedanken des Rechtes schlechthin ein; in den Fällen der Ziff. 2 auch hier in Verbindung mit dem Schutzgrundsatz.

Zu Abs. III. Schutzgrundsatz und Weltrechtsgrundsatz. Im Gegensatz zum Abs. II ist hier die Bestrafung der Auslandstat des Ausländers nicht bedingt durch die Strafbarkeit am Tatort. Früher war es nur so bei Hoch- und Landesverrat, bei Amts- und bei Gelddelikten. Ihnen entsprechen die jetzigen Nr. 1, 2 und 7. Hinzukommen seit 1940 in Erweiterung des Schutzgrundsatzes: Nr. 5 (entsprechend § 20a UnlWettbGesetz in der Fassung v. 9. 3. 32, abgedruckt Anhang Nr. 6); Nr. 6: hier kommt es nicht darauf an, ob die den Eid abnehmende, sondern ob diejenige Behörde eine deutsche ist, bei der das Verfahren anhängig ist; z. B. Meineid vor einem ausländischen Gericht, das von einem deutschen Gericht um Rechtshilfe ersucht ist. — Der Universalgrundsatz (bisher nur bei Gelddelikten, jetzt Nr. 7) ist erweitert um die Nr. 3, zwecks internationaler Bekämpfung von Terrorakten; um die Nr. 4 (vgl. Anhang Nr. 3); um die Nr. 8, die dem internationalen Opiumabkommen v. 23. 1. 12 u. v. 19. 2. 25, und um die Nr. 9, die internationalen Abkommen v. 4. 5. 10 u. v. 12. 9. 23 entspricht.

5. Das deutsche Strafrecht gilt, unabhängig von dem Recht des Tatorts, für Taten, die auf einem deutschen Schiff oder Luftfahrzeug begangen werden.

Für deutsche Schiffe (nicht nur Kriegs- und Staatsschiffe) entspricht die Bestimmung dem geltenden Recht. Nicht nur auf hoher See, sondern auch in fremden Küstengewässern sind sie, was den Geltungsbereich des deutschen Strafrechts betrifft, Inland. Für Privatluftfahrzeuge über fremdem Staatsgebiet war die Frage völkerrechtlich streitig.

6. Im Auslande begangene Uebertretungen sind nur dann zu bestrafen, wenn dies durch besondere Gesetze oder durch Verträge angeordnet ist.

Ob eine **Uebertretung** vorliegt, ist nach deutschem Recht zu beurteilen. E. 18 299.

7. Eine im Auslande vollzogene Strafe ist, wenn wegen derselben Handlung im Gebiete des Deutschen Reichs abermals eine Verurteilung erfolgt, auf die zu erkennende Strafe in Anrechnung zu bringen.

I. Ueber die Grundsätze der Anrechnung vgl. E. 35 41.

II. Ueber die Wirkungen einer Bestrafung durch **Besatzungsgerichte** Hamburg MDR. 49 54.

9. (betraf **Nichtauslieferung von Deutschen;** aufgehoben durch KRG. Nr. 11.)

§ 9 hatte gelautet: „Ein Deutscher darf einer ausländischen Regierung zur Verfolgung oder Bestrafung nicht überliefert werden."

Der Personalgrundsatz des § 3 gewinnt durch die Aufhebung des § 9 eine erhöhte Bedeutung.

10. (betraf **Anwendbarkeit der allgemeinen Strafgesetze auf Militärpersonen;** aufgehoben durch KRG. Nr. 11.)

11. Kein Mitglied eines Landtages oder einer Kammer eines zum Reiche gehörigen Staats darf außerhalb der Versammlung, zu welcher das Mitglied gehört, wegen seiner Abstimmung oder wegen der in Ausübung seines Berufs getanen Aeußerung zur Verantwortung gezogen werden.

12. Wahrheitsgetreue Berichte über Verhandlungen eines Landtags oder einer Kammer eines zum Reiche gehörigen Staats bleiben von jeder Verantwortlichkeit frei.

Vgl. jetzt Art. 46 GG.

Erster Teil

Von der Bestrafung der Verbrechen, Vergehen und Übertretungen im allgemeinen

Erster Abschnitt

Strafen

Aus dem neueren **Schrifttum:** Nagler, Die Strafe, 1. Hälfte, 1918; v. Hentig, Die Strafe, 1932; Gallas, Kriminalpolitik und Strafrechtssystematik (Abh. des Krim. Inst. Berlin), 1931; Exner, Studien über die Strafzumessungspraxis der deutschen Gerichte, 1931. — Sinnwandel in der neuesten Entwicklung der Strafe, in: Probleme der Strafrechtserneuerung, Festschrift für Kohlrausch, 1944, S. 24 ff.; Lange, Strafe und Erziehung im Jugendstrafrecht, ebendort s. 44 ff.; Dreher, Ueber die gerechte Strafe, Schriften der SJZ., Heft 5, 1947. — SJZ. 47, 562. Buchwald, Gerechtes Recht, 2. Aufl., 1947. — Zur Frage der richterlichen Strafzumessung, JR. 48, 143; Eb. Schmidt, Probleme staatlichen Strafens in der Gegenwart, SJZ. 46, 204; Arndt, Das Strafmaß, SJZ. 46, 30; Wimmer, Gerechtigkeit und Humanität im Strafrecht, JBl. Köln 47, 80 ff. — Schutzbedürfnis, Schutzwürdigkeit, Strafwürdigkeit, DRZ. 48, 116. — Rechtssicherheit und Rechtssicherungssätze, SJZ. 47, 594 ff.; Heinrich, Zuchthaus und Gefängnis oder Einheitsstrafe? NJ. 47, 29.

Vorbemerkungen

I. Wesen und Zweck der Strafe. — A. Notwendigkeit der Stellungnahme. — B. Gesetzliche Hinweise für eine Stellungnahme.

A. Ueber Wesen und Zweck der Strafe Klarheit zu gewinnen, ist den Menschen ein Bedürfnis, seitdem sie über sich selber nachdenken, also „philosophieren". Außerhalb der Aufgabe dieses Buchs liegt ein Ueberblick über diese sog. Strafrechtstheorien, deren Wechsel den Wandlungen der

Rechts-, Staats- und allgemeinen Weltanschauung parallel geht. Unerläßlich ist aber, den Standpunkt des geltenden Rechts zu erkennen.

Unerläßlich ist es schon deshalb, weil für „Strafen" und für „Maßregeln" vielfach verschiedene Vorschriften gelten — vgl. Vorbem. III — und ihr Unterschied weitgehend von ihrem Zweck abhängt.

Praktisch gefordert wurde die Besinnung auf den Strafzweck überdies immer, um innerhalb der Strafrahmen die dem Einzelfall angemessene Strafe zu finden. Dies wird immer schwieriger, wenn sich die Fälle mehren, in denen den gesetzlichen Tatbeständen nach oben und nach unten „schwere" und „besonders schwere", „leichtere" und „leichte" Fälle in der Form von bloßen Tatbestandsrahmen angefügt werden (s. das Verzeichnis bei Vorbem. VII von § 1). Ohne Besinnung auf den Zweck der Strafe ist ihre Ausfüllung unmöglich. Wird der „besonders schwere Fall" mit Zuchthaus bedroht, so wird er dann angenommen werden müssen, wenn er zuchthauswürdig erscheint!

Ausdrücklich aber appellieren einzelne weittragende Gesetze an den Strafzweck. So unter anderen:

1. § 27b nötigt den Richter zu der Frage, ob „der Strafzweck durch eine Geldstrafe erreicht werden kann". — 2. § 211 III: in welchen „besonderen Ausnahmefällen die Todesstrafe nicht angemessen" ist. — 3. § 6 JGG.: wann „Erziehungsmaßregeln ausreichend" sind, m. a. W. wann sie an die Stelle einer Strafe treten können. — 4. Aehnlich die Fragestellung, wann Jugendarrest in Betracht kommt. — 5. Desgl., ob die Voraussetzungen für eine „unbestimmte Verurteilung" eines Jugendlichen gegeben sind. — In allen diesen Fällen verlangt das Gesetz, daß der Richter von der Erforderlichkeit dieser oder jener Strafe ausgeht, d. h. also von einer bestimmten Vorstellung über Sinn und Zweck der Strafe.

B. Der Strafzweck im geltenden Recht. — Nach diesem ist

a) zunächst zu beachten, daß es unter den vom Strafrichter auszusprechenden Verbrechensfolgen „Strafen" und andere „Maßregeln" unterscheidet. Es ist dies das sog. **zweispurige** oder dualistische System, zu dem sich der heutige Gesetzgeber bekannt hat, als er mit Ges. v. 24. 11. 33 dem „Abschnitt 1: Strafen" einen „Abschnitt 1a: Maßregeln der Sicherung und Besserung" gegenübergestellt hat. Ihm stehen gegenüber Systeme der **Einspurigkeit** in zwei möglichen Ausgestaltungen. Entweder sind die spezifischen Aufgaben der Strafe (zu sühnen, auch abzuschrecken), soweit sie überhaupt als berechtigt anerkannt werden, von den „Maßregeln" mit zu erfüllen (so u. a. Sowjetgesetze, italienischer Entw. Ferri v. J. 1922, der aber nicht Gesetz wurde). Oder es sind umgekehrt die außerhalb der Vergeltung liegenden Verbrechensbekämpfungsaufgaben, soweit sie mit dem Sühnezweck praktisch vereinbar sind, von der „Strafe" mit zu übernehmen. Ansätze zu der zweiten Auffassung liegen in jedem „Erziehungs"-Strafvollzug (auch in dem des geltenden Rechts); neuerdings namentlich auch in der Einführung der „unbestimmten Verurteilung Jugendlicher" durch VO. v. 10. 9. 41 und des RJGG. von 1943. Für Gewohnheitsverbrecher hat Thüringen (1945) in § 20 das (nur im Mindestmaß, nicht aber im Höchstmaß vom Richter zu begrenzende) unbestimmte Strafurteil eingeführt und die Sicherungsverwahrung beseitigt. Stellungnahme der Wiesbadener Juristentagung 1946 vgl. bei Roemer, SJZ. 47, 97: vorläufige Beibehaltung der SV. vorbehaltlich späterer Ueberführung in die unbest. Verurteilung. Abgesehen aber von solchen Ansätzen zu dem zweiten Einspurigkeitssystem steht das geltende Recht auf dem Boden der Zweispurigkeit von „Strafen" und „Maßregeln". Es sucht den Gegensatz abzumildern durch den § 20a, der eine erhebliche Schärfung der „Strafe" bei besonderer „Gefährlichkeit" des Verbrechers vorsieht. Ueber die Frage, ob hier in der Idee der Täterstrafe auf Grund einer Persönlichkeitsschuld (Lebensführungs-, Lebensentscheidungsschuld) die gefährliche Verbrecherpersönlichkeit kriminalpolitisch zweckmäßig erfaßt und dabei doch der echte Strafcharakter gewahrt werden kann, vgl. bes. Bockelmann, Studien zum Täterstrafrecht (1939/40) und das dort angeführte Schrifttum, sowie hier Anm. zu § 20a.

Das StGB. enthält sich bewußt einer ausdrücklichen Festlegung bestimmter Strafzwecke. Die zahlreichen gesetzgeberischen Aeußerungen der Jahre 1933 bis 1945 in dieser Frage sind typischer Ausdruck jener Zeit gewesen. Soweit sie nicht inzwischen ausdrücklich aufgehoben worden sind, ist ihre etwaige Weitergeltung an dem Maßstab des Verbots ungerechter und unmenschlicher, grausamer oder übermäßig hoher Strafen zu prüfen (Kontr. RProkl. Nr. 3, Allg. Anw. an Richter, Nr. 1). Damit ist auch positivrechtlich der Tendenz, den Schutzzweck zur schrankenlosen Herrschaft zu bringen, ein Riegel vorgeschoben. Aber diese Schranke ist, wie hier gegenüber der Wendung „Schutz oder Sühne" (Ges. v. 4. 9. 41) in den Voraufl. ausgeführt wurde, in der Idee der Strafe selbst enthalten. Denn:

b) Sühneidee und Schutzgedanke sind die beiden Komponenten einer jeden „Strafe". Jedes echte Strafurteil muß auf beiden beruhen. So auch schon der Art. 104 der Carolina von 1532 (Art. 105 ihrer Vorläuferin, der Bambergensis). Mit gesundem Rechtsinstinkt sagt Johann v. Schwarzenberg: Der Richter habe die Strafen zu verordnen und zu verhängen „aus Lieb der Gerechtigkeit und um gemeines Nutz willen" (vgl. dazu Radbruch in Schweizer Z. f. StrR., 55, 1941, S. 113 ff., sowie in Arch. f. Rechts- und Sozialphilosophie 35, 1942, S. 143 ff.).

Es ist das Verhältnis von Gerechtigkeit auf der einen, Zweckmäßigkeit auf der anderen Seite; von Schuld und Sühne auf der einen, Entartung und Anpassung bzw. Ausmerzung auf der anderen Seite. Es ist das logisch nicht lösbare, aber dem Menschen ewig aufgegebene Problem von Sollen und Können, von Freiheit und Notwendigkeit. Das sind „antinomische Spannungen", die durch keinen § 20a ganz gelöst werden; und auch dadurch nicht, daß einige der angeführten Bestimmungen vom „und" zum „oder" übergingen, daß sie also Gerechtigkeit und Zweckmäßigkeit alternativ als genügende Strafvoraussetzungen anzuerkennen schienen. „Gerecht" muß die Strafe immer sein. Ihre Zweckmäßigkeit kann hiermit vereinbar, sie kann aber nicht ein Ersatz für Gerechtigkeit sein.

Nur innerhalb des in der Wertwelt unserer Kultur unaufhebbaren Spannungsverhältnisses von Gerechtigkeit und Zweckmäßigkeit — das letzten Endes Ausdruck der Spannung zwischen Person und sozialer Funktion im Bilde des Menschen selbst ist — sind unter den Sinngebungen und Zwecksetzungen der Strafe als Sühne, Vergeltung, Allgemeinabschreckung, Abschreckung des Täters, Besserung, Erziehung und Sicherung Akzentverschiebungen zulässig. Dabei muß die Frage, inwieweit eine Synthese in Gestalt etwa der Generalprävention durch Vergeltung oder der spezialpräventiv gefaßten Sühneidee, also ein Ineinander der Strafzwecke das Nebeneinander zu ersetzen hat, hier auf sich beruhen. Akzentverlagerungen werden bald durch neue geistige Strömungen, bald durch praktische Bedürfnisse ausgelöst, ergreifen bald das gesamte Gebiet des Strafrechts, bald nur einzelne Teile davon. Gegenwärtig ist eine stark distributive Tendenz bemerkbar. So ist die nach Kriegsende erfolgte rückwirkende Einführung der Todesstrafe für bestimmte politische Delikte in Ländern, die diese Strafe sonst abgeschafft hatten, aus einem elementaren Vergeltungs- und Sühnebedürfnis zu erklären, ebenso das KRG. Nr. 10. Vgl. ferner z. B. § 4 der Württ. VO. vom 16. 5. 1947, wonach Verbrechen oder Vergehen, die in der nationalsozialistischen Zeit aus politischen Gründen nicht bestraft wurden, zu verfolgen sind, „wenn Grundsätze der Gerechtigkeit, insbesondere die Gleichheit aller vor dem Gesetz, die nachträgliche Sühne verlangen"; entspr. Art. 1 des Ahndungsges. (US-Zone), dazu Frankfurt, SJZ. **48** 272. Im Wirtschaftsstrafrecht andrerseits machen sich starke generalpräventive Strömungen geltend. Vgl. etwa die Wirtschaftsstraf-VO. der Sowj. Bes. Zone vom 23. 9. 48 (Zentr.-VO.Bl. S. 439) oder die in JR. **47**, 62 wiedergegebene Weisung der Berliner Alliierten Kommandantur sowie aus der Rechtspr. Gera, NJW. **48** 317. Im Jugendstrafrecht wiederum geht die Tendenz der Praxis noch über die Jugendgerichtsgesetze hinaus dahin, die Strafe möglichst ganz durch — spezialpräventive — Erziehungsmaßregeln zu verdrängen.

In der Hitlerzeit wurde zunächst der Sühnegedanke betont, später aber in der Praxis durch einen immer rücksichtsloser gehandhabten „Schutz"-Zweck verdrängt. Kennzeichnend dafür „Die Krise der Sühnetheorie" (Klee), „Die zentrale Bedeutung des Schutzgedankens für den Zweck der Strafe" (Klug). In der Gesetzgebung sind für diese Entwicklung besonders charakteristisch die zweimalige Umgestaltung des § 48 der Strafvollzugsordnung in den Jahren 1934 und 1940 (vom Besserungs- zum Sühnezweck und von diesem zum Sicherungszweck) sowie das durch die Kontrollratsgesetze 11 und 55 aufgehobene Ges. v. 4. 9. 1941, in dem „Schutz des Volkes oder gerechte Sühne" als bloß alternative Voraussetzungen der Strafe verlangt wurden, unter bewußter Voranstellung des ersteren, derart, daß selbst die Todesstrafe, auch wenn sie „nicht verdient" war, als „sichernde Maßnahme" verhängt wurde. So E. **77** 27 und 105. Dazu jetzt Niethammer, DRZ. 46, 13.

Zu Unrecht sieht daher das KG. in DRZ. **48** 181 die Vergeltungsstrafe als typisch nationalsozialistisch an; mit Recht aber lehnt es den Rückfall in das Talionsprinzip der spiegelnden Strafe in Denunziationsfällen ab. Zutr. Koblenz SJZ. **47** 441: Verstoß gegen sachlich-rechtliche Grundsätze, wenn bei der Strafzumessung der Schutz- und der Sicherungsgedanke nicht sorgsam gegeneinander abgewogen worden sind; ebenso Frankfurt SJZ. **47** 558, Kassel SJZ. **47** 561; dazu Dreher ebendort. Vgl. ferner Stuttgart (Karlsruhe) NJW **48** 636: Strafzwecke der Sühne und der Verbrechensverhütung bei Prüfung, ob Strafe grausam oder übermäßig hoch, grundsätzlich gleichmäßig heranzuziehen. — OGH. in DRZ. **49** 139 betr. Täterschuld und Gefährlichkeit der Tat.

Im Schrifttum überwiegt heute die Auffassung daß Schuld und Sühne den Vorrang vor Gefährlichkeit und Schädlichkeit haben. Vgl. namentlich die oben zit. Schriften von Roemer, Wimmer und Dreher. Bemerkenswert die Durchdringung von Spezialprävention und Sühneidee im Täterstrafrecht bei Eb. Schmidt a. a. O. Arndt verlangt unter Betonung des Schutzgedankens eine neue selbständige Begründung. Buchwald stellt Strafe und Sühne in scharfen Gegensatz.

II. Die Strafen des geltenden R. werden in diesem Abschnitt des StGB nicht erschöpfend behandelt. Weitere s. in §§ 40, 335. Auch von den in Vorbem. III genannten „Maßregeln" werden einige gelegentlich als „Strafen" aufgefaßt; so vor allem von H. Mayer StRdDV.

Innerhalb der echten Strafen sind zu unterscheiden: Haupt- und Nebenstrafen. Auch § 76 n. F. geht von diesem Unterschied aus. NStr. nennt man solche, die nur in Verbindung mit einer HStr. verhängt werden können; trotzdem sind es aber echte „Strafen" (i. Gegensatz zu „Maßregeln"). Beispiel: Geldstrafe ist HStr., denn sie kann auch allein verhängt werden; dagegen ist Aberkennung der bürgerlichen Ehrenrechte Nebenstrafe.

III. Die „Maßregeln" des geltenden Rechts. — Ueber ihren grundsätzlichen Unterschied von den „Strafen" vgl. Vorbem. I. Er ist bedeutsam u. a. für § 2a I gegenüber 2a IV, für die §§ 3 bis 7, 60, 70, 73 f., EinfG. § 5, StPO. § 263; ferner für Begnadigung, Amnestie und Niederschlagung, die nur „Strafen" treffen (vgl. Gnadenordnung v. 6. 2. 35 in DJ. 35, 203, wo der § 3 die Unterscheidung zugrunde gelegt hat). Für Idealkonkurrenz, früher ein wichtiges Anwendungsgebiet, hat die Unterscheidung durch GSSt. in E. **73** 148 an Bedeutung verloren — leider freilich nicht dadurch, daß der GSSt. sich über das Wesen von „Strafen" und „Maßregeln" ausspricht, sondern dadurch, daß er „Nebenstrafen" für den Bereich des § 73 den „Maßregeln" gleichsetzt: Anm. III Abs. III zu § 73.

Zu den „Maßregeln" i. e. S., die „Sicherung und Besserung" bezwecken, treten im folgenden noch solche der Genugtuung; ferner der „Jugendarrest", den das Gesetz ein „Zuchtmittel" nennt.

Ob es sich bei den Verbrechensfolgen des geltenden Rechts um eine „Strafe" oder eine andere Maßnahme handelt, ist, soweit das Gesetz es nicht ausdrücklich sagt, nach den in Vorbem. I angestellten Erwägungen zu entscheiden; d. h. danach, ob die Verbrechensfolge angedroht ist als Sühne für eine Tat (daß sie auch „zweckmäßige" Nebenwirkungen hat, steht nicht im Wege); oder aber nur anläßlich einer StrTat, aber ihrem Wesen und Hauptzweck nach im Hinblick auf andere Wirkungen. Danach sind Nichtstrafen:

1. **Die im Abschnitt 1a angedrohten „Maßregeln" i. e. S.** Sie treten „neben" eine Strafe. Ausnahme § 42b im Falle von § 51 I und § 58 I: sie kann der Strafrichter auch anläßlich einer straflosen Tatbestandsverwirklichung durch einen Unzurechnungsfähigen anordnen, also verbunden mit Freisprechung.

2. **Zulässigkeit von Polizeiaufsicht** (§ 38) muß entgegen E. **17** 193, **32** 439 als Vorbeugungsmaßnahme, mindestens auch als solche angesehen werden. Bei IdKonk. könnte sie also — auch ohne E. **73** 148 — dem milderen Gesetz entnommen werden.

3. **Einziehung.** Wenn sie nur gegenüber dem Eigentum des Täters zulässig ist, so ist sie Strafe. Anderenfalls (z. B. bei Wilderei) vorbeugende Maßnahme. Näheres zu § 40. — Ueber Einziehung im Wirtschaftsstrafrecht vgl. DRZ. 49, 140.

4. **Unbrauchbarmachung** nach § 41 ist unabhängig vom Tätereigentum. Deshalb nimmt E. **14** 161 an, daß sie keinen Strafcharakter hat. Nach E. **17** 311 hat sie eine Doppelnatur.

5. **Aberkennung der Eidesfähigkeit** (§ 161) ist nach E. **60** 285 vorbeugende Maßnahme, nicht Strafe.

6. **Veröffentlichung des Strafurteils:** StGB. §§ 165, 200; UnlWettbG. § 23 I u. II; LebMittG. § 15. In der Rechtspr. des RGer. begegnen drei Ansichten: 1. Nach E. **6** 180 (PlenEntsch.) enthält § 200 nur eine Strafe; Genugtuung sei Nebenwirkung; ähnlich E. **53** 290. — 2. In E. **73** 24 nimmt der erste und in DR. **39** 364 der zweite Senat eine Doppelnatur an. — 3. In DJ. **37** 1227 (Anm. K. Schäfer) und DJ. **39** 1687 nimmt der dritte Senat nur Genugtuung an. — Richtig dürfte sein, zu unterscheiden: die VeröffBefugnis hat in §§ 200, 165 und UWG. § 23 II eine Doppelnatur; dagegen ist sie in UWG. § 23 I und LebMittG. § 15 nur Strafe. Begnadigung und Amnestie treffen sie also nur, wenn sie gemäß UWG. § 23 I oder LebMittG. § 15 verhängt ist. Für Idealkonkurrenz war die Frage besonders bedeutsam. Sie ist hier durch E. **73** 148 (GSSt.) gegenstandslos geworden, ohne freilich grundsätzlich entschieden zu sein.

7. **Buße** (§§ 188, 231) ist nur Genugtuung für den Verletzten, nie Strafe. E. **55** 188; früher streitig.

8. **Verfallserklärung** (§ 335) ist Strafe: HRR. **40** 196.

9. **Jugendstrafrecht.** a) Die **Strafe** ist auch hier Sühne, aber der Besserungszweck tritt in den Vordergrund (§ 16 JGG., §§ 4—6 RJGG). b) Die **Erziehungsmaßregeln** der §§ 11 ff. RJGG. sind keine Strafen. Soweit sie ausreichend sind — ausreichend freilich auch vom Standpunkt der Volksgemeinschaft — ist von Strafe abzusehen (§ 6 JGG.). c) Der **Jugendarrest** ist keine Strafe, sondern ein Zuchtmittel: §§ 7 ff. RJGG. Trotz dieser Benennung führt E. **75** 282 mit Recht aus: „Das ändert grundsätzlich nichts daran, daß auch mit der Verhängung von JA. dem Sühnebedürfnis der Allgemeinheit wegen einer StrTat genügt werden soll; der JA. soll da, wo er verhängt wird, die Aufgaben erfüllen, die sonst der Strafe zukämen, an deren Stelle er im einzelnen Falle tritt; er soll also ebenfalls sühnend, erziehend, abschreckend wirken." Gewisse spezifische „Straf"-Wirkungen sind ihm aber genommen. Er begründet keinen „Rückfall" und wird nicht im Strafregister eingetragen. Vgl. außerdem Anm. VI zu § 60. — d) § 20 RJGG. betr. **jugendliche Schwerverbrecher** ist nicht mehr in Kraft. Zutr. OGHE. **2** 77. Dagegen Mezger StB. II, 265. — S. u. im Anh. Nr. 19.

IV. Ueber die **Zumessung** der Strafe im Einzelfall innerhalb des gesetzlichen Strafrahmens enthält das StGB. (außer § 27c) keine allgemeinen Vorschriften. Maßgebend ist der in Vorbem. I genannte Strafzweck. Einzelbestimmungen in §§ 20, 27a bis c. Vgl. auch §§ 50, 73 ff., 157. — Betr. Einzelfragen vgl. E. **38** 207 („hartnäckiges Leugnen einer erwiesenen Tat im allgemeinen Anlaß zur Verhängung einer schwereren Strafe"); **44** 254 (die in einem früheren Verfahren ergangene Freisprechung oder Verurteilung kann, selbst entgegen den damaligen Feststellungen, als Strafzumessungsgrund verwertet werden); **57** 379, **59** 251 und 423, **70** 220: ein gesetzliches Tatbestandsmerkmal darf nicht außer zur Feststellung der Tatbestandsverwirklichung nochmals als strafschärfendes Moment herangezogen werden; **59** 147: die Uebertretung eines wegen Subsidiarität ausscheidenden Strafgesetzes kann innerhalb des Strafrahmens des primären Strafgesetzes als straferhöhend in Betracht kommen. Ebenso wohl bei Idealkonkurrenz **60** 287 (§ 5 II StrTilgG. hindert nicht, eine getilgte Strafe nach freiem Ermessen bei der Strafzumessung als Straferhöhungsgrund zu verwerten). — Die sittliche Verwahrlosung des Opfers eines SittlVerbrechens sei grundsätzlich strafmildernd zu berücksichtigen: JW. **39** 752. — Allgemein über die strafrichterliche Beurteilung einer Person aus ihrem Vorleben heraus vgl. noch JW. **38** 3157: Bisherige gute Führung und Unbestraftheit rechtfertige die Annahme mildernder Umstände dann nicht, wenn sie wegen der geordneten und unbeschwerten Verhältnisse, aus denen der Täter stammte, „kein besonderes Verdienst bedeute". — Eingehende Darstellung auch der Rechtsprechung bei Peters, Die kriminalpolit. Stellung d. StrRichters (1932). — Ueber die neueste Judikatur vgl. oben Anm. I a. E.

V. In vielen Fällen (s. Register) ist bei **„mildernden Umständen"** ein herabgesetzter Strafrahmen vorgesehen. Sie können in der Eigenart des äußeren wie des inneren Tatbestandes gefunden werden. Die Natur der Straftat als „Verbrechen, Vergehen, Uebertretung" wird durch sie nicht berührt (vgl. § 1 Anm.; auch § 32).

VI. Einwirkungen des Besatzungsrechts. KRProkl. 3 vom 20. 10. 45, Art. II Z. 4 letzter Satz verbietet die Auferlegung übermäßiger, unmenschlicher oder durch das Gesetz nicht vorgesehener Strafen. Vgl. ferner Ziffer 8 der „Allgemeinen Anweisung an Richter" Nr. 1 (fast wörtlich übereinstimmend mit Ziffer 10 der Anweisung für Richter der Alliierten Kommandantur Berlin v. 10. Mai 1946). Diese lautet:

„a) Es ist untersagt, grausame oder übermäßig hohe Strafen zu verhängen. Vorbehaltlich dieser Beschränkung überläßt Ihnen die Militärregierung die Verantwortung, nach Ihrem pflichtgemäßen Ermessen Strafen so zu verhängen, wie Sie es für die Aufrechterhaltung von Recht und Ordnung und die Bekämpfung von Verbrechern notwendig halten.

b) Unbeschadet Ihrer allgemeinen Verantwortlichkeit gemäß Abs. a) dürfen Sie in allen Fällen, in denen auf Grund eines seit dem 30. 1. 1933 erlassenen Gesetzes die Höchststrafe für eine Straftat, die vor dem 30. 1. 1933 vorgeschrieben war, verschärft wurde, keine Strafe verhängen, die das vor dem 30. 1. 1933 zugelassene Strafmaß übersteigt. Ausnahmen sind nur insoweit zulässig, als die Verschärfung der Strafe durch die kriminelle Vergangenheit des Angeklagten oder die Häufigkeit der Straftat gerechtfertigt ist.

c) § 42k StGB. darf nicht angewendet werden.

d) Festungshaft darf nicht verhängt werden. In Fällen, in denen das Gesetz die Festungshaft als alleinige Strafe vorschreibt, darf in Zukunft nur Zuchthaus oder Gefängnis innerhalb der durch das Gesetz vorgeschriebenen Grenzen angeordnet werden."

Diese Bestimmungen haben zu vielen Zweifelsfragen geführt.

Im einzelnen:

1. Zu Ziff. 8b: a) Haben die Sperrvorschriften das Gesetz selbst geändert (so Oldenburg SJZ. 46, 96, Tübingen DRZ. 47, 164, Labin MDR. 48, 62) oder ordnen sie nur an, wie der Richter innerhalb des gesetzlichen Strafrahmens von seinem Ermessen Gebrauch machen soll (v. Weber, SJZ. 46, 258 ff.)? Der letzteren Ansicht ist schon deshalb, weil sie die Rückkehr zum unabhängigen deutschen Recht erleichtert, der Vorzug zu geben. Vgl. v. Weber MDR. 48, 368. — Von der ersteren Auffassung aus wird die weitere Strafbarkeit des erst seit 1933 strafbaren

Versuchs in Fällen, in denen auf Grund der Sperrvorschriften statt Zuchthaus nur noch Gefängnis verhängt werden darf, verneint (so Oldenburg für § 175a), von der Gegenmeinung wird sie bejaht; über weitere Folgerungen für Verjährung, Beihilfe, Maßregeln u. a. v. Weber a. O. Dagegen leugnet Tübingen a. a. O mit Recht die weitere Konsequenz, daß die erste Auffassung, den Versuch in Fällen wie den §§ 218, 253 auch da straflos lassen müsse, wo er vor 1933 strafbar war. Denn die Sperrvorschriften wollten das Recht, wie es bis 1933 bestand, nicht mildern. — Für gegenstandslos erklärt die Streitfrage nach der Rechtsnatur der AAfR. Gallas DRZ. 49, 208.

b) Zu unterscheiden ist zwischen Fällen, in denen ein Hitlergesetz ein Verhalten unter Strafe gestellt hat, das vorher überhaupt nicht oder jedenfalls unter diesem Gesichtspunkt nicht strafbar war, und solchen Fällen, in denen die Höchststrafe für ein schon vorher strafbares Verhalten durch ein Hitlergesetz verschärft worden ist. Die Anwendung neuer Tatbestände ist zulässig, die Anwendung neuer Höchststrafen nicht. Kiel DRZ. **46** 19 (betr. § 1 VRStVO.) stellt darauf ab, ob vor 1933 eine vergleichbare Strafvorschrift vorhanden war. „Straftat" ist im Sinne der Sperrvorschriften nicht konkret als historisches Geschehnis zu verstehen (so Oldenburg SJZ. **46** 96), sondern abstrakt als Deliktstyp (so Werner, DRZ. 46, 74 ff. Steidle, SJZ. 46, 118. Welzel, § 29 I). Die Normierung kann quantitativ neu sein (Neubestrafung des Versuchs in den §§ 113, 117, 156, 216, 259, 267, 274, 348 oder Vorverlegung der Vollendung wie in § 267). Sie kann aber auch qualitativ neu sein, wie z. B. in § 153, oder in der Entwicklung eines delictum sui generis bestehen, wie in § 265a, oder eine ältere Norm umformen wie in § 211. Entscheidet man sich für die abstrakte Auffassung des Begriffs „Straftat", so kann es hier nicht darauf ankommen, ob auch nach der alten Fassung des § 211 Mord vorlag. Ebenso KG. in JR. **47** 27 und OGHE. **1** 81 (= SJZ. **49** 54 m. Anm. v. Weber); anders Frankfurt SJZ. **47** 633 und Welzel § 29 I; zweifelnd Köln DRZ. **46** 94 unter Hinweis auf eine Mitteilung der Mil.-Reg.; Uebersicht bei Braunschweig NJW. **47/48** 272. — Ob ein neuer Deliktstyp geschaffen wurde, ist besonders umstritten bei § 175a. Vgl. die Anm. dort, ferner die Uebersicht bei Labin a. a. O. In der Vorauflage wurde hier ein differenzierender Standpunkt vertreten (neu soweit Ziff. 4 3. Fall „sich anbietet", im übrigen Strafschärfung eines alten Tatbestandes). Kein neuer Tatbestand in § 174 n. F.; zutr. Werner, DRZ. 46, 77.

Allgemein gehören die besonders schweren Fälle und die Umwandlung von Muß- in Kannmilderungen (§§ 2a, 44, 49, 49a, 139, 157 bis 159) zu den bloßen Strafschärfungen. Nur soweit in die besonders schweren Fälle frühere qualifizierte Tatbestände eingeschmolzen sind, wie etwa in § 267 der alte § 268, darf bis zu dessen Höchstgrenze gegangen werden. Besonders streitig § 49a: vgl. Hamburg MDR. **47** 137 einerseits (Sperrvorschrift anzuwenden), Freiburg DRZ. **47** 65, Tübingen DRZ. **47** 164 u. a. andererseits.

c) Wenn sowohl die Norm wie die Strafe verändert ist, z. B. in §§ 164, 266, so ist aus den zu 2 erörterten Gründen eine Strafschärfung zulässig, ohne daß unterschieden werden darf zwischen solchen Fällen, die schon nach der alten Fassung hätten bestraft werden können, und solchen, bei denen dies nicht möglich war. Jedoch ist der Vorbehalt zu 2 zu beachten.

d) Mit dem Wegfall einer erhöhten Strafdrohung wird nicht auch der veränderte Tatbestand gegenstandslos, sondern nur die mögliche Höchststrafe reduziert. Vgl. Werner a. a. O. 77, Conrad JR. 47, 67.

e) Eine Erhöhung der Mindeststrafe ist durch die Sperrvorschriften nicht absolut, sondern nur relativ, unter den Voraussetzungen zu 2 betroffen. Ebenso Braunschweig NJW. **48** 637, OGH. in DRZ. **49** 207 (Anm. Gallas). Conrad a. a. O. erwägt hier sinngemäße Anwendung der absoluten Sperrvorschrift der Ziff. 8b.

f) Ausnahmsweise darf die Strafe bei krimineller Vergangenheit des Täters oder bei Häufigkeit der Straftat verschärft werden. „Häufigkeit" ist generalpräventiv auf allgemeine Verbreitung einer bestimmten Deliktsart zu beziehen (Koblenz NJW. **47/48** 351), nicht spezialpräventiv auf Vortaten dieses Täters (so aber Cüppers, Anm. ebendort). Z. B. Häufigkeit von Morden, nicht aber von Raubmorden Jugendlicher. Bedenklich Stuttgart DRZ. **48** 143 (Anm. Kohlhaas). Auf Begehungszeit abzustellen: Hamburg MDR. **48** 366, gegen JVBl. 47 A 36.

g) Nur für Strafen, nicht für Maßregeln gilt Ziff. 8b: Braunschweig MDR. **48**, 365 betr. § 42d; anders Freiburg HESt. **1** 140, DRZ. **49** 140 betr Einziehung.

2. Soweit hiernach die absoluten Sperren der Ziff. 8b der A. A. f. R., Ziff. 10b der Berliner Anweisung nicht eingreifen, sind die relativen des Verbotes übermäßig hoher, grausamer, gegen das gerechte Maß verstoßender, unmenschlicher, durch das Gesetz nicht vorgesehener Strafen zu prüfen (Ziff. 8a A. A. f. R., KRProkl. 3 Mil.-Reg.-Ges. 1). Denn diese Regeln gelten nicht nur für die Strafzumessung im einzelnen Falle, sondern für den generellen Bestand gewisser Strafrahmen, Strafarten oder Normerstreckungen. Dabei ist „grausam" und „unmenschlich" einmal als Steigerung des „übermäßig hohen" zu verstehen, also im Sinne der Strafhöhe, sodann als Sperre gegen grausame oder unmenschliche Strafarten. Durch die Forderung des „gerechten Maßes" wird darüber hinaus die Beachtung der Proportionalität von Tattyp und Strafe vorgeschrieben; wichtig z. B. für die Strafe des § 153 im Verhältnis zu § 156 (nicht berücksichtigt von Braunschweig HESt. **1** 35 f.). „Durch das Gesetz nicht vorgesehen" erfaßt auch Fälle mangelnder Bestimmtheit des Tatbestandes. Vgl. Stuttgart NJW. **48** 636.

Hiernach ist bei jedem einzelnen Tatbestande gesondert zu entscheiden, ob die Neubestrafung des Versuchs gegen diese Grundsätze verstößt oder ob die Erhöhung der Mindeststrafe übermäßig hoch ist.

Zu beachten ist, daß damit, auch über den eigentlichen Anlaß hinaus, allgemeinverbindliche Grundsätze ausgesprochen worden sind. Die Gerechtigkeit ist unteilbar. Alle diese Bestimmungen müssen daher z. B. auch bei der Auslegung des KRG. Nr. 50 berücksichtigt werden (zutr. Schneider SJZ. 48, 546, a. A. Eb. Schmidt DRZ. 48, 413. Vgl. auch OGH. in DRZ. **49** 139; Stuttgart DRZ. **48** 444, Hamburg MDR. **48** 368). Auch eine Weisung der Berliner Kommandantur, Lebensmitteldiebstähle in Berlin „mit exemplarischer Härte" zu bestrafen, muß im Rahmen jener Grundsätze verstanden und angewandt werden. Vgl. KG. in JR. **47** 62.

3. Abgesehen von diesen besonderen Bestimmungen sind selbstverständlich solche neuen Gesetze unbeachtlich, die ausgesprochen

nationalsozialistischer Weltanschauung entstammen (vgl. z. B. § 218 III 2, weitergehend Conrad a. a. O. Seite 66). Kritisch zu diesem Begriff Thoma DRZ. 48, 143.

4. Nicht anwendbar sind schließlich Gesetze, die infolge der veränderten Umstände gegenstandslos geworden sind.

5. Soweit hiernach Gesetze aus der nationalsozialistischen Zeit in Kraft bleiben, hat die Auslegung die oben Anm. III B 3 zu § 2 wiedergegebenen Grundsätze von MRG. 1 III Ziff. 4—6 zu beachten.

Todesstrafe

13. Die Todesstrafe ist durch Enthauptung zu vollstrecken.

Hier waren die Sperrvorschriften (Vorbem. VI vor § 13) von besonderer Bedeutung. Vgl. insbes. das zu §§ 44, 49, 49a, 139, 211, 218, 315 und vor § 13 Gesagte. Für das Gebiet der Bundesrepublik und praktisch auch für Westberlin gilt jetzt Art. 102 GG.

Zuchthausstrafe

14. Die Zuchthausstrafe ist eine lebenslängliche oder eine zeitige.

Der Höchstbetrag der zeitigen Zuchthausstrafe ist fünfzehn Jahre, ihr Mindestbetrag ein Jahr.

Wo das Gesetz die Zuchthausstrafe nicht ausdrücklich als eine lebenslängliche androht, ist dieselbe eine zeitige.

I. Unzulässig bei Jugendlichen RJGG. § 4.

II. Ehrenfolgen treten teils von Rechts wegen ein (§ 31), teils kann auf sie erkannt werden (§§ 32 ff.).

III. Die **Höchstgrenze** des Abs. 2 gilt auch bei Realkonkurrenz und Bildung einer Gesamtstrafe (§ 74 Abs. 3, § 79). Z. über 15 Jahre im Fall der Anm. III zu § 79.

IV. Umrechnung kürzerer „Versuchs"-Str. in Gef.: § 44 IV.

15. Die zur Zuchthausstrafe Verurteilten sind in der Strafanstalt zu den eingeführten Arbeiten anzuhalten.

Sie können auch zu Arbeiten außerhalb der Anstalt, insbesondere zu öffentlichen oder von einer Staatsbehörde beaufsichtigten Arbeiten verwendet werden. Diese Art der Beschäftigung ist nur dann zulässig, wenn die Gefangenen dabei von andern freien Arbeitern getrennt gehalten werden.

D. h. sie müssen beschäftigt werden, und sie haben keinen Anspruch darauf, daß die Arbeit ihren Fähigkeiten oder Verhältnissen angemessen ist (anders § 16 II). — Für Außenarbeit ist ihre Zustimmung nicht nötig (anders § 16 III). — Ueber Einzelhaft vgl. § 22.

Gefängnisstrafe

16. Der Höchstbetrag der Gefängnisstrafe ist fünf Jahre, ihr Mindestbetrag ein Tag.

Die zur Gefängnisstrafe Verurteilten können in einer Gefangenenanstalt auf eine ihren Fähigkeiten und Verhältnissen angemessene Weise beschäftigt werden; auf ihr Verlangen sind sie in dieser Weise zu beschäftigen.

§ 15 Abs. 2 findet Anwendung.

I. **Ehrenfolgen** können mit ihr verbunden werden: §§ 32 ff.

II. **Höchstbetrag** bei Jugendlichen und bei Realkonkurrenz; 10 Jahre (§ 74 Abs. 3, § 75, § 79; RJGG. § 5). **Mindestbetrag** bei Jugendlichen drei Monate (§ 5 RJGG.).

Festungshaft

17. Die Festungshaft ist eine lebenslängliche oder eine zeitige.

Der Höchstbetrag der zeitigen Festungshaft ist fünfzehn Jahre, ihr Mindestbetrag ein Tag.

Wo das Gesetz die Festungshaft nicht ausdrücklich als eine lebenslängliche androht, ist dieselbe eine zeitige.

Die Strafe der Festungshaft besteht in Freiheitsentziehung mit Beaufsichtigung der Beschäftigung und Lebensweise der Gefangenen; sie wird in Festungen vollzogen, die dem Reichswehrminister unterstehen.

I. **Angedroht** in §§ 104—107, 130a, 201 ff., 345. — Nach Ziff. 8d der Allg. Anw. an Richter (Vorbem. VI vor § 13) darf Festungshaft nicht verhängt werden.

— Lebenslängliche Festungshaft ist im StGB. nicht mehr vorgesehen.

Haft

18. Der Höchstbetrag der Haft ist sechs Wochen, ihr Mindestbetrag ein Tag.

Die Strafe der Haft besteht in einfacher Freiheitsentziehung.

I. **Angedroht** bei Uebertretungen: §§ 360 ff., und einzelnen Vergehen:

II. Bei **Realkonkurrenz:** Höchstbetrag 3 Monate (§ 77 II, § 78 II, § 79).

III. **Arbeitszwang** nur bei §§ 362, 361 Ziff. 3—8 (geschärfte Haft). — Einzelhaft nur mit Zustimmung des Gefangenen (§ 22).

Bemessung der Strafen

19. Bei Freiheitsstrafen wird der Tag zu vierundzwanzig Stunden, die Woche zu sieben Tagen, der Monat und das Jahr nach der Kalenderzeit gerechnet.

Die Dauer einer Zuchthausstrafe darf nur nach vollen Monaten, die Dauer einer anderen Freiheitsstrafe nur nach vollen Tagen bemessen werden.

I. Vgl. auch StPO. § 450 (Anrechnung von Untersuchungshaft), § 461 (Anrechnung von Krankenanstaltszeit).

II. Zu Abs. 2: Zuchthaus nicht auf „Bruchteile eines Monats": E. 43 320. — Ausnahmen bei Umwandlung (§ 28 Abs. 3, §§ 74, 79); E. 4 161, und bei Bildung einer Gesamtstrafe: E. 8 26. — Nach vollen Tagen: vgl. E. 46 303. — Gilt nicht für die auf die erkannte Strafe anzurechnende Untersuchungshaft (§ 60): E. 41 318.

Wahl zwischen Zuchthaus und Festungshaft

20. Wo das Gesetz die Wahl zwischen Zuchthaus oder Gefängnis und Festungshaft gestattet, darf auf Festungshaft nur dann erkannt werden, wenn die Tat sich nicht gegen das Wohl des Volkes gerichtet und der Täter ausschließlich aus ehrenhaften Beweggründen gehandelt hat.

I. Neufassung durch Ges. v. 26. 5. 33: Bis dahin war bei wahlweiser Drohung die Festungshaft die Regel, Zuchthaus Ausnahme („wenn festgestellt wird, daß die Handlung aus einer ehrlosen Gesinnung entsprungen ist"). Dann Regel Z. oder Gef., Ausnahme Festungshaft. Vgl. aber jetzt § 17 Anm. I.

II. Wahl zwischen Z. und FH. in StGB. §§ 105, 106; zwischen Gef. und FH. in StGB. §§ 104, 107, 130a, 345 II; PreßG. § 21.

Strafe gegen gefährliche Gewohnheitsverbrecher

20a. Hat jemand, der schon zweimal rechtskräftig verurteilt worden ist, durch eine neue vorsätzliche Tat eine Freiheitsstrafe verwirkt und ergibt die Gesamtwürdigung der Taten, daß er ein gefährlicher Gewohnheitsverbrecher ist, so ist, soweit die neue Tat nicht mit schwererer Strafe bedroht ist, auf Zuchthaus bis zu fünf Jahren und, wenn die neue Tat auch ohne diese Strafschärfung ein Verbrechen wäre, auf Zuchthaus bis zu fünfzehn Jahren zu erkennen. Die Strafschärfung setzt voraus, daß die beiden früheren Verurteilungen wegen eines Verbrechens oder vorsätzlichen Vergehens ergangen sind und in jeder von ihnen auf Todesstrafe, Zuchthaus oder Gefängnis von mindestens sechs Monaten erkannt worden ist.

Hat jemand mindestens drei vorsätzliche Taten begangen und ergibt die Gesamtwürdigung der Taten, daß er ein gefährlicher Gewohnheitsverbrecher ist, so kann das Gericht bei jeder abzuurteilenden Einzeltat die Strafe ebenso verschärfen, auch wenn die übrigen im Abs. 1 genannten Voraussetzungen nicht erfüllt sind.

Eine frühere Verurteilung kommt nicht in Betracht, wenn zwischen dem Eintritt ihrer Rechtskraft und der folgenden Tat mehr als fünf Jahre verstrichen sind. Eine frühere Tat, die noch nicht rechtskräftig abgeurteilt ist, kommt nicht in Betracht, wenn zwischen ihr und der folgenden Tat mehr als fünf Jahre verstrichen sind. In die Frist wird die Zeit nicht eingerechnet, in der der Täter eine Freiheitsstrafe verbüßt oder auf behördliche Anordnung in einer Anstalt verwahrt wird.

Eine ausländische Verurteilung steht einer inländischen gleich, wenn die geahndete Tat auch nach deutschem Recht ein Verbrechen oder vorsätzliches Vergehen wäre.

I. Vorgeschichte. — VE. 09, § 89 (Begr. 356 ff. mit rechtsvergl. Material); KE. 13, § 121; E. 19, § 120 (Denkschr. S. 105 f.); AE. 25, § 77 (Begr. S. 54 ff.); E. 27, § 78 (Begr. S. 58 ff., dazu Anlage I S. 70—86: rechtsvergl. Material von Mittermaier). — **Einführung** durch Gewohnheitsverbrecherges. v. 24. 11. 33.

Schrifttum: Bockelmann, Studien zum Täterstrafrecht I und II (1939, 1940). — Exner, 53, 629. — Rietzsch in: Pfundtner-Neubert II c 10. — Bruns in ZAk. 43, 53. — Lange in ZStW. 62, 175. — Kriminalistisch: Möller (Krim. Abh. H. 38), Lotz (Krim. Abh. H. 41).

II. Inhalt. — 1. Der § 20a ist die eine Seite des dualistischen Systems, mit dem das Gewohnheitsverbrechertum bekämpft wird. Die andere ist § 42e. Zur Sühne schwererer Schuld; strengere Strafe; zum Schutz der öffentlichen Sicherheit: Sicherheitsverwahrung.

Das dualistische System wird, vom Standpunkt des Tatstrafrechts betrachtet, allerdings dadurch durchbrochen, daß auch § 20a voraussetzt, daß der Täter „ein gefährlicher Gewohnheitsverbrecher ist", daß also die Schuld auch nach einer Tat-Prognose bemessen wird. Vgl. dazu unten IV, 2b. Um eine Rettung des „Tatschuld"-Gedankens bemüht sich E. **68** 385: § 20a betreffe nicht die Schuld-, sondern nur die Straffrage. Hierüber unten III zu 4. So erscheint die Verbindung von Strafschärfung (§ 20a) und Sicherungsverwahrung (§ 42e) auf den ersten Blick als eine sinnlose Häufung des „einspurigen" Systems, bei dem eine schwere und langdauernde Strafe die Sicherungsfunktion mitübernimmt, und des „zweispurigen", bei dem dies durch Maßregeln neben der — adäquat vergeltenden — Strafe geschieht. Vgl. Vorbem. II vor § 42a.

2. Dennoch lassen sich die Aufgaben von § 20a und § 42e sinnvoll abgrenzen. Die Strafschärfung des § 20a dient der Sühne. Sicherungsaufgaben übernimmt sie daneben nur ausnahmsweise, etwa wenn der alternde Täter nach Verbüßung einer langen Zuchthausstrafe nicht mehr gefährlich werden kann und deshalb nicht in Sicherungsverwahrung genommen wird. In der Regel wird dagegen der Sicherungszweck durch die Maßregel des § 42 c erfüllt.

Während aber sonst mit der Strafe eine Einzelverfehlung vergolten wird und nur in den Strafzumessungsgründen dem persönlichen Unwert Rechnung getragen werden kann, hat hier der Täter seinen Persönlichkeitsverfall insgesamt zu sühnen. In der Häufung von Strafschärfung und Sicherungsverwahrung liegt also ein Dualismus von — vergeltender — **Täterstrafe** und Maßregel. Die Schuld als Voraussetzung der geschärften Strafe des § 20a ist nicht so sehr Tatschuld als vielmehr Lebensführungs-, Charakterschuld und damit **Täterschuld.** Mit diesem zuerst von Mezger (ZStrW. 57, 688 ff., Grundriß 1. Aufl. 72 ff., 132 ff., 142 f.) entwickelten Gedanken steht es nicht in Widerspruch, wenn verlangt wird, daß der Täter innerhalb der Grenzen menschlichen Vermögens auch mit Belastungen seiner Persönlichkeit fertig wird, für deren Entstehung er nichts kann (ererbte Anlagen, durch krankhafte Veränderungen herausgebildeter oder sonst unverschuldet erworbener Hang, E. **69** 129, JW. **38** 2731, HRR. **39** 187, DR **40** 1277 [Anm. Mezger], aber auch DR. **42** 889). „Du kannst, denn du sollst!" Zu beachten ist indessen gerade für solche Fälle, daß im Bereich des Abs. 2 der Täter im Urteil zwar als gefährlicher Gewohnheitsverbrecher charakterisiert, daß aber von einer Strafschärfung abgesehen werden kann. Vgl. E. **70** 129 sowie Vorbem. III vor Abschn. 1a und Anm. II zu § 59.

Im Bereich des Abs. 1 ist der Richter freilich auch in Fällen, in denen klar ist, daß der Täter einer unverschuldeten Belastung nicht Herr werden kann, zur Strafschärfung gezwungen. Die Praxis sucht hier gelegentlich auf prozessualem Wege auszuweichen, indem sie besondere Anforderungen an den Schuldnachweis stellt. Vgl. HRR. **41** 726 betr. unverschuldete Notlage und bes. DR. **42** 889 betr. Erscheinungen des Rückbildungsalters nach einwandfreiem Leben. Näheres unten IV 2a. Man denke aber auch an Fälle von Gehirnverletzungen u. dgl. im Kriegseinsatz mit der Folge charakterlicher Veränderungen. Hier dem Rechtsempfinden wie dem Schutzzweck gemäß zu entscheiden: keine Strafschärfung, aber erforderlichenfalls Sicherungsverwahrung, wäre nur möglich, wenn auch Abs. 1 fakultativ gefaßt wäre.

Aus dem Begriff der Täterschuld folgt, daß persönlichkeitsfremde Taten für § 20a auszuscheiden haben. Grundlage des Schuld-Vorwurfs ist bei § 20a eine Persönlichkeitsbeurteilung, für die die Einzeltaten lediglich als Material, als Symptome, und nur, soweit sie symptomatisch sind, in Betracht kommen (E. **70** 214; HRR. **40** 34). Der Täter wird dafür schärfer bestraft, daß er sich zu einer sozialen Gefahr entwickelt hat, obwohl er etwas anderes aus sich hätte machen können. Seine Gefährlichkeit ist zunächst etwas objektiv Unerträgliches, ein Unrechtsmoment; zum Schuldmoment wird sie erst da, wo dem Täter ihre Entstehung oder ihre mangelnde Beherrschung vorgeworfen werden kann. Diese Vorwerfbarkeit wird freilich vom Gesetz präsumiert: unwiderlegbar in Abs. 1, widerlegbar („kann") in Abs. 2. Der „Freiheit" beim Tatentschluß entspricht hier die „Freiheit" der Persönlichkeitsgestaltung als Rechtfertigung des Schuldvorwurfs. Wie im Bettler, Spieler, Zuhälter die asoziale, so wird hier die aktiv antisoziale Persönlichkeit als solche typisiert und — wegen ihres Gesinnungsverfalls, nicht als kriminologisches Phänomen — bestraft. Ebensowenig wie dort eine Rechtsgutverletzung zum Tatbestande gehört, ist sie hier der Grund der Strafverschärfung (E. **68** 385 [390]). Auf die Geringfügigkeit der Beute etwa kommt es nicht an (DJ. **38** 1995).

3. Die Sicherungsverwahrung wird hingegen nicht für eine verfehlte persönliche Entwicklung und Einstellung nebst ihren schon eingetretenen oder zu erwartenden Auswirkungen, sondern zwecks Verhütung künftigen Schadens verhängt, und zwar auf Grund einer Persönlichkeitsprognose. Treffend E. **72** 356: für § 20a ist die Persönlichkeit des Täters im Zeitpunkt der Hauptverhandlung zugrunde zu legen, für § 42e sein Zustand und die äußeren Umstände bei Entlassung aus der Strafhaft. Ebenso DJ. **39** 269 u. 1616. Wichtigste praktische Folge: ist der Täter z. Zt. der Hauptverhandlung gef. Gewohnheitsverbr. i. S. des § 20a, aber voraussichtlich nach Strafverbüßung nicht mehr gefährlich, so muß bzw. kann die Strafe geschärft werden, es kann aber keine Sicherungsverwahrung angeordnet werden (HRR. **39** 337). Auch ein noch unreifer Mensch, bei dem begründete Aussicht auf künftige Besserung die SV. erübrigt, kann gegenwärtig gef. Gew.Verbr. sein: HRR. **40** 33. Vgl. auch HRR. **40** 323.

4. Echte Steigerung der **Tatschuld** dagegen a) in „besonders schweren Fällen", soweit die besondere Schwere der inneren Tatseite entnommen wird (vgl. Vorbem. II vor und Anm. V u. VI zu § 1); b) nach der Auffassung des Gesetzgebers (darüber B o c k e l m a n n a. a. O. S. 11 ff.) überwiegend in den vier Rückfallbestimmungen: Diebstahl (§ 244), Raub (§ 250, 5), Hehlerei (§ 261), Betrug (§ 264), die neben § 20a weitergelten. Vgl. HRR **40** 322 betr. Verhältnis zu § 20a. — Ueber Gewerbs- und Gewohnheitsmäßigkeit vgl. Vorbem. II 3 vor § 73, Schafheutle JW. 34, 1662 sowie DR. **42** 171 o. Gr.: hierfür sei es ohne Bedeutung, ob der Täter ein Gewohnheitsverbrecher sei oder nicht.

Zu ähnlichen Ergebnissen gelangt die eingehende Darstellung von B o c k e l m a n n „Studien zum Täterstrafrecht" II (1940) S. 145 ff.; vgl. jetzt auch N i e t h a m m e r bei Olsh. § 20a Anm. A 2a u. c: „Das schulderfüllte Wesen des Täters wird mit verschärfter Strafe vergolten."

III. Systematik. — 1. § 20a begründet n i c h t e i n e n s e l b s t ä n d i g e n T a t b e s t a n d. Unmöglich deshalb IdKonk. mit dem verletzten einzelnen StrGesetz (z. B. § 242). — 2. § 20a enthält aber auch den Einzelgesetzen gegenüber k e i n e s e l b s t ä n d i g e S t r a f d r o h u n g. Er erweitert nur die für die Tat aufgestellte Strafdrohung nach oben hin. Ist diese an sich schon höher als die des § 20a, so bleibt es bei dieser Höchstgrenze des Einzelgesetzes (z. B. § 244); nur ist zutreffendenfalls außerdem festzustellen, daß der Täter ein gef. Gew.Verbr. ist und damit die Grundlage für die Anwendbarkeit von § 42c zu schaffen. Vgl. E. **68** 349, 364. Aus einem V e r g e h e n wird, da nicht die Schwere der Tat gesteigert ist, k e i n V e r b r e c h e n. Ebenso E **74** 65 (zust. Anm. N a g l e r in ZAk. 40, 163, M e z g e r DR. 40, 634); anders amtl. Begr. zu § 5a StPO. und frühere Aufl., sowie die bei S c h ö n k e § 20a VII Angeführten. Daher keine Strafbarkeit des Versuchs, wenn dieser nicht ohnehin strafbar: E. **70** 289, **72** 401. — 3. Ebensowenig schafft § 20a ein bes. T a t b e s t a n d s m e r k m a l; der Täter braucht also auch nicht zu wissen (§ 59), daß er ein gef. Gew.Verbr. ist (E. **68** 389). Die Rückfallsvoraussetzungen dagegen muß er kennen (E. **54** 274). Hier wird der Unterschied von Tat- und Täterschuld (oben zu II) deutlich. Vgl. dazu M e z g e r, Grundriß S. 163 aber auch B o c k e l m a n n a. a. O. 2, 141. — 4. Nach E. **68** 385 soll eine auf die Anordnung von Sicherungsverwahrung beschränkte R e v i s i o n notwendig auch die Strafschärfung gemäß § 20a umfassen. Ebenso JW. **38** 2889 und DJ. **39** 270 (anders JW. **36** 3458 für den Fall, daß die Strafschärfung irrtümlich unterblieben ist). In der R e g e l wird die Anfechtung der SV. auch die Voraussetzungen des § 20a ergreifen; d e n k b a r aber ist eine Beschränkung auf die SV. durchaus, z. B. wenn ausschließlich Verkennung von Umständen behauptet wird, die die z. Zt. bestehende Gefährlichkeit für die Zukunft beseitigen. W e n n die Revision die Voraussetzungen des § 20a angreift, umfaßt sie — entgegen E. **63** 385 (388) — die Schuld-, nicht nur die Straffrage. Denn die Verurteilung aus § 20a ändert den I n h a l t des Schuldvorwurfs (oben II Abs. 3), während die Strafschärfung entfallen kann (§ 20a Abs. II). Vgl. E. **73** 81: b e i i n n e r e m Z u s a m m e n h a n g zwischen Ablehnung der SV. und Strafhöhe ergreift die Rev. notwendig den ges. Strafausspruch.

IV. Voraussetzungen:

1. Mindestens drei vorsätzliche Straftaten. Dabei ist nach Abs. I und Abs. II zu unterscheiden (aus welchem Abs. verurteilt wird, ist festzustellen und zu begründen: Recht **35** 3226; Abs. 2 ist gegenüber Abs. 1 subsidiär: DR. **40** 682, DJ. **42** 187). Ein f a h r l ä s s i g e s Vergehen gegen § 330a ist auch dann keine vors. Tat i. S. des § 20a, wenn die im Rausch verübte Handlung mit sog. „natürlichem Vorsatz" ausgeführt wurde. „Das befremdende Ergebnis einer solchen Gleichstellung wäre, daß gewissermaßen der verbrecherische Hang für sich allein, ohne eine bewußte Betätigung durch eine zurechenbare Handlung, zur Rechtfertigung der oft über das Lebensschicksal entscheidenden Sicherungsverwahrung dienen könnte". DR. **41** 852.

a) **Abs. 1:** Ist der Täter **bereits zweimal verurteilt,** und zwar wegen Verbrechens oder vorsätzlichen Vergehens zu je mindestens 6 Mon. Gefängnis, und ist die „neue" eine vorsätzliche Tat (Teilnahme oder Versuch genügen: E. **68** 169), durch die (im Einzelfall) eine Freiheitsstrafe verwirkt ist, so ist Strafverschärfung bindend **vorgeschrieben.** Die dem 2. Urteil zugrunde liegende Tat muß nach Erlassung des 1. Urteils (E. **68** 149, 427), die „neue" nach Rechtskraft der früheren Urteile begangen sein. Verbüßt braucht noch keine zu sein (E. **68** 216). Auch die neue Tat muß ein Verbrechen oder vors. Vergehen sein: E. **73** 321. K e i n e Verurteilung in diesem Sinne ist die Anordnung der Unterbringung gem. § 42b: DJ. **39** 479. — Ueber R ü c k f a l l v e r j ä h r u n g vgl. Abs. III. — Die S p e r r v o r s c h r i f t e n (Vorbem. VI vor § 13) haben auf die Voraussetzungen des § 20a keinen Einfluß (OGH. in DRZ. **49,** 207 und die dort Zitierten).

Gesamtstrafenentscheidungen. — Hier gelten nur sie, nicht die Einzelverurteilungen, als Verurteilungen i. S. des § 20a: E. **68** 149; JW. **34** 3130; HRR. **35** 712. Diese Regelung kann für den Täter sowohl günstig wie ungünstig sein. Günstig: denn es zählt als eine Tat, was an sich u. U. mehrere Taten i. S. von § 20a wären (hier freilich § 20a II anwendbar). Ungünstig: denn es genügt, daß die Gesamtstrafe das Mindestmaß von § 20a I erreicht (für die Einzelstrafen ist dies nicht nötig, wenn nur auf eine von ihnen wegen eines vorsätzlichen V. od. V. erkannt ist). — Auch bei n a c h t r ä g l i c h e r Gesamtstrafenbildung (§ 79) rechnet nur die Gesamtstrafe als Verurteilung (E. **68** 149); freilich mit einer Einschränkung: ob nach einer Verurteilung eine „neue" Tat begangen ist, richtet sich nach der Einzelverurteilung (wenn sie die in § 20a vorausgesetzte Höhe hatte), nicht nach dem Gesamtstrafenentscheid; d. h. sie muß nach derjenigen rechtskräftigen Verurteilung begangen sein, die den Kreis der in die Gesamtstrafe aufzunehmenden Straftaten bestimmt. Vgl. E. **68** 428, HRR. **35** 712; Recht **35** 3540; JW. **39** 619. — A. M. bzgl. der Reihenfolge der Taten und der Gesamtstrafenentsch. Rietzsch in: Dringende Fragen der SV. S. 41 ff.

b) **Abs. 2: Fehlt zweimalige Vorbestrafung,** so ist Strafschärfung nicht vorgeschrieben, aber nach Abs. II zulässig, wenn nur außer der abzuurteilenden noch zwei weitere Vorsatztaten (ausschl. Uebertretungen) „begangen" sind. S. aber DR. **43** 1033. Reihenfolge hier gleichgültig. E. **68** 223. Die Taten dürfen nicht verjährt sein: E. **75** 382, DR. **42** 217. Eine nicht angeklagte, erst in der Hauptverhandlung neu festgestellte Tat kann für Abs. 2 mit zugrunde gelegt werden. E. **75** 381, DR. **42** 217.

Gewerbsmäßig begangene Handlungen zählen seit GSSt. in E. **72** 164 als Einzeltaten (Vorbehalte in E. **72** 401).

Eine **fortgesetzte Handlung** zählte E. **68** 297 i. S. des Abs. 2 nur als eine Tat. Bedenken hiergegen schon in DJ **38** 1137 und DR. **42** 1321. Anders sodann DR. **43** 889 (dazu S c h m i d t - L e i c h n e r 882). Es wird darauf ankommen, ob man unter einer Fortsetzungstat lediglich die Einzelakte einer natürlichen Handlungseinheit versteht oder auch die bloße juristische Zusammenfassung einer Mehrheit von Handlungen. Im zweiten Falle zählt jede Einzelhandlung als eine Tat; denn § 20a Abs. 2 verlangt nicht mehrere „selbständige" Handlungen. Teilw. abw. die Voraufl. S. ferner H a f n e r in JW. 34, 2690, N a g l e r in ZAk. 39, 371, K o h l r a u s c h in ZAk. 38, 473. Rückkehr zu E. **68** 297 bei Hessen (Kassel) SJZ. **49** 570.

Abs. II ist auch dann anwendbar, wenn (nur) eine der Taten schon abgeurteilt war; oder wenn zwar zwei Verurteilungen vorliegen, diese aber nicht die Voraussetzungen von Abs. I erfüllen (z. B. zu einer Gesamtstrafe zusammengezogen werden: E. **68** 330; JW. **35** 281). Auch wenn auf die Höchststrafe erkannt ist, muß § 20a geprüft werden (§ 42e!). DJ. **38** 1158.

2. **Gesamtwürdigung** dieser drei (oder auch noch weiterer) Taten muß ergeben, daß der Täter ein **gefährlicher Gewohnheitsverbrecher ist.**

a) **Gewohnheitsverbrecher** ist er nicht schon, weil er jene Taten begangen hat. Der Rückfall muß vielmehr ein Kennzeichen sein für einen eingewurzelten H a n g z u m V e r b r e c h e n , der den Täter trotz Aussicht auf Bestrafung immer wieder rückfällig werden läßt; „Unwiderstehlichkeit" des Hanges ist freilich nach DStrR. **41** **168** nicht erforderlich. Die Tatsache des Rückfalls allein genügt nicht als Beweis für solchen inneren Hang. Im übrigen einerlei, ob der Hang angeboren oder ob er erworben ist (die Begriffsbestimmungen für „gewohnheitsmäßige Begehung", Vorbem. II, 3, c vor § 73 sowie oben II a. E., passen hier nicht); ob er auf Haltlosigkeit, Willensschwäche, Verleitbarkeit (E. **72** 259, DJ. **39** 869) oder auf einer positiv antisozialen Einstellung oder einem Trieb zu bestimmten Verbrechen beruht. E. **69** 131: Entstehungsursache gleichgültig; über Taten aus Not: HRR. **39** **118**, vor allem aber HRR. **41** 726: bei unverschuldeter Notlage als Triebfeder sei nähere Feststellung erforderlich, ob der Täter nicht gewillt war, die Notlage in ehrlicher Weise zu überwinden, vielmehr aus Schwäche oder Mißachtung der Rechtsordnung immer wieder dem Anreiz zur strafbaren Betätigung nachgegeben hat; Willensschwäche aus Trunksucht: E. **73** 44, unten Anm. 1c zu § 42c; Roheitsverbrechen: JW. **38** 2467; „Not, Alkohol oder Haß": HRR. **39** 650; besondere Gelegenheit oder Notlage dann, wenn „andere andere Auswege finden": E. **72** 295; Celle Hann.Rpfl. **46** 120 u. 130: „Das Wesen des Gew.Verbr. kann sich gerade dahin ausprägen, daß er Versuchungen, die in der Notlage an ihn herantreten, leichter nachgibt als andere." — Erscheinungen des Rückbildungsalters (Sittl. Verbr.): E. **73** 276; nach DR. **42** **889** ist jedoch die Frage, ob ein hierauf beruhender Hang den Täter zum gef. Gewohnheitsverbr. macht, nur mit äußerster Vorsicht und nach sorgfältigster Prüfung zu bejahen, wenn der Täter bis dahin ein völlig einwandfreies Leben geführt hatte. Darüber oben II 2. Volltrunkenheit: E. **73** 177 (s. bes. 181); einerlei, ob es sich um gleich- oder verschieden gerichtete Straftaten handelt (bei letzteren aber bes. eingehender Nachweis des verbrecherischen Hanges erforderlich **68** 156, JW. **35** 932, E. **70** 215 betr. Paßvergehen eines Rückfalldiebes, E. 73 276 betr. Hang zu Sittlichkeitsverbr. und Diebstählen, E. **75** 343); einerlei, ob es sich um sog. Berufsverbrecher handelt, deren ganze Existenz auf Verbr. aufgebaut ist, oder nicht. — **Gegensätze:** Gelegenheitsverbrecher, dessen Tat seinem Wesen fremd ist und sich aus äußeren Zufällen oder Umwelteinflüssen erklärt (DR. **39** 1849[1], **43** 481); K o n f l i k t s v e r b r e c h e r , der zu der ihm wesensfremden Tat in innerem Widerstreit mit sich selbst kommt und bei dem auch bei mehrfacher Straffälligkeit jede einzelne Tat, von seiner seelischen Veranlagung aus betrachtet, den Charakter des Einmaligen hat (DR. **39** 1979[5]); A u g e n b l i c k s e r r e g u n g (DR. **43** 137).

b) Der Gewohnheitsverbrecher muß **„gefährlich"** sein. Für wen oder was, sagt das Ges. nicht (Entw. 13 u. 19: „gewerbs- und gewohnheitsmäßiger, für die Rechtsicherheit gefährlicher Verbrecher"; Entw. 25 und 27: „für die öffentl. Sicherheit gefährlicher Gewohnheitsverbrecher"). Da der Hang zum Kriminellwerden schon im Begriff „Gewohnheitsverbrecher" liegt und eine Unterscheidung unter den Rechtsgütern nicht angängig ist, kann „gefährlich" nur eine graduelle Steigerung bedeuten: es muß Wiederholungswahrscheinlichkeit bestehen und eine erhebliche Verletzung der Rechtsordnung zu befürchten sein. E. **68** 155, 271; E. **72** 295, 356; HRR. **39** 1551; E. **73** 303 (305). Nach E. **68** 98 genügt freilich auch eingewurzelter Hang zu kleinen Betrügereien (Zechprellereien). Ebenso DJ. **38** 1156. Geringfügigkeit der Beute schließt Gefährlichkeit nicht aus: DJ. **38** 1995. Auch kleinere Diebstähle können den Rechtsfrieden erheblich gefährden, insbes. wenn unter den Vorauss. des § 243 begangen: JW. **39** 87 (zutr. Hinweis auf die täterstrafrechtlichen Einschläge des § 243 !). — „Gefährlich" kann auch sein, wer nicht aus starker Willenskraft heraus handelt, sondern wessen verbrecherischer Hang auf ererbter oder erworbener Willensschwäche oder auf leichter Beeinflußbarkeit beruht (E. **72** 259, DJ. **40** 1221). Die Feststellung, daß der Täter ein „gefährlicher Verbrecher" sei, reicht nicht aus: HRR. **39** 387. — Prüfung, ob §§ 20a. 42e anwendbar, auch ohne Antrag der StA., DJ. **41** 87. § 267 VI StPO. ist zu beachten.

Ueber eine andere Auffassung des Gefährlichkeitsbegriffs vgl. Bockelmann a. a. O. 2, 56; Niethammer § 20a Anm. 7c.

Die Feststellung, der Abzuurteilende sei ein gefährlicher Gewohnheitsverbrecher, erfordert eine Beurteilung der Persönlichkeit, wie sie sich im Zeitpunkt des Urteils darstellt (E. **72** 356 und oben zu II). Daß der Täter einmal (zur Zeit der Tat) ein solcher war, begründet keine Strafschärfung nach § 20a, sondern ist als Strafzumessungsgrund (Tatsühne, Generalprävention!) innerhalb des ordentlichen Strafrahmens der Einzeltat zu berücksichtigen. Denn diese Strafzwecke werden durch den Wegfall der Gefährlichkeit nicht berührt, während für § 20a dem Täter auch die von seinem Willen unabhängige Veränderung seiner persönlichen Eigenschaften zugute kommt, ebenso wie er gegebenenfalls durch sie belastet wird (oben Anm. II 2). Zwar liegt der Grund für die Täterstrafe darin, daß den Täter eine Lebensführungsschuld trifft. Aber Voraussetzung für deren Ahndung ist das gegenwärtige Vorliegen („ist") des objektiven „Täterunrechts" (oben II 2 a. E.). Auch bedarf die Vergeltung der Täterschuld, wie das Merkmal „gefährlich" zeigt, kriminalpolitischer Rechtfertigung. Daher entfallen ihre Voraussetzungen, wenn die Strafschärfung „zwecklos" wäre. Die Gefährlichkeit muß also zur Zeit des Urteils vorliegen. Der Fassadenkletterer, der blind und lahm geschossen wurde, ist nicht mehr gefährlich. Wie hier: E. Schäfer in Frank-Nachtrag S. 71.

c) Diese Feststellung eines „Gewohnheitsverbrechers" muß sich aus der Gesamtwürdigung jener Taten ergeben; sie müssen schon einzeln symptomatisch sein (E. **68** 156 und 174; JW. **34** 2913; **35** 932); dazu z. B.: der geringe zeitliche Abstand zwischen ihnen; ihre Gleichartigkeit; das Fehlen oder die Geringfügigkeit besonderer Beweggründe; enge Verbindung mit der Verbrecherwelt u. dgl. — Sind mehrere Taten zu einer Gesamtstrafe zusammengezogen, so sind alle für die Gesamtwürdigung heranzuziehen (E. **68** 358), sofern nicht schon eine von ihnen eine solche i. S. von § 20a I war (E. **69** 25). — In den Urteilsgründen ist anzugeben, woraus der

Schluß gezogen ist: StPO. § 267 VI. Die Vortaten müssen nach Art, Umfang und Beweggrund näher gewürdigt werden; Bezugnahme auf den Akteninhalt unzulässig: DJ. **39** 521.

Die Prüfung und Gesamtwürdigung der früheren Straftaten gibt nicht die Möglichkeit, nunmehr neue Feststellungen über die Begehung der früheren strafbaren Handlung zu treffen, die auch Aenderungen des Sachverhalts der früheren Urteile bewirken könnten. Nur Vervollständigung der früheren Feststellungen etwa hinsichtlich der äußeren Verhältnisse oder der Beweggründe ist zulässig: Beisp. JW. **38** 165. Die AV. des RJM. v. 3. 3. 38 betont, daß, wenn etwa in den früheren Strafverfahren die Angabe des Täters, er habe in Not gehandelt, ohne nähere Prüfung als unwiderlegt hingenommen worden sei, nachträglich dieser Angabe näher nachzugehen sein werde. Vgl. hier auch DJ. **38** 1157. — Da die Einzeltaten nur Symptome der Täterschuld sind (oben II), können sie durch neue Vorfälle in ein anderes Licht gerückt werden. Zulässig daher bei neuer Verurteilung, Taten zur Begründung eines Hanges heranzuziehen, bei denen dies früher rechtskräftig verneint wurde. HRR. **39** 1060.

V. **Mildernde Umstände** können trotz „Gefährlichkeit" zugebilligt werden (E. **70** 129); bei Abs. I aber nur innerhalb des Strafrahmens des § 20a (E. **71** 15). Nach DJ. **39** 521 ist die Zubilligung mildernder Umstände bei Abs. I überhaupt ausgeschlossen. — Ueber Strafbemessung bei Versuch einerseits, im Falle des § 51 Abs. II andererseits JW. **38** 2891.

Strafumwandlung

21. Achtmonatliche Zuchthausstrafe ist einer einjährigen Gefängnisstrafe, achtmonatliche Gefängnisstrafe einer einjährigen Festungshaft gleichzuachten.

So in den §§ 44 IV, 49 II, 74, 79, 157 II, 158.

Einzelhaft

22. Die Zuchthaus- und Gefängnisstrafe können sowohl für die ganze Dauer, wie für einen Teil der erkannten Strafzeit in der Weise in Einzelhaft vollzogen werden, daß der Gefangene unausgesetzt von anderen Gefangenen gesondert gehalten wird.

Die Einzelhaft darf ohne Zustimmung des Gefangenen die Dauer von drei Jahren nicht übersteigen.

Bei Festung und Haft ist Einzelhaft gegen den Willen des Gefangenen unzulässig.

Vorläufige Entlassung

23. Die zu einer längeren Zuchthaus- oder Gefängnisstrafe Verurteilten können, wenn sie drei Vierteile, mindestens aber ein Jahr der ihnen auferlegten Strafe verbüßt, sich auch während dieser Zeit gut geführt haben, mit ihrer Zustimmung vorläufig entlassen werden.

I. Die §§ 23—26 sind praktisch kaum mehr in Anwendung. Wichtig dagegen die hiervon verschiedene **„bedingte Strafaussetzung"** bei Freiheitsstrafen von nicht mehr als sechs Monaten, ganz oder teilweise, unter Bewilligung einer Bewährungsfrist. Hierfür zuständig ist die Vollstreckungsbehörde als Gnadenbehörde. Die bedingte Strafaussetzung bei J u g e n d l i c h e n ist nicht Ausübung eines Gnadenrechts, sondern eine gesetzlich geregelte Art der Strafzumessung (JGG. § 10; nicht mehr in RJGG).

II. **Auferlegte** im Falle der §§ 7, 60 StGB., 450 StPO. nicht gleichbedeutend mit der erkannten, sondern mit der tatsächlich zu verbüßenden Strafe.

24. Die vorläufige Entlassung kann bei schlechter Führung des Entlassenen oder, wenn derselbe den ihm bei der Entlassung auferlegten Verpflichtungen zuwiderhandelt, jederzeit widerrufen werden.

Der Widerruf hat die Wirkung, daß die seit der vorläufigen Entlassung bis zur Wiedereinlieferung verflossene Zeit auf die festgesetzte Strafdauer nicht angerechnet wird.

25. Der Beschluß über die vorläufige Entlassung, sowie über einen Widerruf ergeht von der obersten Justiz-Aufsichtsbehörde. Vor dem Beschluß über die Entlassung ist die Gefängnisverwaltung zu hören.

Die einstweilige Festnahme vorläufig Entlassener kann aus dringenden Gründen des öffentlichen Wohls von der Polizeibehörde des Orts, an welchem der Entlassene sich aufhält, verfügt werden. Der Beschluß über den endgültigen Widerruf ist sofort nachzusuchen.

Führt die einstweilige Festnahme zu einem Widerrufe, so gilt dieser als am Tage der Festnahme erfolgt.

26. Ist die festgesetzte Strafzeit abgelaufen, ohne daß ein Widerruf der vorläufigen Entlassung erfolgt ist, so gilt die Freiheitsstrafe als verbüßt.

Geldstrafe

27. Die Geldstrafe ist in Reichsmark festzusetzen.

Sie beträgt

1. bei Verbrechen und Vergehen, soweit nicht höhere Beträge oder Geldstrafe in unbeschränkter Höhe angedroht sind oder werden, mindestens drei Reichsmark und höchstens zehntausend Reichsmark;

2. bei Uebertretungen mindestens eine Reichsmark, soweit nicht ein höherer Mindestbetrag angedroht ist oder wird, und höchstens einhundertfünfzig Reichsmark.

Die Vorschriften des Abs. 2 über Höchstbeträge gelten nicht, soweit die angedrohte Strafe in dem Mehrfachen, dem Einfachen oder dem Bruchteil eines bestimmten Betrags besteht. Ist dieser nicht auf Reichsmark gestellt, so ist er für die Festsetzung der Geldstrafe in Reichsmark umzurechnen.

I. Ueber die durch die Währungsumstellungen entstandenen Fragen vgl. Brandstetter NJW. 48, 675. Für Uebergangsfälle vgl. München SJZ. 49, 136. § 2a kann hier nicht herangezogen werden.

II. Die **Mindestgrenze** gilt auch bei Versuch: E. **18** 125.

III. Zu **Abs. III** vgl. § 145a; ferner Steuer-, Zoll-, Forstdiebstahlsgesetze.

27a. Bei einem Verbrechen oder Vergehen, das auf Gewinnsucht beruht, kann die Geldstrafe auf einhunderttausend Reichsmark erhöht und auf eine solche Geldstrafe neben Freiheitsstrafe auch in denjenigen Fällen erkannt werden, in denen das Gesetz eine Geldstrafe nicht androht.

Gewinnsucht: „Steigerung des Erwerbssinnes auf ein ungewöhnliches ungesundes, sittlich anstößiges Maß": E. **60** 306, 389. — Die Erhöhung ist auch in den Fällen des § 27 III zulässig.

27b. Ist für ein Vergehen oder eine Uebertretung, für die an sich eine Geldstrafe überhaupt nicht oder nur neben Freiheitsstrafe zulässig ist, Freiheitsstrafe von weniger als drei Monaten verwirkt, so ist an Stelle der Freiheitsstrafe auf Geldstrafe (§§ 27, 27a) zu erkennen, wenn der Strafzweck durch eine Geldstrafe erreicht werden kann.

Die Vorschriften des Militärstrafgesetzbuchs bleiben unberührt.

I. Die durch Ges. v. 21. 12. 21 eingeführte Vorschrift ist ein Ergebnis des Kampfes der Strafrechtsformer gegen die kurze Freiheitsstrafe. „Sie ist wertlos, ja schädlich; sie schreckt nicht ab, sie bessert nicht, sie verdirbt" (v. Liszt Aufs. u. Vortr. I 513 ff.). — Im Jugendstrafrecht ist die kurze Freiheitsstrafe jetzt aus den gleichen Gründen durch den Jugendarrest ersetzt.

II. **Nicht** Verbrechen: E. **60** 168. Durch Zubilligung mildernder Umstände wird ein Verbrechen nicht zum Vergehen, Umwandlung bleibt also unzulässig. Anm. V zu § 1 sowie HRR. 39, 388. — Umwandlung zulässig bei Beamtenvergehen (E. **71** 46), Devisenvergehen (E. **68** 225), fahrlässige Totung (JW. **37** 2695).

III. **Die verwirkte Freiheitsstrafe** muß im Urteil ausgesprochen und als an sich geboten begründet werden. E. **63** 300.

IV. Der **Strafzweck** wird z. B. nicht erreicht, wenn ein anderer die Geldstrafe zahlen würde (E. **65** 308). — Teilweise Erreichung des Zwecks genügt nicht: DR. 43, 138. — Im übrigen vgl. Vorbem. I vor § 13.

V. In **Mecklenburg:** Umwandlung von Freiheitsstrafen bis 1 Jahr (VO. Nr. 83 vom 2. 3. 46 Ziff. III ABl. S. 66).

27c. Bei der Bemessung einer Geldstrafe sind die wirtschaftlichen Verhältnisse des Täters zu berücksichtigen.

Die Geldstrafe soll das Entgelt, das der Täter für die Tat empfangen, und den Gewinn, den er aus der Tat gezogen hat, übersteigen.

Reicht das gesetzliche Höchstmaß hierzu nicht aus, so darf es überschritten werden.

I. § 27c gilt gemäß § 355 RAbgO. auch für **Steuergesetze,** E. **66** 93.

II. Schon das erkennende Gericht hat die wirtschaftlichen Verhältnisse zu prüfen und nötigenfalls aufzuklären. HRR. 37, 1131.

III. Abs. 2 gilt auch bei Fahrlässigkeit: E. **66** 93.

IV. Abs. 3 bezieht sich nur auf Abs. 2; auf Abs. 1 nicht anwendbar KGer. in HRR. **39** 862; OLGer. Königsberg in HRR. **38** 1067. Anders RG. in DJ. **43** 476. — Eingehend hierzu Hartung SJZ. 50, 102.

28. Ist dem Verurteilten nach seinen wirtschaftlichen Verhältnissen nicht zuzumuten, daß er die Geldstrafe sofort zahlt, so hat ihm das Gericht eine Frist zu bewilligen oder ihm zu gestatten, die Strafe in bestimmten Teilbeträgen zu zahlen.

Das Gericht kann diese Vergünstigung auch nach dem Urteil bewilligen. Es kann seine Entschließungen nachträglich ändern. Leistet der Verurteilte die Teilzahlungen nicht rechtzeitig, oder bessern sich seine wirtschaftlichen Verhältnisse wesentlich, so kann das Gericht die Vergünstigung widerrufen.

Auf die nach Abs. 2 zu treffenden Entscheidungen findet § 494 [jetzt § 462] der Strafprozeßordnung Anwendung.

I. Diese **„Zumutbarkeit"** hat bei der Zumessungsfrage noch außer Betracht zu bleiben. Für die Bemessung der Strafhöhe gelten nur die §§ 27b, 27c. Vgl. E. **64** 207.

II. Frist- oder Ratenbewilligung im Urteil (E. **60** 16). Gnadenweg unbenommen.

III. Nach dem Urteil (Abs. 2): Dann gemäß StPO. § 462.

IV. Verfallklausel im Urteil unstatthaft.

28a. Soweit die Geldstrafe nicht gezahlt wird, ist sie beizutreiben.

Der Versuch, die Geldstrafe beizutreiben, kann unterbleiben, wenn mit Sicherheit vorauszusehen ist, daß sie aus dem beweglichen Vermögen des Verurteilten nicht beigetrieben werden kann.

Nach den Vorschriften über die Vollstreckung von Zivilurteilen: StPO. § 463.

28b. Die Vollstreckungsbehörde kann dem Verurteilten gestatten, eine uneinbringliche Geldstrafe durch freie Arbeit zu tilgen.

Das Nähere regelt die Reichsregierung **[mit Zustimmung des Reichsrats. Soweit dies nicht geschieht, sind die obersten Landesbehörden ermächtigt, das Nähere zu regeln.]**

29. An die Stelle einer uneinbringlichen Geldstrafe tritt bei Verbrechen und Vergehen Gefängnis oder, wenn neben der Geldstrafe auf Zuchthaus erkannt wird, Zuchthaus, bei Uebertretungen

Haft. Auch bei Vergehen kann die Geldstrafe in Haft umgewandelt werden, wenn Geldstrafe allein oder an erster Stelle oder wahlweise neben Haft angedroht ist.

Die Dauer der Ersatzstrafe ist mindestens ein Tag und bei Gefängnis und Zuchthaus höchstens ein Jahr, bei Haft höchstens sechs Wochen. Ist neben der Geldstrafe wahlweise Freiheitsstrafe von geringerer Höhe angedroht, so darf die Ersatzstrafe deren Höchstmaß nicht übersteigen. Die Ersatzstrafe darf nur nach vollen Tagen bemessen werden.

Im übrigen richtet sich das Maß der Ersatzstrafe nach freiem Ermessen des Gerichts.

In den Fällen des § 27b ist Ersatzstrafe die verwirkte Freiheitsstrafe.

Der Verurteilte kann die Vollstreckung der Ersatzstrafe jederzeit dadurch abwenden, daß er den noch zu zahlenden Betrag der Geldstrafe entrichtet.

Kann die Geldstrafe ohne Verschulden des Verurteilten nicht eingebracht werden, so kann das Gericht anordnen, daß die Vollstreckung der Ersatzstrafe unterbleibt. § 494 [jetzt 462] der Strafprozeßordnung findet Anwendung.

I. Die **Ersatzfreiheitsstrafe** ist schon im **Urteil** auszusprechen und festzusetzen. Ist dies unterblieben, dann gemäß StPO. § 459 nachträglich. — Festsetzung einer EFrStr. auch dann erforderlich, wenn Geldstrafe durch Untersuchungshaft für getilgt erklärt wird: so jetzt (gegen E. **63** 333, **68** 1) HRR. **38** 1441, DR. **39** 233.

II. Die Strafvorschrift, der die Strafe zu entnehmen ist, muß also im zweiten Fall des Abs. 1 wegen derselben Handlung Zuchthaus und zugleich Geldstrafe androhen. Vgl. E. **62** 125, **67** 99.

30. In den Nachlaß kann eine Geldstrafe nur dann vollstreckt werden, wenn das Urteil bei Lebzeiten des Verurteilten rechtskräftig geworden war.

Rechtsverwirkungen bei Zuchthausstrafe

31. Die Verurteilung zur Zuchthausstrafe hat die dauernde Unfähigkeit zum Dienste in dem Reichsheer und der Reichsmarine, **sowie die dauernde Unfähigkeit zur Bekleidung öffentlicher Aemter von Rechts wegen zur Folge.**

Unter öffentlichen Aemtern im Sinne dieses Strafgesetzes sind die Advokatur, **die Anwaltschaft und das Notariat, sowie der Geschworenen- und Schöffendienst mitbegriffen.**

I. **Oeffentliche Aemter:** Diejenigen Stellungen, vermöge deren jemand als Organ der Staatsgewalt erscheint: „durch die Uebertragung von Dienstverrichtungen, die aus der Staatsgewalt abzuleiten sind und staatlichen Zwecken dienen": E. 62 26; vgl. auch E. **36** 434, **39** 204.

II. **Von Rechts wegen:** Ohne daß darauf besonders zu erkennen wäre.

Aberkennung der bürgerl. Ehrenrechte:

a) Voraussetzungen

32. Neben der Todesstrafe und der Zuchthausstrafe kann auf den Verlust der bürgerlichen Ehrenrechte erkannt werden, neben der Gefängnisstrafe nur, wenn die Dauer der erkannten Strafe drei Monate erreicht und entweder das Gesetz den Verlust der bürgerlichen Ehrenrechte ausdrücklich zuläßt oder die Gefängnisstrafe wegen Annahme mildernder Umstände an Stelle von Zuchthausstrafe ausgesprochen wird.

Die Dauer dieses Verlustes beträgt bei zeitiger Zuchthausstrafe mindestens zwei und höchstens zehn Jahre, bei Gefängnisstrafe mindestens ein Jahr und höchstens fünf Jahre.

I. Kann. Aber in den Fällen der §§ 154 und 155 (161), 181, 302d und e muß auf Verlust erkannt werden. Bei Jugendlichen ist nicht auf Verlust zu erkennen: RJGG. § 16. Ueber die Zulässigkeit bei Versuch, Beihilfe, Zusammentreffen strafbarer Handlungen s. §§ 45, 49, 73, 74, 76. — Da bei allen „Verbrechen" Aberkennung der Ehrenrechte „zulässig" ist, kann darauf auch bei Versuch und bei Beihilfe erkannt werden, falls nach § 44 IV Zuchthaus in Gefängnis (von mindestens drei Monaten) umgerechnet wird. E. 60 126.

II. An Stelle. Nicht aber, wenn die ordentliche Strafe wahlweise Zuchthaus oder Gefängnis ist: E. 25 408.

III. Bei **lebenslänglichem Zuchthaus** dauernder Ehrverlust: Rechtspr. 9, 175.

b) Wirkungen der Aberkennung (dauernd)

33. Die Aberkennung der bürgerlichen Ehrenrechte bewirkt den dauernden Verlust der aus öffentlichen Wahlen für den Verurteilten hervorgegangenen Rechte, ingleichen den dauernden Verlust der öffentlichen Aemter, Würden, Titel, Orden und Ehrenzeichen.

I. Ergänzend: PreßG. § 8; GVG. § 175; BGB. § 1781; HGB. § 81; ZPO. § 1032; Gew.O. §§ 53, 93a, 106, 126; StrTiG. § 3; § 34 der 1. AVO. v. 19. 5. 38 zum Personenstandsges. v. 3. 11. 37; Testamentsges. v. 31. 7. 38 § 10. — Vgl. ferner Deutsches Beamtengesetz v. 26. 1. 37, §§ 53 ff

II. Oeffentliche Wahlen: Wahlen in öffentlichen Angelegenheiten. Vgl. § 108.

III. Oeffentliche Aemter: Vgl. § 31 Abs. 2 und Anm. I.

IV. Zu den **öffentlichen Würden** gehören auch die akademischen Grade, soweit unter staatlicher Anerkennung verliehen, z. B. der Doktorgrad, auch Ehrenbürgerrechte.

Wirkungen der Aberkennung (vorübergehend)

34. Die Aberkennung der bürgerlichen Ehrenrechte bewirkt ferner die Unfähigkeit, während der im Urteile bestimmten Zeit

1. die Landeskokarde zu tragen;

2. in das Heer, die Kriegsmarine oder die Luftwaffe einzutreten.
3. **öffentliche Aemter, Würden, Titel, Orden und Ehrenzeichen zu erlangen;**
4. **in öffentlichen Angelegenheiten zu stimmen, zu wählen oder gewählt zu werden oder andere politische Rechte auszuüben;**
5. **Zeuge bei Aufnahmen von Urkunden zu sein;**
6. **Vormund, Gegenvormund, Pfleger, Beistand der Mutter, Mitglied eines Familienrats oder Kurator zu sein, es sei denn, daß es sich um Verwandte absteigender Linie handele und die obervormundschaftliche Behörde oder der Familienrat die Genehmigung erteile.**

I. **Oeffentliche Aemter:** Vgl. § 31 Anm. I; **Würden:** § 33 Anm. IV.

II. Die Nr. 5 ist jetzt gegenstandslos, da die Gültigkeit der Urkunde von dem Besitz der bürgerlichen Ehrenrechte nicht mehr abhängt. Vgl. FGG. § 173; „soll". Entsprechendes gilt für Nr. 6; vgl. BGB. §§ 1781, 1897. — Der „Kurator" ist dem BGB. nicht mehr bekannt.

Unfähigkeit zur Bekleidung öffentlicher Aemter

35. Neben einer Gefängnisstrafe, mit welcher die Aberkennung der bürgerlichen Ehrenrechte überhaupt hätte verbunden werden können, kann auf die Unfähigkeit zur Bekleidung öffentlicher Aemter auf die Dauer von einem bis zu fünf Jahren erkannt werden.

Die Aberkennung der Fähigkeit zur Bekleidung öffentlicher Aemter hat den dauernden Verlust der bekleideten Aemter von Rechts wegen zur Folge.

I. Ueber die **Voraussetzungen** der Stelle vgl. § 32 Abs. 1.

II. Die Unfähigkeit des § 35 tritt also statt, nicht neben der Ab-

III. Besondere Bestimmung: §§ 128, 129, 358 (331, 339—341, 352—355,

IV. Ueber Versuch, Beihilfe, Realkonkurrenz vgl. die §§ 45, 49, 73, 74, 357). Vgl. auch E. **30** 159.

V. Betr. **Amtsverlust** vgl. auch §§ 128, 129, 358.

c) Berechnung der Frist

36. Die Aberkennung der bürgerlichen Ehrenrechte und der Fähigkeit zur Bekleidung öffentlicher Aemter wird mit der Rechtskraft des Urteils wirksam. Ihre Dauer wird von dem Tage ab berechnet, an dem die Freiheitsstrafe, neben der die Aberkennung ausgesprochen wurde, verbüßt, verjährt oder erlassen ist. Ist neben der Strafe eine mit Freiheitsentziehung verbundene Maßregel der Sicherung und Besserung angeordnet worden, so wird die Frist erst von dem Tage ab berechnet, an dem auch die Maßregel erledigt ist.

Ist nach Ablauf einer Probezeit dem Verurteilten die Strafe ganz oder teilweise erlassen worden oder eine mit Freiheitsentziehung verbundene Maßregel der Sicherung und Besserung erledigt, so wird die Probezeit auf die Frist angerechnet.

Neufassung durch G. v. 24. November 1933 Art. III Nr. 2. Neu ist Abs. I Satz 3 und Abs. II. Der letztere ist eine Legalisierung der bisher bestr. E. **63** 177.

[§ 37 betraf **Ehrverlust bei Auslandsstrafe.** Er ist durch die VO. v. 6. Mai 1940 (vgl. zu §§ 3 ff.) gestrichen worden.]

Polizeiaufsicht

38. Neben einer Freiheitsstrafe kann in den durch das Gesetz vorgesehenen Fällen auf die Zulässigkeit von Polizeiaufsicht erkannt werden.

Die höhere Landespolizeibehörde erhält durch ein solches Erkenntnis die Befugnis, nach Anhörung der Gefängnisverwaltung den Verurteilten auf die Zeit von höchstens fünf Jahren unter Polizeiaufsicht zu stellen.

Diese Zeit wird von dem Tage berechnet, an welchem die Freiheitsstrafe verbüßt, verjährt oder erlassen ist.

I. Wesen. Nach E. **17** 193 ist die Polizeiaufsicht „Strafe". Richtiger wohl die in Lpz. Komm. zu § 38 angeführte nicht veröffentlichte Entsch. des RGer. v. 2. II. 28, 11 J. 121. 26, wonach es sich um eine polizeiliche Vorbeugungsmaßregel handelt. Vgl. auch vor § 13.

II. Siehe hinsichtlich Versuch § 45, Beihilfe § 49, Jugendliche RJGG. § 16, Realkonkurrenz § 76 Abs. 2.

III. Höhere Landespolizeibehörde: die LPB des Bezirks bzw. Landes, in dem der Verurteilte Wohnsitz oder Aufenthalt hat oder nach Verbüßung der Strafe nimmt.

IV. Obligatorisch, außer in den Fällen mangelnder Vollstreckung infolge Verjährung oder Begnadigung.

Wirkungen der Polizeiaufsicht

39. Die Polizeiaufsicht hat folgende Wirkungen:

1. dem Verurteilten kann der Aufenthalt an einzelnen bestimmten Orten von der höheren Landespolizeibehörde untersagt werden;

2. . . . ;

3. Haussuchungen unterliegen keiner Beschränkung hinsichtlich der Zeit, zu welcher sie stattfinden dürfen.

I. Zuwiderhandlung gegen die auferlegten Beschränkungen nach § 361, 1 strafbar.

II. Bestimmte Orte: Ortschaften oder Räumlichkeiten.

III. Nr. 3 betraf Ausweisung von Ausländern aus dem Reichsgebiet. Vgl. jetzt Ausl.-PolVO. v. 22. 8. 38.

IV. Wegen **Haussuchung** und Untersuchungshaft vgl. StPO. §§ 103 bis 106, 113.

[**39a** war durch Art. I Ziff. 4 d. Ges. v. 26. 5. 1933 (RGBl. I 295) eingefügt, wurde aber durch Art. 3 Ziff. 3 d. Ges. v. 24. 11. 1933 (RGBl. I 995) wieder gestrichen.]

Einziehung der producta und instrumenta sceleris

40. Gegenstände, welche durch ein vorsätzliches Verbrechen oder Vergehen hervorgebracht, oder welche zur Begehung eines vorsätzlichen Verbrechens oder Vergehens gebraucht oder bestimmt sind, können, sofern sie dem Täter oder einem Teilnehmer gehören, eingezogen werden.

Die Einziehung ist im Urteile auszusprechen.

I. **Rechtsnatur** — ob Strafe, ob Sicherungsmaßnahme — wichtig für Rückwirkung, Begnadigung und Amnestie sowie bei Verjährung. In diesen Fällen ist sie als Strafe unzulässig (E. **50** 386, 392, **53** 124; vgl. auch E. **75** 252), als Maßnahme dagegen zulässig (E. **67** 215, HRR. **42** 46). Für Idealkonkurrenz ist die Frage seit GSSt. in E. **73** 148 bedeutungslos (Anm. III zu § 73). — Nach herrschender Ansicht ist die Einziehung **1. Strafe,** wenn nach der betr. Bestimmung nur Eigentum des Täters eingezogen werden kann; und zwar Nebenstrafe, d. h. nur zulässig, wenn der Eigentümer wegen der Tat auch zu einer Hauptstrafe verurteilt ist; es sei denn, daß seine Verurteilung i. S. des § 42 „nicht ausführbar" ist. — Dagegen **2. Sicherungsmaßnahme** in den §§ 152, 284b Satz 2, 295, 296a, 360, 367, 369. E. **46** 131, **53** 124, **67** 215. — Für die verwandte Entziehung des Jagdscheins gem. § 62 II RJagdGes. E. **75** 252: sie habe, jedenfalls vorwiegend und im wesentlichen, die Bedeutung einer Nebenstrafe, bis zu einem gewissen Grade aber auch die Wirkung einer Maßregel der Sicherung. — Ist die Sache veräußert, so tritt nicht etwa der **Erlös** an ihre Stelle. E. **66** 85, **67** 204. A. A. Schönke § 40 III 2. — Wegen Einziehung nach RAbgO. und Devisengesetz vgl. E. **69** 388, **74** 96. — Ueber **Beschlagnahme** von Gegenständen, die der Einziehung unterliegen, vgl. StPO §§ 98 ff.

II. **Gegenstände:** Körperliche Sachen; nicht Rechte. E. **57** 232. — Einziehung eines „Wertes" in § 335.

III. **Nicht** einziehungsfähig das strafbar Erworbene (die gestohlene, geschmuggelte Sache; das durch Betrug Erlangte, das gehortete Geld. E. **25** 165, **48** 33, **54** 223, **70** 92, **75** 334 (= ZA. 42, 79 m. Anm. Schönke); aber auch E. **75** 336. Vgl. auch StPO. § 111.

IV. **Zur Begehung gebraucht** sind auch die Hilfsmittel, mit denen der Täter die Beute der Straftat vom Tatort fortgeschafft hat: E. **12** 305, **73** 104 und 106.

V. Mindestens bei einem **Versuch** muß der Gegenstand benutzt worden sein. E. **44** 141, **67** 12, **68** 42.

VI. **Obligatorische** Einziehung in den §§ 152, 245a III, 284b, 295, 296a und in vielen Nebengesetzen.

VII. **Eigentum des Täters oder Teilnehmers.** Von dieser Voraussetzung sehen ab: §§ 152 (Falschgeld und Falschmünzerwerkzeug), 245a (Diebeswerkzeug), 284b (Spielgeld und Spieleinrichtungen), 295, 296a (Wildderergerät usw.), 360, 367: hier überall können (u. U. müssen) auch Sachen eingezogen werden, die einem anderen gehören. — Maßgebend für die Eigentumsfrage ist die Zeit des Urteils: E. **67** 204, HRR. 36, 156; im Fall des § 42, auch wenn der Täter vor dem Urteil gestorben, bis zu seinem Tode: E. **53** 181.

VIII. Die **Rechtswirkung ist streitig.** Von der Annahme aus, daß Eigentum zur Zeit des Urteils erforderlich ist, ist Eigentumsübergang auf den Fiskus mit Rechtskraft des Urteils, zurückbezogen auf den Tag der Urteilsfällung, anzunehmen. Nicht hierher gehören StPO. § 463 und ZPO. §§ 265, 325 (str.). — Vgl. hierzu E. 21 54, 53 183, 66 87.

Unbrauchbarmachung

41. Wenn der Inhalt einer Schrift, Abbildung oder Darstellung strafbar ist, so ist im Urteile auszusprechen, daß alle Exemplare, sowie die zu ihrer Herstellung bestimmten Platten und Formen unbrauchbar zu machen sind.

Diese Vorschrift bezieht sich jedoch nur auf die im Besitze des Verfassers, Druckers, Herausgebers, Verlegers oder Buchhändlers befindlichen und auf die öffentlich ausgelegten oder öffentlich angebotenen Exemplare.

Ist nur ein Teil der Schrift, Abbildung oder Darstellung strafbar, so ist, insofern eine Ausscheidung möglich ist, auszusprechen, daß nur die strafbaren Stellen und derjenige Teil der Platten und Formen, auf welchem sich diese Stellen befinden, unbrauchbar zu machen sind.

I. **Rechtsnatur:** Nicht Strafe, sondern polizeiliche Sicherungsmaßregel, da sie auch Unbeteiligte trifft. E. **67** 215 (218). Vgl. Anm. zu § 40 und Vorbem. vor § 13. E. **14** 161 gegen **17** 311. — Verbindung der Maßregeln §§ 40 und 41: E. **17** 311, **36** 145.

II. Daß mit der **Herstellung** eine Straftat begangen ist (z. B. nach Preßgesetz §§ 6—19), kann zwar ihre vorläufige Beschlagnahme (nach § 98 StPO. oder § 23 PreßG.), nicht aber ihre Unbrauchbarmachung begründen. Für diese ist vielmehr Voraussetzung Tatbestandsmäßigkeit und Rechtswidrigkeit (subjektives Verschulden nicht nötig: E. **36** 145) des Inhalts, also der Gedankenäußerung. Bloße strafbare Herstellung genügt z. B. nach §§ 42 ff. LitUrhG. v. 19. 6. 01 (Fassung v. 22. 5. 10).

III. **Schrift** usw. nicht auf Erzeugnisse der Druckerpresse beschränkt (E. **38** 345, **47** 223, 404: Grammophonplatten; dagegen **46** 390).

IV. **Urteilsausspruch** auch in den Fällen der §§ 199 und 233.

V. Nach herrschender Ansicht auch **mittelbarer Besitz.**

VI. **Zu Abs. 3** vgl. PreßG. § 14.

Objektives Verfahren

42. Ist in den Fällen der §§ 40 und 41 die Verfolgung oder die Verurteilung einer bestimmten Person nicht ausführbar, so können die daselbst vorgeschriebenen Maßnahmen selbständig erkannt werden.

I. Vgl. § 152; StPO. §§ 430—432; PreßG. § 14. — Nicht „Strafprozeß", sondern selbständiges Verfahren, daher auch bei verjährten, amnestierten Taten zulässig, nicht jedoch bei fehlendem Strafantrag (E. **11** 119); bestr.

Alle Voraussetzungen entweder des § 40 oder des § 41 müssen gegeben sein: i. F. des § 40 Eigentum dessen, der vorsätzlich und rechtswidrig als Täter oder Teilnehmer strafbar sein würde, falls seine „Verurteilung ausführbar" wäre; i. F. des § 41 „Strafbarkeit des Inhalts", über welche Voraussetzung freilich Streit herrscht (E. **30** 194, **38** 100, **53** 81, **57** 3 begnügen sich mit objektiver Tatbestandsverwirklichung, soweit die Maßregel nicht „Strafe" sei).

II. Verfolgung oder Verurteilung nicht ausführbar: D. h. die Tat ist an sich „strafbar" (Anm. I), die Verfolgung aber kann aus tatsächlichen oder rechtlichen Gründen (E. **44** 279) nicht bis zur Verurteilung durchgeführt werden, z. B. wegen Tod (E. **74** 41; auch dann, wenn Einz. Nebenstrafe), Unerreichbarkeit, Verhandlungsunfähigkeit des Schuldigen, Amnestie (E. **69** 367), Verjährung (E. **44** 315).

III. Ist die Maßregel **obligatorisch** vorgeschrieben (§ 40 Anm. VI, § 41), so bleibt sie es auch hier. Vgl. E. **28** 122 und **66** 434.

IV. Die Maßnahmen der §§ 40, 41 können auch **nebeneinander** durchgeführt werden. Vgl. oben § 41 Anm. I.

1a. Abschnitt

Maßregeln der Sicherung und Besserung

Vorbemerkungen

I. Der Abschnitt ist, zusammen mit den §§ 20a und 245a, eingefügt durch das RGes. v. 24. November 1933 **„gegen gefährliche Gewohnheitsverbrecher und über Maßregeln der Sicherung und Besserung"** (RGBl. I 995). Vom gleichen Tage „Ausführungsgesetz" (RGBl. I 1000) mit Aenderungen für GVG., StPO., JGerG., JWohlfG. Die „Maßregeln" sollen nicht, wie die Strafe, begangenes Unrecht sühnen, sondern anläßlich solchen Unrechts einen in der Zukunft liegenden Zweck verfolgen, nämlich einerseits die Allgemeinheit schützen (Heil- und Pflegeanstalt und Verwahrungsanstalt: „wenn die öffentliche Sicherheit es erfordert"; Untersagung der Berufsausübung: „um die Allgemeinheit vor weiterer Gefährdung zu schützen"); anderseits den Täter in die Volksgemeinschaft wieder eingliedern (Trinkerheilanstalt, Entziehungsanstalt, Arbeitshaus: um ihn „an ein gesetzmäßiges und geordnetes Leben zu gewöhnen"). Aber: auch mit der Sicherungsmaßregel können im Einzelfalle Besserungszwecke verfolgt werden (ZAk. 39 455 betr. Sicherungsverwahrung, unten Anm. I 2 a. E. zu § 42e) und umgekehrt (Arbeitshaus, unten Anm. zu § 42d).

II. Vorgeschichte. — 1. Im deutschen Reichsrecht: Vorläufer waren a) das Arbeitshaus gegen Bettler, Landstreicher, Prostituierte, später auch gegen Zuhälter und Spieler; b) die Fürsorge- (früher Zwangs-) Erziehung gegen Jugendliche, nach JGerG. v. 16. 2. 23 auch andere Besserungsmaßnahmen. Die Bestimmungen über das Arbeitshaus sind durch StGB. § 42d ersetzt, die über Jugendliche sind jetzt in den §§ 11—13 RJGG enthalten. — 2. Ausbau von zwei Systemen, einerseits Sicherungs- und Besserungsmaßnahmen, anderseits Strafen, in den Entwürfen zu einem Schweizer StGB. seit 1893 (erster Verfasser Carl Stooß). Insbesondere „Verwahrung" eines vielfach Rückfälligen oder eines Unzurechnungsfähigen oder vermindert Zurechnungsfähigen auf absolut oder relativ unbestimmte Zeit neben oder (zu beachten!) statt der Strafe. Mehrere ausländische Entwürfe und Gesetze folgten. — 3. Verdrängung der Strafe durch Maßregeln der Sicherung und Besserung in Italien. Entw. 1921 (Verf.:

Enrico Ferri) und Russ. StGB. 1926. — 4. Die deutschen Entwürfe: VE. 09 schlug in § 89 gegen „gewerbs- und gewohnheitsmäßige Verbrecher" nur schwere und langdauernde Strafen vor. Seit KE. 13 folgten sie dem dualistischen System der Schweizer Entwürfe. — 5. Der neue Abschn. 1a des StGB. folgt den letzten deutschen Entwürfen, soweit es sich um „Maßregeln" handelt, die mit Freiheitsentziehung verbunden sind. Neu die Untersagung der Berufsausübung.

III. System. Das StGB. wollte also das System eines **strengen Dualismus** übernehmen: „Strafen" und „Maßregeln" haben, mindestens ideell, eine verschiedene Bedeutung: Sühne begangenen Unrechts auf der einen, Verhütung von Gefahren auf der anderen Seite. Sie können sich deshalb auch nicht gegenseitig ersetzen. Auch die Reihenfolge des Vollzugs ist bei SichVerw. und ArbHaus durch diesen Gedanken bestimmt: zuerst ist die Strafe zu vollziehen. Nur bei Heil- und Pflegeanstalt, Trinkerheilanstalt und Entziehungsanstalt kann deren Zweck eine Aenderung der Reihenfolge gebieten (StPO. § 456b). Weitere Auswirkungen des Gegensatzes: die Maßregel braucht nicht, wie die Strafe, ihrer Schwere nach der begangenen Tat zu entsprechen; denn sie wird nicht „für" die Tat verhängt, sondern durch diese nur ausgelöst. Wohl aber muß sie „dem Täter" entsprechen. Vgl. jedoch die in Vorbem. VI 1g vor § 13 behandelte Kontroverse. Bei Zweifeln, welche Maßregel erforderlich sei, gilt nicht der Satz: in dubio pro reo (unten Anm. I zu § 42n). Die Anordnung einer Maßregel ist im Gegensatz zur Bestrafung grundsätzlich rechtsethisch wertfrei; die Anordnung der Unterbringung gem. § 42b ist keine Verurteilung i. S. des § 20a (DJ. **39** 479). Vgl. aber auch E. **72** 353.

IV. Aber nicht an das eigentliche Tatstrafrecht, sondern an die Ansätze des StGB. zum **Täterstrafrecht** knüpft der Dualismus an. Andernfalls wäre die Einheit des Strafrechts gesprengt, da dann (Tat-) Strafe und Maßregel ganz verschiedene Gegenstände hätten. Die Maßregeln richten sich gegen Antisoziale, Asoziale, Anormale und Süchtige; sollen sie die Strafe ergänzen, so muß schon diese die „schädlichen Leute" als solche erfaßt und charakterisiert haben.

Im einzelnen: §§ 42b und c setzen nicht Taten von bestimmter Art und Schwere sondern Persönlichkeitstypen voraus, etwa den gefährlichen Psychopathen oder den Gewohnheitstrinker. Beispiel: DJ. **38** **1424** (vgl. § 42b Anm. B I 2 a. E.). Sehr aufschlußreich auch E. **73** 177 (181): Die Bestrafung der Volltrunkenheit will nicht nur die einzelne Rechtsverletzung, sondern auch — vom Gelegenheitstrinker abgesehen — die gefährliche Persönlichkeit des Rauschtäters als solche erfassen. In der Rauschtat kann die innere Wesensart des Täters und damit auch sein Hang zum Verbrechen (§ 20a) zum Ausdruck kommen. Vgl. unten Anm. 2 zu § 330a. — Die in § 42d aufgeführten Uebertretungen erfassen nicht Taten, sondern die Tätertypen des Landstreichers, Bettlers, Müßiggängers, Arbeitsscheuen, der Dirne und des Strichjungen; früher kamen auch Zuhälter (vgl. dazu jetzt E. **73** 183) und Spieler ins Arbeitshaus, womit die Reihe der Tätertypen asozialer Prägung vollständig wäre. — Darüber, daß **§ 42e** wesentlich nicht auf Einzeltaten, sondern auf den aktiven Antisozialen abstellt, oben II zu § 20a. — Bei **§ 42l** erscheint als tragender Gedanke nicht so sehr die einzelne Rechtsgutsverletzung als das Versagen des Täters in einer besonderen Pflichtenstellung (objektiv-täterschaftliche Elemente, vgl. Welzel in ZStW. **58**, 522).

So treffen die Maßregeln regelmäßig mit ausgesprochenen Täterstrafen zusammen, Strafen also, die jenseits der Einzeltatschuld oder über sie hinaus, dem Grunde oder der Höhe nach durch eine Würdigung der Gesamtpersönlichkeit des Täters bestimmt oder zum mindesten durch eine solche charakterisiert werden (letzteres bei § 42e i. V. mit § 20a Abs. II, falls die Strafe nicht geschärft wird). Die Zweispurigkeit ist damit nicht aufgehoben, vielmehr zu einer „Dreispurigkeit" erweitert. Denn: beim **Tatstrafrecht** liegt der Schwerpunkt der richterlichen Beurteilung in der **Vergangenheit**, beim **Täterstrafrecht** in der **Gegenwart**, bei den **Maßregeln** in der **Zukunft**.

V. Gegen **Jugendliche** dürfen die Maßregeln des 1a-Abschnitts, mit Ausnahme der Unterbringung gem. § 42b, nicht verhängt werden: RJGG. § 17; über § 20 RJGG. vgl. Vorbem. III vor § 13.

VI. Die Rückfallbestimmungen für Diebstahl, Raub, Hehlerei und Betrug sind unberührt. Hinzugekommen ist für Täter, die dem Verbrechen **verfallen** sind, die allgemeine Bestimmung des § 20a; ihre Anwendung ist Voraussetzung der Sicherungsverwahrung.

VII. Verfahrensrecht: Einstweilige Unterbringung (StPO. §§ 126, 207); notwendige Verteidigung für §§ 42b, e; Vorermittlungen (StPO. § 160); nicht in Abwesenheit zu verhängen (§ 233); Veränderung des rechtlichen Gesichtspunkts (§ 265); nicht im Privatklageverfahren (§ 384); nicht durch Strafbefehl (§ 407); Inhalt und Begründung des Urteils (§§ 260, 267). — Bei der Aburteilung der Straftat kann die Entscheidung über eine Nebenfolge („Maßregel" usw.) nicht vorbehalten werden: E. 68 383. — Wiederaufnahmegründe (§§ 359, 363, 371). — Besonders Sicherungsverfahren gegen Zurechnungsunfähige bei Nichtdurchführung des Strafverfahrens; sowie nachträgliches Sicherungsverfahren wegen Auslandstaten (StPO. §§ 429a ff.).

42a. Maßregeln der Sicherung und Besserung sind:

1. die Unterbringung in einer Heil- oder Pflegeanstalt,

2. die Unterbringung in einer Trinkerheilanstalt oder einer Entziehungsanstalt,

3. die Unterbringung in einem Arbeitshaus,

4. die Sicherungsverwahrung,

[5. betraf die Entmannung gefährlicher Sittlichkeitsverbrecher, gestrichen durch KRG. Nr. 11.]

6. die Untersagung der Berufsausübung.

7. gestrichen durch Gesetz über Reichsverweisungen vom 23. März 1934 § 7 Nr. 2.

Schrifttum. Exner, Erfahrungen mit den Maßregeln der S. u. B., die eine Freiheitsbeschränkung beinhalten (Ges. f. Dt. Str.R. 1939) und die dort ang. Lit.

1. Heil- und Pflegeanstalt

42b. Hat jemand eine mit Strafe bedrohte Handlung im Zustand der Zurechnungsunfähigkeit (§ 51 Abs. 1, § 58 Abs. 1) oder der ver-

minderten Zurechnungsfähigkeit (§ 51 Abs. 2, § 58 Abs. 2) begangen, so ordnet das Gericht seine Unterbringung in einer Heil- oder Pflegeanstalt an, wenn die öffentliche Sicherheit es erfordert. Dies gilt nicht bei Uebertretungen.

Bei vermindert Zurechnungsfähigen tritt die Unterbringung neben die Strafe.

Voraussetzungen, unter denen die gerichtliche Anordnung getroffen werden muß, die dann ihrerseits auch für die Unterbringungsbehörde bindend ist:

A. Sachliche:

I. Eine bestimmte Tat.

1. Es muß feststehen, daß der Unterzubringende sie **begangen** hat.

2. Die Tat muß eine **„mit Strafe bedrohte** Handlung" (ausgen. Uebertretungen) sein, d. h. sämtliche Merkmale einer solchen an sich tragen: Tatbestandsmäßigkeit, Rechtswidrigkeit und die psychischen Voraussetzungen; mit Ausnahme eben der vollen Zurechnungsfähigkeit. Mit dieser entfällt die Grundlage für den sonst aus dem inneren Tatbestand abzuleitenden Schuldvorwurf. Als Schuldtypen dürfen Vorsatz und Fahrlässigkeit daher nicht gefordert werden. Aber handeln, und zwar „vorsätzlich" (i. S. von wollen und voraussehen) oder „fahrlässig" (i. S. von vorhersehenkönnen) kann auch ein Geisteskranker; und daß er so gehandelt habe, muß feststehen. Denn daß der Täter seinen Willen in Richtung auf einen bestimmten Erfolg (final) betätigt hat bzw. daß der Erfolg für ihn vermeidbar gewesen ist, gehört zu den Merkmalen der Handlung und ihrer Tatbestandsmäßigkeit, ebenso die subjektiven Unrechtselemente einer bestimmten Absicht oder Tendenz. JW. **35** 532 u. 2368 (§ 308 ?, § 309 ?, § 368 Nr. 6 ?); DRZ. **35** Nr. 363; E. **71** 218; HRR. **38** 850. Die Beurteilung von Vorstellungsausfällen innerhalb eines tatbestandsmäßigen Verhaltens ist hier ebenfalls am Handlungs-, nicht am Schuldbegriff zu orientieren. Da das Gesetz den gefährlichen Geisteskranken unschädlich machen will, der krankheitsbedingte Irrtum aber gerade die Gefährlichkeit anzeigt, so kann sein Vorliegen § 42b nicht ausschließen. E. **73** 314. Anders der verständliche Irrtum: er widerlegt den durch die Handlung nahegelegten Schluß auf die Gefährlichkeit des Kranken. — Die Handlung muß rechtswidrig sein: steht dem Unzurechnungsfähigen § 193 zur Seite, so entfällt § 42b. HRR. **38** 40. — Die gleiche Frage nach dem inneren Tatbestand bei der Tat eines Unzurechnungsfähigen entsteht bei § 330a; vgl. dort Anm. VI sowie II, 1b zu § 59. — Kein sachlicher Unterschied ist es, wenn RG. hier den „Vorsatz" leugnet und von „natürlichem Tatwillen" spricht (HRR. **40** 35 u. 177).

Zweifelhaft ist, ob bei Antragsdelikten die Zulässigkeit der Maßregel von der Antragstellung abhängig ist. In E. **71** 218 und 321 bejahte der 3. Senat dieses Erfordernis, während der 1. Senat in JW. **37** 2373 der gegenteiligen Ansicht zuneigte. Der Auffassung des 3. Senats in Verbindung mit seiner weiten Auslegung des „Antrages" (Anregung einer irgendwie gearteten Unterbringung genügt nach E. **71** 321 den Erfordernissen des Strafantrages) dürfte zuzustimmen sein, zumal die öffentliche Sicherheit die Unterbringung in derartigen Fällen in aller Regel nicht fordern wird; vgl. unten zu II, 4. Vgl. hierzu E. **73** 155 (mit Hinweis auf § 15 PrPol.-VerwGes.).

3. **Unzurechnungsfähigkeit** bzw. verminderte Zurechnungsfähigkeit müssen feststehen. Bei Zweifel, ob etwa Simulant, ist zwar § 51 II anwendbar, nicht aber § 42b. Vgl. E. **70** 127.

II. **Erforderlichkeit für die öffentliche Sicherheit.** Vgl. E. **69** 12; HRR. **35** 759; Recht **35** 4730; E. **71** 216. — D. h.:

1. Es müssen von dem Täter **weitere** Straftaten zu erwarten sein. Nur bestimmte ernstliche Gefährdung der öffentlichen Sicherheit, nicht bloße Wiederholungsmöglichkeit genügt: E. **73** 303, DR. **43** 233. Vgl. § 42e Anm. I 2. — Bei Unberechenbarkeit ist Unterbringung geboten: HRR. **40** 177. — Mit Recht einschränkend aber Tübingen DRZ. **49** 210: besonders eingehende Prüfung, ob um des Bestandes der Rechtsordnung willen eine so außerordentlich schwere Maßregel geboten. U. keineswegs schon deshalb, weil Handlungen gegen die Rechtsordnung zu erwarten, gerechtfertigt.

2. **Innerer Zusammenhang** zwischen der Straftat und der Allgemeingefahr. Die Handlung selber braucht nicht besonders gefährlich oder schädlich gewesen zu sein; aber für die Zukunft muß eine Gefahr für die allgemeine Rechtssicherheit von diesem Täter drohen. Dabei ist das gesamte Verhalten des Täters zu berücksichtigen, auch länger zurückliegende strafbare Handlungen; die Grundsätze von § 20a III sind hier nicht maßgebend. E. **68** 351, **69** 12, 150, 242, JW. **38** 167.

3. Die Allgemeingefahr darf **nicht anders zu beseitigen** sein. Gerade diese Maßregel muß vielmehr nötig erscheinen. So genügt bei Rauschtaten nicht, daß der Rausch die Zurechnungsfähigkeit ausschloß. Er muß auf krankhafter Veranlagung beruhen. Andernfalls ist Trinkerheilanstalt u. U. angezeigt. E. **73** 44. — Zu prüfen ist namentlich auch, ob nicht schon die Bestellung eines Vormunds oder Pflegers Wiederholung der Straftaten verhindern würde (so HRR. **38** 40 betr. beleidigende Eingaben). Im Falle des § 51 Abs. II SV., wenn nur diese ausreicht: E. **72** 151. Durch freiwilligen Eintritt in Heil- oder Pflegeanstalt wird Anordnung der Unterbringung nicht in allen Fällen entbehrlich: vgl. einerseits JW. **38** 166, andererseits E. **76** 134.

4 Die bloße Belästigung Dritter und die Störung des Lebenskreises eines **einzelnen** sind noch kein hinreichender Grund für die Unterbringung: JW. **37** 2373 (betr. § 164); HRR. **39** 40. Die Gefahr künftiger Angriffe auf die Ehre anderer reicht nur in besonderen Ausnahmefällen aus: HRR. **37** 1679. Vgl. jedoch andererseits E. **71** 321 sowie JW. **38** 2331 und 2732 betr. falsche Anschuldigungen und verleumderische Redereien, die das Vertrauen auf die Rechtspflege erschütterten; ebenso HRR. 40, 114. — Vgl. auch hier Tübingen DRZ. **49** 210 (oben zu 1).

B. Formelle:

I. In einem **ordentlichen Strafverfahren** muß, wenn es zum Hauptverfahren kommt,

1. bei einem vermindert Zurechnungsfähigen Verurteilung zu **Strafe** (§ 51 II) wegen der begangenen Handlung erfolgen (E. **69** 262 und JW. **35** 2732),

2. bei einem Zurechnungsfähigen **Freisprechung** erfolgen aus dem Grunde der Unzurechnungsfähigkeit; nicht etwa, weil es nicht feststehe, ob er die Tat begangen habe; oder weil er in Notwehr oder in einem schuldausschließenden Irrtum gehandelt habe: hier würde nötigenfalls Unterbringung durch die Verwaltungsbehörde möglich sein.

3. Für das **Strafverfahren** vgl. StPO. §§ 80—81, 126a ff., 149, 246a, 456a, b, 463a. Auch wenn Ankl. u. Eröffn.Beschl. nur § 42c anführen, ist gem. § 246a Arzt zuzuziehen, wenn zweifelhaft, ob SV. oder Unterbringung. HRR. 39 1211. Wenn die Unterbringung gegen einen Unzurechnungsfähigen an Stelle von Strafe ausgesprochen ist, kann die Revision nicht auf die Anordnung der Unterbringung beschränkt werden. Soweit lediglich § 51 II in Frage steht, ist dagegen wirksamer Verzicht auf die Prüfung der Schuldfrage möglich (so der 2. Senat in E. 71 265 = JW. 37 2378 mit Anm. von Richter). Anders der 1. Senat in HRR. 38 907 für den Fall des § 51 II.

Wenn auf Grund besonderer Hemmungslosigkeit des Täters § 51 Abs. II angewendet wird, die Anordnung gem. § 42b aber unterbleibt, bedarf es der Nachprüfung, warum die öff. Sicherheit diese nicht erfordert (DJ. 38 1424). Hier tritt zutage, daß die Tätertypisierung durch den Schuldspruch den Ansatz für die Maßregel bildet.

II. Im Falle der Zurechnungsfähigkeit ist auch ein besonderes **strafgerichtliches Sicherungsverfahren** möglich: StPO. §§ 429a—429e. Das heißt: entweder sieht die Staatsanwaltschaft, weil sie zwar Tatbegehung, aber Zurechnungsunfähigkeit annimmt, von einer Anklage ab und stellt statt ihrer den Antrag auf gerichtliche Anordnung der Unterbringung; oder sie stellt diesen Antrag, nachdem auf Anklageerhebung die Eröffnung des Hauptverfahrens wegen Zurechnungsunfähigkeit abgelehnt ist (StPO. §§ 203, 204). Voraussetzung auch des „Sicherungsverfahrens" ist aber hinreichender Tatverdacht. Ueber seine Durchführung vgl. die StPO.

III. Heil- oder Pflegeanstalt. Die Anordnung ist für das Gericht unteilbar. Auswahl der geeigneten Anstaltsart und der Anstalt ist Sache der Vollstreckung: DJ. 38 1796.

2. Trinkerheilanstalt und Entziehungsanstalt

42c. Wird jemand, der gewohnheitsmäßig im Uebermaß geistige Getränke oder andere berauschende Mittel zu sich nimmt, wegen eines Verbrechens oder Vergehens, das er im Rausch begangen hat oder das mit einer solchen Gewöhnung in ursächlichem Zusammenhang steht, oder wegen Volltrunkenheit (§ 330a) zu einer Strafe verurteilt und ist seine Unterbringung in einer Trinkerheilanstalt oder einer Entziehungsanstalt erforderlich, um ihn an ein gesetzmäßiges und geordnetes Leben zu gewöhnen, so ordnet das Gericht neben der Strafe die Unterbringung an.

Voraussetzungen gerichtlicher Anordnung:

I. Tatbegehung

a) entweder irgendeines Verbrechens oder Vergehens im Rausch;

b) oder eines solchen, das mit einer Gewöhnung an ein Uebermaß geistiger Getränke oder anderer berauschender Mittel in ursächlichem Zusammenhang steht (z. B. auch Diebstahl, um Schnaps kaufen zu können; Rezeptfälschung, um Morphium zu erhalten);

c) oder des Delikts der „Volltrunkenheit" (§ 330a). Wenn aber in diesem Falle nicht der Persönlichkeitstyp des Trinkers, dessen Taten ihre Ursache ausschließlich im Alkoholgenuß finden, sondern der des gefährlichen Gewohnheitsverbrechers vorliegt, dessen Hang durch den Alkoholgenuß lediglich ausgelöst wird, dann § 42e: DStR. **39** 211; DJ. **38** 1878; **40** 1221; u. U. auch bei infolge von Trunksucht Willensschwachen (HRR. **39** 585; E. **73** 44).

II. **Verurteilung zu Strafe** wegen Ia oder b oder c. Sonach ist, wenn der Rausch die Zurechnungsfähigkeit ausschloß, nur § 42b anwendbar; während bei verminderter Zurechnungsfähigkeit das Gericht u. U. die Wahl hat zwischen § 42b, § 42c und § 42e. Hierbei wird, wenn der Erziehungszweck des § 42c erreichbar erscheint, die „Erforderlichkeit" einer Irrenanstalts- oder Sicherungsverwahrung zu verneinen sein. Vgl. ferner DJ. **39** 519.

III. **Krankhafte Sucht** nach geistigen Getränken oder anderen berauschenden Mitteln, wie Kokain, Opium, Morphium. Der Täter braucht jedoch kein Trinker im üblichen Sinne zu sein: E. **74** 217 (218).

IV. **Erforderlichkeit der Zwangsunterbringung** zwecks Gewöhnung an ein gesetzmäßiges und geordnetes Leben. Andere Mittel (z. B. zuverlässige Familienfürsorge oder freiwilliger Eintritt in eine Anstalt oder in einen Enthaltsamkeitsverein) müssen hierzu nach gerichtlicher Ueberzeugung unzulänglich erscheinen. Bedenklich: Recht **35** 3232, wonach Unterbringung auch wenn Besserung nicht mehr zu erwarten — bestimmte Rückfallswahrscheinlichkeit erforderlich: DR **43** 233.

3. Arbeitshaus

42d*). Wird jemand nach § 361 Nr. 3 bis 5, 6a bis 8 zu Haftstrafe verurteilt, so ordnet das Gericht neben der Strafe seine Unterbringung in einem Arbeitshaus an, wenn sie erforderlich ist, um ihn zur Arbeit anzuhalten und an ein gesetzmäßiges und geordnetes Leben zu gewöhnen.

Dasselbe gilt, wenn jemand, der gewohnheitsmäßig zum Erwerbe Unzucht treibt, nach § 361 Nr. 6 zu Haftstrafe verurteilt wird.

Wegen Bettelns ist die Anordnung nur zulässig, wenn der Täter aus Arbeitsscheu oder Liederlichkeit oder gewerbsmäßig gebettelt hat.

Arbeitsunfähige, deren Unterbringung in einem Arbeitshaus angeordnet ist, können in einem Asyl untergebracht werden.

Aus dem Schrifttum: Der nicht seßhafte Mensch (Sammelwerk, herausgeg. v. Bayer. Landesverband f. Wanderdienst) 1938. — Brusis, Mo. Krim. Biol. 38, 513. — Häckel, DJ. 36, 1724. — Seelig, Das Arbeitshaus im Lande Oesterreich.

I. Das **Arbeitshaus** sollte ursprünglich der Bekämpfung von Bettel, Landstreicherei und Arbeitsscheu dienen. Durch Ges. v. 25. 6. 1900 ausgedehnt auf Zuhälter (§ 181a); durch Ges. v. 23. 12. 1919 auf Glücksspieler (§ 285a), in beiden Fällen neben Gefängnis (§ 285a). Aenderungen durch § 42d:

---

*) § 42d ist in der amerikanischen Bes.-Zone mit Wirkung vom 1. 4. 49 abgeschafft durch Mil.-Reg.-Ges. Nr. 14.

a) Wiederbeseitigung für Zuhälter und Spieler; für Zuhälter dafür Zuchthaus (§ 181a). Vgl. dazu E. 72 107; die Gesichtspunkte, die zur Ausschließung der Zuhälter geführt haben, treffen für „Strichjungen" regelmäßig nicht zu.

b) Keine Einschiebung des Beliebens der Landespolizeibehörde, sondern bindende Anordnung durch das Strafgericht.

c) Bei wiederholter Unterbringung unbestimmte Dauer (§§ 42f, 42g, 42h).

II. Die Hervorhebung des **Besserungszweckes** steht der Unterbringung zwecks Sicherung nicht entgegen. Der im Arbeitshaus Untergebrachte dürfe nicht deshalb entlassen werden, weil es aussichtslos sei, ihn an Arbeit und Ordnung zu gewöhnen. So LG. Berlin und Cottbus in DJ. 36 1694f. Zutr. dazu Rietzsch: die erste Unterbringung im Arbeitshaus verfolge vorwiegend den Zweck der Besserung und sei daher befristet; wenn aber eine zweite Unterbringung erforderlich werde, der Verurteilte sich also als unverbesserlicher Asozialer erweise, trete der Sicherungszweck in den Vordergrund.

III. Die Stelle trifft auch zu, wenn bei **Tateinheit** mit § 361 Verurteilung zu Gefängnis oder Zuchthaus aus einem anderen, strengeren Gesetz erfolgt; der Grundsatz der Exklusivität des strengsten Gesetzes (darüber A zu § 73) gilt nicht für Maßregeln: DJ. 38, 1156; E. 72 107.

IV. Zu Abs. II. Sich anbieten zur Unz.: E. 72 107.

V. Zu Abs. III: Bettel also nur in **schwereren** Fällen; betteln allein aus Arbeitslosigkeit oder unverschuldeter Not, wenn auch wiederholt, genügt nicht. JW. 35, 524; HRR. 35, 760. Die Revision ist hier auf die Anordnung der Unterbringung beschränkbar, da § 42d Abs. III von besonderen Voraussetzungen abhängig, die den Tatbestand des Bettelns unberührt lassen: E. 72 224 (1. Sen.) gegen JW. 35, 524 (2. Sen.).

VI. Zu Abs. IV: Zu beachten ist, daß **Arbeitsunfähigkeit** im Sinne eines Ausfalles für die Arbeitsvermittlung der Unterbringung im Arbeitshaus nicht entgegensteht, wenn der Täter noch leichtere Arbeiten verrichten kann: DJ. 37, 510.

Der **Strafrichter** kann Unterbringung im **Asyl** nicht anordnen; er kann den Täter nur der Fürsorgebehörde überweisen.

4. Sicherungsverwahrung

42e. Wird jemand nach § 20a als ein gefährlicher Gewohnheitsverbrecher verurteilt, so ordnet das Gericht neben der Strafe die Sicherungsverwahrung an, wenn die öffentliche Sicherheit es erfordert.

Aus dem Schrifttum: Gerland, Die Sicherungsverwahrung des § 42e (Festschr. f. Hübner) 1935. — Henkel, Das Sicherungsverfahren gegen Gemeingefährliche. ZStrW. 57, 702—771; 58, 167—237. — Vgl. auch zu 20a.

I. Diese am schärfsten einschneidende Sicherungsmaßnahme hat folgende **Voraussetzungen:**

1. Verurteilung als gefährlicher Gewohnheitsverbrecher. D. h.: Die Voraussetzungen des § 20a müssen vorgelegen haben und festgestellt worden sein; vgl. die dort. Anm. Daß die Strafe im gegeb. Fall dem § 20a entnommen war, ist nicht nötig. Es kann sein, daß die Schärfung nach § 20a Abs. I versehentlich unterblieben ist oder daß nach Abs. II eine Schärfung nicht notwendig war: trotzdem ist § 42e anwendbar. So E. **68** 295 und 385, **70** 129, DJ. **38** 1879. — Ist der Täter als gef. Gewohnheitsverbr. verurteilt, so kann SV. auch nach RKraft bei der Gesamtstrafbildung angeordnet werden: E. **73** 366. — Hat das Gericht erster Instanz den Täter als gef. Gewohnheits- und Sittlichkeitsverbrecher verurteilt, aber weder SV. noch Entm. angeordnet, so ist nach Aufhebung der Gesamtstrafe bei Festsetzung der neuen Gesamtstrafe zugleich über die Anordnung dieser Maßregeln neu zu entscheiden: DJ **40** 31.

2. **Erforderlichkeit der Verwahrung für die öffentliche Sicherheit.** Die Frage der Erforderlichkeit ist nicht auf den Zeitpunkt der Tatbegehung abzustellen, auch nicht (dies der entscheidende Unterschied von § 20a) auf den der Aburteilung, sondern der späteren Entlassung aus der Strafanstalt. Die öffentliche Sicherheit muß dann bedroht erscheinen und andere Mittel, die erforderliche Sicherheit zu gewährleisten, dürfen für diesen Zeitpunkt nicht ersichtlich sein. Sonst ist zwar Strafschärfung zulässig oder geboten, nicht jedoch Sicherungsverwahrung. Vgl. HRR. **39** 387, DR. **40** 790 und oben Anm. II zu § 20a a. E.

E. **68** 149 (157): „Es muß ein solches Maß von Gefahr von dem Verurteilten ausgehen, daß dadurch der Bestand der die öffentliche Sicherheit gewährleistenden Rechtsordnung unmittelbar bedroht und eine wirksame Abhilfe für die Zukunft im Interesse seiner Aufrechterhaltung geboten und auf andere Weise als durch die Sicherungsverwahrung nicht zu erreichen ist." E. **72** 285 verlangt eingehende Würdigung, ob der Täter mit Wahrscheinlichkeit neue erhebliche Taten begehen werde, welcher Einfluß von der Strafverbüßung auf ihn zu erwarten sei und ob die Umgebung in die er sodann zurückkehre, neuen Straftaten entgegenwirken werde. Deshalb ist z. B. einem Antrag auf Vernehmung des Strafanstaltsbeamten über gute Führung des Angekl. stattzugeben (JW. **34** 3200); ist eine in Aussicht stehende Heirat zu berücksichtigen (E. **68** 174).

Als „anderes Mittel", die erforderliche Sicherheit zu gewährleisten, ist nicht durch neue Straftaten bedingte erneute Bestrafung anzusehen: HRR. **35** Nr. 1345. — E. **68** 358 nimmt eine Gefährdung der öff. Sicherheit u. U. auch dann an, wenn der Verurteilte sich z. Z. noch in einer Arbeitsanstalt befindet. Ebenso DJ. **38** 1156. — Ueber Polizeiaufsicht: HRR. **39** 650. — Aussicht auf polizeiliche Sicherungsmaßnahme genügt nicht zur Ablehnung der SV.: HRR. **40** 36, auch nicht pol. Vorbeugungsmaßregel (Ueberwachung): HRR. **41** 566. — Ueber das Verhältnis der SV. zur pol. Vorbeugungshaft vgl. DStR. **41** 167. — Auswanderungsabsicht schließt SV. nicht aus: HRR. **39** 652. — Daß der Täter als Ausländer ausgewiesen werden kann, steht der Anordnung nicht entgegen: JW **39** 87, DR. **39** 116, HRR. **40** 178 u. 179. Zur Vollstreckung vgl. jedoch Anm. zu 42m. — Durch Berufsverbot kann SV. entbehrlich werden: DJ. **38** 1796. — Nach DR. **40** 362, **43** 747 ist bei jungen Tätern besonders vorsichtige Prüfung geboten — Blindenanstalt: DR. **43** 575.

Die spätere Rechtspr. des RG. zeigt nicht nur eine Tendenz zu übermäßiger Strenge, die mit den heute maßgeblichen Grundsätzen (Vorbem. vor § 13) nicht zu vereinbaren ist, sondern behandelt auch kumulative Voraussetzungen des Gesetzes in unzulässiger Weise als alternative. So E. **73** 303 (305) (mit Uebersicht über die Entwicklung der Rechtspr.): Schon das Merkmal der „Gefährlichkeit" des Gew.Verbr. erfordere es, eine bestimmte ernstliche Gefährdung der öff. Sicherheit festzustellen. Daher sei die Erforderlichkeit der SV. nur bei Besserungswahrscheinlichkeit zu verneinen: anders bei § 42b. Vgl. dort Anm. II 1. Noch E. **72** 295 hatte Wahrscheinlichkeit neuer Straftaten für die Verhängung der SV. vorausgesetzt. E. **73** 154 zit. diese Entsch. dafür, daß von der SV nur bei Besserungswahrscheinlichkeit abgesehen werden dürfe. — Unklar E. **74** 217 (219): „bedingte Möglichkeit" der Besserung genüge nicht. — Erwartungen unbestimmter Art reichen ebenfalls nicht aus: HRR **42** 230.

II. Mehrfache Anordnung ist zulässig; wenn z. B. in einer anderen Sache rechtskräftig auf SichVerw. erkannt ist und dann ein neues Str.Verf. Anlaß zu neuer Anordnung gibt.

III. Verhältnis der Sicherungsverwahrung zu anderen Maßregeln: vgl. Anm. zu § 42n.

Zu 1 bis 4: Dauer der Unterbringung: Entlassung

42f. Die Unterbringung dauert so lange, als ihr Zweck es erfordert.

Die Unterbringung in einer Trinkerheilanstalt oder einer Entziehungsanstalt und die erstmalige Unterbringung in einem Arbeitshaus oder einem Asyl dürfen nicht länger als zwei Jahre dauern.

Die Dauer der Unterbringung in einer Heil- oder Pflegeanstalt, der wiederholten Unterbringung in einem Arbeitshaus oder einem Asyl und der Sicherungsverwahrung ist an keine Frist gebunden. Bei diesen Maßregeln hat das Gericht jeweils vor dem Ablauf bestimmter Fristen zu entscheiden, ob der Zweck der Unterbringung erreicht ist. Die Frist beträgt bei der Unterbringung in einer Heil- oder Pflegeanstalt und der Sicherungsverwahrung drei Jahre und bei der wiederholten Unterbringung in einem Arbeitshaus oder einem Asyl zwei Jahre. Ergibt sich bei der Prüfung, daß der Zweck der Unterbringung erreicht ist, hat das Gericht die Entlassung des Untergebrachten anzuordnen.

Das Gericht kann auch während des Laufs der in den Abs. 2 und 3 genannten Fristen jederzeit prüfen, ob der Zweck der Unterbringung erreicht ist. Wenn das Gericht dies bejaht, so hat es die Entlassung des Untergebrachten anzuordnen.

Die Fristen laufen vom Beginn des Vollzugs an. Lehnt das Gericht die Entlassung des Untergebrachten ab, so beginnt mit dieser Entscheidung der Lauf der im Abs. 3 genannten Fristen von neuem.

Das Ges. v. 4. 9. 41 hatte die Entscheidung über die Entlassung vom Richter auf die höhere Vollzugsbehörde, d. h. auf den Generalstaatsanwalt beim Oberlandesgericht, übertragen. Aufgehoben durch KRG. Nr. 55.

Wenn der Zweck **erreicht ist** — d. h. bei §§ 42b und e die öffentliche Sicherheit nicht mehr gefährdet erscheint, bei §§ 42c und d zu erwarten ist, der Untergebrachte werde nun imstande sein, ein „gesetzmäßiges und geordnetes Leben" zu führen —, so ist der Untergebrachte zu entlassen. Das Vollstreckungsgericht kann jederzeit (Abs. 4; ausdrückliche Festsetzung der Nachprüfungspflicht im Urteil ist irreführend) und m u ß in gewissen Fristen (Abs. 3) prüfen, ob der Zweck erreicht ist. Es kann also auch eine Unterbringung baldigst wieder aufheben, wenn sich auf Grund der Anstaltsbeobachtung oder aus anderen Gründen ergeben sollte, daß das erkennende Gericht, dem die gleichen Erkenntnisquellen nicht zur Verfügung standen, die Unterbringung objektiv zu Unrecht angenommen hat.

Eine nicht überschreitbare a b s o l u t e Höchstgrenze bestimmt das Gesetz überdies bei der Unterbringung in einer Trinkerheil- oder Entziehungsanstalt und bei der erstmaligen Unterbringung in einem Arbeitshaus oder Asyl. Hier hat spätestens nach 2 Jahren Entlassung zu erfolgen, auch wenn der Zweck („Gewöhnung" usw.) nicht erreicht ist.

Bei zweifelhafter Prognose ist die Entlassung unzulässig: der Satz in dubio pro reo gilt hier nicht.

Für **Sicherungsverwahrung** insbes. gilt: in erster Linie bezweckt sie den Schutz der Allgemeinheit vor einsichtslosen unverbesserlichen Verbrechern (DJ. 38 1879). Bei haltlosen und willensschwachen Persönlichkeiten aber kommt sie auch als B e s s e r u n g s maßregel in Betracht (E. 73 154). Dann ist besonders sorgfältige Prüfung geboten.

Zu 1 bis 4: Nachträgliche Unterbringung

42g. Sind seit der Rechtskraft des Urteils drei Jahre verstrichen, ohne daß mit dem Vollzug der Unterbringung begonnen worden ist, so darf sie nur noch vollzogen werden, wenn das Gericht es anordnet. Die Anordnung ist nur zulässig, wenn der Zweck der Maßregel die nachträgliche Unterbringung erfordert.

In die Frist wird die Zeit nicht eingerechnet, in der der Unterzubringende eine Freiheitsstrafe verbüßt oder auf behördliche Anordnung in einer Anstalt verwahrt wird.

Z w e c k d e r V o r s c h r i f t: Weil hier nicht begangenes Unrecht, das nicht ungeschehen zu machen ist, gesühnt werden soll, sondern weil ein Zweck verfolgt wird, der nach Ablauf einer längeren Zeit gegenstandslos geworden sein könnte, soll nach drei Jahren oder später nochmals geprüft werden, ob der Vollzug noch erforderlich ist. Jener Zweifel soll aber nur dann entstehen dürfen, wenn der Unterzubringende die Zwischenzeit — einerlei warum, sei es auch als Flüchtiger — in der Freiheit zugebracht hat; denn nur dann läßt sich beurteilen, ob er ohne Schaden für andere frei bleiben darf.

Zu 1 bis 4: Entlassung als bedingte Aussetzung

42h. Die Entlassung des Untergebrachten gilt nur als bedingte Aussetzung der Unterbringung. Das Gericht kann dem Untergebrachten bei der Entlassung besondere Pflichten auferlegen und solche Anordnungen auch nachträglich treffen oder ändern. Zeigt der Entlassene durch sein Verhalten in der Freiheit, daß der Zweck der Maßregel seine erneute Unterbringung erfordert, und ist die Vollstreckung der Maßregel noch nicht verjährt, so widerruft das Gericht die Entlassung.

Die Dauer der Unterbringung in einer Trinkerheilanstalt oder einer Entziehungsanstalt und der erstmaligen Unterbringung in einem

Arbeitshaus oder einem Asyl darf auch im Falle des Widerrufs insgesamt die gesetzliche Höchstdauer der Maßregel nicht überschreiten.

I. **Regel** ist bei Sicherungsverwahrung und bei wiederholtem Arbeitshaus die unbeschränkte Dauer, Ausnahme die Entlassung. Sie erfolgt, wenn der „Zweck" der Maßregel (§§ 42d u. e) erreicht ist.

II. **Besondere Pflichten** z. B. die Auflage, sich nach der Entlassung zunächst in ein Uebergangsheim aufnehmen zu lassen.

III. Jede Entlassung ist also **widerruflich.** Eine Grenze setzt dem Widerrufsrecht nur die Verjährung (§ 67 Abs. 5) sowie § 42h Abs. 2.

Zu 1 bis 4: Arbeitszwang und angemessene Beschäftigung

42i. Die im Arbeitshaus oder in der Sicherungsverwahrung Untergebrachten sind in der Anstalt zu den eingeführten Arbeiten anzuhalten. Sie können auch zu Arbeiten außerhalb der Anstalt verwendet werden, müssen jedoch dabei von freien Arbeitern getrennt gehalten werden.

Die in einer Heil- oder Pflegeanstalt, einer Trinkerheilanstalt oder einer Entziehungsanstalt Untergebrachten können innerhalb oder außerhalb der Anstalt auf eine ihren Fähigkeiten und Verhältnissen angemessene Weise beschäftigt werden.

42k. (Entmannung) aufgehoben durch KRG. Nr. 11.

6. Untersagung der Berufsausübung

42 l. Wird jemand wegen eines Verbrechens oder Vergehens, das er unter Mißbrauch seines Berufs oder Gewerbes oder unter grober Verletzung der ihm kraft seines Berufs oder Gewerbes obliegenden Pflichten begangen hat, zu Freiheitsstrafe von mindestens drei Monaten verurteilt, so kann ihm das Gericht zugleich auf die Dauer von mindestens einem und höchstens fünf Jahren die Ausübung des Berufs, Gewerbes oder Gewerbezweiges untersagen, wenn dies erforderlich ist, um die Allgemeinheit vor weiterer Gefährdung zu schützen.

Solange die Untersagung wirksam ist, darf der Verurteilte den Beruf, das Gewerbe oder den Gewerbezweig auch nicht für einen anderen ausüben oder durch eine von seinen Weisungen abhängige Person für sich ausüben lassen.

§ 36 Abs. 1 gilt entsprechend. Wird die Vollstreckung der Freiheitsstrafe oder einer neben der Strafe erkannten, mit Freiheitsentziehung verbundenen Maßregel der Sicherung und Besserung bedingt ausgesetzt, so wird die Probezeit auf die Frist angerechnet.

Das Gericht kann die Untersagung der Berufsausübung wieder aufheben, wenn der Zweck der Maßregel ihre Fortdauer nicht mehr erforderlich erscheinen läßt. Die Aufhebung ist frühestens zulässig, nachdem die Maßregel ein Jahr gedauert hat. Sie gilt nur als be-

dingte Aussetzung der Untersagung und kann bis zum Ablauf der im Urteil für ihre Dauer festgesetzten Zeit widerrufen werden; die Dauer der Untersagung darf auch im Falle des Widerrufs insgesamt die im Urteil für ihre Dauer festgesetzte Zeit nicht überschreiten.

I. Zu den zahlreichen, in anderen Gesetzen gegebenen Möglichkeiten, aus **gewerbepolizeilichen** oder ähnlichen Gründen einen Betrieb zu schließen oder die Ausübung eines bestimmten Berufs zu untersagen (z. B. GewO. §§ 33a, 35, 35b, 59a, 148; lehrreich RVerwGer. in ZAk. **42** 109 m. Anm. Bewer betr. Abtreibung eines Arztes), gibt § 42l eine gleiche Möglichkeit aus **kriminalpolitischer** Veranlassung. Als Voraussetzung genügt nicht, daß eine allgemeine Pflicht im Betriebe eines Gewerbes verletzt ist (auch nicht Verstoß gegen VerbrRegStVO. als solcher: DR. **42** 1153), sondern daß entweder eine solche Pflichtverletzung „unter Mißbrauch" des Berufs oder Gewerbes begangen wurde (z. B. unsittliche Handlungen des Arztes in Ausübung seiner Praxis), oder daß eine Sonderpflicht des Berufs- oder Gewerbetreibenden gröblich verletzt ist (z. B. Verletzung der ärztlichen Schweigepflicht). — **Kann**-Vorschrift zu beachten!

II. Die Tat muß **„Ausfluß der Berufstätigkeit"** gewesen sein (E. **68** 398); es genügt nicht, daß die Berufsausübung bloß die Möglichkeit für sie bot. Sehr weitgehend freilich HRR. **35** 1096. Mitarbeit der Ehefrau oder des Kindes im Geschäft des Ehemannes oder Vaters ist Berufsausübung i. S. des § 42l. Hamm DRZ. **48** 315.

III. Der untersagte **Beruf** ist im Urteil **genau zu bezeichnen.** U. U. freilich, falls nötig, Untersagung „jedweden Handelsgewerbes" zulässig (E. **71** 69).

IV. Das Verbot wird wirksam mit **Rechtskraft** des Urteils. Eine Wiederaufhebung ist nur im Gnadenwege möglich. **Strafbestimmung** für Zuwiderhandlung: § 145c. Vgl. JW. **38** 3290.

V. Die **Erforderlichkeit** ist bei der einschneidenden Wirkung dieser Maßregel besonders sorgfältig zu prüfen; bei Verbot der Ausübung eines Berufs sind inhaltliche Beschränkungen zulässig. HRR. **37** 1473. Erforderlichkeit ist tatbestandsmäßige, durch Wiederaufnahme nachprüfbare Vorausetzung der Anordnung: Naumburg JW. **38** 2470. — Bei Beamten stehen dienststrafrechtliche Maßnahmen der Anordnung nicht entgegen (ein staatlicher Lehrer kann vielleicht später als Privatlehrer tätig werden), HRR. **39** 188. — Eine an sich glaubwürdige Erklärung über freiwillige Berufsaufgabe hinderte das Verbot nicht (JW. **39** 220; zu weitgehend). — Auch nicht gleiches Verbot durch VerwBehörde: DR. **43** 73. — SV. und Berufsverbot: DJ. **38** 1796. — Maßgeblich für die Erforderlichkeit der Zeitpunkt der Entlassung aus der Strafhaft: E. **74** 54.

VI. Abs. IV angefügt durch G. v. 28. 6. 35, Art. 12. Er entspricht dem Gedanken, daß es sich nicht um eine Strafe, sondern um eine „Maßregel der S. u. B." handelt. Freilich genügt der Wegfall des Zwecks allein nicht. Hinzukommen muß Ablauf von mindestens einem Jahr. Ueberdies hat Abs. IV die Fassung einer „Kann"-Vorschrift. Anders § 42f III a. E.

Zuständig ist das Gericht erster Instanz als Vollstreckungsgericht: StPO. § 463a III i. Vbdg. mit § 462 I.

Aufhebung gilt nur als **bedingte Aussetzung:** dies entspricht § 42h, freilich mit dem Unterschied, der sich hier aus der gesetzlichen Höchstdauer (Abs. I: 5 Jahre) ergibt.

[**42m,** der gegen bestrafte oder gemaßregelte Ausländer die Reichsverweisung vorsah, ist durch § 5 lit. b und c der **AusländerpolizeiVO.** vom 22. 8. 38 (RGBl. I 1053, 1057) ersetzt.]

Zu 1 bis 7: Verbindung der Maßregeln

42n. Maßregeln der Sicherung und Besserung können nebeneinander angeordnet werden.

Vgl. die Anm. zu den einzelnen Maßregeln sowie die Vorbem. zu diesem Abschnitt; **Schrifttum:** Bruns, ZStrW. 60, 474 ff.

I. Allgemeines über das Verhältnis der einzelnen Maßregeln zueinander:

Eine grundsätzliche Abstufung der Maßregeln nach der Schwere kennt das Gesetz nicht; es kommt immer auf die besonderen Umstände an: JW. **39** 619 betr. Entm. Vgl. aber auch DJ. **39** 1043: SV. oder Heilanstalt dürfen nicht angeordnet werden, wenn Trinkerheilanstalt oder Berufsverbot genügen; Gebot der Gerechtigkeit, niemand mit härteren Maßregeln als erforderlich zu belegen.

Entscheidend ist in erster Linie, welche Maßregel den „besten Schutz für die Allgemeinheit gewährleistet, daneben, welche im Einzelfall am zweckmäßigsten, geeignetsten ist, erst dann, welche den Angekl. weniger beschwert (E. **72** 151; DJ. **39**, 1043). Der Satz in dubio pro reo gilt insoweit nicht: E. **70** 128. Doch betont Freiburg DRZ. **49** 117 mit Recht, daß kein schwereres Uebel auferlegt werden darf, als die Gerechtigkeit und der Schutz der Allgemeinheit es erfordert (betr. §§ 42b, c). Liegen die Voraussetzungen mehrerer Maßregeln vor, so bestehen also drei Möglichkeiten: vor, so bestehen also drei Möglichkeiten:

1. Nur eine Maßregel verspricht vollen Erfolg, die andere nur ungenügenden: hier ist nur die erstere anzuordnen, denn die anderen sind dann nicht „erforderlich". Vgl. E. **68** 232, **69** 134, 150, 153; JW. **34** 2425.

2. Keine der mehreren Maßregeln reicht für sich allein aus: dann sind sie nebeneinander anzuordnen. Ueber die Reihenfolge entscheidet der Vollzug. Vgl. die Entsch. zu 1, bes. E. **69** 135; dazu StPO. § 458.

3. Jede Maßregel würde für sich allein genügen. Hier ist zunächst die Maßregel, deren Anordnung zwingend vorgeschrieben ist, derjenigen vorzuziehen, deren Anordnung im richterlichen Ermessen steht Sind beide zwingend vorgeschrieben, so entscheidet richterliches Ermessen nach der Gestaltung des Einzelfalls.

II. Einzelfälle.

1. Konkurrenz von § 42b mit einer anderen Maßregel. Sie wird bei vermind. Zurechnungsf. (§ 51 II) wichtig. Hier ist § 42b das Nächstliegende, i. allg. sachlich Geeignetere u. gegenüber § 42e (bei gleicher Sicherungswirkung) den Angekl. weniger Belastende. Vgl. E. **68** 166; 69 150, 153; JW. **34** 2976; **35** 2136; **36** 1971 u. 2805; **37** 1066, 2509. — Aber der zwingende Charakter von § 42b hindert nicht die alleinige Anordnung einer anderen Maßregel, sofern nur diese vollen Erfolg verspricht. E. **69** 150 und 153; JW. 34, 2495. — § 42b und § 42e: Freiburg DRZ. **49** 117 (s. o.) gegen E. **73** 103.

2. Ueber Konkurrenz von § 42c mit § 42e vgl. oben Ic zu § 42c.

3. Konkurrenz von § 42e und § 42l: Berufsverbot kann SV. u. U. entbehrlich machen (DJ. 38 1796).

4. Gesamtstrafen. Anordnung gem. § 42d bleibt unberührt, auch wenn neben einer Strafe ausgesprochen, die später in eine Gesamtstrafe einbezogen wird, neben der auf SV. erkannt wird: E. **74** 4.

Zweiter Abschnitt

Versuch

Vorbemerkungen

Inhalt: I. Versuch und Vollendung. — II. Versuch und Vorbereitung — III. Untauglicher Versuch. — IV. Mangel am Tatbestand. — V. Wahnverbrechen. — VI. Untauglichkeit des Subjekts. — VII. Erfolgsqualifizierung. — VIII. Bestrafung. — IX. Selbständige Bestrafung.

I. Vollendung und Versuch. Eine Straftat ist vollendet, wenn der gesetzliche Tatbestand verwirklicht ist. Einerlei, ob der Täter seinen etwa darüber hinausgehenden Zweck erreicht hat (E. **58** 278). Unrichtig daher insoweit München SJZ. **49** 202 (Vollendung des schw. Diebstahls erst nach Erbrechen des Behältnisses); dagegen auch Anm. Schoetensack ibid. Einerlei auch, ob das zu schützende Rechtsgut verletzt ist: z. B. ist Münzfälschung (§ 146) schon mit der Fälschung vollendet, Attestfälschung (§ 277), erst mit dem Gebrauchmachen; Diebstahl schon mit der Wegnahme, Unterschlagung erst mit der Zueignung.

Von der mit der vollen TBVerwirklichung eingetretenen Vollendung muß u. U. die **Beendigung** der StrTat unterschieden werden. Beispiele: Bei Betrug oder Untreue wirkt die Vermögensschädigung weiter, ähnlich bei Steuerhinterziehung, bei Diebstahl die Besitzbefestigung, bei Brandstiftung die Zerstörung. Wichtig wegen Verjährung (E. **62** 418 sowie A. V u. VI zu § 67). Ferner wegen Beihilfe: sie ist noch möglich, nachdem der Täter Strafe wegen Vollendung verwirkt hat; wer die Flucht des Diebes deckt, begeht, solange der Besitzverlust nicht endgültig, nicht Begünstigung, sondern Beihilfe, obwohl der Diebstahl „vollendet" ist. Wegen Amnestie E. **71** 64. Wegen § 139 dort A. IV. Zum ganzen Problem Mezger JW. 38, 493 (betr. § 263).

II. Straflos sind danach bloße Vorbereitungshandlungen. „Es muß mit einer der die wesentlichen Begriffsmerkmale der Straftat bildenden Handlungen begonnen sein. Danach scheidet als Versuchshandlung alles, was die Ausführung der Tat nur ermöglichen oder erleichtern soll, aus, insbes. die bloße Beschaffung und Bereitstellung der dazu erforderlichen Mittel und Werkzeuge": E. **53** 336. Versuch erfordert, daß „das, was verwirklicht vorliegt, zu einer Tatbestandshandlung gehört und bereits eine Gefährdung des durch die Tat zu verletzenden Rechtsguts bedeutet": E. **59** 386. — Die Grenze ist deutlich beim Diebstahl, bei dem zur Vollendung Bruch fremden Gewahrsams gehört, zum „Anfang der Ausführung" also Lockerung des Gewahrsams genügend, aber auch erforderlich ist. Das RGer. hat in folgenden Fällen strafbaren Versuch angenommen: E. **53** 217: Täter hatte den Hofhund losgekettet und draußen angebunden, um nachts darauf ungestört stehlen zu können; ähnlich E. **55** 191: Bestechung des Pförtners. Diebstahlsversuch beim Eindringen in ein befriedetes Besitztum (ohne daß ein Fall des § 243 vorliegt) dann, wenn der Täter es auf eine bestimmte Sache abgesehen hat und ohne neuen Willensentschluß „nur noch die Hand auszustrecken braucht, um sie an sich zu nehmen": E. **54** 182; auch **43** 332, **47** 25, **53** 336. E. **54** 254: Hinaufschleichen auf den Dachboden bis vor die unversperrte Kammer, aus der der Täter bestimmte Sachen wegnehmen wollte. — Oder mit Einbruchswerkzeug vor die verschlossene Bodentür. Hanseat. OLGer. in DR. **41** 1452: Miete eines Zimmers in der Absicht, dort zu stehlen, als Diebstahlsversuch. — Versuchter Betrug mit dem Beginn des Täuschens: E. **28** 144. Eine auf Täuschung „abzielende" Handlung lassen E. **51** 341, **54** 35, **64** 130 sowie, sehr weitgehend, DJ. **38** 596 genügen. Bedenklich auch Celle Hann. Rpfl. **46** 121 (vgl. DRZ. **47** 135). — Bei zweiaktigen Delikten genügt der Anfang des ersten Aktes, z. B. früher bei der Urkundenfälschung der des Fälschens: E. **56** 204. — Zum neuen § 267 vgl. Kiel HESt. **2** 47 (zust. H. Mayer SJZ. **49**, 179).

Wenn Vorbereitungshandlungen zur Bildung eines qualifizierten TB. dienen, werden sie zu einem „Anfang der Ausführung". Beisp. § 243: „einschleichen", Anfang des Eindrückens einer Fensterscheibe, Aufspringen auf Güterzug zwecks Transportdiebstahl sind versuchte schwere Diebstähle: E. **43** 332, **54** 35, 328. Ebenso versuchter Raub mit Beginn der Gewaltanwendung: E. **62** 422; dieser kann schon in dem Einschließen des zu Beraubenden liegen: **69** 327. Konstruktiv abw. Schoetensack SJZ. **49**, 202.

Schwieriger ist der Anfang der Ausführung dann zu bestimmen, wenn die Tatbestandshandlung im wesentlichen nur durch ein einziges Tätigkeitswort bestimmt ist. Beispiele: „töten" (§§ 211, 212), „zueignen" (§ 246) „in Brand setzen" (§§ 306 ff.). Hier leistet gute Dienste die Formel von Frank: „Ein A. d. A. ist in allen Tätigkeitsakten zu finden, die vermöge ihrer notwendigen Zusammengehörigkeit mit der Tatbestandshandlung für die natürliche Auffassung als deren Bestandteile erscheinen" (§ 43 II, 2, b). Das RGer. hat sie wörtlich übernommen (z. B. E. **51** 341, **54** 35, **59** 157, **66** 142, **69** 329). Hierzu jetzt H. Mayer, Zur Abgrenzung usw. in SJZ. **49**, 172 ff. Das Ergreifen der geladenen Pistole in der Tasche mit Tötungsabsicht ist nicht straflose Vorbereitung, sondern strafbarer Versuch: E. **68** 336 und 339. Aehnlich E. **74** 6 betr. Devisenschmuggel.

Später hat das RGer. die Grenze zwischen der straflosen Vorbereitung und dem strafbaren Versuch **immer mehr subjektiviert.** Es stellte zwar auf die „natürliche Auffassung" ab, aber vom Gesamtplan des Täters aus. Nach diesem Gesamtplan muß der Täter die Handlung in der Absicht begehen, unmittelbar (E. **55** 1, **66** 142), in ununterbrochenem Zusammenhang damit (E. **53** 218) ein Tatbestandsmerkmal zu verwirklichen (E. **51** 342, **66** 142). „Es muß eine Tätigkeit entfaltet worden sein, die nach dem ihr zugrunde liegenden Gesamtplan des Handelnden dazu geeignet war, in ihrem regelmäßigen Verlauf" (E. **54** 36) den Tatbestand zu verwirklichen. So hat E. **59** 157 Mordversuch schon in der Betäubung des Opfers mit Morphium gesehen, da der Angekl. „sich außerstande fühlte, sich an dem nichtbetäubten Kinde zu vergreifen", die Betäubung also „nach dem Plan des Angekl. untrennbar" zur Tötung gehörte, obwohl diese „erst am anderen Morgen erfolgen konnte und sollte". Die Wendung zu einer subjektiven Abgrenzung zeigt sich besonders deutlich in E. **66** 141 betr. Brandstiftung: Je nach dem „Gesamtplan" des Täters kann die gleiche Handlung strafbarer Versuch oder Vorbereitung sein. Sehr weitgehend HRR. **40** 1051: Sammlung von Devisen u. ihre Verbergung in einem Versteck, um sie in diesem demnächst ins Ausland zu bringen; DR. **39** 363: Ermöglichung der Reise eines Minderjährigen als Versuch aus § 175a Nr. 3.

Ueber die restlose Subjektivierung der Versuchsgrenze bei **Sittl.-Verbr.** vgl. E. **52** 184, **54** 224, **67** 170, **69** 140, 327, **71** 47. Dazu Braunschweig NJW. **47** 109.

Versuch **verbotenen Tauschhandels:** Reise aufs Land mit Tauschwaren sieht LG. Oldenburg DRZ. **47** 34 als Schulfall für Vorbereitungshandlung an; ebenso Werner ebendort, S. 17; OLG. Bamberg DRZ. **47** 381, dem H. Mayer a. a. O. 179 beitritt. Als Versuch dagegen LG. Osnabrück JBl Oldbg. **46** 59; Buchwald DRZ. 47, 182 unter Hinweis auf den kriminalpolitischen Zweck des Wirtschaftsstrafrechts; Kassel HESt. **1** 8 (ausführliche Uebersicht): bei Gefährdung der Volkswirtschaft müsse Ausf.handlung anders abgegrenzt werden als bei Angriffen gegen Rechtsgüter einzelner. Dies ist als Grundsatz abzulehnen. Richtig ist aber, daß die Gefährdung hier in concreto früher eintreten kann als etwa bei einem Angriff auf verteidigtes Eigentum. Denn die andere Seite kommt dem Tauschhändler entgegen. Vgl. auch Braunschweig MDR. **47** 35: Verbringung der schwarz zu schlachtenden Kuh an den Schlachtort.

III. Objektive Tauglichkeit der Handlung, den Erfolg herbeizuführen, ist dem strafbaren Versuch nicht wesentlich. Auch jeder untaugliche Versuch ist strafbar; einerlei, ob die Untauglichkeit im Objekt oder im Mittel begründet; einerlei auch, ob sie eine absolute oder nur eine im Einzelfall begründete, relative, ist; wenn nur der Täter sein Tun für tauglich gehalten habe. So die **subjektive Theorie des RGer.** Die Begründung war nicht dem Gedanken eines „Willens"-Strafrechts entnommen, sondern der Kausalitätslehre Buris von der Gleichwertigkeit aller Bedingungen (Vorbem. III vor § 1): Beim ausgebliebenen Erfolg könne ebensowenig, wie beim eingetretenen zwischen mehr und minder wichtigen Bedingungen unterschieden werden. Objektiv sei eine nicht zur Vollendung gelangte Tat niemals gefährlich; subjektiv der Täterwille aber stets. Grundlegend E. **1** 439 (PlenEntsch. betr. untaugliche Abtreibungsmittel mit einseitiger Darlegung der Entstehungsgeschichte). Ebenso E. **34** 217, **47** 65, **68** 53. Einschränkend E. **33** 321 (Sympathiemittel, Totbeten usw. seien „in rechtlicher Beziehung überhaupt nicht als Mittel" anzusehen).

Die **objektive Theorie** in der Wissenschaft lange Zeit herrschend, sieht demgegenüber in der Gefährlichkeit der Handlung für das angegriffene Rechtsgut das entscheidende Kriterium. Sie hat viele Spielarten. Eine ältere Auffassung fragt: war die Handlung, vom Standpunkt des Richters aus (ex post) absolut oder nur relativ untauglich, den Erfolg herbeizuführen? Im ersten Falle straflos, im zweiten strafbar. Eine jüngere Ansicht fragt: war die Handlung vom Standpunkt eines einsichtigen Menschen (oder: des Täters) zur Zeit der Tat (ex ante) erfolgversprechend? Beispiel: der Täter stellt Gift bereit, ein Dritter ersetzt es durch ein harmloses Pulver, das nun der Täter eingibt. Nach der älteren Theorie straflos, nach der neueren strafbar.

Das Verdienst dieser Theorie ist es, die objektive Gefährlichkeit der mißlungenen Handlung und damit einen der objektiven Verletzung bei der gelungenen Handlung korrespondierenden Begriff eingeführt zu haben.

Die Leugnung des Gefahrbegriffs durch v. Buri und das RG. ist damit als unzulänglich erwiesen, der Versuch von einem Fremdkörper aus dem Bereich des Gesinnungsstrafrechts wieder zum echten Bestandteil des Systems gemacht.

Der Fehler dieser Theorie ist es, daß sie den Gefährlichkeitsgedanken nur auf die Tat, nicht auch auf den Täter bezogen hat und daher Handlungen, die unstreitig strafbedürftig sind, nicht erfassen kann. Tat und Täter bilden eine unlösbare Sinneinheit. Der Gefährlichkeitsgedanke muß daher mit dem richtigen Kern der subjektiven Theorie: der Erfassung des verbrecherischen Willens als tatgestaltenden oder über die Einzeltat hinaus relevanten Faktors verbunden werden. Praktisch war die obj. Theorie schon auf dem Wege dahin. In dem obigen Giftmordbeispiel etwa kann angesichts der objektiven Harmlosigkeit der Handlung die Strafbarkeit nur aus der Gefährlichkeit des Täters hergeleitet werden.

S t r a f b a r e r V e r s u c h liegt danach vor, w e n n d i e H a n d l u n g f ü r d a s a n g e g r i f f e n e R e c h t s g u t g e f ä h r l i c h w a r o d e r s o n s t d e n T ä t e r a l s f ü r d i e R e c h t s o r d n u n g g e f ä h r l i c h e r w e i s t.

Dies ergibt sich aus

1. dem V e r b r e c h e n s b e g r i f f. Das Verbrechen ist niemals nur Angriff auf das einzelne Objekt, sondern stets auch auf die gesamte Rechtsordnung.

2. dem S t r a f z w e c k. Bestraft wird nicht nur zur Tat-Vergeltung, sondern auch, weil der Täter durch die Rechtsgutsverletzung oder -gefährdung als gefährlich erwiesen ist und spezialpräventiv auf ihn eingewirkt werden muß. Daneben ist generalpräventiv der Eindruck nach außen zu berücksichtigen (H o r n, v. B a r, M e z g e r StB. I 171).

3. dem T ä t e r b e g r i f f. Denn Täterschaft ist Tatherrschaft. Diese fehlt aber bei abergläubischen oder törichten Versuchen von vornherein, da hier nicht der Wille des Täters, sondern nur ein Wunsch in Erscheinung tritt.

4. der S t r u k t u r d e r T a t b e s t ä n d e. Neben der Rechtsgutverletzung ist die Gefährlichkeit des Täters spezifisches Aufbauelement z. B, in den §§ 123 II, 223a, 243 Nr. 5—7, 244, 250. Erst recht gehören hierher §§ 20a, 181a, oder strafbare Vorbereitungshandlungen gefährlicher Personen wie § 245a.

5. der K a n n - M i l d e r u n g des § 44. Sie ist von der objektiven Theorie aus nicht zu erklären. Denn die bloße Gefährdung des Rechtsguts ist immer ein Minus gegenüber der Verletzung; dem entspräche allein die Muß-Milderung. A. A. hier N a g l e r LK. § 43, I 2.

Die hier vertretene Auffassung kommt in § 43 III Thür. Fassg. des StGB. zum Ausdruck: „Hat der Versuch eine ernsthafte Gefahr für das angegriffene Rechtsgut nicht herbeigeführt und läßt er auch nicht auf eine Gefährlichkeit des Täters schließen, so kann der Richter von Strafe absehen."

In den hauptsächlichsten Streitfragen der Versuchslehre ergibt sich von hier aus ein — vielfach zu vermissender — einheitlicher Maßstab:

1. Für die Abgrenzung von V e r s u c h u n d V o r b e r e i t u n g ist der Gesamtplan des Täters mit heranzuziehen. Sein Wille ist ein objektiv gestaltender Faktor des Geschehens. Die nach außen harmlos er-

scheinende Handlung kann unmittelbar das Ausholen zum Angriff sein, z. B. das Stichwort, das den Raubüberfall auslösen soll. Vgl. Kassel HESt. 1 8.

2. Der absolut untaugliche Versuch ist strafbar, nicht aber der abergläubische oder schlechthin törichte (Totbeten, Abtreibungs-„Versuch" mit Brombeerblättertee), weil dieser für die Gefährlichkeit des Täters nichts besagt. Vgl. Schweiz Art. 23 II: Handelt der Täter aus Unverstand, so kann der Richter von einer Bestrafung Umgang nehmen.

3. Niemals genügt die bloße Manifestation einer bösen Gesinnung, wie sie in der entferntesten Vorbereitungshandlung oder im abergläubischsten Versuch liegen kann. Hier zeigt sich der spezifisch rechtliche Maßstab des Gefährlichkeitsbegriffs gegenüber dem bloß sozialethischen Unwerturteil.

Im Ergebnis, aber auch in der Begr. weitgehend übereinstimmend: Welzel Grdr. § 22 („Vereinigung obj. u. subj. Momente"); Schönke zu § 43 („subj. mit Einbau obj. Merkmals"); dort und DRZ. 47, 75 wertvolle rechtsvergleichende Hinweise; v. Weber Grdr. insbes. S. 75 u. 78, Maurach I 115: „Synthese". Unentschieden Nagler § 43 I 2; pragmatisch Mezger Grdr. S. 126 (gegen Lb. 387 ff.; zu dem aber StB. 171 zurückkehrt) und Olsh.-Nieth., Vorbem. 3b vor § 43.

IV. Auch irrige Annahme eines nicht vorhandenen Tatbestandsmerkmals begründet Versuch. So RGer. mit gleicher Begr. wie zu III. Eine in der Wissenschaft verbreitete Lehre, z. B. Dohna und Frank, neuerdings Sauer Allg. StrRLehre § 17, nimmt hier weder tauglichen noch untauglichen Versuch, vielmehr „Mangel am Tatbestand" an, der, unabhängig von der Streitfrage unter III, straflos sei. Tatsächlich fehlt in diesen Fällen, abweichend von den typischen Versuchshandlungen, etwas anderes als der Erfolg zur Deliktsvollendung; auch ist nur ihnen ein Irrtum des Täters wesentlich. Z. B. der Täter ergreift in der Absicht, einen fremden wertvollen Mantel aus der Garderobe mitzunehmen, versehentlich seinen eigenen. Die rein obj. Th. mußte eine solche Handlung als in concreto ungefährlich für straflos erklären. Nach der hier vertretenen Auffassung bleibt der Sinn der Versuchsbestrafung von jener konstruktiven Besonderheit unberührt. Vgl. oben zu III und die dort Genannten. Aus der Rechtspr. des RGer. vgl. E. **8** 351 (betr. Beweiserheblichkeit einer Urkunde). E. **10** 11, **11** 72, **38** 423, **42** 92, **50** 35, **66** 44 (Betrugsversuch, da der Täter in zivilrechtlichem Irrtum annahm, der Getäuschte werde geschädigt bzw. der erstrebte Vermögensvorteil sei rechtswidrig). E. **18** 82 (Betrugsversuch gegen eine nicht existierende Person). E. **34** 217, **47** 65 (Abtreibungsversuch einer Frau, die sich irrig für schwanger hielt). E. **39** 316 (Versuch § 176 Nr. 3 wegen der irrigen Annahme, das Kind sei unter 14 Jahren). E. **47** 189 (Versuch der Blutschande, da der Täter das Mädchen irrig für seine Tochter hielt). E. **55** 138 (Versuch der Konterbande, da der Täter die gekaufte Ware irrig für Schmugglerware hielt). E. **56** 316, **66** 199, **68** 53 (V. d. Steuerhinterziehung, selbst wenn eine Steuerpflicht nur in der Meinung des Täters bestand). E. **60** 215 (Versuch aus § 271, wenn der Täter die Urkunde irrig für eine öffentliche hielt). E. **64** 130 (versuchte Hehlerei, falls der Täter die Vortat aus rechtsirriger Auffassung des Versuchsbegriffs für strafbaren Versuch hielt, während sie straflose Vorbreitung war). Versuchter Meineid, wenn der Täter irrig glaubt, einen gültigen Eid zu leisten:

in E. **65** 206 hielt er die den objektiv falschen Eid abnehmende Person irrig für eine hierzu zuständige Behörde (gegen Strafbarkeit hier jetzt OGH. in SJZ. **49** 708 m. Anm. Mezger); in E. **67** 331 hielt der Täter die an sich unzulässige Berufung auf einen früher geleisteten Eid für einen gültigen Eid. Nach E. **70** 199 begeht versuchte Verführung (§ 175a Nr. 3), wer einen zur Unzucht Bereiten zur Unzucht veranlaßt, falls er dessen Bereitschaft nicht kennt.

V. Straflos ist das Wahnverbrechen, wo der Täter ein gar nicht vorhandenes Strafgesetz zu übertreten meinte. Zur Abgrenzung dieser von den Fällen unter IV verwertet RGer. seine (zunächst für § 59 aufgestellte) **Irrtumslehre in der Umkehrung:** die irrige Annahme, den tatbestandmäßigen Erfolg herbeizuführen, ebenso wie irrige Annahme eines Tatbestandsmerkmals, wenn auch auf außerstrafrechtlichem Rechtsirrtum beruhend, begründe strafbaren Versuch; dagegen sei irrige Annahme der Strafbarkeit der in tatsächlicher Hinsicht richtig beurteilten Tat strafloses Wahnverbrechen oder Putativdelikt (E. **42** 92, **47** 189, **55** 138, **66** 126).

VI. Untauglichkeit des Subjekts bildet nach herrschender und richtiger Ansicht kein Sonderproblem, sondern begründet entweder Wahnverbrechen oder untauglichen Versuch. Grundsätzlich anders Niethammer bei Olshausen, der hier stets strafbaren Versuch annimmt.

a) **Ein Wahnverbrechen** — straflos also — ist es, wenn jemand ein Sonderverbrechen zu begehen vermeint, indem er sich irrig zu dem Personenkreis rechnet, an den allein Verbot oder Gebot sich hier richten. Solche Sonderverbrechen (delicta propria) sind z. B. die echten Beamtenverbrechen (Vorbem. I vor § 331), die der Religionsdiener (§§ 130a, 338), der Rechtsanwälte usw. (§§ 300, 352, 356), der Aerzte und Apotheker (Geheimnisverrat u. a.), des „verantwortlichen Redakteurs" (PreßG. §§ 20 f.). Als Täter kann sich hier nur der Träger solcher Sonderpflichten strafbar machen; die Untauglichkeit anderer ist hier eine absolute; sie können unter keinen Umständen ein solches Sonderverbrechen begehen. Die irrige Annahme, eine Pflicht zu haben, kann die Pflicht nicht ersetzen. Solche Annahme kann auch nicht wegen Versuchs strafbar machen, denn auch die Versuchsstrafe setzt die Pflicht voraus. — **Beispiel:** Ein bei einer Staatsbehörde ohne besondere Verpflichtung Bediensteter, der für eine Pflichtverletzung ein Geschenk fordert oder annimmt, kann nicht dadurch, daß er sich irrig für einen „Beamten" hält, wegen versuchten Verbrechens des § 332 strafbar werden.

Auf die **Art des Irrtums** kommt, wenn ein Wahnverbrechen in Frage steht, es nicht an. Keinerlei Irrtum kann einen, der nicht Normadressat ist, zu einem solchen machen; weder die irrige Annahme, eine Strafnorm bestehe, noch die irrige Annahme, eine bestehende Strafnorm beziehe sich auf ihn; aber auch nicht die irrige Annahme eines Sachverhalts, der, falls er bestünde, für ihn eine Sonderpflicht begründete. — **Beispiel:** Wer irrig gegen § 332 zu verstoßen glaubt, ist nicht nur dann straflos, wenn er den Beamtenbegriff zu weit ausgelegt hat, sondern auch dann, wenn er als Beamter entlassen war, aber von seiner Entlassung keine Kenntnis erhalten hatte.

b) **Untauglicher Versuch** dagegen liegt vor, wenn die Strafvorschrift sich grundsätzlich an alle wendet, aber der Strafbestand eine besondere Beziehung des Täters zu dem Tatobjekt oder zu anderen Tatumständen fordert, die im Einzelfall fehlte, vom Täter aber irrig angenommen wurde; z. B. ein Verwandtschafts- oder ein Abhängigkeitsverhältnis bestimmter Art (§§ 173, 174). Nach der früheren Fassung konnte man auch den § 218 hierher rechnen: „Eine Schwangere, welche ....". Die „Untauglichkeit des Subjekts" ist hier nicht, wie unter a, eine absolute, sondern eine relative, bedingt durch die Tatbestandsgestaltung. Vielfach ist für diese Fälle bezeichnend, daß die Untauglichkeit des Subjekts in eine solche des Objekts umgedacht werden kann. Ob solche Fälle strafbar sind, hängt von der Stellungnahme zu den allgemeinen Fragen des Versuchs und des „Mangels am Tatbestand" ab: Vorbem. III und IV. Das RGer. nimmt, seiner subjektiven Versuchstheorie und seiner Lehre vom sog. umgekehrten Irrtum (Vorbem. V) folgend, strafbaren Versuch an, wenn die irrige Annahme des Täters auf einem Tatbestandsirrtum (Tatirrtum oder außerstrafrechtlichem Rechtsirrtum) beruht; dagegen strafloses Wahnverbrechen, wenn sie auf einem reinen Strafrechtsirrtum beruht. — **Beispiele:** Strafbarer Versuch der Blutschande, wenn der Mann irrig annahm, die von seiner Frau geborene Tochter sei von ihm gezeugt (eine Entscheidung, die nicht allgemein überzeugen dürfte); strafloses Wahnverbrechen dagegen, wenn er annahm, der Beischlaf mit einer leiblichen Nichte sei strafbar (E. **47** 189).

Es ist danach nicht richtig, das RGer. für die Meinung anzuführen: Untauglichkeit des Subjekts sei gleich der des Objekts zu behandeln. Zweifelhaft ist nur, welche Fälle auf die Seite des (straflosen) Wahnverbrechens, welche auf die des (nach RGer. strafbaren) untauglichen Versuchs zu stellen sind. Dies kann ebenso zweifelhaft werden, wie (umgekehrt) die Unterscheidung zwischen (beachtlichem) Tatbestandsirrtum und (unbeachtlichem) Strafirrtum, worüber zu vgl. Anm. II zu § 59.

VII. Bei den durch einen schwereren Erfolg qualifizierten Straftaten (Vorbem. II C vor § 1) ist, wenn der schwerere Erfolg schon durch eine Versuchshandlung herbeigeführt wurde auch die Versuchsstrafe dem höheren Strafrahmen zu entnehmen (E. **62** 422: Raubversuch mit Todesfolge, § 251, ohne daß es zu einer Wegnahme der Sache kommt; **69** 332: Notzuchtsversuch mit Todesfolge § 278; teilweise anders E. **9** 67, **40** 325, **61** 179). Wie hier Mezger StB. I 165.

VIII. Versuchs- und Vorbereitungshandlungen sind vielfach unter eine **besondere Strafe** gestellt; z. B. §§ 49a, 49b, 151, 159, 229, 245a, 265 sowie Nebengesetze, z. B. Sprengstoffgesetz. Daraus folgt aber nicht ohne weiteres, daß sie hiermit zu Sonderverbrechen (delicta sui generis, eigenständige Verbrechen) erklärt sind, deren „Versuch" nun wiederum strafbar sei. So auch E. **58** 392 betr. § 49b. Anders aber E. **59** 1 betr. § 229.

Vorsätzliche und **fahrlässige** VorberHdlgen. bestrafen §§ 3, 13 WiStrGes. (unten Anh. Nr. 21).

Begriff

43. Wer den Entschluß, ein Verbrechen oder Vergehen zu verüben, durch Handlungen, welche einen Anfang der Ausführung dieses Verbrechens oder Vergehens enthalten, betätigt hat, ist, wenn das beabsichtigte Verbrechen oder Vergehen nicht zur Vollendung gekommen ist, wegen Versuches zu bestrafen.

Der Versuch eines Vergehens wird jedoch nur in den Fällen bestraft, in welchen das Gesetz dies ausdrücklich bestimmt.

I. **Objektiver Tatbestand:** „Handlungen, welche einen Anfang der Ausführung enthalten." In den Fällen des sog. Mangels am Tatbestande (oben Vorbem. zu IV): „nach Meinung des Täters enthalten".

II. **Subjektiver Tatbestand:** „Entschluß"! Die Vollendung muß „beabsichtigt" sein. Soll es absichtsgemäß beim Versuch bleiben, straflos (ähnlich E. **58** 392). — Entschluß und Absicht sind hier aber nichts anderes als Vorsatz. Es genügt also auch hier Eventualvorsatz in dem Sinne, daß das Wissen um Tatumstände bedingt sein kann; Beisp. Meineidsversuch, wenn Täter objektiv richtig aussagt, mit der Möglichkeit rechnet, daß die Aussage falsch ist, aber auf alle Fälle so aussagen will (E. **61** 159). — Nicht aber kann das Wollen bedingt sein. Versuchsvorsatz fehlt also, wenn der Täter den endgültigen Entschluß, ob er die Tat durchführen will, von dem Eintritt oder Nichteintritt eines Ereignisses abhängig machen will: E. **68** 341, **70** 203, **71** 53. — Fahrlässiger Versuch ist undenkbar. Vgl. jedoch Vorbem. VIII a. E. sowie § 12 WiStrVO. (Anh. Nr. 20).

III. Zweifelsfreier **Nachweis** der Nichtvollendung ist zur Annahme des Versuchs nicht nötig: E. **41** 352.

IV. **Vergehensversuch strafbar** z. B. in §§ 107, 120, 148, 150, 160, 169, 218, 240, 242, 246, 253, 263, 289, 303—305, 339, 350, 352, §§ 1, 2 WiStrGes.; unklare Generalklausel in § 12 WiStrVO. Sowj. Bes.Z.; vgl. unten Anh. Nr. 21 u. 20. Mit dem straflosen Versuch eines Vergehens kann jedoch eine vollendete Straftat ideell konkurrieren (§ 73), die dann strafbar bleibt; vgl. § 46 Anm. II. — Versuch einer Uebertretung ist im allg. straflos. Vgl. aber VerbrRegStrVO. § 2 III. Zu den durch die Sperrvorschriften bes. für §§ 175a, 218, 253 usw. entstandenen Zweifel vgl. dort und Vorbem. VI vor § 13.

Strafmaß

44. Das versuchte Verbrechen oder Vergehen kann milder bestraft werden als das vollendete.

Ist das vollendete Verbrechen mit dem Tode oder mit lebenslangem Zuchthaus bedroht, so kann auf Zuchthaus nicht unter drei Jahren erkannt werden.

In den übrigen Fällen kann die Strafe bis auf ein Vierteil des Mindestbetrages der auf das vollendete Verbrechen oder Vergehen angedrohten Freiheits- und Geldstrafe ermäßigt werden. Ist hiernach Zuchthausstrafe unter einem Jahre verwirkt, so ist dieselbe nach Maßgabe des § 21 in Gefängnis zu verwandeln.

I. Die **Muß**-Vorschrift des § 44 a. F. hatte gelautet:

(I) Das versuchte Verbrechen oder Vergehen ist milder zu bestrafen als das vollendete.

(II) Ist das vollendete Verbrechen mit dem Tode oder mit lebenslänglichem Zuchthaus bedroht, so tritt Zuchthausstrafe nicht unter drei

Jahren ein, neben welcher auf Zulässigkeit von Polizeiaufsicht erkannt werden kann.

(III) In den übrigen Fällen kann die Strafe bis auf ein Viertel des Mindestbetrages der auf das vollendete Verbrechen oder Vergehen angedrohten Freiheits- und Geldstrafe ermäßigt werden. Ist hiernach Zuchthausstrafe unter einem Jahre verwirkt, so ist dieselbe nach Maßgabe des § 21 in Gefängnis zu verwandeln.

Sie ist durch VO. v. 29. 5. 43 (RGBl. I 341) in eine **Kann**-Vorschrift geändert worden. — Das RStGB. ist damit unter allen StGBüchern das strengste geworden, strenger auch als das Oesterr. v. 1852, das (ebenso wie Bayern 1813, Preußen 1851, Italien 1930) bei Versuch die Todesstrafe und das lebenslange Zuchthaus ausschloß. Dazu Roeder ZStW. 62, 303 ff. — Im übrigen begegnen folgende Regelungen:

a) Grundsätzliche Milderbestrafung. So deutsches Recht vom Mittelalter über die Carolina v. 1532 bis zum RStGB. a. F. und den StGEntwürfen bis 1927. — b) Grundsätzliche Gleichbestrafung, aber allgemeine Milderungsmöglichkeit bei Versuch. So Schweiz 1937 bzw. 1942, wo aber keine Todesstrafe vorgesehen, außer für Kriegszeiten. — c) Grundsätzliche Gleichbestrafung, aber durchweg Möglichkeit, „mildernde Umstände" anzunehmen und die Strafe dann erheblich herabzusetzen. So Frankreich in Code pénal v. 1810 u. Entw. 1934.

Als typisch nat.-soz. kann aber die jetzige Regelung nicht angesehen werden, da sie nicht zu einem Gesinnungsstrafrecht führt (Vorbem. III vor § 43), auch nicht zu übermäßig hohen Strafen. Freilich ist die Sperrvorschrift (Vorbem. vor § 13) zu beachten. Auf die geringe praktische Bedeutung der Aenderung weist v. Weber S. 75 hin. Thür. § 44 ist zur alten Fassung zurückgekehrt.

II. Unter den Mindestbetrag der **Strafart** darf die Strafe nicht hinabgehen: E. **18** 125. Ausnahme im Falle des Abs. 3 S. 2. — Ein Vierteil eines Monats sind acht Tage: E. **5** 442. Vgl. auch E. **43** 320 und **46** 303.

Nebenstrafen

45. Wenn neben der Strafe des vollendeten Verbrechens oder Vergehens die Aberkennung der bürgerlichen Ehrenrechte zulässig oder geboten ist, oder auf Zulässigkeit von Polizeiaufsicht erkannt werden kann, so gilt gleiches bei der Versuchsstrafe.

Rücktritt vom Versuch und tätige Reue

46. Der Versuch als solcher bleibt straflos, wenn der Täter

1. **die Ausführung der beabsichtigten Handlung aufgegeben hat, ohne daß er an dieser Ausführung durch Umstände gehindert worden ist, welche von seinem Willen unabhängig waren, oder**

2. **zu einer Zeit, zu welcher die Handlung noch nicht entdeckt war, den Eintritt des zur Vollendung des Verbrechens oder Vergehens gehörigen Erfolges durch eigene Tätigkeit abgewendet hat.**

I. **Grundgedanken:** Der § 46 trägt zwei Gedanken Rechnung: In erster Linie, daß es erwünscht ist, „dem Täter eine goldene Brücke zum Rückzug zu bauen", indem man für Nichtvollendung Straflosigkeit des Versuchs in Aussicht stellt; daneben, daß freiwillige Nichtvollendung für eine geringere Nachhaltigkeit des Verbrecherwillens spricht.

II. Der § 46 gibt keinen Schuld-, sondern nur einen **persönlichen Strafausschließungsgrund.** Der T e i l n e h m e r muß, um straflos zu werden, sich dies s e l b e r verdienen. Vgl. E. **16** 347, **39** 37, **56** 149 (betr. Beeidigung nach StPO. § 57, 3, die trotz Rücktritt unzulässig bleibt), **57** 272. Betr. Teilnehmer s. auch Anm. VI.

III. Der § 46 regelt in Nr. 1 den Rücktritt vom **nichtbeendeten** und in Nr. 2 die tätige Reue gegenüber dem **beendeten** V e r s u c h. (Ueber tätige Reue nach formeller V e r b r e c h e n s v o l l e n d u n g vgl. §§ 158, 310. Bei ersterem hat der Täter seine Tätigkeit noch nicht als abgeschlossen angesehen, bei letzterem hat er sie, obwohl der Erfolg noch aussteht, für beendet gehalten. Ueber den Unterschied vgl. E. **38** 402, **43** 137, **45** 183, **68** 82 und 306. Zur Straflosigkeit führt bei ersterem das Unterlassen des Weiterhandelns, bei letzterem nur positives Tun (ernstlich gewolltes: E. **68** 381). Beides aber muß freiwillig sein (Anm. VII: zunehmende Strenge der Rechtsprechung!) — Vgl. RAbgO. § 410, der dem Täter noch weiter entgegenkommt; dazu E. **59** 115, **61** 115, K a p p in DR. 41, 83.

IV. Wenn eine **Versuchs- oder Vorbereitungshandlung als solche unter Strafe gestellt** ist (z. B. §§ 49b, 159 und Nebengesetze), so befreien Rücktritt oder tätige Reue (z. B. erfolgreicher Widerruf der Verleitung zum Meineid) nicht von Strafe. Die Konstruktionsfrage, ob hier „Sonderverbrechen" geschaffen seien, ist hierfür belanglos. Daß es richtig ist, den § 46 auf solche Fälle nicht anzuwenden, folgt überdies daraus, daß die §§ 49b III, 204 es für nötig hielten, tätige Reue ausdrücklich anzuerkennen, während z. B. § 159 dies nicht getan hat. Jene Ausnahmen bestätigen die Regel. Vgl. Tübingen DRZ. **49** 43.

V. Die in dem Geschehenen enthaltene **ideell konkurrierende** (z. B. § 229 gegenüber § 211) oder **begrifflich enthaltene** (z. B. § 223 gegenüber § 211) Tat bleibt strafbar. E. **15** 12, **23** 225, **40** 430.

VI. **Täter:** an sich hier alle Mitwirkenden umfassend, also auch **Teilnehmer** (Anstifter, Gehilfen). Aber der Teilnehmer muß s i c h s e l b e r Straflosigkeit verschaffen. Dazu genügt nicht, daß er sich von der Tat lossagt. Er muß vielmehr die kausale Bedeutung seiner bisherigen Mitwirkung beseitigen, seinen Tatbeitrag zurücknehmen; der Anstifter z. B. die Anstiftung mit Erfolg widerrufen, mag dann auch der Angestiftete die Tat auf Grund anderer Einflüsse vornehmen. Oder der Gehilfe muß die von ihm gelieferten Werkzeuge vor Gebrauch zurücknehmen, mag dann auch die Tat mit anderen Werkzeugen ausgeführt werden. Vgl. E. **55** 105, **59** 412. — Auch der Rücktritt des M i t t ä t e r s nützt nur diesem (E. **16** 347), und nur, falls durch ihn auch die Tat der übrigen verhindert wird (E. **54** 177).

VII. **Freiwilligkeit** sowohl des Rücktritts wie der tätigen Reue ist wesentlich. Das Gesetz bestimmt sie in beiden Fällen negativ. Dabei streitig, wieweit objektiv oder subjektiv zu bestimmen (das RGer. bestimmte mit Recht subjektiv, d. h. vom Standpunkt des Täters aus); und: wieweit es sich handelt um die z w i n g e n d e Natur der Beweggründe zum Rücktritt oder aber um ihren s i t t l i c h e n W e r t (das RGer. entwickelte sich ersichtlich von der ersten, angeblich nicht durchführbaren, zur zweiten Ansicht). Vgl. dazu Dohna in ZStrW. 59, 541 sowie andererseits (im Anschluß an E. **71** 242); Henkel in JW. 37, 2375 und Bockelmann in DR. 42, 429 im Anschluß an E. **75** 393. Im einzelnen:

a) Der **Rücktritt** muß unabhängig erfolgen v. d. Annahme äußerer Hinderungsgründe. Mag auch die Durchführung objektiv unmöglich sein, wenn nur der Täter an die Möglichkeit glaubte. E. **68** 82. Frank: „Freiwillig, wenn der Täter sich sagt: ich will nicht, selbst wenn ich könnte; unfreiwillig, wenn der Täter sich sagt: ich kann nicht, selbst wenn ich wollte." Daher strafbefreiender Rücktritt nach Nr. 1 auch bei untauglichem Versuch möglich: E. **68** 82. Freiwilligkeit auch bei Furcht vor Entdeckung oder Strafe; Unfreiwilligkeit aber bei Furcht vor Hinderung der Vollendung; nach E. **65** 149 auch bei Furcht vor Entdeckung dann, wenn der Täter „vernünftigerweise die Gefahr einer Entdeckung gar nicht auf sich nehmen konnte und durfte", also „nicht ernstlich bei seinem Entschluß beharren konnte, selbst wenn er es gewollt hätte". Beim Diebstahl nahm E. **55** 66 Freiwilligkeit des Rücktritts an, wenn der Wert des Wegzunehmenden den Erwartungen nicht entsprach; Unfreiwilligkeit, wenn der Dieb nichts oder doch nicht das Gewünschte findet. Richtiger E. **70** 1: unfreiwillig in beiden Fällen. — Zuletzt wurde RGer. strenger. So hielt E. **68** 238 es für zulässig, auch bei bloß „innerer Hemmung" Freiwilligkeit des Rücktritts zu verneinen (den Angekl. hatte „beim Anblick des Erfolges seines ersten Schlages ein derartiger Schrecken erfaßt, daß er den Mut verlor, sich noch Sachen seines Opfers anzueignen": strafbarer Raubversuch). In HRR. **39** 1434 wird Freiwilligkeit des Rücktritts von versuchter Notzucht deshalb verneint, weil er auf die Drohung der Angegriffenen hin erfolgte, sie werde es der Frau des Täters sagen. Die Rechtspr. entwickelte sich in der Richtung auf eine ethische Bewertung des Motivs zum Rücktritt. Berechtigte Bedenken hiergegen bei Welzel § 23 I.

b) Bei **tätiger Reue** ist Freiwilligkeit anzunehmen, wenn „die Handlung noch nicht entdeckt war". Die bloße Furcht vor Entdeckung schließt also die Straflosigkeit nur aus, wenn sie auch zu der Furcht führt, der Erfolg werde von anderer Seite verhindert werden; ähnlich E. **65** 149 für „Rücktritt". „Entdeckt" ist die beendete Versuchshandlung, wenn von ihr jemand Kenntnis genommen hat, von dem erwartet werden muß, daß er den Erfolgseintritt verhindern wird. Daß der Täter ihm zuvorkommt, ist kein Grund, ihn durch Straflosigkeit zu belohnen. Einzelfälle in E. **38** 402, **47** 75, **62** 303, **66** 61, **71** 242 (Anm. Henkel JW. 37, 2375). — Bei einem von vornherein **untauglichen** Versuch sei Nr. 2 (anders bei Nr. 1) unanwendbar, da hier das Ausbleiben des Erfolges nicht auf der Tätigkeit des Täters beruht: E. **68** 306. Aber der Sinn der Versuchsstrafe als Erfassung des gefährlichen Willens (oben Vorbem. III vor § 43) muß entsprechend auch zu einer Berücksichtigung des guten Willens führen. Dieser Grundgedanke ist über seinen positiven Niederschlag in § 49a Abs. 4 S. 2 (unten Anm. IX) hinaus allgemein anzuwenden.

Entdeckung nicht schon mit entstandenem Verdacht; aber auch nicht Aufdeckung aller Einzelheiten der Verübung erforderlich. E. **3** 93. — Wenn der Täter, um den Erfolg abzuwenden, anderen von der Tat Kenntnis gibt, so ist diese damit nicht „entdeckt", § 46 also anwendbar. Vgl. z. B. E. **1** 375. — Gehört die Kenntnisnahme von der Tat zum Tatbestande selbst (z. B. bei Erpressung), so ist § 46 unanwendbar. E. **26** 77.

VIII. Den **Erfolg** muß der Täter abgewendet haben. Also ist § 46 nicht anwendbar, wenn der Täter nur eine bestimmte Ausführungsweise seines im übrigen unverändert auf den erstrebten Erfolg gerichteten Tuns aufgibt: E. **72** 349 mit (insoweit zustimmender) Anm. Nübell in JW. 38, 3102. Dazu jetzt Mezger StB I 174. Ebenso Braunschweig NJW. 47, 109, betr. Unterl.

IX. Abgewendet: der Erfolg muß also **wirklich ausgeblieben** sein, und zwar infolge der Bemühung des Täters. Erfolglos betätigte Reue genügt nicht. Vgl. aber auch § 49a Abs. 4 S. 2, der als sinnvolles Korrelat zur subj. Vers.-Theorie das Bemühen des Täters privilegiert, auch wenn der Erfolg aus anderem Grunde ausgeblieben ist.

Dritter Abschnitt

Teilnahme

Vorbemerkungen

Inhalt: I. Täter. A. Unmittelbarer Täter. B. Mittelbarer Täter. C. Mittäter. — **II.** Teilnehmer. — **III.** Akzessorietät. — A. Die Haupttat als Straftat. — B. Die Haupttat als begangene Tat. — C. Handlungs-Einheit und -Mehrheit. — D. Begehungsart und Begehungszeit. — **IV.** Notwendige Teilnahme. — **V.** Selbständige Teilnahmetaten. — **VI.** Konkurrenzfragen.

I. Täter. — Die Feststellung, wer „Täter" ist, ist Voraussetzung für die weiteren Fragen einerseits nach Rechtswidrigkeit und Schuld dieser „Täter"-Handlung, andrerseits nach der „Teilnahme" anderer, die etwas voraussetzt, an dem „teilgenommen" wird.

Das StGB. sagt nicht, wer Täter ist; nur wer Teilnehmer, d. h. Anstifter oder Gehilfe sei. Trotzdem muß der Täterbegriff primär festgestellt werden; denn Teilnehmer ist nur, wer nicht Täter ist. So ausdrücklich §§ 48, 49 Thür. Fassg.: „Wer, ohne selbst Täter zu sein . . .". Der Streit zwar um einen sog. extensiven bzw. restriktiven Täterbegriff war weitgehend ein Streit um Worte. Der Streit dagegen um einen primären bzw. sekundären Täterbegriff betrifft die Sache. Abzulehnen daher der „sekundäre Täterbegriff" Bockelmanns (Verh. von Täterschaft u. Teiln. 1949 S. 49 Anm. 106), zumal B. selbst auf die „Natur der Sache" abstellt (S. 1, 46). Dazu schon Mod. Täterbegriff 4 ff.

Täter i. S. des StrGesetzes ist, wer den StrTatbestand verwirklicht. Dies ist in zweifacher Weise möglich: selbst oder durch einen anderen, in unmittelbarer oder in mittelbarer Täterschaft. In Uebereinstimmung mit dem § 47 I Thür. Fassg. kann gesagt werden: Täter ist, wer eine Straftat selbst oder dadurch ausführt, daß er einen anderen für sich handeln läßt.

A. Unmittelbarer Täter ist, wer eine Straftat **selbst ausführt,** z. B. einen anderen tötet, Brand an das Haus legt usw.

Daß er ohne weiteres Täter sei, wird neuerdings gelegentlich bezweifelt, indem man noch einen über Tatvorsatz hinausgehenden besonderen Täterwillen fordert, d. h. den Willen, die Tat als eigene zu begehen. Damit aber überträgt man einen an sich fruchtbaren Gedanken an eine falsche Stelle, wo er nicht nur überflüssig ist, sondern in die Irre führt.

Fruchtbar ist der Gedanke vom „Täterwillen" dann, aber auch nur dann, wenn bei Beteiligung mehrerer es sich darum handelt, Täterschaft (Mittäterschaft) von bloßer Beihilfe oder — wie den Vorauflagen hinzuzufügen ist — (mittelbare) Täterschaft von Anstiftung abzugrenzen. Hier soll einer, der die Tat nicht „ausgeführt", den TB. nicht selbst verwirklicht hat, der aber immerhin eine Bedingung zum Erfolg gesetzt hat (z. B. Werkzeuge besorgt, Wache gestanden oder die Straftat sonst ermöglicht hat), dann als Täter bestraft werden können, wenn er mit Täterwillen mitgewirkt, die Tat als eigene gewollt, nicht nur eine fremde Tat hat unterstützen wollen; wenn er mit animus auctoris, nicht nur mit animus socii beteiligt war. Das objektive Minus wird hier durch ein subjektives Plus ausgeglichen. (Daß außerdem, damit Strafe verwirkt ist, der innere TB. verwirklicht sein muß, ist selbstverständlich.)

Eine Ueberspitzung aber ist die Uebertragung dieses Gedankens auf Fälle, in denen jemand den StrTB. ganz in seiner Person verwirklicht. Hier fehlt ein solches ausgleichbedürftiges Minus und damit auch der Anlaß, ein zusätzliches Willenselement zu fordern. Wer einen anderen eigenhändig umbringt, ist „Täter", weil er die Tatherrschaft besitzt, und wenn er es rechtswidrig und vorsätzlich getan hat, ist er Mörder bzw. Totschläger, auch wenn er es im Interesse eines anderen, „für" diesen, getan hat. Solange dieser andere an der Tat nicht beteiligt ist, ist es unbestritten. Es kann nicht dadurch anders werden, daß er an ihr beteiligt ist, sei es als Anstifter oder Gehilfe oder sei es auch als Mittäter oder mittelbarer Täter. Und überdies hat der, der den StrTB. selbst ganz und vorsätzlich verwirklicht, stets den „Täterwillen", d. h. den Willen zur Tatherrschaft, der nicht gleichbedeutend ist mit dem Eigeninteresse. Und zwar einfach deshalb, weil er diese Tatherrschaft selber hat und sein Wille dem nur korrespondiert. Wenn Shakespeare die gedungenen Helfershelfer „erster, zweiter, dritter Mörder" nennt, so beweist das nicht, wie gemeint wurde, gegen, sondern für die hier vertretene und doch wohl auch mit dem Laienverstand übereinstimmende Auffassung: wer eine Straftat selbst ausführt, ist Täter und bleibt es, auch wenn ein anderer sich dabei seiner bedient.

Abzulehnen daher E. **74** 84. Die B hatte auf Veranlassung und im Interesse ihrer Schwester A deren uneheliches Kind in der Badewanne ertränkt. Das LGer. hatte beide wegen vorsätzlicher Tötung in Mittäterschaft verurteilt. Das RGer. beanstandete nicht, daß die A als Täterin angesehen wurde. Bei der B aber vermißte es die Prüfung ihres Täterwillens. Nur dann sei die B Täterin, wenn sie „die Ausführungshandlung mit Täterwillen unternommen, d. h. die Tat als eigene gewollt hat"; dagegen sei sie „bloß Gehilfin, wenn sie lediglich eine fremde Tat als fremde hat unterstützen wollen". Das Urteil stieß auf nahezu einhelligen Widerspruch: vgl. Klee in ZAk., 40, 188; Graf Dohna in DStrR. 40, 120; dies Buch seit der 35. Aufl. (die Entsch. setze eine Theorie an die Stelle des gesunden Rechtsgefühls); Niethammer bei Olsh. [12] Vorbem. 21 II vor § 47, Anm. 2 zu § 49; von früher vgl. Lange, Der moderne Täterbegriff, 1935, S. 47; Welzel mehrfach, z. B. in Z. 58, 541 und SJZ. 47, 645 ff.; Kohlrausch in Bumke-Festschr. 1939, S. 45; Dahm, Tätertyp, 1940, S. 55 (mit beachtlichen Vorbehalten für Gesinnungs- und Absichtsdelikte, wie Betrug, Erpressung; vgl. für solche auch HRR. **37** 131).

Für das RGer. v. Weber Grdr. S. 67 (jedoch zurückhaltend); ferner Rietzsch in DJ. 43, 311, „jedenfalls nach der jetzigen Fassung des

§ 50 I". Indessen ist ein Zusammenhang mit § 50 nicht ersichtlich. Es wird hier ja nicht die Täterschaft der A geleugnet, aber die der B behauptet, also bei bewußtem und gewolltem Zusammenwirken (wie im gegebenen Fall) Mittäterschaft angenommen. — Auch das kann nicht zugegeben werden, daß der Satz: Täter sei, wer die Ausführungshandlung setze, Gedankengängen der objektiven Theorie entstamme. Vielmehr: die objektive Theorie sah n u r ihn als „Täter" an; die subjektive sieht a u c h denjenigen als „Täter" an, der nur vorbereitende oder unterstützende Handlungen vornimmt, f a l l s das Minus an Tun durch ein Plus an Wollen, nämlich durch den Willen, die Tat a l s e i g e n e zu begehen, ausgeglichen wird. Die neuere Rspr. folgt durchweg der hier vertretenen Auffassung. Vgl. Frankfurt SJZ. **47** 630 (ausführlich; mit Anm. R a d b r u c h, der hierin zu Unrecht eine Inkonsequenz zu sehen scheint); Gera SJZ. **47** 674 (abl. W e l z e l Sp. 645 ff.; vgl. dazu DRZ. 48, 189; neuerdings W. in MDR 49, 373); Köln NJW. **48** 148; Braunschweig NJW. **48** 193; Bremen NJW. **48** 315 = MDR. **48** 29; Celle HESt. **1** 12; Kiel DRZ. **47** 134.

B. Mittelbare Täterschaft. — 1. Ihr Wesen. Mittelbarer Täter ist, wer eine Tat dadurch ausführt, daß er einen anderen für sich handeln läßt. Diesen anderen nennt man vielfach das „Werkzeug" des mittelbaren Täters. Das Wort ist aber geeignet, die Fälle zu verdunkeln, in denen auch der Benutzte strafrechtlich verantwortlich ist. Gerade auf die Einbeziehung auch solcher Fälle kommt es jetzt an. Besser spricht man etwa vom „Tatmittler". Auf die Qualifikation des Mittlers abzustellen, widerspräche dem Grundsatz des § 50 I, wonach bei Beteiligung mehrerer jeder ohne Rücksicht auf die Schuld des anderen nach seiner Schuld strafbar ist. Das hier für die Schuld Gesagte gilt erst recht für den objektiven Tatanteil. Jeder ist von seinem eigenen Standpunkt aus zu beurteilen. Wie B i n d i n g von der Mittäterschaft gesagt hat, daß für jeden Mittäter die anderen nur seine Gehilfen sind, so sind für jeden Veranlasser, der in eigener Sache handelt, die von ihm Benutzten seine Werkzeuge, ob sie ihrerseits als Täter verantwortlich sind oder nicht. Wie es Täter neben dem Täter gibt, so auch Täter hinter dem Täter. S. u. zu 2, 3 f. und zu **C.** A. A. W e l z e l SJZ. **47**, 650, v. W e b e r, Grdr. S. 66, S c h ö n k e, Vorbem. III 2 vor § 47. Wie hier Frankfurt SJZ. **47** 630. Vgl. L a n g e, Täterbegriff S. 52 Nr. 4.

2. Verhältnis zur Anstiftung. — Es wurde viel erörtert, sowohl im Schrifttum wie bei den Beratungen eines neuen StGB. Es handelt sich um die Fragen: ob der Begriff der m. T. notwendig sei oder aber in dem der Anst. aufgehen solle; wenn notwendig: ob er im Gesetz festgelegt werden solle; ob er von einer Lockerung des Akzessorietätsverhältnisses (Vorbem. III) berührt, d. h. ob er durch sie entbehrlich oder ob er umgekehrt gerade dann unentbehrlich werde. E s g i b t k e i n e n S t a n d p u n k t, d e r n i c h t v o n e i n e m d e r E n t w ü r f e v e r t r e t e n w u r d e! VE. 09 hielt den Begriff der m. T. für unentbehrlich, wollte ihn aber nicht im Gesetz festlegen. E. 13 und 19 hielten ihn gleichfalls für unentbehrlich, wollten ihn aber eben deshalb gesetzlich festlegen. E. 25 und 27 hielten den Begriff der m. T. wegen der Lockerung der Akzessorietät für „völlig" (25) oder doch „zum Teil entbehrlich" (27), wobei zu beachten, daß schon E. 13 und 19 die Akzessorietät hatten lockern wollen, ohne daraus die Entbehrlichkeit des Begr. der m. T. zu folgern! E. 38 wollte den Begr. der m. T. ausdrücklich a n e r k e n n e n, und zwar ihn bestimmen, wie hier eingangs wiedergegeben. Aber auch Anstiftung und Beihilfe sollten beibehalten werden, und zwar in ähnlich gelockerter Akzessorietät, wir sie jetzt durch VO. v. 29. 5. 43 gestaltet ist (vgl. Vorbem. III). Hiernach ist m. T. nicht auf die Fälle beschränkt, in denen der Benutzte seinerseits nicht strafrechtlich verantwortlich gemacht werden kann. ..

Es gibt also jetzt Fälle, in denen sowohl Anstiftung wie m. T. in Frage kommt. In solchen Fällen entscheidet der Täterwille. „Der mittelbare Täter will eine eigene Tat, wenn auch durch fremde Hand; der Anstifter will eine fremde Tat" (Bumke in der StrRKomm. d. RTags). Deshalb ist in E. **74** 84 (s. oben) die A, obwohl nicht selbst tätig, nicht einer Anstiftung zum Mord, sondern des Mordes schuldig (was nicht ausschließt, daß auch die B des Mordes schuldig ist, und zwar, da selbst tätig, ohne Rücksicht auf „Täterwillen" oder „Gehilfenwillen"). S. o. zu 1.

3. Fälle mittelbarer Täterschaft.

a) Bestimmung eines Unzurechnungsfähigen; und zwar (str.) einerlei, ob der Bestimmende die Unz. des anderen kannte; ebenso eines Kindes unter 14 und eines Strafunreifen zwischen 14 und 18 Jahren. Voraussetzung ist, daß der Bestimmende die Tat als eigene wollte. Vgl. E. **57** 274. Ist dies nicht der Fall, so ist er jetzt als Anstifter strafbar: §§ 48, 50 n. F. Dazu E. **61** 265 (für § 4 JGG. 1923). — Handelt der unmittelbar Tätigwerdende nicht tatbestandmäßig und rechtswidrig, dann kommt nur m. T. in Frage. Beisp.: Eltern peinigen ihr Kind, bis es, was sie beabsichtigt hatten, schließlich ins Wasser geht: Mord.

b) Nötigung eines anderen zur Begehung einer nach § 52 straflosen Tat. E. **31** 395, **64** 30.

c) Bestimmung eines anderen zu einer tatbestandmäßigen und rechtswidrigen Handlung, der aber wegen Irrtums (§ 59) straflos bleibt, ist bei eigenem Täterwillen m. T.; fehlt solcher, so war früher freizusprechen, jetzt ist nach § 48 n. F. Anstiftung anzunehmen.

d) Bestimmung eines anderen, der zwar vorsätzlich, aber ohne die im gegebenen Fall erforderliche „Absicht" handelt. Beispiel: A bestimmt den B, für A eine Sache zu stehlen. A ist wegen Diebstahls in m. T., B wegen Beihilfe strafbar. Anstiftung kommt nicht in Frage, auch nach dem neuen § 48 nicht, da B, dem die Zueignungsabsicht fehlt, nicht subjektiv tatbestandmäßig handelt. Daß B ein sog. „doloses Werkzeug" ist, steht der Annahme von m. T. jetzt keinesfalls mehr im Wege; früher war es streitig. Vgl. E. **57** 274. Anders Maurach, Schuld usw. S. 62 N. 26.

e) Bestimmung zu einem Sonderdelikt, das nur in der Person des Bestimmenden, nicht aber in der des Bestimmten bei Strafe verboten ist; z. B. ein Beamter läßt durch einen Nichtbeamten eine Falschbeurkundung (§ 348) vornehmen. E. **28** 109, **41** 61, **44** 69.

f) Bestimmung eines anderen, der vorsätzlich den TB. verwirklicht, indessen so, daß der Bestimmende auch eigenen Täterwillen hat, Tatherrschaft, animus auctoris. Schulfall: E. **74** 84, s. Vorbem. I A, wo dem Urteil zwar insoferne nicht gefolgt werden konnte, als die B nur als Gehilfin betrachtet wurde, wohl aber insoferne, als die A als mittelbare Täterin angesehen wurde. (Aehnlich HRR. **37** 131 betr. Betrug, mit eingehenden Erwägungen. Bei Absichts- und Gesinnungsdelikten diskutabel; vgl. Dahm a. a. O.) Vgl. ferner E. **31** 80, **44** 69, **57** 274 und oben zu 1 und 2. Die Tatherrschaft des Bestimmenden hängt hier von seiner Willensrichtung ab.

g) Bestimmung eines anderen, der nur fahrlässig handelt. Anstiftung kommt hier nicht in Betracht, da der Anstiftung nach neuem wie altem Recht — trotz Lockerung der Abhängigkeit — die Erregung eines „Entschlusses zur Tat" wesentlich ist (d. h. nicht nur zu einer für den Erfolg kausalen Handlung, sondern zu einer finalen, auf den Erfolg abzielenden, wenn auch nicht notwendig zur Schuld zurechenbaren Handlung). Bei Bestimmung zu einer Fahrlässigkeitstat fehlt es hieran nach altem wie nach neuem Recht, so daß hier nur m. T. in Frage kommt. Vgl. auch E. **39** 298. A. A. Binding und Olsh.

h) Bestimmung eines anderen, der für seine Person nicht rechtswidrig handelt, weil er rechtlich verpflichtet ist, der Aufforderung nachzukommen. Dies ist der Fall beim rechtswidrigen, aber verbindlichen Befehl (vgl. Stuttgart SJZ. **47** 204, dazu Küster 208 ff.; v. Weber MDR. 48, 34 ff., unten Anm. II 2a zu § 113). Ebenso bei „naturrechts"-widrigen Gesetzen, soweit sie nach § 1 GVG. als bindend für den Richter angesehen werden. Wichtig vor allem für das Problem der politischen Denunzianten Hierzu Radbruch SJZ. 46, 105, Coing SJZ. 47, 61 ff., Lange DRZ. 48, 155 ff., 185 ff., SJZ. 48, 302 ff. — Ausdrückliche Regelung in § 47 I Thür. Fassung: „Als Täter wird bestraft, wer schuldhaft die strafbare Handlung.... durch einen anderen ausführt, auch wenn der andere rechtmäßig handelt". Auch der Fall des Prozeßbetruges (§ 263 N. IV 2 gehört hierher. — Stets aber muß das Geschehene als Ganzes eine „Tat", also ein tatbestandmäßiges Unrecht darstellen. Das ist z. B. nicht der Fall, wenn der sadistisch veranlagte Nachbar den Vater eines unartigen Jungen zu einer erzieherisch gebotenen Tracht Prügel veranlaßt (Beispiel von Welzel, der hier aber entgegengesetzt entscheidet, SJZ. 47, 648, vgl. dazu DRZ. 48, 189 N. 40.

Für die denkbaren Schuldkombinationen ergibt sich: 1. Vorsätzliche Bestimmung zu vorsätzlichem Tun ist i. allg. Anstiftung, bei „Täterwillen" dagegen mittelbare Täterschaft. — Dagegen sind stets Fälle mittelbarer Täterschaft: 2. vorsätzliche Bestimmung zu fahrlässigem Tun; 3. fahrlässige Bestimmung zu vorsätzlichem Tun; 4. fahrlässige Bestimmung zu fahrlässigem Tun. Teilweise abweichend H. Mayer SJZ. 47, 14. Vgl. E. **61** 318, **64** 370.

4. **Die Schuld des mittelbaren Täters** ist an sich nach den gleichen Grundsätzen festzustellen, wie die eines unmittelbaren Täters. Sie bedarf besonders sorgfältiger Prüfung! Der mittelbare Täter handelt nur dann vorsätzlich (bzw. fahrlässig), wenn er die Tatbestandsverwirklichung durch den anderen (als von ihm veranlaßt) gewollt oder vorhergesehen oder doch bewußt in Kauf genommen (bzw. als mögilch vorhergesehen oder pflichtwidrig nicht vorhergesehen hat). E. **69** 285 u. 302: „Der m. T. muß eine Vorstellung von den wesentlichen Merkmalen der Tat haben" (ein Betrugsfall; RGer. verlangt mit Recht, daß der m. T. „die Einzelheiten des Vertragsabschlusses", den der unmittelbare Täter vollzog, kannte).

5. **Unmöglichkeit mittelbarer Begehung** bei den sog. eigenhändigen Verbrechen; unstreitig beim Meineid (Beweis hierfür und gleichzeitig Ersatz: § 160); aber wohl auch bei denjenigen Sittlichkeitsdelikten, bei denen die Geschlechtervereinigung einen Strafgrund bildet (z. B. Notzucht, Blutschande). Wenn dies gelegentlich in Abrede gestellt wurde, so deshalb, weil Anstiftung unter der Herrschaft des strengen Akzessorietätsgrundsatzes nicht strafbar sein würde. Beisp.: Jemand veranlaßt einen Geisteskranken,

eine Frau zu vergewaltigen (vgl. A. I zu § 177); oder er veranlaßt bösgläubig einen anderen zur Blutschande, der seinerseits von der Verwandtschaft nichts weiß. Die VO. v. 29. 5. 43 hat den Akzessorietätsgrundsatz gelockert und damit die unnatürliche Umdeutung solcher Fälle aus Tätigkeitsverbrechen in Erfolgsverbrechen unnötig gemacht. — Sonderdelikte dagegen können in mittelbarer Täterschaft begangen werden, sofern die Sonderpflichten dem mittelbaren Täter obliegen. Vgl. DJ. 39 227: unrichtige Buchführung (§ 351) oben 1, g.

C. Die **Mittäterschaft** ist, von Thür. § 47 I abgesehen, die einzige Form der Täterschaft, die das Gesetz ausdrücklich regelt. Sie ist eine Verbindung unmittelbarer und mittelbarer Tatausführung. Ueber ihr Verhältnis zur mittelbaren Täterschaft vgl. oben zu B 1, über ihr Wesen und ihre Abgrenzung von der Beihilfe unten § 47 N. I.

II. **„Teilnehmer"** i. S. der Ueberschrift sind Mittäter, Anstifter, Gehilfen, sachlich im Sinne einer abhängigen (akzessorischen), sekundären Beteiligung jedoch nur die beiden letzteren. Sie müssen eine Bedingung zum Erfolg gesetzt haben. Das RGer. stellte dies für Beihilfe in Abrede und begnügte sich damit, daß diese eine Bedingung für die Handlung des Haupttäters gesetzt habe. Wer indessen dieses getan, hat auch eine Bedingung zu dem durch die Täterhandlung bewirkten Erfolg gesetzt. Vgl. Anm. III zu § 49 und die Neufassung des § 49a. — Teilnahme nach Beendigung der Tat kann **Begünstigung** (§ 257) oder **Hehlerei** (§ 259) sein. Die Bestimmungen dieses Abschnitts gelten für beide nicht.

III. **Akzessorietät.**

Teilnahme setzt eine Haupttat (HT.) voraus, an der „teilgenommen" wird. Insofern ist sie **„akzessorisch".** Zweifelhaft ist nur der Grad ihrer Abhängigkeit. Nach zwei Richtungen: A. Wie weit muß die HT. die Merkmale einer Straftat haben? B. Wieweit muß sie wirklich begangen sein? Nach beiden Richtungen hat die Strafangleichungsverordnung v. 29. 5. 43 (RGBl. I 339) eingegriffen; zwar nicht im Sinne einer Aufhebung, aber einer Lockerung der Akzessorietät. Typisch nationalsozialistisch ist diese längst vorher in der Reformbewegung angestrebte Lösung nicht, s. u. zu A 1.

A. Wieweit muß die HT. eine Straftat sein? Eine dreifache Abstufung ist möglich. Man kann sich damit begnügen, daß die HT. a) tatbestandsmäßig ist; oder darüber hinaus fordern, daß sie auch b) rechtswidrig sei; oder noch weiter, daß sie auch c) dem Haupttäter zur Schuld zurechenbar sei. Daß a) und b) erforderlich sind, ist unstreitig. Fraglich ist nur c). Wer c) nicht fordert, begnügt sich mit sog. limitierter Akzessorietät, mit Teilabhängigkeit. Wer auch c) voraussetzt, fordert sog. extreme Akzessorietät, Vollabhängigkeit.

1. Für die §§ 48, 49 a. F. hatte die herrschende Meinung extreme Akzessorietät gefordert. Dies schloß man aus ihrer Vorgeschichte (bei der die Probleme der Willensfreiheit und der Unterbrechung des Kausalzusammenhanges eine Rolle spielten) und aus den Worten: „strafbare Handlung" in § 48, „Verbrechen oder Vergehen" in § 49. Zwingend war beides nicht. Und namentlich widersprach es dem Grundsatz, daß jeder nach seiner eigenen Schuld zu strafen sei. Es führte zu dem sachwidrigen Ergebnis, daß Anstifter und Gehilfe straflos waren, wenn dem Haupttäter ein Schuldausschließungsgrund zur Seite stand, z. B. Unzurechnungsfähigkeit oder ein nach § 59 schuldausschließender Irrtum oder Notstand nach § 54. Vielfach zwar konnte man helfen, indem man mittelbare Täterschaft annahm. Dieser Ausweg versagt aber, wenn dem Veranlasser oder Helfer der Täterwille

fehlt, was bei dem bloßen Helfer fast immer der Fall sein wird; ferner dann, wenn es sich um einen der Fälle der Vorbem. II, 3 handelte, was zur Folge hatte, daß man, um strafen zu können, auch hier unnatürliche mittelbare Täterschaften konstruierte: z. B. annahm, eine Frau könne (mittelbare) „Täterin" einer Notzucht, ein Nichtverwandter mittelbarer „Täter" einer Blutschande sein.

Schon die §§ 48, 49 a. F. wurden deshalb vielfach im Sinne limitierter Akzessorietät ausgelegt. So auch in diesem Buch. Vgl. ferner u. a. Kohler, Studien a. d. StrR. I (1890) 106; Höpfner in Z. 26, 579; 27, 465; Kohlrausch in Bumke-Festschrift (1939) S. 49; Wachinger ebenda S. 71; Welzel in Z. 58, 545; 61, 213; Lange, Notwendige Teilnahme (1940) S. 36, 50; Schönke, Vorbem. 7 vor § 47. — Auch die deutschen StG.-Entwürfe seit 1913 (nicht 1909) wollten zu dem Grundsatz der limitierten Akzessorietät übergehen.

Für das Oesterr. StrR. bestanden ähnliche Schwierigkeiten, wenn auch geringeren Umfangs. Auf Grund der §§ 5 und 9 StG. v. 1852 vertraten z. B. Finger (Lehrb. I³ 1912, S. 548) und Stooß (Lehrb. S. 129) für Beihilfe eine extreme Akzessorietät, während Rittler (Lehrb. I, 1933, S. 207 ff.) das Gesetz teilweise anders auslegt. Das österr. „Mitschuld"-Recht ist aber wegen abweichender Systematik und Benennungen mit dem des RStGB. nur schwer vergleichbar. Siehe z. B. Pichler-Drexler, Oesterr. StGB. (Ausgabe v. 1941), wo zu § 5 bemerkt wird, der Begriff der m. T. sei dort unbekannt, gleich darauf aber aus der höchstrichterl. Rechtspr. ein typischer Fall der m. T. angeführt wird. Ferner Roeder ZStW. 62, 309 ff.

2. Die VO. v. 29. 5. 43 lockerte die Abhängigkeit der Teilnahme von der Strafbarkeit der Haupttat, indem sie

a) im § 50 die Strafausschluß-Gründe hinzufügte, und im Verfolg dieser Neuregelung

b) den Wortlaut der §§ 48, 49 änderte: an die Stelle der Worte „strafbare Handlung" in § 48, „des Verbrechens oder Vergehens" in § 49 traten die Worte: „mit Str. bedrohte Hdlg." bzw. „einer als Verbr. od. Verg. mit Str. bedrohten Hdlg.".

Gemeinsames Ziel: jeden Beteiligten „nach seiner Schuld" strafen zu können, „ohne Rücksicht auf die Schuld des anderen". Diesem in der VO. zu § 50 ausgesprochenen Grundsatz folgend paßte die DurchfVO. den Wortlaut der §§ 48, 49 dem Grundsatz an. Grundsatz und Durchführung erläutern sich wechselseitig. Schwierigkeiten bei Findung der neuen Akzessorietätsgrenze bleiben trotzdem. Sie sind unvermeidlich und entsprechen den allgemeinen Problemen: einen äußeren und einen inneren TB. zu unterscheiden, von einem „naturalistischen" oder aber „finalen" Handlungsbegriff auszugehen, den deskriptiven Begriff des natürlichen Vorsatzes in ein richtiges Verhältnis zu setzen zu dem normativen der Schuld — Problemen, die sich teilweise überschneiden und überall im StrR. auftauchen. Die neue Regelung der Akzessorietät fordert Stellungnahme.

3. Was ist „eine mit Strafe bedrohte Handlung"?

Dem Verständnis des neuen Rechts dient es, diejenigen Gesetzesstellen mit ihm zu vergleichen, in denen bereits früher diese jetzt bewußt gewählte Wendung begegnet: die §§ 42b u. 330a StGB. Der Vergleich kommt auch der Auslegung dieser Gesetze zugute, so des umstrittenen § 330a. Förderlich ist nicht nur die Feststellung der Aehnlichkeit, sondern namentlich auch die der Verschiedenheit des Sinnes, der mit der Wendung: „m. Str. bedr. Hdlg." jeweils verbunden ist.

a) Die §§ **42b, 330a** haben mit Teilnahme anderer nichts zu tun. Ihr Zweck ist vielmehr: dort, wo der StrRichter zur Bekämpfung der Gemeinfährlichen eingeschaltet ist, seine Aufgabe nicht an übertriebenen Tatschuld-Voraussetzungen scheitern zu lassen, andrerseits aber, da es sich immerhin um „Straf"-Recht handelt, mit dem Grundsatz: „keine Str. ohne Schuld" nur so weit zu brechen, als jener Zweck es verlangt. Deshalb können zwar der krankheitbedingte und der rauschbedingte Irrtum die Annahme einer „m. Str. bedr. Hdlg." nicht hindern, wohl aber schließt ein verständlicher Irrtum (dem also in der bestimmten Lage auch ein Zurechnungsfähiger erlegen wäre) eine solche Annahme aus. Hat ein sinnlos Betrunkener wegen seines Rausches irrig geglaubt, ein anderer greife ihn an, so würde man den § 330a gerade für die Fälle ausschalten, auf die er gemünzt war, wenn man hier wegen Putativnotwehr die Annahme einer „m. Str. bedr. Hdlg." verneinen würde. Hätte dagegen auch ein Nüchterner einen rechtswidrigen Angriff angenommen, dann kann der Betrunkene nicht schlechter gestellt werden, es sei denn, daß man ohne weitere Voraussetzung den Rausch als solchen strafen will, was aber der Absicht des Gesetzes ersichtlich zuwiderlaufen würde; denn dann hätte man den komplizierten § 330a nicht nötig gehabt. Entsprechendes gilt für § 42b, wenn der Glaube, Notwehr üben zu müssen, das eine Mal auf krankhaftem Verfolgungswahn, das andere Mal aus der konkreten Lage folgt. Wenn also als Regel anzunehmen ist, daß eine „m. Str. bedr. Hdlg." zwar tatbestandmäßig und rechtswidrig, aber nicht schuldhaft sein muß, so liegt hier bei §§ 42b u. 330a das Problem nicht (worin es meistens gesehen wird) in der Unbeachtlichkeit des rausch- bzw. krankheitbedingten Irrtums, sondern in der Beachtlichkeit des verständlichen Irrtums. Anders bei §§ 48, 49. Hier irgendeinen Irrtum des Haupttäters dem Teilnehmer, der seinerseits nicht irrte, zugute kommen zu lassen, würde deren Zweck zuwiderlaufen. Nur dem jeweiligen Gesetzeszweck entnommene Auslegungen können jener Wendung ihren Sinn geben. Vgl. über eine solche teleologische Auslegung auch die Erläuterungen zu § 42b u. § 330a sowie E. **73** 11 betr. § 330a, neuerdings Maurach, Schuld usw. 94 ff.

b) dem neuen Recht nach ihrem Zweck näher verwandt waren **die §§ 2 bis 4 JGG. 1923.** Indessen kann auch deren Auslegung nicht ohne weiteres auf die §§ 48, 49 n. F. übertragen werden.

Ihre unmittelbare Entstehungsgeschichte ist aufschlußreich. Sie haben nämlich gegenüber der Rechtspr. des RGer. nichts neues gebracht, nur die juristische Konstruktion richtiggestellt. Schon das RGer. hatte die Teilnehmer an den Straftaten von Kindern und Jugendlichen selbständig beurteilt; aber mit der Begründung, der Mangel der Strafreife sei kein Schuld-, sondern nur ein persönlicher Strafausschließungsgrund. So seit E. **6** 186 bis **53** 86, 144; anders nur **47** 389. Diese Rechtspr. war im Schrifttum im Ergebnis gebilligt, aber in der Begründung mit Recht ganz überwiegend abgelehnt worden (Frank, Francke, Hippel, Kiesow, Lobe u. a.; übrigens ein Parallelfall zu der Stellungnahme von Rechtspr. und Schrifttum zur Rechtsirrtums-VO. v. 18. 1. 17, siehe Anm. VI zu § 59). Gemeint war aber § 4 JGG. grundsätzlich nicht als Bestätigung der Rechtspr., sondern im Gegenteil: als Folgerung aus dem damals vorliegenden StGEntw. 1919, der einerseits den Mangel der Strafreife ausdrücklich als Schuld-Ausschlußgrund behandelte und andererseits für Teilnahme zur limitierten Akzessorietät übergegangen war — was E. **57** 207, versehentlich noch vom Entw. 1919 ausgehend, verkannte, während dann E. **61** 265 die grundsätzliche Frage offenließ.

Wie aber auch § 4 gemeint gewesen sein mochte: im Ergebnis verlangten die §§ 2 ff., daß ein Strafunreifer „eine m. Str. bedrohte Hdlg." begangen hat, für die er wegen seiner Unreife nur nicht bestraft werden kann. Es wäre indessen irrig, anzunehmen: die Worte beschränkten sich hier auf eine rechtswidrige Tatbestandsverwirklichung, ohne daß es auf den subjektiven TB. ankomme. Nur von der Strafunreife gebot § 4 bei dem Teilnehmer abzusehen; im übrigen beließ er es bei der Akzessorietät alten

Stils. Hat also z. B. der Strafunreife i. S. des § 59 geirrt oder war er i. S. des § 51 unzurechnungsfähig, so wirkt dies trotz § 4 auf den strafreifen Teilnehmer ebenso zurück, wie wenn der Haupttäter erwachsen wäre. Hier griffen die §§ 48, 49 n. F. auch in das Jugendstrafrecht ein. Denn nach ihnen darf keinerlei Schuldausschließungsgrund, der nur bei dem Haupttäter vorliegt, den Teilnehmer entlasten. Sie so auszulegen, gebietet nicht nur ihr Zweck, es folgt auch aus § 50.

c) Für die §§ 48, 49 ist **das Ergebnis:** Eine „mit Strafe bedrohte Handlung" i. S. der §§ 48, 49 n. F. ist — weiter als in den §§ 42 b und 330 a und sogar als in den §§ 2 u. 3 JGG. — jede nicht durch einen Rechtfertigungsgrund gedeckte Willensbetätigung, die den objektiven TB. eines Strafgesetzes verwirklicht.

4. Schwierigkeiten bleiben.

Sie sind, wenn man von der klaren, aber unbefriedigenden extremen Akzessorietät zu der limitierten, also irgendwie begrenzten übergehen will, unvermeidlich wie alle begrifflichen Grenzziehungen, sind aber nicht den „Teilnahme"-Fragen eigentümlich, sondern betreffen die überall notwendig werdende und schwierig bleibende Abgrenzung eines äußeren (objektiven) und eines inneren (subjektiven) Tatbestandes überhaupt; also die Grenzbegriffe der normativen Tatbestandsmerkmale, der subjektiven Unrechtselemente, des Begriffs der Willenshandlung (naturalistisch oder final?), namentlich des sog. natürlichen Vorsatzes und seines Verhältnisses zur Schuld. Wo ist das „Wissen und Wollen des Erfolges" einzuordnen? Es kann auch bei jemand, der aus einem der §§ 51 bis 54 oder aus RJGG. § 3 freizusprechen ist, vorliegen. Gehört jener natürliche Vorsatz zu den begriffswesentlichen Voraussetzungen einer Willenshandlung, so daß sein Fehlen eine strafbare Teilnahme ausschließt, oder aber zum inneren TB., so daß sein Fehlen die Strafbarkeit des Teilnehmers nicht berührt? Der sog. natürliche Vorsatz ist m. E. ein Essentiale der „Willenshandlung", wenn man diese (was wohl geboten ist und eine schwierige Vorfrage darstellt) „final" faßt. Aber auch dann noch bleibt die Frage, wieweit der (gewollte) Erfolg konkretisiert gedacht werden muß. Ist der (ohne Täterwille handelnde, also als mittelbarer Täter nicht in Betracht kommende) Gehilfe schon strafbar, wenn der Täter willentlich schoß? Oder nur, wenn der Täter den vor ihm befindlichen individuellen Gegenstand treffen wollte, auch wenn er den Menschen für einen Baumstumpf hielt? Oder gar nur dann, wenn er „einen Menschen töten wollte", aber aus einem der §§ 51, 52, 54, 59, JGG. §§ 2 oder 3, RJGG. § 3 freigesprochen werden muß (etwa wegen Putativnotwehr)? Diese Grenzschwierigkeiten müssen als unvermeidliche Folgen der Limitierung der Akzessorietät ins Auge gefaßt werden. Das Maß der Erfolgs-Konkretisierung wird sich in der Rechtspr. konsolidieren müssen, der hier eine beträchtliche Mehraufgabe erwächst. Grundsätzlich vgl. das in Vorbem. I vor § 1 genannte Schrifttum, dazu bes. Lange, Welzel und Eb. Schmidt sowie Sauer Allg. StrR. Lehre S. 174 ff. Interessant E. 64 30. Neuerdings hat Bockelmann a. a. O. die dogmatischen Fragen wesentlich vertieft. Indessen sein Ergebnis, wonach strafbare Teilnahme beim Haupttäter Vorsatz und Verbotskenntnis voraussetze, reißt erhebliche Lücken in die Strafbarkeit strafwürdiger Fälle und hebt die vom Gesetzgeber mit der Limitierung der Akzessorietät angestrebten Wirkungen weitgehend wieder auf. Grundsätzlich dürfen über das Verhältnis von Täterschaft und Teilnahme nicht konstruktive Erwägungen innerhalb der §§ 47 ff. entscheiden, sondern die primäre Ableitung der Täterschaft aus dem Verbrechens- und Tatbegriff (über den sekundären Täterbegriff B. s vgl. Vorbem. I vor A) und die komplementäre Funktion der Teilnehmerbestrafung unter dem Gesichtspunkt des ergänzenden Rechtsgüterschutzes (dazu Notw. Teiln. S. 57 ff.). Letzteres entweder dann, wenn der Handelnde nicht Täter sein **will** (Absichtsdelikte, animus socii) oder nicht Täter sein **kann** (Sonderdelikte, eigenhändige Delikte). Bei der zweiten, objektiv von der Täterschaft abgeschichteten Gruppe kommt es auf Ueber- oder Unterordnung des Willens nicht an. Denn den **Täterwillen** **kann** hier der Außenstehende nicht haben.

Darum muß es genügen, daß der Veranlasser den Ausführenden zu einem finalen, den Lebensvorgang als solchen bewußt hervorrufenden Verhalten bestimmt, ohne Rücksicht darauf, ob der Täter außer dem „natürlichen" auch den „bösen" Vorsatz hat oder auch nur „rechtsfahrlässig" handelt. Zum Tat-, nicht zum Uebeltat-Entschluß muß der Angestiftete bestimmt worden sein. Dabei ist die „Tat" für die Bestrafung des Teilnehmers nur als objektive Rechtsgutverletzung zu werten. So hat der wissende extraneus zur Rechtsbeugung und zur Blutschande angestiftet, wenn der Richter zur Fällung eines Urteils veranlaßt wird, dessen sachliche Unrichtigkeit ihm verborgen bleibt, oder wenn ein Mann und ein Mädchen zum Beischlaf miteinander veranlaßt werden, die nicht ahnen, daß sie Geschwister sind. Das in einigen Fällen mögliche Ausweichen in anderweite Unrechtsgesichtspunkte (Kuppelei im zweiten Beispiel) umgeht das Problem statt es zu lösen. Schon die **Kantorowicz**sche Abwandlung des Beispiels (Bestimmung des gutgläubigen Geschwisterpaares zur blutschänderischen Eheschließung) verstellt diesen Ausweg.

Beispiele nach altem und nach neuem Recht: 1. Der unzurechnungsfähige A tötet mit Wissen und Willen den N. Der B hat ihn dazu veranlaßt und der C hat dabei Wache gestanden. B war bisher, wenn er die Unzurechnungsfähigkeit des A kannte, mittelbarer Täter; wenn er sie nicht kannte, waren von Straflosigkeit bis zu m. T. alle Meinungen vertreten (**Frank**, Vorbem. II vor § 47). C war straflos, es sei denn, daß man auch bei einem Gehilfen einen Täterwillen für denkbar hielt und so zu m. T. kam. Jetzt ist B, je nach seiner Willensrichtung, m. T. oder Anstifter, C Gehilfe. — **2.** Der unzurechnungsfähige A vergewaltigt die Frau N. Frau B hat den A dazu veranlaßt. Frau C hat Beihilfe geleistet. Bisher war Frau C straflos und Frau B nur dann zu strafen, wenn man die unnatürliche Annahme machte, Notzucht könne in m. T., auch durch eine Frau, begangen werden, die dann also den Beischlaf des A „als eigenen" gewollt haben muß (ähnlich E. **71** 364). Jetzt ist Frau B wegen Anstiftung, Frau C wegen Beihilfe zur Notzucht zu strafen. — **3.** In dem oben gegebenen Blutschandefall konnte der Dritte bisher wegen Beihilfe überhaupt nicht, und (falls Veranlasser) wegen m. T. nur dann bestraft werden, wenn man zu diesem Zweck konstruierte, Blutschande könne in m. T. begangen werden, und zwar auch von einem Nichtverwandten. Jetzt macht seine Bestrafung wegen Anstiftung oder Beihilfe keine Schwierigkeit. A. A. **Welzel**, **Bockelmann** a. a. O. — **4.** Der Steuerberater A gibt dem Steuerpflichtigen B wissentlich unrichtige Auskunft über seine Steuerpflicht, so daß B sein steuerpflichtiges Einkommen gutgläubig zu niedrig angibt. B ist straflos oder höchstens wegen Fahrlässigkeit strafbar, sei es nach § 59, sei es nach RAbgO. § 395. Der A konnte bisher nur dadurch wegen Beihilfe bestraft werden, daß man (zu diesem Zweck!) den ersichtlich die „Schuld" betreffenden § 395 in einen „persönlichen Strafausschließungsgrund umdeutete (s. Anm. VI zu § 59). Künftig ist B ohne konstruktive Gewaltsamkeiten wegen Beihilfe zur Steuerhinterziehung strafbar. — 5. Der A hat eine Sache, von der er (sei es, daß er sie verwechselt hat, sei es aus Irrtum über die bürgerlich-rechtlichen Bestimmungen über den Eigentumsübergang) irrig annahm, sie gehöre ihm, an den N verkauft. Der B hatte dem A auf dessen Bitte den Käufer N zugeführt. Wenn B über die Eigentumsverhältnisse Bescheid wußte, so konnte er bisher nicht, kann aber künftig wegen Beihilfe zur Unterschlagung bestraft werden. — 6. Wenn im gleichen Fall der A erst 14 Jahre alt ist, so muß unterschieden werden. Wird der A, wie im Falle 5, aus § 59 freigesprochen, dann mußte früher betr. B gefragt werden, ob der Irrtum des A jedem unterlaufen wäre oder ob er auf dessen „Unreife" beruhte — im ersten Falle entlastete er auch den B, im zweiten nicht, auch dann nicht, wenn etwa A wegen seiner Unreife „mein" und „dein" noch nicht unterscheiden konnte. Kein durch die Unreife bedingter Schuldausschließungsgrund sollte nach § 4 JGG. den Teilnehmer entlasten. Für andere Irrtümer galt dagegen der Grundsatz der Akzessorietät; bei ihnen sollte B nicht strenger behandelt werden, als wenn A straffrei war. Künftig ist es für die Beurteilung des B gleichgültig, aus welchem Grund die Tat dem A nicht zur Schuld zugerechnet werden kann. Um den B zu strafen, genügt es, daß der A eine ihm nicht gehörige Sache verkauft und daß der B, der von dem fremden Eigentum wußte, ihm den N als Käufer zugeführt hat.

B. Wieweit muß jene Haupttat wirklich begangen sein? Genügt es, daß der Teilnehmer a n n a h m, sie werde begangen werden? Oder daß er b e a b s i c h t i g t e, daß sie begangen werde, und zu ihr bestimmen oder Hilfe leisten wollte? Oder muß sie mindestens auch v o r b e r e i t e t oder darüber hinaus v e r s u c h t oder gar b e g a n g e n sein?

Grundsatz: Die HT. muß soweit tatsächlich gegeben sein, daß sie als eine gemäß A „mit Strafe bedrohte Handlung" in d i e E r s c h e i n u n g g e t r e t e n ist, also als vollendete oder (soweit Versuch strafbar) versuchte Straftat b e g a n g e n ist. Das ist die Mindestvoraussetzung sowohl nach den alten wie nach den neuen Teilnahmegesetzen.

Ausnahmen: 1. §§ 49a, 159, 2. überall da, wo eine Handlung wegen ihres Bezugs auf eine mögliche oder vermeintliche HT. vom Gesetz zu einer e i g e n s t ä n d i g e n Straftat (delictum sui generis) gemacht ist. Hierüber und über den TB. der v e r m e i n t l i c h e n Teilnahme in PaßStrVO. (Voraufl. Anhang) § 5 II s. Vorbem. V.

C. Einheit und Mehrheit der Teilnahmehandlungen (§ 73 oder § 74) richtet sich nicht akzessorisch nach Einheit oder Mehrheit der Haupttaten, sondern nach der Anstiftungs- bzw. Beihilfehandlungen. Wird durch „eine" Willensbetätigung zu mehreren selbständigen Haupttaten angestiftet, so ist auf diese § 74 anzuwenden, auf die Anstiftung aber nicht. So schon früher E. **70** 26, 334, 349 unter Preisgabe früherer Urteile und, was die Begr. übersieht, in Uebereinstimmung mit der im Schrifttum schon damals überwiegenden Ansicht; hierzu K o h l r a u s c h in Z. 56, 178. — Mehrere Teilnahmehandlungen können in Fortsetzungszusammenhang stehen, auch bei selbständigen Haupttaten mehrerer Personen: E. **74** 59.

D. Begehungsort der Teilnahmehandlung ist nach E. **67** 138, **74** 55 „auch" der Ort der HT. Hier ist also sowohl akzessorische wie selbständige Beurteilung zulässig, was dem praktischen Bedürfnis wie auch dem § 3 III entspricht. Die Neufassung der §§ 48, 49 steht dem nicht entgegen. Ueber

Teilnahme im internat. StrR. vgl. Schröder in Z. 61, 57. — Auch die **Begehungszeit** (wichtig wegen Amnestie und Verjährung) ist jetzt nach dem Abschluß der Teilnahmehandlung zu beurteilen; auch bei Teilnahme durch Unterlassung; anders noch E. **59** 6, **65** 362.

E. Begünstigung und Hehlerei (sog. nachträgliche Teilnahme) stehen gleichfalls in Abhängigkeit von der HT.; für sie fordert gleichfalls die Frage extremer oder limitierter Akzessorietät Antwort, und zwar im Sinne der letzteren. Denn, wie in diesem Buch schon früher vertreten, ergibt sich die limitierte Akzessorietät aus allen Teilnahmegesetzen schon durch vernünftige Auslegung. — § 4 JGG. 1923 hat Begünstigte und Hehler ausdrücklich genannt. — Thür. § 259 IV: „Der Hehler ist auch dann strafbar, wenn der Vortäter nicht zurechnungsfähig ist" bringt eine Teillösung.

IV. Notwendige Teilnahme. 1. Wenn die Verwirklichung eines Straftatbestandes **begriffsnotwendig Beteiligung mehrerer** voraussetzt, aber nur bestimmte Beteiligte unter Strafe gestellt sind, so folgt daraus die **Straflosigkeit** der anderen, und zwar zunächst unmittelbar, soweit sie über jenes begriffsnotwendige Verhalten nicht hinausgehen. Danach sind der Trinker in einer nicht genehmigten Schankwirtschaft (E. **70** 233), der mehr als den festgesetzten Höchstpreis zahlende Käufer (E. **70** 347) nicht wegen Beihilfe strafbar, wenn das Gesetz nur den Wirt bzw. Verkäufer straft. Wenn dagegen jener Trinker noch weitere Zechgenossen herbeiholt, oder wenn der Käufer über das Anbieten oder Gewähren des Höchstpreises hinaus die strafbare Handlung veranlaßt, z. B. den widerstrebenden Verkäufer durch Bitten bestimmt, sollen sie nach RG. wegen Beihilfe bzw. Anstiftung strafbar sein. Das ist im ersten Beispiel richtig, weil hier andere Verstöße des Wirts gefördert werden, an denen der Gast nicht „notwendig Beteiligter" ist. Den zweiten dagegen unrichtig. Denn der notwendig Beteiligte ist regelmäßig deshalb straflos, weil er sich dem anderen gegenüber in einer notstandsähnlichen Unterlegenheitssituation befindet, oder weil erst eine besondere Pflichten- oder Schlüsselstellung, die er nicht inne hat, die Strafwürdigkeit begründet. Das gilt aber auch für Handlungen, die seinen eigenen Tatbeitrag vorbereiten oder sonst fördern. In dem obigen Beispiel wird der Anstoß stets vom Käufer ausgehen. Seine vom Gesetz gewollte Straflosigkeit wurde daher durch die Rechtspr. des RG. praktisch vereitelt. — Zu eng deshalb auch E. **71** 114. Danach ist die Partei, der ein Rechtsanwalt verräterisch i. S. des § 356 dient, (nur dann) nicht wegen Teilnahme strafbar, wenn sie weiter nichts tut, als daß sie die verräterischen Dienste annimmt. — Zu Unrecht straft ferner E. **61** 31 den Gefangenen, der seinen Befreier, E. **60** 346 den Begünstigten, der seinen Begünstiger zur Tat veranlaßt hat, wegen Anstiftung zur Fremdbegünstigung. In Wahrheit liegt mittelbare Selbstbefreiung und -begünstigung vor. Die Straflosigkeit ergibt sich für § 257 schlagend aus Abs. 3, denn bei vorangegangener Zusage des Begünstigers kann der Begünstigte ex lege nicht wegen Anstiftung zu der ihm selbst geleisteten Beihilfe bestraft werden. Darüber hinaus folgt sie aber allgemein aus dem obigen Grundgedanken. Denn die Konzession an den Selbsterhaltungstrieb muß sich sinngemäß auf alle der Selbstbefreiung oder -begünstigung dienenden Handlungen erstrecken, soweit dabei nicht über die Befreiung oder Begünstigung hinaus delinquiert wird. — Die bloße Annahme der Zahlungsmittel fällt unter den Begriff der notwendigen Teilnahme und ist daher nicht nach § 11 DevGes. strafbar: RGer. in „Das Recht" **41** Nr. 297.

Monographisch hierzu L a n g e, Die notwendige Teilnahme (1940, Abh. des Berliner Krim. Inst.); über die ganze Lehre sowie über Lange eingehend: N i e t h a m m e r bei Olshausen, Vorbem. 26 vor § 47.

2. Erst recht ist der **straflos, zu dessen Schutz ein Strafgesetz dient;** z. B. der Bewucherte; der unsittlich Mißbrauchte nach § 174, Nr. 1—3. Strafbar ist er freilich, wenn sein Verhalten einen Sondertatbestand erfüllt. So ist der Mann, an dem sich jemand gemäß § 175a vergeht, zwar nicht wegen Beihilfe hierzu, aber aus § 175 strafbar. — Nicht ist nach herrschender Rechtspr. straflos, wer jemand angestiftet hat, ihm Gelegenheit zur Unzucht zu verschaffen; er soll wegen A n s t i f t u n g z u r K u p p e l e i strafbar sein (E. **23** 69, **25** 369). Auch hierzu gilt aber das oben Gesagte. Vgl. auch § 235 m. Anm.

V. Selbständig strafbar: Verabredung bestimmter Verbrechen (sog. „K o m p l o t t", ohne Ausführung nur ausnahmsweise strafbar) z. B. SprStG. § 6. — Ebenso die **Verbindung** (Vereinigung) zu unbestimmten Verbrechen (sog. „Bande"), z. B. § 243, 6, SprStG. § 6. — Ferner die selbständig strafbaren Aufforderungen, vgl. das Register. — Einen TB. der „v e r m e i n t l i c h e n Teilnahme" hat die PaßStr.VO. (Vorläufl. Anhang) in § 5 II geschaffen. — Außerordentlich weitgehend die Teilnahmebestimmungen in KRG. 10; darüber vgl. DRZ. 48, 155 ff., 185 ff., SJZ. 48, 302 ff.

VI. Konkurrenzfragen. — 1. Von v e r s c h i e d e n e n A r t e n d e r T e i l n a h m e d e r s e l b e n P e r s o n geht die geringere in der umfassenderen auf. Denn eine Person kann wegen Beteiligung an einer Tat nur von einem Gesichtspunkt aus bestraft werden. Beihilfe geht auf in der Anstiftung (E. **53** 189, **62** 74; anders E. **48** 206 bei Teilnahme am sog. fortgesetzten Delikt); Anstiftung und Beihilfe in der Mittäterschaft (E. **36** 25) oder Täterschaft (E. **59** 26). Genau genommen liegt im letzteren Fall nur Vorbereitung der eigenen Tat vor, bei der man überhaupt nicht Teilnehmer sein kann. Vgl. auch oben zu IV **1** und unten § **48** N. IX. — Der H e l f e r d e s G e h i l f e n ist aber selbst Gehilfe. B e i h i l f e z u r A n s t i f t u n g ist regelmäßig Beihilfe zur Haupttat (E. **14** 318, **23** 300). A n s t i f t u n g z u r B e i h i l f e ebenso (E. **59** 396). In den letzteren Fällen kann die Beihilfe in „Mittäterschaft" begangen sein; für die Bestrafung ist dann für alle „Mittäter" § 49 maßgebend. — Jener Grundsatz, daß die geringere Beteiligung in der umfassenderen aufgeht, gilt aber nur beim Zusammentreffen verschiedener Arten der Beteiligung an d e r s e l b e n Tat. So E. **72** 402, **74** 21: Tateinheit bestehe zwischen Anstiftung (oder Beihilfe) zu § 218 I und zu § 218 II (unter Aufgabe abweichender Entscheidungen). Vgl. ferner E. **70** 138 und 293. — H e h l e r könne aber der Anstifter sein: so E. **72** 326. A.A. jetzt Nürnberg NJW. **49** 374: straflose Nachtat. Vgl. zu § 259.

2. Wegen Einheit und Mehrheit der Teilnahmehandlungen vgl. Vorbem. IV, C.

Mittäterschaft

47. Wenn mehrere eine strafbare Handlung gemeinschaftlich ausführen, so wird jeder als Täter bestraft.

I. Das Wesen der Mittäterschaft besteht in der T a t - u n d W i l l e n s g e m e i n s c h a f t mehrerer bei Begehung einer Straftat. Liegt sie vor, so ist jeder „als Täter" auch dann anzusehen und strafbar, wenn sein Tatbeitrag nicht den ganzen Tatbestand umfaßt. (Fehlt das Bewußtsein der Gemeinschaftlichkeit, so spricht man von Nebentäterschaft, für die Sonderregeln nicht bestehen.) — Streitig ist, wieweit jene Willensgemeinschaft genügt, insbes. um die MT. gegen die Beihilfe abzugrenzen. Hier stehen sich zwei Auffassungen gegenüber. 1. **Objektive Theorien:** a) MT. sei nur, wer eine „Ursache" zum Erfolg setze; wer eine bloße „Bedingung" setze, sei nur Gehilfe. b) MT. sei nur, wer die Tat mit „ausführe"; wer (i. S. des § 43) nur eine Vorbereitungshandlung vornehme, sei bloßer Gehilfe. 2. **Subjektive Theorie:** Für den MT. sei erforderlich und genügend, daß der Gemeinschaftswille auch ein Täterwille gewesen sei; der MT. wolle die Tat „als eigene", der Gehilfe wolle nur „eine fremde Tat unterstützen" (animus auctoris — animus socii). Gleichgültig dagegen sei, ob der einzelne eine „Ausführungshandlung" oder (i. S. von § 43) nur eine Vorbereitungshandlung vornehme: auch wer nur Schmiere stehe, könne „Mittäter" eines Einbruchsdiebstahls sein. — Die Grenze zwischen Mittäterschaft und Beihilfe kann aber nicht endgültig gezogen werden, ohne daß zunächst das Wesen der Täterschaft geklärt wird. Hierüber Vorbem. I u. II.

Die subj. Theorie bringt den richtigen Grundgedanken zum Ausdruck, daß der Wille ein gestaltender Faktor des Geschehens ist, daß von ihm die Tatherrschaft abhängt. Aber diese muß wirklich vorhanden sein, der Handelnde muß die Kräfte des Mitwirkenden vor seinen eigenen Wagen gespannt, seinen Absichten (die nicht unbedingt Eigeninteressen sein müssen) dienstbar gemacht haben. Entscheidend ist nicht schon die Frage, ob er die Tat als eigene gewollt hat, sondern erst die, ob sie ihm auf Grund des von seinem Willen getragenen Tatbeitrags als eigene zugerechnet werden kann. Der Wille darf nicht nur eine leere Anmaßung oder eine Fiktion sein. Ebensowenig wie eine Handlung wegen des durch sie gezeigten bösen Willens als Versuch strafbar ist, wenn die Tatherrschaft fehlt (oben vor § 43 III zu Ziff. 3), wird sie durch den bloßen animus auctoris zur Mittäterhandlung. In der Praxis ersetzt die formelhafte Wendung, der Handelnde habe die Tat als eigene gewollt, nur zu oft den oben geforderten objektiven Nachweis. Außerdem sind bei den Sonderdelikten und den eigenhändigen Delikten der Zurechnung zur Täterschaft objektive Grenzen gesetzt. Darüber Vorbem. III A 3 zu diesem Abschnitt.

Aehnlich wie hier Welzel § 15 V, der jedoch, von der Tat, nicht vom jeweiligen Täter ausgehend, die Mittäterschaft als selbständige Form der Täterschaft neben der Alleintäterschaft ansieht.

Ueber die Herrschaft der subj. Th. in Rspr. u. Lit. der Schweiz vgl. Schönke DRZ. 47, 75.

Das **Reichsgericht** hat stets die **subjektive** Theorie vertreten. Mit einem weiten Täterbegriff (Vorbem. I) ist nur sie vereinbar. — Die neuere Rechtspr. faßte E. **66** 240 dahin zusammen: „Zur Annahme der M. ist erforderlich und ausreichend, daß jeder Beteiligte den ganzen Erfolg einer Straftat als eigenen verursachen will, aber auf Grund eines gemeinschaftlichen Entschlusses und mit vereinten Kräften; daß also jeder seine eigene Tätigkeit als mittelbarer Täter durch die Handlungen des oder der Genossen vervollständigen und auch diese sich zurechnen lassen will (so auch E. **58** 279, **63** 101). Jeder Mittäter muß hiernach zwar — mit jener inneren Einstellung zur Tat — in irgendeiner Weise zur Ausführung mitwirken (es genügt geistige Mitwirkung, Stärkung des Täterwillens, z. B. durch Ratschläge, so auch E. **55** 13, **67** 392). Es reicht aber aus, daß er dies durch die unmittelbare Tätigkeit des oder der Genossen tut, während er seine persönliche Tätigkeit auf Handlungen beschränkt, die sich äußerlich als Vorbereitungs- oder Beihilfehandlungen darstellen (ebenso E. **54** 116, 247; **56** 329, **63** 101, **67** 392); es ist nicht erforderlich, daß jeder Tatgenosse ein Tatbestandsmerkmal verwirklicht (so auch E. **58** 279)." — Vgl. ferner E. **54** 271: gemeinschaftlicher Diebstahl durch eine plündernde Volksmenge. E. **59** 101: Betrug in Mittäterschaft, auch wenn jeder den Vorteil eines anderen erstrebt. E. **66** 304, **68** 411: Mittäterschaft des Steuerberaters oder eines anderen nicht Steuerpflichtigen bei der Steuerhinterziehung. Auch HRR. **37** 1196, 1197, 1681. OLG. München in DJ. **38** 378: Mittäter bei Schwarzfahrt durch Mitfahrer. — Seltsam dagegen E. **71** 364: gemeinsamer Mißbrauch einer geisteskranken Frau zum Beischlaf (obwohl „nach dem Plan der beiden Männer nur einer den B. ausführen soll"), falls „der eine Teilnehmer den Beischlaf des anderen als eigene Tat gewollt hat"! Wie solches möglich ist, dürfte dem Nichtjuristen schwer zu erklären sein. Es muß betont werden, daß diese „Konstruktion" der „Praxis" entnommen ist, nicht etwa der „Theorie"! Richtig ist es, bei den sog. eigenhändigen, insbes. den Fleischesverbrechen (vgl. Vorbem. II, 3) den nicht selbst Handelnden immer nur als Anstifter bzw. Gehilfen anzusehen. Denn Mittäterschaften sind wechselseitig mittelbare Täterschaften, und solche sind bei eigenhändigen Verbrechen nicht möglich. — Lehrreich, aber nicht überzeugend E. **70** 293 (m. E. war wegen gemeinschaftlichen vollendeten Mordes zu strafen). Vgl. ferner DR. **44** 657 und DR. **43** 290 Anm. Mezger). — Auch nach 1945 unterscheidet die Rspr. durchweg subjektiv, vgl. z. B OGHE. **1** 12, 306.

Bei zweiaktigen Straftaten genügt es demgemäß, daß einer den einen, der andere den anderen Akt begeht (z. B. einer das Attest fälscht, der andere es gebraucht, § 277), wenn dies von Anbeginn in gegenseitigem Einverständnis geschah (so für § 267 a. F. E. **58** 279, **68** 254). — Mittäterschaft durch einverständliche Unterlassung: E. **66** 74.

II. Als **Ausführungs**handlung genügt nach dem zu I Gesagten eine Tätigkeit, die, falls allein vorgenommen, nur eine straflose Vorbereitungshandlung sein würde.

III. Beim Vorhandensein von **Schuldausschließungsgründen** bei dem einen Täter, z. B. § 51, ist MT. ausgeschlossen (E. **40** 21); der andere kann hier aber mittelbarer Täter sein (E. **63** 101). Bei bloßen Strafausschließungsgründen ist Mittäterschaft dagegen möglich (E. **19** 192). — Ueber MT. bei Amtsdelikt vgl. z. B. E. **39** 193. — In §§ 119, 123 Abs. 3, §§ 223a, 293 ist gemeinschaftliche Ausführung i. S. von Mittäterschaft straferhöhender Umstand.

Anstiftung

48. Als Anstifter wird bestraft, wer einen anderen zu der von demselben begangenen mit Strafe bedrohten Handlung durch Geschenke oder Versprechen, durch Drohung, durch Mißbrauch des Ansehens oder der Gewalt, durch absichtliche Herbeiführung oder Beförderung eines Irrtums oder durch andere Mittel vorsätzlich bestimmt hat.

Die Strafe des Anstifters ist nach demjenigen Gesetze festzusetzen, welches auf die Handlung Anwendung findet, zu welcher er wissentlich angestiftet hat.

I. **Neufassung** des § 48, alten Reformplänen entsprechend, durch VO. v. 29. 5. 43: „mit Strafe bedrohten" statt: „strafbaren" Handlung. Hierin liegt eine Lockerung der Abhängigkeit von der Haupttat; vgl. Vorbem. III vor § 47.

II. Ueber die Abgrenzung der Anstiftung gegen die **mittelbare Täterschaft** vgl. Vorbem. I B vor § 47. In beiden Fällen: psychische Verursachung. Unterscheidung: wer als Herr des Geschehens eine eigene Tat durch einen anderen ausführen läßt, ist mittelbarer Täter; wer letzten Endes nur eine fremde Tat anregen will oder wer nicht Täter sein kann, ist Anstifter. Ebenso für die Abgrenzung von Anstiftung und Mittäterschaft OGHE. **1** 306.

III. **Anstiftung zum Versuch.** — Hier sind zwei Fälle zu unterscheiden: 1. Die Haupttat kommt gegen den Willen des Anstifters nicht über den Versuch hinaus. Hier ist die Anstiftung unstreitig strafbar, falls der Versuch der HT. strafbar. E. **38** 248. — 2. Die Haupttat soll mit dem Willen des Anstifters beim Versuch bleiben; so bes. Fälle des Lockspitzels, des agent provocateur. Hier ist die Strafbarkeit der Anstiftung streitig. Herrsch. A. verneint (Frank, Mezger, Schönke, E. **15** 315). Die Probleme des ag. prov. führen in die Grundfragen der Anstifterstrafe überhaupt hinein. Wird der Anstifter bestraft, weil er einen anderen in Schuld und Strafe geführt hat? So die ältere, insbes. die kanonischrechtliche Auffassung, neuerdings z. B. H. Mayer, Strafr.; Wimmer DRZ. 48, 118; anscheinend auch der OGH. in SJZ. 49, 350 (vgl. dazu Jagusch SJZ 49, 329); ablehnend Welzel ZStW. **61**, 210; vgl. auch unten § 50 N. I sowie JR. 49, 167 ff. Oder weil er schuldhaft die Verwirklichung eines Delikts durch einen anderen verursacht hat? Nach der Neufassung, die eine Schuld des Haupttäters nicht mehr voraussetzt, ist der zweiten Auffassung zu folgen. So auch schon E. **15** 315; anders JW. 36, 1375. A. A. dies Buch bisher, auch Niethammer bei Olsh. [12] Anm. 13. — **Versuchte** (erfolglose) A., bei der es nicht einmal zum Versuch der Haupttat kommt, ist in §§ 49a, 159 strafbar (Vorbem. III B vor diesem Abschn.).

IV. **„Mit Strafe bedrohte Handlung":** die rechtswidrige Verwirklichung eines äußeren Straftatbestandes durch eine zweckbeherrschte (finale) Willenshandlung. Oder besser: die rechtswidrige Verwirklichung eines äußeren StrTB., der aber als innerer StrTB. nur ein natürlicher Vorsatz (Wollen des Erfolgs), nicht aber Zurechenbarkeit zur „Schuld" zu entsprechen braucht. Näheres in Vorbem. III A vor § 47 und in Anm. II zu § 59.

V. **Fahrlässigkeits-**Taten kann man zwar veranlassen, also psychisch verursachen, aber nicht zu ihnen anstiften. Denn hier kann zwar der Entschluß zu irgendeiner (finalen) Willenshandlung erregt werden, z. B. zu schießen, auch: einen bestimmten Gegenstand zu treffen. Würde aber in dem anderen der Wille erregt, in jenem Gegenstand „einen Menschen zu töten", dann wäre die HT. eine „vorsätzliche". — Möglich ist, daß der „Vorsatz" des Haupttäters kein „schuldhafter", sondern nur ein „natürlicher" Vorsatz war, die „Schuld" des Haupttäters aber in Fahrlässigkeit besteht, nämlich bei irriger Annahme eines **negativen Tatumstandes** (vgl. § 59 Anm. V). Beispiel: N erschießt „vorsätzlich" einen Menschen, von dem er sich irrig angegriffen wähnt. Er ist enweder gemäß § 59 I straflos oder gemäß § 59 II wegen fahrlässiger Tötung strafbar. Wenn A, der die Lage richtig sah, ihn zu der Tat veranlaßt hat, so ist auch hier nur mittelbare Täterschaft, nicht Anstiftung, anzunehmen. Denn A handelt hier „durch" einen anderen, und zwar stets mit Täterwillen. Denn er hat allein die Tatherrschaft. — Auch RGer. hält Anstiftung zu einer Fahrlässigkeitsstraftat für rechtlich ausgeschlossen: E. **23** 175, **30** 292, **44** 432, **60** 2, HRR. **39** 1274; anders E. **36** 402. Wie hier auch überwiegend das Schrifttum; anders Schönke Anm. VI. — Nicht entgegen stehen E. **73** 1 (6) u. 263 betr. § 71 II (damals § 44 II) Devisengesetz v. 12. 12. 38 (damals v. 4. 2. 35); denn hier nahm das RGer. „Vorsatz" an, der aber milder bestraft werde, weshalb Anstiftung möglich sei; hierzu E. **72** 84. Rechtsfahrlässigkeit schließt Tatvorsatz nicht aus. Vgl. Vorbem. III A 4 zu diesem Abschn.

VI. Bestimmen: den Entschluß zu einer bestimmten Tat hervorrufen. Ein ohnedies zu dieser Entschlossener (omnimodo facturus) kann nicht mehr bestimmt werden (E. **13** 121, **59** 26). — Ueber A. in Mittäterschaft vgl. E. **53** 189; auch mehrere voneinander unabhängige Einwirkungen sind möglich (E. **14** 92). — **Widerruf** kann die A. nur straflos machen, wenn der Angestiftete die Tat daraufhin unterläßt oder der Anstifter sie verhindert (E. **56** 210).

Mittel: Aufzählung nur beispielshalber; jedes motiverregende Mittel genügt. Vgl. die inhaltsgleiche vereinfachte Thür. Fassung. Ueberredung: E. **53** 189; Wunsch: E. **36** 402; Drohung, falls ernsthaft, geeignet, die Entschlußfreiheit zu beeinträchtigen: E. **34** 15, **39** 266 (darüber hinaus § 52). Mit Irrtümern sind nach heute herrschender Auffassung nur solche gemeint, die den (natürlichen) Tatvorsatz des Haupttäters nicht ausschließen, insbes. Motivirrtümer: E. **71** 98. Wahlfeststellung, auch ohne § 2b, zulässig: E. **59** 239.

VII. Vorsatz des Anstifters: Bewußtsein, daß und wozu er den Willen des Täters bestimmt. Er muß eine bestimmte Tat und einen bestimmten Täter im Auge haben, erstere freilich nur in ihren strafrechtlich wesentlichen Hauptmerkmalen: Ort, Zeit und Art der Ausführung kann und braucht er im einzelnen nicht zu kennen (E. **34** 327). So jetzt auch eingehend OGHE. **2** 32. Er muß aber diejenigen Momente der Haupttat kennen, die deren Strafbarkeit begründen. Ein die Haupttat betreffender **Irrtum** des Anstifters schließt den Anstiftervorsatz insoweit aus, als er (vgl. § 59) den Tätervorsatz ausschließen würde; ein beim Täter unwesentlicher error in objecto ist also auch nicht geeignet, die Anstiftung zu dieser Tat straflos zu machen: N will den X erschießen, verwechselt aber den Y mit dem X und erschießt den Y. N ist strafbar wegen vorsätzlicher Tötung. Wenn A ihn angestiftet hat, ist auch er strafbar. — Die zum Tatbestand erforderliche „Absicht" (z. B. „sich" die weggenommene Sache zuzueignen) braucht der Anstifter nicht zu haben (E. **56** 171). — **Fahrlässige Anstiftung** ist (im Sinne fahrlässiger Erregung des Entschlusses zur Haupttat) zwar denkbar, aber strafbar nur als fahrlässige (mittelbare) Täterschaft. Die Schuld eines solchen Täters wäre sorgfältig zu prüfen (vgl. Vorbem. I B 3 a, E. und 4 vor § 47)! — Ueber mittelb. Anst. Nürnberg NJW. **49** 874.

VIII. Anwendbares Gesetz: Das Gesetz der Haupttat (evtl. in Vbd. mit § 43). Innerhalb des dort gegebenen Strafrahmens kann aber die Strafe für den Anstifter höher oder geringer bemessen werden, als die für den Täter. — Diese Akzessorietät des Strafrahmens wird jedoch durch § 50 eingeschränkt, vgl. dort.

Ein **Exzeß** des Angestifteten belastet also den Anstifter nicht. Anstiftung zur Körperverletzung wird auch dann nur nach §§ 223 ff. gestraft, wenn der Angestiftete „infolge" der Anstiftung vorsätzlich tötet (Anm. V).

IX. Zusammentreffen: a) Mit anderen Beteiligten: A. zur A. ist A. zur Haupttat. — Bei A. zur Beihilfe ist die Strafe des Anstifters nach § 49 zu bemessen (E. **59** 396); aber A. zur Beihilfe bei der eigenen Tat geht in der Täterschaft auf (E. **56** 58). — Wegen Beihilfe zur A. vgl. § 49 Anm. 8. — b) **Mit anderen Teilnahmeformen und Täterschaft:** Beihilfe geht in A. auf. Im übrigen vgl. Vorbem. VI 1 vor § 47. — c) **Anstiftung zu mehreren Straftaten** eines oder mehrerer Täter ist, wenn nur durch eine Handlung vorgenommen, nur eine A. So jetzt mit Recht E. **70** 26, 390; anders früher E. **4** 95, **5** 227, **38** 26, wo aus der akzessorischen Natur der A. der Schluß gezogen wurde, der Anstifter habe die Strafe mehrmals verwirkt und es sei auf ihn § 74 anzuwenden. Zweifelnd noch E. **57** 352. — d) Ob mehrere Anstiftungen im **Fortsetzungszusammenhang** begangen sind, ist nach den allgemeinen Regeln des FZ. zu beurteilen (Vorbem. II, 1 vor § 73): E. **70** 349, 385; für A. mehrerer zu gleichen Meineiden macht E. **70** 331 eine Ausnahme wegen der Natur des Meineids. — e) Anstiftungen seitens mehrerer können in **Mittäterschaft** begangen werden: E. **71** 23.

Beihilfe

49. Als Gehilfe wird bestraft, wer dem Täter zur Begehung einer als Verbrechen oder Vergehen mit Strafe bedrohten Handlung durch Rat oder Tat wissentlich Hilfe geleistet hat.

Die Strafe des Gehilfen ist nach demjenigen Gesetze festzusetzen, welches auf die Handlung Anwendung findet, zu welcher er wissentlich Hilfe geleistet hat, kann jedoch nach den über die Bestrafung des Versuchs aufgestellten Grundsätzen ermäßigt werden.

I. Neufassung des § 49 durch VO. v. 29. 5. 43: in Abs. I: „einer . . . bedrohten Hdlg." statt: „des Verbr. od. Verg."; in Abs. II: „kann jedoch . . . ermäßigt werden" statt: „jedoch . . . zu ermäßigen". Hierin liegt eine Lockerung der Abhängigkeit von der Haupttat; vgl. Vorbem. VII vor § 47. Die Abschwächung der Muß-Milderung zu einer Kann-Milderung ist nicht typisch nat.-soz.; jedoch ist die Sperrvorschrift (Vorbem. VI vor § 13) zu beachten. Vgl. Köln JR. **47** 123.

II. Beihilfe ist vorsätzliche Hilfeleistung zur Begehung einer als Verbrechen oder Vergehen mit Strafe bedrohten Handlung.

1. Den Unterschied von der **Mittäterschaft** sah das RGer. in dem Willen, eine fremde Tat zu fördern, gegenüber dem Willen, sie als eigene zu begehen (vgl. Anm. I zu § 47 und unten Anm. IV; während nach der „objektiven" Lehre der Mittäter eine Ausführungs-, der Gehilfe eine Vorbereitungshandlung vornimmt). Wie RG. jetzt OGHE. **1** 12. — Ergänzend § 257 III; Grund: Zusage späterer Begünstigung wirkt zunächst als psychische Beihilfe.

2. **Mit Strafe bedrohte Handlung.** Ueber die Neufassung vgl. Anm. I. Hierzu Vorbem. III A vor § 47 und Anm. IV zu § 48. — Strafbare Beihilfe auch möglich zu einer Handlung, die beim Haupttäter sog. straflose Nachtat ist. Beispiel: Haupttat Unterschlagung, Nachtat Betrug; Gehilfe zum Betrug kann strafbar sein: E. **67** 344.

III. Mittel können Rat oder Tat sein; physische und intellektuelle B. — a) Rat: auch Bestärkung und Befestigung eines Entschlusses (E. **27** 157; **28** 287; aber „Hervorrufung" des Entschlusses wäre Anstiftung); falsche Auskunft eines Rechtsanwalts über die Straflosigkeit einer geplanten Handlung (E. **37** 321). Aber keine Beihilfe, wenn der Rat unbefolgt bleibt (E. **38** 156). — b) Tat: jede taugliche Förderung. Auch durch pflichtwidrige Unterlassung, falls diese „Ursache oder Mitursache des Geschehenen".

1. **Hilfeleisten heißt förderlich sein.** Das RGer. begnügte sich mit einer Förderung der Handlung des Haupttäters, verlangte dagegen ursächlichen Zusammenhang mit dem Erfolg nicht. So E. **58** 113: der „Gehilfe" lieferte Werkzeug, die Tat wurde aber ohne dieses ausgeführt; RGer. strafte aus § 49. Wer indessen die Handlung gefördert hat, ist (gerade i. S. der reichsgerichtl. Bedingungstheorie) auch für deren Erfolg kausal geworden. Und umgekehrt: Kann die Tätigkeit des Gehilfen weggedacht werden, ohne daß der Erfolg der Haupttat entfiele, dann fehlt jener Tätigkeit auch der ursächl. Zusammenhang mit der Handlung des Täters. In Fällen solcher Art ist es zwar möglich, daß das Bemühen, zu „helfen", den Entschluß zur Tat stärkte: dann ist psychische Beihilfe anzunehmen. Ist aber nicht einmal dieses der Fall, dann ist solche **nicht-kausale** Beihilfe **nur Versuch** der Beihilfe, und dieser ist nach § 49 nicht strafbar. So auch die weitaus überwiegende Ansicht im Schrifttum; z. B. Mezger, schlagend in Lehrb. S. 411 f., weniger entschieden in Grundr. S. 125 f.; Niethammer bei Olsh. [11] Anm. 8 und (bestimmter) in Olsh. [12] Anm. 2; Bockelmann in DR. 41, 987 (klärender Ueberblick); Dahm in DR. 41, 1993 (der die Möglichkeit psychischer Beihilfe betont); auch Liszt-Schmidt, Frank, Lobe. — Die bisherige Rechtspr. war nur schwer zu begreifen. Praktisch hat es sich wohl meist um Abtreibungsfälle gehandelt. Ein sacrificium intellectus waren aber auch diese nicht wert. — Die **Neufassung des § 49a** hat die nicht-kausale B. geregelt, der Abs. III hat die Rechtspr. für „Verbrechen" sanktioniert, wonach sie für „Vergehen" wohl aufgegeben werden muß.

2. Auch durch **Unterlassung** kann B. begangen werden. Beisp.: Der A unterläßt es, die B an der Tötung ihres Kindes zu hindern. Strafbare Beihilfe ist hier bei dem anzunehmen, der sowohl die Möglichkeit wie die Pflicht hatte, einzugreifen und die HT. zu hindern oder doch zu erschweren. Die Frage nach der Möglichkeit ist die auf Unterlassung umgestellte (Vorbem. II vor § 1) Frage nach der Kausalität. Anders als bei B. durch Tun verlangt hier das RGer. meist Kausalität für den Erfolg. So wird in E. **72** 373 mit Recht die Feststellung vermißt, daß das Kind beim Eingreifen des Angekl. am Leben geblieben wäre. — Ueber die neuerdings viel erörterte Frage, wieweit eine Pflicht besteht, der **falschen Aussage eines Zeugen entgegenzutreten,** widrigenfalls hierin strafbare B. zum Meineid bzw. zur Falschaussage, begangen durch Unterlassung, liege, vgl. E. **72** 20, **74** 283, **75** 221 (Anm. Dahm in DR. 41, 1993), DR. **40** 2234, **43** 748. Die Entsch. sind z. T. sehr anfechtbar. Eine allgemeine Pflicht besteht hier nicht; insbes. auch nicht für einen Beschuldigten im StrVerfahren. Wieweit eine Zivilprozeßpartei aus § 138 ZPO. dazu verpflichtet ist, hat RGer. nicht entschieden. Die Frage ist wohl zu verneinen. In der Pflicht, die Wahrheit zu sagen, liegt noch nicht ohne weiteres die Pflicht, fremde Unwahrheit zu verhindern. Aus bes. Umständen aber (Sorge- und Erziehungsrecht) kann sie nicht ergeben — B. durch U. auf Grund vorheriger Herbeiführung der Gefahrlage: OGHE. 2 63.

3. Ob die Haupttat zur Zeit der Beihilfe schon begonnen war, ist belanglos (E. **52** 202, **58** 113, **67** 193). Erforderlich aber, daß sie **noch nicht abgeschlossen ist;** deshalb begeht der Erwerber einer dem Veräußerer nicht gehörigen Sache nicht Hehlerei, sondern B. zur Unterschlagung: E. **45** 253, **57** 42. Abgeschlossen war die Haupttat aber noch nicht notwendig in dem Zeitpunkt, in dem sie einen Tatbestand verwirklicht hat und somit als „vollendete" Tat strafbar war. Brandstiftung z. B. ist früher „rechtlich vollendet" (Anm. I zu § 306), als „tatsächlich beendet", Beihilfe also möglich, auch wenn das Haus schon brennt: E. **71** 194 (abw. Gallas in ZAk. 37, 438; ähnliche Frage in A. IV zu § 139). — Wegen **Begehungsort** vgl. Vorbem. IV vor § 47. — **Exzeß** des Täters belastet den Gehilfen nicht.

IV. Vorsatz des Gehilfen: Bewußtsein und Wille, eine fremde als Verbr. oder Verg. strafbare Handlung zu fördern. E. **56** 168. — Im wesentlichen muß sich die HT. mit der vom Gehilfen vorgestellten decken (Raub und Erpressung unterscheiden sich hierfür u. U. nur unwesentlich). Vgl. hierzu E. **59** 245, **65** 348, **66** 6, **67** 344. — Keine strafbare Beihilfe, wenn der Gehilfe die HT. für unvollendbar hielt (E. **17** 377); wenn er nur scheinbar half, in Wahrheit bewußt Untaugliches tat (E. **60** 23). Beihilfe **zum Versuch** in diesem Sinne also straflos. Anders wenn sie gegen den Willen des Gehilfen Versuch blieb. Entsprechend Anm. III zu § 48 betr. Anstiftung zum Versuch. — **Fahrlässige** B. ist denkbar, aber nicht strafbar.

V. Ermäßigung der Strafe nach § 44. Vgl. oben Anm. I a. E.

VI. Zusammentreffen: a) mit anderen Beteiligten: B. zur Anstiftung und B. zur B. ist B. zur Haupttat (E. **59** 396); letzterenfalls deshalb nur einmalige Herabsetzung nach § 44; b) mit anderen Teilnahmeformen: vgl. Vorbem. VI 1 vor § 47; c) die Fragen des Fortsetzungszusammenhangs und der Konkurrenz (§§ 73, 74) sind grundsätzlich nach der Art der Gehilfentätigkeit, nicht nach der Haupttat zu beurteilen (E. **56** 326; freilich auch E. **57** 353). Vgl. auch hier Vorbem. VI vor § 47.

Erfolglose Teilnahme

49a. Wer einen anderen zur Begehung eines Verbrechens oder zur Teilnahme an einem Verbrechen auffordert, wird auch dann wie ein Anstifter bestraft, wenn das Verbrechen nicht oder unabhängig von der Aufforderung zur Ausführung gelangt. Die Strafe kann gemildert werden (§ 44).

Ebenso wird bestraft, wer sich einem anderen zu einem Verbrechen erbietet oder ein solches Anerbieten annimmt oder wer die Begehung eines Verbrechens verabredet oder in eine ernsthafte Verhandlung darüber eintritt.

Wer dem Täter zur Begehung eines Verbrechens Hilfe leistet, wird auch dann als Gehilfe bestraft, wenn das Verbrechen nicht oder unabhängig von seiner Hilfeleistung zur Ausführung gelangt. Der Richter kann die Strafe nach pflichtgemäßem Ermessen mildern oder von Strafe absehen.

Nach diesen Vorschriften wird nicht bestraft, wer freiwillig und endgültig davon absieht, die Straftat zu begehen, und ihre Begehung

oder den Erfolg verhindert. Dies gilt auch für den, der sich freiwillig und ernstlich bemüht, die Begehung oder den Erfolg zu verhindern, wenn nicht sein Bemühen, sondern ein anderer Umstand dies erreicht.

I. Vorgeschichte. — Der bisherige § 49a*) war eingefügt worden durch Ges. v. 26. 2. 76. Ein Belgier hatte sich erboten, Bismarck zu ermorden („Kultur-Kampf"!). Vorausgegangen war dem § 49a ein belgisches Ges. v. 7. 7. 75. In § 49a lebte der Gedanke einer n u r auf Willen und Gesinnung abgestellten Strafe wieder auf, der im gemeinen StrR. (16. bis 18. Jahrh.) in zunehmender Stärke sich durchgesetzt (vgl. noch § 9 OestStG.), im 19. Jahrh. aber in den Hintergrund gedrängt war durch den anderen, daß Strafe die Verletzung oder Gefährdung eines RGuts voraussetze. Jener Gedanke wird durch die Neufassung des § 49a weiter gebildet.

II. Aus dem Gesagten ergeben sich erhebliche **Bedenken** gegen seine uneingeschränkte **Fortgeltung** (vgl. auch W e l z e l § 16 VIII). T h ü r i n g e n ist deshalb zur a. F. zurückgekehrt. Da die Kontrollratsgesetze die n. F. unberührt gelassen haben, wird man sie nicht als im Ganzen aufgehoben betrachten können; wohl aber ist sie gem. Prokl. 3 Art. II 4 und den Sperrvorschriften (Anm. vor § 13) einschränkend auszulegen. Die Bestrafung der erfolglosen Aufforderung zum Morde mit dem Tode würde z. B. gegen das gerechte Maß und die Menschlichkeit verstoßen. Aber auch aus allgemeinen dogmatischen Gründen ergeben sich Einschränkungen. Die bloße Aufforderung eines anderen kann wegen der normalen natürlichen Hemmungen des Aufgeforderten nicht schon generell als gefährliche Handlung angesehen werden. M e z g e r StB. I 192 weist darauf hin, daß die n. F. zu ungerechten Ergebnissen führt, weil damit die Strafbarkeit des Gehilfen früher einsetzt als die des Täters. Darüber hinaus ist jetzt die Vereinbarkeit mit Art. 2 I GG. zu prüfen (Rechtsverletzung?). In der Praxis wird die Weitergeltung verneint von Hamburg MDR. **47** 137, LG. Berlin JR. **49** 121. Darmstadt NJW. **48** 697 bejaht, aber nur im Strafrahmen des alten § 49a. In MDR. **48** 368 (Anm. K u h n) geht Hamburg ebenfalls von der Neufassung aus. Weitere Entsch. in Anm. zu MDR. **47** 137. Auch Tübingen DRZ. **49** 44 setzt die Weitergeltung voraus. — Ein Sonderfall strafbaren Anstiftungsversuchs in Thür. Ges. über die Unterbr. der Schwangerschaft

---

*) 49a. Wer einen anderen zur Begehung eines Verbrechens oder zur Teilnahme an einem Verbrechen auffordert, oder wer eine solche Aufforderung annimmt, wird, soweit nicht das Gesetz eine andere Strafe androht, wenn das Verbrechen mit dem Tode oder mit lebenslänglicher Zuchthausstrafe bedroht ist, mit Gefängnis nicht unter drei Monaten, wenn das Verbrechen mit einer geringeren Strafe bedroht ist, mit Gefängnis bis zu zwei Jahren oder mit Festungshaft von gleicher Dauer bestraft.

Die gleiche Strafe trifft denjenigen, welcher sich zur Begehung eines Verbrechens oder zur Teilnahme an einem Verbrechen erbietet, sowie denjenigen, welcher ein solches Erbieten annimmt.

Es wird jedoch das lediglich mündlich ausgedrückte Auffordern oder Erbieten, sowie die Annahme eines solchen nur dann bestraft, wenn die Aufforderung oder das Erbieten an die Gewährung von Vorteilen irgendwelcher Art geknüpft worden ist.

Neben der Gefängnisstrafe kann auf Verlust der bürgerlichen Ehrenrechte und auf Zulässigkeit von Polizeiaufsicht erkannt werden.

vom 18. 12. 47 (GS. S. 109) § 8 I: „Wer auf eine von ihm geschwängerte Frau durch Mißhandlungen, Drohungen oder Versprechungen einwirkt, um sie zu einer ungesetzlichen Unterbrechung der Schwangerschaft oder Abtötung ihrer Leibesfrucht zu veranlassen, wird mit Gefängnis bis zu zwei Jahren bestraft." Entsprechende Bestimmungen in den übrigen Ländern der Sowj. Bes.-Zone.

Hier wie bei der konkret ungefährlichen oder untauglichen Beihilfe des Abs. III bleibt also als Strafgrund nur das etwaige Indiz für subjektive Gefährlichkeit übrig, das nicht eine Bestrafung „wie" einen Anstifter oder „als" Gehilfen rechtfertigt, sondern höchstens eine solche nach Versuchsgrundsätzen (vgl. Vorbem. III vor § 43). Die Abs. I S. 2 und III S. 2 sind also grundsätzlich anzuwenden. Vgl. auch Schweiz Art. 24 II: „Wer jemanden zu einem Verbrechen zu bestimmen versucht, wird wegen Versuchs dieses Verbrechens bestraft."

III. Die Systematik des § 49a war früher zweifelhaft. Nach der herrsch. A. stellte er Vorbereitungshandlungen ausnahmsweise unter Strafe, um die strenge Abhängigkeit der Teilnahme zu lockern. Andere (Binding, Lobe u. a.) sahen in ihm ein Sonderdelikt, das eigentlich in den „Bes. Teil" gehöre, waren aber über das bes. „Rechtsgut" uneins. Die Neufassung spricht für die herrsch. A.

IV. Im einzelnen:

1. **Verbrechen:** eine Tat, die so, wie tatsächlich in Aussicht genommen, in der Person des Täters ein „Verbr." i. S. des § 1 sein würde. Hierzu E. **23** 353, **32** 267, **60** 88. — Ob Ausführung möglich, ist einerlei, denn auch der Versuch ist Verbrechen. — **Im Einzelfall strafbar** braucht das „Verbrechen" jetzt nur noch i. S. der **limitierten Akzessorietät** (Vorbem. III A vor § 47) zu sein; d. h. tatbestandsmäßig und rechtswidrig. E. **47** 230 hatte für § 49a sich bereits hiermit begnügt: auch ein Geisteskranker könne zu einem „Verbrechen" aufgefordert werden.

2. **Aufforderung:** Es genügt, daß sie e r n s t g e m e i n t ist und zur K e n n t n i s d e s A u f g e f o r d e r t e n kommt (E. **26** 81). Einerlei, ob dieser sie versteht, ob er sie ernst nimmt, ob er zur Begehung bzw. Teilnahme sich entschließt oder nicht (E. **30** 142, **36** 229) oder zur Tat schon entschlossen ist. — Zum Vorsatz des Auffordernden ist erforderlich und genügend, daß er die das Verbrechen ausmachenden Tatumstände kennt; ausgeschlossen bei auf Tatirrtum beruhender Annahme, dem Aufgeforderten stehe ein Rechtfertigungsgrund zur Seite (E. **60** 88). — Die **Annahme** der Aufforderung ist nicht mehr ausdrücklich genannt. Sie fällt wohl stets unter Abs. II. Es genügt, daß sie ernst gemeint ist, selbst wenn die Aufforderung dies nicht war (E. **57** 243).

3. **Erbieten und dessen Annahme** müssen nicht nur beide ernstlich sein, es muß sich auch (anders als bei dem Falle zu IV 2) die ernstliche Annahme auf ein ernstliches Erbieten beziehen: „die Gefährlichkeit der Annahme ist durch die des Erbietens bedingt" (E. **57** 243).

4. **Verabredung** ist eine auf die Ausführung eines bestimmten Verbrechens gerichtete Willenseinigung. Daß eine „Einigung" zustande gekommen sein muß, es anderseits aber belanglos ist, von wem die Initiative ausgeht, unterscheidet sie von Anstiftung und Aufforderung und vom Sicherbieten. Daß jeder an der Ausführung persönlich teilnehmen will, ist nicht nötig; aber daß es jedem Ernst damit ist, daß die Tat wirklich aus-

geführt werde, und daß er irgendeinen Tatbeitrag liefern will. Deshalb ist nicht nur der Lockspitzel, sondern auch sein Mitkomplottant straflos. Vgl. E. 58 329, 59 376. — Es ist nur „eine" Verabredung, auch wenn mehrere Verbrechen begangen werden sollen; selbst wenn die Ausdehnung des Planes erst allmählich erfolgt. E. 69 164.

5. **Nicht kausale Beihilfe:** Durch Abs. III ist die umstrittene Rechtspr gesetzlich geklärt worden. Vgl. Anm. III 1 zu § 49. Strafbar bei „Verbrechen", folglich nicht bei „Vergehen". Beisp.: 1. Wenn A dem B die Waffe zu einem Mord liefert, so ist er zwar nicht aus § 49, aber aus § 49a strafbar, wenn B den Mord nicht oder mit einer anderen Waffe ausführt. 2. Wenn dagegen A dem B, der eine fremde in seinem Besitz befindliche Sache rechtswidrig verkauft und dadurch sich zueignen will (§ 246), auf dessen Bitte einen Käufer zuführt, der B jedoch die Sache an einen anderen verkauft, so ist A weder aus § 49 noch aus § 49a strafbar, es sei denn daß die Zuführung des ersten Käufers den Verkauf an den zweiten irgendwie (z. B. durch Hinauftreibung des Preises) gefördert hat: dann § 49. — Praktisch war die Frage wichtig bei Beihilfe zur Abtreibung, wo jetzt aber § 218 IV eingreift.

6. „**Wie ein Anstifter**", „ **als Gehilfe**" — der Wechsel im Wort ist wohl ohne Bedeutung: die Verwandtschaft der nicht-kausalen mit der echten Beihilfe ist nicht enger als die der nicht-kausalen mit der echten Anstiftung.

V. Die Strafe folgt der Haupttat — dies ein wesentlicher Unterschied von dem alten § 49a und nicht minder bedenklich als die tatbestandliche Annäherung an das Gesinnungsstrafrecht (oben Anm. II).

VI. Rücktritt und tätige Reue eines Teilnehmers sind zunächst nach § 46 zu beurteilen, vgl. dort Anm. VI. Der Abs. IV wendet sie in Satz 1 folgerichtig auf die neu geschaffenen Fälle der Abs. I bis III an. In Satz 2 zieht er aus der Behandlung der erfolglosen Teilnahme die Konsequenz für erfolglose Rücktrittsbemühungen. Wie in Abs. I bis III der böse Wille zur Strafbarkeit genügt, so genügt in Abs. IV der gute Wille zur Straflosigkeit, falls die HT. unterbleibt und der „Teilnehmer" sich — sei es mit, sei es ohne Erfolg — um solches Unterbleiben bemüht hatte.

Verbindung und Verabredung zur Tötung

49b. Wer an einer Verbindung teilnimmt, die Verbrechen wider das Leben bezweckt oder als Mittel für andere Zwecke in Aussicht nimmt, oder wer eine solche Verbindung unterstützt, wird mit Gefängnis nicht unter drei Monaten bestraft.

In besonders schweren Fällen ist die Strafe Zuchthaus bis zu fünf Jahren.

Nach diesen Vorschriften wird nicht bestraft, wer der Behörde oder dem Bedrohten so rechtzeitig Nachricht gibt, daß ein in Verfolgung der Bestrebungen der Verbindung beabsichtigtes Verbrechen wider das Leben verhindert werden kann.

I. Entstehung: 1. StGEntw. 1927, § 176, mit der Ueberschrift „Feme". — 2. Uebernahme in das Republikschutzgesetz v. 26. 3. 30. — 3. Uebernahme in das StGB. als § 49b durch VO. v. 19. 12. 32, durch die das RepSchGes. außer Kraft gesetzt wurde. — 4. Die VO. v. 29. 5. 43 strich hinter „Verbindung" die Worte: „oder Verabredung", da durch § 49a neu geregelt; vgl. dort Anm. IV 4.

II. Verbindung ist ein Zusammenschluß mehrerer für eine gewisse Dauer, um gemeinsam und in Unterordnung unter einen Gesamtwillen in bestimmter Richtung für bestimmte Zwecke tätig zu werden. Die Teilnahme, die freiwillig sein muß, besteht in der Unterordnung unter den Gesamtwillen und in der Bereitschaft, an seiner Ausführung mitzuwirken. Vgl. E. **13** 277, **24** 328.

III. Unterstützung (nur gegenüber Verbindungen strafbar) besteht in der, wenn auch nur einmaligen, Förderung ihres Zustandekommens oder Bestehens. Mit etwaiger späterer Mitgliedschaft oder Mittätigkeit kein Fortsetzungszusammenhang (entspr. E. **67** 139 u. 177).

IV. Bestrafung wegen Tötung oder Tötungsversuchs, die in Verfolgung der V. oder V. begangen werden, bewirkt, daß die Strafbarkeit wegen der Teilnahme oder Unterstützung in ihr aufgeht, wenn sich in der Tötung der Zweck der V. oder V. erschöpft; anders, wenn sie deren Zweck nur teilweise verwirklicht.

Einstehen für eigene Schuld

50. Sind mehrere an einer Tat beteiligt, so ist jeder ohne Rücksicht auf die Schuld des anderen nach seiner Schuld strafbar.

Bestimmt das Gesetz, daß besondere persönliche Eigenschaften oder Verhältnisse die Strafe schärfen, mildern oder ausschließen, so gilt dies nur für den Täter oder Teilnehmer, bei dem sie vorliegen.

Schrifttum: Redslob, Die persönlichen Eigenschaften und Verhältnisse usw. 1909 (StrAbt. Heft 97). — Kohlrausch, Täterschuld und Teilnehmerschuld, Bumke-Festschrift (1939). — Lange, Die notwendige Teilnahme (1940), S. 52 ff. — v. d. Lühe, Probleme um § 50 StGB. 1940 (Hamburger Diss.). — Mezger in LK., 6. Aufl. — Niethammer, Sinn und Wirkung des § 50, DRZ. 46, 167 ff. — Lange, Die Schuld des Teilnehmers usw., JR. 49, 165 ff. — Dahm, Ueber das Verh. v. T. u. T., NJW. 49, 809 ff.

I. Entstehung und Grundgedanke. — § 50, neu gefaßt durch VO. v. 29. 5. 43*), will bei Beteiligung mehrerer eine persönliche Schuldzurechnung ermöglichen. Nach alter Fassung freilich nicht gegenüber der Frage, ob Teilnehmer strafbar seien, nur: wie sie zu strafen seien. Hier griff er in die §§ 48 II und 49 II ein. Bei akzessorischer Behandlung sollte es zwar bleiben, wenn die Strafe wegen veränderten Tatbestandes erhöht oder vermindert wurde (wer bei einem Einbruchs-Diebstahl hilft, wird aus § 243 bestraft, auch wenn er selber nur auf der Straße Wache gestanden hat). Dagegen sollten nach § 50 nicht-akzessorisch die Fälle behandelt werden, in denen das Gesetz die Strafe aus persönlichen Gründen erhöht oder mindert (wer einem i. S. des § 20a „gefährlichen Gewohnheitsverbrecher" Hilfe leistet, wird aus dem einfachen Strafrahmen bestraft, wenn bei ihm die Voraussetzungen des § 20a nicht vorliegen). — Im einzelnen

---

*) 50. Wenn das Gesetz die Strafbarkeit einer Handlung nach den persönlichen Eigenschaften oder Verhältnissen desjenigen, welcher dieselbe begangen hat, erhöht oder vermindert, so sind diese besonderen Tatumstände dem Täter oder demjenigen Teilnehmer (Mittäter, Anstifter, Gehilfe) zuzurechnen, bei welchem sie vorliegen.

war die Auslegung des in seinem Grundgedanken gesunden § 50 vielfach widerspruchsvoll und unbefriedigend. Die Wortauslegung feierte hier Triumphe! Uebertriebener Wert wurde auf die Worte „Eigenschaften u. Verhältnisse" gelegt, ein zu geringer auf das Wort „persönliche". Vgl. die vorige Auflage!

Die **Neufassung** des § 50 bringt 1) in Abs. I einen Programmsatz und 2) in Abs. II dessen Verwirklichung, indem das Gesetz durch Hinzufügung der Straf-**Ausschließungs**-Gründe auch hinsichtlich des **„ob"** der Bestrafung mit der strengen Akzessorität bricht. In Zusammenhang damit stehen die Aenderungen der §§ 48, 49. Vgl. Vorbem. III A vor § 47. — Die in den vorigen Auflagen vertretene, mit der herrsch. A. nicht übereinstimmende Auffassung: für die Auslegung des § 50 müsse entscheidend sein der Gedanke, daß der Teilnehmer auch an fremder Pflichtverletzung mitschuldig sei, nicht nur an der Erfolgsherbeiführung, läßt sich für die nun gesetzlich anerkannte limitierte Akzessorität wohl nicht aufrechterhalten.

II. Schuld. — Das Wort kam im StGB. a. F. kaum vor. In der Theorie wurde es gebräuchlich als Oberbegriff für die beiden „Schuld"-Arten Vorsatz und Fahrlässigkeit. So noch jetzt Braunschweig MDR. **48** 182 (abl. Anm. Figge). Daß es, wenn man unter Vorsatz nur Wissen und Wollen des Erfolgs versteht, mehr bedeuten muß, darüber vgl. Anm. II zu § 59, auch Vorbem. III vor § 47. So nun auch § 50 I. Die Ueberschrift „Einstehen für eigene Schuld" ist dem amtlichen RGBl. entnommen.

Zur Schuld gehört alles, was den Vorwurf gegen den Täter begründet und gestaltet. Das sind zunächst die die Tat begleitenden psychischen Vorgänge, darüber hinaus aber vielfach besondere persönliche Umstände. Auf diese geht das Ges. in Abs. 2 besonders ein. Die Auslegung dieser Stelle hat daher lediglich den Grundsatz des Abs. 1 zu entfalten.

III. Besondere persönliche Eigenschaften und Verhältnisse. Persönliche: Gegensatz solche, die den äußeren Tatbestand als Unrechtstyp berühren. So ist in vielen Fällen für das Schuldurteil von Bedeutung, ob der Täter aus niedrigen (§ 211) oder achtenswerten (§ 216) oder doch verständlichen (§§ 213, 217) Motiven gehandelt hat und daher sein Handeln als Symptom einer bestimmten Gesinnung, also einer persönlichen Eigenschaft erscheint. Näheres in JR. 49, 165 ff. Besonders deutlich ist das größere oder geringere Schuldgewicht — bei gleichen Rechtsgutverletzung — je nachdem welche innere Einstellung der Täter hatte, in der Neufassung des Mordtatbestandes erkennbar. Hier zeigt sich zugleich, daß „Schuld" nicht nur im ethisierenden Sinne gefaßt werden darf, sondern auch Gefährlichkeitsmomente mit begreift: Wer vor Anwendung gemeingefährlicher Mittel nicht zurückschreckt, um einen Menschen zu töten, ist eben darum schwerer schuldig, selbst wenn seine Beweggründe verständlich sind. Wer gewohnheits- oder gewerbsmäßig handelt, wer rückfällig, gefährlicher Gewohnheitsverbrecher ist, dessen Schuld ist als verschuldete Gefährlichkeit gesteigert. Aber auch in besonderen persönlichen Verhältnissen etwa zum Angriffsobjekt oder zum verletzten Rechtsgut kann die Modalität der Schuld liegen. So beim Beamten, bei dem, dem eine Sache anvertraut worden ist, bei dem Sohn, der den Vater erschlägt. Nicht die Wortauslegung des Begriffs „Dauer", sondern der dem Prinzip des Abs. I entsprechende Grundgedanke der Schuldsteigerung oder -minderung ist für die Auslegung der vom Gesetz aufgestellten drei Gruppen zugrunde zu legen. Diese sind: 1. **Strafschärfungsgründe:** Gewerbsmäßigkeit §§ 260, 292, 293, 302d, 175a Nr. 4 erste und zweite Alternative, vgl. hierzu E. **25** 266, **26** 3 betr. Hehlerei, **61** 268 betr. Wilderei, **71** 72 betr. Homosexualität, **72** 225 betr. Abtreibung. — Rückfall, E. **54** 274. — Gemeingefährlichkeit des § 20a, E. **68** 385, 392. — Beamteneigenschaft bei den unechten, gemischten, Beamtendelikten, z. B. Amtsunterschlagung; E. **63** 31, **68** 90, **75** 289. Daß die Beamteneigenschaft des Haupttäters bei den echten Beamtendelikten die Strafbarkeit des Teilnehmers begründen soll, ist eine unerfreuliche, aber bei dem Schweigen des Gesetzes kaum zu vermeidende Folgerung. Richtiger § 32 Abs. 1 S. 2 Entw. 1930 und Thür. § 50 Abs. 2, die Strafmilderung vorsehen, wenn ein strafbegründender Umstand bei dem Teilnehmer nicht vorliegt. Heute schon allgemein bei Strafzumessung zu berücksichtigen! Vgl. JR. 49, 169. — Folgerichtig hat E. **72** 326 auch die Unterschlagung einer anvertrauten Sache (§ 246, 2. Fall) nach § 50 behandelt. — 2. **Strafmilderungsgründe:** verminderte Zurechnungsfähigkeit, § 51 II. Jugendliches Alter, RJGG. § 3. Kindestötung § 217: E. **2** 153, **72** 373. — Ueber die bei den Tötungsdelikten entstehenden Sonderfragen vgl. Anm. XII zu §§ 211, 212. — 3. **Strafausschließungsgründe.** Einbezogen durch VO. v. 29. 5. 43. Hierher gehören alle in der Person des Täters begründeten Umstände, die der Annahme einer strafbaren Handlung entgegenstehen, also alle in den §§ 51 bis 59 sowie in § 2 RJGG. begründeten. Auf die Beurteilung des Teilnehmers wirken sie nicht zurück; er bleibt strafbar. Daß gleiches für solche Umstände gilt, die den inneren TB. beim Täter unberührt lassen und nur die Möglichkeit, seine Person zu strafen, betreffen (z. B. Exerritorialität), ist selbstverständlich.

Vierter Abschnitt

Gründe, welche die Strafe ausschließen oder mildern

Vorbemerkungen

Der 4. Abschnitt regelt verschiedenartige Gründe, die nur das miteinander gemein haben, daß sie letzten Endes dazu führen, daß ein straftatbestandmäßiges Verhalten nicht (oder milder) bestraft wird. Die Verschiedenartigkeit der Gründe hat wichtige praktische Folgen, besonders betr. Täterschaft und Teilnahme und betr. Versuch.

I. Eine **„Handlung“** im Rechtssinn (Syst. Vorbem. II B) fehlt in den Fällen der „Bewußtlosigkeit“ des § 51 a. F. und der „unwiderstehlichen Gewalt“ des § 52 (E. **31** 395, wo freilich weder zwischen beiden Fällen des § 52 noch zwischen fehlender „Handlung“ und fehlender „Schuld“ unterschieden wird).

II. Als Grund, welcher die **Rechtswidrigkeit** ausschließt, also die Tat erlaubt, erscheinen 1. die **Verpflichtung** des Täters zum Handeln (insbes. bei Vollzugsbeamten), 2. die **Notrechte,** insbes. die Notwehr § 53; ferner BGB. §§ 228, 229, 904; Züchtigungsrecht (E. **43** 277); Recht der Vollzugsbeamten zum Waffengebrauch (gegenüber dem fliehenden Täter nicht bei offensichtlich geringfügigen Verfehlungen, vgl. E. **65** 395, Schlüter DJ. 40, 38, Gallas DRZ. 49, 43; nach § 55 PolVerwGes. 1931 und seinen Ausf.-Best. nur bei Verbrechen); Recht zur Festnahme und Verhaftung (§ 127 StPO.) u. v. a. Näheres in System. Vorbem. III, insbes. auch zum sog. übergesetzlichen Notstand. — Ob §§ 54 u. 193 d. Rechtsw. od. nur d. Schuld ausschließen, ist streitig; vgl. dort. Die Verbindlichkeit des rechtswidrigen militärischen Befehls war schon immer durch § 47 MilStGB. eingeschränkt; str. aber, ob der dem verbindlichen Befehl Gehorchende gerechtfertigt oder nur entschuldigt (unten III) war. KRG. Nr. 10 Art. II Nr. 4b erkennt für seinen Bereich nur schuldmildernde Wirkung von Befehlen an. Soweit der Befehl der ordentlichen Rechtsgrundlage ermangelt (lehrreiches Beispiel bei Mezger StB. I § 72 II), ist er schon darum unverbindlich; für den Untergebenen kommt dann allenfalls die Berufung auf §§ 52, 54 in Betracht, die hierdurch nicht grundsätzlich ausgeschlossen sind. — Vgl. v. Weber, Die strafrechtliche Verantwortlichkeit für Handeln auf Befehl 1948 (Recht und Zeit H. 6); ders. MDR 48, 34 und das übrige Syst. Vorbem. III aufgeführte Schrifttum, ferner unten § 113 Anm. II 2a sowie LG. Hagen MDR. 48 89. — An rechtmäßigen Handlungen ist „Teilnahme" straflos; „Notwehr" gegen sie nicht erlaubt. Kiel SJZ. 47 323 (Anm. Arndt) bejaht dies mit Recht auch für eine als solche pflicht- und ordnungsmäßige Exekutivhandlung (Festnahme eines Deserteurs) während des letzten Krieges. Der Gegenstandpunkt würde zur Anarchie führen. Vgl. auch unten § 52 I u. § 54 VII.

Nicht aber ist die Rechtsw. ausgeschlossen, wenn der Täter die Lage, die an sich die Tat rechtfertigen würde, **selber absichtlich herbeigeführt** hat, um die Tat ungestraft begehen zu können; z. B. den „rechtswidrigen Angriff" provoziert hat, um dann unter Berufung auf Notwehr den Angreifer verletzen zu können. Grund der Strafbarkeit ist, daß hier der Zeitpunkt, in dem die schuldhafte rechtswidrige Handlung (die Tötung, Körperverletzung usw.) begangen wird, der ist, in dem mit Tatwillen dolos der „Rechtfertigungungsgrund" geschaffen wird. Aehnlich der actio libera in causa (Anm. IV zu § 51) liegt hier eine actio illicita in causa vor, d. h. eine im Zeitpunkt des Tuns (z. B. der Verletzung) gerechtfertigt scheinende, letzten Endes aber (in causa also) rechtswidrige Handlung.

3. Die Rechtswidrigkeit ist auch ausgeschlossen, soweit eine rechtlich beachtliche **Einwilligung** des Verletzten vorliegt. Die Frage, ob sie beachtlich ist, ist zu bejahen bei Vermögensdelikten, wohl auch bei Beleidigungen (E. **41** 391, **51** 63). Unstreitig unbeachtlich ist sie bei Tötungen (arg.: § 216). Für Körperverletzungen gilt jetzt § 226a. — Soweit Einwilligung beachtlich, muß sich der Einwilligende ihrer Tragweite bewußt sein (E. **41** 392, **51** 63).

III. Die **Schuld** ist (trotz „rechtswidriger" Handlung) ausgeschlossen a) wenn der Täter nicht zurechnungsfähig war (§§ 51, 58 StGB., § 3 RJGG.), b) wenn ihm sein Handeln infolge Irrtums (§ 59) nicht zum Vorsatz oder zur Fahrlässigkeit zuzurechnen ist, c) wenn es ihm (z. B. infolge Irrtums über den Umfang seiner Steuerpflicht) nicht möglich war, zu erkennen, daß er Unrecht beging, d) wenn er trotz vorsätzlichen Handelns und Möglichkeit der Unrechtserkenntnis durch Notstand (§ 54), Nötigungsstand (§ 52), Notwehrexzeß (§ 53 Abs. 3) entschuldigt ist. — Andere Entschuldigungsgründe als die zu d) genannten sind gesetzlich nicht anerkannt; sie anzunehmen wäre gesetzwidrig. Insbesondere kann daraus, daß jene Entschuldigungsgründe auf dem Gedanken der Unzumutbarkeit beruhen, nicht der Schluß gezogen werden, daß **Zumutbarkeit** eine allgemeine Schuldvoraussetzung sei. Die Nichtzumutbarkeit rechtmäßigen Verhaltens betrifft bei Vorsatz nur eine der Erwägungen, aus denen der Gesetzgeber bestimmte Schuldausschließungsgründe anerkannt hat; sie ist nur ratio legis aber nicht vom Richter praeter legem oder gar contra legem zu beachten. Anders bei Fahrlässigkeit: hier gehört sie zum Begriff. Ausdrücklich ebenso auch E. **66** 398. — Eine gewisse Hinneigung zu dem Gedanken, daß „Zumutbarkeit" auch für den Vorsatz u. U. Schuldvoraussetzung; findet sich in E. **56** 168, **58** 97, **60** 101 sowie in HRR. 39, 1063, ohne jedoch die obigen, in Rechtspr. und Lit. herrschenden Grundsätze in Frage zu stellen. So jetzt auch Mezger StB. I § 75 gegen Lb. 370 bis 74. A. A. Eb. Schmidt in Lb. § 42 (in Anlehnung an Freudenthal und Goldschmidt), neuerdings SJZ. 49, 569 unter weiterer Ausdehnung des Gedankens der Unzumutbarkeit. Aber in dem dort behandelten Fall von Aerzten, die an Anstaltstötungen mitwirkten, um möglichst viele Menschenleben zu retten, handelt es sich nicht um Zumutbarkeitsprobleme, sondern um die Frage des Verbotsirrtums: die Meinung, so handeln zu dürfen und zu sollen. Darüber unten zu § 59 II.

IV. Ueber **Bedingungen der Strafbarkeit** und über **persönliche Strafausschließungsgründe** vgl. Syst. Vorbem. V.

V. Die **Verfolgbarkeit** (trotz „schuldhafter und rechtswidriger" Handlung) ist nach dem 4. Abschnitt ausgeschlossen bei fehlendem Strafantrag (§§ 61—65) und bei Verfolgungsverjährung (§§ 67—69).

VI. Die **Vollstreckbarkeit der Strafe** ist ausgeschlossen bei Vollstreckungsverjährung (§§ 70—72).

1. Fehlende oder verminderte Zurechnungsfähigkeit

51. Eine strafbare Handlung ist nicht vorhanden, wenn der Täter zur Zeit der Tat wegen Bewußtseinsstörung, wegen krankhafter Störung der Geistestätigkeit oder wegen Geistesschwäche unfähig ist, das Unerlaubte der Tat einzusehen oder nach dieser Einsicht zu handeln.

War die Fähigkeit, das Unerlaubte der Tat einzusehen oder nach dieser Einsicht zu handeln, zur Zeit der Tat aus einem dieser Gründe erheblich vermindert, so kann die Strafe nach den Vorschriften über die Bestrafung des Versuchs gemildert werden.

Aus dem Schrifttum: Mezger, Probleme der strafrechtlichen Zurechnungsfähigkeit (Vortrag BayAkWiss. 1949).

I. Neufassung durch Ges. v. 24. 11. 33. Fortgeltung unbestritten. Vgl. Halle JR. **47** 65. Die Neuerungen sind: 1. Ersetzung der Bewußtlosigkeit durch Bewußtseinsstörung; 2. Hinzufügung der Geistesschwäche; 3. Ersetzung des Ausschlusses der freien Willensbestimmung durch die Unfähigkeit, das Unerlaubte der Tat einzusehen oder nach dieser Einsicht zu handeln; 4. Anerkennung eines Zustandes verminderter Zurechnungsfähigkeit (unten X).

Die frühere Fassung (Ausschluß der freien Willensbestimmung) hatte die Neigung begünstigt, das philosophische **Freiheitsproblem,** d. h. ob der menschliche Willensakt überhaupt ursächlich bedingt sei (Determinismus) oder nicht (Indeterminismus), im Strafrecht zu diskutieren und die Anerkennung des Strafrechts von der Bejahung des Indeterminismus abhängig zu machen; oder umgekehrt: im § 51 eine gesetzliche Anerkennung des

Indeterminismus zu sehen. Beides war ein Mißverständnis; die erste Ansicht würde Lebenstatsachen, die zweite würde Denkgesetze leugnen. Erforderlich und genügend war und ist die Fähigkeit, im Einzelfall Vernunfterwägungen den natürlichen Trieben entgegenzusetzen. Vgl. auch E. **57** 76, **63** 46. Zur Anwendung von § 51 I ist erforderlich und genügend, daß der Täter aus einem der genannten drei Gründe geistig blind dafür ist, daß ein geordnetes Gemeinschaftsleben Anforderungen an wechselseitige Rücksichtnahme stellen muß; oder daß ihm die Fähigkeit fehlt, sein Tun zu diesem Geflecht von Bindungen innerlich in Beziehung zu setzen; also die Fähigkeit, Recht und Unrecht überhaupt zu unterscheiden und zur Richtschnur des Tuns zu nehmen. Näheres Anm. III.

II. Zurechnungsfähigkeit des Täters ist Voraussetzung für die Zurechenbarkeit der Tat; also **Schuldfähigkeit.** — Irreführend ist es, den Unzurechnungsfähigen handlungsunfähig zu nennen; so aber früher Binding, v. Hippel, E. **40** 21 (25), **56** 209 (211). Handeln (d. h. durch einen bewußten Willensakt tätig werden) kann auch er. Im natürlichen Sinn kann er auch vorsätzlich handeln, z. B. mit Wissen und Willen einen Menschen töten, verletzen, beleidigen, oder Brand legen usw. Sein vorsätzliches Tun kann auch strafrechtlich erheblich sein. So setzen die §§ 42b, 330a geradezu eine Handlung eines Unzurechnungsfähigen, die in jenem natürlichen Sinne vorsätzlich oder fahrlässig vorgenommen wurde, voraus. Indessen kann der Unzurechnungsfähige nicht schuldhaft handeln. Sein Tun kann ihm nicht vorgeworfen, nicht zur Schuld zugerechnet werden. Vgl. darüber auch Anm. II zu § 59.

III. Willensfreiheit. — Die theoretische wie die praktische Beschäftigung mit Strafrecht verführt seit jeher dazu, das philosophische Freiheitsproblem hereinzuziehen, d. h. die Frage aufzuwerfen, ob nicht auch der menschliche Willensakt, wie alles sonstige Geschehen, durch seine Ursachen eindeutig bedingt sei. Der Determinismus behauptet solche Bedingtheit, der Indeterminismus leugnet sie und weist dem menschlichen Willen eine Sonderstellung zu. Viele machen nun die Möglichkeit eines echten „Strafrechts" von der Annahme der Willensfreiheit abhängig: nur von ihr aus könne man dem Menschen für sein Tun Vorwürfe machen, es ihm zur „Schuld zurechnen"; mit dem Ergebnis, daß die einen, vom Determinismus ausgehend, das Strafrecht in ein reines Schutzrecht ohne die Begriffe „Schuld" und „Strafe" verwandeln möchten, wie das der (nicht Gesetz gewordene) italienische Entw. v. 1921 versucht und das SowjetStGB. es getan hat; während die anderen umgekehrt aus der Unentbehrlichkeit eines Strafrechts auf die Richtigkeit des Indeterminismus schließen (meinend, ein „Gesetz" habe die Macht, philosophische Grundfragen autoritativ zu entscheiden). Diesen Ansichten stehen die anderen gegenüber, die den Determinismus für vereinbar mit echtem Strafrecht halten; die in dem Satz, daß alles Geschehen seinen zureichenden Grund hat, für ein keine Ausnahme zulassendes Denkgesetz sehen; die aber trotzdem dem, der Unrecht getan hat, hieraus einen Schuldvorwurf machen, falls er an sich zu dem geistig gesunden Durchschnitt gehört („zurechnungsfähig" ist), von dem rechtmäßiges Verhalten erwartet und folglich gefordert werden darf. Auf diesem Durchschnittsverhalten, dem generellen „Können", ist das „Sollen" des Rechts gegründet. Für das individuelle Können aber gilt der Primat des Sollens, ohne den eine Gemeinschaft, ein rechtlich-staatliches Zusammenleben, undenkbar ist. Dieser Primat ist die

Grundlage der Erziehung, auch im Staate. Das Sollen hat die Kraft des Könnens zu stählen. „Du kannst, denn du sollst — du sollst eben können." Ohne diesen Grundsatz ist ein menschliches Gemeinschaftsleben praktisch unmöglich.

Dieser mit dem Verstand nicht lösbaren Antinomie von Notwendigkeit und Freiheit, der Einsicht in die Unverbrüchlichkeit des Kausalgesetzes einerseits, in die Unentbehrlichkeit von Sollensnormen anderseits gilt das Distichon des Kantianers Friedrich Schiller:

„auf theoretischem Feld ist weiter nichts mehr zu finden;
aber der praktische Satz gilt doch; du kannst, denn du sollst."

Die Worte sind nicht, wie man wohl gemeint hat, „ironisch" zu verstehen (was man allenfalls von Schillers bitterem Vers über das Verhältnis von Pflicht und Neigung sagen könnte), sondern als schmerzliche Einsicht in die Begrenztheit des menschlichen Erkenntnisvermögens. Sie enthalten auch nicht nur ein „bestechendes Pathos", sondern tiefstes Ethos: den, wenn auch rational nicht mehr begründbaren, Primat des Sollens vor dem Können.

Abzulehnen ist hiernach die Ansicht, der Determinismus nötige dazu, die Zurechnungsfähigkeit als Schuldfähigkeit preiszugeben und nur noch als **Strafempfänglichkeit** aufzufassen. Diese immer schon gelegentlich vertretene Ansicht wurzelt nicht im Determinismus, sondern im Materialismus. Sie löst die Antinomie Gerechtigkeit/Zweckmäßigkeit einseitig im Sinne der Zweckmäßigkeit, bestreitet der Strafe jede Sühne-Funktion, und führt damit zwangsläufig zu einem Verbrechensbekämpfungsrecht, in dem die Begriffe „Schuld" und „Strafe" durch die Begriffe „Gefährlichkeit" und „Maßregeln" ersetzt sind. Gerade die schwersten Fälle, nämlich die der sog. Unverbesserlichen, zu „strafen", hat dann keinen Sinn mehr; ebensowenig, wie den Geisteskranken unter allen Umständen freizusprechen. — Daß der Gesetzgeber den Standpunkt grundsätzlich gleichfalls ablehnt, zeigt die VO. v. 29. 5. 43: Der Uebergang von der extremen zur limitierten Akzessorität der Teilnehmer — mit seinen günstigen Auswirkungen, aber juristischen Komplikationen — wäre überflüssig gewesen, wenn die ZFäh. lediglich StrEmpfänglichkeit, die Unzurechn. also nur persönlicher Strafausschließungsgrund wäre. — Ueber den Gegensatz der Ansichten vgl. die lesenswerte, aber einseitige Schrift: Klug, Die zentrale Bedeutung des Schutzgedankens f. d. Zweck d. Strafe (1938). Noch einseitiger Klee, Die Krise der Sühnetheorie, DStrR. 1942, Heft 5/6; und: Die ZF. als Strafempfänglichkeit, DStR. 1943, Heft 5/6. — Wie hier (d. h. erkenntnistheoretischer Determinismus, aber Primat des „Sollens"): Kohlrausch, Sollen und Können als Grundlagen der strafrechtlichen Zurechnung. Berlin, Vahlen, 1910. — Ueber die historische Einwirkung von Determinismus und Indeterminismus auf die Entwicklung der Schuldlehre vgl. v. Weber Grdr. § 14 I und MDR. 48, 34.

IV. Actio libera in causa dagegen ist strafbar. Man versteht darunter eine zwar bei der Ausführung „unfreie", doch in causa „freie" Handlung; das heißt: die von einem Zurechnungsfähigen gesetzte Bedingung für sein in unzurechnungsfähigem Zustand vorgenommenes tatbestandsmäßiges Tun (z. B. der Kraftfahrer ist eingeschlafen oder hat sich sinnlos betrunken und überfährt dann einen Menschen). Die Frage nach vorsätzlicher oder fahrlässiger Erfolgsverursachung ist auf das erste Bedingungsetzen abzustellen. (Beispiel: ein sinnlos betrunkener Kraftfahrer überfährt und tötet einen Menschen. Fahrlässige Tötung, wenn er beim Trinken vorhersehen konnte, daß er nicht mehr sicher werde fahren können und dadurch Menschenleben gefährde.) Vorsatz wird hier selten sein, immerhin genügt Eventualvorsatz. Fahrl. häufig Vgl. auch E. 22 413, **60** 29. Ueber das Verhältnis der a. l. i. c. zu § 330a vgl. E. **73** 182 und unten zu § 330a.

V. Bewußtseinsstörung: Schon unter „Bewußtlosigkeit hatte die Rechtspr. auch Trübungen des Bewußtseins gerechnet (Ohnmacht, Schlaftrunkenheit, Hypnose). Auch **Rauschzustände** (E. **5** 338, **63** 46, **64** 353 **67** 149), einerlei ob verschuldete. „Sinnlos" braucht also die Trunkenheit nicht zu sein, um die Z. auszuschließen. Vgl. auch JW. 38, 2270 u. 2947. Freilich gerade hier actio libera in causa möglich. Vgl. ferner § 330a mit Anm. I — HRR. 39, 1063 nimmt an, daß „erhebliche Uebermüdung" eines Lokomotivführers infolge übernormaler dienstlicher Inanspruchnahme (14½ Stunden), „die Fähigkeit, den Willen zu beherrschen, herabsetzen und sogar ausschließen kann", so daß die Zurechnungsfähigkeit i. S. des § 51 ausgeschlossen sein könne. Verneinung der Fahrlässigkeit wäre hier wohl richtiger gewesen.

VI. Krankhafte Störung weiter als Geisteskrankheit: auch: vorübergehende pathologische Zustände, z. B. Fieberdelirien; dagegen die mangelnde Fähigkeit zur Bildung ethischer Vorstellungen (sog. moralisches Irresein) nur, wenn auf geistiger Krankheit beruhend: E. **15** 97. Zur strafr. Behandlung von Hirnverletzten, Lindenberg NJ 47, 180. Auch ein Rauschzustand kann auf krankhafter Veranlagung beruhen und braucht dann nicht bis zu einer „Bewußtseinsstörung" geführt zu haben (E. **63** 46). — Betr. krankhafte Altersschwäche bei Unzucht mit Kindern: HRR. 39, 56 u. 187. — Das RGer. ging zuletzt immer weiter. Nach E. **73** 121 kann auch ein Rauschzustand eines gegen das Rauschgift krankhaft Empfindlichen unter § 51 fallen, da er, obwohl keine Geisteskrankheit, „vorübergehend die Geistestätigkeit i. S. des § 51 entscheidend zu beeinträchtigen vermag". Unter Berufung hierauf KG. in HESt. **1** 17 betr. Störung nicht der Denktätigkeit, sondern des Willens-, Gefühls- oder Trieblebens (§ 51 bei krankhafter Steigerung des Sexualtriebs). — Betr. „erhebliche Uebermüdung" vgl. Anm. V.

VII. Geistesschwäche. Auch sie ist eine „krankhafte Störung" der Geistestätigkeit, so daß die Hervorhebung eigentlich überflüssig war. Sie unterscheidet sich nur dem Grade nach von den Geisteskrankheiten i. e. S. Es kann sich bei ihr um eine Störung der Denktätigkeit, aber auch des Willens-, Gefühls- oder Trieblebens handeln. E. 73 121.

VIII. Unerlaubt ist rechtsfreier als: „das Unrecht" oder gar: „das Ungesetzliche" seiner Tat. Die Fähigkeit rechtlicher Beurteilung des eigenen Tuns ist nicht vorausgesetzt. Vgl. hierzu E. **64** 353, **68** 171, freilich auch JGG. 1923 u. 1943 § 3. Ueber das Verhältnis dieser Best. zu § 51 vgl. Hamburg HESt **1** 18: auch wenn die Entwicklungsreife bejaht wird, ist die Feststellung einer verm. Zurechnungsfähigkeit gem. § 51 II möglich. Vgl. auch OGHE. **2** 73.

IX. Positiv sind also zu einer Verurteilung zwei Voraussetzungen festzustellen: daß der Täter sowohl das Unerlaubte seiner Tat einzusehen, als auch nach dieser Einsicht zu handeln imstande war. Vgl. hierüber E. **73** 121.

Auf einem der drei Gründe des Abs. I muß die verminderte Z beruhen, wenn sie zur Strafmilderung und andrerseits zur Einweisung gemäß

§ 42b Anlaß geben soll. Bloße Willensschwäche (HRR. 37, 765) oder eine übermäßig starke Triebrichtung genügt an sich nicht. Vgl. die in Anm. V angeführte Entsch. in HRR. 39, 1063 betr. den „erheblich übermüdeten" Lokomotivführer sowie E. **73** 121 und KG. in HESt. **1** 17.

X. Die Anerkennung einer Zwischenstufe **verminderter Zurechnungsfähigkeit** durch das Ges. v. 24. 11. 33 ist das Ergebnis jahrzehntelanger Erfahrungen und Erwägungen. Die deutschen StGEntwürfe (vgl. S. 6 f.) haben eine solche Zwischenstufe von Anfang an vorgeschlagen. Aber mehrfach gewechselt hat die Stellung namentlich zu folgenden Fragen:

1. Soll eine vermind. Z. nur in Fällen chronischer, habitueller (konstitutionell bedingter), oder aber nur in Fällen vorübergehender, akuter Minderung der Z., oder aber in beiden Fällen anerkannt werden? § 51 II antwortet: in allen Fällen. Vgl. OGHE. **1** 370 betr. „Kurzschlußhandlung" einer Psychopathin.

2. Soll die StrMilderung vorgeschrieben oder nur zugelassen werden? Obligatorische Milderung wurde gefordert vom Standpunkt strenger Willensfreiheit und Tatstrafe (vermindertes Können = geringere Schuld). Kann-Milderung dagegen wurde gefordert vom Standpunkt der Persönlichkeitszurechnung aus. § 51 II steht auf dem Standpunkt der Kannmilderung.

3. Soll der selbstverschuldete Rausch ausgenommen werden? § 51 II verneint; Kannmilderung also auch beim selbstverschuldeten Rausch.

Voraussetzung ist bei alledem die Ergänzung der „Strafen" durch Maßregeln der Sicherung, Besserung und Heilung. Denn der geringeren Tatschuld entspricht bei Psychopathen oft eine größere Gefährlichkeit, dem schwächeren Sühnebedürfnis oft ein stärkeres Sicherungsbedürfnis. So wird die Strafmilderung zwar die Regel bleiben müssen und können. Aber „nach der ärztlichen Erfahrung ist es verfehlt, Psychopathen durchweg milder zu behandeln als Gesunde; der geistig minderwertige Mensch muß sich bemühen, seine gemeinschaftsgefährlichen Anlagen durch besondere Anstrengungen auszugleichen; eine strenge Strafe kann geeignet sein, ihn auf diese Notwendigkeit besonders eindringlich hinzuweisen". So der I. Sen. in DR. 42, 329 (mit Anm. Dahm). Aehnlich schon vorher der V. Senat in E. **74** 217 (mit Anm. Mezger in E. **40** 1277). Eingehend zu den sich kreuzenden Grundgedanken des Abs. 2: Mezger Rechtsblindheit usw. in Kohlrausch-Festschr. 1944 S. 194 ff.

XI. Prozessuales. Bei **zweifelhafter** Z. ist freizusprechen (E. **21** 131 und öfter). Ist es zweifelhaft, ob die Z. vermindert war oder ob verminderte Z. nur vorgetäuscht wurde, so ist § 51 II anzuwenden. So im Ergebnis auch E. **70** 127, **73** 44. — Durch ein gem. § 51 I freisprechendes Urteil ist der Angekl. beschwert, weil es seinen bürgerlichen Tod bedeuten kann: KG. in DRZ. **48** 255 (Anm. Gallas). Anders noch E. **69** 12. — Nach E. **69** 110 betr. die Frage der verminderten Zurechnungsfähigkeit nur die Straf-, nicht die Schuldfrage. Zweifelnd OGHE. **1** 191; vgl. dort auch betr. Verfahren bei Festsetzung der gemilderten Strafe.

2. Nötigungsstand

52. Eine strafbare Handlung ist nicht vorhanden, wenn der Täter durch unwiderstehliche Gewalt oder durch eine Drohung, welche mit

einer gegenwärtigen, auf andere Weise nicht abwendbaren Gefahr für Leib oder Leben seiner selbst oder eines Angehörigen verbunden war, zu der Handlung genötigt worden ist.

Als Angehörige im Sinne dieses Strafgesetzes sind anzusehen Verwandte und Verschwägerte auf- und absteigender Linie, Adoptiv- und Pflegeeltern und -kinder, Ehegatten, Geschwister und deren Ehegatten, und Verlobte.

I. Grundsätzliches. — § 52 regelt einen Sonderfall des Notstands neben dem allgemeinen des § 54. Beide erklären unter näher beschriebenen Voraussetzungen den für straflos, der aus einer Notlage keinen anderen Ausweg sieht als die Begehung einer an sich strafbaren Handlung. Das Besondere des § 52 gegenüber § 54 liegt darin, daß die Notlage von einem anderen zwecks Begehung der Handlung geschaffen, diese also abgenötigt wurde. Gemeinsam ist beiden Bestimmungen der **Grundgedanke,** daß die Notlage so beschaffen gewesen sein muß, daß die Unterlassung jener an sich strafbaren Handlung **nicht zumutbar** war. Dieser Gedanke muß die Auslegung beherrschen. Aus ihm folgt: 1. Die nach §§ 52, 54 straflosen Handlungen sind zwar entschuldigt, bleiben aber rechtswidrig, der Betroffene darf sich also wehren. (Anders § 53, wo nicht ein Recht verletzt, sondern Unrecht abgewehrt wird, was Gegenwehr nicht gestattet.) So jetzt E. **64** 30 u. a. 2. Es genügt nicht, daß der Täter der Gewalt oder Drohung tatsächlich wich, daß also zwischen diesem und seiner rechtswidrigen Handlung ursächlicher Zusammenhang bestand; Voraussetzung ist vielmehr, daß ein Standhalten nicht zumutbar, daß die Gewalt unwiderstehlich, die angedrohte Gefahr unabwendbar war; relative Begriffe, die nur vom Grundgedanken der Nichtzumutbarkeit aus abgegrenzt werden können. Näheres hierzu in Anm II. 3. Zu der psychologischen Unzumutbarkeit muß kommen, daß nicht der Täter rechtlich verpflichtet war, die Not zu bestehen, das angedrohte Uebel also auf sich zu nehmen. Wird jemand mit Strafanzeige wegen einer früheren (einerlei, ob wirklich begangenen) Straftat bedroht, falls er nicht jetzt falsch schwöre, so ist er, wenn er dies tut, strafbar. So E. **55** 340, wo zwar Untersuchungshaft u. U. als Gefahr für die Gesundheit (also für Leib oder Leben) angesehen, die Berufung auf § 52 aber deshalb abgelehnt wird, weil man unter den gesetzlichen Voraussetzungen UHaft zu dulden verpflichtet sei. — Diese drei Voraussetzungen sind unerläßlich; ohne sie führt die Berufung auf § 52 zu einer Aufweichung rechtlichen „Sollens". Anders freilich zu 3. denn, wenn keine normale Rechtsfolge, sondern Willkür drohte: so mit Recht Gera HESt. **1** 19 betr. Gefahr, wegen Abhörens ausländischer Sender in ein Konzentrationslager verbracht zu werden. Hier greift § 52 ein.

II. Gewalt kann hier nur als seelische (psychische, vis compulsiva) gemeint sein, also als Willensvergewaltigung. Beisp.: Jemand wird gemartert, eingesperrt o. dgl., bis er eine fremde (weder ihm noch dem Nötigenden gehörige) Sache herausgibt; oder bis er ein Staatsgeheimnis verrät. — Nicht gehört unter § 52 unwiderstehliche körperliche Gewalt (physische, vis absoluta); ein durch sie abgenötigtes Verhalten ist keine „Handlung" mehr; der Finger wird gewaltsam an den Abzug der Schußwaffe gedrückt: oder bei Unterlassungsverbrechen: das geforderte Tun wird mit überlegener Körperkraft verhindert. In diesen Fällen fehlt es bereits an der Tatbestandmäßigkeit (bei Begehungsverbrechen am Handeln, bei

Unterlassungsverbrechen an der Möglichkeit, zu handeln); ein „Entschuldigungsgrund" wäre hier gegenstandslos.

Unwiderstehlich ist zwar bei unmittelbarer körperlicher Gewalt ein eindeutiger Begriff; nicht aber bei seelischer Gewalt, die die rechtswidrige Handlung nur mittelbar erzwingen soll. Hier kommt es nicht nur auf den Widerstand an, den einer leisten *kann*, sondern auch auf den, den er leisten *soll*. Diese Pflicht aber ist verschieden sowohl nach ihrer Art und Herkunft wie nach der Wichtigkeit des verletzten Rechtsguts. Nur die wechselseitige Inbeziehungsetzung von „können" und „sollen", von Widerstandskraft und Pflicht, zeigt, was im Einzelfall *zumutbar* ist. Entsprechendes gilt für „Drohung": Anm. III. Wiederum also kommt man gar nicht aus ohne den so selten richtig verstandenen „praktischen Satz". „Du kannst, denn du sollst!" — Ueber Ehebruch im Nötigungsstand vgl. OGHE. **1** 222 = DRZ. **49** 137 (Anm. *Beitzke*).

III. Drohung ist Inaussichtstellen eines durch den Ankündigenden zu bewirkenden Uebels. (Gegensatz: bloße *Warnung* vor Uebelszufügung von dritter Seite.) Sie bewirkt zwar nicht, aber sie enthüllt (das Gesetz drückt sich hier schlecht aus) eine **Gefahr,** d. h. die Möglichkeit, daß das Uebel eintritt. Der Uebelseintritt selber liegt in der Zukunft; die „Gefahr" aber muß **gegenwärtig** sein, d. h. die *Möglichkeit*, daß das Uebel eintritt, falls nicht jetzt die es abwendende rechtswidrige Handlung begangen wird. Die Gefahr kann auch eine *Dauergefahr* sein, d. h. eine irgendwann zu verwirklichende. Entscheidend für die Anwendbarkeit des § 52 ist, daß die (rechtswidrige) *Abwehrhandlung jetzt* vorgenommen werden muß. Vgl. hierzu E. **66** 98, 222, 397: Zeugenmeineide wurden auf Grund von § 52 für straflos erklärt, weil die Angabe der Wahrheit eine Dauergefahr für Leib oder Leben zur Folge gehabt hätte. Weiteres in Anm. IV zu § 52. — Die Gefahr muß **Leib oder Leben** betreffen, worin zum Ausdruck kommen soll, daß nur *schwere* innere Konflikte entschuldigen. Es kommt freilich nur unvollkommen zum Ausdruck, denn die Drohung mit leichter Körperverletzung genügt an sich, die mit *schwerer* Brandstiftung nie. („Wenn der Verbrecher vom Bauer Verbergung durch Drohung, ihm den Hof anzubrennen, erzwingt, wird der Bauer wegen Begünstigung bestraft!" *Lobe* in Lpz. Komm.) Um so mehr muß **Verhältnismäßigkeit** zwischen der Schwere der angedrohten Gefahr und der abgenötigten Straftat gefordert werden. Die Drohung mit einer leichten Körperverletzung kann keinen Totschlag entschuldigen. Das in Anm. II über die Unwiderstehlichkeit der Gewalt Gesagte gilt sinngemäß auch für Drohungen.

IV. Bei anderweitiger Abwendbarkeit der Gefahr erkennt § 52 den inneren Konflikt nicht an: z. B. bei Möglichkeit, zu fliehen oder sich zu wehren oder eine minder schwere StrTat zu begehen (z. B. in den Meineidsfällen der Anm. III: Begehung einer nur mit Ordnungsstrafe bedrohten Zeugnisverweigerung, es sei denn, daß diese die gleiche Gefahr heraufbeschworen hätte wie eine wahre Aussage).

V. Abgenötigt durch Gewalt oder Drohung muß die rechtswidrige Handlung sein. Bloßer ursächlicher Zusammenhang genügt nicht. Vgl. Anm. I. Der Täter muß sich einem die Tat von ihm fordernden *Willen gebeugt* haben. OGHE. **1** 313. Es genügt nicht, daß er nur gereizt war (E. **61** 309). — *Irrige Annahme* einer solchen Gefahrenlage steht, da § 52 „Entschuldigungs"-Grund, ihrem Vorhandensein gleich. Sie schließt, falls entschuldbar, auch Fahrlässigkeit aus. E. **64** 30, **66** 227.

VI. Zu Abs. 2: 1. Verwandtschaft und Schwägerschaft können für das StGB. selbständig umgrenzt werden. EBGB. Art. 33 hat für beide Begriffe die Bindung an das bürgerliche Recht aufgegeben. Maßgebend muß der Sinn der jeweiligen Strafbestimmung sein. Allgemein ist anzunehmen, daß auch uneheliche Abstammung trotz BGB. § 1589 II Verwandtschaft begründet (E. **34** 421).

2. **Pflegeeltern:** Vgl. E. **58** 61, **68** 365, **70** 324 und Anm. III zu § 174.

3. **Geschwister des eigenen Ehegatten** gleichfalls: E. **75** 242.

4. **Verlobte** i. S. des Gesetzes sind die, die sich ernsthaft die Ehe versprochen haben (ein Heiratsschwindler ist nicht „verlobt": HRR. 39, 1070) und deren Verehelichung kein rechtliches Hindernis im Wege steht (ein noch Verheirateter kann sich nicht „verloben", auch wenn die Trennung seiner Ehe möglich ist: E. **61** 270). — Kein Verlöbnis mehr, wenn ein Verlobter, ohne es dem anderen erkennbar zu machen, seinen Entschluß, den anderen zu heiraten, aufgibt: E. **75** 290.

3. Notwehr

53. Eine strafbare Handlung ist nicht vorhanden, wenn die Handlung durch Notwehr geboten war.

Notwehr ist diejenige Verteidigung, welche erforderlich ist, um einen gegenwärtigen, rechtswidrigen Angriff von sich oder einem anderen abzuwenden.

Die Ueberschreitung der Notwehr ist nicht strafbar, wenn der Täter in Bestürzung, Furcht oder Schrecken über die Grenzen der Verteidigung hinausgegangen ist.

I. Notwehr ist rechtmäßig, nicht bloß entschuldigt, denn hier steht nicht (wie beim Notstand) Recht gegen Recht, sondern Recht gegen Unrecht, nämlich gegen einen „rechtswidrigen" Angriff. Einen solchen zwecks Verteidigung eines Rechts abzuwehren, ist nicht nur (wie die Notstandshandlung) entschuldbar, sondern berechtigt. Das Recht darf sich gegen das Unrecht behaupten, wenn, gemäß § 53, zwei Voraussetzungen vorliegen: a) daß Wehr geboten, das angegriffene Recht also anders nicht zu behaupten ist (Abs. I u. Anm. II); b) daß das nach Art und Maß des Angriffs zur Abwehr Erforderliche nicht überschritten wird (Abs. II u. Anm. III, IV, VI, VII). — Daß solche Notwehr „nicht rechtswidrig" ist, erkennt BGB. § 227 ausdrücklich an. — Aus ihrer Rechtmäßigkeit folgt die Rechtswidrigkeit der Gegenwehr: „Notwehr" gegen Notwehr ist strafbar. — Anders beim Notstand, wo gerechtfertigte und bloß entschuldigte Fälle unterschieden werden müssen: vgl. § 54 Anm. I.

II. Geboten war die N. nicht, wo das Recht durch andere, nicht verletzende, Mittel gewahrt werden konnte, z. B. durch Anrufung der Obrigkeit; also auch nicht, wenn man ohne eigenes Opfer an berechtigten Interessen und ohne sich dadurch etwas zu vergeben, dem Angriff sich entziehen konnte: E. **32** 391, **54** 196, JW. 37, 1786 (Anm. Mezger) = ZAk. 37, 342 (Anm. Boldt). Aber auch nicht bei Vernichtung eines Menschenlebens zum Schutze eines geringwertigen Vermögensgegenstandes: Stuttgart DRZ. **49** 42 (Anm. Gallas). — Begeht der Täter nach Abwehr des Angriffs weitere Verletzungen, so sind diese rechtswidrig; bilden sie mit der Abwehr eine einheitliche Handlung, so ist diese strafbar, da „eine" Handlung nur entweder rechtmäßig oder rechtswidrig sein kann. Im Ergebnis ebenso E. **60** 404.

III. Angriff ist Gefährdung eines Rechtsguts durch positives bewußtes Verhalten; nicht schon durch passiven Widerstand (wenn Mieter nach Vertragsablauf nicht auszieht oder Schuldner nicht zahlt, so kommt nicht N., sondern Selbsthilfe in Frage: E. **19** 298). Keine N. also gegen echte, wohl aber gegen unechte Unterlassungsdelikte. E. **48** 215: Eingehen eines Liebesverhältnisses noch kein rw. Angriff gegen ein anderweites Verlöbnis. Sehr weitgehend OGH. in SJZ. **49** 357: „jedes menschliche Tun, das ein fremdes Rechtsgut objektiv verletzt oder gefährdet". Also auch der ansteckend Kranke, der sich ahnungslos unter Menschen begibt?

IV. Gegenwärtig ist der Angriff, wenn mit ihm die Gefahr einer Verletzung so unmittelbar verbunden ist, daß er, soll es nicht zu spät sein, jetzt abgewehrt werden muß. Er bleibt gegenwärtig, solange eine Verletzung oder ihre Vergrößerung möglich bleibt; bei Dauerverbrechen, z. B. Freiheitsberaubung, solange der rechtswidrige Zustand aufrechterhalten wird. — Nicht „gegenwärtig" ist sowohl der zukünftige wie der beendete Angriff. 1. Der **zukünftige** Angriff, d. h. einer, der noch nicht begonnen hat und noch durch andere Mittel unmöglich oder unschädlich gemacht werden kann, z. B. durch Anrufen der Polizei. Zutreffend haben aber E. **53** 132, **67** 339 Gegenwärtigkeit des Angriffs angenommen, wo ein Förster mehreren zum Angriff nur bereiten, aber noch nicht zum Angriff übergegangenen Wilderern gegenüberstand: was beim Förster Angriff schien, war Verteidigung gegen einen Angriff, dessen Beginn bereits die Gefahr einer nicht mehr abwendbaren Verletzung bedeutete. Selbstgeschosse zum Schutz eines Grundstücks sind nur dann erlaubt, wenn sie erst bei einem Angriff losgehen können und sollen. Auch dann muß aber Maß gehalten werden. Vgl. Braunschweig MDR. **47** 205 (keine N. bei tödlich wirkender elektrischer Selbstschutzanlage gegen Obstdiebe) und unten Anm. VII. — Gleichfalls nicht „gegenwärtig" ist 2. der **beendete** Angriff, d. h. einer, bei dem entweder das angegriffene Rechtsgut endgültig verletzt worden ist (eine nachherige Tracht Prügel ist keine Notwehr mehr sie ist keine Verteidigung, sondern Vergeltung) oder bei dem die Gefahr seiner Verletzung behoben worden ist. Dabei ist aber zu beachten, daß, wenn der rechtswidrige Angriff eine strafbare Handlung darstellt, mit deren formeller „Vollendung" der Angriff gegen das Rechtsgut nicht immer „beendet" zu sein braucht. Das Notwehrrecht ist nicht zur Vereitelung von Straftaten, sondern zum Schutz von Rechtsgütern gegeben. So gestattet E. **55** 82, auf fliehende Diebe zu schießen, solange Besitzverlust nicht endgültig. Anderseits E. **64** 101: Der Angekl. hatte spioniert und wollte offensichtlich auch weiter spionieren. Aber an dem Ort, wo, und zu der Zeit, als er getötet wurde, war das erste ein beendeter, das zweite ein erst in der Zukunft bevorstehender Angriff, Notwehr also nicht gegeben. Vgl. auch HRR. **39** 715.

V. Rechtswidrig kann nur der handeln, auf dessen Tun die Normen des Rechts sich beziehen; auch Geisteskranke. Nicht aber Tiere (E. **34** 295, **36** 230; hier ist nur BGB. § 228 anwendbar mit der unerträglichen Folge, daß die „Rechtswidrigkeit" nur bei Verhältnismäßigkeit von Schaden und Gefahr ausgeschlossen ist). Wird ein Tier von einem Menschen auf einen anderen gehetzt, so ist N. natürlich zulässig. — „Rechtswidrig" greift auch an, wer einen Straftatbestand ohne Vorsatz oder Fahrlässigkeit verwirklicht, oder wem ein persönlicher Strafausschließungsgrund zur Seite steht. — Wenn E. **27** 44 auch Notwehr gegen Geisteskranke zuläßt, so tut es dies freilich, obwohl es — zu Unrecht — davon ausgeht, daß Geisteskranke nicht rechtswidrig handeln (so auch E. **40** 24, **56** 209). Aber: „der nämliche Angriff kann zugleich nicht rechtswidrig sein für den, von welchem er ausgeht, und rechtswidrig für den, gegen welchen er gerichtet ist" (womit freilich die Ablehnung der N. gegen Tiere sich nicht verträgt); vgl. auch Anm. I zu § 51. — Unzulässig ist N. gegen eine berechtigte Festnahme, auch gegen die zwecks Festnahme unternommene Verfolgung: E. **54** 196. Unzulässig auch N. gegen N. (Anm. I; zulässig aber gegen N.-Exzeß, vgl. E. **66** 289 und Anm. X). Unzulässig auch N. gegen Handlungen, die auf BGB. §§ 228, 229, 904 gestützt sind. — Wird mittelbare Täterschaft dadurch begründet, daß zwar der einen anderen Benutzende rechtswidrig, der Benutzte aber rechtmäßig handelt (z. B. bei einem rechtswidrigen, aber verbindlichen Befehl, vgl. Vorbem. II vor § 51), so ist N. zulässig; denn als Ganzes betrachtet, ist es ein in der Person des mittelbaren Täters „rechtswidriger" Angriff (actio illicita in causa). Aus entsprechender Erwägung ist N. unzulässig, wenn jemand einen anderen zum Angriff gereizt hatte, um dann „sich verteidigen" zu können: Das Reizen ist hier rechtswidrig gesetzte Bedingung zum Enderfolg, rechtswidriges und schuldhaftes Töten, Verletzen od. dgl. Vgl. Vorbem. II vor § 51. Hiervon zu unterscheiden ist die bloß verschuldete, z. B. provozierte Abwehrlage; hier mit Celle Hann. Rpfl. **47** 15 die Notwehr auszuschließen ist bedenklich. Vgl. auch Kiel Schl. HA. **48** 110, das nur ein beschränktes Notwehrrecht gegen den provozierten Angriff zuläßt (= HESt. **2** 206).

VI. Verteidigung: Abwehr und Gegenangriff sowie dessen Androhung: E. **32** 391). — Nach E. **58** 27 folgt aus dem „Begriff" der Verteidigung, daß eine mißlungene, statt des Angreifers einen **Dritten** treffende Abwehrhandlung nicht durch § 53 gerechtfertigt (sondern nur gegebenenfalls entschuldigt) ist. Anders E. **21** 168 für den Fall, daß die — gelungene — Abwehr unvermeidlich Rechtsgüter Dritter in Mitleidenschaft zieht. Nur scheinbar besteht zwischen beiden Entscheidungen ein Widerspruch, wie ihn die Voraufl. (ebenso Frank II zu § 53) annahmen. Auch zwischen Rechtsgütern einzelner Dritter und solchen der Allgemeinheit besteht hier kein Unterschied in der Wertung (so aber Frank a. a. O.). Trägt der Angreifer einen fremden Rock, so kann dies die Rechtfertigung der im übrigen gebotenen Abwehr nicht in Frage stellen. Im Falle E. **58** 27 aber war die Verletzung der Frau, die ihren angreifenden Mann zurückhielt, nicht nur nicht geboten und erforderlich, sondern sie entfesselte geradezu den Angreifer. — Zur Verteidigung gehört nach E. **54** 196, **60** 262 **der Abwehrwille.** Keine Notwehr also, wenn man verletzen wollte und hierdurch, ohne es zu wissen, einen Angriff abwehrte. — Ob den Verteidiger neben dem Abwehrwillen noch andere Motive leiteten, berührt die Tatsache, daß er in Notwehr handelte, nicht: E. **60** 261. — Keine Berufung auf N., wenn zwei zum Raufen Entschlossene sich gegenübertreten. E. **72** 183.

VII. Erforderlichkeit der N. ist objektiv, jedoch **ex** ante betrachtet, an Art und Stärke des Angriffs zu messen. Vgl. den Fall MDR. **47** 205 (oben zu IV). Die Auffassung des Angegriffenen kann nur für Abs. 3 in Betracht kommen (E. **54** 196, **55** 167). Von Abwägung der beiderseitigen Werte, wie in BGB. §§ 228, 904, hängt die Erforderlichkeit nicht ab (E. **55** 82). — Ein Irrtum über die Erforderlichkeit schließt nach § 59 die Schuld aus (E. **54** 196).

VIII. **Alle Güter sind wehrfähig,** nicht nur Leib oder Leben, auch Vermögen, Ehre E. **29** 240 (LG Heidelberg SJZ. **48** 209 m. Anm. Engisch), Hausrecht (OGH. in SJZ. **49** 357), Sittlichkeit E. **48** 215. Hier gelten die allgemeinen Grenzen der Nothilfe. Verhältnismäßigkeit nicht gefordert. Vgl. aber Anm. II.

IX. **Nothilfe.** E. **63** 215 nimmt auch N. zugunsten juristischer Personen an (z. B. gegen einen diebischen Angriff auf das Vermögen einer Aktiengesellschaft oder Gemeinde) und folgert daraus, „daß es auch ein NRecht des einzelnen Staatsbürgers gegenüber rechtswidrigen Angriffen auf die Lebensinteressen des Staats gibt. E. **56** 268 (Kapp-Putsch) hatte die Frage noch offengelassen.

X. **Notwehrexzeß.** An sich strafbar, soweit schuldhaft. Die „Schuld" wird hier aber in weiteren Grenzen ausgeschlossen als sonst, bei Bestürzung, Furcht oder Schrecken; insoweit nämlich auch Fahrlässigkeit bezüglich der im Exzeß verursachten Verletzungen straflos ist (E. **56** 33). Andererseits wird der hier zugrunde liegende Gedanke der Nichtzumutbarkeit rechtmäßigen Verhaltens durch die Beschränkung auf die im Gesetz genannten Motive formalisiert. Auch z. B. der Exzeß aus Zorn könnte im Einzelfalle Entschuldigung verdienen. „Die Zurechnung, diese feinste Aufgabe des Richters, wird durch eine grobe Regel mattgesetzt" (M. E. Mayer). — Entschuldigung nach § 53 III aber nur bei wirklicher, nicht bei vermeintlicher (Putativ-) Notwehr (E. **21** 189, **54** 36). Auch zeitliche Grenzüberschreitung (der Angriff war z. B. schon abgeschlossen) ist nicht mit Bestürzung, Furcht oder Schrecken entschuldbar (E. **62** 76). Ebenso ist bei an sich rechtswidrigen Verletzungen Dritter die Frage des Verschuldens nach den allgemeinen Grundsätzen von Vorsatz und Fahrlässigkeit, nicht nach § 53 III, zu beurteilen (E. **58** 27).

XI. **Putativnotwehr** nennt man den Fall, wo die Handlung durch N. nicht geboten war, aber dem Handelnden geboten zu sein schien. Sie betrifft den inneren TB., eine Schuld oder Zurechnungsfrage; § 53 hat mit ihr nichts zu tun, auch nicht Abs. III. Zwei Fälle zu unterscheiden: a) Der Täter irrte über die Grenzen, die das Recht der Notwehr zieht: dies schließt die strafrechtliche Schuld nicht aus (E. **19** 298, **63** 218); auch nicht die auf Rechtsirrtum beruhende Annahme, der Angriff sei rechtswidrig (E. **67** 341). b) Der Täter irrte über die Sachlage, er nahm z. B. irrig an, er sei angegriffen. Hier ist Vorsatz ausgeschlossen (Anm. Vc zu § 59); **Fahrlässigkeit** aber strafbar (z. B. fahrl. Tötung oder Körperverletzung), wenn jener Irrtum auf Fahrlässigkeit beruhte (E. **21** 189, **54** 196, **63** 219, sowie, mit eingehender Beweiswürdigung, HRR. **37** 1479, **39** 472).

4. Notstand

54. Eine strafbare Handlung ist nicht vorhanden, wenn die Handlung außer dem Falle der Notwehr in einem unverschuldeten, auf andere Weise nicht zu beseitigenden Notstande zur Rettung aus einer gegenwärtigen Gefahr für Leib oder Leben des Täters oder eines Angehörigen begangen worden ist.

I. Notstand ist 1. **positivrechtlich** geregelt durch § 54 StGB. und §§ 228, 904 BGB.*). Die letzteren **rechtfertigen** die Tat, aber nur eine Sachbeschädigung oder ähnliche Eingriffe in Sachgüter, z. B. § 904 einen Hausfriedensbruch) bei Wahrung überwiegender Interessen; § 54 dagegen **entschuldigt** sie nur in psychologischer Würdigung des Selbsterhaltungstriebs (dem das Gesetz den Drang, die Familie zu retten, gleichstellt). § 54 erkennt also an, daß es Notlagen gibt, in denen zwar Recht gegen Recht steht (anders bei der Notwehr des § 53), in denen aber mit der motivierenden Kraft des Gesetzes nicht mehr gerechnet wird, Rechthandeln also psychologisch nicht mehr **zumutbar** ist. Vgl. auch Anm. I zu § 52: Nötigungsstand als Spezialfall des Notstandes. Rechtsähnliche Fälle mit minderer Wirkung: unten Anm. VIII. — Auch das RGer. erkannte zuletzt an, daß § 54 keinen Rechtfertigungs-, nur einen Entschuldigungsgrund regelt, und daß der Grundgedanke dieser Regelung der ist, daß in den im § 54 vorausgesetzten Lagen normgemäßes Verhalten nicht zumutbar ist (E. **60** 88, **61** 249, **64** 30, **66** 222, **72** 246). Aus diesem Grundgedanken weitere Folgen zu ziehen als die von den §§ 52, 54 gezogenen ist unzulässig. Vgl. oben Vorbem. III vor § 51. — Aus dem Grundgedanken des § 54 folgt die sinngemäße Begrenzung des § 54: vgl. Anm. VII. — Da die Notstandstat des § 54 nicht rechtmäßig, nur entschuldigt ist, ist Notwehr gegen sie rechtmäßig; dagegen rechtswidrig, soweit die Notstandstat (nach BGB. §§ 228, 904) rechtmäßig ist. — Ist eine Notstandstat sowohl durch § 54 als auch durch §§ 228, 904 gedeckt, so ist sie nicht rechtswidrig. Hieran knüpft sich die a. E. dieser Note behandelte Kontroverse. — **Irrige Annahme** des Täters, die tatsächlichen Notstandsvoraussetzungen lägen vor, ist vom Standpunkt des Entschuldigungsgrundes aus unmittelbar ebenso zu behandeln, als wenn sie vorlägen; denn der dem § 54 zugrunde liegende Gedanke der Nichtzumutbarkeit trifft beim sog. Putativnotstand in gleicher Weise zu wie beim echten Notstand (vgl. auch E. **57** 268, **59** 69, **66** 227); dagegen vom Standpunkt des Rechtfertigungsgrundes aus nach § 59 zu beurteilen (Irrtum über ein negatives Tatbestandsmerkmal, entsprechend der Putativnotwehr, Anm. XI zu § 53; so noch E. **36** 334, **43** 342).

2. **„Notstandsähnliche"** Gründe nahm RGer. zuletzt auch für §§ 157, 193 an, ohne freilich die Folgerungen, besonders betr. Irrtum, konsequent zu ziehen. Vgl. dort.

3. Ueber den (vom RGer. so genannten) **„übergesetzlichen"** Notstand, d. h. darüber, wieweit außerhalb der Grenzen positiv-rechtlicher Regelung ein Notstand eine Tat rechtfertigt, vgl. Syst. Vorbem. IV. — Zur Frage, ob § 54 einen Rechtfertigungs- oder Entschuldigungsgrund gibt, a. M. v. Hippel II 231, Weigelin, Das Brett des Karneades, in: GS. 116, 88, Nagler, Lpz. Komm., 6. Aufl., 438 ff. (mit überholter Begr.), Welzel, Grundz. § 14 IV (unter sich abweichend). Aber wenn die

*) Es darf nicht übersehen werden, daß die Notstands- und Selbsthilfebestimmungen des BGB., soweit sie einen Eingriff in fremde Rechtsgüter rechtfertigen, auch die Strafbarkeit ausschließen. Dies trifft zu für § 228 (auch bei verschuldeter Gefahr), für §§ 229, 230 I, 859, 860, 865, 904, 1029. Treffen solche Rechtfertigungsgründe mit einem Entschuldigungsgrund des § 54 StGB. zusammen, so gehen die ersteren als die schärfer durchgreifenden vor. Die Paragraphen des BGB. sind im Anhang unter Nr. 22 abgedruckt.

notstandskehrende Handlung, wie häufig der Fall, unter dem Gesichtspunkt der Güter- und Pflichtenabwägung rechtmäßig ist, bedarf es keiner Entschuldigung nach § 54. So jetzt auch v. Weber, Grdr. 126.

4. Hiernach ist auch die Strafbarkeit der **Teilnahme** zu beurteilen. Bei richtig entschiedener Güter- und Pflichtenkollision ist sie nicht rechtswidrig, gleichviel ob außerdem die Situation des § 54 vorliegt oder nicht. Bei unrichtig entschiedener, bei der nur dem Gefährdeten nicht zuzumuten ist, dem übermächtigen Motiv der Selbsterhaltung zu widerstehen, ist Teilnahme strafbar, da jeder nach seiner eigenen Schuld zu beurteilen ist (Grundsatz des § 50, s. dort). Bei Gleichwertigkeit der Güter (Leben gegen Leben) kann nicht die „Wahl des kleineren Uebels" (Welzel MDR. 49, 374 ff.) entscheiden — jedenfalls nicht im Sinne des quantitativen Nutzeffekts —, sondern die Angemessenheit des Mittels nach Maßgabe der Kulturwerte. Daher dürfen z. B. die Matrosen äußerstenfalls die Männer niederschlagen, die sich vor den Frauen und Kindern in die Rettungsboote drängen. Den auf dem Brett des Karneades Kämpfenden dagegen darf kein Nichtangehöriger unterstützen, indem er etwa vom Ufer aus auf dessen Gegner schießt. Anders natürlich bei eigener Notstandslage des Teilnehmers. Vgl. zur allgemeinen Frage Eb. Schmidt SJZ. 49, 565, der mit Recht auch hier die Zwecktheorie heranzieht.

5. Die Gegenmeinung, wonach § 54 stets das (Handlungs-) Unrecht ausschließe, gerät in Schwierigkeiten und Widersprüche bei der Frage, ob gegen Notstandshandlungen **Notwehr** zulässig ist. Vgl. Welzel § 14 IV d, Nagler S. 440, dazu Sauer, Allg. Strafr.Lehre S. 109, Mezger StB. I 157, Maurach I § 27.

II. Notstand und Nötigungsstand, Verhältnis beider: Anm. I zu § 52.

III. Unverschuldet ist der N., wenn die Notlage, d. h. der Umstand, daß Rettung aus einer Gefahr nur durch Eingriff in fremde Rechte möglich ist, nicht pflichtwidrig herbeigeführt ist. Daß bloß die Gefahr, nicht auch die Notwendigkeit, sich auf Kosten Dritter zu retten, verschuldet war, nimmt also dem in Not Geratenen noch nicht das Recht, sich auf § 54 zu berufen (anders wohl E. **72** 246?). — Das „Verschulden" ist aber hier so wenig, wie sonst, schon damit gegeben, daß die Notlage vorausgesehen oder voraussehbar war; es muß die Pflicht bestehen, sie zu vermeiden: E. **36** 334 (Eintritt lebensgefährdender Schwangerschaft ist bei Eheleuten, selbst wenn voraussehbar, nicht notwendig verschuldet); E. **54** 338 (verschuldeter N. angenommen, wo die Zwangslage durch eine pflichtwidrige Handlung herbeigeführt, wenn auch nicht voraussehbar war). — Im Falle der „Nothilfe" muß das Verschulden den Helfer (Angehörigen), nicht den in Not Befindlichen treffen, damit die bei der Rettung begangene Verletzung fremder Rechte strafbar sei.

IV. Gegenwärtig ist die Gefahr, wenn „befürchtet werden muß, ein Eingreifen werde, wenn es nicht sofort geschehe, zu spät kommen": E. **59** 69 (Dauerzustand der Gefahr, ein Haus werde einstürzen, gegenüber dem Unvermögen, ein anderes als dies von der Behörde angewiesene Unterkommen zu erlangen, ließ das Inbrandsetzen des Hauses straflos erscheinen); E. **36** 334 (wenn eine Entbindung Lebensgefahr bedeutet, ist schon während der Schwangerschaft die Gefahr eine gegenwärtige, falls die Lage alsbaldige Maßnahmen fordert); sehr weitgehend E. **60** 318 (die Befürchtung, daß „jeden Augenblick" mit neuen Wutanfällen und deren lebensgefährlichen Folgen zu rechnen sei, führte zur Tötung des Wüterichs, deren Entschuldigung mit Notstand das RGer. billigte). Hiergegen ausdrücklich Celle HannRpfl. **47** 15. Vgl. auch E. **43** 342, **59** 69 sowie Anm. III zu § 52.

IV. Gefahr ist ein Zustand, der jederzeit in Verletzung übergehen kann. Ihre Quelle ist für § 54 einerlei, wenn es sich nur nicht um Fälle der §§ 52, 53 handelt. E. **60** 318.

V. Rettung auf Kosten eines fremden Rechtsguts. Bei verschiedenen Rettungsmöglichkeiten muß das für den anderen kleinere Uebel gewählt werden. E. **66** 227.

VI. Irrtum über die tatsächlichen Voraussetzungen des Notstands begründet gleichfalls Straflosigkeit; falls verschuldet, kann die Notstandstat als Fahrlässigkeitstat strafbar sein; auch z. B. bei schuldhafter Verkennung der in Anm. V vorausgesetzten Lage. Vgl. Anm. I.

VII. Eine Rechtspflicht, die Not zu bestehen, schließt die Anwendung des § 54 aus. Dies folgt daraus, daß (vgl. auch Anm. I) § 54 Fälle entschuldigen will, wo bei Berücksichtigung des Selbsterhaltungstriebes oder des Fürsorgestrebens für Angehörige ein normgemäßes Verhalten nicht zumutbar ist. Besteht die berufliche Aufgabe aber gerade darin, eine bestimmte Tätigkeit unter Einsatz von Leib und Leben auszuführen, so kann sich der Verpflichtete dieser Aufgabe nicht mit der Begründung entziehen, es sei ihm nicht zuzumuten, sich dieser Gefahr auszusetzen". So E. **72** 246, auch E. **66** 222. — Polizeibeamte, Wächter, berufliche Bergführer können sich gegenüber einer im Rahmen ihrer Tätigkeit üblichen Gefahr nicht auf Notstand berufen. Erst recht nicht Soldaten oder Seeleute (hierzu SeemOrdng. §§ 34, 41). — Betr. Richter in der Hitlerzeit vgl. Schrifttum zu Syst. Vorbem. III. — Ueber die Berufspflicht hinaus setzt jede rechtsethisch begründete Pflicht, deren Erfüllung normalerweise mit Gefahr verbunden ist, der Berufung auf Notstand Grenzen. Vgl. E. **36** 334 (die mit einer Entbindung normalerweise verbundene Gefahr); **54** 338 (die Pflicht, eine verwirkte Strafe auf sich zu nehmen); **72** 19: die Gefahr, wegen einer Straftat angezeigt zu werden, begründet keinen Notstand, Kiel SJZ. **47** 323 betr. Fahnenflucht (abl. Anm. Arndt); dazu Vorbem. II vor § 51. — Zutreffend andrerseits E. **41** 214 (N., wo sich aus einer behördlichen Anordnung gesetzwidrige oder unbeabsichtigte Mißstände herausbildeten). — Notstand kann auch vorliegen, wenn die Gefahr dem ganzen Volke gleichmäßig droht, daher auch N. bei Verstoß gegen Bewirtschaftungsnormen jedenfalls dann, wenn die Entstehung von erheblichen oder tödlichen Erkrankungen unmittelbar zu befürchten ist· Kiel SJZ. **47** 674 (Anm. v. Weber, der hier und MDR. 47, 78 zwischen Dauergefahr und akuter Gefahr für Leib und Leben unterscheidet.

VIII. Notstandsähnliche Bestimmungen z. B.: §§ 157, 217, 248 a, 257 II, 264a, 313 II StGB., § 67 II Personenstandsges.; KRG. Nr. 10 Art. II Nr. 4b. Hier wird die Schuld teils ausgeschlossen, teils als gemindert betrachtet.

[**55—57** aufgehoben und ersetzt durch Jugendgerichtsgesetz vom 16. Februar 1923. — Siehe Anhang Nr. 49.]

5. Taubstummheit

58. Ein Taubstummer ist nicht strafbar, wenn er in der geistigen Entwicklung zurückgeblieben und deshalb unfähig ist, das Unerlaubte der Tat einzusehen oder nach dieser Einsicht zu handeln.

War die Fähigkeit, das Unerlaubte der Tat einzusehen oder nach dieser Einsicht zu handeln, zur Zeit der Tat aus diesem Grunde erheblich vermindert, so kann die Strafe nach den Vorschriften über die Bestrafung des Versuchs gemildert werden.

I. Neufassung nach G. v. 24. 11. 33 Art. 3 Nr. 5.

II. Die **Taubstummheit** muß entweder angeboren oder doch so früh eingetreten sein, daß sie als Entwicklungshemmung noch wirken kann. E. 57 239. — Vgl. Anm. zu § 51.

6. Schuld und Irrtum

59. Wenn jemand bei Begehung einer strafbaren Handlung das Vorhandensein von Tatumständen nicht kannte, welche zum gesetzlichen Tatbestande gehören oder die Strafbarkeit erhöhen, so sind ihm diese Umstände nicht zuzurechnen.

Bei der Bestrafung fahrlässig begangener Handlungen gilt diese Bestimmung nur insoweit, als die Unkenntnis selbst nicht durch Fahrlässigkeit verschuldet ist.

Inhalt: I. Der § 9. — II. Schuld. — III. Vorsatz. — IV. Fahrlässigkeit. — V. Irrtum. — VI. Sonderbehandlungen des Irrtums. — VII. Straferhöhende Umstände.

Aus dem Schrifttum: Kohlrausch, Irrtum und Schuldbegriff 1903. — Erik Wolf, Strafrechtliche Schuldlehre I 1928. — Engisch, Untersuchungen über Vorsatz und Fahrlässigkeit 1930. — Kantorowicz, Tat und Schuld 1933. — Mezger, Rechtsirrtum und Rechtsblindheit, Festschrift für Kohlrausch 1944, 180 ff. — Wegner, Ueber Irrtum, Festschrift für Raape 1948, 401. — Maurach, Schuld und Verantwortung 1948. — Peters, Der Jugendliche und die Autorität des Gesetzes, Festschrift für Rosenberg 1949, 215 ff. — Schröder, Aufbau und Grenzen des Vorsatzbegriffes, Festschrift für Sauer 1949, 207. — Welzel, Vom irrenden Gewissen, Recht und Staat, Heft 145, 1949.

I.

Inhalt des § 59. — Er enthält die wichtigste Regel des StGB. zur Frage des Verschuldens. Aber er regelt nur eine Einzelfrage: was muß der Täter gewußt und gewollt haben, damit ihm die Tat zur Schuld zugerechnet werden kann? Und auch diese nur in negativer Form: ein Irrtum worüber schließt den Vorsatz (und, falls unverschuldet, auch die Fahrlässigkeit) aus? — Gesetzlich nicht geregelt sind die Fragen nach der Bestimmtheit jenes Wissens und der Intensität jenes Wollens, d. h. die Fragen der Schuldtypen und -stufen: Vorsatz, Fahrlässigkeit; die Frage, ob jeder Vorsatz Schuld ist; und die Vorfrage zu alle dem: wieweit setzt überhaupt Strafe Schuld voraus?

II.

Strafe setzt Schuld voraus; d. h. nicht nur ein auf einem Willensakt beruhendes äußeres Tun, sondern auch eine bestimmte innere Einstellung. Aus dieser muß dem Täter ein **Vorwurf** gemacht werden können. Die hier vielfach herangezogenen moraltheologischen oder ethischen Maßstäbe haben die Diskussion vertieft und das Verantwortungsgefühl geschärft. Dogmatisch können sie indessen nicht unmittelbar verbindlich sein, ebensowenig die wechselnden geschichtlichen Standpunkte etwa zu der Frage, ob und inwieweit ein Verbotsirrtum zu berücksichtigen ist.

Für die Antwort auf die Fragen, ob überhaupt Schuld möglich ist (Leugnung der Vorwerfbarkeit durch die positivistische Schule wie durch Vertreter der Existenzphilosophie) und welche Maßstäbe und Anforderungen hier gelten, ist vielmehr die aus dem Gesetzeszusammenhang — nicht etwa aus § 59 allein — zu erschließende positivrechtliche Entscheidung zwischen den zahlreichen möglichen Standpunkten zugrunde zu legen. Schon deshalb ist Schuld immer auch vom Sollen, nicht nur vom individuellen Können her zu bestimmen; andernfalls würde das Strafrecht seinen erzieherischen Sinn verlieren. Ob die Entscheidung des Gesetzgebers dem für uns richtigen Recht entspricht, ist eine andere Frage. Man vergleiche etwa § 31 WiStrGes. (Anh. Nr. 21 und das Schweigen der WiStrVO. (Anh. Nr. 20) über den Verbotsirrtum.

§ 51 geht ungeachtet des philosophischen Streites um die Möglichkeit freier Willensbestimmung davon aus, daß der normale Mensch im allgemeinen einen Spielraum der Selbstbestimmung seines Handelns besitzt. Schon hiermit setzt unser Strafrecht die Möglichkeit eines Schuldvorwurfs voraus. Auf der anderen Seite stellen die neuen Verfassungen, insbes. das Bonner Grundgesetz, mit der Anerkennung unmittelbar geltender Menschenrechte und Grundrechte auch die Staatsmacht unter die Gesetze sittlicher Verantwortung. Der Staat bindet sich selbst an die geltenden Kulturwerte als letztem Maßstab und verzichtet auf die selbstherrliche Festsetzung von Geboten und Verboten über die Grenze des vernünftigerweise Zumutbaren hinaus. Der rechtliche Schuldbegriff kann hiernach nicht mehr in der Feststellung eines objektiven sozialen Mankos gefunden werden, wie es die positivistische Schule meinte (darüber Erik Wolf, Schuldlehre I 16 ff., 51 ff., v. Weber 107 ff.), sondern ist sozial-ethisch zu begründen. Aus drei Gründen aber fällt er mit dem ethischen Unwerturteil nicht einfach zusammen. Einmal muß das Recht, wie es seinem Wesen entspricht, auch hier einen generalisierenden Durchschnittsmaßstab anlegen. Sodann ist der Schuldbegriff von dem der Gefährlichkeit nicht völlig zu lösen (über die entsprechende Strukturverschlingung im Strafbegriff vgl. Vorbem. I B vor § 13). Und drittens knüpft er an die Tat, regelmäßig also an den Erfolg an. Das zeigt sich bei den erfolgsqualifizierten Delikten, die bei richtiger Deutung nicht als Rudimente der Erfolgshaftung erscheinen, sondern als Bestrafung schuldhafter Gefährdung unter der Voraussetzung, daß diese objektiv zur schwereren Verletzung führt. Das gleiche gilt bei allen Fahrlässigkeitsdelikten: die gröbste Unvorsichtigkeit wird nur bestraft, wenn sie Unheil anrichtet. Und das erfolglos versuchte Delikt wird milder als das folgenschwere bestraft. Ein Einzelfall vorsätzlich oder fahrlässig gefährdenden Verhaltens, das nur bestraft wird, wenn etwas passiert, in § 330 a.

Von den in Syst. Vorbem. IV vor § 1 und Vorbem. IV vor § 51 festgestellten vier Voraussetzungen des rechtlichen Schuldvorwurfs: Zurechnungsfähigkeit, Zurechenbarkeit zu Vorsatz und Fahrlässigkeit, Erkennbarkeit des Unrechts und Zumutbarkeit sind heute nur noch die erste und die letzte im ganzen unumstritten. Streitig ist dagegen geworden 1. ob der Vorsatz zur Schuld gehört, 2. ob das Bewußtsein der Rechtswidrigkeit zu verlangen ist.

1. Es wird behauptet, daß der Vorsatz, weil er Handlungselement sei, nicht zur Schuld gehöre. Damit aber wird der Schuldbegriff entleert, des psychischen Kerns, an den der Vorwurf anknüpfen muß, beraubt. Daß der final gefaßte Handlungsbegriff hierzu nötige, ist nicht ersichtlich. Denn es handelt sich hier nicht um reale Aufbauelemente, die an bestimmter Stelle des Systems verbraucht würden, sondern um verschiedene Aspekte ein und desselben psychischen Sachverhalts. Die Vertreter der hier bekämpften Auffassung sehen sich genötigt, den Irrtum zu einem Unrechtsausschließungsgrund zu erklären (so ausdrücklich v. Weber, Aufbau S. 23, Busch, Moderne Wandlungen der Verbrechenslehre S. 9). Bedenken gegen die Eliminierung des Vorsatzes aus dem Schuldbegriff insbes. bei Engisch in Festschrift für Kohlrausch 170 ff., Bockelmann, Ueber das Verhältnis von Täterschaft und Teilnahme 1949 (hierzu und hiergegen als Hauptvertreter der finalen Handlungslehre Welzel, Recht und Staat, Heft 146, 1949), Schröder, Festschrift für Sauer S. 207 ff.

2. Besonders lebhaft umstritten ist die Frage, ob der Täter nicht nur wissen mußte, was er tat, sondern auch, daß er dies **nicht tun durfte.** Die Frage wird vielfach dahin gestellt: gehört zur Schuld das Bewußtsein der Rechtswidrigkeit? Das RGer. verneint sie seit jeher, da der § 59 nur einen Irrtum beachte, der einen Tatumstand betreffe, welcher zum gesetzlichen Tatbestand gehöre; nicht aber Unkenntnis darüber, daß die Verwirklichung dieses Tatbestands verboten, also rechtswidrig sei. Ein Rechtsirrtum sei hiernach nur beachtlich, wenn er einen Rechtsbegriff betreffe, der in einem nichtstrafrechtlichen Rechtsgebiet wurzelnd zum Aufbau eines Straftatbestandes verwendet sei (sog. außerstrafrechtlicher Irrtum, z. B. über den nach bürgerlichem Recht zu beurteilenden Begriff „fremd" in §§ 242, 246).

Die Frage gehört zu den Grundfragen des Strafrechts und ist seit jeher lebhaft umstritten. Die Gegner des RGer. weisen darauf hin, daß zum Wesen einer jeden „Schuld" das Bewußtsein oder doch die Möglichkeit des Bewußtseins gehöre, daß man so nicht handeln dürfe; daß auch die Unterscheidung von strafrechtlichen und außerstrafrechtlichen Rechtsirrtümern, wie gerade die RGer.-Praxis zeige, undurchführbar sei (Näheres unten Nr. V).

Auch nach geltendem Recht ist sicher, daß die Schuld sich nicht in der wissentlichen und willentlichen Tatbegehung erschöpft. Denn:

a) Wenn nach § 51 unzurechnungsfähig ist, wer (aus den dort angegebenen Gründen) unfähig ist, das Unerlaubte der Tat einzusehen, so hat das nur dann einen Sinn, wenn auch für die Zurechenbarkeit der Einzeltat vorausgesetzt wird, daß sich diese Fähigkeit irgendwie ausgewirkt hat oder mindestens auswirken konnte; daß der Täter also nicht nur wußte, was er tat, sondern auch wußte oder mindestens wissen konnte und mußte, daß er dies nicht tun durfte.

b) Entsprechendes gilt für § 3 RJGG.

c) Die §§ 42 b und 330 a setzen voraus, daß ein Unzurechnungsfähiger „eine mit Strafe bedrohte Handlung" begangen hat. Hierzu gehört nicht nur die Verwirklichung des äußeren Tatbestandes, sondern auch ein natürlicher Vorsatz in dem Sinne, daß der Täter wußte, was er tat, daß er z. B. einen Menschen tötete. „Vorsätzlich" in diesem Sinne kann auch der Unzurechnungsfähige handeln. Vorwerfbare Schuld muß also mehr sein. Was zum Tatvorsatz hinzukommen muß, kann nur eine innere Beziehung zum Unrechtsgehalt der Tat sein.

d) Aehnlich die §§ 52, 54. Auch hier weiß der Täter, was er tut. Sein „vorsätzliche Tun" wird ihm aber nicht vorgeworfen, nicht zur Schuld zugerechnet. Hier fehlt zwar u. U. nicht das Bewußtsein, daß dies Tun i. d. Regel rechtswidrig ist, aber die Möglichkeit, daß dies Bewußtsein von dem Tun abhielt. Auch hier also ist Schuld mehr als Vorsatz.

e) Auch in den §§ 48, 49 n. F. liegt die Notwendigkeit, zwischen schuldhaftem und natürlichen Vorsatz zu unterscheiden.

f) § 59 ist kein Gegengrund. Mag auch die „Rechtswidrigkeit" des Tuns kein z. gesetzl. TB. gehörender Tatumstand sein, so steht doch andrerseits § 59 einer solchen Forderung nicht entgegen. Denn er will nicht die Schuldvoraussetzungen erschöpfend regeln, sondern nur eine, den Tatvorsatz, und auch diese nur in negativer Form.

g) Daß „Bewußtsein der Rechtsw." dort zu fordern sei, wo das Wort „rechtswidrig" im gesetzlichen TB. stehe (z. B. §§ 123, 246, 299, 303, 356), und daß hieraus folge, daß es in anderen Fällen nicht vorauszusetzen sei, wird zwar immer wieder behauptet, aber ungeprüft und ist nicht richtig. Auch das RGer., auf das man sich zu beziehen pflegt, behandelt diese Fälle grundsätzlich nicht anders als andere: ausdrückliche Gleichstellung z. B. in E. **58** 247, **62** 296. Wenn es hier gelegentlich Bew. d. Rechtsw. zu fordern scheint, so deshalb, weil es sich in diesen Fällen bes. häufig um außerstrafrechtliche RIrrtümer handelt, die nach RGer. stets beachtlich sind (s. unten). Auch E. **26** 265 spricht nicht zwingend für Aufrechterhaltung jener Legende.

h) Als gewichtigster Gegengrund gegen die Forderung eines Bew. d. Rechtsw. pflegt angeführt zu werden, daß sich auf diesem Wege der Täter allzu leicht herausreden könne. Die Gefahr besteht. Indessen ist 1. der Richter nicht verpflichtet, ihm zu glauben. Ueberdies ist es 2. genügend, daß der Täter, der wußte, was er tat, wissen mußte und konnte, daß er es nicht tun durfte (Schuld gleich Tatvorsatz plus Rechtsfahrlässigkeit), denn ein gewisser Grundstock von rechtlichen Vorstellungen muß und darf bei jedem vorausgesetzt werden. Vgl. dazu bes. v. Hippel II 337 ff. und die bei ihm S. 350 Anm. 4 u. 5 angeführten Gründe. Und 3. darf man nicht das Bew. des gesetzlichen Verbotenseins fordern („Unkenntnis des Gesetzes schützt vor Strafe nicht"), sondern muß sich auch mit dem Bew. des Täters begnügen, daß seine Tat materiell „Unrecht" ist.

Kritisch zum Erfordernis des Bewußtseins der Rechtswidrigkeit u. a. Wegner, Raape-Festschr. S. 401, v. Weber S. 124, Radbruch, SJZ. 47, 634. Aber auch bei denen, die es verlangen, besteht von jeher Streit über zwei Fragen: 1. ob es zum Vorsatz oder zur Schuld im engeren Sinne gehöre (Vorsatztheorie und Schuldtheorie). Zweckmäßig wird es als besondere Schuldvoraussetzung aufgefaßt, wie es dem Wortsinn entspricht. Wer in Notwehr einen anderen erschlägt, handelt vorsätzlich. Ueber die konstruktiven Schwierigkeiten, zu denen die Vorsatztheorie führt, vgl. Welzel § 19 IV 3a. Neuerdings erklärt Schröder a. a. O. 245 den Vorsatz primär als bewußte Schuld, als Handeln im Bewußtsein des Verbotenseins. Auch der Entwurf 1938 (vgl. die Voraufl.) zog das Bewußtsein der Rechtswidrigkeit zum Vorsatz. Ebenso z. B. der Entw. 1925 § 13. Anders die Entwürfe 1927 und 1930 §§ 17, 20. Die „Fahrlässigkeits"-

Strafe des § 71 II DevGes. 38 ist in Wahrheit eine Vorsatzstrafe: E. **73** 263. 2. Streitig ist ferner, ob aktuelles Bewußtsein der (materiellen) Rechtswidrigkeit vorliegen muß, oder ob die Möglichkeit dieses Bewußtseins genügt. Das Gesetz fordert nur die allgemeine Fähigkeit, das Unerlaubte der Handlung zu erkennen und sich an dieser Erkenntnis zu orientieren (Mezger, Rechtsblindheit usw. S. 187: „Rechtsunfähigkeit", wenn dieses Vermögen fehlt). Diese Fähigkeit wird beim normalen Erwachsenen prinzipiell vorausgesetzt, ihre Ausnahmen werden in den §§ 51, 58 StGB., § 3 RJGG. auf bestimmte biologische Tatbestände und deren seelischen Folgen beschränkt. Auch bei unwiderstehlichem Hang zum Verbrechen wird der gefährliche Gewohnheitsverbrecher bestraft. Und den Fall der Rechtsblindheit oder moral insanity hat bereits M. E. Mayer, Allg. T. S. 211 mit Recht bei § 51 behandelt, und zwar im Anschluß an E. **15** 97 — als einen vom Gesetz nicht berücksichtigten Fall der Unzurechnungsfähigkeit. (Der Rechtsblinde befindet sich nicht etwa in einem Rechtsirrtum; denn er legt den Sachverhalt überhaupt nicht auf die Waage des Rechts, sondern entscheidet ausschließlich nach außerrechtlichen Erwägungen.) Aus welchem Grunde die Fähigkeit, gut und böse in normaler Weise zu unterscheiden, fehlt oder verlorengegangen ist, ob etwa der Täter von Hause aus ein Fanatiker oder ob er ein Opfer der Verhetzung war, kann die Schuld nur der Höhe, nicht aber dem Grunde nach beeinflussen. Da die Legitimation zum Schuldvorwurf in der Rechtsidee und nicht in einem staatlichen Strafanspruch liegt, kann nicht eingewendet werden, daß der Staat, der es fertig bringt „den Armen (sittlich) schuldig werden zu lassen", jedes Recht verloren habe, ihm einen rechtlichen Schuldvorwurf zu machen (so aber Eb. Schmidt SJZ. 49, 596), abgesehen von den Bedenken, die sich im konkreten Fall gegen die Identifikation des heutigen Staates mit dem vergangenen erheben.

Aber auch für den Rechtschaffenen fehlt die Möglichkeit, das Unerlaubte der Tat als solches zu erkennen, da, wo im Umkreis sozialadäquaten oder jedenfalls bis dahin unbeanstandeten Handelns unvermittelt pönalisiert wird. Die typische Form solcher Strafgesetze ist die des Blanketts: weil die Strafdrohung hier nicht das Unrecht als Verstoß gegen die allgemein anerkannte Kulturnorm voraussetzen kann, muß sie sich auf eine anderwärts ausgesprochene oder erst in Zukunft erfolgende rein positivistische Normierung beziehen. Logisches und zeitliches Verhältnis von Unrecht und Verbot kehren sich um. Verboten wird hier nicht, was schon vorher Unrecht war, sondern das Verbot selbst erst macht das Handeln zum Unrecht. Dies gilt besonders für das Devisen-, Steuer- und Wirtschaftsstrafrecht. Darum ist für diese Fälle gesetzlich anerkannt, daß die Möglichkeit, die Handlung als unerlaubt zu erkennen, nicht ohne weiteres vorausgesetzt werden darf. Im Verwaltungsstrafrecht, für das das gleiche gilt, hat die Rechtsprechung geholfen: Reichsverwaltungsgericht in DR. **43** 1011. Näheres unten zu VI.

Für das Gebiet des allgemeinen Strafrechts gilt dies alles grundsätzlich nicht. Hier liegen die Normen, in ihren allgemeinen Umrissen jedem erkennbar: „du sollst nicht töten, nicht stehlen" usw. schon im vorrechtlichen Raum, vor dem positivrechtlichen Verbot. Das ist angesichts der Bestrebungen, jene Sonderregelungen des Rechtsirrtums zu verallgemeinern, besonders zu beachten. So etwa für § 58 thür. Fassung von 1945, der vor allem der Rechtsnot im Wirtschaftsstrafrecht abhelfen sollte. In Anlehnung an frühere Entwürfe bestimmt er: „Hielt der Täter in unverschuldetem Irrtum über das Bestehen oder die Anwendbarkeit einer rechtlichen Vorschrift seine Tat für erlaubt, so ist er straffrei. War der Irrtum verschuldet, so ist der Täter strafbar; die Strafe kann jedoch nach Maßgabe des § 44 gemildert werden."

Es hieße den Sinn solcher Vorschriften, die einer materiell richtigen oder doch nicht zu beanstandenden Einstellung Rechnung tragen, in sein Gegenteil verkehren, wollte man unter Berufung auf sie die verpflichtende Kraft der „einfachen Sittlichkeit" gegenüber demjenigen leugnen, der auf Grund materiell unrichtiger Entscheidung, unter bewußter Verletzung unserer Kulturnormen gehandelt hat („umgekehrter Ueberzeugungsverbrecher", vgl. DRZ. 47, 201) sei es, daß er sie nicht für sich anerkannte, sei es, daß er sich auch durch erkanntermaßen unrichtige und unsittliche positive staatliche Befehle verpflichtet glaubte („Befehl ist Befehl").

Daher entfällt jede Analogie zu den Einzelregeln des Sonderstrafrechts in dem Fall, daß sich jemand bei evident unsittlichem und naturrechtswidrigem Handeln, wie es etwa die Massentötung von Geisteskranken war, darauf beruft, er habe die Tötung, da sie auf staatliche Anordnung erfolgte, für „erlaubt" und den Mordparagraphen für unanwendbar gehalten. Wenn Eb. Schmidt SJZ 49 Sp. 567 in dieser Frage ein „völliges Durcheinander der Meinungen" feststellt, so ist das sicher nur für die konstruktive Seite, nicht aber für die ethisch-rechtliche Beurteilung dieser Handlungen gemeint. Es gibt kaum ein eindruckvolleres Beispiel für ein allgemeines sicheres und gesundes Rechtsempfinden als die Ablehnung dieser Aktion durch das deutsche Volk, die Hitler mitten in einer Zeit, in der andere Vernichtungsaktionen in vollen Gang gebracht wurden, zum Einstellen dieser Morde zwang. Das kann und darf durch den Hinweis auf gedankliche Experimente und auf die konstruktiven Schwierigkeiten nicht verkleinert oder nachträglich in Frage gestellt werden. Vgl. Engisch, Euthanasie usw. 33 ff.; auch DRZ. 47, 200. Orientierungspunkt ist hier wie stets die materielle, auf die sittliche Wertwelt bezogene Rechtswidrigkeit, wie es § 51 durch den Ausdruck „unerlaubt" ungeachtet der Bedenken, die Begr. Entwurf 27 S. 19 gegen die Unsicherheit dieses Maßstabes erhoben hatte, ausspricht. Nur da, wo ein vernünftig und human Denkender, ein Gewissenhafter, nicht ein Gewissenloser, in der Absicht, zu retten, was zu retten war, notgedrungen um den Preis einer entfernten Mitwirkung handelt (vgl. OGH. in MDR. 49 373) liegt es anders. Er konnte sein Handeln für erlaubt, materiell richtig halten. Hier liegt ein Irrtum des Gewissens, wenn man solchen gegen Kant für möglich hält, ein unrichtig entschiedener Kollisionsfall vor (darüber Welzel a. a. O.).

Dies gilt, soweit hier nicht schon Rechtfertigungsgründe in Betracht kommen, allgemein für die Opferung einzelner zugunsten anderer Mitgefährdeter, insbes. in Gefahrengemeinschaft (wo § 54 oft nicht ausreicht). Wer in solchen Lagen annimmt, entgegen dem Tötungsverbot so handeln zu dürfen, weil das Gebot, möglichst viele andere, sonst Verlorene zu retten, die stärkere Pflicht begründe, der hat sein Handeln für erlaubt im Sinne des richtigen Rechtes gehalten. Sein etwaiger Irrtum ist daher nach dem Grundgedanken der genannten Einzelbestimmungen beachtlich.

Das gleiche gilt für alle anderen Fälle der rechtsirrigen Annahme eines Rechtfertigungs- oder Verpflichtungsgrundes. Wer ein Notrecht annimmt unter Voraussetzungen, die im positiven Recht nicht anerkannt sind, bei denen man aber vernünftigerweise daran denken könnte, dessen Irrtum ist beachtlich. Dagegen ist der Irrtum unbeachtlich, wenn

z. B. der Gläubiger meint, er dürfe den Schuldner mißhandeln oder mit kompromittierenden Enthüllungen bedrohen, um zu seinem Gelde zu kommen, überhaupt, er dürfe „zum Recht durch Unrecht gehen", oder wenn jemand glaubt, den als Landesverräter Verdächtigen im Wege der „Feme" beseitigen zu dürfen (vgl. E. **63** 215, **64** 101) oder den Fahnenflüchtigen ohne jedes Verfahren erschießen lassen zu dürfen (Stuttgart HESt. **1** 24 = SJZ. 47, 204 m. Anm. Küster), oder wenn jemand den offensichtlich unmenschlichen Charakter seines Handelns verkannte (OGH. in MDR. **49** 307) Die Evidenz des Widerspruchs mit der Vernunft und der Humanität ist als einschränkender Maßstab erforderlich, da das Recht auch an die ethische Einsichtsfähigkeit nur Durchschnittsanforderungen richten darf. So ist insbesondere zwischen evidenten und nicht evidenten Naturrechtssätzen zu unterscheiden (daß alle Naturrechtssätze evident seien, ist wohl in der Gegenwart kaum behauptet worden, die Polemik von Welzel MDR. 49, 376 und „Vom irrenden Gewissen" S. 10 gegen diesen Satz erscheint insoweit gegenstandslos). Gerade diese Unterscheidung liefert das entscheidende Kriterium für die Grundlegung und Vertiefung des materiellen Schuldvorwurfs, darüber hinaus zur Koordinierung und Herstellung der systematischen Einheit zwischen den Momenten der Schuldfähigkeit, der Zumutbarkeit und des beachtlichen Verbotsirrtums. Sie beseitigt die Gefahr, daß die positivrechtlich gebundenen (§§ 51, 58, 59 StGB. usw.) und die „freien" Bestandteile des Schuldbegriffs (wie Zumutbarkeit, Bewußtsein der Rechtswidrigkeit) durch inhaltliche Widersprüche und methodologisches Doppeltrechnen auseinanderfallen.

III.

Vorsatz bedeutet (da nach dem zuvor Ausgeführten die Möglichkeit der Unrechtserkenntnis eine selbständige Schuldvoraussetzung darstellt), daß der Täter die Tat **mit Wissen und Wollen** begangen hat.

Eine die Feststellung vorsätzlicher Tatbegehung begründende Willensbeziehung ist in folgenden drei Fällen anzunehmen:

1. **Absicht:** wenn es dem Täter darauf ankam, den im Gesetz bezeichneten Erfolg herbeizuführen — was aber nicht nur dann der Fall ist, wenn dieser Erfolg Endzweck, sondern auch, wenn er notwendiges Mittel zum Zweck ist. In diesen Fällen der „Absicht" ist der Wahrscheinlichkeitsgrad des Erfolgseintritts belanglos (z. B. Schuß auf 500 m, um zu töten), wenn nur der Erfolgseintritt als Wirkung des Handelns generell berechenbar war (andernfalls hat der Täter gehofft, gewünscht, nicht gewollt). — Das Wort Absicht verwendet das StGB. in dem genannten Sinne nur, wo es fordert, daß der subjektive Tatbestand über den objektiven hinaugeht, also ein hinter der Tatbestandsverwirklichung liegendes Ziel erstrebt sein muß (§ 133 II: „gewinnsüchtige Absicht"; § 243, 7: „diebische Absicht"; § 265: „betrügerische Absicht"; § 313 II: „auf Schutz des Eigentums gerichtete Absicht"; bes. überall, wo „Absicht" zur Einleitung eines Finalsatzes gebraucht wird: §§ 202, 242, 263 u. a., gleichbedeutend mit „um zu" in § 253 (betr. § 107a vgl. E. **68** 164).

2. **Direkter Vorsatz:** wenn der Täter die Tatbestandsverwirklichung als notwendige Folge oder Begleiterscheinung seines Tuns vorhersah; hier (anders als bei Absicht) ohne Rücksicht darauf, ob es ihm hierauf „ankam".

3. **Eventueller oder bedingter Vorsatz:** wenn der Täter die Tatbestandsverwirklichung „zwar nur für möglich hält, jedoch für den Fall der Verwirklichung mit ihr einverstanden ist". So RGer. häufig, z. B. **33** 4, **59** 2, **65** 192 u. 263; oder eventuelles „Billigen" des Erfolgs (E. **66** 261). Neuerdings RGer. in JW. **38** 741: wo das RGer. gelegentlich vom „Inkaufnehmen" des Erfolgs gesprochen habe, sei „dies ausdrücklich nur unter der Voraussetzung des Einverständnisses des Täters mit der von ihm als möglich erkannten Folge seiner Handlung und deren inneren Billigung geschehen: E. **59** 2, **67** 424". Ebenso Kiel HESt. **2** 206 unter Bezugnahme auf E. **72** 73 einerseits, DR. **44** 155 andererseits.

Jedenfalls muß jenes Einverständnis oder Inkaufnehmen **selbständig neben** dem „für möglich halten" festgestellt, es darf nicht aus ihm gefolgert werden. Unzureichend wäre die Begr.: „Der Täter hat den Erfolg für möglich gehalten, also ihn für den Fall seines Eintritts gebilligt oder in Kauf genommen." So betr. Kuppelei eingehend DJ. **37** 466. Ebenso jetzt Braunschweig HESt. **2** 205. — Der **Beweis** wird, wie jeder Beweis des inneren TB., mitunter schwierig sein, muß aber zu der Ueberzeugung des Richters, daß bed. V. vorlag, geführt haben.

IV.

Fahrlässigkeit. — Hier pflegt man zunächst zwei Fälle zu unterscheiden, je nach der Rolle, die das Bewußtsein von dem möglichen Erfolgseintritt bei dem Täter gespielt hat:

1. **Bewußte F.** Sie liegt vor, wenn der Täter den Erfolg (bzw. die Tatbestandsverwirklichung) für möglich hält und pflichtwidrig darauf vertraut, daß er nicht eintreten werde.

2. **Unbewußte F.** Sie liegt vor, wenn der Täter an eine solche Möglichkeit nicht denkt, wenn dies aber darauf beruht, daß er die Sorgfalt außer acht läßt, zu der er nach den Umständen und nach seinen persönlichen Verhältnissen verpflichtet und fähig ist.

Diese Zweiteilung ist aber praktisch selten verwertbar und läßt auch das wesentliche, das beiden FFormen gemeinsam ist, nicht genügend hervortreten. Dieses ist, daß in allen Fahrlässigkeitsfällen zwei Momente zusammentreffen müssen: Voraussicht bzw. pflichtwidrige Nichtvoraussicht des Erfolgs einerseits und Pflichtwidrigkeit des Tuns andrerseits. Vgl. auch E. **67** 19 u. HRR. **37** 1621. Im einzelnen:

a) **Voraussicht bzw. Voraussehbarkeit des Erfolgs.** Bloßes pflichtwidrigen Verhalten (versari in illicito) als objektive Ursache eines tatbestandmäßigen Erfolgs genügt nicht. E. **48** 321, **50** 417: „Die Pflichtversäumnis gelangt erst dadurch, daß sie trotz der Vorhersehbarkeit des schädlichen Erfolges begangen wird, zur schuldbegründenden Wirkung, und die Vorhersehbarkeit muß sich auf den Erfolg derjenigen Handlung oder Unterlassung erstrecken, in der die Pflichtwidrigkeit in Erscheinung tritt". — E. **59** 341; die Nichtbefolgung polizeilicher Vorschriften durch einen Kraftfahrer begründet, wenn ein Mensch getötet oder verletzt wird, noch nicht ohne weiteres Fahrlässigkeit bezügl. des eingetretenen Erfolgs. — E. **56** 349: baupolizeiliche Vorschriften waren unbeachtet geblieben, eine Mauer stürzte ein, Menschen wurden getötet. Aber „es genügt nicht, daß das den Erfolg verursachende Verhalten irgendwie schuldhaft war; vielmehr mußten die Angekl. bei Anwendung pflichtmäßiger Sorgfalt den Erfolg als mögliche Folge ihres Verhaltens vorhersehen". — Ebenso E. **65** 158, **71** 182, wo betont wird (S. 187), daß u. U. umgekehrt die Beobachtung der Vorschriften nicht genügt, um F. auszuschließen; **74** 195, **76** 1 u. a. — Es genügt auch nicht die Voraussicht, daß bloß günstigere Bedingungen für den Erfolg geschaffen werden; erforderlich ist die Voraussicht konkreter Möglichkeit des Erfolgs (E. **41** 119), wenn auch nicht in allen Einzelheiten (E. **19** 51, **34** 91).

War der Erfolg nicht vorausgesehen, so muß er doch voraussehbar und die Nichtvoraussicht pflichtwidrig gewesen sein. Und zwar bei Beginn oder Fortsetzung der Tätigkeit. Vgl. E. **50** 37, **59** 355: Gesundbeterfälle; E. **64** 263, 271, **67** 12, 23, HRR. **37** 1134 betr. Behandlung durch nichtärztliche Heilkundige: „In der Uebernahme der Behandlung an sich und in der Stellung einer falschen Diagnose braucht noch kein Verschulden zu liegen. Es ist aber gegeben, wenn der nichtärztliche Heilkundige die Behandlung übernimmt oder fortsetzt, obwohl er nach seinen Erfahrungen und Kenntnissen erkennen kann und muß, daß er ihr nicht gewachsen ist". „Der Zeitpunkt, von dem ab ein fahrl. Verhalten vorliegt, ist wesentlich auch für die Beantwortung der Frage nach dem ursächlichen Zusammenhang, da für diesen Zeitpunkt geprüft und festgestellt werden muß, ob bei nunmehr richtiger Behandlung der Tod ebenfalls eingetreten wäre."

Mitwirkendes Verschulden anderer befreit nicht ohne weiteres von eigener Schuld. Freilich mußte der Täter verpflichtet und imstande sein, mit dem schuldhaften Tun des Anderen zu rechnen. E. **58** 368; **61** 318, **63** 382, 387; **64** 317 (fahrl. Tötung e. Kindes durch pflichtwidrige ungenügende Betreuung der Kindesmörderin); **64** 370 (Verschaffung von Gift für den Mörder); **72** 286 (daß Eisenbahnschranke offen steht, befreit den Kraftfahrer nicht von der Pflicht, sich von der Gefahrlosigkeit zu überzeugen; ein viel kritisiertes Urteil). — In JW. **38** 1241 hat RGer. die Verurteilung eines Gastwirts wegen fahrl. Tötung gebilligt, der einem auf Fahrt befindlichen Kraftfahrer Alkohol verabreichte, obwohl er erkannte, daß dieser eigene Beherrschung und Augenmaß nicht mehr besitze. Ursächlicher Zusammenhang mit der durch d. Kraftfahrer begangenen Tötung lag vor; desgl. Pflichtwidrigkeit gemäß Gastst.G. §§ 16 Nr. 3, 29 Nr. 7 u. 8; erforderlich war aber außerdem, daß für den Gastwirt ein Todeserfolg vorhersehbar war, was in der Entsch. nicht genügend zum Ausdruck kommt. — Diese Grundsätze i. Vbdg. mit E. **1** 373 und **6** 249 führen dazu, daß Anstiftung zum Selbstmord fahrlässige Tötung sein kann.

b) **Pflichtwidrigkeit der Willensbetätigung.** So wenig wie sie genügt (oben a), so wenig darf sie fehlen. Erst durch sie wird Handeln bei Voraussehbarkeit des Erfolgs „schuld"haft. So wenig, wie die Voraussehbarkeit des Erfolgs ohne weiteres in der Pflichtwidrigkeit des Tuns liegt (oben a), so wenig ist aus ihr ohne weiteres die Pflichtwidrigkeit des Tuns zu folgern. Ein Arzt „darf" u. U. operieren, auch wenn er mit der Möglichkeit eines tödlichen Ausgangs rechnet. Man spricht hier gelegentlich von dem „normativen Schuldelement", was zu dem psychologischen („vorhersehen") hinzukommen müsse; auch von der Zumutbarkeit rechtmäßigen Handelns. — Aus der Rechtspr. vgl. E. **30** 25 („Leinenfänger"-Fall: der vorausgesehenen Möglichkeit, Menschen zu verletzen, stand gegenüber die Pflicht, dem Arbeitgeber zu gehorchen, evtl. die Aussicht, Stelle und Brot zu verlieren); **36** 78 (keine F. des Vaters, der das Kind aus ethisch zu billigenden Gründen zu spät ins Krankenhaus brachte, so daß es, wie voraussehbar, starb); **57** 172 (die Erkenntnis eines Kahnführers von der Lebensgefährlichkeit der Fahrt begründet, wenn Insassen ertrinken, den Vorwurf der F. nicht ohne weiteres, sondern nur, wenn er Rechtspflichten verletzt hat, was vorliegend verneint wird, da er „die Ueberfahrt auf den eigenen Wunsch der Ertrunkenen und lediglich in ihrem Interesse unternommen hatte. Beide waren erwachsene und verständige Männer, die das Gefährliche der Fahrt vollständig und in demselben Maße wie er übersahen"; eine besondere Obhut- und Fürsorgepflicht habe nicht bestanden; und „bei der Ausführung" der Fahrt habe er die nötige Aufmerksamkeit nicht vernachlässigt; Annäherung an den sonst verworfenen Gedanken der Schuldaufrechnung); **58** 27 (zu der Vorhersehbarkeit und Vermeidbarkeit des Erfolgs muß kommen, daß der Täter nach der besonderen Sachlage und seinen persönlichen Fähigkeiten zur Betätigung jener Sorgfalt überhaupt noch imstande war; unverschuldete Erreverpflichtet und imstande sein, mit dem schuldhaften Tun des anderen gungs- und Ermüdungszustände können die F. ausschließen). — Kritisch zum Gedanken der Unzumutbarkeit auch für den Bereich des fahrlässigen Handelns jetzt Mezger StB. I § 75.

Ueber **Fahrlässigkeit des Arztes** vgl. **64** 263 (ein Arzt, bes. ein Naturheilkundiger, muß sich über die Fortschritte der Wissenschaft unterrichten und auf Grund dessen von der Richtigkeit seiner Heilweise überzeugt sein); **67** 12 (eingehende Ergänzung des vorigen Urteils über Fahrlässigkeit des Arztes, insbes. des nicht approbierten Heilkundigen: Ausbildungs- und Fortbildungspflicht; Pflicht zur Prüfung, ob Fähigkeiten und Kenntnisse zur Feststellung der Krankheit und zu ihrer erfolgreichen Behandlung genügen; u. U. Pflicht, den Kranken oder einen Angehörigen über das Bestehen oder die Ueblichkeit anderer Heilmethoden aufzuklären; Pflicht, allgemein anerkannte Grundsätze, z. B. betr. Fiebermessung, zu beachten; Pflicht. u. U. die Behandlung zu ändern oder einen anderen Arzt zuzuziehen); HRR. **37** 1429 (Unterlassung der Einspritzung von Diphtherieserum. Allgemein anerkannt? Ursache des Todes? Pflicht, den Kranken über sein Leiden aufzuklären?) — E. **66** 181 entscheidet einen umgekehrten Fall, wo ein Heilbehandler einen Krebskranken über sein Leiden aufklärte, so daß bei diesem ein Zustand schwerster Depression mit Selbstmordneigung entstand und er in eine Heilanstalt aufgenommen wurde. Fahrlässige Verschuldung der Geisteskrankheit verneint das RGer., da — abgesehen von der Zweifelhaftigkeit des ursächl. Zusammenhangs — ein Arzt die Pflicht habe, „auch einen Krebskranken wahrheitsgemäß über sein Leiden aufzuklären, soweit nicht daraus aus bes. Gründen d. Einzelfalls e. Beeinträchtigung d. Heilung zu befürchten sei". Die ärztliche Standesethik dürfte betr. Aufklärung oder Nichtaufklärung Regel und Ausnahme mit Recht umgekehrt behandeln! — E. **74** 60: Ist ein Mittel als besonders wirksam anerkannt, so müssen Aerzte und Heilbehandler es anwenden; auch der Anhänger eines anderen Heilverfahrens darf dann die besseren Erfolge der von der eigenen abweichenden Richtung nicht außer acht lassen. — E. **74** 350 (viel besprochen; Anm. Engisch in ZAk. 41, 129; Mezger in DR. 41, 150; vgl. auch Eb. Schmidt in MoKriBi. 42, 85): Der Sorgeberechtigte, der sich weigert, bei seinem erkrankten Kind ein Heilmittel anwenden zu lassen, dessen Anwendung nach E. **74** 60 geboten ist, mißbrauche sein Sorgerecht. Für die Folgen des Mißbrauchs sei er auch strafrechtlich verantwortlich. Der behandelnde Arzt sei berechtigt und verpflichtet, einem solchen Mißbrauch entgegenzutreten, in Fällen dringender Gefahr namentlich auch dadurch, daß er das Heilmittel bei dem Kind auch gegen den erklärten Willen des Sorgeberechtigten anwendet, wenn das möglich ist. — Im übrigen vgl. über Fahrlässigkeit des **Arztes** — bei der die Doppelvoraussetzung: Vorhersehbarkeit des Erfolgs und Pflichtwidrigkeit des Tuns, bes. zu beachten ist: Eb. Schmidt, Der Arzt im Strafrecht (1939); Goldhahn und Hartmann, Chirurgie und Recht (1937); die Ausätze von Engisch in Z. 58 (1939), 1; hier überall auch älteres Schrifttum. Ferner König (Med.) und Kallfelz (Jur.) in JW. 38, 345 ff. sowie noch JW. 37, 3087, DR. 40, 506 u. 684 (alle mit Anm. Kallfelz). — Ueber Besuchspflicht des Arztes insbes. jetzt Eb. Schmidt (Recht und Zeit H. 11, 1949).

Ueber Fahrlässigkeit des **Kraftfahrers** vgl. Anm. zu § 222.

Ueber F. bei Unterlassung vgl. E. **50** 102 (betr. § 329 II); **53** 142 (Töten durch Verhungernlassen); DR. 40, 1236 (Nichtanbringung des Schlußlichts) sowie Vorbem. VI vor § 1. — Eine fahrlässig begangene fortgesetzte Straftat ist begrifflich undenkbar; denkbar aber ein fahrlässig begangenes Dauerverbrechen (E. **59** 53, 282, beide Steuervergehen betreffend).

V.

Irrtum. — Die Frage nach dem I. ist, soweit sie das Wissen und Wollen der tatbestandsmäßigen Handlung betrifft, die Kehrseite der Frage nach dem Vorsatz. Der I. des Täters kann betreffen das äußere Geschehen (der Täter wußte nicht, was er tat) oder aber dessen Bewertung (er wußte nicht, daß er es nicht tun durfte). Oft spricht man im 1. Fall von Tatirrtum im 2. von Rechtsirrtum und sagt: „Error iuris nocet, error facti nocet", RI. schadet, TI. nicht. Diese Formulierungen führen aber irre, wenn als TI. nur ein I. über das äußere Geschehen, übersinnlich Wahrnehmbares, als RI. jeder I. über einen RSatz angesehen wird. Richtiger wird unterschieden (gerade auch nach § 59) zwischen Tatbestandsirrtum (TBI.) und Rechtsfolgeirrtum (RFI.). TBI. kann im Einzelfall auch RI. sein. M. a. W.: Ein RI. kann sowohl die tatbestandlichen Voraussetzungen wie die RFolgen betreffen.

Der § 59 hat es nur mit dem TBI. zu tun. Er besagt: Ein TBI. schließt den Vorsatz aus. Der Täter kann aber wegen Fahrl. bestraft werden, wenn ein TBI. ein verschuldeter war (wenn also dem Täter zum Vorwurf gemacht werden kann, daß er irrte) und wenn — was § 59 nicht sagt, weil es selbstverständlich ist — die betr. StrTat auch bei fahrl. Begehung unter Str. gestellt ist, z. B. §§ 163, 222, 230, 309. — Einzelnes über die Unterscheidung von TBI. und RFI.:

1. **Ein Tatbestandsirrtum** kann zweierlei Gestalt haben: a) Er kann sich beziehen auf das sinnenfällige äußere Geschehen, error facti i. e. S.: Der Täter sah, als er schoß, den Menschen nicht; oder er wußte nicht, daß das Gewehr geladen war. Oder b) Der Irrtum kann sich beziehen auf Eigenschaften des äußeren Geschehens, die nicht sinnlich wahrnehmbar sind, vielmehr den Objekten dieses Geschehens erst vermöge menschlicher Sinngebung zukommen: Der Täter wußte nicht, daß die

Frau verheiratet war (§ 172); daß das Mädchen seine Schwester (§ 173), das Kind erst 13 Jahre alt war (§ 176, 3); daß an der Sache ein Pfandrecht bestand (§ 289); daß bei dem betr. Spiel nur der Zufall entschied (§ 285) u. v. a. In den Fällen a) und b) ist nach § 59 I Vorsatz ausgeschlossen. Ob Fahrlässigkeit gegeben, ist Tatfrage.

Im Falle 1 b) kann jene dem Täter nicht bekannte Eigenschaft auch auf einer rechtlichen Bewertung beruhen. Der Käufer nahm irrig an, mit der Einigung über Ware und Preis sei er schon Eigentümer geworden, die Sache also keine „fremde" mehr (betr. §§ 242, 246); ein öffentlicher Fleischbeschauer wußte nicht, daß er bei seinen Bescheinigungen als „Beamter" handelte (betr. § 348) u. v. a. Auch ein solcher Irrtum ist, obwohl RI., doch TBI. Er ist ein außerstrafrechtlicher RI. Grundsätzlich ist auch er nach § 59 I u. II zu beurteilen. So insbes. RGer. Vgl. freilich wegen Abgrenzung unten!

2. **Ein Rechtsfolgeirrtum** kann gleichfalls in zwei Formen auftreten, wenn sie auch ineinanderlaufen. a) Er kann ohne weiteres darin bestehen, daß die Tat nicht bei Strafe verboten sei: Verbotsirrtum. Der Täter wußte nicht, daß Aufforderung zu Verbrechen (§ 49a) oder gewerbsmäßiges Glücksspiel (§ 285) strafbar sind, und hielt deshalb sein Tun für erlaubt. b) Aber auch ein I., der sich auf einzelne TBMerkmale bezieht, ist dann eine RFolgeI., wenn er nur deren Auslegung betrifft: Subsumtionsirrtum. Der Täter nahm an, daß ein neugeborenes Kind „Mensch" i. S. der §§ 211 f. erst werde mit der Beendigung der Geburt, entspr. dem § 1 BGB; oder er wußte nicht, daß Gas eine „Sache" i. S. des § 242 oder daß ein Privatbrief u. U. eine „Urkunde" i. S. der §§ 267 ff. ist. Das RGer. behandelte auch einen solchen Subsumtionsirrtum als unbeachtlichen I. üb. d. Strafbarkeit; denn in Wahrheit betreffe er ebenso wie Fall a) nur die rechtliche Abgrenzung der Strafbarkeit.

3. Auch auf **negative Tatumstände** (Ausdruck von Frank) kann sich ein I. beziehen; d. h. auf Umstände, die die Tat rechtfertigen würden. Die irrige Annahme solcher Umstände behandelte das RGer. grundsätzlich ebenso wie das Nichtkennen positiver Tatumstände. Hier komme a) es zunächst darauf an, ob der Täter irrig tatsächliche Umstände annahm, die, falls vorhanden, sein Tun gerechtfertigt haben würde (der sich auf Notwehr Berufende glaubte irrig, er sei angegriffen worden; der wegen körperlicher Züchtigung eines fremden Kindes Belangte hielt das Kind für sein eigenes). In diesen Fällen ist § 59 anzuwenden. — b) Hat dagegen der Täter über die rechtlichen Grenzen einer Erlaubnis geirrt (er glaubte, man dürfe auch nach beendetem Angriff Notwehr üben; oder auch ein fremdes Kind züchtigen), so sei zu unterscheiden: wenn der irrig angenommene RSatz ein außerstrafrechtlicher sei, sei auch hier § 59 anzuwenden; sei er dagegen ein Satz des StrR., so sei der I. unbeachtlich.

Fahrlässigkeit kann auch beim I. über **negative** Tatumstände gestraft werden. Drei Voraussetzungen: 1. Es muß sich um einen Tat- oder außerstrafrechtl. RI. handeln, z. B. man sei angegriffen; 2. dieser I. muß durch Fahrl. verschuldet sein; 3. Fahrl. muß im gegebenen Fall unter Str. stehen (z. B. § 222). Daß der Täter wegen fahrl. Tötung gestraft wird, obwohl er den, der ihn vermeintlich angriff, töten wollte, darf nicht irre machen.

Das **Ergebnis** der vom Reichsgericht seit Jahrzehnten in Hunderten von veröffentlichten Entscheidungen festgehaltenen Rechtspr. ist danach: Das

Bewußtsein der Rechtswidrigkeit gehört nicht zum Vorsatz; denn die Rechtsw. ist kein zum gesetzl. TB. gehörender Tatumstand. Vielmehr:

1. Ein I. über (positive oder negative) Tatumstände schließt die Bestrafung wegen Vorsatzes und, wenn der I. unverschuldet war, auch die wegen Fahrlässigkeit aus, wenn der I. ein Tatirrtum oder ein außerstrafrechtlicher Rechtsirrtum war.

2. Ein Strafrechtsirrtum dagegen berührt die Bestrafung nicht.

Die noch ungelöste (und wohl unlösbare) **Schwierigkeit** betrifft die **Abgrenzung** des StrRI. gegen den außerstrafrechtl. RI. Nicht alle Fälle liegen so klar wie die oben gegebenen Schulbeispiele. Die Entscheidungen sind denn auch häufig mehr vom Ergebnis her, dem man meist zustimmen wird, gefunden, während die Begr. („strafr. oder außerstr. RI.?") sich häufig ebensogut für das gegenteilige Ergebnis verwenden ließe. Nicht selten wird ein I. über einen Begriff, der außerhalb des StrR. geregelt ist, als StrRI. behandelt mit der Begr.: indem das StrR. diesen Begriff verwende, mache es ihn zu einem strafrechtlichen. Bezeichnend für die Vertauschbarkeit der Begriffe, aber auch für die Versuchung zur Scholastik, die in der Unterscheidung liegt, ist z. B. E. **57** 253! Vgl. auch E. **43** 23 betr. Glücksspiel. Unbeachtlich sollen u. a. sein die Irrtümer betr. „Amtshandlung" in § 114 (E. **56** 22); „dieselbe Rechtssache" in § 356 (**58** 247, **60** 298); Begriff „Arzt" i. S. des § 7 GeschKrGes. (**64** 338); „Urkunde" (**68** 240); „Unzucht" in §§ 180 f (**71** 13); Waffenerlaubnisse (**66** 250, **71** 50); I. üb. d. Pflicht zur Erfolgsabwendung bei Untl.Verbrechen (**75** 271). — Dagegen beachtlich u. a.: Umfang der prozessualen Wahrheitspflicht (E. **61** 429); betr. Anmeldungspflichten beim Umzug (**66** 278); betr. Pflicht zur Abgabe einer Vermögenserklärung (**58** 101); I. des Anwalts über s. Berufspflichten (**70** 390).

Noch weniger überzeugend und vielfach widerspruchsvoll sind bei Irrtümern über **negative** TUmstände die Grenzziehungen zwischen StrRI. und außerstrafrechtl. RI. Beachtlich sei hier ein Irrtum über die Grenzen einer an sich bestehenden und außerhalb des StrR. geregelten Befugnis z. B. betr. Selbsthilfe, § 229 BGB. (E. **69** 312). Unbeachtlich aber sei die Annahme einer nicht bestehenden Befugnis, selbst wenn diese f. d. Fall ihres Bestehens außerhalb des Str. R. geregelt sein würde: E. **73** 257 und frühere betr. Züchtigungsrecht. Unbeachtlich auch ein I. über die in StPO. § 127 I gezogenen Grenzen des Festnahmerechts (E. **72** 300), obwohl dies R. außerhalb des StrR. geregelt ist. — Irrige Annahme einer Einwilligung schließt den Vorsatz insoweit aus, als wirkliche Einwilligung die Rechtsw. ausschließen würde: E. **71** 349.

Die konstruktive Unzulänglichkeit und Zufälligkeit dieser Begründungen ist nicht schwer zu erkennen; darüber hinaus werden an das juristische Unterscheidungsvermögen von Laien unmöglich zu erfüllende Anforderungen gestellt. So z. B. in E. **57** 235: Erblasser diktierte ein Testament und beauftragte den Schreiber, den Namen des Erblassers darunter zu setzen. Nach RG. hängt die Strafbarkeit aus § 267 davon ab, ob der Schreiber den Auftrag bürgerlich-rechtlich für wirksam gehalten (straflos) oder aber ob er das Testament für formgerecht und gültig gehalten habe (strafbar). Daß der Täter über eine positive Rechtsfolge geirrt hat, ist in Wahrheit nur Veranlassung, die für das Schuldurteil entscheidende Frage aufzuwerfen: ob er infolge dieses Irrtums sein Tun für materiell erlaubt gehalten hat und halten durfte. Die Frage ist also nach der Parallelwertung in der Laiensphäre des Täters unter dem Gesichtspunkt der materiellen Rechtswidrigkeit zu entscheiden. Vgl. darüber oben zu II.

VI.

Insbesondere der **Irrtum bei Blankettstrafgesetzen***) — So nennt man (seit Binding 1872, neuerdings bisweilen verdeutscht in „offene StrG.e") Gesetze, die nur eine StrDrohung enthalten, wegen der Norm aber (dessen also, was ver- oder geboten ist) auf andere G.e oder VO.en verweisen. Beisp. im StGB.: §§ 145a, 327f. und viele im 29. Abschn.; neuerdings immer zahlreicher in Nebengesetzen, bes. im Wirtschaftsstrafrecht.

BlStG.e bieten die Möglichkeit, die StG.e an wechselnde, auch örtlich verschiedene Voraussetzungen anzupassen, auch die AN. anderen Stellen zu überlassen, z. B. vom Gesetzgeber an Verwaltungsbehörden. Das macht Rechtsirrtümer begreiflich, aber ist auch entschuldbar. Denn hier besteht nicht wie bei Mord, Diebstahl usw. der Unrechtscharakter des Tuns vor allem positiven Recht, sondern er entsteht erst durch ausdrückliches gesetzliches Verbot, das in ein bis dahin unverbotenes Verhalten neu eingreift. Wer die Vorschriften nicht kennt oder nicht für anwendbar hält, wird deshalb hier regelmäßig sein Verhalten für erlaubt halten dürfen. Nicht also in der Unbestimmtheit des Tatbestandes, sondern in der Abhängigkeit von einem positivrechtlichen, vielleicht erst in Zukunft zu erlassenden Verbot liegt das Charakteristische und zugleich Problematische der Blankettstrafgesetze. Hierin liegt auch die Ursache, daß sich die Fragen des Verbotsirrtums gerade an ihnen entwickelt haben. Vgl. oben zu II.

Die Rspr. des RG. war nicht einheitlich. Soweit sie einen I. über die AN. für einen unbeachtlichen StrRI. erklärte, wurde sie in zunehmendem Maße als ungerecht empfunden, bes. als im 1. Weltkrieg Blankettgesetze immer häufiger wurden. Deshalb bestimmte die VO. v. 18. 1. 17, daß „freizusprechen sei, wer in unverschuldetem I. über das Bestehen oder die Anwendbarkeit der übertretenen Vorschrift die Tat für erlaubt gehalten hat". Die VO. ging von der Rechtspr. des RGer. als einer hinzunehmenden Tatsache aus und milderte sie ab.

Seinen Standpunkt über den RI. zu ändern, hatte das RGer. hiernach keinen Anlaß. Die Folge war, daß es (stark bekämpft) in der VO. keinen Schuld-, nur einen persönlichen Strafausschließungsgrund sah.

Inzwischen ist zwar die IrrtVO. unanwendbar geworden, ihr Grundgedanken aber in neuere G.e übergegangen: § 395 der RAbgO. v. 22. 5. 31 (16. 10. 34) und § 71 Devisengesetz v. 12. 12. 38; ähnlich schon in früheren Fassungen, neu aber der Abs. II; anders leider G 53 (Schulz DRZ. 50, 51 ff.). In beiden heißt es gleichlautend:

Abs. I: „Straffrei bleibt, wer in unverschuldetem I. über das Bestehen oder die Anwendbarkeit steuerrechtlicher (devisenrechtlicher) Vorschriften die Tat für erlaubt gehalten hat." — Abs. II: „Wer aus Mangel an der Sorgfalt, zu der er nach den Umständen verpflichtet und nach seinen persönlichen Verhältnissen fähig war, die Tat für erlaubt gehalten hat, wird wegen Fahrlässigkeit betraft."

*) Abkürzungen: BlStG. = Blankettstrafgesetz; AN. = Ausfüllungsnorm.

Dazu jetzt vor allem § 31 des Wirtschaftsstrafges. (unten Anh. Nr. 21).

Ausgangspunkt der älteren Vorschriften war die Rechtspr. des RGer., nach der das Bewußtsein der Rechtswidrigkeit an sich nicht zum schuldhaften Vorsatz gehört, da die Rechtsw. kein „Tatumstand" i. S. des § 59 sei. Daß der GGeber der RAbgO. und des DevGes. diesen Standpunkt geteilt habe, ist damit nicht gesagt. Er hat ihn zugrunde gelegt und abzumildern gesucht. Von da aus sind beide Vorschriften auch auszulegen. Denn von dem gegenteiligen Standpunkt aus wäre Abs. I sinnlos und Abs. II überflüssig. Es war deshalb folgerichtig, wenn das RGer. in den beiden Vorschriften keine Eingriffe in den § 59, sondern nur persönl. Strafausschl.- bzw. Milderungsgründe sah. Und es widerspricht nicht nur der reichsger. Praxis, sondern auch dem offensichtlichen Willen des Gesetzes, wenn man, wie es im Schrifttum geschieht, den § 395 RAbgO und den § 71 DevG. als „leges speciales" gegenüber § 59 behandelt, und ihnen nur „subsidiäre" Geltung beilegt. Jene beiden Vorschriften kommen vielmehr umgekehrt nur dann zur Anwendung, wenn nicht bereits § 59 den inneren TB. verneint. Vgl. Bremen HESt. 2 208.

Die Frage, ob strafrechtlicher oder außerstrafrechtlicher RI., bleibt also, wenn die Unterscheidung nicht überhaupt preisgegeben wird, auch im Steuer- und DevisenStrR. die primäre. Vgl. zu ihr: 1. Im Devisenrecht: E. **67** 114, **68** 136, wo ein I. über das Bestehen einer Genehmigungspflicht als StrRI. behandelt wird; ebenso E. **69** 257, 261 betr. devisenrechtl. Ausländerbegriff. Wenig überzeugend die Aufspaltungen in E. **66** 401 betr. „Zahlungsmittel" und in E. **68** 225 betr. Anbietungspflicht. — Vgl. zur Rspr. Schumacher DR. **40**, 485. — 2. Im Steuerrecht behandelt das RGer. in ständiger Rechtspr. einen I. über Vorschriften, durch die eine Steuerpflicht begründet wird, als einen den Vorsatz ausschließenden I. i. S. des § 59: E. **64** 25, **69** 199, **72**, 376.

Folgerungen — und zwar erwünschte, auf dem Wege über § 59 aber nicht zu gewinnende — aus der nur „persönlichen" Wirkung des § 395 RAbg. und des § 71 DevG. (einerlei, ob „Schuld"- oder „Straf"-Ausschl.Gründe): 1. Dem Teilnehmer kommt ein RI. des Täters nicht zugute. E. **57** 15. **73** 263. — 2. Zwar muß, soweit § 59 eingreift, zur Verurteilung die Schuld feststehen; soweit aber darüber hinaus jene beiden Bestimmungen die Strafe ausschließen oder mildern, muß zur Freisprechung der gute Glaube feststehen. Zweifel des Täters schließen ihn aus, und Lücken im Beweisergebnis gehen zu seinen Lasten. E. **56** 409; **64** 25; **72** 82, 119; **74** 79, 84; **75** 32; DR. **39** 366 mit Anm. Schulz = DevArch. **39**, 315 mit Anm. Berghold. — 3. Forts.-Zusammenhang ist auch bei Abs. II möglich, was bei echter „Fahrlässigkeit" die herrsch. A. verneinen müßte. JW. 39, 339. — 4. Die Anwendung des Abs. II ist unabhängig davon, ob das BlStG. nicht nur den Vorsatz, sondern auch die Fahrl. mit Str. bedroht, denn auch Abs. II betrifft Vorsatztaten — bei Anwendung des § 59 wäre die i. allg. zu leicht genommene Frage zweifelhaft.

VII.

Straferhöhende Umstände z. B. in §§ 340 ff. (Beamteneigenschaft), § 243 (schwerer Diebstahl). Hierher gehören auch die „besonders schweren Fälle" der §§ 263, 266: Der Täter muß diejenigen Tatumstände, die den Betrug oder die Untreue als „besonders schwer" erscheinen lassen, gekannt haben. — Entsprechend § 217 (die Kindsmörderin hält das eheliche Kind irrtümlich für unehelich: §§ 211, 212 unanwendbar). Der Entw. in der Fassung des RTA. 1931 sah hier als § 20 Abs. 2 vor: „Wer irrtümlich einen Sachverhalt annimmt, dessen Vorliegen die Bestrafung nach einem milderen Gesetz zur Folge haben müßte, ist nach diesem Gesetze zu bestrafen, auch wenn er den Tatbestand eines schwereren Gesetzes verwirklicht hat." — Ueber Rückfall vgl. Anm. I zu § 244. — Nicht hierher gehören nach herrschender Ansicht die Straferhöhungen bei schwererem Erfolg (z. B. §§ 178, 226, 306). Beispiel: Körperverletzung mit Todesfolge (§ 226) sei anzunehmen, wenn die Körperverletzung eine Ursache des Todes war. Daß der Vorsatz sich nur auf die Körperverletzung zu beziehen braucht, ist selbstverständlich, andernfalls läge Mord oder Totschlag vor; aber auch Fahrlässigkeit bezgl. des Todeserfolgs sei nicht zu fordern. M. E. ist dann aber bezgl. des Todeserfolgs mindestens adäquate Verursachung vorauszusetzen, d. h. daß eine „solche" Verletzung einen „solchen" Erfolg häufig hat; daß der Zusammenhang von vornherein begreiflich ist. Vgl. oben zu II.

7. Anrechnung der Untersuchungshaft

60. Eine erlittene Untersuchungshaft oder einstweilige Unterbringung kann bei Fällung des Urteils auf die erkannte Strafe ganz oder teilweise angerechnet werden.

I. Zweck. Der § 60 bezieht sich nur auf die vor RKraft erlittene UHaft. Hier gibt er dem Richter die Möglichkeit der Anrechnung, die oft billig ist. Und zwar auch dem Revisionsrichter, auch in einem die Rev. als offensichtlich unbegründet verwerfenden Beschluß: Kiel NJW. **47 48,** 390. Eine nach Rechtskraft des Urteils erlittene UHaft muß angerechnet werden; denn es war Sache der Behörde, die Haft dann entweder in Strafhaft zu verwandeln oder aufzuheben (StPO. § 450). — Zusammenfassende Darstellung der Praxis von Niederreuther in DJ. 40, 611.

II. „Erlitten" ist nur die tatsächlich vollstreckte: E. **54** 24.

III. Untersuchungshaft hier jede anläßlich der StrTat vorgenommene behördliche Freiheitsentziehung. Diese weite Umgrenzung ist, da § 60 nur „Kann"-Vorschrift, unbedenklich und durch die Entwicklung geboten. Auch polizeiliche Vorbeugungs- oder Schutzhaft, falls sie zwar anläßlich einer Straftat, aber nicht zwecks Sicherstellung des Strafverfahrens angeordnet wurde, ist uneingeschränkt anrechnungsfähig. Denn 1. ist auch vorbeugende UHaft nach StPO. § 112. 3. Fall anzurechnen; 2. kann sogar eine nach StPO. § 126a erfolgte einstweilige „Unterbringung" angerechnet werden. Aehnlich (teilweise noch mit ungerechtfertigten Einschränkungen): E. **69,** 327 HRR. **39** 390, 586, 1278, DR. **39** 988. — Auch zivile Internierungshaft nach der Kapitulation kann u. U. als UHaft angerechnet werden: OGHBrZ. in DRZ. **49** 139.

IV. Einstweilige Unterbringung: in öffentl. Heil- oder Pflegeanstalt: StPO. § 126a.

V. Die Anrechnung steht zwar im **Ermessen** des Richters. Das Urteil muß aber erkennen lassen, daß die Frage geprüft wurde. Andernfalls revisibler Verstoß gegen StPO. § 267 III. So mit Recht HRR. **39** 340, 1317, Gera NJ. **47** 105, KG. in JR. **47** 170. Weniger streng HRR. **39** 1278.

VI. Strafe: D. h. auf zeitige Freiheitsstrafe, auf Ersatzfreiheitsstrafe, auf Geldstrafe (E. **54** 24), auf Wertersatz (HRR. **39** 1279). — Nach der billigenswerten E. **75** 279 darf UHaft auch auf Jugendarrest angerechnet werden, obwohl dieser, streng genommen, keine „Strafe", sondern ein Zuchtmittel darstellen soll.

VII. Bei mehreren Straftaten ist Anrechnung nur zulässig, wenn sie in demselben Verfahren abgeurteilt werden; dann aber auch, wenn UH. wegen eines Deliktes verhängt war, dessenwegen Freisprechung oder Einstellung erfolgte: E. **71** 140. — Sinkt durch solche Anrechnung der Rest der verwirkten Strafe unter das Mindestmaß der Strafart, so findet Umwandlung nicht statt. — Auf welche von mehreren Strafen, steht im Ermessen des Richters: Tübingen MDR. **49** 121. — Die angerechnete UH. ist vom Ende der Strafzeit zu kürzen: E. **29** 75. — Vgl. § 19 A. I, entspr. § 21.

8. Strafantrag

61. Eine Handlung, deren Verfolgung nur auf Antrag eintritt, ist nicht zu verfolgen, wenn der zum Antrage Berechtigte es unterläßt,

den Antrag binnen drei Monaten zu stellen. Diese Frist beginnt mit dem Tage, seit welchem der zum Antrage Berechtigte von der Handlung und von der Person des Täters Kenntnis gehabt hat.

I. Unterscheide: **Offizialdelikte und Antragsdelikte.** Zu letzteren vgl. auch StPO. §§ 43, 127 Abs. 3; §§ 130, 158 Abs. 2, § 260 Abs. 2; §§ 374, 375, 395, 470. — Von der Antragsbefugnis verschieden ist die Privatklagebefugnis, die bei mehreren (keineswegs allen) Antragsdelikten, aber auch bei einigen Offizialdelikten gegeben ist: darüber StPO. §§ 374 ff. Die Kreise der Antrags- und der Privatklagetaten schneiden sich also. — Wegen entprechender Anwendung auf Untreue gegen Angehörige vgl. E. **70** 209.

II. Der Strafantrag ist **Prozeßvoraussetzung** (vgl. Vorbem. vor § 1). Auch ohne Antrag ist die Handlung also rechtswidrig und „strafbar" (wichtig z. B. wegen §§ 47 ff., 53, 259). E. **2** 221, **6** 161, **45** 128, **57** 143. Vgl. ferner E. **46** 269 (trotz prozess. Natur des Antrags sei § 2a II anwendbar). Freilich auch Anm. V Abs. 2!

III. Das Antragserfordernis gilt für **alle Erscheinungsformen** des Verbrechens: Täterschaft, Versuch, Anstiftung, Beihilfe. — Umfaßt eine Fortsetzungstat Offizialdelikte und Antragsdelikte, so ist nach E. **71** 286 ein Antrag nicht nötig. Ebenso nicht bei IdKonk. von OffDel. und ADel. Nur ist hier die Verfolgung auf den Gesichtspunkt des OffDel. beschränkt (E. **33** 339): z. B. IdKonk. von falscher Anschuldigung und Beleidigung.

IV. Auch Verhängung einer **Maßregel der Sicherung oder Besserung** setzt eine strafrechtl. Verfolgung voraus, einerlei ob es sich um ein ordentl. Strafverfahren oder um ein selbständiges Sicherungsverfahren gemäß StPO. § 429 a handelt. Auch hier also bei Antragsdelikten StrAntrag nötig. Ein solcher braucht aber nicht ausdrücklich auf „Bestrafung" gerichtet zu sein; Antrag auf Unterbringung in einer Heil- oder Pflegeanstalt genügt. E. **71** 218, aufrechterhalten in E. **71** 321 und DJ. **39**, 1044.

V. **Antragsberechtigter** ist, soweit ihn das Gesetz nicht nennt (wie z. B. in § 182), der unmittelbar Verletzte, d. h. der unmittelbare Träger des angegriffenen Rechtsgutes: E. **19** 250; vgl. auch E. **40** 184, **41** 103; in einzelnen Fällen auch der mittelbar Verletzte (§§ 195, 196, 232). — Eine Vertretung des Berechtigten in der Erklärung ist stets zulässig; eine Vertretung im Willen unabhängig vom Verletzten in den gesetzlich bestimmten Fällen (§§ 65, 195, 196, 232); allgemein dagegen als Ausfluß einer vom Verletzten eingeräumten Vertretungsmacht zur Wahrnehmung des verletzten Rechtsgutes: E. **43** 44, **65** 357 (Ausn. bei immateriellen Gütern, z. B. Ehre: E. **21** 231). — Ist der gesetzl. Vertr. selbst der Täter, so ist er rechtlich verhindert, den StrAntrag zu stellen. Für den Verletzten ist ein Pfleger zu bestellen. Erst mit dessen Kenntnisnahme von Tat und Täter beginnt die Frist für den StrAntrag. E. **73** 113. — Das ARecht ist nicht vererblich. E. **11** 53, **43** 335.

Dort, wo der StrAntrag einer **Behörde** vorgesehen ist, behandelt die Rechtspr. diesen nicht als „Antrag" i. S. der §§ 61 ff. So auch nicht im Hinblick auf die Bestimmung des § 2 a über die Möglichkeit, ein „milderes" Gesetz rückwirken zu lassen: E. **75** 306. Vgl. über die grundsätzliche Bedeutung der Unterscheidung Bockelmann in der Anm. in DR. 41, 2182.

VI. **Verzicht** auf StrA. ist wirkungslos: E. **3** 221, **14** 202.

VII. Die **Dreimonatsfrist** soll den Zustand der Unsicherheit darüber, ob der Staat den Täter verfolgen muß, zeitlich begrenzen. — Abweichende Berechnung in §§ 198, 232 und StPO. § 388.

1. **Handlung** hier einschließlich Erfolg (E. **61** 299). — Beim Kollektivdelikt (Vorbem. II 3 vor § 73): mit Aufhören der verbrecherischen Tätigkeit; beim Dauerdelikt (Vorbem. II 2 vor § 73) mit Endigung des deliktischen Zustandes: E. **43** 285. Beim fortgesetzten Delikt (Vorbem. II 1 vor § 73) erstreckt sich der Antrag auf die Tätigkeit im ganzen (als Einheit), d. h. auch auf Handlungen, für welche als einzelne die Frist abgelaufen wäre (E. **20** 226), sowie auf dem Antrag nachfolgende (Teil-) Handlungen: E. **40** 319, **40** 329, **47** 201. Die Frist beginnt mit der letzten Einzelhandlung: E. **15** 370, **61** 299. — Vgl. auch unten zu 3.

2. **Person des Täters:** irgendeines strafbar Beteiligten. E. **9** 390. — Richtige Angabe des Namens des Täters ist nur bei den sog. relativen ADelikten (§§ 247, 263 V, 289, 292) erforderlich: E. **7** 35, **20** 54, **27** 34.

3. **Kenntnisnahme.** Vermutungen genügen nicht. Nötig ist ernster Verdacht, daß die Straftat als solche begangen ist. E. **75** 298.

VIII. Antragstellung unter aufschiebender **Bedingung** ist nicht gültig; auflösende Bedingungen sind nicht zu beachten. Es ist festzustellen, ob der Antrag ernstlich gewollt ist: E. **14** 96. Unrichtige rechtliche Bezeichnung der Tat ist unerheblich; wenn nur erkennbar, welche Hdlg. verfolgt werden soll (E. **65** 357).

62. Wenn von mehreren zum Antrage Berechtigten einer die dreimonatliche Frist versäumt, so wird hierdurch das Recht der übrigen nicht ausgeschlossen.

Gemäß §§ 65, 182, 195, 196, 232 Abs. 3; oder mehrere Verletzte. Vgl. E. **46** 203.

Unteilbarkeit des Strafantrags

63. Der Antrag kann nicht geteilt werden. Das gerichtliche Verfahren findet gegen sämtliche an der Handlung Beteiligte (Täter und Teilnehmer), sowie gegen den Begünstiger statt, auch wenn nur gegen eine dieser Personen auf Bestrafung angetragen worden ist.

§ 63 hatte die persönliche Unteilbarkeit des StrAntrags bestimmt Die VO. v. 29. 5. 43 hat ihn gestrichen. Es ist also jetzt z. B. zulässig, den Strafantrag des verletzten Ehegatten wegen Ehebruchs auf den Nicht-Ehegatten zu beschränken. KRG. Nr. 11 hat die Frage nicht berührt.

Zurücknahme des Antrags

64. Die Zurücknahme des Antrages ist nur in den gesetzlich besonders vorgesehenen Fällen und nur bis zur Verkündung eines auf Strafe lautenden Urteils zulässig.

Die rechtzeitige Zurücknahme des Antrages gegen eine der vorbezeichneten Personen hat die Einstellung des Verfahrens auch gegen die anderen zur Folge.

I. Form der Zurücknahme gleichgültig. **Adressat:** die Behörde, welche zur Zeit der Zurücknahme mit der Sache befaßt ist. E. **8** 79, **52** 200. **Berechtigter:** Der Antragsteller. Betr. Stellvertretung gilt Anm. V zu § 61.

Der Vertretene kann den vom Vertreter gestellten A. nach Ablauf der Vertretungsbefugnis zurücknehmen, z. B. der volljährig gewordene Mündel den A. des Vormundes: E. **22** 256. **Widerruf** der Zurücknahme und Erneuerung des gültig zurückgenommenen A. ist unzulässig. Ueber den **Verzicht** s. oben § 61 Anm. VI und E. **36** 64.

II. Gesetzlich besonders vorgesehene Fälle in §§ 104, 123, 194, 232, 247, 248a, 263, 264a, 292, 303, 370 und vielen Nebengesetzen.

III. Urteil auf Strafe oder, falls Freispruch wegen Unzurechnungsfähigkeit: auf Unterbringung gemäß § 42b: E. **72** 353.

Rücknahme bis zum Beginn der Verkündung von Urteilsformel und -gründen, eines einheitlichen Vorgangs (E. **57** 268), zulässig. — Abweichende Frist in SeemO. § 96. — Ist gegen einen von mehreren an einem Antragsvergehen Beteiligten ein auf Strafe lautendes Urteil verkündet, so kann auch den anderen gegenüber der StrAntrag nicht mehr zurückgenommen werden. So E. **64** 392. Ob diese auf den Grundsatz der Unteilbarkeit des Strafantrags (fr. § 63) gestützte Entsch. noch aufrechterhalten werden kann. ist zweifelhaft und wohl zu verneinen. — Die Privatklage kann bis zur Verkündung des Urteils zweiter Instanz zurückgenommen werden (StPO. § 391). Die Zurücknahme der PrKl. ist aber Zurücknahme des in ihr liegenden Antrags nur, soweit dieser zurücknehmbar ist und nicht Abs. 1 der Zurücknahme entgegensteht. Andernfalls bleibt er gestellt und ist nun öffentliche Klage möglich: E. **8** 207, **19** 284.

IV. Die **Streichung des Abs. II** durch VO. v. 29. 5. 43 folgte aus der Streichung des § 63. Vgl. dort.

Antragsmündigkeit

65. Der Verletzte, welcher das achtzehnte Lebensjahr vollendet hat, ist selbständig zu dem Antrage auf Bestrafung berechtigt. Solange er minderjährig ist, hat, unabhängig von seiner eigenen Befugnis, auch sein gesetzlicher Vertreter das Recht, den Antrag zu stellen.

Ist der Verletzte geschäftsunfähig oder hat er das achtzehnte Lebensahr noch nicht vollendet, so ist sein gesetzlicher Vertreter der zur Stellung des Antrages Berechtigte.

I. Der **Verletzte:** vgl. § 61 Anm. V.

II. Der **gesetzliche Vertreter** handelt nicht kraft eigenen Rechtes, sondern eines aus dem Rechte des Vertretenen abgeleiteten: E. **22** 256, **57** 240. — Ist der gesetzl. Vertr. a. d. StrTat beteiligt, so ist er, als Gegner des Vertretenen, zur Vertretung nicht befugt (E. **73** 113). Dann (und ebenso, wenn er pflichtwidrig einen Antrag unterläßt), kann dem Verletzten (gemäß BGB. §§ 1630, 1686, 1796, 1909) ein Pfleger (zwecks Antragstellung, § 1915 BGB.) bestellt werden; E. **4** 145, **35** 47, **50** 156. Die Frist des § 61 läuft dann vom Tage ab, an dem der Pfleger Kenntnis von Tat und Täter hatte; vgl. auch hinsichtlich der Fristberechnung bei Geisteskranken E. **27** 366. — Auch das VormundschGer. ist antragsberechtigt, falls BGB. § 1846 gegeben: DR. **41** 1837.

III. Prozessuales: Nach StPO. § 374 hat der selbständig zum Antrag Berechtigte auch das Recht, Privatklage zu erheben. — In den Fällen der §§ 195, 196, 232 konkurriert das dort gegebene Antragsrecht des Ehemannes bzw. des Vorgesetzten gegebenenfalls mit dem des gesetzlichen Vertreters: E. **12** 415.

IV. Geschäftsunfähigkeit: vgl. BGB. § 104. — Nicht bei nur beschränkter Geschäftsfähigkeit, BGB. §§ 6, 114, 1906: E. **34** 98.

9. Verjährung

66. Durch Verjährung wird die Strafverfolgung und die Strafvollstreckung ausgeschlossen.

Der Staatsanwalt kann die Verfolgung einleiten, wenn die Verhängung der Todesstrafe oder von lebenslangem Zuchthaus zu erwarten ist.

Abs. II durch VO. v. 29. 5. 43 hinzugefügt; ist zwar durch KRG. Nr. 11 nicht beanstandet worden, bedeutet aber eine nationalsozialistische Ueberspannung des Rechts der Exekutive. Er ist daher nicht mehr anwendbar. A. A. Schönke. Vgl. § 67 Anm. I.

Strafverfolgungsverjährung

67. Die Strafverfolgung von Verbrechen verjährt,

wenn sie mit dem Tode oder mit lebenslänglichem Zuchthaus bedroht sind, in zwanzig Jahren;

wenn sie im Höchstbetrage mit einer Freiheitsstrafe von einer längeren als zehnjährigen Dauer bedroht sind, in fünfzehn Jahren;

wenn sie mit einer geringeren Freiheitsstrafe bedroht sind, in zehn Jahren.

Die Strafverfolgung von Vergehen, die im Höchstbetrage mit einer längeren als dreimonatlichen Gefängnisstrafe bedroht sind, verjährt in fünf Jahren, von anderen Vergehen in drei Jahren.

Die Strafverfolgung von Uebertretungen verjährt in drei Monaten.

Die Verjährung beginnt mit dem Tage, an welchem die Handlung begangen ist, ohne Rücksicht auf den Zeitpunkt des eingetretenen Erfolges.

Mit der Verjährung der Strafverfolgung erlischt auch die Befugnis, auf Grund der Tat Maßregeln der Sicherung und Besserung anzuordnen.

I. Wesen der Verjährung. Sie beruht allein auf objektiven Voraussetzungen und ist unabhängig davon, ob sie im Einzelfall mit Grundsätzen der Gerechtigkeit vereinbar ist oder nicht: So Frankfurt SJZ. **48** 272. — Ob die Verfolgungsverjährung materiellrechtlich (strafaufhebend) wirkt, ist streitig (auch im Ausland, vgl. Schönke § 66 IV). Jedenfalls wirkt sie (auch) prozessual in dem Sinne, daß sie die Anklageerhebung und, falls Anklage erhoben wird, eine Sachentscheidung ausschließt; ist das Hauptverfahren eröffnet, so erfolgt nicht Freisprechung, sondern Einstellung des Verfahrens. Vgl. StPO. § 260 und E. **41** 268, **76** 160 gegen E. **12** 436, **40** 90.

II. **Besondere Verjährungsfristen** s. in StGB. § 171 und in zahlreichen Nebengesetzen, z. B. Preßgesetz § 22 i. d. Fassung des G. v. 28. 6. 35, Art. 13: Presse-„Vergehen" verjähren in 1 Jahr, Presse-„Verbrechen" nach § 67 StGB. Jetzt auch in WiStrGes. (Anh. Nr. 21) § 30 (Zweijahresfrist). Eigenartig die Regelung in VerbrRegStrVO. v. 26. 11. 41 § 21. Hierzu DJ. 42 279 und Rietzsch Kommentar zu ihr, 2. Bearbeitung 1942.

III. Der Höchstbetrag der **angedrohten** Strafe entscheidet: vgl. § 1 mit Anm. Bei Versuch und Beihilfe betrachtet die herrschende Ansicht den ermäßigten Strafrahmen (§§ 44, 49 Abs. 2) als selbständige Strafdrohung.

IV. **Geldstrafe** verjährt stets, auch bei Umwandlung in Freiheitsstrafe, in 3 Jahren: E. **1** 167.

V. **Sonderfälle:** bei **fortgesetzten** Verbrechen (s. Vorbem. II 1 vor § 73) Verjährung mit der letzten Einzelhandlung: E. **38** 387, **59** 281, **66** 36, **72** 26. — Bei **Dauerdelikten** mit Beseitigung des rechtswidrigen Zustandes. Die Verjährung einer Freiheitsberaubung z. B. beginnt erst mit deren Aufhören. E. **22** 161, **37** 78, **59** 7, 53. Ebenso HRR. **40** 461 betr. Beiseiteschaffen von Urkunden. — Bei **Unterlassungsdelikten** beginnt der Lauf der Verjährungsfrist mit Wegfall der Verpflichtung zum Handeln, also wenn das Unterlassen aufhört, schuldhaft zu sein. Dies z. B. auch dann, wenn nach längerer Zeit das Bewußtsein, zur Beseitigung eines rechtsw. Zustandes verpflichtet zu sein, normalerweise verschwunden ist. Vgl. E. **75** 32, 296. — War bei Unterlassungsdelikten Strafe in einem bestimmten Zeitpunkt verwirkt, die Handlungspflicht damit aber nicht erloschen, (z. B. andauernde Unterlassung steuerrechtlich gebotener Buchungen), so beginnt die Verjährungsfrist nicht schon mit dem Zeitpunkt der verwirkten Strafe: E. **8** 390, **9** 353, **43** 130, **59** 6, **62** 212. In jedem Einzelfall aber zu prüfen, ob wirklich Unterlassungsdelikt! Steuerhinterziehung (RAbgO. § 396) z. B. besteht nicht in Nichtzahlung, sondern in Abgabe der unrichtigen Erklärung und (dies der tatbestandsmäßige „Erfolg", vgl. Anm. VI) ihr folgender unrichtiger Veranlagung. Mit dieser beginnt der Lauf der Verjährungsfrist. Ebenso bei Steuergefährdung nach § 402 RAbgO. — Die Verjährung der **Teilnahmehandlung** beginnt wie die Verjährung der Haupttat (E. **30** 300, 310, **42** 171). Ist diese eine „fortgesetzte" Handlung und wollte der Gehilfe nur bei einzelnen Teilhandlungen helfen, so beginnt die Verjährung seiner Beihilfe mit dem Abschluß des betr. Teils; entsprechendes bei Teilnahme an Dauerverbrechen. E. **65** 362. — Seit der Aufgabe der extremen Akzessorietät der Teilnahme (§§ 48, 49 n. F.) sind hier manche Schwierigkeiten verschwunden.

Wird ein rechtskräftiges Urteil infolge Wiederaufnahme oder Nichtigkeitsbeschwerde beseitigt, so beginnt eine neue Verfolgungsverjährung: E. **76** 48.

VI. Nach Abs. 4 ist maßgebend der Zeitpunkt der **Willensbetätigung.** (Die Verjährung kann demnach eintreten, bevor die Handlung strafbar geworden.) Abweichend vom Gesetz verlangt das RGer., daß die Hdlg. strafbar geworden, also ein hierzu etwa nötiger Erfolg (aber nicht mehr) eingetreten ist; die Verjährung beginnt also nach RGer. mit dem Zeitpunkt formeller Deliktsvollendung. E. **42** 171, **62** 418. Vgl. auch Vorbem. I vor § 43 über Vollendung und Beendigung.

VII. Bei **Idealkonkurrenz** (oder Subsidiarität der in Betracht kommenden Gesetze) schließt die Verjährung des einen Deliktes nicht die Verfolgung wegen des weiteren aus: E. **26** 261, **39** 353.

VIII. Abs. 5 des § 67 ist eingefügt durch G. v. 24. November 1933 Art. 3 Nr. 7, jetzige Fassung nach G. v. 23. März 1934.

Unterbrechung der Verfolgungsverjährung

68. Jede Handlung des Richters, welche wegen der begangenen Tat gegen den Täter gerichtet ist, unterbricht die Verjährung.

Die Unterbrechung findet nur rücksichtlich desjenigen statt, auf welchen die Handlung sich bezieht.

Nach der Unterbrechung beginnt eine neue Verjährung.

I. Des **Strafrichters.** Auch des Unters.Richters, der gemäß StPO. § 191 vorgeht (JW. 37, 1289). Nicht aber der Staatsanwaltschaft (E. **41** 356), oder des Zivilrichters (E. **29** 234), nicht der Polizei oder von Privatpersonen. Dagegen stellt StPO. § 413 Abs. 4 die polizeilichen Strafverfügungen, StPO. § 419 Abs. 3 den Strafbescheid der Verwaltungsbehörden den richterlichen Handlungen gleich. — Die Handlung braucht nicht von dem für den Einzelfall zuständigen Richter auszugehen: E. **6** 37. Sie muß jedoch rechtlich zulässig sein, um die Verjährung zu unterbrechen; vgl. E. **24** 205, **32** 247, **6** 37. — Ueber Fälle der Anm. I zu § 68 vgl. OGHE. **1** 54.

II. Gegen den Täter gerichtete Handlung: Soweit sie ersichtlich dem Fortgang des Verfahrens dienen soll; im allg. also nicht bloße Wiedervorlage-Verfügungen (E. **56** 380, **62** 425). — Aber bloß die sachgemäße; nicht die nur zwecks Unterbrechung vorgenommene. — Das RGer. hält objektive Sachgemäßheit der Richterhandlung offenbar nicht für erforderlich, um die Verjährung zu unterbrechen: E. **41** 17, **65** 82. Vgl. aber auch KGer. in GoltdArch. **73** 21, **74** 120.

III. Begangene Tat setzt eine bestimmte Tat voraus. Umfaßt auch Teilnahmehandlungen: E. **41** 17. Tat bezeichnet hier ein bestimmtes historisches Vorkommnis, nicht eine bestimmte juristische Qualifikation: E. **30** 301, **33** 426. Es ist also gleichgültig, wenn bei den „Handlung des Richters" das Vorkommnis anders qualifiziert wird als vom erkennenden Gericht: E. **24** 77. Aus gleichem Grunde wirkt die Unterbrechung auch auf ideell konkurrierende Delikte und, falls eines davon Antragsdelikt ist, auch auf dieses, selbst wenn vor Ablauf der für dasselbe maßgebenden Verjährungsfrist ein Strafantrag noch nicht gestellt war: E. **33** 426. Anders bei ausschließlichem Antragsdelikt: E. **6** 37. — Für Beginn und Dauer der Verjährungsfrist (s. § 67) ist jedoch die Tat in jener rechtlichen Qualifikation maßgebend, die nach Ansicht des erkennenden Gerichts vorliegt; nicht die der Handlung des Richters zugrunde liegende Beurteilung. Vgl. E. **38** 426.

IV. Täter nicht im technischen Sinne. Umfaßt auch die Teilnehmer. — Der Name des „Täters" braucht nicht bekannt zu sein. Dagegen muß die richterliche Handlung auf eine bestimmte Person (s. auch Abs. II), gegen welche sich der Verdacht richtet, hinzielen: E. **6** 212. So der Beschluß vorläufiger Einstellung des Verfahrens wegen Abwesenheit des Angekl.: E. **21** 308.

V. Beziehung der Unterbrechungshandlung. Bei Mittätern auch alle, wenn die Handlung primär auch nur einen Mittäter betrifft, nach der Sachlage aber die Verfolgung der anderen erkennbar mit bezweckt: E. 36 350. Vgl. auch E. 13 57 a. E.

VI. Die **neue** Verjährung (Abs. 3) beginnt mit dem Tage der Unterbrechung selbst: E. 13 57.

Ruhen der Verfolgungsverjährung

69. Die Verjährung ruht während der Zeit, in welcher auf Grund gesetzlicher Vorschrift die Strafverfolgung nicht begonnen oder nicht fortgesetzt werden kann. Ist der Beginn oder die Fortsetzung eines Strafverfahrens von einer Vorfrage abhängig, deren Entscheidung in einem anderen Verfahren erfolgen muß, so ruht die Verjährung bis zu dessen Beendigung.

Ist zur Strafverfolgung ein Antrag oder eine Ermächtigung nach dem Strafgesetz erforderlich, so wird der Lauf der Verjährung durch den Mangel des Antrages oder der Ermächtigung nicht gehindert.

I. **Gesetzliche Vorschrift** z. B. § 191. — Geisteskrankheit kein unbedingter Hinderungsgrund der Str.Verfolgung. E. 52 36. — Zur Verfolgung der in der nationalsozialistischen Zeit aus politischen Gründen nicht verfolgbaren strafbaren Handlungen vgl. KRG. Nr. 1 Art. II. Das Ruhen der Verjährung zwischen dem 30. 1. 33 und dem 1. 7. 45 in diesen Fällen spricht für die brit. bes. Zone § 3 der VO. v. 23. 5. 47 (VOBlBrZ. S. 65) aus. Hierzu Oldenburg Nds. Rpfl. 48 17 u. 70. Entsprechend gilt für die amerik. Zone (vgl. DRZ. 46, 119; 1947, 157) und für die französische (DRZ. 47, 158). Für die sowj. bes. Zone vgl. die Rspr.: Dresden DRZ. 47 165. — Sonderbestimmung in Art. II 5 KRG. Nr. 10 für die dort bezeichneten Verbrechen. Vgl. jedoch auch OGHE. 1 54 u. 204 betr. Einzelheiten und Einschränkungen des Ruhens.

II. **Vorfrage:** Vgl. § 164 Abs. 6, §§ 170, 171, Abs. 3, §§ 172, 191 (185 bis 187, 189, 190), 238 (236, 237).

III. Die Verjährung ruht nur für denjenigen, für den ein solcher Hinderungsgrund besteht. — Nur im inländischen Rechte begründete Hindernisse der Strafverfolgung bewirken ein Ruhen der V.: E. 40 402.

Strafvollstreckungsverjährung

70. Die Vollstreckung rechtskräftig erkannter Strafen verjährt, wenn

1. **auf Tod oder auf lebenslängliches Zuchthaus oder auf lebenslängliche Festungshaft erkannt ist, in dreißig Jahren;**
2. **auf Zuchthaus oder Festungshaft von mehr als zehn Jahren erkannt ist, in zwanzig Jahren;**
3. **auf Zuchthaus bis zu zehn Jahren oder auf Festungshaft von fünf bis zu zehn Jahren oder Gefängnis von mehr als fünf Jahren erkannt ist, in fünfzehn Jahren;**
4. **auf Festungshaft oder Gefängnis von zwei bis zu fünf Jahren erkannt ist, in zehn Jahren;**

5. **auf Festungshaft oder Gefängnis bis zu zwei Jahren oder auf Geldstrafe von mehr als einhundertfünfzig Reichsmark erkannt ist, in fünf Jahren;**
6. **auf Haft oder auf Geldstrafe bis zu einhundertfünfzig Reichsmark erkannt ist, in zwei Jahren.**

Die Vollstreckung einer rechtskräftig angeordneten Maßregel der Sicherung und Besserung verjährt in zehn Jahren. Ist die Unterbringung in einer Trinkerheilanstalt oder einer Entziehungsanstalt oder erstmalig die Unterbringung in einem Arbeitshaus oder die Entmannung angeordnet, so beträgt die Frist fünf Jahre.

Die Verjährung beginnt mit dem Tage, an welchem das Urteil rechtskräftig geworden ist.

I. Strafen: auch der Nebenstrafen. — Ueber Buße vgl. zu § 188 Anm. I.

II. Die im Einzelfall **verwirkte** Strafe ist entscheidend.

III. Abs. 2 **eingefügt** durch G. v. 24. 11. 33 Art. 3 Nr. 8.

IV. Für **StrBefehl** StPO § 410. Entsprechend Strafbescheid und Strafverfügung.

Ruhen der Vollstreckungsverjährung

71. Ist auf die Freiheitsstrafe und Geldstrafe zugleich oder neben einer Strafe auf eine mit Freiheitsentziehung verbundene Maßregel der Sicherung und Besserung erkannt, so verjährt die Vollstreckung der einen Strafe oder Maßregel nicht früher als die der anderen.

Neufassung durch G. v. 24. 11. 33 Art. 3 Nr. 9.

Unterbrechung der Vollstreckungsverjährung

72. Jede auf Vollstreckung der Strafe oder Maßregel gerichtete Handlung derjenigen Behörde, welcher die Vollstreckung obliegt, sowie die zum Zwecke der Vollstreckung erfolgende Festnahme des Verurteilten unterbricht die Verjährung.

Nach der Unterbrechung der Vollstreckung der Strafe oder Maßregel beginnt eine neue Verjährung.

I. **Vollstreckungsbehörde** in erster Linie die Staatsanwaltschaft (§ 451 Abs. 1 StPO.); u. U. die Amtsrichter (§ 451 Abs. 3 StPO.), in Jugendsachen der Jugendrichter (§ 56 RJGG.).

II. **Auf Vollstreckung gerichtete Handlung:** vgl. § 68 Anm. II entspr.

Fünfter Abschnitt

Zusammentreffen mehrerer strafbarer Handlungen

Vorbemerkungen

Inhalt: I. Namengebung. — **II. Einheit und Mehrheit der Handlungen.** — A. Natürliche Handlungseinheit. — B. Rechtliche Handlungseinheit: 1. fortgesetztes Verbrechen, 2. Dauerverbrechen, 3. Sammelverbrechen. — **III. Verletzung mehrerer Gesetze.** Ausnahmen: 1. Speziellere Gesetze, 2. subsidiäre Gesetze, 3. straflose Nachtat, 4. straflose Vortat.

I.

§ 73 regelt die sog. **Idealkonkurrenz:** Verletzung mehrerer Gesetze durch eine Handlung; § 74 die sog. **Realkonkurrenz:** Verletzung mehrerer Gesetze durch mehrere Handlungen.

Das RGer. verdeutschte zuletzt IdK. in **Tateinheit,** RK. in **Tatmehrheit.** Hiermit blieb aber gerade das Wesentliche ungesagt. Denn daß z. B. bei Vergewaltigung der eigenen Tochter eine „Tateinheit" vorliegt, ist selbstverständlich. Nicht aber, daß hier zwei Gesetze verletzt sind, „konkurrieren". Deshalb ist die Bezeichnung „Konkurrenz" oft unentbehrlich, um die unter die §§ 73, 74 fallenden Fälle von denen unterscheiden zu können, wo (einerlei ob durch eine oder durch mehrere selbständige Handlungen) nur scheinbar mehrere Gesetze verletzt sind, in Wahrheit aber eines das andere verdrängt, aufzehrt. Ueblich ist es, bei nur scheinbarer Verletzung mehrerer Gesetze durch eine Handlung von **„Gesetzeskonkurrenz"** zu sprechen; aber irreführend; denn gerade eine „Konkurrenz" liegt hier (z. B. wenn das speziellere Gesetz das allgemeine ausschließt) nicht vor. Das RGer. spricht hier neuerdings von **„Gesetzeseinheit",** was das Gegenteil besagt und richtiger ist.

Es empfiehlt sich, nach wie vor einerseits von **Konkurrenz,** andrerseits von **Konsumtion** zu sprechen. (Deutsche Worte, etwa „Zusammentreffen" und „Aufzehrung", haben sich noch nicht eingebürgert.) Was konkurriert, zusammentrifft, oder aber konsumiert, aufgezehrt wird, sind Rechtssätze, Gesetze. Ob in einer und derselben Handlung oder in mehreren Handlungen, ist eine zweite Frage.

Das Gesetz gebraucht das Wort „Handlung" leider zweideutig: in der Abschnittsüberschrift als Normübertretung, in den §§ 73, 74 als Tun.

Es handelt sich also um folgende Fragen, die auch im Einzelfall in dieser Reihenfolge gestellt und beantwortet werden müssen: 1. **Wann** ist eine, wann sind mehrere Handlungen vorgenommen? 2. **Wann** sind — sei es durch eine, sei es durch mehrere Handlungen — mehrere Gesetze (bzw. ein Gesetz mehrmals) verletzt, so daß diese dann konkurrieren; und wann nur ein Gesetz, so daß andere nur scheinbar verletzt sind, also nicht konkurrieren, sondern konsumiert werden.

II.

Einheit und Mehrheit der Handlungen

A.

Handlungseinheit liegt jedenfalls vor bei **Einheit des Willensakts** (natürliche Handlungseinheit). Hierzu reichen aber Einheitlichkeit des Ziels und Einmaligkeit des Entschlusses nicht ohne weiteres aus. Erforderlich ist „ein solcher unmittelbarer Zusammenhang, daß sich das gesamte Tätigwerden an sich (objektiv) auch für einen Dritten als ein einheitliches zusammengehöriges Tun bei natürlicher Beobachtungsweise erkennbar macht" (E. **58** 113, **59** 318).

Bei mehreren Willensbetätigungen müssen diese „wenigstens teilweise derart zusammenfallen, daß mindestens ein Teil der einheitlichen Handlung zur Herstellung des Tatbestandes beider Vergehen mitgewirkt hat" (E. **56** 58 und 329). Einheitlichkeit des Zieles oder des Willens genügt nicht: E. **58** 116, **60** 242, **71** 40, **74** 359. Abweichend lediglich E. **75** 119: es genüge, daß die eine Tat die andere ermöglichen oder erleichtern solle; vgl. auch Celle

SJZ. **47** 272: Diebstahl als „unerläßliche" Vorber. Hdlg. des Beiseiteschaffens gem. § 1 KWVO., daher „natürliche Handlungseinheit". Berechtigte Bedenken dortselbst in Anm. Less. Vgl. auch E. **32** 137 (Hausfriedensbruch und Beischlafserschleichung als zwei selbständige Handlungen); **52** 287, **54** 288, **66** 347 (Hausfriedensbruch und Nötigung bzw. Totschlag desgleichen, auch wenn der erstere bei Vornahme der Nötigungshandlung oder des Totschlags noch nicht beendet war); **59** 387 (wer drei Personen, für die er zu sorgen hat, zu retten unterläßt, kann nur einmal aus § 221 in Verbindung mit § 73 bestraft werden). Wenig überzeugend: E. **68** 216 (es handelte sich um fahrlässige Tötung und Führerflucht, begangen in einem rechtswidrig gebrauchten Kraftwagen; auf die drei Straftaten sei § 73 anwendbar, wenn die Fahrlässigkeit darin bestand, daß der Angekl. angetrunken und übermüdet war, als er sich ans Steuer setzte; dagegen § 74, wenn nur spätere Unvorsichtigkeit den Unfall verschuldete); HRR. **39** 391 (drei Schüsse aus einheitlichem Entschluß, in einer bestimmten Gegend wen immer zu verletzen, bilden nur „eine" Körperverletzung; nicht verwechseln mit fortgesetztem Verbrechen!).

B.

Als rechtliche Handlungseinheit werden außerdem folgende Fälle zusammengefaßt, die sowohl tatsächlich wie rechtlich verschieden liegen:

1. **Das fortgesetzte Verbrechen.** Es ist gegeben, wenn Einzelhandlungen von einer gewissen tatsächlichen und rechtlichen Gleichartigkeit (näheres unten a und b) von vornherein von dem Vorsatz des End- und Gesamterfolgs (unten c) getragen sind. Beisp.: Ein z. Z. unbewohntes Haus wird in mehreren Nächten ausgeplündert, da eine Nacht nicht ausreicht. Die Fortsetzungstat erscheint schon natürlicher Betrachtung, der die rechtliche sich lediglich anschließt, als Einheitstat, der gegenüber die Einzelakte ihre Selbständigkeit verlieren (E. **56** 54 u. öfter). Das schließt nicht aus, daß ein Einzelakt eine vollendete Straftat darstellen kann, falls es zu einer Fortsetzung nicht kommt. — Die Neigung der Strafbehörden, den Bereich des Fortsetzungszusammenhangs über Gebühr auszudehnen, ist begreiflich, aber bedenklich. Begreiflich, weil die Kleinarbeit, die mit der Feststellung vieler ähnlicher Taten des gleichen Täters verbunden ist, überflüssig erscheint, wenn wegen der zweifellos begangenen Taten das Strafergebnis ohnehin festzustehen scheint. Bedenklich erstens, weil die Möglichkeit, eine Gesamtstrafe gemäß § 74 zu bilden, u. U. nicht ausgenutzt werden kann; zweitens, weil mit dem Urteil auch die nicht festgestellten Einzeltaten als rechtskräftig abgeurteilt gelten (StPO. § 264 I); drittens, weil bei Annahme e. Einheitstat § 20 a II u somit auch § 42 e unanwendbar sind (anders aber DR. **43** 393 m. Anm. Rietzsch), viertens andererseits, weil Verjährung, Amnestie, ein älteres milderes Strafgesetz (vgl. E. **2** 337) u. U. über Gebühr ausgeschlossen werden. Mit Recht spricht Nagler LKS. 538 in diesem Zusammenhange von einem Zweckwandel des Begriffs. Der Neigung der Instanzgerichte, den Begriff des Fortsetzungszusammenhangs zu überspannen, ist das RGer. stets entgegengetreten. Vgl. E. **66** 236, **68** 297, **70** 243, **72** 164, 211 u. bes. **73** 164. — Andere suchten umgekehrt zu helfen, indem sie den Grundsatz der RKraft lockern wollen: OLG. München in DJ. **38** 724; VGH. in DJ. **38** 1193; OLG. Stuttgart in DJ. **39** 1698; OLG. Dresden in DJ. **40,** 271; Niederreuther in DJ. 38, 1757; Schwarz in ZAk. 38, 540; Nagler in

ZAk. 39, 351, 371 ff., 401 ff. Indessen ob und wieweit man den Grundsatz der Rechtskraft lockern will, ist eine rechtspolitische Frage, die nur der Gesetzgeber beantworten kann. Konservativ: RGer. in DStrR. 39 355.

Die Ansicht darüber, unter welchen Voraussetzungen ein fortges. Verbr. anzunehmen ist, gehen grundsätzlich auseinander. Im Schrifttum wird namentlich das Erfordernis eines Gesamtvorsatzes (unten c) vielfach in Abrede gestellt, da dies eine sachwidrige Milde gegenüber dem intensiveren verbrecherischen Willen sei. Vgl. Frank § 74 Anm. V; v. Hippel II 540 ff.; Mezger Lehrb. 466, einschränkend jedoch StB I 209 — Nach herrschender Rechtspr. ist ein fortgesetzes Verbr. nur anzunehmen, wenn folgende Voraussetzungen zusammentreffen:

a) **Gleichartigkeit und Kontinuierlichkeit der Einzelakte,** d. h. grundsätzlich Erfüllung desselben Tatbestands. E. **67** 64. Vgl. E **39** 220 (Fortsetzungszusammenhang bei mehreren Akten versuchter Abtreibung); **49** 202 (bei Patentverletzung trotz Verschiedenheit der Ausführungsform); **55** 129 (bei Beleidigung). Dagegen z. B. abgelehnt in E. **17** 103 (Landesverrat, Bestechung, Beseitigung von Schriftstücken); **58** 228 (Diebstahl gegen den Lebenden und anschließende Unterschlagung von Nachlaßsachen); **61** 199 (Anstiftung zum Meineid und ein vom Anstifter selber mit demselben Ziel geleisteter Meineid); **67** 169 (Meineid und falsche eidesstattliche Versicherung). Abgelehnt ferner in E. **70** 385 bei Zuwiderhandlung gegen verschiedene Tatbestände des Devisengesetzes. DJ. **39** 307 (kein FortsZus., trotz einheitlichen Vorsatzes, bei Darlehensschwindel, Zechprellerei u. a.? Tatfrage, wieweit die Einzelakte objektiv ähnlich sind und zusammenhängen): HRR. **39** 1318 (große zeitliche Abstände zwischen den Einzelakten machen den einheitlichen Vorsatz unwahrscheinlich und stehen auch der Annahme eines zusammenhängenden Tuns entgegen). Betr. Frage- und Meldebogenfälschung vgl. München (bejahend) gegen Bamberg und Frankfurt (verneinend) in NJW. **48** 391 m. Anm. v. Schad sowie LG. Landshut DRZ. **49** 210 (Anm. Wendt), auch AG. Traunstein in NJW. **48** 238. — Vgl. auch E. **9** 344 und **70** 338 betr. Rechtshängigkeit und Rechtskraft.

b) **Gleichartigkeit des verletzten Rechtsguts** und Möglichkeit, es in **größerem oder geringerem Umfang,** also auch in quantitativen Abschnitten, zu verletzen: z. B. „Vermögen", auch wenn es mehreren gehört. Bei **höchstpersönlichen** Rechtsgütern aber, wie Leben, Freiheit, Ehre, Sittlichkeit, ist **„Gleichheit"** des RGuts zu fordern. Vgl. E. **43** 134, **44** 232, **53** 274, **57** 140, 163, 352, **64** 279. Werden also durch mehrere Willensbetätigungen mehrere Menschen bestohlen, so kann „eine fortgesetzte" Handlung vorliegen; werden aber durch mehrere Willensbetätigungen mehrere getötet oder beleidigt, sind stets mehrere Handlungen anzunehmen. (Bei Beleidigung ist E. **75** 207 der Annahme von FortZus. trotz Verschiedenheit der RGüter geneigter.) Stets Handlungsmehrheit bei (wenn auch gleichartigen) Sittlichkeitsverbrechen gegen mehrere Personen: E. **70** 145, **70** 243 (Großer Senat), **70** 282, **72** 257; bei Abtreibung an mehreren Frauen: Kiel HESt. **2** 13. Ebenso kein FortsZus. bei Bestechung mehrerer Beamter (E. **72** 174, **77** 191) oder Anstiftung verschiedener Personen zum Meineid (E. **70** 334) trotz Einheit des „Staatsamts" oder der „Rechtspflege". — Erpressung richtet sich zwar gegen das Vermögen, aber auch „gegen die Freiheit, also ein höchstpersönl. RGut"; folglich kein FortsZus., wenn durch mehrere Handlungen gegen mehrere Personen verübt: HRR. **37** 981. — Kein FortZus. bei mehreren Bestechungen gegenüber verschiedenen Beamten, wenn auch mit gleichem Endzweck. E. **72**

174. — Nicht überzeugend die Annahme fortgesetzter Zuhälterei bez. der Dirnen, die regelmäßig in einer bestimmten Gaststätte verkehren (JW. 39 752); auch nicht zu ersehen, ob ausbeuterische oder kupplerische Z. vorlag; erstere wäre Dauerverbrechen, wo bei einer Dirne für FortZus. kein Raum, bei mehreren Dirnen aber FortZus. abzulehnen wäre. Bei Kuppelei hält DR. 39 1507 FortZus. u. U. für möglich. Ebenso E. 77 191 für § 1a KWVO.

c) **Einheitlichkeit des Vorsatzes.** Hier kämpfte das RGer. bis zuletzt gegen die erstinstanzlichen Gerichte. Es genügt nicht ein Entschluß, künftig bei sich bietender Gelegenheit beliebig oft Straftaten gleicher Art zu begehen; der Vorsatz muß von vornherein den Gesamterfolg umfassen (E. **44** 392, **61** 200, **66** 47, **70** 51 sowie **75** 207 über den „Gesamtvorsatz" eines „Schamverletzters"; bei großen zeitlichen Zwischenräumen bes. eingehend zu prüfen und zu begründen) und einheitlichen Inhalt haben. Lockerer freilich wieder HRR. **40** 472 betr. Betrug. Zurückhaltend auch Kiel SchlHA. **46** 249. — Kein Fortsetzungszusammenhang zwischen Beihilfe- und Täterhandlungen, denn Beihilfevorsatz und Tätervorsatz schließen sich aus: E. **67** 139, 177. — Wegen Unvereinbarkeit der inneren Tatbestände auch kein FortsZ. möglich von Beleidigung und Verleumdung. HRR. **38** 186. — Bei Zweifel, ob einheitlicher Vorsatz, § 74: Bamberg HESt. **1** 258.

Einheitsvorsatz auch undenkbar bei **fahrlässigen** Straftaten. Hier entweder Tatmehrheit (§ 74) oder Dauerdelikt (E. **59** 287: Steuergefährdung) oder natürliche Handlungseinheit (DJ. **39** 1284: leichtfertige falsche Anschuldigung). — Weiterbegehung der strafb. Hdlg. nach Urteilsfällung kann im FortsZus. mit den vorhergehenden Teilhandlungen stehen, ist aber prozessual als neue Handlung zu würdigen und kann bestraft werden. E. **66** 47, **49** 353, **53** 44.

Für **Teilnehmer** sind die Voraussetzungen des Fortsetzungszusammenhangs selbständig zu beurteilen; sie können vorliegen, obwohl die Haupttaten mehrere selbständige sind; und umgekehrt können die mehreren Teilnahme- (Beihilfe-) Akte zu einer Fortsetzungstat selbständige Handlungen darstellen. So RGer. früher schon gelegentlich; jetzt seit E. **70** 349 (als Folge von E. **70** 26) grundsätzlich: es ist „zulässig, mehrere Hilfeleistungen zu verschiedenen Taten mehrerer Täter oder desselben Täters als eine fortgesetzte Handlung zu betrachten". — Fortsetzungstaten können auch in Mittäterschaft begangen werden: E. **67** 392.

Bei Erreichung der Strafmündigkeitsgrenze während einer fortges. Hdlg. gilt für die Tat nicht § 9 JGG. 1923, aber für die früheren Teilakte § 3 JGG. (E. **66** 37). Vgl. jetzt aber §§ 14, 15 RJGG. — Entsprechen die Teilakte teils einer leichteren, teils einer schwereren Form des gleichen Tatbestandes, so gilt die schwerere Strafdrohung (E. **67** 188).

2. **Das Dauerverbrechen,** d. h. die auf einheitlicher Willensbetätigung beruhende Aufrechterhaltung eines Straftatbestandes, bildet mit dem ersten Akt zusammen eine Handlungseinheit (z. B. Freiheitsberaubung; Fahnenflucht E. **38** 417; Weiterwirkenlassen einer beleidigenden Aeußerung E. **57** 193). Auch dauernde Unterlassungen können eine einheitliche Straftat bilden; wichtig wegen Berechnung der Verjährung: A. V zu § 67. Ueber die Natur eines Dauerverbrechens vgl. insbes. E. **76** 68 (betr. Steuergefährdung) mit Vorentscheidungen.

3. **Beim Kollektivverbrechen (Sammelstraftat)** wurde früher gleichfalls die Unselbständigkeit der Einzeltaten behauptet. Man rechnet hierher das gewerbsmäßige, das geschäftsmäßige und das gewohnheitsmäßige Verbrechen.

a) **Gewerbsmäßig** begangen nennt man ein Verbrechen, wenn es mit dem Willen begangen ist, es zu wiederholen und sich aus der wiederholten Begehung eine ständige Einnahmequelle zu verschaffen. — Die Gewerbsmäßigkeit ist teils Strafschärfungsgrund (§§ 260, 292 III, 293 III, 302d, sowie § 175a Nr. 4 ausschl. des „sich anbieten"); teils wirkt sie strafbegründend (§§ 285, 302e, aus § 175a Nr. 4 des „sich anbieten", § 361 Nr. 6a bis c; dazu die gewerbsmäßige Unzucht der Frau als Voraussetzung für Bestrafung des Zuhälters).

Die Rechtspr. nahm bis 1938 an, daß die auf dem gleichen Erwerbswillen beruhenden Taten unselbständige Teile einer „Sammelstraftat" seien, daß hier „der Betrieb" gestraft werde: E. **61** 148 und öfter. Dies war unnatürlich und privilegierte geradezu die gewerbsmäßigen Straftaten. Denn: 1. es hinderte an Bildung einer Gesamtstrafe nach § 74; 2. Gewerbsmäßigkeit wurde ein Grund nicht für, sondern gegen Sicherungsverwahrung i. F. des § 20a II: „drei Taten" (vgl. E. **68** 297); 3. sie stand der strafrechtlichen Verfolgung von Fällen entgegen, die von derselben Erwerbsabsicht getragen, aber nicht mit abgeurteilt waren: „die Tat" galt nach StPO. § 264 als rechtskräftig erledigt. — Abhilfe war denkbar durch Lockerung des RKraftGrundsatzes (so OLG. München in DJ. **38** 724) und durch andere Auslegung des Wortes „Taten" in § 20a II. Das RGer. ging mit Recht den umgekehrten Weg: den der **Aufspaltung der Sammelstraftat.**

Den Anfang machte der GSSt. in E. **72** 164 (Anm. Kohlrausch in ZAk). Eine Abtreibung verliere dadurch, daß sie gewerbsmäßig begangen werde (§ 218 IV a. F.), nicht die Eigenschaft einer selbständigen Handlung. Obwohl das Urteil ausdrücklich auf § 218 IV beschränkt und nur mit dessen Wortlaut begründet war, folgten die Einzelsenate, indem sie sich auf den GSSt. beriefen: E. **72** 257 betr. § 175a Nr. 4; E. **72** 285 betr. § 260; E. **72** 313 betr. Ges. über unbefugte Rechtsberatung; E. **72** 397 betr. Rennwett- und LotGes.; E. **72** 401 betr. § 292; E. **73** 216 betr. §§ 302d und 302e. — Wie E. **72** 164 jetzt Kiel NJW. **47** 195. — Der Rechtspr. ist nicht nur aus Zweckmäßigkeitsgründen, sondern auch grundsätzlich beizutreten. Die Absicht, solche Taten zu wiederholen und zur Erwerbsquelle zu machen, läßt den Täter in besonders ungünstigem Licht erscheinen, nimmt der Einzeltat aber nicht ihre psychologische und rechtsethische Eigenständigkeit. Als Tat bleibt sie selbständig; der innere TB. aber macht sie schwerer strafbar, wie z. B. eine besondere Absicht, bei den §§ 235 III, 307 Nr. 2. Dies unterscheidet das gewerbsmäßige Verbr. vom fortges. Verbr. Bei diesem schafft ein einheitlicher Tatvorsatz eine Tateinheit. Bei dem gewerbsmäßigen Verbr. dagegen treten zu den einzelnen Tatvorsätzen qualifizierende (Absichts-) Merkmale, die den Täter belasten.

Der verfahrensrechtlich erwünschten Folge, die sich aus der neuen Rechtspr. für die Rechtskraft ergibt, stehen „unvermeidliche weniger erwünschte Folgen" (so DR. **39** 712) gegenüber betr. Verjährung, Einbeziehung neuer erst in der HVhdlg. auftauchender Verbrechensfälle u. a. Hierzu auch ZAk. **39** 351 (mit Anm. Nagler), HRR. **38** 1320, DJ. **39** 53. Gegen das RGer. Schwarz in ZAk. **38**, 539 ff. und in DStrR. 39, 92 ff.;

Nagler in ZAk. 39, 371 ff. und 401 ff. sowie LK 6 S. 538. Ferner Preiser in ZStrW. Bd. 58, 743 ff.

b) **Das geschäftsmäßige,** begangen in Wiederholungsbereitschaft, aber ohne Erstrebung eines Vermögensvorteils; vgl. § 144; ferner ZPO. § 157, RAbgO. §§ 88, 200, 238, 409.

c) **Das gewohnheitsmäßige,** entsprungen aus einem durch wiederholte Begehung erworbenen — nicht etwa aus bloßer Energielosigkeit entstandenen: HRR. **38** 489. — Hang, vgl. §§ 150, 180, 181a, 260, 284, 302d und e und E. **32** 394, **59** 142; gewohnheitsmäßig zum Zwecke des Erwerbs: § 361 Nr. 6a bis c, hier wohl nichts anderes bedeutend, als „gewerbsmäßig Unzucht treiben"; so auch § 181a sowie neues StGB.

In den Fällen a bis c genügt eine einzelne strafbare Handlung, aus der die Gewerbs-, Geschäfts-, Gewohnheitsmäßigkeit ersichtlich ist: E. **12** 388. — Daß mehrere „Sammelstraftaten" im FortsZus. begangen werden, ist möglich: E. **56** 326, **58** 10.

d) **Bei Konkursstraftaten** nimmt RGer. Zusammenfassung aller nach KO. strafbarer Handlungen zu einer Sammelstraftat an, soweit sie sich auf die gleiche Masse beziehen und entweder alle vor oder alle nach Konkurseröffnung begangen wurden. So schon Rechtspr. **5** 52. aufrechterhalten in JW. **38** 171. Vgl. JW. **38** 2735, DJ. **38** 1560. Diese Zusammenfassung entbehrt des Grundes und unterliegt wegen RKraft und wegen Unanwendbarkeit des § 74 Bedenken.

III.

Verletzung mehrerer Gesetze (i. S. des § 73 wie des § 74) liegt vor, wenn (durch eine oder mehrere Handlungen) mehrere gesetzliche Tatbestände verwirklicht sind. **Ausnahme:** wenn die Verwirklichung des einen Tatbestandes neben der des anderen rechtlich nicht in Betracht kommt. Die Bezeichnung dieser Ausnahmefälle ist von verwirrender Verschiedenartigkeit, was zu mancher sachlich wertlosen Kontroverse Anlaß gegeben hat. Ueblich ist das Wort „Gesetzeskonkurrenz", aber verkehrt, denn gerade „Konkurrenz" i. S. der §§ 73, 74 liegt nur scheinbar vor (a. A. Hirschberg ZStW. 53, 37 ff.). Vielmehr wird hier ein Gesetz durch ein anderes verdrängt. Es empfiehlt sich, gemeinschaftlich von **Konsumtion** zu sprechen und folgende Fälle zu unterscheiden:

1. Das **speziellere** Gesetz geht dem allgemeineren vor, z. B. § 249 dem § 255 (E. **55** 239); § 181a dem § 180 (E. **41** 340); § 243, 2 dem § 123 (E. **40** 430); § 117 dem § 241 (E. **54** 206); § 240 dem § 241 (E. **54** 288). Grundsätzliches in E. **47** 388.

2. Ein Gesetz, das nur **subsidiär gelten will,** tritt hinter das primäre zurück; z. B. § 49a hinter Anstiftung und besonderen „Aufforderungs"-Tatbeständen, wie §§ 110 ff., 159, 207; Gefährdungsnorm hinter Verletzungsnorm, z. B. §§ 221, 229 hinter §§ 211, 212; Versuch hinter Vollendung (aber nicht Versuch der qualifizierten hinter Vollendung der einfachen Straftat, E. **58** 211); Beihilfe hinter Anstiftung, Anstiftung und Beihilfe hinter Täterschaft (vgl. vor und zu §§ 47 ff.). — Ob ein solcher Konsumtionsfall vorliegt, ist eine Frage der Gesetzesauslegung.

Nach ihr entscheidet sich auch die Frage, ob mehrere Straferhöhungsgründe konkurrieren können oder ob hier stets der leichtere durch den schwereren konsumiert wird. Die Entscheidung hängt davon ab, ob die Straferhöhungsgründe in der gleichen Richtung gestaffelt sind (z. B. § 226 als Steigerung von § 224) oder ob sie Verschiedenartiges treffen (z. B. § 226 gegenüber § 223 b). Im ersten Falle ist Konsumtion, im zweiten Konkurrenz anzunehmen. Deshalb ist auch zwischen den verschiedenen Schärfungsgründen des § 243 IdKonk. möglich. Von diesem Standpunkt aus ist E. **70** 360 abzulehnen. Vgl. dazu die begründete Kritik von Mezger in JW. 37, 627.

3. **Straflose Nachtat** nennt man ein Verhalten, das zwar an sich den Tatbestand eines Strafgesetzes verwirklicht, das aber durch die Bestrafung eines vorhergehenden Verhaltens als mitbestraft anzusehen ist. (Schrifttum: Honig, Straflose Vor- und Nachtat, 1927; Drechsler, Die mitbestrafte Tat, Leipz. Diss. 1936). — Ein häufiger Fehler ist es, die Wortbildung „straflose Nachtat" für einen „weißen Schimmel" zu halten. Nicht jede „Nachtat" ist „straflos"! Sie ist es nur dann, wenn sie, ohne ein neues Rechtsgut zu schädigen (s. unten), nur in der Verwirklichung derjenigen „Absicht" bestand, von der die erste Tat, dem gesetzlichen Tatbestand entsprechend, beherrscht sein mußte. Deshalb ist der Dieb, der die gestohlene, der Betrüger, der die durch Betrug erlangte Sache verkauft, nicht dieses Verkaufs wegen außerdem wegen Unterschlagung strafbar. Denn die Absicht solchen Verkaufs war (beim Diebstahl: als Absicht rechtswidriger Zueignung; beim Betrug : als Absicht, sich einen rechtswidrigen Vermögensvorteil zu verschaffen) Voraussetzung der Bestrafung wegen Diebstahls bzw. Betrugs. Vgl. E. **39** 239, **62** 61, **67** 76, HRR. 37, 63; auch 35, 64 (nachträgliche Sachbeschäd.). Straflose Nachtat erst recht, wenn ein Unterschlagender nachträglich verfügt. E. **49** 16.

Die Nachtat ist aber (obwohl nicht selbständig strafbar) nicht strafrechtlich bedeutungslos. Zunächst darf sie bei der Strafbemessung für die Vortat berücksichtigt werden (E. **62** 61). Außerdem ist sie tatbestandmäßig und ist nur deshalb nicht selbständig strafbar, weil sie durch die Bestrafung der Vortat als mitbestraft erscheint; folglich ist strafbare Beihilfe an einer sog. straflosen Nachtat möglich (ähnlich E. **67** 76). — Straflos ist eine solche Nachtat aber nur, wenn der durch die Straftat angerichtete Schaden mit dem durch die erste Tat verursachten zusammenfällt. Sie ist strafbar, wenn sie den Schaden erweitert (E. **64** 281) oder wenn durch sie ein anderes Rechtsgut verletzt wird als durch die Vortat; z. B. Diebstahl und Betrug, wenn der Dieb den Käufer der gestohlenen Sache dadurch schädigt, daß er deren vitiöse Herkunft ihm verschweigt; oder Fälschung einer gestohlenen Urkunde, E. **60** 371; oder Vortat Betrug, Nachtat Amtsunterschlagung, E. **61** 37. Vortat Diebstahl, Nachtat Verstoß gegen Wirtschaftsstrafrecht: strafbar; DJ. **40** 1115. Betrug gegen Erblasser und dann gegen Erben: HRR. **38** 351.

4. Die als Mittel zu einer Straftat begangene Handlung ist **straflose Vortat,** falls sie zu deren gesetzlichen Merkmalen gehört (z. B. § 240 zu § 249) oder doch als ein dem regelmäßigen Hergang entsprechendes Mittel erscheint (z. B. § 123 Abs. 1, nicht aber Abs. 2, als typisches Mittel zu § 243 Ziff. 2). Vgl. E. **24** 269, **40** 430, **47** 27, **56** 335, **58** 2, **59** 321.

Idealkonkurrenz

73. Wenn eine und dieselbe Handlung mehrere Strafgesetze verletzt, so kommt nur dasjenige Gesetz, welches die schwerste Strafe, und bei ungleichen Strafarten dasjenige Gesetz, welches die schwerste Strafart androht, zur Anwendung.

I. Ueber **Handlungseinheit** vgl. Vorbem. II. — Auf „fortges. Verbr." ist § 73 nicht anwendbar, da bei Verletzung mehrerer Gesetze FortZus. nicht in Betracht kommt: Vorbem. II, 1. — Unanwendbar auch auf zwei StrTaten, von denen die eine durch Tun, die andere durch Unterlassung begangen ist, z. B. verbotenes Führen einer Schußwaffe und fahrlässige, durch Nichtentladung verursachte Tötung: E. **68** 315, HRR. **42** 38.

II. Ueber **Gesetzesmehrheit** vgl. Vorbem. III; auch darüber, daß die Verletzung mehrerer Gesetze oft nur eine s c h e i n b a r e ist, daß dem Sinne nach nur eines „verletzt" ist, § 73 insoweit also nicht in Betracht kommt. — Die g l e i c h a r t i g e Idealkonkurrenz (ein Schuß verletzt mehrere) wird zwar ausdrücklich von § 73 nicht betroffen; aber eine andere Lösung als eine dem § 73 entsprechende (d. h. nur einmalige Anwendung des verletzten Gesetzes) kommt nicht in Frage.

III. **Absorptionsprinzip:** Grundsatz von der Ausschließlichkeit des strengeren Gesetzes. Zwei aus ihm abzuleitende Folgerungen waren unerfreulich. 1. **Nebenstrafen,** die nur nach dem milderen Gesetz zulässig oder geboten waren, durften nicht verhängt werden. Beisp.: die Publikationsbefugnis des § 200 fiel fort, wenn öffentliche Beleidigung mit Körperverletzung zusammentraf. So schon PlenBeschl. in E. **6** 180, wo die Konsequenz für „höchst bedenklich", aber für unausweichlich erklärt wird. — 2. Auch das **Strafmindestmaß** war dem Gesetz zu entnehmen, das das strengere Höchstmaß hatte, denn „nur" dieses „kommt zur Anwendung". Hatte also das im Höchstmaß strengere Gesetz ein milderes Mindestmaß (also einen nicht nur nach oben, sondern auch nach unten weiteren Strafrahmen) als das mit ihm ideal konkurrierende Gesetz, so konnte es dem Täter zum Vorteil gereichen, daß er außer dem milderen auch noch das strengere Gesetz übertreten hatte, denn infolgedessen konnte das Mindestmaß des milderen Gesetzes noch unterschritten werden. Beispiel: Wissentlich falsche eidesstattliche Versicherung ist in § 156 mit 1 Mon. bis 3 Jahren Gef. bedroht. Stellt sie überdies Betrug dar, so ist „nur" § 263 anzuwenden, da dieser (auch in einfachen Fällen) im Höchstmaß strenger ist. Es konnte nun also auf 1 Tag Gef. hinuntergegangen werden! Auch dies entsprach ständiger Rechtspr. des RGer., zuletzt E. **70** 357, **71** 105, **72** 117. Im S c h r i f t t u m war dem „grotesken Ergebnis" stets widersprochen worden, z. B. F r a n k § 73 Anm. IV, 1; v. H i p p e l I 503; S c h a f f s t e i n JW. **38**, 386.

Die Folgerungen zu 1 wurden immer fühlbarer, als neben die „Strafen" in zunehmender Zahl Maßregeln der Sicherung und Besserung traten; sie durften nach dem milderen Gesetz entnommen werden, echte Nebenstrafen dagegen nur dem strengeren. Die Unterscheidung beider blieb freilich zweifelhaft. Vgl. Vorbem. vor § 13. — Die Folgerungen zu 2 wurden unerträglich mit der Einführung „b e s o n d e r s s c h w e r e r F ä l l e" (vgl. Vorbem. VII vor § 1) in Verbindung mit deren „abstrakter" Betrachtung durch das RGer. (vgl. Anm. zu § 1).

Mit dieser früheren Rechtspr. brach der Beschl. des GSSt. v. 22. 3. 39 (E. **73** 148). Zu 1 stellt er den Satz auf, daß bei IdKonk. (Tateinheit) auch auf die Nebenstrafen erkannt werden muß (bzw. kann), die nach dem milderen Gesetz geboten (bzw. zulässig) sind. Nach E. **75** 190 ist dies sinngemäß auf Geldstrafen anzuwenden, auch wenn sie Hauptstrafen sind (Anm. B o c k e l m a n n in ZAk. 41, 293). Leider ist hierbei die Grenze zwischen „Nebenstrafen" einerseits, „Maßregeln" usw. anderseits einer grundsätzlichen Erörterung nicht unterzogen worden. Denn viele jener sog. Nebenstrafen sind überhaupt keine „Strafen". — Zu 2 stellte der GSSt. den Satz auf: „Verletzt eine und dieselbe Handlung mehrere Strafgesetze (§ 73), so müssen das Mindestmaß und die Strafart des milderen Gesetzes eingehalten werden, wenn nach dem strengeren Gesetz eine geringere Strafe oder eine leichtere Strafart zulässig ist" „Eine dem Rechtsgefühl und dem Schutzbedürfnis der Allgemeinheit genügende Lösung kann nur dadurch gefunden werden." Dem ist sicherlich zuzustimmen. Nicht so ganz der auf das Wort „nur" in § 73 gestützten Verbalbegründung. Es genügt, daß es absurd wäre und deshalb nicht Gesetzesinhalt sein k a n n, daß Begehung einer schwereren Straftat zur Milderung der Strafe führe.

Ob und wie der GSSt. zu der Frage der b e s o n d e r s s c h w e r e n F ä l l e Stellung nimmt, ist schwer zu erkennen. Es war ihm die Frage vorgelegt: „Ist für § 73 die Tatsache, daß eines der zu vergleichenden Gesetze ein erhöhtes StrMaß für besonders schwere Fälle vorsieht, nur dann zu berücksichtigen, wenn im Einzelfall ein besonders schwerer Fall vorliegt?" Der GSSt. hat zunächst diese Frage „durch die Beantwortung der Frage zu I (oben Punkt 2 betr. Nichtunterschreitung des höheren Mindestmaßes) für erledigt erachtet". Am Schluß seiner Ausführungen schreibt er indessen: „Für den Fall, daß eines der verletzten Strafgesetze mehrere Strafrahmen vorsieht, hat das Gericht zu prüfen, welcher dieser Strafrahmen nach den Umständen des Falles anzuwenden ist".

Daß der Beschl. verschieden ausgelegt wurde, ist begreiflich. Auch innerhalb der Kreise des RGer. gingen die Meinungen auseinander. Vgl. einerseits H a r t u n g in DR. 39, 1484; 40, 50; anderseits S c h w a r z in ZAk. 39, 672. Die Einzelsenate sind dem Großen Senat im Ergebnis gefolgt. In den Begründungen stimmen sie nicht überein. Vgl. 2. Senat in HRR. **40** 324; 3. Sen. in DJ. **39** 1639; 4. Sen. in DR. **39** 1849. Ferner E. **75** 14 (schwer verständlich); **75** 19 (Anm. M e z g e r in DR. 41, 921). — Wie der Gr.Sen. entscheiden in den drei Fragen der Zulässigkeit von Nebenstrafen des milderen Gesetzes, des Strafmindestmaßes und der nur konkreten Berücksichtigung der „besonders schweren Fälle" usw. Jetzt Hamburg in HESt. **1** 30; Oldenburg JBl. Old. **46** 125; Gera NJ. **47** 191 (Anm. W e i s s); Düsseldorf HESt. **1** 262.

IV. Die **Strafarten** stufen sich gemäß § 21 ab: Todesstrafe, Zuchthaus, Gefängnis, (Festungshaft), Haft, Geldstrafe.

V. Anwenden heißt nach herrsch. A. nur: aus diesem Gesetz strafen. — Zu v e r u r t e i l e n ist jedoch wegen a l l e r in Tateinheit begangener Straftaten, z. B. „wegen Betrugs und schwerer Urkundenfälschung". Auch das nicht „angewandte" Gesetz kann also z. B. R ü c k f a l l begründen: E. **18** 193, **27** 86. Andrerseits s o l l (hiermit schwerlich vereinbar) bei Verneinung des einen der ideell konkurrierenden und der Anklage zugrunde gelegten Gesetze n i c h t insoweit Freisprechung erfolgen. — Das Vorhandensein besonderer Strafbarkeitsmerkmale der milderen Bestimmung kann straferhöhend wirken: E. **63** 423, HRR. **39** 471.

VI. Die Einheit der Handlung führt zum **Verbrauch der Strafklage** für alle in dieser Einheit enthaltenen Teilhandlungen (ne bis in idem, StPO. § 264). Bei Amnestie jedoch gesonderte Betrachtung. E. **67** 235. Vgl. über Idealkonkurrenz: E. **3** 385, **25** 27; über das Kollektivdelikt: E. **7** 32, **23** 7, **24** 243, **28** 283, **33** 11; über das fortgesetzte Delikt: E. **26** 162, **28** 97, **35** 1.

VII. Besatzungsrecht und deutsches Recht. IdKonk. zw. KRG. Nr. 10 (Humanitätsdelikt) und dt. R.: OGHE. 1 132 u. 157 (jetzt herrschende Ansicht). Vgl. auch Düsseldorf HESt. 1 250, 263. Früher sehr umstr., vgl. DRZ 48, 190 ff. — Ueber KRG. Nr. 50 und Wirtschaftsstrafges. vgl. Eb. Schmidt SJZ. 49, 667.

Realkonkurrenz

74. Gegen denjenigen, welcher durch mehrere selbständige Handlungen mehrere Verbrechen oder Vergehen, oder dasselbe Verbrechen oder Vergehen mehrmals begangen und dadurch mehrere zeitige Freiheitsstrafen verwirkt hat, ist auf eine Gesamtstrafe zu erkennen, welche in einer Erhöhung der verwirkten schwersten Strafe besteht.

Bei dem Zusammentreffen ungleichartiger Freiheitsstrafen tritt diese Erhöhung bei der ihrer Art nach schwersten Strafe ein.

Das Maß der Gesamtstrafe darf den Betrag der verwirkten Einzelstrafen nicht erreichen und fünfzehnjähriges Zuchthaus, zehnjähriges Gefängnis oder fünfzehnjährige Festungshaft nicht übersteigen.

I. Die Strafe muß im **Einzelfall** „verwirkt" sein: Die „angedrohte" Strafe ist belanglos. Grundsätzlich anders § 73.

II. **Gesamtstrafe:** so zu bilden, daß für jede selbständige Handlung die Einzelstrafe ausgeworfen und sodann die schwerste Strafe (Einsatzstrafe) unter Berücksichtigung des Abs. 3 angemessen erhöht wird. Vgl. E. **4** 53, **44** 302 sowie **77** 152: Die Gesamtstrafe ist **die** Strafe für alle abgeurteilten Handlungen. — Die Einzelstrafe darf nicht unter ihren gesetzlichen Mindestbetrag hinabgehen (Rechtspr. **1** 102), jedoch ist bei Umwandlung von Gefängnis in Zuchthaus eine Zuchthausstrafe unter einem Monat zulässig. Vgl. § 19 Anm. — Das Urteil braucht eine ausdrückliche Umwandlung der milderen Einzelstrafen in die schwerere Strafart nicht vorzunehmen. Doch muß das Maß der Gesamtstrafe klarstellen, daß der Betrag der Einzelstrafen (die daher in den Urteilsgründen ersichtlich zu machen: E. **2** 235) nicht erreicht ist (s. Abs. 3): E. **36** 88. — Bei Anwendung von § 27 b ist § 74 unanwendbar: E. **59** 21.

III. **Asperationsprinzip** (anders § 73 Anm. III). — Es gilt nicht für Todesstrafe, lebenslängliche Freiheitsstrafe (E. **54** 290) und Geldstrafe (§ 78). Betr. Haft vgl. § 77, betr. Ehrenstrafe § 76. — Im übrigen muß der angedrohte Mindestbetrag der schwersten Strafe immer überschritten werden.

IV. **Schwerste Strafe.** Bei Freiheitsstrafen gleicher Art entscheidet die Dauer. Bezüglich ungleichartiger Strafen vgl. Abs. 2.

V. **Prozessuales:** Wenn in der Revisionsinstanz nur die Feststellungen einzelner Handlungen aufgehoben werden, so bleiben die übrigen Feststellungen in Kraft, falls nicht anzunehmen ist, daß schon die Bemessung der Einzelstrafen durch die vorliegende Tatmehrheit beeinflußt wurde (E. **25** 297, eingehend begründete Plenarentscheidung).

75. Trifft Festungshaft nur mit Gefängnis zusammen, so ist auf jede dieser Strafarten gesondert zu erkennen.

Ist Festungshaft oder Gefängnis mehrfach verwirkt, so ist hinsichtlich der mehreren Strafen gleicher Art so zu verfahren, als wenn dieselben allein verwirkt wären.

Die Gesamtdauer der Strafen darf in diesen Fällen fünfzehn Jahre nicht übersteigen.

76. Neben der Gesamtstrafe müssen oder können Nebenstrafen und Nebenfolgen verhängt und Maßregeln der Sicherung und Besserung angeordnet werden, wenn das auch nur wegen einer der Gesetzesverletzungen vorgeschrieben oder zugelassen ist.

I. **Neufassung** nach G. v. 24. 11. 33 Art. 3 Nr. 11 und G. v. 23. 3. 34 § 7 Nr. 5.

II. Die hier bezeichneten Straftatfolgen sind neben der **Gesamtstrafe**, nicht neben den Einzelstrafen zu erkennen: E. **36** 88. Vgl. § 32 Anm. I.

77. Trifft Haft mit einer anderen Freiheitsstrafe zusammen, so ist auf die erstere gesondert zu erkennen.

Auf eine mehrfach verwirkte Haft ist ihrem Gesamtbetrage nach, jedoch nicht über die Dauer von drei Monaten zu erkennen.

§ 77 gilt auch bei den Vergehen der §§ 185, 186.

78. Sind mehrere Geldstrafen verwirkt, so ist auf jede gesondert zu erkennen.

Das gleiche gilt von den Freiheitsstrafen, die an die Stelle uneinbringlicher Geldstrafen treten. Ihre Gesamtdauer darf zwei Jahre nicht übersteigen; die Gesamtdauer mehrerer zusammentreffender Haftstrafen darf drei Monate nicht übersteigen.

I. **Neu gefaßt** durch G. v. 27. 4 23 und 6. 2. 24.

II. **Abs. 1** gilt auch im Falle des § 27b. E. **59** 21.

III. Zu **Abs. 2:** An Stelle jeder einzelnen Geldstrafe ist gesondert für den Fall der Uneinbringlichkeit Freiheitsstrafe zu setzen: E. **38** 1.

79. Die Vorschriften der §§ 74 bis 78 finden auch Anwendung, wenn, bevor eine erkannte Strafe verbüßt, verjährt oder erlassen ist, die Verurteilung wegen einer strafbaren Handlung erfolgt, welche vor der früheren Verurteilung begangen war.

I. **Voraussetzungen.** § 79 setzt voraus, daß eine Person zunächst eine Straftat begangen hat, dann wegen einer anderen Straftat verurteilt wird und hierauf wegen der erstgenannten verurteilt werden soll. Auch hier sollen die strafmildernden Vorschriften der §§ 74—78 zur Anwendung kommen, da die mehreren selbständigen Handlungen zwar nicht einheitlich abgeurteilt werden, aber doch einheitlich abgeurteilt werden konnten. E. **59** 168. — Der spätere Richter ist an die Schuldfeststellung und Strafbemessung des früheren Richters gebunden; nicht aber an die von diesem verhängten Nebenstrafen und Nebenfolgen, auf die er neben der Gesamtstrafe neu zu erkennen hat (E. **73** 366, **75** 212). Gleiches muß, da § 79 den § 76 in Bezug nimmt, für die „Maßregeln der Sicherung und Besserung" gelten (zweifelnd **39** 1505 mit ablehn. Anm. Schwinge). — Vgl. auch StPO. §§ 460, 462. — Ueber Bildung dieser Gesamtstrafe vgl. E. **44** 302, **46** 179.

II. Eine im Gnadenwege erlassene, ein vollstreckte und eine nicht mehr vollstreckbare Strafe sollen nicht nochmals erörtert und nachträglich ermäßigt werden (E. **32** 7). — Hat die Vollstreckung begonnen, so ist der verbüßte Teil auf die Gesamtstrafe anzurechnen (E. **46** 179).

III. Treffen Handlungen, die **vor** einer früheren Verurteilung begangen sind, mit mehreren **nachher** begangenen zusammen, so sind zwei Gesamtstrafen zu bilden (gemäß §§ 74 und 79), von denen jede evtl. bis zu 15 Jahren Zuchthaus betragen darf (vgl. § 74 Abs. 3): E. **4** 53.

IV. Eine nach der **Verkündung** (wenn auch vor Rechtskraft) des früheren Urteils begangene Tat kann der Rechtswohltat des § 74 nicht mehr teilhaftig werden, sondern ist selbständig mit der ihr gebührenden Strafe zu belegen. Anders, wenn sie in die Berufungsverhandlung noch mit einbezogen werden kann: hier ist § 74 ohne weiteres anwendbar. Vgl. E. **3** 213, **53** 145, **60** 382. — § 79 auch anwendbar, wenn die Straftat vor mehreren früheren Einzelverurteilungen begangen war, für welche die gebotene Gesamstrafe nicht gebildet wurde. Hier kann das zuletzt erkennende Gericht auf Grund der früheren und den neuen Entscheidungen eine Gesamtstrafe bilden; §§ 460, 462 StPO. stehen nicht entgegen: E. **15** 29. — Vgl. neuerdings zu diesen Fragen Beyer DRZ. 49, 176.

V. Vorher begangen: Also nicht, § 79, wenn ein sog. fortgesetztes Verbrechen (Vorbem. II vor § 73) oder eine mehraktige Straftat (wie § 147 II) erst nach einer früheren Verurteilung zum tatbestandmäßigen Abschluß gekommen ist. E. **59** 168.

Zweiter Teil

Von den einzelnen Verbrechen, Vergehen und Übertretungen und deren Bestrafung

Die ersten Abschnitte (Hoch- und Landesverrat, Angriffe gegen den Reichspräsidenten) sind durch KRG. Nr. 11 aufgehoben, der dritte Abschnitt (Beleidigung von Bundesfürsten) war bereits 1918 gegenstandslos geworden. Das Thür. Anwendungsges. vom 1. 11. 45 hat einen neuen dritten Abschnitt „Angriffe gegen die demokratische Staatsform" aufgenommen, der den §§ 99, 100 Entw. 1930 nachgebildet ist.

Ueber die **Strafgesetznovelle 1950** der deutschen Bundesrepublik vgl. den Nachtrag.

Vierter Abschnitt*)

Feindliche Handlungen gegen befreundete Staaten

Hochverräterische Handlungen

102, 103. [Aufgehoben durch KRG. Nr. 11; sie betrafen feindliche (hochverräterische) Handlungen gegen befreundete Staaten oder deren Landesherren.]

Angriffe auf Hoheitszeichen

103a. Wer ein öffentliches Zeichen der Autorität eines nicht zum Deutschen Reich gehörenden Staats oder ein Hoheitszeichen eines solchen Staats böswillig wegnimmt, zerstört oder beschädigt oder beschimpfenden Unfug daran verübt, wird mit Geldstrafe oder mit Gefängnis bis zu zwei Jahren bestraft.

I. **Autoritäts- und Hoheitszeichen** lassen sich nicht streng scheiden: E. 63 287.

II. **Böswillig:** aus einer dem fremden Staat feindlichen Gesinnung (entsprechend E. 48 174).

III. **Beschimpfender Unfug:** vgl. § 166 Anm. II.

Beleidigung von Gesandten und Geschäftsträgern

104. Wer sich gegen einen bei dem Reich [einem bundesfürstlichen Hofe oder bei dem Senate einer der freien Hansestädte] **beglaubigten Gesandten oder Geschäftsträger einer Beleidigung schuldig macht, wird mit Gefängnis bis zu einem Jahre oder mit Festungshaft von gleicher Dauer bestraft.**

Die Verfolgung tritt nur auf Antrag des Beleidigten ein. Die Zurücknahme des Antrages ist zulässig.

I. **Gesandte:** beim Staatsoberhaupt, **Geschäftsträger:** beim Außenminister beglaubigt. Vgl. für die ersteren Art. 59, Abs. 1, S. 3 GG.

II. **Festungshaft** darf z. Z. nicht verhängt werden. Vgl. Ziff. 8 d AAfR. Nr. 1.

Fünfter Abschnitt

Verbrechen und Vergehen in Beziehung auf die Ausübung staatsbürgerlicher Rechte

Sprengung gesetzgebender Versammlungen

105. Wer es unternimmt, den Senat [oder die Bürgerschaft] **einer der freien Hansestädte, eine gesetzgebende Versammlung des Reichs** [oder eines Bundesstaats] **auseinanderzusprengen, zur Fassung oder Unterlassung von Beschlüssen zu nötigen oder Mitglieder aus ihnen gewaltsam zu entfernen, wird mit Zuchthaus nicht unter fünf Jahren oder mit Festungshaft von gleicher Dauer bestraft.**

---

*) Vgl. Nachtrag.

Sind mildernde Umstände vorhanden, so tritt Festungshaft nicht unter einem Jahre ein.

I. Geschützt sind sinngemäß auch **Ausschüsse und Kommissionen.**

II. **Rechtswidrig** auch die Sprengung einer ihre Zuständigkeit überscheitenden Versammlung, solange diese sich nicht außerhalb der Verfassung gestellt hat. Dagegen **nicht** die Entfernung eines ausgeschlossenen Mitglieds: E. **47** 276.

III. Das **„Unternehmen"** umfaßt Vollendung und Versuch. E. **42** 266.

IV. Betr. **Festungshaft** vgl. § 104 Anm. II.

Hinderung von Mitgliedern

106. Wer ein Mitglied einer der vorbezeichneten Versammlungen durch Gewalt oder durch Bedrohung mit einer strafbaren Handlung verhindert, sich an den Ort der Versammlung zu begeben oder zu stimmen, wird mit Zuchthaus bis zu fünf Jahren oder mit Festungshaft von gleicher Dauer bestraft.

Sind mildernde Umstände vorhanden, so tritt Festungshaft bis zu zwei Jahren ein.

I. Wenn die Tat von einem Beamten durch Mißbrauch der Amtsgewalt oder Androhung eines Mißbrauchs begangen wird: § 339 III.

II. Betr. **Festungshaft** vgl. § 104 Anm. II.

Hinderung Wahlberechtigter

107. Wer einen Deutschen durch Gewalt oder durch Bedrohung mit einer strafbaren Handlung verhindert, in Ausübung seiner staatsbürgerlichen Rechte zu wählen oder zu stimmen, wird mit Gefängnis nicht unter sechs Monaten oder mit Festungshaft bis zu fünf Jahren bestraft.

Der Versuch ist strafbar.

I. Vgl. Anm. zu § 106.

II. Die Nötigung zur Wahlausübung gehört nicht hierher. Wohl aber Nötigung nach einer dem Willen des Genötigten nicht entsprechenden Richtung: Rechtspr. **4** 266.

Störung von Versammlungen

107a. Wer nichtverbotene Versammlungen, Aufzüge oder Kundgebungen mit Gewalt oder durch Bedrohung mit einem Verbrechen verhindert oder sprengt, wird mit Gefängnis, neben dem auf Geldstrafe erkannt werden kann, bestraft.

Wer in nichtverbotenen Versammlungen oder bei nichtverbotenen Aufzügen oder Kundgebungen Gewalttätigkeiten in der Absicht begeht, die Versammlung, den Aufzug oder die Kundgebung zu sprengen, wird mit Gefängnis und mit Geldstrafe oder mit einer dieser Strafen bestraft.

I. **Eingefügt** durch RGes. v. 23. 5. 23. Vgl. hierzu Weimarer Verf. Art. 123; jetzt Art. 8, 18, 74 GG.

II. **Versammlung:** „Eine nicht allzu klein an Zahl bemessene, äußerlich irgendwie vereinigte Personenmehrheit, deren innere Vereinigung auf gemeinsamen bewußten Zwecken und Zielen, also auf gemeinsamem Willen beruht": E. **21** 73, **29** 165. Bei künstlerischen oder wissenschaftlichen Vorführungen oder Vorträgen fehlt dies gemeinsame Willensziel. — Oeffentlichkeit nicht erforderlich. — Betr. **Verbot** vgl. E. **65** 354.

III. **Aufzug:** eine als Ganzes sich über öffentliche Straßen oder Plätze fortbewegende Menschenmenge. Vgl. E. **44** 370.

IV. **Kundgebung:** eine öffentliche Meinungs- oder Willensäußerung einer Menschenmenge. Z. B. Denkmalsenthüllung. RGRecht **1926** Nr. 1831.

V. **Gewalttätigkeiten:** Vgl. Anm. zu § 122.

VI. **Abs. II** bedroht den durch Gewalttätigkeiten begangenen Versuch der Sprengung (nicht der Verhinderung). E. **68** 164.

Wahlfälschung

108. Wer in einer öffentlichen Angelegenheit mit der Sammlung von Wahl- oder Stimmzetteln oder -zeichen oder mit der Führung der Beurkundungsverhandlung beauftragt, ein unrichtiges Ergebnis der Wahlhandlung vorsätzlich herbeiführt oder das Ergebnis verfälscht, wird mit Gefängnis von einer Woche bis zu drei Jahren bestraft.

Wird die Handlung von jemand begangen, welcher nicht mit der Sammlung der Zettel oder Zeichen oder einer anderen Verrichtung bei dem Wahlgeschäfte beauftragt ist, so tritt Gefängnisstrafe bis zu zwei Jahren ein.

Auch kann auf Verlust der bürgerlichen Ehrenrechte erkannt werden.

I. **Oeffentliche Angelegenheit** weiter als § 197: Angelegenheiten des Staates, staatlicher Körperschaften und öffentlich-rechtlicher Genossenschaften und Verbände, insoweit der öffentliche Zweck in Frage steht: E. **41** 121, bes. 128 f. (Bestellung der Vertretungsorgane von Ortskrankenkassen); E. **64** 303 betr. Betriebsratswahlen.

II. Das **Ergebnis** der Wahlhandlung liegt vor, sobald die Wähler ihre Stimme abgegeben haben; nicht erst, wenn es ermittelt, festgestellt oder beurkundet ist (E. **20** 420, **56** 389, **62** 6). — **Richtig** ist das Ergebnis, wenn es dem Willen der Wähler entspricht. **Unrichtig,** wenn dies nicht der Fall (E. **63** 382: ein Beisitzer hatte selber den Wahlvorschlag angekreuzt und dann den Wahlzettel dem Wähler eingehändigt). **Gefälscht,** wenn unzulässige Wahlmaterialien benutzt werden, die Ausübung der Wahl dem Gesetze nicht entspricht: E. **37** 233, 297. So bei mehrfacher Stimmabgabe derselben Person unter Benutzung eines fremden Namens: Rechtspr. **7** 168; Stimmabgabe durch einen nicht zur Wahl Berechtigten: E. **10** 60; Ausübung des Wahlrechtes an mehreren Orten (infolge Aufnahme in mehrere Wählerlisten): E. **37** 233, 297, 380 gegen E. **21** 414. — Lipschitz, Zwei Lücken des StGB. usw., NJW. 47/48, 295, nimmt hier zu Unrecht eine Lücke im Gesetz an; richtig ist dagegen, daß Bruch des Wahlgeheimnisses als solcher heute nach dem StGB. straflos bleibt.

III. Auch Abstimmungen bei einem **Volksentscheid** fallen unter § 108: E. 62 6.

Wahlbestechung (Stimmenkauf)

109. Wer in einer öffentlichen Angelegenheit eine Wahlstimme kauft oder verkauft, wird mit Gefängnis von einem Monat bis zu zwei Jahren bestraft; auch kann auf Verlust der bürgerlichen Ehrenrechte erkannt werden.

I. Oeffentliche Angelegenheit: Vgl. § 108 Anm. I.

II. Kaufen und verkaufen hier nicht im zivilistisch-technischen Sinne, sondern nach dem Sprachgebrauch des Lebens. Danach ist notwendig: Willenseinigung: E. 17 296. Mit dieser ist das Vergehen vollendet. Dabei ist gleichgültig, ob der Stimmberechtigte auch ohne den „Kauf" so gestimmt hätte: E. 9 197; gleichgültig auch, ob eine bestimmte Stimmabgabe oder Wahlenthaltung versprochen wird (entsprechend Anm. II zu § 107): E. 48 70. — Käufer kann jeder sein, nicht etwa nur der Wahlkandidat; Verkäufer nur der Stimmberechtigte. — Als Kaufpreis genügt jeder Vorteil, z. B. Ersatz der Reisekosten: E. 11 218, 47 71. Auch wenn zugunsten eines Dritten ausbedungen: E. 47 71.

Sechster Abschnitt

Widerstand gegen die Staatsgewalt

Vorbemerkung

Nur die inländische Staatsgewalt ist geschützt (anders E. 8 54). Vgl. oben zu § 3 I, aber auch Celle HESt. 1 42 (45) und Darmstadt NJW. 47/48 488 (beide zu § 164) darüber, daß die Besatzungsbehörden deutschen Behörden grundsätzlich gleichstehen.

Aufforderung zum Ungehorsam gegen Gesetze

110. Wer öffentlich vor einer Menschenmenge oder wer durch Verbreitung oder öffentlichen Anschlag oder öffentliche Ausstellung von Schriften oder anderen Darstellungen zum Ungehorsam gegen Gesetze oder rechtsgültige Verordnungen oder gegen die von der Obrigkeit innerhalb ihrer Zuständigkeit getroffenen Anordnungen auffordert, wird mit Geldstrafe oder mit Gefängnis bis zu zwei Jahren bestraft.

I. Oeffentlichkeit: ein im StrR. viel (s. Register) und verschieden verwendeter Begriff. Zu unterscheiden sind **a)** Fälle, wo die Oeffentlichkeit geschützt werden soll, d. h. das gestaltlose, individuell und zahlenmäßig undefinierbare Publikum (z. B. §§ 183, 184, 184b, 361 Ziff. 6; über öffentliches Baden vgl. PolVO. v. 10. 7. 42, RGBl. I 461), **b)** Fälle, wo das Wort eine Eigenschaft des angegriffenen Rechtsguts bezeichnet (z. B. §§ 304, 358, 271, 348 u. v. a.), **c)** Fälle, wo ein bestimmtes Rechtsgut vor öffentlichen Angriffen geschützt werden soll, z. B.

§§ 186 f., 200. Zu der letztgenannten Gruppe gehören auch §§ 110, 111, 124, 125, 130a. Ueber den Streit betr. § 183 vgl. dort Anm. II. Den Unterschied in §§ 183 und 200 betont DR. **41** 1838. Wenn E. **73** 90 darauf aufmerksam macht, daß die Auslegung des Begriffs „öffentlich" in den genannten Fallgruppen nicht notwendig die gleiche zu sein brauche, so ist das an sich richtig. Gerade die Auslegung aber, zu der hier das RGer. jetzt bei § 183 kommt, trifft auch für §§ 110 f. und andere Aeußerungsdelikte (z. B. §§ 186 f.) zu: die Aufforderungen müssen für unbestimmt wieviele und welche Personen wahrnehmbar (hörbar, lesbar) gewesen sein. Dies ist erforderlich, aber auch genügend. Allgemeine Zugänglichkeit des Orts ist nicht vorausgesetzt. Ein Wirtshaus, Autobus usw. genügt. D-Zugsabteil; nicht aber, wenn der Täter mit der einzigen Zeugin allein war. Nach E. **44** 132 die Versammlung der Arbeiter einer bestimmten Fabrik. — Zugehörigkeit zum katholischen Teil einer Ortsgemeinde: DR. **42** 573. — Vgl. auch unten § 115 Anm. I mit § 116 Anm. I.

II. Menschenmenge: Eine im Unterbewußtsein nicht mehr zählbare Anzahl. Sie muß anwesend sein („vor"); dies ist ein Unterschied von § 183, wo Möglichkeit der Anwesenheit genügt.

III. Ungehorsam: Gegen „das Gesetz usw. schlechthin, seine Autorität und bindende Kraft" (E. **22** 185); „zur grundsätzlichen Auflehnung gegen die im Gesetze usw. enthaltenen Grundlagen der Rechtsordnung" (E. **54** 264; vgl. auch **58** 360: Aufforderung zum Generalstreik als Kampfmittel gegen die Regierung); Aufforderung zu einer bestimmten einzelnen Tat weder erforderlich noch genügend (hierfür §§ 111, 49a). Weitergehend freilich E. **63** 326. — Daß der Aufgeforderte bewußt gesetzwidrig handeln solle, ist nicht nötig. E. **59** 149. — Unter jener Voraussetzung der Grundsätzlichkeit bezieht sich § 110 aber auch auf bürgerlich-rechtliche Gesetze: Aufforderung, „nicht nur den einzelnen Vertrag durch Verweigerung der Erfüllung zu brechen, sondern dadurch zugleich dem die Vertragserfüllung gebietenden Gesetze selbst (§§ 242, 611 BGB.) die Befolgung zu versagen und somit dem Gesetz als solchem Mißachtung und Ungehorsam entgegenzusetzen" (E. **54** 264). A. A. namentlich Frank N. I mit eingehenden Nachweisungen.

IV. Verordnungen müssen nach Form und Inhalt rechtsgültig sein: E. **34** 121 (betr. Streikpostenstehen); vgl. Anm. VI. Aufforderung zu Unregelmäßigkeiten bei Hausschlachtungen: HRR **42** 128.

V. Obrigkeit: Organe der Staatsgewalt, die zum Erlasse allgemein verpflichtender Vorschriften berufen sind: Rechtspr. **6** 605.

VI. Anordnungen: Demnach stehen unter dem Schutz des § 110 nicht nur generelle „Gesetze und Verordnungen", sondern auch „Verfügungen" speziellen Inhalts, sofern sie nur allgemeinere Beachtung zu beanspruchen haben. E. **55** 8.

VII. Aufforderung ist Kundgebung einer Ansicht an andere mit dem Zwecke, deren Willen zu einem Handeln oder Unterlassen hervorzurufen: E. **9** 71. (Unterschied vom „Anreizen", z. B. § 112: E. **63** 170.) Kenntnisnahme von der Aufforderung nicht erforderlich: E. **5** 60. Vgl. auch § 49a.

VIII. Zum **Vorsatz** (eventueller genügt. E. **33** 4) soll nicht erforderlich sein das Bewußtsein von der Zuständigkeit der betr. Behörde zum Erlaß der Anordnung; die irrige Annahme, diese sei unzuständig, soll den Vorsatz also nicht ausschließen; so gemäß „Inhalt, Zweck und Bedeutung der Vorschrift des § 110", entgegen dem § 59: E. **40** 64, **63** 326. Die (bestrittene) Ansicht entspricht dem vom RGer. auch zum inneren Tatbestand des § 113 vertretenen Standpunkt. Vgl. dort Anm. IV.

IX. Idealkonkurrenz mit § 111 möglich: E. **63** 326.

Aufforderung zur Begehung strafbarer Handlungen

111. Wer auf die vorbezeichnete Weise zur Begehung einer strafbaren Handlung auffordert, ist gleich dem Anstifter zu bestrafen, wenn die Aufforderung die strafbare Handlung oder einen strafbaren Versuch derselben zur Folge gehabt hat.

Ist die Aufforderung ohne Erfolg geblieben, so tritt Geldstrafe oder Gefängnisstrafe bis zu einem Jahre ein. Die Strafe darf jedoch, der Art oder dem Maße nach, keine schwerere sein, als die auf die Handlung selbst angedrohte.

I. § 111 durchbricht die akzessorische Natur der Anstiftung (vgl. § 48 und Vorbem. vor § 47), insofern die öffentliche „Aufforderung" an keine bestimmte Person gerichtet zu sein (E. **3** 145), nach Abs. 2 auch keinen Erfolg zu haben braucht. Vgl. auch § 49a; der Unterschied ist aber — auch gegenüber dieser Bestimmung — grundsätzlicher Natur, da § 111, wie auch § 110, den Angriff auf die gesetzestreue Gesinnung als solchen straft. Deshalb hier, anders als in §§ 48 ff., auch der agent provocateur strafbar. Vgl. ferner OV. v. 15. 9. 23 betr. Aufforderung zum Steuerstreik (im Anhang). — Aehnlich das Schweizer StrRecht: vgl. Art. 259 mit Art. 24.

II. Zu einer **bestimmten** (zum Unterschied von § 110: E. **39** 387, vgl. auch **50** 146), nach inländischen Gesetzen, wenn auch nur nach Landesrecht strafbaren (E. **12** 161, **23** 172) Handlung muß der Täter hier aufgefordert haben.

III. Aufforderung. Zum Begriff vgl. Anm. VII zu § 110. — Ein Irrtum über die Rechtswidrigkeit derjenigen Handlung, zu der aufgefordert wird, schließt den Vorsatz des § 111 nur insoweit aus, als er bei dem Aufgeforderten ihn ausschließen würde. E. **39** 342, **40** 300.

IV. Die **Folgen** sind nach den allgemeinen Grundsätzen über Kausalzusammenhang zu beurteilen (E. **57** 285: nicht nötig, daß der Täter die Aufforderung selbst vernommen; es genüge, daß sie Folge der durch die Aufforderung hervorgerufenen allgemeinen Aufregung war).

Aufreizung von Heeresangehörigen

112. [Aufgehoben durch KRG. Nr. 11.]

Widerstand gegen Vollstreckungsbeamte

113. Wer einem Beamten, welcher zur Vollstreckung von Gesetzen, von Befehlen und Anordnungen der Verwaltungsbehörden oder von Urteilen und Verfügungen der Gerichte berufen ist, in der rechtmäßigen Ausübung seines Amtes durch Gewalt oder durch Bedrohung mit Gewalt Widerstand leistet, oder wer einen solchen Beamten während der rechtmäßigen Ausübung seines Amtes tätlich

angreift, wird mit Gefängnis von vierzehn Tagen bis zu zwei Jahren bestraft.

Sind mildernde Umstände vorhanden, so tritt Gefängnisstrafe bis zu einem Jahre oder Geldstrafe ein.

Dieselben Strafvorschriften treten ein, wenn die Handlung gegen Personen, welche zur Unterstützung des Beamten zugezogen waren, oder gegen Mannschaften der bewaffneten Macht, **oder gegen Mannschaften einer Gemeinde-, Schutz- oder Bürgerwehr in Ausübung des Dienstes begangen wird.**

Der Versuch ist strafbar.

I. Beamter: vgl. § 359. Abgrenzung bei Braunschweig Nds. Rpfl. **47** 90. — § 113 schützt nur den **Vollstreckungsbeamten:** Dazu gehört aber „jeder Beamte, der im konkreten Falle, wo ihm Widerstand geleistet wird, durch sein Amt zur Vollstreckung des Staatswillens berufen ist" (E. **41** 85). Deshalb nicht bloß Exekutivbeamte i. e. S. wie Gerichtsvollzieher (E. **41** 82), Amtsdiener (E. **35** 210), Gendarmen (E. **55** 161), sondern auch z. B. Lehrer (E. **35** 182), Richter in Ausübung der Sitzungspolizei (E. **15** 277). Dazu Abs. 3. — Vollstreckungsbeamte in Wohnungssachen erst wenn vereidigt: Hamm HESt. **2** 216.

Drei Gruppen von Vollstreckungsbeamten sind geschützt: „Das unterscheidende Merkmal zwischen der ersten und den beiden anderen ist darin zu finden, daß demjenigen Beamten, der zur Vollstreckung von Gesetzen berufen ist, regelmäßig das Recht der eigenen selbständigen Entschließung zur unmittelbaren Verwirklichung des Gesetzeswillens zusteht, während die Beamten der beiden anderen Gruppen nur im Auftrage anderer Staatsorgane tätig werden, indem sie die Beschlüsse der Verwaltungs- oder der Gerichtsbehörden zur Ausführung zu bringen haben" (E. **41** 85).

II. In oder während der rechtmäßigen Amtsausübung wird der Vollstreckungsbeamte geschützt. Das setzt im einzelnen voraus:

1. In oder während: Die Amtshandlung muß schon begonnen haben (E. **4** 374, **14** 259, **41** 89) oder als eine auf bereits gefaßtem Entschluß beruhende Maßregel unmittelbar bevorstehen (E. **41** 183); andernfalls § 114.

2. Rechtmäßigkeit der Amtsausübung setzt voraus: a) Sachliche **Zuständigkeit** (E. **40** 212); während ferner E. **38** 218 noch örtliche Z. forderte, übte nach E. **71** 122 ein Polizeibeamter auch dann rechtmäßig sein Amt aus, wenn er aus richtiger Dienstauffassung heraus im Notfall im Rahmen seiner allgemeinen Zuständigkeit außerhalb der Grenzen seines Landes und ohne besonderen Auftrag einschreitet. Die Entsch. wird damit begründet, daß die Polizei durch das Ges. über den Neuaufbau des Reichs v. 30. 1. 34 Angelegenheit des Reichs geworden war; diese Grundlage ist jetzt entfallen, so daß Rückkehr zur alten Rspr. geboten ist. b) Beobachtung der wesentlichen **Formvorschriften** (E. **24** 389 betr. ZPO. § 759); c) daß die Handlung, wenn sie dem **Ermessen** anheimgestellt ist, bei pflichtgemäßer Berücksichtigung der dem Beamten im Augenblicke vorliegenden Umstände geboten erscheint; insoweit gehören zum objektiven Tatbestand subjektive Elemente; ein tatsächlicher Irrtum des Beamten schließt die Rechtmäßigkeit seiner Amtsübung nur aus, wenn dieser selber auf pflichtwidrigem Verhalten oder Ermessen beruht: Vgl. E. **24** 219, **35** 210, **44** 353. Über R e c h t s irrtum vgl. E. **30** 348. Im einzelnen E. **26** 22 betr. Zolleinnehmer; **38** 373, **67** 351 betr. Polizeimaßnahmen zwecks Strafverfolgung; **61** 297 betr. Pfändung in einer Wohnung, die der GerVollz. irrig für die des Schuldners hielt; KG. in JW. **37** 762 betr. die Vorauss. für die poliz. Verwahrung einer Person; DR. **42** 1782 betr. angetrunkenen und unzust. Beamten.

a) Für **Befehlsverhältnisse** (Anm. I Gruppen 2 u. 3) ist wesentlich, daß hier der Vollzugsbeamte nicht auch selber den abstrakten Gesetzeswillen auf den konkreten Fall zu beziehen hat, sondern daß diese Konkretisierung durch eine Mittelsperson zwischen Gesetzeswillen und Vollzugshandlung vorgenommen wird: den Befehlsgeber. Voraussetzung für die Rechtmäßigkeit der Befehlsausführung ist hier die V e r b i n d l i c h k e i t d e s B e f e h l s. Er ist verbindlich, wenn er rechtmäßig ergangen ist. Rechtmäßig ergangen ist er — abgesehen von den oben in Syst. Vorbem. III behandelten allgemeinen Fragen der materiellen RW. — unter vier Voraussetzungen: α) Der Befehlsgeber muß zur Erteilung und β) der Befehlsempfänger zur Ausführung solcher Befehle z u s t ä n d i g sein (z. B. der Gerichtsvollzieher ist unzuständig, einen Haftbefehl in Strafsachen zu vollstrecken; der Polizeibeamte ist unzuständig, ein Zivilurteil zu vollstrecken). γ) Etwa nötige F o r m v o r s c h r i f t e n müssen erfüllt sein (z. B. Schriftlichkeit des richterlichen Haftbefehls). δ) Der Befehl muß entweder durch die Sachlage o b j e k t i v g e b o t e n, oder doch von dem Befehlsgeber n a c h p f l i c h t g e m ä ß e m E r m e s s e n f ü r o b j e k t i v g e b o t e n g e h a l t e n worden sein. Zum objektiven Tatbestand des § 113 genügt hier also u. U. ein subjektives Element: Der Glaube des Befehlsgebers an die Sachgemäßheit der Befehlserteilung (sein Irrtum über diese läßt aber nur dann die Verbindlichkeit des Befehls unberührt, wenn jener, entschuldbar, über die sachlichen Voraussetzungen der Notwendigkeit und Zweckmäßigkeit des Befehls irrt; irrt er über die für die Befehlserteilung maßgebenden Rechtsgrundsätze, so ist der Befehl unverbindlich). Vgl. hierüber bes. E. **59** 336 mit der dort zit. Rspr.; ferner E. **2** 416, **29** 200, **40** 212, **55** 161, **59** 404. — E r g e b n i s f ü r § 113: 1. War der Befehl sowohl objektiv sachwidrig wie auf Grund pflichtwidrig unrichtiger Beurteilung der Sachlage erteilt, so war er unverbindlich. Der ihn Ausführende befindet sich nicht in rechtmäßiger Ausübung, W i d e r s t a n d i s t a l s o e r l a u b t. Ob der den Befehl Ausführende die Rechtswidrigkeit des Befehls erkannte, betrifft nur seine eigene Strafbarkeit, nicht die Strafbarkeit des Widerstandes. 2. War dagegen der Befehl zwar objektiv sachwidrig, aber auf Grund pflichtgemäßer Beurteilung der Sachlage erteilt, so war er verbindlich (E. **38** 373; **61** 297; **72** 305 [311]; E. **59** 337 ließ diese Frage unentschieden). Der ihn Ausführende befindet sich danach in rechtmäßiger Amtsausübung, W i d e r s t a n d i s t a l s o r e c h t s w i d r i g. Vgl. dazu freilich Anm. IV!

b) **Vollstreckung eines rechtskräftigen Urteils.** In dem vielumstrittenen Fall Kiel SJZ. **47** 323 (Anm. A r n d t) betont der Senat, daß der Auftrag des Vollzugsbeamten wesentlich weiter geht als die Kraft eines Befehls. — In der Rechtmäßigkeitsfrage ist für § 113, abgesehen von der formalen Ordnungsmäßigkeit des Vollstreckungsauftrags, zu prüfen, ob dieser in einem Verfahren ergangen war, das hinsichtlich der prozessualen Garantien wie hinsichtlich der angewendeten materiellen Bestimmungen den Erfordernissen entsprach, die an das Recht eines Kulturstaates gestellt werden müssen. Dies allein und nicht die Frage nach der Normenquelle ist für die formale und materielle Rechtsqualität der Amtsausübung entscheidend. — Kein strafbarer Widerstand gegen Vollstr.-Beamte des Wohnungsamts, wenn Beschlagnahme unzulässigerweise nach RLG. statt nach dem Wohnungsges. der KR. erfolgt war: LG. Göttingen Nds. Rpfl. 48, 89.

III. Die **Handlung** besteht entweder im **Widerstandleisten**, sei es durch Gewalt, sei es durch Bedrohung mit Gewalt, oder in **tätlichem Angriff.** Im einzelnen:

1. **Gewalt** ist positive Kraftäußerung gegen den Beamten. Vgl. auch § 52 Anm. II. Passiver Widerstand, z. B. gegen Verhaftungen, genügt nicht. Als aktive Kraftäußerung faßt aber E. 2 411 ein sich gegen den Boden Stemmen auf; Rechtspr. 7 280 ein Anklammern an einen Laternenpfahl. — Vgl. auch DR. 42 1756. 2. **Bedrohung** mit Gewalt: hier gilt der allgemeine Begriff der Drohung (Anm. III zu § 114). 3. Zum **tätlichen Angriff** genügt Ausholen zum Schlag: E. 41 181.

IV. **Vorsatz:** Nach § 59 sollte ein Irrtum des Widerstand Leistenden über die Rechtmäßigkeit der Amtsübung (d. h. über die sie bedingenden objektiven und subjektiven Momente) die Strafbarkeit ausschließen. Das RGer. folgerte aber die Unbeachtlichkeit dieses Irrtums aus der Entstehungsgeschichte und dem Zweck des § 113: E. 55 161, 60 342. Die Rechtmäßigkeit der Amtsausübung wurde damit aus einem Tatbestandsmerkmal in eine Bedingung der Strafbarkeit umgedeutet. Ebenso E. 67 337, 72 301, DR. 42 1782, Kiel SJZ. 47 325.

V. Die Anwendung des § 113 **Abs. 3** ist nicht durch die gleichzeitige Anwendung des § 113 Abs. 1 bedingt, sondern sie kann auch in Verbindung z. B. mit § 117 zulässig sein: E. 29 310.

VI. Im **Verhältnis** zu § 114 ist § 113, im Verhältnis zu § 117 ist letzterer das speziellere Gesetz: E. 34 113. Vgl. auch § 114 Anm. VII. § 116 Anm. VI. § 117 Anm. V. — Vgl. § 3 Nr. 4 des Ges. Nr. 21 von Württemberg-Baden vom 20. 11. 45 (Reg. Bl. 46 S. 2): „Mit Gefängnis bis zu zwei Jahren oder mit Geldstrafe wird bestraft, wer gegen eine Verhaftung durch eine im amtlichen Auftrage handelnde oder sonst zur Festnahme oder Verhaftung berechtigte Person Widerstand leistet oder wer aus einer behördlich verhängten Haft entweicht."

VII. Strafbarkeit des **Versuchs** auf Grund der VO. v. 29. 5. 43. Zweifel über die Fortgeltung in SJZ. 46, 123; vgl. auch Conrad JR. 47, 68. Für Fortgeltung Freiburg DRZ. 47 65 (betr. § 259). Mit Recht, denn die Einführung der Versuchsstrafe bezweckte hier wie in §§ 117, 156, 216, 259, 267, 274, 348 die Anpassung an das öst. Recht, ist daher weder typisch n.-s. noch als übermäßig zu bezeichnen. Auch die AAfR. steht nicht entgegen, da neue Sachverhalte für strafbar erklärt worden sind.

Beamtennötigung

114. Wer es unternimmt, durch Gewalt oder Drohung eine Behörde oder einen Beamten zur Vornahme oder Unterlassung einer Amtshandlung zu nötigen, wird mit Gefängnis nicht unter drei Monaten bestraft.

Sind mildernde Umstände vorhanden, so tritt Gefängnisstrafe bis zu zwei Jahren oder Geldstrafe ein.

I. **Unternehmen:** Vgl. § 105.

II. Gewalt: Vgl. § 113 Anm. III 1.

III. Drohung: Vgl. § 52 Anm. III. Ankündigung eines vom Drohenden selber zu verwirklichenden Uebels; anders bloße Warnung. E. **54** 236. Subjektiv hier: Absicht der Furchterregung zwecks Nötigung: E. **34** 206. — Die Drohung muß mit einer bestimmten, wenn auch erst für die spätere Zukunft in Aussicht stehenden Amtshandlung in erkennbarem Zusammenhang stehen. Auch Nachteile, welche allgemeine Interessen (z. B. Streikdrohung) betreffen, kommen in Betracht. Ob das angedrohte Übel eine an sich erlaubte Handlung darstellt, ist einerlei. E. **46** 106, **55** 37.

IV. Behörde: „Jedes auf gesetzlicher Grundlage in dauerndem, bestimmt geregeltem Bestande geschaffene, in das Gefüge der äußeren Verfassung des Staates als Bestandteil eingegliederte (mittelbare oder unmittelbare) Organ der Staatsgewalt, welches dazu berufen ist, unter öffentlicher Autorität nach eigenem Ermessen zur Herbeiführung der Zwecke des Staates tätig zu sein": E. **40** 161. Der ideelle, dauernde Träger staatlicher Rechte und Pflichten: E. **18** 246.

V. Beamter: Siehe § 359. — Vgl. ferner ZAk. **37** 697 mit Anm. von S t o c k (betr. Vorsitzenden eines Viehwirtschaftsverbandes); bedenklich ObGer. Danzig in Danz. JurZ. **38** 50, wonach das Absperren des Gaszählers durch den städtischen Einziehungsangestellten Amtshandlung i. S. d. § 114 sein soll. Diese Handlung ist nicht aus der Staatsgewalt abzuleiten.

VI. Amtshandlung: Diejenige Handlung eines Beamten, welche innerhalb seiner örtlichen und sachlichen Zuständigkeit gelegen und v e r m ö g e d i e s e r (nicht auf Grund einer jedem Staatsbürger obliegenden Pflicht) vorzunehmen ist: E. **18** 350. Ob die Amtshandlung rechtmäßig sein würde, ist gleichgültig. E. **54** 163. DR. **42** 1757. Die Nötigung, das Amt niederzulegen, rechnet E. **56** 22 nicht hierher, aber die Nötigung, die behördliche Tätigkeit einzustellen. — I r r t u m über den Begriff der Amtshandlung soll nach E. **56** 22 ein den Vorsatz nicht berührender strafrechtlicher sein!

VII. Konkurrenzen: § 113 ist im Verhältnis zu § 114 das speziellere Gesetz: E. **20** 35. Vgl. § 113 Anm. VI. Tateinheit zwischen §§ 113 und 114 ist jedoch möglich, wenn über den Tatbestand des § 113 hinaus Drohungen geäußert werden, die von einem künftigen Vorgehen abhalten sollen (HRR. **38** 487). § 114 schließt die Anwendung von § 240 aus: E. **31** 3; vgl. auch § 116 Anm. VI.

Aufruhr

115. Wer an einer öffentlichen Zusammenrottung, bei welcher eine der in den §§ 113 und 114 bezeichneten Handlungen mit vereinten Kräften begangen wird, teilnimmt, wird wegen Aufruhrs mit Gefängnis nicht unter sechs Monaten bestraft.

Die Rädelsführer, sowie diejenigen Aufrührer, welche eine der in den §§ 113 und 114 bezeichneten Handlungen begehen, werden mit Zuchthaus bis zu zehn Jahren bestraft; auch kann auf Zulässigkeit von Polizeiaufsicht erkannt werden. Sind mildernde Umstände vorhanden, so tritt Gefängnisstrafe nicht unter sechs Monaten ein.

I. Oeffentlich ist eine Zusammenrottung nicht schon, weil an öffentlichem Ort stattfindend, sondern erst wenn die M ö g l i c h k e i t e i n e r B e t e i l i g u n g u n b e s t i m m t v i e l e r Personen gegeben war: E. **20** 298, **54** 88.

II. Zusammenrottung ist „das räumliche Zusammentreten einer Mehrheit von Personen zu einem gemeinschaftlichen bedrohlichen oder gewalttätigen Handeln": E. **56** 281. Vgl. auch E. **13** 17, **53** 305.

III. Mit vereinten Kräften: Es genügt, daß die Handlungen von einzelnen ausgehen, wenn nur die übrigen sie in ihre Vorstellung und ihren Willen mit aufgenommen haben.

IV. Teilnahme: Vgl. § 125 Anm. II.

VI. Idealkonkurrenz von §§ 115 und 125 möglich: E. **29** 11.

V. Rädelsführer: Die Führer oder Leiter des Aufruhrs, soweit auch selber an der Zusammenrottung beteiligt (E. **60** 331).

Auflauf

116. Wird eine auf öffentlichen Wegen, Straßen oder Plätzen versammelte Menschenmenge von dem zuständigen Beamten oder Befehlshaber der bewaffneten Macht **aufgefordert, sich zu entfernen, so wird jeder der Versammelten, welcher nach der dritten Aufforderung sich nicht entfernt, wegen Auflaufs mit Gefängnis bis zu drei Monaten oder mit Geldstrafe bestraft.**

Ist bei einem Auflaufe gegen die Beamten oder die bewaffnete Macht **mit vereinten Kräften tätlicher Widerstand geleistet oder Gewalt verübt worden, so treten gegen diejenigen, welche an diesen Handlungen teilgenommen haben, die Strafen des Aufruhrs ein.**

I. Oeffentlich: wenn zur fraglichen Zeit tatsächlich allgemein zugänglich. E. **21** 13 und 370 (Wirtschaftsgarten), **40** 126 (Friedhof), **42** 313 (Bahnhofsvorplatz).

II. Menschenmenge: Eine nicht mehr im Unterbewußtsein zählbare Anzahl. E. **40** 76 sagt nur, daß Ungeordnetheit, Unbestimmtheit der Zahl n i c h t zum Begriff gehört.

III. Zuständiger Beamter: vgl. § 359 und § 113 Anm. II.

IV. Aufforderung an die versammelte Menge. E. **13** 66.

V. Sich nicht entfernen: echtes Unterlassungsdelikt (vgl. Syst. Vorbem. II). Jeder einzelne, der stehenbleibt, ist strafbar (E. **12** 426), mag er auch die Aufforderung nicht selber gehört, sondern durch andere erfahren haben (E. **21** 154). Vgl. freilich § 52!

VI. Zu Abs. 2 vgl. § 115 Anm. III. — Abs. 2 kann mit §§ 113 oder 114 in Idealkonkurrenz stehen.

Forstwiderstand

117. Wer einem Forst-, Jagd- oder Fischereibeamten, dem Eigentümer eines Waldes oder eines Fischgewässers, einem Forst- oder Fischereiberechtigten, einem Jagd- oder Fischereiausübungsberechtigten oder einem von diesen bestellten Aufseher in der rechtmäßigen Ausübung seines Amtes oder Rechtes durch Gewalt oder durch Bedrohung mit Gewalt Widerstand leistet, oder wer eine dieser Personen während der Ausübung ihres Amtes oder Rechtes tätlich angreift, wird mit Gefängnis von vierzehn Tagen bis zu drei Jahren bestraft.

Ist der Widerstand oder der Angriff unter Drohung mit Schießgewehr, Aexten oder anderen gefährlichen Werkzeugen erfolgt, oder mit Gewalt an der Person begangen worden, so tritt Gefängnisstrafe nicht unter drei Monaten ein.

Sind mildernde Umstände vorhanden, so tritt in den Fällen des Absatz 1 Gefängnisstrafe bis zu einem Jahre, in den Fällen des Absatz 2 Gefängnisstrafe nicht unter einem Monat ein.

Der Versuch ist strafbar.

I. Vorbild für §§ 117—119 war Pr.Ges. v. 31. 3. 1837. Geschützt werden (entgegen der Ueberschrift des 6. Abschnitts) auch Privatpersonen bei Ausübung ihrer Schutzrechte und -pflichten. — Der Kreis der geschützten Personen ist neu umgrenzt durch G. v. 28. 6. 35, Art. 10. Betr. Jagd: Angleichung an Reichsjagdgesetz v. 3. 7. 34. Betr. Fischerei: Gleichstellung mit Jagdschutz, aber in anderer Ausdrucksweise, da hier noch verschiedenartige Landesgesetze gelten. — Sperrvorschrift nicht anwendbar, da neue Sachverhalte strafbar.

II. Ueber Jagdschutzberechtigte vgl. RJagdG. §§ 39, 40. Ueber ihr Recht zum Waffengebrauch: G. v. 26. 2. 35 (RGBl. I 363) und VO. v. 7. 3. 35 (RGBl. I 377). — Betr. „Beamte": § 359 und E. **48** 177. — Zu allen E. **72** 305—313.

III. Die **„Bestellung" als Aufseher** setzt weder Beamteneigenschaft voraus, noch schafft sie solche. Im übrigen vgl. Anm. II.

IV. Amts- oder Rechtsübung: 1. Strafrechtlich geschützt sind nur Handlungen, die dem **Schutz** von Forst, Jagd oder Fischerei dienen (E. **66** 340); nicht die Ausübung von Rechten am Wald oder des Jagdrechts selber (E. **2** 170, **3** 14, **20** 156, **60** 273). Dann aber nicht nur im Forst oder unmittelbar angrenzend, sondern überall, wenn nur örtliche und sachliche Zuständigkeit gegeben ist (E. **23** 357, **38** 373). — Eine Festnahme, falls sie von einem Forstbeamten oder Waldeigentümer als solchem, wenn auch auf Grund des allgemeinen Rechts des § 127 StPO., vorgenommen wird (E. **19** 101, **21** 10). — Haussuchung, falls aus allgemein polizeirechtlichen Gründen gerechtfertigt, sei es präventiv-polizeilich, sei es kraft Handelns als Hilfsorgan der Staatsanwaltschaft. Ebenso Beschlagnahme (E. **37** 32, **39** 189). — Wegnahme des Gewehres kann durch Notwehr geboten sein (E. **35** 403, **46** 348). — Auch die §§ 229, 858, 859 BGB. können Anlaß zu Handlungen werden, die sich als Amts- oder Rechtsausübung darstellen. — Ein Recht zur Privatpfändung zum Schutze des Jagdrechts besteht nicht mehr (E. **34** 154). — Keine Amtsausübung, wenn der Forstbeamte einem Waldarbeiter nur als Arbeitgeber gegenübersteht (E. **5** 413).

2. Rechtmäßig muß die Ausübung stets sein (auch, obschon nicht erwähnt, beim Angriff). Daß ihre objektive Rechtmäßigkeit auch durch pflichtgemäßes Ermessen des Ausübenden gegeben sein kann, kommt, wie bei § 113, auch hier für die Amtsausübung, nicht aber für die private Rechtsausübung in Betracht. E. 72 305 (311). — Der Vorsatz des Täters braucht die Rechtmäßigkeit der „Amts"-Ausübung hier so wenig zu umfassen, wie bei § 113 (vgl. dort Anm. IV), wenn der Täter nur weiß, daß ein Forstbeamter als solcher eine amtliche Tätigkeit ausübt; wohl aber die Rechtmäßigkeit der privaten „Rechts"-Ausübung: E. **20** 156, **27** 70, **38** 373.

V. Zur **Handlung** vgl. zunächst § 113 Anm. III. Zu **Abs. 2:**

1. **„Schießgewehr"** — auch ungeladen: E. 9 176 — muß das Bedrohungsmittel sein; lediglich mündliche Drohung mit solchem genügt nicht: E. 28 314.

2. **„Gewalt an der Person"** nicht gleichbedeutend mit Gewalt gegen die Person. Unmittelbare Einwirkung nötig; fehlgehender Schuß genügt nicht. E. 16 172.

VI. Strafbarkeit des **Versuchs** auf Grund der VO. v. 29. 5. 43. Vgl. über deren Fortgeltung oben § 113 Anm. VII.

VII. Gegenüber den §§ 113, 114 ist § 117 **lex specialis.** (Vgl. § 113 Anm. VI.) — Bei Anwendung des § 113 oder § 117 bleibt § 17 des Pr.FFPolG. v. 21. 1. 26 außer Betracht: E. 38 69.

118. Ist durch den Widerstand oder den Angriff eine Körperverletzung dessen, gegen welchen die Handlung begangen ist, verursacht worden, so ist auf Zuchthaus bis zu zehn Jahren zu erkennen.

Sind mildernde Umstände vorhanden, so tritt Gefängnisstrafe nicht unter drei Monaten ein.

I. § 118 bezieht sich nur auf § 117: E. 23 69.

II. **Körperverletzung** im Sinne des § 223: E. 11 24; — sie braucht jedoch nicht vorsätzlich zu sein, ursächlicher Zusammenhang zwischen Widerstand und Körperverletzung genügt. — Vgl. § 231 Anm. II.

119. Wenn eine der in den §§ 117 und 118 bezeichneten Handlungen von mehreren gemeinschaftlich begangen worden ist, so kann die Strafe bis um die Hälfte des angedrohten Höchstbetrages, die Gefängnisstrafe jedoch nicht über fünf Jahre erhöht werden.

I. **Gemeinschaftlich** im Sinne des § 47. Vgl. E. 28 98.

Gefangenenbefreiung

120. Wer einen Gefangenen aus der Gefangenanstalt oder aus der Gewalt der bewaffneten Macht, des Beamten oder desjenigen, unter dessen Beaufsichtigung, Begleitung oder Bewachung er sich befindet, vorsätzlich befreit oder ihm zur Selbstbefreiung vorsätzlich behilflich ist, wird mit Gefängnis bis zu drei Jahren bestraft.

Der Versuch ist strafbar.

I. **Gefangener:** eine Person, der in gesetzlich gebilligter Form aus Gründen des öffentlichen Interesses (durch ein Organ der Staatsgewalt, kraft obrigkeitlicher Autorität) die persönliche Freiheit entzogen ist und die sich infolgedessen t a t s ä c h l i c h in der Gewalt der zuständigen Behörde (oder Beamten) befindet: E. 12 162. Der Eingriff der Staatsgewalt muß dem Recht des Staates entspringen, bei der Handhabung der Polizei- und Strafgewalt jemand in Haft zu nehmen: E. 39 7, 48 226, 73 347. Durch Festnahme seitens einer Privatperson wird jemand nicht Gefangener, sondern erst mit der Uebernahme durch den zuständigen Beamten: E. 13 254, 67 299; Untersuchungsgefangene, auch während Unterbringung in einer Krankenanstalt: E. 19 330. N i c h t aber Schularrestanten: E. 39 7. Auch nicht Fürsorgezöglinge, da hier mit der Unterbringung Erziehung, nicht Schutz der Allgemeinheit bezweckt werde: E. 73 347. Vgl. auch §§ 122 a und 122 b.

II. **Beamter:** siehe § 359.

III. Aeußere **Rechtmäßigkeit** der Gefangennahme ist nicht Voraussetzung der Anwendung des § 120: E. 39 189.

IV. Befreit: d. h. der behördlichen Gewalt durch unberechtigte Einwirkung (Zwang, Drohung, Täuschung; Bitten genügen nicht: E. 34 8) entzieht.

V. Während Selbstbefreiung — abgesehen von dem in DRZ. 47, 157 zit. Bay. Ges. v. 28. 10. 46 (GVBl. 47 S. 11) und dem Württ.-Bad. Ges. v. 20. 11. 45 § 3 N. 4 (oben § 113 N. VI) — nur als Meuterei oder gewaltsamer Ausbruch gemäß § 122 strafbar, also auch Anstiftung zur Selbstbefreiung an sich straflos ist, wird hier die **Beihilfe** zur Selbstbefreiung (die auch in intellektueller Hilfeleistung bestehen kann: E. 25 65) zum Sondervergehen erklärt, an dem folglich auch strafbare Teilnahme (Anstiftung und Beihilfe) möglich ist; solcher Teilnahme an der Beihilfe soll sich nach E. 57 417, 61 31 auch der Gefangene selber schuldig machen können. Rechtsähnliche Fälle in § 164 und § 257, vgl. dort Anm. Zu der ganzen Frage Lange, Notw. Teilnahme, 1940, S. 85 ff.

Entweichenlassen von Gefangenen

121. Wer vorsätzlich einen Gefangenen, mit dessen Beaufsichtigung oder Begleitung er beauftragt ist, entweichen läßt oder dessen Befreiung befördert, wird mit Gefängnis bis zu drei Jahren bestraft.

Ist die Entweichung durch Fahrlässigkeit befördert worden, so tritt Gefängnisstrafe bis zu drei Monaten oder Geldstrafe ein.

I. Wenn von einem **Beamten** begangen: § 347.

II. Gefangener: Vgl. § 120 Anm. I.

III. Beauftragt kann hier auch eine Privatperson sein: E. 7 103; z. B. der Wärter in einer Krankenanstalt, der die Beaufsichtigung dahin gebrachter Gefangener übernimmt: E. 19 330.

IV. Beförderung der Befreiung durch einen Dritten oder der Selbstbefreiung. E. 57 75.

V. Fahrlässigkeit. Voraussetzung ist sowohl Schaffung günstigerer Bedingungen für die Entweichung durch Außerachtlassen der erforderlichen Vorsicht, als auch Vorhersehbarkeit der Entweichung.

Gefangenenmeuterei

122. Gefangene, welche sich zusammenrotten und mit vereinten Kräften die Anstaltsbeamten oder die mit der Beaufsichtigung Beauftragten angreifen, denselben Widerstand leisten oder es unternehmen, sie zu Handlungen oder Unterlassungen zu nötigen, werden wegen Meuterei mit Gefängnis nicht unter sechs Monaten bestraft.

Gleiche Strafe tritt ein, wenn Gefangene sich zusammenrotten und mit vereinten Kräften einen gewaltsamen Ausbruch unternehmen.

Diejenigen Meuterer, welche Gewalttätigkeiten gegen die Anstaltsbeamten oder die mit der Beaufsichtigung Beauftragten verüben, werden mit Zuchthaus bis zu zehn Jahren bestraft; auch kann auf Zulässigkeit von Polizeiaufsicht erkannt werden.

I. Selbstbefreiung an sich straflos. Vgl. aber die neuen Landesgesetze (oben § 120 Anm. V). Ueber Teilnahme des Gefangenen an seiner Befreiung durch andere vgl. ebenfalls Anm. V zu § 120. Ueber diese hinaus macht § 122 II den Versuch eines gemeinschaftlichen Ausbruchs zum selbständigen (zweiaktigen) Vergehen.

II. Gefangene: siehe § 120 Anm. I.

III. Zusammenrottung: siehe § 115 Anm. II. Vgl. noch E. **3** **1**, **54** 313, **55** 67.

IV. Zu der „Zusammenrottung" muß dies **Unternehmen** hinzukommen. „Unternehmen" umfaßt Vollendung und Versuch. In Abs. II muß mit dem gewaltsamen Ausbruch begonnen worden sein; der Plan ist noch nicht strafbar. — Der **„Ausbruch"** braucht nicht von dem Willen beherrscht zu sein, sich dauernd der Gefangenschaft zu entziehen (E. **41** 357). Er muß aber als ein **gewaltsamer** beabsichtigt sein (Gewalt gegen Sachen genügt: E. **55** 67; Anwendung falscher Schlüssel ist noch keine Gewalt: E. **49** 429) und **mit vereinten Kräften** erfolgen. Hierzu genügt gemeinsame Verabredung nicht (E. **50** 85). Strafbar ist aber jeder, der zur Mitwirkung bei der beabsichtigten Gewaltanwendung bereit war, mag auch diese selber dann nur von einem einzelnen begangen worden sein. Vgl. dazu E. **17** 47, **58** 76 sowie HRR. **37** 680 (= JW. **37** 627).

V. Nur wer selber Gewalt verübt, fällt unter **Abs. III**; nicht etwa alle „Mittäter" (E. **69** 289).

VI. Gewalttätigkeiten: Körperlicher Zwang gegen Personen; unmittelbare wie mittelbare Einwirkung auf den Körper. Seelischer Zwang genügt nicht. E. **52** 34, **54** 88, **55** 35.

Sicherungsverwahrungsanstalt und Arbeitshaus

122a. In den Fällen der §§ 120 bis 122 steht einem Gefangenen gleich, wer in Sicherungsverwahrung oder in einem Arbeitshaus untergebracht ist.

I. Eingefügt durch G. vom 24. 11. 33, Art. 3. Vgl. §§ 42e und 42d.

Sonstige behördliche Verwahrung

122b. Wer, abgesehen von den Fällen der §§ 120, 121, 122a, vorsätzlich jemand, der auf behördliche Anordnung in einer Anstalt untergebracht ist, aus der Verwahrung befreit oder ihm das Entweichen erleichtert, wird mit Gefängnis bis zu zwei Jahren oder mit Geldstrafe bestraft.

Der Versuch ist strafbar.

Die Strafverfolgung tritt nur auf Antrag der Behörde ein, welche die Verwahrung bewirkt hat.

I. Eingefügt durch G. v. 24. 11. 33, Art. 3.

II. Unterbringung z. B. in einer Heil- oder Pflegeanstalt, Trinkerheilanstalt, in einem Asyl; auch wer in einer Irrenanstalt auf polizeiliche Anordnung untergebracht wird (bisher zu den Gefangenen im S. der §§ 120 ff. gerechnet, vgl. E. **44** 171), ferner Fürsorgezöglinge (vgl. den abgeänderten § 76 des JugwohlfG.).

Siebenter Abschnitt

Verbrechen und Vergehen wider die öffentliche Ordnung

Hausfriedensbruch

123. Wer in die Wohnung, in die Geschäftsräume oder in das befriedete Besitztum eines anderen oder in abgeschlossene Räume, welche zum öffentlichen Dienste oder Verkehre bestimmt sind, widerrechtlich eindringt, oder wer, wenn er ohne Befugnis darin verweilt, auf die Aufforderung der Berechtigten sich nicht entfernt, wird wegen Hausfriedensbruchs mit Geldstrafe oder mit Gefängnis bis zu drei Monaten bestraft.

Ist die Handlung von einer mit Waffen versehenen Person oder von mehreren gemeinschaftlich begangen worden, so tritt Geldstrafe oder Gefängnisstrafe bis zu einem Jahre ein.

Die Verfolgung tritt nur auf Antrag ein. Die Zurücknahme des Antrags ist zulässig.

I. Rechtsgut hier nicht die öff. Ordnung, sondern das Hausrecht, ein Rechtsgut eigener Art. Bestr., ob es dem Besitzrecht verwandt ist oder dem Recht der persönlichen Freiheit näher steht. Es enthält Elemente von beiden; die Qualifikationsgründe des Abs. 2 sprechen eher für ein Freiheitsdelikt.

II. Wohnung: Räume, die dem nicht auf bestimmte Verrichtungen oder Lebenszwecke beschränkten Aufenthalt einer Person freistehen und dienen. Vgl. auch E. **12** 133, **13** 312 (Schiffe, Künstlerwagen).

III. Geschäftsräume: Abgeschlossene Räume, in denen jemand seine regelmäßige Erwerbstätigkeit ausübt. Vgl. E. **13** 312, **32** 371.

IV. Befriedetes Besitztum: Eingehegt mit dem erkennbaren Willen, Fremden den Zutritt zu verwehren; Zusammenhang mit Wohnung oder Gebäude nicht nötig: E. **11** 295, **20** 150, **32** 371, **35** 395.

V. Oeffentlicher Dienst: Der auf Vorschriften des öffentlichen Rechts beruhende dienstliche Verkehr mit dem Publikum. KGJW. **27** 1713. Dem öffentlichen Dienst bestimmt ist z. B. der Wahlraum: E. **46** 406. — Dem öff. **Verkehr** dienen z. B. Straßenbahnwagen (DR. **41** 2659 m. Anm. Bruns, E. **75** 355), Eisenbahnabteile.

VI. Widerrechtliches Eindringen: Bewußtes Eintreten gegen den ausdrücklichen oder durch Vorrichtungen sich offenbarenden, aber auch schon gegen den vermuteten Willen des Berechtigten, ohne daß der Eintretende ein besonderes Recht hierzu hat. E. **12** 132. Vgl. auch E. **15** 391 (der Vermieter ist nicht schon auf Grund seines Zurückbehaltungsrechts zum Eindringen befugt); **6** 14 (die getrennt lebende Ehefrau ist nicht berechtigt, die Wohnung des Mannes gegen dessen Willen zu betreten, es sei denn, um das eheliche Zusammenleben wieder aufzunehmen); LG. Hamburg in DR. **41** 1401 betr. Kontrollbeamten. — Eindringen des ganzen Körpers nicht erforderlich: E. **39** 440 (Hineinstrecken einer Hand mit Revolver durch eine gewaltsam bewirkte Oeffnung). — Das Eindringen ist nicht ohne weiteres schon deshalb widerrechtlich, weil es der verfolgte Zweck ist (E. **12** 132; **20** 150); bedenklich daher insoweit AG. Leipzig in DJ. **38** 341 (Benutzung einer öffentl. Fernsprechzelle zu mißbräuchlicher Inanspruchnahme des

Apparates). E. **68** 65 lehnt offenbar in ähnlichem Falle § 123 stillschweigend ab.

VII. Ueber **unbefugtes Verweilen** in einer öffentlichen Wirtschaft vgl. E. **4** 322. — Der Ehemann k a n n sich des Hausfriedensbruchs in Räumen schuldig machen, in denen mit seiner Genehmigung die Ehefrau selbständig Wirtschaft betreibt und die nicht zu den ehelichen Wohnräumen gehören: E. **35** 395. — Der Mieter, der unter Verletzung seiner zivilrechtlichen Räumungsverbindlichkeit in der Wohnung verbleibt und sie trotz Aufforderung nicht verläßt, ist n i c h t strafbar: E. **36** 322. — Ueber das Hausrecht des Mitinhabers einer gemeinschaftlichen Wohnung gegenüber Angehörigen eines anderen Mitinhabers E. **72** 57. — E i n e Aufforderung genügt: E. **5** 109. — Als B e r e c h t i g t e r erscheint auch, wem ein Lokal zu einer Versammlung überlassen ist: E. **24** 194; aber auch, wer es hierzu überlassen hat: E. **61** 33. — Der Inhaber des ungestörten unmittelbaren Besitzes: E. **57** 139. — Gemeinsam Berechtigte: E. **72** 57. — Zu Unrecht Gekündigter: E. **1** 398. — In den Wartesälen eines Bahnhofs mit Restaurationsbetrieb: der Bahnhofswirt n u r , wenn ihm die Aufrechterhaltung der Ordnung in den W a r t e r ä u m e n zur Pflicht gemacht ist; allgemein jedoch die Bahnhofspolizeibeamten: E. **36** 188.

VIII. Qualifizierter Hausfriedensbruch (Abs. 2). 1. Waffe hier nicht im technischen Sinn, sondern allgemein gefährliche Werkzeuge umfassend: E. **8** 44. Vgl. § 243 Z. 5, § 250 Z. 1. — Es genügt, wenn der Täter die Waffe erst nach dem Eindringen in dem Raume selbst vorfindet und ergreift: **12** 183. — Der Täter muß sich des Waffenbesitzes bewußt sein: E. **8** 44. — Nicht auch der Bedrohte: E. **28** 269. — Hausfriedensbruch mit Waffen begeht daher auch, wer sie verborgen mit sich führt: E. **30** 78. Auch wer an sich dienstlich zum Tragen der Waffe berechtigt ist: E. **32** 402.

2. Gemeinschaftlich: d. h. wenn der Hausfriedensbruch von mehreren Personen als Mittätern begangen worden ist: E. **3** 7. Betr. „Mittäter" RGer. auch hier, wie bei § 47, subjektiv: Auch wer, ohne die Räume zu betreten, das widerrechtliche Eindringen anderer mit Täterwillen fördert (z. B. draußen Wache steht), ist aus § 123 II als Täter strafbar. E. **55** 60.

IX. Zum **Vorsatz** gehört die Kenntnis aller T a t u m s t ä n d e (§ 59), also auch das Bewußtsein, dem Willen des Berechtigten zuwiderzuhandeln. Eventualvorsatz genügt (nicht aber das Bewußtsein, gegen den „zu vermutenden" Willen des Berechtigten einzutreten; so freilich E. **12** 132); Strafrechtsirrtum aber schließt, trotz des Wortes „widerrechtlich", den Vorsatz nicht aus.

X. Ueber das **Verhältnis** des § 123 zu anderen während des Hausfriedensbruchs begangenen Straftaten vgl. E. **32** 137. Ist Hausfriedensbruch Mittel zu einem nach § 243 strafbaren Diebstahl (z. B. als „Einbruch"), so ist jener neben § 243 nicht selbständig strafbar. E. **53** 279 und Vorbem. III 4 vor § 73. — § 368 Nr. 9 als lex specialis zu beachten; vgl. dort Anm. — Amtsdelikt: § 342. Dazu E. **32** 402: Idealkonk. mit § 123 Abs. 2. Hiergegen W e l z e l § 39 II 2.

Schwerer Hausfriedensbruch

124. Wenn sich eine Menschenmenge öffentlich zusammenrottet und in der Absicht, Gewalttätigkeiten gegen Personen oder Sachen mit vereinten Kräften zu begehen, in die Wohnung, in die Geschäfts-

räume oder in das befriedete Besitztum eines anderen oder in abgeschlossene Räume, welche zum öffentlichen Dienst bestimmt sind, widerrechtlich eindringt, so wird jeder, welcher an diesen Handlungen teilnimmt, mit Gefängnis von einem Monat bis zu zwei Jahren bestraft.

I. Menschenmenge: Vgl. § 116 Anm. II.

II. Oeffentliche Zusammenrottung: Vgl. § 115 Anm. I und II.

III. Absicht: Anm. III, 1 zu § 59. Es genügt, daß ein Teil der Eindringenden diese Absicht hatte und der Täter dies wußte. E. **51** 422.

IV. Gewalttätigkeiten: Vgl. § 122 Anm. VI. Die **„Personen"** brauchen nicht die Insassen der Wohnung zu sein. E. **53** 64. — G. gegen **Sachen,** auch ohne sie zu beschädigen: E. **5** 377, **30** 391.

V. Teilnahme: es genügt Mittäterschaft i. S. von Anm. VIII zu § 123.

VI. Konkurrenzen: Schwerer Raub schließt § 124 aus: HRR. **38** 1207.

Landfriedensbruch

125. Wenn sich eine Menschenmenge öffentlich zusammenrottet und mit vereinten Kräften gegen Personen oder Sachen Gewalttätigkeiten begeht, so wird jeder, welcher an dieser Zusammenrottung teilnimmt, wegen Landfriedensbruches mit Gefängnis nicht unter drei Monaten bestraft.

Die Rädelsführer, sowie diejenigen, welche Gewalttätigkeiten gegen Personen begangen oder Sachen geplündert, vernichtet oder zerstört haben, werden mit Zuchthaus bis zu zehn Jahren bestraft; auch kann auf Zulässigkeit von Polizeiaufsicht erkannt werden. Sind mildernde Umstände vorhanden, so tritt Gefängnisstrafe nicht unter sechs Monaten ein.

I. Betr. **Menschenmenge** vgl. § 116 Anm. II, betr. **öffentliche Zusammenrottung** § 115 Anm. I und II, betr. **„mit vereinten Kräften"** § 122 Anm. IV, betr. **Gewalttätigkeiten** vgl. § 122 Anm. VI und § 124 Anm. IV. Hierzu gehört auch das „plündern, vernichten und zerstören" des Abs. 2. E. **52** 34.

II. Teilnehmer nicht im Sinne der §§ **47** ff., sondern jeder, der vorsätzlich der zusammengerotteten Menschenmenge sich anschließt, mit dem Bewußtsein, sie durch seine Teilnahme zu verstärken (deshalb ist bloße Beihilfe undenkbar: DJ. **37** 199), und mit Kenntnis ihres strafbaren Zwecks (Neugierde, welches dieser Zweck sei, macht noch nicht strafbar: E. **20** 403 u. 405). Vgl. E. **56** 281, **58** 207, **60** 331. Sehr weitgehend E. **53** 46 (der Arzt, der einer aufrührerischen Bande seine Dienste zur Verfügung stellte). Zum **Vorsatz** genügt das Bewußtsein, sich in einer zusammengerotteten Menge zu befinden, welche gegen Personen oder Sachen Gewalttätigkeiten begeht, verbunden mit dem Willen, in dieser Menge und als ein T e i l derselben zu bleiben: E. **55** 248. N i c h t erforderlich sind Absicht der Selbstbegehung von Gewalttätigkeiten (E. **20** 403) und Teilnahme gerade zur Zeit der Begehung solcher (E. **36** 174, **54** 85).

III. Rädelsführer: Siehe § 115 Anm. V sowie — sehr weitgehend — Frankfurt HESt. **1** 32 (mit lehrreicher Uebersicht): Rädelsführer auch der, der, wenn auch innerlich widerstrebend, nach außen hin eine führende Rolle spielt und sich dieses Eindrucks bewußt ist.

IV. **Sachzerstörung:** vgl. § 303 Anm. III. Hier ist völlige Zerstörung (nicht teilweise) notwendig: E. **39** 224.

V. **Idealkonkurrenz** mit §§ 124, 125 möglich: E. **55** 41. — IdKonk. mit §§ 211, 212, 250: E. **56** 247; mit §§ 223 a, 226: E. **65** 389. Vgl. § 115 Anm. VI. — Dagegen ist § 125 gegenüber dem § 360 Ziff. 11 (grober Unfug) das speziellere Gesetz. E. **53** 257. — Der nach Abs. 1 Schuldige kann an den geplünderten Sachen Hehlerei begehen: E. **58** 207.

Landzwang

126. Wer durch Androhung eines gemeingefährlichen Verbrechens den öffentlichen Frieden stört, wird mit Gefängnis bis zu einem Jahre bestraft.

I. Vgl. Abschnitt 27 des StGB. und das SprengstoffG.

II. **Oeffentlicher Friede:** vgl. § 110 Anm. I sowie § 130 Anm. I.

III. **Störung:** Eine Beunruhigung muß tatsächlich eingetreten und der Drohende sich dieser Möglichkeit bewußt gewesen sein: E. **7** 393.

Bildung bewaffneter Haufen

127. Wer unbefugterweise einen bewaffneten Haufen bildet oder befehligt oder eine Mannschaft, von der er weiß, daß sie ohne gesetzliche Befugnis gesammelt ist, mit Waffen oder Kriegsbedürfnissen versieht, wird mit Gefängnis bis zu zwei Jahren bestraft.

Wer sich einem solchen bewaffneten Haufen anschließt, wird mit Gefängnis bis zu einem Jahre bestraft.

I. **Waffen** hier nicht wie in § 223 a, sondern typische Kampfwaffen.

II. Für **Abs. 2** ist es einerlei, ob der sich Anschließende selbst bewaffnet ist: E. **30** 391.

Geheimbündelei

128. Die Teilnahme an einer Verbindung, deren Dasein, Verfassung oder Zweck vor der Staatsregierung geheimgehalten werden soll, oder in welcher gegen unbekannte Obere Gehorsam oder gegen bekannte Obere unbedingter Gehorsam versprochen wird, ist an den Mitgliedern mit Gefängnis bis zu sechs Monaten, an den Stiftern und Vorstehern der Verbindung mit Gefängnis von einem Monat bis zu einem Jahre zu bestrafen.

Gegen Beamte kann auf Verlust der Fähigkeit zur Bekleidung öffentlicher Aemter auf die Dauer von einem bis zu fünf Jahren erkannt werden.

I. Vgl. VO. zur Erhaltung des inneren Friedens v. 19. 12. 32, § 5. Ueber den weitergehenden Conspiracy — Begriff des angelsächsischen Rechts s. Schönke DRZ. 47, 331 ff. — Zum Begriff des Organisationsverbrechens vgl. Haensel Das Org.-Verbr., 1948, Biederstein-Verlag; ferner „Die Spruchgerichte" 48, 10.

II. **Teilnahme** als Mitglied, Stifter, Vorsteher: E. **6** 215.

III. Verbindung: Eine auf Unterordnung der einzelnen unter den Willen der Gesamtheit beruhende, Einwirkung auf öffentliche (nicht notwendig politische), E. **41** 264, Angelegenheiten bezweckende (streitig) Vereinigung mehrerer auf längere Dauer. E. **13** 273 (mit Entstehungsgeschichte), E. **24** 328.

IV. Die Absicht der **Geheimhaltung** kann sich von selbst und stillschweigend ergeben: E. **13** 273.

V. Zu Abs. II: Die Voraussetzungen der §§ 32, 35 gelten hier nicht.

Teilnahme an staatsfeindlichen Verbindungen

129*). Die Teilnahme an einer Verbindung, zu deren Zwecken oder Beschäftigungen gehört, Maßregeln der Verwaltung oder die Vollziehung von Gesetzen durch ungesetzliche Mittel zu verhindern oder zu entkräften, ist an den Mitgliedern mit Gefängnis bis zu einem Jahre, an den Stiftern und Vorstehern der Verbindung mit Gefängnis von drei Monaten bis zu zwei Jahren zu bestrafen.

Gegen Beamte kann auf Verlust der Fähigkeit zur Bekleidung öffentlicher Aemter auf die Dauer von einem bis zu fünf Jahren erkannt werden.

I. Vgl. Anm. I—IV zu § 128. — Der Zweck (nicht notwendig Endzweck) kann sich auch aus der Betätigung ergeben. E. **54** 102.

II. Die **Maßregeln der Verwaltung** brauchen keine bestimmten, d. h. erkennbar bezeichneten und bereits wirksam gewordenen, zu sein. Es genügt das Bewußtsein, bei der Verfolgung der eigenen Pläne auf den Widerstand der Regierung zu stoßen, verbunden mit dem Willen, die Gegenmaßregeln der Behörden mit ungesetzlichen Mitteln zu überwinden.

III. Vollziehung von Gesetzen: In Betracht kommen nur Gesetze, deren Zweck darin besteht, durch Gebot oder Verbot etwas Bestimmtes zu erreichen, deren Durchführung also vereitelt werden kann. In der Erhaltung eines gesetzlich bestätigten Zustandes (z. B. Unversehrtheit des Staatsgebiets) liegt noch keine „Vollziehung" des Gesetzes; in dem Anreizen zur Aufhebung derselben also nicht der Tatbestand des § 129. E. **40** 383.

IV. Zu Abs. 2 vgl. § 128 Anm. V.

Anreizung zum Klassenkampf

130*). Wer in einer den öffentlichen Frieden gefährdenden Weise verschiedene Klassen der Bevölkerung zu Gewalttätigkeiten gegeneinander öffentlich anreizt, wird mit Geldstrafe oder mit Gefängnis bis zu zwei Jahren bestraft.

I. Zunächst ist d e r o b j. S i n n d e r A e u ß e r u n g festzustellen; d. h. nicht, was der Täter sagen wollte, sondern welcher Sinn seinen Worten nach ihrem Zusammenhang, nach den Umständen, unter denen sie fielen, und nach der geistigen Einstellung der Hörer zukam; zweitens, ob d e r T ä t e r s i c h d i e s e s S i n n e s bewußt war (Eventualvorsatz genügt); drittens, ob durch die Worte eine Neigung zu G e w a l t t ä t i g k e i t e n geschaffen war, und zwar so, daß viertens hierdurch d e r ö f f e n t l i c h e

*) Vgl. Nachtrag.

F r i e d e g e f ä h r d e t war, d. h. nicht nur der äußere Friedenszustand, sondern schon das innere Gefühl der Rechtssicherheit in den einzelnen Volksgenossen; fünftens, ob auch d i e s e r W i r k u n g d e r T ä t e r s i c h b e w u ß t war (Eventualvorsatz genügt). Vgl. E. **34** 268, **54** 26 sowie unten § 130 a Anm. IV (zur vierten Voraussetzung).

II. Klassen der Bevölkerung: „Eine Mehrheit von Personen, welche wegen gleicher Lebensstellung oder wegen einer Uebereinstimmung der Ansichten, Zwecke oder Interessen als verbunden betrachtet werden": so Mot. und E. **50** 324; z. B. Arbeiter und Unternehmer; Städter und Bauern; nicht aber vorübergehende Gruppierungen, wie Streikende und Arbeitswillige (E **35** 96). Weitergehend jetzt Dresden NJW. **47/48** 191: auch vorübergehende Gruppierungen, die auch in politischen Meinungsverschiedenheiten ihren Grund haben können. Ebenso bereits S c h ö n k e II.

III. Oeffentlich: in der Allgemeinheit zugänglicher Weise (z. B. durch Verbreitung von Druckschriften [E. **39** 87]): E. **28** 387. Vgl. § 110 Anm. I.

IV. Anreizen: Es ist nicht erforderlich, daß zu bestimmten Gewalttätigkeiten angereizt werde: Rechtspr. **8**, 109.

V. Vorsatz, auch eventueller, genügt. A b s i c h t der Friedensgefährdung ist nicht verlangt: E. **50** 324, **54** 26.

Kanzelmißbrauch

130a. Ein Geistlicher oder anderer Religionsdiener, welcher in Ausübung oder in Veranlassung der Ausübung seines Berufes öffentlich vor einer Menschenmenge, oder welcher in einer Kirche oder an einem anderen zu religiösen Versammlungen bestimmten Orte vor Mehreren Angelegenheiten des Staats in einer den öffentlichen Frieden gefährdenden Weise zum Gegenstande einer Verkündigung oder Erörterung macht, wird mit Gefängnis oder Festungshaft bis zu zwei Jahren bestraft.

Gleiche Strafe trifft denjenigen Geistlichen oder anderen Religionsdiener, welcher in Ausübung oder in Veranlassung der Ausübung seines Berufes Schriftstücke ausgibt oder verbreitet, in welchen Angelegenheiten des Staats in einer den öffentlichen Frieden gefährdenden Weise zum Gegenstande einer Verkündigung oder Erörterung gemacht sind.

I. Betr. **Menschenmenge** vgl. § 116 Anm. II.

II. Betr. **Tatort** vgl. Anm. zu § 166.

III. Angelegenheiten des Staates sind seine Interessen, Aufgaben, Rechte und Pflichten und das, was sich hierauf bezieht. Auch Anordnungen von Behörden und Beamten können hierher gehören. Beisp.: Wahlen (**13** 169, **27** 429); Anordnungen der Schulbehörde (**18** 406).

IV. Oeffentlicher Friede. Vgl. § 130 Anm. I. — Bestr. ist, ob der Begriff subjektiv oder objektiv oder in beiderlei Bedeutung auszulegen ist. Nach E. **15** 117, **18** 314, **34** 268, JW. **1928**, 2218 genügt es, daß e n t w e d e r (subj.) das Gefühl der öff. Sicherheit gefährdet o d e r (obj.) der Zustand der allg. Rechtssicherheit durch die Gefahr der Entstehung von Unruhen oder von Angriffen auf die Rechte anderer bedroht wird. So auch S c h ö n k e

II 2. Dagegen verlangt F r a n k III 3 stets Gefährdung des o b j e k t i v e n Rechtsfriedens. — Der ö f f. R e c h t s friede, d. h. der Bestand des Staates seiner Macht oder seiner Ordnungen oder aber das öffentliche Vertrauen auf diesen Bestand muß gefährdet sein; es genügt nicht, daß der einzelne im geistigen Kampfe der Weltanschauungen oder Bekenntnisse in seinem Gewissen beunruhigt und erregt werden kann: insofern noch verwertbar E. 71 284.

Staatsverleumdung

131. Wer erdichtete oder entstellte Tatsachen, wissend, daß sie erdichtet oder entstellt sind, öffentlich behauptet oder verbreitet, um dadurch Staatseinrichtungen oder Anordnungen der Obrigkeit verächtlich zu machen, wird mit Geldstrafe oder mit Gefängnis bis zu zwei Jahren bestraft.

I. **Geschützt** ist auch hier nur die d e u t s c h e Staatsautorität.

II. Die **Tatsachen** — vgl. § 186 Anm. I — müssen objektiv geeignet sein, verächtlich zu machen: E. 1 161.

III. **Staatseinrichtungen:** „Die dauernden Bestandteile der Verfassung und Verwaltung; die auf die Erfüllung des Staatszwecks hinzielenden, für die Dauer bestimmten organischen Schöpfungen auf irgendeinem Gebiete der staatlichen Tätigkeit." Nicht dagegen: „was der Staat nicht sich selbst schafft, was unabhängig vom Dasein des besonderen Staates als Bestandteil allgemein menschlicher Kulturzustände sich darstellt", wie Ehe, Familie, Privateigentum, die der Staat nur „anerkennt und schützt"; wohl aber z.B. „die Zivilehe". E. 22 253. — Staatseinrichtung ist danach auch die jeweilige Staatsform und „Verfassung". Auch Verächtlichmachung des P a r l a m e n t s (Staatseinrichtung).

IV. **Anordnungen der Obrigkeit:** solche, die das allgemeine Recht oder die öffentliche Ordnung berühren. Anordnungen, die lediglich den inneren Geschäftsverkehr betreffen, gehören nicht hierher: E. **23** 151. Unterlassungen nur, wenn mit ihnen positive Maßregeln verbunden sind, die durch die Kritik mitgetroffen werden sollen: E. **30** 263. — Betr. O b r i g k e i t vgl. § 110 Anm. V.

V. **Verächtlich machen:** Als aus verwerflichen Motiven hervorgegangen oder zu verwerflichen Zwecken geschehen darstellen: E. **1** 161.

Amtsanmaßung

132*). Wer unbefugt sich mit Ausübung eines öffentlichen Amtes befaßt oder eine Handlung vornimmt, welche nur kraft eines öffentlichen Amtes vorgenommen werden darf, wird mit Gefängnis bis zu einem Jahre oder mit Geldstrafe bestraft.

I. Der § 132 enthält **zwei Tatbestände** von Angriffen auf die Staatsautorität. Im ersten g e b ä r d e t s i c h d e r T ä t e r a l s I n h a b e r

* Die Strafdrohung war erhöht durch § 2 der VO. zur Erweiterung und Verschärfung des strafrechtlichen Schutzes gegen Amtsanmaßung vom 9. 4. 42 (RGBl. I 174). Diese VO. ist durch Art. I Nr. 14 des KRG. Nr. 55 aufgehoben worden.

e i n e s ö f f e n t l i c h e n A m t e s , das er in Wirklichkeit nicht bekleidet, und nimmt auf Grund dieser Vortäuschung eine Handlung vor, deren Vornahme zum Geschäftsbereich des angemaßten oder eines anderen öffentlichen Amtes gehört. Dies — entgegen E. **68** 251 (255) — auch dann, wenn Amtshandlung eines anderen vorgetäuscht wird. A. A. Olsh. N. 2. Ausdrückliche Erklärung, als Amtsperson zu handeln, ist nicht nötig (JW. **38** 2130). Beispiel: Ausfertigung gerichtlicher formularmäßiger Zahlungsbefehle ohne Namensunterschrift (E. **23** 205, vgl. aber auch E. **68** 77). — Dem zweiten TB. ist nicht Vortäuschung eines Amtes wesentlich; aber Vornahme einer Handlung, die n u r als Amtshandlung vorgenommen werden darf, mit dem e r k e n n b a r e n W i l l e n , s i e a n d i e S t e l l e e i n e r A m t s h a n d l u n g z u s e t z e n. Beispiel: Vornahme einer Verhaftung durch eine Privatperson (E. **55** 266; vgl. ferner E. **46** 183, **66** 78, **68** 77; DR. **41** 847. Weder der erste noch der zweite Tatbestand liegt vor bei Versendung von Mahnschreiben, die äußerlich einem gerichtlichen Zahlungsbefehl ähneln.

II. Beamte wie Nichtbeamte können Täter und Mittäter sein: E. **37** 55, **58** 173. Nicht nach § 132 strafbar ist die pflichtwidrige Vornahme einer Amtshandlung, bei der der Beamte innerhalb der für seine a l l g e m e i n e Befugnis zur Vornahme solcher Handlungen bestimmten Grenze geblieben ist. E. **67** 227. — Ueber M i t t ä t e r s c h a f t vgl. E. **55** 226, über Beihilfe E. **59** 81.

III. Unbefugt handelt nach Freiburg DRZ. **48** 66 (Anm. S c h ö n k e) ein falscher Gerichtsreferendar, der mit Dienstgeschäften betraut ist. Die Erschleichung des Auftrags sei seinem Mangel „gleichzusetzen". Begr. wegen des Analogieverbots bedenklich! S c h ö n k e stellt darauf ab, daß die Erklärung der Nichtigkeit des Auftrags im Innenverhältnis ex tunc wirke. S t r a f rechtlich kann aber die Rechtswidrigkeit ebensowenig rückwirkend hergestellt werden wie sie etwa durch Genehmigung einer diebischen Wegnahme gem. § 185 BGB. rückwirkend aufgehoben wird. Auch der Hinweis auf die B i n d i n g sche Unterscheidung zwischen „unbefugt" und „rechtswidrig" (Normen I 70) führt nicht weiter. Es kommt darauf an, ob „unbefugt" in materiellem oder in formellem Sinne zu verstehen ist, ebenso wie z. B. die Rechtswidrigkeit der Vollstreckung des durch Prozeßbetrug erschlichenen formell korrekten Urteils. Vgl. zu § 263 und Syst. Vorbem. III. Und diese Frage ist in letzterem Sinne zu entscheiden. Amtsanmaßung ist ein Vergehen gegen die staatliche Organisationsgewalt (Binding 26. II 508). Solange der Täter tatsächlich einen Bestandteil dieser Organisation bildet, kann er den Tatbestand nicht erfüllen. Vgl. auch E. **56** 118 (für § 133).

IV. Als **öffentliches Amt** i. S. des § 132 ist nach E. **36** 434 (aufrechterhalten in JW. **38** 2130) ist nur das anzusehen, dessen T r ä g e r a l s O r g a n d e r S t a a t s g e w a l t zu betrachten ist. Vgl. hierzu i. allg. § 359 mit Anm.

V. Beide Tatbestände können in **Idealkonkurrenz** stehen (E. **59** 291). A. A. B i n d i n g II, 508, W e l z e l § 68, 2, die Spezialität annehmen.

Unbefugtes Uniformtragen

132a. Wer unbefugt inländische oder ausländische Uniformen, Amtskleidungen oder Amtsabzeichen trägt, wird, soweit nicht besondere Vorschriften etwas anderes bestimmen, mit Gefängnis bis

zu einem Jahre und mit Geldstrafe oder mit einer dieser Strafen bestraft.

Ebenso wird bestraft, wer unbefugt eine Berufstracht oder ein Berufsabzeichen für Betätigung in der Kranken- oder Wohlfahrtspflege trägt, die im Inland staatlich anerkannt sind.

Den in den Absätzen 1, 2 genannten Uniformen, Kleidungen, Trachten oder Abzeichen stehen solche gleich, die ihnen zum Verwechseln ähnlich sind.

Die Vorschriften der Absätze 1 bis 3 gelten auch für Amtskleidungen und Amtsabzeichen der Religionsgesellschaften des öffentlichen Rechts sowie für Berufstrachten und Berufsabzeichen der von ihnen anerkannten religiösen Genossenschaften.

I. Eingefügt durch G. v. 28. 6. 35, Art. 11. KRG. 11 hat die Bestimmung nicht beanstandet. — Der frühere § 360 Nr. 8 StGB. ist z. T. in § 132 a übernommen.

II. Unbefugt. Ob ernste Täuschung beabsichtigt, ist belanglos. Oeffentl. Aufzug, Vorstellung usw. geben keine Befugnis (E. **61** 7).

III. Uniform: Dienstkleidung bestimmter Beamten (Bahn, Post). Nicht von privaten Unternehmungen (Verkehrsgesellschaften, Hotels usw.).

IV. Amtskleidung z. B. die Roben der Richter, Talare der Hochschullehrer.

Gewahrsamsbruch

133. Wer eine Urkunde, ein Register, Akten oder einen sonstigen Gegenstand, welche sich zur amtlichen Aufbewahrung an einem dazu bestimmten Orte befinden, oder welche einem Beamten oder einem Dritten amtlich übergeben worden sind, vorsätzlich vernichtet, beiseiteschafft oder beschädigt, wird mit Gefängnis bestraft.

Ist die Handlung in gewinnsüchtiger Absicht begangen, so tritt Gefängnisstrafe nicht unter drei Monaten ein; auch kann auf Verlust der bürgerlichen Ehrenrechte erkannt werden.

I. Urkunde: Vgl. § 267. — Auch weggelegte, aber noch aufzubewahrende **Akten:** E. **63** 3. — Ein „Register" braucht keine „Urkunde" i. S. des § 133 zu sein (E. **67** 229). — Bezugsscheinsvordruck spätestens nach Ausfüllung durch den Berechtigten Urkunde: Celle Nds. Rpfl. **47** 33.

II. Alle **Gegenstände,** deren Aufbewahrung den Zwecken der amtlichen Verfügungsgewalt dienen soll: E. **33** 413, **51** 416. Bezugsscheinsvordruck: Celle Nds. Rpfl. **47** 33.

III. Aufbewahrung kraft amtlichen Hoheitsrechts; nicht auf Grund privatrechtlichen Vertrags. Unter jener Voraussetzung kann auch ein Privater in amtlichem Auftrag „amtlichen Aufbewahrungs"-Besitz ausüben (E. **50** 357). So nicht nur Gegenstände, die der Reichsbahn (RBahnG. v. 30. 8. 24 § 16) oder Bahnpost zur Beförderung übergeben sind (E. **51** 226), sondern auch Postsendungen bei privater Kleinbahn (E. **53** 219). Vernichtung abgegebener Wahlzettel bei einer kirchlichen Gemeindewahl (E. **56** 399). Nicht aber die dem Lokomotivführer zum Verbrauch übergebenen Kohlen (E. **51** 226) oder die von einem Telegraphenbauamt angeschafften Werkzeuge (E. **52**

240): in beiden Fällen ist der Besitz nicht Ausübung staatlichen Hoheitsrechts. — Nach E. **28** 107 soll die amtliche Aufbewahrung durch Erlöschen der Amtseigenschaft (z. B. Tod oder Amtsenthebung) des aufbewahrenden Beamten nicht aufhören, sondern erst durch anderweitige amtliche Verfügung oder Erfüllung des Aufbewahrungszweckes. Zum Verbrauch bestimmte Formularblocks bei einer Behörde sind nicht amtlich aufbewahrt (HRR. **37** 608); ebensowenig Schreibpapier für Gefangene (E. **72** 172). — Ein „dazu bestimmter Ort" kann auch ein privater Wohnraum sein: E. **28** 107.

IV. **Beamter:** § 359. — Auch dem Täter selbst übergebene Sachen gehören hierher.

V. **Dritter** hier im Gegensatz zu „Beamten", nicht zum „Täter": E. **12** 247; vgl. den Fall in Rechtspr. **10** 679. KG. in JW. **39** 92 (entspr. Anw. auf Unkenntlichmachen der Klasse des Führerscheins; hier bestehe zwar, von der Entziehung abgesehen, keine Rückgabepflicht, aber eine dem amtl. Gewahrsam ähnliche Rechtsstellung der Behörde), ist überholt.

VI. **Amtlich:** infolge amtlicher Anordnung übergeben; aber auch: mit Rücksicht auf das Amt von einem Dritten d e m B e a m t e n übergeben: E. **43** 246. Nicht notwendig zur Aufbewahrung. Zustellungsurkunde in den Händen des Postboten E. **33** 413. — Briefe in der Sammeltasche des Postboten: E. **22** 204.

VII. **Beiseiteschaffen:** jede unberechtigte Handlung, durch welche eine Sache dem Berechtigten unzugänglich gemacht wird: E. **12** 247. Gegen dessen Willen; Täuschung genügt nicht: **56** 118.

VIII. **Beschädigen** bei Urkunden, Registern und Akten: in Hinsicht auf den gedanklichen Inhalt; z. B. Durchstreichen von Worten (E. **19** 319). Kein Beschädigen, wenn sachlich ordnungsmäßig, aber persönlich unbefugt Eintragungen gemacht werden (E. **67** 230).

IX. Zum **Vorsatz** ist nötig das Bewußtsein, die amtliche Aufbewahrung (wenn auch nur zeitweise) aufzuheben: E. **23** 99, **23** 282.

X. **Verhältnis** z u a n d e r e n S t r a f g e s e t z e n: § 348 Abs. 2 (Beamtendelikt) ist gegenüber § 133 lex specialis: E. **2** 425. Nichtbeamtete Teilnehmer an dem Beamtendelikt: §§ 133/48, 49. HRR. **39** 792. — Idealkonkurrenz mit § 137 E. **54** 244; mit § 370 Ziff. 5: E. **50** 396; § 133 II mit 348 II: **58** 335; mit § 350: GoltdA. **68** 216; § 133 II mit § 354: E. **54** 123, **58** 334 (jedoch ist § 354 gegenüber § 133 I lex spec.).

XI. **Zu Abs. 2:** Als **gewinnsüchtige Absicht** genügt die Absicht, irgendeinen sachlichen Vorteil zu erreichen. Ob der Gewinn durch Benutzung oder Veräußerung des beiseitegeschafften Gegenstandes oder durch Ersparung einer sonst notwendigen Ausgabe erzielt werden soll, ist gleichgültig: E. **22** 331, **55** 256. Beiseiteschaffen zum alsbaldigen Verbrauch gehört nicht hierher: E. **43** 175. Auch die Absicht, einem anderen einen Gewinn zu verschaffen, genügt: E. **56** 244.

Beschädigung amtlicher Bekanntmachungen

134. Wer öffentlich angeschlagene Bekanntmachungen, Verordnungen, Befehle oder Anzeigen von Behörden oder Beamten böswillig abreißt, beschädigt oder verunstaltet, wird mit Geldstrafe oder mit Gefängnis bis zu sechs Monaten bestraft.

I. **Oeffentlich angeschlagen:** es genügt, daß das Schriftstück an einem dem Publikum zugänglichen Ort in einer Weise befestigt ist, daß es nicht ohne eine besondere Tätigkeit beseitigt werden kann: E. **36** 183.

II. Betr. **Behörde** und **Beamte:** vgl. § 114 Anm. IV, V und § 359.

III. **Böswillig:** Wesentlich ein innerer Vorgang, der noch über die Absicht hinausgeht und seinen Ursprung in einer verwerflichen Gesinnung findet: E. **72** 118 (betr. § 223 b).

IV. **Abreißen:** Keine Gewaltanwendung erforderlich; jede Beseitigung der Befestigung: E. **36** 183.

V. **Beschädigen:** Vgl. § 303 Anm. II.

134 a und **134 b.** [betrafen den Schutz des Reichs, der deutschen Wehrmacht und der NSDAP; aufgehoben durch KRG. 11.]

Verletzung inländischer Hoheitszeichen

135. Wer ein öffentliches Zeichen der Autorität des Reichs [oder eines Bundesfürsten] **oder ein Hoheitszeichen eines Bundesstaats [jetzt: Landes] böswillig wegnimmt, zerstört oder beschädigt oder beschimpfenden Unfug daran verübt, wird mit Geldstrafe oder mit Gefängnis bis zu zwei Jahren bestraft.**

I. **Zeichen der Autorität** usw.: Vgl. StGB. § 103 a. Eine Fahne in den verfassungsmäßigen Farben ist nicht ohne weiteres ein Autoritäts- oder Hoheitszeichen. Sie muß im gegebenen Fall nach dem erkennbaren Willen der Regierung dazu bestimmt sein, die Staatsgewalt zum Ausdruck zu bringen. E. **63** 286.

II. **Böswillig:** Vgl. § 134 Anm. III.

III. **Beschimpfender Unfug:** Vgl. § 166.

Siegelbruch

136. Wer unbefugt ein amtliches Siegel, welches von einer Behörde oder einem Beamten angelegt ist, um Sachen zu verschließen, zu bezeichnen oder in Beschlag zu nehmen, vorsätzlich erbricht, ablöst oder beschädigt oder den durch ein solches Siegel bewirkten amtlichen Verschluß aufhebt, wird mit Gefängnis bis zu sechs Monaten oder mit Geldstrafe bestraft.

I. **Siegel:** auch Siegelmarken: E. **3** 286. Der Fleischbeschauerstempel: E. **39** 367. Die Bleiplombe eines Feuermelders: E. **65** 133.

II. **Behörde, Beamte:** vgl. §§ 114, 359. § 136 liegt nicht vor, wenn Einrichtungsgegenstände vom Wohnungsamt beschlagnahmt worden waren: LG. Göttingen Nds. Rpfl. **48** 89.

III. In Ausübung amtlicher Befugnisse: E. **8** 35. — Rechtmäßige Amtsausübung im Einzelfalle nicht erforderlich: E. **34** 398, **36** 155. — **Anlegen** ist die mechanische Verbindung des Siegels mit dem Gegenstande: E. **61** 101. Das lose Hineinlegen der Pfandanzeige in das Möbelstück ist weder Pfändung noch Anlegung: DR. **41** 847.

IV. Beschädigen: Vgl. § 303 Anm. II.

V. Der **Vorsatz** muß sich auf den Mangel der Befugnis erstrecken: HRR. 38 1564.

VI. IdKonk. mit § 137 möglich: E. **48** 365.

Verstrickungsbruch

137. Wer Sachen, welche durch die zuständigen Behörden oder Beamten gepfändet oder in Beschlag genommen worden sind, vorsätzlich beiseiteschafft, zerstört oder in anderer Weise der Verstrickung ganz oder teilweise entzieht, wird mit Gefängnis bis zu einem Jahre oder mit Geldstrafe bestraft.

I. System: § 137 schützt die staatliche Herrschaftsgewalt über eine Sache (ähnlich also wie § 133, nur daß der Staat dort Eigenbesitz, hier eine Art Fremdbesitz ausübt); § 136 schützt nur ein äußeres Sachherrschaftszeichen. — Mit § 289 (Pfandkehrung) ist § 137 nur insofern verwandt, als beide Fälle auch Verfügung über eigene Sachen strafen. Verschieden aber sind die Voraussetzungen (hier staatliche Verstrickung, dort fremdes Besitz- oder Gebrauchsrecht) und Zwecke (hier Schutz staatlicher Herrschaft, dort Schutz von Gläubigerrechten).

II. Schutzobjekt:

1. Sache; nicht Forderungen: E. **24** 40 (PlenEntsch.). Also auch nicht Abtretung einer Hypothek (E. **24** 161; die hier getroffene Entscheidung, daß immerhin Verfügung über den Hypothekenbrief unter den § 137 fallen könne, läßt sich nach BGB. §§ 97, 952 und ZPO. § 830 nicht aufrechterhalten). Vgl. auch E. **41** 256, **63** 338, wo unterschieden wird zwischen den zu einer Konkursmasse gehörigen Sachen (Geld) und den zu ihr gehörigen Forderungen.

2. Staatliche Herrschaftsgewalt. Begründet:

a) durch Behörde (Anm. IV zu § 114) oder Beamten (§ 359). Und zwar

b) durch Pfändung oder Beschlagnahme. Unterschied nicht immer scharf, aber hier wohl belanglos. Vgl. z. B. ZPO. §§ 808 ff.; ZwVollstrG. §§ 20 ff., 148; KO. § 6; StPO. §§ 94 ff., 283 ff. u. a. Es genügt aber nicht eine Erklärung, erforderlich ist Besitzergreifung, wenn auch nur symbolische, z. B. Kenntlichmachung durch Pfandzeichen. Freilich nehmen E. **41** 256 und **63** 338 sogar betr. den Erlös für ein veräußertes Massestück Beschl. i. S. von § 137 an. Weitergehend auch E. **63** 347, wonach sogar ein polizeiliches Verfügungsgebot genügen soll.

c) Rechtmäßigkeit von Pfändung bzw. Beschlagnahme ist erforderlich. Das heißt: Vornahme seitens eines zur Pfändung ermächtigten und örtlich zuständigen Beamten, Beobachtung der wesentlichen Förmlichkeiten und der gesetzlich notwendigen Voraussetzungen. Bei der zivilproz. Pfändung z. B. vollstreckbarer Titel, Gewahrsam des Schuldners, Besitzergreifung durch den Gerichtsvollzieher. E. **36** 135. — Dagegen ist die materielle Rechtsbeständigkeit der Pfändung (Entstehung eines Pfandrechts) nicht Voraussetzung für den durch § 137 gewährten Schutz des Pfändungsaktes; bei der zivilproz. Pfändung also nicht das

Bestehen der Forderung oder die Zugehörigkeit der gepfändeten Sache zum Vermögen des Schuldners. E. **19** 164, **25** 109, **26** 287.

III. Handlung: Tatsächliche Erschwerung oder Vereitelung der staatlichen Herrschaftsausübung. — Beiseiteschaffen: Anm. VII zu § 133. Zerstören: Anm. III zu § 303. Andere Entziehungshandlungen, z. B. Täuschung (E. **15** 205); bloße Zuwiderhandlung gegen ein Veräußerungsverbot genügt nicht (E. **51** 228). — Mitnahme einer beschlagnahmten Sache bei Umzug in eine andere Wohnung: JW. **39** 31. — Verarbeiten: DR. **43** 894.

IV. Vorsatz: Erforderlich und genügend ist Kenntnis von zuständiger und formell ordnungsmäßiger Pfändung bzw. Beschlagnahme. Eventualvorsatz genügt. Vgl. E. **1** 369, **10** 431, **14** 153, **19** 289, **26** 309, **41** 257, aber auch DR. **43** 894.

V. Idealkonkurrenz möglich mit § 133 (E. **28** 379, **54** 244); mit § 136 (E. **48** 365); mit § 242 (E. **2** 318); mit § 263 (E. **15** 205); mit § 288 (E. **17** 42).

Verletzung der Dingpflicht

138. Wer als Zeuge, Geschworener oder Schöffe berufen, eine unwahre Tatsache als Entschuldigung vorschützt, wird mit Gefängnis bis zu zwei Monaten bestraft.

Dasselbe gilt von einem Sachverständigen, welcher zum Erscheinen gesetzlich verpflichtet ist.

Die auf das Nichterscheinen gesetzten Ordnungsstrafen werden durch vorstehende Strafbestimmung nicht ausgeschlossen.

I. Auch dann anwendbar, wenn ein Zeuge usw. nach dem Termin, in dem er seiner Pflicht zu genügen gehabt hätte, unwahre Tatsachen als Entschuldigung vorschützt, um die Wiederaufhebung der wegen Versäumung verhängten Ordnungsstrafe zu bewirken: E. **29** 315.

II. Zu Abs. 3 vgl. StPO. §§ 51, 77; GVG. § 56.

Nichtanzeige von Verbrechen*)

139. Wer von dem Vorhaben eines Hochverrats oder Landesverrats, einer Wehrmittelbeschädigung, **eines Verbrechens wider das Leben, eines Münzverbrechens, eines Raubes, Menschenraubes oder gemeingefährlichen Verbrechens glaubhafte Kenntnis erhält und es unterläßt, der Behörde oder dem Bedrohten hiervon zur rechten Zeit Anzeige zu machen, wird mit Gefängnis bestraft. Ist die Tat nicht versucht worden, so kann von Strafe abgesehen werden.**

In besonders schweren Fällen kann auf Zuchthaus und, wenn die geplante Tat mit dem Tode bedroht ist, auch auf lebenslanges Zuchthaus oder auf Todesstrafe erkannt werden.

I. Neufassung durch G. v. 2. 7. 36 (RGBl. I S. 532). — Die alte Fassung lautet: Wer von dem Vorhaben eines Hochverrats, Landesverrats, Münzverbrechens, Mordes, Raubes, Menschenraubes oder eines gemeingefährlichen Verbrechens zu einer Zeit, in welcher die Verhütung des Verbrechens möglich ist, glaubhafte Kenntnis erhält und es unterläßt, hiervon der Behörde oder der

*) Vgl. Nachtrag betr. Neufassung.

durch das Verbrechen bedrohten Person zur rechten Zeit Anzeige zu machen, ist, wenn das Verbrechen oder ein strafbarer Versuch desselben begangen worden ist, mit Gefängnis zu bestrafen. — Neuerungen: a) Erweiterung auf Wehrmittelbeschädigung und Totschlag, § 212. b) Einerlei, ob das geplante Verbrechen begangen (bzw. versucht) wurde. c) In besonders schweren Fällen Zuchthaus oder Todesstrafe. — Die Erweiterung auf Wehrmittelbeschädigung ist gegenstandslos, die auf Totschlag hingegen sachgemäß. Das Absehen von der Verbrechensbegehung als einer Bedingung der Strafbarkeit (oben zu b) ist als polizeistaatliche Uebertreibung anzusehen und daher nicht mehr zulässig. Die Strafschärfung des Abs. 2 führt zwar eine schon vor 1933 in den Entwürfen in zunehmenden Maße zutage getretene Tendenz auf Strafverschärfung weiter, übersteigert sie aber in einem Maße, das mit der Sperrvorschrift (Anm. VI vor § 13) und KR. Prokl. 3 nicht vereinbar ist. Der alten Fassung ist daher der Vorzug zu geben. Dem Ausland ist eine entsprechende Strafvorschrift überwiegend unbekannt.

II. Weitere Anzeigepflicht: § 13 SprengstGes. (Anh. Nr. 2).

III. Anzeigepflichtig ist weder der Bedrohte selber — ausgenommen den Fall eines gemeingefährlichen Verbrechens, z. B. Brandstiftung — noch ein an dem Vorhaben in strafbarer Weise Beteiligter (denn die Nichtanzeige ist eine gegenüber aktiver Teilnahme subsidiäre Beteiligungsform). E. **3** 1, **60** 254. — Zeugnisverweigerungsrecht aber befreit nicht von Anzeigepflicht. E. **43** 342. — Auch die bloße Befürchtung, in den V e r d a c h t der Beteiligung zu geraten, entbindet nicht. DRZ. **35** Nr. 366. Ein nur vorübergehend an der Vorbereitung Beteiligter ist von der Anzeigepflicht befreit, ohne strafbarer Teilnehmer zu sein (E. **3** 1; **60** 254; JW. **33** 2395). Grund: Anzeigepflicht würde die Aufgabe der verbr. Absicht erschweren. E. **73** 53 (mit lehrreicher Uebersicht) läßt offen, ob hieran festzuhalten ist.

IV. Vorhaben ist jeder auf Tatbestandsverwirklichung gerichtete, wenn auch in Einzelheiten noch unbestimmte Vorsatz (E. **60** 254). Die Kenntnis von v o l l e n d e t e n Verbr. verpflichtet im allgemeinen nicht zur Anzeige, es sei denn, daß mit der formellen Tatbestandsverwirklichung das materiell zu schützende Rechtsgut überhaupt noch nicht verletzt ist; wie bei reinen Gefährdungsverbrechen (z. B. § 315). So E. **14** 214, **63** 105. Folgerichtig: Anzeigepflicht bei Vorbereitungshandlungen, die zu Sonderverbrechen gemacht sind; ferner bei der Falschmünzerei des § 146 trotz Erfüllung des objektiven, aber vor Erfüllung des subjektiven Tatbestandes. — Auch Kenntnis von dem Vorhaben eines U n z u r e c h n u n g s f ä h i g e n verpflichtet nach dem Präventivzweck der Vorschrift zur Anzeige.

V. Glaubhafte Kenntnis: Der Täter muß T a t s a c h e n erfahren haben, aus denen das Vorhaben glaubhaft zu schließen ist; bloße, wenn auch naheliegende V e r m u t u n g e n genügen nicht. E. **71** 386. — Das Vorhaben muß i h m glaubhaft erschienen sein: GoltdA. **42** 394.

VI. Verhältnis des **echten Unterlassungsdelikts** der Nichtanzeige zum **unechten** der Teilnahme an Mord usw. durch Unterlassung bei Rechtspflicht zum Handeln: Wer lediglich die Anzeigepflicht des § 139 verletzt, kann nicht schon deshalb wegen Beihilfe zum Morde bestraft werden. So E. **73** 52, mit der Begr., daß § 139 Sondervorschrift sei. Wesentlich ist aber, daß die a l l g e m e i n e Pflicht zur — wenn auch erfolglosen — T ä t i g k e i t nach Grund und Inhalt eine a n d e r e ist als die nur b e s t i m m t e n „Garanten" auferlegte E r f o l g s a b w e n d u n g s pflicht. Vgl. § 330 c, Anm. IV (Eb. Schmidt, Georgakis).

VII. Fahrlässige Unterlassung der rechtzeitigen Anzeige genügt nach einer beiläufigen Bem. in E. **45** 394 zur Schuld, weil § 139 (a. F.!) polizeilichen Charakter trage. Auch ALR., PrStGB. und Mot. zum StGB. ließen Fahrl. genügen. — Schenkte der Täter unentschuldbarerweise der objektiv glaubwürdigen Kunde von einem Vorhaben keinen Glauben, so kann die Frage nach der Fahrl. nicht gestellt werden. Denn hier fehlt es am Tatbestandsmerkmal der glaubhaften Kenntnis. Der Täter muß selbst an die Wirklichkeit und Ernstlichkeit des Vorhabens geglaubt haben: GoltdA. **42** 394. Vgl. Anm. V.

VIII. Zur rechten Zeit ist die Anzeige gemacht, wenn die Verhütung des Verbrechens noch möglich ist.

IX. Satz 2 ist nicht mehr anzuwenden, ein Versuch der Tat vielmehr als Mindestbedingung der Strafbarkeit anzusehen. Auch **Abs. 2** ist nicht mehr anwendbar. Vgl. oben Anm. I.

Verkehrsflucht

139a. Wer sich nach einem Verkehrsunfall der Feststellung seiner Person, seines Fahrzeugs oder der Art seiner Beteiligung an dem Unfall vorsätzlich durch Flucht entzieht, obwohl nach den Umständen in Frage kommt, daß sein Verhalten zur Verursachung des Unfalls beigetragen hat, wird mit Gefängnis bis zu zwei Jahren oder mit Haft und mit Geldstrafe oder mit einer dieser Strafen bestraft.

Der Versuch ist strafbar.

In besonders schweren Fällen ist die Strafe Gefängnis nicht unter sechs Monaten oder Zuchthaus.

I. § 139 a ist eingefügt durch VO. vom 2. 4. 40 (RGBl. I 606). Vgl. Amtl. Begr. in DJ. **40** 508 und Rietzsch in DJ. **40**, 532 ff. Die Bestimmung ersetzt den bisherigen § 22 des Kraftfahrzeugges. v. 3. 5. 09, der gleichzeitig gestrichen wurde.

II. Täter kann jeder an einem Verkehrsunfall Beteiligte sein, dessen Verhalten möglicherweise den Unfall mitverursacht hat. Also nicht nur ein Kraftfahrer — ein Kraftfahrzeug braucht überhaupt nicht beteiligt zu sein —, sondern auch ein Kutscher, Reiter, Radfahrer, Fußgänger; also auch ein Verletzter. Vgl. Anm. IV und V.

III. Verkehrsunfall ist — in Weiterbildung der §§ 7, 22 KFG. — jedes Vorkommnis innerhalb des öffentlichen Straßenverkehrs, bei dem ein Mensch getötet oder verletzt oder eine Sache nicht unerheblich beschädigt wurde, unabhängig davon, ob etwa im Einzelfall eine Straftat vorliegt. So jetzt der Sache nach auch E. **75** 355 (= DR. **41** 2658 m. Anm. Bruns) und DR. **41** 2178.

IV. Beteiligung. Nach bisherigem Recht war nur strafbar, wer sich der Feststellung seiner Person und seines Fahrzeugs entzog. Jetzt genügt eins von beiden; dazu die wichtige Neuerung, daß man sich auch der Art seiner Beteiligung (z. B. durch Trunkenheit, Materialfehler) nicht (durch Vereitelung der Blutprobe — über deren Bedeutung HRR. **42** 95 —, der Untersuchung des Fahrzeugs) entziehen darf, auch wenn Person und Wagennummer festgestellt sind.

Beteiligt ist, wer persönlich anwesend und, sei es tätig, sei es leidend, in das Vorkommnis verstrickt ist; nicht also, wer ein Fahrzeug fehlerhaft konstruiert oder wer vorher auf der Straße ein Hindernis geschaffen hatte;

erst recht nicht der bloße Zuschauer. Beteiligter kann nach DJ. **41** 995 jeder sein, der in den Verdacht der Verursachung oder Mitverursachung geraten ist. Schuldhafter Beitrag zur Verursachung des Unfalls nicht erforderlich: Düsseldorf NJZ. **47/48** 348 (Anm. Arndt). Vgl. dazu aber Anm. VI.

V. **Flucht** setzt voraus, daß jemand vorhanden ist, der sich über die Person des Täters vergewissern will: JW. **37** 3095, DR. **42** 1140. Näheres bei Arndt (oben Anm. IV), dem gegen Düsseldorf a. a. O. zuzustimmen ist, daß eine Verpflichtung, auf Zeugen zu warten, nicht besteht, und daß Flucht einen äußeren, nicht nur einen inneren Vorgang erfordert. Ist z. B. der Verletzte tot oder bewußtlos und sonst niemand in der Nähe, so kommt nur § 330c in Betracht. Betr. Straßenbahnschaffner: LG. in DR. **43** 748 (dagegen mit Recht Dahm ibid).

VI. **Verursachung.** Zu der Beteiligung muß hinzutreten, daß das Verhalten des Beteiligten möglicherweise zur Verursachung des Unfalls beigetragen hat. Daß die Ursächlichkeit nicht festzustehen braucht, entspricht den Bedürfnissen der Strafverfolgung. Steht aber die alleinige Verursachung durch andere fest, so kommt der hiernach nicht ursächliche Beteiligte als Täter des § 139 a nicht in Betracht. Mit verursacht hat den Unfall jeder, der durch sein Verhalten — nicht bloß als Gegenstand des Handelns anderer — eine nicht wegdenkbare Bedingung gesetzt hat, einerlei ob schuldhaft oder nicht. Es gibt also Beteiligte, die nicht Verursacher, und Verursacher, die nicht Beteiligte sind. S. o. Anm. IV.

VII. Die bisherige Möglichkeit **tätiger Reue** nach vollendeter Tat durch nachträgliche Unfallsanzeige (§ 22 Abs. I S. 2 KFG.) ist, schon weil sich die Art der Beteiligung nachträglich oft nicht mehr feststellen läßt, beseitigt worden.

VIII. **Besonders schwere Fälle.** Vgl. § 1 Anm. V.

IX. **Tateinheit** zwischen §§ 139a und 330c möglich: E. **75** 355.

139b. Wer einen noch nicht Achtzehnjährigen, dessen Beaufsichtigung ihm obliegt, nicht gehörig beaufsichtigt, wird mit Gefängnis bis zu sechs Monaten oder mit Haft oder mit Geldstrafe bestraft, wenn der zu Beaufsichtigende eine mit Strafe bedrohte Handlung begeht, die der Aufsichtspflichtige durch gehörige Aufsicht hätte verhindern können. Dies gilt nicht, soweit in sonstigen Vorschriften eine andere Strafe angedroht ist.

Aufsichtspflichtig im Sinne dieser Vorschrift ist derjenige, dem die Sorge für die Person des Kindes oder des Jugendlichen obliegt, oder dem das Kind oder der Jugendliche zur Erziehung oder Pflege ganz oder überwiegend anvertraut ist.

I. Die Bestimmung stammt aus der VO. zur Ergänzung des Jugendstrafrechts vom 4. 10. 40, deren § 4 jedoch einen Antrag der zuständigen Dienststelle verlangte. Durch § 3 der JugendstrafrechtsVO. vom 6. 11. 43 RGBl. I 635) wurde sie in das StGB. übernommen. Sie ist nicht typisch nationalsozialistisch, jedoch dogmatisch mangelhaft gefaßt und kommt einer Erfolgshaftung bedenklich nahe (so auch Welzel § 53, 5). Thür. hat sie deshalb und wegen ihrer Entbehrlichkeit gestrichen.

II. **Echtes Unterlassungsdelikt** wie §§ 139, 330c, aber zugleich relatives Sonderdelikt, anders als dort. Vgl. die in § 330c Anm. IV zit. Lit.

III. Mit Strafe bedrohte Handlung: Vgl. §§ 42b, 330a. Die ursprüngliche Fassung (Anm. I) verlangte eine „strafbare Handlung".

IV. Bedingung der Strafbarkeit (Syst. Vorbem. V A). Doch wird die Voraussetzung, daß die Handlung durch gehörige Aufsicht hätte verhindert werden können, nicht nur als Kausal-, sondern auch als Fahrlässigkeitserfordernis auszulegen sein. Der Aufsichtspflichtige muß also mindestens die Möglichkeit gehabt haben, vorauszusehen, daß infolge seines Versagens eine mit Strafe bedrohte Handlung begangen werden könnte. Eine ähnlich einschränkende Auslegung ist auch bei § 330 a geboten, vgl. dort. Die Unterlassung wird damit nicht zur fahrlässigen Hilfeleistung bei der Tat des Jugendlichen, auch nicht zur Herbeiführung der Gefahr einer kriminellen Verwahrlosung (Jugendgefährdung), wie Welzel a. a. O. erwägt. Beides wäre zu eng; namentlich soll nicht nur chronischer Jugendkriminalität vorgebeugt werden.

V. Die bedingungslose **Subsidiarität** ist ein grober Fehler, da § 139b hiernach sogar hinter Uebertretungen zurückstehen muß. Vgl. § 361 Nr. 4 und Nr. 9 (Nichtabhalten vom Stehlen!).

VI. Zur **Aufsichtspflicht** vgl. §§ 1627, 1634, 1684, 1707, 1738, 1765, 1793 BGB.

§§ 140—143 a [Verletzung der Wehrpflicht und Wehrkraft] aufgehoben. Vgl. jedoch Nachtrag.

Verleitung zur Auswanderung

144. Wer es sich zum Geschäfte macht, Deutsche unter Vorspiegelung falscher Tatsachen oder wissentlich mit unbegründeten Angaben oder durch andere auf Täuschung berechnete Mittel zur Auswanderung zu verleiten, wird mit Gefängnis von einem Monat bis zu zwei Jahren bestraft.

I. Auswanderung: Verlassen des Reichsgebiets in der Absicht, Wohnsitz im Inland und Staatsangehörigkeit dauernd aufzugeben: E **36** 245.

II. Geschäftsmäßigkeit: Vgl. Vorbem. II 3b vor § 73.

Gefährdung des Schiffsverkehrs

145. Wer die vom Kaiser
zur Verhütung des Zusammenstoßens der Schiffe auf See,
über das Verhalten der Schiffer nach einem Zusammenstoße von Schiffen auf See, oder
in betreff der Not- und Lotsensignale für Schiffe auf See und auf den Küstengewässern
erlassenen Verordnungen übertritt, wird mit Geldstrafe bestraft.

I. Schiffe, auch offene Fischer- und sonstige Boote, Schleppschiffe. Schleppzüge und geschleppte Schiffe: E. **20** 372, **27** 36. Ebenso Sportsegelboote: Rechtspr. **10** 505.

II. Verordnungen der zuständigen Behörde: Vgl. a) VO., betr. Ergänzung und Abänderung der VO. zur Verhütung usw. v. 9. 5. 1897; v. 5. 2. 06. Dann: Seestraßenordnung v. 5. 2. 06; VO., betr. das Ruderkommando v. 18. 10. 03.

b) VO. über das Verhalten der Schiffer nach einem Zusammenstoß von Schiffen auf See v. 15. 8. 1876 nebst der Ergänzungsverordnung v. 29. 7. 1889.

c) Lotsen-Signalordnung v. 7. 2. 07. — VO. über die Abblendung der Seitenlichter und die Einrichtung der Positionslaternen auf Seeschiffen v. 16. 10. 00; Bekanntmachung, betr. die Einrichtung der Positionslaternen auf Seeschiffen v. 8. 12. 00.

III. Wegen der polizeilichen Natur der zugrunde liegenden Vorschrift genügt **Fahrlässigkeit**, E. 45 394, 49 118.

Unerlaubte Ausgabe von Inhaberpapieren

145a. Wer im Inlande Schuldverschreibungen auf den Inhaber, in denen die Zahlung einer bestimmten Geldsumme versprochen wird, ohne die erforderliche staatliche Genehmigung ausstellt und in den Verkehr bringt, wird mit einer Geldstrafe bestraft, die dem fünften Teile des Nennwerts der ausgegebenen Schuldverschreibungen gleichkommen kann, mindestens aber dreihundert Mark beträgt.

I. **Eingeschaltet** auf Grund von BGB. § 795 durch EGBGB. Art. 34. Vgl. ferner Reichsbankgesetz v. 30. 8. 21, § 39 betr. unbefugte Ausgabe von Banknoten und unverzinslichen Schuldverschreibungen.

II. **Inland:** E. 60 357 rechnete auch das damals besetzte Gebiet dazu.

III. **In Verkehr bringen:** durch Veräußerung in andere Hände bringen. E. 33 329.

§ 145 b. Eingefügt durch G. v. 26. 5. 33 Art. I Nr. 11; außer Kraft seit 1. 2. 34 auf Grund des Tierschutzgesetzes v. 24. 11. 33 (RGBl. I S. 987); inhaltlich ersetzt durch § 9 Abs. 1 dieses Gesetzes.

145c. Wer einen Beruf oder ein Gewerbe ausübt oder ausüben läßt, solange ihm dies nach § 421 untersagt ist, wird mit Gefängnis bis zu zwei Jahren und mit Geldstrafe oder mit einer dieser Strafen bestraft.

Eingefügt durch G. v. 24. 11. 33.

145d. Wer einer Dienststelle des Staates wider besseres Wissen die Begehung einer Straftat vortäuscht oder die Dienststelle über die Person eines an einer Straftat Beteiligten zu täuschen sucht, wird mit Gefängnis bis zu zwei Jahren oder mit Geldstrafe bestraft, soweit die Tat nicht nach anderen Vorschriften mit schwererer Strafe bedroht ist.

Schrifttum: Rietzsch DStrR. 43 97 ff.; Schönke DR. 43, 723. — Die Bestimmung ist durch die VO. vom 29. 5. 43 eingefügt. Vorbilder schon in früheren Entwürfen, z. B. Entw. 1927, § 192 II. Gegen ihre Beibehaltung bestehen keine Bedenken.

I. **Zweck.** Durch die Vortäuschung einer Straftat entsteht die Gefahr einer Irreführung und unnützen Beanspruchung von Behörden. Die hierdurch drohende Störung der öffentlichen Ordnung will die Bestimmung verhüten.

Damit hebt sie sich von der falschen Anschuldigung des § 164 ab, der die Denunziation eines a n d e r e n wesentlich ist, wenngleich auch dort der Mißbrauch des Behördenapparates durch den Denunzianten mit zum Strafgrund gehört.

II. Dienststelle des Staates gleich Behörde, vgl. § 114 Anm. IV.

III. Wider besseres Wissen. Vgl. § 164 Anm.

IV. Vortäuschung einer Straftat. Auch die — bisher als solche straflose — falsche Selbstbezichtigung ist hiernach strafbar. Bedenklich aber Gera (Leitsatz in NJW. 47/48 433) betr. Selbstbegünstigung durch Uebertreibung einer wirklich begangenen Tat eines anderen.

V. Täuschung über die Person des Beteiligten. Im Gegensatz zu dem Falle der Nr. IV ist hier eine wirklich begangene Straftat vorausgesetzt. Meist wird hier § 257 oder Selbstbegünstigung (oder -bezichtigung) vorliegen. § 145 d umfaßt aber auch Fälle, in denen der Täter ohne Begünstigungsabsicht handelt, etwa lediglich, um die Polizei hinters Licht zu führen. Wird absichtlich ein anderer belastet (der Taschendieb schiebt bei einer Razzia seine Beute einem Passanten in die Tasche, um den Verdacht auf diesen zu lenken), so ist regelmäßig § 164 gegeben (a. M. Rietzsch a. a. O., der § 145 d anwenden will).

VI. Vollendet ist die Tat mit der Handlung, durch die der Täter vortäuscht oder zu täuschen sucht, auch wenn es nicht zu einer Irreführung der Behörden gekommen ist.

VII. Rechtswidrig ist die Tat dann nicht, wenn der Täter sich durch falsche Selbstbezichtigung von einem auf andere Weise nicht zu beseitigenden Verdacht einer strafbaren Handlung reinigen will (vgl. den Fall, daß ein Beamter aus ähnlichen Motiven ein Disziplinarstrafverfahren gegen sich selbst beantragt), u n d den Umständen nach das damit verfolgte Interesse höherwertig ist (was im allgemeinen nicht der Fall sein wird). Hier läge übergesetzlicher Notstand vor.

VIII. Andere Vorschriften mit schwererer Strafdrohung sind namentlich §§ 164, 257.

Achter Abschnitt

Münzverbrechen und Münzvergehen

Vorbemerkungen

I. Geld: „Jedes vom Staat oder von einer durch ihn dazu ermächtigten Stelle als Wertträger beglaubigte, zum Umlauf im öffentlichen Verkehr bestimmte Zahlungsmittel": E. 58 255.

II. Tatbestände: 1) Falschmünzerei § 146 I; 2) Münzverfälschung § 146 II; 3) Geldbetrug § 147 I; 4) Verbreitung von Falschgeld § 147 II; 5) Einfuhr von Falschgeld § 147 III; 6) Abschieben von Falschgeld § 148; 7) Münzverringerung § 150 I; 8) gewohnheitsmäßiges oder einverständliches Inverkehrbringen verringerten Geldes § 150 II; 9) Vorbereitungshandlungen § 151, dazu § 360 Ziffer 4 bis 6 und RGes. über den Schutz des zur Anfertigung von Schuldurkunden des Reichs und der Länder verwendeten Papiers v. 3. 7. 25; 10) Nichtanzeige § 139. — E r g ä n z e n d vgl. §§ 145 a, 275, 276, 364.

III. Bei **Auslandstaten** gilt sog. Universalprinzip; d. h. es ist einerlei, von wem und wo (§ 4 III[7]) und ob Inlands- oder Auslandsgeld (§ 146) gefälscht worden ist.

Falschmünzerei und Münzverfälschung

146. Wer inländisches oder ausländisches Metallgeld oder Papiergeld nachmacht, um das nachgemachte Geld als echtes zu gebrauchen oder sonst in Verkehr zu bringen, oder wer in gleicher Absicht echtem Gelde durch Veränderung an demselben den Schein eines höheren Werts oder verrufenem Gelde durch Veränderung an demselben das Ansehen eines noch geltenden gibt, wird mit Zuchthaus nicht unter zwei Jahren bestraft; auch ist die Polizeiaufsicht zulässig.

Sind mildernde Umstände vorhanden, so tritt Gefängnisstrafe ein.

I. **Nachmachen.** Metallwert gleichgültig; die Falschstücke können vollwertig sein. Ebenso, ob sie ein tatsächlich vorhandenes Gepräge nachmachen oder nicht. E. **58** 351. — Aehnlichkeit muß so sein, daß im gewöhnlichen Verkehr Täuschungen möglich. E. **6** 142.

II. **Verbreitungsabsicht.** Nach E. **14** 161 genügt auch die Absicht, das Geld im Rechtsverkehr als echtes vorzuzeigen. — Jene „Absicht" fehlt aber, wenn zunächst nur ausprobiert werden soll, ob so eine größere Falschmünzerei durchführbar: E. **69** 3. Vgl. dann freilich § 151!

III. „Der **Schein eines höheren Werts** wird erweckt, wenn die Münze durch Veränderung eine Beschaffenheit erhält, die den Arglosen im gewöhnlichen Verkehr über ihren Wert zu täuschen imstande ist": E. **68** 69. Breitklopfen eines Zweipfennigstücks, um es in einen Automaten einwerfen zu können, fällt also nicht unter § 146, denn als „Geld" erhält es keinen höheren Wert, auch nicht den Schein eines solchen.

IV. Dem **verrufenen** Gelde steht nicht mehr geltendes gleich. E. **55** 232.

V. Das Verbrechen ist mit dem Nachmachen oder Verfälschen **vollendet**; § 46 dann nicht mehr anwendbar.

VI. **Zu Abs. 2:** Neben Gefängnisstrafe ist Polizeiaufsicht nicht zulässig: E. **38** 215. Vgl. auch § 38.

VII. **IdKonk.** mit § 263 möglich: E. **60** 315.

Inverkehrbringen falschen Geldes[1]

147. Dieselben Strafbestimmungen finden auf denjenigen Anwendung, welcher das von ihm auch ohne die vorbezeichnete Absicht nachgemachte oder verfälschte Geld als echtes in Verkehr bringt, sowie auf denjenigen, welcher nachgemachtes oder verfälschtes Geld sich verschafft und solches entweder in Verkehr bringt oder zum Zwecke der Verbreitung aus dem Auslande einführt.

I. **Drei** Tatbestände! Vgl. Vorbem. II Nr. 3—5.

II. Das Wort „auch" führt irre und ist wegzudenken.

III. **Sich Verschaffen:** Jede bewußte Inbesitznahme von Falschgeld; auch durch Fund, Diebstahl. Vgl. E. **58** 412, **59** 80, **67** 294, JW. **37** 3301, HRR. **39** 1376.

IV. Verausgabung des auf einmal beschafften in Teilbeträgen nur ein Verbrechen: E. 1 25. Vorbem. II 1 vor § 73.

Abschieben falschen Geldes

148. Wer nachgemachtes oder verfälschtes Geld als echtes empfängt und nach erkannter Unechtheit als echtes in Verkehr bringt, wird mit Gefängnis bis zu drei Monaten oder mit Geldstrafe bestraft.

Der Versuch ist strafbar.

I. Die **Strafmilderung** gegenüber § 147 hat ihren Grund darin, daß der Täter hier einen unverschuldet erlittenen Schaden abwälzen will. Aber auch der Finder, sogar der Dieb gehören hierher (andernfalls wären sie, da § 147 auf sie nicht anwendbar ist, straflos). Vgl. E. **67** 294. — War der Weitergebende nicht auch Empfänger des Falschgeldes, so fällt er an sich selbst dann unter die schwerere Strafe des § 147, wenn er es nur aus Gefälligkeit (also ohne „Kippe" zu machen) weitergibt, um den dem Empfänger ohne Schuld entstandenen Schaden abzuwälzen. Hier muß aber Analogie zur Anwendung des § 148 führen.

II. **In Verkehr bringen:** Einerlei, ob gegen Gegenleistung (Kaufgeld) oder ohne solche (Geschenk, Almosen).

III. **IdKonk.** mit Betrug möglich. E. **54** 219.

Dem Papiergeld gleichgestellte Wertpapiere

149. Dem Papiergelde werden gleich geachtet die auf den Inhaber lautenden Schuldverschreibungen, Banknoten, Aktien oder deren Stelle vertretende Interimsscheine oder Quittungen, sowie die zu diesen Papieren gehörenden Zins-, Gewinnanteils- oder Erneuerungsscheine, welche von dem Reich [dem Norddeutschen Bunde], **einem Bundesstaate oder fremden Staate oder von einer zur Ausgabe solcher Papiere berechtigten Gemeinde, Korporation, Gesellschaft oder Privatperson ausgestellt sind.**

I. Vgl. § 360 Ziff. 4—6; § 145 a mit Anm. I; Anm. I zu § 146. — Verrechnungsanweisungen einer Bank: E. **59** 31.

II. Unbefugte Numerierung noch nicht ausgegebener. E. **48** 125.

Münzverringerung

150. Wer echte, zum Umlauf bestimmte Metallgeldstücke durch Beschneiden, Abfeilen oder auf andere Art verringert und als vollgültig in Verkehr bringt, oder wer solche verringerte Münzen gewohnheitsmäßig oder im Einverständnisse mit dem, welcher sie verringert hat, als vollgültig in Verkehr bringt, wird mit Gefängnis bestraft, neben welchem auf Geldstrafe sowie auf Verlust der bürgerlichen Ehrenrechte erkannt werden kann.

Der Versuch ist strafbar.

Eine Erinnerung an die „Kipper" und „Wipper" von 1621 bis 1623. Freytag, Bilder a. d. deutschen Vergangenheit. III, Kap. 4.

Vorbereitungshandlungen

151. Wer Stempel, Siegel, Stiche, Platten oder andere zur Anfertigung von Metallgeld, Papiergeld oder dem letzteren gleichgeachteten Papieren dienliche Formen zum Zwecke eines Münzverbrechens angeschafft oder angefertigt hat, wird mit Gefängnis bis zu zwei Jahren bestraft.

I. **Vorbereitungshandlungen** zu den §§ 146, 149. Durch deren Versuch oder Vollendung wird § 151 konsumiert. Aber Versuch aus § 146 nur gegeben, wenn Täter über die Vorbereitungshandlungen des § 151 hinausgegangen ist. Vgl. E. **55** 46, **65** 203.

II. Auch die vier beispielsweise aufgeführten Werkzeuge müssen **„zur Anfertigung dienlich"** sein, E. **55** 46, d. h. ohne weitere Verarbeitung gebrauchsfertig. E. **65** 203.

III. **Zum Zwecke:** es genügt, daß das Ziel im ganzen ein Münzverbrechen ist, mag auch d i e s e Platte zunächst nur einem Probedruck gelten, der nicht in den Verkehr gebracht werden soll. E. **69** 305. Vgl. auch Anm. II zu § 146.

Einziehung

152. Auf die Einziehung des nachgemachten oder verfälschten Geldes, sowie der im § 151 bezeichneten Gegenstände ist zu erkennen, auch wenn die Verfolgung oder Verurteilung einer bestimmten Person nicht stattfindet.

I. Die **Einziehung** — vgl. §§ 40, 42; StPO. §§ 430—432 — ist hier obligatorisch und vom Eigentum des Täters unabhängig. E. **14** 161 sieht sogar davon ab, ob der objektive Tatbestand eines Münzdelikts vorliegt (zweifelnd E. **44** 320).

II. Da die Einziehung hier nur polizeiliche Präventivmaßnahme ist (§ 40 Anm. I), wird sie auch durch ein rechtskräftig freisprechendes „Straf"-Urteil nicht präjudiziert. E. **14** 161.

Neunter Abschnitt

Falsche uneidliche Aussage und Meineid

Vorbemerkungen*)

I. **Neufassung.** Der 9. Abschnitt wurde seit 1933 dreimal geändert:

1. Das Gesetz v. 27. 10. 33 trug in § 153 der Aenderung der ZPO. Rechnung, nach der die Eideszuschiebung durch die e i d l i c h e P a r t e i v e r n e h m u n g ersetzt wurde. Diese Abhängigkeit des StGB. von der ZPO. ist selbstverständlich.
2. Die VO. v. 29. 5. 43 brachte drei Neuerungen:
   a) Die Bestrafung der u n e i d l i c h e n F a l s c h a u s s a g e zunächst in einem neuen § 156 a.

* Abkürzungen in diesem Abschnitt: ME. = Meineid; e. V. = eidesstattliche Versicherung; u. FA. = unbeeidigte Falschaussage.

Sie war seit Jahrzehnten gefordert worden, auch in allen deutschen Entwürfen vorgeschlagen. Die trotz allen amtlichen Ermahnungen zur Vorsicht unaufhaltsame Zurückdrängung des Zeugeneides, auch im Strafverfahren, machte die Bestrafung der uneidlichen Falschaussage unerläßlich. Auch das Ausland kennt sie, z. B. Oesterreich, Italien, Belgien, Norwegen, Schweiz. Grundsätzlich liegt sie in der Richtung der Verweltlichung dieser Materie, d. h. ihrer Entkleidung von religiösem und romantischem Beiwerk und der Hervorhebung ihres Wesens als falscher Beweisaussage, vor einer zu einer Entscheidung berufenen Behörde. Der notwendige weitere Schritt auf diesem Wege, die Voraussetzung der Erheblichkeit dieser Aussage, ist freilich bisher nur in Thür. getan. Vgl. unten § 153 Anm. I.

b) Der § 157 wurde vereinfacht, der ihm zugrunde liegende Notstandsgedanke folgerichtig durchgeführt.

c) § 158 n. F. gibt verstärkte Antriebe zu tätiger Reue. Nicht Widerruf ist nötig, Berichtigung genügt. Und nicht nur Strafmilderung, sogar Straflosigkeit stellt er in Aussicht. Dies sollte der Ermittlung objektiver Wahrheit dienen und lag gleichfalls in der Richtung der Verweltlichung dieser Tatbestände. Andrerseits freilich hat diese Tendenz dazu geführt, die Frist für eine Berücksichtigung tätiger Reue abzukürzen: Die Berichtigung muß noch verwendbar sein; eine Teilanerkennung des richtigen, im übrigen aber noch nicht wieder durchgedrungenen Gedankens, daß Voraussetzung der Strafbarkeit die Erheblichkeit der Aussage ist.

3. Die VO. v. 20. 1. 44 brachte fünf Neuerungen:

a) Sie vervollständigte die Ueberschrift des Abschnittes. —

b) Sie brachte eine sprachliche Gleichschaltung der objektiven Tatbestände: „falsch aussagen" und „falsch schwören". —

c) Sie setzte die beiden Haupttatbestände in die richtige systematische Reihenfolge, indem sie das falsche Schwören auf dem falsch Aussagen aufbaute, womit der letzten, zu Unrecht als „herrschend" sich bezeichnenden Rechtsprechung des Reichsgerichts, der objektive Tatbestand bestehe nicht in einem Widerspruch der Aussage mit der Wirklichkeit, sondern mit dem subjektiven Fürwahrhalten seitens des Aussagenden, der Boden vollends entzogen ist. —

d) Der Abs. II des § 154 wurde gestrichen, der letzte Rest der guten alten Auffassung, daß die falsche Beweisaussage nicht nur deshalb bestraft wird, weil sie die Behörde irreführt, sondern auch weil und insoweit sie einen anderen schädigt. —

e) Der § 159 wurde den neuen Teilnahmeregeln angepaßt: Das erfolglose Unternehmen, einen anderen zu einer falschen Aussage zu verleiten (bis dahin ein selbständiger Tatbestand, ein delictum sui generis), wurde den allgemeinen Teilnahmeregeln unterstellt, wobei für den Bereich des 9. Abschnitts der § 49 a auf „Vergehen" ausgedehnt wurde.

II. Der Kontrollrat hat die Neugestaltung des 9. Abschnitts nicht beanstandet. Typisch nationalsozialistisch ist sie nicht. Auch die §§ 157, 158 sind dies nicht etwa schon deshalb, weil sie die Freiheit des richterlichen Ermessens ausdehnen. Ueber den Sinn ihrer Neufassung vgl. oben! — Auch § 159

n. F. zieht lediglich die Folgerung aus der Neuregelung des § 49 a. Neben diesem hat er jetzt nur noch die Bedeutung, daß er die „Vergehen" des 9. Abschnitts einbezieht. Nach wie vor gilt also das System:

1. Uneidliche vorsätzliche Falschaussage: § 153.
2. Beeidigte Falschaussage,
   a) vorsätzliche („Meineid" i. e. S.): § 154,
   b) fahrlässige: § 163.
3. Falsche eidesstattliche Versicherung,
   a) vorsätzliche: § 156,
   b) fahrlässige: § 163.
4. Verleitung zur Falschaussage: § 160.
5. Eidesbruch: § 162.

III. Strafgrund. — Er hat durch viele Jahrhunderte sich oft verschoben. Im 9. Abschn. mischen sich folgende Grundgedanken:

1. Gefährdung der behördlichen Wahrheitsermittlung durch eine falsche Aussage. Ihr entspricht, daß der private ME. nicht bestraft wird; auch nicht der vor einer unzuständigen Behörde geleistete; daß andrerseits nicht nur der falsche Schwur gestraft wird, sondern, vor bestimmten Behörden abgegeben, auch die falsche e. V. und neuerdings sogar die u. FA. Auch die §§ 160, 163 sind nur zu verstehen, wenn man als Strafgrund die Irreführung der Behörde annimmt. Der alte „falsum"-Gedanke zeigt sich noch jetzt darin, daß der ME. seinen Platz zwischen Geldfälschung und falscher Anschuldigung erhalten hat. Ein Ueberbleibsel von ihm war auch der durch VO. v. 1944 gestrichene § 154 II (Straferhöhung, wenn ME. in einer Strafsache zum Nachteile eines Angesch. und diesen zu schwerer Strafe verurteilt). — Ueberkreuzt aber und teilweise verdunkelt wird der Irreführungsgedanke von zwei anderen:

2. Vielfach sind die Strafen bloße Lügenstrafen. Das Gesetz setzt nicht voraus, daß die Behörde tatsächlich irregeführt wird oder auch nur werden soll; nicht einmal, daß die Aussage hierzu geeignet, für eine Entscheidung erheblich war. Das deutsche StrR. steht damit nahezu allein. Diese moralisierende Tendenz (nicht etwa „willensstrafrechtliche", denn sie stammt aus ganz anderen Zeiten und Gedankenrichtungen) hat auch die subjektivistische Uebertreibung bei Auslegung des Wortes „falsch" begünstigt (vgl. Vorbem. IV).

3. Unabhängig davon wird der Mißbrauch besonderer Beteuerungsformen bestraft. Hier gesellt sich zu dem realistischen Schutzgedanken der Nr. 1 und dem moralisierenden der Nr. 2 ein aus dem religiösen Bereich stammender dritter. Die Carolina regelte den ME. an anderer Stelle und von anderem Standpunkt aus als die Falschaussage. Seine strenge Behandlung ist zu erklären aus dem irrationalen Moment, das ihm nach seinem religiösen Ursprung innewohnt. Wer „schwört", ruft eine höhere Macht als Zeugen der Wahrheit an und verflucht sich selbst, wenn er dabei die Unwahrheit spreche. Dieser Gedanke ist in der romantisch-reaktionären Periode des 19. Jahrh. (seinem 2. Viertel) neu aufgelebt. Nun wurde er mit der Falschaussage verbunden. In jenem gefühlsmäßigen Moment sah man die Gewähr besonderer Glaubwürdigkeit und damit auch den Grund erhöhter Strafbarkeit einer Falschaussage. Der Irreführungsgedanke trat hinter diesem irrationalen, z. T. religiösen Gedanken immer mehr zurück. In

§ 159 (jetzt § 49 a) hat er sich völlig verflüchtigt. Nur so ist auch die enorme Spannung zwischen der Strafdrohung des § 159 und der des § 160 zu erklären: dort Zuchthaus, obwohl es zu einer falschen Aussage überhaupt nicht kommt; in § 160 dagegen nur Gef., obwohl der Behörde bewußt eine eidlich bekräftigte Falschaussage zugeleitet wird. Das Gesetz erklärt es für wesentlich strafwürdiger, wenn man einen anderen in die Versuchung führt, wissentlich falsch zu schwören, als wenn man wissentlich die Behörde in die Gefahr bringt, falsch zu entscheiden. Die Staatsraison wird hier durch den Sündengedanken überwogen.

IV. „Falsch" ist das den Tatbeständen gemeinsame Merkmal. Der Täter muß „falsch ausgesagt" (§§ 153, 156, 157, 163 II), „falsch geschworen" (§ 154), eine „falsche Angabe gemacht" (§ 158), einen „falschen Eid abgeleistet" haben (§ 160). Entsprechendes gilt für falsche eidesstattliche Versicherungen.

Darüber, wann diese Voraussetzung gegeben, wann also der obj. TB. erfüllt sei, sind Meinungsverschiedenheiten entstanden. Sie müssen, da sie alle Tatbestände des 9. Abschn. betreffen, hier vorweg behandelt werden.

1. Eine objektive und eine subjektive Theorie stehen sich gegenüber. Nach der ersten bezeichnet „falsch" den Widerspruch der Aussage mit dem tatsächlichen Geschehen, von dem die Aussage berichtet; nach der zweiten mit der Ueberzeugung des Aussagenden von diesem Geschehen; oder (Formulierung von Niethammer): nach der obj. Th. den Widerspruch zwischen Wort und Wirklichkeit, nach der subj. Th. zwischen Wort und Wissen.

Beispiele: A. Der Z war tatsächlich am 9. Mai in Jena. a) Wenn er aussagt und beschwört: „Ich war am 9. Mai in Jena", so sind nach der **obj. Th.** Aussage und Schwur richtig. Glaubte er irrig, am 8. Mai dort gewesen zu sein, so wäre das nur versuchter ME., während nach der **subj. Th.** hier vollendeter vorliegen würde. — b) Wenn dagegen jener Z, der am 9. Mai in Jena war, aussagt und beschwört: „Ich war am 8. Mai in Jena", so sind nach der **obj. Th.** Aussage und Schwur falsch. Die Strafbarkeit des Z hängt hier vom inneren TB. ab. Wußte Z, daß er tatsächlich am 9. Mai in Jena war, so hat er vorsätzlich falsch ausgesagt und falsch geschworen, also einen Meineid begangen. Nahm er irrig an, er sei (wie er sagte) am 8. Mai in Jena gewesen, so fehlt der Vorsatz; u. U. liegt hier fahrlässiger Falscheid vor. Anders nach der **subj. Th.** Nach ihr kann die Beschwörung der Aussage nicht als „falsch" gelten, wenn der Schwörende davon überzeugt war, er sei am 8. Mai in Jena gewesen (ob schon die „Aussage" „falsch" war, ist eine offene, nach altem Recht aber wegen Straflosigkeit der bloßen Falschaussage belanglose Frage). Nach der subj. Th. fehlt hier also nicht nur der Vorsatz, sondern bereits der TB. Fahrlässiger Falscheid (§ 163) kann nach der subj. Th. nicht in Frage kommen, da der Eid nicht „falsch" war; ganz abgesehen davon, daß man seiner Ueberzeugung nicht fahrlässig widersprechen kann. — **B.** Wenn der Schwur sich auf Aussagen über eigene Bewußtseinsvorgänge bezieht (eigene Wahrnehmungen, Erinnerungen, Vorstellungen, Ueberzeugungen), also auch dann, wenn der Schwur die psychologische Quelle und Entstehung des Tatsachen-Wissens mit umfaßt, wie z. B.: „Ich habe gesehen, daß A den B geschlagen hat"; oder: „Ich weiß nicht, wo die Sache ist" (ZPO. § 883); oder: „Nach meinen Aufzeichnungen und nach meiner Erinnerung bin ich davon überzeugt, daß der N nicht bar bezahlt hat" — dann fallen beide Theorien zusammen.

2. **Die Tragweite der Meinungsverschiedenheit** ist grundsätzlich größer als in der praktischen Auswirkung. Grundsätzlich allerdings fordert die Stellungnahme Klarheit über das im 9. Abschn. zu schützende Rechtsgut sowie über die Forderungen des Täterstrafrechts und über die Erfüllbarkeit dieser Forderungen im Rahmen eines an sich nach Tatbeständen ausgerichteten Strafrechts. Die praktische Auswirkung aber ist nach zwei Richtungen begrenzt

a) Nur für bestimmte Fälle führen obj. und subj. Th. zu verschiedenen Ergebnissen. Auszuscheiden sind die Fälle, in denen es zwar ankommt auf den Beweis einer bestimmten äußeren Tatsache und die Auskunftsperson auch über diese Tasache aussagt, in denen sie gleichzeitig aber auch die Quelle ihres Wissens angibt; sei es ausdrücklich oder dem Sinne nach; sei es über sinnliche Wahrnehmungen (sehen, hören usw.), sei es über die seelischen Faktoren des in der Aussage wiedergegebenen Vorstellungsbildes (sich erinnern, schlußfolgern usw.). Vgl. die Beispiele unter 1 B. Wenn Z aussagt: „Ich habe gesehen, daß A den B geschlagen hat", oder: „Der C hat mich geschlagen, ich habe ihn trotz der Dunkelheit an seiner Stimme erkannt"; oder „Der N hat mir erzählt, der D habe dem E Bestechungsgelder gegeben" — so sind die Aussagen des Z nach beiden Theorien dann „falsch", wenn Z es im 1. Fall nicht gesehen hat (es z. B. von seinem Platz aus gar nicht sehen konnte); oder wenn im 2. Fall der C nachweislich keinen Laut von sich gegeben hat; oder wenn im 3. Fall der N dem Z nichts erzählt hat; mag auch der A den B bzw. den Z geschlagen oder der D den E bestochen haben. So z. B. auch E. **37** 398, **68** 282 (ein Urteil, das zu Unrecht für die subj. Th. ausgeführt zu werden pflegt). Nach beiden Theorien sind hier Aussage und Schwur „falsch"; nach beiden ist also der betr. obj. Tb. des 9. Abschnitts erfüllt. Streitig können nur Fälle sein, in denen unmittelbar, also ohne Bezugnahme auf die Wissensquelle, ein tatsächliches Geschehen bekundet wird. Meist wird es sich bei ihnen um einen Vorgang handeln, an dem der Aussagende persönlich beteiligt war. Vgl. die Beispiele unter 1 A.

b) Eine Bestrafung ist fast durchweg nach beiden Theorien möglich. Denn die obj. Th. nimmt (soweit sie nicht der heute selten vertretenen Lehre von der Straflosigkeit des „Mangels am Tatbestand" folgt: Vorbem. IV vor § 43) strafbaren Versuch an, der nach § 44 wie die Vollendung gestraft werden kann. Nur das bestreitet sie, daß die fraglichen Fälle begriffliche Vollendung „sind". Bei einer Gruppe freilich sind die Strafmöglichkeiten verschieden: soweit die subj. Th. wegen Zusammenfallens von Wort und Wissen verneint, daß eine Aussage „falsch" sei, muß sie nicht nur, wie auch die obj. Th., Vorsatz verneinen, sondern kann auch nicht wegen Fahrlässigkeit aus § 163 strafen, denn auch eine Fahrlässigkeitsstrafe setzt in erster Linie Tatbestandsmäßigkeit voraus.

3. **Für die obj. Th. spricht:** a) Sie entspricht demjenigen Strafgrund, der allen Strafen des 9. Abschn. gemeinsam und absolut wesentlich ist, wenn auch gelegentlich mit anderen Gründen verquickt: daß nämlich die Behördentätigkeit, bes. die RPflege, gegen Irreführung geschützt werden muß. Dies kommt nur dann in Frage, wenn die Aussage mit der Wirklichkeit im Widerspruch steht. War ein Widerspruch lediglich beabsichtigt, stimmt die Aussage aber zufällig mit dem wirklichen Geschehen überein, dann mag sie zwar vom Standpunkt einer moralischen Beurteilung aus eine Lüge genannt werden (ein in der Moralphilosophie aller Zeiten viel behan-

deltes Thema). Auch würde bei einer religiösen Eidesformel der alte Blasphemiegedanke eine Rolle spielen können. Indessen von einer Störung oder auch nur Gefährdung der Behördentätigkeit kann, wenn das Ausgesagte objektiv richtig ist, keine Rede sein. Ein solches Wollen ist zwar strafwürdig, wie wenn einer den anderen erschießen will, aber vorbeischießt; indessen, wenn man nicht den ME. außerhalb des ganzen StrRSystems nach eigenem System und Gesetz behandeln will, eine typische Versuchshandlung.

b) Nur bei einer obj. Auslegung des Wortes „falsch" können die Tatbestände des 9. Abschn. widerspruchsfrei ausgelegt werden. — α) In § 160 ist die obj. Auslegung begriffswesentlich und unbestritten. — β) Für § 163 ist sie, wenn man nicht die Fahrlässigkeitsstrafe auf einige am Rande liegende Fälle beschränken will, unentbehrlich; s. oben b und Anm. zu § 163. — γ) Für § 153 würde die subj. Auslegung zu einem Verzicht auf ein diskutables Schutzobjekt nötigen. Denn hier, wo jedes gefühlsmäßige Moment fehlt, muß mindestens ein Angriff auf die Behörde übrigbleiben, es sei denn, daß man in § 153 ein bloßes Lügenverbot sieht und in der FA. eine strafwürdige Achtungsverletzung. Hier muß die Aussage irgendwie geeignet sein, die Behörde irrezuführen, anderenfalls ist es strafbarer Versuch. So bleibt nur übrig, entweder „falsch" verschieden auszulegen, in § 153 obj., in § 154 subj. (mit dem absurden Ergebnis, daß eine Aussage richtig, ihre Beeidung aber falsch sein kann, und umgekehrt); oder aber für § 154 zu der bis vor kurzem unbestrittenen obj. Auslegung des Wortes zurückzukehren.

c) Gesetze außerhalb des ME.-StrR. sind zwar für dessen Auslegung nicht bindend. Immerhin kann es nachdenklich machen, daß bei Betrug, Urkundenfälschung, Falschbeurkundung, Geldfälschung und falscher Anschuldigung noch nie angeregt wurde, das Wort „falsch" subjektiv auszulegen, obwohl es durchaus denkbar wäre. Besonderer Beachtung wäre hierbei die Frage wert, ob ein Vergleich des ME. mit den Urkundsdelikten zur „Urkundenfälschung" oder aber, richtiger, zur „Falschbeurkundung" führt. Indessen kann hier auf solche Verwandtschaften und auf die gemeinsame Wurzel, den römischen „falsum"-Begriff, ebensowenig eingegangen werden, wie auf das (spätere!) Eindringen irrationaler, d. h. gefühlsmäßiger Momente in den ME.-Gedanken. Vgl. darüber bes. Binding Lehrb. II 1, S. 108 ff.

4. Für die subj. Th. werden sprachliche und Gründe der Aussagepsychologie angeführt. — a) Das sprachliche Argument gilt fast durchweg als entscheidend und ausreichend. Der Zeuge schwöre (entsprechend bei anderen Eiden): er habe **nach bestem Wissen** ausgesagt. Dieser Schwur sei falsch, wenn der Aussagende selber das Gesagte für falsch halte, möge es auch zufällig richtig sein. So, nach dem Vorgang von Thomsen und Binding: HRR. **40** 523 und DR. **44** 722, wo die obj. Th. kurz als „überholt" bezeichnet wird. Vielleicht kann man auch E. **65** 27 hierher rechnen, obwohl es nicht eindeutig ist und doch wohl andere Wege geht. Zu Unrecht dagegen wird (auch vom RGer. selbst) E. **68** 281 für die subj. Th. in Anspruch genommen. Hier handelte es sich nicht um eine Aussage über einen Vorgang, sondern über das Wissen von einem Vorgang. Mit Recht erklärt das RGer. die Aussage, der Zeuge „habe Kenntnis" von ihm, dann für falsch, wenn er keine Kenntnis hatte, möge sich auch der Vorgang selber so abgespielt haben. Dem ist selbstverständlich beizutreten. Nicht freilich der Begründung, die das Ergebnis aus den Worten „nach bestem Wissen" herleitet, denn auch ohne sie war die Aussage zweifellos „falsch". Es war ein typischer Fall wie oben 2 a, so daß die

Entscheidung (so wenig wie die in Bezug genommene frühere) für die subj. Th. nichts beweist. Diese verwirft sie vielmehr geradezu, indem sie zwischen unmittelbaren Tatsachen-Aussagen einerseits, Wissens-Aussagen andererseits unterscheidet und nur bei letzteren „falsch" subjektiv auslegt, was ja die obj. Th. gleichfalls tut.

Dem sprachlichen Argument stehen zwei Einwände entgegen. Der erste ist, daß es schon sprachlich nicht überzeugt. Nicht auf das Wissen des Schwörenden weisen die Eidesworte, sondern auf die Güte des Wissens. Dabei ist hier der Superlativ, wie so oft, keine Steigerung des Positivs, als ob ein bestes Wissen immer besser sei als ein gutes, sondern seine Relativierung; die Beschränkung eines an sich allgemeinen Werturteils auf einen begrenzten Vergleichskreis. Das beste Wissen ist das nach Lage der Sache beste, ein verhältnismäßig gutes. Die innere Verbindung mit dem Positiv „gut" darf dabei natürlich nicht verschwinden. Der Maßstab aber, den man an das Wissen anlegt, um gutes vom schlechten zu unterscheiden, bleibt der gleiche, auch bei einer Unterscheidung von verhältnismäßig bestem mit weniger gutem Wissen; nur sind die Ansprüche herabgesetzt. Innerhalb der Grenzen des Möglichen bleibt das „beste" eine Steigerung des „guten". Der Maßstab aber für die größere oder geringere Güte eines Wissens ist begriffsnotwendig ein objektiver. Er ist dem Gegenstand entnommen, der den Inhalt des Wissens bildet, nicht aber dem Glauben des Wissenden an die (objektive) Richtigkeit oder Güte seines Wissens. So wenig wie dieser Glaube ein falsches Wissen zu einem guten machen kann, ebenso wenig wird umgekehrt ein an sich gutes, also richtiges Wissen dadurch „falsch", daß man selber nicht an seine objektive Richtigkeit glaubt. Wer unrichtiges sagen will, aber zufällig richtiges sagt, verschweigt nicht besseres Wissen, sondern wird durch einen Zufall davor bewahrt, schlechtes Wissen von sich zu geben. Mit alledem haben jene Eideworte gar nichts zu tun. Sie tragen vielmehr der Bedingtheit und Begrenztheit allen menschlichen „Wissens" Rechnung und mahnen die Auskunftsperson, so „gut" auszusagen, d. h. so nahe an die Wahrheit heranzukommen, wie sie es eben vermag. Auch Niethammer a. a. O., obwohl aus anderen Gründen Subjektivist, stimmt der hier stets vertretenen Ansicht zu, daß jene Eidesworte strafrechtlich belanglos sind. So ist wohl auch E. 65 27 zu verstehen.

Mögen aber auch die Worte: „nach bestem Wissen" doppeldeutig sein, d. h. sprachlich auch eine subj. Auslegung zulassen: daß diese strafrechtlich nicht haltbar ist, zeigt jetzt — dies der zweite Einwand gegen die subj. Th. — der § 153. Hier nämlich fehlen sie. Die Voraussetzung aber, unter der eine Aussage falsch ist, kann keine andere sein als die des falschen Schwurs. Denn der Schwur gewinnt Inhalt und Sinn erst durch die Aussage, die er bekräftigt. Es wäre absurd, wenn eine Aussage richtig, ihre Beeidigung aber falsch sein könnte oder umgekehrt. Auch der Aufbau des 9. Abschn., bes. nachdem die FA. an den Anfang gestellt wurde, ist ersichtlich der, daß grundsätzlich die unbeeidigte FA. mit Gef., die beeidigte mit Zuchthaus bestraft wird — die gleiche Aussage, je nachdem sie beschworen wird oder nicht. (Hier zeigt sich auch, daß eine Vergleichung mit den Urkundsdelikten nicht zur Urkundenfälschung der §§ 267, 348 II, sondern zur Falschbeurkundung der §§ 271, 348 I führt.) Wer also, wie das RGer., nur auf die Worte „nach bestem Wissen" die subj. Th. stützt, kann sie nach Einführung des § 153 nicht aufrecht erhalten, denn diese an sich schon schwache Stütze besteht nicht mehr.

b) Tiefer scheint ein zweites Argument zu gehen, das weniger philologisch als psychologisch unterbaut ist. Vgl. darüber insbes. Niethammer, teilweise auch E. 65 27, obwohl dies an der entscheidenden Stelle abbiegt. Das psychologische Argument besagt: Ein Aussagender könne niemals ein vergangenes Geschehen wiedergeben, sondern immer nur das Bild, das er von diesem habe. Folglich könne es auch immer nur auf einen Vergleich von Wort und Wissen ankommen, nicht von Wort und Wirklichkeit. Die Voraussetzung ist zweifellos richtig. Nicht richtig aber ist, daß man infolgedessen zwischen objektiv richtigen und objektiv „falschen" Aussagen nicht unterscheiden k ö n n e ; daß „falsch" immer einen Widerspruch zwischen Wort und Wissen bezeichnen m ü s s e. Das Argument will zuviel beweisen und beweist deshalb nichts. Das ist ja sicher, daß auch vor der scheinbar unmittelbarsten Tatsachenaussage immer ein ausgesprochenes oder stillschweigendes: „soviel ich weiß" steht. Ein unbekannter Vorgang hat aus Sinneswahrnehmungen Vorstellungen gemacht, aus diesen in Verbindung mit Erinnerungen und Denkvorgängen ein seelisches Bild des Wahrgenommenen geschaffen, und nun erst bewirkt ein ebenso rätselhafter Vorgang die Umsetzung dieses Bildes in Worte, die in dem Hörer ein gleiches Bild entstehen lassen. Das ist oft genug beschrieben und es ist Aufgabe der Psychologie, das Rätsel dieser Umwandlungsprozesse zu ergründen. Es ist auch forensisch von größtem Interesse. Denn auf diesem dunklen Wege liegen die Möglichkeiten der Wahrnehmungstäuschungen, der Erinnerungsfälschungen, der Denkfehler usw., von denen Wert und Unwert einer Aussage abhängen. Aber eben weil das immer so ist, weil jede Aussage letzten Endes nur jenes Vorstellungsbild wiedergibt, beweist es für die Kontroverse der obj. und der subj. Th. nichts. Denn ebenso sicher wie die Subjektivität dieses Bildes ist es andrerseits, daß wir täglich einen Unterschied machen zwischen Fällen in denen ein Bewußtseinsvorgang bekundet wird (ein Wissen usw.) und solchen, in denen eine Aussage unmittelbar ein tatsächliches Geschehen zum Gegenstand hat: vgl. die mehrfachen „Beispiele". Die reale Wirklichkeit dieser Unterscheidung leugnen hieße: die E n t s t e h u n g e i n e r A u s s a g e m i t i h r e m I n h a l t v e r w e c h s e l n. Ihre Entstehung ist wichtig für ihren Beweiswert. Ihr Inhalt aber ist es, der hier allein interessiert. Nach ihm k a n n man sehr wohl zwischen objektiv richtigen und objektiv „falschen" Aussagen unterscheiden; es fragt sich nur, ob man so unterscheiden w i l l. Dies führt abermals auf die G r u n d f r a g e, w a r u m man hier überhaupt straft. Will man die Behörde vor Irreführung schützen, dann ist die Unterscheidung wesentlich; will man die persönliche Unwahrhaftigkeit strafen, dann ist sie unwesentlich. So ist auch dies zweite Argument der subj. Th. nicht beweiskräftig. Indem es die Notwendigkeit einer subj. Auslegung des Wortes „falsch" zu begründen versucht und scheint, nimmt es in Wahrheit das zu begründende als entschieden vorweg.

Schrifttum betr. „falsch": Objektivisten: L i s z t - S c h m i d t, § 171; M e z g e r, Grundriß [3] 219; E b e r m a y e r in Leipziger Komm. [4], Anm. 4 zu § 153; F r e i e s l e b e n bei Olshausen [11], Anm. 4 zu § 153; F r a n k III 2 zu § 153; S c h ö n k e III zu § 153; S c h w a r z [12], Anm. 2 zu § 153; S c h w a r t z, Anm. 6 zu § 153; S c h r ö d e r, Unwahrer und unwahrhaftiger Eid, 1939, bes. S. 30. — **Subjektivisten:** T h o m s e n in GS. 60, 56; 64, 219; B i n d i n g, Lehrb. Bes. T. II 1 [2], 134; H. M a y e r in GS. 93, 185; G e r l a n d, Lehrbuch [2], 271; N i e t h a m m e r in DStrR. 40, 161; S c h a f f s t e i n in JW. 38, 145. — Bei manchen ist die Einordnung **zweifelhaft**, da sie sich schon dann zu der subj. Th. rechnen, wenn sie in denjen. Fällen subj. auslegen, in denen ein „Wissen" oder dgl. beschworen wird; z. B. Freiesleben bei Olsh. [12], Anm. 4 zu § 153, der aber in Wahrheit Objektivist ist. — Die Entscheidungen des **Reichsgerichts** sind uneinheitlich. Bis 1944 folgte es der obj. Th. Vgl. E. **37** 398, **61** 160, **68** 281 und die drei dort angeführten, nicht veröffentlichten Urteile; ebenso 1. Senat v. 27. 3. 42 in E. **76** 96. Mit Recht konnte Mezger, Grundr. [3] 1943, S. 219 schreiben: Die obj. Th. „entspricht auch der reichsgerichtlichen Praxis. Die Versuche, in ihr neuerdings eine grundsätzliche Schwenkung nachzuweisen, sind nicht gelungen, auch nicht gegenüber E. **65** 27; im Gegenteil hat sich das RGer. in E. **76** 96 eindeutig zur obj. Betrachtung bekannt. In DR. **44** 722 freilich erklärte am 24. 3. 44 der gleiche 1. Senat diese Rechtspr., ohne auf den Sach- und Streitstand einzugehen, für „überholt". Unter den Vor-Entscheidungen nennt er seine eigene soeben angeführte gegenteilige nicht! Wohl aber vier andere, ältere, von denen indessen E. **68** 281, wie oben dargetan, die obj. Th. vertritt, während der Standpunkt von E. **65** 27 (s. auch Mezger) mindestens zweifelhaft ist. Sonach ist die obj. Th. nicht nur richtig, sondern auch in Schrifttum und Rechtspr. herrschend.

V. Täter kann nach RG. jeder Strafmündige sein. Also auch die nach § 161 oder StPO. §§ 60, 65, 66 oder ZPO. § 393 Eidesunfähigen (E. **36** 278, Plen. Entsch., (2 149). Bezüglich des Eidesunmündigen Bedenken hiergegen bei Binding Lb. II 1, 146, Frank Vorbem. IV vor § 153, neuerdings auch Schönke IV 1 vor § 253, die jedoch wegen der in § 157 Abs. 2 vorausgesetzten Strafmöglichkeit nicht durchgreifen können. Denn danach wäre die Bekräftigung der falschen Aussage mit einem Eide ein Strafausschließungsgrund. — **Mittelbare** Täterschaft ist ausgeschlossen; Eidesdelikte sind „eigenhändige" (Vorbem. I B 5 vor § 47); Ersatz für m. T.: § 100. Vgl. E. **43** 293.

VI. Forts.Zus.hang, wenn im gleichen Verfahren mehrmals: E. **66** 36, 356

Falsche uneidliche Aussage

153. Wer vor Gericht oder vor einer anderen zur eidlichen Vernehmung von Zeugen oder Sachverständigen zuständigen Stelle als Zeuge oder Sachverständiger uneidlich vorsätzlich falsch aussagt, wird mit Gefängnis nicht unter drei Monaten, in schweren Fällen mit Zuchthaus bestraft.

Der Versuch ist strafbar.

I. Entstehung. — Der jetzige § 153 war als § 156a durch VO. v. 29. 5. 43 geschaffen worden. Die VO. v. 20. 1. 44 hat ihn an die jetzige Stelle gesetzt, die dadurch frei geworden war, daß die verschiedenen in §§ 153, 154 a. F. geregelten „Meineids"-Fälle im § 154 zusammengefaßt wurden. — Weitergeltung; kein Eingreifen von Sperrvorschriften, da neuer Tatbestand: Braunschweig HESt. **1** 34 (35), Hamburg HESt. **1** 37 (40). Vgl. aber unten Anm. VI.

Der § 153 n. F. straft die uneidliche Falschaussage, die das RStGB. zunächst, dem preußischen von 1851 (das eine wechselvolle Vorgeschichte hatte) folgend, straflos gelassen hatte. In anderen Staaten des Deutschen

Bundes war sie vielfach unter Strafe gestellt, z. B. Oesterreich 1803, 1852; Beyern 1813, 1861; Sachsen 1838, 1855, 1868. Die deutschen StGEntwürfe seit 1909 (nur nicht 1938) hatten sie gleichfalls strafen wollen. — Auch das Ausland straft sie vielfach, freilich klar auf Grund des bei uns stark verdunkelten Gedankens, daß die Behörde gegen Irreführung geschützt werden muß; und deshalb meist auf Fälle beschränkt, in denen die FA. für eine behördliche Entscheidung erheblich war (konkrete Gefährdung) oder doch sein konnte (abstrakte Gefährdung). Thür. § 153 gestattet Milderung oder Absehen von Strafe, wenn die Aussage nur in bedeutungslosen Punkten falsch war, und setzt voraus, daß der Aussagende auf die Strafbarkeit der u. FA. hingewiesen worden war. So auch die Entw. vielfach.

Zu einer unabweisbaren Notwendigkeit war die Bestrafung der u. FA. geworden infolge der immer weiteren Zurückdrängung der Eide im Prozeß. Dieser Abbau des Prozeßeides war die Folge des allgemeinen Bestrebens, die Form der Prozeßführung weitgehend dem Ermessen des Richters zu überlassen. Hinzu kam die Abneigung gegen den Eid; teils gegen ihn überhaupt, teils gegen seine Abnutzung in Bagatellsachen. So wurde die Beeidigung der Zeugen aus einer Regel eine Ausnahme. Vgl. jetzt ZPO. § 391 i. d. Fass. v. 27. 10. 33; StPO. §§ 61 ff., 79 i. d. Fass. zunächst v. 24. 11. 33, jetzt v. 29. 5. 43. Dieser Entwicklung gegenüber konnte mit der Bestrafung der u. FA. nicht bis zu einem neuen StGB. gewartet werden. So kam es zu § 156 a, jetzt 153.

Schrifttum: Liszt, Falsche Aussage, 1877; Beling in DJZ. 1901, 362; Stooß in Rechtsvergl. Darst., Bes. Teil, 3, 384 ff.; Kadecka bei Aschrott-Kohlrausch, Reform DStrR., 1926; E. Koffka in ZStrW. 48, 10 ff.; Hegler, Eidesreform, 1930; Hellmuth Mayer in GS. Bd. 93; Oetker in DJZ. 1929, 882; Mezger bei Gürtner II² 354. — Zur Neufassung: Rietzsch bei Pfundtner-Neubert II c 6, S. 227, und in DStrR. 42, 97. — Wertvoll die „Begründungen" zu den früheren StGEntwürfen.

II. Falsch ist die Aussage — d. h. der äußere od. obj. TB. ist erfüllt —, wenn das Gesagte mit dem Geschehenen nicht übereinstimmt. Die subjektive Theorie (Vorbem. IV vor § 153) läßt sich für die unbeeidigte Falschaussage nicht halten. Denn hier bleibt als einziges RGut, dessen Schutz das Gesetz bezweckt, die behördliche Betätigung. Diese aber wird nur dann gefährdet, wenn sie wirklich irregeleitet werden könnte, d. h. wenn die Aussage von dem, was wirklich geschehen war, abweicht. — Die irrige Meinung, falsch auszusagen, begründet strafbaren Versuch; mehr nicht.

III. Zuständige Stelle: Zuständig muß sie sein zur Abnahme von Zeugen- oder Sachverst.-Eid. Es genügt nicht, daß die Aussage innerhalb eines Verfahrens gemacht wird, das auch Eide kennt (Zivil- oder Strafverfahren); vielmehr muß gerade die betr. Stelle zur Eidesabnahme zuständig sein. Diese Begrenzung dient zum Schutz des Aussagenden: Eine Wahrheitspflicht mit Strafsanktion besteht nur einer solchen Behörde gegenüber, der auf Grund ihrer Unvoreingenommenheit an sich das Recht anvertraut ist, Auskunftspersonen eidlich zu vernehmen. Nicht also fällt unter § 153 die Falschaussage vor Staatsanwaltschaft oder Polizei oder einer Verwaltungsbehörde, mag sie auch innerhalb eines gerichtlichen Verfahrens gemacht sein; auch dann nicht, wenn die betr. Behörde zur Abnahme von eidesstattlichen Erklärungen zuständig war.

IV. Als Zeuge oder Sachverständiger. Darüber, unter welchen Voraussetzungen solches anzunehmen, vgl. die Prozeßordnungen und andere einschlägige Vorschriften. Unverlangte Auskunft oder formlose Informationen begründen die Anwendbarkeit des § 153 nicht; u. U. ist hier § 145 d oder § 164 gegeben.

Nicht fällt unter § 153 die **Partei im Zivilprozeß** und nicht der Beschuldigte im Strafprozeß.

Die Partei im Zivilprozeß könnte unter zwei Gesichtspunkten in Betracht kommen: dem des § 138 I und dem der §§ 455 ff. ZPO. Aber der Anwendung des § 153 steht sein Wortlaut entgegen: die Partei ist kein „Zeuge". Die in § 138 ZPO. der Partei auferlegte Wahrheitspflicht macht sie nicht zu einer dem Zeugen ähnlichen Auskunftsperson. Ihre **Erklärungen** bleiben ein „Behaupten" oder ein „Bestreiten". Sie bilden nicht als solche bereits die in freier Beweiswürdigung festzustellende Urteilsgrundlage, sondern sind Ausgangspunkte bestmmter prozessualer Wirkungen (richterlicher Aufklärungspflicht bzw. des Wegfallens einer solchen, Anknüpfungspunkte für das Verhalten des Gegners, z. B. ein Geständnis usw.). Die Verletzung der Wahrheitspflicht läßt u. U. diese Wirkungen nicht entstehen. Sie kann sich nach BGB. § 823 II schadenersatzpflichtig oder nach StGB. § 263 oder § 257 strafbar machen: die Partei mißbraucht hier die Form des Prozesses, um andere zu schädigen. Aber mit dem Grundgedanken des § 153 hat sie nichts zu tun. — Dagegen wird die Partei bei der **Vernehmung** nach § 445 ZPO. Beweismittel, Auskunftsperson ähnlich dem Zeugen. Ihre Wahrheitspflicht ist (wenn sie eidlich vernommen wird, unbestreitbar, anderenfalls) problematisch und im Prozeßrechtsschrifttum noch kaum erörtert, namentlich nicht im Vergleich mit der des § 138. Aus § 138 I folgt für §§ 445 ff. nichts. Der Beweisbeschluß i. Vbdg. mit dem Sichvernehmenlassen begründet eine über § 138 I hinaus gesteigerte Wahrheitspflicht, indem nun die Partei die öffentlich-rechtliche Aufgabe übernimmt, an der Findung eines richtigen Urteils mitzuwirken. § 451 ZPO. verweist grundsätzlich auf die Vorschriften über den Zeugenbeweis, jedoch nur „entsprechend". Eben solche Analogie aber ist im Strafrecht nicht vollziehbar.

Der Beschuldigte im Strafprozeß hat verfahrensrechtlich keine Wahrheitspflicht. Seine Aussage (Leugnen oder Geständnis) ist zwar echtes, frei zu würdigendes Beweismittel. Weiter aber geht die Rechtsähnlichkeit mit der Zeugenaussage nicht. Die Annahme, er habe eine Rechtspflicht, zu gestehen, entstammt Prozeßrechten, die eine freie Beweiswürdigung nicht kannten und n mentlich zur Verurteilung Indizienbeweis nicht genügen ließen, sondern ein Geständnis forderten, was dann zwangsläufig zur Einführung der Folter führte (insbes. im kirchl. u. i. gemeinen StrProz.). Mit Einführung der freien Beweiswürdigung, nach 1800, verschwand allmählich der Gedanke, der Schuldige habe eine Rechtspflicht, zu gestehen. Sein Leugnen kann zwar die Strafzumessung ungünstig beeinflussen, falls es kriminelle Hartnäckigkeit beweist, aber nicht zur Anwendung des § 153 führen.

V. Aussage kann auch schriftlich sein, z. B. ein nur schriftlich erstattetes Sachverständigengutachten. Beim Meineid des § 154 kommt es weniger in Frage, wohl aber z. B. bei der eidesstattlichen Versicherung des § 156. Vgl. ferner § 66 d. StPO. — Ueber Unterlassung vgl. Anm. V zu § 154.

VI. Uneidlich ist jede nicht voll beschworene Aussage, also auch die eidesstattliche Versicherung. Die Folge ist freilich seltsam.

Denn in jeder e. V. steckt eine „Aussage", in einer falschen e. V. also eine falsche Aussage. Naturgemäß wäre es, eine Steigerung anzunehmen von 1) der ohne bes. Beteuerung abgegebenen über 2) die eidesstattlich versicherte zu 3) der beschworenen Aussage; im Falle 2) wäre Fall 1), im Falle 3) wären die Fälle 1) und 2) gegenstandslos. Dies führt aber zu sinnwidrigen Folgen, da Fall 1) schwerer strafbar ist als Fall 2). Es erklärt sich dies wohl nur aus der späteren Entstehung des § 153 und der Gewöhnung an strengere Strafen. Andere Erklärungen schlagen nicht durch; z. B. § 153 betreffe wichtigere Fälle als § 156, was keineswegs so zu sein braucht; oder: § 153 betreffe nur mündliche Aussagen, § 156 nur schriftliche, § 153 setze also einen stärkeren verbrecherischen Willen voraus; denn die Voraussetzung betrifft nicht alle Fälle (vgl. Anm. V) und nichts Begriffswesentliches. Sonach blieb zunächst nur übrig, entweder jener naturgemäßen Steigerung zu folgen, wonach dann freilich § 156 für diejenigen Fälle unanwendbar würde, in denen jemand als „Z. od. Sachv." eine e. V. „vor Gericht oder einer anderen z. eidl. Vern. v. Z. o. Sachv. zust. Stelle" abgegeben hat (hier ist dann § 153 ein dem § 156 vorgehendes Sondergesetz); oder IdKonk. zwischen § 153 und § 156 anzunehmen und deshalb aus § 153 zu strafen. Die erste Lösung dürfte richtiger sein. — Jetzt führen KRProkl. 3 und die übrigen Sperrvorschriften (Vorbem. VI vor § 13) zu einer sinngemäßen Einschränkung des Strafrahmens in § 153. Wenn er auch als neuer Tatbestand zu betrachten ist (oben Anm. I Abs. 1), so verstößt doch aus den dargelegten Gründen eine Ueberschreitung des Strafrahmens des § 156 jedenfalls gegen das gerechte Maß und ist übermäßig hoch, also unzulässig. Nicht überzeugend demgegenüber Braunschweig HESt. **1** 36.

VII. Vorsatz! Anm. V zu § 154 gilt entsprechend. — § 163 ist auf die u. FA. nicht ausgedehnt worden.

VIII. Belehrung über Strafbarkeit ist nicht vorgeschrieben. Anders Thür. § 153, vgl. Anm. I.

Meineid.

154. Wer vor Gericht oder vor einer anderen zur Abnahme von Eiden zuständigen Stelle vorsätzlich falsch schwört, wird mit Zuchthaus bestraft.

Sind mildernde Umstände vorhanden, so ist die Strafe Gefängnis nicht unter sechs Monaten.

I. Entstehung. — Der § 154 erhielt die jetzige Gestalt durch die VO. v. 20. 1. 44. Er faßt die bisherigen §§ 153, 154 zusammen. Der § 153 hatte den „zugeschobenen, zurückgeschobenen oder auferlegten Eid", der § 154 den Meineid des Zeugen und des Sachverständigen bestraft. — Der frühere Abs. II (StrSteigerung bei Schädigung anderer) ist ersatzlos gefallen. Er war eine letzte Erinnerung an den richtigen alten „falsum"-Gedanken, der noch in der Carolina zu einer Trennung der beiden Verbrechen: „ME." und „FA." geführt hatte.

II. Zuständige Stellen. — Ein Gericht gilt ohne weiteres als zuständig; innerhalb des Gerichts freilich nur der mit der Beeidigung in rechtsgültiger Weise betraute Beamte. Nicht z. B. der Urkundsbeamte der Geschäftsstelle (E. **92** 147, **65** 273). Auch nicht der zur Ausbildung beim Gericht beschäftigte Referendar, soweit er nicht zur Wahrnehmung richterlicher Geschäfte berufen ist (E. **65** 206). — Es genügt die allg. Zust. „z. Abnahme v. Eiden", Zust. f. d. Einzelfall nicht nötig. — Andere zuständige Behörden z. B. die Dienststrafgerichte (RDienstStrO. §§ 17, 46, 61), Versicherungsämter (RVersichO. §§ 1571, 1628, 1652, 1665), Finanzämter (RAbGO. §§ 182, 184, 186). Nicht zuständig Staatsanwaltschaft u. Polizei. Auch nicht Entnazifizierungsausschüsse: Hamburg HESt. **1** 37 (zust. nur für eidesst. Vers.).

III. Schwören. — Zeugeneid, Sachverst.Eid, Parteivernehmungseid nach den Prozeßordnungen. — **Offenbarungseid** nach ZPO. §§ 807, 883 mit umfangreicher Rechtspr. üb. d. prozessuale Vorfrage, was unter Eid anzugeben ist: z. B. bestrittene Forderungen, E. **60** 37; zu treuer Hand abgetretene, E. **64** 422; Anspruch auf künftige Provision, E. **71** 300; u. U. auch der Ort, an dem eine Sache ist, E. **39** 42, **46** 140; nicht aber, was dem Zugriff des Gläub. entzogen, E. **42** 424, **68** 130; kein Meineid, wenn mehr angegeben, als zum Vermögen gehört, z. B. erdichtete Forderungen, E. **71** 360. Begründete Bedenken von Schaffstein in JW. 37, 3214. — Ein **Irrtum** über den Umfang der OffenbPflicht ist als außerstrafrechtlicher Rechtsirrtum nach § 59 zu beurteilen, DR. **42** 1696. — Weitere OffenbEide nach BGB. §§ 260, 2027; ZPO. § 883 II; KO. § 125; VerglO. § 69.

Mittelbare Täterschaft ist beim „schwören" undenkbar (eigenhändiges Delikt: Vorbem. I B 5 vor § 47). Ersatz: § 160. — „Schwören" ist meist zwar mündlich. Dies ist aber nicht wesentlich; der Sachv. z. B. „schwört" häufig schriftlich. — **Voreid oder Nacheid** kein f. d. StrR. wesentlicher Unterschied; der Voreid kommt nur noch beim Sachv. i. ZProz. in Frage: ZPO. § 410. Sonst nur noch Nacheid. Wichtig wegen Versuch: Anm. VI.

IV. Falsch schwören heißt: eine i. S. des § 153 **falsche Aussage** beschwören. Das Wort „falsch" muß also in § 153 und § 154 die gleiche Bedeutung haben. Ueber diese Bedeutung — objektiv oder subjektiv? — vgl. Vorbem. IV vor § 153. Dazu Braunschweig JBl. Braunschw. **47** 218: Allgemein anerkannte Werturteile stehen Tatsachen gleich. Eidliche Ableugnung ehewidriger Beziehungen trotz begangenen Ehebruchs daher ME.

V. Der Vorsatz (bedingter Vorsatz genügt) muß alle Tatbestandsmerkmale umfassen. Er fehlt, wenn der Aussagende die Wahrheit oder aber den Umfang der Wahrheitspflicht nicht kannte. Also: **1.** der Schwörende muß wissen, daß seine Aussage mit der Wirklichkeit nicht übereinstimmt. Hierbei ist zunächst der obj. Sinn der Aussage zu ermitteln; dann erst, ob sich der Aussagende dieses Sinnes bewußt war: E. **67** 94; dann endlich das Bewußtsein jener Nichtübereinstimmung. — **2.** Er muß wissen, daß das falsch Ausgesagte unter den Eid fällt. Der Vorsatz „falsch zu schwören", fehlt also z. B., trotz bewußter Unwahrheit, bei Irrtum über den Umfang der Offenbarungspflicht nach §§ 807, 883 ZPO. Vgl. E. **27** 267, **34** 400, **39** 42, **46** 140, **68** 130. Nach E. **61** 429, **60** 407 fehlt der Vorsatz, wenn „das mangelnde Bewußtsein der Erheblichkeit einer falschen Aussage zu der irrigen Annahme geführt hat, daß sich der Eid auf diese Angabe nicht beziehe; dieser Irrtum betreffe das Prozeßrecht; dagegen sei es ein unbeachtlicher StrRIrrtum, wenn der Aussagende einen unerheblichen Meineid für straflos halte — eine der allzu feinen Unterscheidungen der reichsgerichtlichen Irrtumsrechtsprechung, die an den Testamentsfall in E. **57** 235 erinnert. — Erforderlich ist das Bewußtsein der Erheblichkeit stets beim ME. **durch Verschweigen.** Der Zeuge muß das Bewußtsein haben, daß das Verschwiegene zum Gegenstand der eidlichen Vernehmung gehörte und für diesen erheblich war. Nur dann ist Reden Pflicht, Schweigen also Meineid. Schuldhaftes Nichterkennen der Aussagepflicht kann fahrlässigen Falscheid (§ 163) begründen. Vgl. E. 7 321, 39 58, 42 103, 57 152, JW. 38 2196, DR. 39 1066, HRR. 39 1439. — 3. Der Schwörende muß wissen, daß die Stelle zur Abnahme von Eiden zuständig ist.

VI. Versuch. Bei Nacheid ist „Anfang der Ausführung" der Beginn der Eidesleistung. Bis dahin straflose Vorbereitung. Von da ab § 46 möglich. E. 54 117. — Strafbarer Versuch, wenn der Schwörende irrig annimmt, die Angabe nicht bestehender Forderungen falle unter den Offenbarungseid: E. 71 350. Oder: ein Vermögensstück verschweigt, von dem er irrig annimmt, es gehöre ihm. Oder: die Zuständigkeit der Polizei oder eines Referendars (E. 65 206) oder des Staatsanwalts (E. 60 25) irrig annimmt. Zum Nachweis solcher Annahme Hamburg HESt. 1 37. Anders aber — für § 156 — OGH. SJZ. 49 706 (Anm. Mezger).

VII. Teilnahme. — Anstiftung fällt, wenn der Angestiftete vorsätzlich falsch schwört, unter § 48; wenn er nicht schwört, aber vorsätzlich falsch schwören soll, unter § 49 a; wenn er unwissentlich falsch schwört, unter § 160. — Beihilfe kann auch durch Unterlassung begangen werden, wenn nämlich eine Pflicht bestand, den Meineid zu verhindern. Die Frage, wann eine solche Pflicht bestehe, ist neuerdings viel erörtert worden. Sie kann unmittelbar aus den Beziehungen beider folgen; so E. 74 285 betr. Mann und Frau. Sie kann auch daraus folgen, daß eine Prozeßpartei durch ihr eigenes Vorbringen eine unwahre Zeugenaussage veranlaßt hat (E. 72 23 mit Anm. Schaffstein in JW. 38, 578; E. 74 39 mit Anm. Mezger in DR. 40, 637; E. 74 295, 75 273). Darüber hinaus eine Hinderungspflicht der Partei auf ZPO. § 138 zu gründen, würde zu weit gehen. Die Pflicht, selber die Wahrheit zu sagen, bedeutet noch nicht die Pflicht, andere v. e. Unwahrheit zurückzuhalten. Zutr. Hamm MDR. 48 92 (abl. Anm. Meister). Gründlich: Maurach in DStR. 44, 1 ff. Gegen Ueberspannungen auch H. Mayer in SJZ. 47, 15.

VIII. Mildernde Umstände: eingehende Abwägung nach Tat und Täter in DR. 44 611.

Eidesgleiche Beteuerungen

155. Der Ableistung eines Eides wird gleich geachtet, wenn

1. ein Mitglied einer Religionsgesellschaft, welcher das Gesetz den Gebrauch gewisser Beteuerungsformeln an Stelle des Eides gestattet, eine Erklärung unter der Beteuerungsformel seiner Religonsgesellschaft abgibt;

2. derjenige, welcher als Partei, Zeuge oder Sachverständiger einen Eid geleistet hat, in gleicher Eigenschaft eine Versicherung unter Berufung auf den bereits früher in derselben Angelegenheit geleisteten Eid abgibt, oder ein Sachverständiger, welcher als solcher ein für allemal vereidet ist, eine Versicherung auf den von ihm geleisteten Eid abgibt;

3. ein Beamter eine amtliche Versicherung unter Berufung auf seinen Diensteid abgibt.

I. Zu Nr. 1 vgl. StPO. § 66 e, ZPO. § 484.

II. Zu Nr. 2: 1. Unter **„Angelegenheit"** ist nicht die Vernehmung als Zeuge über ein bestimmtes Beweisthema, sondern das bestimmte Verfahren, im bürgerlichen RStreit derselbe Prozeß, zu verstehen. JW. **38** 2197.

2. **Berufung** auf früheren Eid: Vgl. StPO. §§ 67, 72, 79, ZPO. §§ 398, 402, 410. — Aber nur, soweit solche „Berufung" grundsätzlich (wenn auch vielleicht nicht im Einzelfall) zulässig. E. **30** 131, **67** 333. — § 155 enthält gegenüber § 154 neue Tatbestände, die aber hinsichtlich ihrer Folgen nach § 154 zu behandeln sind. Wenn also ein Zeuge zunächst falsch schwört, dann „unter Berufung auf den früher geleisteten Eid" abermals die Unwahrheit sagt, so sind dies zwei selbständige, nach § 74 zu beurteilende Handlungen, falls nicht wegen des von vornherein hierauf gerichteten Vorsatzes Fortsetzungszusammenhang anzunehmen ist. So im Ergebnis auch JW. **38** 3103.

III. Zu Nr. 3: Berufung auf Diensteid, soweit zulässig. Anderenfalls Versuch. E. **67** 333.

Falsche Versicherung an Eides Statt

156. Wer von einer zur Annahme einer Versicherung an Eides Statt zuständigen Behörde eine solche Versicherung wissentlich falsch abgibt oder unter Berufung auf eine solche Versicherung wissentlich falsch aussagt, wird mit Gefängnis von einem Monat bis zu drei Jahren bestraft.

Der Versuch ist strafbar.

I. An Eides Statt oder unter gleichbedeutenden Ausdrücken: E. **15** 126.

II. Allgemeine Zuständigkeit ist vorausgesetzt, nicht konkrete, d. h. daß „die eidesstattliche Versicherung über den Gegenstand, auf den sie sich bezieht, und in dem Verfahren, um das es sich handelt, der Behörde abgegeben werden darf und rechtlich nicht völlig wirkungslos ist". So E. **73** 144 und früher. Beispiele: Die Gerichte bei „Glaubhaftmachungen" im Zivil- und Strafprozeß; ferner Vormundschaftsgericht (E. **36** 1); Nachlaßgericht (E. **39** 225); Konkursgericht (E. **49** 75); Aufgebotsgericht (E. **45** 301); die Gerichtskassen als Vollstreckungsbehörden in Kostensachen (E. **24** 377); der Notar betr. Erbscheinerteilung i. d. Fällen d. §§ 2356 II u. 2368 III BGB. (hierzu E. **74** 175, DR. **40** 1234 m. Anm. Heckmann): vgl. aber E. **74** 125; Finanzamt im Steuerfestsetzungsverfahren: RAbgO. §§ 174, 209; Standesbeamter betr. Nachweis der Ehefähigkeit: PersStG. § 5; Seemannsamt: RVersO. § 1754; Universitäten und Fakultäten betr. Autorschaft von Doktor- usw. Arbeiten, jedoch nicht allgemein (E. **17** 208). Nach VereinfVO. v. 1. 9. 39 war der ARichter im bürgerl. Streitverf. „zuständig", einer Partei eine e. V. über die Richtigkeit einer tatsächl. Behauptung abzunehmen: E. **75** 399. LG. in Ehesachen; AG. in Privatklagesachen: DR. **43** 894.

Nicht zulässig (und gegebenenfalls auch strafrechtlich wirkungslos) sind eidesstattliche Versicherungen, wenn voller Prozeßbeweis erforderlich: E. **73** 144. — Unzulässig auch von seiten eines **Beschuldigten im Strafverfahren**: E. **57** 53, **62** 119, **70** 266. Ebenso im Steuerstrafverfahren (Gegensatz Steuerfestsetzungsverf., wo sie gemäß §§ 174, 209 RAbgO. zulässig sind): E. **73** 349. Nicht zuständig ist das Finanzamt, eine eidesstattl. Versich. entgegenzunehmen, die ein Steuerpflichtiger von sich aus und ohne die Form des § 174 RAbgO. abgibt: E. **73** 349. Der Standpunkt des RGer. wird vielfach zu Unrecht angefochten. Vgl. SenPräs. S t u t z e r und RA. C l e m e n s in DStrR. 39, 193 ff. sowie P r e c h t e l in DR. 40, 492. — N i c h t zuständig ist auch die Staatsanwaltschaft: E. **37** 209; der Pr. Notar im Falle der E. **74** 125. — Nicht: eine Kassendentistische Vereinigung: Kiel SJZ. **48** 327. Hierzu und zum folgenden S c h ö n k e SJZ. 48, 299 ff.

Seit 1945 sind namentlich für Unbedenklichkeits- oder Verlustnachweise, aber auch bei statistischen Erhebungen u. dergl. e. V.en von den verschiedensten Behörden in zahllosen Fällen ohne ausreichende Grundlage abgenommen worden. Ueber die Gefahren dieser Praxis vgl. Bader DRZ. 47, 50, Tübingen DRZ. **47** 267. G e s e t z l i c h e Grundlagen wurden nur vereinzelt geschaffen. So in Süd-Württemberg—Süd-Baden (allgemein die Amtsgerichte zuständig), in Sachsen-Anhalt durch VO. v. 17. 10. 46 (Landespräsident und die von ihm ermächtigten Dienststellen bezüglich politischer Beurteilung); in Hamburg: Hamb. Ges. u. VO.Bl. **47** 69. Das Land Sachsen straft schon die Abgabe einfacher falscher schriftlicher Erklärungen aus Anlaß von Bewerbungen (VO. v. 12. 2. 46, GBl. S. 25). Bedenklich und jedenfalls überholt die Begründung von Zuständigkeiten mit Staatsnotstand (Dresden 2 O 17/46) oder der allgemeine Schluß vom Zweck auf das Mittel (Potsdam, zit. in Runderl. der Brand. Justiz-Verw. v. 26. 3. 46). Jedoch wird man den A u s t e l l u n g s b e h ö r d e n die Befugnis zur Abnahme eidesstattlicher Versicherungen zuzubilligen haben. So schon RG. in Goltd. Arch. **74** **18**, ferner Potsdam NJ. **47** 39, Freiburg DRZ. **47** 65 v. 24. 10. 46, DRZ. **48** 67, KG. in JR. **48** 142; Celle Nds. Rpfl. **47** 65; Gera (zit. in NJW. **47/48** 31); anders Tübingen DRZ. **47** 267 (lehrreiche Uebersicht). Mit Recht aber weist Tübingen a. a. O. darauf hin, daß aus E. **38** 210, **73** 144, wonach eine a u s d r ü c k l i c h e gesetzliche Ermächtigung nicht erforderlich ist, keine schrankenlose Zuständigkeit herausgelesen werden könne, und lehnt zutreffend ab, daß die Polizeibehörden bei der Ausstellung von Leumundszeugnissen e. V.en fordern dürfen, unter Hinweis auf den bei den Behörden vielfach eingerissenen Mißbrauch, auch da, wo sie eigene Nachforschungen anstellen könnten und sollten, e. V.en zu verlangen. Einen besonders groben Mißbrauch hat das KG. in JR. **47** 119 = DRZ. **48** 67 zurückgewiesen. Vgl. ferner Freiburg DRZ. **47** 65 v. 12. 12. 46 betr. Badische Landesstelle für O. d. F. — Hamburg HESt. **1** 37 betr. Prüfungsausschuß im Entnazifizierungsverfahren deutet einen entscheidenden Gesichtspunkt an: Die Behörde muß selbständig entscheidende, nicht bloß ermittelnde oder sonst hilfsweise Funktionen haben. Ebenso Celle Nds. Rpfl. **47** 65 betr. Abt. Justiz der Provinzialverw. Brandenbg., Gera NJW. **47/48** 31 Nr. 46. Ueber die weiteren Voraussetzungen allgemeiner Zuständigkeit, Zulässigkeit und Wirksamkeit der Entgegennahme der e. V. vgl. S c h ö n k e a. a. O. mit wertvollen geschichtlichen Nachweisen. Für engere Auslegung mit Kiel SJZ. **48** 347, Hessen (Kassel) NJW. **49** 358 (Anm. B ö d i c k e r) jetzt auch OGH. in SJZ. **49** 706 (Anm. M e z g e r); bedenklich weit dagegen Nürnberg ibid. Sp. 708.

Unstatthafte Versicherungen fallen hiernach nicht unter § 156. Ebensowenig rechtlich unerhebliche: E. **22** 267. Belanglos aber, ob derartige Glaubhaftmachung nach den gesetzlichen Vorschriften nötig war: E. **23** 170, **47** 37.

III. Abgabe: Auch schriftliche Erklärung und Einreichung der schriftlichen Versicherung durch einen Dritten mit Wissen und Willen des Erklärenden genügen: E. **22** 267, **67** 408 (Einreichung der schriftlichen Erklärung eines Zeugen durch die Partei). Vgl. auch E. **32** 435. — Erst in der Benutzung zum Zwecke einer Beweisführung gegenüber einer Behörde liegt das „Abgeben" der Versicherung: E. **47** 156. — Darin, daß die schriftl. eidesstattl. Versicherung mit falschem Namen unterzeichnet wird, liegt zwar UrkFälschung; ein Verstoß gegen § 156 aber nur, wenn auch der Inhalt falsch ist und der Aussteller dies wußte. Dann IdKonk. mit § 267. Vgl. E. **52** 74, **69** 119. — Wer einem Prüfungskandidaten, der die Selbständigkeit seiner Arbeit vor der zust. Beh. eidesstattlich versichert, bei der Arbeit hilft, ist wegen Beihilfe strafbar: E. **75** 112 (Anm. Bockelmann DR. 41, 987).

IV. Wissentlich: Vgl. § 154 Anm. V. Unkenntnis der Zuständigkeit ist vorsatzausschließender Irrtum über die Wahrheitspflicht: E. **21** 198.

V. IdKonk. mit UrkFälschung E. **52** 74.

VI. Strafbarkeit des **Versuchs** auf Grund der VO. v. 29. 5. 43. Gegen Fortgeltung keine Bedenken. Vgl. Freiburg DRZ. **47** 65 (66) sowie Vorbem. vor § 13. Bei irriger Annahme der Zuständigkeit durch den Täter lehnt jedoch OGH. in SJZ. **49** 708 strafbaren Versuch ab, weil sonst die Begrenzung der Zuständigkeit praktisch gegenstandslos würde. Ebenso Mezger in Anm. ibid. unter Hinweis auf die umgekehrte Entwicklung der Rspr. zu § 113. Dem ist jedenfalls für die Fälle absoluter Unzuständigkeit zuzustimmen, namentlich auch deswegen, weil eine derartige Annahme eine Gefährlichkeit des Täters für die wirkliche Rechtsordnung nicht manifestiert, vielmehr einem Putativdelikt (als ob jede qualifizierte schriftliche Lüge strafbar sei) gleichsteht.

VII. Betr. **Nebenfolgen** vgl. § 161.

Milderungsgründe: 1. Eidesnotstand

157*). Hat ein Zeuge oder Sachverständiger sich eines Meineids, einer falschen Versicherung an Eides Statt oder einer falschen uneidlichen Aussage schuldig gemacht, so kann der Richter die Strafe nach pflichtgemäßem Ermessen mildern und im Falle uneidlicher Aussage auch ganz von Strafe absehen, wenn der Täter die Unwahrheit gesagt hat, um von einem Angehörigen oder von sich selbst die Gefahr einer gerichtlichen Bestrafung abzuwenden.

Der Richter kann auch dann die Strafe mildern oder ganz von Strafe absehen, wenn ein noch nicht Eidesmündiger uneidlich falsch ausgesagt hat.

---

*) Alte Fassung: Hat ein Zeuge oder Sachverständiger sich eines Meineides (§§ 154, 155) oder einer falschen Versicherung an Eides Statt schuldig gemacht, so ist die an sich verwirkte Strafe auf die Hälfte bis ein Viertel zu ermäßigen, wenn

1. die Angabe der Wahrheit gegen ihn selbst eine Verfolgung wegen eines Verbrechens oder Vergehens nach sich ziehen konnte, oder
2. der Aussagende die falsche Aussage zugunsten einer Person, rücksichtlich welcher er die Aussage ablehnen durfte, erstattet hat, ohne über sein Recht, die Aussage ablehnen zu dürfen, belehrt worden zu sein.

Ist hiernach Zuchthausstrafe unter einem Jahr verwirkt, so ist dieselbe nach Maßgabe des § 21 in Gefängnisstrafe zu verwandeln.

I. **Neufassung** durch Art. 7b der VO. v. 29. 5. 43. Die Vorschrift ist vereinfacht und beseitigt einige Zweifel. Sie gibt dem Notstandsgedanken (Anm. II) einen sinngemäßeren Ausdruck als die a. F., die das objektive Vorliegen einer Gefahr voraussetzte. — Ueber die Fragen, die sich angesichts der Sperrvorschriften aus der Abschwächung der Muß- in eine Kann-Milderung ergeben, vgl. Vorbem. vor § 13.

II. **Notstandsgedanke:** Sagt der Täter die Wahrheit, so kann er oder ein Angehöriger bestraft werden; sagt er die Unwahrheit, so wird er gleichfalls bestraft; sagt er nichts, so setzt er sich Prozeßstrafen aus. Freilich schließt Ablehnungsrecht den § 157 nicht aus.

III. **Drohen** muß **gerichtliche** Bestrafung; behördliche Ordnungsstrafe genügen nicht. — Daß die Gefahr objektiv besteht, ist nicht mehr erforderlich. Es genügt, daß der Täter sie annahm und ihretwegen falsch aussagte („um", entsprechend „zur" in §§ 53, 54, 193; vgl. DR. **44** 367).

IV. Die **uneidliche** Falschaussage kann auch dann milder behandelt werden, wenn der Täter noch nicht 16 Jahre alt oder sonst noch nicht eidesmündig war. Für falsche Versicherung an Eides Statt gilt dies nicht. Diese — wohl zutreffende — Abstufung steht allerdings mit der des Strafmaßes nicht im Einklang. Siehe hierzu Anm. VI zu § 153. — Die Tragweite des Abs. II muß sich mit der des Abs. I decken, auch hinsichtlich der Frage, ob ZPO. §§ 445 ff. einzubeziehen sind. Siehe hierzu Anm. IV zu § 153.

V. **Teilnehmer** (Anstifter, Gehilfen) genießen keine StrErmäßigung, wenn die StrVerfolgung nur dem Haupttäter droht. E. **61** 199, **72** 20, **74** 44 wollen sie ihnen auch dann versagen, wenn sie ihnen selber droht. Ebenso E. **75** 37 für die Fälle, in denen die Partei eines Zivilprozesses zu einem Zeugenmeineid anstiftet oder hilft, während in der bes. eingehenden Begr. mindestens für die anderen Fälle die Möglichkeit unbefriedigender Ergebnisse zugegeben wird. Trotzdem hält DR. **44** 367 auch für § 157 n. F. an der früheren Rechtspr. für alle Fälle fest. Es sprechen aber nicht nur die Ergebnisse, es spricht auch § 50 a. und n. F. gegen dieselbe. A. A. deshalb Binding, Bes. Teil II 162, Frank Anm. I, Schaffstein in JW. **38**, 579, Mezger in ZAk. **40**, 134, DR. 41 380, Schönke Anm. III 1; teilweise freilich unter (unbegründeter) Ausscheidung der Fälle, in denen der Teilnehmer Prozeßpartei oder Angekl. ist. Die Möglichkeit „unbefriedigender Ergebnisse" gibt E. **75** 41 zu. DR. **44** 367 hält trotzdem die frühere Rechtspr. ausdrücklich für die Neufassung aufrecht.

VI. **Strafmilderung** bis zu 3 RM. Geldstrafe. — Neu: „absehen". Urteilsformel: „Der Angekl. ist der . . . schuldig; von Strafe wird abgesehen." — Bei IdKonk. mit Begünstigung, Prozeßbetrug, Beleidigung usw. greift § 157 in deren Bestrafung nicht ein (a. M. Schönke).

Milderungsgründe: 2. Berichtigung

158*). Der Richter kann die Strafe wegen Meineids, falscher Versicherung an Eides Statt oder falscher uneidlicher Aussage nach

---

*) 158. Gleiche Strafermäßigung tritt ein, wenn derjenige, welcher sich eines Meineides oder einer falschen Versicherung an Eides Statt schuldig gemacht hat, bevor eine Anzeige gegen ihn erfolgt oder eine Untersuchung gegen ihn eingeleitet und, bevor ein Rechtsnachteil für einen anderen aus der falschen Aussage entstanden ist, diese bei derjenigen Behörde, bei welcher er sie abgegeben hat, widerruft.

seinem pflichtgemäßen Ermessen mildern oder von Strafe absehen, wenn der Täter die falsche Angabe rechtzeitig berichtigt.

Die Berichtigung ist verspätet, wenn sie bei der Entscheidung nicht mehr verwertet werden kann oder aus der Tat ein Nachteil für einen anderen entstanden ist oder wenn schon gegen den Täter eine Anzeige erstattet oder eine Untersuchung eingeleitet worden ist.

Die Berichtigung kann bei der Stelle, der die falsche Angabe gemacht worden ist oder die sie im Verfahren zu prüfen hat, sowie bei einem Gericht, einem Staatsanwalt oder einer Polizeibehörde erfolgen.

I. **Neufassung** durch Art. 7c VO. v. 29. 5. 43. Die Möglichkeiten, durch tätige Reue Strafmilderung und sogar Straflosigkeit zu erwirken, sind vermehrt, um die Wahrheitsforschung sicherzustellen. Betr. Sperrvorschriften vgl. § 157 Anm. I und Vorbem. vor § 13.

II. **Anwendungsgebiet:** **alle** Aussagen, auch Parteivernehmung, nicht nur „Zeugen" und „Sachverständige".

III. **Berichtigen** heißt: unter Bezugnahme auf die frühere unrichtige eine neue Erklärung abgeben, durch deren Inhalt jene durch eine richtige ersetzt wird. Ausdrücklicher „Widerruf" nicht mehr gefordert; wurde aber auch schon nach a. F. weitherzig ausgelegt: E. **24** 259, **59** 87, **61** 195. In § 163 II ist „Widerruf" wohl versehentlich stehen geblieben. — Freiwilligkeit nicht nötig: E. **58** 184, **62** 203.

IV. **Bei:** Abs. III. Auch diese Erweiterung bezweckt, den Widerruf zu erleichtern. Es genügt irgend „ein" Gericht usw.

V. **Rechtzeitig:** Abs. II. Die (neue) negativ auf „Verspätung" abgestellte Fassung kann u. U. gleichfalls den Widerruf erleichtern. Die vier Verspätungsmöglichkeiten können konkurrieren und sich überschneiden. „Entscheidung": auch falls noch mit Rechtsmittel anfechtbar, wenn nur Sach-Entscheidung; bloßer Beweisbeschluß schließt Berichtigung nicht aus. — „Nachteil": Nicht notwendig „Rechtsnachteil" (a. F.). Auch nicht notwendig Vermögensschaden, sondern z. B. auch Einleitung eines strafr. Ermittlungsverfahrens (E. **60** 159), eines Aufgebotsverfahren (E. **45** 301); Einstellung e. Zwangsvollstreckung (Rechtspr. 9, 697), Erteilung eines Erbscheins (E. **39** 225); Erlaß e. Haftbefehls. — Kausalzuammenhang zw. f. Aussage u. Nachteil nötig: E. **45** 301. — Anzeige: vgl. StPO. § 158. — Untersuchung: Auch Ermittlungen durch StA. od. Pol.: E. **21** 8, **73** 335, freilich auch **67** 89. — „Für einen anderen": Dies soll nach DR. **39** 1309 auch „der Staat" insofern sein können, als jede Beeinträchtigung des staatl. Str.Anspruchs ein „Nachteil" i. S. des § 158 sei (?). — Ehescheidungsgründe: Gera HESt. **1** 19.

VI. **Strafe:** betr. mildern und absehen vgl. Anm. VI zu § 157.

159. Die Vorschriften über die Bestrafung der erfolglosen Anstiftung und anderer Vorbereitungshandlungen bei Verbrechen (§ 49a) gelten entsprechend für alle Fälle der falschen uneidlichen Aussage, des Meineids und der wissentlichen Abgabe einer falschen Versicherung an Eides Statt.

I. Entstehung und Inhalt. — Für Anstiftung galt und gilt, wenn die Haupttat begangen oder in strafbarer Weise versucht ist, § 48. Für erfolglose Anstiftung würde schon früher § 49a gegolten haben, wenn nicht § 159 a. F.*) diese Fälle besonders, und zwar wesentlich strenger als § 49a a. F., geregelt hätte. Ueber die weltanschaulichen Hintergründe dieser strengen Regelung vgl. Vorbem. III 3 vor § 153. Streitig war, ob § 159 a. F. ein echtes Sonderdelikt geschaffen oder nur eine besondere Teilnahmeregel aufgestellt hatte; unstreitig aber, daß § 159 a. F. zurücktrat gegenüber der erfolgreichen Anstiftung des § 48 (insoweit also nur subsidär galt); daß andrerseits § 159 dem § 49a vorging.

Bei dieser Regelung war es auch nach der VO. v. 29. 5. 43 zunächst geblieben. Zwar hätte die VO., als sie die Abhängigkeit der „Teilnahme" lockerte, gleichzeitig die Fälle des § 159 den allgemeinen Teilnahmeregeln unterstellen können. Aber erst die VO. v. 20. 1. 44 hat von dieser Möglichkeit Gebrauch gemacht. Sie hat die Sonderregel des alten § 159 gestrichen und hat außerdem den § 49a auf die vorsätzlichen „Vergehen" des 9. Abschn. ausgedehnt. („Meineid" zu nennen, war überflüssig. Er fällt als „Verbrechen" unmittelbar unter § 49a, auch bei mildernden Umständen, s. Anm. V 2 zu § 1.) — Ein Vergleich des neuen mit dem alten Recht, wichtig vor allem wegen der Sperrvorschriften (Vorbem. vor § 13), ergibt:

1. Die Grenzen strafbaren Verhaltens sind jetzt teils weiter, teils enger gezogen (Anm. II).

2. Die Strafe für die bisher schon strafbaren Fälle ist verschärft (Anm. III).

3. Rücktritt und tätige Reue sind elastischer geregelt (Anm. IV).

II. Strafbar ist gemäß § 49a:

1. Die erfolglos versuchte Aufforderung zu den vorsätzlichen Verbrechen und Vergehen des 9. Abschn. (außer zum Eidesbruch des § 162). Dies ist, soweit es über „Meineid" hinausgeht, neu.

Ob „auffordern' i. S. von § 49a sich mit dem „Unternehmen, zu verleiten" (so der alte § 159) deckt, mag zweifelhaft sein, ist aber wohl anzunehmen. Beides bezeichnet den Versuch, den anderen zu einem Meineid zu bestimmen. Die Rechtspr. zu § 159 a. F. bleibt also wertvoll. Nach ihr ist es gleichgültig, in welchem Zeitabschnitt und aus welchem Grund der Verleitungsversuch fehlschlägt; es genügt eine Handlung, die den Verleitungswillen zeigt und die Verleitung verwirklichen soll. Beisp.: Die Einwirkung erreicht den zu Verleitenden nicht (E. **59** 370); oder zu spät (E. **59** 272); oder dieser entschließt sich nicht; oder er führt seinen Entschluß nicht aus. In allen diesen Fällen war der Verleiter nach § 159 a. F. und ist er jetzt nach § 49a strafbar. — Nach E. **72** 80 war § 159 a. F. auch dann anwendbar, wenn die Straflosigkeit des Verleiteten auf der Unzuständigkeit der vom Verleiter ins Auge gefaßten Behörde (z. B. der Polizei) beruhte. — E. **74** 303 wandte den § 159 a. F. auch dann an, wenn der Anzustiftende zu einem Meineid ohnehin ent-

---

*) § 159 a. F.:
Wer es unternimmt, einen anderen zur Begehung eines Meineides zu verleiten, wird mit Zuchthaus bis zu fünf Jahren, und wer es unternimmt, einen anderen zur wissentlichen Abgabe einer falschen Versicherung an Eides Statt oder einer falschen uneidlichen Aussage zu verleiten, mit Gefängnis bis zu einem Jahre bestraft.

schlossen war, falls nur der Verleiter hiervon nichts wußte. Dies ist jetzt sichergestellt durch die Worte: „oder unabhängig . . ." in § 49 a. — Einwirkung auf eine Mittelsperson, die den Aussagenden zur Straftat bestimmen soll, genügt nach E. **59** 371, **67** 191 (streitig).

2. Die Bestrafung der in **§ 49a II** genannten Verhaltensweisen ist gegenüber § 159 a. F. neu.

3. Die **nicht kausale Beihilfe** ist nach § 49a III zu beurteilen. Sie ist nur beim „Verbrechen" des Meineids strafbar, nicht bei den „Vergehen" des 9. Abschnitts. S. Anm. IV 5 zu § 49a.

III. Falsch muß die Aussage, der Schwur oder die e. V. der anderen sein, auf die der Verleitende abzielt. Hier wird der Gegensatz der obj. u. der subj. Th. (Vorbem. IV vor § 153) bedeutsam. Wenn der Verleitete zwar obj. richtig, aber subj. gegen seine Ueberzeugung aussagt, so beginge er nach der subj. Th. eine vollendete StrTat. Für den Verleiter käme dann nicht § 159 (49 a) in Frage, sondern, wenn er jenes weiß, § 48. Dies Ergebnis befriedigt so wenig, daß es geradezu einen Beweis gegen die Richtigkeit der subj. Th. darsteilt. Der Verleiter kann hier die Behörde nicht irreführen und weiß dies auch. Er vergeht sich höchstens gegen den Seelenfrieden des Verleiteten! Entsch. in DR. **44** 722 kann nicht beigetreten werden. — Nach der obj. Th. begeht der Verleiter Anstiftung (§ 48) zum Versuch der betr. StrTat, bleibt aber straflos, da er weiß und will, daß die Haupttat über einen Versuch nicht hinauskommen wird (Anm. III zu § 48).

IV. Die Strafe richtet sich nach § 49a. Die Spannung zwischen den Strafdrohungen des § 159 und des § 160 ist durch die Neuregelung noch größer geworden: hier 1 Tag bis 2 Jahre Gefängnis; dort, wo ein Meineid usw. bloß geleistet werden soll, 6 Monate Gefängnis bis 15 Jahre Zuchthaus! Vgl. hierzu Vorbem. III 3 vor § 153 und vor § 13.

V. Ueber Rücktritt und tätige Reue vgl. den nicht leicht verständlichen Abs. IV des § 49 a.

Verleitung zur falschen Aussage

160. Wer einen anderen zur Ableistung eines falschen Eides verleitet, wird mit Gefängnis bis zu zwei Jahren bestraft, neben welchem auf Verlust der bürgerlichen Ehrenrechte erkannt werden kann, und wer einen anderen zur Ableistung einer falschen Versicherung an Eides Statt oder einer falschen uneidlichen Aussage verleitet, wird mit Gefängnis bis zu sechs Monaten bestraft.

Der Versuch ist strafbar.

I. § 160 ist Ersatz für die Bestrafung mittelbarer Täterschaft, die bei Meineid als einem sog. eigenhändigen Delikt (Vorbem. II 5 vor § 47) unmöglich ist. Denn mit einem Schwur ist der Gedanke der Einsetzung der eigenen Person verbunden. Eine konstruktive Aehnlichkeit besteht mit § 271: Der Nichtbeamte kann weder in unmitelbarer noch in mittelbarer Täterschaft ein echtes Beamtendelikt begehen, daher der Sondertatbestand des § 271 mit seiner gegenüber § 348 milden Strafe. Mittelbare Täterschaft ist in solchen Fällen undenkbar.

Dieser Grundgedanke trifft freilich für die unbeeidigte Falschaussage nicht zu. Hier wäre mittelbare Täterschaft sehr wohl denkbar. Indessen gilt auch insoweit § 160 als Sondertatbestand. Man kann in ihrer

Bestrafung nicht über die Fälle hinausgehen, in denen die gleiche unwahre Aussage noch dazu beschworen wird. Das Ergebnis zeigt aber auch hier, daß dem 9. Abschn. ein grundgedankliches Fundament fehlt.

II. **„Falsch"** kann im Bereich des § 160 nur **objektiv** aufgefaßt werden, d. h. als Widerspruch zwischen Wort und Wirklichkeit (Vorbem. IV vor § 153). Denn für den Aussagenden bzw. Schwörenden ist hier sein Glaube an die Uebereinstimmung beider begriffswesentlich; trotz dieses Glaubens aber soll die Aussage (beschworen oder an Eides Statt versichert oder unbeschworen) „falsch" sein. Zudem ist Strafgrund hier nur der Irreführungs-Gedanke.

III. Für die Verleitung ist wesentlich, daß sie den Falscheid bewirkt hat und daß sie nicht als Anstiftung zum Meineid gestraft werden kann. Unwesentlich, warum letzteres nicht möglich: weil z. B. der Verleiter nicht wußte, daß es sich um einen Eid handle (E. **34** 298); oder weil der Falscheid nur fahrlässig oder schuldlos geleistet wurde (in diesem Fall liegt auch nach der Neufassung des § 48 eine „mit Strafe bedrohte Handlung" i. S. der §§ 153, 154 nicht vor); oder weil er zwar vorsätzlicher ME. war, der Verleiter dies aber nicht wußte. Für Verleitung zum fahrlässigen Falscheid ebenso **25** 213, **34** 431, **64** 223, **68** 278, **70** 268. Dagegen nimmt E. **11** 418 nur Versuch aus § 160 an, wenn der Verleiter annahm, der Verleitete werde gutgläubig schwören, während er in Wahrheit einen wissentlichen Meineid leistete. Indessen daß der Verleiter hier nicht als Anstifter zum ME. gestraft werden kann (E. **60** 1), ist kein Grund, ihn gegenüber § 160 zu begünstigen, falls der Verleitete mehr getan hat, als der Verleiter wollte.

IV. Versuch. Beisp.: Der Verleitete schwört nicht; oder objektiv richtig, soweit hier nicht Vollendung aus § 159 gegeben. Ueber E. **11** 418 vgl. Anm. III — Einwirkung auf eine Mittelsperson soll hier nach E. **45** 282 kein Anfang der Ausführung sein. Vgl. Anm. II 1 zu § 159.

Nebenstrafen und Nebenfolgen

161. Bei jeder Verurteilung wegen Meineides, mit Ausnahme der Fälle in den §§ 157 und 158, ist auf Verlust der bürgerlichen Ehrenrechte und außerdem auf die dauernde Unfähigkeit des Verurteilten als Zeuge oder Sachverständiger eidlich vernommen zu werden, zu erkennen.

In den Fällen der §§ 153, 156 bis 159 kann neben der Gefängnisstrafe auf Verlust der bürgerlichen Ehrenrechte erkannt werden.

I. Meineid: Nur §§ 154, 155, nicht § 159: E. **2** 93 und JW. **37** 2961.

II. Obligatorisch (anders § 32). Wird dies übersehen, so bleiben Ehrenrechte und Zeugnisfähigkeit bestehen: Rechtspr. **1** 269.

III. Nach ZPO. § 452 IV ist der Verurteilte auch nicht als Partei eidlich zu vernehmen. Zur Leistung des Offenbarungseides ist er verpflichtet. So auch Holthöfer in DJ. 43, 218.

IV. Keine „Strafe", sondern „Maßregel". Also auch zulässig, wenn Eidesverletzung mit einem schwereren Verbrechen in IdKonk. begangen (E. **60** 285). Nach neuerer Rechtspr. wäre hier Aberkennung auch dann zulässig, wenn sie „Strafe" wäre: A. III zu § 73. — Zulässig auch gegen eidesmündige Jugendliche und gegen vermindert Zurechnungsfähige: E. **69** 30.

V. Gilt auch für **Anstifter:** E. 4 377. Bei **Versuch** und **Beihilfe** müssen die Ehrenrechte ebenfalls aberkannt werden (§§ 45, 49). Aberkennung der Eidesfähigkeit hier nicht zulässig: E. 71 118. DR. 43 894 kann nicht mehr anerkannt werden. Aber bestr.! A. M. z. B. Binding Lb. II 158. Vgl. auch § 45.

VI. Zu **Abs. 2:** Vgl. §§ 32 ff.

Eidesbruch

162. Wer vorsätzlich einer durch eidliches Angelöbnis vor Gericht bestellten Sicherheit oder dem in einem Offenbarungseide gegebenen Versprechen zuwiderhandelt, wird mit Gefängnis bis zu zwei Jahren bestraft.

I. **Sicherheit:** Vgl. ZPO § 108.

II. **Versprechen:** BGB. § 261 II, ZPO. § 883 III.

Fahrlässiger Falscheid

163. Wenn eine der in den §§ 154 bis 156 bezeichneten Handlungen aus Fahrlässigkeit begangen worden ist, so tritt Gefängnisstrafe bis zu einem Jahre ein.

Straflosigkeit tritt ein, wenn der Täter, bevor eine Anzeige, gegen ihn erfolgt oder eine Untersuchung gegen ihn eingeleitet und bevor ein Rechtsnachteil für einen anderen aus der falschen Aussage entstanden ist, diese bei derjenigen Behörde, bei welcher er sie abgegeben hat, widerruft.

I. **Objektiver Tatbestand:** Falscher Eid (bzw. eidesst. Vers.). Bei Fahrl. wird die in Vorbem. IV vor § 153 erörterte „Streitfrage" über das Wort „falsch" bedeutsam. Die subj. Th. kann den § 163 nur in den Fällen der Anm. 2 II anwenden. Aus zwei Gründen: Einmal, weil Fahrl. Tatbestandsmäßigkeit voraussetzt, diese aber nach der subj. Th. fehlt, wenn der Schwörende das Beschworene für wahr hält; er hat dann nach ihr nicht „falsch" geschworen. Ob dies Für-wahrhalten auf Fahrlässigkeit beruht, der Schwörende also die Unwahrheit hätte erkennen können, ist nach der subj. Th. belanglos. Zweitens kann sich niemand fahrlässig mit der eigenen Ueberzeugung in Widerspruch setzen.

II. **Fahrlässigkeit.** Allgemein vgl. Anm. IV zu § 59. Hier kann sie sich, wenn man der obj. Th. folgt (Vorb. IV vor § 153), beziehen auf das mangelnde Bewußtsein: 1. der Unwahrheit, 2. der Wahrheitspflicht. Folgt man der subj. Th., so kommt nur 2. in Betracht.

1. Unkenntnis der **Unwahrheit** beruht dann auf Fahrl., wenn a) Möglichkeit und b) Pflicht bestand, die Wahrheit zu erkennen und zu sagen. — a) **Möglichkeit.** Bloße Gedächtnisanspannung kann ein falsches Erinnerungsbild nicht umgestalten, wenn der Irrtum so tief eingewurzelt ist, daß es äußerer Hilfsmittel bedarf, ihn zu beseitigen. E. **42** 236, **57** 234, **63** 370. — b) **Pflicht.** Die Prozeßpflichten sind verschieden. Die Partei hat die Pflicht, sich durch Benutzung geeigneter Erkenntnisquellen auf die Eidesleistung vorzubereiten, einerlei ob die Eidesformel darauf Bezug nimmt (ZPO. § 452 II: „nach bestem Wissen") oder nicht. Vgl. auch E. **62** 126,

65 28. Ebenso der Schuldner beim Offenbarungseid. Für den **Zeugen verneinte** das RGer. stets eine **Vorbereitungspflicht,** deren Vernachlässigung strafbar mache (E. **37** 395, **62** 126; JW. 1927, 991; 1928, 2977 u. 2993; 1929, 2723; unsicher E. **65** 28). Diejenige Zeugenpflicht, deren Vernachlässigung strafbar mache, sei vielmehr **nur die Aufklärungspflicht,** die dahin gehe, daß der Zeuge die **bei der Vernehmung** vorliegenden Hilfsmittel zur Berichtigung seines Erinnerungsbildes benutzen und die ihm bekannten Anhaltspunkte für die Unsicherheit seines Wissens bezeichnen (E. **57** 234, **62** 126, **63** 370) und eine nicht erschöpfende Aussage klarstellen muß (E. **45** 151). Sorgfältig abwägend HRR. **39** 393. Entsprechend dann bei eidl. Parteivernehmung. — Ob die Aussage, man w i s s e e t w a s n i c h t, richtig ist, ist beim Zeugen und bei der eidlich vernommenen Partei nur nach dem Wissen z. Zt. der Aussage zu beurteilen; beim Offenbarungspflichtigen umfaßt sie dagegen die geistige Vorarbeit mit, kann also fahrlässig falsch sein, wenn die Vorbereitung mangelhaft war (E. **37** 395, **39** 42). — Die Formel „nach bestem Wissen" kann wenn überhaupt, so nur bewußt falsch sein. Nach E. **65** 27 soll deshalb die Möglichkeit fahrl. FE von der Richtigkeit dieser Erklärung unabhängig sein.

2. Unkenntnis der **Wahrheitspflicht** bei Irrtum über die Zuständigkeit der Behörde (E. **21** 198); bei Unkenntnis der eigenen Zeugenstellung (JW. 1925, 794; Recht 1914, 437); bei J. über die Bedeutung einer eidesst. Vers. (E. **34** 298); über die Pflicht zur Vervollständigung der Angaben (E. **45** 151, **46** 140); über den Umfang der Offenbarungspflicht (E. **34** 400, **39** 42, **46** 140, **68** 130, DR. **42** 169); über die Erstreckung der Wahrheitspflicht auf unerhebliche (oder für unerheblich gehaltene) Teile der Aussage (E. **60** 406, **61** 429). — Eine Fahrlässigkeit kann darin liegen, daß der Täter pflichtwidrig nicht erkannt hat, daß die ihm vorgelegte von ihm unterschriebene Erklärung eine eidesstattliche Versicherung war: E. **70** 266.

Zehnter Abschnitt

Falsche Anschuldigung

I. Grundgedanken. — **1.** Die falsche Anschuldigung ist nicht ein Sonderfall der Beleidigung, sondern zunächst eine Straftat **gegen die Behörde** (Rechtspflege und Verwaltung). So schon E. **23** 371 und dann öfter. Strafbar ist es, die Behörde zu gegenstandslosen Untersuchungen und zu falschen Maßregeln zu veranlassen. — Daraus wird gefolgert:

a) die Belanglosigkeit der E i n w i l l i g u n g des falsch Angeschuldigten (E. **59** 34);

b) daß § 164 nur die f. A. vor einer d e u t s c h e n Behörde trifft. Bestr.! Nachweise bei Celle HESt. **1** 45. Wegen B e s a t z u n g s b e h ö r d e n vgl. § 164 Anm. III.

c) Die Möglichkeit von I d e a l k o n k u r r e n z des § 164 mit den §§ 186, 187 nimmt E. **53** 206 an, wobei § 193 nicht anwendbar sei (E. **71** 37; HRR. **39** 190, 656; DR. **41** 97, Celle HESt. **1** 47). Letzteres ist richtig, da dieser Rechtfertigungsgrund nur bei bloßen Ehrangriffen durchgreift. Vgl. aber Anm. XI zu § 164.

2. Die falsche Anschuldigung ist aber gleichzeitig auch ein **Angriff auf die Ehre** des Angeschuldigten. Es wäre unrichtig, diesen Gedanken jetzt ganz in den Hintergrund zu schieben. Vgl. auch „der Verletzte" in § 165 und andererseits § 145 d! Der Kampf gegen das Denunziantenunwesen wird nicht nur zum Schutz der Behörden geführt. HESt. 1 45 zieht hieraus Konsequenzen für Denunziation bei Besatzungsbehörden.

II. Nicht unter § 164 fällt das Problem der Bestrafung **politischer Denunzianten,** deren Anzeige nicht unwahr ist, aber den Verdächtigten unmenschlicher Verfolgung aussetzt und ihn materiell zu Unrecht (Syst. Vorbem. III) an Freiheit, Ehre, Gesundheit, Leben verletzt. Darüber DRZ. 48, 155 ff., 185 ff., SJZ. 48, 302 ff. mit Nachweisungen.

Falsche Anschuldigung

164. Wer einen anderen bei einer Behörde oder einem zur Entgegennahme von Anzeigen zuständigen Beamten oder militärischen Vorgesetzten oder öffentlich wider besseres Wissen einer strafbaren Handlung oder der Verletzung einer Amts- oder Dienstpflicht in der Absicht verdächtigt, ein behördliches Verfahren oder andere behördliche Maßnahmen gegen ihn herbeizuführen oder fortdauern zu lassen, wird wegen falscher Anschuldigung mit Gefängnis nicht unter einem Monat bestraft.

Ebenso wird bestraft, wer in gleicher Absicht bei einer der im Abs. 1 bezeichneten Stellen oder öffentlich über einen anderen wider besseres Wissen eine sonstige Behauptung tatsächlicher Art aufstellt, die geeignet ist, ein behördliches Verfahren oder andere behördliche Maßnahmen gegen ihn herbeizuführen oder fortdauern zu lassen.

Ist die Tat in der Absicht begangen, sich oder einem Dritten einen Vorteil zu verschaffen, so ist die Strafe Gefängnis nicht unter drei Monaten.

Neben der Strafe kann auf Verlust der bürgerlichen Ehrenrechte erkannt werden.

Ist die falsche Anschuldigung (Abs. 1, 2) nicht wider besseres Wissen, aber vorsätzlich oder leichtfertig begangen, so ist die Strafe Gefängnis bis zu einem Jahre oder Geldstrafe.

Solange ein infolge der gemachten Anzeige eingeleitetes Verfahren anhängig ist, soll mit dem Verfahren und mit der Entscheidung über die falsche Anschuldigung innegehalten werden.

I. Neu sind Abs. 1 bis 5 an Stelle des früheren Abs. 1; eingefügt durch G. v. 26. 5. 33, Art. I Nr. 12. Zweck der Tatbestandserweiterung und Strafverschärfung: Kampf gegen das Denunziantentum. Abs. 1 entspricht dem Entw. 27 § 192, ergänzt durch die Bestrafung der „öffentlichen" Verdächtigung und der Ausdehnung auf „andere behördliche Maßnahmen". Fortgeltung unbedenklich. Zutr. KG. in JR. 47 28 darüber, daß es nicht auf die Motive des Gesetzgebers von 1933, sondern auf den Inhalt des Gesetzes selbst ankomme, unter Hinweis auf MRG. 1 Art. III Ziff. 6. Ebenso Celle HESt. 1 42 mit lehrreichem geschichtlichem Ueberblick, Hamburg HESt 1 37.

II. Täter kann auch eine amtlich handelnde Person sein, und zwar sowohl im Falle des Abs. 1 wie in dem des Abs. 5: E. 72 96. Verkehr von Behörde zu Behörde! — § 4 des Ges. z. Bek. der Geschlechtskrankheiten (Anh. Nr. 9) über Unbeachtlichkeit anonymer Anzeigen engt die Anwendbarkeit des § 164 auf Urheber derartiger Anzeigen nicht ein: DR. 42 787.

III. Ohne Verdächtigung bestimmter Personen ist die Anzeige eines behördlich verfolgbaren Verhaltens nur nach dem neuen § 145 d zu strafen. — Verdächtigung eines Toten nur nach § 189.

IV. Behörde usw. Vgl. A. IV zu § 114 und A. II zu § 132. — Grundsätzlich nur deutsche: E. **60** 317. Geschützt aber ist die Ausübung der Staatsgewalt in Deutschland. Daher jetzt auch die Besatzungsbehörden. Zutr. Celle HESt. **1** 45. Ebenso grundsätzlich Darmstadt NJW. **47/48** 488; seiner Einschränkung, MilRVO. 1 Art. II Ziff. 33 ergebe, daß die MilReg. nur gegen wissentlich falsche Anschuldigungen geschützt sein wolle, kann aus den Gründen der Vorbem. I 2 für das deutsche Recht nicht gefolgt werden.

V. Oeffentlich (mündlich oder schriftlich), d. h. vor einem nicht individuell begrenzten Personenkreis; nicht nur in einer Versammlung oder Zeitung, auch z. B. in einem Eisenbahnwagen. Vgl. § 110 Anm. I.

VI. Verdächtigung: auch die bei einer Vernehmung erfolgende ausdrückliche oder stillschweigende Abwälzung d. Verdachts auf e. anderen (E. 69 173).

VII. Gegenstand der Verdächtigung kann sein: a) eine **strafbare** Handlung. Sie wird behauptet, wenn nach der in der Anzeige gegebenen Darstellung strafrechtlich gegen sie einzuschreiten Anlaß sein würde; wenn sie also nicht nur objektiv und subjektiv tatbestandsmäßig und rechtswidrig, sondern auch in der Person des Bezichtigten verfolgbar sein würde. Nicht also, wenn sie verjährt sein würde (E. **23** 371); oder nach § 247 II straffrei (E. **21** 101). Ueber die rechtlichen Schwierigkeiten, die bei Anzeige einer „üblen Nachrede" (§ 186) entstehen, vgl. E. **19** 386. — b) Behauptung einer **Amts- oder Dienstpflichtverletzung.** Geschützt wird jeder Amtsträger, auch ohne „Beamter" zu sein. Es muß sich aber um „Dienste" öffentlich-rechtlicher Natur handeln. Vgl. E. **47** 49 (Vorwurf unwürdigen außerdienstlichen Verhaltens); **33** 29 (Vorwurf gegen einen Gefängnisarzt, er sei brutal); **35** 99 (Anzeige standeswidrigen Verhaltens von Offizieren). — Oder c) eine **Tatsache gemäß Abs. 2,** z. B. eine solche, die ein Verfahren nach den Entnazifizierungbestimmungen zur Folge haben kann. — Zum Tatsachenbegriff Celle HESt. **1** 45.

Nicht: Zivilrechtliche Maßnahmen. DJ. 38, 1917. Aber: Disziplinarverfahren. — E. **72** 200 betr. Schutzhaft.

VIII. Objektiv falsch ist die Anzeige, wenn ihr in Anm. VII als wesentlich bezeichneter Inhalt den Tatsachen nicht entspricht; also „objektiv" i. S. der Vorbem. IV vor § 153. — Daß der Anzeiger aus richtig angegebenen Tatsachen für seine Person einen Verdacht folgert, der sich dann nicht bestätigt, macht ihn nicht nach § 164 strafbar (E. **71** 167). — Vorbringen kann auch deshalb falsch sein, weil es unvollständig ist; z. B. wenn Tatsachen verschwiegen werden, welche die Rechtswidrigkeit ausschließen würden (z. B. ein Züchtigungsrecht), oder die Schuld (z. B. Geisteskrankheit), oder die Möglichkeit einer Bestrafung (z. B. die Wahrheit der von dem Bezichtigten verbreiteten ehrenrührigen Tatsachen) oder die Verfolgbarkeit (z. B. Verjährung). — Bloße Uebertreibungen machen die Anschuldigung aber nicht „falsch": E. **13** 12, **27** 229, **28** 390, **41** 59.

IX. Wider besseres Wissen (Unterschied von Abs. 4) ist die Anzeige gemacht, wenn sich der Anzeigende der objektiven Unrichtigkeit — die auch in einer Unvollständigkeit liegen kann (HRR. **39** 1437) — des in Anm. VII als wesentlich bezeichneten Anzeigeinhalts bewußt war. Wegen Anzeige einer „üblen Nachrede" vgl. Anm. VI und E. **19** 386. — Hält man den Angezeigten für schuldig, so ist die Anzeige nach HRR. **38** 1568, DR. **42** 1141 nicht „w. b. W." erstattet, auch wenn bewußt unrichtige Tatsachen oder Beweismittel vorgebracht werden; hier aber u. U. Abs. V!

X. Absicht gleich Beweggrund, aber nicht gleich Endzweck. Dieser kann darin bestehen, einen besseren Posten erhalten zu wollen, oder einen persönlichen Gegner zu schädigen, oder (OLG. Jena in HHR. **37** 609) sich selbst einem Strafverfahren zu entziehen. Vgl. E. **72** 387. Dies schließt den Abs. I (die Grundlage für den strengeren Abs. III) nicht aus. — Auf Abs. V bezieht sich Abs. III nicht: HRR. 39 346, DR. 41 1402. — Der **Vorteil** im Abs. III braucht kein Vermögensvorteil zu sein. — Bedingter Vorsatz genügt keinesfalls: HRR. **38** 185; **39** 347.

XI. Vorsatz schwächer als „wider besseres Wissen". Auch bedingter Vorsatz, d. h. Anzeigeerstattung auch für den Fall der Unrichtigkeit, hier freilich Vorsicht! Erhebliches Interesse an Aufklärung kann gegen Vorsatz sprechen. E. 71 167.

XII. Leichtfertig ist hochgradig fahrlässig. Abgrenzung gegen bedingten Vorsatz („ich zeige ihn auf alle Fälle an") wichtig. Leichtfertig handelt z. B., wer sich nicht vorher erkundigt. Vgl. E. **71** 174 mit Vorentsch.; **72** 96 (Leichtf. im amtl. Verkehr); **74** 275; HRR. **40** 1184, DR. **43** 1177. Celle HESt. **1** 46.

XIII. Konkurrenzen. § 164 V ist gegenüber §§ 186, 185 Halbs. 1 das strengere Gesetz. JW. **38** 1014. Vgl. § 186 Anm. IX. — Tateinheit mit § 239: HRR. **39** 464; mit § 341: Kassel SJZ. **47** 446. — DR. **42** 1784 betr. mehrere f. Angaben.

XIV. Abs. 6 ist **zwingende** Vorschrift! GoldtdA. **57** 221, E. **31** 231, DR. **41** 1403. Anders Celle HESt. **1** 46, weil die Neufassung sonst zu unerwünschten Folgen führe.

Bekanntmachungsbefugnis

165. Wird wegen falscher Anschuldigung auf Strafe erkannt, so ist zugleich dem Verletzten die Befugnis zuzusprechen, die Verurteilung auf Kosten des Schuldigen öffentlich bekanntzumachen. Die Art der Bekanntmachung, sowie die Frist zu derselben, ist in dem Urteile zu bestimmen.

Dem Verletzten ist auf Kosten des Schuldigen eine Ausfertigung des Urteils zu erteilen.

I. Vgl. auch § 200 mit Anm., bes. A. IV! Ist jedoch ein Beamter verletzt, so ist — im Gegensatz zu § 200 — ihm persönlich, nicht seinem Vorgesetzten die Veröffentlichungsbefugnis gem. § 165 zuzusprechen: E. **72** 169. — VB. auch bei Tateinheit mit schwererem Delikt; so GSSt. in E. **73** 148 (anders noch JW. **38** 794). Vgl. Vorbem. III 6 vor § 13 und Anm. 3 zu § 73. — Ueber VB. bei Zusammentreffen mit §§ 185, 186 JW. **38** 1014 (oben § 164 Anm. XIII).

II. Bemessung der Frist: DR. 42 1785.

Elfter Abschnitt

Vergehen, welche sich auf die Religion beziehen

Tatbestände: 1. Gotteslästerung (§ 166); 2. Beschimpfung von Religionsgesellschaften (§ 166); 3. beschimpfender Unfug an Orten, die zu religiösen Versammlungen bestimmt sind (§ 166); 4. Hinderung oder Störung der Ausübung des Gottesdienstes (§ 167); 5. Leichendiebstahl (§ 168); 6. Gräberschändung (§ 168).

166. Wer dadurch, daß er öffentlich in beschimpfenden Aeußerungen Gott lästert, ein Aergernis gibt, oder wer öffentlich eine der christlichen Kirchen oder eine andere mit Korporationsrechten innerhalb des Reichsgebietes bestehende Religionsgesellschaft oder ihre Einrichtungen oder Gebräuche beschimpft, ingleichen wer in einer Kirche oder in einem anderen zu religiösen Versammlungen bestimmten Orte, beschimpfenden Unfug verübt, wird mit Gefängnis bis zu drei Jahren bestraft.

I. Oeffentlich: Vgl. § 110 Anm. I. Ergänzend E. **40** 262.

II. „Beschimpfen" ist mehr als „beleidigen" (E. **5** 354, **10** 146, **23** 103). Zu dem „beleidigenden" Ausdruck der Mißachtung muß hinzukommen eine besonders rohe, verletzende Form (E. **27** 284; auch **10** 146, **24** 21, **28** 403, **33** 221). — Da eine „Form" an sich nie „roh" sein kann, versucht man, ihre Roheit zu begründen mit dem Inhalt der Aeußerung, der bes. Schimpflichkeit der behaupteten Tatsachen (E. **22** 238, **28** 403, **31** 305, **56** 128, **61** 151, **67** 375). Vgl. auch E. **61** 151: „wenn sich die Aeußerung nach Inhalt und (!) Form oder nach Inhalt oder (!) Form als eine rohe, verletzende Kundgebung der Mißachtung Gottes darstellt". — Gelegentlich findet das RG. die formelle Roheit sogar in der besonderen „Roheit der Gesinnung" (E. **28** 403; auch E. **23** 103: „destruktive Richtung"; E. **48** 299: „Gesinnungsroheit"). Hiermit in Widerspruch spricht E. **64** 121 (Fall George Groß) der Gesinnung in der umgekehrten Richtung, der billigenswerten Tendenz oder Absicht, jede Bedeutung ab.

III. Aeußerungen, hier nicht: bildliche Darstellungen.

IV. Gottesbegriff der mit Korporationsrechten innerhalb des Deutschen Reiches bestehenden Religionsgesellschaften: E. **6** 77. Auch die Lästerung Christi oder des Heiligen Geistes: E. **64** 121.

V. Aergernis: Die bloße Eignung hierzu genügt nicht: E. **16** 245

VI. Christliche Kirchen ohne Rücksicht darauf, ob sie Korporationsrechte besitzen.

VII. Andere Religionsgesellschaften mit Korporationsrechten: die zusammenfassende Organisation der Anhänger eines und desselben, bestimmten und besonderen Glaubensbekenntnisses. Ihr Zusammenschluß unterliegt keinen anderen Beschränkungen wie der anderer Gesellschaften.

VIII. „Einrichtung: Die allgemeine Ordnung einer Angelegenheit einer Religionsgemeinschaft als solcher, d. h. alles dessen, was ihre Aufgaben, Interessen, Rechte und Pflichten und ihr Verhältnis zu ihren Mitgliedern und nach außen betrifft." So: Marienkult und Christusverehrung: E. **2** 428; das allgemeine Predigtamt der lutherischen Kirchen: E. 9 159; das Priestertum: E. 27 284; Sonntagsheiligung: E. 47 142. Angriffe gegen einzelne Lehren der Bibel sind nur dann Angriffe gegen die christliche Kirche und ihre Einrichtungen, wenn die Bibel als dogmatische Grundlage des christlichen Glaubens angegriffen ist: E. 40 262. — Beschimpfung eines einzelnen Gegenstandes der Verehrung nur strafbar, wenn damit der Gebrauch als solcher getroffen wird (der „heilige Rock" zu Trier und die Reliquienverehrung). E. 22 238. Vgl. auch E. 24 12, 45 11.

IX. In einer Kirche usw. Weiter E. 29 335: in oder an einem . . . Orte. — Nicht notwendig: während einer religiösen Versammlung.

X. Versammlungen zum Zwecke der Andacht.

XI. Bestimmung zu r. V. Tatsächliche Benutzung des Ortes hierzu genügt nicht. E. 28 303, 29 334. Aber z. B. Kirchhöfe, auf denen herkömmlich religiöse Handlungen vorgenommen werden: E. 27 296. Die Kirche oder der Versammlungsort braucht nicht einer staatlich anerkannten Religionsgesellschaft zu gehören: E. 32 212.

XII. Beschimpfenden Unfug verübt, wer das Gefühl anderer durch Kundgabe von Mißachtung und Geringschätzung dessen, was ihnen heilig ist, verletzt. E. 31 410, 43 201.

167. Wer durch eine Tätlichkeit oder Drohung jemand hindert, den Gottesdienst einer im Staate bestehenden Religionsgesellschaft auszuüben, ingleichen wer in einer Kirche oder in einem anderen zu religiösen Versammlungen bestimmten Orte durch Erregung von Lärm oder Unordnung den Gottesdienst oder einzelne gottesdienstliche Verrichtungen einer im Staate bestehenden Religionsgesellschaft vorsätzlich verhindert oder stört, wird mit Gefängnis bis zu drei Jahren bestraft.

I. Gottesdienst: Gemeinsame Gottesverehrung. — Vereinigung der Mitglieder zur religiösen Erbauung nach den Vorschriften und Gebräuchen der RelGesellschaft. Rechtspr. 4 847, 7 363.

II. Im Staate bestehende RG. Vgl. E. 39 388 (Heilsarmee). Anm. VII zu § 166.

III. Kirche usw. Siehe § 166 Anm. X—XIII.

IV. Gottesdienstliche Verrichtungen. Jede auf dem Ritus beruhende und den rituellen Formen entsprechende Ausübung der Religion auch durch den Geistlichen allein (Gebet vor Beginn des Meßopfers: E. 45 243).

V. Unordnung, Lärm: Beeinträchtigung der äußeren Ordnung, durch die gottesdienstlicher Akt gehemmt oder vereitelt wird. Vgl. E. 37 148.

VI. Der **Störer** braucht nicht in der Kirche zu sein, doch muß der Lärm dort auf die gottesdienstliche Verrichtung (nicht nur auf den einzelnen) störend wirken und der Störer sich dessen bewußt sein: E. 3 397, 37 150. Durch erlaubten Gewerbetrieb verursachte Störung ist nicht rechtswidrig, solange nicht Schikane geübt wird: E. 37 150. — Notwehr gegen beleidigende Angriffe des Geistlichen in der Predigt hält E. 21 168 für zulässig: „Daß die Andacht der Gemeinde gestört wurde, die Handlung also insofern auch gegen Dritte wirkte, erscheint unerheblich." Anders E. 58 27, ohne freilich einen Widerspruch anzuerkennen. Vgl. Anm. VI zu § 53.

168. Wer unbefugt eine Leiche aus dem Gewahrsam der dazu berechtigten Person wegnimmt, ingleichen wer unbefugt ein Grab zerstört oder beschädigt, oder wer an einem Grabe beschimpfenden Unfug verübt, wird mit Gefängnis bis zu zwei Jahren bestraft; auch kann auf Verlust der bürgerlichen Ehrenrechte erkannt werden.

I. **Berechtigte:** Nach der Beerdigung: der Grundeigner des Friedhofs, E. 28 139.

II. **Grab:** Die der Ruhe und dem Andenken von Verstorbenen dienende Stätte mit allem, was mit ihr dauernd in einem wesentlichen oder künstlichen Zusammenhange steht: E. 39 155.

III. **Zerstörung:** Auch durch Beseitigung des Sarges mit der Leiche: E. 28 139. Ueber Grabdenkmäler s. § 304.

IV. **Beschimpfender Unfug:** Vgl. § 166 Anm. XII. Hier muß das Grab, der Totenfrieden, Gegenstand des Angriffs sein. Beschimpfung des Toten genügt nicht. E. 48 299. Aber z. B. Beschädigung von Pflanzen aus Haß gegen den Verstorbenen: Rechtspr. 9 399.

V. **Vorsatz:** E. 42 145 verlangt die Absicht oder das Bewußtsein, daß die Handlung als Ausdruck der Verachtung des Verstorbenen sich darstelle. (Anders E. 48 299?)

VI. Ueber **Idealkonkurrenz** von §§ 168 und 304 vgl. E. 39 155. — Vgl. § 367 Ziff. 1.

Zwölfter Abschnitt

Straftaten gegen den Personenstand, die Ehe und die Familie*)

Vorbemerkung

Der 12. Abschn. hat seine jetzige Gestalt erhalten durch die VO. v. 18. 3. 43 (RGBl. I 169), die ergangen ist „zur Durchführung der VO. zum Schutz von Ehe, Familie und Mutterschaft v. 9. 3. 43 (RGBl. I 140)". Anfänglich war der 12. Abschn. überschrieben: „Verbr. u. Verg. in Beziehung auf den Personenstand"; er enthielt nur die §§ 169, 170. Die VO. v. 18. 3. 43 ändert die Ueberschrift, stellte die neuen §§ 170 a bis d ein und überwies die §§ 1771, 172 aus dem 13. in den 12. Abschnitt.

Typisch nationalsozialistisch sind die §§ 170 a bis d, die z. T. auf Gedanken des Schweizer Strafrechts zurückgehen, nur in einzelnen Ueberspannungen. So namentlich die Strafbarkeit des Versuchs. Vgl. ferner für § 170 d JR. 48 351 (LG. Halle), HESt. 1 48 (Braunschweig). Vgl. auch SJZ. 46 118; de lege ferenda DRZ. 47 27. Kritisch W e l z e l § 53.

*) **Personenstandsgesetz** v. 3. 11. 37, § 67: Wer die religiösen Feierlichkeiten einer Eheschließung vornimmt, bevor die Ehe vor dem Standesbeamten geschlossen ist, wird mit Geldstrafe oder Gefängnis bestraft. Eine Bestrafung tritt nicht ein, wenn einer der Verlobten lebensgefährlich erkrankt und ein Aufschub nicht möglich ist. — (§ 68 enthält Strafvorschriften betr. versäumte Anmeldung von Geburt oder Tod).

Verletzung des Personenstandes

169. Wer ein Kind unterschiebt oder vorsätzlich verwechselt, oder wer auf andere Weise den Personenstand eines anderen vorsätzlich verändert oder unterdrückt, wird mit Gefängnis bis zu drei Jahren und, wenn die Handlung in gewinnsüchtiger Absicht begangen wurde, mit Zuchthaus bis zu zehn Jahren bestraft.

Der Versuch ist strafbar.

I. Personenstand: Das familienrechtliche Verhältnis einer lebenden oder verstorbenen Person zu anderen lebenden Personen: E. **13** 129. Ein totgeborenes Kind hat keinen PSt.: E. **43** 402. — Außereheliche Vaterschaft begründet einen PSt. Strafbar deshalb: Veranlassung unrichtiger Eintragung im Standesregister oder unrichtige Anerkennung, die im Unterhaltsrechtsstreit die Mutter über die Person des Erzeugers macht: E. **72** 113. Vgl. E. **34** 427, **41** 301, **77** 51.

II. Eines **anderen:** Veränderung oder Unterdrückung des eigenen PSt. also nach § 169 nicht strafbar (E. **25** 188), u. U. aber nach § 271.

III. Veränderung: durch Beilegung nicht vorhandenen PSt. Z. B. ein uneheliches Kind als ehelich eintragen lassen (E. **1** 9); vor dem Vormundsschaftsgericht einen unrichtigen Vater des unehelichen Kindes nennen (E. **41** 301); eine andere dauernd als Ehefrau ausgeben (E. **56** 134). — Ueber den Zeitpunkt der Vollendung Hessen (Kassel) DRZ. **49** 362.

IV. Unterdrücken: der Kenntnis anderer entziehen, z. B. durch Verheimlichung des PSt. (E. **22** 283), Beilegung eines fremden (E. **10** 86). — Nach Vollendung des Vergehens (z. B. durch Eintrag ins Standesregister; Täuschung des Ehemannes über das angeblich von seiner Frau geborene Kind) können weitere Akte (z. B. Taufe) als Begünstigung erscheinen (E. **34** 24, **36** 137). — Nach JW. **37** 3150 ist § 169 nicht gegeben, wenn eine uneheliche Mutter gegenüber VormGer., WohlfAmt u. Polizei den Namen des Erzeugers verweigert, falls dieser ein verheirateter Mann ist, da in einem Ehescheidungs- oder Unterhaltsprozeß die unehel. Mutter gemäß ZPO. § 384 Nr. 2 berechtigt wäre, ihr Zeugnis zu verweigern. Anm. von Kallfelz macht hiergegen den Einwand, daß die Gründe für das prozessuale Zeugnisverweigerungsrecht nicht zutreffen auf die im Interesse des Kindes bestehenden Auskunftspflichten gegenüber anderen Behörden. E. **72** 214 hat aber die Entsch. aufrechterhalten. — Man wird aber auch unabhängig von § 384 Nr. 2 ZPO. die bloße Weigerung, den Erzeuger zu benennen, nicht unter § 169 ziehen dürfen, da eine Rechtspflicht dieses Inhalts überhaupt nicht besteht. So auch Frank II 2, Schönke IV 2. — § 169 auch gegeben, wenn die uneheliche Mutter unter Verschweigung ihres Mehrverkehrs einen bestimmten Mann als Vater angibt. E. **72** 113. — Ueber Vorsatz DR. **43** 895, E. **77** 51.

V. Gewinnsüchtige Absicht: Vgl. Anm. XI zu § 133. Nach E. **70** 18 greift aber diese Strafschärfung nicht Platz, wenn die Absicht bestand, sich selber einer Bestrafung (im gegebenen Fall wegen Blutschande) zu entziehen.

VI. Idealkonkurrenz mit § 271: E. **10** 88, **25** 188.

Eheerschleichung

170. Wer bei Eingehung einer Ehe dem anderen Teile ein gesetzliches Ehehindernis arglistig verschweigt, oder wer den anderen Teil

zur Eheschließung arglistig mittels einer solchen Täuschung verleitet, welche den Getäuschten berechtigt, die Gültigkeit der Ehe anzufechten, wird, wenn aus einem dieser Gründe die Ehe aufgelöst worden ist, mit Gefängnis nicht unter drei Monaten bestraft.

Die Verfolgung tritt nur auf Antrag des getäuschten Teils ein.

I. Ehehindernis: Hierzu Ehegesetz §§ 16—22, 30—34, 39.

II. Prozeßvoraussetzung. Vgl. Anm. II zu § 172.

III. Für die **Verjährung** vgl. § 69 und Anm. dazu.

Verschleuderung von Familienhabe

170a. Ein Ehegatte, der Familienhabe böswillig oder aus grobem Eigennutz veräußert, zerstört oder beiseiteschafft und dadurch den anderen Ehegatten oder einen unterhaltsberechtigten Abkömmling schädigt, wird mit Gefängnis bis zu zwei Jahren oder mit Geldstrafe bestraft.

Der Versuch ist strafbar.

Schrifttum: Peschke, Der § 170 a, JR. 49, 505.

I. Neu aufgenommen durch VO. z. Schutz v. Ehe, Familie und Mutterschaft v. 9. (18.) 3. 43. Bei der Auslegung müssen die zivilrechtlichen Grundsätze beachtet werden. A. M. Rietzsch bei Pfundtner-Neubert II c 6, Seite 205 ff. Beachtenswerte Einwände gegen extensive Auslegung bei Peschke a. a. O. — Gegen Erstreckung auf Grundstücken, bei denen die gewerbliche Nutzung im Vordergrunde steht: Kiel SchlHA. **47** 103. — **IdKonk.** möglich mit § 266, auch §§ 170 b bis d. — **Schutzgesetz** i. S. von § 823 II BGB.

II. Familienhabe: Dazu RG. in DR. **44** 528; gegen diese Entsch. ist jedoch Beschränkung auf vermögensrechtliche Schädigung zu verlangen.

III. Böswillig bedeutet hier, im Gegensatz zu „grobem Eigennutz", vor allem Schädigungs- oder Kränkungsmotive. An den subj. Tatbestand sind strenge Anforderungen zu stellen, um eine unerträgliche Pönalisierung bloßer familienrechtlicher Pflichtverletzung zu vermeiden (entspr. § 266, vgl. Anm. dort).

IV. Antragserfordernis im Gesetz nicht vorgesehen. Welzel erwägt Analogie zu §§ 247, 263 V (wie bei § 266). Dem ist, namentlich aus den von Peschke dargelegten Gründen, zuzustimmen. Denn Anzeigen Dritter können an Stelle des vom Gesetz verfolgten Schutzzweckes die Zerstörung der Familien zur Folge haben.

V. Versuch strafbar (Abs. 2). Ueber die Bedenken gegen diese Ueberspannung der Strafdrohung vgl. Vorbem. vor diesem Abschn.

Verletzung der Unterhaltspflicht

170b. Wer sich einer gesetzlichen Unterhaltspflicht vorsätzlich entzieht, so daß der Lebensbedarf des Unterhaltsberechtigten gefährdet ist oder ohne öffentliche Hilfe oder die Hilfe anderer gefährdet wäre, wird mit Gefängnis bestraft.

Der Versuch ist strafbar.

Neu aufgenommen wie § 170 a. Der Wortlaut geht über frühere Entwürfe die die ratio legis, sozialethisch unerträgliche Pflichtverletzungen zu ahnden, sinngemäß zum Ausdruck brachten, **weit hinaus:** durch Weglassung der Worte „böswillig oder aus grobem Eigennutz", „notwendiger" Lebensbedarf, „erheblich" gefährdet, „Gefängnis bis zu 2 Jahren oder Haft". Er bedarf darum zur Zurückführung auf diese ratio enger Auslegung. Zutr. verlangt Welzel 189 über bloße vorsätzliche Unterlassung der Unterhaltszahlung hinaus besonders verwerfliche Gesinnung für das „Sich-Entziehen". Sehr weite Ausdehnung bei Rietzsch a. a. O.

Verlassen Schwangerer

170c. Wer einer von ihm Geschwängerten gewissenlos die Hilfe versagt, deren sie wegen der Schwangerschaft oder der Niederkunft bedarf, und dadurch Mutter oder Kind gefährdet, wird mit Gefängnis bestraft.

Auch diese Bestimmung muß durch enge Auslegung auf die ratio legis (vgl. Anm. zu § 170 a und b) zurückgeführt werden.

Kindgefährdung

170d. Wer das körperliche oder sittliche Wohl eines Kindes dadurch gefährdet, daß er in gewissenloser Weise seine Fürsorge- oder Erziehungspflichten gröblich vernachlässigt, insbesondere das Kind ohne ausreichende Nahrung oder Wartung läßt, wird mit Gefängnis bestraft, soweit nicht die Tat nach anderen Vorschriften mit schwererer Strafe bedroht ist.

I. **Neu** wie § 170a. Vgl. Vorbem. vor § 169. Für uneingeschränkte Weitergeltung Braunschweig SJZ. 46 118, LG. Halle NJ. 48 14. Vgl. demgegenüber Anm. III.

II. Kind: bis zu 14 Jahren. Braunschweig HESt. 1 48. So in §§ 221, 223 b.

III. Gefährdung auch dann, wenn möglicherweise nachbarliche Hilfe: E. 77 215. — Betr. „sittliches Wohl" begründete Bedenken gegen Fortgeltung bei Welzel § 53.

IV. Gewissenlos z. B. Handeln aus Vergnügungssucht oder Bequemlichkeit: E. 77 216. Vgl. auch DR. 44 657.

Doppelehe

171. Ein Ehegatte, welcher eine neue Ehe eingeht, bevor seine Ehe aufgelöst oder für nichtig erklärt worden ist, ingleichen eine unverheiratete Person, welche mit einem Ehegatten, wissend, daß er verheiratet ist, eine Ehe eingeht, wird mit Zuchthaus bis zu fünf Jahren bestraft.

Sind mildernde Umstände vorhanden, so tritt Gefängnisstrafe nicht unter sechs Monaten ein.

Die Verjährung der Strafverfolgung beginnt mit dem Tage, an welchem eine der beiden Ehen aufgelöst oder für nichtig erklärt worden ist.

I. Vgl. Ehegesetz betr. die Voraussetzungen der gültigen Ehe. Formelle Gültigkeit genügt: E. **55** 279, **60** 248.

II. Zum **Vorsatz** vgl. E. **9** 84, zum dol. ev. insbesondere Braunschweig NJW. **47** 71.

III. Zu Abs. 3 **(Verjährung).** Diese Ausnahme von § 67 Abs. 4 ist historisch zu erklären, vgl. E. **15** 261.

Ehebruch

172. Der Ehebruch wird, wenn wegen desselben die Ehe geschieden ist, an dem schuldigen Ehegatten sowie dessen Mitschuldigen mit Gefängnis bis zu sechs Monaten bestraft.

Die Verfolgung tritt nur auf Antrag ein.

I. **Vollendung** setzt Beiwohnung voraus. E. **70** 173. — Nach E. **60** 250 kann jede formell bestehende (wenn auch nichtige oder anfechtbare) Ehe „gebrochen" werden (str.). A. A. Frank I, Binding Lb. I 220, Welzel § 53 II 3. — Gegenüber Beleidigung ist EBr. ein Sonderdelikt. Also nicht Konsumtion, sondern gegebenenfalls Idealkonkurrenz, wenn nämlich die Ehrenkränkung nicht allein in der Tatsache des Ehebruchs, sondern in besonderen begleitenden Umständen liegt. Strafverfolgung aus § 185 freilich nur möglich entweder zusammen mit dem Ehebruch, oder wenn der Ehebruch keinen Scheidungsgrund bildet, z. B. wenn der betr. Ehegatte nicht an ihm „schuldig" ist. E. **65** 1, **74** 380, **75** 151. — Ehebruch und anderer ehewidriger Verkehr mit der Frau kann u. U. auch Beleidigung des Ehemanns sein: E. **70** 173, auch 94.

II. **Prozeßvoraussetzung** (E. **22** 135). Streitig! A. A. L. — Schm. § 116 II Nr. 5 (Bed. d. Strafbarkeit). — Soweit auch Beleidigung vorliegt, ist deren Bestrafung aus § 185 auch während bestehender Ehe zulässig. DJ. **41** 133; DStrR. **40** 198; LGer. Konstanz DR. **41** 149 (Anm. Mezger). Anders der II. Senat des RGer. in DR. **41** 145 (Anm. Mittelbach).

III. Der Lauf der **Verjährung** beginnt mit der Rechtskraft des Scheidungsurteils. Vgl. § 69 und E. **15** 261.

IV. Der Lauf der **Antragsfrist** beginnt mit der Kenntnis von der Rechtskraft des Scheidungsurteils: E. **26** 116, **47** 238. Der Strafantrag ist nur wirksam, wenn bei seinem Eingang bei der Staatsanwaltschaft das Ehescheidungsurteil rechtskräftig ist: E. **37** 372, **38** 271.

Dreizehnter Abschnitt

Verbrechen und Vergehen wider die Sittlichkeit

Vorbemerkungen

I. **Ergänzend:** §§ 236, 237, 361 Z. 6 ff.; ferner Lichtspielgesetz v. 16. 2. 34, 13. 12. 34, 28. 6. 35; Mädchenhandel gemäß § 48 Ges. über d. Auswandererwesen v. 6. 6. 97 (Anhang Nr. 3); einzelne Bestimmungen des GeschlKrankhGes. v. 18. 2. 27 (Anhang Nr. 9). — Vgl. auch Vorbem. vor § 169.

II. **Geschützte Rechtsgüter:** **1.** Ehe und Familie: §§ 173, 181 Z. 2; **2.** Abhängigkeitsverhältnisse: §§ 174, 175a Z. 2. 181 Z. 2; **3.** geschlechtliche Freiheit: §§ 176 Z. 1 u. 2, 177, 179; **4.** geschlechtliche Unreife: §§ 174 Z. 1, 175 a Z. 3, 182, 184 Z. 2, 184 a; **5.** öffentl. Anstands- und Sittl.-Bedürfnis: §§ 183, 184 (ohne Z. 2), 184 b; **6.** Normalität des Geschlechtslebens: §§ 175 bis 175 b. — Ein bestimmtes Schutzobjekt (RGut) **fehlt** bei Förderung fremder Unzucht (Kuppelei, §§ 180, 181 und kupplerische Zuhälterei § 181a, 2. Fall) und bei Ausbeutung fremder Unzucht (Zuhälterei, § 181 a, 1. Fall).

III. Tatbestandshandlungen. — **1.** Unzucht, unzüchtige Handlung (schlechthin): §§ 180, 181, 181 a, 183. — **2.** Jemand zur Unzucht mißbrauchen: § 174 (Abhängige). — **3.** Unzüchtige Handlungen vornehmen mit jemand, Unzucht treiben mit jemand: §§ 175, 175 a (Mann mit Mann), 176, 3 (mit Kindern). — **4.** Unzüchtige Handlungen an einer Frau vornehmen: § 176 Nr. 1. — **5.** Sich zur Unzucht mißbrauchen lassen: §§ 175, 175 a (als Mann von einem Mann). — **6.** Jemand zu 2 oder 4 nötigen (§ 175 a Nr. 1), bestimmen (§ 175 a Nr. 2), verführen (§ 175 a Nr. 3), und zwar mit Mann. — **7.** Eine Frau nötigen, unzüchtige Handlungen zu dulden (§ 176 Nr. 1), ein Kind hierzu verleiten (§ 176 Nr. 3). — **8.** Eine Frau zum außerehelichen Beischlaf mißbrauchen (§§ 176 Nr. 2, 177), zu seiner Duldung nötigen (§ 177), zu seiner Gestattung verleiten (§ 179), zum Beischlaf verführen (§ 182). — **9.** Unzüchtige Schriften usw. verbreiten (§ 184). — **10.** Schriften usw. anbieten usw., die nicht unzüchtig sind, aber das Schamgefühl verletzen (§ 184 a). — Die Unterschiede der Wortfassung erklären sich z. T. aus der Verschiedenheit der Tatbestände von selbst, dürfen aber nicht unbeachtet bleiben.

IV. Ueber **Beleidigung** durch Sittlichkeitsverbrechen vgl. Gallas in ZAk. 41, 15; Graf Dohna in DStrR. 41, 34 betr. E. **74** 224.

Blutschande

173. Der Beischlaf zwischen Verwandten auf- und absteigender Linie wird an den ersteren mit Zuchthaus bis zu fünf Jahren, an den letzteren mit Gefängnis bis zu zwei Jahren bestraft.

Der Beischlaf zwischen Verschwägerten auf- und absteigender Linie, sowie zwischen Geschwistern wird mit Gefängnis bis zu zwei Jahren bestraft.*)

Neben der Gefängnisstrafe kann auf Verlust der bürgerlichen Ehrenrechte erkannt werden.

Verwandte und Verschwägerte absteigender Linie bleiben straflos, wenn sie das achtzehnte Lebensjahr nicht vollendet haben.

I. Ob er ein **ehelicher** (die Ehe wäre dann freilich „nichtig") oder unehelicher ist, ist für die Frage der objektiven Rechtswidrigkeit gleichgültig. Ein Irrtum der Konkumbenten sollte nach RG. den Vorsatz

*) § 4 der DVO. z. Ges. über Aenderung und Ergänzung familienrechtlicher Vorschriften v. 28. 4. 38 (RGBl. I S. 417) bestimmt: „In den Fällen des § 173 Abs. 2 StGB. tritt Bestrafung nicht ein, wenn die Ehe, auf der die Schwägerschaft beruht, zur Zeit der Tat nicht mehr bestand; das Gericht kann von Strafe absehen, wenn die häusliche Gemeinschaft der Ehegatten zur Zeit der Tat aufgehoben war. Die Tat wird nicht mehr verfolgt, wenn Befreiung vom Ehehindernis des § 1310 BGB. (jetzt § 7 Ehegesetz v. 6. 7. 38) erteilt ist." — Diese Bestimmung gilt weiterhin: Celle MDR. **47** 138.

dann ausschließen, wenn er kein strafrechtlicher ist, sondern wenn diese z. B. annehmen, sie seien rechtsgültig verheiratet. Vgl. aber E. **5** 159, aufrechterhalten in JW. **27** 1209, über die gerade hier unbegreiflich weiten Grenzen, die das RGer. dem „Strafrechtsirrtum" zieht!

II. Bloße Unzucht fällt nicht unter § 173. Wegen § 174 vgl. dort.

III. Die **Blutsverwandtschaft** muß tatsächlich feststehen; die „Vermutungen" des bürgerl. R. (BGB. § 1591) gelten hier nicht. Andrerseits ist auch der uneheliche Vater (trotz BGB. § 1589 II) blutsverwandt: E. **67** 60. — Irrige Annahme von Tatsachen, die blutsverwandt machen würden, begründet Versuch. Beisp.: Täter hält d. Mädchen für sein Kind, während es in Wahrheit v. s. Ehefrau außerehelich empfangen wurde. (Abs. II wäre objektiv gegeben, ist aber unanwendbar, da Täter eine Schwägerschaft nicht annimmt.) — Wenn umgekehrt der Täter jene Tatsachen nicht kannte, so fehlt sein Vorsatz. — Unbeachtlich dagegen ein Irrtum über den Sinn, den im StrR. der Begriff der Blutsverwandtschaft hat. — Ueber die nicht gleichmäßige Rechtspr. vgl. E. **12** 275, **34** 418, **47** 189, **68** 365, **71** 138.

IV. Die **Schwägerschaft** muß tatsächlich feststehen. Ueber sie vgl. A. VI zu § 52. — Ist es zweifelhaft, ob das Mädchen die leibliche od. d. Stieftochter des Täters war (von seiner Ehefrau ist sie geboren, zweifelhaft aber, ob vom Täter oder einem anderen empfangen), so ist Abs. I unanwendbar (vgl. A. III), Abs. II aber gegeben. — Daß die Schwägerschaft auch nach Auflösung der Ehe, z. B. Tod der Frau, weiterbesteht (E. **71** 65), kann zu Härten führen. Deshalb erging die VO. v. 28. 4. 38, Fußnote zu Abs. II.

V. Die Strafbarkeit bleibt auch bei erfolgter **Verheiratung** der hier genannten Personen bestehen: E. **5** 159. — Auch der abgenötigte Beischlaf soll nach DR. **42** 1321 (dagegen Schmidt-Leichner S. 1645) Blutschande der Vergewaltigten begründen können.

VI. Notwendige Teilnahme. Der noch nicht 18 Jahre alte ist nach E. **19** 391 nicht Mittäter, sondern Objekt; der ihn Bestimmende also nicht Anstifter.

Mißbrauch eines Abhängigen unter Ausnutzung einer Vertrauensstellung

174. Mit Zuchthaus oder mit Gefängnis nicht unter sechs Monaten wird bestraft,

1. **wer einen seiner Erziehung, Ausbildung, Aufsicht oder Betreuung anvertrauten Menschen unter 21 Jahren oder**
2. **wer unter Ausnutzung seiner Amtsstellung oder seiner Stellung in einer Anstalt für Kranke oder Hilfsbedürftige einen anderen zur Unzucht mißbraucht.**

I. Neufassung*) durch VO. v. 29. 5. 43. Sie hat wesentliches geändert. 1) Die Tatbestände wurden verallgemeinert, das Gesetz dadurch auch verkürzt. — 2) Es werden nicht mehr Personen, sondern Funktionen,

*) Alte Fassung:

174. Mit Zuchthaus bis zu fünf Jahren werden bestraft:

1. Vormünder, welche mit ihren Pflegebefohlenen, Adoptiv- und Pflegeeltern, welche mit ihren Kindern, Geistliche, Lehrer und Erzieher, welche

nicht Täter, sondern Aufgaben genannt. Die Pflichten, deren Uebertretung strafbar macht, ergeben sich aus den Aufgaben ohne weiteres; aus den Täterbezeichnungen dagegen erst nach weiteren Einschränkungen. Beispiel: bisher: „Erzieher, welche . . ."; jetzt: „wer einen seiner Erziehung anvertrauten . . .". — 3) Die Strafbarkeit wird sowohl durch die Verallgemeinerung der TB.e wie durch ihre Umstellung von der Person auf die Funktion i. allg. erweitert; eingeschränkt freilich insofern, als jetzt auch bei Vomündern und Eltern, soweit bei diesen nicht § 173 eingreift, Minderjährigkeit der mißbrauchten Person vorausgesetzt wird. — 4) Der Grundgedanke des Gesetzes wird deutlicher; schon in der im RGBl. mit veröffentlichten Ueberschrift: „Mißbrauch eines Abhängigkeitsverhältnisses"; sodann bei den Fällen der Ziffer 2, indem hier überdies eine „Ausnutzung der Stellung" vorausgesetzt wird.

Die Neufassung ist nicht typisch nationalsozialistisch: Vgl. DRZ. **46** 195, NJW. **48** 271, **47** 108 (Dresden); JR. **48** 82 (Halle); NJW. **48** 393 (Hamm); HESt. **1** 56 (Hamburg). — Ueber das Eingreifen der Sperrvorschrift: Werner DRZ. 46, 77.

II. Die Abhängigkeitsverhältnisse der Ziffer 1 — die sich vielfach decken und überschneiden, ohne daß dadurch § 73 anwendbar wird — entsprechen der Z. 1 a. F. Ihre Verallgemeinerung (Anm. I) bedeutet eine Erweiterung der Strafbarkeit. Einer Ueberspannung wirken entgegen einerseits das Wort „anvertraut", andrerseits der Gedanke des „Mißbrauchs". — **„Anvertraut"** ist jemand einem anderen, wenn dieser ihm gegenüber besondere Fürsorge- und Obhutpflicht hat, die über die allgemeine Menschenpflicht („edel sei der Mensch, hilfreich und gut!) hinausgehen, einerlei ob sie auf Gesetz oder besonderem Willensakt (Dienstvertrag usw.) oder schon auf natürlicher Verbundenheit beruhen. „Anvertraut" ist z. B. das Mündel dem Vormund, der Schüler dem Lehrer, aber erst recht auch das Kind den Eltern. So auch Hamm NJW. **48** 393 = MDR. **48** 152, Celle MDR. **47** 138, Hamburg MDR. **49** 484 = HESt. **1** 288, LG. M.-Gladbach MDR. **49** 485. A. A. LG. Bielefeld NJW. **47** 194. — Bei Stiefkindern will Braunschweig Nds. Rpfl. **48** 112 auf den Grad der Harmonie des Familienlebens im Einzelfall abstellen. — Vgl. unten II 4. — **„Mißbraucht"** wird das Abhängigkeitsverhältnis, wenn dieses Gelegenheiten zu Intimitäten gibt oder wenn aus ihm eine besondere Vertrauensstimmung oder Arglosigkeit oder aber innere oder äußere Wehrlosigkeit od. dergl. folgt und wenn diese Lage zu sexuellen Annäherungen ausgenutzt wird, die ohne sie nicht oder nicht so leicht möglich gewesen

---

mit ihren minderjährigen Schülern oder Zöglingen unzüchtige Handlungen vornehmen;

2. Beamte, die mit Personen, gegen welche sie eine Untersuchung zu führen haben oder welche ihrer Obhut anvertraut sind, unzüchtige Handlungen vornehmen;

3. Beamte, Aerzte oder andere Medizinalpersonen, welche in Gefängnissen oder in öffentlichen, zur Pflege von Kranken, Armen oder anderen Hilflosen bestimmten Anstalten beschäftigt oder angestellt sind, wenn sie mit den in das Gefängnis oder in die Anstalt aufgenommenen Personen unzüchtige Handlungen vornehmen.

Sind mildernde Umstände vorhanden, so tritt Gefängnisstrafe nicht unter sechs Monaten ein.

wären. Eine ausdrückliche Feststellung solcher Zusammenhänge ist aber bei Ziffer 1 nicht nötig. Hier genügt Minderjährigkeit und die Tatsache des Anvertrautseins. Bei Ziffer 2 soll das anders sein.

1. **Der Erziehung anvertraut** ist der Minderjährige dem, der seine „ganze Lebensführung, sittliche Haltung und geistige Entwicklung, ähnlich wie ein Vater oder Vormund, sei es allein, sei es neben anderen ihm gleich- oder auch übergeordneten Personen, zu leiten oder zu überwachen hat". So E. **71** 274, **74** 277 u. öfter. Die Entscheidungen hatten hinzugesetzt: „berufsmäßig"; mit dem Uebergang vom „Erzieher" zu: „seiner Erziehung anvertraut" ist dies gegenstandslos geworden. Erziehungsaufgaben wurden angenommen: Jugendliche als Beauftragte des Jugendamts: DJ. **42** 513; Heimleiter eines Jugendheimes, auch wenn nicht Erzieher: Hamburg HESt. **1** 60. — Besonders zu prüfen, ob auch „Erziehung" vereinbart oder natürlich anzunehmen: bei Lehrling: E. **27** 132, **32** 59, **35** 10; **76** 391; Stuttgart HESt. **1** 290; Hausangestellten, auch falls „Haustochter" genannt oder „Familienanschluß" vereinbart ist: JW. **39** 622, DR. **40** 494, ZAk. **40** 361 (Anm. v. Weber) = DR. **40** 2058 (Anm. Hennerici), DR. **42** 1784. Bei Hausangestellten jetzt mit Recht grundsätzlich ablehnend Braunschweig NJW. **49** 877.

2. **Der Ausbildung anvertraut:** bisher „Lehrer". Auch Privatlehrer (E. **62** 33); Geistliche in der Christenlehre, auch ohne Schulzwang (E. **67** 390); auch wenn außerdem ein Arbeitsverhältnis besteht (E. **53** 191: Musiklehrer war gleichzeitig Unternehmer und Dirigent); Ballettmeister (E. **67** 390). Zu weitgehend: Kursus über Fußpflege, im Kochen und Backen (JW. **38** 1877 f.). — Die Umstellung von Personalbegriff: „Lehrer" auf den Aufgabenbegriff: „Ausbildung" gibt auch hier die Möglichkeit zu sinngemäßer Erweiterung der Auslegung. Andrerseits gebietet und ermöglicht das Erfordernis des „anvertraut"-seins eine vernünftige Begrenzung. Es wird auch für „Ausbildung" stets ein Ueberordnungs- und Vertrauensverhältnis vorausgesetzt werden müssen, das zwar bei amtlich geregelter und überwachter Ausbildung vermutet werden, im übrigen aber nur bei überlegenem Können, das ein Gefühl allgemein menschlicher Ueberlegenheit erzeugt, angenommen werden darf. Vgl. auch E. **62** 33.

3. **Der Aufsicht anvertraut:** Die Fälle werden sich häufig mit den anderen überschneiden. Auch hier zieht der Gedanke „anvertraut" Grenzen. — Richtig dürfte es sein, von Fall zu Fall auf das aus den möglichen Druckmitteln einerseits, der Unreife und Schwäche andrerseits sich ergebende Maß von innerer Abhängigkeit abzustellen. Sonst bleibt die Auslegung in den alten „Personal"-Grenzen hängen.

4. **Der Betreuung anvertraut** — das sind zunächst auch die zu 1 bis 3 genannten. Aber darüber hinausgehend: Obhut und Fürsorge, die nicht mit Erziehung, Ausbildung, Aufsicht zusammenfallen.

Im Vergleich mit der alten Fassung ist zu Ziffer 1 noch zu bemerken: „Vormünder, Adoptiv- und Pflegeeltern" sind nicht mehr ausdrücklich genannt, fallen aber ohne weiteres in die neu abgegrenzten Pflichtenkreise. — Die leiblichen Eltern waren in § 174 a. F. nicht aufgeführt. Dies beruhte auf einem Versehen, das auf die Vorarbeiten zum Preuß. StG. v. 1851 und dann zum StGB. f. d. nordd. Bund zurückging. Vgl. darüber Kohlrausch in ZAk. 43, 89 Ueber die neueste Rspr. vgl. oben Anm. II.

III. Die Abhängigkeitsverhältnisse der Ziffer 2 erweitern die bisherigen Ziffern 2 u. 3. — **Anstalt:** nicht nur, wie bisher, öffentliche, d. h. aus öffentlichen Mitteln unterhalten, oder vom Staat oder einer Gemeinde der öffentlich-rechtlichen Körperschaft abhängig; vielmehr auch private Krankenhäuser, Entbindungsanstalten, Armen- oder Obdachlosenheime u. ähnl. Eine „Anstalt" dieser Art muß des Vertrauens würdig sein, das ihr von dem Aufgenommenen oder dem ihn dort Unterbringenden geschenkt wird. Andrerseits ist sowohl die Versuchung zum Mißbrauch wie auch die Schutzlosigkeit des Insassen u. U. größer als bei dem Einzelarzt usw. und seinen Patienten usw. Aus diesen Gründen geht der Strafschutz des Anstaltsinsassen weiter als der Schutz der einzeln Betreuten. — **Stellung:** gleichfalls weiter als bisher. Nicht nur Beamte i. S. des § 359. Geistliche; auch Personen, die in einer Gefangenen- oder Krankenanstalt angestellt oder beschäftigt sind (Ueberwachungs- und Pflegepersonal). Auch unzuständige Beamte: Hamm DRZ. **48** 449.

IV. Eine Ausnutzung der Amts- oder Anstalts-Stellung (Ziffer 2) bedarf ausdrücklicher Feststellung, während dies in den Fällen des Anvertrautseins nach Ziffer 1 vom Gesetz nicht gefordert wird. Ob die Unterscheidung wesentlich und ob sie durchführbar ist, ist zweifelhaft. Denn in a l l e n Fällen muß der Minderjährige „Zur Unzucht **mißbraucht**" sein. Dies bedeutet, daß sowohl in Z. 1 wie in Z. 2 die das Abhängigkeitsverhältnis begründende Sonderlage mißbräuchlich „ausgenutzt" wurde. Ob E. **76** 149 (ein Anstaltsarzt hatte mit seiner in die Anstalt aufgenommenen Freundin, die aber nicht er, sondern ein anderer Arzt behandelte, den schon vorher gepflogenen Geschlechtsverkehr in der Anstalt fortgesetzt und war vom RGer. aus § 174, 3 verurteilt worden) nach alter Fassung richtig entschieden wurde, mag dahingestellt bleiben (berechtigte Bedenken bei B r u n s in ZAk. 42, 284). Nach neuer Fassung ist der Arzt freizusprechen; aber nicht deshalb, weil er seine Stellung nicht „ausgenutzt" habe (dies hat er vielmehr getan, sondern weil hier kein „Abhängigkeitsverhältnis" vorlag (s. Ueberschrift), das er „mißbraucht" hat. Mißbräuchliche Ausnützung dagegen auch dann, wenn die Anstaltsinsassin sich freiwillig hingegeben und sogar die Anregung gegeben hatte: Tübingen DRZ. **49** 91, Neustadt DRZ. **49** 92, Hamm HESt. **1** 292. A. A. Schönke II 2.

V. Unzucht bedeutet das gleiche wie nach a. F. „unzüchtige Handlungen". Also solche, die o b j e k t i v das allgemeine Scham- und Sittlichkeitsgefühl verletzen u n d s u b j e k t i v auf Befriedigung oder Erregung eigener oder fremder Geschlechtslust gerichtet sind. Letzteres gehört schon zum B e g r i f f „Unzucht" (subj. TBMoment, Vorbem. I vor § 1) nicht erst zum subjektiven TB. Vgl. etwa E. **28** 77, **63** 112, **68** 193. Abgrenzung gegenüber bloßen Zudringlichkeiten, die höchstens das Scham-, meist auch das Ehrgefühl verletzen (und dann als Beleidigung strafbar sind): E. **67** 110, 170, DR. **42** 1784.

VI. Mit dem anderen mußten nach alter Fassung unzüchtige Handlungen vorgenommen sein. Die Rechtspr. war hier von einer körperlichen („mit" gleich cum) allmählich zu einer bloß zeitlichen („mit" gleich „gleichzeitig" unter beiderseitiger Kenntnisnahme) Auslegung übergegangen und hatte dadurch dem Gesetz einen völlig anderen Sinn gegeben. Bis E. **70** 224 (mit Vorentscheidungen) mußte der andere irgendwie körperlich mitbeteiligt sein, sei es auch nur, daß der Täter „an seinem eigenen Körper unzüchtige Handlungen durch das Kind vornehmen lasse" (E. **49** 178), so daß der fremde

Körper als Mittel benutzt wird, Wollust zu erregen oder zu befriedigen. — Das RGer. weitete dann aber die Strafbarkeit — trotz der Worte „m i t" dem anderen — immer mehr aus: Zwar reiche wollüstige B e t r a c h t u n g des entblößten Körpers n i c h t aus (E. **73** 78); auch nicht Vornahme unzüchtiger Handlungen des Täters an sich selbst in Gegenwart eines anderen, also das Treiben des Exhibitionisten (DJ. **40** 404). Es genüge aber die Aufforderung an den anderen, seinen Körper unzüchtigen Blicken preiszugeben (E. **73** 78). — Nach der Neufassung muß der Täter den anderen **zur Unzucht mißbrauchen.** Das entspricht der Entwicklung der Rechtspr.

Unzucht zwischen Männern

175. Ein Mann, der mit einem anderen Mann Unzucht treibt oder sich von ihm zur Unzucht mißbrauchen läßt, wird mit Gefängnis bestraft.

Bei einem Beteiligten, der zur Zeit der Tat noch nicht einundzwanzig Jahre alt war, kann das Gericht in besonders leichten Fällen von Strafe absehen.

I. Ueber das **Schutzobjekt** herrscht Streit. Ausführlich Düsseldorf JR **47** 170: nicht das Einzelindividuum, sondern das allgemeine Wohl des deutschen Volkes in seiner sittlichen und gesundheitlichen Kraft sowie in der Integrität seiner Verwaltung. Ebenso insoweit im wesentlichen OLG. Hessen GrSen. HESt. **1** 301, Hamburg HESt. **1** 55: „Volksgesundheit und vor allem Sittlichkeit". Dagegen sieht der Strafsenat Frankfurt (zit. in HESt. **1** 289) das geschützte Rechtsgut in der eigenen Sittlichkeit des Täters. Vgl. Vorbem. II.

II. Die §§ 175 und 175a beruhen auf dem G. v. 28. 6. 35, Art. 6. Neu ist, daß 1. nach § 175 n. F. auch die **nicht beischlafsähnlichen** unzüchtigen Handlungen zwischen Männern strafbar werden sollten und daß 2. **schwerere Fälle** nach § 175a unter strengere Strafe gestellt sind. — Vgl. andererseits StPO. § 154 b: wer den § 175 übertreten hat, ist oft Erpressungen ausgesetzt; § 154 b will ihm die Scheu nehmen, den Erpresser anzuzeigen, indem er die Möglichkeit gibt, die Straftat, die der Anzeiger begangen hat, (also die Verfehlung gegen § 175) unverfolgt zu lassen.

III. Die **Fortgeltung** der Neufassung ist zweifelhaft. Thüringen 1945 ist zur alten Fassung zurückgekehrt. K o h l r a u s c h (Textausgabe 1. Aufl. 1947) hat den gleichen Standpunkt vertreten. Er weist darauf hin, daß die Verschärfung des Gesetzes infolge des besonderen Anreizes, den die Männer- und Jünglingsbünde des Nationalsozialismus für dieses Laster boten, nötig geworden sei. Die Rückkehr zur alten Fassung empfehle sich auch deshalb, weil die Rechtsprechung des RG. gezeigt habe, wie schwierig die Abgrenzung des neuen Tatbestandes sei. Wie in der Vorauflage dieses Kommentars dargelegt, nahm die Rechtspr. des RGer. zunächst an, der Körper des anderen Mannes müsse irgendwie durch k ö r p e r l i c h e B e r ü h r u n g „in Mitleidenchaft gezogen" sein. Bald darauf aber hielt man solche a u c h o h n e k ö r p e r l i c h e B e r ü h r u n g für möglich, strafte also nicht nur die wechselseitige, sondern auch die gleichzeitige Onanie. Diese straflos zu lassen entspreche nicht dem Sinne des Gesetzes. So (nach anfänglichem Schwanken) E. **73** 78, JW. **39** 541. Der Gefahr, daß hierbei „der an sich schon sehr weit gefaßte Tatbestand des § 175 uferlos werde" müsse durch vernünftige Auslegung des Wortes „Unzucht" begegnet werden. Betrachten des bloßen Körpers sei noch nicht Unzucht. Ebenso hat für § 175 a der 4. Senat in E. **74** 77 entschieden, daß Unzucht vor anderen noch nicht U. mit anderen sei. Gegenteilig wieder E. **70** 316, wo sich zeigt, daß es schwer ist, auf diesem Wege der Pönalisierung von Jugendsünden haltzumachen! Allerdings will gerade umgekehrt Hamburg HESt. **1** 55 = SJZ. **47** 554 (Anm. Leß) — ebenso LG. Konstanz DRZ. **48** 15 — die Neuregelung mit der Unsicherheit der früheren Begriffsbestimmung „beischlafähnliche Handlung" rechtfertigen. Das Urteil will einen Mittelweg zwischen der engen alten und der weiteren, neuen Auslegung gehen, indem es „zeitlich länger andauernde, nicht nur einmalige" Betätigung fordert. Es folgert dies aus dem Wort „Unzucht treiben"; zustimmend OGHE. **1** 126 = SJZ. **49** 281. Aber auch diese Lösung wird wegen der „begrifflichen Unsicherheit", die sie mit sich bringe, abgelehnt: Hamm HESt. **1** 294. Technische Gründe können hiernach für keine der verschiedenen Meinungen ausschlaggebend sein, wobei freilich der Natur der Sache nach mit jeder Erweiterung des Begriffes die Unsicherheit der Abgrenzung zunimmt. Entscheidend muß vielmehr die Frage sein, wieweit die Neufassung typisch nationalsozialistisch war und wieweit sie gesetzgeberische Fortschritte enthält.

Braunschweig HESt. **1** 51 entnimmt der Gesetzesgeschichte, daß die Neufassung auf altes, nicht n. s. Gedankengut zurückgreife, übersieht dabei aber, daß dies nur für die qualifizierten Fälle zutrifft und daß die Entwürfe bis einschließlich 1936 für den einfachen Fall die Rechtsprechung legalisieren wollten, die den Begriff auf beischlafsähnliche Handlung beschränkt hatte. Man kann daher nicht mit dieser Entscheidung eine kontinuierliche Linie von den früheren Entwürfen bis zur Neufassung ziehen. Andererseits enthält das Gesetz aber auch nicht, wie Labin MDR. 48, 61 meint, einen durchgängigen Bruch mit der Entwicklung. Vielmehr entspricht die Einfügung des § 175 a der allgemeinen, auf verstärkten Schutz gegen Mißbrauch, Gewerbsmäßigkeit usw. gerichteten Tendenz, während die Erweiterung der Strafbarkeit in § 175 den früheren Entwürfen wie der allgemeinen kulturpolitischen Entwicklung widerspricht. Die Bestrafung der einfachen Homosexualität ist keineswegs in allen Kulturstaaten anerkannt. Die kriminalpolitischen Erfolge auf diesem Felde sind mehr als fragwürdig. Die Rechtsvergleichung zeigt eine allgemeine Tendenz zur Verengung, wenn nicht, wie in der Schweiz und im deutschen Entw. 1930, zur Abschaffung des Grundtatbestandes.

Wenn demgegenüber die Neufassung des § 175 eine Ausdehnung des Begriffes bezweckte, so entsprang dies, wie Kohlrausch a. a. O. mit Recht hervorhebt, den besonderen damaligen Verhältnissen und Erfordernissen. Die Neufassung kann daher nur Bestand haben, wenn sie entgegen dieser gesetzgeberischen Absicht in dem engeren, der „Tradition" (Frank) entsprechenden Sinn der alten Fassung ausgelegt werden kann. Allerdings wollten schon die Motive der Entwürfe vor 1933 mit dem Ausdruck „Unzucht treiben" über die beischlafsähnliche Handlung hinausgehen; sie wollten aber damit auch die qualifizierten Fälle von den einfachen abheben. So ausdrückliche Begr. zu E. 27, S. 148. Nachdem aber das Gesetz von 1935 den weiter gedachten Begriff auch für die einfache Unzucht übernommen hat, ist gegenüber der insoweit typischen n. s. Zweckbestimmung auf den ursprünglichen Sinn des Wortlautes zurückzugehen. Zutr. verweist Hamburg HESt. **1** 55 in diesem Zusammenhang auch auf MRG. 1 Ziff. 4 und 6.

Der Wortsinn zwingt zur Erweiterung des Begriffes nicht. Wenn ein Mann mit einem anderen Mann „Unzucht treibt", so ist das für den unbefangenen Sprachgebrauch nichts anderes als „widernatürliche", — nämlich homosexuelle im Gegensatz zur heterosexuellen — Unzucht im Sinne der alten Fassung, d. h. beischlafsähnliche Handlung. Der von Hamburg und LG. Konstanz a. a. O. unternommene Vermittlungsversuch zwischen der alten und der neuen Auslegung stellt es auf ein bloß quantitatives Moment ab (Häufigkeit) und trifft daher nicht den entscheidenden Punkt. Nur bei vollständiger Rückkehr zur alten, durch die Entwürfe legalisierten Auslegung des Begriffes ist die Neufassung des § 175 zu halten. Ist dies jedoch nach dem Ausgeführten möglich, so ist es um der Achtung vor dem Gesetzesbestand willen auch geboten; vgl. auch die Erwägungen von Braunschweig HESt. **1** 50 über den aus der Nichtaufhebung einer Bestimmung zu ziehenden Gegenschluß auf ihre Beibehaltung. Vor allem ist aber nur so die sicherlich erwünschte Möglichkeit gegeben, den Minderjährigen in besonders leichten Fällen straflos zu lassen. (Abs. 2 der neuen Fassung). Andererseits steht nichts im Wege, die Ausdrücke „Unzucht treiben" und „sich zur Unzucht mißbrauchen lassen" in den Fällen des § 175 a weiterhin im Sinne „jeder unzüchtigen Handlung" (Begr. E. **27** 148) auszulegen. Denn hier gilt die Auslegungssperre nicht, und zwar unabhängig von der Frage, ob § 175 a ein del. sui generis oder eine bloße Qualifikation des Grundtatbestandes ist. Hierüber vgl. § 175 a, Anm. I. Wohl aber ist auch insoweit die uferlose Ausdehnung, die die Rechtsprechung nach 1935 diesem Begriff gegeben hat, einzudämmen. Darüber § 174 Anm. VI. Vgl. ferner NJW. 49, 695 ff. über die hier zugrunde liegenden allgemeinen Auslegungsfragen, sowie Halle NJW. **49** 519.

Das gebotene **Ergebnis** ist die Rückkehr zu der vornationalsozialistischen Rechtsprechung (RGRspr. **1** 633; **4** 493; E. **6** 211, **23** 289, **34** 246, **64** 109). In ihr finden sich die von E. **69** 273 behaupteten grundsätzlichen Widersprüche nicht. Gegenseitige Masturbation fällt danach nicht unter § 175. AA. OGHE. **1** 126.

IV. Ein besonders leichter Fall (gedacht ist an jugendliche Verirrungen) ist nicht anzunehmen, wenn gleichzeitig gegen § 176 Nr. 3 verstoßen ist: E. **71** 246.

Schwere Unzucht zwischen Männern

175a. Mit Zuchthaus bis zu zehn Jahren, bei mildernden Umständen mit Gefängnis nicht unter drei Monaten wird bestraft:

1. **ein Mann, der einen anderen Mann mit Gewalt oder durch Drohung mit gegenwärtiger Gefahr für Leib und Leben nötigt, mit ihm Unzucht zu treiben oder sich von ihm zur Unzucht mißbrauchen zu lassen;**
2. **ein Mann, der einen anderen Mann unter Mißbrauch einer durch ein Dienst-, Arbeits- oder Unterordnungsverhältnis begründeten Abhängigkeit bestimmt, mit ihm Unzucht zu treiben oder sich von ihm zur Unzucht mißbrauchen zu lassen;**
3. **ein Mann über einundzwanzig Jahre, der eine männliche Person unter einundzwanzig Jahren verführt, mit ihm Unzucht zu treiben oder sich von ihm zur Unzucht mißbrauchen zu lassen;**

4. ein Mann, der gewerbsmäßig mit Männern Unzucht treibt oder von Männern sich zur Unzucht mißbrauchen läßt oder sich dazu anbietet.

I. Die **Fortgeltung** des § 175 a wird mit Recht von der herrschenden Meinung bejaht (OLG. Hessen GrSen. HESt. **1** 299, OGH. SJZ. **49** 278 = OGHE. **1** 126. AA. Halle (vgl. NJW. **49** 519. Dazu oben § 175 III). Bestritten aber ist, ob er unter die Sperrvorschriften fällt. Dagegen Hamburg DRZ. **47** 417, Düsseldorf MDR. **48** 59, Tübingen MDR. **49** 185, Steidle SJZ. 46, 118, v. Weber SJZ. 46, 239, Werner DRZ. 46, 74, weil § 175 a einen neuen und anderen Tatbestand gegenüber § 175 a. F. aufstelle. Differenzierend (nur Ziff. 4 3. Tatbestand sei neu) Kohlrausch Textausgabe 1. Aufl. Bloße Verschärfung des Strafrahmens und damit Anwendung der AAfR. Nr. 1 nehmen an Oldenburg SJZ. **46** 96 (Anm. Steidle), Braunschweig SJZ. **46** 119, Kiel DRZ. **47** 198. Weitere Rspr. in HESt. **1** 299. Der letzteren Meinung ist wegen der Gleichheit des wesentlichen Rechtsgutes der Vorzug zu geben, und zwar aus den Gründen der HESt. **1** 302 für alle Untertatbestände. Ebenso OGHE. **1** 126.

Damit entsteht die weitere Frage, in welchem Umfang die Sperrvorschriften eingreifen. Die hier übliche Erörterung der Rechtsnatur der AAfR. (ob bloße Ermessensanweisung an den Richter oder materielle Gesetzesänderung) führt, wie Gallas zutr. bemerkt (DRZ. 49, 209), nicht weiter, da die AAfR. und das deutsche System einander nicht angepaßt sind. Daher können auch Eingriffe in das System des deutschen Rechts ohne zwingenden Grund nicht angenommen werden; dies gilt bes. für die Dreiteilung des § 1 StGB. So im Ergebnis auch OGHE. **1** 126 sowie Hessen (Gr.Sen.) NJW. **49** 913 (Anm. Pracht).

Wohl aber ist die AAfR. in sich systematisch zu gliedern. Das Verhältnis von Abs. a) und Abs. b) ist das von Regel und Ausnahme. Die Regel ist die Ermessensfreiheit vorbehaltlich des Verbots grausamer oder übermäßig hoher Bestrafung. Die Ausnahme des Abs. b), die starre Bindungen setzt, ist daher mit OGHE. **1** 126 — gegen OLG. Hessen, Gr.Sen., HESt. **1** 299 (300) und Reinicke MDR. 49, 141 (dort weitere Lit.) — strikt zu interpretieren und auf die Höchststrafen (allerdings einschließlich der Nebenstrafen und der Strafschärfung des § 20 a, so schon Gallas a. a. O.) zu beschränken. Für alle übrigen Fragen ist von Fall zu Fall die Regel des Abs. a) heranzuziehen. Danach erscheint weder die Mindeststrafe übermäßig hoch, zumal mildernde Umstände zur Verfügung stehen, noch die Strafbarkeit des Versuchs, die Unanwendbarkeit des § 27 b, oder die lange Verjährungsfrist.

II. Unzucht treiben hier gleichbedeutend mit: „unzüchtige Handlungen vornehmen". Vgl. hierüber Anm. III zu § 175; freilich auch Anm. VI zu § 174.

III. Ein **Abhängigkeitsverhältnis** muß bestehen, z. B. ein dienstl. Vorgesetztenverhältnis, DJ. **37** 245; und dieses muß **mißbraucht,** d. h. dazu benutzt worden sein, den anderen in eine Zwangslage zu bringen, unter deren Druck er sich dem Willen des Täters beugt. E. **71** 8. „Verführung" ist hier nicht nötig.

IV. Die **Altersgrenzen** sind formal zu beachten. Reife des Verführers und Unreife des Verführten bedürfen nicht besonderer Feststellung. Nach E. **76** 77 ist auch kein bes. Tätertyp vorausgesetzt.

V. **„Verführen"** heißt (entspr. § 182) „irgendwie auf den Willen des Minderjährigen einwirken, um diesen zu der Unzucht, die er an sich nicht will, geneigt zu machen, und dabei die geschlechtliche Unerfahrenheit oder geringere Widerstandskraft des Minderjährigen ausnutzen. Von Verführung kann daher nicht die Rede sein, wenn der Minderjährige ohne Beeinflussung seines Willens zur U. bereit gewesen ist und sich dazu ohne weiteres preisgegeben hat. Anders als nach § 182 braucht das Opfer hier nicht unbescholten zu sein; doch kann daraus, daß der Jugendliche selbst gleichgeschlechtlich veranlagt ist und sittlich bereits vorher verdorben war, unter Umständen geschlossen werden, daß er von sich aus zur U. bereit gewesen ist, daß es also bei ihm keiner Verführung bedurft hat": so E. **70** 199, **71** 111. — Solches „verführen" zu strafen, also die **Beseitigung sittlicher Hemmungen**, die der Minderjährige gegen ein bewußtes gleichgeschlechtliches Tun oder Dulden hat, ist der **Grundgedanke** der Nr. 3. — **Strafbarer Versuch**, wenn mit dem Verführen begonnen wird, d. h. mit den Einwirkungen, die die sittlichen Hemmungen schwächen und Lustgefühle wecken sollen. Vgl. E. **71** 47. Noch weiter geht DR. 39, 363: Eine dem Wunsche des Jungen entsprechende Einladung nach Berlin i. Vbdg. mit Maßnahmen zwecks sofortiger Durchführung der Reise sei „Anfang der Verführung". — Auch wenn der Täter nicht wußte, daß der andere schon von sich aus zur Unzucht bereit war: E. **70** 199. — **Wiederholte** Verführung desselben Minderjährigen ist möglich, falls geschlechtliche Unerfahrenheit und geringere Widerstandskraft fortdauern; sie bedarf aber im Einzelfall näherer Begründung. E. **71** 111, HRR. **40** 185. — **Konkurrenz:** ein vollendetes Verbrechen gegen 175 a, 3 zehrt den Tatbestand des § 175 auf; ein versuchtes dagegen kann mit einem vollendeten Vergehen gegen § 175 ideell konkurrieren (§ 73): HRR. **40** 462.

VI. **Drei Tatbestände enthält Nr. 4.** In den ersten beiden ist Gewerbsmäßigkeit ein Grund, die Strafe des § 175 zu erhöhen; im 3. Fall („sich anbieten") begründet sie erst die Strafbarkeit. In den Fällen 1 und 2 bedeutet **„gewerbsmäßig"** das gleiche wie in den anderen Straferhöhungsstellen (§§ 260, 292, 302 d): Absicht, aus wiederholter Begehung eine ständige Einnahmequelle zu machen; deshalb auch dem gleichen Manne gegenüber möglich (HRR. **38** 348, **39** 1438). Im 3. Fall ist dagegen Wahllosigkeit Tatbestandsvoraussetzung: erst sie begründet den Tätertyp des „Strichjungen", wie bei der Frau den der „Dirne"; erst sie macht den Einzelfall strafbar.

VII. **Versuch** strafbar, da § 175 a Verbrechen. Vgl. Anm. I sowie Hessen (Gr.Sen.) NJW. **49** 914 mit Uebersicht über die Rspr. Abw. insoweit die Anm. Pracht a. a. O.

Unzucht mit Tieren

175b. Die widernatürliche Unzucht, welche von Menschen mit Tieren begangen wird, ist mit Gefängnis zu bestrafen; auch kann der Verlust der bürgerlichen Ehrenrechte erkannt werden.

I. Die Strafbestimmung gegen sog. „Sodomie" i. e. S. setzt „beischlafähnliche Handlungen" voraus. Freilich genügen nach E. **71** 280, 350 Handlungen, die unter körperlicher Berührung des Tieres erfolgen und der geschlechtlichen Befriedigung oder Erregung des Täters oder sogar eines Zuschauers dienen sollen. Will er nur die Geschlechtslust des Tieres befriedigen (z. B. zu tierärztlichen oder experimentellen Zwecken), so ist nach E. 73 88 der TB. des § 175 b nicht gegeben.

II. Gegen die Weitergeltung der Neufassung (Ges. v. 28. 6. 35) bestehen keine Bedenken.

Nötigung zur Unzucht. Unzucht mit Kindern

176. Mit Zuchthaus bis zu zehn Jahren wird bestraft, wer

1. mit Gewalt unzüchtige Handlungen an einer Frauensperson vornimmt oder dieselbe durch Drohung mit gegenwärtiger Gefahr für Leib oder Leben zur Duldung unzüchtiger Handlungen nötigt;

2. eine in einem willenlosen oder bewußtlosen Zustande befindliche oder eine geisteskranke Frauensperson zum außerehelichen Beischlafe mißbraucht, oder

3. mit Personen unter vierzehn Jahren unzüchtige Handlungen vornimmt oder dieselben zur Verübung oder Duldung unzüchtiger Handlungen verleitet.

Sind mildernde Umstände vorhanden, so tritt Gefängnisstrafe nicht unter sechs Monaten ein.

I. **Täter** zu 1 u. 3 kann auch eine Frau sein. Zu 2 behaupteten manche bisher insofern gleiches, als sie mittelbare Täterin sein könne (z. B. indem sie einen Geisteskranken anstifte). Dies absurde Ergebnis wurde freilich durch E. **71** 364 (Anm. 4 zu § 47), nahegelegt, wonach man auch einen fremden B. „als eigenen wollen" könne. Es erledigt sich jetzt durch die Neufassung der §§ 48, 49.

II. Ueber **Gewalt** vgl. § 240 Anm. III. Aber Versetzung in einen willen- oder bewußtlosen Zustand genügt hier nicht, wie die Gegenüberstellung zu § 177 zeigt. Auch muß sich die Gewalt unmittelbar gegen die Mißbrauchte selbst richten. Vgl. E. **60** 117. Nicht bei überraschender Vornahme ohne Gewalt: Recht **43** 2059.

III. **Unzüchtige Handlung:** Siehe § 174 Anm. VI. Daß für Nr. 3, zweite Begehungsform, bei der unzüchtigen Handlung, zu deren Verübung das Kind verleitet wird, keine sexuellen Beweggründe vorausgesetzt werden, ändert nichts daran, daß sie beim Täter Voraussetzung der Strafbarkeit sind. — So auch das RG. (ständig, vgl. die Uebersicht E. **73** 246). Anders jetzt OGHBrZ. in SJZ. **49** 284; hiergegen überzeugend Niethammer a. a. O. Sp. 285 ff. — Im übrigen wird die Grenze nach dem Gebiet des bloß Unanständigen zu beachten bleiben. Einige Urteile kommen ihr sehr nahe. Vgl. E. **70** 316, **73** 211: „entsprechende Stellung des Fingers in der Hosentasche".

IV. **Gefahr** usw.: Anm. III und IV zu § 52.

V. **„Erduldung"**; nicht etwa „Geschehenlassen": E. **26** 278.

VI. Der Wille einer **Geisteskranken** ist unbeachtlich, ihr „Einverständnis mit einem ihr zugemuteten Geschlechtsverkehr also immer bedeutungslos" (E. 70 32). Geistesschwäche ist „Geisteskrankheit", wenn es sich i. e. S. um Idiotie, Imbezillität oder Debilität (psychiatrische Fachausdrücke) handelt. Darüber hinaus läßt E. **70** 32, HRR. **39** 722 angeborenen

Schwachsinn zur Anwendung von § 176 Nr. 2 nur dann genügen, wenn er „einen solchen Grad erreicht hat, daß die Frau außerstande ist, zwischen einer dem Sittengesetz entsprechenden und einer ihm widerstreitenden Befriedigung des Geschlechtstriebs zu unterscheiden und dem an sie gestellten Verlangen eines außerehelichen Beischlafs mit freier Entschließung zu begegnen".

Hat der Täter den Zustand zum Zweck des Beischlafs hervorgerufen, so ist § 177 gegeben.

VII. Die Nr. 3 umfaßt **drei Tatbestände:** 1. Vornahme e. unzücht. Hdlg. mit einem Kinde; 2. Verleitung desselben zur Verübung oder 3. zur Duldung e. unzücht. Hdlg. — **Zu 1:** Daß die Handlung nur angesichts oder in Gegenwart des Kindes vorgenommen, genügt nicht (hier u. U. Fall 3, ferner §§ 183 u. 185). Der Körper des Kindes muß irgendwie in Mitbeteiligung gezogen sein. „Mit" bedeutet hier „an", nicht bloß „vor" oder „gleichzeitig mit". Vgl. E. **70** 224, DR. **43** 234. — **Zu 2** ist solche Mitbeteiligung nicht vorausgesetzt. Bedeutsam (bes auch für Bestrafung von sog. Exhibitionisten) ist folgendes: Die neuere Rechtspr. sieht „Verübung einer unzüchtigen Handlung" durch ein Kind auch darin, daß dieses „geflissentlich (also nicht arglos) einen Vorgang betrachtet, der das Scham- und Sittlichkeitsgefühl in geschlechtlicher Beziehung verletzt; ob sich das Kind dabei des Unzüchtigen seiner Handlungsweise bewußt wird, ist unerheblich". Die Rechtspr. sieht ferner eine „Verleitung" hierzu in jeder „Einwirkung auf den Willen des Kindes in der Richtung, daß das Kind die Handlung — hier also das geflissentliche Betrachten des schamverletzenden Vorgangs — freiwillig vornimmt". Vgl. E. **73** 246 mit neueren Vorentscheidungen. — Ebenso — mit einschränkender Tendenz — Hamburg HESt. **1** 60, Frankfurt NJW. **49** 32, Braunschweig NJW. **47** 109 und **49** 31, dazu Anm. Loewenheim. Gelinge es dem Täter nicht, das Kind zu einem geflissentlichen, freiwilligen Hinsehen zu veranlassen, so könne Versuch gegeben sein. So auch Hamburg HESt. **1** 61, mit berechtigter Warnung vor Ueberspannung. Das Treiben der Exhibitionisten an nicht-öffentlichem Ort (andernfalls § 183) läßt sich auf diesem Wege strafen, ohne daß „mit" einem Kind in „vor" einem Kind umgedeutet zu werden braucht. Zweifelhaft bleibt, wie das „geflissentliche", das „freiwillige" von dem „arglosen" Betrachten zu unterscheiden ist, wenn bei jenem das Bewußtsein des „Unzüchtigen" belanglos sein soll. Wertvoll hierzu Niethammer SJZ. 49, 286. Zu beachten ferner, daß dies Absehen von dem Bewußtsein, das eigene Tun sei unzüchtig, nur hier zu rechtfertigen ist, nicht auch in den Fällen, in denen Unzucht Gegenstand der Bestrafung ist (vgl. Anm. V zu § 174). Eine vorläufige Notlösung bleibt die reichsgerichtliche Konstruktion. Beachtliche Bedenken hiergegen freilich bei LG. Hannover MDR. **49** 634: Das — wenn auch geflissentliche — Betrachten des Vorganges durch das Kind sei keine Handlung. Abzulehnen jedenfalls OGH. in SJZ. **49** 284, der weder eigene wollüstige Absicht, noch die Absicht, Wollust hervorzurufen, verlangt. Vgl. Anm. III. — Zu 3 führt das zu 2 Gesagte dahin, daß die Verleitung eines Kindes, sich auszuziehen, u. U. (d. h. je nach den Zwecken des Verleiters) die Verleitung dazu bedeutet, e. unzücht. Hdlg., nämlich des Betrachters, zu dulden. Dann müßte freilich auch (entgegen E. **6** 116) schon die Verleitung zum Anhören unzüchtiger Aeußerungen genügen. — In allen Fällen ist es belanglos, ob das Kind das Bewußtsein hatte, daß die Handlung unzüchtig sei (E. **22** 33). — Zu 2 und 3 ist es, soweit zu der unzücht. Hdlg. außer dem Kind noch ein anderer gehört (z. B. als Betrachter oder Betrachteter), belanglos, ob dieser andere der Verleiter oder ein Dritter ist (E. **20** 30).

VIII. Zum **Vorsatz** des Täters ist erforderlich, daß 1. dieser das Bewußtsein von der Unzüchtigkeit der Handlung hatte; belanglos freilich ist ein Irrtum über den Rechtsbegriff „unz. Hdlg.". — Erforderlich 2., daß der Täter das Alter des Kindes kannte. Bedingter Vorsatz (§ 59 Anm. III 3) genügt, Fahrlässigkeit nicht. D. h.: strafbar ist, wem das Alter des Kindes unbekannt, aber auch gleichgültig war (E. **75** 128); straflos, wer d. frühreife Kind f. älter hielt u. halten durfte und nur im Vertrauen hierauf handelte. Diese Grenzziehung ist theoretisch klar, der Beweis des bedingten Vorsatzes freilich gerade hier schwierig. Im Interesse des Kinderschutzes dürfen die Anforderungen an ihn nicht überspannt werden.

IX. Idealkonkurrenz zwischen den einzelnen Ziffern des § 176 ist möglich. Ebenso z. B. zwischen § 176 Ziff. 3 und § 240: E. **11** 387. Dagegen ist § 176 Sondergesetz gegenüber § 185: E. **65** 337, **68** 25, **70** 333, **71** 376, **73** 211. Vgl. auch § 182 A. 4. — Gegenüber § 175 a Nr. 3 ist § 176 Nr. 3 keine Sondervorschrift, vielmehr § 73. DJ. **37** 1039. — Bei Fortsetzung der Tat über das 14. Jahr hinaus kann mit § 173 weder Tateinheit noch Fortsetzungszusammenhang angenommen werden, da die verletzten Rechtsgüter verschiedene sind. E. **57** 140.

Notzucht

177. Mit Zuchthaus wird bestraft, wer durch Gewalt oder durch Drohung mit gegenwärtiger Gefahr für Leib und Leben eine Frauensperson zur Duldung des außerehelichen Beischlafs nötigt oder wer eine Frauensperson zum außerehelichen Beischlafe mißbraucht, nachdem er sie zu diesem Zwecke in einen willenlosen oder bewußtlosen Zustand versetzt hat.

Sind mildernde Umstände vorhanden, so tritt Gefängnisstrafe nicht unter einem Jahre ein.

I. Zwei Tatbestände: a) Nötigung zur Duldung, b) Mißbrauch einer willenlos Gemachten. Täter zu a) kann auch eine Frau sein, da der Nötiger nicht personengleich mit dem zu sein braucht, der den Akt vornimmt. Zu b) vgl. wegen mittelbarer Täterschaft Anm. I zu § 176.

II. Gewalt: vgl. Anm. III zu § 240.

III. Drohung: vgl. § 52 Anm. III. Nicht: Warnung; Celle Nds. Rpfl. **47** 64.

IV. Konkurrenz: §§ 176, 1 und 177 sind Sondergesetze gegenüber § 185: E. **65** 337. Mit § 176 Ziff. 1 steht § 177, soweit Notzucht durch Drohung nur in Gesetzeskonkurrenz (1. specialis); dagegen ist Idealkonkurrenz möglich, falls Notzucht durch Gewalt und Nötigender und Konkumbent nicht identisch. GeschlKrankG. v. 18. 2. 27 § 5 ist gegenüber dem § 177 („härtere Strafe") subsidiär (nicht IdKonk.): E. **59** 147. — Bei freiwilligem Rücktritt (§ 46) vom Versuch des § 177 kann § 176 Nr. 1 strafbar bleiben. E. **23** 225.

178. Ist durch eine der in den §§ 176 und 177 bezeichneten Handlungen der Tod der verletzten Person verursacht worden, so tritt Zuchthausstrafe nicht unter zehn Jahren oder lebenslängliche Zuchthausstrafe ein.

Auch bei bloß versuchter Notzucht ist, wenn sie den Tod verursacht, die Strafsteigerung anwendbar. E. **69** 332. Anders früher E. **40** 325. IdKonk. mit § 211: HRR. **39** 122. Vgl. auch betr. Raub E. **62** 422.

Verleitung zum außerehelichen Beischlaf

179. Wer eine Frauensperson zur Gestattung des Beischlafs dadurch verleitet, daß er eine Trauung vorspiegelt oder einen anderen Irrtum in ihr erregt oder benutzt, in welchem sie den Beischlaf für einen ehelichen hielt, wird mit Zuchthaus bis zu fünf Jahren bestraft.

Sind mildernde Umstände vorhanden, so tritt Gefängnisstrafe nicht unter sechs Monaten ein.

Die Verfolgung tritt nur auf Antrag ein.

Gegenüber § 185 ist § 179 Sonderfall. Ist die Verletzte eine Ehefrau, so ist also kein Strafantrag des Mannes nötig. E. **19** 250. Dagegen E. **24** 201

Kuppelei

180. Wer gewohnheitsmäßig oder aus Eigennutz durch seine Vermittelung oder durch Gewährung oder Verschaffung von Gelegenheit der Unzucht Vorschub leistet, wird wegen Kuppelei mit Gefängnis nicht unter einem Monate bestraft; auch kann zugleich auf Geldstrafe, auf Verlust der bürgerlichen Ehrenrechte sowie auf Zulässigkeit von Polizeiaufsicht erkannt werden. Sind mildernde Umstände vorhanden, so kann die Gefängnisstrafe bis auf einen Tag ermäßigt werden.

Als Kuppelei gilt insbesondere die Unterhaltung eines Bordells oder eines bordellartigen Betriebs.

Wer einer Person, die das achtzehnte Lebensjahr vollendet hat, Wohnung gewährt, wird auf Grund des Abs. 1 nur dann bestraft, wenn damit ein Ausbeuten der Person, der die Wohnung gewährt ist, oder ein Anwerben oder ein Anhalten dieser Person zur Unzucht verbunden ist.

I. Kuppelei begeht, wer durch seine Vermittelung oder durch Gewährung oder Verschaffung von Gelegenheit der U. Vorschub leistet. **Strafbar** ist K. nur, wenn sie entweder gewohnheitsmäßig oder aus Eigennutz (§ 180) oder mit hinterlistigen Kunstgriffen oder an bestimmten Personen (§ 181) begangen wird. — Der § 16 Geschl.KrankhGes. v. 18. Februar 1927 hat die Abs. 2 und 3 hinzugefügt. Grund: Da durch Abänderung von § 361, 6 die Reglementierung der Prostitution beseitigt ist, verbietet Abs. 2 die Bordelle. Auch strafbar ist die Prostitution als solche nicht mehr. Um aber den Prostituierten das Mieten einer Wohnung zu ermöglichen und die Unzucht nicht auf die Straße und in die Familien zu drängen, ist das bloße Wohnungvermieten nach Abs. 3 nur noch dann als K. strafbar, wenn an Jugendliche vermietet wird.

II. Der **Verkuppelte** kann wegen **Anstiftung** strafbar sein (E. **25** 369, str.); wegen **Beihilfe** nur, wenn sein Tun über das beförderte Unzuchttreiben

(d. h. über sog. notwendige Teilnahme) hinausgeht: HRR. **39** 1379. Zu diesem Begriff und den Bedenken gegen die Rspr.: Lange, Notw. Teilnahme S. 79 ff.

III. **Eigennutz** bei Ausbedingung besonderer Vorteile für die kupplerischen Dienste. Wohnungsmiete gehört jetzt nur noch unter den Voraussetzungen des Abs. III hierher.

IV. **Vorschub leistet**, wer günstigere Bedingungen für die Verübung der Unzucht schafft, entweder a) durch seine Vermittlung, d. h. dadurch, daß er Personen zur U. zusammenbringt; oder b) durch Gewährung oder Verschaffung von Gelegenheit, z. B. durch Ueberlassung eines Zimmers. Anderes Vorschubleisten (z. B. engeltliche Ueberlassung von Reizmitteln: DJ. **37** 897) ist nicht Kuppelei. — Belanglos ist, ob es nachher zur U. kommt oder nicht; es genügt, daß ein Teil dazu bereit war. E. **44** 176. Ferner: Wohnungvermieten an Prostituierte unter 18 Jahren: E. **26** 40, **41** 225. Absteigequartier: **62** 221. Anwerbung von Mädchen für ein Bordell: E. **15** 361. Ermöglichung der persönlichen Annäherung: E. **20** 201. Geldhingabe an einen Mann, um das Mädchen bezahlen zu können: E. **51** 46. Auch möglich durch vorsätzliches **Unterlassen** pflichtmäßigen Handelns: E. **7** 118 Eine solche Pflicht besteht für den Vermieter der Wohnung, in der von Personen unter 18 Jahren Unzucht getrieben wird (er hat nach erlangter Kenntnis von dem Treiben zu kündigen); bei einer Person über 18 Jahre nur, wenn diese im Haushalt des Vermieters lebt: E. **67** 314; ebenso auch f. d. **Ehemann** der Frau gegenüber, wenn er tatsächlich in der Lage ist, das Treiben der Frau zu hindern: E. **22** 332, **48** 196, **58** 97 u. 226 (eine auf § 1354 BGB. gestützte Klage sei dem Ehemann nicht ohne weiteres zuzumuten). Daß der Ehemann fürchtet, von seiner Frau, falls er deren Gewerbsunzucht entgegentritt, wegen eines Verbrechens angezeigt zu werden, begründet für ihn keine schuldausschließende Notlage: E. **72** 19. — Nach HHR. **40** 41 hat die **Ehefrau** als Leiterin des gemeinschaftlichen Hauswesens (BGB. § 1356) die Pflicht, die Unzucht ihres Mannes innerhalb der ehelichen Wohnung zu verhindern. Dem Ergebnis kann, je nach der Sachlage, zugestimmt werden; der Begründung nicht. Sie entspringt offenbar der nicht mehr vertretbaren Meinung, bei Unterlassungsdelikten müsse die Handlungspflicht in irgendeinem geschriebenen Gesetz verankert sein. — Die Hinderung der **Kinder durch die Eltern** muß sowohl möglich wie zumutbar sein: E. **67** 314, **77** 125, JW. **39** 400. Unzumutbar: der Liebhaber der Tochter drohte, sie würden beide sich das Leben nehmen; unzumutbar, gegen den eigenen Sohn Polizeischutz zu erbitten. Zutreffend hierzu Rutkowsky in DR. **39** 1041: bei unechten Unterlassungsdelikten müsse nach wie vor die Zumutbarkeit positiven Handelns, nicht nur seine Möglichkeit geprüft werden. — „Vermittlung oder Gewährung oder Verschaffung von Gelegenheit" sind nicht scharf zu unterscheiden, weshalb Wahlfeststellung zulässig ist.

V. **„Unzucht"** im Sinne der §§ 180, 181 ist „jedes gegen Zucht und Sitte verstoßende, nicht auf die Person des Unzuchttreibenden beschränkte Verhalten im Bereiche des geschlechtlichen Umgangs, den Verkehr zwischen Ehegatten ausgenommen": E. **44** 176. Vgl. E. **8** 172, aufrechterhalten in E. **71** 13: Beischlaf von Verlobten; grundsätzlich ebenso in JW. **37** 2386. Hiergegen überzeugend das Urteil des AG. Cottbus in DJ. **37** 1320. Abwägend nach den Umständen des Falls (Alter, örtliche Anschauungen usw.): DR. **39** 1146 m. Anm. Erik Wolf; HRR. **39** 587. So auch Rundverfügung des fr. RJM. v. 21. 3. 39, mitgeteilt in DStrR. 39, 214. — **Irrtum** über den Begriff „Unzucht" soll nach E. **8** 172 die Schuld nicht ausschließen, obwohl die Vorinstanz darauf hingewiesen hatte, daß die gemeinrechtliche und die frühere württembergische Gesetzgebung den geschl. Umgang unter Velobten n i c h t der gewöhnlichen Unzucht gleichstellten; aufrechterhalten in E. **71** 13, wo die gegenteilige Stellungnahme der Entwürfe für das geltende Recht ausdrücklich abgelehnt wird. Mit Recht weist demgegenüber die zit. RVerf. darauf hin, daß schon zum B e g r i f f d e r U n z u c h t das B e w u ß t - s e i n gehöre, gegen die Gebote sittlicher Zucht zu verstoßen.

VI. Bordell ist ein auf Gewinnerzielung gerichtetes Unternehmen, dessen Inhaber Dirnen, die in einem wirtschaftlichen Abhängigkeitsverhältnis zu ihm stehen, in dem Betriebe Räume zur Ausübung der Unzucht zur Verfügung stellt (GeschlKrG. Komm.-Ber. I S. 110; E. **62** 341). — Ein **bordellartiger Betrieb** ist jede organisierte räumliche Zusammenfassung von Prostituierten zum Zwecke der Förderung ihres Gewerbes (E. **64** 171); aber auch ein solcher, in dem die unsittlichen Zwecke unter verschleiernden Bezeichnungen (Massageinstitut u. dgl.) verfolgt werden.

VII. Wohnung gewähren gilt hiernach, unter den Voraussetzungen des Abs. I, als strafbare Kuppelei ohne weiteres gegenüber Jugendlichen; sonst nur unter den Voraussetzungen des Abs. III. Durch diesen soll aber „nur dem vorgebeugt werden, daß ein Vermieter schon deshalb, weil er einem Straßenmädchen Wohnung gibt, wegen K. bestraft wird. Es soll aber nicht dem Vermieter ein Freibrief gegeben werden für alle möglichen KHandlungen, die mit der Wohnungsvermietung an sich nichts zu tun haben". DJ. **37** 897. Vgl. auch E. **64** 110, HRR. **37** 898 u. 899, DR. **43** 483. — Jener Hauptzweck des Gesetzes: Dirnen eine Wohnung zu ermöglichen, ist aber nicht der einzige. Auch die Duldung n i c h t g e w e r b s m ä ß i g e r Unzucht in vermieteten Zimmern ist dann strafbare Kuppelei, wenn es „gewohnheitsmäßig oder aus Eigennutz" geschieht. E. **71** 293.

VIII. Ausbeutung liegt nicht ohne weiteres in der Ausbedingung einer die ortsübliche oder vorgeschriebene Höhe übersteigenden Miete; ein angemessener Zuschlag für Sonderausgaben und Unannehmlichkeiten, die mit der Zimmervermietung an eine Prostituierte verbunden sind, ist zulässig. Aber die Z w a n g s l a g e , in der die Prostituierte sich befindet, darf nicht ausgebeutet werden. Gegenüber Mietern, die Unzucht, aber nicht gewerbsmäßig, treiben, ist schon jener „Unbequemlichkeitszuschlag" eine eigennützige Ausbeutung, die zur Bestrafung wegen Kuppelei führt. Vgl. E. **53** 286, **62** 341, **63** 166, **71** 293. — F ü r d i e s c h w e r e n F ä l l e des § 181 gilt Abs. III nicht. Hier ist die Gewährung einer Wohnung ohne weiteres strafbar.

Schwere Kuppelei

181. Die Kuppelei ist, selbst wenn sie weder gewohnheitsmäßig noch aus Eigennutz betrieben wird, mit Zuchthaus bis zu fünf Jahren zu bestrafen, wenn

1. **um der Unzucht Vorschub zu leisten, hinterlistige Kunstgriffe angewendet werden, oder**
2. **der Schuldige zu der verkuppelten Person in dem Verhältnisse des Ehemanns zur Ehefrau, von Eltern zu Kindern, von Vor-**

mündern zur Pflegebefohlenen, von Geistlichen, Lehrern oder Erziehern zu den von ihnen zu unterrichtenden oder zu erziehenden Personen steht.

Neben der Zuchthausstrafe ist der Verlust der bürgerlichen Ehrenrechte auszusprechen; auch kann zugleich auf Geldstrafe sowie auf Zulässigkeit von Polizeiaufsicht erkannt werden.

Sind im Falle des Abs. 1 Nr. 2 mildernde Umstände vorhanden, so tritt Gefängnisstrafe ein, neben welcher auf Geldstrafe erkannt werden kann.

I. **Begriffsbestimmung:** § 180 I und II. — § 180 III gilt für § 181 nicht.

II. **Hinterlist:** Verdeckung der wahren Absicht, um den unvorbereiteten Zustand des anderen zu benutzen.

III. **Autoritätsverhältnisse:** Nicht: Ehefrau zu Ehemann: DR **43** 578. — Auch **Stiefeltern** (E. **6** 338, **21** 257) und **Pflegeeltern** (E. **46** 150, DR. **42** 1646); aber nur, solange ihre elternähnliche tatsächliche Stellung währt: Stiefeltern also nicht mehr nach Auflösung der Ehe (E. **62** 114); nicht Schwiegereltern (E. **36** 184). Hierher gehört auch der Ehemann der außerehelichen Mutter (E. **21** 257); eine Mutter im Verhältnis zu ihrem großjährigen Sohne (E. **16** 49). Grenzen zumutbaren Einschreitens: DR. **43** 1036.

Betr. Vormünder und **Erzieher:** § 174 Anm. II.

IV. Die persönlichen Verhältnisse sind **strafbegründend,** nicht im Verhältnis zu § 180 straferhöhend; § 50 findet also nicht Anwendung.

V. Wegen **Konkurrenzen** vgl. E. **42** 203.

VI. § 181 ist **„Verbrechen"**, Versuch also strafbar. HRR. **37** 206 nimmt solchen an, wenn die Mutter irrig glaubte, günstigere Bedingungen für die U. zu schaffen.

Zuhälterei

181a. Eine männliche Person, welche von einer Frauensperson, die gewerbsmäßig Unzucht treibt, unter Ausbeutung ihres unsittlichen Erwerbes ganz oder teilweise den Lebensunterhalt bezieht, oder welche einer solchen Frauensperson gewohnheitsmäßig oder aus Eigennutz in bezug auf die Ausübung des unzüchtigen Gewerbes Schutz gewährt oder sonst förderlich ist (Zuhälter), wird mit Zuchthaus bis zu fünf Jahren bestraft.

Bei mildernden Umständen ist die Strafe Gefängnis nicht unter drei Monaten.

Neben der Strafe kann auf die Zulässigkeit von Polizeiaufsicht erkannt werden.

I. **Entstehung und Grundgedanken.** — Der § 181a wurde eingefügt durch G. v. 25. 6. 00. Dies wollte „das Zuhältertum als solches" treffen. Es tat dies, indem es polizeiliche und strafrechtliche Gedanken mischte. Es stellte zwar zwei Straftatbestände auf (1. Ausbeutung, 2. Förderung der weiblich.

Gewerbsunzucht). Neuartig war aber zweierlei: Einmal, daß **dem ersten Tatbestand ein schutzwürdiges Rechtsgut fehlt,** dessen Verletzung oder Gefährdung bestraft wird. Denn die Prostituierte gegen Ausbeutung zu schützen war nicht beabsichtigt. Der zweite Tatbestand dagegen enthält in dieser Hinsicht nichts besonderes: er straft einen Sonderfall der Kuppelei. Neu war aber ferner, daß **beiden Tatbeständen der Zusatz „Zuhälter" beigefügt** wurde, der ihrer Auslegung und Abgrenzung dienen soll. Denn obwohl für den Zuhälter Ausbeutung sowohl wie Förderung der Gewerbsunzucht charakteristisch sind, so ist doch keineswegs umgekehrt jeder, der einen solchen TB. verwirklicht, ein Zuhälter. Dieser der Polizei wie der Kriminologie bekannte Typ verlangt persönliche Beziehungen von nicht nur vorübergehender Art, in denen sowohl das Parasitendasein des Ausbeuters wie andrerseits das „zu ihr halten" zum Ausdruck kommt. So hier seit der 32. Aufl. Aehnlich jetzt auch E. **73** 183. Bedenken bei Dahm in ZAk. 39, 528.

§ 181a ist ein Vorläufer des neuerdings viel erörterten Gedankens, einen bestimmten **Tätertyp** unter Strafe zu stellen; und zwar in zweifacher Art: Der ausbeuterische Zuhälter ist, vom Standpunkt der üblichen Tatbestandstechnik aus, ein reiner Tätertyp. Er wird überhaupt nicht dafür bestraft, daß er die Dirne ausbeutet, denn § 181 a ist nicht zum Schutz der Dirne gegeben worden; sondern schon dafür, **daß** er, wie sich hierin zeigt, **ein Zuhälter ist.** Denn der typische „Zuhälter" ist fast immer ein werdender Verbrecher. In dieser Richtung liegt HRR. **42** 239: Der Typ „Zuhälter" könne verneint werden, wenn der Täter die Dirne ernstlich liebe, sie heiraten wolle und versuche, sie von ihrem unsittlichen Gewerbe abzubringen. — Der kupplerische Zuhälter dagegen wird für das bestraft, was er tut: Förderung fremder Unzucht; freilich nur, **wenn** er ein Zuhälter ist (andernfalls u. U. nach §§ 180, 181, aber dies ändert nichts an der Bedeutung des § 181 a).

Parallelen zum ersten Tatbestand der Ausbeutung sind die „Straf"-Bestimmungen gegen die reinen Tätertypen der Landstreicher, Bettler, Spieler und Müßiggänger (§ 361 Nr. 3 bis 5); auch der Spieler der §§ 284a, 285 und der Strichjunge des § 175 a Nr. 4 a. E. sind in diesem Sinne reine Tätertypen. Es ist erwogen worden als Schmarotzer am unsittlichen Gewinn anderer auch den sog. Ersatzhehler zu bestrafen (vgl. § 259 Anm. IV); auch ihn nicht für das, was er tut, sondern für das, was er ist. Sein Tun schädigt niemand und nichts. Es ist aber symptomatisch für seine asoziale Person. So ist eine Bestrafung gerechtfertigt. Wenn man den Hehler den Zuhälter der Diebe genannt hat, so beleuchtet das beide Typen: die echten Hehler (§ 259) werden u. a. deshalb gestraft, weil ohne sie viele Diebstähle unterbleiben würden (und sie überdies den Bestohlenen weiter schädigen), sie entsprechen dem die Unzucht fördernden kupplerischen Zuhälter. Der sog. Ersatzhehler dagegen wird nur für seine parasitäre Existenz gestraft und entspricht insofern dem reinen Tätertyp des ausbeuterischen Zuhälters. Aus der späteren Literatur zum „Tätertyp", die aber z. T. andere Probleme betrifft, vgl. insbes. Bockelmann, Studien zum Täterstrafrecht II (1940), S. 56 ff. Statistische Feststellungen über den Zuhältertyp: KrimKomm. Dr. Hauke in Arch. f. Kriminologie 107 (1940) 22 ff. Gegenüber der Verschärfung der Strafe durch das Gewohnheitsverbrecherges. v. 24. 11. 33 sind die **Sperrvorschriften** (Anm. VI vor § 13) zu beachten.

II. „Gewerbsmäßige Unzucht" (Prostitution) treibt eine Frau, die sich einem individuell nicht bestimmten Kreis von Männern gegen Entgelt geschlechtlich preisgibt. E. **45** 264. Anders als bei den übrigen Fällen der Gewerbsmäßigkeit (Abtreibung, Hehlerei usw., aber auch § 175 a Nr. 4) ist diese persönliche Wahllosigkeit der Prostitution wesentlich.

III. Ausbeutung: Bewußte Ausnutzung der Gewerbsunzucht als Erwerbsquelle. Vgl. E. **57** 58. — Nicht im Falle eines gesetzlichen Anspruchs; z. B. des Unterhaltsanspruchs des Sohnes gegen die Mutter: des Honoraranspruchs des Arztes. Vgl. E. **34** 74. — Nach HHR. **37** 611 ist der Ehemann als Zuhälter strafbar, wenn er aus dem eingebrachten Gut seiner der Gewerbsunzucht nachgehenden Frau seinen Lebensunterhalt teilweise bestreitet — Auch bei gemeinsamem Haushalt ohne Ehe ist der Mann nur dann Z., wenn seine Beiträge den Wert dessen, was er im Haushalt genießt, nicht erreichen: E. **71** 279

IV. Beziehen des Lebensunterhalts: Gelegentliche Zuwendungen genügen nicht. E. **35** 92. Aber z. B. Geldbeträge für ein vom Täter betriebenes Erwerbsgeschäft; auch Darlehen hierfür. E. **41** 340, **45** 264. — Nach HRR. **40** 388 ist kein Z., wer von der Dirne nur Geschenke annimmt, durch die er für die bevorstehende Ehe mit ihr ausgestattet werden soll.

V. Gewohnheitsmäßig oder aus Eigennutz usw.: Vgl. § 180 Anm. II u. III. — Zwar leistet der Z. auch der Unzucht Vorschub, doch nicht notwendig u n m i t t e l b a r der einzelnen Unzuchthandlung. Vgl. auch E. **35** 56, **63** 88.

VI. Zuhälter: Ueber die Bedeutung der Klammerdefinition vgl. Anm. I sowie E. **83** 183 (gegen **34** 72, **35** 60). Hierzu insbes. D a h m in ZAk. 39, 528. Ferner HRR. **38** 1659, **39** 589, 590, 723, 980, DR. **40** 495.

VII. IdKonk. § 181a I mit §§ 180, 181, 2: E. **63** 86, **71** 199; ebenso nach E. **57** 385 (gegen **41** 340) § 181 a II. IdKonk. mit § 223: E. **55** 95.

Verführung

182. Wer ein unbescholtenes Mädchen, welches das sechzehnte Lebensjahr nicht vollendet hat, zum Beischlafe verführt, wird mit Gefängnis bis zu einem Jahre bestraft.

Die Verfolgung tritt nur auf Antrag der Eltern oder des Vormundes der Verführten ein.

I. Unbescholtenheit: Frühere Verführung beseitigt nicht notwendig die Unbescholtenheit, bes. wenn sie auf Unerfahrenheit, Abhängigkeitsdruck od. dgl. beruhte. Vgl. E. **35** 45, JW. **38** 168. — Der V o r s a t z muß sich darauf erstrecken. Bloße Zweifel schließen ihn nicht aus, falls es dem Täter darauf nicht ankam (bed. Vorsatz): JW. **35** 525.

II. Verführung: Ueberwindung ernstlichen Widerstands ist nicht erforderlich, sondern nur Dienstbarmachen des Willens eines Mädchens zum Beischlaf, den sie „an sich nicht will": JW. **39** 541. Vgl. auch E. **6** 135, **10** 95, **53** 130. — Bewußtsein des Mädchens, worum es sich handelt, ist nicht erforderlich. § 182 beabsichtigt gerade den Schutz der Unerfahrenheit: E. **6** 135, **10** 95. Vollendet ist das Delikt erst mit vollzogenem Beischlaf.

III. Antragsberechtigte: Vater oder Mutter, nicht bloß beide zusammen: E. **18** 101. Auch unehel. Mutter: **3** 89; auch Stiefeltern: KGer. in DStrR. **38** 169.

IV. Idealkonkurrenz möglich mit § 176 Nr. 3 (E. **46** 139), mit § 173, auch mit § 185; hierzu auch § 185 Anm VI

Oeffentliche Erregung eines geschlechtlichen Aergernisses

183. Wer durch eine unzüchtige Handlung öffentlich ein Aergernis gibt, wird mit Gefängnis bis zu zwei Jahren oder mit Geldstrafe bestraft.

Neben der Gefängnisstrafe kann auf Verlust der bürgerlichen Ehrenrechte erkannt werden.

I. Schutzzweck: § 183 will nicht den einzelnen gegen bestimmte Handlungen, sondern die Allgemeinheit gegen das Wahrnehmenmüssen schützen. Deshalb muß sich zwar auch hier die Handlung **auf das Geschlechtsleben beziehen,** braucht aber nicht in der Absicht begangen zu sein, die eigene Sinneslust oder die eines anderen zu reizen oder zu befriedigen. Sie braucht nicht einmal an und für sich schon unzüchtig zu sein; eine auf das Geschlechtsleben bezügliche Handlung wird dadurch unzüchtig, daß sie (u. U. von Eheleuten) öffentlich vorgenommen wird. Vgl. E. **23** 233, **28** 77, **51** 167, **53** 139, **68** 193.

II. Oeffentlich muß die ein Aergernis erregende Handlung begangen sein, d. h. so, daß sie von unbestimmt welchen und wievielen Personen wahrgenommen werden konnte. Umstrittene Voraussetzung! Einerlei ist es hierfür, ob sie tatsächlich von jemand (abgesehen natürlich von dem, der Aergernis nahm) wahrgenommen wurde, ja ob überhaupt ein solcher anwesend war; wenn nur die Möglichkeit hierfür bestand. So schon die Mot. z. StGB. S. 87 f.: Die Hdlg. müsse so vorgenommen worden sind, daß sie unbestimmt von welchen und wievielen Personen habe wahrgenommen werden können. Sei sie dagegen nur für die Wahrnehmung gewisser Personen bestimmt gewesen und habe sie, von Zufälligkeiten abgesehen, auch nur von diesen bemerkt werden können, so sei sie nicht öffentlich vorgenommen worden. Das RGer. ist nach längeren Abwegen (vgl. vorige Auflage) in E. **73** 90 (Anm. Mezger in ZAk. 39, 162) zu dieser Ansicht zurückgekehrt. Unhaltbar das in ZAk. **38** 316 als „Siegeszug der Rechtsanalogie" veröffentlichte Urteil über den Astlochgucker (auch JW. **38** 1315, DJ. **38** 640). Es wird kurz und treffend abgelehnt in E. **73** 385. — Die aus dem Sinn und Zweck des § 183 folgende Abgrenzung des Begriffs „öffentlich" gilt nicht ohne weiteres auch für andere Bestimmungen. Vgl. insbes. § 110 mit Anm.

III. Daß mindestens eine Person **Aergernis** tatsächlich **genommen hat,** ist erforderlich; mit der Erweiterung des Oeffentlichkeit-Begriffs durch die Rechtsprechung hat das nichts zu tun. E. **2** 196, **51** 167, HRR. **41** 734. Daß „einer" Aergernis genommen hat, genügt aber; wenn nur „viele" wahrnehmen konnten. E. **53** 139. — Die Entwürfe wollen sich damit begnügen, daß die Handlung geeignet war, Aergernis zu erregen.

IV. Der **Vorsatz** muß die Oeffentlichkeit und die Möglichkeit der Aergerniserregung umfassen: E. **51** 167 sowie JW. **37** 166. Unvereinbar hiermit E. **70** 159 (betr. § 330 a).

V. IdKonk. möglich mit § 185: HRR. **38** 1241, **39** 543.

Verbreitung unzüchtiger Schriften usw.

184. Mit Gefängnis bis zu einem Jahre und mit Geldstrafe oder mit einer dieser Strafen wird bestraft, wer

1. **unzüchtige Schriften, Abbildungen oder Darstellungen feilhält, verkauft, verteilt, an Orten, welche dem Publikum zugänglich sind, ausstellt oder anschlägt oder sonst verbreitet, sie zum Zwecke der Verbreitung herstellt oder zu demselben Zwecke vorrätig hält, ankündigt oder anpreist;**
2. **unzüchtige Schriften, Abbildungen oder Darstellungen einer Person unter sechzehn Jahren gegen Entgelt überläßt oder anbietet;**
3. **Gegenstände, die zu unzüchtigem Gebrauche bestimmt sind, an Orten, welche dem Publikum zugänglich sind, ausstellt oder solche Gegenstände dem Publikum ankündigt oder anpreist;**

3a. **in einer Sitte oder Anstand verletzenden Weise Mittel, Gegenstände oder Verfahren, die zur Verhütung von Geschlechtskrankheiten dienen, öffentlich ankündigt, anpreist oder solche Mittel oder Gegenstände an einem dem Publikum zugänglichen Orte ausstellt;**

4. **öffentliche Ankündigungen erläßt, welche dazu bestimmt sind, unzüchtigen Verkehr herbeizuführen.**

Neben der Gefängnisstrafe kann auf Verlust der bürgerlichen Ehrenrechte sowie auf Zulässigkeit von Polizeiaufsicht erkannt werden.

I. **Fassung** des G. v. 25. 6. 00 und (Einfügung von Ziffern 3a) des GeschlKrG. v. 18. 2 27.

II. **„Schrift"** gleich „Festlegung von Gedankenäußerung durch irgendwelche Zeichen, welche dazu bestimmt und geeignet sind, sie dem menschlichen Verständnis zu vermitteln". Auch Noten, Bilder, Zahlen, Blindenschrift, Grammophonplatten: E. **47** 223. — **„Darstellungen"** im weitesten Sinne (Schriften und Abbildungen mit umfassend), auch schauspielerische Veranschaulichungen. E. **47** 404.

III. **„Unzüchtig"** sind Schriften, Abbildungen oder Darstellungen, wenn sie objektiv geeignet sind, das Scham- oder Sittlichkeitsgefühl in geschlechtlicher Beziehung zu verletzen. a) **Objektive Geeignetheit** entscheidet. Unzüchtige Zwecke genügen nicht (E. **24** 365), einwandfreie Zwecke entschuldigen nicht (E. **26** 370). Nicht entscheidend auch die Gedanken, zu denen die Darstellung anregen soll oder vielleicht könnte (E. **48** 220, **61** 293, 379). — b) Hierbei ist die **Darstellung als Ganzes** zu werten; ihr Gesamtcharakter muß unzüchtig sein (E. **27** 114, **44** 178, **29** 133, **31** 260, **23** 388). Die Abbildung von hygienischen Gebrauchsartikeln (Intrauterinspritzen usw.) ist nicht schon deshalb eine unzüchtige, weil solche „auch" zu unsittlichen Zwecken dienen können (E. **57** 309). — c) Das Scham- und Sittlichkeitsgefühl **in geschlechtlicher Beziehung** muß verletzt sein; bloße Roheiten und Unanständigkeiten werden nicht betroffen (E. **27** 115, **31** 261, **36** 312, **61** 293 und 379). — d) Den Maßstab hat das gesunde **Durchschnittsempfinden** der Gesamtheit zu liefern; lebensfremde Prüderien einzelner zu schützen ist nicht der Sinn des Gesetzes (E. **32** 419, **37** 315, **44** 178).

IV. Bereithalten zum Verkauf: E. **6** 46; an einer dem Publikum zugänglichen, zum Verkauf bestimmten Stelle: E. **25** 241.

V. Verkaufen und **verteilen** sind ledigl. Arten der Verbreitung.

VI. „Publikum" gleich „Mehrheit unbestimmt welcher und wievieler Personen" (E. **55** 92). Versendung an „Aerzte, Apotheker und Hebammen" ist nach E. **48** 60 Versendung an „Publikum". — **Orte:** auch offene, jedermann zugängliche Verkaufsräume, Schaukästen an der Straße, offene Hausflure. Nicht aber Privatgärten, Ateliers, Privatsammlungen; selbst dann nicht, wenn auf Nachsuchen einzelnen der Eintritt zur Besichtigung oder etwaigem Ankauf gestattet wird. Denn die Räume werden damit noch nicht dem Publikum zugänglich gemacht (E. **38** 202, **34** 81, **46** 6).

VII. Ausstellen: Unterart des Verbreitens. — Möglich auch durch öffentliches Vorzeigen: Rechtspr. **9** 196. — Entspricht dem „Auslegen" des § 41 Abs. 2. — Soviel als „dem Anblick zugänglich machen", z. B. durch den Film: E. **39** 183. Nicht durch das Gehör (Grammophon): E. **46** 390, **47** 223 (226).

VIII. Anschlagen: Unterart der Verbreitens. — Anschreiben oder Malen an eine Hauswand oder an eine Mauer: E. **11** 282.

IX. Sonstiges Verbreiten: Aushändigung an eine einzelne Person genügt, wenn damit gerechnet wird, daß diese den Gegenstand weiteren Personen mitteilen wird. Vgl. E. **55** 276. Ueberlassung unzüchtiger Schriften und Bilder an Dirnen, damit diese sie ihren Besuchern als Reizmittel zeigen: DJ. **37** 897.

X. Der Verleger, der eine unzüchtige Schrift zwecks Verbreitung hergestellt, angekündigt und verbreitet hat, kann, wenn Verbreitung verjährt ist, gemäß PreßG. § 22 nicht noch wegen der Herstellung strafrechtlich verfolgt werden: E. **38** 71.

XI. Vorrätig halten: Auch möglich bei einem einzigen Exemplar: E. **42** 209.

XII. Nach Nr. 1 braucht die **Ankündigung** als solche nichts Unzüchtiges zu enthalten; aber das Angekündigte, auch wenn dies aus der Ankündigung nicht ersichtlich ist. Anders in Nr. 3. Vgl. E. **57** 359. Mit einem Buch ist nicht nur der Teil angekündigt, auf den die Ankündigung speziell hinweist, sondern der gesamte Inhalt. Mit einem Katalog wird auch der Inhalt der annoncierten Werke angekündigt: E. **34** 317. — Zu Ziff. 3 vgl. Anm. XIII a. E.

XIII. Angebliche Wissenschaftlichkeit einer Schrift hindert das **Anpreisen** im Sinne der Ziff. 1 nicht: E. **37** 142. Auch direktes Anpreisen ist strafbar, wenn ein Durchschnittsleser erkennen kann, worum es sich handelt: E. **38** 202, **36** 139. — In Ziff. 3 braucht das Anpreisen nicht zum Zwecke eines unzüchtigen Gebrauchs zu erfolgen: E. **43** 145, **46** 6.

XIV. Gegen Entgelt: Diese Worte beziehen sich auch auf das „Anbieten". Vgl. E. **71** 347.

XV. Vorsatz: Der Täter muß den Inhalt der Schrift usw., aus welchem ihre unzüchtige Natur folgt, kennen; ferner wissen, daß der Abnehmer unter 16 Jahren ist; dolus eventualis aber genügend. E. **24** 4. In Ziff. 1 ist Verbreitungsabsicht erfordert, in Ziff. 2 nicht. Ueber die evtl. Prüfungspflicht des Kolporteurs (aus Ziff. 1) vgl. E. **39** 317.

XVI. „Unzucht" ist an sich i. S. von Anm. V zu § 174 zu verstehen. Es kommt hier aber auf den objektiven Zweck an, nicht auf den im Einzelfall vom Käufer verfolgten (E. **46** 6 und 117). Gegenstände, die in der Heilkunde verwendet werden, gehören also nicht hierher, selbst wenn sie außerdem zu unzüchtigem Gebrauch dienen können (E. **57** 175 und 309). Andrerseits soll es nach E. **34** 365 gleichgültig sein, ob die Gegenstände beim ehelichen oder außerehelichen Geschlechtsverkehr benutzt werden sollen. — Mittel, die nur Geschlechtskrankheiten verhüten sollen, fallen nur unter Nr. 3 a. — Solche, die nur die Empfängnis verhüten sollen, erwähnt das Gesetz nicht. Unter Nr. 3 fallen sie jedenfalls nicht. Vgl. aber Nr. 3 a.

XVII. Bei Gegenständen, die der Verhütung von Geschlechtskrankheiten dienen, muß die Handlung, über Nr. 3 hinaus, **„Sitte oder Anstand verletzen".** Dazu E. **67** 25, sowie § 13 GeschlKrankhG. (unten Anhang Nr. 9). — Mittel, die die Empfängnis verhüten sollen, dienen gleichzeitig der Bek. v. GeschlKrankh.; verboten ist aber, sie in einer Anstand und Sitte verletzenden Weise zu vertreiben. Wegen Ankündigung usw. von Abtreibungsmitteln vgl. jetzt § 219.

XVIII. Dienen: d. h. im allgemeinen Gebrauch sind. E. **62** 400.

XIX. Bestimmung: d. h.: „welche sich als dazu bestimmt geben, unzüchtigen Verkehr herbeizuführen" (E. **39** 313).

XX. Unzüchtiger Verkehr: Außerehelicher Geschlechtsverkehr, auch Päderastie und sog. lesbische Liebe; nicht Heiratsgesuche als solche, es sei denn, daß sie die Anknüpfung unzüchtigen Verkehrs verschleiern sollen, dieser Zweck aber trotzdem erkennbar ist. E. **36** 388.

Gefährdung der Jugend durch schamlose Schriften

184a. Wer Schriften, Abbildungen oder Darstellungen, welche, ohne unzüchtig zu sein, das Schamgefühl gröblich verletzen, einer Person unter sechzehn Jahren gegen Entgelt überläßt oder anbietet, wird mit Gefängnis bis zu sechs Monaten oder mit Geldstrafe bestraft.

Eingefügt durch G. v. 25. 6. 00, um Darstellungen zu treffen, die zwar roh und unanständig sind, aber nicht gerade das geschlechtliche Scham- und Sittlichkeitsgefühl verletzen.

Aegerniserregung durch Gerichtsberichterstattung

184b. Mit Geldstrafe oder mit Gefängnis bis zu sechs Monaten wird bestraft, wer aus Gerichtsverhandlungen, für welche wegen Gefährdung der Sittlichkeit die Oeffentlichkeit ausgeschlossen war, oder aus diesen Verhandlungen zugrunde liegenden amtlichen Schrift-

stücken öffentlich Mitteilungen macht, welche geeignet sind, Aergernis zu erregen.

I. Nach G. v. 5. 4. 1888 Art. II und III sind Mitteilungen aus geheimen Gerichtsverhandlungen strafbar, wenn die Oeffentlichkeit wegen Gefährdung der Staatssicherheit ausgeschlossen war. § 184 b (eingefügt durch G. v. 25. 6. 00) ergänzt jenes Gesetz für Fälle, wo die Oeffentlichkeit wegen Gefährdung der Sittlichkeit ausgeschlossen war. Ueber diesen Ausschluß vgl. GVG. § 173.

II. Erregung von Aergernis nicht erforderlich; **Eignung** hierzu genügt; der Täter muß diese Eignung kennen. E. **24** 4.

Vierzehnter Abschnitt

Beleidigung

Vorbemerkung

I. **Drei Haupttatbestände:** Ehrverletzung, Rufgefährdung, Verleumdung.

1. **Ehrverletzung:** § 185. Unter diese im Gesetz nicht näher bestimmte „Beleidigung" fällt, was nicht von den §§ 186, 187 (die positiv definieren) ergriffen wird. Die Entwürfe wollen deshalb den jetzigen § 185 als Auffangtatbestand an die dritte Stelle setzen. § 185 straft den Ausdruck eigener Mißachtung (im Gegensatz zur Ermöglichung fremder Mißachtung); also:

a) Formalbeleidigungen, zu oder über jemand. Verbal- und Realinjurien. Schimpfworte, Ohrfeigen, unsubstanzierte Abwertungen („Lump", „Gauner", „Verbrechernatur", „Volksfeind" usw.).

b) Tatsachenbehauptungen zu dem Beleidigten. „Du hast mich bestohlen".

2. **Ueble Nachrede über** jemand. „Der A. hat mich bestohlen". § 186.

3. **Verleumdung** eines Dritten, als Steigerung der üblen Nachrede durch Bösgläubigkeit. § 187.

Hierzu zwei **Nebentatbestände:**

4. Kreditgefährdung § 187 II;

5. Verunglimpfung Verstorbener, § 189.

II. **Angriffsobjekt** ist hiernach bald die Achtung, die eine Person tatsächlich genießt; bald ein (in und mit dem Strafgesetz gegebener) Anspruch, nicht verächtlich behandelt zu werden; bald beides gleichzeitig. In beiden Richtungen kommt es nach herrschender Ansicht nicht nur auf die Erfüllung der menschlich-sittlichen Pflichten, sondern auch auf diejenigen Eigenschaften an, die zur Erfüllung der spezifisch-sozialen Aufgabe des Betroffenen, z. B. zur Berufseignung, erforderlich sind (RGer. in GoltdArch. **38** 434, **45** 423, **46** 204, DR. **43** 189).

III. **Beleidigt werden** können auch Kinder (E. **10** 372) und Geisteskranke (E. **27** 366, 189).

Die **Beleidigungsfähigkeit von Personengemeinschaften** wird meist von der Möglichkeit, ihnen eigenen ethischen Wert zuzusprechen, abhängig gemacht. Eingehend Welzel ZStW. 57, 28 ff.; dagegen Müller NJW. 48, 349. Ueber diese Möglichkeit hinaus muß aber ihre Anerkennung im positiven Recht dargetan werden. Die passive Beleidigungsfähigkeit ist in den §§ 196, 197 für Behörden, gesetzgebende Versammlungen und politische Körperschaften anerkannt. Und zwar wird sie dort bereits vorausgesetzt, nicht erst festgesetzt. Aus diesen Bestimmungen ergibt sich daher weder ein Gegenschluß (zutr. Schönke Vorbem. III) noch ein Analogieverbot (irrig Müller a. a. O.) für den Rechtsschutz anderer Personengemeinschaften, auf die der gleiche gesetzliche Gedanke zutrifft, wohl aber eine Markierung der Grenze, über die hinaus ein gesetzlich gewollter Strafschutz nicht erkennbar ist.

Die den gesetzlichen Fällen gleichgelagerten werden zutreffend umrissen als: „Personenmehrheiten, welche vom Recht anerkannt und mit staatlicher Billigung der Erfüllung öffentlicher Aufgaben zu dienen bestimmt sind." (So E. **70** 140 unter Bruch mit der früheren Rechtspr.). Daß es dabei auf die Qualifikation als juristische Person nicht ankommt, ist allgemein anerkannt (Welzel, § 37, I, Schönke a. a. O.). Beispiele: Körperschaften des öffentlichen Rechts, insbesondere Gebietskörperschaften; das Rote Kreuz; die in einer Anwaltskammer gesetzlich zusammengefaßten Rechtsanwälte eines OLG.-Bezirkes (LG. Hannover NJW. **48** 349 mit abl. Anm. Müller); der Anwaltsstand als solcher (LG. Ravensburg JW. **37** 181). Dagegen findet sich im Gesetz kein Anhalt für die Beleidigungsfähigkeit von Vereinigungen, die in der privaten Sphäre liegen, wie im allgemeinen Handelsgesellschaften. Hier ist auch ein besonderes Schutzbedürfnis nicht zu erkennen.

Die Anerkennung des Schutzes der **Familienehre** ergibt sich aus § 189.

Darüber hinaus bleibt der Ehrenschutz von Einzelnen, die unter einer **Gesamtbezeichnung** beleidigt werden, natürlich bestehen. Hierzu E. **45** 138, **52** 159, **68** 120. — Ferner Bel. des **Ehemanns** durch Schädigung des Rufs seiner Frau E. **70** 94; einschränkend Freiburg DRZ. **47** 416 = HESt. **1** 307: „nur nach den Umständen des Einzelfalles"; u. U. auch des **Vaters** einer minderjährigen, in der Familie lebenden Tochter E. **70** 245, JW. **37** 1331, **38** 1879, **39** 543; HRR. **39** 865 (Bel. von Minderjährigen und hierdurch der Eltern); JW. **40** 526, DR. **39** 233. Bel. des Vaters soll durch Geschl.Verk. mit unbek. 16jährigem Mädchen begangen werden können (Celle Nds. Rpfl. **47** 64 = HESt. **1** 303). Als allgemeiner Satz bedenklich! Gegen RGZ. in DR. **43** 1079 (Anm. Schönke), wonach der Schwiegervater durch widernatürliche Zumutungen an die Tochter beleidigt sei, mit Recht Dahm (ZAk. **43** 219). Zur **Familienbeleidigung** vgl. auch die inhaltreiche Anm. von Engisch zu E. **73** 113 in ZAk. 39, 568.

Kann **auch ein Verstorbener** beleidigt werden? Das StGB. hält dies nicht für möglich. Es schützt im § 189 alter und neuer Fassung nur „das Andenken eines Verstorbenen", und zwar auch dieses nur gegen verleumderische Behauptung ehrenrühriger Tatsachen, also nur gegen Fälle des § 187. Es ist damit dem Preuß. StGB. v. 1852 gefolgt, das — nach wechselvoller Vorgeschichte: Goltd. Mat. II 340 — nur mittelbare Beleidigungen von Ueberlebenden anerkannte, u. a. deshalb, weil sonst die Freiheit der Geschichtsforschung gefährdet werde. — Eine Wendung bedeutete der **Entw. 1925**: Er übernahm den § 189 nicht. Er ging vielmehr in § 290 III davon aus, daß auch „ein Verstorbener beleidigt" werden könne, und sprach (Begr. S. 144) von der „Ehre Verstorbener".*) Die **VO. v. 29. 5. 43** ist so weit nicht gegangen. Sie hat eine Sonderregel vorgezogen. Sie hat zwar den § 189 erweitert (s. dort), aber grundsätzlich nichts geändert: auch die Neufassung spricht nur vom „Andenken Verstorbener". In E. **77** 53 hatte denn auch der III. Sen. des RG. die unmittelbare Anwendung des § 185 korrekterweise abgelehnt; der § 189 zeige, daß „der Gesetzgeber den § 185 bewußt auf den Schutz der Ehre Lebender beschränkt". Der Senat hat den § 185 für entsprechend anwendbar erklärt. In E. **77** 56 war der I. Sen. des RG. dem beigetreten, und zwar auch für § 186. — Aber gerade die Notwendigkeit, dieses Ergebnis auf die — jetzt verbotene — Analogie zu stützen, zeigt, daß hier ein de lege ferenda erwogener Rechtsgedanke de lege lata nicht verbindlich ist. — Auch Kohlrausch hatte in der 38. und dem Entw. der 39. Aufl. § 2 (n. F.) heranziehen zu müssen geglaubt.

IV. Wahrheitsbeweis. Seine Aufgabe ist nach dem Sinn jener drei Tatbestände verschieden.

1. Bei Formalbeleidigungen (§ 185) kommt ein WB. tatbestandsmäßig nicht in Betracht. Daß jemand „ein Dieb ist", kann man nicht beweisen; nur daß er einmal oder mehrfach „gestohlen hat". Aber für die StrZumessung kann ein Beweis über die Einzeltatsachen, auf denen das Unwerturteil aufgebaut ist, wichtig sein.

2. Bei Tatsachenbehauptungen zu dem Beleidigten („Du hast mich bestohlen") ist die Bedeutung des WB. streitig. Sie fallen unter § 185, der ihn aber nicht erwähnt. Richtiger Ansicht nach gehört hier die Unwahrheit zum objektiven, das Wissen um sie zum subjektiven TB. Wenn B. den A. bestohlen hat, so ist es tatbestandsmäßig keine Beleidigung, wenn A. ihm dies ins Gesicht sagt. Und wenn A. es irrig annahm, so ist er aus § 59 freizusprechen. Den § 193 heranzuziehen gibt ein falsches Bild.

3. Bei Tatsachenbehauptungen über einen anderen spielt der Wahrheitsbeweis die entscheidende Rolle. Hier wird der Angekl. „im Zweifel" verurteilt: § 186. Nur wenn die behaupteten Tatsachen positiv wahr, also „bewiesen" sind, ist er freizusprechen. In dubio also contra reum! Die Norm des § 186 lautet: man soll über andere nicht lästern. Tut man es, so tut man es auf eigene Gefahr.

4. Steht dagegen positiv fest sowohl, daß die behaupteten Tatsachen unwahr sind, wie, daß der Täter dies wußte, so ist die schwerere Strafe der Verleumdung verwirkt: § 187. Hier spielt also nicht, wie bei § 186, der WB. eine strafausschließende, sondern der Unwahrheitsbeweis eine strafbegründende Rolle.

V. Vollendet ist jede Beleidigung erst mit Wahrnehmung der Aeußerung durch den Beleidigten oder den Dritten. Bis dahin ist Sinnesänderung möglich. E. **57** 193, **48** 62. — Daß der, zu dem die Aeußerung gemacht wird, strengste Verschwiegenheit zusagt (und vielleicht auch hält, aber der an ihn gerichtete Brief wird z. B. beschlagnahmt), soll nach herrschender Ansicht die Bestrafung nicht ausschließen; nach

*) Aehnlich fremde Gesetze, z. B. Oesterreich 1852, §§ 492 ff.; Norwegen 1902, §§ 246 ff.; Schweiz 1937/42, Art. 175 (Art. 262) spricht sogar von der „Verunehrung eines Leichnams".

E. **71** 159 auch nicht, wenn die Aeußerung im engsten Familienkreis fiel (gegen diese schon früher mit Recht bekämpfte Ansicht vgl. Mezger in JW. 37, 2329 und Leppin ebda. 2886).

VI. Ausschluß der Rechtswidrigkeit (Ehrennotwehr usw.) wie sonst. Dazu § 193, den aber einzelne Entsch. in einen „Schuld"-Ausschlußgrund verwandeln wollten. Vgl. dort. — Wegen Einwilligung vgl. Anm. II zu § 185.

VII. Der subjektive Tatbestand ist nach allgemeinen Grundsätzen zu beurteilen. Besonderer animus iniuriandi nicht erforderlich, außer um gemäß §§ 192, 193 eine „formelle" Beleidigung zu begründen (E. **23** 40, **31** 194, **40** 317, **41** 254).

VIII. Wegen **Buße** vgl. § 188; Strafantrag §§ 194 ff.; Strafbefreiung bei Erwiderung einer Beleidigung § 199; Veröffentlichung des Strafurteils § 200.

IX. Verstärkung des Ehrenschutzes in VO. zum Schutz des inneren Friedens v. 8. 12. 31 (Anhang Nr. 11). Die Fortgeltung ist bestr. Dafür Celle MDR. **47** 168 = HESt. **1** 62, Braunschweig Nds. Rpfl. **48** 91. Dagegen Tübingen DRZ. 48, 495; aber die Begr., tatsächliches Außerkraftsetzen durch den NS., spricht nicht gegen, sondern für die Wiederanwendung der formell niemals aufgehobenen, zum Schutz der demokratischen Staatsform bestimmten Vorschrift.

X. Die Entwürfe wollen die Möglichkeiten des Wahrheitsbeweises einschränken.

Ebenso jetzt schon Thüringen § 186 Abs. 2: „Betrifft die Behauptung Angelegenheiten des Privat- oder Familienlebens, die das öffentliche Interesse nicht berühren, und hat sie der Täter, ohne durch besondere Umstände hierzu genötigt zu sein, öffentlich aufgestellt oder verbreitet, so ist es für die Strafbarkeit und die Strafbemessung unerheblich, ob ihr Inhalt erweisbar oder nicht erweisbar ist; eine Beweiserhebung über die Wahrheit des Inhalts einer solchen Behauptung ist unzulässig."

Beleidigung

185. Die Beleidigung wird mit Geldstrafe oder mit Haft oder mit Gefängnis bis zu einem Jahre und, wenn die Beleidigung mittels einer Tätlichkeit begangen wird, mit Geldstrafe oder mit Gefängnis bis zu zwei Jahren bestraft.

I. Kundgabe eigener Mißachtung, sei es gegenüber dem Beleidigten, sei es gegenüber Dritten. Gegenüber dem Beleidigten kann sie liegen, sowohl in unmittelbar ehrenkränkenden Worten (Formalbeleidigung; auch Spott; Zumutung einer unsittlichen Handlung; Unterlassung, falls Tun geboten, und Unterlassung ehrenkränkend wirkt), wie in Tatsachenbehauptung („Du hast mich bestohlen"); ferner in einer Tätlichkeit, soweit diese eine Mißachtung ausdrückt (Ohrfeige). Gegenüber Dritten kommt § 185 nur für Formalbeleidigungen in Betracht; für reine Tatsachenbeleidigungen § 186. Gleichstellung mit Gauleiter: Celle HESt. **1** 62 (66). — Bei Bel. durch Gedankenäußerung hängt objektiv beleidigender Tatbestand vielfach von Sinn und Absicht des Urhebers ab, weshalb E. **18** 142 und 41 49 scharfe Trennbarkeit von objektivem und subjektivem Tatbestand in Abrede stellen zu müssen meinen. — Vollendet ist die Bel. mit Kenntnisnahme durch einen anderen; nicht notwendig des Beleidigten selbst (E. 48 62). Tätliche Beleidigung erfordert körperliche Berührung: E. 67 174. — Jemand sexuell mißbrauchen kann bei mangelnder Reife Bel. sein. E. 74 224. Bruns in DR. 40, 1418, Gallas in ZAk. 41, 15.

II. Einwilligung wird bei Sexualdelikten eine wichtige Frage, E. 75 179 (Anm. Mezger in DR. 41, 1451): Das RGer. nimmt „in ständiger Rechtspr. den Standpunkt ein, daß in dem Einverständnis von Mädchen unter 18 Jahren [warum die feste Altersgrenze?] nur dann ein Verzicht auf die Gechlechtsehre gefunden werden könne, wenn dargetan sei, daß das Mädchen nicht bloß die Bedeutung der Tat als einer unzüchtigen Handlung, sondern auch den Begriff der Geschlechtsehre erfaßt und weiter erkannt habe, daß die Einwilligung in eine unzüchtige Handlung die Preisgabe der Geschlechtsehre in sich schließen könne." Vgl. auch E. 41 392, 60 34, 71 349, DStrR. 38 390, JW. 38 1879. — Welzel § 14 VII 5 will für §§ 185 ff. die Grundsätze des § 226 a entspr. anwenden.

III. Wahrheitsbeweis kann, wenn auch nicht im Prozeßgewand des § 186, auch bei § 185 zugelassen werden. Denn auch bei formell verächtlicher Behandlung kann die Wahrheit einer in ihr steckenden Tatsachenbehauptung für die Strafzumessung von Bedeutung sein. E. 64 10.

IV. Rechtswidrigkeit: Vorbem. VI; auch § 193. Sieht man freilich in § 193 nur einen Entschuldigungsgrund (so RGer. gelegentlich), so ist bei § 185 vor der Prüfung des § 193 der Beleidigungsvorsatz festzustellen Fehlt er, so erübrigt sich die Prüfung der „Wahrnehmung berechtigter Interessen". Sieht man dagegen in § 193 einen Rechtfertigungsgrund, so erübrigt sich umgekehrt die Prüfung des BelVorsatzes, wenn feststeht, daß § 193 gegeben ist.

V. Subjektiver Tatbestand erfordert Vorsatz. Fahrlässigkeit nur denkbar, soweit Tatsachenbehauptung; aber nicht strafbar. Besonderer animus iniuriandi angeblich nicht nötig, zur Auslegung der Schlußworte der §§ 192, 193 aber kaum entbehrlich. — Zum Vorsatz gehört der Wille, daß ein anderer von der Aeußerung oder dem Tun Kenntnis nimmt (E. 73 385), sowie Bewußtsein des ehrenkränkenden Charakters der Aeußerung. Bei Tatsachenbehauptung („Du hast gestohlen") fehlt dies, wenn Täter das Behauptete für wahr hielt. Hier also wegen fehlenden Vorsatzes, nicht aus § 193 freizusprechen!

VI. Konkurrenz: IdKonk. mit § 186. Anders E. 65 359, DR. 40 682. Denn das RGer. sieht in § 186 die speziellere Bestimmung gegenüber § 185. Vgl. aber Vorbem. I. Wie hier die meisten. — Sittlichkeitsverbrechen indessen sind gegenüber Beleidigungen Sonderverbrechen. Das RGer. geht hier in der Annahme von Beleidigungen sehr weit. Vgl. Gallas in ZAk. 41, 14; Graf Dohna in DStrR. 41, 34; Mezger in DR. 41, 147. — Der Ehebruch ist gleichzeitig „Beleidigung" des betrogenen Ehegatten nur dann, wenn bes. Umstände zur Tatsache des EBr. hinzukommen: E. 65 1, 74 380, 75 150, 76 381; DR. 44 441, 611. — Vgl. ferner Celle HESt. 1 303 (dazu oben Vorbem. III).

Ueble Nachrede

186. Wer in Beziehung auf einen anderen eine Tatsache behauptet oder verbreitet, welche denselben verächtlich zu machen oder in der öffentlichen Meinung herabzuwürdigen geeignet ist, wird, wenn nicht diese Tatsache erweislich wahr ist, wegen Beleidigung mit Geldstrafe oder mit Haft oder mit Gefängnis bis zu einem Jahre und, wenn die Beleidigung öffentlich oder durch Verbreitung von Schriften, Abbildungen oder Darstellungen begangen ist, mit Geldstrafe oder mit Gefängnis bis zu zwei Jahren bestraft.

I. Tatsachen. Es fragt sich, wie sie gegen **Werturteile** abzugrenzen sind. Die Frage entsteht auch anderwärts; z. B. bei § 263; ferner beim „Tatsachen"-Irrtum, und umgekehrt bei der Unterscheidung von Versuch und Wahnverbrechen; auch im Prozeß zur Unterscheidung von Zeugen und Sachverständigen. Für § 186 zusammenfassend E. **55** 129: „Der Begriff der Tatsache setzt etwas Geschehenes oder etwas Bestehendes voraus, das zur Erscheinung gelangt und in die Wirklichkeit getreten ist und das daher dem Beweise zugänglich ist. Auch innere Vorgänge und Zustände können unter den Begriff fallen, aber nur dann, wenn sie in erkennbare Beziehungen gesetzt werden zu bestimmten äußeren Geschehnissen, durch die sie in das Gebiet der wahrnehmbaren äußeren Welt getreten sind (E. **41** 193). Den Gegensatz bilden allgemeine Urteile und Meinungsäußerungen. Die Grenze zwischen beiden ist flüssig, und zwar schon deshalb, weil jede tatsächliche Behauptung ein Urteil enthält (E. **29** 40). Es ist im Einzelfall festzustellen, ob eine Aeußerung dieser Art etwas wirklich Vorhandenes behauptet oder nur ein persönliches Urteil, eine Meinung in sich schließt (E. **24** 300)." — Wie jede tatsächliche Behauptung ein Urteil enthält, so nimmt auch jedes Urteil zu Tatsachen Stellung und enthält insofern deren Behauptung (vgl. E. **67** 3, **68** 121). Daher „macht es keinen Unterschied, ob jemand eine Sache als wahr hinstellt auf Grund eigener sinnlicher Wahrnehmung, oder, dem Hörer erkennbar, auf Grund einer Schlußfolgerung aus bestimmten Tatsachen, die er kennt oder zu kennen meint, in diesem zweiten Falle also als sein persönliches Urteil" (E. **67** 270).

II. In Beziehung auf einen anderen. Lediglich gegenüber dem Verletzten selbst genügt nicht (E. **29** 40). — Die Mitteilung an Dritte kann aber durch den Beleidigten selbst erfolgen und erfüllt den Tatbestand des § 186, wenn eine Pflicht zur Mitteilung bestand und diese Mitteilung im Willen des Beleidigers lag: E. **41** 61. — Die „Behauptung" kann auch in eine Frageform eingekleidet sein: E. **60** 373. — Wegen fortgesetzter Bel. vgl. E. **55** 129.

III. Behaupten oder verbreiten kein Gegensatz. Es genügt „einem andern mitteilen". — Auch wenn das Gerücht als unglaubwürdig bezeichnet wird (E. **38** 368). Auch wenn eine bloße Verdächtigung ausgesprochen wird (E. **38** 368, **67** 269). — Betr. „vertrauliche" Mitteilungen: vgl. Vorbem. V vor § 185.

IV. Zum Vorsatz ist Kenntnis der Ehrenrührigkeit der Tatsache erforderlich und genügend, besondere Beleidigungsabsicht nicht nötig (E. **65** 360). Die Kenntnis der Unwahrheit gehört nicht zum Vorsatz; um so weniger, als es hier (anders § 187) nicht auf die Unwahrheit, nur auf die Unerweislichkeit der Behauptung ankommt. Vgl. Anm. V und VI.

V. Unwahrheit ist kein Tatbestandsmerkmal. Anders § 187. Der Glaube an die Wahrheit schließt also die Schuld nicht aus; auch dann nicht, wenn der Glaube an die Erweislichkeit hinzukommt, wenn z. B. den Angekl. seine Zeugen im Stich lassen (E. **25** 355, **29** 44, **65** 425; freilich auch E. **19** 386). Aehnlich E. **73** 67, freilich nicht ohne innere Widersprüche betr. Rechtfertigungs- und Entschuldigungsgründe. Guter Glaube kann höchstens strafmildernd wirken (E. **45** 138). Vgl. aber auch die Fälle der Vorbem. IX.

VI. Wahrheitsbeweis ist, soweit „Tatsachen" behauptet sind, in allen Fällen zulässig (anders Ausland und deutsche Entwürfe). Falls es gelingt, schließt er die Bestrafung aus. „Erweislich" ist eine Tatsache, wenn sie „in den wesentlichen Punkten richtig ist; sich so ereignet hat, daß aus ihr der den Kern der Bel. bildende nachteilige Schluß gezogen werden kann. Dann kommt es nicht darauf an, ob alle behaupteten Einzelheiten sich bewahrheiten": E. **55** 129 (Fall Erzberger), **62** 95 (Fall Stresemann). — Wenn auf Grund mehrerer, beispielshalber behaupteter Einzeltatsachen ein Gesamtvorwurf erhoben ist, muß der Wahrheitsbeweis für alle Einzeltatsachen geführt werden. E. **64** 284.

Nichtbeweislichkeit ist also kein „Tatumstand, der zum gesetzl. TB. gehört", so daß nach § 59 der Glaube, man könne das Behauptete beweisen, den Vorsatz ausschließen würde. Dieser Glaube nutzt bei § 186 dem Täter nichts. Die Nichterweislichkeit ist eine bloße Bedingung der Strafbarkeit (E. **69** 81); m. a. W.: Erweislichkeit ist Strafausschließungsgrund. Und zwar gilt hier, anders als sonst, der Satz: in dubio contra reum. Eine „Beweislast" trifft den Angekl. zwar nicht im Sinne einer Beweisführungspflicht; das Gericht hat auch hier die Pflicht, die Wahrheit zu erforschen; aber in dem Sinne, daß ein übrigbleibender Zweifel zu seinen Lasten geht. (Insofern ähnlich § 259 und Preßgesetz § 20 II). In diesem zweiten Sinne kann man also sehr wohl von einer „Umkehrung der Beweislast" sprechen. Vgl. (z. T. anders) E. **69** 81, DJ. **37** 163.

Der Wahrheitsbeweis **muß zugelassen werden,** auch wenn feststeht, daß (mit oder ohne Anwendung von § 192) Verurteilung aus § 185 erfolgen würde: E. **1** 260. Namentlich aber auch dann, wenn feststeht, daß aus § 193 freigesprochen werden muß!

VII. Oeffentlich: ein im StGB. oft verwendeter (s. das Register), aber an den verschiedenen Stellen verschieden ausgelegter Begriff. Hier: wahrnehmbar für einen größeren, durch persönliche Beziehungen nicht zusammengehaltenen Personenkreis. Daher ist es keine öffentliche Beleidigung, wenn Schriftstücke mit beleidigenden Aeußerungen vom Täter den Beleidigten als Drucksache in offenem Umschlag mit der Post zugesandt werden: E. **37** 289.

VIII. Verbreitung von Schriften usw.: Vgl. § 184 Anm. IX.

IX. IdKonk. mit § 185 möglich. Dies folgt aus der grundsätzlichen Verschiedenheit beider: Vorbem. I vor § 185. Dagegen nimmt RGer. an, daß § 186 das speziellere Gesetz gegenüber § 185 sei, also allein anzuwenden sei: E. **41** 61, 286; **65** 359. — IdKonk. mit § 164 möglich. Bei einem Zusammentreffen leichtfertiger Anschuldigung (§ 164 V) mit einfacher übler Nachrede enthält nach DJ. **38** 866 (= JW. **38** 1014) § 164 V die strengere Strafe. Denn die Möglichkeit, bei öffentlicher übler Nachrede eine höhere Strafe zu verhängen, komme nur in Betracht, wenn die Tat öffentlich begangen sei. (Vgl. die gegenteilige Stellung des RGer. bei „bes. schweren Fällen", Anm. VI zu § 1.)

Verleumdung

187. Wer wider besseres Wissen in Beziehung auf einen anderen eine unwahre Tatsache behauptet oder verbreitet, welche denselben verächtlich zu machen oder in der öffentlichen Meinung herabzuwürdigen oder dessen Kredit zu gefährden geeignet ist, wird wegen verleumderischer Beleidigung mit Gefängnis bis zu zwei Jahren und, wenn die Verleumdung öffentlich oder durch Verbreitung von Schriften, Abbildungen oder Darstellungen begangen ist, mit Gefängnis nicht unter einem Monat bestraft.

Sind mildernde Umstände vorhanden, so kann die Strafe bis auf einen Tag Gefängnis ermäßigt oder auf Geldstrafe erkannt werden.

I. Wider besseres Wissen: Dies der Hauptunterschied von § 186. Nicht einmal Eventualvorsatz genügt hier. — § 187 ist sonach nicht schwererer Fall von § 186, vielmehr Sonderstraftat. Deshalb zwischen beiden auch kein FortsZus. möglich (wie z. B. bei § 242/243). HRR. **38** 186.

II. Ein anderer: Vgl. die Strafbestimmung im G. über das Kreditwesen v. 5. 12. 34 (RGBl. I 1203) § 49. Hier wird ein „Kreditinstitut" geschützt.

III. Kreditgefährdung: Ehrenkränkend oder herabsetzend braucht diese Behauptung nicht zu sein: E. **44** 160.

Buße

188. In den Fällen der §§ 186 und 187 kann auf Verlangen des Beleidigten, wenn die Beleidigung nachteilige Folgen für die Vermögensverhältnisse, den Erwerb oder das Fortkommen des Beleidigten mit sich bringt, neben der Strafe auf eine an den Beleidigten zu erlegende Buße erkannt werden.

Eine erkannte Buße schließt die Geltendmachung eines weiteren Entschädigungsanspruches aus.

I. Buße: Weitere Fälle in § 231 und Nebengesetzen. — Buße ist keine Strafe (vgl. Vorbem. vor § 13), sondern Entschädigung, die freilich nicht auf Vergütung des vermögensrechtlichen Schadens beschränkt ist, sondern auch Privatgenugtuung umfaßt; es kann auf sie (hinsichtlich des Schadensersatzes oder auch der Genugtuung) verzichtet werden: E. **31** 334. — Der gesetzliche Vertreter kann Anspruch auf Buße nicht mehr nach dem Tode des Vertretenen geltend machen: E. **29** 140; die Buße ist nicht in Rentenform zu erkennen: E. **17** 178. — Eine bereits geleistete oder zivilrechtlich zugesprochene Entschädigung ist bei Bemessung der Buße in Betracht zu ziehen: E. **9** 223.

II. Folgen der Beleidigung selbst. Nicht etwa durch fruchtlose Verfolgung der Beleidigung erwachsene Kosten: E. **42** 166.

III. Betrag: 3 bis 10000 Deutsche Mark. Vgl. VO. v. 6. 2. 1924 Art. IV.

IV. Verfahren: Obwohl Buße nicht Strafe, ist doch der Bußanspruch in seinem prozessualen Bestand von dem öffentlichen Strafanspruch abhängig. Er erledigt sich mit diesem (durch Freisprechung oder Einstellung des Verfahrens), verjährt auch nicht nach BGB., sondern mit dem Strafanspruch. E. 44 294.

Er wird durch Nebenklage (StPO. §§ 403 ff.) geltend gemacht und fällt mit deren Zurücknahme weg (E. 67 323).

Verunglimpfung des Andenkens Verstorbener

189. Wer das Andenken eines Verstorbenen verunglimpft, wird mit Gefängnis bis zu zwei Jahren oder mit Geldstrafe bestraft.

Die Verfolgung tritt nur auf Antrag der Eltern, der Kinder, des Ehegatten oder der Geschwister des Verstorbenen ein.

Hat der Verstorbene sein Leben für das Deutsche Volk hingegeben, so ist die Strafe Gefängnis. Abs. 2 findet keine Anwendung. In besonders schweren Fällen ist auf Zuchthaus zu erkennen.

I. Neufassung*) durch VO. v. 29. 5. 43. Die alte Fassung hatte sich auf Verleumdungen i. S. des § 187 beschränkt (Sperrvorschrift — Vorbem. vor § 13 — für die Höchststrafe zu beachten).

II. „Verunglimpfung" ist schärfer als „Beleidigung". Der Form oder der Sache nach muß es sich um eine empfindliche Herabsetzung handeln, sei es i. S. des § 185, sei es in dem des § 187. Ob auch des § 186 (so § 322 Abs. 3 Entw. 27), mag zweifelhaft sein; zieht man sie herein, so muß hier aber ein Wahrheitsbeweis zulässig sein.

III. Absatz III ist durch KRG. 11 aufgehoben.

Wahrheitsbeweis

190. Ist die behauptete oder verbreitete Tatsache eine strafbare Handlung, so ist der Beweis der Wahrheit als erbracht anzusehen, wenn der Beleidigte wegen dieser Handlung rechtskräftig verurteilt worden ist. Der Beweis der Wahrheit ist dagegen ausgeschlossen, wenn der Beleidigte wegen dieser Handlung vor der Behauptung oder Verbreitung rechtskräftig freigesprochen worden ist.

I. § 190 bezieht sich auf **alle Fälle** von Tatsachenbeleidigungen; also auf §§ 186, 187; aber auch auf § 185 im Rahmen der Vorbem. vor und Anm. III zu § 185.

---

*) Alte Fassung:

189. Wer das Andenken eines Verstorbenen dadurch beschimpft, daß er wider besseres Wissen eine unwahre Tatsache behauptet oder verbreitet, welche denselben bei seinen Lebzeiten verächtlich zu machen oder in der öffentlichen Meinung herabzuwürdigen geeignet gewesen wäre, wird mit Gefängnis bis zu s e c h s Monaten bestraft.

Sind mildernde Umstände vorhanden, so kann auf Geldstrafe erkannt werden.

Die Verfolgung tritt nur auf Antrag der Eltern, der Kinder oder des Ehegatten des Verstorbenen ein.

II. In beiden Fällen ist der **Wahrheitsbeweis ausgeschlossen;** im 1. Fall, weil die Behauptung als bewiesen, im 2., weil sie als unbeweisbar gelten muß. Eine rechtskräftig erledigte Strafsache soll nicht durch ein Beleidigungsverfahren wieder aufgerührt werden. Vgl. auch E. **74** 257.

III. Wegen **Schuldlosigkeit;** nicht Verjährung oder § 46 oder § 199.

191. Ist wegen der strafbaren Handlung zum Zwecke der Herbeiführung eines Strafverfahrens bei der Behörde Anzeige gemacht, so ist bis zu dem Beschlusse, daß die Eröffnung der Untersuchung nicht stattfinde, oder bis zur Beendigung der eingeleiteten Untersuchung mit dem Verfahren und der Entscheidung über die Beleidigung innezuhalten.

I. **Strafverfahren:** Nicht: des Dienststrafverfahrens: E. **10** 381.

II. **Behörde:** vgl. § 114 Anm. IV.

III. **Anzeige:** Nicht also, wenn die Anklagebehörde auf anderem Wege Kenntnis erlangt hat. Dann § 69 I 2 also unanwendbar. Ueber dies unerwünschte Ergebnis vgl. E. **66** 328. — Auch aus § 185 (falls IdKonk. mit § 186) kann solange nicht vorgegangen werden. (Einheitliche Anwendung des § 191 bei Kollektivbeleidigungen!) Vgl. E. **59** 197. — Auch die V e r j ä h r u n g ruht solange. Vgl. § 69 Satz 2 und E. **59** 197.

192. Der Beweis der Wahrheit der behaupteten oder verbreiteten Tatsache schließt die Bestrafung nach Vorschrift des § 185 nicht aus, wenn das Vorhandensein einer Beleidigung aus der Form der Behauptung oder Verbreitung oder aus den Umständen, unter welchen sie geschah, hervorgeht.

I. **Der Wahrheitsbeweis** darf aber auch i. F. des § 192 nicht abgeschnitten werden E. **1** 260.

II. **Form und Umstände:** z. B. Mitteilung einer an sich wahren Tatsache in überflüssig herabsetzenden Ausdrücken; oder durch Aushang in einem Schaukasten: Frankfurt NJW. **47** 226; oder in der Presse, also vor einem nur der Herabsetzung wegen gewählten unbegrenzten Personenkreis. — Vgl. auch Anm. IX zu § 193.

Wahrnehmung berechtigter Interessen

193. Tadelnde Urteile über wissenschaftliche, künstlerische oder gewerbliche Leistungen, ingleichen Aeußerungen, welche zur Ausführung oder Verteidigung von Rechten oder zur Wahrnehmung berechtigter Interessen gemacht werden, sowie Vorhaltungen und Rügen der Vorgesetzten gegen ihre Untergebenen, dienstliche Anzeigen oder Urteile von seiten eines Beamten und ähnliche Fälle sind nur insofern strafbar, als das Vorhandensein einer Beleidigung aus der Form der Aeußerung oder aus den Umständen, unter welchen sie geschah, hervorgeht.

I. Rechtsnatur: § 193 enthält einen Fall „des Notstands im weitesten Sinne, der Interessenkollision" (E. **62** 92, **64** 10). Meist als Rechtfertigungsgrund aufgefaßt (z. B. E. **59** 414). Gelegentlich nur als Schuldausschließungsgrund (z. B. E. **64** 23); daher auch die jetzt aufgestellte Informationspflicht (Anm. IV a. E. und Anm. VI). Die Wandlung der reichsgerichtlichen Praxis entspricht der zu § 54 und der zum Problem des „übergesetzlichen Notstands", bei dem gleichfalls erst die zweite Entscheidung (E. **62** 137) pflichtmäßige Prüfung forderte. — In E. **65** 335 und 427 wieder RechtfGrund mit weitgehenden Folgerungen. Neuerdings ebenso Braunschweig MDR. **48** 186. — Ueber diese grundsätzliche Frage vgl. Klee in Frank-Festschrift II (1930) S. 365 ff.

II. Anwendungsgebiet. § 193 deckt nur Tatbestände des 14. Abschnitts (z. B. nicht § 164: dort Anm. X); auch nicht ideell konkurrierende Gesetzesverletzungen, wie Urkundenfälschung: E. **50** 55). Nicht anwendbar auf § 187: RGer. in DJ. **36** 517 gegen E. **47** 414. Unter § 185 können fallen: „Tadelnde Urteile über wissenschaftliche, künstlerische oder gewerbliche Leistungen" sowie „dienstliche Urteile von seiten eines Beamten" (wenn E. **60** 335 den § 193 auf den § 185 für unanwendbar erklärt, so ist das wohl nur unter Beschränkung auf „Wahrnehmung berechtigter Interessen" gemeint, in dieser Beschränkung aber zutreffend; anders frühere Urteile, z. B. E. **46** 151); unter die §§ 186, 187 die übrigen Fälle. — Das Hauptanwendungsgebiet von § 193 wird durch die Fälle des § 186 gebildet. Kommt in solchen Fällen ein Wahrheitsbeweis in Frage, so darf § 193 erst in Betracht gezogen werden, wenn der WB. mißlungen ist. Es wäre unzulässig und hieße, den Ehrenschutz in den wichtigsten Fällen versagen, wenn ein Angekl. aus § 193 freigesprochen würde mit der Begründung: Die Wahrheit der ehrenrührigen Behauptung könne dahingestellt bleiben, da ein Freispruch selbst für den Fall ihrer Unwahrheit ergehen müsse. Früher streitig, jetzt ausdrücklich so: HRR. **37** 530. — Vgl. ferner BGB. § 824 Abs. 2 (weitergehend als § 193, von RGZiv. freilich einengend ausgelegt).

III. Ausführung oder Verteidigung von Rechten: Insofern hat § 193 nur deklaratorische Bedeutung. Vgl. E. **47** 170 (Rechtsanwalt in Wahrnehmung der Rechte seines Klienten); **48** 144 (ein Angeklagter, der wider besseres Wissen falsch aussagt und damit einen Zeugen des Meineids bezichtigt, handelt auf Grund eines prozessualen Verteidigungsrechts und ist nicht aus § 187 strafbar).

IV. Wahrnehmung berechtigter Interessen: Das RGer. verlangt (anders noch E. **5** 121, **6** 405), daß nicht nur das Interesse, sondern auch dessen „beleidigende" Wahrnehmung „berechtigt" gewesen sein müsse, da sonst „die Ehre des einzelnen der Presse und jedem Dritten schutzlos preisgegeben" wäre (E. **15** 15), diese Einschränkung auch den Absichten der Urheber jenes Zusatzes (Bähr, Lasker) entspreche. Bezeichnend für diese Umdeutung der „Wahrnehmung berechtigter Interessen" in „berechtigte Interessenwahrnehmung": E. **63** 229 und dort angeführte.

1. Berechtigte Interessen sind nicht nur solche, die durch positive Rechtsnorm dem Recht anderer auf Achtung gleich- oder vorangestellt sind, sondern alle, die dem Recht oder den guten Sitten nicht zuwiderlaufen. So E. **26** 76, **29** 17 und 147, **30** 41, **59** 414. Unberechtigt ist z. B. das Interesse an der Einleitung eines unbegründeten Strafverfahrens gegen einen anderen (E. **34** 222) oder an der Erregung von Sensation (E. **36** 422). Unberechtigt das Interesse an der Einleitung eines StrVerfahrens gegen sich selbst, um dann in diesem ein früheres Verfahren wieder aufzurollen und den Beweis der Wahrheit für gewisse Behauptungen zu führen; eine zu solchem Zweck gemachte ehrabschneidende Eingabe genießt nicht den Schutz des § 193. JW. **37** 1160. Bei Prüfung, ob das Interesse berechtigt ist, ist Wahrheit der Vorwürfe zu unterstellen (E. **59** 414). — Eine positive Bestimmung des „berechtigten Interesses" liegt in alledem nicht. Deshalb zweites Erfordernis:

2. Berechtigte Wahrnehmung jener Interessen! Der Zweck heiligt nicht das Mittel. Auf Kosten der Ehre anderer dürfen jene Interessen nach der viel angefochtenen Rechtspr. des RGer. nur wahrgenommen werden, wenn a) sie den Täter persönlich **nahe angehen**; b) die Ehrverletzung zur Interessenwahrnehmung **erforderlich** war; c) die Behauptung der ehrenrührigen Tatsachen **nicht leichtfertig**, nur auf haltlose Vermutungen hin geschah. — **Zu a)** vgl. E. **23** 285 und 422, **25** 67 und 363, **30** 31, **36** 422, **47** 170, **59** 414. Aus der sittlichen Pflicht, einer schutzlosen Person Beistand zu leisten, folgt noch nicht das Recht, die Ehre anderer zu verletzen (E. **25** 257). Aus ausdrücklicher Betrauung mit gewissen Interessenwahrnehmungen kann sich die Berechtigung ergeben, z. B. für Rechtsanwälte, Auskunfteien, Geschäftsführer von Interessenverbänden (E. **37** 104, **38** 131, **39** 399, **44** 148, **47** 170). Auch aus der Staatszugehörigkeit (E. **66** 1, **71** 338, HRR. **41** 1026 betonen das Interesse jedes Staatsbürgers, strafbare Handlungen und Verfehlungen von Beamten u. strafb. Handlungen überhaupt anzuzeigen); Gemeindezugehörigkeit (E. **59** 172: Die Schutzmannschaft des Orts sei bestechlich). Zu weitgehend Frankfurt NJW. **48** 226 betr. öffentliche Kritik (Zivilurteil); dagegen Neumann-Duesberg DRZ. **49** 106. Auch aus naher Verwandtschaft (E. **48** 415). Freund oder langjähriger Angestellter: Braunschweig MDR. **48** 187, Düsseldorf JR. **48** 350. — Ueber die früheren Schwierigkeiten der Presse vgl. vor. Aufl. Besondere Legitimation, aber kein Freibrief der Presse: Tübingen DRZ. **48** 498. Enger Neumann-Duesberg DRZ. **49** 107. — **Zu b)** Erforderlichkeit vgl. E. **23** 146 (das Mittel müsse „maßvoll" sein); **21** 2 (der Richter müsse freilich sagen, mit welchen anderen Mitteln der Täter sich hätte helfen können); **42** 443 („Zwangslage"); **59** 172 (Mitteilung von der Bestechlichkeit der Schutzmannschaft nicht an einen Beliebigen, aber entweder an die Vorgesetzten oder zwecks Verwertung in einem Strafverfahren); Braunschweig MDR. **48** 186 (Flucht in die Oeffentlichkeit u. U. zulässig). — **Zu c)** stellte das RGer. (einen de lege ferenda beachtlichen Gedanken in die lex lata hineinlesend) eine **Informationspflicht** auf, deren Erfüllung Voraussetzung für die Zubilligung des § 193 sei. Vgl. E. **62** 93, **63** 92 und 202. Dabei stufte es ab: streng bei öffentlicher Beschuldigung; anders bei Anzeige an Strafverfolgungsbehörden oder vorrgesetzte Behörden: E. **66** 2. Gegenteilig früher E. **6** 409, **16** 139, **24** 308. Vgl. auch Anm. I u. VI.

V. Zweck der Aeußerung muß die Interessenwahrnehmung gewesen sein. **„Zur"**, nicht „in" Wahrnehmung! (HRR. **37** 530). Es genügt also nicht, daß sie dazu geeignet war (E. **23** 425, **34** 216). Aber nicht der einzige, der Endzweck: daß Haß und Rache bei einer Anzeige mitbestimmend waren, schließt den § 193 nicht aus (E. **20** 164, **66** 3; DJ. **37** 784). Wohl aber ist § 193 ausgeschlossen, wenn der einzige Zweck war, dem anderen „eins auszuwischen" (JW. 1923, 380). Dann ist auch die Erstattung einer unrichtigen Strafanzeige eine durch § 193 nicht gedeckte Beleidigung, selbst wenn sie in gutem Glauben geschah, aber objektiv unrichtig war (E. **61** 401). Vgl. ferner E. **4** 316, **29** 54 und die Erläut. zu § 164. — Nach E. **74** 257 soll sich auf § 193 nicht berufen können, wer einen rechtskräftig erledigten Rechtsstreit durch den Vorwurf, der Richter habe das Recht gebeugt, wieder aufzurollen sucht.

VI. Subjektiv ist zur Rechtfertigung des Beleidigers nicht erforderlich, daß er die Behauptung für erweislich hielt. Nach dem Gesetz genügt, daß die Aeußerung bei Unterstellung ihrer Wahrheit objektiv zur Interessenwahrung geeignet gewesen wäre (E. **59** 414). Die neuerdings (Anm. I und IV 2 c) vom RGer. aufgestellte Informationspflicht führt freilich zum Erfordernis, daß der Beleidiger gutgläubig nicht nur war, sondern auch sein durfte. — Ein Irrtum über die Geeignetheit der Beleidigung zur Interessenwahrung schließt nach § 59 die Schuld aus (E. **59** 414; für § 54 vermeidet E. **59** 69 mit Recht den Umweg über § 59); während ein Irrtum über die rechtlichen Grenzen des § 193 nach E. **34** 222 unbeachtlicher Strafrechtsirrtum ist (im einzelnen ging das Reichsgericht auch hier in der Annahme solchen die Schuld nicht ausschließenden Strafrechtsirrtums sehr weit).

VII. Aehnliche Fälle: z. B. Publikation und Besprechung von Urteilen zu wissenschaftlichen Zwecken oder zur Rechtsbelehrung E. **19** 238, **3** 303. — Beleidigung durch unwahre, aber für wahr gehaltene Behauptungen im Rahmen einer Zeugenaussage: E. **41** 254. — Gutgläubige Mitteilung unrichtiger Tatsachen an einen Beschuldigten, der sie zu seiner Verteidigung benutzen will: E. **59** 172.

VIII. Teilnahme (Anstiftung oder Beihilfe) an einer nach § 193 gerechtfertigten Beleidigung straflos. Ist aber, umgekehrt, der Täter wegen Bel. strafbar, so kann der Teilnehmer nicht durch § 193 gedeckt sein. E. **64** 23.

IX. Form und Umstände der Aeußerung können trotz § 193 eine strafbare Beleidigung nach § 185 begründen. — „Die strafbare Form einer Aeußerung ist das die Behauptung einer Tatsache überschießende Moment, welches übrigbleibt, wenn man die letztere abzieht, und welches nicht notwendig war, um die letztere aussprechen zu können": E. **10** 361. Der Richter muß freilich sagen, wie sich der Täter nach seinem Bildungsgrad hätte ausdrücken sollen und können (E. **44** 111). — Die begleitenden Umstände müssen zeitlich und örtlich zu der Aeußerung in Beziehung stehen: dadurch, daß die Aeußerung gerade zu dieser Zeit oder gerade an diesem Ort oder gerade unter diesen Verhältnissen fällt, muß sie eine Verschärfung erfahren: E. **34** 80. — Form und Umstände begründen nicht um ihrer selber willen die Strafbarkeit, sondern als Indiz einer besonderen Beleidigungsabsicht: E. **3** 328, **20** 100, **34** 80, **40** 317, **41** 254, **64** 10. Beispiel: Anonyme Form (**22** 329); Schimpfworte; überlauter Ton (**54** 289). Doch muß außerdem der objektiv beleidigende Inhalt feststehen. Vgl. auch Braunschweig MDR. **48** 186 (Mundpropaganda nicht ohne weiteres unzulässig).

Antrag

194. Die Verfolgung einer Beleidigung tritt nur auf Antrag ein. Die Zurücknahme des Antrages (§§ 185 bis 193) ist zulässig.

I. Antrag: regelmäßig nur des Verletzten (§ 65). Vgl. jedoch §§ 189, 195, 196, auch § 197.

195. Ist eine Ehefrau beleidigt worden, so hat sowohl sie als ihr Ehemann das Recht, auf Bestrafung anzutragen.

Auch nach dem Tode der Ehefrau: E. **1** 29. Vgl. auch § 189.

196. Wenn die Beleidigung gegen eine Behörde, einen Beamten, einen Religionsdiener oder ein Mitglied der bewaffneten Macht, während sie in der Ausübung ihres Berufes begriffen sind, oder in Beziehung auf ihren Beruf begangen ist, so haben außer den unmittelbar Beteiligten auch deren amtliche Vorgesetzte das Recht, den Strafantrag zu stellen.

I. **Behörde:** vgl. § 114 Anm. IV.

II. **Die Beziehung auf den Beruf** ist nicht nur dann gegeben, wenn eine Amtshandlung Gegenstand des Angriffs ist (E. **39** 361) oder wenn eine besonders auferlegte Berufspflicht verletzt ist. Sie kann sich auch aus dem Inhalt der Aeußerung ergeben; z. B. bei dem Vorwurf eines Verhaltens, das den Beamten seiner Stellung unwürdig erscheinen läßt oder den Beruf selbst herabwürdigt: E. **44** 191, **66** 128; auch E. **25** 157, **39** 350, E. **76** 366 (= DR. **43** 752 m. Anm. Mezger).

III. Das **Vorgesetztenverhältnis** bestimmt sich nach den jeweils maßgebenden organisatorischen Vorschriften. Es ist jedenfalls dann gegeben, wenn hiernach einer Behörde oder einem Beamten anderen gegenüber Aufsichtsbefugnisse (mit dem Recht, in ihre Geschäftstätigkeit einzugreifen) zustehen; z. B. auch Gerichtsvorstände gegenüber Richtern: E. **11** 163, **15** 212, **17** 88, **19** 260, **24** 340, **35** 227. Anstellungsbefugnis und Dienststrafgewalt sind kennzeichnend. aber nicht maßgebend: E. **14** 182, **59** 133. E. **37** 37 verneint das Vorgesetztenverhältnis der Anwalts- oder Aerztekammer gegenüber einem beleidigten Anwalt oder Arzt, E. **67** 48 das Antragsrecht des Sachbearbeiters.

IV. Das Antragsrecht des Vorgesetzten ist **selbständig:** es wird durch Zurücknahme des vom Beleidigten unmittelbar gestellten Strafantrags nicht berührt: Rechtspr. **5** 270. — Bei Versetzungen verbleibt das Recht dem früheren Vorgesetzten: E. **19** 23. — Mehrere gleichzeitige Vorgesetzte sind nebeneinander antragsberechtigt (§ 62). Die Antragsfrist beginnt für jeden selbständig mit der Kenntnis nach § 61: E. **46** 203.

V. Dem Vorgesetzten steht auch die **Befugnis zur Bekanntmachung** gemäß § 200 zu: E. **14** 327. Nicht dem unmittelbar beleidigten Untergebenen, wenn nur der Vorgesetzte Strafantrag gestellt: E. **43** 173; es sei denn, daß der beleidigte Untergebene sich als Nebenkläger angeschlossen hatte: E. **60** 80. Vgl. auch § 200 Anm. IV a. E.

Ermächtigung

197. Eines Antrages bedarf es nicht, wenn die Beleidigung gegen eine gesetzgebende Versammlung des Reichs oder eines Bundesstaats, **oder gegen eine andere politische Körperschaft begangen worden ist. Dieselbe darf jedoch nur mit Ermächtigung der beleidigten Körperschaft verfolgt werden.**

I. Für die **Ermächtigung** bestehen Vorschriften über Form und Frist nicht: E. **18** 382. In der Ermächtigung liegt nicht ohne weiteres ein Strafantrag der einzelnen Mitglieder. E. **41** 168.

Antrag bei wechselseitigen Beleidigungen

198. Ist bei wechselseitigen Beleidigungen von einem Teile auf Bestrafung angetragen worden, so ist der andere Teil bei Verlust seines Rechts verpflichtet, den Antrag auf Bestrafung spätestens vor Schluß der Verhandlung in erster Instanz zu stellen, hierzu aber auch dann berechtigt, wenn zu jenem Zeitpunkte die dreimonatliche Frist bereits abgelaufen ist.

Retorsion und Kompensation

199. Wenn eine Beleidigung auf der Stelle erwidert wird, so kann der Richter beide Beleidiger oder einen derselben für straffrei erklären.

I. Ueber die Kompensation von Beleidigungen mit leichten **Körperverletzungen** vgl. § 233.

II. **Auf der Stelle:** nur zeitlich und kausal gemeint: solange die durch die Bel. hervorgerufene Gemütsbewegung dauert. Auch während der auf die Beleidigung folgenden Auseinandersetzung: E. **38** 339. Auch wenn eine zunächst durch andere Eindrücke zurückgedrängte Erregung sich bald darauf wieder durchsetzt: E. **67** 249. — Auch wer die e r s t e Bel. ausgesprochen hat, kann für straffrei erklärt werden: E. **70** 329. — Weit auszulegen; auch Analogie hier zulässig: Braunschweig MDR. **48** 186.

III. Beide Beleidigungen müssen **an sich strafbar** sein. Aufrechnung daher nicht möglich, wenn auf der einen Seite § 193 anwendbar ist: E. **44** 143 (148), oder die Schuld fehlt.

IV. Wegen der **Kosten** vgl. StPO. § 468.

Bekanntmachungsbefugnis

200. Wird wegen einer öffentlich oder durch Verbreitung von Schriften, Darstellungen oder Abbildungen begangenen Beleidigung auf Strafe erkannt, so ist zugleich dem Beleidigten die Befugnis zuzusprechen, die Verurteilung auf Kosten des Schuldigen öffentlich bekanntzumachen. Die Art der Bekanntmachung sowie die Frist zu derselben ist in dem Urteile zu bestimmen.

Erfolgte die Beleidigung in einer Zeitung oder Zeitschrift, so ist der verfügende Teil des Urteils auf Antrag des Beleidigten durch die öffentlichen Blätter bekanntzumachen, und zwar wenn möglich durch dieselbe Zeitung oder Zeitschrift und in demselben Teile und mit derselben Schrift, wie der Abdruck der Beleidigung geschehen.

Dem Beleidigten ist auf Kosten des Schuldigen eine Ausfertigung des Urteils zu erteilen.

I. **Rechtsnatur:** Vorbem. III 6 vor § 13. Wegen IdKonk.: E. **73** 148 und Anm. zu § 73.

II. **Oeffentlich:** § 186 A. VII. Dazu AG. Cottbus in DJ. **43** 491.

III. **Auf Strafe erkannt.** Also n i c h t, wenn Angekl. für straffrei erklärt wird (§ 199).

IV. Oder den nach §§ 65, 189, 195, 196 Antragsberechtigten. — Dem **„Beleidigten"** selber nur, soweit er S t r a f a n t r a g gestellt oder doch als N e b e n k l ä g e r Interesse an der Verfolgung der Beleidigung gezeigt hat. Vgl. E. **60** 80. — Vgl. auch § 165, wo es selbständig Antragsberechtigte nicht gibt, also auch nicht Bekanntmachungsbefugnis eines Vorgesetzten: E. **72** 169.

V. **Zuzusprechen:** ohne Antrag.

VI. Die **Kosten** trägt der Verurteilte; mehrere als Gesamtschuldner: E. **37** 267.

VII. Die **Ausführung** ist Sache des Beleidigten.

VIII. **Art und Frist:** nach dem Ermessen des Richters: E. **5** 381. Notwendig ist die Festsetzung im Urteil nicht; der Antrag ist noch im Vollstreckungsverfahren zulässig: Rechtspr. **1** 598.

IX. **Bekanntmachung** von Gerichts wegen zu veranlassen. Anders Abs. 1.

Fünfzehnter Abschnitt

Zweikampf

Vorbemerkungen

I. F ü n f T a t b e s t ä n d e: 1) Zweikampf mit tödlichen Waffen (§ 205). — 2) Herausforderung zu ihm (§§ 201 202). — 3) Annahme der Herausforderung (§§ 201, 202). — 4) Kartelltragen (§ 203). — 5) Anreizung zum Zw. (§ 210). — Daß in allen Fällen nur Zw. „mit tödlichen Waffen" gemeint, ist unbestritten, wenn auch durch die Stellung der §§ 201, 205 verdunkelt.

II. Betr. F e s t u n g s h a f t vgl. Vorbem. VI vor § 13.

Herausforderung und Annahme

201. Die Herausforderung zum Zweikampf mit tödlichen Waffen, sowie die Annahme einer solchen Herausforderung wird mit Festungshaft bis zu sechs Monaten bestraft.

I. **Herausforderung:** einerlei ob ernst gemeint. Wenn nur von dem Geforderten ernst genommen und der Fordernde das wußte. E. **22** 139.

II. **Zweikampf:** ein verabredeter Kampf zweier Personen nach vereinbarten oder hergebrachten Regeln. E. **52** 54. — Ueber die mit der studentischen Schlägermensur zusammenhängende Streitfrage, was eine t ö d l i c h e

Waffe sei (zwei Plenarentscheidungen des RGer.!) vgl. die 33. Aufl. Der durch Ges. vom 26. 5. 33 eingefügte § 210a betr. Straflosigkeit des Zweikampfes mit Schlägern ist durch KRG. 11 aufgehoben.

Herausforderung mit Tötungsabsicht

202. Festungshaft von zwei Monaten bis zu zwei Jahren tritt ein, wenn bei der Herausforderung die Absicht, daß einer von beiden Teilen das Leben verlieren soll, entweder ausgesprochen ist oder aus der gewählten Art des Zweikampfes erhellt.

Kartelltragen

203. Diejenigen, welche den Auftrag zu einer Herausforderung übernehmen und ausrichten (Kartellträger), werden mit Festungshaft bis zu sechs Monaten bestraft.

Sie unterliegen auch bei stattgehabtem Zweikampf nicht der Strafe der Beihilfe: E. **11** 279; vgl. auch § 209.

Rücktritt

204. Die Strafe der Herausforderung und der Annahme derselben, sowie die Strafe der Kartellträger fällt weg, wenn die Parteien den Zweikampf vor dessen Beginn freiwillig aufgegeben haben.

I. Dieser „**Beginn**" ist gleichzeitig die juristische „Vollendung" des Zweikampfvergehens. Vgl. Anm. 1 zu § 205.

II. Nicht also, wenn Beginn durch behördliches Einschreiten verhindert (E. **13** 1). — Der **freiwillige** Rücktritt auch nur einer Partei, wodurch der Zw. tatsächlich aufgegeben worden, macht beide straflos; beiderseitige Aussöhnung nicht erforderlich. E. **34** 200, **35** 260.

Zweikampf

205. Der Zweikampf wird mit Festungshaft von drei Monaten bis zu fünf Jahren bestraft.

I. Vgl. Anm. II zu § 201. — Vollendet ist der Zw., „sobald die Beteiligten zum Kampfe angetreten sind und der eine von ihnen mit dem Angriff auf den sich darbietenden Gegner begonnen hat" E. **51** 64.

II. „**Beihilfe**" auch durch Mitwirkung bei einem Ehrengericht, das nur über die Waffen zu bestimmen hat: E. **13** 265. Gehilfe auch, wer im Auftrage des einen mit dem Beauftragten des Gegners die Bedingungen des Zw. feststellt und sie seinem Auftraggeber übermittelt. Er fällt nicht unter die Strafausschließungsgründe des § 209. E. **25** 81.

Tötung im Zweikampf

206. Wer seinen Gegner im Zweikampf tötet, wird mit Festungshaft nicht unter zwei Jahren, und wenn der Zweikampf ein solcher war, welcher den Tod des einen von beiden herbeiführen sollte, mit Festungshaft nicht unter drei Jahren bestraft.

I. § 206 I enthält ein durch einen schwereren **Erfolg qualifiziertes** Vergehen, wie z. B. § 226 (vgl. Vorbem. VII vor § 1). Tötungsvorsatz also nicht erforderlich. Aber adäquater Zusammenhang zwischen vorsätzlichem Kämpfen und eingetretenem Tod. Nur dann „im" Zw., d. h. durch eine Kampfhandlung. Anders, wenn nur bei Gelegenheit desselben: z. B. durch abgesprungene Klinge, oder durch den Versuch, verfangene Schläger wieder zu lösen. Hier ist § 222 in Betracht zu ziehen. Vgl. E. **63** 6. Noch weniger § 206 anwendbar, wenn die Wunde nur durch das spätere Verhalten des Verletzten tödlich wurde. E. **64** 143: Der Tod müsse „aus der Zweikampfwunde für sich hervorgehen".

Vorsätzliche Uebertretung der Kampfesregeln

207. Ist eine Tötung oder Körperverletzung mittels vorsätzlicher Uebertretung der vereinbarten oder hergebrachten Regeln des Zweikampfes bewirkt worden, so ist der Uebertreter, sofern nicht nach den vorhergehenden Bestimmungen eine härtere Strafe verwirkt ist, nach den allgemeinen Vorschriften über das Verbrechen der Tötung oder der Körperverletzung zu bestrafen.

I. **Vorhergehende:** also nicht auf Grund von § 208.

Zweikampf ohne Sekundanten

208. Hat der Zweikampf ohne Sekundanten stattgefunden, so kann die verwirkte Strafe bis um die Hälfte, jedoch nicht über fünfzehn Jahre erhöht werden.

I. **Sekundanten:** die von den Duellanten erwählten Personen, die diesen bei der Austragung des Zw. selbst Beistand leisten, und deren Aufgabe im wesentlichen darin besteht, die Beobachtung der verabredeten oder hergebrachten Kampfesregeln auf dem Kampfplatz zu sichern. E. **25** 81. Vgl. aber Anm. II zu § 205.

II. Ueber die **verwirkte Strafe** müssen sich also die Urteilsgründe aussprechen.

Straflosigkeit der Kartellträger

209. Kartellträger, welche ernstlich bemüht gewesen sind, den Zweikampf zu verhindern, Sekundanten, sowie zum Zweikampf zugezogene Zeugen, Aerzte und Wundärzte sind straflos.

I. Vgl. § 203.

II. **Nach** Ueberbringung der Herausforderung: E. **17** 244; und **vor Beginn** des Kampfes; also nicht bloß: Verhinderung der Fortsetzung des Kampfes. § 209 ist nicht anwendbar, wenn durch sofortige Ablehnung der Herausforderung seitens des Geforderten der Kartellträger zur Beilegung des Zw. nichts tun konnte; ebenso wenn der Kartellträger die Ablehnung erwartete: E. 22 218.

III. Vgl. Anm. I zu § 208.

Anreizung zum Zweikampf

210. Wer einen anderen zum Zweikampf mit einem Dritten absichtlich, insonderheit durch Bezeigung oder Androhung von Verachtung anreizt, wird, falls der Zweikampf stattgefunden hat, mit Gefängnis nicht unter drei Monaten bestraft.

I. Solche **Anreizung** im allg. erst auf Grund einer zum Zw. geeigneten Sachlage möglich; aber auch wenn letztere erst durch die Anreizung bewußt geschaffen wird (z. B.: „Sie können sich als von X. geohrfeigt betrachten!"). E. **18** 239. — Vgl. § 112 Anm. II.

II. Absichtlich hier gleich vorsätzlich. Vgl. Anm. III zu § 59.

210a. Der Zweikampf mit Schlägern unter Vorkehrungen, die bestimmt und geeignet sind, gegen Lebensgefahr zu schützen, sowie die Herausforderung zu einem solchen Zweikampf und deren Annahme sind straflos.

I. Eingefügt an Stelle der früheren Vorschrift durch G. v. 26. 5. 33 Art. I Nr. 13. Aufgehoben durch KRG. Nr. 11.

II. Wenn ein Zweikampf mit Säbeln unter gleichen Vorkehrungen ausgefochten wird — sog. einfache oder leichte Säbelforderung —, so hat entsprechendes zu gelten (streitig).

III. Ebenso die Folgen eines solchen Zweikampfes, es sei denn, daß ein Fall des § 207 vorliegt.

Sechzehnter Abschnitt

Verbrechen und Vergehen wider das Leben

Vorbemerkungen

Aus dem neuesten Schrifttum: Stock, Zur Abgrenzung von Mord und Totschlag, SJZ. 47, 529; dazu Zinn SJZ. 48, 141, Radbruch SJZ. 48, 311. — Claß, Zum Verhältnis des § 211 zu § 50 StGB., NJW. 49, 83. — Eb. Schmidt, Zur Lehre von den Tötungsdelikten usw. DRZ. 49, 198, 241, 272. — Jagusch, Die Rspr. des OGHBr.Z. zur vorsätzlichen Tötung, SJZ. 49, 324 ff. — Lange, Die Schuld des Teilnehmers, insbes. bei Tötungs- und Wirtschaftsverbrechen, JR. 49, 165 ff. — Ledig, Die Bestrafung der vorsätzlichen Tötungsdelikte, NJ. 49, 57.

I. Tatbestände: a) Tötungen: 1. Mord § 211; 2. Totschlag §§ 212 u. 213; 3. Tötung auf Verlangen § 216; 4. Kindestötung § 217; 5. Fahrlässige Tötung § 222.

b) Abtreibung § 218, Tatbestände dort Anm. I.

c) Aussetzung § 221.

II. Idealkonkurrenz ist möglich zwischen den Straftaten des 16. Abschnitts und den durch Todesfolge qualifizierten Straftaten, z. B. §§ 178, 226 (vgl. E. **31** 198). Nach RG. dagegen nicht mit Körperverletzung, denn der Tötungsvorsatz schließe den KVVorsatz in sich ein, während umgekehrt

KVVorsatz voraussetze, daß Tötungswille fehlte (so E. **44** 321, **61** 375; freilich kaum vereinbar mit E. **28** 200, vgl. § 216 A. I). Für die Möglichkeit der IK. zutr. Kiel MDR. **47** 71. Tateinheit mit Raub: OGHE. **1** 133 u. DRZ. **49** 70. Tatmehrheit mit § 226: OGH. in JR. **49** 284.

III. Selbsttötung fällt nicht unter 16. Abschnitt. Wegen Beihilfe und Anstiftung vgl. E. **70** 313; Beihilfe sei straflos, Anstiftung bleibt dahingestellt. — Im Selbstmord einer Schwangeren könne eine Abtreibungshandlung liegen, ihr Selbstmordversuch also als versuchte Abtreibung (§ 218) strafbar sein: so HRR. **39** 395, DR. **40** 26. Der Weg zu diesem Ergebnis war dadurch frei geworden, daß E. **67** 206 den in E. **41** 328 vertretenen Standpunkt, zur strafbaren Abtreibung gehöre, daß die Schwangere die Tötung ihrer Frucht überlebt habe, aufgegeben hatte. Das letze Wort in dieser auch ethisch problematischen Frage dürfte damit noch nicht gesprochen sein! — Ueber die Behandlung des Doppelselbstmordes im engl. Recht Honig DRZ. 48, 378. — Zwang zum Selbstmord als Mord in mittelb. T.: OGH. in NJW. 49 598.

1. Vorsätzliche Tötung*): a) Mord

211. (1) Der Mörder wird mit dem Tode bestraft.

(2) Mörder ist, wer

aus Mordlust, zur Befriedigung des Geschlechtstriebs, aus Habgier oder sonst aus niedrigen Beweggründen,

heimtückisch oder grausam oder mit gemeingefährlichen Mitteln oder

um eine andere Straftat zu ermöglichen oder zu verdecken,

einen Menschen tötet.

(3) Ist in besonderen Ausnahmefällen die Todesstrafe nicht angemessen, so ist die Strafe lebenslanges Zuchthaus.

1. Vorsätzliche Tötung: b) Totschlag

212. Wer einen Menschen vorsätzlich tötet, ohne Mörder zu sein, wird als Totschläger mit lebenslangem Zuchthaus oder mit Zuchthaus nicht unter fünf Jahren bestraft.

Inhalt der Anmerkungen: I. Die Neuregelung. — II. Aufbau der Tatbestände. — III. Das Unterscheidungsmerkmal. — IV. Tat und Täter. — V. Objektiver Tatbestand. — VI. Rechtswidrigkeit. — VII. Vorsatz. — VIII. Der Mörder. — IX. Die Strafe des Mörders. — X. Totschlag. — XI. §§ 214, 215. — XII. Teilnahme.

---

*) Die alten §§ 211 und 212 lauteten:

211. Wer vorsätzlich einen Menschen tötet, wird, wenn er die Tötung mit Ueberlegung ausgeführt hat, wegen Mordes mit dem Tode bestraft.

212. Wer vorsätzlich einen Menschen tötet, wird, wenn er die Tötung nicht mit Ueberlegung ausgeführt hat, wegen Totschlages mit Zuchthaus nicht unter fünf Jahren bestraft.

I. Die **Neuregelung der vorsätzlichen Tötungen** durch § 2 des Ges. v. 4. 9. 41 (RGBl. I 549) betont stärker als die alte Fassung die Persönlichkeitswertung: Mörder ist, wessen Motive, Mittel oder Zwecke eine besonders verwerfliche Einstellung oder eine besondere Gefährlichkeit offenbaren. Sie lehnt sich eng an die Schweizer Entwürfe an und ist schon deshalb nicht typisch nationalsozialistisch zu nennen. Das ist heute allgemein anerkannt. Vgl. OGHE. **1** 76, besonders aber 82 ff., 84 ff.

Streitig ist, ob die Sperrvorschriften (Vorbem. VI vor § 13) eingreifen, wenn nicht zugleich mit dem neuen auch der alte Mordtatbestand verwirklicht ist. Die Frage ist gegen Braunschweig JBl. **46** 124, NJW. **48** 272 (mit Uebersicht), Oldenburg JBl. **46** 99, Kiel SchlHA. **46** 503, **47** 103, Düsseldorf JMBl. **47** 8, Frankfurt SJZ. **47** 633, Maurach I 164, II 68 und Welzel § 29 I b, bb mit Köln (DRZ. **46** 94), dem KG. (DRZ. **47** 198) und dem OGH. (E. **1** 82 = SJZ. **49** 54 mit Anm. v. Weber); Eb. Schmidt DRZ. 49, 198 ff. zu verneinen. Denn nicht von der Einzeltat, sondern vom Deliktstyp ist auszugehen. Der Tatbestand des Mordes aber war schon früher mit der höchsten Strafe bedroht. Und Mord bedeutet heute grundsätzlich nicht anders als früher die eine besondere Verwerflichkeit oder Gefährlichkeit des Täters manifestierende Tötung.

De lege ferenda vgl. die Beschlüsse der Wiesbadener Juristentagung 1946 SJZ. 47, 219 f., DRZ. 47, 27.

II. **Aufbau der Tatbestände.** — Die Fälle der vorsätzlichen rechtswidrigen Tötung liegen so verschieden, daß es nicht genügt, gesetzlich einen weitgespannten Strafrahmen vorzusehen und innerhalb desselben die Wertung dem Richter zu überlassen, wie es Liszt VD. Bes. T. V vorschlug. Vom Raub- und Lustmord über Rache- und Eifersuchtstaten bis zur Euthanasie und Tötung in ernster Lebensnot wiegen die Fälle nicht nur verschieden schwer, sie sind auch der Art nach verschieden. Aber Uebereinstimmung besteht weder darüber, wieviel Tatbestände zu bilden sind (darüber hier Anm. II), noch darüber, worin die unterscheidenden Merkmale liegen (darüber unten Anm. III). Es gibt drei Möglichkeiten, die Tatbestände zu gliedern:

1. Man kann Mord und Totschlag als **zwei positiv** definierte selbständige Tatbestände gegenüberstellen. So einige römische Quellen und die Italiener des Mittelalters: propositum und impetus. Carolina (1532): mutwillige fürsätzliche Tötung als Mord, Tötung aus Jähheit und Zorn als Totschlag. Einige neuere Gesetze und Entwürfe: Ueberlegung einerseits, Affekt andererseits. Die Lösung empfiehlt sich nicht. Affekt z. B. ist nicht ohne weiteres ein Gegensatz zu Ueberlegung. Es gibt Affektentladungen, bei denen der Täter kalt „überlegt", aber alle moralischen und rechtlichen Hemmungen verloren hat. Und umgekehrt kann Ueberlegung auch aus anderen Gründen als aus Affektzuständen ausgeschlossen sein, z. B. durch Erschöpfungs- und leichtere Rauschzustände. So lasen sich manche Fälle doppelt einordnen, während andere ins Leere fallen.

2. Man kann von einem **Grundtatbestand** der „vorsätzlichen Tötung" aus nach **oben** bes. schwere, nach **unten** leichtere Fälle aussondern. Diese Lösung ist im neuen Schweizer StGB. besonders scharf ausgeprägt, liegt aber, wie sogleich zu zeigen ist, auch unserem Recht zugrunde.

In den Vorauflagen ist eine dritte Möglichkeit erörtert und zur Auslegung unseres geltenden Rechts herangezogen worden: man könne **einen** der beiden hergebrachten Tatbestände in positiver Umschreibung an die Spitze stellen und den anderen durch Zufügung oder Weglassung bestimmter Merkmale aus ihm **ableiten.** Nach der neuen Fassung könne die Priorität des § 211 nicht mehr zweifelhaft sein. Nur so seien auch die Teilnehmer richtig zu bewerten. Ebenso Eb. Schmidt DRZ. 49, 241, SJZ. 49, 562, Welzel S. 135. An dieser Konstruktion kann nicht festgehalten werden; die Folgerungen für die Teilnahme sprechen nicht für, sondern gegen sie (vgl. unten Note XII). Der Sache nach ist gerade die nicht näher bezeichnete vorsätzliche Tötung der Grundtatbestand, aus dem die anderen abzuleiten sind. Das ist, wie die negativen Wendungen „ohne Ueberlegung", „ohne Mörder zu sein" zeigen, nach altem wie nach neuem Recht bei uns der Totschlag des § 212. Ihm gegenüber typisieren § 211 Fälle gesteigerter, §§ 213 bis 217 Fälle geminderter Schuld. Anders nur die Reichsratvorlage von 1925, die die vorsätzliche Tötung schlechthin als Mord und nur unter besonderen Voraussetzungen als Totschlag charakterisieren wollte und deren System eben darum verworfen wurde (vgl. Begr. Entw. 27 S. 127). Demgegenüber stimmt unser System sachlich mit dem der Schweiz überein, wobei dem § 212 die „vorsätzliche Tötung" des Schw. Art. 111, dem § 213 der „Totschlag" des Art. 113 („in einer nach den Umständen entschuldbaren heftigen Gemütsbewegung") entspricht. Die terminologischen Unterschiede dürfen nicht verwirren. — Zutr. Maurach II, 62, 66: „Mord Qualifizierung des Totschlages". Allerdings sieht M. die Qualifikationsgründe nicht als Schuld-, sondern als TB.-Merkmale an. Hierzu eingehend JR. 49, 188 ff.; vgl. auch unten Anm. VII und § 216 Anm. I.

III. Das Unterscheidungsmerkmal. Der Mord ist von jeher durch die besondere Verwerflichkeit, daneben aber auch durch die besondere Gefährlichkeit des Täters charakterisiert worden. In der Geschichte wechselten demgemäß eine vorwiegend ethisch orientierte (1), eine mehr psychologisch gedachte (2) und eine rein kriminalpolitische (3) Betrachtung, bis dann die heutige Neufassung weitgehend zu dem ersten Standpunkt zurückkehrte, aber unter Synthese mit dem Gefährlichkeitsgedanken. Dies ist gegenüber der Folgerung, die OGHE. 1 82 f. (= SJZ. 49 54 m. Anm. Hartung) aus dem geschichtlichen Ueberblick zieht und gegenüber Jagusch SJZ. 49 324 ff., zu betonen. Der Mordtatbestand verkörpert das den Begriffen Schuld und Strafe eigene unaufhebbare Spannungsverhältnis. Ueber dieses vgl. Vorbem. I vor § 13; Anm. II zu § 59.

1. Das deutsche Mittelalter nannte „Mord" die **sittlich verwerfliche** Tötung, die auf eine niedrige Gesinnung schließen ließ. Feige Heimlichkeit, Hinterlist, Wehrlosigkeit des Getöteten, Bruch eines Treueverhältnisses u. ähnl. kennzeichneten ihn. Entehrende Todesstrafe (andere Ehrenfolgen traten hinzu) war die Strafe. Auch den „Totschlag" z. B. im offenen ehrlichen Kampf — traf zwar meist Todesstrafe, aber nicht ausnahmslos und ohne absichtliche Entehrung.

2. Gegen Ende des deutschen Mittelalters trat der **Vorbedacht** als Unterscheidungsmerkmal in den Vordergrund. Schon spätrömisches und mittelalterlich-italienisches Recht hatten die dolosen Tötungen unterschieden in solche mit propositum (das Vor-gesetzte) und solche mit impetus (Drang, Aufwallung). Entsprechend unterschied die „Carolina" (das StGB. Karls V. v. 1532) in Art. 137 auf der einen Seite den „mutwilligen fürsetzlichen Mörder" (mutwillig: ohne rechtfertigenden Grund; fürsetzlich: mit Vorbedacht); und auf der anderen den „Totschlag aus Gähheit und Zorn" (wobei der Personenbegriff „Mörder" gegenüber dem Tatbegriff „Totschlag" Beach-

tung verdient). Ebenso die Mehrzahl der folgenden Gesetze. So auch Code pénal von 1791/1810: „Assassinat" setzt voraus entweder préméditation oder (ein Nachklang des „Verwerflichen") guet-apens, hinterlistigen Ueberfall. Einseitig dann abgestellt auf ersteres, die „Ueberlegung": Baiern 1813, Preußen 1851, RStGB. 1870. Dies Unterscheidungsmerkmal ist also nicht, wie gelegentlich geschrieben wird, französischen Ursprungs, sondern geht auf die Carolina, dann auf römisch-italienisches Recht zurück; es ist auch nicht einseitig intellektualistisch, sondern beruht auf dem Gedanken, daß kalte Nichtachtung fremden Lebens den „Mörder" kennzeichnet und schwerste Sühne fordert. Das Ueberlegungs-Merkmal steht also in seinen Grundmotiven dem moralisch-sittlichen der Nr. 1 nicht allzu fern.

3. Indirekt gleichfalls veranlaßt durch die Carolina, aber durch ihr **Beweisrecht,** war eine dritte Anschauung, die z. B. bei Carpzov (1650) begegnet, dann bes. in österreichischen Strafgesetzen seit 1768, auch in dem insoweit jetzt außer Kraft gesetzten) Oesterr. StG. von 1852, wo es in Art. 134 u. 140 hieß: „Wer gegen einen Menschen in der Absicht, ihn zu töten, auf eine solche Art handelt, daß daraus dessen oder eines anderen Menschen Tod erfolgte, macht sich des Verbrechens des Mordes schuldig... Wird die Handlung, wodurch ein Mensch um das Leben kommt, zwar nicht in der Absicht, ihn zu töten, aber doch in anderer feindseliger Absicht ausgeübt, so ist das Verbrechen ein Totschlag." Bei dieser dritten Lösung hatte es sich darum gehandelt, mit den hemmenden „Beweisregeln" des Gemeinen Strafrechts fertig zu werden, die in vielen Fällen, in denen der gesunde Menschenverstand „Vorsatz" angenommen hätte, solches verboten. Solche prozessualen Schwierigkeiten wurden vielfach umgangen durch Dehnung der Begriffe des materiellen Strafrechts. So auch hier: Verurteilung wegen „Mordes" forderte dolus directus. Zum „Totschlag" dagegen genügt dolus indirectus, d. praesumtus, d. generalis; noch dazu, indem man eine aberratio ictus (Anm. V 1 zu § 59) hier für unbeachtlich erklärte. Diesem Seitenweg hat das Ges. v. 4. 9. 41 ein Ende gesetzt.

4. An der **Tauglichkeit des „Ueberlegungs"**-Merkmals zur Scheidung der Tötungsfälle entstanden bald Zweifel. Es erschien allzu verschiedener Deutung fähig und auch durchaus nicht immer charakteristisch. Einmal: Bezieht es sich auf das „ob" oder auf das „wie" der Tat? Sodann: Entscheidet vorbedachte Planung oder kalte Ausführung oder muß beides gegeben sein? Und: Eignete sich ein so schillernder und bestrittener Begriff überhaupt dazu, das Anwendungsgebiet der Todesstrafe (denn darum handelte es sich damals) abzugrenzen? Und namentlich: Eignete sich ein scheinbar so verstandeskühler, ethisch so farbloser Begriff dazu, die schwersten Tötungsfälle zu kennzeichnen? Geschworene verneinten oft nur deshalb die „Ueberlegung", weil sie den Fall nicht für todeswürdig hielten — keineswegs immer, wie ihnen nachträglich unterstellt wurde, als grundsätzliche Gegner der Todesstrafe, sondern wegen der Volksfremdheit des Ueberlegungsbegriffs. Die Mutter, die in tiefster Not mit ihrem Kind das Leben verlassen will, selber aber gerettet wird, der Arzt oder Freund, der dem unheilbar Leidenden die Qual verkürzen will, handeln „überlegt". Affekttötungen anderseits, Lustmorde, Racheakte und ähnliche nicht „überlegte" Entladungen können sowohl moralisch wie unter dem Gesichtspunkt einer kriminellen Prognose schwerste Strafe erfordern. Indessen trotz dieser geringen Eignung des Merkmals der „Ueberlegung" zur Unterscheidung der Tötungsfälle hielten auch die deutschen Entwürfe bis 1927 (mit einer Ausnahme) an ihm fest.

5. Die **Rückkehr** von der kaltblütigen (2) zu der **sittlich** verwerflichen (Nr. 1) Tötung, von der seelischen Temperatur der Tat zu der Gesinnung des Täters, erfolgte unter Führung von Carl Stooß in den **Schweizer** Entwürfen seit 1893. Der Mord wird hier wieder gekennzeichnet als unehrliche gemeine Tötung, deren besondere Verwerflichkeit sich auf dreierlei Weise zeigen könne: aus ihren niedrigen Beweggründen, aus den verwerflichen Zwecken und aus ihrer besonderen Begehungsart. So mit gleicher Dreiteilung, bis Entw. 1918. Beanstandet wurde die Kasuistik. Die endgültige Fassung des Schweizer StGB. (in Kraft ab 1. 1. 42) sucht die Kasuistik zu vermeiden und die Bewertung der Beweggründe mit dem Erfordernis der Ueberlegung zu verbinden. Klarer als in den Entwürfen zeigt sich in ihr 1) die Synthese zwischen besonderer Vorwerfbarkeit und besonderer Gefährlichkeit als Schuldmomenten sowie 2) die bloß symptomatische Bedeutung der Tatumstände für die entscheidende Bewertung der Täterpersönlichkeit. Hierzu der oben Anm. II 2 erwähnte Aufbau. Ergebnis des Schweizer StGB.: Art. 111: Grundtatbestand der vorsätzlichen Tötung. Art. 112 nach oben herausgenommen: Mord begeht, wer unter Umständen oder mit einer Ueberlegung tötet, die seine besonders verwerfliche Gesinnung oder seine Gefährlichkeit offenbaren. Art. 113 nach unten herausgenommen: Totschlag begeht, wer in einer nach den Umständen entschuldbaren Gemütsbewegung tötet. — Aehnlich der Schweiz der Oesterreich. Entw. von 1912. — Besondere Hervorhebung des Gefährlichkeitsmoments in Entw. zur englischen Criminal Justice Bill von 1948 (dazu Mosheim DRZ. 48, 379).

6. **Der § 211 neuer Fassung** betont gleichfalls die Niedrigkeit der Gesinnung und damit die moralische Minderwertigkeit der Täterpersönlichkeit durch die Generalklausel „oder sonst aus niedrigen Beweggründen".

Es genügt andrerseits aber auch eine Ausführung, die nicht notwendig zu einer Gesamtkennzeichnung des Täters als moralisch minderwertig zu führen braucht, wohl aber auf seine besondere Gefährlichkeit schließen läßt. Ein Versuch eingehender Begründung in E. 77 41.

IV. Tat und Täter. — Das Gesetz spricht nicht von Mord und Totschlag, sondern vom Mörder und vom Totschläger. Das bedeutet: Tötungsarten sollen nicht isoliert betrachtet werden, sondern in ihrer Verwurzelung in der Persönlichkeit des Täters. Diese an sich im StrR. allgemein geltende Forderung wird hier besonders betont.

Durch das Wort **Mörder** werden die Hinweise noch verstärkt, die bei § 211 jetzt auch in der Fassung der TBMerkmale liegen: in der Betonung verwerflicher Beweggründe wie in der Verwendung der Worte „heimtückisch" und „grausam". Wer den jetzigen TB. des § 211 erfüllt, ist „ein Mörder". Aber die Frage, ob er ihn erfüllt, kann nicht ohne Berücksichtigung der gesamten inneren Einstellung und Gesinnung des Täters entschieden werden. Ebenso Eb. Schmidt DRZ. 49, 242 ff. — Es handelt sich beim „Mörder" nicht um einen naturalistisch verstandenen, kriminologischen Tätertyp; vielmehr ist die Tatschuld zu einer Tat-Täterschuld vertieft, die die Tat begleitenden psychischen Umstände sind auf ihre Wurzel in der Persönlichkeit des Täters zurück zu verfolgen. Näheres unten zu VIII. Auch E. 76 297 (= DR. 43 289 m. Anm. Mezger) betont Persönlichkeitswürdigung, ohne Tätertyp zu verlangen. — Wenig glücklich ist die Personifizierung des „Totschlägers" in § 212. Denn hier fehlen gerade Qualifikationsmomente aus der Persönlichkeit des Täters. Richtiger die Carolina: oben III 2.

V. Objektiver Tatbestand, sowohl des „Mordes" wie des Totschlags. — 1. **Mensch:** mit dem Beginn der Geburt: E. **9** 132, **26** 179, GA. **54** 288. Wichtig wegen Abgrenzung gegen § 218. § 1 BGB. („Rechtsfähigkeit"!) hat damit nichts zu tun. — Lebensfähigkeit nicht vorausgesetzt; ein Sechsmonatskind, das einige Stunden gelebt hat, war „ein Mensch". — Nach allg. A. meinen § 211/212: „wer einen **anderen** tötet; Selbsttötung fällt nicht darunter, also auch nicht Versuch: E. **70** 314. „Teilnahme" am Selbstmord halten für strafbar: Binding, Kohler, Lammasch. Jedenfalls aber kann Anstiftung zum Selbstmord „Tötung" in mittelbarer Täterschaft sein, falls sich nämlich der Anstifter des anderen bediente, um seinen eigenen Willen, diesen zu beseitigen, durch ihn auszuführen (Frankfurter Fall: Eltern wollten ihr 14jähriges Kind loswerden und quälten es so lange, bis es, was sie gewünscht hatten, ins Wasser ging; sie wurden mit Recht des Mordversuchs — das Kind war gerettet worden — für schuldig erklärt). Vgl. Vorbem. II vor § 47, III vor § 211, insbes. den Fall OGH. in NJW. **49** 598; dort wurde dem — schwersten Drohungen ausgesetzten — Opfer eine geladene Pistole hingelegt, um es zum Selbstmord zu treiben.

2. **Töten:** nicht, wie gelegentlich angenommen „typische Tötungshandlung", andererseits mehr als: eine Ursache setzen zum Tod eines anderen. Der Täter muß den Kausalablauf beherrscht, nicht nur eine zufällige Entwicklung, die seinem Wunsche entsprach, angestoßen haben. Vgl. Vorbem. III vor § 1 sowie E. **70** 257. Ferner Hartung SJZ. 49, 64.

VI. Rechtswidrigkeit kann durch Notwehr, Berufsrecht u. dgl. ausgeschlossen sein. Nicht aber durch Einwilligung. Die Straflosigkeit des Selbstmordes (Anm. V) beweist nichts. Denn aus seiner Straflosigkeit folgt noch nicht seine „Erlaubtheit", seine Rechtmäßigkeit; also auch nicht ohne weiteres die Straflosigkeit der „Teilnehmer". Positives Gegenargument gegen rechtfertigende Bedeutung der Einwilligung ist § 216. — Euthanasie (Sterbehilfe) ist weder ausdrücklich „erlaubt" worden (auch nicht bei Neuregelung der §§ 211 f.), noch kann man hier einen übergesetzlichen Rechtfertigungsgrund annehmen. — Auch ein Recht zur Vernichtung lebensunwerten Lebens besteht für den Einzelnen nicht. Herrsch. A. Vgl. insbes. KG. in DRZ. **47** 199 (Anm. Lange), Frankfurt SJZ. **47** 628 (Anm. Radbruch). Eingehend Engisch, Euthanasie usw. (1948); OGH. in SJZ. **49** 347; dazu Eb. Schmidt Sp. 559, Welzel MDR. **49** 373. Teilweise abw.: Binding und Hoche, Vernicht. lebensunw. Lebens 1920.

VII. Schuld. Der Mord bedeutet genüber dem Grundtatbestand der vorsätzlichen Tötung nicht gesteigertes Unrecht, sondern gesteigerte Schuld. Und zwar eine aus der Tat zu erschließende Persönlichkeitsschuld. Das ergibt sich aus Herkunft und System, darüber oben II 2; aber auch aus der Einzelauslegung: Darüber das folgende. Daß sich der Täter seiner niederen Beweggründe bewußt sein müsse, ist nicht zu verlangen. Solche Motive werden im Bewußtsein regelmäßig durch höherwertige verdrängt. Erforderlich ist nach allgemeinen Grundsätzen nur die Möglichkeit des Bewußtseins der besonderen Verwerflichkeit. Anders Stock SJZ. 47, 529, der insoweit bei einem psychologisch gefaßten Schuldbegriff verharrt.

VIII. Die Merkmale des Mörders. — Das Gesetz nennt innere Triebkräfte, Ausführungsarten und verfolgte Ziele.

1. Mordlust. Ob Psychologie und Psychopathologie sie als selbständigen Trieb noch annehmen und ob dann nicht stets § 51 gegeben sein würde, muß hier dahingestellt bleiben.

2. Lustmord. Die aus sexueller Erregung „zur" sexuellen Befriedigung begangene Tötung. Nicht dagegen die bloß gelegentlich oder nach Triebbefriedigung begangene, z. B. aus Furcht vor Anzeige. Freilich würden hier meist „niedrige Beweggründe" vorliegen oder die Absicht, „eine andere Straftat zu verdecken".

3. Aus Habgier. Einerlei ob zwecks unmittelbarer Erlangung von Sachen (Raubmord) oder späterer Erlangung von Vermögenswerten begangen. OGHE. 1 81 (= SJZ. 49 54): „Streben nach Gewinn um jeden Preis". v. Weber a. a. O. macht die beachtliche Einschränkung, daß ein „Habenwollen" gefordert werde; das Motiv, sich von einer drückenden Schuld zu befreien, komme daher nur als sonstiger „niederer Beweggrund" in Betracht. Zu eng Hamburg NJW. 48 350, das „hemmungslose Sucht" fordert.

4. Aus niederen Beweggründen. Dies wohl der Hauptanwendungsfall für § 211. Auch Habgier würde hierher gehören, ist aber wegen besonderer Häufigkeit und richtungweisender Deutlichkeit besonders herausgehoben. Ueber die hier entstehenden Prozeßfragen vgl. KG. in SJZ. 47 447 (Anm. Exner). Die Generalklausel „oder sonst" gibt dem Richter Bewegungsfreiheit. Läge nicht die Beurteilung von Wilhelm Tell auf der politischen Ebene, so könnte man sagen: Bei Schiller hat nicht Tell „aus niederen Beweggründen" gehandelt, wohl aber Parricida, der „den Räuber seines Erbes" erschlug und zu dem Tell spricht: „Gerächt hab ich die heilige Natur, die Du geschändet. Gemordet hast Du — ich hab mein Teuerstes verteidigt." Rietzsch weist auf den Vater von Emilia Galotti hin. An „Ueberlegung" hat es in beiden Fällen nicht gefehlt. Dennoch würden sie jetzt nicht mehr unter § 211 fallen. — Ueber politische Beweggründe vgl. die Auseinandersetzung in SJZ. 47, 219 f., SJZ. 47, 529 (Stock), SJZ. 48, 141 (Zinn), SJZ. 48, 311 (Radbruch). Richtig KG. in JR. 47 27, Frankfurt SJZ. 47 629: pol. Beweggründe unterliegen der Wertung nach dem allgemeinen Sittengesetz. Weniger scharf stellt OGHE. 1 99 selbstsüchtige Interessen denen der Allgemeinheit gegenüber; dazu Eb. Schmidt DRZ. 49, 243.

5. Heimtückisch ist nicht nur heimlich im Gegensatz zu offen, sondern auch tückisch, berechtigtes Vertrauen in besonders verwerflicher Weise täuschend. Heimlich, unvermerkt, aus dem Hinterhalt usw. betrifft nur die Art der Ausführung; heimtückisch dagegen kennzeichnet (entgegen Oldenburg DRZ. 47 418) auch den Täter. Wer aus verständlichen, nicht „niedrig" zu nennenden Beweggründen getötet hat, wird nicht dadurch schon zum „Mörder", daß er Gift benutzte, statt gegen einen Stärkeren offen, aber aussichtslos zu kämpfen. Tell ist nicht deshalb „Mörder", weil er gegenüber dem Haufen Bewaffneter aus dem Hinterhalt schießt. Die Tochter, die ihren unheilbar kranken Vater pflegt, ist nicht Mörderin, wenn sie ihm heimlich Gift gibt, um ihn von seinen Qualen zu erlösen, denn durch diese Tat täuscht sie zwar berechtigtes Vertrauen, offenbart aber nicht besondere Verwerflichkeit, wie es die ratio legis fordert. Grundsätzlich anders Stock SJZ. 47, 532. Ueber Heimtücke ferner Kiel MDR. 47 70, SchlHA. 47 103, HESt. 1 90 (Tötung im Schlaf), Oldenburg JBlO. 47 51, Frankfurt SJZ. 47 628 (Anm. Radbruch) = HESt. 1 67, MDR. 49 117, OGH. SJZ. 49 347, OGHE. 1 90.

6. Grausam, gleichfalls nicht nur ein subjektives TBMerkmal, sondern ein Gesinnungsmerkmal. In das StGB. erstmalig durch G. v. 19. 6. 12

eingeführt, das im Abs. II des § 223a die Körperverletzung an Jugendliche usw. mit schwerer Strafe bedrohte, wenn sie „mittels grausamer oder boshafter Behandlung begangen wird". Das Wort „grausam" war hier an die Stelle des zuerst gewählten Wortes „roh" getreten und sollte enger und stärker sein als der bei der Tierquälerei verwendete Begriff „roh mißhandeln". E. **49** 389 und — mit Einschränkungen — **62** 160 setzten es dem „martern" in § 251 gleich: eine erhebliche, besondere Leiden verursachende Mißhandlung, stärker oder auch bloß länger dauernd oder wiederholt, namentlich aber „hervorgegangen aus einer gefühllosen und unbarmherzigen Gesinnung". Später verschwand es wieder: als durch G. v. 26. 5. 33 der Abs. II des § 223a in dem jetzigen § 223b verselbständigt wurde, wurde es zurückverwandelt in den schwächeren, aber umfassenderen Ausdruck: „quält oder roh mißhandelt". „Grausam" war für § 223b als zu eng befunden. E. **76** 297: „Grausamkeit" i. S. des § 211 Abs. 2 ist die verwerfliche Gesinnung, die in dieser Art d. Ausführung zum Ausdruck kommt. Ebenso jetzt OGHE. **1** 99, Braunschweig NJW. **48** 272 (Anm. Figge mit eingehendem Ueberblick); OGH. SJZ. **49** 347 betr. Anstaltstötungen (dazu Eb. Schmidt SJZ. **49** Heft 6).

7. Mit gemeingefährlichen Mitteln. Der Gemeingefahr ist wesentlich, daß ihre Ursache und ihre Auswirkung sich der Berechnung und Beherrschung durch den Urheber der Gefahr entziehen. Ueber die Fälle des 27. Abschn. hinauszugehen, besteht kein Grund (bestr.: vgl. Dresden NJW. **48** 274).

8. Zweckbeziehung auf eine andere Straftat; sei es, um diese zu ermöglichen (z. B. Tötung des Fabrikwächters oder des seine Habe verteidigenden Hausbewohners), sei es, um sie zu verdecken (z. B. Tötung des Tatzeugen). Einer besonderen Begründung der „Niedrigkeit" solcher Beweggründe (die Vorstellung eines Zieles wird Beweggrund) bedarf es hier nicht. — Daß die zu ermöglichende Tat nachher wirklich begangen wird, ist nicht nötig. — Die Bestimmung ist ein Ersatz für den gestrichenen § 214, und zwar ein verschärfter, denn das Ueberraschungsmoment, das bisher meist nur Totschlag anzunehmen gestattete, ist jetzt belanglos. Kein Ersatz freilich, soweit § 214 den Fall betrifft, in dem jemand tötete, „um sich der Ergreifung auf frischer Tat zu entziehen". „Niedrige Beweggründe" kann man hier nicht ohne weiteres annehmen. Indessen ist das Strafhöchstmaß für „Totschlag" jetzt lebenslanges Zuchthaus, während es bisher ohne den § 214 nur Zuchthaus bis 15 Jahren gewesen wäre, so daß auch hier eine Milderung praktisch nicht eintritt.

IX. Die Strafe des Mörders blieb zunächst die Todesstrafe. Und zwar dem Wortlaut nach „absolut". Die zahlreichen Wertbegriffe freilich, die der neue § 211 enthält, werden nur mit Inhalt versehen werden können, wenn gefragt wird: verdient dieser Täter für diese Tat die höchste Strafe? Diese Frage ist hier zulässig, während sie gegenüber dem wertfreien Begriff der „Ueberlegung" (obschon, bes. von Geschworenen, viel gestellt) unzulässig war. Insofern ist TStr. nach n. F. weniger „absolut" als nach a. F.

In besonderen Ausnahmefällen ferner kann, wie Abs. III voraussetzt, TStr. unangemessen sein, obwohl die Tat ein „Mord" ist. Diese ursprünglich rein außenpolitisch-opportunistisch gemeinte Bestimmung muß umgedeutet werden. Dabei sind Tat und Täter in Gesamtwürdigung zu prüfen. Frankfurt SJZ. **47** 631. Dazu Jagusch SJZ. 49, 328. Im Bereich des Bonner Grundgesetzes ist seit dem 23. 5. 49 die Todesstrafe **abgeschafft**

(Art. 102), und zwar nach OGH. in SJZ. **49** 489 rückwirkend auch für den Revisionsrichter. Damit verliert die Unterscheidung von Mord und Totschlag viel von ihrer praktischen Schärfe, vgl. OGH. in DRZ. **49** 525 (lebenslängliches Zuchthaus bei § 212 nach wie vor zulässig). Sie bleibt aber wegen der Stigmatisierung des „Mörders" und wegen der Möglichkeit, bei § 212 bis auf 5 Jahre Zuchthaus herunterzugehen, bedeutsam.

X. Der Totschlag. Tatbestandsmäßig unterscheidet er sich, wie bisher, vom Mord durch das Fehlen bestimmter Merkmale des inneren TB. Und zwar von den Gesinnungszeichen, die für den „Mörder" i. allg. typisch sind. Den Typ eines „Totschlägers" gibt es nicht. — Mildernde Umstände sind beim T. nach wie vor zu berücksichtigen: § 213 gilt weiter.

XI. Gestrichen sind die §§ 214, 215. Der § 214 ist durch § 211 entbehrlich geworden: Anm. VIII 8. Auch die Aszendententötung soll nach den allgemeinen Bestimmungen bestraft werden. Dies bedeutet hier eine wesentliche Verlagerung der möglichen Gesichtspunkte. Gerade hier eignete sich das Merkmal der „Ueberlegung" besonders schlecht für eine gerechte Bewertung der Fälle. Wer Vater oder Mutter tötet, wird fast immer „Mörder" sein, auch wenn es im Affekt geschah. Anderseits sind Fälle, die mildere Beurteilung erfordern, nicht undenkbar. Beispiel: der Sohn erschlägt den Vater, der dauernd die Mutter mißhandelt. Hier könnte u. U. sogar das bisherige Mindestmaß von 10 Jahren zu hoch erscheinen; künftig wäre § 212 anwendbar und sogar § 213 nicht ausgeschlossen.

XII. Teilnahme. Der Mordtatbestand typisiert gegenüber dem Totschlag, wie oben zu II 2 gezeigt, Fälle erhöhter Schuld. Gemäß dem Grundsatz des § 50 Abs. 1 ist jeder ohne Rücksicht auf die Schuld anderer nach seiner eigenen Schuld strafbar. Danach trifft den Teilnehmer an vorsätzlicher Tötung die gegenüber dem Normalfall erhöhte Strafe des § 211 dann, wenn die besonderen Umstände, die sie begründen, bei ihm vorliegen, gleichgültig ob sie auch beim Täter gegeben sind. Wenn A aus Erbschleicherei den T, der von berechtigtem Zorn gegen O erfüllt ist, anstiftet, O zu töten, so ist T nach § 212 oder § 213, A nach §§ 211/48 zu strafen. Wenn umgekehrt T den O tötet, um ihn zu beerben, und A ihn dazu veranlaßt hat, um dem qualvollen Leiden des O ein Ende zu machen, ist T aus § 211, A aus § 212 oder § 213 i. V. mit § 48 zu bestrafen. Die Beweggründe, die Heimtücke, Grausamkeit, Verwendung gemeingefährlicher Mittel usw. bei der Tötung zeigen „persönliche Eigenschaften oder Verhältnisse" im Sinne des § 50 Abs. 2 an, wo der Gedanke des § 50 Abs. 1 lediglich ausgeführt wird. Darüber, daß aus dem Moment der „Dauer" entscheidende Schlüsse nicht gezogen werden können, vgl. Anm. zu § 50. Im übrigen ist oben zu VIII dargelegt worden, daß die Beweggründe, die Umstände der Tatausführung und die mit der Tat verfolgten Zwecke auf die besonders verwerfliche Gesinnung oder die besondere Gefährlichkeit des Täters und damit auf etwas Dauerndes notwendig zurückgeführt werden müssen. Anders die Rspr.: OGHE. **1** 103 f., SJZ. **49** 347 ff., Braunschweig MDR. **48** 182 (abl. Anm. Figge); früher schon das RG.: E. **72** 373; **74** 84.

In der Vorauflage wurde aus zwei Gründen die entgegengesetzte Meinung vertreten. Einmal: die Teilnahme an fremder Schuld belaste auch den Teilnehmer nach dem ihm bekannten Grade dieser Schuld. Anklänge an diese Auffassung neuerdings bei OGH. in SJZ. **49** 347 und Jagusch SJZ. 49, 329. Aber dieser Gedanke ist für die Strafzumessung zu berücksichtigen, kann aber die Struktur der Teilnahme nicht bestimmen. Denn er steht mit dem Grundsatz des § 50 und mit der Limitierung der Akzessorietät in unvereinbarem Widerspruch. Sodann: der Mord sei im Gegensatz zum Totschlag ein selbständiges Verbrechen; Teilnahme am Morde müsse daher akzessorisch behandelt werden, Teilnahme am Totschlag nicht. Diese Konstruktion, der auch Maurach Bes. T. S. 67 Bedeutung beimißt (dagegen mit Recht Claß NJW. 49, 83) entspricht aber nach dem oben zu II 2 Gesagten nicht dem System des Gesetzes. Näheres über beide Fragen in JR. 49, 165 ff. In allen Punkten wie die Voraufl. auch Eb. Schmidt DRZ. 49, 272, SJZ. 49, 562. Gegenüber seinen, an einen weniger entschiedenen Ausdruck in JR. 49, 169 anknüpfenden Ausführungen ist auf Anm. II 2 u. VII sowie auf § 216 Anm. I und § 217 Anm. II zu verweisen. Wieder anders Dahm a. a. O.

Totschlag unter mildernden Umständen

213. War der Totschläger ohne eigene Schuld durch eine ihm oder einem Angehörigen zugefügte Mißhandlung oder schwere Beleidigung von dem Getöteten zum Zorne gereizt und hierdurch auf der Stelle zur Tat hingerissen worden, oder sind andere mildernde Umstände vorhanden, so tritt Gefängnisstrafe nicht unter sechs Monaten ein.

I. § 213 gestattet, bei einer vorsätzlichen Tötung, die nicht „Mord" ist, mildernde Umstände zu berücksichtigen. Sie sind subjektiv gedacht. Auch in dem gesetzlichen Beispielsfall („zum Zorn gereizt — zur Tat hingerissen") kommt es nicht darauf an, ob der Totschläger bzw. ein Angehöriger wirklich schuldlos mißhandelt oder schwer beleidigt worden worden war. E. **69** 314.

II. Betr. **Angehörigen** vgl. § 52 Abs. 2 und Anm. dazu. — Es genügt, daß der Täter von der Beleidigung des Angehörigen erfährt. E. **66** 161.

III. Mißhandlungen, nicht im technischen Sinne; auch seelische, die nicht notwendig Beleidigungen sind (str.). — **Beleidigung** umfaßt jede schwere Kränkung, z. B. Ehebruch. — Verhältnismäßigkeit zwischen der Schwere der Kränkung und der Tat ist nach E. **66** 161 nicht erforderlich.

IV. Auf der Stelle: Siehe oben § 199 Anm. III.

Totschlag bei Unternehmung einer strafbaren Handlung

[**214.** Wer bei Unternehmung einer strafbaren Handlung, um ein der Ausführung derselben entgegentretendes Hindernis zu beseitigen oder um sich der Ergreifung auf frischer Tat zu entziehen, vorsätzlich einen Menschen tötet, wird mit Zuchthaus nicht unter zehn Jahren oder mit lebenslänglichem Zuchthaus bestraft.]

Aszendententotschlag

[**215.** Der Totschlag an einem Verwandten aufsteigender Linie wird mit Zuchthaus nicht unter zehn Jahren oder mit lebenslänglichem Zuchthaus bestraft.]

Die §§ 214, 215 sind durch Ges. v. 4. 9. 41 gestrichen. Vgl. hierzu Anm. XI zu §§ 211, 212.

3. Tötung auf Verlangen

216. Ist jemand durch das ausdrückliche und ernstliche Verlangen des Getöteten zur Tötung bestimmt worden, so ist auf Gefängnis nicht unter drei Jahren zu erkennen.

Der Versuch ist strafbar.

I. Ob § 216 ein **Sonderdelikt** (delictum sui generis) enthielt oder ob es nur für Mord wie für Totschlag eine **StrMilderung** vorschrieb, war streitig und hing zunächst davon ab, was man unter einem „Sonderdelikt" verstand. Nahm man ein solches schon dann an, wenn sich eine TB-Variation auf mehrere Tatbestände bezog, dann war § 216 ein Sondertatbestand. Denn das war nach alter Fassung unstreitig, daß für seine Anwendbarkeit nichts darauf ankam, ob die „verlangte" Tötung mit oder ohne Ueberlegung ausgeführt wurde. Die Anwendbarkeit des § 216 schloß „Mord" und „Totschag" aus. Mit dieser Begründung war die herrsch. A. im Schrifttum für die „Sonderdelikts"-Natur des § 216; so auch E. **28** 200 (PlenEntsch.), **45** 247, **53** 293, **59** 8; a. A. Frank, jetzt auch Maurach II 68. Auf jener schmalen Grundlage wurden dann Folgerungen entwickelt, die mit ihr nichts mehr zu tun hatten und im Ergebnis nicht befriedigten: So die Unanwendbarkeit des § 213: bei einem Totschlag gegen den Willen des Erschlagenen konnte danach auf 6 Mon. Gef. heruntergegangen werden, ein Totschlag aber auf dessen Verlangen mußte mit mindestens 3 Jahren Gef. bestraft werden. Ebenso unnatürlich war die Konsequenz, daß der Versuch hier straflos bleiben mußte („Vergehen"! Abs. II ist neu), was die Doktorfrage entstehen ließ, ob er als „Körperverletzung" gestraft werden könne. — Nach der **Neufassung** der §§ 211, 212 wäre, wenn man bei der Sonderdeliktsauffassung bliebe, die Folgerung unvermeidbar, daß, wie früher die „Ueberlegung", so jetzt ein niedriger Beweggrund oder eine besonders grausame Ausführung (beide sind mit einem „Verlangen" des anderen durchaus vereinbar) nicht gestatteten, die Höchststrafe des § 216 zu überschreiten. Natürlicher und im Ergebnis befriedigender ist es, den § 216 jetzt als eine Stufe in der mit § 213 beginnenden Skala der Strafmilderungsgründe aufzufassen. Danach wäre § 213 auch auf § 216 anwendbar, soweit der Einzelfall nicht wegen Beweggrund oder Ausführungsart als „Mord" anzusehen ist. Daß eine andere Anordnung der Paragraphen, die bei einer Neufassung des StGB. wohl auch erfolgt wäre, dies Ergebnis deutlicher zum Ausdruck gebracht hätte, braucht einer vernünftigen Auslegung des Gesetzes nicht im Wege zu stehen.

Den vorstehenden, noch von Kohlrausch für die 39. Aufl. entworfenen Ausführungen ist nachzutragen, daß sich Welzel § 33 III und Eb. Schmidt DRZ. 49, 241 (dort weitere Lit. zu dieser Frage) der Ablehnung der Sonderdeliktsnatur des § 216 angeschlossen haben; Bedenken auch bei Kassel SJZ. **48** 544 = HESt. **2** 9. Im Ergebnis ist daran festzuhalten. Aber die Konstruktionsfrage, ob del. s. g. oder nicht, bleibt im Bereich der Unrechtstypisierung. Wenn aber § 211 einerseits, §§ 213, 216, 217 andererseits Schulderhöhungs- oder -minderungsgründe typisieren (oben § 211 N. II 2). ist folgendes entscheidend: Wer aus Habgier, grausam usw. getötet hat, ist nicht ausschließlich oder wesentlich, wie es Voraussetzung für die Schuldminderung ist, durch das Verlangen des Getöteten bestimmt worden, sondern durch andere — schuldsteigernde — Momente. Daher § 211, nicht § 216.

II. Einwilligung genügt nicht: E. **68** 306. — Ob das Verlangen eines Jugendlichen oder Geistesschwachen beachtlich ist, hängt von seiner Einsichtsfähigkeit ab. E. 72 399 hält das eines Jugendl. unter 18 Jahren i. d. Regel für unbeachtlich.

III. Den **Versuch** hat die VO. v. 29. 5. 43 ausdrücklich unter Strafe gestellt. Dies empfahl sich, um damit der in Anm. I erwähnten Streitfrage ein Ende zu machen. Eine Stellungnahme zugunsten der Sonderdeliktstheorie braucht darin nicht zu liegen.

4. Kindestötung

217. Eine Mutter, welche ihr uneheliches Kind in oder gleich nach der Geburt vorsätzlich tötet, wird mit Zuchthaus nicht unter drei Jahren bestraft.

Sind mildernde Umstände vorhanden, so tritt Gefängnisstrafe nicht unter zwei Jahren ein.

I. Auch in der „Kindestötung" sah die herrschende (hier nicht geteilte) Meinung gegenüber „Mord" und „Totschlag" ein **Sonderverbrechen.** Sie begegnete aber ähnlichen, z. T. noch stärkeren Bedenken, als bei § 216, und war auch folgerichtig nicht durchführbar. So wurde zwar § 213 betr. mildernde Umstände folgerichtig (aber nicht immer sachgemäß) für unanwendbar erklärt (E. **59** 8). Anderseits haben E. **72** 373, **74** 84 folgewidrig (wenn auch sachgemäß) den § 50 auf Teilnehmer angewendet, indem sie in der Unehelichkeit einen Tatumstand sahen, der die „Strafbarkeit vermindert", was für die Abhängigkeit des § 217 von den §§ 211 f., also gerade gegen seine Sonderdeliktsnatur spricht. — Auch in Irrtums-Fragen führte diese zu unnatürlichen Ergebnissen. Hielt die Mutter das eheliche Kind irrig für unehelich, so waren von diesem Standpunkt aus die §§ 211 f. wegen § 59 unanwendbar, da hier die Täterin einen Tatumstand nicht kannte, der zum gesetzlichen TB. gehörte; aber auch § 217 war nicht gegeben, da es an dem obj. TBMerkmal der Unehelichkeit fehlte. Die Mutter hätte also, trotz vollendeter Tötung, wegen versuchten Verbrechens der „Kindestötung" gestraft werden müssen! Hielt sie umgekehrt das uneheliche Kind irrig für ehelich, so hätte nur Versuch aus § 211 bzw. § 212 angenommen werden können! Diese Ergebnisse zeigten schon nach der alten Fassung der §§ 211 f. die Unhaltbarkeit jenes Standpunkts, § 217 sei ein Sonderverbrechen.

Nach der Neufassung der §§ 211 f. ist die herrsch. A., obwohl von DR. **44** 657 ausdrücklich aufrechterhalten, noch weniger haltbar. § 217 ist vielmehr (wie § 216) eine Stufe in der Skala der **Strafminderungsgründe,** die vom Totschlag des § 212 abwärts führen. **Irrige** Annahme der Mutter, das uneheliche Kind sei ehelich, schließt den § 217 aus und läßt, je nach der Sachlage, § 211 oder § 212 übrig. Irrige Annahme, das eheliche Kind sei unehelich, führt (ähnlich dem Putativnotstand des § 54) zur Anwendung des § 217, denn dieser ist ein nur auf dem Gebiet des inneren TB. liegender StrMinderungsgrund. Die Mutter kennt in diesem Falle einen gegenüber dem Schuldtyp des § 217 straferhöhenden Tatumstand nicht (§ 59).

II. Teilnahme. § 50 ist anwendbar: die Tatsache, daß die Täterin ihr uneheliches Kind tötet, kommt dem Anstifter oder Gehilfen nicht zugute. Für die früher gebotene groteske Konstruktion, daß der Teilnehmer dann nach § 211 strafbar, wenn die Täterin mit „Ueberlegung" gehandelt habe, dagegen nach § 212, wenn dies nicht der Fall (obwohl für die Bestrafung der Täterin selber es belanglos war, ob diese mit oder ohne Ueberlegung tötete), gibt die Neufassung keinen Anlaß mehr. In dieser Richtung ist jetzt Anm. XII zu § 211 zu vergleichen. — Wird die Sonderdelikt-Eigenschaft verneint, ist auch **§ 213 anwendbar**, also das StrMindestmaß 6 Monate. Die m. U. dürfen nicht schon in dem Geburtsvorgang und der Unehelichkeit gesehen werden, denn beidem trägt § 217 ohnehin Rechnung. Nachweis der Fehler des Gesetzes bei Kassel HESt. 2 10 (= SJZ. 48 544). — Wie schon oben Anm. I Abs. 2 zu § 216 betont, ist jedoch das Entscheidende nicht die Konstruktionsfrage nach der Sonderdeliktsnatur, sondern die Erfassung des § 217 als typisierter Schuldminderungsgrund. Das ist um so wichtiger als es — entgegen Eb. Schmidt DRZ. 49, 241 Anm. 9 — zu einer anderen Entscheidung als für § 216 führt, wenn die uneheliche Mutter grausam, aus niederen Beweggründen usw. gehandelt hat. Denn die Schuld ist hier entscheidend durch den Geburtsaffekt, also durch einen die Zurechnungsfähigkeit beeinträchtigenden Umstand gemindert. Dieser Zustand macht die Mutter aber auch unfähig, niedere Beweggründe und andere minderwertige Gesinnungsmomente, wie sie alle Typisierungen des § 211 kennzeichnen, zu beherrschen. § 211 darf daher auf eine — wirklich oder vermeintlich — unehelich Gebärende, die ihr Kind unter der Einwirkung dieses Affekts tötet, niemals angewendet werden. Erkennt man dies nicht an, so muß man, da „jede vorsätzliche Tötung eines neugeborenen Kindes durch die Mutter eine rohe, gemeine und jedem mütterlichen Gefühl hohnsprechende Handlung ist" (Hamm SJZ. 49 138) umgekehrt § 217 stets als Mord betrachten. — Im Ergebnis wie hier Maurach II 69.

III. „In": vom Beginn der Geburt an, auch wenn noch im Mutterleib; vorher § 218 (E. 9 131). — **„Gleich nach":** solange der durch die Geburt hervorgerufene Erregungszustand andauert.

5. Tötung der Leibesfrucht

218. Eine Frau, die ihre Leibesfrucht abtötet oder die Abtötung durch einen anderen zuläßt, wird mit Gefängnis, in besonders schweren Fällen mit Zuchthaus bestraft.

Der Versuch ist strafbar.

Wer sonst die Leibesfrucht einer Schwangeren abtötet, wird mit Zuchthaus, in minder schweren Fällen mit Gefängnis bestraft. Hat der Täter dadurch die Lebenskraft des deutschen Volkes fortgesetzt beeinträchtigt, so ist auf Todesstrafe zu erkennen.

Wer einer Schwangeren ein Mittel oder einen Gegenstand zur Abtötung der Leibesfrucht verschafft, wird mit Gefängnis, in besonders schweren Fällen mit Zuchthaus bestraft.

I. Neufassung durch VO. v. 9. (18.) 3. 43. Der § 218 war schon vorher mehrfach geändert worden. — **Anfänglich:** Zuchthaus bis 5 Jahren, bei mild. Umst. Gefängnis nicht unter 6 Monaten. Dazu § 219: Zuchthaus bis 10 Jahren gegen den, der der abtreibenden Schwangeren gegen Entgelt die Mittel verschafft oder angewendet oder beigebracht hat. Ferner § 220: Zuchthaus 2 bis 15 Jahre, wenn ohne Wissen oder Willen der Schwangeren geschehen; und Zuchthaus 10 bis 15 Jahre oder lebenslang, wenn der Tod der Schwangeren verursacht wurde. — **Zweite Fassung** durch Ges. v. 18. 5. 26, beruhend auf StGEntw. 1925/27: Milderung. Grundstrafe gegen die Schwangere wie gegen den anderen (auch falls entgeltlich) Gefängnis. Wenn gewerbsmäßig (nicht schon „entgeltlich"): Zuchthaus; ebenso die in § 218 IV zur selbständ. StrTat gemachte gewerbsm. Verschaffung von AbtrMitteln. Die §§ 219, 220 waren damit in § 218 aufgegangen. — **Dritte Fassung** durch Ges. v. 26. 5. 33: Der § 218 blieb unverändert, wurde aber durch neue §§ 219 und 220 ergänzt*). — **Vierte Fassung** durch Ges. v. 9. (18.) 3. 43. Sie rückt die Zuchthausstrafe wieder stärker in den Vordergrund; zwar gegen die Schwangere selbst (bei der Gefängnis die Grundstrafe bleibt) nur in besonders schweren Fällen; gegen andere ist umgekehrt Zuchthaus die Grundstrafe, Gefängnis die Strafe für minder schwere Fälle, anderseits Todesstrafe bei feststellbarer Beeinträchtigung der deutschen Volkskraft. Ferner Erweiterung des § 219, während § 220 geblieben ist. — Gemilderte Fassung neuerdings in den Ländern der Sowjet. Bes.-Zone; z. B. Thüring. Ges. über die Unterbr. der Schw. vom 18. 12. 47 § 1:

(1) Eine Frau, die ihre Leibesfrucht abtötet oder die Abtötung durch einen anderen zuläßt, wird mit Gefängnis bis zu zwei Jahren bestraft.

(2) Ebenso wird ein anderer bestraft, der die Leibesfrucht einer Schwangeren abtötet.

(3) Die Strafverfolgung wegen der vorbezeichneten Taten verjährt nach einem Jahr.

(4) Wer die in Absatz 2 bezeichnete Tat ohne Einwilligung der Schwangeren, oder wer sie gewerbsmäßig begeht, wird mit Zuchthaus nicht unter zwei Jahren, jedoch nicht mit mehr als zehn Jahren, bestraft, sofern nicht nach anderen Gesetzen eine härtere Strafe verwirkt ist. Bei mildernden Umständen kann mit Gefängnis bestraft werden.

(5) In den Fällen des § 1 Abs. 1 und 2 kann das Gericht bei Vorliegen mildernder Umstände von Strafe absehen.

Ergänzung: § 14 I des — in der Sowjetzone aufgehobenen — ErbgesundhG. v. 14. 7. 33 i. d. Fassung v. 26. 6. 35**).

---

*) Der § 218 hatte danach zuletzt gelautet:

218. Eine Frau, die ihre Frucht im Mutterleib oder durch Abtreibung tötet oder die Tötung durch einen anderen zuläßt, wird mit Gefängnis bestraft.

Ebenso wird ein anderer bestraft, der eine Frucht im Mutterleib oder durch Abtreibung tötet.

Der Versuch ist strafbar.

Wer die im Abs. 2 bezeichnete Tat ohne Einwilligung der Schwangeren oder gewerbsmäßig begeht, wird mit Zuchthaus bestraft. Ebenso wird bestraft, wer einer Schwangeren ein Mittel oder Werkzeug zur Abtreibung der Frucht gewerbsmäßig verschafft. Sind mildernde Umstände vorhanden, so tritt Gefängnisstrafe nicht unter drei Monaten ein.

**) Dieser lautet:

§ 14: Eine Unfruchtbarmachung oder Schwangerschaftsunterbrechung, die nicht nach den Vorschriften dieses Gesetzes erfolgt, sowie eine Entfernung der Keimdrüsen sind nur dann zulässig, wenn ein Arzt sie nach den Regeln der ärztlichen Kunst zur Abwendung einer ernsten Gefahr für das Leben oder die

Die Neufassung ist mit Ausnahme des § 218 Abs. 3 Satz 2, den nur Maurach II 73 in modifizierter Form weitergelten lassen will, nicht typisch nationalsozialistisch, ihre Anwendung jedoch an die Sperrvorschriften (Vorbem. vor § 13) gebunden. So die h. M., vgl. Tübingen DRZ. **47** 164, Braunschweig MDR. **47** 136, Celle HannRpfl. **47** 71, Kiel NJW. **48** 195.

II. Geschütztes Rechtsgut ist in § 218 das keimende Leben (entscheidend, vgl. die systematische Stellung); doch ist daneben das Interesse an einem gesunden Aufbau der Altersstufen der Bevölkerung und — was meist übersehen wird — an der Frauengesundheit zu berücksichtigen.

III. Tatbestände, Täter und Teilnehmer. — Im Verhältnis zwischen der Schwangeren und dem Dritten erscheint jene regelmäßig als die treibende Kraft, dieser nur als oft genug widerwilliger „Helfer in der Not". Aber Handlungsintensität und Schuldmaß entsprechen einander nicht. Die Schwangere befindet sich typischerweise in schwersten Konflikten, oft in notstandsähnlicher Lage. Ihre physische und moralische Widerstandskraft ist gemindert, ihr Fall liegt vielfach parallel dem des § 217. Soweit das Verbot des § 218 die Gesundheit der Frau schützt, liegt bei ihr bloße Selbstverletzung vor.

Alle diese schuldmindernden Umstände gelten für den Dritten nicht. Seiner relativ schwereren Schuld entspricht 1) die Umkehrung von Regel- und Ausnahmestrafrahmen in Abs. III gegenüber Abs. I, obwohl die Schwangere und er gemeinsam denselben Erfolg herbeiführen, wenn sie die Abtötung ihrer Frucht durch ihn zuläßt, 2) die Gleichstellung des Strafrahmens in Abs. IV mit Abs. I, obwohl das Verschaffen von Mitteln durch den Dritten nur eine Vorbereitung oder Unterstützung der eigenhändigen Abtötung der Frucht durch die Schwangere ist. Soweit Abs. IV ferner die Strafbarkeit des Dritten auch für den Fall sichern sollte, daß die Haupttäterin aus subjektiven Gründen straflos bliebe (vgl. für die a. F. E. **1** 352, **64** 148), ist er wenige Monate nach der Neufassung des § 218 durch die Lockerung der Akzessorietät der Teilnahme gegenstandslos geworden. Doch hat er eine dritte Funktion: auch die erfolglose Beihilfe unter Strafe zu stellen, beibehalten. Er ist insofern subsidiär; darüber unten.

Aus der Natur der Sache, die E. **64** 148 mit Recht zum Ausgangspunkt nimmt und die durch keine Wandlung der Tatbestandsfassung verändert

---

Gesundheit desjenigen, an dem er sie vornimmt, und mit dessen Einwilligung vollzieht.

Das Erbgesundheitsgesetz vom 14. 7. 33 ist formell in der sowjetisch besetzten Zone mit sämtlichen AusfVO. und DurchfVO. durch Befehl Nr. 6 der SMA. v. 8. 1. 46, in Bayern durch Ges. v. 20. 11. 45 (Bayerisches Gesetz- und Verordnungsblatt 1945/46 S. 1) und in Württemberg-Baden mit Ausnahme des hier allein interessierenden § 14 durch VO. v. 14. 7. 46 aufgehoben. In Hessen ist es gemäß Ges. v. 16. 5. 46 vorläufig nicht anzuwenden. Im übrigen vgl. Hamm HESt. **2** 11. Indessen auch dort, wo es formell nicht mehr gilt, ist zwar die Unfruchtbarmachung gesetzlich verboten, der Grundgedanke aber, aus dem das Gesetz die Schwangerschaftsunterbrechung u. U. erlaubt hatte, stimmt mit dem früher von der Rechtspr. herausgearbeiteten Gedanken überein; er ist nicht nationalsozialistisch und noch heute verwertbar.

werden kann, ergibt sich: der **erste** Untertatbestand, die Abtötung der Frucht durch die Schwangere oder sich schwanger Glaubende ist eine Art relativen Sonderdelikts, das jeweils nur eine solche Frau an sich selbst begehen kann. Sie ist zugleich ein eigenhändiges Delikt. Denn die Fälle mittelbarer Täterschaft sind zu dem **zweiten** Untertatbestand: Zulassung der Abtötung durch einen anderen, ausgestaltet worden. Diese ist also das Gegenteil eines eigenhändigen Delikts (fehlerhafte Terminologie in E. **74** 24). Bei Zulassung der Abtötung durch einen anderen ist dieser Täter des **dritten** Untertatbestandes; dessen Abzweigung von dem zweiten entspringt, wie wir sahen, der verschiedenen Bewertung der gleichen Rechtsgutverletzung unter Schuldgesichtspunkten, die sich aus der verschiedenen personalen Stellung der Beteiligten ergeben, ändert aber nichts daran, daß hier ein einziger Erfolg unter notwendiger Beteiligung beider herbeigeführt wird. Die Schwangere und der Dritte sind Täter einer und derselben Fruchtabtötung; die Rechtspr. müßte sie folgerichtig aus dem gleichen Grunde als Mittäter ansehen, wie sie es bei gemeinsamer vorsätzlicher Tötung auch dann tut, wenn der eine des Mordes, der andere des Totschlages schuldig ist (E. **72** 375). Daraus, daß eine der beteiligten Personen, die Schwangere, einem herausgehobenen Täterkreise angehört, darf deshalb nicht geschlossen werden, daß Abs. I einerseits, Abs. II andererseits Sonderdelikte seien mit der Folge, daß die Schwangere außer nach Abs. I, 2. Fall gegebenenfalls auch wegen Anstiftung zu der Tat des Abs. III bestraft werden müsse. Sie wird fast immer Veranlasserin der Tat sein. Die gesetzgeberische Absicht, sie leichter als den Dritten zu strafen, würde daher durch diese fehlsame Konstruktion vereitelt werden. Weiter widerspräche es diesem gesetzlichen Willen, wenn man sie wegen Anstiftung zu der Handlung des Abs. IV, also wegen Anstiftung zur versuchten Beihilfe zur eigenen Tat bestrafte (insofern anscheinend abw. Schröder MDR. 49, 392). Und schließlich würde die Anwendung des § 50 entfallen, die bei strafmindernden bzw. -erhöhenden Umständen wie hier geboten ist.

Wie hier überwiegend die Rechtspr. zu den älteren Fassungen vgl. E. **3** 163, **59** 423, **64** 148. Im einzelnen zu dem Gesamtproblem und den mehrfachen Wandlungen der Rechtspr. insbesondere den abw. E. **1** 350, **72** 404, **74** 21: Lange, Notwendige Teilnahme S. 71 ff. — E. **74** 21 (23) ist schon deshalb überholt, weil die Neufassung den dort geleugneten Unterschied von Täter- und Gehilfenhandlungen inzwischen legalisiert hat. Im wesentlichen wie hier für die n. F. Düsseldorf HESt. **1** 98 = MDR. **48**, 305; ferner Mezger DR. **40**, 496, Schönke VIII, Welzel S. 142, Schröder a. a. O., Meister NJW. 49, 491; dieser betont mit Recht, daß der Dritt-Teilnehmer, der eine Schwangere mit einem Fremdabtreiber zu Abtreibungszwecken zusammenbringt, stets nach §§ 218 Abs. III, 49 zu bestrafen ist, da auch bei ihm der Milderungsgrund des Abs. I fehlt. Aus dieser Begründung folgt aber gemäß § 50 — gegen Meister — das gleiche Ergebnis auch für den Fall der Beihilfe zur eigenhändigen Abtreibung des Abs. I.

Durchweg abweichend hier Kohlrausch in der Voraufl.

Ueber **Selbstmordversuch** der Schwangeren als Abtreibungshandlung vgl. Vorbem. III vor § 211.

IV. Aerztliche Unterbrechung der Schwangerschaft. Es gibt Fälle, in denen das Wort Abtreibung schon zur Bezeichnung des Tatbestandes unangemessen ist. Es muß hier dahingestellt bleiben, ob in diesen Fällen die

Tatbestandsmäßigkeit oder aber die Rechtswidrigkeit zu verneinen ist. Jedenfalls müssen sie u. U. straflos bleiben. Zu trennen sind folgende vier Indikationen, d. h. Anlässe: die medizinische, die eugenische, die soziale und die ethische Indikation. Von einer medizinischen Indikation spricht man, wenn die Schwangerschaft eine Gefahr für Leib oder Leben der Mutter bringen würde; von einer eugenischen, wenn die Geburt eines lebensuntüchtigen Kindes bevorsteht; von einer sozialen Indikation, wenn das Kind nicht ausreichend ernährt werden könnte oder seine Geburt für andere Unterhaltsberechtigte eine schwere Gefährdung ihrer materiellen Lebenslage mit sich bringen würde; von einer ethischen Indikation, wenn die Schwangere ohne oder gegen ihren Willen (Notzucht) das Kind empfangen hatte.

1. Medizinische Indikation: In den Fällen, in denen eine Schwangerschaftsunterbrechung medizinisch indiziert ist, wurde früher mit dem Gedanken des übergesetzlichen Notstandes gearbeitet, d. h. die Schwanschaftsunterbrechung wurde als erlaubt erklärt, wenn sie das einzige Mittel war, um die Schwangere aus einer gegenwärtigen Gefahr des Todes oder schwerer Gesundheitsschädigung zu befreien, oder wenn sie entweder durch die Schwangere selbst, oder im Fall ihrer mutmaßlichen oder wirklichen Einwilligung durch einen sachverständigen Dritten (der wohl ein Arzt sein müsse) vorgenommen wurde. In diesen Fällen sei die Schwangerschaftsunterbrechung nicht rechtswidrig. Ueber diese Lehre vom übergesetzlichen Notstand vgl. insbesondere E. **61** 242, **62** 137. Gesetzlich festgelegt wurden dann diese Voraussetzungen durch das Ges. zur Verhütung erbkranken Nachwuchses und dessen Ausführungsverordnungen (über dessen Geltung Fußnote zu Anm. I). Hiernach ist eine Schwangerschaftsunterbrechung aus medizinischen Gründen zulässig, wenn folgende vier Voraussetzungen vorliegen, von denen bei unmittelbarer Gefahr für Leben oder Gesundheit Nr. 3 und 4 fehlen dürfen: 1. ernste Gefahr für Leben oder Gesundheit der Mutter, 2. Vornahme durch einen Arzt nach den Regeln der ärztlichen Kunst, 3. Einwilligung der Mutter, 4. Erklärung einer Gutachterstelle, daß der Eingriff erforderlich ist. Die Erwägungen über übergesetzlichen Notstand waren damit nicht gegenstandslos geworden. Ein Nichtarzt (z. B. eine Hebamme) kann nicht strafbar sein, wenn er, da ein Arzt nicht zu erreichen war, die Schwangerschaft unterbricht und die Frau anderenfalls gestorben wäre.

In der grundsätzlichen Ablehnung jeder Rechtfert. durch übergesetzl. Notstand zu weitgehend: E. **72** 59. Richtiger die (den § 143 a betr.) insoweit noch beachtliche Entsch. in E. **77** 113 (DR. 44, 21 mit Anm. Lange): Als Voraussetzungen für die Anerkennung eines übergesetzlichen Notstands werden erneut aufgestellt: Widerstreit geschützter RGüter, Erforderlichkeit der Preisgabe des einen und Mehrwert des zu rettenden RGuts, u. zwar ein so erheblicher, daß dessen Preisgabe unzumutbar ist. Eine auf Tatirrtum beruhende irrige Annahme dieser Voraussetzungen führt zur Anwendung des § 59. — Schrifttum zum ü. NSt.: Eb. Schmidt, in Z. 49, 350; Wachinger in Frank-Festgabe I 469; v. Hippel II 228, 236.

2. Die übrigen Indikationen bedürfen gesetzlicher Anerkennung.

Gesetzliche Regelung der Indikationen neuerdings in den Ländern der sowj. bes. Zone. Z. B. Thür. Ges. über die Unterbrechung der Schwangerschaft vom 18. 12. 47 (Ges.-S. S. 109) § 2:

„Eine Unterbrechung der Schwangerschaft bleibt straffrei, wenn sie von einem Arzt mit Einwilligung der Schwangeren in einer hierzu ermächtigten Einrichtung vorgenommen wird,

1 weil sie nach den Erfahrungen der ärztlichen Wissenschaft zur Abwendung einer ernsten Gefahr für das Leben oder die Gesundheit der Schwangeren erforderlich ist,

2. weil die sozialen Verhältnisse der Schwangeren oder ihrer Familie bei einem Austragen des Kindes eine ernste Gefährdung für die Gesundheit von Mutter oder Kind bedeuten und die Notlage durch soziale oder andere Maßnahmen nicht ausreichend beseitigt werden kann,

3. weil die Schwangerschaft durch eine nach § 176 Abs. I Ziff. 2 oder § 177 StGB. strafbare Handlung herbeigeführt worden ist. Dies gilt auch dann, wenn der Täter dieser strafbaren Handlung straffrei bleibt."

Ob die Voraussetzungen des § 2 vorliegen, entscheidet im Falle der Ziff. 1 ein Ausschuß von Aerzten, im Falle der Ziff. 2 ein Ausschuß von Aerzten und anderen auf sozialem Gebiet erfahrenen Personen und einer juristisch vorgebildeten Person (§ 4 des Ges.).

Die sog. soziale Indikation (Nr. 2 des § 2) fehlt in dem entsprechenden Ges. von Sachsen-Anhalt (Ges. v. 7. 2. 48, GesBl. S. 45). Das mecklenburgische Ges. vom 28. 11. 47 (RegBl. S. 318) kennt dagegen außer den drei übrigen Indikationen noch die eugenische. Die Unterbrechung der Schwangerschaft ist durch einen Arzt in einer Anstalt nach § 2 Nr. 4 dieses Gesetzes zulässig, wenn es nach einwandfreiem fachärztlichem Gutachten mit größter Wahrscheinlichkeit zu erwarten ist, daß das Kind an einem oder mehreren ernsten körperlichen oder seelischen Erbschäden leiden würde und die Mutter deshalb den Antrag auf Unterbrechung der Schwangerschaft gestellt hat." Zustimmend hierzu Weiss NJ. 48, 70.

V. Versuch. Auch untauglicher. Gerade an § 218 hat sich die subjektive Versuchstheorie des Reichsgerichts entwickelt (irrige Annahme der Schwangerschaft genüge, selbst bei absoluter Untauglichkeit des Mittels; vgl. Vorbem. III vor § 43). — Auch bei „Zulassung" (Abs. I) ist Versuch denkbar (unbeendeter, wenn die Zulassung aufhört, bevor der Eingriff durchgeführt ist; beendeter, wenn die Frucht am Leben bleibt oder gar keine Schwangerschaft bestand) und nach Abs. 2 strafbar. Vgl. E. 61 360. — Wegen Rücktritt vom Versuch vgl. § 46 und E. **35** 102, **57** 278; ferner E. **68** 82 (Rücktritt vom untauglichen Versuch). — Versuch (Abs. 2) durch Verschaffen von Mitteln: E. **74** 21, **76** 383 (betr. fr. Recht).

VI. Verschafft (Abs. IV) ist das Mittel oder der Gegenstand der Schwangeren jedenfalls dann, wenn sie die Verfügungsgewalt erlangt; aber auch, „wenn eine Mittelsperson es mit ihrem Willen für sie erwirbt, um es ihren Weisungen gemäß zu verwenden, und wenn der Lieferer hierbei weiß oder doch mit der Möglichkeit rechnet und damit einverstanden ist, daß das Werkzeug ihrem Willen entsprechend in ihre Verfügungsgewalt gelangt". Daß sie hierzu die Anregung gegeben hat, ist nicht nötig (E. **69** 86); auch nicht, daß sie zur Abtreibung schon entschlossen ist; wenn nur der Täter in der Erwartung gehandelt hat, daß nach der Verschaffung die Abtreibung vorgenommen werde (E. **69** 303).

Abs. IV stellt die **versuchte Beihilfe** unter Strafe. Kommt es zur Haupttat oder zu deren Versuch, so §§ 218 Abs. III, 49 (50); s. o. II. Im Gegensatz zu der entgeltlichen bzw. gewerbsmäßigen Verschaffung der a. F. vor und nach 1926 ist Abs. IV n. F. kein durch Qualifizierungsmomente hervorgehobener Sondertatbestand. Aus dem Vergleich der Strafrahmen läßt sich für den Unrechtstyp nichts ableiten, s. o. Anm. II.

Nach den hiernach anzuwendenden allgemeinen Regeln hat Beihilfe auch der versucht, der einer Schwangeren untaugliche Mittel verschafft, die er für tauglich hält (anders für den Sondertatbestand der früheren gewerbsmäßigen Verschaffung E. 68 13) und ist der Versuch des Versuchs, also etwa das bloße Sichbeschaffen von Mitteln, um sie der Schwangeren zu verschaffen, noch nicht strafbar. Ebenso in beiden Punkten Schröder MDR. 49, 391 ff., im wesentlichen auch Hamburg MDR. 48, 26 (Abs. IV sei Vorbereitungshandlung); dazu Anm. Meister, der Doppelnatur des Abs. IV als Vorbereitungshandlung und qualifizierten Beihilfetatbestand annimmt. Maurach II 75 sieht Abs. IV als Sonderdelikt an.

219*). Wer Mittel oder Gegenstände, welche die Schwangerschaft abbrechen oder verhüten oder Geschlechtskrankheiten vorbeugen sollen, vorsätzlich oder fahrlässig einer Vorschrift entgegen herstellt, ankündigt oder in Verkehr bringt, wird mit Gefängnis bis zu zwei Jahren oder mit Geldstrafe bestraft.

I. Neufassung durch VO. v. 9. (18.) 3. 43 (RGBl. I 140/169). Für die britische Bes.-Zone vgl. die Fassung vom 3. 2. 47 (Hann. Rpfl. 47, 24), die auf die a. F. (Fußnote) zurückgeht. Im übrigen wird man aber die Bestimmung nicht als aufgehoben betrachten dürfen, da sie nicht typisch nationalsozialistisch ist (vgl. OLGR. Sauer SJZ. 49, 790); a. A. Kohlrausch (Textausg. 1. Aufl.: n. s. Uebertreibung) und betr. schwangerschafts verhütende Mittel Nürnberg SJZ. 49 789. Bis zur — erwünschten — Revision durch den Gesetzgeber wird durch Aufhebung oder Derogation der Verbote der Anm. II in den vernünftigen Grenzen der a. F. geholfen werden können.

II. Einer Vorschrift entgegen: Zuständig Min. des Innern. VO. v. 9. 3. 43 Art. III § 9 (RGBl. I 141). Vgl. PolVO. v. 21. 1. 41 (RGBl. I 63) u. v. 29. 9. 41 (RGBl. I 587). Vgl. aber Anm. I und SJZ. 49 789.

220. Wer öffentlich seine eigenen oder fremde Dienste zur Vornahme oder Förderung von Abtreibungen anbietet, wird mit Gefängnis bis zu zwei Jahren oder mit Geldstrafe bestraft.

Eingefügt durch G. v. 26. 5. 33 Art. I Nr. 14.

---

*) Die letzte Fassung des § 219 vom 26. 5. 33 hatte gelautet:

§ 219. Wer zu Zwecken der Abtreibung Mittel, Gegenstände oder Verfahren öffentlich ankündigt oder anpreist oder solche Mittel oder solche Gegenstände an einem allgemein zugänglichen Orte ausstellt, wird mit Gefängnis bis zu zwei Jahren oder mit Geldstrafe bestraft.

Die Vorschrift des Abs. I findet keine Anwendung, wenn Mittel, Gegenstände oder Verfahren, die zu ärztlich gebotenen Unterbrechungen der Schwangerschaft dienen, Aerzten oder Personen, die mit solchen Mitteln oder Gegenständen erlaubterweise Handel treiben, oder in ärztlichen oder pharmazeutischen Fachzeitschriften angekündigt oder angepriesen werden.

6. **Aussetzung**

221. Wer eine wegen jugendlichen Alters, Gebrechlichkeit oder Krankheit hilflose Person aussetzt oder wer eine solche Person, wenn dieselbe unter seiner Obhut steht oder wenn er für die Unterbringung, Fortschaffung oder Aufnahme derselben zu sorgen hat, in hilfloser Lage vorsätzlich verläßt, wird mit Gefängnis nicht unter drei Monaten bestraft.

Wird die Handlung von leiblichen Eltern gegen ihr Kind begangen, so tritt Gefängnisstrafe nicht unter sechs Monaten ein.

Ist durch die Handlung eine schwere Körperverletzung der ausgesetzten oder verlassenen Person verursacht worden, so tritt Zuchthausstrafe bis zu zehn Jahren und, wenn durch die Handlung der Tod verursacht worden ist, Zuchthausstrafe nicht unter drei Jahren ein.

I. **Hilflos** ist eigentlich schon, wer sich nicht helfen kann. Im S. des Gesetzes muß aber hinzukommen: und dem auch kein anderer hilft. Im S. des § 221 also: wer nicht imstande ist, sich ohne Hilfe anderer aus einer sein Leben bedrohenden Gefahr zu befreien. E. **7** 111, **31** 165, **75** 68 erweitern: „oder seine Gesundheit". Vgl. indessen die Abschnittsüberschrift, gegenüber der des 17. Abschn.! Auch die Entwürfe verlangen ausdrücklich Lebensgefährdung. — Eine weite Auslegung fordert dagegen der Grundgedanke des § 221 bei den hier genannten Ursachen. Genügen muß jede körperliche oder geistig bedingte Ursache; deshalb auch der Geburtsakt, obwohl nicht „krankhaft" (E. **54** 273); starke Trunkenheit (E. **5** 393). Vgl. auch: DR. **42** 1646.

II. **Aussetzen** heißt: jemand, der i. S. der Anm. I fremder Hilfe bedarf, aus einer Lage, wo solche möglich ist, in eine Lage versetzen, wo sie nicht oder nur in schwächerem Maße möglich ist. Nicht ist also nötig, daß er erst durch die Tat hilflos wird; es genügt auch, daß der Hilflose hilfsbedürftig wird oder daß bestehende Hilflosigkeit vergrößert wird. Wer ein kleines Kind vor der fremden Haustür niederlegt oder einen sinnlos Betrunkenen in die kalte Winternacht hinausstößt, aber bei ihm bleibt, bis ein Anderer ihn unbeschädigt in seine Obhut nimmt, hat nicht „ausgesetzt". — Eine besondere rechtliche Fürsorgepflicht ist für Strafbarkeit der „Aussetzung" nicht nötig (E. **54** 273, **31** 167); anders beim „Verlassen".

III. **Obhuts- und Sorgepflicht** können unmittelbar auf Rechtssatz beruhen (z. B. Eltern), aber auch sich ergeben aus Beruf, Vertrag, engen menschlichen Beziehungen (Hausgemeinschaft, uneheliche Vaterschaft); auch aus tatsächlicher Ausübung einer Fürsorge, die das Vertrauen auf deren Fortsetzung rechtfertigt. Vgl. E. **66** 73.

IV. **Verlassen** setzt räumliche Trennung voraus. Bloßes Nichthelfen kann aus § 330c, auch wegen fahrlässiger Tötung oder fahrl. Körperverletzung strafbar machen, nicht aber aus § 221. Die Krankenschwester, die dem Schwerkranken nicht hilft, sondern im Krankenzimmer sitzt und liest, kann nicht schon deshalb aus § 221 bestraft werden; wohl aber, wenn sie das Krankenzimmer verläßt, denn damit gibt sie die Lage aus der Hand. So auch E. **8** 343, **38** 377. Zu weit geht DR. **41** 193 (kritische Anm. Mezger): der uneheliche Vater sei aus § 221 zu strafen, der mit der Kindesmutter in häuslicher Gemeinschaft lebte und nicht hinderte, daß die Mutter das neugeborene Kind unter ihrer Bettdecke erstickt, vielmehr „sich in Schlaf versetzte", m. a. W.: einschlief.

V. **Konkurrenz:** IdKonk. mit § 139a. — Str., ob auch mit Tötungs- und Körperverletzungsverbrechen. E. **68** 407 verneint, da eine Gefährdungstat von der Verletzungstat aufgezehrt werde. Vgl. auch Kiel MDR. **47** 171.

7. Fahrlässige Tötung

222. Wer durch Fahrlässigkeit den Tod eines Menschen verursacht, wird mit Gefängnis bestraft.

I. **Den Tod** verursachen weiter als „töten". Hier genügt jede Mitwirksamkeit zum Erfolg (Vorbem. III vor § 1). Nicht braucht die ausschließliche Ursache zum Tod gesetzt zu sein: E. **22** 173. Auch Unterlassung. Hier ist nicht nötig, daß ohne das inkriminierte Verhalten (z. B. Unterlassung ärztlicher Behandlung) der Tod keinesfalls eingetreten wäre; wenn nur große Wahrscheinlichkeit für Rettung bestand. E. **51** 127 und mehrfach. Außerachtlassung von Unfallverhütungsvorschriften: Kassel NJW. **48** 350.

II. **Fahrlässigkeit.** Grundsätzliches in Anm. IV zu § 59. — Ueber Fahrlässigkeit des **Kraftfahrers** vgl. u. a. die zusammenfassende E. **65** 135. Der Kraftfahrer hat „nicht den Beruf oder die Befugnis, den Straßenverkehr durch Gefährdung der körperlichen Sicherheit zu erziehen"; muß deshalb „auch mit einem unverständigen Benehmen anderer Personen auf der Straße rechnen" (E. **61** 120); einschränkend E. **70** 71, **72** 55: soweit „mit solchen Unbedachtsamkeiten zu rechnen er bei verständiger Ueberlegung der Umstände Veranlassung hat" DR. **44** 149, 433 betr. Kind. — „Die Fahrt ist zu rasch, wenn er zum Anhalten einen längeren Bremsweg braucht, als die Entfernung ist, auf die er ein etwa auftretendes Hindernis wahrnehmen würde." Einschränkend E. **76** 71. Hierfür „keine zahlenmäßige Grenze. Es kommt darauf an, auf welche Entfernung er ein Hindernis erblicken kann, das plötzlich in seiner Fahrbahn auftauchen würde". Dieser Grundsatz gilt auch bei vorgeschriebenen Höchstgeschwindigkeiten: DJ. **40** 1091 m. Anm. Krug 1171. Eine bestimmte „Reaktionszeit" („Schrecksekunde") muß er von vornherein einrechnen. — Betr. Kraftfahrer und Eisenbahnschranke vgl. DJ. **38** 117 (Anm. v. Fritsch) = JW. 38, 31 Anm. v. Peterßen). Namentlich aber die viel angegriffene E. **72** 286 (eine offenstehende Eisenbahnschranke befreie den Kraftfahrer nicht von der Pflicht, sich davon zu überzeugen, daß tatsächlich kein Zug komme; hierzu Fritsch in DJ. 38, 1881 und JW. 38, 1993; Peterßen in JW. 38, 1993) E. **73** 19 betr. Kraftfahrer an Straßenbahnhaltestellen. An neuen Entscheidungen betr. Fahrlässigkeit des Kraftfahrers vgl. ferner: DJ. **38** 1501, 1919; **39** 522; JW. **38** 2663, 2664; **39** 148, 279, 280; HRR. **38** 1081; **39** 57, 795, 797. — Nichtbeleuchtung des Wagens: JW. **38** 30. — Aber auch der Fußgänger muß mit einer Ueberschreitung der zulässigen Fahrgeschwindigkeit rechnen, macht sich u. U. also gleichfalls strafbar: E. **67** 106.*) — Ueber Schrecksekunde,

---

*) **Straßenverkehrsordnung** v. 13. 11. 37 (RGBl. I 1179 enthält in § 1 die „Grundregel für das Verhalten im Straßenverkehr": Jeder Teilnehmer am öffentlichen Straßenverkehr hat sich so zu verhalten, daß der Verkehr nicht gefährdet werden kann, er muß ferner sein Verhalten so einrichten, daß kein anderer geschädigt oder mehr, als nach den Um-

Geschwindigkeit, unübersichtliche Fahrstrecke, Blendung durch entgegenkommendes Fahrzeug vgl. auch HRR. **40** 465. — Verkehrssicherheit eines LKW.: DR. **43** 82, 899. — Straßenbahnschaffner: DJ. **42** 628.

Ueber Fahrl. d. Arztes vgl. § 59 Anm. IV. — Heilpraktiker: HRR. **42** 558; bei Krebs: HRR. **42** 557; bei Diphtherie: DR. **43** 897. Irisdiagnose: DR. **42** 1785. Heilpraktiker muß stets prüfen, ob im Einzelfall seine Kenntnisse ausreichen, um richtige Diagnose zu stellen: Braunschweig Nds. Rpfl. **48** 92. — Jäger, fehlerhafte Büchse: DR. **43** 73. — Hausbesitzer, Schneebeseitigung: **42** 1759.

III. Besonders sorgfältige Prüfung der Fahrl. erfordern die Fälle **mittelbarer Täterschaft,** in denen trotz (u. U. sogar vorsätzlichen) Dazwischentretens eines Dritten das RGer. eine Unterbrechung des Kausalzusammenhangs ablehnte. „Die strafrechtliche Erfassung der mehreren in einer Ursachenreihe hintereinander angeordneten, also voneinander abhängigen Bedingungen findet ihre Ausgleichung gegen zu große Härte in dem Erfordernis der Vorhersehbarkeit." So, unter Anführung älterer Entscheidungen, E. **64** 316: Ein Mädchen hatte in der elterlichen Wohnung unehelich geboren und, da sie befürchtete, verstoßen zu werden, das Kind getötet. Die Mutter des Mädchens wurde wegen fahrl. Tötung verurteilt, da sie nach BGB. §§ 1601, 1705 i. Vbdg. mit § 1707 die Pflicht hatte, für das Kind zu sorgen und den Tod des Kindes, falls sie untätig blieb, voraussehen konnte. E. **64** 370: Die M. hatte dem W. Gift beschafft, mit dem dieser seine Frau tötete. W. sei wegen vorsätzlicher, die M. wegen fahrlässiger Tötung strafbar.

IV. Konkurrierendes Verschulden des Verletzten berührt die „Pflicht" des Täters nur, wenn es die „Vorhersehbarkeit des Erfolgs" ausschließt (E. **57** 172 scheint freilich hier die „Pflicht" zu verneinen, vgl. Anm. II zu § 59).

Mitwirkendes Verschulden des Verletzten entlastet den Verletzer, wenn nur der Erfolg dadurch unvorhersehbar wurde. E. **57** 172, DR. **44** 442.

V. Sperrvorschriften wie bei § 230 (dort Anm. III) zu beachten.

Siebenzehnter Abschnitt

Körperverletzung

Vorbemerkungen

I. Tatbestände. — 1. Vorsätzliche Körperverletzung § 223; qualifiziert: a) gegen Aszendenten, § 223 II; b) gefährliche KV., § 223a; c) schwere KV., § 224, nochmals qualifiziert bei „Absicht", § 225; d) mit Todesfolge, § 226. — 2. Fahrlässige KV., § 230. — 3. Mißhandlung von Kindern und Wehrlosen, § 223b. — 5. Raufhandel, §§ 227, 228. — 6. Vergiftung, § 229.

---

ständen unvermeidbar, behindert oder belästigt wird"; sodann eine Reihe von selbständigen Einzeltatbeständen. § 49: „Wer Vorschriften dieser VO. oder der zu ihrer Ausführung erlassenen Anordnungen vorsätzlich oder fahrlässig zuwiderhandelt, wird mit Geldstrafe bis zu 150 RM oder mit Haft bestraft" — also auch (subsidiär), wer dem § 1 zuwiderhandelt. I d Konk. mit fahrlässiger Tötung oder KV. möglich.

II. **Strafantrag** nötig bei leichter vorsätzlicher KV. (auch gegen Aszendenten) und bei fahrlässiger KV.

Leichte Körperverletzung

223. Wer vorsätzlich einen anderen körperlich mißhandelt oder an der Gesundheit beschädigt, wird wegen Körperverletzung mit Gefängnis bis zu drei Jahren oder mit Geldstrafe bestraft.

Ist die Handlung gegen Verwandte aufsteigender Linie begangen, so ist auf Gefängnis nicht unter einem Monat zu erkennen.

I. **Körperverletzung** wird gesetzlich definiert als entweder körperliche Mißhandlung oder Gesundheitsschädigung.

1. **Körperliche Mißhandlung** ist üble, unangemessene Behandlung. a) Ob Schmerzempfindung dazu gehört, ist eine streitige, auch vom RGer. nicht einheitlich beantwortete Frage. E. **29** 58 bejaht und straft z. B. den Zopfabschneider nicht wegen KV. E. **56** 64 steht nicht entgegen. Steigerung oder Aufrechterhaltung von Schmerzen infolge Unterlassung einer ärztlich gebotenen Handlung als KV.: E. **75** 160 (165). — Andererseits ist Erregung von Unlustempfindung, wenn auch erforderlich, doch nicht genügend, um KV. anzunehmen, z. B. von Schmerz, Schreck oder Ekel (E. **32** 113).

b) Aber auch Verletzung der Körperintegrität ist Mißhandlung. Hierunter fällt z. B. das Haareabschneiden, so daß E. **29** 59 im Ergebnis abzulehnen ist. Anders die Voraufl.

2. **Gesundheitsschädigung** ist Störung der normalen körperlichen oder seelischen Funktionen (oder, falls diese schon krankhaft, Steigerung ihres krankhaften Funktionierens). Auf Schmerzempfindung kommt es hier nicht an. — E. **64** 119 sieht in einer „bloß psychischen Einwirkung, durch die lediglich das **seelische** Wohlbefinden berührt wird", eine strafb. KV. nur dann, wenn durch sie die körperliche Gesundheit (z. B. Nerven) zerstört sei. Dies widerspricht der psychiatrischen Auffassung, die von Geisteskrankheit (also „beschädigter Gesundheit" i. S. des § 223) auch dann spricht, wenn eine Einwirkung auf körperliche Organe oder eine Veränderung solcher nicht vorliegt oder nicht nachweisbar ist. — Versetzung in einen Rausch- oder Betäubungs-Zustand, bei dem das Bewußtsein verlorengeht, ist Gesundheitsschädigung: DR. 42, 333.

Nr. 1 und Nr. 2 treffen häufig zusammen, können auch wahlweise festgestellt werden.

3. **Uebertragung einer ansteckenden Krankheit** ist KV. und, falls vorsätzlich oder fahrlässig, als solche strafbar. So auch Uebertragung einer Geschlechtskrankheit. Weitergehend Geschl.-KrankhGes. (Anhang Nr. 9), wo in §§ 5, 6 bewußte Gefährdungen unter Strafe gestellt sind, „sofern nicht nach StGB. eine härtere Strafe verwirkt ist", wie in §§ 224, 226.

II. **Rechtswidrigkeit** der Handlung ist auch hier vorausgesetzt: E. **19** 265. Aus den Gründen, die sie ausschließen können, kommen, außer Notwehr, hier besonders in Betracht: Einwilligung, Züchtigungsrecht und Recht zum Waffengebrauch. — Ueber Einwilligung vgl. jetzt § 226a. — Ueber das **Züchtigungsrecht** des Lehrers s. E. **26** 148 (vgl. auch § 340).

Ueber dessen Regelung vgl. E. **43** 281, DR. 43, 580; dazu Kümmerlein DR. 43, 897. Umfang: E. **42** 142; Grenzen: E. **31** 267. Uebertragbarkeit: E. **33** 32, **61** 191, auch **61** 393. Auch beim Fehlen ausdrücklicher Vorschriften läßt sich das Züchtigungsrecht nicht ohne weiteres verneinen, da es schon aus dem Recht und der Pflicht zur Erziehung folgt: E. zuletzt **45** 1. Vgl. auch E. **20** 371. — Das Züchtigungsrecht besitzen auch die Eltern, Erzieher, Lehrherren. Grundsätzlich kein Züchtigungsrecht des Seelsorgers: E. **67** 325. Ueber familienrechtliches Züchtigungsrecht vgl. E. **41** 99, **49** 389, **61** 393 (Nötigung eines Kindes durch Schläge zur Duldung eines ärztlichen Eingriffs u. U. berechtigt). Die Ueberschreitung des Züchtigungsrechtes ist als vorsätzliche oder fahrlässige KV. strafbar: E. **19** 265, **34** 118. — Ein allgemeines Züchtigungsrecht Erwachsener gegenüber fremden Kindern besteht nicht. E. **4** 98 und öfter, bis DR. 44, 612. — Hinsichtlich des Irrtums über das Züchtigungsrecht vgl. E. **49** 389 und Anm. V 2, c zu § 59. — Würtenberger DRZ. 48, 291 schlägt vor, das Problem wie beim ärztl. Eingriff (III) auf den Tatbestand zu verlagern.

III. Aerztliche Eingriffe.

Wieweit sie als Körperverletzungen (evtl. Tötungen) strafbar sein können, ist seit Jahrzehnten streitig. Bereits der Standort des Problems ist bestritten. Das RGer. hält den ärztl. Eingriff tatbestandlich für eine KV. (evtl. Tötung) und sucht eine Lösung und Abgrenzung auf dem Gebiet der Rechtswidrigkeit. Das Schrifttum dagegen verneint ganz überwiegend bereits die Tatbestandsmäßigkeit, ohne freilich über die Voraussetzungen und in der Begründung übereinzustimmen. — Selbstverständlich ist, daß, wenn Tatbestandsmäßigkeit und Rechtswidrigkeit bejaht sind, noch die Frage des Verschuldens der Beantwortung bedarf. Sie ist an dieser Stelle nicht zu erörtern. — Im einzelnen:

A. Verneinung der Tatbestandsmäßigkeit

1. Nach einer Bemerkung von A. Heß (Ehre und Beleidigung, 1891, S. 55 A. 4) war bahnbrechend der Schweizer Carl Stooß: „Operativer Eingriff u. KV." in Z. f. Schweizer StrR. 6 (1893) 54; eingehender: „Chirurg. Operation u. ärztl. Behdlg." (1898); DJZ. Bd. 7 (1902) 566. Ihm trat 1897 Frank in der 1. Aufl. seines Komm. bei. Es folgten alsbald: Heimberger, StrR. u. Medizin (1898); Beling in Z. 18 (1899) 286. In die gleiche Richtung neigte Binding, Lehrb. Bes. Teil I, 1902, S. 53 (anders noch im Hdb. d. StrR.). Später Kahl in Z. 29 (1909) S. 362. Eindeutig und radikal sodann Ebermayer in Leipz. Zeitschr. f. dtsches R. 8 (1914), Sp. 1079 und von 1919 ab im Leipz. Komm. Ueber den weiteren Einfluß von Ebermayer s. Nr. 2; später sein Buch: „Der Arzt im Recht" (1930.

Diese stimmten im wesentlichen darin überein, daß bei einem ärztl. Eingriff der TB. der KV. unter drei Voraussetzungen zu verneinen sei: daß er zu **Heilzwecken** vorgenommen sei (nicht etwa zu Versuchszwecken oder als bloße Schönheitsoperation); daß er **lege artis**, d. h. kunstgerecht ausgeführt worden sei; und daß er **gelungen** sei, denn wenn der Zustand eines Kranken im Endergebnis sich gebessert habe, könne weder von einer „Verletzung" des Körpers (Heß) noch von einer „Mißhandlung" (d. h. unangemessenen Behandlung: Stooß) und erst recht nicht von einer „Gesundheitsschädigung" die Rede sein. Diese dritte Voraussetzung, daß der Eingriff gelungen sein müsse (ausdrücklich Stooß, noch 1902) trat freilich immer mehr in den Hintergrund. Bei Frank (in den ersten Auflagen!) und bes. bei Ebermayer verschwand sie ganz.

2. **Die Arbeiten an einem neuen StGB.** (oben S. 6) förderten die Frage weiter. Die Entwürfe 09 und 12 standen zwar insofern noch auf dem Boden der reichsger. Rechtspr., als sie an der Tatbestandsmäßigkeit des ärztl. Eingriffs nicht zweifelten. Immerhin zogen sie als Rechtfertigungsgrund nicht nur, wie das RGer., die Einwilligung des Betroffenen in Betracht (für welche Entw. 12 die 1933 als § 226a übernommene Regel formulierte), sondern auch: daß der Arzt den Eingriff „innerhalb der Regeln der ärztl. Kunst ausgeführt habe". In diesem Fall sei der Eingriff zwar tatbestandsmäßig, aber nicht rechtswidrig. Andernfalls sei, wie immer, Vorsatz bzw. Fahrlässigkeit zu prüfen. Einer gesetzlichen Regelung bedürfe das nicht (Begr. 1909, S. 660).

Die Verneinung der Tatbestandsmäßigkeit beginnt mit dem Entw. 19, den der spätere ORAnwalt Ebermayer (s. oben) und der spätere RGPräs. Bumke entscheidend beeinflußt haben. Nach Begr. S. 238 „steht er auf einem grundsätzlich anderen Standpunkt" als das RGer. und als die ersten beiden Entwürfe. „Eine Handlg., die v. irgend jemand (!) n. d. Regeln d. ärztl. Kunst zu Heilzwecken vorgenommen wird, kann niemals als körperl. Mißhdlg. od. Ges. Beschäd. angesprochen werden, mithin niemals als KV. strafbar sein. Der Einwill. d. Betroffenen bedarf es nur deshalb, weil e. Heilbehdlg. gegen s. Willen e. Eingriff in seine Willensfreiheit enthält. Deshalb hat der Entw. zum ärztl. Eingriff nicht im Rahmen der Vorschriften über KV. Stellung genommen, sondern i. d. Abschn. über Verletz. d. persönl. Freiheit denjenigen m. Str. bedroht, der einen anderen gegen seinen Willen zu Heilzwecken behandelt". Damit waren drei bedeutsame Schritte getan: 1. Die Frage nach der Rechtsw. wurde umgestellt auf die Vorfrage nach der Tatbestandmäßigkeit. 2. Der TB. der KV. wurde losgelöst vom Erfolg oder Mißerfolg des Eingriffs und nur darauf abgestellt, ob er nach Zweck und Ausführung medizinisch sachgemäß war. 3. Zum Ersatz für die damit ausgeschaltete Einwilligung wurde ein bes. Nötigungs-TB. geschaffen. — Dieser E. 19 wurde die Grundlage der weiteren Gesetzgebungsarbeit.

Der Entw. 25 (der erste „amtliche") setzte die 1919 eingeschlagene Linie fort, indem er sich nicht damit begnügte, den TB. der KV. in der „Begründung" zu verneinen, sondern diese Verneinung in das Gesetz übernahm. In den Abschn. über KV. wurde folgender § 283 eingestellt: Eingriffe und Behandlungsweisen, die der Uebung eines gewissenhaften Arztes entsprechen, sind keine KVerletzungen oder Mißhandlungen i. S. dieses Gesetzes." Ebenso dann die RT. Vorlage 1927 und § 419 des Entw. 1938 der Amtl. StrRKom., dieser mit dem Zusatz: „können aber als eigenmächtige Heilbehandlung strafbar sein", über die dann § 431 bestimmte: „Wer einen anderen ohne seine Einwilligung zu Heilzwecken behandelt, wird mit Gef. bis zu 2 J. oder m. Haft bestraft .... Konnte der Täter die Einwill. nicht einholen, ohne durch d. Aufschub d. Leben od. d. Gesundheit d. Behandelten ernst zu gefährden, so ist d. Eigenmacht nicht strafbar". — Damit war die Frage nach Erfolg oder Mißerfolg des Eingriffs aus der Tatbestandmäßigkeit ausgeschaltet und diese allein abgestellt auf dessen ärztl. Angezeigtheit und kunstgerechte Ausführung. So auch die Begr. zu § 238 E. 25: Seien ärztl. Zulässigkeit u. Kunstmäßigkeit zu bejahen, so liege KV. auch dann nicht vor, wenn der Erfolg ausbleibe; seien sie dagegen zu verneinen, so schütze auch die Erreichung des Heilerfolgs nicht vor der Str. der KV. — Leider sprachen sich die Entwürfe weder im Text noch in der Begr. darüber aus, wie es bei dem ärztlich indizierten und fehlerlos ausgeführten, aber trotzdem zum Tode führenden Eingriff mit dem TB. der Tötung zu halten sei. Offenbar haben sie diesen bejaht; denn eine den §§ 238 bzw. 419 entsprechende Tötungsregel fehlt.

3. Die gleichzeitige **wissenschaftliche Diskussion** ging ähnliche Wege, aber, entsprechend ihrer Mehrstimmigkeit, weniger einheitlich. Namentlich trennten sich die Wege gegenüber dem mißlungenen Eingriff. Ebermayer verneinte auch hier den TB. der KV., vertrat also die Entwürfe 1919 u. s. f. Vgl. Lpz. Komm.[4] Anm. 10 zu § 223, aber auch schon früher. Gegenteilig Beling, in Z. 44 (1924) S. 220: Binding folgend (Lehrb. d. Bes. T. I 53) sah Beling in der KV. eine Körperinteressenverletzung und folgerte daraus, daß nur bei dem gelungenen Eingriff der TB. der KV. fehle. Frank folgte ihm seit der 16. Aufl.

Anlaß und Ausgangspunkt der ganzen Erörterung war ein typischer (nicht seltener) Fall: Exstirpation des Uterus wegen Karzinoms, ohne daß die bei Erkennung der Bösartigkeit der Geschwulst bereits in Narkose befindliche Frau zu der Radikaloperation ihre Einwilligung gegeben hatte. Das Leben der Frau wurde hierdurch, wenn sie auch gebärunfähig blieb, gerettet. Ein OLGer. hatte die Klage des Arztes auf Honorar abgewiesen, da der Eingriff obj. eine KV. sei, und zwar, da die Frau nicht eingewilligt habe, eine rechtswidrige. Die Empörung der Aerztewelt hatte Stooß u. a. veranlaßt, den TB. der KV. zu prüfen und hier zu verneinen.

Der heutigen Wendung zu einem „sinnhaften" TB.- und „finalen" Handlungsbegriff entspricht es, wenn Engisch, Welzel u. a. (gleich den StGEntwürfen) vom Erfolg des ärztl. Eingriffs absehen und den TB. schon dann verneinen, wenn jemand zu Heilzwecken nach den Regeln der ärztl. Kunst eingegriffen hat. Engisch Z. 58, 1938, S. 1 ff. und MoKriBi. 1939, 426 geht wie Beling vom Gedanken der Interessenverletzung aus, folgert aber umgekehrt, daß diese ex ante, nicht ex post zu prüfen und daß hierbei neben der Wahrscheinlichkeit eines guten Ausgangs auch das Interesse des Kranken an abträglichen Nach- und Nebenerscheinungen in Rechnung zu stellen sei (was freilich auch die ex post Urteilenden schwerlich übersehen werden). Welzel (Grundzüge[4] S. 36, 55, 138; auch Z. 58, 515 ff.) sieht in einem zu Heilzwecken vorgenommenen und ärztlich angezeigten Eingriff deshalb nicht den TB. einer KV., weil ein solcher Eingriff „sozialadäquat" sei (a. a. O. eine anregende Zusammenstellung ähnlicher und unähnlicher Fälle). Verwandt die vielfachen Erörterungen über „erlaubtes Risiko", unter denen neuerdings Mittasch in „Deutsche Rechtswiss." 8 (1943) S. 46 ff. zu nennen ist. — Ausdrücklich an Engisch sich anschließend: Schönke in A. IV und Freiesleben bei Olshausen[12] A. 7 zu § 223. Wenn dieser hinzusetzt: „Uebrigens ist die ganze Frage f. d. Rechtspr. nicht v. erhebl. Bedeutung", so beweist RGZ. 151, 349, das die Aerztewelt lebhaft erregt hat, das Gegenteil. — Im Ergebnis ist wohl auch Mezger Grundriß[3] S. 243 hierher zu rechnen.

Eine neue Begründung gab Eb. Schmidt, neu auch gegenüber seiner Stellung bei Liszt-Schmidt[26] § 35 III; vgl.: „Der Arzt im StrR.", (1939), S. 77 ff.; und MoKriBi. 33 (1942) S. 85, bes. 88 f. Er geht aus von Unterlassungsfällen (wie ungenügende Untersuchung und folgeweise unrichtige Diagnose, unterlassene Vorbeugungsmaßnahme, unterlassene Krankenhausbehandlung usw.) und gründet hier die Strafbarkeit auf die Nichterfüllung der Erfolgsabwendungspflicht. Er scheint aber auch alle anderen Fälle, in denen das Tun des Arztes eine positive, nicht wegdenkbare Erfolgsbedingung gesetzt hat, als Unterlassungsdelikte anzusehen. Jede mißglückte Operation sei in ihrer „sozialen Sinnbedeutung" Nichtabwendung des ungünstigen Erfolgs und daher als unechtes Unterlassungsdelikt zu betrachten. Der operierende Arzt habe die Pflicht, die mit dem Eingriff verbundenen Gefahren mit allen Mitteln der ärztlichen Kunst abzuwenden. Erfülle er sie, sei also der Eingriff medizinisch angezeigt gewesen und kunstgerecht ausgeführt worden, so fehle auch bei ungünstigem Ausgang die Tatbestandsmäßigkeit. Kohlrausch hat im Entwurf zur 39. Aufl. den Standpunkt vertreten, daß der TB. der KV. nur beim gelungenen Eingriff verneint werden könne. Die Fruchtbarkeit von Eb. Schmidts Neu-Konstruktion müsse dahingestellt bleiben. Zweierlei aber sei zu bemerken. Erstens sei die von Schmidt bekämpfte, bei der Kausalität der Unterlassung aber unvermeidliche „Wahrscheinlichkeits"-Feststellung der bei der Kausalität des Tuns möglichen und zu fordernden Bestimmtheits-Feststellung logisch gleichwertig und praktisch gleich unbedenklich. Zweitens sei „töten" ein zunächst wertfreier Begriff. Von diesen beiden Seiten her bestehe also kein Anlaß zu einer Neu-Konstruktion. — Wer bei einer ärztlich indizierten und kunstgerecht ausgeführten Operation den TB. der KV. ohne Rücksicht darauf, ob sie gelingt oder mißlingt, in Abrede stellt, müsse, falls der Kranke infolge der Operation stirbt, gleichermaßen auch den TB. der **Tötung verneinen.** Diesen zweiten Schritt hätten die StGEntwürfe gescheut; auch im Schrifttum werde er nur vereinzelt getan; eindeutig aber von Ebermayer, Eb. Schmidt und Welzel. — Diese Bedenken Kohlrauschs werden nicht aufrechterhalten. Gerade weil „töten" im Gegensatz zu „mißhandeln" ein sozialethisch zunächst wertfreier Begriff ist, hindert die Verneinung des Werturteils „Mißhandlung" die Feststellung „Verursachung des Todes" um so weniger, als nur dieser rein kausale Begriff, nicht ein finaler „Tötungs"akt in Betracht kommt.

Die Subsumtion unter § 222 scheitert ebenso wie die Subsumtion der durch eine mißlungene Operation verursachten Gesundheitsbeschädigung unter § 230 in den hier untersuchten Fällen daran, daß Fahrlässigkeit eine Verletzung der Regeln der ärztlichen Kunst oder der Indikation voraussetzt.

B. Bejahung der Tatbestandsmäßigkeit

1. Das RGer. versteht unter „körperlich mißhandeln" jeden Eingriff in die körperliche Unversehrtheit, der geeignet ist, Schmerzgefühl oder körperliches Mißbehagen hervorzurufen oder das körperl. Wohlbefinden zu stören. Nach RGer. erfüllen also ärztliche Eingriffe ausnahmslos den TB. des § 223. So E. **25** 375, **38** 34, auch E. **74** 350, **75** 73, DR. **42**, 333; RRZiv. 68, 431, 151, 349. Ebenso Lorenz bei Olshausen[11], A. 9b zu § 223.

2. Dies nötigt zur Prüfung von **Rechtfertigungsgründen.** Solcher bedürfen auch die unter A aufgeführten Ansichten dann, wenn im Einzelfall der TB. der KV. gegeben ist; wenn z. B. der Eingriff nicht zu Heilzwecken vorgenommen wurde, sondern etwa prophylaktisch (Rachenmandeln, Wurmfortsatz); oder als Schönheitsoperation; oder zur Heilung eines Dritten (Hauttransplantation, Bluttransfusion); oder zu Experimentierzwecken (hierüber v. Bar in der Göttinger Festgabe für Regelsberger 1901); oder namentlich, wenn eine medizinisch indizierte, zu Heilzwecken kunstgerecht ausgeführte Operation Mißerfolg hatte und man (mit Frank, Beling u. a.) auf dem Standpunkt steht, daß nur bei einer gelungenen Operation die Verneinung des TB. in Frage kommt. — Das Schrifttum über einschlägige

Rechtfertigungsgründe war um die Jahrhundertwende sehr umfangreich. Zusammenstellung bei Frank A. II 3 zu § 223. Von Bedeutung sind heute noch drei: Einwilligung, Handeln im Fremdinteresse und Annahme eines Berufsrechts.

a) Einwilligung dessen, in dessen Körper eingegriffen wird, ist der einzige **vom RGer.** u. U. anerkannte RechtfGrund. Früher in seiner Tragweite äußerst umstritten, ist er jetzt durch § 226a geregelt: s. dort. — Häufig freilich ist E. unmöglich, z. B. wegen Bewußtlosigkeit; oder unbeachtlich, z. B. wegen Jugend, Geistesgestörtheit. Dann soll **mutmaßliche** E. sie ersetzen: E. **25** 375, **61** 256, RGZiv. 151, 349; eingehend ebenso Mezger, Lehrbuch 218. Indessen wird damit entweder (nämlich wenn man es auf den vermutl. Willen des zu Operierenden abstellt) mit einem allzu unbestimmten und allzu subjektiven Faktor gearbeitet; oder (bei Abstellung der Vermutung auf das obj. Vernünftige) der Einwilligungsgedanke nicht weitergebildet, sondern zugunsten der unter A aufgeführten Erwägungen preisgegeben. Letzteres erfolgt offener und richtiger durch den Gedanken der:

b) Wahrung des Fremdinteresses. Vgl.: Frank S. 139. 152; Dohna, Recht und Irrtum (1925) 13. Aehnlich die Heranziehung der §§ 677 ff. BGB. über Geschäftsführung ohne Auftrag: Zitelmann in ArchZivPraxis 1889, 111; Rosenberg in GS. 62, 82; v. Hippel, StrR. II 249.

c) Ein Berufsrecht wurde früher gelegentlich behauptet, überwiegend aber wegen damaliger Kurierfreiheit abgelehnt. Neuerdings tritt es als Rechtfertigungsgrund wieder mehr in den Vordergrund: Kallfelz in JW. 36, 3114; Lohmann in DZJ. 36, 1481; und, mit Vorbehalten: RGZiv. 151, 349. Indessen selbst wenn der Nichtarzt als solcher rechtswidrig handeln sollte, bliebe doch das Ergebnis, daß ein Arzt, der einen Kranken durch einen Eingriff heilt, eine (wenn auch erlaubte) „KV." beginge; das Problem bliebe ungelöst.

C. Eigenmächtige Heilbehandlung

Soweit der tragende Grund für das Recht zu ärztlichen Eingriffen nicht die Einwilligung, sondern irgendwie dessen objektive Angemessenheit ist, muß ein entgegenstehender Wille des Kranken in gewissen Grenzen anerkannt werden. Das Delikt ist dann aber nicht KV., sondern Nötigung (§ 240) oder, z. B. bei Narkotisierung gegen Willen, Freiheitsberaubung (§ 239). Abs. II des § 240 wird hier wichtig: er öffnet dem Richter ein weites Feld.

Gefährliche Körperverletzung

223a. Ist die Körperverletzung mittels einer Waffe insbesondere eines Messers oder eines anderen gefährlichen Werkzeuges oder mittels eines hinterlistigen Ueberfalls oder von mehreren gemeinschaftlich, oder mittels einer das Leben gefährdenden Behandlung begangen, so tritt Gefängnisstrafe nicht unter zwei Monaten ein.

Abs. II über Mißhandlung Wehrloser, eingefügt durch Ges. v. 19. 6. 12, ist jetzt in erweiterter Fassung § 223b.

I. Waffe: jeder zur Zufügung von Verletzungen auf mechanischem Wege geeignete Gegenstand, einschl. „Messer oder andere gefährliche Werkzeuge". Teppichklopfer, Schuh am Fuß: DR. 43, 754.

Die Rechtspr. verlangt nach wie vor Verletzung auf mechanischem, nicht chemischem Weg. Vgl. E. **8** 315, **24** 372 und neuerdings DR. 40, 1937 mit Anm. Bruns. Auch müsse das Werkzeug beweglich sein. (E.**24** 374). Bei solcher Auslegung wird der Zweck der Vorschrift, besonders gefährliche Fälle, d. h. solche, die die unmittelbare Gefahr schwerer Folgen begründen (§ 261 Entw. 1930), zu erfassen, nicht einmal in dem jetzt möglichen Umfang erreicht. Andererseits werden durch die Abstellung auf das abstrakt gefährliche Werkzeug viele harmlose Fälle unter § 223a gebracht (vgl. Begr. zum Entw. 1927 S. 131).

II. Ueberfall: unversehens; **hinterlistig:** unter Verdeckung der wahren Absicht. Beides, um dem Angegriffenen die Möglichkeit zu nehmen, die Verteidigung vorzubereiten. E. **65** 65.

III. Von mehreren gemeinschaftlich: Zwei Beteiligte genügen. — Vgl. E. **67** 369.

IV. Lebensgefährdende Behandlung: Abstrakte, wenn auch nicht konkrete Lebensgefährdung genügt (HRR. 29 Nr. 1799, JW. 32, 3350, bestr.). Verleitung einer Schwerkranken, gebotene ärztliche Hilfe nicht in Anspruch zu nehmen: JW. 35, 2735.

V. Zum **Vorsatz** gehört Kenntnis von der Gefährlichkeit des Werkzeugs: E. **17** 279, **26** 61, auch **10** 100.

VI. Mildernde Umstände: § 228. — Vgl. ferner § 340 Anm. III.

VII. Idealkonkurrenz mit §§ 223b, 227 Abs. 1 (E. **59** 110): §§ 224, 226 gehen dagegen vor: E. **74** 311.

Mißhandlung von Kindern und Wehrlosen

223b. Wer Kinder, Jugendliche oder wegen Gebrechlichkeit oder Krankheit Wehrlose, die seiner Fürsorge oder Obhut unterstehen oder seinem Hausstand angehören oder die von dem Fürsorgepflichtigen seiner Gewalt überlassen worden oder durch ein Dienst- oder Arbeitsverhältnis von ihm abhängig sind, quält oder roh mißhandelt, oder wer durch böswillige Vernachlässigung seiner Pflicht, für sie zu sorgen, sie an der Gesundheit schädigt, wird mit Gefängnis nicht unter drei Monaten bestraft.

In besonders schweren Fällen ist die Strafe Zuchthaus bis zu fünf Jahren.

I. Geltung. *§* 223b ist durch Ges. vom 26. 5. 33 an die Stelle des früheren § 223a Abs. 2 getreten. Dieser lautete: „Gleiche Strafe (Gefängnisstrafe nicht unter zwei Monaten) tritt ein, wenn gegen eine noch nicht achtzehn Jahre alte oder wegen Gebrechlichkeit oder Krankheit wehrlose Person, die der Fürsorge oder Obhut des Täters untersteht oder seinem Hausstand angehört, oder die der Fürsorgepflichtige der Gewalt des Täters überlassen hat, eine Körperverletzung mittels grausamer oder boshafter Behandlung begangen wird."

Der Strafrahmen dieser Bestimmung ist, soweit § 223b nicht neue Tatbestände geschaffen hat, wegen der Sperrvorschrift (Anm. vor § 13) zu beachten. Ebenso Braunschweig MDR. **48** 366 (v. W e b e r).

Im übrigen ist gegen die Fortgeltung des § 223b, der nahezu wörtlich dem § 265 Entw. 1927 entspricht, nichts einzuwenden.

II. Rechtsnatur: In der Voraufl. hat K o h l r a u s c h aus der Entstehungsgeschichte eingehend den Standpunkt begründet, daß § 223b ein Sonderdelikt sei, für das die allgemeinen Regeln der KV., insbes. die mildernden Umstände des § 228 nicht in Betracht kämen. Dem haben sich S c h ö n k e I und M a u r a c h II 81 angeschlossen. Ebenso W e l z e l § 34 III unter Hinweis auf die Schutzbeziehung zwischen Täter und Opfer und die verwerflichen Gesinnungsmomente. Aber gerade darin zeigt sich, daß § 223b kein neuer und anderer Unrechtstyp, sondern ein Schuldsteigerungstyp ist. Der Tatbestand des Quälens und roh Mißhandelns ist enger, nicht weiter als der des § 223. Unter diesen fällt, da Körper und Seele eins sind, bei richtiger Auslegung, wie sie gerade Kohlrausch gegenüber E. **64** 119 vertreten hat, auch die seelische Mißhandlung, soweit sie strafbedürftig ist. A. A. auch insoweit W e l z e l. Die Vernachlässigung der Sorgepflicht wäre als unechtes Unterlassungsdelikt schon nach allgemeinen Grundsätzen als KV, strafbar; § 223b steigert auch insoweit lediglich die Strafe. — Daß die Entwürfe ein Sonderdelikt schaffen wollten, ist weder aus ihrem Text noch aus den Motiven ersichtlich. § 265 E. 1927 sagt vielmehr „wer an Kindern ... grausam oder in der Absicht, sie zu quälen . . . oder durch böswillige Vernachlässigung seiner Pflicht . . . eine Körperverletzung begeht". Das unmittelbare Vorbild des § 223b, § 265 E. 1930, weicht hiervon nur stilistisch ab und behält die amtliche Ueberschrift „Körperverletzung an Kindern usw." bei. Mildernde Umstände waren nach § 74 der Entwürfe 1927 und 1930 allgemein zulässig.

Auch der § 223a Abs. II, den § 223b ersetzt hat, erklärte die Tat ausdrücklich für eine KV. Der kriminelle Gehalt beider Bestimmungen ist aber derselbe, ein neuer Deliktstyp ist nicht entstanden (so mit Recht Braunschweig MDR. **48** 336 und v. W e b e r in Anm. dazu).

Zutr. hat deshalb das RG. in JW. **36** 3463 und in E. **70** 357 die Sondernatur des § 223b in Abrede gestellt, ihn für einen Fall schwerer strafbarer Körperverletzung erklärt und in JW. **39** 337 (= DJ. **39** 1085) diese Ansicht als „ohne Zweifel" richtig aufrechterhalten. Folgen: 1) Mit §§ 224—226 kann § 223b nicht in IdKonk. (§ 73) stehen. 2) § 228 betr. mildernde Umstände ist auch auf § 223b anwendbar: E. **71** 363. Mit Recht. Denn auch wenn der TB. des § 223b objektiv und subjektiv gegeben ist, kann ausnahmsweise das darin liegende Symptom besonders verwerflicher Gesinnung durch ganz besondere Umstände abgeschwächt werden.

III. Kinder bis zum vollendeten 14., **Jugendliche** bis zum vollendeten 18. Lebensjahr.

IV. Wehrlos: auch Schwangere. E. **77** 68.

V. Quälen: bewußt u. ohne rechtfertigenden Grund dauernde oder sich wiederholende erhebliche Schmerzen oder inneres Leid verursachen; also auch „s e e l i s c h e M i ß h a n d l u n g". — **„Roh":** aus gefühlloser Gesinnung; ohne das natürliche Gefühl für die Leiden des Mißhandelten; Ausfluß eines gefühl- und mitleidlosen Charakters. So DR. **44**, 331, 725; auch DJ.

38 1645, JW. 38 1879, DR. 40 26. Vgl. die Legaldefinitionen des § 1 II Tierschutzges. (Anh. Nr. 12). — Ueber das Verhältnis zu „grausam": Anm VIII b zu § 211.

VI. **Böswillig:** aus reiner Bosheit, also aus Lust an fremdem Leid; aber auch aus Haß, Geiz, Eigennutz oder einem sonst verwerflichen Grund. In anderen Bestimmungen (vgl. Register), kann der „böse Wille" jeweils einen besonderen Inhalt haben. Vgl. DJ. 36 257, E. 72 118 (Klee in JW. 38, 1517), 73 389 (Nagler in ZAk. 40, 99).

VII. **Gesundheitsschädigung:** schon, wenn die gesunde Entwicklung des Kindes beeinträchtigt oder gehemmt ist: E. 76 371.

VIII. **Besonders schwerer Fall** z. B. wenn die körperliche oder geistige Entwicklung des Verletzten erheblich gestört wird, namentlich aber, wenn die Tat von besonderer Gemeinheit zeugt. Würdigung der Persönlichkeit und Beweggründe erforderlich: DJ. 38 378, DR. 43 755. Zu beachten ist, daß mildernde Umstände nach E. 71 363 nicht zugelassen sind. Relative Sperrvorschriften (Anm. VI vor § 13) zu beachten.

Schwere Körperverletzung

224. Hat die Körperverletzung zur Folge, daß der Verletzte ein wichtiges Glied des Körpers, das Sehvermögen auf einem oder beiden Augen, das Gehör, die Sprache oder die Zeugungsfähigkeit verliert, oder in erheblicher Weise dauernd entstellt wird, oder in Siechtum, Lähmung oder Geisteskrankheit verfällt, so ist auf Zuchthaus bis zu fünf Jahren oder Gefängnis nicht unter einem Jahre zu erkennen.

I. **Qualifizierung durch den Erfolg,** ohne daß das Verschulden sich darauf zu beziehen braucht. E. 5 29, 44 137. Vgl. aber § 226 Anm. I, Vorbem. VII vor § 1, § 59 Anm. II, Thür. § 56: „Die an eine besondere Folge der Tat geknüpfte höhere Strafe trifft den Täter nur, wenn er die Folge fahrlässig herbeigeführt hat."

II. **Wichtiges Glied:** so daß der Verlust eine erhebliche Beeinträchtigung der Lebensbetätigung bedeutet. Vgl. E. 3 33, 62 161. Nach GoltdA. 53 74 der Daumen; dagegen nicht einzelne Fingerglieder: E. 6 348. Hierzu ferner GoltdA. 74 168, 52, 91, E. 62 162, 64 202.

III. **Sehvermögen:** die Fähigkeit, Gegenstände zu erkennen. — Im einzelnen vgl. E. 14 118, 27 80, 63 423, 72 322.

IV. **Zeugungsfähigkeit,** d. h. die Fortpflanzungsfähigkeit. Auch Frauen sind gemeint.

V. **Verlust** des Sehvermögens usw.: es genügt ein „chronischer" Krankheitszustand, d. h. ein solcher, der längere Zeit besteht und dessen Heilung sich zeitlich nicht bestimmen läßt. E. 44 59, 72 321.

VI. **Entstellt:** die äußere Gesamterscheinung verunstaltet; auch wenn dies bei einzelnen sichtbaren Körperteilen künstlich zu verdecken (E. 14 344) oder die Gesamterscheinung nur in einzelnen Lagen (beim Stehen, Gehen, Sitzen) verunstaltet ist: E. 39 419. Verlust von 4 Vorderzähnen: DJ. 38 427.

VII. Siechtum: ein anhaltender, betr. Heilbarkeit unberechenbarer Krankheitszustand, der das Allgemeinbefinden erheblich stört und ein Schwinden der Körperkräfte und Hinfälligkeit zur Folge hat. E. **72** 345.

VIII. Geisteskrankheit: Unheilbarkeit nicht erforderlich: E. **44** 59.

IX. Versuch begrifflich ausgeschlossen, Vorbem. VII vor § 43, E. **9** 67, **61** 179.

X. Mildernde Umstände: § 228. — Vgl. ferner § 340 Anm. III.

225. War eine der vorbezeichneten Folgen beabsichtigt und eingetreten, so ist auf Zuchthaus von zwei bis zu zehn Jahren zu erkennen.

I. Absicht: Beweggrund: Anm. III 1 zu § 59. Freilich E. **24** 369.

II. Versuch ist (auch wenn man zu § 224 ihn für unmöglich hält) hier strafbar: E. **9** 67, **61** 179.

III. Keine mildernden Umstände nach § 228. — Verhältnis zu § 340 s. § 340 Anm. III.

Körperverletzung mit tödlichem Ausgang

226. Ist durch die Körperverletzung der Tod des Verletzten verursacht worden, so ist auf Zuchthaus nicht unter drei Jahren oder Gefängnis nicht unter drei Jahren zu erkennen.

I. Erfolgsqualifikation. Fahrlässigkeit bezüglich des Todeserfolges nicht nötig, aber adäquate Kausalität: Vorbem. III u. IV. vor § 1, A. VII zu § 59, I zu § 224. So ausdrücklich auch LG. Heidelberg SJZ. **48** 207 (Anm. Engisch). Kritisch dazu Spendel SJZ. 49, 133 Anm. 4. — Ein Mittäter bei der KV. ist nur dann nach § 226 strafbar, wenn die tödliche Handlung von jedem als eigene gewollt war. E. **67** 369.

II. Mildernde Umstände s. in § 228. — IdKonk. mit § 340 möglich (anders bei § 224). — Gesetzeseinheit mit § 223a (§ 226 geht vor): E. **26** 312, **36** 277, **70** 359, **74** 311; OGHBrZ. in DRZ. **49** 45.

Einwilligung

226a. Wer eine Körperverletzung mit Einwilligung des Verletzten vornimmt, handelt nur dann rechtswidrig, wenn die Tat trotz der Einwilligung gegen die guten Sitten verstößt.

I. Zweck. Die den Entw. 1912 u. ff. entnommene und durch G. v. 26. 5. 33 eingefügte Bestimmung will dem Streit über die **Bedeutung der „Einwilligung"** ein Ende machen. Während es sicher ist, daß sie bei Tötungen belanglos, bei Vermögensdelikten aber ein Rechtfertigungsgrund ist, war bei Körperverletzungen die Geltung des Satzes „volenti non fit iniuria" stets zweifelhaft. Das RGer. hat Einw. hier grundsätzlich für unbeachtlich erklärt (E. **55** 188), bes. wenn sie gegen die guten Sitten verstoße (E. **25** 375, **38** 34, **61** 393, JW. 28, 2229 und 29, 1015). E. **61** 256 erklärte als

Rechtfertigungsgrund die mutmaßliche Einwilligung. § 226a tut einen weiteren Schritt: es kommt nicht auf die Sittengemäßheit der Einwilligung an, sondern, falls Einw. vorliegt, auf die **Sittengemäßheit der Tat,** d. h. dieser „Körperverletzung an einem Einwilligenden". So jetzt auch E. **74** 93, DR. 43, 579. Beispiele für den Unterschied: 1. Willigt jemand ein, ihn zu verletzen, um dadurch die Verletzung seiner Frau zu verhindern, so kann die Einwilligung billigenswert sein, die Tat bleibt aber strafbar. 2. Willigt jemand in eine Blutentnahme nur deshalb ein, weil er Geld dafür erhält, während Beweggrund des Täters ist, einem Dritten durch Bluttransfusion das Leben zu retten, so mag eine solche Einwilligung an sich gegen die guten Sitten verstoßen, der Täter aber ist straflos. — Der **ärztliche** Eingriff ist, soweit man ihn tatbestandsmäßig für „Körperverletzung" hält (Anm. III zu § 223), nach § 226a zu beurteilen. So DR. **43** 579. — Auf **Abtreibung** bezieht sich § 226a nicht, weil die Mutter über das Leben des nasciturus nicht verfügen kann. Ebenso nicht auf **Unfruchtbarmachung:** Anm. III. Kritisch über § 226a: Schlosky, DStR. 43, 19.

II. Körperverletzung: Alle Fälle gehören hierher, auch die des § 221; bei § 223b wird die Tat freilich stets gegen die guten Sitten verstoßen.

III. Rechtfertigungsgrund. Nicht nur persönlicher Strafausschließungsgrund. Straflos sind also auch die Teilnehmer, soweit nicht gerade deren Beteiligung gegen die guten Sitten verstößt und die Tat ihnen daher in mittelbarer Täterschaft zuzurechnen ist. — Irrtümliche Annahme einer Einwilligung schließt vorsätzliche Schuld aus; war der Irrtum entschuldbar, auch fahrlässige.

Z. B. Verletzungen beim **Boxkampf,** da man, soweit er polizeilich genehmigt ist, nicht sagen kann, daß er „gegen die guten Sitten verstößt". Für **Zweikampf**-Verletzungen gelten die Sonderregeln der §§ 201 ff. — Auch auf **Unfruchtbarmachung** (Sterilisation) ist § 226 a grundsätzlich nicht anwendbar. Vgl. aber hierüber NJW. **47** 30.

IV. Verstoß gegen die guten Sitten. In diesem Hinweis auf die materielle Rechtswidrigkeit (im Gegensatz zur formellen, darüber Vorbem. III vor § 1) liegt die grundsätzliche Bedeutung des § 226a, dessen Gedanke deshalb verallgemeinerungsfähig ist. Entspr. Anw. auf Beleidigung, Freiheitsberaubung u. ä. möglich, vgl. Welzel § 14 VII 5.

Beeinträchtigung der Fortpflanzungsfähigkeit

226b. Wer in anderen als in den gesetzlich zugelassenen Fällen die Zeugungs- oder Gebärfähigkeit bei einem anderen mit dessen Einwilligung oder bei sich selbst vorsätzlich zerstört oder durch Bestrahlung oder Hormonbehandlung nachhaltig stört, wird mit Gefängnis nicht unter drei Monaten, in besonders schweren Fällen mit Zuchthaus bestraft, soweit nicht die Tat nach einer anderen Vorschrift mit schwererer Strafe bedroht ist.

Aufgehoben durch KRG. 11.

Raufhandel (Schlägerei)

227. Ist durch eine Schlägerei oder durch einen von mehreren gemachten Angriff der Tod eines Menschen oder eine schwere Körperverletzung (§ 224) verursacht worden, so ist jeder, welcher

sich an der Schlägerei oder dem Angriffe beteiligt hat, schon wegen dieser Beteiligung mit Gefängnis bis zu drei Jahren zu bestrafen, falls er nicht ohne sein Verschulden hineingezogen worden ist.

Ist eine der vorbezeichneten Folgen mehreren Verletzungen zuzuschreiben, welche dieselbe nicht einzeln, sondern nur durch ihr Zusammentreffen verursacht haben, so ist jeder, welchem eine dieser Verletzungen zur Last fällt, mit Zuchthaus bis zu fünf Jahren zu bestrafen.

I. **Strafgrund.** Der § 227 macht die bloße Beteiligung an einer lebensgefährlichen Schlägerei oder an einem gemeinschaftlichen Angriff — (deren Lebensgefährlichkeit durch ihren bösen Ausgang: Tod oder schwere Körperverletzung als erwiesen gilt, vgl. freilich Anm. VI) — als Gefährdungsdelikt zum Sondervergehen. Vgl. auch § 367 Ziff. 10.

II. **Schlägerei:** tätlicher Streit zwischen mehr als zwei Personen.

III. **Angriff:** ein gemeinschaftlich geplanter tätlicher Ueberfall: E. **58** 207, **59** 107.

IV. **Eines Menschen:** auch eines Angreifers oder am Streit Unbeteiligten.

V. Tod und schwere Körperverletzung sind bloße **Bedingungen der Strafbarkeit.** Ob jemandem zurechenbar, ist unerheblich.

VI. **Schuld** an der Schlägerei nicht vorausgesetzt; nur an der eigenen Beteiligung. E. **9** 370, **11** 237, **72** 73. — Nach E. **73** 341 ist „Notwehr" gegebenenfalls anzuerkennen.

VII. **IdKonk.** mit §§ 211 ff., 223 ff. Vgl. E. **32** 33, **59** 107. — Bezgl. §§ 224—26 abw. Welzel § 35 II: § 227 I sei als Gef.-Del. ihnen gegenüber subsidiär, Abs. 2 als Sonderregelung geht ihnen vor.

VIII. **Mildernde Umstände:** § 228.

Mildernde Umstände

228. Sind mildernde Umstände vorhanden, so ist in den Fällen des § 223, Absatz 2 und des § 223a auf Gefängnis bis zu drei Jahren oder Geldstrafe, in den Fällen der §§ 224 und 227 Absatz 2 auf Gefängnis nicht unter einem Monat, und im Falle des § 226 auf Gefängnis nicht unter drei Monaten zu erkennen.

I. **Begriff:** Vorbem. V vor § 13.

II. **Streitig** ist, ob § 228 auf § 223b anwendbar. Vgl. dort.

Vergiftung

229. Wer vorsätzlich einem anderen, um dessen Gesundheit zu beschädigen, Gift oder andere Stoffe beibringt, welche die Gesundheit zu zerstören geeignet sind, wird mit Zuchthaus bis zu zehn Jahren bestraft.

Ist durch die Handlung eine schwere Körperverletzung verursacht worden, so ist auf Zuchthaus nicht unter fünf Jahren und, wenn durch die Handlung der Tod verursacht worden, auf Zuchthaus nicht unter zehn Jahren oder auf lebenslängliches Zuchthaus zu erkennen.

I. **Wesen** des § 229: Ein durch bewußte Lebensgefährdung qualifizierter Versuch der KV. als Sonderverbrechen, das in Abs. 2 durch den Eintritt schwerer Folgen weiter qualifiziert ist. — Unterschied der „Vergiftung" von der „Körperverletzung": I. Objektiv: a) § 229 geht insofern über § 223 hinaus, als die beigebrachten Stoffe geeignet sein müssen, die Gesundheit zu „zerstören", während nach § 223 deren „Schädigung" genügt; b) § 229 bleibt insofern hinter § 223 zurück, als bei solchen Stoffen die „Eignung" hierzu genügt, während der tatsächliche Eintritt nicht einmal einer Schädigung (wie bei der KV.) erforderlich ist. II. Subjektiv wird in § 229 mehr erfordert, als bei der KV., nämlich: a) das Bewußtsein von jener Eignung, die Gesundheit zu zerstören (§ 59); b) die Absicht, sie zu schädigen (dol. eventualis genügt deshalb insofern nicht). — Versuch aus § 229 ist, da Sonderverbrechen, strafbar (E. **59** 1). Anders Frank IV, der § 229 nur als Erscheinungsform der KV. auffaßt. — Beim „Rücktritt vom Tötungs-Versuch" kann Strafbarkeit aus § 229 bestehen bleiben (§ 46: „Versuch als solcher").

II. **Gesundheitsbeschädigung** z. B. Uebelsein und Ohnmacht: E. **53** 210.

III. **Gift:** Stoffe, welche schon in kleineren Mengen auf andere als mechanische Weise (nicht also Glassplitter) zur Zerstörung der Gesundheit geeignet sind. Diese Eigenschaft der Stoffe ist festzustellen, da hier kein spezieller Giftbegriff aufgestellt ist: E. **10** 178.

Fahrlässige Körperverletzung

230. Wer durch Fahrlässigkeit die Körperverletzung eines anderen verursacht, wird mit Geldstrafe oder mit Gefängnis bis zu drei Jahren bestraft.

I. **Fahrlässigkeit:** vgl. Anm. IV zu § 59 und Anm. II zu § 222. Nicht schon jedes unsachgemäße Verhalten: DR. **42** 1646.

II. **Verursachung:** Zu beachten der sprachliche Unterschied vom finalen „töten" in §§ 211 ff. (a. A. hier v. Weber Grdr.[2] S. 54). — Auch bei eingetretenem Tod ist Verurteilung wegen fahrlässiger KV. möglich, wenn Angeklagter nur die KV., nicht aber den Tod voraussehen konnte: E. **28** 272 (hiermit kaum vereinbar E. **61** 375, vgl. Vorbem. II vor § 211).

III. Wegen **Erhöhung des Höchststrafmaßes** von 2 auf 3 Jahre und Streichung des Abs. II durch VO. v. 2. 4. 40 sind die Sperrvorschriften (Vorbem. VI vor § 13) zu beachten.

Buße

231. In allen Fällen der Körperverletzung kann auf Verlangen des Verletzten neben der Strafe auf eine an denselben zu erlegende Buße erkannt werden.

Eine erkannte Buße schließt die Geltendmachung eines weiteren Entschädigungsanspruches aus.

Für diese Buße haften die zu derselben Verurteilten als Gesamtschuldner.

I. Die **Buße** ist nicht Strafe, sondern Entschädigung (E. **15** 352 und Vorbem. vor § 13). Deshalb auch zulässig, wo die „Körperverletzung" in IdKonk. (§ 73) mit schwererer Straftat steht. E. **59** 120. Bei ihrer Zuerkennung können bürgerlich-rechtliche Grundsätze berücksichtigt werden, sind aber nicht maßgebend (E. **31** 334, **44** 294, **55** 188). Freies richterliches Ermessen! Auch ideelle Schäden können ersetzt werden (E. **15** 352). Einwilligung in die KV. oder § 216 schließen die B. nicht aus (E. **55** 188). Eine außergerichtlich gezahlte Entschädigung kann, muß aber nicht berücksichtigt werden (E. 9 223). Vgl. auch § 188 Anm. III. — Geltendmachung der Buße: StPO. § 406 (Privatklage), § 403 II (Nebenklage).

Antrag

232. Die Verfolgung leichter vorsätzlicher sowie aller durch Fahrlässigkeit verursachter Körperverletzungen (§§ 223, 230) tritt nur auf Antrag ein, es sei denn, daß die Strafverfolgungsbehörde wegen des besonderen öffentlichen Interesses an der Strafverfolgung ein Einschreiten von Amts wegen für geboten erachtet.

Ist das Vorgehen gegen einen Angehörigen verübt, so ist die Zurücknahme des Antrages zulässig.

Die in den §§ 195, 196 und 198 enthaltenen Vorschriften finden auch hier Anwendung.

I. Abs. I hat die jetzige Fassung durch Ges. v. 2. 4. 40 (RGBl. I 606) erhalten. Bis dahin war ein StrAntrag in den Fällen der §§ 223, 230 erforderlich, „insofern nicht die Körperverletzung mit Uebertretung einer Amts-, Berufs- oder Gewerbepflicht begangen worden ist.". Die Meinungsverschiedenheiten über den Begriff der Berufs-Fahrlässigkeit (bes. beim Kraftfahrer) waren Anlaß, die Unterscheidung aufzugeben. Das Antragserfordernis wurde auf alle Fälle ausgedehnt, andrerseits aber die Möglichkeit geschaffen, in allen Fällen auch von Amts wegen einzuschreiten. — Entsprechende Uebertragung des § 232 auf § 194 ist unzulässig: DR. **44** 723.

KRG. 11 hat die Neufassung nicht beanstandet.

Retorsion

233. Wenn leichte Körperverletzungen mit solchen, Beleidigungen mit leichten Körperverletzungen oder letztere mit ersteren auf der Stelle erwidert werden, so kann der Richter für beide Angeschuldigte, oder für einen derselben eine der Art oder dem Maße nach mildere oder überhaupt keine Strafe eintreten lassen.

I. **Anwendungsbereich:** §§ 223, 230; nicht §§ 223a, 223b, 224, 226, 340. — Vgl. § 199 Anm. I—III. — Zunächst ist der Gesichtspunkt der Ehrennotwehr zu prüfen: LG. Heidelberg SJZ. **48** 209 (Anm. Engisch).

Achtzehnter Abschnitt

Verbrechen und Vergehen wider die persönliche Freiheit

Menschenraub

234. Wer sich eines Menschen durch List, Drohung oder Gewalt bemächtigt, um ihn in hilfloser Lage auszusetzen oder in Sklaverei, Leibeigenschaft oder in auswärtige Kriegs- oder Schiffsdienste zu bringen, wird wegen Menschenraubes mit Zuchthaus bestraft.

I. List: geflissentliches Verbergen der Absicht oder der Mittel: E. **17** 90. Vgl. auch E. **15** 340.

II. Sich bemächtigt, d. h. der persönlichen Freiheit beraubt und sie durch ein Abhängigkeitsverhältnis ersetzt (entsprechend Bruch fremden und Herstellung eigenen Gewahrsams beim Sachraub).

III. Aussetzen: vgl. § 221 Anm. III.

Muntbruch

235. Wer eine minderjährige Person durch List, Drohung oder Gewalt ihren Eltern, ihrem Vormund oder ihrem Pfleger entzieht, wird mit Gefängnis bestraft.

Sind mildernde Umstände vorhanden, so kann auf Geldstrafe erkannt werden.

Geschieht die Handlung in der Absicht, die Person zum Betteln oder zu gewinnsüchtigen oder unsittlichen Zwecken oder Beschäftigungen zu gebrauchen, so tritt Zuchthaus bis zu zehn Jahren ein.

I. Strafgrund: das Gesetz soll das Personensorgerecht schützen und damit auch den Minderjährigen selber. Dieser ist also, wenn er dem Täter folgt, nicht wegen Teilnahme strafbar: Vorbem. IV vor § 47.

II. Eltern: nicht nur leibliche (denen die Sorge für den Minderjährigen und das Recht zusteht, ihn zu erziehen, zu beaufsichtigen, seinen Aufenthalt zu bestimmen: § 1631 BGB.), sondern auch diejenigen, denen nach § 1666 BGB. Erziehung übertragen ist: E. **37** 1, **48** 198 (freilich auch **40** 91). — Täter kann auch ein Elternteil sein, solange nicht dem anderen jede Sorgepflicht entzogen ist. Das Recht aus § 1635 BGB. enthält noch einen Rest der Sorgepflicht: E. **66** 254. Vgl. auch E. **22** 166, **48** 427.

III. Vormund: §§ 1773 ff. BGB. Pfleger: EBGB. Art. 34 VII. BGB. § 1909. — Wegen Entziehung aus der Fürsorgeerziehung vgl. § 76 Ges. f. Jugendwohlfahrt v. 9. 7. 22, 24. 11. 33.

IV. Entziehung: Herbeiführung eines Zustandes (von gewisser Dauer), der die Ausübung des Erziehungsrechtes bewußt vereitelt. Auch durch Unterlassung. E. **24** 133 (Verbringung in ein Kloster), JW. 38, 1388, HRR. 38, 994. Straflos sind: Selbstentziehung; Teilnahme des Minderjährigen selber (Vorbem. IV vor § 47), Teilnahme eines Dritten an der Selbstentziehung. Einwilligung des Minderjährigen jedoch unerheblich. E. **18** 273.

Entführung wider Willen

236. Wer eine Frauensperson wider ihren Willen durch List, Drohung oder Gewalt entführt, um sie zur Unzucht zu bringen, wird mit Zuchthaus bis zu zehn Jahren und, wenn die Entführung begangen wurde, um die Entführte zur Ehe zu bringen, mit Gefängnis bestraft.

Die Verfolgung tritt nur auf Antrag ein.

I. **Entführen:** an einen anderen Ort (nicht notwendig eine andere Ortschaft) bringen, dessen Unerreichbarkeit rechtzeitigen Schutz unmöglich macht: E. 29 404. Herausnehmen des Betroffenen aus seiner Umgebung derart, daß er dem ungehinderten Einfluß des Täters untersteht: Celle Nds. Rpfl. 47, 64, JR. 48, 349. — Gegenüber dem § 239 ist § 236 ein Sondertatbestand, der jenem vorgeht. HRR. 39 59.

II. **Unzucht** mit dem Täter oder mit einem Dritten. Täter kann also auch eine Frau sein. — Vgl. § 180 Anm. V. Gleichgültig, ob vorher ein unzüchtiges Verhältnis bestand: E. **16** 391.

III. **Antragsberechtigt** ist die Entführte als Verletzte oder ihr gesetzlicher Vertreter (§ 65). Antragsfrist beginnt erst mit Aufhören des gebrochenen Schutzverhältnisses (Großjährigkeit) oder dem Ende der Herrschaft des Entführers (Dauerverbrechen): E. **43** 285. Entsprechendes gilt für die Verjährungsfrist.

Entführung mit Willen

237. Wer eine minderjährige, unverehelichte Frauensperson mit ihrem Willen, jedoch ohne Einwilligung ihrer Eltern, ihres Vormundes oder ihres Pflegers entführt, um sie zur Unzucht oder zur Ehe zu bringen, wird mit Gefängnis bestraft.

Die Verfolgung tritt nur auf Antrag ein.

238. Hat der Entführer die Entführte geheiratet, so findet die Verfolgung nur statt, nachdem die Ehe für nichtig erklärt worden ist.

I. § 238 bezieht sich auf § 236 und § 237; nicht auf § 235, auch nicht, wenn jene konkurrieren. E. **18** 285.

II. **Verfolgung** auch etwaiger Teilnehmer an der Entführung.

III. Ueber **Verjährung** vgl. § 236 Anm. III und § 69.

Freiheitsberaubung

239. Wer vorsätzlich und widerrechtlich einen Menschen einsperrt oder auf andere Weise des Gebrauches der persönlichen Freiheit beraubt, wird mit Gefängnis oder mit Geldstrafe bestraft.

Wenn die Freiheitsentziehung über eine Woche gedauert hat, oder wenn eine schwere Körperverletzung des der Freiheit Beraubten durch die Freiheitsentziehung oder die ihm während derselben

widerfahrene Behandlung verursacht worden ist, so ist auf Zuchthaus bis zu zehn Jahren zu erkennen. Sind mildernde Umstände vorhanden, so tritt Gefängnisstrafe nicht unter einem Monat ein.

Ist der Tod des der Freiheit Beraubten durch die Freiheitsentziehung oder die ihm während derselben widerfahrene Behandlung verursacht worden, so ist auf Zuchthaus nicht unter drei Jahren zu erkennen. Sind mildernde Umstände vorhanden, so tritt Gefängnisstrafe nicht unter drei Monaten ein.

I. Ueber FB. durch **Beamte:** §§ 341 u. 345.

II. **Freiheitsberaubung:** 1. Einsperrung: Verhinderung am Verlassen eines Ortes durch äußere Vorrichtungen: E. **7** 259, **41** 82. Es genügt, wenn die Entfernung nur durch außergewöhnliche Mittel möglich ist, deren Benutzung (z. B. hochliegendes Fenster, E. **8** 210) oder Auffindung (z. B. verborgener Türdrücker, E. **27** 360) nicht zuzumuten ist. Die irrige Annahme, eingesperrt zu sein, reicht nicht aus. — Solange der andere nicht fortgehen will, ist er seiner Freiheit nicht beraubt: E. **33** 234. — 2. **Auf andere Weise:** durch jedes beliebige Mittel, z. B. Gewalt, Hypnose (E. **61** 241, beiläufig); Wegnahme der Kleider eines Badenden: E. **6** 231; schnelles Fahren, das am Aussteigen hindert: E. **25** 147; **39** 59. — HRR. **39** 464 sieht (Vorsatz vorausgesetzt) mittelbare FB. darin, daß ein anderer bei der Behörde fälschlich strafbarer Handlungen verdächtigt und daraufhin verhaftet wird. Hierbei zu beachten, daß nach Abs. II Versuch strafbar! — Der Gedanke trägt aber weiter. Er gilt für jede, auch die nicht wahrheitswidrige Denunziation, durch die der Verdächtigte vorsätzlich freiheitsentziehenden Maßnahmen eines Staats- oder Parteiapparats ausgeliefert wird, die nicht einmal von dem Willen getragen sind, in einem rechtlich geordneten Verfahren Recht zu üben. Näheres hierzu DRZ. **48**, 155 ff., 185 ff., SJZ. **48**, 302 ff., Bamberg SJZ. **50** 207; vgl. auch OGHE. **2** 236.

III. Versuch denkbar und i. F. des Abs. II strafbar. E. **61** 179.

IV. Die irrige Annahme eines tatsächlichen Verhältnisses, das ein Recht zur Freiheitsentziehung gäbe, schließt den **Vorsatz** aus.

V. **IdKonk.** mit Nötigung (§ 240), falls der der Freiheit Beraubte außerdem noch zu einer Handlung, Duldung oder Unterlassung genötigt werden sollte. Andernfalls ist § 239 lex specialis. E. **31** 301, **55** 239, **59** 291. — IdKonk. mit § 223: E. **25** 147, **33** 339. Mit § 132: E. **59** 291.

Erpresserischer Kindesraub

239a. Wer in Erpressungsabsicht ein fremdes Kind durch List, Drohung oder Gewalt entführt oder sonst der Freiheit beraubt, wird mit dem Tode bestraft.

Kind im Sinne dieser Vorschrift ist der Minderjährige unter 18 Jahren.

I. **Neu eingefügt** durch G. v. 22. 6. 36 (RGBl. I S. 493) aus Anlaß eines Einzelfalls. In der Eile ist freilich die Fassung des Gesetzes mißlungen. Berichtigende Auslegung ist unerläßlich. Einerseits ist der Tatbestand zu eng; denn einfaches Wegtragen oder -fahren des Kindes (auch ohne „List, Drohung oder Gewalt") muß offensichtlich genügen. Anderseits ist der TB. zu weit; nicht jede „Erpressungsabsicht" kann hier die höchste Strafe rechtfertigen. Vgl. Anm. II.

II. „Erpressungsabsicht" kann nicht schon die Absicht sein, durch irgendwelche auf das entführte Kind bezüglichen Drohungen (z. B. seinen Aufenthaltsort nicht anzugeben) sich einen rechtswidrigen Vermögensvorteil zu verschaffen. Beispiel: Nach einer Ehescheidung entführt der schuldige Vater das Kind der Mutter, der es zugesprochen ist. Der Vater bringt es an drittem Ort unter, wo es gut aufgehoben ist und gerne bleibt. Auf das Verlangen der Mutter, das Kind zurückzugeben oder seinen Aufenthaltsort zu nennen, erwidert der Vater: „Nur, wenn du auf deinen Unterhaltsanspruch verzichtest." Todesstrafe?! Oder auch „nur" lebenslängliches Zuchthaus? — Aus dem Anlaß des Gesetzes, aus der ihm im RGBl. gegebenen Ueberschrift „erpresserischer Kindesraub" und aus der absolut angedrohten Todesstrafe wird zu entnehmen sein, daß die zu dem Dritten geäußerten, auf das Kind bezüglichen „Drohungen" eine Schädigung (Tötung, körperliche oder seelische Mißhandlung usw.) des Kindes in Aussicht stellen, also über die bloße Drohung mit Vorenthaltung, Verheimlichung des Aufenthaltsortes u. dgl. hinausgehen müssen. Enger hält sich an den Wortlaut: Kirchner bei Olshausen[12]. — Die zu erpressende Handlung muß (vgl. „Erpressungsabsicht") eine Vermögungsverfügung sein sollen (z. B. Geldzuwendung, Anspruchsverzicht).

III. Fremdes Kind. Unanwendbar also, wenn das eigene leibliche Kind entführt wird (z. B. bei Auseinandersetzungen nach Ehescheidung). Anwendbar aber auf andere Verwandte sowie auf Adoptiv- und Pflegeeltern und Vormund, soweit nicht leiblich eigenes Kind.

V. Als **Spezialgesetz** geht § 239a den §§ 235, 239 vor. Soweit er überhaupt noch anwendbar ist (KRG. 11 hat ihn nicht beanstandet), unterliegt er den absoluten, bei Annahme eines del. sui generis (Welzel § 38 IV) den relativen Sperrvorschriften: Vorbem. VI vor § 13. Für beschränkte Weitergeltung SJZ. 46, 123.

Nötigung

240. Wer einen anderen rechtswidrig mit Gewalt oder durch Drohung mit einem empfindlichen Uebel zu einer Handlung, Duldung oder Unterlassung nötigt, wird wegen Nötigung mit Gefängnis oder mit Geldstrafe, in besonders schweren Fällen mit Zuchthaus oder mit Gefängnis nicht unter sechs Monaten bestraft.

Rechtswidrig ist die Tat, wenn die Anwendung der Gewalt oder die Zufügung des angedrohten Uebels zu dem angestrebten Zweck dem gesunden Volksempfinden widerspricht.

Der Versuch ist strafbar.

I. Das **Wesen der Nötigung** besteht in einer Beeinträchtigung der Willensentschließung oder der Willensbetätigung. Vgl. E. 48 346 und Anm. 3.

Neufassung durch VO. v. 29. 5. 43. Die alte Fassung hatte gelautet:

„Wer einen anderen widerrechtlich durch Gewalt oder durch Bedrohung mit Verbrechen oder Vergehen zu einer Handlung, Duldung oder Unterlassung nötigt, wird mit Gefängnis bis zu einem Jahre oder mit Geldstrafe bestraft. — Der Versuch ist strafbar."

Die Neufassung hat drei Aenderungen im TB. und zwei in der Strafdrohung gebracht:

1. Für „Bedrohung mit einem V. o. V." wurde gesetzt: „Drohung mit einem empfindlichen Uebel".

2. Die streitige Frage, ob es auf die Rechtswidrigkeit des Mittels oder auf die des Zwecks ankomme (die herrsch. A. bejahte das erste), beantwortet der Abs. II dahin, daß etwas drittes entscheidend sei, nämlich die Verquickung beider, d. h. die Benutzung dieses Mittels zu diesem Zweck.

3. Die gleichfalls (ebenso wie bei der „Erpressung" des § 253) streitige Frage, ob die „Rechtswidrigkeit" nur nach dem positiven gesetzten Recht zu beurteilen sei, oder ob hier auch außergesetzliche Maßstäbe anzulegen seien, wurde in Abs. II im zweiten Sinn beantwortet.

4. Das Höchstmaß der angedrohten Gefängnisstrafe wurde von 1 Jahr hinaufgesetzt auf 5 Jahre.

5. Für besonders schwere Fälle wurde das Mindestmaß des Gefängnisses auf 6 Monate erhöht und außerdem Zuchthaus zur Wahl gestellt.

II. Die **Weitergeltung** der Neufassung hängt zunächst davon ab, ob ihr formelle Gründe entgegenstehen. Solche könnten in formellen Sperrvorschriften liegen oder in den Worten: „gesundes Volksempfinden".

1. Die Sperrvorschrift der Ziffer 8 der „Allgemeinen Anweisungen an Richter Nr. 1" (vgl. Vorbemerkung vor § 13) ist zu beachten (ebenso SJZ. 46, 123, v. Weber SJZ. 46, 239; a. A. LG. Dortmund SJZ. 46 S. 120). Denn die Neufassung des § 240 bringt im wesentlichen Strafverschärfungen für einen alten TB.

2. Die Worte „gesundes Volksempfinden" hindern die Anwendbarkeit der Neufassung nicht. Anders: Kammergericht v. 10. 7. 46 (NJ. 47 S. 40 mit Anm. Weiss) und LG. Dortmund v. 16. 4. 46; teilweise auch OLG. Stuttgart v. 26. 6. 46 (letztere beide in SJZ. v. August 1946, S. 120) und (betr. Abs. 2) Tübingen DRZ. 48 142, Freiburg DRZ. 46 61. Wie hier OLG. Pfalz DRZ. 47 S. 235, Koblenz SJZ. 47 Sp. 110, Kassel SJZ. 48 Sp. 402 m. w. Nachweisen. Zweifelnd OGHE. 1 64. Hierbei sind die Fragen zu trennen: a) ob die verpönten Worte nur den Abs. II unanwendbar machen (so Stuttgart), oder b) ob die Unanwendbarkeit des Abs. II auch die des Abs. I nach sich zieht (so Kammergericht und Dortmund).

a) KRProkl. 3 v. 20. 10. 46 verbietet in Ziffer II 2, eine Handlung „auf Grund von Analogie oder im Hinblick auf das sogenannte gesunde Volksempfinden als strafbar zu erklären". Dem Richter ist hierdurch verboten, die Grenzen der Strafgesetze zu überschreiten und Handlungen zu strafen, die nicht mehr unter den Wortlaut eines Strafgesetzes fallen. Aufgehoben wurde damit insbesondere der § 2, der die Wortverbindung „gesundes Volksempfinden" in Verruf gebracht hatte. Indessen um eine solche Ueberschreitung strafgesetzlicher Schranken handelt es sich in § 240 nicht, sondern um die Auslegungsfrage: ist Abs. I im Sinne einer formellen oder materiellen Rechtswidrigkeit zu verstehen? Positivistisch oder übergesetzlich? Diese Frage, die für die §§ 240 und 253 schon immer erörtert wurde (ähnlich wie die Erforderlichkeit der Notwehr, der übergesetzliche Notstand u. a.), entscheidet der neue Abs. II im Sinne der materiellen Rechtswidrigkeit, da das gesetzte Recht hier versagt. Dies ist aber nur eine Auslegungsregel. Sie gibt dem Richter keine Möglichkeit, die er nicht bei vernünftiger Gesetzesauslegung schon ohnehin hätte. Abs. II zieht nur die Konsequenz aus der richtigen Erkenntnis, daß die Auslegung eines Gesetzes nicht eine mathematische oder grammatikalische Aufgabe stellt, sondern ein Sinnproblem. Daß das Anstößige der strafbaren Nötigung in der Inadäquanz zwischen Mittel und Zweck liegt, in der Verwendung dieses Mittels zu diesem Zweck (möge auch das Mittel an sich oder der Zweck an sich verwerflich sein), läßt sich „juristisch", d. h. durch Hinweis auf ein kodifiziertes Recht oder Unrecht, nicht ausdrücken; dies würde in einen unfruchtbaren Kreisschluß führen (wie sich auch bei § 253 gezeigt hat). Der Zirkel konnte nur durch Verwendung eines unjuristischen Wortes durchbrochen werden. Die Wendung „gesundes Volksempfinden" läßt sich unschwer durch die in der Rechtssprache eingebürgerten Worte „gute Sitten" ersetzen, von denen sie auch stammt. Mit dem Verbot der KRProkl. 3 hat eine Bestimmung, die nur eine authentische Interpretation aber keinen neuen Strafgrund bringt, nichts zu tun. — Darüber, daß die Neufassung gerade auch von einem demokratischen Standpunkt aus zu befriedigenden Ergebnissen führt, vgl. Anm. III.

b) Auch wenn Abs. II unanwendbar wäre, würde dies dem Weitergelten des Abs. I nicht notwendig entgegenstehen, denn Abs. II gibt, wie oben gesagt, nur eine Auslegungsregel. Sinngemäße Auslegung des Abs. I würde in den meisten Fällen zu den gleichen Ergebnissen kommen, die der Abs. II gesetzlich sicherstellen wollte.

III. Auch der **Inhalt** des neuen § 240 nötigt nicht dazu, an seiner Weitergeltung zu zweifeln. Das Bestreben, den Tatbestand der Nötigung aufzulockern, ist alt. „Widerrechtlich" und „Bedrohung mit einem V. o. V." erschienen schon seit langem als zu eng und als zu formaljuristisch. Schon die StG.-Entwürfe von 1909, 1913 und 1919 hatten den Kreis strafbarer Drohungen erweitert und die Strafe erhöht. E. 1925 tat einen wichtigen Schritt: er fügte dem von ihm übernommenen § 240 a. F. einen zweiten TB. an über „Ehrennötigung":

> „Wer einen anderen durch Drohung mit einer Strafanzeige oder mit Offenbarung einer Tatsache, die geeignet ist, den Ruf zu gefährden, nötigt, sich einer gegen die guten Sitten verstoßenden Zumutung zu fügen, wird mit Gefängnis bestraft, gleichviel, ob das angedrohte Uebel den Bedrohten selbst oder einen seiner Angehörigen treffen soll.
>
> In besonders schweren Fällen ist die Strafe Zuchthaus bis zu zehn Jahren."

Ueber diese neue Vorschrift, die ein formell rechtswidriges Nötigungsmittel nicht voraussetzt, wohl aber einen sittenwidrigen Nötigungszweck, sagt die amtliche Begründung: „Es gibt Drohungen, deren Verwirklichung nicht den Tatbestand eines Verbrechens oder Vergehens erfüllt, die aber doch den Bedrohten dem schwersten Gewissenszwang unterwerfen. In dieser Beziehung kommen hauptsächlich Drohungen mit einer Strafanzeige oder mit der Offenbarung einer Tatsache in Betracht, die geeignet ist, den Ruf des Bedrohten zu gefährden. Wer den Willen eines anderen durch derartige Drohungen zu beugen sucht, stellt ihn nicht selten vor die Wahl, sich zu fügen oder seine ganze Zukunft, seine wirtschaftliche Existenz, sein Familienglück zerstört zu sehen.

In der im E. 1925 gegebenen Fassung kam im Jahre 1927 der Nötigungsparagraph an den Reichstag. Hier wurde er zwar nicht mehr verabschiedet, es wurde aber ein im Reichsjustizministerium ausgearbeiteter Vorschlag angenommen, im TB. der Nötigung zwar die Drohung uneingeschränkt neben der Gewalt als Mittel aufzuführen, für die Drohung aber eine Legaldefinition zu geben als: „Drohung mit Gewalt oder mit einem empfindlichen Uebel, wenn es gegen die guten Sitten verstößt, zu dem verfolgten Zweck die Gewalt oder das Uebel anzudrohen." Diese Definition ließ nach unten und nach oben den nötigen Spielraum. Sie brachte die zwei entscheidenden Gedanken, einmal, daß das Verquicken dieser Mittel mit diesem Zweck es ist, was die Tat strafbar macht; und sodann, daß die Rechtswidrigkeit dieser Verquickung nicht in einer jurstischen Formel ausgedrückt werden kann, sondern nur durch Bezugnahme auf den übergesetzlichen Gedanken der guten Sitten.

Dies war die Grundlage für den neuen § 240, nur daß hierbei die beiden Vorschriften in eine zusammengezogen wurden und daß an die Stelle der guten Sitten das gesunde Volksempfinden gesetzt wurde, das inzwischen durch den Mißbrauch, der mit dem Analogieparagraphen, dem § 2, getrieben wurde, seinen guten Klang eingebüßt hat. Die Bestimmung ist daher bei Berücksichtigung der Sperrvorschriften (oben Anm. II 1) mit den in NJW. 49, 697 dargelegten Maßgaben weiter anwendbar.

IV. Die Neufassung des § 240 füllt auch heute **Lücken** aus, die ebenso empfindlich sind, wie sie schon der Begründung von 1925 erschienen. Beispiele bieten die Fälle, in denen unsittliche Zumutungen mit der Androhung persönlicher Nachteile verbunden werden: „Wenn du dich mir nicht hingibst, werde ich dich entlassen"; oder: „werde ich die andere Bewerberin einstellen"; oder: „werde ich anzeigen, daß du eine Unterschlagung begangen hast"; oder, „daß du Pg. warst, aber das Gegenteil versichert hast". Diese Fälle verdienen zweifellos Strafe, sind auch nach der Neufassung des § 240 strafbar, nach der alten Fassung bestanden hier Zweifel. Weitere Beispiele, die u. U. in das Gebiet der „Erpressung" führen: „Wenn Du mir nicht Kartoffeln für x RM schwarz verkaufst, zeige ich Dich an, daß Du gewerbsmäßiger Schwarzhändler bist"; oder: „daß Du eine Kuh schwarz geschlachtet hast". In den genannten Fällen ist zwar die Ausführung der Drohung, also die Zufügung des empfindlichen Uebels, nicht rechtswidrig; es ist aber rechtswidrig (und dies will Abs. II sicherstellen), wenn zu den angegebenen Zwecken mit der Uebelszufügung gedroht wird. Strafe dürften auch diejenigen Fälle verdienen, in denen beide Teile gleich stark belastet sind, wie etwa, falls beide ihre Pg.-Eigenschaft verschwiegen haben, die Drohung: „Wenn Du mich anzeigst, zeige ich Dich auch an." Umgekehrt können nach der Neufassung Fälle straflos gelassen werden, die nach der starren früheren Fassung bestraft werden mußten, in denen es aber nicht als rechtswidrig angesehen werden kann, wenn das Uebel zwecks Verhinderung unerfreulicher Handlungen oder Unterlassungen angedroht wird, wie etwa die Androhung einer Tracht Prügel oder anderer Uebel, um jemand am Selbstmord oder an der Begehung einer Straftat zu hindern, oder um ungezogene Jungen zur Ordnung zu bringen. Solches der allgemeinen Auffassung durchaus entsprechendes Verhalten bleibt nach § 240 n. F. straflos.

V. Verwandte Vorschriften:

1. § **253** wurde durch VO. v. 29. 5. 43 dem § 240 gleichgeschaltet.

2. Durch die gleiche Verordnung wurde der § 339 gestrichen, da die Nötigung durch Beamte als „besonders schwerer Fall" des § 240 behandelt werden könne. Letzteres ist richtig, soweit es sich um „Androhung eines bestimmten Mißbrauchs der Amtsgewalt" handelt. Für den „Mißbrauch der Amtsgewalt" selber ist aber § 240 kein Ersatz.

VI. Rechtswidrigkeit. Hier liegt das eigentliche Problem dieses Tatbestandes. Denn es gibt unzählige Fälle empfindlicher Nötigungen, die durchaus rechtmäßig sind. Die äußere Tathandlung ist erst dann „Unrecht", wenn sie die üblichen Grenzen der Einwirkung auf fremde Entschließungs- oder Handlungsfreiheit in anstößiger Weise überschreitet. Ob das der Fall war, hing nach a. F. ausschließlich von der Unerlaubtheit des Mittels (der Gewalt oder der schweren Drohung) ab, ohne Rücksicht auf den u. U. berechtigten Zweck. Nach n. F. ist entscheidend, ob die Verquickung dieses Mittels mit diesem Zweck, die Beziehung, in die beide gesetzt werden, als unsittlich empfunden wird.

Der Hauptfall ist nach wie vor der des verwerflichen Mittels: Der Gläubiger droht dem Schuldner, ihn zum Krüppel zu schlagen, falls er nicht endlich die fällige Schuld bezahle. Das ist strafbar, denn der Zweck heiligt nicht die Mittel.

Umgekehrt können Fälle wegen der Verwerflichkeit des von dem Drohenden verfolgten Zweckes strafwürdig sein. Beispiel: Durch die Drohung, andernfalls aufgedeckte Unterschlagungen anzuzeigen, nötigt eine Geschäftsinhaberin die Kassiererin, mit ihr widernatürliche Unzucht zu treiben.

Selbst wenn aber weder die Handlung noch der angestrebte Zweck an sich verwerflich sind, kann die Verquickung beider dem gesunden Empfinden widersprechen. So wenn der Vermieter den Mieter, der nicht zahlte, durch Ausheben der Fenster und Türen zum Auszuge nötigt.

Besondere Rechtfertigungsgründe können nach allgemeiner Regel die an sich tatbestandsmäßige Gewaltanwendung oder Drohung gestatten. Z. B. Selbsthilfe (E. **32** 391: „steh' oder ich schieße!"); Notwehr (Rspr. 4, 379, 7, 402); Abwehr verbotener Eigenmacht; Wahrnehmung berechtigter Interessen (Respr. 3, 500).

VII. Gewalt. Jede Handlung, die von dem anderen als ein nicht nur seelischer, sondern körperlicher Zwang empfunden wird (E. **60** 157: Schreckschüsse). Demgemäß auch eine gegen Sachen verübte Gewalt (E. **61** 156: Ausräumung eines gemieteten Zimmers durch den Vermieter, um den Mieter zur Aufgabe des Mietbesitzes zu nötigen). Noch weiter geht in der Annahme mittelbarer Einwirkung DJ. 38, 1051. — Versperren eines Weges durch Dazwischentreten: HRR. **42** 193. — Heileingriffe, wenn sich der Arzt über den Willen des Patienten hinwegsetzt: oben § 223 Anm. III C, ebenso Schönke III 4, Mezger StB. II § 17 III 2. Vgl. Eb. Schmidt, Arzt, S. 112, Engisch ZStW. 58, 3.

VIII. Drohung (§ 52 Anm. III) **mit einem empfindlichen Uebel.**

1. Bisher mußte mit einem Verbrechen oder Vergehen gedroht sein. Jetzt ist z. B. auch strafbar, wer ein Mädchen durch Drohung mit einer Enthüllung oder einer — an sich berechtigten — Strafanzeige nötigt, sich

ihm hinzugeben. Andererseits ist nicht mehr schlechthin jede Drohung mit einem Verbrechen oder Vergehen strafbar; s. oben Anm. IV. Auch hier also Uebergang von der formellen zur materiellen RW. als dem entscheidenden Kriterium. Vgl. Syst. Vorbem. III und Anm. IV zu § 226 a.

2. Empfindlich ist ein Uebel, wenn seine Vorstellung auf die Entschlüsse des Bedrohten einzuwirken geeignet ist. Das hängt von den Umständen, insbesondere seiner Person ab. Für einen Sammler von Streichholzschachteln kann die Drohung, diese zu vernichten, ein empfindliches Uebel darstellen, auch wenn die Sammlung objektiv wertlos ist. Objektiv dagegen Schönke DR. 43, 726: es müsse eine erhebliche Einbuße an Werten zu besorgen und der drohende Verlust geeignet sein, einen besonnenen Menschen zu dem mit der Drohung erstrebten Verhalten zu bestimmen.

Auch mit der Straftat eines Dritten kann gedroht werden, wenn der Drohende es so hinstellt, als wenn sie auf seine Veranlassung geschehen oder unterbleiben würde: E. **27** 307, **34** 15.

IX. Besonders schwere Fälle. Vgl. Syst. Vorbem. II und § 1 Anm V.

X. Idealkonkurrenz mit § 223 (E. **33** 339); mit § 123 (E. **54** 288). Die Straftaten des 18. Abschn. sowie der §§ 113, 114, 253 (E. **41** 276) sind gegenüber § 240 i. allg. Sonderdelikte, nicht jedoch, wenn ein besonders schwerer Fall der Nötigung vorliegt. Vgl. ferner § 239 Anm. V, § 176 Anm. IX, § 241 Anm. III.

XI. Versuch ist denkbar durch Bedrohung mittels einer nach Ansicht des Drohenden zur Beeinflussung des Willens des Bedrohten geeigneten Drohung: E. **34** 15.

Bedrohung

241. Wer einen anderen mit der Begehung eines Verbrechens bedroht, wird mit Gefängnis bis zu sechs Monaten oder mit Geldstrafe bestraft.

I. Wer das **Verbrechen begehen** soll, ist gleichgültig: E. **5** 214.

II. Die **Drohung** (vgl. § 52 Anm. III) muß mit dem Willen des Drohenden zur Kenntnis des Bedrohten kommen und der Drohende das Bewußtsein haben, es könne bei dem Bedrohten die Befürchtung vor dem angedrohten Uebel erregt werden: E. **32** 102.

III. Konkurrenz: Bildet Bedrohung im Sinne des § 241 das Mittel zur Nötigung, so schließt § 240 den § 241 aus: E. **54** 288.

Neunzehnter Abschnitt

Diebstahl und Unterschlagung

Vorbemerkungen

I. System: Diebstahl (§ 242), Unterschlagung (§ 246), Raub (§ 249) und Sachbeschädigung (§ 303) sind Straftaten gegen fremdes Eigentum; Diebstahl und Raub außerdem gegen fremden Besitz. E. **54** 282. „Bereicherung" braucht weder beabsichtigt noch erreicht zu sein (anders bei Betrug und Erpressung). So auch das engl. und franz. Recht. Die deutschen Entwürfe bis 1933 sowie Schweiz Art. 137 fordern Bereicherungsabsicht. — Zur Systematik vgl. Kohlrausch in Festschr. für Schlegelberger 203 ff., Schröder ZStW. 60, 33, Meister MDR. 47, 251.

II. Verwandte Tatbestände*): Gebrauchsdiebstahl (§ 290); an Kraftfahrzeugen und Fahrrädern (RGes. v. 20. 10. 32); Besitzdiebstahl (§ 289); Wild- und Fischdiebstahl (§§ 292 bis 296a); Mundraub und Hausmitteldiebstahl (§ 370 Nr. 5); Viehfutterdiebstahl (§ 370 Nr. 6); Depotunterschlagung (RGes. v. 4. 2. 37, § 3, Anh. Nr. 13); Elektrizitätsentwendung RGes. v. 9. 4. 1900); Metalldiebstahl (RGes. v. 23. 7. 26/28. 6. 29 u. RGes. v. 29. 6. 26); letzteres nicht ohne weiteres bei Aneignung von Altmaterial aus Ruinen: LG Hamburg MDR. **49** 766.

III. Der **Landesgesetzgebung** überlassen (EStGB. § 2) ist der Feld- und Forstdiebstahl; für Preußen Ges. v. 15. 4. 78 (abgeänd. 14. 12. 20 und 1. 7. 23) und betr. Entwendung von Bodenerzeugnissen F. u. FPolGes. v. 21. 1. 26. Vgl. dazu jetzt aber die VO. über Feld- und Forstdiebstähle vom 20. 9. 42 (RGBl. I 558). Danach können in diesen Fällen auch die §§ 242 ff., 246 angewendet werden, soweit das RStrGB. gilt.*)

---

*) Auf die Materie dieses Abschnittes beziehen sich insbesondere folgende Bestimmungen:

[1]) **Gesetz betreffend die Bestrafung der Entziehung elektrischer Arbeit** v. 9. 4. 1900 (RGBl. S. 228):

§ 1. Wer einer elektrischen Anlage oder Einrichtung fremde elektrische Arbeit mittels eines Leiters entzieht, der zur ordnungsmäßigen Entnahme von Arbeit aus der Anlage oder Einrichtung nicht bestimmt ist, wird, wenn er die Handlung in der Absicht begeht, die elektrische Arbeit sich rechtswidrig zuzueignen, mit Gefängnis und mit Geldstrafe oder mit einer dieser Strafen bestraft.

Neben der Gefängnisstrafe kann auf Verlust der bürgerlichen Ehrenrechte erkannt werden.

Der Versuch ist strafbar.

§ 2. Wird die im § 1 bezeichnete Handlung in der Absicht begangen, einem anderen rechtswidrig Schaden zuzufügen, so ist auf Geldstrafe oder auf Gefängnis bis zu zwei Jahren zu erkennen.

Die Verfolgung tritt nur auf Antrag ein.

[2]) **Gesetz über den Verkehr mit Edelmetallen, Edelsteinen und Perlen** in der Fassung v. 29. 6. 26.

§ 4. Wer einen Diebstahl an einem Gegenstand aus Edelmetall (nach § 1: Gold, Silber, Platin und Platinmetalle) begeht, der zum öffentlichen Nutzen dient oder öffentlich aufgestellt ist, wird wegen schweren Diebstahls (§ 243 StGB.) bestraft.

[3]) **Gesetz über den Verkehr mit unedlen Metallen** v. 23. 7. 26 (28. 6. 29):

§ 17. Wer einen Diebstahl an einem Gegenstand aus unedlem Metall begeht, der zum öffentlichen Nutzen dient oder öffentlich aufgestellt ist,

1. Diebstahl: a) einfacher Diebstahl

242. Wer eine fremde bewegliche Sache einem anderen in der Absicht wegnimmt, dieselbe sich rechtswidrig zuzueignen, wird wegen Diebstahls mit Gefängnis bestraft.

Der Versuch ist strafbar.

I. Der Gegenstand des Diebstahls:

1. Sache (entsprechend BGB. § 90, der freilich für StrR. nicht bindend): körperlicher Gegenstand; E. **32** 165; nicht Energien; wegen elektrischer Energie vgl. G. v. 9. 4. 00. — Aggregatzustand gleichgültig; also an sich auch Wasser, Luft, Gas, Dampf: E. **14** 121, **44** 335 (Ableitung

---

oder der einen Teil eines Gebäudes bildet oder in einem Gebäude zu dessen Ausstattung angebracht ist, wird wegen schweren Diebstahls (§ 243 StGB.) bestraft.

Das gleiche gilt für den Diebstahl von Maschinenbestandteilen und sonstigen Betriebsmitteln aus unedlem Metall, deren Wegnahme die gesicherte Fortführung des Betriebes erheblich gefährdet.

[4]) **VO. gegen unbefugten Gebrauch von Kraftfahrzeugen und Fahrrädern** v. 20. 10. 32 (RGBl. I S. 496):

„Wer ein Kraftfahrzeug oder ein Fahrrad gegen den Willen des Berechtigten in Gebrauch nimmt, wird, sofern die Tat nicht nach anderen Vorschriften mit schwererer Strafe bedroht ist, mit Gefängnis bis zu drei Jahren bestraft.

Der Versuch ist strafbar.

Die Verfolgung tritt nur auf Antrag ein. Die Zurücknahme des Antrags ist zulässig.

Wer die Tat gegen seinen Ehegatten oder gegen einen Verwandten absteigender Linie begeht, ist straffrei.

Kraftfahrzeuge im Sinne dieser Verordnung sind die Fahrzeuge, die durch Maschinenkraft bewegt werden, Landkraftfahrzeuge nur insoweit, als sie nicht an Bahngleise gebunden sind."

[5]) **VO. über Feld- und Forstdiebstähle** vom 20. 9. 42 (RGBl. I 558):

§ 1. Die Entwendung von Gartenfrüchten, Feldfrüchten oder anderen Bodenerzeugnissen sowie von Holz oder anderen Walderzeugnissen kann im Geltungsbereich des RStGB. nach dessen Vorschriften über Diebstahl und Unterschlagung auch insoweit bestraft werden, als die Feld- und Forstpolizeigesetze der Länder sie mit Strafe bedrohen. Die in diesen Gesetzen vorgesehenen Nebenstrafen und sonstigen Rechtsnachteile einschließlich der Verpflichtung zum Wertersatz können auch neben einer Verurteilung aus dem RStGB. auferlegt werden.

Die Weitergeltung dieser VO. ist umstritten. Vgl. SJZ. 46, 246. Celle HESt. **1** 12 verneint das Eingreifen der Sperrvorschrift wegen der Häufigkeit der Feld- und Forstdiebstähle, Koblenz NJW. **48**, 351 desgl. — In Sachsen gem. RV. vom 3. 9. 47 weiter anwendbar; vgl. DRZ. 48, 171. In Bayern ersetzt durch VO. v. 3. 7. 46 (GVBl. 223), in Württemberg-Baden durch G. v. 31. 7. 47 (RegBl. 69); vgl. SJZ. 46, 191; 47, 572.

von Heizdampf, falls der Dampf dabei verbraucht werden soll). — Ob Geldwert, ist gleichgültig, da Diebstahl nicht Straftat gegen Vermögen, sondern gegen Gewahrsam und Eigentum: E. **44** 207, **51** 97, DR. 43, 513. Vgl. aber Vorbem. I a. E.

2. **Beweglich:** im natürlichen Sinn; also z. B. auch Zubehör von Grundstücken (E. **18** 128) und Bodenerzeugnisse, soweit nicht die Feld- und Forstpolizeigesetze Sonderregeln enthalten (E. **35** 67); dazu vgl. jetzt Vorbem. III. — Straftaten gegen Grundstücke vgl. §§ 274 Nr. 2, 370 Nr. 1 und 2.

3. **Fremd:** in fremdem Eigentum stehend. Maßgebend sind die Vorschriften des bürgerlichen Rechts; ein „strafrechtliches Eigentum" gibt es nicht (E. **21** 270 und 364, **61** 65, betr. Sicherungsübereignung). — Nicht in fremdem Eigentum stehen Sachen: a) die in niemandes Eigentum stehen können, z. B. der menschliche Körper (wegen Ausnahmen in Anatomie, Museum u. dgl. und wegen Körperteilen vgl. bürgerliches Recht); b) die in niemandes Eigentum stehen, d. h. herrenlose; z. B. Tiere gemäß BGB. §§ 960 ff. (E. **48** 384); derelinquierte Sachen (E. **48** 121: Speisereste im Mülleimer); c) die im Eigentum des Täters selber stehen: Verpfänder (E. **23** 71), Gemeinschuldner (E. **39** 414) bleiben Eigentümer. Betr. Eigentumserwerb durch Stellvertreter vgl. bürgerliches Recht. Der Miteigentümer kann Diebstahl begehen (E. **31** 317). — Jeder Eigentümer genießt Strafschutz, auch bezüglich Sachen, die strafbar erworben wurden. Denn letzten Endes geht es um die Idee des Eigentums und um einen Verstoß gegen die allgemeine Rechtsordnung. Hierzu E. **44** 230, **65** 3; DR. 40, 105; freilich auch E. **70** 7.

II. Die äußere Diebstahlshandlung: Wegnahme ist Bruch fremden Gewahrsams und Ueberführung der Sache in den Gewahrsam des Täters oder eines Dritten. Im letzteren Fall nicht nötig, daß der Täter zwischendurch eigenen Gewahrsam erlangt hat; es genügt z. B., einen gutgläubigen Dritten anzuweisen, die Sache bei dem Besitzer abzuholen: mittelbare Täterschaft (E. **48** 58; **57** 166). Hier ist IdKonk. mit Betrug möglich. E. **70** 212.

1. **Gewahrsam** ist ein tatsächliches Herrschaftsverhältnis, bei dem der Verwirklichung des Herrschaftswillens keine tatsächlichen Hindernisse entgegenstehen (E. **60** 271, bes. auch **34** 252). Nicht gleich „Besitz" i. S. des bürgerlichen Rechts (E. **50** 183): der Besitzdiener (z. B. Hausangestellte, Fahrer des Lieferwagens) hat trotz § 855 BGB. Gewahrsam (E. **52** 143); ob auch der Besitzherr, ist nach den Erfahrungssätzen des täglichen Lebens zu prüfen: E. **60** 272. Bei Neubegründung von Gewahrsam strengerer Maßstab: Hamburg MDR. **47** 35. Dem „mittelbaren Besitzer" des § 868 BGB. aber kann eine Sache nicht „weggenommen" werden (z. B. nicht dem Verpfänder: E. **37** 398; nicht dem Warenabsender durch den Frachtführer: E. **56** 115; auch nicht ohne weiteres, trotz § 857 BGB., dem Erben: E. **58** 228) Keinen Gew. hat i. allg. der Vermieter eines Hauses oder abgeschlossenen Gebäudeteils an den darin befindlichen Sachen (E. **5** 42); wohl aber der Zimmervermieter, der dauernde Zutrittsmöglichkeit hat (ähnlich E. **3** 358, **47** 210). Nach HRR. **39** 1281 hat bei Verwahrungsverträgen (z. B. betr. Theatergarderobe) regelmäßig der Verwahrer Alleingewahrsam. — Lockerung ist noch nicht Verlust des Gewahrsams: nach E. **54** 231 hat die Bahnverwaltung Gew. an den auf dem Bahnsteig befindlichen Sachen, trotz allgemeinen Zutrittsrechts; nach E. **48** 385, **50** 183 besteht Gewahrsam an Haustieren nicht nur, solange sie Rückkehrgewohnheit haben, sondern solange

die Möglichkeit der Wiederergreifung besteht. Grenzfall (Fahrraddiebstahl, von Eigent. aus dem Fenster des 1. Stocks beobachtet): Tübingen SJZ. **47** 556 verneint, Anm. Sachs bejaht Gew. — Auch vorübergehende Behinderung an der Herrschaftsausübung steht dem Gew. nicht entgegen: so nach E. **12** 353, **53** 175 an versteckten, nach E. **38** 444 an vergessenen Sachen, deren Ort man weiß. Eine **verlorene** Sache dagegen, deren Ort dem letzten Inhaber nicht mehr bekannt oder nicht zugänglich ist, steht nicht mehr in dessen Gew. (der unehrliche Finder kann aber Untschl. begehen: Anm. II zu § 246). — Der Inhaber einer **Räumlichkeit** oder Umhüllung hat i. allg. auch den Gew. der darin befindlichen Sachen, es sei denn, daß er nicht ohne weiteres an den Inhalt heran kann: E. **5** 222, **30** 88, **45** 249 (Benutzer eines Gasautomaten begeht Diebstahl an dem Geldinhalt); E. **54** 32, **56** 114 (der Kutscher gegen den Fuhrherrn). — Ob **Besitzwille** zum Gew. gehört, ist streitig. Aus E. **50** 46 u. a. liest man häufig heraus, das RGer. fordere ihn nicht. Indessen verneint das RGer. nur die Notwendigkeit eines genauen Wissens um die einzelnen besessenen Sachen in Fällen, wo ein genereller Wille besteht, alle Sachen zu besitzen, die sich in einem mit Besitzwillen innegehabten Raum befinden. Die Briefe im Hausbriefkasten, die beim Wohnungsinhaber in seiner Abwesenheit abgegebenen Sachen stehen in seinem Gewahrsam, E. **54** 231, **56** 207. — **Mitgewahrsam,** auch zwischen mittelbarem und unmittelbarem Besitzer, ist je nach Sachlage möglich; somit auch Diebstahl des einen gegen den anderen. Kutscher gegen Fuhrherrn: E. **54** 32, **56** 115; beim kassierenden Ladenangestellten nimmt E. **30** 88 sogar Alleingewahrsam des Ladeninhabers an. Mitgewahrsam am Bankschließfach, auch wenn der eine ohne den anderen, der andere aber nur mit jenem heran kann: JW. **37** 3302. Kein Mitgewahrsam zwischen Eltern und einholendem Kind: Hamburg MDR. **47** 35, vgl. auch E. **52** 145.

2. Für den **Gewahrsamsbruch** ist erforderlich und genügend, daß der Wegnehmende (oder ein Dritter) die tatsächliche Verfügungsgewalt erlangt. Daß die Sache aus den Räumen des Inhabers entfernt ist, ist hierzu nicht unbedingt nötig (E. **52** 75: Warenhausdiebstahl). Auch vorläufiges Beiseitelegen kann genügen, wenn nur der bisherige Inhaber nicht mehr in der Lage ist, die Verfügung des Täters über die Sache zu hindern (E. **66** 394). — Bruch oder Lockerung des Gew. ohne Herstellung neuen Gew. ist Versuch: Anm. IV. — Keine Wegnahme, weil kein Gewahrsamsbruch, wenn Inhaber in dauernden Gewahrsamsverlust **einwilligt.** E. **53** 336. Wußte der Dieb von der Einwilligung nichts (er sollte z. B. auf der Tat ertappt werden), so begeht er versuchten Diebstahl. — Vollendete Wegnahme, wenn die Sache in ein Versteck geschafft ist. Abholung von da ist straflose Nachtat, Beteiligung hierbei ist Begünstigung oder Hehlerei, HRR. **38** 633. — Sich geben lassen ist nicht „wegnehmen", mag auch nach bürgerl. R. der Uebergabeakt unwirksam sein, z. B. wegen Handlungsunfähigkeit des Uebergebenden. Kennt diese der Empfänger, so begeht er aber Unterschlagung. HRR. **39** 350; JW. **39** 224. Denkbar auch mittelbare Täterschaft.

III. Der innere Tatbestand fordert **1. Vorsatz:** Der Täter muß wissen, daß die Sache in fremdem Gewahrsam und fremdem Eigentum steht. Tatirrtum und außerstrafrechtl. Rechtsirrtum (z. B. über Eigentum) schließen Vorsatz aus.

2. Zueignungsabsicht. a) Absicht i. Sinne von Anm. III, 1 zu § 59: Beweggrund, wenn auch nicht Endzweck. E. **44** 207. Bedingter Vorsatz genügt, soweit die Rechtswidrigkeit der Zueignung in Frage steht: es genügt, daß der Täter sich die Sache auf alle Fälle, auch für den Fall, daß er kein Recht dazu habe, zueignen wollte. Der Wille dagegen, den andern zu enteignen, ihn dauernd von der Sache auszuschließen, muß ein unbedingter sein. Hierzu E. **49** 140. — Spätere Realisierung dieser Absicht, z. B. durch Veräußerung, Verbrauch, Vernichtung, ist nicht neue Straftat, sondern **straflose Nachtat** im Sinne von Vorbem. III 3 vor § 73 (E. **35** 64, **39** 239, **49** 16), es sei denn, daß durch letztere ein anderes Rechtsgut verletzt wird als durch den vorausgegangenen Diebstahl (E. **49** 405, **51** 4: Betrug gegen einen Dritten).

b) Zueignung ist hier die Ersetzung der auf Eigentum beruhenden rechtlichen Macht (der ganzen oder eines Teils derselben) durch eine auf Wegnahme gegründete eigentümerähnliche tatsächliche Macht. „Enteignung und Aneignung": Binding. Der alte animus lucri faciendi war und ist gemeint als animus rem sibi habendi. Der Dieb will nicht einen in Geld meßbaren Gewinn, sondern er will die Sache lukrieren. Die Absicht, die Sache nur dem anderen zu entziehen, sie zu vernichten, unbrauchbar zu machen, genügt nicht; dies ist Sachbeschädigung (E. **35** 355, **61** 232).

Jene Enteignung muß in dem Umfang, in dem sie beabsichtigt war, als dauernde beabsichtigt gewesen sein; das liegt in ihrem Begriff (daher die Straflosigkeit des sog. Gebrauchsdiebstahls, s. unten). Die Aneignung dagegen kann auch als vorübergehende beabsichtigt gewesen sein, oder doch späterer Herrschaftsverlust in Kauf genommen worden sein.

Zu der Frage, was **„zugeeignet"** werden sollte, hat die Rechtspr. zweimal gewechselt: der (mehr juristisch gedachten) Sachsubstanztheorie folgte die (mehr wirtschaftlich gedachte) Sachwerttheorie, während etwa seit 1928 beide kombiniert erscheinen.

Nach der Substanztheorie muß der Täter unter dauerndem Ausschluß des Berechtigten über die Substanz der Sache **wie ein Eigentümer verfügen** wollen. Vgl. E. **2** 27: „Absicht der definitiven Begründung der Willensherrschaft des Täters, der definitiven Ausschließung der Willensherrschaft des Eigentümers." E. **24** 22: Kein D. des Kellners an den dem Wirt entwendeten Biermarken, da sie an diesen zurückgelangen und bloßes Zählmittel bei der Abrechnung seien (anders später E. **40** 10). E. **10** 369 nahm freilich Diebstahl (nicht bloß Gebrauchsdiebstahl) am Sparkassenbuch an, das nach Teilabhebung zurückgelegt werden soll; denn es genüge die Absicht, „über die Sache auch nur eine einzelne Verfügung zu treffen, welche aber als zur ausschließlichen Zuständigkeit des Eigentümers gehörig betrachtet werden muß" (ähnlich E. **22** 3, **29** 415). Folgerichtiger Binding I 265: Kein Diebstahl des Buches. Entsprechend lehnte noch E. **21** 110 D. ab, wenn eine dem Täter zugängliche Sache einem Dritten verkauft und zur Abholung überwiesen wird: es fehle Zueignungsabsicht, denn diese erfordere „ein Ergreifen und Erlangen des Gewahrsams bzw. der Verfügungsgewalt über die Sache seitens des Täters als Betätigung seines Vorsatzes, sie sich zuzueignen und darüber für sich zu verfügen".

Die Sachwerttheorie entwickelte sich an gleichen Fällen, eben weil hier die Sachsubstanztheorie versagte. Entwendung des Sparkassenbuchs blieb Diebstahl, aber die Begr. wechselte, da die Sachsubstanz ja der Täter von vornherein zurückzugeben beabsichtigte. Schon E. **26** 151 wandte sich (mehr temperamentvoll als grundsätzlich) gegen diese „sich an den vieldeutigen Begriff der Z. klammernden doktrinär-juristischen Zweifel. Es ist nichts als ein Spiel mit Worten, zu sagen, er habe das in seiner Substanz unversehrte Papier nur eigenmächtig gebraucht". Der hierauf gegründete Freispruch der Unterinstanz wolle „die flagrant vorliegende Eigentumsverletzung fortdeuten". Für den Eigentümer bestehe „rechtlich wie ökonomisch der Verkehrswert des Buches (Eigentum gleich Verkehrswert?) einzig und allein in der Befugnis, über die Geldbeträge verfügen zu können." Ebenso E. **39** 239. Grundsätzliche Umstellung von der Eigentümertheorie auf eine Werttheorie erst im E. **40** 10 (zweiter Biermarkenfall): „Es braucht nicht auf einen Rechtserwerb abgesehen zu sein, vielmehr genügt die Erstrebung eines wirtschaftlichen Erfolgs. Unter der Abs. rechtsw. Z. muß die Absicht verstanden werden, **eine Sache ihrem Sach- (Substanz-) Werte nach dem eigenen Vermögen zuzuführen.**" Erläuternd E. **49** 405: Der Sach- (Substanz-) Wert einer Sache bestimmt sich nach den in tatsächlicher oder rechtlicher Beziehung gegebenen Möglichkeiten ihrer wirtschaftlichen Benutzung." E. **57** 199: Absicht, die Sache dem Eigentümer, dem sie weggenommen wurde, wieder zu verkaufen. Entsprechende Schwenkung von der Substanz zum Sachwert, vom eigentumsähnlichen zum wirtschaftlichen Maßstab beim Abholungsdiebstahl in E. **47** 147 (unter Preisgabe von E. **21** 110): „Wenn er auch die Schwellen selbst den Käufern überlassen wollte, so beabsichtigte er doch, sich ihren wirtschaftlichen Wert zunutze zu machen. Das genügte zur Z." Aehnlich E. **48** 58: Täter öffnete eine fremde Gänsebucht und ließ seinen Gläubiger die herauslaufenden Gänse wegtreiben, um dadurch seine Schuld zu bezahlen. E. **57** 66: Eisenbahnbeamter verkaufte rechtswidrig Bahnkoks und überwies ihn zur Abholung. — Neue Zweifel entstanden aber daher, daß es doch belanglos sein solle, ob die Sache überhaupt einen wirtschaftlichen „Wert" habe (z. B. E. **51** 97). Deshalb neuestens:

Verbindung von Substanz- und Werttheorie. Darin liegt freilich ein Verzicht auf eine einheitliche Auffassung des Zueignungsbegriffs im Sinne eine dieser Theorien. So E. **61** 233: „Das Wesen der Z. besteht darin, daß die Sache selbst, oder doch der in ihr verkörperte Sachwert, vom Täter dem eigenen Vermögen einverleibt wird".

Kritik. Die Sachsubstanztheorie verfehlt — jedenfalls in ihrer ursprünglichen Fassung — die juristische Methode. Denn sie beschränkt das teleologische se ut dominum gerere auf ein äußerliches naturalistisches Moment. Dauernde Möglichkeit der Einwirkung auf die Substanz gehört ebensowenig zur eigentümergleichen Herrschaft wie Substanzverletzung zur Sachbeschädigung (§ 303 Anm. I). Gegen die Sachwerttheorie sprechen systematische Bedenken. Denn Diebstahl ist de lege lata kein Vermögens- und Bereicherungsdelikt. Keine der beiden Theorien erfaßt daher für sich allein den Begriff der Zueignung. Beide sind zu eng und müssen auf die Formel se ut dominum gerere zurückgeführt werden. Mit Recht hat sich daher E. **61** 232 auf keine der beiden Theorien mehr festgelegt. Für Kombination auch Schönke VII 2a, Maurach II 21. Welzel § 41 II 2a kommt praktisch zum gleichen Ergebnis, indem er die Substanztheorie umdeutet: Bei den Legitimationspapieren, wie Sparkassenbüchern usw., übe der Täter die an ihren Besitz geknüpfte Rechtsposition aus.

Gebrauchsdiebstahl (furtum usus) ist hiernach kein nach § 242 strafbarer Diebstahl. Er liegt vor, wenn der Täter zwar die Sache für sich verwerten, aber den Eigentümer von ihrer Verwertung nicht oder nur zeitweise ausschließen will (E. **35** 355). Deshalb war die widerrechtliche Benutzung eines fremden Kraftwagens nur dann D., wenn der Wagen nach Gebrauch nicht zurückgestellt, sondern irgendwo stehengelassen werden sollte, wo er dem Zugriff jedes Dritten preisgegeben und dem Eigentümer dauernd entzogen wurde; sonst strafloser Gebrauchsdiebstahl, der freilich jetzt nach Sondergesetz strafbar ist. Dies Ges. greift aber nur ein, wo nicht echter Diebstahl (s. oben) gegeben ist!

Gleichem Grund entsprang d. Elektr.Diebst.G. v. 9. 4. 1900: nach E. **32** 187 war die elektrische Energie selber keine wegnehmbare „Sache", die sog. Elektr.-Entwendung also in Wahrheit nur „Gebrauchsdiebstahl" an der elektrischen Anlage. — Selbständige Bestrafung des Gebrauchsdiebstahls in § 290: öffentliche Pfandleiher.

c) **Sich** zueignen. — Die jetzt weniger auf Substanzerwerb als auf wirtschaftliche Auswertung abgestellte Auffassung der Z. (vgl. oben zu b) führt hier zu einer Erweiterung: die Verwertung kann nämlich auch durch Weitergabe an andere geschehen. E. **47** 147, 324, **48** 58, **57** 166, **62** 15, **67** 334. DR. **40** 285 mit Anm. Mezger. — Wenn sich dagegen A des B zwecks Wegnahme bedient, so ist B nur Gehilfe; A begeht hier Diebstahl in mittelbarer Täterschaft: E. **53** 180.

d) **Rechtswidrig** ist die beabsichtigte Z. dann nicht, wenn privatrechtlicher Anspruch auf Herausgabe bestand; wohl aber (anders E. **64** 210), wenn der Anspruch nur auf Uebereignung ging. — Daß der Täter sich wegen einer Geldforderung bezahlt machen will, schließt die Rechtsw. nicht aus: E. **12** 88. — **Einwilligung** des Eigentümers nicht nur in der Wegnahme, sondern auch in die Z. schließt die Rechtswidrigkeit der Z., ihre irrtümliche Annahme also die „Absicht" rechtswidriger Zueignung aus (E. **44** 207).

IV. Diebstahlsversuch erfordert Anfang des Wegnehmens (§ 43), also Beginn des Brechens fremden Gewahrsams. Das RGer. ging hierin zuletzt sehr weit: E. **53** 336 (falsche Bezettelung eines Eisenbahnwagens, der dadurch von dem ordnungsmäßigen Beförderungsweg ab- und dem Täter zugeleitet werden sollte); E. **54** 182 (unbefugtes Einschleichen in einen Raum, um dort eine bestimmte Sache zu stehlen). Richtiger bezieht E. **70** 201 die Bestimmtheit auf den Willen, zu stehlen, nicht auf die Sache: beim Betreten des Raumes mußte der Täter den bestimmten Willen haben, zu stehlen, was sich Brauchbares biete. E. **54** 328 (Aufspringen auf das Trittbrett eines fahrenden Güterwagens in Diebstahlsabsicht). Bes. aber E. **53** 217 (Entfernung des Hofhundes, um dann zu stehlen). Vgl. auch Vorbem. II vor § 43. — Mangel an Tatbestand nach RGer. auch hier als Versuch strafbar: E. **39** 427 (der Täter hielt die herrenlose Sache für eine fremde); E. **53** 336 (der Täter wußte nicht, daß der Eigentümer eingewilligt). — Wegen Versuchs des schweren Diebstahls vgl. § 243 Anm. II.

V. Konkurrenzfragen. Die Spezialvorschriften (Vorbem. II, III) gehen vor. — IdKonk. mit Betrug nur ausnahmsweise (E. **70** 212). Dazu Schröder ZStW. 60, 33. — Betr. § 259: Nürnberg NJW. **49** 874.

VI. Geldstrafe bei Gewinnsucht neben Gefängnis: § 27a. Außerdem § 27b.

b) Schwerer Diebstahl

243. Auf Zuchthaus bis zu zehn Jahren ist zu erkennen, wenn

1. aus einem zum Gottesdienste bestimmten Gebäude Gegenstände gestohlen werden, welche dem Gottesdienste gewidmet sind;
2. aus einem Gebäude oder umschlossenen Raume mittels Einbruchs, Einsteigens oder Erbrechens von Behältnissen gestohlen wird;
3. der Diebstahl dadurch bewirkt wird, daß zur Eröffnung eines Gebäudes oder der Zugänge eines umschlossenen Raumes, oder zur Eröffnung der im Innern befindlichen Türen oder Behältnisse falsche Schlüssel oder andere zur ordnungsmäßigen Eröffnung nicht bestimmte Werkzeuge angewendet werden;
4. auf einem öffentlichen Wege, einer Straße, einem öffentlichen Platze, einer Wasserstraße oder einer Eisenbahn, oder in einem Postgebäude oder dem dazugehörigen Hofraume, oder auf einem Eisenbahnhofe eine zum Reisegepäck oder zu anderen Gegenständen der Beförderung gehörende Sache mittels Abschneidens oder Ablösens der Befestigungs- oder Verwahrungsmittel, oder durch Anwendung falscher Schlüssel oder anderer zur ordnungsmäßigen Eröffnung nicht bestimmter Werkzeuge gestohlen wird;
5. der Dieb oder einer der Teilnehmer am Diebstahle bei Begehung der Tat Waffen bei sich führt;
6. zu dem Diebstahle mehrere mitwirken, welche sich zur fortgesetzten Begehung von Raub oder Diebstahl verbunden haben, oder
7. der Diebstahl zur Nachtzeit in einem bewohnten Gebäude, in welches sich der Täter in diebischer Absicht eingeschlichen, oder in welchem er sich in gleicher Absicht verborgen hatte, begangen wird, auch wenn zur Zeit des Diebstahls Bewohner in dem Gebäude nicht anwesend sind. Einem bewohnten Gebäude werden der zu einem bewohnten Gebäude gehörige umschlossene Raum und die in einem solchen befindlichen Gebäude jeder Art, sowie Schiffe, welche bewohnt werden, gleich geachtet.

Sind mildernde Umstände vorhanden, so tritt Gefängnisstrafe nicht unter drei Monaten ein.

I. Schwere Diebstahlsfälle, gekennzeichnet teils durch die besondere Schutzwürdigkeit der Sache oder des Orts (Nr. 1 Kirchendiebstahl, Nr. 4 Reisediebstahl); teils durch die besondere verbrecherische Energie oder Gerissenheit, die sich in der Begehungsart zeigt (Nr. 2 Einbruchsdiebstahl, Nr. 3 Nachschlüsseldiebstahl), teils durch besonders gefährliche Ausführung (Nr. 5 bewaffneter Diebstahl, Nr. 6 Bandendiebstahl, Nr. 7 nächtlicher Diebstahl). Häufig verbinden sich die Erwägungen. Häufig treffen auch auf den gegebenen Fall mehrere Erschwerungsgründe gleichzeitig zu; ob § 73 hier anwendbar, ist praktisch ohne Belang (an sich wäre es nicht unrichtig). — Die kasuistische Ausgestaltung des § 243 ist unglücklich. Hier war es — im Gegensatz etwa zu § 266 — der Rechtspr. nicht möglich, sie aufzulockern. Die Entwürfe halten am kasuistischen Prinzip fest (§§ 329 ff., Entw. 1927). Verbindung mit Generalklausel: „wenn der Diebstahl auf andere Weise die besondere Gefährlichkeit des Täters offenbart" in Art. 137 Schw. StGB.

II. Versuch ist hier nicht erst mit dem Beginn des „Wegnehmens" (§ 242) gegeben, sondern schon mit dem Beginn einer der in § 243 genannten Handlungen. Beisp.: Einsteigen in ein Gebäude ist Anfang der Ausführung der in § 242 und § 243, 2 beschriebenen Straftat; beide Bestimmungen stellen zusammen einen einzigen Straftatbestand dar. Von diesem strafbaren Anfang der Ausführung ist die straflose Vorbereitungshandlung abzugrenzen, z. B. Beschaffung des Einbruchswerkzeuges (nur § 245 a), Hingehen an den Tatort. Vgl. E. **43** 332, **44** 142, **53** 284, **54** 35, **42** 328, HRR. **29** 1537, JW. **31** 2787. — Versuchter schwerer kann mit vollendetem einfachen Diebstahl in IdKonk. treten: E. **15** 281, **53** 198.

III. Die Einzelfälle.

Zu Nr. 1. — Betr. **geweihter Ort** vgl. Anm. zu § 166. Nach E. **45** 243 auch die Sakristei. Betr. Gegenstand: E. **53** 144.

Zu Nr. 2. — **Gebäude** ist ein durch Wände und Dach begrenztes, mit dem Erdboden fest (wenn auch nur durch die eigene Schwere, z. B. Zirkus- und Ausstellungszelte) verbundenes Bauwerk, das Menschen den Eintritt gestattet und ihnen sowie Tieren und Sachen Schutz gewährt. Vgl. E. **49** 51, **53** 268, **70** 360. Auch eine Fernsprechzelle.

Umschlossener Raum, d. h. umfriedet, so daß Eintritt höchstens mit besonderen Hilfsmitteln möglich. Die umfangreiche Kasuistik der Rechtspr. hat wenig geklärt. RGer. verlangte meist einen „begrenzten Teil der Erd- oder Wasserfläche" (aufrechterhalten in HRR. **41** 947), so daß z. B. eine Gänsebucht ein umschlossener Raum sein kann, nicht aber eine Schiffskajüte! Vgl. z. B. E. **70** 360 (die Entscheidung gab Anlaß, einen alten Streit betr. Schiffe fortzusetzen). Wenig förderlich behant auch Hamburg SJZ. **49** 425 (abl. Anm. Busch mit Uebersicht) hierbei. Auch Bergwerke auszuschließen, geht nicht an. Streitig blieben auch abgeschlossene Räume innerhalb einer Wohnung (nach früher herrschender Rechtspr. sind sie „Behältnisse": E. **60** 379 u. a. ; richtiger jetzt Kiel DRZ. **47** 135: umschlossener Raum; ebenso Oldenburg NdsRpfl. **47** 23); str. auch betr. Wagen, bes. verschlossene Kraftwagen (E. **53** 277, **71** 198 haben verneint; im 2. Urteil fand sich zufällig der Ausweg, Nr. 4 anzuwenden). Man wird nur nach dem **Gesetzeszweck** auslegen können: ist der Raum so beschaffen und „umschlossen", daß er dazu bestimmt und geeignet ist, Sachen zu verwahren und gegen Entwendung zu sichern, so daß das Eindringen ungewöhnliche Vorkehrungen oder Anstrengungen fordert, so ist er ein umschlossener Raum i. S. des § 243. So auch z. B. OLGer. Jena DJ. **39** 1402 (Eisenbahnpackwagen als umschlossener Raum).

Einbruch ist gewaltsame Bewirkung oder Erweiterung einer Oeffnung (E. **44** 74). — **Einsteigen** ein mit Schwierigkeiten verbundenes Eindringen durch eine für den Täter hierzu nicht bestimmte Oeffnung; auch Einkriechen. Vgl. E. **13** 257, **59** 171. — Beides: von außen (E. **30** 122, **40** 94, **41** 66). Für „Einbruch" genügt es, daß durch jene gewaltsam hergestellte Oeffnung hineingelangt wird, um Sachen zu nehmen (E. **54** 211); auch das Herauslocken eines Tieres aus der Oeffnung (E. **56** 48). — Substanzverletzung nicht erforderlich. E. **4** 353. — **Behältnis:** ein verschließbarer zur

Verwahrung von Gegenständen bestimmter und geeigneter Raum. Nach E. **54** 295 sogar ein Briefumschlag. Das RGer. war hier wesentlich weitherziger als beim „umschlossenen Raum". Ergebnis: wer einen Geldschein entwendet, begeht schweren Diebstahl, wenn er dabei einen Briefumschlag erbricht; wer aber den Geldschein aus der Kajüte eines Wohnbootes entwendet, in das er durch Zertrümmern der Luken oder Erbrechen von Schlössern eingedrungen ist, einfachen Diebstahl. Dies Ergebnis liegt nicht am Gesetz, sondern an seiner Auslegung! — E. **40** 94 nimmt an, das Behältnis müsse im Innern des Gebäudes erbrochen sein; eines der bekanntesten Beispiele für die Ergebnisse wortgebundener Auslegung. Hingegen jetzt Schönke III 2 c. Vgl. aber auch Dohna MoKrimBi. 1938, 190. Eigenartiger Grenzfall zwischen Ziff. 2 und 3 in DRZ. **49** 70 (Hamm).

Zu Nr. 3. — Wegen „Gebäude" und „umschlossenen Raum" vgl. zu Nr. 2. — **Falsch** ist ein Schlüssel, wenn er nicht vom Verfügungsberechtigten zur Eröffnung bestimmt war; und zwar zur Zeit seiner Benutzung (einem abhanden gekommenen kann diese Zweckbestimmung entzogen worden sein; beachte freilich § 59!). Vgl. E. **52** 84, **53** 101 („falscher" Schlüssel des Vermieters); **40** 80 (Schlüssel, die nur für die Dauer eines Rechtsverhältnisses zur Eröffnung bestimmt waren); auch E. **52** 321. Behält ein Bankier zu Unrecht einen Kundenschlüssel zu einem Schließfach zurück, so ist dieser jetzt für ihn ein falscher Schlüssel: HRR. **38** 491.

Zu Nr. 4. — Dieser Reisediebstahl enthält eine besonders unerfreuliche Kasuistik. — a) **Gegenstand der Beförderung** muß die gestohlene Sache gewesen sein. „Reisegepäck": einerlei, ob aufgegeben oder Handgepäck (E. **43** 317). Alle Sachen, die sich an den bezeichneten Orten befinden (z. B. auf der Straße) und „befördert werden" sollen (E. **54** 194). Auch wenn erst im Aufladen oder schon im Abladen begriffen (E. **56** 97). Nach E. **67** 262 auch das eigene Kleidungsstück, das der Kutscher zu den zu befördernden Sachen auf den Wagen legt, nicht dagegen seine Geldtasche, die er am Leibe trägt! Inhalt eines Autos als Gegenstand der Beförderung: E. **71** 198. Reservereifen, nicht aber tragende Reifen: Hamm MDR. **49** 766. — b) **Ort:** Eisenbahn nur, falls für den öffentlichen Verkehr bestimmt, nicht Privatanschlußgeleise (E. **48** 285). Auch Räume in einem Privatgebäude, die dem amtlichen Postbetrieb dienen (E. **49** 279). — c) **Entwendungsart:** Von der gestohlenen Sache und von dem Beförderungsmittel sind die „Befestigungsmittel und Verwahrungsmittel" zu unterscheiden (E. **35** 431). Deshalb nehmen E. **71** 198 u. JW. 39, 401 die Nr. 4 an, wenn auf offener Straße aus verschlossenem Auto gestohlen wird. Die Konstruktion versagt aber, wenn das verschlossene Auto auf offenem Hof steht. Da RGer. diesen nicht als „umschlossenen Raum" ansieht (oben zu Nr. 3), bliebe hier nur einfacher Diebstahl! Eine dem Gedanken des Gesetzes entsprechende Entscheidung ist nur möglich, wenn man den geschlossenen Wagen grundsätzlich als umschlossenen Raum ansieht.

Zu Nr. 5. — Bewußtes bei sich haben genügt nicht; der Dieb muß auch damit gerechnet haben, den Gegenstand bei der Tat nötigenfalls als **Waffe** zu gebrauchen. So mit Recht E. **68** 238 gegen früher; wohl auch HRR. **39** 352.

Zu Nr. 6. — **Bandendiebstahl** hat zwei Voraussetzungen: Verbindung und Mitwirkung. — 1. Teilnahme an einer Willenseinigung, die auf die Begehung von mehreren selbständigen (also nicht in sog. Fortsetzungszusammenhang begangenen), im einzelnen noch unbestimmten Diebstählen gerichtet war. — 2. Mitwirkung, als einer von „mehreren", an mindestens einem solcher Diebstähle; wozu „Mittäterschaft" i. S. des § 47 weder erforderlich noch genügend ist, vielmehr ein zeitliches und örtliches Zusammenwirken beim Stehlen selber vorausgesetzt wird. Vgl. E. **66** 236 (mit Entsteh.Gesch. und früheren Entscheidungen) und DR. **40** 319. — Mehrere Bandendiebstähle können mehrere selbständige Handlungen i. S. des § 74 darstellen: JW. **39** 33.

Zu Nr. 7. — Gebäude s. zu Nr. 2; hier ein solches, welches Menschen zur ordnungsmäßigen Nachtruhe dient (E. **54** 268). Auch ein Häuserblock in seiner Gesamtheit JW. 39, 276 (Anm. Mittelbach). — **Nachtzeit:** vom Eintritt der Dunkelheit bis zur Morgendämmerung (E. **3** 209). — **Einschleichen:** unter Vermeidung von Geräusch, der Wahrnehmung anderer entzogen (E. **10** 280); auch wenn unter listigem Vorwand, z. B. Täuschung eines Hausbewohners: E. **73** 9. Unter Billigung des ungetreuen Wächters: DR. **42** 1646. — Einen Hausfriedensbruch sieht E. **53** 279 als durch Nr. 7 konsumiert an.

c) Diebstahl im zweiten Rückfall

244. Wer im Inlande als Dieb, Räuber oder gleich einem Räuber bestraft worden ist, darauf abermals eine dieser Handlungen begangen hat, und wegen derselben bestraft worden ist wird, wenn er einen einfachen Diebstahl (§ 242) begeht, mit Zuchthaus bis zu zehn Jahren, wenn er einen schweren Diebstahl (§ 243) begeht, mit Zuchthaus nicht unter zwei Jahren bestraft.

Sind mildernde Umstände vorhanden, so tritt beim einfachen Diebstahl Gefängnisstrafe nicht unter drei Monaten, beim schweren Diebstahl Gefängnisstrafe nicht unter einem Jahre ein.

I. Rückfall — aber nur gleichartiger und nur unter bestimmten Voraussetzungen! — als Strafschärfungsgrund in vier Fällen: Diebstahl (§ 244), Raub (§ 250 Nr. 5), Hehlerei (§ 261) und Betrug (§ 264). — Zum Kampf gegen den Gewohnheitsverbrecher war diese Waffe unzulänglich. Dies führte dazu, in § 20 a die Strafschärfung für alle StrTaten zu ermöglichen und sie hierbei von der Tat auf den Täter umzustellen. § 244 bleibt aber daneben anwendbar.

II. Dieb: nur §§ 242, 243. Die §§ 248a, 370 Ziff. 5 und „Forstdiebstahl" sind nicht „Diebstahl" im Sinne des § 244. — Auch wegen Teilnahme oder Versuch. Vgl. E. **2** 261, **31** 40. — **Bestraft:** Nicht JugArrest. Hamm MDR. **50** 56.

III. Die **Vorstrafen** müssen auch verbüßt sein (bzw. § 245 Platz greifen); denn als belastend gilt, daß sie keinen genügenden Eindruck gemacht haben (anders jetzt der Grundgedanke von § 20 a). — Angerechnete Untersuchungshaft (§ 60) zählt mit: E. **52** 191.

IV. Im **Inland** hier nicht räumlich, sondern der deutschen Gerichtsbarkeit unterfallen. Hamm MDR. **50** 56: nicht Urteile der Besatzungsgerichte.

V. Ein **„fortgesetzter"** (Vorbem. II 1 vor § 73) Diebstahl, der teils vor, teils nach einer Bestrafung begangen wurde, ist im Sinne des § 244 jedenfalls auch nachher begangen: E. **47** 308.

245. Die Bestimmungen des § 244 finden Anwendung, auch wenn die früheren Strafen nur teilweise verbüßt oder ganz oder teilweise erlassen sind, bleiben jedoch ausgeschlossen, wenn seit der Verbüßung oder dem Erlasse der letzten Strafe bis zur Begehung des neuen Diebstahls zehn Jahre verflossen sind.

I. **Grundgedanke:** auf die Rechtswohltat des Erlasses hätte der Täter gleichermaßen mit Wohlverhalten reagieren müssen, wie auf den Versuch, ihn durch den Vollzug der Strafe zu beeinflussen. So auch E. **54** 274, weshalb § 59 angewendet wird: § 245 nur, wenn der Täter vom Erlaß Kenntnis hatte.

II. **Rückfallverjährung;** entsprechend dem damaligen Grundgedanken der Rückfallschärfung (s. A. III zu § 244). — Nach DR. **43** 1179 ist deshalb in die Zehnjahresfrist die Zeit nicht einzurechnen, in der der Täter infolge Freiheitsentzugs — z. B. anderweiter StrVerbüßung oder Anstaltsverwahrung — keine Gelegenheit hatte, sich zu bewähren. A.A. Stuttgart SJZ. **49** 287 (Anm. Meyer) für SV.

Besitz von Diebeswerkzeug

245a. Wer Diebeswerkzeug in Besitz oder Gewahrsam hat oder von einem anderen für sich verwahren läßt, nachdem er wegen schweren Diebstahls, Diebstahls im Rückfall, Raubes, gewerbs- oder gewohnheitsmäßiger Hehlerei oder Hehlerei im Rückfall (§§ 243 bis 245, 249 bis 252, 260, 261) rechtskräftig verurteilt worden ist, wird mit Gefängnis nicht unter drei Monaten bestraft, sofern sich nicht aus den Umständen ergibt, daß das Werkzeug nicht zur Verwendung bei strafbaren Handlungen bestimmt ist.

Wer Diebeswerkzeug für einen anderen in Verwahrung nimmt oder einem anderen überläßt, obwohl er weiß oder den Umständen nach annehmen muß, daß das Werkzeug zur Verwendung bei strafbaren Handlungen bestimmt ist, wird, sofern die Tat nicht nach anderen Vorschriften mit schwererer Strafe bedroht ist, mit Gefängnis bestraft.

Das Diebeswerkzeug ist einzuziehen, auch wenn es dem Täter nicht gehört.

In den Fällen des Abs. 1 kommt eine frühere Verurteilung nicht in Betracht, wenn zwischen dem Eintritt ihrer Rechtskraft und der Tat des Abs. 1 mehr als fünf Jahre verstrichen sind. In die Frist wird die Zeit nicht eingerechnet, in der der Täter eine Freiheitsstrafe verbüßt oder auf behördliche Anordnung in einer Anstalt verwahrt wird. Eine ausländische Verurteilung steht einer inländischen gleich, wenn die geahndete Tat nach deutschem Recht ein Verbrechen der im Abs. 1 genannten Art wäre.

I. **Eingefügt** durch G. v. 24. 11. 33 (Gewohnheitsverbrechergesetz!). — Ein mit Gefängnis bedrohtes **Polizeivergehen,** das sich gegen die allgemeine Sicherheit richtet: E. 69 91.

II. Diebeswerkzeug: alle Sachen, die zu Raub oder Diebstahl geeignet und bestimmt sind. „Bestimmtsein" ist, wenn der TB. vernünftige Grenzen behalten soll, unentbehrlich. So auch E. **68** 323, **69** 80. Auszulegen wie § 243, 3. Für die Tatbestände des Abs. I gestattet das Gesetz diese Zweckbestimmtheit bis zum Beweis des Gegenteils anzunehmen.

III. Vier Tatbestände: 1. Unmittelbarer, 2. mittelbarer „Besitz oder Gewahrsam" (auszulegen wie § 246), 3. Verwahrung für andere, 4. Ueberlassung an andere.

IV. Täter: Beim 3. und 4. TB. jeder; beim 1. und 2. nur Vorbestrafte.

V. Vorsatz erforderlich. Beweisregel (widerlegliche Vermutung) in Abs. II für den 3. u. 4. TB. Die Beweisregel des Abs. I dagegen gilt nur für den äußeren TB., für die Zweckbestimmtheit (Anm. II); ebenso S c h ö n k e; anders E. **69** 80.

VI. Konkurrenzen: Abs. II nur subsidiär, z. B. gegenüber Beihilfe zum Diebstahl. Dagegen kann verbotener Besitz mit dem Diebstahl in Ideal- oder Realkonkurrenz treten. E. **69** 91.

2. Unterschlagung*)

246. Wer eine fremde bewegliche Sache, die er in Besitz oder Gewahrsam hat, sich rechtswidrig zueignet, wird wegen Unterschlagung mit Gefängnis bis zu drei Jahren und, wenn die Sache ihm anvertraut ist, mit Gefängnis bis zu fünf Jahren bestraft.

Sind mildernde Umstände vorhanden, so kann auf Geldstrafe erkannt werden.

Der Versuch ist strafbar.

I. Fremde bewegliche Sache: vgl. Anm. I zu § 242. Schädigende Verfügung über andere Vermögensstücke (z. B. Forderungen, Bankkonto) kann Untreue sein (§ 266). — Wichtig hier die Frage nach dem E i g e n t u m a n **Geld;** sie ist nach bürgerlichem Recht zu beantworten. Wer bares Geld bekommt, um es an einen Dritten abzuführen, wird, wenn nicht Uebereignung beabsichtigt war, nicht Eigentümer, kann es also „unterschlagen"; nicht aber, wenn ihm der Betrag auf sein Bankkonto eingezahlt wird mit dem Auftrag, einen entsprechenden Betrag an den Dritten zu bezahlen. Ein „strafrechtliches Eigentum" gibt es nicht. Vgl. z. B. E. **34** 39 (Zahlkellner), **54** 185 (der mit Einlösung eines Schecks Beauftragte), **63** 406 (Darlehnsvermittler). — V e r f ü g u n g s b e s c h r ä n k u n g berührt nicht das Eigentum. Der Gemeinschuldner begeht also an Massegegenständen keine U. — Verlassenes, insbes. vergrabenes Flüchtlingsgut nicht ohne weiteres herrenlos; Kiel MDR. **47** 271.

II. Besitz oder Gewahrsam. Beides gleichbedeutend, und zwar nicht als „Besitz" i. S. des bürgerl. Rechts, sondern als tatsächliches Herrschaftsverhältnis. Vgl. also Anm. II 1 zu § 242. — Im A l l e i n g e w a h r s a m des Täters liegt der Unterschied der Unterschlagung vom Diebstahl. Der Mit-

*) E r g ä n z e n d: Depotgesetz v. 4. 2. 37 (Nebengesetz Nr. 13) sowie §§ 350 f. betr. Amtsunterschlagung.

gewahrsamsinhaber begeht gegen den anderen Diebstahl, nicht Unterschlagung. — Da **verlorene** Sachen, wenn auch nicht herrenlos, so doch in niemandes „Besitz oder Gewahrsam" sind, ist ihre Ansichnahme zunächst weder Diebstahl noch Unterschlagung. Erst ein der Besitzergreifung **nachfolgender** Akt rechtswidriger Zueignung begründet die sog. Fundunterschlagung. E. **19** 38, **42** 420, **49** 194, **53** 302; vgl. aber auch E. **67** 70 (77), Bremen MDR. **48** 261, Schönke III 3. — Wer nicht Besitz oder Gew. a. d. Sache hat, kann auch nicht **Mittäter** sein, nur Gehilfe: E. **68** 90, **72** 326.

III. Sich zueignen. Begriff: Anm III 2 zu § 242. Der Wille, die Sache (z. B. die gefundene) behalten zu wollen, genügt nicht, auch nicht seine bloße Bekundung; er muß nach außen erkennbar **betätigt** sein; z. B. durch Verbrauch, Verkauf der Sache (nach E. **67** 73, **73** 253 durch Anbietung, noch weitergehend betr. vertretbare Sachen Braunschweig NJW. **47** 109, dagegen Wiegmann a. a. O.), Verpfändung ohne jederzeitige Einlösungsmöglichkeit (E. **44** 117, **66** 155), durch Ableugnen des Besitzes (E. **5** 252, **61** 160). Vgl. auch E. **55** 145: Entnahme einer Sache aus einem im Gewahrsam des Täters befindlichen Koffer. — Gebrauch kann in Betracht kommen als Beweis des Zueignungswillens; ebenso unter Umständen die Nichtanzeige des Funds (BGB. § 965), die aber für sich allein noch keine Unterschlagung darstellt. — Geld kann man „sich zueignen", indem man es ausgibt, aber auch indem man es mit eigenem vermischt (E. **67** 334). Instruktiv auch E. **63** 376, **75** 378. — JW. **31** 1037: Behauptung des Eigentums gegenüber dem Berechtigten. Nicht gegenüber der Polizei im Ermittl.-Verf., da hier Verteidigungszweck: Frankfurt SJZ. **47** 676 (Anm. Voigt). — Unentgeltliche Verfügung zugunsten eines Dritten als Z.: Braunschweig JBlBr. **47** 268 Celle Hann. Rpfl. **47** 33.

IV. Rechtswidrigkeit ausgeschlossen bei Einwilligung des Eigentümers (z. B. Wechseln aus fremder Kasse). Ersatzbereitschaft schließt die Rechtswidrigkeit ohne weiteres nicht aus. Vgl. aber Anm. V wegen der irrigen Annahme von Einwilligung.

V. Vorsatz muß das Bewußtsein fremden Eigentums umfassen sowie das Nichtvorhandensein von Rechtfertigungsgründen. Er fehlt also, wenn der Täter annahm, der Eigentümer sei mit der Zuneigung einverstanden; z. B. mit dem Wechseln aus fremder Kasse; oder mit Entnahme von Geld bei baldiger Ersatzmöglichkeit. Ob er dies annahm, ist eine Beweisfrage. Unrichtig aber, Vorsatz anzunehmen mit der Begründung: „der Täter mußte wissen, daß es ihm nicht erlaubt war". Dies genügt nur, wenn gemeint ist: „Der Täter wußte, daß es ihm nicht erlaubt war — anderes ist nach der Sachlage nicht denkbar." Anderenfalls ist nur Fahrlässigkeit gegeben, die hier aber nicht strafbar ist. Freilich würde ein ausdrückliches Verbot (z. B. bei Beamten) ein schwer widerlegliches Indiz dafür sein, daß er es nicht nur wissen mußte, sondern daß er es wußte. Aus der nicht immer eindeutigen Rechtspr. d. RGer. vgl. E. **61** 207, JW. **36** 934, HRR. **37** 533 u. 1561, DR. **41** 492 (Anm. Boldt). Eingehend betr. Depotgesetz: E. **65** 215. Früher E. **37** 168, **38** 267, **42** 43, **44** 41. — Bloße Absicht, das Zugeeignete später zu ersetzen, schließt den Vorsatz nicht aus: E. **60** 312. Ein hierauf bezüglicher Irrtum ist unbeachtlicher Strafrechts-Irrtum.

VI. Veruntreuung ist jetzt kein Sondertatbestand, nur Strafschärfungsgrund bei Unterschlagung, falls anvertraute „fremde Sachen" veruntreut werden. Bei anderem Gut kommt „Untreue" nach § 266 in Betracht. — Die Entwürfe wollen die Unterschl. anvertrauter Sachen zur „Untreue" ziehen, so daß für Unterschlagung i. e. S. nur die Fälle des Behaltens von Sachen bleiben, die zufällig in den Besitz des Täters gelangt waren, wie Fundsachen, zugelaufene Tiere.

VII. **Verhältnis** der Beamtenunterschlagung (§§ 350, 351) zu § 246: E. **37** 8. — Vgl. ferner § 259 Anm. VIII, § 263 Anm. VII, § 266 Anm. VIII, § 290 Anm. III, § 370 Anm. VI. — Die §§ 34 ff. DepotG. v. 4. 2. 37 sind gegenüber dem § 246 Sondergesetze.

3. Mildere Fälle (a. Antrag; b. Straflosigkeit)

247. Wer einen Diebstahl oder eine Unterschlagung gegen Angehörige, Vormünder oder Erzieher begeht, oder wer einer Person, zu der er im Lehrlingsverhältnisse steht, oder in deren häuslicher Gemeinschaft er als Gesinde sich befindet, Sachen von unbedeutendem Werte stiehlt oder unterschlägt, ist nur auf Antrag zu verfolgen. Die Zurücknahme des Antrages ist zulässig.

Ein Diebstahl oder eine Unterschlagung, welche von Verwandten aufsteigender Linie gegen Verwandte absteigender Linie oder von einem Ehegatten gegen den anderen begangen worden ist, bleibt straflos.

Diese Bestimmungen finden auf Teilnehmer oder Begünstiger, welche nicht in einem der vorbezeichneten persönlichen Verhältnisse stehen, keine Anwendung.

I. **Diebstahl:** auch qualifizierte Fälle wie § 243: E. **74** 374.

II. **Angehörige:** § 52 Abs. II und Anm. dazu.

III. **Erzieher:** § 174 Anm. II 1.

IV. **Hauswirtschaftliche Angestellte** i. S. der früheren Gesindeordnungen. Wohl auch dann, wenn sie auswärts nächtigen; entscheidend ist die schwer begrenzbare und kontrollierbare Zugänglichkeit der wichtigsten hauswirtschaftlichen Gegenstände. Deshalb nicht Gesellen (E. **13** 14). Wohl aber rechnet E. **74** 374 landwirtschaftliche Arbeiter dann hierher, wenn sie zur Hausgemeinschaft gehören. — Nicht „Gesinde" untereinander: E. **40** 1.

V. **Unbedeutend** muß nach E. **22** 245 der Werte für beide Teile sein; richtiger wohl: für den Bestohlenen.

VI. **Antrag:** vgl. §§ 61 ff. Verletzter ist bei der Unterschlagung der Eigentümer, bei Diebstahl Eigentümer und Gewahrsamsinhaber: E. **10** 210, **54** 280. Beim Gesindediebstahl die Dienstherrschaft. E. **40** 187. Sind hiernach mehrere Verletzte vorhanden (indem der Eigentümer ein anderer ist als der Gewahrsamsinhaber), und fällt einer von ihnen nicht unter § 247, so bedarf es keines Strafantrags: E. **4** 346, **73** 153, DR. **43** 513.

VII. Die betr. **Verwandschaftsverhältnisse** müssen tatsächlich vorgelegen haben. Ein Irrtum des Täters, sie hätten vorgelegen, macht nicht etwa nach § 59 straflos. E. **61** 270, **73** 153.

VIII. Der Ausschluß **Dritter** folgt jetzt auch aus § 50 II („ausschließen").

4. Nebenstrafen

248. Neben der wegen Diebstahls oder Unterschlagung erkannten Gefängnisstrafe kann auf Verlust der bürgerlichen Ehrenrechte, und neben der wegen Diebstahls erkannten Zuchthausstrafe auf Zulässigkeit von Polizeiaufsicht erkannt werden.

5. Notentwendung

248a. Wer aus Not geringwertige Gegenstände entwendet oder unterschlägt, wird mit Geldstrafe oder mit Gefängnis bis zu drei Monaten bestraft.

Die Verfolgung tritt nur auf Antrag ein. Die Zurücknahme des Antrags ist zulässig.

Wer die Tat gegen einen Verwandten absteigender Linie oder gegen seinen Ehegatten begeht, bleibt straflos.

I. Eingefügt durch G. v. 19. 6. 12. — Gegenüber §§ 242, 246 ist § 248a nach herrsch. A. selbständig. Also: Versuch straflos; §§ 243, 244, 258 unanwendbar. Dagegen ist § 252 nach E. 66 354 anwendbar (str.).

II. Aus Not: unter dem Drucke wirtschaftlicher Bedrängnis, um ein dringendes Lebensbedürfnis zu befriedigen (E. 46 387, 408, 53 243), das der Täter in redlicher Weise nicht befriedigen konnte (E. 69 313). — E. 52 296 stellt den Satz auf, daß eine die gesamte Bevölkerung gleichmäßig treffende „Not" von § 248a nicht berücksichtigt werde. Vgl. hierzu jetzt v. Weber MDR. 47, 78.

III. Geringwertig: Maßgebend der wirtschaftliche Wert zur Zeit der Tat, der gering sein muß sowohl für den Täter wie für den Verletzten. E. 48 52, 52 296. Vgl. auch § 247 Anm. VII und § 370 Anm. IV.

Gegenstände, die der Not unmittelbar oder (z. B. durch Verkauf, Verarbeitung) mittelbar abhelfen sollen und können. E. 46 265.

IV. Entwenden: in der Absicht rechtswidriger Zueignung wegnehmen (§ 242): E. 46 265.

V. Vorsatzfrage zweifelhaft. Macht die herrsch. M. mit der Konstruktion des § 248 a als „Sonderdelikt" Ernst, dann gehört zum Vorsatz Kenntnis der Geringwertigkeit (E. 46 265); dann muß die irrige Annahme des Täters, die Sache sei wertvoll (z. B. der Schmuck sei echt), den § 248a wegen § 59 ausschließen, andrerseits aber Versuch aus § 242 (oder § 246) begründen. Die umgekehrte irrige Annahme, wertvolle Sachen seien geringwertig, schließt dann die Anwendung der §§ 242, 246 wegen des § 59 aus; die von § 248 a ist hier nur mit Analogie zu rechtfertigen. Die Schwierigkeiten entsprechen den bei § 217 entstehenden und sprechen gegen die Annahme, § 248 a sei ein Sondervergehen.

VI. § 248a erscheint gegenüber den §§ 242 bis 248 als **lex specialis.** Nicht gegenüber §§ 249 ff., 350. — Ueber das Verhältnis zu § 244 vgl. § 244 Anm. II.

Zwanzigster Abschnitt

Raub und Erpressung

Vorbemerkung

I. „Raub" (§ 249) und „Erpressung" (§ 253) haben gemeinsam die die Entschlußfreiheit des Angegriffenen beeinträchtigenden Mittel: Gewalt und Drohung; unterscheiden sich aber 1. durch die Schwere der Drohung; 2. in dem angegriffenen Rechtsgut: Raub gegen Besitz und Eigentum, Erpressung gegen Vermögen und Freiheit; 3. in der TBHandlung: Der Räuber nimmt weg, der Erpresser veranlaßt ein Verhalten des anderen. — Die Abgrenzung ist aber schwierig bei räuberischer Sacherpressung, d. h. wenn der Täter durch Gewalt oder schwere Drohung eine Sache in seinen Besitz bringt, nicht, indem er sie nimmt, sondern den Besitzer zur Herausgabe zwingt, sie ihm abnötigt. Die Unterscheidung ist unnatürlich. Nach dem StGB. wird hier in der Regel „Erpressung" angenommen, der Täter aber „gleich einem Räuber bestraft" (§ 255). Vgl. hierzu E. **66** 117. Bemerkenswerte Einschränkung bei Braunschweig HESt. **2** 30: Entscheidend innere Willensrichtung des Gesch. Bedeutet sein Dulden der Wegnahme innere Zustimmung, so Erpressung; weicht er nur dem Zwange und duldet, was er glaubt nicht hindern zu können, so Raub. Ebenso schon Schröder ZStW. 60, 96 ff.; dagegen Wimmer NJW. 48, 244. — Vgl. Vorbem. III.

II. „Raub" und „Diebstahl" haben den Grundtatbestand des § 242 gemeinsam. Der in jedem „Raub" steckende „Diebstahl" kommt also nicht in Betracht, er wird konsumiert. Idealkonkurrenz aber möglich zwischen § 249 und § 243: hier (nicht aber bei Konkurrenz von § 242 mit § 249) sind also auch Diebstahlsvorstrafen nach § 244 zu berücksichtigen. Ueber „räuberischen Diebstahl" vgl. Anm. zu § 252.

III. Nach den Entwürfen werden aus der Erpressung auch die Fälle zum Raub gezogen, wo die Sache dem Opfer nicht gewaltsam „weggenommen", aber durch schwere Drohungen „abgenötigt" wird, denn sie liegen innerlich gleich. Das Ergebnis läßt sich schon heute durch Auslegung erreichen, vgl. zu I.

1. Raub: a) einfacher

249. Wer mit Gewalt gegen eine Person oder unter Anwendung von Drohungen mit gegenwärtiger Gefahr für Leib oder Leben eine fremde bewegliche Sache einem anderen in der Absicht wegnimmt, sich dieselbe rechtswidrig zuzueignen, wird wegen Raubes mit Zuchthaus bestraft.

Sind mildernde Umstände vorhanden, so tritt Gefängnisstrafe nicht unter sechs Monaten ein.

I. Gewalt: Vgl. zunächst Anm. III zu § 52. Hier aber muß die Gewalt gegen eine Person gerichtet sein, um einen geleisteten Widerstand zu brechen oder einen erwarteten zu verhindern (Gewalt gegen einen Schlafenden: E. **67** 183). Und zwar muß sich die Gewalt gegen den Gewahrsamsinhaber richten oder doch gegen eine Person, die als Mitverteidiger des Gew. in Betracht kommt, d. h. zum Schutze der Sache verpflichtet oder bereit ist (E. 67 186, 69 330). — Gewalt gegen Sachen genügt nur dann, wenn sie als Einwirkung auf den Körper gewollt ist und diesen in Mitleidenschaft zieht (E. 46 403: überraschendes Wegreißen einer Handtasche wäre Raub nur dann, wenn ein Widerstand durch eine besondere Kraftaufwendung unmöglich gemacht werden soll. Weitergehend Schönke II 1 und die dort. Zit.). Vgl auch E. 45 153. — Auch das Einschließen des zu Beraubenden kann Gewaltanwendung sein (E. 27 405, 69 330). — Anwendung eines Betäubungsmittels „Gewalt" nur, falls gewaltsam beigebracht: E. 56 87, 58 98. — Abgabe von Schüssen aus einer Schreckschußpistole als „Gewalt gegen eine Person": E. 66 358.

II. Drohung: Inaussichtstellung eines Uebels (hier einer unmittelbaren Gefahr für Leib oder Leben), das der Drohende herbeiführen kann oder zu können sich den Anschein gibt (auch Schreckschüsse, auch aus einer sog. Schreckpistole: E. 66, 353, dort freilich unrichtig „Gewalt" angenommen). — Sie muß sich gegen den Gewahrsamsinhaber oder Mitverteidiger richten: E. 56 23.

III. Wegnahme: § 242 Anm. II. Vgl. Hamburg HESt. 2 27.

IV. Versuch schon bei Wegnahme oder Gewaltanwendung oder Drohung. Hierzu E. 69 327.

V. Verhältnis zu anderen Tatbeständen. Gegenüber Diebstahl, § 242, nicht schwererer Fall, sondern Sonderverbrechen, und zwar ist § 249 das speziellere Gesetz. § 73 unanwendbar. — Nicht entschieden ist damit die Frage, ob „Raub" auch bei §§ 248 a, 370, 5 u. bei Forstdiebstahl (soweit hier nicht die VO. v. 20. 9. 42 eingreift, s. vor § 242) vorliegt, falls Gewalt angewendet wird. Herrsch. A. bejaht (E. 46 376 u. Schrifttum). Dagegen Klee in ZAk. 41, 258. Vgl. auch Anm. II zu § 252. — Wegen Raubmord vgl. Anm. III zu § 251.

b) Schwerer Raub

250. Auf Zuchthaus nicht unter fünf Jahren ist zu erkennen, wenn

1. **der Räuber oder einer der Teilnehmer am Raube bei Begehung der Tat Waffen bei sich führt;**
2. **zu dem Raube mehrere mitwirken, welche sich zur fortgesetzten Begehung von Raub oder Diebstahl verbunden haben;**
3. **der Raub auf einem öffentlichen Wege, einer Straße, einer Eisenbahn, einem öffentlichen Platze, auf offener See oder einer Wasserstraße begangen wird;**
4. **der Raub zur Nachtzeit in einem bewohnten Gebäude (§ 243, Nr. 7) begangen wird, in welches sich der Täter zur Begehung eines Raubes oder Diebstahls eingeschlichen oder sich gewaltsam Eingang verschafft oder in welchem er sich in gleicher Absicht verborgen hatte, oder**

5. der Räuber bereits einmal als Räuber oder gleich einem Räuber im Inlande bestraft worden ist. Die im § 245 enthaltenen Vorschriften finden auch hier Anwendung.

Sind mildernde Umstände vorhanden, so tritt Gefängnisstrafe nicht unter einem Jahre ein.

I. Die Tatbestände des **schweren Raubes** sind weitgehend denen des schweren Diebstahls (§ 243) nachgebildet. Grundgedanke die besondere Gefährlichkeit (Ziff. 1, 2) oder Abschreckungsbedürftigkeit (Ziff. 5) des Täters oder das gesteigerte Sicherungsbedürfnis (Ziff. 3, 4). Im einzelnen:

II. Raub mit Waffen: entspr. § 243 Ziff. 5. Vgl. E. **54** 248; OGHE. 1, 86. Nicht, wenn der Täter eine Tabakspfeife als „Pistole" dem Opfer vorhält: Hamburg MDR. **49** 486. Mit Recht; denn die Stelle erfaßt die bes. Gefährlichkeit i. S. der Gewalttätigkeit, nicht i. S. der List.

III. Bandenraub: entspr. § 243 Ziff. 6.

IV. Straßenraub: Wartesäle fallen i. Gegens. zu § 243 Ziff. 4 nicht unter den Begriff „Eisenbahn". Hamburg HESt. **2** 28. — Celle Nds. Rpfl. **47** 25 betr. „Spritzen" im Schwarzhandel.

V. Nächtlicher Raub: erweitert gegenüber § 243 Ziff. 7 durch den Fall der gewaltsamen Eingangsverschaffung. Auch diese muß zur Begehung eines Raubes oder Diebstahls erfolgt sein: E. **54** 220. Eindringen eines Mittäters genügt: E. **54** 247.

VI. Rückfall hier schon bei einer einschl. Vorbestrafung.

c) Raub mit Marterung

251. Mit Zuchthaus nicht unter zehn Jahren oder mit lebenslänglichem Zuchthaus wird der Räuber bestraft, wenn bei dem Raube ein Mensch gemartert oder durch die gegen ihn verübte Gewalt eine schwere Körperverletzung oder der Tod desselben verursacht worden ist.

I. Ein **Mensch:** der zu Beraubende oder ein anderer: E. **75** 52.

II. Marterung: länger dauernde Zufügung körperlicher Schmerzen von besonderer Heftigkeit. Vgl. auch E. **49** 389.

III. Konkurrenzen: Bei Ermordung zwecks Beraubung kann vorliegen: a) IdKonk. zwischen §§ 211 und 249 (bzw. 251): wenn Wegnahme durch Gewalt erfolgt und bei letzterer der Vorsatz auf Tötung gerichtet war (E. **63** 105, OGHE. 1, 86); auch § 226 kann mit §§ 249, 251 in IdKonk. stehen (JW. **37** 1328). — b) Realkonk. zwischen § 211 und § 246, wenn die Tötung die Erlangung der Beute nur vorbereiten soll (E. **56** 23, **58** 228, **59** 273, **60** 51).

IV. Versuch: wenn schwere Körperverletzung oder Tod verursacht, die Wegnahme aber nicht gelungen ist: Vgl. Vorbem. VIII vor § 43. E. **62** 422, **69** 332.

d) Räuberischer Diebstahl

252. Wer, bei einem Diebstahle auf frischer Tat betroffen, gegen eine Person Gewalt verübt oder Drohungen mit gegenwärtiger Gefahr für Leib oder Leben anwendet, um sich im Besitze des gestohlenen Gutes zu erhalten, ist gleich einem Räuber zu bestrafen.

I. Wesen streitig. E. **6** 243 nahm einen Fall des Raubes an; E. **60** 133 qualifizierten Diebstahl; E. **66** 353 ein Sonderverbrechen. Wichtig wegen § 244 (E. **66** 353 hält ihn für unanwendbar). Und wegen Verhältnis zu Mundraub, Notdiebstahl, Forstdiebstahl. RGer. strafte auch hier den Täter „gleich einem Räuber". — Die Entwürfe nahmen erschwerten Diebstahl an. — Schon jetzt so zu entscheiden, sollte die Stellung des § 252 im 20. Abschn. nicht hindern. So auch Klee in ZAk. 41, 258 und Schönke I. — Vgl. auch Anm. V zu § 249.

II. Diebstahl: nach dem in Art. I eingenommenen Standpunkt nur auf § 242 anwendbar; bei Mundraub, Forstdiebstahl u. a. dagegen nur „Nötigung" (§ 240). Anders die herrsch. A.: E. **66** 354, Welzel § 42 III.

III. Betroffen: d. h. bemerkt. Auch ein bei der Tat Anwesender kann den Dieb bei dieser „betreffen". So stets schon die Auslegung von StPO. § 127 und BGB. § 859. § 252 ist nicht anwendbar, wenn der Täter auf frischer Tat „verfolgt" wird; die in der Voraufl. vertretene Auffassung, Gewalt gegen den Verfolger sei eine selbständige Handlung, z. B. Nötigung, Freiheitsberaubung wird gegenüber der überzeugenden Begründung von Celle HESt. **1** 16 nicht mehr aufrechterhalten. Der Ausdruck „sich im Besitz erhalten" beweist, daß „bei einem Diebstahl" nicht bis zur formellen Tatbestandsvollendung, sondern bis zur materiellen Beendigung des Angriffs auf das Eigentum rechnet. Es liegt wie bei der Notwehr, vgl. § 53 Anm. IV. Vgl. auch E. **73** 343 (Anm. Kohlrausch in ZAk. 40, 16).

IV. In jeder Hinsicht gleich einem Räuber. Deshalb auch §§ 250, 251 anwendbar (E. **19** 141). Daß nur die nachherige Nötigung, nicht auch die vorherige Wegnahme, unter den erschwerenden Umständen des § 250 begangen ist (z. B. mit Waffen oder auf einer Straße), schließt die Anwendung von § 250 nicht aus. E. **71** 65 (kritische Anm. von Mezger in JW. 37, 1332, Celle HESt. **1** 16). Wegen § 244 vgl. Anm. I.

2. Erpressung: a) einfache

253. Wer einen anderen rechtswidrig mit Gewalt oder durch Drohung mit einem empfindlichen Uebel zu einer Handlung, Duldung oder Unterlassung nötigt und dadurch dem Vermögen des Genötigten oder eines anderen Nachteil zufügt, um sich oder einen Dritten zu Unrecht zu bereichern, wird wegen Erpressung mit Zuchthaus oder mit Gefängnis nicht unter sechs Monaten bestraft.

Rechtswidrig ist die Tat, wenn die Anwendung der Gewalt oder die Zufügung des angedrohten Uebels zu dem angestrebten Zweck dem gesunden Volksempfinden widerspricht.

I. Wesen der Erpressung. Nach bisherigem Recht war streitig, ob gegen Entschlußfreiheit oder Vermögen oder beides gerichtet.

Die Neufassung*) vom 29. 5. 43 stellt klar, daß ein Vermögensschade entstanden sein muß, während bisher vollendete Erpressung auch dann vorlag, wenn der Erpresser mit einem falschen 100 RM-Schein abgespeist worden war. Die E. ist daher jedenfalls ein Vermögensdelikt. So schon nach fr. R. E. **67** 200. Gerade umgekehrt meint Klee DStrR. 43, 125, daß sich die E. bisher gegen das Vermögen gerichtet habe, nunmehr aber ihr Wesen in der Vergewaltigung fremden Willens bestehe.

Aus dem hier eingenommenen Standpunkt folgt der Grundsatz der Substanzgleichheit: der Schade muß dem Genötigten abgepreßt oder doch aus der diesem aufgezwungenen Handlung entstanden sein. Insbesondere wird eine Nötigung nicht dadurch zur Erpressung, daß sie im Hinblick auf eine von einem Dritten versprochene Belohnung geschieht. E. **71** 291. Nicht jede Nötigung in Bereicherungsabsicht ist also Erpressung.

Die Bestimmung schützt aber auch die Entschlußfreiheit, also ein höchstpersönliches Rechtsgut. Deshalb kein Fortsetzungszusammenhang bei E. mehrerer Opfer: HRR. **37** 981, Braunschweig HESt. **2** 89 und allg. Vorb. II B 1 vor § 73.

II. Die **Weitergeltung** der Neufassung ist sehr bestritten. Es liegt wie bei § 240 n. F.; vgl. dort Anm. II. SJZ. 46, 121 will hier allerdings unterscheiden. Das thür. Anwendungsges. von 1945 ist zur a. F. zurückgekehrt. Kritisch auch OGH E. **1** 64: §§ 240 II, 253 II ließen erkennen, daß sie mindestens teilweise nat.soz. Lehren und Grundsätzen ihr Dasein oder jedenfalls ihre besondere Fassung verdanken. LG Dortmund SJZ. **46** 120 verneint die Weitergeltung; das Verbot der Bestrafung nach „gesundem Volksempfinden" erfasse nicht nur Abs. II, sondern auch Abs. I. Aber jene Worte haben hier wie in § 240 nicht die Bedeutung, eine neue, das Gesetz außer Kraft setzende oder erweiternde Rechtsquelle zu eröffnen, sie bringen hier nur eine Auslegungsregel, um ein Ergebnis sicherzustellen, zu dem vernünftige Auslegung auch ohnedies kommen könnte. Mit Recht erklären daher Stuttgart SJZ. **46** 120, HESt. **1** 106 und Düsseldorf JMBl. Nordrh.-Westf. **47** 19 die Aufrechterhaltung der gesamten n. F. unter Umdeutung jener Worte in „Verkehrsmäßigkeit" für möglich, während Oldenburg JBl. Braunschweig **46** 185 und Freiburg DRZ. **46** 61 (abl. Anm. Niethammer) nur Abs. 1, nicht aber Abs. 2 weitergelten lassen.

Ueber die Bereinigung der n. F. von inhaltlicher nat.soz. Zielsetzung hinaus ist jedoch zu prüfen, ob sie nicht formell durch ihre Unbestimmtheit dem Gesetzesvorbehalt und dem Tatbestandsprinzip des Strafrechts widerspricht. Diesen Bedenken wird man durch einschränkende Auslegung im Sinne der Entwürfe Rechnung zu tragen haben. Auch gegenüber der a. F. waren schon vor der allgemeinen Reform vielfach Abänderungsentwürfe eingebracht worden, wie die Begr. zum E. 27 S. 173 nachweist, weil sie die Erpressungsmittel zu weit ausdehne. Die Neufassung läßt jede materiell rechtwidrige erhebliche Drohung genügen. Die Entwürfe vor 1933

---

*) Alte Fassung:

253. Wer, um sich oder einem Dritten einen rechtswidrigen Vermögensvorteil zu verschaffen, einen anderen durch Gewalt oder Drohung zu einer Handlung, Duldung oder Unterlassung nötigt, ist wegen Erpressung mit Gefängnis nicht unter einem Monat zu bestrafen.

Der Versuch ist strafbar.

wollten nach Schweizer Vorbild (Art. 156) die strafbaren „gefährlichen" Drohungen erschöpfend aufzählen als „Drohung mit Gewalt, mit einem Verbechen oder Vergehen, mit einer Strafanzeige oder mit der Offenbarung einer Tatsache, die geeignet ist, den Ruf zu gefährden, gleichviel ob das angedrohte Uebel den Bedrohten selbst oder einen anderen treffen soll" (§ 9 Ziff. 7 E. 30). Dies wird für die Auslegung der Worte „mit einem empfindlichen Uebel" ebenso richtunggebend sein müssen wie die in § 9 Ziff. 6a E. 30 in den Begriff der Drohung selbst hineinverlegte „Sittenwidrigkeit" an Stelle des kompromittierten „gesunden Volksempfindens". Den grundsätzlichen Standpunkt des E. 27, daß es „bei der Unmöglichkeit, eine unbedingt befriedigende Lösung zu finden, besser sei, den Tatbestand zu eng, als zu weit zu fassen", wird man als Auslegungsmaßstab ebenso in Betracht zu ziehen haben wie bei der Strafbemessung.

Die **Strafdrohung** ist im Minimum wie im Maximum strenger geworden. Hier ist das Verbot der Verhängung übermäßig hoher Strafen (Vorbem. VI vor § 13) zu beachten, und zwar für das Mindestmaß gerade auch dann, wenn man die a b s o l u t e Sperre der über den Stand vom 30. 1. 33 hinausgehenden Strafrahmen auf die H ö c h s t m a ß e beschränkt. Die Heraufsetzung des Höchstmaßes (in besonders schweren Fällen) auf Zuchthaus entspricht zwar allen Entwürfen seit 1909. Zu beachten ist jedoch, daß die Entwürfe die Straferhöhung nur durch die gleichzeitige Verengung des Tatbestandes für gerechtfertigt ansahen, und daß Zuchthaus in besonders schweren Fällen nur unter den strengeren Voraussetzungen des § 76 E. 27 (vgl. Anm. V zu § 1) zugelassen war.

Die Strafbarkeit des **Versuchs,** kriminalpolitisch hier unentbehrlich, bleibt von den Sperrvorschriften unberührt, da diese die Einteilung nach § 1 nicht ändern. A. A. Hamburg MDR. **48** 368; wie hier Anm. K u h n daselbst.

Vereinzelt hält LG. Dortmund SJZ. **46** 120 die Sperrvorschriften für nicht anwendbar, da § 253 n. F. einen neuen Tatbestand gegenüber der a. F. darstelle.

III. Gewalt: nur an Sachen, andernfalls § 255. Vgl. auch § 52 Anm. II, § 240 Anm. VII.

IV. Drohung mit einem empfindlichen Uebel: vgl. § 240 Anm. VIII und oben Anm. II. — Zu unterscheiden von bloßer Warnung, d. h. Darstellung der bedrohlichen Lage: E. **34** 15, **36** 384.

Die Drohung muß sich gegen den richten, der zu dem schädigenden Eingriff in eigenes oder fremdes Vermögen (über das er verfügen kann) genötigt werden soll. Das trifft aber auch dann zu, wenn etwa jemand zur Zahlung einer Summe durch die Drohung genötigt wird, man werde andernfalls seiner Frau oder seinem Kind etwas antun. Denn auch daß „Personen seiner Sympathie" (Frank) leiden, ist für ihn ein Uebel.

V. Handlung, Duldung oder Unterlassung muß das vom Täter gewollte Mittel sein, welches die beabsichtigte Bereicherung herbeiführt: E. **8** 5, **3** 426, **33** 78. — „V o l l e n d e t" ist die Erpressung, wenn der andere die Handlung usw. vornimmt. Solange diese aber noch nicht tatsächlich „b e e n d e t" ist, kann sich ein Dritter als M i t t ä t e r oder G e h i l f e strafbar machen (HRR. **40** 469): Der Komplice des Erpressers war bemüht, das Geld, das der Erpreßte dem Erpresser geschickt hatte, auf dem Postamt abzuholen. RGer. strafte ihn als Gehilfen, da der Erpreßte das Geld noch hätte zurückfordern können.

VI. Vermögensnachteil. Genötigter und Geschädigter brauchen, wie beim Betruge, nicht identisch zu sein. Vgl. § 263 Anm. IV u. V. — Zu fordern ist aber Substanzgleichheit i. S. von Anm. I Abs. 2.

VII. Die **Rechtswidrigkeit** der Gewaltanwendung oder Drohung hängt nach der Neufassung wie bei der Nötigung (vgl. § 240 Anm. VI) davon ab, ob die Verquickung dieses Mittels mit diesem wirtschaftlichen Ziel als anstößig empfunden wird. Nicht jede Drohung in der Absicht einer Bereicherung, auf die man keinen Anspruch hat, ist rechtswidrig: Forderung eines Preisnachlasses unter der Drohung, andernfalls die Geschäftsbeziehungen abzubrechen, ist keine E. Die Erwägungen haben denen zu § 123 BGB. zu entsprechen.

Rechtswidrig kann einmal 1. die Gewaltanwendung oder die Uebelszufügung als solche sein, z. B. das Erpressen von Schweigegeld durch die Drohung, andernfalls erdichtete Skandalgeschichten zu veröffentlichen. Die RW. kann aber auch 2. in dem abgenötigten Verhalten ihren Grund haben: der ungetreue Kassierer wird von einem Dritten durch Drohung, wahre Skandalgeschichten zu veröffentlichen, genötigt, einen neuen Griff in die Kasse zu tun, um das Schweigegeld zu beschaffen.

Auch wenn aber weder die Ausführung der Drohung noch die abgenötigte Handlung — jede allein betrachtet — etwas Anstößiges haben würden, kann dennoch 3. ihre Verquickung gegen die guten Sitten verstoßen: Forderung einer Geldsumme unter der Drohung, andernfalls Strafanzeige zu erstatten. — Ob solche Verbindung von Mittel und Ziel anstößig sein würde, hängt von den Umständen des Falls ab. Das RGer. hat nach altem Recht, ohne auf die Fragen näher einzugehen, das Verlangen einer Zahlung an die Armenkasse als Erpressung angesehen (E. **26** 353). Für unser Empfinden ist heute eine solche — maßvolle — Forderung, z. B. für das Rote Kreuz, als Bedingung für das Absehen von Strafanzeige nicht ohne weiteres anstößig und daher nicht rechtswidrig. Denn hier ist die Ausübung des Willensdrucks nicht in unsauberer Weise mit egoistischen oder sonst minderwertigen Interessen verquickt.

Liegt eine jener drei Voraussetzungen vor, dann erst ist zu prüfen, ob die Bereicherung zu Unrecht erstrebt wurde; darüber vgl. Anm. VIII.

Aus der Rechtsprechung (die ihre Bedeutung auch für das neue Recht behält): Der Umstand, daß eine Handlung oder ein Verhalten in Aussicht gestellt wird, zu welchem der Drohende berechtigt sein würde, schließt den Begriff der Drohung im Sinne des § 253 nicht ohne weiteres aus: E. **32** 365 (Drohung mit Arbeitseinstellung); **34** 279 (Zustellung eines Vollstreckungsbefehls als Drohung); **49** 354 (Drohung mit Anzeige oder Klage, einerlei ob begründet); E. **72** 75 (Ankündigung eines Tuns, das zwar an sich erlaubt ist, aber im gegebenen Fall nur den anderen schädigen soll). — Vgl. auch Klee ZAk. 39, 66; 43, 125 ff.

VIII. Subjektiv ist erfordert: **1.** Vorsatz, d. h. **a)** der Wille, dem Bedrohten ein anderes Verhalten aufzuzwingen, als es dessen freiem Willen entspricht (E. **36** 384); **b)** der Wille, hierduch das Vermögen des Geschädigten zu schädigen. **2.** Absicht, sich oder einen Dritten zu Unrecht zu bereichern. Ueber „Absicht" vgl. Anm. III 1 zu § 59 sowie E. **27** 217, **33** 407, **53** 281.

a) **Bereicherung** ist jeder in Geld abschätzbare Vorteil. Z. B. auch: Erlangung der Adresse eines Schuldners, Erlangung einer mit Gehalt verbundenen Stelle, Erlangung oder Erhaltung der Kundschaft, Erlangung der Wiederannahme entlassener Arbeiter oder der Verpflichtung, denselben innerhalb bestimmter Zeit nicht zu kündigen, oder der Einstellung als Arbeiter, Abschluß eines Maklervertrages. Vgl. die Hinweise im E. **33** 407. Sicherung eines schon erlangten Vermögensvorteils: E. **10** 76. Sicherung einer Forderung: E. **36** 167. Abwendung drohenden Schadens: E. **33** 339. Ebenso der wahrscheinliche Gewinn: E. **20** 279. (Vgl. dazu auch § 263). — Die Bereicherung muß aus dem Vermögen „des Genötigten" oder des „anderen" stammen: vgl. über diesen Grundsatz der Substanzgleichheit Anm. I Abs. 2, Anm. VI.

b) **Zu Unrecht** ist die Bereicherung (deren Rechtsw. von der der Tat selbst zu unterscheiden ist; vgl. Anm. VII) nicht nur dann erstrebt, wenn sie contra legem, sondern auch schon dann, wenn sie nicht secundum jus sive legem eintreten würde. M. a. W.: eine „Bereicherung zu Unrecht" ist eine solche, die materiell, also nach dem Sittengesetz, als Unrecht erscheint; es sei denn, daß das positive Recht sie ausdrücklich erlaubt, wogegen dann Rechtsgefühl und sittliche Bewertung mindestens insofern zurückzutreten hätten, als hier strafbare Erpressung nicht würde angenommen werden dürfen. Bei unerträglichem und evidentem Widerspruch mit dem Sittengesetz wäre indessen solchem „Recht" die Geltung und u. U. der Berufung darauf die schuldbefreiende Wirkung zu versagen. — Hatte der Täter einen Anspruch auf den erstrebten Vorteil, so kommt nur „Nötigung" i. S. des § 240 in Betracht, deren Rechtsw. jetzt von den gleichen drei Voraussetzungen abhängt, die oben Anm. VII für die obj. Rechtsw. der „Erpressung" aufgestellt wurden; vgl. Anm. II zu § 240. Hat der Täter einen fälligen Anspruch auf Rückzahlung von geliehenen 100 RM, dann ist keinerlei Drohung als „Erpressung" strafbar; weder: „wenn du mir die 100 RM jetzt nicht zurückgibst, dann verklage ich dich", noch: „dann verprügele ich dich", letzteres aber ist strafbar als „Nötigung". Vgl. auch E. **53** 102. — Wenn indessen der Anspruch nicht besteht, dann ist eine der Anm. VII entsprechende Drohung strafbare Erpressung, wenn mit ihrer Hilfe trotzdem der Vorteil erlangt werden soll. Vgl. schon E. **34** 279: Benutzung eines vollstreckbaren Schuldtitels zur Beitreibung eines materiell nicht bestehenden Anspruchs, indem das äußerlich ordnungsmäßige Einschreiten öffentlicher Behörden als Erpressungsmittel ausgenutzt wurde. — Das Unrechte der Bereicherung positiv bestimmen zu wollen (contra jus erlangt, im Zivilrechtsweg rückforderbar), engt den Kreis der Strafbarkeit unsachgemäß ein, stellt das formelle Recht mehr, als nötig, über das materielle und führt überdies zu unlösbaren Kreisschlüssen, da es eine Verweisung auf BGB. § 123 bedeutet, wo dann die gleiche Frage von neuem entsteht. — An dieser Frage der Rechtsw. der Bereicherung war die Auslegung des § 253 a. F. gescheitert. Vgl. Frank sowie Klee (s. oben).

IX. Konkurrenz: Gegenüber §§ 240, 241 enthält § 253 den spezielleren (E. **41** 276), gegenüber § 249 den allgemeineren Tatbestand im Sinne von Vorbem. III 1 vor § 73 (E. **55** 239). Zur Abgrenzung Braunschweig HESt. **2** 29, vgl. Vorbem. I. — IdKonk. mit § 263, wenn neben der Drohung über Tatsachen getäuscht wird, die mit dem angedrohten Uebel nicht zusammenhängen; dagegen nur § 253, wenn durch falsche Behauptungen lediglich die Drohung wirksamer gemacht werden soll (Beispiel: Drohung mit Tötung unter Vorspiegelung, man habe eine tödliche Waffe). E. **20** 329; GoltdArch. **38** 54; **51** 194; **69** 400; DR. **40** 27. Wird im Schwarzhandel der Verkäufer durch List veranlaßt, die Ware auszuhändigen, und dann durch Drohung mit der Polizei veranlaßt, sie ohne Bezahlung zu überlassen, — sog. „Spritzen" — so § 253. Celle NdsRpfl. **47** 25. Vgl. aber auch Hamm HESt. **2** 32, Anm. zu § 263 sowie — betr. §§ 249 ff. — Hamburg HESt. **2** 26. Ebenso mit Betteln unter Dohungen (§ 361 Ziff. 4): E. **32** 46, **35** 243. Vgl. auch über die Möglichkeit der Idealkonkurrenz von Erpressung und Hehlerei (§§ 259, 260): E. **35** 278; mit Diebstahl: verneinend Schröder ZStW. 60, 33 ff., bejahend Wimmer NJW. 48, 241.

[**254.** Wird die Erpressung durch Bedrohung mit Mord, mit Brandstiftung oder mit Verursachung einer Ueberschwemmung begangen, so ist auf Zuchthaus bis zu fünf Jahren zu erkennen.]

§ 254 ist durch die VO. v. 29. Mai 1943 mit Rücksicht auf die Erweiterung des Strafrahmens in § 253 gestrichen worden.

b) Räuberische Erpressung

255. Wird die Erpressung durch Gewalt gegen eine Person oder unter Anwendung von Drohungen mit gegenwärtiger Gefahr für Leib oder Leben begangen, so ist der Täter gleich einem Räuber zu bestrafen.

I. Bestrafung also nach §§ 249, 250, 251, nicht § 252. Vgl. E. **55** 242.

II. Idealkonkurrenz mit §§ 211, 212 (E. **44** 338); mit § 125 (E. **56** 247); § 249 i. allg. gegenüber § 255 lex specialis (E. **55** 239).

c) Nebenstrafen

256. Neben der wegen Erpressung erkannten Gefängnisstrafe kann auf Verlust der bürgerlichen Ehrenrechte und neben der wegen Raubes oder Erpressung erkannten Zuchthausstrafe auf Zulässigkeit von Polizeiaufsicht erkannt werden.

Vgl. § 38, § 76 Anm. II.

Einundzwanzigster Abschnitt

Begünstigung und Hehlerei

Vorbemerkung

I. Tatbestände: 1. Begünstigung, entweder a) persönliche oder b) sachliche (§ 257 Abs. 1); qualifiziert, falls des eigenen Vorteils wegen begangen (§ 257 Abs. 1); letztere nochmals qualifiziert (und „als" Hehlerei bestraft), falls mit Bezug auf Diebstahl, Unterschlagung, Raub oder räuberische Erpressung begangen (§ 258). 2. Hehlerei (§ 259); qualifiziert, falls gewerbs- oder gewohnheitsmäßig (§ 260) oder im Rückfall begangen (§ 261).

II. Schutzobjekte: Die „Begünstigung" richtet sich gegen die Rechtsordnung, die Hehlerei gegen das bereits durch die Vortat verletzte Vermögen: Anm. I zu § 257 und zu § 259. Die (nicht ganz zu leugnende, auch historisch begründete) Verwandschaft beider wird stark betont von D a h m in DR. 42, 569.

III. Mit **Teilnahme** (§§ 47—49) haben B. und H. gemeinsam, daß sie sich auf eine andere Straftat beziehen, also „akzessorischer Natur" sind; sie bilden aber nicht, wie Teilnahme, eine Bedingung für jene, sondern werden nach ihr begangen. Deshalb kann Teilnahme mit B. oder H. in Konkurrenz (§ 74) treten. — Darüber, wieweit die N e u f a s s u n g der §§ 47 ff. auf den 21. Abschn. anwendbar ist, vgl. Vorbem. III E vor § 47.

1. Begünstigung

257. Wer nach Begehung eines Verbrechens oder Vergehens dem Täter oder Teilnehmer wissentlich Beistand leistet, um denselben der Bestrafung zu entziehen oder um ihm die Vorteile des Verbrechens oder Vergehens zu sichern, ist wegen Begünstigung mit Geldstrafe oder mit Gefängnis bis zu einem Jahre und, wenn er diesen Beistand seines Vorteils wegen leistet, mit Gefängnis zu bestrafen. Die Strafe darf jedoch, der Art oder dem Maße nach, keine schwerere sein, als die auf die Handlung selbst angedrohte.

Die Begünstigung ist straflos, wenn dieselbe dem Täter oder Teilnehmer von einem Angehörigen gewährt worden ist, um ihn der Bestrafung zu entziehen.

Die Begünstigung ist als Beihilfe zu bestrafen, wenn sie vor Begehung der Tat zugesagt worden ist. Diese Bestimmung leidet auch auf Angehörige Anwendung.

I. Das Wesen der „Begünstigung" ist S t r a f v e r e i t e l u n g. Sie ist also nicht Vermögensvergehen, sondern richtet sich gegen die Rechtspflege. Formell vollendet mit Beistandleisten (also: Versuch als selbständige Straftat). — Unterscheide je nach „Absicht": a) p e r s ö n l i c h e B. („um den Vortäter der Bestrafung zu entziehen") und b) s a c h l i c h e B. („um ihm die Vorteile des V. oder V. zu sichern"). Die Sachbegünstigung (b) ist von der Hehlerei verschieden u. a. durch die verschiedene „Absicht": Die sachliche Beg. will v e r h i n d e r n, daß der gesetzmäßige Zustand w i e d e r h e r g e s t e l l t wird; die Hehlerei will b e w i r k e n, daß die durch die Vortat geschaffene rechtswidrige Vermögenslage a u f r e c h t e r h a l t e n u n d a u s g e n u t z t wird. — Grundsätzliches in E. **50** 366, **54** 132, **55** 18.

II. Täterschaft und Teilnahme. Es sind 2 Fragen zu trennen: 1) Wer kann **Täter** sein? Kann sich der Täter der Vortat dadurch nach § 257 strafbar machen, daß er sich selber „begünstigt"? — Und 2) Wer kann **Teilnehmer** sein? Kann sich der Täter der Vortat wegen Teilnahme an einer Begünstigung seiner eigenen Person strafbar machen, also dadurch, daß er den, der ihn begünstigt, hierzu anstiftet oder ihm hilft?

1. Täter kann jeder sein außer dem zu begünstigenden Vortäter. Denn „§ 257 trifft nur den Fall, daß jemand einem a n d e r e n Beistand leistet" (E. **63** 233). **Selbstbegünstigung** straflos (E. **60** 346, **65** 335). Dagegen ist

Begünstigung eines Mittäters (Teilnehmers) durch den anderen grundsätzlich strafbar (E. **21** 375, **34** 306, **58** 129), „weil die B. nicht der Vortat, sondern dem Vortäter geleistet wird" (E. **63** 233) und, da Sonderdelikt, in der Teilnahme an der Vortat nicht aufgeht (E. **60** 346, **63** 375). Auch Fremdbegünstigung ist aber, selbst wenn Hauptzweck, dann straflose Selbstbegünstigung, wenn der Begünstiger damit zugleich sich selbst der Bestrafung entziehen (nicht, wenn er sich sachlich begünstigen) wollte; einerlei ob er Teilnehmer der Vortat war oder nicht (E. **63** 233): „notstandsähnlicher Grund" (E. **60** 101, **63** 373, **73** 267). Trifft dagegen mit dem Fremdbegünstigungszweck nicht Selbstbegünstigung, sondern der Zweck zusammen, einen Angehörigen zu begünstigen, so nimmt RGer. in DJ. **36** 256 Strafbarkeit an. „Hier muß das Interesse der Allgemeinheit in den Vordergrund treten." — Irrtum über die Strafbarkeit der eigenen Vortat beachtlich nach § 59 (E. **60** 101; richtiger in E. **59** 69 bei Notstand unmittelbar berücksichtigt).

Aber nur solche Selbstbegünstigungen sind straflos, die lediglich die Vereitelung der Strafverfolgung zum Inhalt haben: §§ 139, 257, 346; nicht solche, die zur Verdeckung eigener Straftaten erneut andere Rechtsgüter verletzen, z. B. Falschbuchung nach einer Unterschlagung. Vgl. E. **71** 280; JW. **37** 3093.

2. Teilnehmer an einer B. kann jeder sein, auch der Begünstigte selbst, da hier, im Gegensatz zur Selbstbegünstigung, ein anderer als der Vortäter „Beistand leistet" (E. **50** 364, **60** 346). Der u. U. auch hier gegebene „notstandsähnliche Grund" müßte indessen gemäß E. **60** 101, **63** 373 zur Freisprechung führen. Näheres bei Lange, Notw. Teiln. S. 85 ff.; Hegler in JW. 24, 1597.

III. Die Vortat muß als V. oder V. strafbar sein. Daß der Begünstigte der deutschen Gerichtsbarkeit unterliegt, ist nicht nötig: KG. in DRZ. **48** 29 (betr. Vereitelung deutscher polizeilicher Ermittelungen). Dagegen genügt es nach E. **75** 234 nicht, daß die Vortat nur nach dem Ordnungsstrafrecht der Wirtschaft strafbar ist. Sie darf nicht verjährt sein: E. **76** 122. — Der bloße Glaube des Begünstigers, daß die Vortat strafbar sei, genügt nicht (E. **50** 218). — Gegenüber Dauerverbrechen (z. B. unerlaubtem Waffenbesitz, Freiheitsberaubung) ist Beg. wie Hehlerei möglich, sobald jenes juristisch vollendet und strafbar ist, nicht erst nach Beendigung des rechtswidrigen Zustands. Hier also IdKonk. von Beg. und Beihilfe denkbar (E. **58** 13). — Nähere Bezeichnung der Art der Vortat im Urteil nicht erforderlich; deshalb bzgl. ihrer auch sog. Wahlfeststellung zulässig (E. **58** 290). — Gegenüber einer Vortat sind mehrere (§ 74) Beg.-Handlungen möglich (E. **57** 306). — Daß eine Straftat begangen wurde, muß nach E. **58** 290, **73** 331 das über Begünstigung entscheidende Gericht selbständig feststellen; Bezugnahme auf ein rechtskräftiges Urteil genügt nicht.

IV. Beistandleisten: Erforderlich und genügend sind Handlungen, welche geeignet sind, Strafvereitelung oder sachliche Sicherung zu bewirken, auch wenn diese nicht erreicht wurde (E. **50** 364, **58** 13). Durch Rat oder Tat. — Beisp.: Verbüßung der Strafe für einen anderen (E. **8** 366). Zahlung der Geldstrafe für den Verurteilten ohne Rückerstattungspflicht (E. **30** 232). Erfolgloses Unternehmen, einen Dritten zu unwahren Aussagen im Ermittlungsverfahren gegen den Täter der Vortat zu verleiten (E. **20** 233). Unrichtiges Gnadengesuch (E. **35** 128). Abhebung eines Betrages auf das von einem andern gestohlene Sparkassenbuch (E. **39** 236). Unterlassung einer Strafanzeige, zu der eine Pflicht bestand (E. **53** 108). Nichtangabe des Aufbewahrungsorts einer von einem anderen gestohlenen Sache oder des Aufenthaltsorts eines Verbrechers ist, auch bei amtlicher Befragung, keine B., da eine Rechtspflicht zur Mitteilung nicht besteht. Wohl aber (E. **54** 41) die wahrheitswidrige Angabe, man kenne den Ort oder die Person nicht. — Beg. durch falsche Aussage im Ermittlungsverfahren, auch wenn unbeeidigt: E. **46** 74, DJ. **37** 668.

Ein **Strafverteidiger** begeht Begünstigung wenn er den Tatbestand zugunsten seines Klienten bewußt verdunkelt, z. B. einen Entlastungszeugen benennt oder lädt, von dem er weiß, daß er die Unwahrheit sagen wird. E. **66** 323, **70** 390.

Stets muß aber Erschwerung des Zugriffs der Behörden oder des Verletzten, nicht nur Erhaltung und Verwertung des durch die Vortat gewonnenen Gutes bezweckt sein: Celle Hann.Rpfl. **46** 137.

V. Subjektiv erstens Wissentlichkeit: Der Begünstiger braucht nicht, wie ein Gehilfe, die bestimmte Straftat des Haupttäters zu kennen. Es genügt, wenn er weiß, daß die Vorteile irgendeiner Straftat entstammen. E. **50** 218, **58** 290, HRR. **37** 1474.

VI. Subjektiv zweitens Absicht gleich Beweggrund: Anm. III, 1 zu § 59 und E. **40** 15. Die Verfolgung auch anderer Zwecke z. B. des eigenen Vorteils, schließt die Beg.-Absicht nicht aus (E. **3** 255, **23** 105, **32** 24).

VII. Bestrafungsvereitelung: der Verurteilung oder der Vollstreckung (E. **8** 366, **16** 204, **30** 232, **35** 128). — Soll ein noch nicht Verurteilter der B e s t r a f u n g entzogen werden, so ist dies nur dann strafbare Beg., wenn der andere die StrTat wirklich b e g a n g e n hat, was also im StrVerfahren gegen den Begünstiger geprüft werden muß. — Soll dagegen ein Verurteilter der S t r a f v o l l s t r e c k u n g entzogen werden, so hängt die Bestrafung des Begünstigers nicht davon ab, ob das Urteil gegen den anderen zu Recht ergangen ist. Vgl. auch E. **73** 331. — Es genügt vorübergehende Vereitelung, z. B. durch erschwindelten Strafaufschub (E. **16** 204). — Bei A n t r a g s t a t e n ist vor Antragstellung Beg. nicht strafbar, also auch nicht Verhinderung des Strafantrags. Aber mit der Antragstellung wird die vorher geleistete Beg. strafbar (E. **40** 393). — Bei i r r i g e r A n n a h m e, die Tat des Begünstigten sei nicht strafbar, handelt es sich zwar um einen „Strafrechtsirrtum" (der nach RGer. unbeachtlich sein sollte), aber dennoch um einen T a t b e s t a n d s i r r t u m i. S. des § 59, der hier den Vorsatz ausschließt (Fahrl. i. S. von § 59 II kommt bei Beg. nicht in Betracht). Außerdem fehlt hier die Absicht, den Vortäter der Bestrafung zu entziehen. —

VIII. Vorteilssicherung: Nicht nur Vermögensvorteile (vgl. Anm. I und E. **54** 132). Aber nur die durch die Vortat u n m i t t e l b a r erlangten, nicht die mit letzteren erst erworbenen Werte. Die Gründe, die dazu geführt haben, die Hehlerei von Ersatzsachen zu strafen, treffen nicht ohne weiteres auch auf § 257 zu. Die hier vorausgesetzten „Vorteile" können, auch wenn sie in anderen Werten als den durch die Vortat erlangten „Sachen" bestehen, doch u n m i t t e l b a r durch die Vortat erlangt sein. Dann ist § 257 unmittelbar anzuwenden. Vgl. E. **76** 31 (Anm. D a h m in DR. 42, 596; S c h a f f s t e i n in ZAk. 42, 174). Hamm HESt. **2** 35 (auf Konto eingezahlter und wieder abgehobener Geldbetrag ist unmittelbar erlangt).

Beistand zur bloßen Verwertung der strafbar erlangten Sachen oder zur Sicherung ihres Erlöses genügt nicht, z. B. Verwahrung des Geldes, das der Vortäter für die gestohlene Sache erhalten (E. 55 18, 58 117, 58 154). Es genügt aber, daß dem Vortäter Ausnutzung und Verwertung der in dem gestohlenen Gut liegenden Vermögensvorteile ermöglicht und erleichtert wird (E. 39 236, 40 15). § 257 verbietet aber nur eine Vorteilssicherung zum Nachteil des Verletzten: Schutz des Vortäters gegen Naturgewalten oder gegen rechtwidrige Angriffe ist nicht strafbar (E. 60 273).

IX. Der Vorteil des Begünstigers braucht gleichfalls kein Vermögensvorteil zu sein. Ein Kneipwirt sucht sich z. B. die Verbrecherkundschaft zu erhalten (E. 53 179). — Mittelbarer Vorteil genügt, wie auch bei § 259 und RAbgO. § 398 (E. 58 15).

X. Idealkonkurrenz möglich mit Meineid (E. 75 277); mit KO. § 242; StGV. § 120 (E. 57 301); § 259 (E. 47 220). Wegen Verhältnis zu § 346 vgl. dort sowie E. 73 265, 74 178; zum Diebstahl Schröder ZStW. 60, 33 ff.; dagegen Wimmer NJW. 48, 241 ff.

XI. Strafantrag nötig, wenn Haupttat Antragsdelikt. E. 57 81.

XII. Angehörigkeit (§ 52 II) ist persönlicher Strafausschließungsgrund i. S. von Vorbem. IX vor § 1, nicht negatives TB.-Merkmal; irrige Annahme, Angehöriger zu sein, schließt also den Vorsatz nicht aus (E. 61 270). — Mittelbare und unmittelbare B. kommt in Betracht; z. B. wenn Angehörige einen Dritten zur Beg. angestiftet haben. E. 14 102.

XIII. Kausalzusammenhang nötig zwischen Zusage und Tat. War die Zusage psychisch bestimmend, so ist sie als Anstiftung zu strafen (E. 15 295, 16 374). — Jene Beihilfe (z. B. zum Diebstahl) kann später für den Rückfall (-Diebstahl) begründend wirken (E. 8 317, 49 381). — Bei § 257 III, da echte Beihilfe, keine straflose Selbstbeg.: E. 76 190. Dagegen Schmidt-Leichner in DR. 42, 1594, dafür LGDir. Lange in DR. 43, 569.

XIV. Nur die **deutsche** Rechtspflege ist geschützt; aber auch dann, wenn nur geprüft wird, ob der Täter der deutschen Gerichtsbarkeit untersteht: KG. in DRZ. 48 29 = HESt. 2 36.

257 a. Wer, abgesehen von den Fällen der §§ 120, 121, 122 a, 122 b, vorsätzlich die Vollstreckung einer gegen einen anderen rechtskräftig angeordneten Maßregel der Sicherung und Besserung* ganz oder zum Teil vereitelt, wird mit Gefängnis bis zu zwei Jahren oder mit Geldstrafe bestraft.

Der Versuch ist strafbar.

Wird die Tat zugunsten eines Angehörigen begangen, so tritt Straffreiheit ein.

Schwere Begünstigung (Personenhehlerei)

258. Wer seines Vorteils wegen sich einer Begünstigung schuldig macht, wird als Hehler bestraft, wenn der Begünstigte

---

*) Des 1a. Abschnitts. § 257a eingefügt durch G. v. 24. 11. 33.

1. einen einfachen Diebstahl oder eine Unterschlagung begangen hat, mit Gefängnis,

2. einen schweren Diebstahl, einen Raub oder ein dem Raube gleich zu bestrafendes Verbrechen begangen hat, mit Zuchthaus bis zu fünf Jahren.

Sind mildernde Umstände vorhanden, so tritt Gefängnisstrafe nicht unter drei Monaten ein.

Diese Strafvorschriften finden auch dann Anwendung, wenn der Hehler ein Angehöriger ist.

I. Wesen. Formell ist § 258 eine weitere Qualifizierung der durch Eigennutz qualifizierten Begünstigung (Vorbem. I vor § 257). Sachlich aber ein Sonderdelikt, für welches alle und nur die Strafbestimmungen über Hehlerei gelten. Hier also nicht anwendbar: Abs. 1 Satz 2, Abs. 2 und 3 § 257 und Abs. 3 § 247; wohl aber §§ 260, 261. Folglich auch bei vorher zugesagter Sachhehlerei (anders als nach § 257 Abs. 3) Konkurrenz zwischen § 258 und Teilnahme an der Vortat. Vgl. E. **49** 381 und (bzgl. § 257 Abs. 3 abw.) E. **57** 349. Ausdrücklich wie hier Düsseldorf NJW. **48** 490 (abl. Anm. Mezger). Abw. Welzel 183.

II. Vorteil. Seines eigenen: E. **27** 342. — Beweggrund! E. **54** 338.

III. Diebstahl im technischen Sinne; E. **5** 277. Vgl. §§ 242, 246; 243, 249—251, 252, 255. Auch Amtsunterschlagung § 350: E. **58** 334. Auch Versuch: E. **53** 284.

IV. Zum **Vorsatz** des Begünstigers (dol. ev. genügt) gehört hier Kenntnis der Umstände, aus denen sich der Tatbestand der Vortat ergibt. E. **53** 342.

V. Angehörige: vgl. § 52 Abs. 2. — Anders § 257 Abs. 2.

VI. Selbstbegünstigung. Ihre allgemeine, auf den Gedanken der Nichtzumutbarkeit gegründete Straflosigkeit greift auch hier durch: Tübingen DRZ. **48**, 258.

VII. Verjährung gegen den Hehler beginnt erst mit Beendigung des Beistands, z. B. mit Rückgabe an den Dieb. E. **6** 412.

2. Sachhehlerei (Partiererei)

259. Wer seines Vorteils wegen Sachen, von denen er weiß oder den Umständen nach annehmen muß, daß sie mittels einer strafbaren Handlung erlangt sind, verheimlicht, ankauft, zum Pfande nimmt oder sonst an sich bringt oder zu deren Absatze bei anderen mitwirkt, wird als Hehler mit Gefängnis bestraft.

Der Versuch ist strafbar.

I. Das Wesen der Hehlerei (über ihre Geschichte neuestens Mezger StB II 131 ff. und SJZ. 49, 208 ff.) liegt in der Aufrechterhaltung einer durch eine strafbare Vortat geschaffenen rechtswidrigen Vermögenslage. Das Angriffs- bzw. Schutzobjekt ist also das gleiche wie das der Vortat. So schon E. **37** 230 (231), **52** 95 u. 318, **67** 356 (359), **70** 377 (385), **71** 341 (342), **72** 146 (vereinbar mit E. **71** 97 ?), **75** 25 (29), **76** 32. — Wie hier Welzel § 52 I, Maurach II 58. Andere sehen als „Grundgedanken" für die Hehlereistrafe die Teilnahme an der Verbrechensbeute an. Vermittelnd Mezger a. a. O., Schönke § 259 I. Die Frage wird wichtig bei der Hehlerei an Ersatzsachen: Anm. IV. — Wegen Steuer- und Zollhehlerei vgl. RAbgO. v. 13. 12. 19 (22. 5. 31) § 403. — Als Vermögensdelikt ist H. nicht möglich an wertlosen Sachen, die der Eigentümer nach behördlicher Vorschrift hätte vernichten müssen: LG Hagen DRZ. **46** 30. — Bezugsscheinvordrucke haben Vermögenswert: Celle NdsRpfl. **47** 108; vgl. auch HannRpfl. **47** 71.

II. Objekt der H. sind nur „Sachen" (bewegliche oder unbewegliche). Auch eigene: die z. B. ein Dritter zugunsten des Eigentümers dem Pfandgläubiger weggenommen hatte (E. **18** 303, **20** 222).

III. Vortat. — a) Sie muß tatsächlich **begangen** sein. Die Wortfassung, als ob „annehmen müssen" genüge, ist mißverständlich: E. **6** 218 (Plenarentscheidung).

b) Die Vortat muß **vollendet** sein. Der Mittäter der Vortat kann also nicht bezüglich derselben Sache außerdem Hehler sein. Wer eine fremde Sache vom Dieb erwirbt, ist Hehler. Wer sie aber von einem erwirbt, der durch diese Veräußerung Unterschlagung begeht, macht sich der Beihilfe zu dieser Unterschlagung schuldig, es sei denn, daß man annimmt, der Gewahrsamsinhaber habe schon durch das Angebot der Sache eine vollendete U. begangen. Hierzu E. **34** 304, **54** 32, **67** 72, HRR. **39** 351, 595.

c) Die Vortat muß **strafbar** sein. Hier entstand das gleiche Problem der Akzessorietät wie bei Anstiftung und Beihilfe (Vorbem. IV vor § 47). Die früher herrsch. A. mußte annehmen, daß Hehlerei nicht möglich sei, wenn der Täter der Vortat nicht zurechnungsfähig war oder nicht schuldhaft gehandelt hatte. Hehlerei wäre also z. B. abzulehnen und höchstens Unterschlagung anzunehmen, wenn der Vortäter die von ihm in Zueignungsabsicht weggenommene Sache irrtümlich für die seinige gehalten hatte, auch wenn der, der sie von ihm erwarb, wußte, daß sie für jenen eine „fremde" war. So in der Tat E. **52** 197. Befriedigender ist auch hier die Annahme, daß, wie jetzt bei der Teilnahme, limitierte Akzessorietät genügt. So für die Zurechungsfähigkeit des Vortäters ausdrücklich Thür. § 259 Abs. 4. „Der Hehler ist auch dann strafbar, wenn der Vortäter nicht zurechnungsfähig ist." — Daß strafbare H. möglich, wenn für die Vortat nur „Bedingungen der Strafbarkeit" oder persönliche StrVoraussetzungen oder Bedingungen der Verfolgbarkeit fehlen (Vorbem. V, VI vor § 1) nimmt auch die herrsch. M. an.

d) Die Vortat muß **gegen die Vermögensrechte eines anderen gerichtet** gewesen sein. Das folgt aus dem „Grundgedanken" der Hehlereistrafe (s. Anm. I). Wer freilich das Wesen der H. in der Teilnahme an einem strafbar erworbenen Gewinn sieht, hat keinen Anlaß, diese Voraussetzung aufzustellen. Strafbare Hehlerei ist möglich nach Diebstahl (üblicher Fall), Raub, Betrug (E. **55** 281, **59** 128), unter bes. Umständen Unterschlagung (E. **58** 230, **67** 70); wohl auch (je nachdem, ob Vortat zu einer rechtswidrigen Sachverschiebung geführt hat) nach Urkundendelikt (**52** 95), Eidesdelikt (**4** 440). Dagegen ist H. nicht anzunehmen, wenn die Sache erbettelt war (E. 6 218 PlenEntsch.), wenn sie geschmuggelt war (Rechtspr. **4** 487) oder trotz Erwerbsverbot erworben war (E. **37** 230 Singvögel, **52** 318 beschlagnahmte Sache, **54** 133 Schleichhandel); nicht, wenn durch strafbare Unzucht erworben (**11** 342); überhaupt dann nicht, wenn der Vortäter unanfechtbares Eigentum erworben hatte. Auch nicht, wenn Vortat nur deshalb strafbar, weil sie gegen Wirtschaftsstrafgesetze verstieß. E. **75** 25 (29); Freiburg HESt **1** 10. Ebenso schon E. **52** 95 u. 318, **53** 30, **54** 132. Anders neuerdings, mit unhaltbarer Begr., LG. Bonn NJW. **48** 530 (abl. Anm. Dahs). Zutr. Frankfurt NJW. **49** 599.

IV. Hehlerei an Ersatzsachen. — Strafbar erworben sind zunächst nur die unmittelbar durch die strafbare Vortat erlangten Sachen; der für sie erzielte Erlös oder die für sie eingetauschte Sache (z. B. gewechseltes Geld) können nur dann Gegenstand strafbarer Hehlerei sein, wenn auch der Erwerb dieser Ersatzsachen „strafbar" war: z. B. ist das Geld, das der Dieb von einem gutgläubigen Käufer der gestohlenen Sache erhält, durch Betrug erlangt, das gewechselte Geld durch Zueignung des gestohlenen (§ 246 ist für den Vortäter eine deliktische, wenn auch vorbestrafte und daher konsumierte Nachtat). Davon abgesehen hat die Rechtspr. des RGer. Hehlerei an Ersatzsachen unmittelbar nicht angenommen; z. B. nicht an dem von einem gestohlenen Sparkassenbuch abgehobenen Geld: E. **26** 317, **39** 236 (vgl. auch E. **47** 313, **57** 159). Indessen gestattet die neue und richtige Auffassung der sog. „straflosen Nachtat" durch E. **67** 70 (vgl. dazu Vorbem. III 3 vor § 73), auch hier u. U. Hehlerei anzunehmen, soweit nämlich der Täter die Ersatzsache durch eine zwar in seiner Person nicht nochmals „strafbare" (da schon mitbestrafte), aber doch tatbestandsmäßige und rechtswidrige Handlung (z. B. Unterschlagung) erworben hat; es sei denn (Anm. III), daß er unanfechtbarer Eigentümer geworden war. Vgl. das obige Beispiel.

Im übrigen aber kann angesichts der Sachgebundenheit der Hehlerei, die sich aus dem klaren Wortlaut des Geestzes ergibt, die Hehlerei an Ersatzsachen erst durch eine Erweiterung des Gesetzes erfaßt werden, wie sie z. B. Entw. 1927 § 350 Abs. 2 vorsah. Vgl. über die Frage auch Kohlrausch bei Gürtner², S. 498 ff. und in DStr. 39, 113 ff. sowie hier in den Voraufl.; gegenteiliger Ansicht: Mezger in Z. 59, 549 ff. und in Grundriß³, S. 273. Wie hier: Hellberg (Str. Abh. 419) und Schmeling (Strafr. Abh. 398).

V. Hehlerhandlungen: a) **Verheimlichen,** d. h. der Kenntnis des Berechtigten oder der Behörde entziehen, auch durch Ableugnen des Besitzes oder irreführende Angaben über den Verbleib der Sachen (E. **54** 280, **56** 61). — b) **Ansichbringen,** d. h. eigene Verfügungsgewalt erlangen (auch durch Angestellte: E. **64** 21). Und zwar durch abgeleiteten Erwerb; wer eine gestohlene Sache dem Dieb stiehlt, oder wer eine solche findet und behält, begeht Diebstahl oder Unterschlagung, nicht Hehlerei (E. **54** 280, **57** 203, **63** 35). Und zwar im Einverständnis beider Beteiligten (E. **64** 326). Bei einseitig dem Erwerber geleisteter Unterstützung höchstens Beihilfe zu dessen Hehlerei: Düsseldorf NJW. **48** 491. Vernichten ist kein Ansichbringen: Tübingen DRZ. **48** 257. — Mitgenuß gestohlener Sachen nach Erlangung der Verfügungsgewalt genügt, wenn die Ehefrau unabhängig von der nunmehr beseitigten oder nur noch nebenher fortbestehenden Verfügungsgewalt des Ehemannes verfügt (E. **39** 308 und 365). Ebenso E. **71** 341, wonach jedoch, wenn das Maß des notwendigen Lebensunterhalts weit überschritten werde, § 259 „entsprechend" anzuwenden sei.

Infolge der starken Zunahme der Lebensmitteldiebstähle in den Nachkriegsjahren ist die alte Frage neuerdings häufig aufgeworfen worden. Die Mehrzahl der Oberlandesgerichte (Kiel SchlHA. **46** 33 u. **47** 30, HESt. **1** 108; Hamm DRZ. **47** 416; Celle HESt. **1** 109; Saarbrücken DRZ. **48** 68; Oldenburg MDR. **48** 30 [zust. Anm. Arndt]; Tübingen DRZ. **48** 257) und der OGH. Br. Z. (E. **1** 175 und 178) halten an der Rspr. des RG. fest. OGH. E. **1** 176 ff. fordert eigene (Mit-)Verfügungsmacht des Hehlers mit der doppelten Argumentation, daß auch das „Ankaufen" oder „Inpfandnehmen" eine solche begründe und daß die „natürliche Handlung" des Mitgenusses innerhalb des Haushalts dem volkstümlichen Bilde des Hehlers nicht entspreche. Demgegenüber sieht Düsseldorf HESt. **2** 38 (= SJZ. **49** 204 mit zust. Anm. Mezger) auch den bloßen Mitgenuß durch die Ehefrau, ohne daß diese eigene Verfügung erlangt hätte, als Hehlerei an, sofern er aus eigennützigen Motiven erfolge. Daran aber fehle es regelmäßig, wenn sich die Diebesbeute im Rahmen des vom Ehemann zu bestreitenden notwendigen Lebensunterhalts halte. Dem ist im Ergebnis zuzustimmen. Wenn die Ehefrau zentnerweise gestohlenes Fleisch einweckt (vgl. OGH. E. **1** 179) muß sie bei entsprechender Motivation als Hehlerin bestraft werden, ob ihr Mann das nun angeordnet hatte oder nicht (vgl. aber OGH. E. **1** 179). Entscheidend ist, daß sie in solchen Fällen den sich aus ihrem häuslichen Wirkungskreis mit seinen besonderen Rechten und Pflichten ergebenden Rahmen des sozialadäquaten Handelns verlassen hat. Dies meint im Grunde wohl auch OGH. E. **1** 177 mit seinem Hinweis auf das „natürliche" Handeln und das „volkstümliche Bild des Hehlers". Aber es handelt sich hier nicht um einen normativen Tätertyp, sondern um die Grenzbreite sozial ambivalenten Handelns. Entsprechend ist in den vom OGH. genannten weiteren Beispielen des Mitgenusses durch Hausangestellte und Entleihens gestohlener Sachen durch Verwandte oder Hausgenossen zu entscheiden. Gelegentliche Benutzung eines gestohlenen Fahrrades durch einen Hausgenossen des Diebes ist keine Hehlerei (zutr. Oldenburg MDR. **48** 30). Wer aber seine Lebenshaltung aufbessert, indem er dauernd ein gestohlenes Auto fährt, ist Hehler, auch wenn er jedesmal den Dieb um Erlaubnis fragt. Schon E. **39** 311 weist auf den Zusammenhang zwischen dem TBMerkmal des Ansichbringens und dem der Eigennützigkeit hin. Dann aber kann es nicht entscheidend auf die Erlangung eigener Verfügungsmacht ankommen, sondern die sinngemäß einschränkende Auslegung des Begriffs „seines Vorteils wegen" führt zur Ausscheidung der sozial adäquaten oder doch indifferenten Handlungen, die verkehrsüblich hingenommen werden. Im übrigen verlangen die Tatbestände des „Mitwirkens zum Absatz" und des „Verheimlichens" (bei dem das sozial Inadäquate des Verhaltens als Kriterium besonders deutlich wird) unbestritten keine eigene Verfügungsgewalt des Hehlers.

Im Erg. i. w. übereinstimmend (z. T. weitergehend) die Voraufl., ferner v. Hippel Lb., S. 267 Anm. 3, Schönke V 1, Welzel § 52 II, Maurach II 60, besonders eingehend Mezger SJZ. 49. 209, der aber ebenso wie Düsseldorf a. a. O. (vgl. auch Gallas ZAkDtR. 38, 28) zu Unrecht meint, die Perpetuierungstheorie könne nicht zu diesem Ergebnis kommen. Mit der Frage der Sachgebundenheit der Hehlerei hat das hier behandelte Problem nichts tun. Und daß der Täter „seines Vorteils wegen" handeln müsse, leugnet auch die Perpetuierungtheorie nicht. — „Ankaufen" und „zum Pfandnehmen" sind als Arten des Ansichbringens genannt.

Hier entsteht eigene Verfügungsgewalt. Abschluß des Kaufvertrags genügt nicht (E. **59** 204); aber Erwerb eines Pfandscheins (E. **70** 37). — c) **Zum Absatz bei anderen mitwirken,** d. h. die wirtschaftliche Verwertung durch Veräußerung fördern; z. B. die Sachen zum Händler schaffen, Käufer heranbringen oder nennen, in bewußtem Zusammenhang mit dem Willen des an der Vertreibung Interessierten, der aber nicht notwendig der Dieb zu sein braucht. Vorausgesetzt ist hier also ein Zusammenwirken mit dem Veräußerer oder ein Tätigwerden für ihn. Es ist noch möglich, wenn sich der Täter zwar bereits die Verfügungsgewalt verschafft hat, aber nicht die alleinige. Vgl. E. **24** 352, **40** 199, **54** 124, **69** 200. Nach E. **55** 58, **67** 80 genügt Uebernahme in Verkaufskommission. Wegen Absatz von gestohlenem Geld vgl. E. **72** 87. Der „andere" kann auch der Bestohlene selber sein, der z. B. die Sache nicht wiedererkennt (E. **30** 401, **54** 124). Hehlerei durch Unterlassung: Celle HESt **1** 109.

VI. Subjektiver Tatbestand: 1. Vorsatz, d. h. der Täter mußte w i s s e n, daß die Sache strafbar erlangt war. Hierfür aber gibt § 259 eine B e w e i s r e g e l: jenes „Wissen" wird (widerleglich) vermutet, wenn der Täter die strafbare Herkunft „den Umständen nach annehmen mußte", wodurch „ein in Beziehung auf den Vorsatz unvollständiges Beweisergebnis bis zur vollen Schuld ergänzt wird" (so E. **55** 204, 214, **64** 4, DR. **42** 217). Die Umstände müssen dem Täter das Wissen um die strafb. Herkunft geradezu aufgedrängt haben. Braunschweig NJW. **47** 110. Diese „Umstände" sind gesetzliches Tatbestandsmerkmal des § 259 und müssen deshalb in den Urteilsgründen gemäß § 267 I StPO. angegeben werden (E. **64** 4). Daß die Sache auf dem Schwarzen Markt verkauft worden ist, genügt allein nicht: Kiel SchlHA 48, 105. Auch nicht die Herüberschaffung von einer Bes.-Zone in die andere: Braunschweig NdsRpfl. 48, 96. — Betr. Bücher einer öff. Bibliothek AG. Hamburg MDR. **49** 574 (abl. Anm. F i g g e) — F a h r l ä s s i g k e i t betr. des vitiösen Erwerbs genügt nicht. Steht also der gute Glaube des Täters positiv fest, so ist, auch wenn er unentschuldbar war, freizusprechen. Vgl. auch E. **56** 160. Die Metallverkehrsgesetze (vgl. zu § 242) strafen fahrlässige Hehlerei ausdrücklich. Hierzu E. **60** 349.

2. Vorteilsabsicht. Vgl. Anm. II zu § 258. Vermögensvorteil ist nicht verlangt (E. **51** 179: Besitz- und Gebrauchsrecht des Entleihers; E. **54** 338: Abwendung einer drohenden Strafanzeige). Irrige Annahme, Vorteil zu erlangen, genügt: E. **56** 98.

VII. Verhältnis zur Vortat. Anstifter und Gehilfen zur Vortat können Hehler der durch sie erlangten Sachen sein (E. **5** 282, **8** 371, **32** 394); nicht aber Mittäter der Vortat (E. **34** 304, **54** 32, Celle HESt. **1** 12). War aber die spätere Abnahme des Diebesgutes von vornherein verabredet, so liegt — gegen RG. — regelmäßig nicht nur Anstiftung, sondern Mittäterschaft vor; die Mitwirkung zum Absatz ist bei solcher Abrede vorbestrafte Nachtat. Vgl. Gera NJ. **47** 135 (Anm. W e i s s); S c h ö n k e § 259 VII; aber auch schon F r a n k § 259 VI 3.

VIII. Verhältnis zu anderen Straftaten: Mit B e g ü n s t i g u n g soll nach E. **47** 220, **53** 179 trotz § 258 IdKonk. möglich sein. — U n t e r s c h l a g u n g: a) Wenn eine U. erst dadurch begangen wird, daß der Gewahrsamsinhaber die fremde Sache verkauft, verschenkt (vgl. Anm. III zu § 246), so sind Käufer, Geschenknehmer nicht H., sondern Mittäter bzw. Gehilfen bei der U. b) Ist aber der Zueignungsakt des Gewahrsamsinhabers dem Verkauf usw. vorhergegangen, so sind Käufer usw. Hehler (E. **55** 145, **58** 230, **67** 70). Ueber Grenzfragen betr. Abschluß der U. vgl. Braunschweig NJW. **47** 109 (abl. Anm. Wiegmann) und NJW. **49** 477 (betr. U.-Versuch). c) Bestand bei der Hehlerhandlung schon Gewahrsam des Hehlers, so wird sie tatbestandsmäßig meist Unterschlagung sein, die dann aber in Gesetzeskonkurrenz (vgl. Vorbem. III 4 vor § 73) zu H. tritt und neben dieser nicht strafbar ist (E. **56** 335). — Erpressung: E. **35** 278 IdKonk. — Betrug: E. **50** 254, **59** 128 IdKonk. — Steuerhehlerei: E. **57** 105 IdKonk.

IX. Versuch, falls der Täter irrig Tatsachen als vorhanden annahm, bei deren Vorliegen die Sachen i. S. der Anm. III durch eine strafbare Handlung erlangt sein würden (E. **64** 130). — Außerdem bei „Anfang der Ausführung der Hehlerhandlungen" der Anm. V. — **Strafbarkeit** des Versuchs auf Grund der VO. v. 29. 5. 43. Gegen ihre Weitergeltung bestehen keine durchgreifenden Bedenken. Vgl. Freiburg DRZ. **47** 65 = HESt. **1** 10; Hamm MDR. **48** 487.

X. Die **Strafbemessung** hat zu beachten, daß Hehlerei gegenüber der Vortat keine Nebentat, sondern selbständig ist und einen eigenen (durch § 260 erweiterten) StrRahmen hat. Nur innerhalb dieses Strafrahmens kann der Schwere der Vortat geeignetenfalls Rechnung getragen werden. E. **73** 398.

Gewerbs- und gewohnheitsmäßige Hehlerei

260. Wer die Hehlerei gewerbs- oder gewohnheitsmäßig betreibt, wird mit Zuchthaus bis zu zehn Jahren bestraft.

I. Hehlerei: auf §§ 258, 259 bezogen.

II. Gewerbs- oder gewohnheitsmäßig: in der Absicht, „sich durch fortgesetztes Ansichbringen gestohlener Sachen eine fortlaufende Einnahmequelle zu schaffen". E. **54** 184, **51** 97, **53** 155. Die Voraussetzung kann schon bei einer Hehlerhandlung gegeben sein: E. **72** 285. Vgl. auch Vorbem. II 3 vor § 73. Aber wegen der hohen Strafdrohung eng auszulegen: nur wenn kriminelles Gewerbe beabsichtigt. Hamm NJW. **49** 727. „Persönliche Eigenschaft" § 50 Anm. III.

III. Auch ein **Gehilfe** kann unter § 260 fallen, wenn er selber sich durch die Hehlerei des Haupttäters eine fortlaufende Einnahmequelle verschaffen will: DR. 41, 1285; HRR. 41, 456.

IV. Versuch strafbar. Anm IX zu § 259 und Freiburg DRZ. **47** 65. Wegen Rückfall Anm. zu § 261.

V. Wegen **StrBemessung** Anm. X zu § 259.

Sachhehlerei im zweiten Rückfall

261. Wer im Inlande wegen Hehlerei einmal und wegen darauf begangener Hehlerei zum zweiten Male bestraft worden ist, wird, wenn sich die abermals begangene Hehlerei auf einen schweren Diebstahl, einen Raub oder ein dem Raube gleich zu bestrafendes Verbrechen bezieht, mit Zuchthaus nicht unter zwei Jahren bestraft. Sind

mildernde Umstände vorhanden, so tritt Gefängnisstrafe nicht unter einem Jahre ein.

Bezieht sich die Hehlerei auf eine andere strafbare Handlung, so ist auf Zuchthaus bis zu zehn Jahren zu erkennen. Sind mildernde Umstände vorhanden, so tritt Gefängnisstrafe nicht unter drei Monaten ein.

Die in dem § 245 enthaltenen Vorschriften finden auch hier Anwendung.

Ist eine gewerbs- und gewohnheitsmäßige H. im Rückfall begangen, so ergibt die Vereinigung der Strafandrohungen aus § 260 und § 261 („gegenseitige Subsidiarität"), daß die Strafe aus § 261 zu entnehmen ist, unter Außerachtlassung etwaiger mildernder Umstände. E. **66** 333.

Nebenstrafen

262. Neben der wegen Hehlerei erkannten Gefängnisstrafe kann auf Verlust der bürgerlichen Ehrenrechte und neben jeder Verurteilung wegen Hehlerei auf Zulässigkeit von Polizeiaufsicht erkannt werden.

Zweiundzwanzigster Abschnitt

Betrug und Untreue

Vorbemerkungen

I. **Betrug und Untreue** sind ebenso wie Erpressung und Wucher Vermögensverbrechen, und zwar in eigentlichem Sinne: Sie greifen das Vermögen als wirtschaftliches Ganzes (unten Anm. IV) an, während sich Diebstahl, Unterschlagung und die übrigen in Vorbemerkung § 242 genannten Delikte gegen die Eigentums- und Besitzordnung und verwandte Einzelrechte richten, wobei nicht in jedem Einzelfalle ein Vermögensschade eingetreten zu sein braucht. Im Gegensatz zu dieser Gruppe unterscheiden sich daher Betrug, Untreue usw. nicht durch das geschützte Rechtsgut voneinander, sondern durch die Angriffsart (List, Mißbrauch einer Rechtsmacht oder Treubruch, Gewalt und Drohung, Ausbeutung der Notlage, des Leichtsinns oder der Unerfahrenheit). Bei der Untreue ist weitere Voraussetzung, daß ein schutzwürdiges Vertrauensverhältnis besteht. Aus diesem Grunde versagt mit Recht E **70** 9 dem Dieb den Schutz des § 266 gegenüber dem Hehler, der die Diebesbeute abredewidrig auf eigene Rechnung verkauft. Auf den Begriff des Vermögens oder des Vermögensschadens geht diese Entscheidung mit Recht nicht ein; denn hierfür oder für die Systematik der Vermögensverbrechen folgt aus jener tatbestandlichen Besonderheit des § 266 nichts. Insbesondere läßt sich aus ihr nicht ableiten, daß auch bei den übrigen Vermögensverbrechen das Opfer schutzwürdig sein müsse. Den Folgerungen aus dieser Entscheidung, die Kohlrausch (Festschrift für Schlegelberger 1936, 222 ff.) erwägt und Bockelmann (Festschrift für Kohlrausch 1944, 233) zieht, kann deshalb nicht zugestimmt werden. Das RG. hat bis zuletzt in der Vermögensschädigung allein und nicht in der Täuschung fremden Vertrauens das Wesen des Betruges gesehen. So ausdrücklich E. **74** 169 (vgl. Anm. IX). Kriminologisch gesehen bleibt es dagegen richtig, daß wie in der Voraufl. bemerkt, Betrug und Untreue Ausbeutung fremden Vertrauens sind. Der Betrüger beutet ein Vertrauensverhältnis aus, das er zwecks Ausbeutung durch Vorspiegelung herstellt, der Ungetreue ein Vertrauensverhältnis, das schon besteht. Insofern verhält sich der Betrug zur Untreue, wie die Erpressung zum Wucher, nur daß hier eine Zwangslage, dort eine Vertrauenslage ausgebeutet wird.

II. **Betrug und Erpressung** haben (anders als Raub und Diebstahl) gemeinsam, daß das Opfer sich oder einen Dritten selber schädigt. Sie unterscheiden sich dadurch, daß der Getäuschte nicht weiß, daß er sich (oder einen Dritten) schädigt, der Genötigte nicht anders kann. Der Betrogene würde so nicht handeln, wenn er die Lage übersähe; der Erpreßte nicht, wenn er nicht unter Druck gesetzt wäre. So auch Ebermayer in Lpz. Komm. Anm. 5a zu § 263: Die Verfügung, die der Getäuschte treffe, sei ein Ausfluß des irregeleiteten Willens; was „naturgemäß" nur dann gesagt werden könne, „wenn der Verfügende sich des schädigenden Erfolges der Verfügung bewußt war".

Die Kritik, die E. **70** 255 an dem Satz übt, der Betrogene wisse nicht, was er tue, scheint von einem Mißverständnis auszugehen; im dort gegebenen Fall wußte er es in der Tat nicht. Gleiches gilt für JW. **38** 2269, wo freilich der Tatbestand nicht vollständig mitgeteilt ist. Auch E. **44** 230 (245) PlenEntsch. steht dem nicht entgegen, daß zum Wesen des Betrugs gehört, daß der Betrogene die Bedeutung seiner Verfügung nicht übersieht. Zweifelhaft könnten höchstens die dem sog. Bettelbetrug ähnlich liegenden Fälle sein. Allein auch der unter Vorspiegelung körperlicher Gebrechen Angebettelte weiß nicht, daß die Voraussetzung, unter der er schenken wollte, nicht vorlag. Dadurch wird, was er für Wohltätigkeit hielt, zu einer Selbstschädigung (der Angebettelte selber, der auf die Vorspiegelung hin etwas gab, wird sich zweifellos „geschädigt" fühlen; aber auch objektiv ist der soziale Sinn der Vermögensverschiebung ein ganz anderer als der Getäuschte meint und will) und der Bettler zum Betrüger. Im Ergebnis ist deshalb den Urteilen E. **4** 352, **6** 360 beizutreten, bezüglich der Begründung kann man zweifeln. Für Strafbarkeit auch Welzel 170, Maurach II 48, Schönke V 1, Mezger StB II 151, A. A. Frank VI 1a.

1. Betrug: a) **einfacher**

263. Wer in der Absicht, sich oder einem Dritten einen rechtswidrigen Vermögensvorteil zu verschaffen, das Vermögen eines anderen dadurch beschädigt, daß er durch Vorspiegelung falscher oder durch Entstellung oder Unterdrückung wahrer Tatsachen einen Irrtum erregt oder unterhält, wird wegen Betruges mit Gefängnis bestraft, neben welchem auf Geldstrafe, sowie auf Verlust der bürgerlichen Ehrenrechte erkannt werden kann.

Sind mildernde Umstände vorhanden, so kann ausschließlich auf die Geldstrafe erkannt werden.

Der Versuch ist strafbar.

In besonders schweren Fällen tritt an die Stelle der Gefängnisstrafe Zuchthaus bis zu zehn Jahren. Ein besonders schwerer Fall

liegt insbesondere dann vor, wenn die Tat das Wohl des Volkes geschädigt oder einen anderen besonders großen Schaden zur Folge gehabt oder der Täter besonders arglistig gehandelt hat.

Wer einen Betrug gegen Angehörige, Vormünder oder Erzieher begeht, ist nur auf Antrag zu verfolgen. Die Zurücknahme des Antrages ist zulässig.

I. **Wesen des Betrugs:** Vgl. Vorbem I. — Seinem Begriffe nach ist der Betrug ein Vermögensverbrechen, gekennzeichnet durch die in Bereicherungsabsicht erfolgende Vermögensschädigung mittels Täuschung. Im einzelnen sind seine **Tatbestandsmerkmale:** I. Objektiv: 1. Täuschungshandlung, 2. Irrtum des Getäuschten, 3. Vermögensverfügung des Getäuschten, 4. Vermögensschädigung. 5. Kausalzusammenhang von 1—4. — II. Subjektiv: 1. Vorsatz (§ 59), 2. Erstrebung eines rechtswidrigen Vermögensvorteils.

II. **Täuschung.** — 1. **Tatsache:** Etwas Geschehenes oder Bestehendes (vgl. auch Anm. I zu § 186). Auch innere, z. B. die Absicht, liefern oder bezahlen zu wollen (Kreditbetrug! Zechprellerei!). E. **24** 216, 405, **41** 27 Bei Vorspiegelung einer inneren Tatsache genügt aber dol. ev. nicht. E. **30** 333. Bei Spiel und Wette Betrug, wenn ein Teilnehmer beim Abschluß über den Gewinnfall ein dem anderen verheimlichtes Wissen hat: E. **62** 415. — Werturteile sind auch hier von T.-Behauptungen zu scheiden (vgl. auch § 185 gegen §§ 186, 187; und Unterschied zwischen Zeugen und Sachverständigen im Prozeß): übertreibende Reklame also nicht ohne weiteres Betrug. E. **25** 182, **56** 227.

2. **Vorspiegelung** falscher Tatsachen ist Behauptung einer Tatsache (s. oben) in Kenntnis ihrer Unrichtigkeit. E. **24** 144. Auch durch schlüssige Handlungen. Wer z. B. eine Sache zum Kauf anbietet, behauptet damit stillschweigend, daß er Eigentümer oder jedenfalls verfügungsberechtigt sei; wer einen Scheck in Zahlung gibt, behauptet damit, daß er gedeckt sei. Die Grenze zwischen positivem Vorspiegeln durch schlüssige Behauptungen, d. h. durch solche, in denen das Unrichtige nicht ausdrücklich gesagt wird, aus denen es aber als mitgesagt geschlossen werden muß, und bloßem rechtswidrigem Schweigen (darüber unten IV) ist flüssig. Sie ist wichtig für Kreditbetrug (auch Zechprellerei). Wer Kredit nimmt, behauptet damit, zahlen zu wollen und am Fälligkeitstag zahlen zu können. Ein gewisses Risiko freilich wird der Kreditgeber stets bewußt auf sich nehmen. — Vgl. ferner E. **42** 147, **65** 106, **66** 56. — Bei Verwendung von Erfüllungsgehilfen kann B. in mittelbarer Täterschaft oder durch Unterlassung vorliegen: E. **59** 299. Anforderung nicht verausgabter Umzugskosten durch einen Beamten: E. **60** 294. — Eine Bestellung von Waren enthält nicht das Versprechen, zahlungsfähig, wohl aber zahlungswillig zu sein: DR. **43** 74.

3. **Entstellung und Unterdrückung wahrer Tatsachen:** ein Tun, das darauf berechnet ist, eine Tatsache der Kenntnisnahme eines anderen zu entziehen, z. B. Verdecken von Mängeln der Kaufsache E. **20** 144; vgl. auch E. **25** 15, **27** 75, **76** 170.

4. **Betrug durch Unterlassung** ist zu unterscheiden von der durch positives Tun erfolgenden „Unterdrückung wahrer Tatsachen". Die Frage ist hier, wann es strafbar ist, wenn man bloß schweigt. Hierin kann ein

(durch Unterlassung begangenes) Vorspiegeln falscher bzw. Unterdrücken wahrer Tatsachen liegen (je nachdem damit etwas nicht Vorhandenes als vorhanden hingestellt oder etwas Vorhandenes der Kenntnis eines anderen entzogen werden soll). Solches Schweigen ist strafbar, wenn eine Rechtspflicht zum Reden bestand. Die Frage ist (wie bei allen unechten Unterlassungsdelikten), wann eine solche Pflicht bestand. Rechtspflicht hat z. B. der Zeuge im Prozeß E. **36** 114; der Empfänger von Arbeitslosenunterstützung, wenn er bezahlte Arbeit gefunden hat E. **64** 209 (anders sei es bei Empfängern von Fürsorgebeträgen, die, ohne befragt zu sein, keine rechtliche Offenbarungspflicht hätten: E. **65** 211). — Wieweit eine m o r a l i s c h e oder s i t t l i c h e oder eine a u f § 2 4 2 B G B b e r u h e n d e Pflicht zum Reden eine Strafbarkeit aus § 263 begründen könne, war früher zweifelhaft; so noch in E. **46** 416, **65** 211. Das RGer. bejahte zuletzt, da es Fälle gebe, wo eine moralische Pflicht Rechtspflicht werde. Vgl. betr K r e d i t g e s c h ä f t e, die typische Vertrauensgeschäfte seien: E. **66** 56 (Wechselhingabe zwecks Bargeldbeschaffung), **70** 45 (Kundenauftrag an Bank, Wertpapiere zu kaufen: die Bank erteilte nur Abrechnung, schrieb die Papiere auf Stückekonto gut und machte dann Konkurs). Noch weitergehend bei Lieferung schlechter Ware: E. **69** 283. — Zusammenfassung in E. **70** 151, dazu E. **70** 225. — In allen Fällen eines Betrugs durch scheinbare Unterlassung ist aber **Vorfrage, ob nicht positives Tun vorlag.** Die B e j a h u n g v e r e i n f a c h t d i e L ö s u n g, indem die Frage nach einer „Pflicht zum Tun" gegenstandslos wird. Wer Schecks in Zahlung gibt, b e h a u p t e t damit, daß sie gedeckt seien; wer ein Schmuckstück zu einem entsprechend hohen Preis anbietet, b e h a u p t e t damit, es sei echt. Viele der einschlägigen Untersuchungen und Urteile betreten das schwierige Unterlassungsgebiet zu früh. — Ueber K r e d i t b e t r u g auch DStrR. **39** 170. — Gegen RG. H. M a y e r SJZ. 47, 15: die Rspr. konstruiere eine allg. Verpflichtung des Zahlungsunfähigen, seine Kreditunwürdigkeit zu offenbaren, von der weder das Gesetz noch die Zivilrechtspr. etwas wisse (RGZ. 69 315 ff., Staudinger-Riezler § 123 IV, 1 Abs. 2). Die zivilrechtliche Unmöglichkeit des Gedankens ergebe sich daraus, daß ein so weit gefaßter Betrugsbegriff ein Anfechtungsrecht haben würde, das praktisch jeden riskanten Kreditvertrag widerruflich mache und die par conditio creditorum zerschlage. — Ein Wohlfahrtsempfänger, der von anderer Seite Zuwendungen für seinen Lebensbedarf erhält, begeht, wenn er sie dem Wohlfahrtsamt nicht mitteilt, auch dann Betrug, wenn er die Z u w e n d u n g e n d u r c h s t r a f b a r e H a n d l u n g e n e r l a n g t hat, z. B. durch Betrug oder als Zuhälter: DR. **40** 319. Vgl. aber auch E. **76** 276 (= DR. **43** 397 m. Anm. Mittelbach).

III. Irrtum. — Irren heißt: über eine „Tatsache" (i. S. von Anm. 2 I) sich eine falsche Vorstellung machen. Wer sich überhaupt keine Gedanken macht, „irrt" nicht. Deshalb begeht keinen Betrug, wer auf ein nicht auf seinen Namen lautendes S p a r k a s s e n b u c h Geld abhebt (E. **26** 154, vgl. Anm. VIII zu § 242). Die Fälle des blinden Passagiers und des Automatenbetrugs, die deshalb früher gleichfalls straflos bleiben mußten, sind jetzt in § 265a unter Strafe gestellt. — „Erregen" und „unterhalten" gleichwertig (E. **39** 80). Bloßes Benutzen ist nicht immer „Unterhalten" eines Irrtums (E. **20** 326). — Irren kann auch ein G e s c h ä f t s u n f ä h i g e r. ZAk. **39** 132 (Anm. H e n k e l)

IV. Die Verfügung des Getäuschten über sein oder eines anderen Vermögen ist „ungeschriebenes Tatbestandsmerkmal" des § 263: E. **49** 16.

1. Sie stellt den **Kausalzusammenhang** zwischen Täuschungshandlung, erregtem Irrtum und Vermögensschaden her. Vgl. E. **28** 144, **44** 230 (243), **47** 151 (wer, durch Täuschung veranlaßt, einem anderen nur die tatsächliche Möglichkeit gibt, ihn zu schädigen, hat nicht „verfügt"). Und diese Verfügung muß gerade auf Grund des durch die Täuschung hervorgerufenen Irrtums getroffen sein; wäre sie ohnedies getroffen, so kein Betrug. E. **14** 310, **48** 238. Dieser Irrtum wird in der Regel ein solcher über die schädigende Wirkung der Verfügung sein. Freilich nehmen E. **4** 352, **6** 360 (Bettelbetrug), **53** 225 (unentgeltliche Ueberlassung einer Wohnung aus Mitleid) Betrug auch bei Irrtum im Motiv an. Darüber oben Vorbem. II a. E.

2. Daß die Verfügung ein zivilrechtlich gültiges RGeschäft sei, darf nicht zur Voraussetzung gemacht werden. Eine **wirtschaftlich schädigende Einwirkung** genügt. So in allmählicher Entwicklung RGer. von E. **49** 16 über JW. **26** 586, E. **64** 228, E. **66** 292 zu ZAk. **39** 132, wonach auch ein Geschäftsunfähiger i. S. des § 263 verfügen kann. **Getäuschter und Geschädigter** brauchen also **nicht die gleiche Person** zu sein, wenn nur der Getäuschte tatsächlich in der Lage war, über fremdes Vermögen zu verfügen. E. **16** 4. **21** 236, **42** 171, **51** 166, **64** 226. (**66** 40: Betrug auch, wenn jemand unter Mißbrauch seiner Vertretungsmacht durch Täuschung darüber einen Dritten zum Abschluß eines den Vertretenen verpflichtenden und dadurch dessen Vermögen schädigenden Vertrages veranlaßt.) Hierauf beruht die Möglichkeit des Prozeßbetrugs.

3. **Prozeßbetrug.** — Ist es Betrug, wenn ein Richter durch falsche Angaben zu einer das Vermögen eines anderen schädigenden Entscheidung veranlaßt wird? Grundsätzlich verneinen die, die den Gesichtspunkt der Vermögensschädigung hier nicht für maßgebend halten und einen neuen Tatbestand befürworten: Mißbrauch der Rechtspflegeorgane durch Verletzung der prozessualen Wahrheitspflicht (E. Wolf in JW. 38, 1923; ähnlich die dort zit. Grünhut, Dahm, Boldt).

a) **Unstreitig** — von jenem grundsätzlichen Einwand abgesehen — **ist** es Betrug, wenn die falschen Angaben **mit unrichtigen Nachweisen belegt** werden, denen der Richter glaubt (u. U. Versuch). Täter kann die Partei selber sein (Vorlegung falscher Urkunden: E. **3** 169; Benennung falscher Zeugen, auch von solchen, die in falsch zu deutender Weise ihr Zeugnis verweigern sollen: E. **36** 114, **40** 9; falsche Angaben zwecks Armenrechtsbewilligung: JW. 37, 2391); aber auch ein anderer, z. B. der falsche Zeuge (u. U. IdKonk. mit Meineid: E. **58** 295). Hier entscheidet der Richter nach pflichtgemäßer, aber irregeleiteter Ueberzeugung: er „irrt", und sein Irrtum wird Ursache eines Vermögensschadens.

b) **Streitig war,** ob es Betrug sei, wenn der Richter einseitigen Angaben glaubt, aber nach der Prozeßlage **hätte Beweis erheben müssen.** RGer. hat bis E. **63** 391 Betrug verneint: Ursache sei hier nicht die Irreführung des Richters, sondern dessen Pflichtwidrigkeit. Mit der reichsgerichtl. Anschauung der strafrechtlichen Gleichwertigkeit aller Bedingungen und mit dem Dogma von Nichtunterbrechung des Kausalzusammenhangs (Vorbem. II vor § 1) war das aber unvereinbar. Seit E. **69** 44 u. **101** nahm auch das RGer. hier Betrug an; freilich nur, wenn die Entscheidung wirklich auf dem, wenn auch pflichtwidrigen, Vertrauen auf die Parteiangaben beruhte.

c) **Streitig ist geworden,** ob Prozeßbetrug möglich sei im Versäumnisverfahren gegen d. Bekl. (ZPO. § 331), beim Geständnis (ZPO. §§ 288 ff.) und im Mahnverfahren (ZPO. §§ 688 ff.). Es wurde früher mit Recht verneint: da der Richter über die Wahrheit des Vorgebrachten sich in diesen Fällen keine Gedanken zu machen hatte, konnte er nicht über „Tatsachen irren". Die Frage ist, ob sich mit Einführung der Wahrheitspflicht (ZPO. § 138 i. d. Fass. d. Ges. v. 27. 10. 33) an der Stellung des Richters etwas geändert hat. Sie betrifft Zivilprozeß, nicht Strafrecht. Jonas bejaht sie: bei Gaupp-Stein ZPO., 15. Aufl., § 138 Anm. I, § 331 Anm. II 2, § 288 III; nicht dagegen für das Mahnverfahren. Soweit Bejahung richtig (was ich dahingestellt lasse), wäre Prozeßbetrug jetzt möglich. RGerStr. hat zunächst offenbar nicht angenommen, daß die Einführung der Wahrheitspflicht die Fälle möglichen Prozeßbetrugs vermehrt habe: DJ. **38** 133, E. **72** 133 u. 150. Ausdrücklich betr. Mahn- und Versäumnisverfahren E. **69** 48 (Abs. 3): hier sei Betrug durch falsche Angaben nach wie vor unmöglich. Anders E. **72** 113: ein Versäumnisurteil sei zu versagen, wenn der Richter die Klagebehauptungen für bewußt falsch halte. Vgl. zu dem Urteil auch Schaffstein in JW. 38, 1386, der einverstanden zu sein scheint; ebenso Schönke Anm. V 6b. Boldt macht in ZAk. 38, 442, die unter I genannten grundsätzlichen Bedenken geltend. Kritische Bedenken gegen das Urteil, die kaum von der Hand zu weisen sind, bei Keunecke, Prozeßbetrug (Strafrechtliche Abhandlungen, Heft 417). — Im Wechselprozeß (ZPO. §§ 592 ff.) behauptet der Kläger nur, daß der Bekl. wechselmäßig verpflichtet sei. Wenn dies richtig (d. h. der Wechsel echt) ist, kann darauf, daß der Wechselkläger auf das Kausalgeschäft nicht zurückgegriffen hat, ein Vorwurf des Betruges nicht gegründet werden. — Daß Betrug gegeben, wenn ein vorgeblicher Gläubiger einen der Rechtslage nicht entsprechenden Zahlungs- und Vollstreckungsbefehl erwirkt, um im Einverständnis mit dem vorgeblichen Schuldner dessen Gläubiger zu schädigen, nahm mit Recht schon E. **58** 104 an, da der Richter, der erkennt, daß ein Rechtsstreit in Wahrheit nicht vorliegt, den Zahlungsbefehl abzulehnen hat. Ebenso Betrug durch Ausnutzung der irrigen Auffassung des Schuldners über die Bedeutung eines Zahlungsbefehls: E. **65** 35. Anmeldung einer nicht bestehenden Forderung zum Konkurs: E. **36** 86. Täuschung des Gerichtsvollziehers: E. **39** 143.

V. Vermögensschädigung. 1. **Vermögen:** Die Summen der jemanden unter dem Schutze der Rechtsordnung zu Gebote stehenden wirtschaftlichen Werte (E. **66** 285, vgl. auch E. **16** 3, **44** 233). Auch der Besitz, sogar der fehlerhafte, soweit rechtlich geschützt (E. **65** 3, vgl. unten zu 2.) Auch der entgangene Gewinn, auch eine Anwartschaft, soweit feste Aussicht bestand: E. **41** 373, **63** 191, **73** 384, **75** 62 (dazu Nagler ZAk. DtR. 41, 294, Bockelmann DR. 41, 850). E. **71** 334 betr. Stammkundschaft, vgl. aber auch E. **74** 317, Celle DRZ. **47** 135, Braunschweig NdsRpfl. **48** 94: bloße Bewerbungen zahlreicher Personen um Zuteilung eines Gegenstandes noch keine festen Anwartschaften; entsprechendes gilt aber auch für die weiter unten besprochenen Fälle von Bewerbungen um eine Anstellung oder Zulassung (Oldenburg NdsRpfl. **48** 95, Celle DRZ. **47** 418). Auch die Arbeitskraft: E. **68** 379 (380); Anm. Mezger in JW. 35, 288. — Im Gegensatz zu der hier mit der h. L. vertretenen grundsätzlich wirtschaftlichen Auffassung sieht die ältere Lehre (Binding Lb. I 238) das Vermögen in der „Summe der

Vermögensrechte und -pflichten" (juristischer Vermögensbegriff). In der Rspr. aufgegeben durch E. **44** 230 (dagegen Binding DJZ 16, 553 ff.); vgl. auch E. **16** 1 mit dem Votum GS. 43, 321 ff. und neuerdings Bockelmann Kohlr.-Festschr. 245 ff., der den „wirtschaftlichen" wie den „juristischen" Vermögensbegriff durch einen „personalen" zu überwinden sucht.

2. **Beschädigung:** Die Verringerung des Gesamtwerts des Vermögens. Der Schaden besteht in der dem Geschädigten „nachteiligen Differenz" zwischen dem Geldwert, welchen dessen Vermögen nach und infolge der durch die Täuschung hervorgerufenen Verfügung tatsächlich hatte, und demjenigen Geldwert, den es gehabt hätte, wenn die Täuschungshandlung nicht vorgekommen wäre: E. **16** 1 Plen.-Entsch. und zuletzt E. **49** 21, **53** 260, **54** 37, **64** 181, **66** 281. Vgl. auch E. **66** 337: Der „gemeine Handelswert" einer Ware kann sich nach dem Großhandelspreis, aber auch nach dem Kleinhandelspreis bestimmen; es komme darauf an, auf welchem Gebiet sich das betr. Geschäft bewegt habe. — „Der persönliche Einschlag bei der Schadenfeststellung darf nicht unbeachtet bleiben." So kann z. B. der Wert eines Kunstwerks auch mitabhängen von dem Gebrauchswert, den es im besonderen Fall für den Besitzer hat. „Nur der reine Liebhaberwert ist nicht zu berücksichtigen." E. **68** 212. — Nicht ist maßgebend der Zustand, der bestanden hätte, wenn die vorgespiegelten Tatsachen wahr gewesen wären. Es genügt daher nicht, daß es ohne die Täuschung nicht zu einer Verfügung gekommen wäre, sondern die erworbene Leistung ist der durch die Verfügung eingebüßten gegenüberzustellen. Für die Schadenberechnung ist aber der durch die Täuschung kraft Gesetzes entstehende Anspruch auf Schadenersatz oder Rückgewähr außer Betracht zu lassen, da es sonst überhaupt keinen strafbaren Betrug gäbe. Anderseits ist nicht nötig, daß ein solcher Anspruch besteht, so daß auch geschädigt ist, wer auf Grund einer Täuschung leistet, um eine unsittliche Gegenleistung zu erlangen, obgleich er nach § 817 BGB. einen Rückforderungsanspruch nicht hat: E. **44** 230 Plen.-Entsch. Es gibt also kein gegen Betrug ungeschütztes Vermögen. Auch der Betrüger kann betrogen werden: E. **65** 3. — Doch muß das, worum jemand geschädigt wird, rechtlichen Bestand haben. Um die Forderung aus einem unsittlichen Rechtsgeschäft kann man nicht betrogen werden (E. **65** 99), wohl aber kann man um eine Leistung geschädigt sein, die man im Hinblick auf eine solche Forderung aufgewendet hat (Lieferung eines wertlosen Abtreibungsmittels ist Betrug, falls der Käufer im Vertrauen auf die Tauglichkeit den Kaufpreis gezahlt hat: E. **44** 230 Plen.-Entsch., **47** 67; anders frühere Entsch., vgl. auch oben zu 1). — Wer durch Täuschung zum Abschluß eines Vertrages bewogen wird (**„Eingehungsbetrug"**), ist damit noch nicht geschädigt, sondern erst, wenn er im Vertrauen auf die Leistung nachteilig verfügt. So, wenn er leistet, und die als Ausgleich erworbene Forderung entweder den gemachten Zusicherungen nicht entspricht oder objektiv ungleichwertig ist. Ob sie dies ist, ist unter Berücksichtigung der individuellen Verhältnisse des Geschädigten zu beurteilen. E. **76** 51, Hamm HESt. **1** 114. Nur ein realisierbares Aequivalent kommt hier in Anrechnung, dies aber auch bei mangelndem Zahlungswillen: DR. 43 74 mit Uebersicht über die Rspr. — Der Wert der erhaltenen Gegenleistung ist tatsächlich, nicht juristisch festzustellen. Anders, wenn das zu Leistende öffentlich-rechtlich fixiert ist und hierüber getäuscht

wird: E. **66** 281 hat Betrug angenommen, da der Vermieter, der ein Hauszinssteuerdarlehn empfangen hatte, den Mieter über die Höhe des von der Behörde festgesetzten Mietzinses getäuscht und dadurch zur Zahlung einer höheren Miete veranlaßt hatte; hier komme es auf den tatsächlichen Wert der Wohnung nicht an. Vgl. auch E. **76** 194. — Bei *Schwarzmarktgeschäften* nimmt, in Konsequenz des wirtschaftlichen Vermögensbegriffs, Oldenburg NdsRpfl. **47** 42 Betrug an, wenn der Täter den Schwarzhändler veranlaßt, seine Ware hinzugeben, und ihm danach nur den Friedenspreis bezahlt. Ebenso AG. Dortmund MDR. **47** 139 und Dresden NJW. **48** 531 mit Anm. *Wimmer*. Vgl. dens. DRZ. **48**, 116, NJW. **48**, 241; aber auch *Fischer*, Der Betrug auf dem Schwarzen Markt (Recht und Zeit Heft 5, 1948, S. 16—22). Vgl. ferner Hamm HESt. **1** 114, Düsseldorf MDR. **47** 268. Ebenso jetzt OGH. in DRZ. **50** 44. — Bei einer *Forderung* ist ihr Geldwert, nicht ihr Bestand entscheidend. Hierauf beruht die Möglichkeit des Kreditbetruges (Zechprellerei, falsche Vorspiegelungen über die Sicherheiten bei einer Forderung) und die Strafbarkeit der Ausgabe ungedeckter Wechsel und Schecks. — Beim *Dienstvertrag* ist für den Schaden des Dienstverpflichteten zu beachten, ob er Gelegenheit gehabt haben würde, seine Arbeitskraft anderweit gewinnbringend zu verwerten (E. **68** 379). Bei der Berechnung des Schadens, den der Dienstberechtigte erlitt, soll außer dem tatsächlichen Wert der geleisteten Dienste auch eine vom Dienstverpflichteten behauptete besondere Vorbildung in Rechnung gestellt werden, falls die Bezüge nach solcher Vorbildung berechnet sind: Betrug bei Vorlegung falscher Zeugnisse über besondere Fachbildung, auch wenn die Leistungen dann den Anstellungsbedingungen entsprechen (E. **64** 33, **65** 275). E. **65** 281 dehnt dies, den Vermögensbegriff verflüchtigend, sogar auf die Beamtenstellung aus, wenn der Bewerber Tatsachen verheimlicht, die ihn, trotz sachlicher Tauglichkeit, persönlich einer Beamtenstellung unwürdig erscheinen lassen. Die Kriegs-Judikatur ist die hier angebahnten Irrwege weitergegangen. E. **75** 8 bestraft einen Erdarbeiter, der, bei Wehrmachtsbauten beschäftigt, seine Vorstrafen verschwiegen hatte, wegen Betruges. Das geschützte Interesse ist, wie *Bockelmann* (Der Unrechtsgehalt des Betruges, Kohlrausch-Festschrift 1944, 250) zutreffend bemerkt, in Wahrheit Spionage- und Sabotage-Abwehr. Aber auch wenn man Amts- oder Stellungserschleichung durch Unqualifizierte, Vorbestrafte, politisch Belastete als Betrug bestraft, wird dem wirklich verletzten Interesse der Ordnung der staatlichen Verwaltung ein ad hoc konstruiertes Vermögensinteresse substituiert. Meist soll hier überdies der Strafrichter die Fehler der Verwaltungsstellen korrigieren. KG. in JR. **48** 141 begründet ganz offen die Verurteilung wegen Betruges u. a. mit dem bei Bekanntwerden der Vorstrafen des Eingestellten drohenden Autoritätsverlust der Behörde. In der Nachkriegszeit, in der diese Fälle stark zugenommen haben (*Bader*, Soziologie der Nachkriegs-Kriminalität 1949, 91 ff.), ist die Rechtsprechung auf dem Wege des Reichsgerichts verblieben. Berechtigte Kritik hieran bei *Maurach* II 51. Der Vermögensschaden wird in fünffacher Weise begründet: 1. Bei *Beamten*stellungen in Anlehnung an E. **65** 282 damit, daß der Staat die beamtenrechtliche Fürsorge übernehme, im Hinblick auf die völlige Untauglichkeit der angestellten Personen für die Amtsstelle aber überhaupt keinen Gegenwert erhalte. 2. Bei besonders gut bezahlten *Vertrauensstellungen* damit, daß hier

Mehrleistungen für eine nicht vorhandene Qualität aufgewendet worden seien (im Anschluß an E. **73** 268). 3. Bei Stellungen, die ihrer Eigenart nach eine besondere Charakterfestigkeit voraussetzen, unter Uebernahme der Gründe von E. **75** 8 (s. o.). 4. tritt neuerdings die Begründung in den Vordergrund, daß das Vermögen des angestellten Partners aufs schwerste gefährdet sei, wenn es in die Hände unqualifizierter und vorbelasteter Persönlichkeiten falle. So insbesondere Celle SJZ. **47** 212 betr. Anstellung in einer Stadtverwaltung (Bedenken in Anm. v. Weber ebendort); Oldenburg Nds.Rpfl. **48** 95 betr. Lehrerstellung; Kiel, Schlesw.Holst.Anz. **46** 502 betr. Pfarrer; Freiburg DRZ. **48** 66 betr. Gerichtsreferendar. (In diesem Fall dürfte die Besonderheit durchgreifen, daß der Unterhaltungszuschuß keine Gegenleistung für Dienste darstellt, sondern zum Zwecke der Fortbildung gewährt wird). 5. wird ein Vermögensschaden durch Benachteiligung anderer Anwärter konstruiert, so Celle Nds.Rpfl. **47** 65 betr. Armensachen der übrigen Anwälte und der Zulassungsbewerber bei erschlichener Zulassung als Rechtsanwalt, Oldenburg, Nds.Rpfl. **48** 95 (s. o.) betr. berufliche Aussichten der übrigen Lehramts-Kandidaten. Aber solche allgemeinen Aussichten gehören sicher nicht zum Vermögen, darüber oben zu V 1. Und im übrigen zeigt sich das Bedenkliche der Rechtsprechung darin, daß sie den objektiven Tatbestand des Betruges davon abhängig macht, ob der Mangel an Vorbildung, die Vorstrafe, die Belastung aufgedeckt werden oder nicht. So ausdrücklich das KG. in JR. **48** 141 (drohender Autoritätsverlust als Vermögensschaden, s. o.). Wenn während der leistungsmäßig einwandfreien Dienstzeit nichts herauskommt und Leistung wie Gegenleistung abgeschlossen in der Vergangenheit liegen, ist ein Vermögensschaden mit den obigen Begründungen, abgesehen von den Fällen zu 2., nicht zu konstruieren. Insbesondere versagt die Begründung zu 4. Wenn das KG a. a. O. ohne Einschränkung erklärt, daß ein Vorbestrafter in solcher Stellung die ständige Gefahr der Begehung neuer Straftaten bedeute, so leugnet es damit nicht nur jede Wirksamkeit des Strafrechts, sondern setzt die Vermutung einer Gefahr (weiterer verbrecherischer Neigungen) an die Stelle des objektiven Nachweises. Daher kann die Möglichkeit des Zugriffs auf Vermögenswerte, die der Angestellte hat, nicht der aktuellen Vermögensschädigung gleichgesetzt werden. Vergreift sich aber der Täter tatsächlich an den ihm infolge seiner Stellung zugänglichen Werten, so denkt, worauf v. Weber SJZ. **48**, 214 mit Recht hinweist, niemand daran, ihn außer wegen Untreue oder Unterschlagung noch wegen Betruges, begangen durch Amtserschleichung, zu bestrafen. Die äußerste Grenze, auf der eine Bestrafung noch einwandfrei begründet werden kann, hat bereits E. **73** 269 gezogen: Auch bei Erschleichung von Vertrauensstellungen sei für die Annahme eines Vermögensschadens Voraussetzung, daß die Bezahlung des Angestellten mit Rücksicht auf die Vertrauensstellung besonders hoch festgesetzt worden sei, daß also der geforderten Vertrauenswürdigkeit eine besondere, in Geld meßbare Gegenleistung gegenüberstehe, z. B. bei Einstellung eines früher anderweit wegen Unzuverlässigkeit Entlassenen als Prokuristen. Dies muß entsprechend für Amtserschleichung gelten. Mit Recht hat es auch Braunschweig Nds.Rpfl. **47** 47 abgelehnt, in dem Verschweigen einer früheren Zugehörigkeit zur NSDAP Betrug zu sehen. Dagegen verurteilt Gera NJW. **47** 34 in solchen Fällen wegen Betruges; das ist ebenso bedenklich wie im Hinblick auf § 145 b Thür. Fassung unnötig. Dieser lautet: (I) Wer wissentlich eine Anstellungsbehörde über einen Umstand täuscht, der nach den geltenden Vorschriften oder Einstellungsbedingungen eine Voraussetzung für die Anstellung bildet, und dadurch bewirkt, daß ihm oder einem anderen ein öffentliches Amt übertragen wird, wird mit Gefängnis bis zu zwei Jahren bestraft. (II) Der Versuch ist strafbar. Solange die hier im Anschluß an § 146 Entw. 27 ausgefüllte Gesetzeslücke im übrigen Deutschland noch besteht, wird die Rechtspr. in Versuchung sein, sie mittels § 263 zu schließen. Aber diese Notlage darf nicht, wie es in der Literatur geschehen ist, herangezogen werden, um die Grundlage der Betrugslehre in Frage zu stellen und den Vermögensbegriff preiszugeben. Die im Schrifttum vielfach mit Hilfe von Tätertypisierung, Heranziehung von Gesinnungsmomenten oder unter ausschließlicher Betonung des Pflichtverletzungsmomentes im Verbrechensbegriff unternommenen Versuche, die wirtschaftliche Vermögensauffassung zugunsten einer „personalen" aufzugeben, müssen insoweit schon im Ansatzpunkt abgelehnt werden. Die in den meisten Fällen der Amtserschleichung allein feststellbare Beeinflussung wirtschaftlich relevanter Dispositionen des Getäuschten kann einen Vermögensschaden zur Folge haben, stellt ihn aber selbst noch nicht dar. Der grundsätzliche Standpunkt der E. **16** 1 läßt bereits individuellen und insoweit auch „personalen" Schadensberechnungen Raum. Er ist durch jene Versuche nicht erschüttert, sondern wird in E. **76** 49 (51) und den dort angeführten weiteren Entscheidungen der Sache nach bestätigt. Nur um Dispositionsstörungen handelt es sich auch in dem Falle E. **73** 382: Täuschung darüber, daß der Täter die — einwandfreie — Ware nicht, wie versprochen, aus Notstandsgebieten geliefert hat. Eine typische **Vertragsverletzung mit allen zivilrechtlichen Folgen**, aber ohne jedes Pönalisierungsbedürfnis. Erst recht liegt eine bloße Ordnungswidrigkeit mit den sich aus der Eisenbahnverkehrsordnung ergebenden Folgen, aber keine kriminelle Vermögensschädigung vor, wenn jemand eine von ihm bezahlte Fahrkarte verspätet benutzt. Anders aber DR. **41** 2666 (Anm. Bockelmann). — **Versprechen einer unmöglichen Leistung** ist nur Betrug, wenn entweder der Getäuschte vorgeleistet hat (andernfalls ist er nicht geschädigt, da kein Anspruch auf seine Leistung besteht), oder wenn der Getäuschte infolge Ausbleibens der versprochenen Leistung eine nachteilige Verfügung getroffen (z. B. sie sich anderweit teurer beschafft) hat (E. **48** 86 und 186, GoltdArch. **43** 171, **50** 392). — **Erfüllungsbetrug:** Strafbar, falls der Getäuschte bewogen wird, an Stelle der geschuldeten eine geringerwertige Leistung als Erfüllung anzunehmen. — **Entgangener Gewinn** ist Vermögensschaden, wenn auf ihn ein Rechtsanspruch bestand oder wenn er (vgl. § 252 BGB.) ohne die Täuschung wahrscheinlich eingetreten wäre: E. **64** 181, **63** 19, **41** 373, **38** 108. — **Bloße Gefährdung** kann unter Umständen eine jetzige Vermögensminderung darstellen. So E. **53** 260: Erteilung eines Erbscheins auf Grund gefälschten Testaments als Schädigung der wirklichen Erben. E. **59** 104: Erlangung eines Vollstreckungstitels, falls sonstige Betrugsvoraussetzungen gegeben, nicht versuchter, sondern vollendeter Betrug. E. **64** 226: Weitergabe eines verfälschten Wechsels trotz bestehender Haftung des Akzeptanten, da die Einlösung unter Umständen erschwert ist. E. **66** 371: Herbeiführung einer unrichtigen Grundbuchlage. E. **66** 409: Nichtgeschuldete Eingehung einer Wechselverbindlichkeit. — Auch durch **Nichtgeltendmachung von Rechten** schädigt man sein Vermögen. Betrug also, wenn jemand durch Täuschung veranlaßt wird, von Geltendmachung (z. B. Einklagung) seines Anspruchs abzusehen; in der Unterlassung ihrer Geltendmachung liegt hier die zum Betrug gehörende „Vermögensverfügung". Vgl. E. **63** 191, **65** 100, **70** 227. — Ueber Betrug beim Eisenbahnfrachtgeschäft (falsche Angaben im Frachtbrief über Gewicht und Stückzahl, auch bei Kenntnis der Abfertigungsbeamten) vgl. DJ. **38** 1497 m. Anm. von Reichsbahnrat Gährs. — Betrug durch einen Heilpraktiker, der „völliger Ignorant": HRR. **39** 983. — Wer eine Sache, die er gestohlen hat, weiterverkauft, schädigt den gutgläubigen Erwerber, da dieser wegen § 935 BGB. nicht Eigentümer werden kann. Nach E. **73** 61 (anders noch E. **49** 16) soll gleiches gelten, wenn er die Sache **unterschlagen** hatte; obwohl der Erwerber hier Eigentümer wird, könne ihn doch der Erwerb einer „mit einem sittlichen Makel behafteten Sache" (diese Verdinglichung des Sittlichkeits-Begriffs begegnet jetzt häufiger, z. B. auch in JW. **39** 224, DR **42** 131) wirtschaftlich schädigen. Voraussetzung ist hier aber wohl, daß ein solcher wirtschaftlicher Schaden im Einzelfall wirklich eingetreten ist. — Wer an einen anderen eine fällige Geldforderung hat (oder zu haben glaubt), schädigt ihn nicht an seinem Vermögen (mindestens nicht vorsätzlich), wenn er sich unter falschen Angaben von jenem Schuldner einen Geldbetrag in Höhe seiner Forderung verschafft: DR. **44** 154. Im allg. auch dann nicht, wenn er durch eine Täuschung unmittelbar die Befriedigung gerade dieser Forderung erreicht: E. **64** 342, **72** 133. Mindestens fehlt hier die Absicht eines rechtsw. Vermögensvorteils.

VI. Subjektiv erforderlich: 1. **Vorsatz** (§ 59); Bewußtsein der Irrtumserregung und Vermögensschädigung. Dolus eventualis genügt. E. **20** 3, **49** 21, **55** 257. — 2. **Absicht,** sich einen rechtswidrigen Vermögensvorteil zu verschaffen. Hierzu Anm. V—VII zu § 253. Ueber den Begriff der Absicht vgl. E. **44** 87. Hinsichtlich der Rechtswidrigkeit genügt dolus eventualis: E. **55** 257. Vgl. aber auch DR. **43** 900 und Hamm HESt. **2** 34. — Vgl. ferner E. **59** 38: (Sicherung des Besitzes der unterschlagenen Sache als Vermögensvorteil); E. **63** 255 (Ermöglichung eines später auszuführenden Diebstahls kein Vermögensvorteil); E. **64** 342 (keine Rechtswidrigkeit bei Ausgleichung der Geldentwertung durch Aufstellung falscher Rechnungen). E. **71** 280 (Abwehr von Strafe kein VV.). — Für den erstrebten VVorteil und den zugefügten VSchaden gilt, wie bei Erpressung, der Grundsatz der sog. Substanzgleichheit, d. h. der Vorteil muß aus dem Vermögen des durch Täuschung zu Schädigenden herrühren; die Absicht, für die Schädigung von einem Dritten belohnt zu werden, genügt nicht. E. **64** 435. — Die Ordnungswidrigkeit des zur Erlangung des VVorteils verwandten Mittels macht diesen noch nicht rechtswidrig: E. **64** 344. Aber E. **72** 133 nimmt solches an, wenn innerhalb eines Prozesses durch Täuschung ein an sich bestehendes Recht durchgesetzt werde (womit freilich der Ausgangspunkt preisgegeben und eine bloße Prozeßlüge bestraft wird). — Verwirklichung der Absicht, soweit kein neues Rechtsgut geschädigt, straflose Nachtat; also der Verkauf der zu diesem Zweck einem anderen abgeschwindelten Sache nicht außerdem als Unterschlagung strafbar (E. **61** 37, **67** 70).

VII. Konkurrenz: mit Gelddelikten E. **54** 219, **60** 315; § 253 Anm. IX; mit § 242 vgl. E. **49** 405; § 246: E. **49** 16; § 259: E. **50** 254; § 264a Anm. I;

§ 265 Anm. VII (E. **48** 186); § 266 (JW. **39** 33: Betrug gegen die Allgemeinheit und Untreue gegen den Staat); §§ 331, 332 (HRR. **40** 195); § 276 Anm. IV (E. **68** 302); § 284 Anm. VII; § 351 Anm. VI (E. **70** 12); § 352 Anm. VII; § 353 Anm. VI; mit Konkursvergehen E. **66** 175; mit Nahrungsmittelfälschung E. **59** 311. — „Steuerbetrug" (RAbgO. § 396) ist, wenn lediglich ein ungerechtfertigter Steuervorteil erstrebt wurde, das spezielle Delikt gegenüber § 263: E. **60** 97 und 161 und 182. — IdKonk. mit §§ 119 ff. BranntwMonG.: E. **60** 237. — Kein strafbarer Betrug, sondern straflose Nachtat (Vorbem. III 3 vor § 73), wenn Vorspiegelungen gemacht zwecks Verdeckung einer Vortat (z. B. Entwendung, Unterschlagung, Untreue, auch eines früheren Betrugs) und in der Nachtat nicht eine neue selbständige Vermögensschädigung liegt; E. **59** 128, **63** 192; freilich E. **59** 38. Vgl. auch HRR. **42** 459 betr. Indossierung gestohlener Schecks.

VIII. Besonders schwerer Fall. Dieses Merkmal ist jetzt in dem engeren Sinne des § 77 Abs. 2 Entw. 1927 auszulegen. Vgl. im einzelnen MDR. 48 310 ff., oben Anm. V zu § 1 sowie § 266 II. Widerspruchsvoll Celle Nds.Rpfl. **48** 250 (= Dt. Rspr. Lief. 5/49), das sich ebenfalls auf die Entwürfe vor 1933 beruft, aber dennoch uneingeschränkte Fortgeltung der jetzigen weitergehenden Fassung von 1933 (Ges. v. 26. 5. 33) annimmt. Stellt man sich aber auf diesen Standpunkt, so ist folgendes zu bemerken: „Besonders großer Schaden" und „besondere Arglist" sind nur zwei Beispiele; für ersteres wieder „Schädigung des Wohls des Volkes" ausdrücklich hervorgehoben. In allen Fällen ist das Wort „besonders" zu beachten! „Schaden" und „Arglist" müssen das in solchen Fällen Uebliche übersteigen. Wenn Meineid mit Betrug zusammentrifft, wird in der Regel ein „besonders schwerer Fall" des Betrugs gegeben sein: JW. **38** 2467. Für „Arglist" vgl. §§ 181, 223 a.

Die umfangreiche Rechtspr. zu Abs. IV betrifft zumeist den Begriff „Wohl des Volkes" Der Schaden kann hier ein materieller, aber auch ein immaterieller sein (Schädigung des Ansehens von Volk und Staat). Daß „Einrichtungen der Allgemeinheit" betroffen werden, ist weder erforderlich noch genügend. E. **68** 219, **69** 240, HRR. **38** 492 u. 493, JW. **38** 450 (Anm. Schwinge), 503, 504; überall wird die Wichtigkeit betont, den Einzelfall zu prüfen.

Der Gedanke des Schuldstrafrechts verlangt, daß bei alledem auch die innere Tatseite beachtet wird. Dies ist selbstverständlich bei der Voraussetzung „besonderer Arglist". Aber auch sonst handelt es sich hier nicht um Erfolgsqualifizierungen im alten, auch von allen „Entwürfen" längst aufgegebenen Sinne. Kausale Herbeiführung des Schadens kann nicht genügen. Der Täter muß sich zum mindesten derjenigen Umstände bewußt sein, die die Annahme eines „besonders schweren Falles" begründen (ähnlich DJ. **36** 1036). Aber auch dann kann ein „bes. schw. F." aus Gründen ausgeschlossen sein, die in der Persönlichkeit des Täters oder den Umständen der Tatbegehung liegen, wie Not, Verführung, Mangel an Lebenserfahrung usw. Vgl. dazu E. **69** 242. Bezgl. des subj. TB. teilweise anders JW. **38** 504, HRR. **38** 492 u. 493: Der Vorsatz des Täters brauche die Merkmale des bes. schweren Falls nicht zu umfassen. Dem kann nicht zugestimmt werden. Das RGer. ging davon aus, daß es sich nicht um TBMerkmale einer erschwerten Straftat handle (hier würde § 59 Vorsatz fordern: „Tatumstände, welche die

Strafbarkeit erhöhen"), sondern um Strafzumessungsgründe. Aber es ist nicht einzusehen, warum infolgedessen die Strafe lediglich aus Gründen des äußeren Geschehens zu steigern sein soll. Die Erwägungen, die bei Annahme einer Sonderstraftat zur Verneinung des Vorsatzes führen würden, verbieten erst recht eine strengere Strafzumessung. Vgl. auch DR. **43** 757: Tatbestandsmerkmale dürfen nicht herangezogen werden.

IX. Verletzter ist immer nur der Geschädigte, auch wenn ein anderer getäuscht ist. Denn nicht ein Recht auf Wahrheit will der § 263 schützen, **sondern das Vermögen:** E. **74** 167 mit Anm. G a l l a s in ZAk. 40, 254. Vgl. Vorbem. I.

X. Versuch mit Beginn der Täuschungshandlung. E. **72** 66. — Vgl. auch M e z g e r in JW. 38 493.

b) Betrug im zweiten Rückfall

264. Wer im Inlande wegen Betruges einmal und wegen darauf begangenen Betruges zum zweiten Male bestraft worden ist, wird wegen abermals begangenen Betruges mit Zuchthaus bis zu zehn Jahren und zugleich mit Geldstrafe bestraft.

Sind mildernde Umstände vorhanden, so tritt Gefängnisstrafe nicht unter drei Monaten ein, neben welcher zugleich auf Geldstrafe erkannt werden kann.

Die im § 245 enthaltenen Vorschriften finden auch hier Anwendung.

Rückfall liegt vor, auch wenn die Vorbestrafungen wegen Betrugs in Idealkonkurrenz mit einer schwereren Straftat erfolgt sind. Vgl. § 73 Anm. III. — Ebenso, falls der Rückfallstatbestand als fortgesetztes Delikt teils vor, teils nach dem vorhergehenden Betrugsfall erfüllt ist: E. **47** 308. — Handelt es sich um Betrug gegen Angehörige (§ 263 Abs. 4), so ist auch bei Rückfall der Antrag erforderlich: E. **43** 363. — Ueber Rückfallverjährung vgl. Stuttgart SJZ. **49** 287 (Meyer) gegen E. **77** 177; oben § 245 Anm. I.

c) Notbetrug

264 a. Wer aus Not sich oder einem Dritten geringwertige Gegenstände zum Schaden eines anderen durch Täuschung (§ 263 Abs. 1) verschafft, wird mit Geldstrafe oder mit Gefängnis bis zu drei Monaten bestraft.

Der Versuch ist strafbar.

Die Verfolgung tritt nur auf Antrag ein. Die Zurücknahme des Antrags ist zulässig.

Wer die Tat gegen einen Verwandten absteigender Linie oder gegen seinen Ehegatten begeht, bleibt straflos.

I. Eingefügt durch G. v. 19. 6. 12. **Sondervorschrift** gegenüber § 263. Deshalb § 264 nicht anwendbar.

II. Aus Not vgl. § 248a Anm. II.

III. Geringwertigkeit: Vgl. § 248a Anm. III.

IV. Gegenstände: Nur bewegliche Sachen i. S. der §§ 242, 246, 248 a Bei Forderungen, Rechten und anderen Vermögensvorteilen nur § 263. Vgl. E. **63** 153 mit Begründung aus der Entstehungsgeschichte.

V. Sich verschaffen: Vollendet erst mit Erlangung des Gewahrsams; während für § 263 „Absicht" genügt.

2. Versicherungsbetrug

265. Wer in betrügerischer Absicht eine gegen Feuersgefahr versicherte Sache in Brand setzt, oder ein Schiff, welches als solches oder in seiner Ladung oder in seinem Frachtlohn versichert ist, sinken oder stranden macht, wird mit Zuchthaus bis zu zehn Jahren und zugleich mit Geldstrafe bestraft.

Sind mildernde Umstände vorhanden, so tritt Gefängnisstrafe nicht unter sechs Monaten ein, neben welcher auf Geldstrafe erkannt werden kann.

I. Eine Vorbereitungshandlung zum Betrug als **Sonderdelikt.** Deshalb Realkonkurrenz möglich sowohl mit vorhergehendem Betrug (z. B. durch Ueberversicherung: E. **48** 186) wie mit nachträglichem (z. B. durch Erhebung der Versicherungssumme: E. **17** 62, **44** 254).

II. Täter, nicht bloß Teilnehmer, kann auch ein anderer als der Eigentümer sein: E. **23** 352, 426.

III. Absicht, den Versicherer durch Irrtumserregung zu einer sein Vermögen schädigenden Verfügung zugunsten des Brandstifters oder eines anderen zu bestimmen. Und zwar muß die Absicht dahin gehen, die Versicherungssumme gerade für die in Brand gesetzte Sache sich oder dem Versicherten zu verschaffen: DJ. **36** 824. — E. **75** 60 dehnte entsprechend aus: wem die Vers.-Summe Vorteil bringt (Anm. Boldt DR. 41, 1147). Daraus ergeben sich für die heutige Rechtslage Umkehrschlüsse. — Der Versicherer ist aber nicht geschädigt, wenn er trotz Brandlegung zahlen muß, z. B. weil der Brand weder vom Versicherten noch mit dessen Wissen gelegt wurde. E. **62** 297, **69** 1.

IV. Versicherte Sache: E. **67** 108 will, in einseitiger Betonung der „Absicht" und des Gesetzeszwecks, den § 265 auch dann anwenden, wenn der Versicherungsschutz wegen Prämienrückstands zeitweise ruht.

V. Inbrandsetzen: vgl. § 306. Unanwendbar aber § 310: E. **56** 95.

VI. Sinken oder stranden machen: § 323 Anm. II. — Nach E. **61** 226 soll nur Versuch vorliegen, wenn der Vorsatz auf Versenkung ging, das Schiff aber nur strandete!

VII. Mit §§ 306, 315 **IdKonk.** E. **60** 129. — Mit § 263 Realkonk. E. **48** 186, **60** 129, **66** 392, vgl. oben Anm. I.

3. Automatenmißbrauch, Erschleichen freien Eintritts

265 a. Wer die Leistung eines Automaten, die Beförderung durch ein Verkehrsmittel oder den Zutritt zu einer Veranstaltung oder einer Einrichtung in der Absicht erschleicht, das Entgelt nicht zu entrichten, wird, soweit die Tat nicht nach anderen Vorschriften mit schwererer Strafe bedroht ist, mit Gefängnis bis zu einem Jahre oder mit Geldstrafe bestraft.

Der Versuch ist strafbar.

I. Zweck. § 265 a eingefügt durch G. v. 28. 6. 35. Anlässe: a) Die Streitfrage über die Strafbarkeit des sog. blinden Passagiers. „Betrug" wurde von herrschender Meinung abgelehnt, da die Bahnbeamten sich darüber, ob er mitfuhr oder nicht, überhaupt keine Gedanken machten, also auch nicht „irrten" (E. **42** 40). b) Das Urteil E. **68** 65, das die mißbräuchliche Benutzung eines Fernsprechautomaten weder als Betrug (Begr. wie zu a) noch als Elektrizitätsentwendung noch als Münzvergehen ansah.

II. Beisp.: Einwurf ungültiger Metallstücke. — Anruf aus Fernsprechautomat, dann Hörer wieder anhängen und Geld zurücknehmen, nachdem Verbindung hergestellt, aber bevor Teilnehmer sich gemeldet hat: als verabredete Mitteilung einer bestimmten Tatsache. — Abhören des Zeitzeichens in gleicher Weise. Vgl. AG. Leipzig in DJ. **38** 341.

III. Subsidiarität insbes. gegenüber §§ 242, 263. Ist die Leistung Lieferung einer Ware, so ist die Tat nur Diebstahl. Wird eine bestimmte Person getäuscht, so ist sie nur Betrug. Bei Fälschung von Eintrittskarten, Fahrkarten usw.: IdKonk. mit § 267.

IV. Strafantrag ist bei Handlungen aus Not oder gegen Angehörige in entsprechender Anwendung der §§ 247, 248 a, 263 Abs. 5, 264 a zu fordern. Vgl. Schönke VII und die dort Angeführten sowie den gleichliegenden Fall unter § 266 VII.

4. Untreue

266. Wer vorsätzlich die ihm durch Gesetz, behördlichen Auftrag oder Rechtsgeschäft eingeräumte Befugnis, über fremdes Vermögen zu verfügen oder einen anderen zu verpflichten, mißbraucht oder die ihm kraft Gesetzes, behördlichen Auftrags, Rechtsgeschäfts oder eines Treueverhältnisses obliegende Pflicht, fremde Vermögensinteressen wahrzunehmen, verletzt und dadurch dem, dessen Vermögensinteressen er zu betreuen hat, Nachteil zufügt, wird wegen Untreue mit Gefängnis und mit Geldstrafe bestraft. Daneben kann auf Verlust der bürgerlichen Ehrenrechte erkannt werden.

In besonders schweren Fällen tritt an die Stelle der Gefängnisstrafe Zuchthaus bis zu zehn Jahren. Ein besonders schwerer Fall liegt insbesondere dann vor, wenn die Tat das Wohl des Volkes geschädigt oder einen anderen besonders großen Schaden zur Folge gehabt oder der Täter besonders arglistig gehandelt hat.

I. Die Entstehung des § 266 (n. F. nach G. v. 26. 5. 33) zu kennen, ist wichtig, um ihn zu verstehen. Der alte § 266 — zur früheren Geschichte des Untreuebegriffs M e z g e r StB. II 172 — hatte zwei verschiedene Ziele verfolgt. Er wollte:

1. u n g e t r e u e V e r m ö g e n s v e r w a l t e r strafen (auch ohne Rücksicht auf etwaige Unterschlagungen oder andere allgemeine Straftaten). So § 266 a. F. Ziffer 1 und 3. Dieser TB. versagte, weil die kasuistische Aufzählung veraltete. Und er wollte:

2. d e n T B. d e r U n t e r s c h l a g u n g e r g ä n z e n, indem er die Veruntreuung auch von solchen Vermögenswerten strafte, die a) keine „Sachen" waren, sondern z. B. fremde Forderungen, fremdes Geld auf eigenem Bankkonto. Oder b) Veruntreuung von Werten, die zwar in „fremden Sachen" bestanden, aber in Sachen, die der Täter weder in Gewahrsam hatte (also keine Unterschlagung) noch wegnahm (also kein Diebstahl), über die er indessen juristisch „verfügen konnte" (wenn auch nicht „durfte"), z. B. im Rahmen einer Vollmacht, aber entgegen einem Auftrag. c) Die Veruntreuung von Sachen, die zwar Eigentum des Täters waren, aber nur juristisch, nicht wirtschaftlich ihm „gehörten"; z. B. beim Einkaufskommissionär hinsichtlich der im eigenen Namen, aber für fremde Rechnung erworbenen Sache. Die Fälle a bis c waren strafrechtlich z. T schwer zu erfassen. Einzelne Gesetze, z. B. Sachsen 1855/68, hatten sie im Anschluß an die Unterschlagung geregelt. RStGB. § 266 Z. 2 a. F. „bestrafte Bevollmächtigte, welche über Forderungen oder andere Vermögensstücke des Auftraggebers absichtlich zum Nachteil desselben verfügen".

Die Bestimmung § 266, 2 wurde ein Schmerzenskind für Theorie und Praxis. Ihr Grundgedanke war unklar und streitig. Ihr Wortlaut stimmte mit den Begriffen des bürgerlichen Rechts nicht überein. Sie war überdies zu eng: einmal, weil die Vollmacht auch auf einem anderen Innenverhältnis als einem „Auftrag" beruhen konnte; sodann weil die Tat u. U. auch dann strafwürdig ist, wenn eine rechtsgültige Vollmacht nicht vorliegt, und namentlich, weil sie auch dann strafwürdig sein kann, wenn der Bevollmächtigte unanfechtbares Eigentum an der Sache erlangt hat, wie z. B. der Kommissionär.

Für die Weiterentwicklung vom alten zum neuen § 266 wurde entscheidend, daß sich aus den Bemühungen, dem alten § 266 einen brauchbaren Sinn zu geben, zwei Theorien herausentwickelt hatten. a) Die M i ß b r a u c h s t h e o r i e (Binding u. a.) sah das Wesen der Untreue in dem Mißbrauch rechtlicher Vertretungsmacht; in dem Mißbrauch eines rechtlichen Könnens entgegen einem rechtlichen Dürfen; darin also, daß der Täter zwar im Rahmen einer „Vollmacht" gehandelt hat, aber unter Verletzung des ihr zugrunde liegenden Innenverhältnisses, z. B. des „Auftrags". Die MTh. war korrekt, aber zu eng. Sie konnte schon die Fälle nicht mehr erfassen, in denen eine rechtsgültige Vollmacht nicht oder nicht mehr bestand. — b) Die T r e u b r u c h s t h e o r i e (RGer. u. a.) begnügte sich mit einem tatsächlichen Treueverhältnis. Aber auch für sie blieb als Hindernis einer sachgemäßen Anwendung die Voraussetzung, daß „Vermögensstücke des Auftraggebers" veruntreut worden sein mußten, während in vielen strafwürdigen Fällen der „Bevollmächtigte" (z. B. der Kommissionär) Eigentümer geworden war. So mußten gekünstelte Auslegungen helfen (vorweggenommener Besitzvertrag u. ä., vgl. die Kommentare sowie E h r -

lich in Z. 57, 179 ff.) — Auslegungen, die in Wahrheit analoge Anwendungen waren, was aber, da damals noch unzulässig, verschleiert werden mußte. — Frühere Entwürfe hatten vorgeschlagen, das juristische Eigentum hier durch ein sog. wirtschaftliches zu erweitern oder zu ersetzen.

Der neue § 266 geht nicht diesen Weg, vielmehr: Der § 266 n. F. „kombiniert" jene beiden Theorien. So ausdrücklich MinDirektor E. Schäfer in DJZ. 33, 795; vgl. auch v. Dohnanyi in Frank Nachtr. Es ist eine Notlösung „für alle Fälle", um Korruption und Schiebertum sofort und wirksam bekämpfen zu können.

Während aber der § 266 a. F. durch seine kasuistische Fassung zu eng war, könnte der neue § 266 dazu verführen, die Grenzen der Strafbarkeit zu weit auszudehnen, schon Unkorrektheiten und Waghalsigkeiten im wirtschaftlichen Verkehr kriminell zu ahnden und so schließlich das ganze Vertragsrecht zu pönalisieren. Dies war nicht beabsichtigt, würde auch lähmend wirken. Das RGer., das mit Recht den § 266 a. F. weit ausgelegt hat und zu diesem Zweck auch vor gewagten zivilrechtlichen Konstruktionen (vorweggenommener Besitzvertrag, Anspruch auf Individualleistungen u. ähnl.) nicht zurückscheute, war dem neuen gegenüber ersichtlich bestrebt, einer Ausuferung zu wehren; namentlich nach drei Richtungen: zu weit gingen die Bestrafung jeden Vertragsbruchs, bloß mechanischer Dienstleistungen und gewagter Geschäfte für einen anderen. Vgl. die sehr kritische E. **69** 58 und E. **69** 279 sowie unten zu III a) u. b) und zu V.

II. Der Mißbrauchstatbestand. — Wesen: Mißbrauch einer rechtlichen Vertretungsmacht entgegen dem ihr zugrunde liegenden Innenverhältnis (also Ausübung eines rechtlichen Könnens ohne rechtliches Dürfen).

1. Grundlage der Vertretungsbefugnis kann sein: a) Gesetz; Beisp. Vormund, Konkursverwalter, Nachlaßverwalter, Vater betr. Kindesvermögen, Ehemann betr. Eingebrachtes der Ehefrau (ob darüber hinaus, läßt E. **70** 205 offen), Notar: E. **76** 25. — b) Behördlicher Auftrag; z. B. Sachen zu beschaffen, Verträge zu schließen, ein Vermögen zu verwalten. Es braucht kein Sonderauftrag zu sein; es genügt, daß das Geschäft zu dem übertragenen Amt gehört: E. **69** 336. — c) Rechtsgeschäft; z. B. Auftrag, Gesellschaftsvertrag, Vereinssatzung; der von einem Treuhänder beauftragte Schätzer: DR. **44** 725. — Von den Grundlagen a), b), c) werden häufig gleichzeitig mehrere gegeben sein.

2. Die Täterhandlung muß eine rechtsgeschäftliche Einwirkung auf fremdes Vermögen sein. Eine tatsächliche Einwirkung genügt nicht. Eine dingliche RAenderung ist nicht nötig. Beispiele: Ein Prokurist akzeptiert einen Wechsel, obwohl sich der Geschäftsherr die Zeichnung von Wechseln vorbehalten hatte; also zwar im Rahmen seiner Vertretungsmacht, aber seinem Anstellungsvertrag zuwider. Der Vormund unterläßt es, einen Anspruch des Mündels geltend zu machen, so daß dieser verjährt. Er veräußert einen Gegenstand. der dem Mündel gehört, in dessen Namen zu dessen Nachteil. Grenzen: DR. **43** 513 betr. Falschbuchung.

III. Der Treubruchstatbestand. — **1. Grundlage** der Treupflicht: entweder eine bestimmte, außerstrafrechtlich geregelte Rechtsbeziehung wie beim Mißbrauchstatbestand (s. oben); oder ein sog. tatsächliches Treueverhältnis auf menschlich-sittlicher, rechtlich nicht ausdrücklich geregelter

Grundlage. — Beispiele für das zweite: E. **70** 207: Die Pflicht der Frau, das Vermögen ihres Mannes zu betreuen (und die des Mannes, das Vermögen seiner Frau zu betreuen, auch soweit es nicht das seiner Verwaltung unterstehende eingebrachte Gut ist, vgl. A. II 1). — E. **72** 347, **73** 6: Ein Beamter, der im Rahmen seiner Amtsgeschäfte in eigener Sache tätig wird, obwohl solches ihm verboten ist (z. B. ein RPfleger beim Grundbuchamt, der gleichzeitig Hypothekengläubiger ist), begeht Untreue, wenn er hierbei der aus seinem Amt allgemein folgenden Pflicht, die Interessen des Staats wahrzunehmen, zuwiderhandelt. — E. **73** 157: Ein Rechtsanwalt, der mit seinem Auftraggeber ein Devisenvergehen verabredet hat, begeht, wenn er über die dafür erhaltenen Mittel für eigene Zwecke verfügt, Untreue gegen ihn, obwohl der Auftrag nichtig ist. (Zweifelhaft, ob vereinbar mit E. **70** 9, wo Untreue des Hehlers gegen den Dieb für rechtlich belanglos erklärt wird, da ein Treuverhältnis zwischen beiden von der ROrdnung nicht anerkannt werden könne). — Grenzen: DR. **43** 514.

2. **Inhalt der Treuepflicht:** „fremde Vermögensinteressen wahrzunehmen", sie zu „betreuen". Für Art und Umfang dieser Pflicht ist ihre Grundlage wesentlich. Folgt sie aus Bindungen allgemeiner Natur (Beamtenverhältnis, Verwandschaft, Vormundstellung u. ä.), so wird sie im allg. weiter gehen, als wenn sie in einem RGeschäft begründet ist. Vgl. DR. **43** 235. Arbeitgeber gegen Arbeitnehmer. Immer aber sind, damit der Straftatbestand nicht ausufert, jene Worte zu beachten: „Interessen **wahrnehmen, betreuen"**. Aus ihnen folgt namentlich zweierlei:

a) Der Täter muß zu mehr verpflichtet sein als bloß zu mechanischen Dienstverrichtungen, die durch eine äußere Lage eindeutig gefordert sind, z. B. einen Raum oder Gegenstand zu überwachen, Geld zu überbringen. So E. **69** 60: Pflichten, für deren Erfüllung „der Verpflichtete einen gewissen Spielraum, Bewegungsfreiheit, Selbständigkeit hat". „Bloße Botentätigkeit" genüge nicht; u. U. freilich solle die eines „Kassenboten" genügen (?). — E. **69** 229: Wer Gaben für eine öffentliche Sammlung, die ein anderer eingesammelt hat, in Empfang zu nehmen, zu verladen, zur Sammelstelle zu fahren und dort wieder abzuladen hat, ist, wenn er sie sich rechtswidrig zueignet, nach § 246 („anvertraut"), nicht nach § 266 zu strafen. — Vgl. auch DR. **44** 612. — Ein Grenzfall in NJW. **47** 41 (Braunschweig) betr. Revierförster.

b) Nichterfüllung von Vertragspflichten ist nicht ohne weiteres Verletzung einer Treupflicht. Der Tendenz, auf Grund des § 266 das ganze Vertragsrecht zu pönalisieren, ist das RGer. mit Recht ständig entgegengetreten. E. **69** 146: Ein Händler, der sich den Kaufpreis von den Warenbestellern vorausbezahlen läßt und zum Einkauf der Waren zu verwenden verspricht, übernimmt nicht schon damit die Pflicht, Vermögensinteressen der Besteller wahrzunehmen oder zu betreuen; begeht also nicht schon dadurch strafbare Untreue, daß er den Einkauf unterläßt und das Geld für sich verwendet. Einschränkend DR. **44** 612 für Verträge mit „auftragsähnlichen Bestandteilen". — E. **71** 90: Die Mietung einer Schreibmaschine begründet die Pflicht, den Mietzins zu zahlen und die Sache nach Ende des Mietverhältnisses zurückzugeben; nicht aber, die Vermögensinteressen des Vermieters wahrzunehmen. Zueignung der Maschine ist nach § 246, nicht aber nach § 266 strafbar. — E. **73** 299 (Anm. Nagler in ZAk. 40, 15): Ein Schuldner begeht nicht dadurch Untreue, daß er sich durch Verschwendung außerstande setzt, seiner Verpflichtung nachzukommen. (Man kann hinzusetzen: § 288 und KO. §§ 239 ff. bilden die Grenze der Strafbarkeit.) — E. **74** 1: Die Pflicht des Schuldners, zu vereinbarter Zeit zu leisten, enthält nicht notwendig, kann aber im Einzelfall die Pflicht enthalten, die VermInteressen d. Gläub. wahrzunehmen. So begeht Untreue, wer Sachen, die er zur Sicherung übereignet, aber in unmittelbarem Besitz behalten hat, anderweit verwendet. — E. **75** 75 (Anm. Dahm in DR. 41, 991): Ein Anstellungsvertrag begründet nicht ein Wettbewerbsverbot für die Zeit nach Beendigung des Angestelltenverhältnisses und auch nicht das Verbot, einen späteren Wettbewerb schon jetzt vorzubereiten. — E. **77** 150: Ein Werkvertrag über Instandsetzen von Sachen begründet für den Unternehmer nicht ohne weiteres die Pflicht, die Vermögensinteressen des Bestellers wahrzunehmen. Die allgemeine Pflicht, nach Treu und Glauben zu handeln, genüge nicht. „Die Verpflichtungen, deren Verletzung der § 266 ergreift, müssen vielmehr ihrem Wesen nach Treuverpflichtungen sein."

IV. **Ein Nachteil** für den Treuberechtigten gehört sowohl zum Mißbrauchs- wie zum Treubruchstatbestand. Nach E. **73** 285 „entspricht dies TBMerkmal dem der Vermögens-Schädigung in § 263". Man wird aber nur sagen können: wenn der N. das Vermögen betrifft, ist er wie bei § 263 zu berechnen (vgl. dort, besonders auch die spätere Tendenz des RGer., subjektiv-individuelle Schätzungen in den Vermögensbegriff einzuführen). — E. **71** 31: Gefährdung als Schädigung. — E. **71** 155: Bildung von Sonderkassen (sog. schwarzer Fonds) für Schädigung des Reichs (bzw. des Betriebes), weil die abgezweigten Beträge damit der zuständigen Prüfung entzogen und für Unternehmungen verwendet wurden, für die keine Mittel im Haushaltsplan vorgesehen waren. „Die Gelder fehlten dort, wo sie hätten sein sollen und i. S. der zuständigen Behörden hätten verwendet werden können." Wenn indessen den Ausgaben ein wirtschaftlich gleichwertiger Nutzen gegenüberstand, ist die Annahme eines VSchadens schwerlich in Einklang zu bringen mit der sonstigen Berechnungsweise des RGer., entspringt vielmehr der schon oben bei § 263 abgelehnten Neigung der Rspr., bloße Dispositionsstörungen als Verm.Schaden anzusehen. In einem ähnlichen Fall hat E. **75** 227 eine Benachteiligung fremden Vermögens verneint und Untreue nicht angenommen. Kritische Würdigung des Urteils durch Bruns in ZAk. 41, 268; vgl. auch Dahm in DR. 41, 1882, gegen die „wirtschaftliche" Nachteils-Berechnung. — E. **71** 333: Beeinträchtigung einer Gewinnaussicht. — E. **71** 344: Keine Vorteilsausgleichung, wenn der Vorteil durch grobe Unredlichkeit gegen Dritte herbeigeführt wird. — E. **73** 283: Ein Rechtsanwalt schädigt den, der ihm eine Geldsumme anvertraut, wenn er über fremde Gelder eigenmächtig verfügt, ohne stets Mittel zum Ersatz zu haben; u. U. auch schon durch Verschweigen des Eingangs der Gelder oder Unterlassung ordentlicher Buchführung. — Lebensmittelmarken: DJ. **43** 467.

V. **Gewagte Geschäfte** können ungünstig ausgehen. Anderseits: nur wer wagt, gewinnt. Beisp.: Der Vormund legt Mündelgelder in Wertpapieren an, von denen er hofft, daß sie steigen, die aber fallen. Oder er kreditiert einem Schuldner, der dann zusammenbricht. Er ist u. U. straflos. Aber nicht erst das Fehlen des Schädigungs-Vorsatzes macht ihn straflos. Zunächst ist die Frage, ob er so handeln durfte. Es ist die im StrR. überall mögliche Frage des **erlaubten Risikos.** Auch der Arzt durfte u. U. operieren. Stirbt der Patient, so ist der Arzt in solchem

Falle nicht nur wegen fehlender Schuld (Fahrlässigkeit) sondern u. U. wegen fehlender Rechtswidrigkeit, nach manchen sogar wegen fehlender Tatbestandsmäßigkeit, freizusprechen. Vgl. auch gefährliche Fabrikbetriebe, Autofahren, Sport u. ä. Ebenso bei § 266. Strafbare Untreue beginnt, wo „die Grenze des pflichtmäßigen Ermessens bewußt überschritten wird". So E. 69 203 für HGB. § 312 a. F. Es gilt ebenso für § 294 Aktiengesetz und für StGB. § 266 a. und n. F. Vgl. auch DR. 42, 1760. — Ueber die grundsätzlich noch wenig geklärte Frage des „erlaubten Risikos" vgl. neuerdings: Mittasch in: „Deutsche RWiss." 8 (1943) 46 und Welzel § 11 III; hier § 223 Anm. III A 3 und Syst. Vorbem. vor § 1.

VI. Innerer Tatbestand. Vorsatz erforderlich. Zu ihm gehört nicht nur das Bewußtsein des Vollmachtmißbrauchs bzw. der Treuverletzung, sondern auch das Bewußtsein, daß für den Betreuten ein Nachteil entstehen wird oder doch kann, letzterenfalls verbunden mit dem Willen, auch für den Fall der nachteiligen Folge so zu handeln (bedingter Vorsatz). Das RGer. stellt hier mit Recht an die Feststellung des Vorsatzes strenge Anforderungen. Andernfalls führt § 266 zu geschäftlicher Aengstlichkeit und schädigt, was er fördern will. Vgl. E. **68** 374, **69** 17, **70** 170, **71** 90, **76** 115. Wenn die Untreuehandlung nur in mangelhafter Buchführung liegt, nicht auch in einer Entwendung des ungebuchten Betrages, sind an den inneren TB. besonders strenge Anforderungen zu stellen: DR. 44, 155. Zu beachten bleibt aber, daß vor Prüfung des Vorsatzes Tatbestandsmäßigkeit und Rechtswidrigkeit feststehen müssen und daß z. B. bei Risikogeschäften oft bereits diese zu verneinen sind (E. **69** 203). Der Angekl. ist dann freizusprechen, weil er so handeln durfte; nicht· weil er zwar so nicht habe handeln „dürfen", man ihm aber aus seinem Verhalten keinen „Vorwurf" machen, es ihm nicht zur Schuld anrechnen könne. Eine nur mit mangelnder Vorwerfbarkeit oder fehlendem Vorsatz statt mit fehlender Rechtswidrigkeit begründete Freisprechung enthält keine genügende Rehabilitierung, die mit zu den Aufgaben eines freisprechenden Urteils gehört. Das schädigende Ergebnis (der „Nachteil") begründet noch nicht den Vorwurf der Rechtswidrigkeit des Tuns.

VII. Strafantrag für Fälle, die dem § 247 entsprechen, wird (entsprechend dem § 263 V) mit Recht vom RGer. gefordert: E. **70** 205 betr. Ehegatten; **71** 323 betr. Geschwister; **75** 242 betr. alle „Angehörigen" i. S. des § 52 II; JW. **37** 2510 betr. Eltern und Kinder; JW. **38** 793 betr. Verschwägerte.

VIII. Konkurrenz. Zum Verhältnis der beiden Tatbestandsteile untereinander: Oldenburg Nds.Rpfl. **47** 68, das Subsidiarität annimmt; Celle Nds.Rpfl. **48** 116. — IdKonk. mit Unterschlagung (anders früher nach der „Mißbrauchstheorie"): E. **69** 64; betr. österr. Veruntreuung vgl. E. **73** 374. Mit Amtsunterschlagung: E. **69** 333 (Anm. Schwinge in JW. 36, 459), **70** 53, **71** 101, **72** 193, **74** 171, **75** 190. Die Entscheidungen betreffen zumeist die Frage, welches das strengere Gesetz ist. Vgl. zu § 73. — Mit Parteiverrat: E. **69** 333. — Mit Anstiftung zur Erpressung: E. **72** 75. — IdKonk. von U. und Diebstahl durch einen angestellten Verkäufer: E. **77** 34. — Ueber aktienrechtliche Untreue (§ 294 AktG.) vgl. Eberhard Schmidt im Kommentar zum AktG. von

Gadow usw. S. 1208 ff. Die eingehenden Erläuterungen sind auch für § 266 wertvoll.

IX. **Besonders schwere Fälle:** Hierüber Anm. zu § 1 und zu § 263 IV sowie Vorbem. vor § 13 (betr. Weitergeltung). Die Frage, ob „Verbrechen", ist bedeutsam wegen Bestrafung des Versuchs. Von dem hier vertretenen Standpunkt ist er nicht strafbar. Anders die Voraufl. Wie hier die Rspr., vgl. RG. JW. **37** 169, Braunschweig NJW. **47** 72 (auch über die Abgrenzung von Versuch und Vollendung).

Dreiundzwanzigster Abschnitt

Urkundenfälschung

Vorbem. — I. Tatbestände: 1) Formelle Urkundenfälschung (§ 267). — 2) Inhaltlich falsche Beurkundung (§§ 271—273). — 3) Urkundenunterdrückung (§ 274). — 4) Wertzeichenfälschung (§§ 275, 276). — 5) Falsche und unrichtige Gesundheitszeugnisse (§§ 277—279).

II. Urkundendelikte ferner in §§ 133, 299, 348, 351.

III. **Rechtsgut.** Die eigentliche Urkundenfälschung (§ 267) richtet sich nicht gegen fremdes Vermögen; überhaupt nicht notwendig gegen eine bestimmte Person, auch nicht gegen den Namensträger, sondern gegen das Allgemeininteresse am Urkundenverkehr. Folge: die Einwilligung des Namensträgers ist belanglos. Die Systematik des Gesetzes, das die UF. zu den Vermögensverbrechen stellt, trifft zwar ihren kriminologischen Schwerpunkt, ist aber juristisch nicht korrekt.

1. Urkundenfälschung

267*. Wer zur Täuschung im Rechtsverkehr eine unechte Urkunde herstellt, eine echte Urkunde verfälscht oder eine unechte oder verfälschte Urkunde gebraucht, wird wegen Urkundenfälschung mit Gefängnis bestraft.

Der Versuch ist strafbar.

In schweren Fällen ist die Strafe Zuchthaus.

---

*) Alte Fassung:

267. Wer in rechtswidriger Absicht eine inländische oder ausländische öffentliche Urkunde oder eine solche Privaturkunde, welche zum Beweise von Rechten oder Rechtsverhältnissen von Erheblichkeit ist, verfälscht oder fälschlich anfertigt und von derselben zum Zwecke einer Täuschung Gebrauch macht, wird wegen Urkundenfälschung mit Gefängnis bestraft.

268. Eine Urkundenfälschung, welche in der Absicht begangen wird, sich oder einem anderen einen Vermögensvorteil zu verschaffen oder einem anderen Schaden zuzufügen, wird bestraft, wenn

1. die Urkunde eine Privaturkunde ist, mit Zuchthaus bis zu fünf Jahren, neben welchem auf Geldstrafe erkannt werden kann;

I. Die Neufassung durch VO. v. 29. 5. 43, gegen deren Weitergeltung keine Bedenken bestehen (KG. JR. **47** 31, Halle NJ. **47** 256 = JR. **48** 83), bei deren Anwendung Sperrvorschriften (Vorbem. vor § 13) zu beachten sind, hat 1. die frühere kasuistische Unterscheidung zwischen Fälschung von öffentlichen und Privaturkunden sowie zwischen einfacher und (§ 268) schwerer U.F. beseitigt und sieht statt dessen allgemein in „schweren Fällen" Zuchthausstrafe vor; 2. gehört zum Tatbestande nur noch die Fälschung bzw. Verfälschung o d e r das Gebrauchen zu Täuschungszwecken, nicht mehr beides. Daraus ergibt sich 3. der Wegfall des bisherigen § 270. 4. behandelt die VO. die Blankettfälschung nicht mehr gesondert (bisher § 269), sondern zutreffend als Fall der allg. U. F.

II. Urkundenfälschung ist ein „Formaldelikt, welches nicht in der Verletzung einer konkreten materiellen Berechtigung, sondern in dem M i ß b r a u c h e d e r F o r m d e r B e u r k u n d u n g im rechtlichen Verkehr sein Wesen hat": E. **23** 249. Ob der I n h a l t der Urk. wahr oder unwahr ist, ist u n e r h e b l i c h ; Anfertigung einer Quittung über eine tatsächlich bezahlte Schuld ist U.F.: E. **17** 200, **21** 69. Gerade umgekehrt: § 271. Derselbe Gegensatz zwischen Urkundenfälschung und Falschbeurkundung auch in § 277 einerseits, § 278 andererseits sowie in § 348, Abs. 1 und Abs. 2.

III. 1. **Urkunden** sind verkörperte, für den Rechtsverkehr bestimmte Erklärungen (Frank). Aehnlich, aber mehr auf das Gegenständliche abgestellt, E. **64** 48: „Gegenstände, die nach Gesetz, Herkommen oder Vereinbarung der Beteiligten dazu b e s t i m m t und geeignet sind, über ihr körperliches Dasein hinaus eine Gedankenäußerung des Urhebers darzustellen und für bestimmte rechtliche Beziehungen Beweis zu erbringen." Aehnlich öfter. Neuerdings, unter ausdrücklicher Betonung der Beweisbestimmung: DR. **44** 283. Vgl. unten III 5. Die Entwürfe (Entw. 1927 § 9 Nr. 9) sehen eine Legaldefinition vor: „Schriften, die errichtet worden sind, um ein Recht oder ein Rechtsverhältnis zu begründen, zu ändern oder aufzuheben oder eine Tatsache von rechtlicher Bedeutung zu beweisen" und wollen den hiernach ausfallenden Schutz bloßer Beweiszeichen durch Sondervorschriften regeln.

2. **Nicht nur Schriftstücke** (anders im Beweisrecht des Zivil- und Strafprozesses und nach den Entw., s. o. zu III). Vgl. E. **34** 435 (das Zifferblatt einer Wächterkontrolluhr; ähnlich E. **52** 65); **39** 147 (Zahlenzeichen auf sog. Nummerpfählen an Holzhaufen, falls nicht nur Erkennungszeichen, sondern z. B. dazu bestimmt, den Uebergang des Eigentums an den Käufer zu be-

---

2. die Urkunde eine öffentliche ist, mit Zuchthaus bis zu zehn Jahren, neben welchem auf Geldstrafe erkannt werden kann.

Sind mildernde Umstände vorhanden, so tritt Gefängnisstrafe ein, welche bei der Fälschung einer Privaturkunde nicht unter einer Woche, bei der Fälschung einer öffentlichen Urkunde nicht unter drei Monaten betragen soll. Neben der Gefängnisstrafe kann zugleich auf Geldstrafe erkannt werden.

269. Der fälschlichen Anfertigung einer Urkunde wird es gleich geachtet, wenn jemand einem mit der Unterschrift eines anderen versehenen Papiere ohne dessen Willen oder dessen Anordnungen zuwider durch Ausfüllung einen urkundlichen Inhalt gibt.

270. Der Urkundenfälschung wird es gleich geachtet, wenn jemand von einer falschen oder verfälschten Urkunde, wissend, daß sie falsch ist zum Zwecke einer Täuschung Gebrauch macht.

weisen); **50** 191 (Plombenverschlüsse an Elektrizitätszählern). Für Abstempelungen vgl. E. **17** 352 (nur die vom Käufer abgestempelte Ware sollte als abgenommen gelten); E. **50** 136 betr. Poststempel; E. **56** 355 betr. Eichstempel; GoltdArch. 47, 436 betr. Kassenzettel mit Kontroll- und Quittungsstempel. Gerade in solchen Fällen sind aber die folgenden Voraussetzungen (Aussteller und Erklärungsinhalt) sorgfältig zu prüfen.

3. Die Urkunde muß einen **bestimmten Aussteller** erkennen lassen. Wenn er nicht ausdrücklich genannt ist, muß er aus ihrem Inhalt sich eindeutig ergeben (E. **52** 312, **55** 269, **59** 38, **60** 152, **61** 161; **66** 125 u. 366). Daß er nur durch Schriftvergleichung ermittelt werden kann, genügt nicht (E. **67** 420). S. a. E. **76** 205: der Goldstempel ist keine Urkunde.

Aussteller ist der, von dem die U. **„herrührt".** Dies ist nicht notwendig der, der auf ihr steht, sich körperlich aus ihr ergibt; vielmehr der, von dem sie **geistig herrührt,** der an sie gehalten werden, sie als seine Erklärung angesehen wissen will. Aussteller ist also der **Erklärer,** nicht der Schreiber. So jetzt die überwiegende Meinung. Sie wird praktisch wichtig bei der Frage, wann eine U. „echt" ist und wieweit beim Zeichnen mit fremdem Namen die Einwilligung des Namensträgers straflos macht. Vgl. darüber Anm. IV.

4. Die Urkunde muß eine **in sich verständliche Erklärung** des Ausstellers enthalten. Folgt sie nicht schon aus dem Wortlaut, so muß sie sich anderweit eindeutig ergeben; aus einer Vorschrift, aus der Verkehrssitte oder einer Vereinbarung, jeweils in Verbindung mit dem Urkundeninhalt. Dies unterscheidet die U. namentlich von bloßen Beweis- und Herkunftszeichen, die als solche nicht den Strafschutz des § 267 genießen. — Vielfach (auch vom RGer.) werden Beweiszeichen einerseits und bloße Kenn- oder Herkunftszeichen anderseits unterschieden und jene den „Urkunden" zugerechnet, diese nicht. Der Unterschied ist aber unklar geblieben. Richtiger ist es, das entscheidende Kriterium für die „Urkunde" darin zu sehen, daß der Aussteller in ihr etwas „erklärt", was beim Beweis- wie beim bloßen Kenn- und Herkunftszeichen fehlte. Ueber diese ganze Frage noch heute — trotz temperamentvoller Uebertreibungen — besonders förderlich Binding, Lehrbuch des Bes. Teils, II[2], S. 175 ff.

Lehrreiche Gegenüberstellungen aus der Rechtspr. Die Versenderfirma auf einer Warenpackung ist nach E. **17** 282 keine U., sondern bloße Herkunftsbezeichnung. Denn „eine konkrete Gedankenäußerung" fehle. Warum und wozu sie angebracht sei, ersehe man aus ihr nicht. Aehnlich GoltdArch. **59** 352 für die Fabriknummer auf Fabrikaten. Dagegen werden (Dtsche Richterztg. **29** 870) die Kontrollnummer auf Aspirinpäckchen und in E. **68** 94 (aufrechterhalten in HRR. **40** 191) die für Kraftfahrzeuge vorgeschriebenen Fabrikschilder am Fahrgestell als U. behandelt; die ersten, weil sie die Erklärung des Herstellers enthalten, daß er die Waren geprüft habe und für sie hafte; die zweiten, weil die auf dem Schild anzugebende Ausstellerin eine Gewähr dafür übernehme, daß das Kraftfahrzeug die auf ihm angegebenen Eigenschaften habe. — E. **50** 191 sieht in der Plombe an einem Elektrizitätsmesser eine U.; dagegen sieht E. **64** 48 in der amtlichen Verschlußplombe an der Meßuhr einer Branntweinbrennerei keine U., sondern ein bloßes Beweiszeichen. Die erstgenannte Plombe war vertragsgemäß dazu bestimmt und geeignet, festzustellen, daß der Stromlieferant den Zähler geschlossen hatte und daß dieser so maßgebend sein sollte für den zu bezahlenden Stromverbrauch

Dagegen lag in der zweitgenannten Plombe keine Erklärung. Sie bezweckte nur die gesetzlich vorgeschriebene amtliche Sicherstellung des Verschlusses. — Keine Urkunde deshalb die für den Autographensammler abgegebene Unterschrift, wohl aber das Malerzeichen auf einem Gemälde, das die Erklärung enthält: „Ich, der N. N., habe dies Bild gemalt" (E. **76** 28 mit Anm. Bruns in ZAk. 42, 190). — In den durch Lochung bewirkten Uhrwerksstempel auf einer Lohnkarte sieht mit Recht E. **75** 315 eine Urkunde, da er „die urkundliche Aeußerung des einzelnen Arbeiters bedeutete, daß er zu der im Stempel angegebenen Zeit seine Arbeit angetreten habe". So schon E. **34** 435, worüber Binding S. 184: Das Loch als Urkunde ist wohl der tiefste Punkt . . ." — Korkbrand: E. **76** 186. Weitere Beispiele: der Beklebezettel bei Frachtgut: JW. 34, 1730; bei Expreßgut: E. **76** 385; bei Postpaketen: E. **55** 269. — Die vom Kohlenhändler zu führende Kundenliste: DR **44** 368.

5. Ob **Beweisbestimmung** (zu unterscheiden von Beweis-Eignung und -Erheblichkeit) zum Begriff der U. gehört, ist nicht ganz unzweifelhaft. Das RGer. bejahte mit zunehmender Bestimmtheit. Vgl. etwa den 1. Senat in E. **67** 233, **68** 243, DR. 44, 283; 2. Senat in E. **67** 433, **68**, 97; 3. Senat in E. **64** 49, **67** 91; 4. Senat in E. **53** 110; 5. Senat in E. **40** 78. Gelegentlich wird die Einschränkung gemacht: nicht erforderlich sei, daß die konkrete U. von ihrem Aussteller einem Beweiszweck gewidmet sei, daß er einen solchen ausdrücklich ins Auge gefaßt habe; es genüge, daß eine solche Urkunde zum Beweis bestimmt zu sein pflege, daß Beweisbestimmung für sie typisch sei. Wenn in einzelnen RGer.-Urteilen nur die Beweiseignung, nicht die Beweisbestimmung betont wird, so hat es sich um Fälle gehandelt, in denen diese nicht zweifelhaft sein konnte. Eine Erklärung wird nur dann zu einer „urkundlichen", wenn sie neben der Inhaltserklärung die Willenserklärung des Ausstellers erkennen läßt: Dies soll mein Wort sein! Lehrreich E. **76** 28 betr. Autogramme.

6. **Abschriften** sind Urk., wenn sie kraft gesetzlicher Vorschrift an die Stelle von Urschriften treten; i. S. von § 267 auch dann, wenn sie als Urschrift des angeblichen Ausstellers ausgegeben oder wenn sie so verwendet werden, als seien sie von diesem dazu hergestellt, um als Ersatz der Urschrift verwendet zu werden. E. **59** 13, **69** 228, JW. **38** 2950, HRR. **39** 727, DR. **40** 1828; OLG. in HRR. **38** 1373; jetzt E. **77** 332. Bei Verwendung einer „Abschrift" von einer gar nicht existierenden Urkunde genügt die bloße Vortäuschung, eine echte Urkunde dieses Inhalts sei vorhanden (gewesen), für sich allein nicht: Oldenburg Nds.Rpfl. **48** 113. — Von der Frage, ob eine Abschrift Urk. ist, ist die Frage zu unterscheiden, ob eine Urk. dadurch „gebraucht" werden kann, daß eine Abschrift vorgezeigt wird. Hierüber Anm. VI. — Mehrere Einzelerklärungen können zu einer **Gesamturkunde** zusammengefaßt sein, in der dann die Erklärung liegt, daß nur das Beurkundete geschehen ist; Beisp.: Handelsbücher und darin befindliche Kundenkonten. Vgl. E. **50** 246, **51** 36, JW. **56** 1376. — Eine **Uebersetzung** steht der U. nicht gleich: E. **77.** 332.

IV. Unecht ist eine U., wenn sie nicht von dem herrührt, der sich als Aussteller auf ihr bezeichnet. Nicht auf die Richtigkeit des Erklärten kommt es an, sondern auf die Uebereinstimmung des anscheinenden mit dem wirklichen Erklärenden. Eine U. ist also unecht, wenn sie den Anschein erweckt, als habe der Aussteller eine Erklärung abgegeben, die er nicht oder jedenfalls nicht so abgegeben hat;

sei es, daß ihr gedanklicher Inhalt mit einer wirklich abgegebenen Erklärung nicht übereinstimmt, oder sei es, daß sie den Anschein erweckt, als rühre die urkundl. Erklärung von einer anderen Person her. Eine U. kann inhaltlich unrichtig (eine schriftliche Lüge) und dennoch echt sein; dann nicht § 267, sondern §§ 271, 348. S. o. Anm. I. Sie kann umgekehrt inhaltlich richtig und dennoch unecht sein (Beisp.: der Schuldner hat bezahlt, aber die Quittung verloren, und fertigt nun eine solche mit dem Namen des Gläubigers an). Sie kann auch sowohl unrichtig wie falsch sein, dann u. U. IdKonk. zwischen § 267 und § 271.

Hier wird wichtig, w e r im E i n z e l f a l l derjenige ist, von dem die Urkunde **„herrührt"**. Vgl. dazu Anm. III 3. Ist das k ö r p e r l i c h e „herrühren" entscheidend, dann ist eine U. nur dann und immer dann echt, wenn der Namensträger persönlich unterzeichnet hat. Nach der richtigen Ansicht, die das g e i s t i g e „herrühren" für entscheidend hält, kann eine Urkunde auch dann echt sein, wenn der Unterzeichner nicht der Namensträger ist, sondern mit einem fremden Namen unterzeichnet hat; und sie kann hiernach u. U. auch dann falsch sein, wenn er mit seinem richtigen Namen gezeichnet hat. Das zweite ist dann der Fall, wenn der Unterzeichner fälschlich die I d e n t i t ä t von zwei verschiedenen Personen behauptet; wer mit seinem richtigen Namen unterzeichnet, stellt eine falsche Urkunde her, wenn nach den Umständen eine andere Person gleichen Namens für den Unterzeichner gehalten wird (strafbar, wenn er dies weiß) E. **4** 157, **65** 173, GoltdArch. **50** 278; Kiel SchlHA. **47** 256 betr. U mit richtigem Namen, aber unrichtiger Firma. Der erste, umgekehrte Fall betrifft das:

Zeichnen mit fremdem Namen. Es stets als UF. zu strafen, würde den Lebenstatsachen nicht gerecht werden. Es fragt sich, wann und warum es straflos ist. Die Körperlichkeitstheorie muß den T a t b e s t a n d der UF. hier bejahen und kann höchstens die R e c h t s w i d r i g k e i t (zufolge Einwilligung) verneinen; was aber dem an sich anerkannten Satz widerspricht, daß, falls die Urkunde wirklich „falsch" ist, eine Einwilligung des Namensträgers hier die Rechtswidrigkeit nicht ausschließt (vgl. Vorbem. III). Dem Leben und dem Rechtsempfinden mehr gerecht wird die Ansicht (auch des RGer.), daß es für die Echtheitsfrage auf den g e i s t i g e n Urheber der U. ankomme, wonach beim Zeichnen mit fremdem Namen u. U. nicht eine falsche, sondern eine echte U. zustande kommt, so daß also von vornherein der T a t b e s t a n d der UF. fehlt. Dies ist der Fall, wenn drei Voraussetzungen zusammentreffen: wenn **a)** der Unterzeichnete den Namensträger v e r t r e t e n w i l l, wenn **b)** er rechtlich ihn v e r t r e t e n k a n n, und wenn **c)** der Namensträger sich in der Unterschrift vertreten l a s s e n w i l l, also mit der Unterzeichnung durch den anderen einverstanden ist. Wie hier (seit 35. Aufl. 1940) jetzt auch E. **75** 46 unter wörtlicher Uebernahme jener drei Voraussetzungen und teilweise auch der Begründung. Zu solcher Uebernahme vgl. B o l d t in DR. 41, 992. Andrerseits E. **76** 126: das sei „ständige Rechtspr.". Letzteres kann man bezweifeln, s. unten a). — Wie hier auch S c h ö n k e in Anm. V 2 sowie in „Probleme der StrRErneuerung" (1944) S. 253 ff. A. M. bes. F r a n k.

Zu a) Die U. ist falsch, wenn der mit fremdem Namen Unterzeichnende den Namensträger gar nicht vertreten, sondern wenn er an dessen Stelle treten will. Vgl. einerseits E. **43** 348 (der unter fremdem Namen Telegrafierende wollte den Namensträger im Willen vertreten: straflos); andererseits E. **68** 240 (der die Examensklausurarbeit für einen anderen Schreibende gab sich für diesen aus: strafbar). Vgl. ferner E. **37** 196, DR. **43** 446. — **Zu b):** Bei der Errichtung eines eigenhändigen Testaments (E. **57** 235), bei Abgabe einer eidesstattlichen Erklärung (E. **69** 117) kann man sich nicht vertreten lassen; die Urkunden waren objektiv „falsch". Vgl. auch DR. **43** 446. — **Zu c)** ist nichts zu bemerken. — Häufig wird gesagt: Das Einverständnis des Namensträgers lasse eine echte U. zustande kommen mit zwei Ausnahmen: die eine sei gegeben, wenn eigenhändige Unterschrift vorgeschrieben sei (dem ist zuzustimmen, siehe oben b); die andere, wenn das Einverständnis zwecks Täuschung anderer erteilt sei. So meist frühere Entscheidungen, vgl. Olshausen[11] Anm. 26. Aber die zweite Ausnahme ist irreführend, da mehrdeutig. Richtig ist sie, wenn über die Person des Ausstellers, also über das Vertretungsverhältnis getäuscht werden soll (vgl. oben a); irreführend, wenn nicht über das Vertretungsverhältnis getäuscht werden soll, sondern wenn mit der U. über Tatsachen getäuscht werden soll, die außerhalb des Vertretungsverhältnisses liegen. Hier kann Betrug od. dgl. gegeben sein, nicht aber UF. Beispiel: Wenn der zahlungsunfähige A vorgibt, für den zahlungsfähigen B zu handeln und nicht sich, sondern den B zu verpflichten, so ist dies Betrug. Es wird nicht dadurch zur UF., daß A das Vertretungsverhältnis schriftlich vorspiegelt, falls A den B vertreten will und B sich durch A vertreten lassen will; denn an sich kann hier A auch den B vertreten. Der Täuschungszweck begründet Betrug; ihn zur Begründung von UF. heranzuziehen, wäre ein Kreisschluß. Im Ergebnis stimmt aber das RGer. mit den drei oben gemachten Voraussetzungen überein. Darüber, daß nicht schon jeder Täuschungszweck die Echtheit einer mit fremdem Namen gegebenen Unterschrift ausschließt, vgl. insbes. E. **43** 348, **75** 285, auch **37** 196.

V. **„Verfälschen":** Erweckung des Scheins, als habe die Urk. einen anderen Inhalt, als der ist, den der Aussteller ihr gegeben hatte (folgt aus dem Gegensatz „falsch" — „echt", Anm. IV. Welcher dieser Inhalte sachlich „richtig" ist, ist belanglos. Die Urkundeneigenschaft (Anm. III) darf aber dabei nicht verlorengehen. Vgl. E. **34** 360 (Aenderungen in einer notariell beglaubigten Abschrift); **34** 114 (Unleserlichmachen oder Beseitigen von Schriftzeichen); **46** 412 (Aenderung des Lichtbildes auf einer Straßenbahn-Zeitkarte); **55** 161 (Beseitigung von Entwertungszeichen auf Fahrscheinen zwecks Wiederbenutzung). Nicht dagegen ist Fälschung bloße Beseitigung der Beweiskraft ohne Aenderung des Inhaltsinnes (E. **62** 11: Ausradieren des Datums auf einer Postquittung). Verdeckung der Urheberschaft durch Vortäuschung einer gar nicht existierenden Person, z. B. durch absichtlich unleserliche Unterschrift: HRR. **37** 420. Auch der Eigentümer bzw. Aussteller soll nach RGer. „verfälschen" können, falls ihm „die freie und ausschließliche, tatsächliche und rechtliche Verfügung über ihren stofflichen Untergrund und gedanklichen Inhalt nicht mehr zusteht, sondern zufolge öffentlich- oder privatrechtlicher Bestimmung durch Begründung gesetzlicher oder vertraglicher Rechte für Dritte an der Urk. selbst oder wenigstens auf deren Erhaltung in ihrem ursprünglichen Bestand entzogen war": E. **52** 78. Vgl. auch E. **52** 88, **67** 245, **69** 396 (Verfälschung eigener Handelsbücher). Hier wie sonst aber Unbefugtheit der Aenderung erforderlich. Erneute Verfälschung einer schon verfälschten U. möglich: E. **68** 96.

VI. Gebrauchen: Nach der Neufassung als Urkundendelikt straflose Nachtat, soweit der Täter schon wegen der Fälschung oder Verfälschung strafbar. Selbständig strafbar ist das Gebrauchen dagegen dann, wenn ein anderer, oder wenn der Gebrauchende selbst ohne Gebrauchsabsicht die Urkunde gefälscht hatte. Für den Begriff bleibt die ältere Rspr. wichtig. Danach sind Vorzeigen oder Uebergabe — d. h. sinnliche Wahrnehmung — der Urk. nicht erforderlich. Es genügt, wenn die Urkunde als Beweismittel bezeichnet und so in den Machtbereich des zu Täuschenden gebracht werden soll, daß für diesen die Möglichkeit gewährleistet ist, von dem Inhalt stets und ohne weiteres Kenntnis zu nehmen (E. **41** 144), **66** 313, **19** 215, **14** 242, **52** 179 (Auslegen der Speisekarte mit falschen Preisen seitens des Kellners); **58** 211. Ferner: durch öffentlichen Anschlag: E. **12** 17. Durch Vorlesen, falls dies im gegebenen Fall die übliche Art der Bekanntgabe (z. B. Haftbefehl) ist: E. **15** 110. Durch Vorzeigen oder Zustellung einer Abschrift: E. **35** 337. (A. A. bezüglich der Abschriften: E. **26** 270, **29** 357, **35** 145). Nach E. **69** 230 sogar dadurch, daß dem zu Täuschenden ein Lichtbild der falschen U. vorgelegt wird. Nicht dagegen durch Verwendung einer bloßen Abschrift: E. **70** 130; einer begl. Uebersetzung: E. **76** 332. — Durch Vorlegung nicht stempelpflichtiger gefälschter Blankette an die Steuerbehörde zur Abstempelung: E. **43** 20. — Das Gebrauchmachen (Täuschen) ist nicht gerade gegenüber dem aus der Urk. Verpflichteten nötig: E. **1** 186. Der zu Täuschende und der zu Beschädigende brauchen also nicht ein und dieselbe Person zu sein. E. **48** 43. Wohl muß aber Gebrauch gemacht werden dem zu Täuschenden gegenüber. Dieser braucht jedoch nicht eine bestimmte einzelne Person zu sein (z. B. Publikum, E. **66** 217). Es können auch Personen sein, die ohne dem Täter einzeln bekannt zu sein, sich danach bestimmen, ob im Zeitpunkt der beabsichtigten Täuschung aus der Urkunde Rechtsfolgen für sie erwachsen und erwiesen werden (z. B. künftige Erben): E. **41** 144. Auch braucht dadurch nicht gerade die Realisierung des in der Urkunde bekundeten Rechtsverhältnisses bezweckt zu werden: E. **7** 52. Vgl. Anm. VII 2. — Bei einmaligem Gebrauch mehrerer falscher Urk. nur eine strafbare Handlung: E. **5** 290. — Daß eine Rechtspflicht (z. B. Amtspflicht) zum „Gebrauchen" bestand (z. B. sie einer Behörde vorzulegen), schließt die Strafbarkeit natürlich nicht aus: E. **70** 17.

VII. 1. Subjektiv erstens Vorsatz erforderlich. Nach RGer. Kenntnis derj. Umstände, die den strafrechtlichen Urkundenbegriff bedingen, dagegen nicht Kenntnis des letzteren selber (außerstrafrechtlicher — strafrechtlicher Irrtum: § 59 Anm. V 2). — Ein Irrtum über das Tatbestandsmerkmal „unecht" wäre an sich ein den Vorsatz nicht berührender Strafrechtsirrtum. Dies ist aber dann anders, wenn der Täter irrig ein Einverständnis des Namensträgers mit dem Gebrauch seines Namens annahm. Soweit ein solches, falls wirklich erteilt, die U. „echt" hätte erscheinen lassen (vgl. Anm. IV), betrifft die irrige Annahme des Einverständnisses einen Tatumstand, der zum gesetzlichen Tatbestand gehört, schließt also nach § 59 den Vorsatz aus. E. **68** 240 erklärte die irrige Annahme des falschen Prüfungskandidaten, das Einverständnis des wirklichen Kandidaten schaffe eine „echte" Urkunde, mit Recht für belanglos, denn sie betraf nicht die Tatsache des Einverständnisses, sondern die strafrechtliche Auswirkung desselben. Anders E. **57** 235; hier wird die irrige Annahme dessen, der ein Testament für einen anderen schrieb und unterschrieb, für beachtlich erklärt, falls der Irrtum die bürgerlich-rechtliche Wirksamkeit des erteilten

Auftrags, zu unterschreiben, betraf; also, falls außerstrafrechtlicher Irrtum, sogar dann beachtlich, wenn ein wirklich erteiltes Einverständnis die falsche U. nicht zu einer echten hätte machen können, weil es gemäß BGB. § 2231 unbeachtlich gewesen sein würde! — Der alten Zweiteilung folgt DR. **44** 284: Es sei ein Strafrechts-I., wenn der Täter glaube, „er dürfe in seiner Stellung als Bürgermeister eine kraft öffentlichen R. abgeschlossene U. nachträglich ändern." — Darüber, daß solche Unterscheidungen die Lehre vom außerstrafrechtlichen Rechtsirrtum ad absurdum führen, vgl. Anm. V zu § 59. Zu gerechten Entscheidungen führt gerade in Fällen des § 267 nur eine Anerkennung des Grundsatzes, daß zur Schuld die Möglichkeit des Bewußtseins gehört, Unrecht zu tun, zum schuldhaften Vorsatz also Kenntnis aller Tatumstände, verbunden mit schuldhafter Unkennntnis der Rechts- oder Pflichtwidrigkeit. Vgl. Anm. II und V zu § 59.

2. **Subjektiv zweitens** Handeln **zur Täuschung im Rechtsverkehr.** So schon nach fr. Recht: Absicht (Anm. III 1 zu § 59), „die Urk. im Rechtsleben zur Täuschung zu benutzen" (E. **51** 237) und den Getäuschten „zu einem rechtlich erheblichen Verhalten zu bestimmen" (E. **56** 114, **64** 95), und zwar gerade durch die mit der Fälschung hervorgerufene Täuschung (E. **68** 2). Das Bewußtsein, zur Namensführung nicht befugt zu sein, genügt nicht; man muß über die Person des Ausstellers täuschen wollen: E. **48** 238. Andere Zwecke, z. B. sich mit der Fälschung gegen eine Anklage zu verteidigen, sind damit vereinbar. E. **34** 114. Jene Absicht muß schon beim Fälschen, nicht erst beim Gebrauchmachen, vorhanden sein: E. **51** 237. — Daß der erstrebte sachliche Erfolg rechtmäßig war, oder daß der Täter ihn auch ohne Urkundenfälschung hätte erreichen können, schließt die rechtswidrige Absicht der Urkundenfälschung nicht aus: E. **60** 187, 375. — Dagegen fehlt es an der „rechtswidrigen" Absicht, wenn der über die Echtheit Getäuschte ohne die Täuschung die gleiche Handlung vorgenommen hätte und nach der Absicht des Täuschenden vornehmen sollte: E. **68** 2; ferner wenn lediglich die Absicht bestand, auf Grund der Fälschung Neuigkeiten zu erfahren (E. **64** 224) oder einen anderen zu beruhigen (E. **47** 199).

VIII. Versuch soll u. U. schon vor der Existenz der Urkunde durch Präparierung des Papiers möglich sein: Kiel Schl. HA. **47** 15.

IX. Schwere Fälle werden namentlich im Gebiet der bisherigen (gewinnsüchtigen) Urkundenfälschung des fr. § 268 anzunehmen sein; keineswegs aber in dessen bisherigem Umfange. Denn die Praxis hat gezeigt, daß nur ein kleiner Teil der bisher mit Zuchthaus bedrohten U.F. diese Strafe verdient (vgl. Begr. z. Entw. 1927, S. 107). — Mit der Streichung des § 268 (s. die Fußnote zu § 267) ist viel Formaljurisprudenz fortgefallen. Es lag aber doch in der Nötigung, die Voraussetzungen des § 268 festzustellen, ein gesunder Zwang, den Fall psychologisch und wirtschaftlich durchzudenken. Insofern bleiben die Richtlinien des § 268 wertvoll. — Vgl. E. **76** 336 über das Verhältnis von Sachwerten, bes. darüber, daß das Erlangen einer Bezugsberechtigung über bezugsbeschränkte Erzeugnisse als WVorteil anzusehen ist.

X. Konkurrenz: IdKonk. möglich mit allen Delikten, die mittels einer (falschen) Urkunde begangen werden können; Beleidigung, Betrug, Steuerhinterziehung. — Wegen Idealkonkurrenz mit § 271 vgl. dort Anm. I und JW. 38 2336; mit § 348 vgl. E. **60** 241. — Realkonk. mit Diebstahl: **43** 60, **51** 4.

[Betr. §§ 268—270 vgl. Fußnote zu § 267.]

2. Mittelbare Falschbeurkundung. a) Einfache

271. Wer vorsätzlich bewirkt, daß Erklärungen, Verhandlungen oder Tatsachen, welche für Rechte oder Rechtsverhältnisse von Erheblichkeit sind, in öffentlichen Urkunden, Büchern oder Registern als abgegeben oder geschehen beurkundet werden, während sie überhaupt nicht oder in anderer Weise oder von einer Person in einer ihr nicht zustehenden Eigenschaft oder von einer anderen Person abgegeben oder geschehen sind, wird mit Gefängnis bis zu sechs Monaten oder mit Geldstrafe bestraft.

I. **Falschbeurkundung** ist Herstellung einer inhaltlich unrichtigen (wenn auch formell „echten") Urkunde. Sie steht also zur Urkundenfälschung des § 267 (und damit auch zur Ueberschrift des 23. Abschnitts) im Gegensatz. — Die Falschbeurkundung ist strafbar nur bei öffentlichen Urkunden. Hier ist folgendes Verhältnis des § 271 zu § 348 zu beachten: Ist die Falschbeurkundung von dem Beamten vorsätzlich vorgenommen, so ist dieser strafbar aus § 348, der Anstifter (auch wenn Nichtbeamter) wegen Anstiftung (§ 48) zu § 348. § 271 dagegen greift ein, wenn der Beamte unvorsätzlich (sei es auch fahrlässig) falsch beurkundet, der ihn dazu Veranlassende aber die Unrichtigkeit der Beurkundung kennt. Deshalb IdKonk. zwischen § 271 und §§ 348, 48 nicht möglich. Vgl. E. **63** 148.

II. **Oeffentlich** ist die Beurkundung in einer Urkunde, einem Buch oder Register, wenn mit ihr eine Tatsache mit Beweiskraft für und gegen jedermann beurkundet wird. Vgl. § 348 A. III. Beisp.: Paß und Paßersatz (E. **60** 104); Gefangenenbücher (E. **49** 62, **44** 196); Musterrolle eines Seemannsamts (E. **61** 410); Standesregister (E. **60** 230); Tauglichkeitsstempel eines Fleischbeschauers (E. **74** 30); Bestätigung eines Ortsbauernführers u. Bürgermeisters, jemand sei fähig, ein Gut zu bewirtschaften (E. **76** 75). — Dagegen z. B. **nicht:** Einwohnermelderegister der Polizei (E. **60** 152); Steuerbescheid (DJ. **38** 196); Arbeitsbuch (E. **75** 206).

Behördliche Beglaubigungsvermerke (z. B. betr. Uebereinstimmung einer Abschrift mit einer Urschrift oder betr. eigenhändige Abgabe einer Unterschrift) sind nach der Mehrzahl der RGerUrteile öff. Urk. nur, wenn die beglaubigende Tätigkeit zu den eigentlichen Amtsbefugnissen der betr. Behörde gehört (Gerichte Notare). Daß es einer Behörde lediglich nicht verwehrt sei, solche Beglaubigungen vorzunehmen (nach Preuß. VerwGebO. darf die Polizei sogar eine Gebühr erheben), so daß sich bei Polizei, kommunalen Amtsstellen usw. weitgehende Uebungen herausgebildet haben, könne eine Zuständigkeit nicht begründen. In diesem Sinne z. B. ZAk. **39** 352 mit zust. Anm. v. OVerwGerRat Frege (ortspolizeiliche Abschriftsbeglaubigung); E. **72** 201 (desgl. durch den Bürgermeister). DR. **40** 1828 (anders noch E. **63** 148, **66** 136, **71** 193: öffentl. Urkunde), Oldenburg MDR. **48** 30 (vgl. aber auch die abl. Anm. Arndt ebendort).

III. Beurkundet ist vielfach nur die Tatsache, daß die betr. Erklärung abgegeben wurde, vielfach aber auch der Inhalt der Erklärung. Nur im letzteren Fall ist § 271 anwendbar. — Ferner zu prüfen, zu welcher Beurkundung das betr. Buch, Register usw. bestimmt ist. — Vgl. E. **60** 230 (das Heiratsregister ist nicht nur bestimmt, zu bezeugen, daß eine Eheschließung erfolgt ist, sondern auch, wer die Eheschließenden waren); für andere standesamtliche Urkunden: E. **24** 411 (Anmeldung eines unehelichen Kindes als ehelich); **30** 433 (Anwesenheit des Anmeldenden bei der Geburt); **30** 429 (Geburtsort); **33** 435 (Geburtszeit); **34** 263 (das Leben der Eltern der Nupturienten); **37** 207 (Sterbeort). — E. **34** 299 (Gefangenenbücher beurkunden für die Identität der Gefangenen wesentliche Tatsachen); **44** 285 (Reisepaß); **46** 291 (Frachtbrief) beurkundet Abschluß des Frachtvertrages); **61** 410 (Musterrolle beurkundet nicht nur den Abschluß des Heuervertrags, sondern auch Personengleichheit der dort benannten mit den vor dem Seemannsamt ausgewiesenen Personen); **61** 304 (das Vereinsregister beurkundet nicht die Vereinsgründung, nur deren Anmeldung); **39** 346 (zu Protokoll angebrachte Klage beurkundet Abgabe der Erklärungen, nicht aber Richtigkeit des Erklärten); **46** 112 (Verhandlungsprotokoll; ebenso Freiburg DRZ. **48** 66); **66** 407 (Gerichtsbeschluß beweist nicht das Vorliegen einer behaupteten Prozeßvollmacht); **59** 13 (betr. Klageabschrift, Verhandlungsprotokoll und Urteilsurschrift im Zivilprozeß).

IV. Bewirkt ist die Beurkundung, wenn sie als unmittelbarer Ausdruck der (persönlichen) Erklärungen usw. des Täters erscheint: E. **9** 288. Auch durch Mittelspersonen. E. **55** 282. — Anstiftung durch Dritte nicht ausgeschlossen: E. **30** 429.

V. Vorsatz erfordert das Bewußtsein der mittelbaren Falschbeurkundung und das Bewußtsein der Rechtserheblichkeit der Tatsache usw.: Rechtspr. **7** 190; das Bewußtsein tatsächlicher Erheblichkeit genügt nicht: E. **66** 356. Daß der Täter gewußt habe, der falsch beurkundende Beamte handle gutgläubig (was freilich objektiv erforderlich ist; andernfalls §§ 348, 48, 49), ist nicht nötig. E. **13** 52.

VI. Konkurrenz. — Aus dem Wesen der FBeurk. folgt Möglichkeit von IdKonk. mit § 267 (E. **39** 346, **61** 410). Dagegen Unmöglichkeit einer IdKonk mit Anstiftung zu § 348.

b) Schwere mittelbare Falschbeurkundung

272. Wer die vorbezeichnete Handlung in der Absicht begeht, sich oder einem anderen einen Vermögensvorteil zu verschaffen oder einem anderen Schaden zuzufügen, wird mit Zuchthaus bis zu zehn Jahren bestraft, neben welchem auf Geldstrafe erkannt werden kann.

Sind mildernde Umstände vorhanden, so tritt Gefängnisstrafe ein, neben welcher auf Geldstrafe erkannt werden kann.

Vgl. § 253 Anm. VI. — Der Vermögensvorteil braucht nicht in ursächlichem Zusammenhang mit dem falschen Inhalte der Beurkundung zu stehen: E. **18** 145.

c) Gebrauchmachen im Falle der §§ 271, 272

273. Wer wissentlich von einer falschen Beurkundung der im § 271 bezeichneten Art zum Zwecke einer Täuschung Gebrauch macht, wird nach Vorschrift jenes Paragraphen und, wenn die Absicht dahin gerichtet war, sich oder einem anderen einen Vermögensvorteil zu verschaffen oder einem anderen Schaden zuzufügen, nach Vorschrift des § 272 bestraft.

I. Sinn des § 273: Er verhält sich zu § 271 ähnlich, wie früher § 270 zu § 267, geht aber weiter. Denn daß die Falschbeurkundung auf eine früher nach § 270 strafbare Weise zustande gekommen sei, verlangt die herrschende A. (str.) nicht. Ihr ist deshalb beizutreten, weil dem § 348 ein entsprechender Zusatz fehlt, es aber nicht angeht, den „Gebrauch" zwar dann zu strafen, wenn die Falschurkunde durch Täuschung des Beamten zustande gekommen ist, nicht aber dann, wenn der Beamte bewußt falsch beurkundet hat. Also muß § 273 den Sinn haben, daß jeder wissentliche Gebrauch einer falschen öffentlichen U. unter Strafe gestellt ist, einerlei, ob und weshalb ihr Aussteller geirrt hat. Vgl. auch E. **10** 70, **68** 300 (302).

II. Wissentlich heißt hier: vorsätzlich unter Ausschluß des bedingten (eventuellen) Vorsatzes (§ 59 A. III), der bei der weiten Umgrenzung des TB (Anm. I) geboten ist.

III. Der VVorteil muß aus der beurkundeten Tatsache folgen. Eine für Begehung der Tat versprochene Belohnung genügt nicht. Entsprechend A. I u. II zu § 253, A. VI zu § 263. Anders E. **18** 145, **72** 257 in allzu „wörtlicher" Auslegung des § 273.

IV. Konkurrenz (§ 74) mit § 271 dann, wenn § 273 auf einem neuen Vorsatz beruht. Andernfalls ist § 273 straflose Nachtat zu § 271 E. **58** 34.

3. Urkundenunterdrückung und Grenzverrückung

274. Mit Gefängnis, neben welchem auf Geldstrafe erkannt werden kann, wird bestraft, wer

1. eine Urkunde, welche ihm entweder überhaupt nicht oder nicht ausschließlich gehört, in der Absicht, einem anderen Nachteile zuzufügen, vernichtet, beschädigt oder unterdrückt, oder

2. einen Grenzstein oder ein anderes zur Bezeichnung einer Grenze oder eines Wasserstandes bestimmtes Merkmal in der Absicht, einem anderen Nachteil zuzufügen, wegnimmt, vernichtet, unkenntlich macht, verrückt oder fälschlich setzt.

Der Versuch ist strafbar.

I. Urkunde: vgl. § 267 mit Anm. Beweiserheblichkeit ist hier nicht verlangt: E. 9 141. Beweisbestimmung aber (als zum Begriff der Urkunde gehörend) gerade hier wichtig. Vgl. Anm. II zu § 267.

II. Nicht im (Allein-) **Eigentum** des Täters (E. **38** 37), sondern im Eigentum oder Miteigentum eines Dritten muß also die U. stehen.

III. **Absicht:** Beweggrund, wenn auch nicht der einzige und ausschließliche: E. **16** 150, **50** 55. Zum direkten Vorsatz abgeschwächt in HRR. 39 536.

IV. **Nachteile** gerade durch die Unterdrückung der Urkunde als solcher. Z. B. infolge Entziehung eines Beweismittels: Rechtspr. 8, 722; infolge Verhinderung der Einsicht in eine U.: E. **20** 413. Beseitigung von Briefen aus dem Hausbriefkasten in der Absicht, den Briefverkehr zwischen anderen zu sperren: E. **50** 213. — Auch hier braucht die Absicht nicht ausschließlich auf Benachteiligung zu gehen: Rechtspr. 5, 80.

V. **Vernichtung und Beschädigung** mit Hinsicht auf den Beweismittelinhalt, z. B. durch Veränderung des Beweisinhalts (Rechtspr. 8, 722); etwa durch Durchstreichen mittels Bleistiftstrichen (Rechtspr. 2, 135).

VI. **Unterdrücken.** Verheimlichen (vgl. § 169 Anm. IV) oder Beiseiteschaffen, d. h. den Berechtigten hindern, die Urkunde gerade als Beweismittel zu benutzen. So auch E. **39** 405 (vgl. auch KO. § 239). Auch zeitweilige Vorenthaltung: JW. 37, 1336. Der Benachteiligte und der, demgegenüber die Urkunde unterdrückt wird, brauchen nicht identisch zu sein: E. **39** 80. Vgl. auch E. **39** 405.

VII. **Grenzstein:** Merkmal zur Abgrenzung des Eigentums oder dinglicher Rechte an Grund und Boden (E. **20** 196), welches von alters her als solches besteht oder durch Willensübereinstimmung der Interessenten oder Entscheidung der zuständigen Behörde festgesetzt ist: Rechtspr. 5 251, 6 49. Auch öffentlich-rechtliche, z. B. Landesgrenzsteine. E. **48** 252. — Zivilrechtliche Gültigkeit der Grenzbezeichnung ist nicht erforderlich: E. **23** 254; deshalb auch strafbar, wenn der Grenzstein die Grenze tatsächlich unrichtig bezeichnet: Rechtspr. 10 46. Vgl. E. **41** 94.

VIII. **Andere Merkmale:** dazu gehören auch Grenzraine. Vgl. § 370 Ziff. 1, der nicht lex specialis gegenüber § 274 Ziff. 2 ist: E. **22** 286

IX. Strafbarkeit des **Versuchs** auf Grund der VO. v. 29. 5. 43 Gegen Fortgeltung keine Bedenken.

X. **Nebenstrafen:** vgl. § 280.

4. Stempel-, Post- und Telegraphenwertzeichen. a) Fälschung

275. Mit Gefängnis nicht unter drei Monaten wird bestraft, wer

1. wissentlich von falschem oder gefälschtem Stempelpapier, von falschen oder gefälschten Stempelmarken, Stempelblanketten, Stempelabdrücken, Post- oder Telegraphen-Freimarken oder gestempelten Briefkuverts Gebrauch macht,

2. unechtes Stempelpapier, unechte Stempelmarken, Stempelblankette oder Stempelabdrücke für Spielkarten, Pässe oder sonstige Drucksachen oder Schriftstücke, ingleichen wer unechte Post- oder Telegraphen-Freimarken oder gestempelte

Briefkuverts in der Absicht anfertigt, sie als echt zu verwenden, oder

3. **echtes Stempelpapier, echte Stempelmarken, Stempelblankette, Stempelabdrücke, Post- oder Telegraphen-Freimarken oder gestempelte Briefkuverts in der Absicht verfälscht, sie zu einem höheren Werte zu verwenden.**

I. **Zum Anwendungsbereich** vgl. EG. § 2 Abs. 2. — Vielfache Ergänzungen (§ 275 dann nicht anwendbar: E 56 240) in Nebengesetzen.

II. **„Falsch"** gleich „unecht": nicht schon: „hierfür nicht bestimmt"! E. 52 256.

III. **Stempelmarken:** Wertzeichen, die, unter öffentlicher Autorität ausgestellt, die Entrichtung gewisser Abgaben erleichtern oder kontrollieren. E. 38 263, 63 380.

IV. **Gebrauchmachen:** Inverkehrbringen, z. B. Veräußerung (E. 24 111, 6 347). — Eingetretene Schädigung des (Post-)Fiskus ist nicht erforderlich.

V. **Anfertigung von unechten Wertzeichen:** Zusammensetzung und Gebrauch von Bruchstücken e c h t e r Postmarken ist weder nach Ziff. 1 noch 2 strafbar: E. 17 394.

VI. **Verfälschung:** Vgl. § 267 Anm. V.

VII. **Nebenstrafen:** Vgl. § 280 (Aberkennung der bürgerlichen Ehrenrechte).

b) Wiederverwendung von Wertzeichen

276. Wer wissentlich schon einmal zu stempelpflichtigen Urkunden, Schriftstücken oder Formularen verwendetes Stempelpapier oder schon einmal verwendete Stempelmarken oder Stempelblankette, ingleichen Stempelabdrücke, welche zum Zeichen stattgehabter Versteuerung gedient haben, zu stempelpflichtigen Schriftstücken verwendet, wird, außer der Strafe, welche durch die Entziehung der Stempelsteuer begründet ist, mit Geldstrafe bestraft.

Gleiche Strafe trifft denjenigen, welcher wissentlich schon einmal verwendete Post- oder Telegraphenwertzeichen nach gänzlicher oder teilweiser Entfernung des Entwertungszeichens zur Frankierung benutzt. Neben dieser Strafe ist die etwa wegen Entziehung der Post- oder Telegraphengebühren begründete Strafe verwirkt.

I. **Ergänzung** § 364. — Vielfache Ergänzungen in den Nebengesetzen.

II. **Stempelmarken:** Vgl. § 275 Anm. III.

III. **Kumulationsprinzip:** In Abweichung von der Vorschrift des § 73 ist diese Strafe neben der Hinterziehungsstrafe zu verhängen: E. 37 152.

IV. **Sonderbestimmung** gegenüber § 263.

5. **Gesundheitszeugnisse. a) Formelle Fälschung**

277. Wer unter der ihm nicht zustehenden Bezeichnung als Arzt oder als eine andere approbierte Medizinalperson oder unberechtigt unter dem Namen solcher Personen ein Zeugnis über seinen oder eines anderen Gesundheitszustand ausstellt oder ein derartiges echtes Zeugnis verfälscht, und davon zur Täuschung von Behörden oder Versicherungsgesellschaften Gebrauch macht, wird mit Gefängnis bis zu einem Jahre bestraft.

I. Aerzte und andere approbierte Medizinalpersonen: Vgl. RAerzteO v. 13. 12. 35, Ges. v. 30. 5. 40, TierärzteO. v. 3. 4. 36, RApothO. v 18. 4. 37, HebammenGes. v. 21. 12. 38, HeilpraktikerGes. v. 17. 2. 39, Krankenpflegeordnung v. 18. 4. 37, 28. 9. 38, 15. 11. 39, 17. 2. 40, alle im RGBl.

II. Behörden: hier auch Ortskrankenkassen und Unfallberufsgenossenschaften; E. 74 270 Anm. Mezger DR. 40, 2060, Richter ZAk.dt.R. 40 360) läßt die Frage für die OKK. offen.

III. Lex specialis gegenüber § 267.

IV. Nebenstrafe: § 280.

b) Ausstellen inhaltlich unrichtiger Gesundheitszeugnisse

278. Aerzte und andere approbierte Medizinalpersonen, welche ein unrichtiges Zeugnis über den Gesundheitszustand eines Menschen zum Gebrauche bei einer Behörde oder Versicherungsgesellschaft wider besseres Wissen ausstellen, werden mit Gefängnis von einem Monat bis zu zwei Jahren bestraft.

I. Aerzte usw.: Vgl. § 277 Anm. I.

II. Unrichtig ist das Zeugnis auch, wenn es ohne Untersuchung einen Befund bescheinigt: E. 74 229, mit Anm. Mittelbach DR. 40, 1516.

III. Wider besseres Wissen: Eventualvorsatz genügt also nicht, soweit die Unrichtigkeit in Frage steht. Ueber Irrtum: E. 74 231

IV. Nebenstrafe: § 280.

c) Gebrauchmachen von unrichtigen Gesundheitszeugnissen

279. Wer, um eine Behörde oder eine Versicherungsgesellschaft über seinen oder eines anderen Gesundheitszustand zu täuschen, von einem Zeugnisse der in den §§ 277 und 278 bezeichneten Art Gebrauch macht, wird mit Gefängnis bis zu einem Jahre bestraft.

I. Es genügt ein **objektiv** unrichtiges Zeugnis: E. 32 295.

II. Nebenstrafe: § 280.

6. Aberkennung der bürgerlichen Ehrenrechte

280. Neben einer nach Vorschrift der §§ 267, 274, 275, 277 bis 279 erkannten Gefängnisstrafe kann auf Verlust der bürgerlichen Ehrenrechte erkannt werden.

7. Mißbrauch von Ausweispapieren

281. Wer ein Ausweispapier, das für einen anderen ausgestellt ist, vorsätzlich zur Täuschung im Rechtsverkehr gebraucht oder wer zur Täuschung im Rechtsverkehr einem anderen ein Ausweispapier überläßt, das nicht für diesen ausgestellt ist, wird mit Gefängnis, in besonders schweren Fällen mit Zuchthaus bestraft.

Der Versuch ist strafbar.

Einem Ausweispapier stehen Zeugnisse und andere Urkunden gleich, die im Verkehr als Ausweis verwendet werden.

I. Mißbrauch eines Ausweises. Die durch G. v. 4. 9. 41 eingefügte Vorschrift bedeutet eine erhebliche Verschärfung des früheren § 363 und macht „Uebertretungen" zu „Vergehen", u. U. zu „Verbrechen". Soweit Strafverschärfung vorliegt, sind die Sperrvorschriften (Vorbem. vor § 13) zu beachten. Typisch nat.soz. ist die Vorschrift als solche nicht, vgl. S. 210 Entw. 1927. Dieser sah aber nur Gefängnis bis zu einem Jahr oder Geldstrafe vor!

II. Ausweispapiere z. B. Kennkarten, Beamten- oder Studentenausweise. — Für Pässe gilt § 3 der PaßStrVO. v. 27. 5. 42, der dem § 281 vorgeht.

III. Gleich stehen z. B. Geburtsurkunde, Taufschein, Arbeitsbuch, Urlaubsschein, Mitgliedspapiere.

Vierundzwanzigster Abschnitt

Bankrott

Vorbemerkung

Die §§ 281—283 StGB. sind durch die Konkursordnung vom 20. Februar 1877 (Neufassung v. 17. Mai 1898) aufgehoben und durch KO. §§ 239 bis 244 ersetzt. — Ergänzung: § 37 Depotgesetz v. 4. 2. 37 (Nebengesetz Nr. 13). — Erläuterungen in früheren Auflagen.

Betrügerischer Bankrott

KO. 239. Schuldner, welche ihre Zahlungen eingestellt haben, oder über deren Vermögen das Konkursverfahren eröffnet worden ist, werden wegen betrüglichen Bankrotts mit Zuchthaus bestraft, wenn sie in der Absicht, ihre Gläubiger zu benachteiligen,

1. Vermögensstücke verheimlicht oder beiseite geschafft haben,

2. **Schulden oder Rechtsgeschäfte anerkannt oder aufgestellt haben, welche ganz oder teilweise erdichtet sind,**
3. **Handelsbücher zu führen unterlassen haben, deren Führung ihnen gesetzlich oblag, oder**
4. **ihre Handelsbücher vernichtet oder verheimlicht oder so geführt oder verändert haben, daß dieselben keine Uebersicht des Vermögenszustandes gewähren.**

Sind mildernde Umstände vorhanden, so tritt Gefängnisstrafe nicht unter drei Monaten ein.

Einfacher Bankrott

KO. 240. Schuldner, welche ihre Zahlungen eingestellt haben, oder über deren Vermögen das Konkursverfahren eröffnet worden ist, werden wegen einfachen Bankrotts mit Gefängnis bestraft, wenn sie

1. **durch Aufwand, Spiel oder Wette oder durch Differenzhandel mit Waren oder Börsenpapieren übermäßige Summen verbraucht haben oder schuldig geworden sind;**
2. **in der Absicht, die Eröffnung des Konkursverfahrens hinauszuschieben, Waren oder Wertpapiere auf Kredit entnommen und diese Gegenstände erheblich unter dem Werte in einer den Anforderungen einer ordnungsmäßigen Wirtschaft widersprechenden Weise veräußert oder sonst weggegeben haben;**
3. **Handelsbücher zu führen unterlassen haben, deren Führung ihnen gesetzlich oblag, oder dieselben verheimlicht, vernichtet oder so unordentlich geführt haben, daß sie keine Uebersicht ihres Vermögenszustandes gewähren, oder**
4. **es gegen die Bestimmung des Handelsgesetzbuchs unterlassen haben, die Bilanz ihres Vermögens in der vorgeschriebenen Zeit zu ziehen.**

Neben der Gefängnisstrafe kann in den Fällen der Nr. 1, 2 auf Verlust der bürgerlichen Ehrenrechte erkannt werden.

Sind mildernde Umstände vorhanden, so kann auf Geldstrafe erkannt werden.

Gläubigerbegünstigung

KO. 241. Schuldner, welche ihre Zahlungen eingestellt haben, oder über deren Vermögen das Konkursverfahren eröffnet worden ist, werden mit Gefängnis bis zu zwei Jahren bestraft, wenn sie, obwohl sie ihre Zahlungsunfähigkeit kannten, einem Gläubiger in der Absicht, ihn vor den übrigen Gläubigern zu begünstigen, eine Sicherung oder Befriedigung gewährt haben, welche derselbe nicht oder nicht in der Art oder nicht zu der Zeit zu beanspruchen hatte.

Sind mildernde Umstände vorhanden, so kann auf Geldstrafe erkannt werden.

Schuldnerbegünstigung

KO. 242. Mit Zuchthaus bis zu zehn Jahren wird bestraft, wer
1. im Interesse eines Schuldners, welcher seine Zahlungen eingestellt hat, oder über dessen Vermögen das Konkursverfahren eröffnet worden ist, Vermögensstücke desselben verheimlicht oder beiseite geschafft hat, oder
2. im Interesse eines solchen Schuldners, oder, um sich oder einem anderen Vermögensvorteil zu verschaffen in dem Verfahren erdichtete Forderungen im eigenen Namen oder durch vorgeschobene Personen geltend gemacht hat.

Sind mildernde Umstände vorhanden, so tritt Gefängnisstrafe oder Geldstrafe ein.

Stimmenverkauf

KO. 243. Ein Gläubiger, welcher sich von dem Gemeinschuldner oder anderen Personen besondere Vorteile dafür hat gewähren oder versprechen lassen, daß er bei den Abstimmungen der Konkursgläubiger in einem gewissen Sinne stimme, wird mit Geldstrafe oder mit Gefängnis bis zu einem Jahre bestraft.

KO. 244. Die Strafvorschriften der §§ 239—241 finden gegen die Mitglieder des Vorstandes einer Aktiengesellschaft oder eingetragenen Genossenschaft und gegen die Liquidatoren einer Handelsgesellschaft oder eingetragenen Genossenschaft, welche ihre Zahlung eingestellt hat oder über deren Vermögen das Konkursverfahren eröffnet worden ist, Anwendung, wenn sie in dieser Eigenschaft die mit Strafe bedrohten Handlungen begangen haben.

Fünfundzwanzigster Abschnitt

Strafbarer Eigennutz und Verletzung fremder Geheimnisse

1. Glücksspiel

284. Wer ohne behördliche Erlaubnis öffentlich ein Glücksspiel veranstaltet oder hält oder die Einrichtungen hierzu bereitstellt, wird mit Gefängnis bis zu zwei Jahren und mit Geldstrafe oder mit Geldstrafe bestraft.

Als öffentlich veranstaltet gelten auch Glücksspiele in Vereinen oder geschlossenen Gesellschaften, in denen Glücksspiele gewohnheitsmäßig veranstaltet werden.

I. Neufassung. Durch G. v. 23. 12. 19 sind die §§ 284 und 285 durch die hier wiedergegebenen §§ 284—285a ersetzt.

II. Behördliche Erlaubnis. Vgl. hierzu G. üb. die Zulassung öff. Spielbanken v. 14. 7. 33 (RGBl. I 480) i. d. Fass. des G. v. 23. 3. 34 (RGBl. I 213); dazu VO. v. 18. 8. 33 (RGBl. I 593) i. d. F. der VO. v. 19. 3. 35 (RGBl. I 402); VO. v. 27. 3 34 (RGBl. I 255); VO. v. 27. 9. 34 (RGBl. I 848); VO. v. 27. 7. 38 (RGBl. I 955). — Betr. Totalisator bei öffentlichen Pferderennen vgl. Rennwett- und Lotteriegesetz v. 8. 4. 22 (RGBl. I 393). Neuerdings viele Landesbestimmungen.

III. Oeffentlich: mit der Möglichkeit der Beteiligung eines unbestimmten nicht fest geschlossenen Personenkreises (E. **57** 193, DR. 43, 581). Außerdem freilich Abs. II!

IV. Spiel im Rechtssinne ist ein des Gewinnes oder der Unterhaltung wegen geschlossener Vertrag, durch den sich die Parteien unter entgegengesetzten, in ihrem Eintritt ungewissen, wirtschaftlich nicht begründeten Bedingungen eine vermögenswerte (andernfalls rechtlich belanglos) Leistung versprechen. Glücksspiel ist es, wenn die Entscheidung ganz oder wesentlich vom Zufall (nicht vom Verstand oder der Geschicklichkeit der Spieler) abhängt. Von der Wette (alte Streitfrage, für BGB. jetzt nahezu belanglos, für Strafrecht aber entscheidend) unterscheidet sich das Glücksspiel durch den Beweggrund: das Spiel dient der Unterhaltung oder dem Gewinn, die Wette der Erhärtung einer Behauptung (im wesentlichen so E. **6** 172 und 421; vgl. auch **47** 363, **57** 190). — Ob Glücks- oder Geschicklichkeitsspiel, kann bei gleichen Spielregeln von dem Können der Beteiligten abhängen (E. **25** 192), muß aber für alle Beteiligten desselben Spiels einheitlich entschieden werden (E. **43** 157). — Einzelne „Glücksspiele": Kümmelblättchen (E. **28** 283); Gottes Segen bei Cohn (E. **12** 388); Lotto (E. **18** 342); Bajazzo-Automaten (E. **62** 163) usw. Streitig, z. T. vom Einzelfall abhängig gemacht, betr. Mauscheln (E. **61** 355), Pokern. Sog. „Wetten" am Totalisator ist an sich Glücksspiel, aber bei genehmigtem Totalisator seit RGes. v. 4. 7. 05 (jetzt v. 8. 4. 22) erlaubt.

V. Betr. **„veranstalten"** vgl. Anm. II zu § 286. „Halten" bedeutet dasselbe. Teilnahme am Spiel ist zu beidem nicht erforderlich. — Fahrlässigkeit genügt nicht: E. **62** 172.

VI. Einrichtungen. Nach E. **56** 117 und 246 gehören dazu nicht nur die ausschließlich zu Spielzwecken dienenden Gegenstände (Würfel, Karten, Spielmarken), sondern auch Räume, Tische, Stühle. Strafbar also auch der Gastwirt!

VII. IdKonk. mit Betrug, wenn der Veranstalter das Spiel als Glücksspiel darstellt und die Möglichkeit verschweigt, daß er auf den Spielausgang willkürlich einwirken kann (E. **61** 12).

VIII. Gewohnheitsmäßige Veranstaltung: hierüber E. **56** 246.

284 a. Wer sich an einem öffentlichen Glücksspiel (§ 284) beteiligt, wird mit Gefängnis bis zu sechs Monaten und mit Geldstrafe oder mit Geldstrafe bestraft.

Beteiligung auch wenn nicht „gewerbsmäßig" (worauf bis 1919 die Strafbarkeit beschränkt war). — Vorsatz (§ 59) erforderlich. Er wird nicht ausgeschlossen durch einen Irrtum über den Begriff „Glücksspiel", aber durch Unkenntnis der das Spiel zum „Glücksspiel" machenden Bedingungen oder Regeln (E. 41 331, 43 23). — Erlaubt ist die Beteiligung, soweit öffentliche Spielbanken zugelassen sind (vgl. Anm. II zu § 284) und nicht gemäß VO. v. 27. 7. 38 Ausnahmen gemacht sind, z. B. für Minderjährige, Ortsansässige.

284 b. In den Fällen der §§ 284, 284 a sind die Spieleinrichtungen und das auf dem Spieltisch oder in der Bank befindliche Geld einzuziehen, sofern sie dem Täter oder einem Teilnehmer gehören. Andernfalls können die Gegenstände eingezogen werden.

I. **Erweiterung** des gestrichenen § 360 Z. 14. — Das nicht „auf dem Spieltisch oder in der Bank befindliche Geld" kann nach § 40 eingezogen werden, falls dessen Voraussetzungen vorliegen; z. B. das zum Betrieb des Glücksspiels bestimmte (E. **35** 391), nicht aber das gewonnene Geld als solches (E. **39** 78: da es durch das Glücksspiel nicht entstanden, sondern nur in den Besitz des Gewinnenden gelangt sei).

II. **Einziehung** der Spieleinrichtungen oder des Geldes von Nichttätern (Abs. 2) nicht Strafe, sondern polizeiliche Sicherungs- und Vorbeugungsmaßregel. Folglich dann auch bei IdKonk. von § 285 mit § 284 zulässig. E. **63** 379. Einziehung aber nur zulässig i. Vbdg. mit einer Verurteilung nach § 284 oder § 284a. E. **66** 420.

285. Wer aus dem Glücksspiel ein Gewerbe macht, wird mit Gefängnis und mit Geldstrafe, bei mildernden Umständen mit Gefängnis bis zu einem Jahre und mit Geldstrafe oder mit Geldstrafe bestraft.

I. Als **„Spieler"** i. S. des § 284a, nicht schon als „Veranstalter" oder „Halter" i. S. des § 284. Also nur, wer den Spielvertrag im eigenen Namen abschließ. E. **64** 355, **65** 55.

II. Ein **Gewerbe** macht aus dem Spiel nach E. **33** 237, wer es „in der Absicht betreibt, eine fortgesetzt auf Erwerb gerichtete Tätigkeit auszuüben", gleichviel ob Beweggrund Spielleidenschaft oder Gewinnsucht gewesen sei. Vgl. auch E. **45** 424. — Nach E. **59** 140 ist § 285 ein Sondertatbestand, der mit § 284a in IdKonk. verwirklicht werden kann.

285 a. In den Fällen der §§ 284, 284 a und 285 kann neben Gefängnis auf Verlust der bürgerlichen Ehrenrechte und auf die Zulässigkeit von Polizeiaufsicht erkannt werden.

Neben der Strafe kann angeordnet werden, daß die Verurteilung auf Kosten des Schuldigen öffentlich bekanntzumachen ist.

Neufassung nach G. v. 24. 11. 33 und v. 23. 3. 34.

286. Wer ohne obrigkeitliche Erlaubnis öffentliche Lotterien veranstaltet, wird mit Gefängnis bis zu zwei Jahren oder mit Geldstrafe bestraft.

Den Lotterien sind öffentlich veranstaltete Ausspielungen beweglicher oder unbeweglicher Sachen gleichzuachten.

I. „Eine **Lotterie** veranstaltet, wer die Beteiligung einer Mehrzahl von Personen an einem nicht schon bestehenden Unternehmen ermöglicht, durch das nach einem bestimmten Plan gegen einen Einsatz die Hoffnung auf einen ausschließlich oder wesentlich vom Zufall abhängenden Geldgewinn gewährt wird": E. **60** 385. Es ist nicht wesentlich, daß die Ermittelung des Gewinns durch Losziehung erfolge: E. **36** 124 (anders früher). — Als Lotterie erscheinen z. B. Auslosungen, durch welche den Inhabern gezogener Policen ein dem versicherten Kapital gleicher Betrag schon vor Leistung aller Einzahlungen zufällt: E. **42** 430, **60** 357 (sog. Sparversicherungsgesellschaften); **60** 385 (Preisrätsel, falls Lösung teilweise vom Zufall abhängt).

II. **Veranstalter:** wer die in Anm. I genannte Beteiligung ermöglicht, also durch Aufstellung und Bekanntmachung des Spielplans dem Publikum Gelegenheit zur Teilnahme gibt. Vgl. E. **34** 447, **35** 44, **59** 347. Diese Beteiligung kann auch derjenige ermöglichen, der im fremden Namen zum Erwerbe der Gewinnhoffnung Gelegenheit gibt. Regelmäßig wird allerdings Veranstalter derjenige sein, auf dessen Rechnung das Geschäft geht: E. **34** 447; vgl. aber Rechtspr. 3, 728.

III. **Ausspielung** ist eine Veranstaltung, bei der der Spieler gegen einen G e l d e i n s a t z auf Grund einer Ziehung oder eines anderen vom Z u f a l l (E. **17** 379) abhängig gemachten Ereignisses eine W a r e gewinnen kann. E. **64** 219. So z. B. die Hydra- oder Schneeballgeschäfte: E. **34** 140, 321, 390, 403, **60** 250, **61** 281. Halten von Glücksbuden: E. **10** 245. Reklamezweck schließt „Ausspielung" nicht aus, wenn nur in dem gezahlten Preis ein Einsatz für die Gewinnmöglichkeit steckt: E. **60** 127, **64** 1. — Keine Ausspielung aber, wenn der Spieler Ware ohne eigenes Risiko erhält (sog. „Gratisausspielungen" zu Reklamezwecken). E. **65** 194, **67** 397.

[An Stelle des § 287 sind getreten die §§ 24 ff. des **Warenzeichengesetzes** v. 5. 5. 36, RGBl. II 134.]

2. Vollstreckungsvereitelung

288. Wer bei einer ihm drohenden Zwangsvollstreckung in der Absicht, die Befriedigung des Gläubigers zu vereiteln, Bestandteile seines Vermögens veräußert oder beiseite schafft, wird mit Gefängnis bis zu zwei Jahren oder mit Geldstrafe bestraft.

Die Verfolgung tritt nur auf Antrag des Gläubigers ein.

I. **Zweck:** G l ä u b i g e r s c h u t z. Ueber das Verhältnis zum Siegelbruch und zum Verstrickungsbruch § 138 Anm. I. — Vgl. ferner den weitgehend übereinstimmenden § 239, 1 KO. — Zahlungseinstellung (objektiv) läßt die Tat zum „Verbrechen" werden!

II. **Zwangsvollstreckung droht,** wenn aus schlüssigen Handlungen des Gläubigers (wiederholte Mahnung od. dgl.) die Absicht alsbaldiger gerichtlicher Geltendmachung und Zwangsbeitreibung erhellt. E. **63** 341. — Nicht nur bei bevorstehender Zwangsvollstreckung wegen einer Geldforderung, sondern auch wegen einer Individualleistung: E. **38** 227.

III. **Gläubiger:** nicht nur der persönlich, sondern auch der dinglich Berechtigte, von dem die Zwangsvollstreckung droht. — Der Vollstreckende braucht aber nicht Gläubiger des Täters zu sein; wenn nur der Täter verpflichtet ist, die ZwVollstr. des „Gläubigers" in sein Vermögen zu dulden. Also auch eine Ehefrau, die die Vollstreckung der Gläubiger des Mannes in das Gesamtgut dulden muß. E. 68 108. Oder der Ehemann betr. eingebrachtes Gut der Frau.

IV. **Vermögen** hier im vollstreckungsrechtlichen Sinn. Umfaßt also auch den „Besitz"; z. B. von fiduziarisch übereigneten, aber nicht übergebenen Sachen (E. 61 407). Aber nur pfändbare Sachen (E. 22 208, 42 62). — Eine nur zur Einziehung überwiesene Forderung (ZPO. § 835) gehört nicht zum Vermögen des Einziehungsberechtigten: DJ. 38 1527. Daß der Gläubiger gerade die Sache anzugreifen beabsichtigte, welche beiseite geschafft usw. wurde, oder daß andere Befriedigungsgegenstände nicht vorhanden sind, ist nicht Voraussetzung. Vgl. E. 6 100, 72 252.

V. **Veräußerung:** Uebertragung von Vermögensrechten, welche eine Entziehung oder Minderung der Exekutivobjekte nach sich zieht: E. 32 20; z. B. Bestellung von Pfandrecht, Hypothek, Eintragung einer Vormerkung: E. 34, 3, 38 227, 59 314. Vgl. auch E. 42 62. — Befriedigung eines anderen Gläubigers nur dann § 288, wenn sie eine sog. inadäquate i. S von KO. § 241 ist. Denn weiter als dort soll hier der Schutz nicht gehen E. 71 227.

VI. **Beiseiteschaffung:** Bei fraudulöser Vermögensverschiebung kann auch der anfechtbar Erwerbende gegen § 288 verstoßen, sogar bevor die Schuld des anfechtbar Veräußernden fällig ist. E. 63 341.

3. Pfandkehrung

289. Wer seine eigene bewegliche Sache, oder eine fremde bewegliche Sache zugunsten des Eigentümers derselben, dem Nutznießer, Pfandgläubiger oder demjenigen, welchem an der Sache ein Gebrauchs- oder Zurückbehaltungsrecht zusteht, in rechtswidriger Absicht wegnimmt, wird mit Gefängnis bis zu drei Jahren oder mit Geldstrafe bestraft.

Neben der Gefängnisstrafe kann auf Verlust der bürgerlichen Ehrenrechte erkannt werden.

Der Versuch ist strafbar.

Die Verfolgung tritt nur auf Antrag ein.

Die Bestimmungen des § 247 Absatz 2 und 3 finden auch hier Anwendung.

I. **Pfandgläubiger:** vertragsmäßiger oder (z. B. Vermieter) gesetzlicher: E. 35 201 betr. Mietvertrag, der ohne Zustimmung des Ehemannes geschlossen. E. 37 329: PfR. beim Werkherstellungsvertrag.

II. **Gebrauchs- oder Zurückbehaltungsrecht:** Nur das vom Recht anerkannte Besitzverhältnis wird geschützt. Vgl. dazu E. 22 364 (Zurückbeh.recht); E. 17 358 (Gebrauchsrechte). — Auch vertragsmäßiges Zurückbehaltungsrecht: E. 35 150, 37 119.

III. Wegnahme in rechtsw. Absicht: vgl. § 242 Anm. V. So auch für § 289: E. **27** 222. Anders E. **38** 174, wo der Begriff weiter gefaßt wird als in § 242.

IV. Antrag desjenigen, dessen Besitzrecht verletzt wird. Vgl. dazu beispielsweise E. **35** 402, **34** 64.

4. Gebrauchsanmaßung

290. Oeffentliche Pfandleiher, welche die von ihnen in Pfand genommenen Gegenstände unbefugt in Gebrauch nehmen, werden mit Gefängnis bis zu einem Jahre, neben welchem auf Geldstrafe erkannt werden kann, bestraft.

I. Ueber die Fälle des strafbaren **furtum usus** vgl. Vorbem. vor § 242 und § 242 Anm. VIII am Ende.

II. Oeffentliche Pfandleiher: solche, deren Geschäft dem Publikum offen steht. — Nicht auf konzessionierte (GewO. § 34) beschränkt: E. **8** 269.

III. In Gebrauch nehmen: Unberechtigter „Gebrauch" eines verpfändeten Sparkassenbuchs durch Abheben von Geld ist nur Unterschlagung: E. **15** 147.

5. Zueignung von Munition.

291. Wer die bei den Uebungen der Artillerie verschossene Munition, oder wer Bleikugeln aus den Kugelfängen der Schießstände der Truppen sich widerrechtlich zueignet, wird mit Gefängnis bis zu einem Jahre oder mit Geldstrafe bestraft.

I. Widerrechtliche Zueignung: ohne Rücksicht auf fiskalischen B e s i t z o d e r G e w a h r s a m. Besteht dieser, so ist § 291 lex specialis gegenüber § 242. — Hat dagegen der Fiskus auch das „E i g e n t u m" aufgegeben, so fehlt der Zueignung die „Widerrechtlichkeit".

6. Jagd- und Fischwilderei

Vorbemerkung zu §§ 292 bis 296. — Die Bestimmungen sind neu gefaßt durch G. v. 28. 6. 35, Art. 10. Angleichung an die jagdpolizeilichen Strafbestimmungen des RJagdG. v. 3. 7. 34, §§ 60—62. Sie gelten mit den sich aus AAR. 1 ergebenden Einschränkungen weiter: Kasseler Sen.HESt. **1** 115. OGH. in DRZ. **50** 45 (vgl. dort Anm. betr. Einzelfragen der Geltung). — Die F i s c h e r e i ist noch landesgesetzlich geregelt. Darauf beruht die von der Jagdwilderei verschiedene Fassung mehrerer Strafbestimmungen. Ueber Neufassung des § 293 Abs. 2 vgl. dort.

292. Wer unter Verletzung fremden Jagdrechts dem Wilde nachstellt, es fängt, erlegt oder sich zueignet, oder eine Sache, die dem Jagdrecht unterliegt, sich zueignet, beschädigt oder zerstört, wird mit Gefängnis bestraft.

In besonders schweren Fällen, insbesondere, wenn die Tat zur Nachtzeit, in der Schonzeit, unter Anwendung von Schlingen oder in anderer nicht weidmännischer Weise oder von mehreren mit Schußwaffen ausgerüsteten Tätern gemeinsam begangen wird, ist auf Gefängnis nicht unter drei Monaten zu erkennen.

Wer die Tat gewerbs- oder gewohnheitsmäßig begeht, wird mit Gefängnis nicht unter drei Monaten, in besonders schweren Fällen mit Zuchthaus bis zu fünf Jahren bestraft.

I. **Täter** kann jeder sein, der am Standort des Wildes nicht zur Ausübung der Jagd berechtigt ist. Wer berechtigt ist, bestimmt RJagdG. v. 3. 7. 34, §§ 1—21, i. Vbdg. mit Ausf.VO. v. 27. 3. 43 (RGBl. I 431).

II. Aufzählung der **jagdbaren Tiere**, an denen, obwohl „herrenlos", gemäß BGB. § 958 II nur der JagdausübBerecht. Eigt. erwirbt, in RJagdG. v. 3. 7. 34.

III. **Erster Tatbestand** bezieht sich auf RJagdG. § 1 I und betrifft lebendes jagdbares Wild. Ueber „fremdes Jagdrecht" vgl. Anm. I. Die Täterhandlung braucht nicht waidmännisch zu sein (Fallenstellen usw., vgl. Abs. II und RJagdG. § 35), auch nicht zum Erlegen oder Zueignen zu führen (Anstand usw. genügt). Das Aufsuchen geeigneter Fangplätze ist bereits ein Nachstellen E. **70** 220.

IV. **Zweiter Tatbestand** bezieht sich auf RJagdG. § 1 II und betrifft verendetes Wild, Fallwild, Abwurfstangen sowie die Eier jagdbaren Federwildes. — Der streitige Fall, wo jemand dem Wilderer Wild entwendet, fällt auch unter den neuen § 292 nicht; unter den 1. Tatbestand nicht, weil er sich nur auf lebende Tiere bezieht; unter den 2. Tatbestand nicht, weil das von einem anderen erlegte Wild (z. B. in der Küche des Wilderers) nicht mehr „dem Jagdrecht unterliegt".

V. **Vorsatz** (auch bedingter) muß das Bewußtsein, fremdes Jagdrecht zu verletzen, umfassen; also auch, daß das Tier zu den „jagdbaren" gehört (E. **10** 234).

VI. **Mehrere**, also mindestens zwei, müssen nicht nur am Wildern beteiligt, sondern auch mit Schußwaffen ausgerüstet gewesen sein. DJ. **37** 80 = HRR. **37** 423.

VII. **Gewerbs- oder Gewohnheitsmäßigkeit:** Die Einzeltat verliert hierdurch nicht ihre Selbständigkeit: E. **72** 401. Hingegen neuerdings LG. Essen MDR. **49** 635 (Anm. Schneider).

293. Wer unter Verletzung fremden Fischereirechts fischt oder eine Sache, die dem Fischereirecht unterliegt, sich zueignet, beschädigt oder zerstört, wird mit Gefängnis bis zu zwei Jahren oder mit Geldstrafe bestraft.

In besonders schweren Fällen ist auf Gefängnis nicht unter einem Monat zu erkennen. Ein besonders schwerer Fall liegt namentlich vor, wenn die Tat zur Nachtzeit, in der Schonzeit, durch Anwendung von Sprengstoffen oder schädlichen Stoffen begangen oder wenn der

Fischbestand eines Gewässers durch den Fang von Fischen gefährdet wird, die das für die Ausübung des Fischfangs festgesetzte Mindestmaß noch nicht erreicht haben.

Wer die Tat gewerbs- oder gewohnheitsmäßig begeht wird mit Gefängnis nicht unter drei Monaten bestraft.

Abs. 2 neu gefaßt durch VO. v. 23. 1. 43 (RGBl. I 67).

294. In den Fällen des § 292 Abs. 1 und des § 293 Abs. 1 wird die Tat nur auf Antrag des Verletzten verfolgt, wenn sie von einem Angehörigen oder an einem Orte begangen worden ist, wo der Täter die Jagd oder die Fischerei in beschränktem Umfang ausüben durfte.

Z. B. als Jagdgast nur eine bestimmte Stückzahl abschießen durfte (E. **43** 439); oder wenn einer von mehreren Jagdpächtern sein Recht überschreitet (E. **24** 122).

295. Jagd- oder Fischereigeräte, Hunde oder andere Tiere, die der Täter oder ein Teilnehmer zur Jagd oder Fischerei bei sich geführt oder verwendet hat, sind einzuziehen, auch wenn sie keinem von ihnen gehören.

Von der Einziehung kann abgesehen werden, wenn die Sache ohne Schuld des Eigentümers zur Tat benutzt worden ist oder die Einziehung eine unbillige Härte für den Betroffenen bedeuten würde.

I. Doppelte **Abweichung** von § 40: Mußvorschrift und unabhängig vom Eigentum.

II. Dagegen müssen Sachen, die dem alleinigen **Aneignungsrecht** des Jagdausübungsberechtigten unterliegen, diesem ausgehändigt werden. E. **70** 92. Vgl. RJagdG. § 1.

296. Wer Jagdgerät oder Fischereigerät in Besitz oder Gewahrsam hat oder von einem anderen für sich verwahren läßt, nachdem er wegen gewerbs- oder gewohnheitsmäßiger Wilderei (§ 292 Abs. 3, § 293 Abs. 3) oder mehr als einmal wegen Wilderei (§ 292 Abs. 1, 2, § 293 Abs. 1, 2) rechtskräftig verurteilt worden ist, wird mit Gefängnis bestraft, sofern sich nicht aus den Umständen ergibt, daß das Gerät nicht zur Verwendung bei der Wilderei bestimmt ist.

Wer Jagd- oder Fischereigerät für einen anderen in Verwahrung nimmt oder einem anderen überläßt, obwohl er weiß oder den Umständen nach annehmen muß, daß das Gerät zur Verwendung bei der Wilderei bestimmt ist, wird, sofern die Tat nicht nach anderen Vorschriften mit schwererer Strafe bedroht ist, mit Gefängnis bis zu zwei Jahren bestraft.

Das Jagd- oder Fischereigerät ist einzuziehen, auch wenn es dem Täter nicht gehört.

§ 245 a Abs. 4 gilt entsprechend.

I. Die Bestimmung entspricht dem § 245 a. Erläuterung dort.

II. Nicht auch Hunde.

III. Hier gilt also nicht die Billigkeitsausnahme des § 295 II.

296 a. Ausländer, welche in deutschen Küstengewässern unbefugt fischen, werden mit Geldstrafe oder mit Gefängnis bis zu sechs Monaten bestraft.

Neben der Geld- oder Gefängnisstrafe ist auf Einziehung der Fanggeräte, welche der Täter bei dem unbefugten Fischen bei sich geführt hat, ingleichen der in dem Fahrzeuge enthaltenen Fische zu erkennen, ohne Unterschied, ob die Fanggeräte und Fische dem Verurteilten gehören oder nicht.

7. Schiffsgefährdung durch Schiffskonterbande

297. Ein Reisender oder Schiffsmann, welcher ohne Vorwissen des Schiffers, ingleichen ein Schiffer, welcher ohne Vorwissen des Reeders Gegenstände an Bord nimmt, welche das Schiff oder die Ladung gefährden, indem sie die Beschlagnahme oder Einziehung des Schiffes oder der Ladung veranlassen können, wird mit Geldstrafe oder mit Gefängnis bis zu zwei Jahren bestraft.

I. **Schiffsmann.** Vgl. SeemO. §§ 2, 3. — Umfang bestritten.

II. **Schiffer:** Kapitän.

III. **An Bord nehmen:** damit ist das Vergehen vollendet: E. **42** 294. — Beihilfe ist möglich durch Lieferung von Waren: E. **41** 70.

IV. **Schiff** bedeutet hier nur Seeschiff.

V. Bewußtsein der **Gefährdung** erforderlich: E. **43** 384.

8. Bruch des Heuervertrages

298. Ein Schiffsmann, welcher mit der Heuer entläuft, oder sich verborgen hält, um sich dem übernommenen Dienste zu entziehen, wird, ohne Unterschied, ob das Vergehen im Inlande oder im Auslande begangen worden ist, mit Gefängnis bis zu einem Jahre bestraft.

I. Ein vereinzelter Fall strafbaren Vertragsbruchs (vgl. außerdem § 329). — § 298 gilt unmittelbar nur für Schiffsleute außerdeutscher Kauffahrteischiffe, da für deutsche Kauffahrteischiffe der § 93 SeemO. v. 2. Juni 1902 an die Stelle des § 298 StGB. getreten ist (so auch Fr. und Eb.).

II. **Heuer** = Löhnung. Vgl. z. B. SeemO. §§ 45—47.

III. Vgl. auch SeemO. §§ 93, 121.

9. Gefährdung des Briefgeheimnisses

299. Wer einen verschlossenen Brief oder eine andere verschlossene Urkunde, die nicht zu seiner Kenntnisnahme bestimmt ist, vorsätzlich und unbefugterweise eröffnet, wird mit Geldstrafe oder mit Gefängnis bis zu drei Monaten bestraft.

Die Verfolgung tritt nur auf Antrag ein.

I. Briefgeheimnis. Wegen Post-, Telegraphen- und Fernsprechgeheimnis vgl. § 354 ff. Das Verbot des § 299 richtet sich gegen jeden, das der §§ 354 ff. nur gegen die dort genannten Beamten.

II. Verschlossen: wenn die Einsichtnahme durch eine besondere Vorrichtung erschwert ist.

III. „Brief oder andere Urkunde" im weitesten Sinn: nicht i. S. des § 267, sondern i. S. des § 1 RPostG. v. 28. 10. 1871: Wenn Umschlag verwendet, ist Inhalt gleichgültig; andernfalls entscheidet der Inhalt (Schriftstück). — Der Absendervermerk auf dem Briefumschlag ist nicht mitgeschützt.

IV. Unbefugterweise: ohne ein „Recht" dazu zu haben. Dies kann im öffentlichen (z. B. StPO. § 100 III) oder im bürgerlichen Recht (z. B. BGB. § 1626) wurzeln. Vgl. auch PostG. § 5, TelG. § 12, KO. § 121.

V. Eröffnen: den Verschluß beseitigen oder unwirksam machen: E. 20 375. Kenntnisnahme von dem Inhalt ist nicht erforderlich.

VI. Antragsberechtigt ist der Eigentümer. Bei Sendungen der Absender so lange, bis das Eigentum auf den Adressaten übergeht; später der Adressat.

10. Verletzung des Berufsgeheimnisses

300. Rechtsanwälte, [Advokaten,] **Notare, Verteidiger in Strafsachen,** [Aerzte, Wundärzte,] **Hebammen, Apotheker, sowie die Gehilfen dieser Personen werden, wenn sie unbefugt Privatgeheimnisse offenbaren, die ihnen kraft ihres Amtes, Standes oder Gewerbes anvertraut sind, mit Geldstrafe oder mit Gefängnis bis zu drei Monaten bestraft.**

Die Verfolgung tritt nur auf Antrag ein.

I. Für **Aerzte** i. S. der Reichsärzteordnung v. 13. 12. 35 (RGBl. I 1433) ist § 300 durch RAeO. § 85 außer Kraft gesetzt. An seine Stelle tritt RAeO. § 13, gegen dessen Weitergeltung aus den zu §§ 240, 253 erörternden Gründen keine Bedenken bestehen. Vgl. unten! — Aehnlich jetzt für **Apotheker:** RApothO. v. 18. 4. 37 (RGBl. I 457). — Das Wort „Wundärzte" jetzt bedeutungslos. — Für Tierärzte vgl. Reichstierärzteordnung v. 3. 4. 36 (RGBl. I 347) § 13.

II. Gehilfen: auch wenn nur vorübergehend zugezogen.

III. Der § 300 enthält ein **Offenbarungsverbot** für die hier genannten Personen bzgl. der hier genannten Geheimnisse; Ausnahme für den Fall einer „Befugnis". Nicht also ist § 300 abhängig von einem außerhalb desselben begründeten Offenbarungsverbot; sondern umgekehrt: § 300 ist nur unanwendbar bei einem außerhalb desselben begründeten Offenbarungsrecht. Solches kann auf einer bloßen Erlaubnis beruhen, aber auch aus einer Pflicht zur Mitteilung folgen. Letztere z. B. in StGB. § 139, SprStG. § 13. — Eine „Erlaubnis" kann auf ausdrücklicher Erklärung des Anvertrauenden beruhen, aber auch aus „auftragloser Geschäftsführung" folgen. — Im Zweifelsfall gilt auch hier Abs. III des § 13 der Reichsärzteordnung. — Ob Offenbarung innerhalb einer **gerichtlichen Zeugenaussage** auch dann „befugt" ist, wenn ein Recht der Zeugnisweigerung bestand (StPO. § 53 Nr. 3, ZPO. § 383 Nr. 5), ist streitig. Dafür (zweifelnd) E **19** 365, **48** 269, RGZiv. 3, 315; auch E. **57** 63 ist wohl dahin zu verstehen (soweit eine Entbindung von der Schweigepflicht nicht vorliege, unterliege es „dem Ermessen des Arztes, ob er aussagen will oder nicht"). Indessen: Soweit keine Pflicht besteht, auszusagen, bleibt die „Pflicht", zu schweigen, unberührt. Gerade um das Geheimnis wahren zu können, ist dem Geheimnisempfänger das Recht gegeben worden, vor Gericht sein Zeugnis zu verweigern. Die Frage ist vielmehr (innerhalb wie außerhalb eines Prozesses) im Einzelfall nach dem **überwiegenden Interesse** zu beantworten. — Kein Zeugnisverweigerungsrecht über das, was ein Sachverständiger im Auftrage des Gerichts wahrgenommen hat (E. **61** 384, **66** 273); Mitteilungen außerhalb des Prozesses würden hier aber unter § 300 fallen. — Die Angehörigen eines Verstorbenen können von der Schweigepflicht nicht entbinden: JW. **37** 629, E. **71** 21.

IV. **Geheimnis** (i. S. der es schützenden Vorschriften, vgl. auch § 88, UnlWettbG. § 17) ist eine nur einem begrenzten Personenkreis bekannte Tatsache, die ein von ihr Betroffener aus objektiv berechtigtem (!) Grund über jenen Kreis hinaus nicht bekannt werden lassen will. — Darüber, daß zu dem persönlichen Willen solchermaßen ein objektiv anerkennenswertes Interesse an Geheimhaltung kommen muß, vgl. (freilich anders konstruiert) E. **26** 5; und ausdrücklich § 88. Daß Offenkundigkeit die Geheimhaltungspflicht ausschließt: E. **38** 65.

V. **Offenbarung:** hier: Jede Mitteilung unbekannter oder Bestätigung unsicher bekannter Tatsachen an andere.

VI. **Anvertraut:** mit der stillschweigenden oder ausdrücklichen Auflage der Geheimhaltung mitgeteilt oder in Ausübung des Berufes usw. erlangt. Vgl. freilich Anm. III a. E.!

VII. **Antragsberechtigt** ist derjenige, der das Geheimnis anvertraut hat. Bei Familiengeheimnissen kann das der Ehemann oder Vater als Familienhaupt sein: E. **13** 60.

Reichsärzteordnung v. 13. 12. 35, § 13:

(1) Ein Arzt, der unbefugt ein fremdes Geheimnis offenbart, das ihm bei Ausübung seines Berufs anvertraut oder zugänglich geworden ist, wird mit Gefängnis bis zu einem Jahr und Geldstrafe oder einer dieser Strafen bestraft.

(2) Dem Arzt stehen seine berufsmäßig tätigen Gehilfen und die Personen gleich, die zur Vorbereitung auf den Beruf an der berufsmäßigen Tätigkeit teilnehmen. Ebenso wird bestraft, wer nach dem Tode des zur Wahrung des fremden Geheimnisses nach Abs. 1 Verpflichteten das von dem Verstorbenen oder aus dessen Nachlaß erlangte Geheimnis unbefugt veröffentlicht.

(3) Der Täter ist straffrei, wenn er ein solches Geheimnis zur Erfüllung einer Rechtspflicht oder sittlichen Pflicht oder sonst zu einem nach gesundem Volksempfinden berechtigten Zweck offenbart und wenn das bedrohte Rechtsgut überwiegt.

(4) Die Tat wird nur auf Antrag des Verletzten verfolgt.

I. Hierzu K. S c h ä f e r in DJ. 36, 374. — **Erweiterungen** gegenüber § 300 StGB.: a) zu wahren sind nicht nur anvertraute, sondern auch bei Berufsausübung „z u g ä n g l i c h gewordene" Geheimnisse; b) nicht nur Aerzte und ihre Gehilfen, sondern auch in der V o r b e r e i t u n g begriffene Personen sind zur Geheimhaltung verpflichtet; c) Geheimnispflicht auch ü b e r d e n T o d des Geheimnisempfängers hinaus. — Dazu nähere Bestimmung des Merkmals „u n b e f u g t" in Abs. III.

II. **Arzt** hier nur i. S. der RAeO. Nicht also z. B. Zahnarzt, dieser unterliegt aber dem § 300.

III. Für **„unbefugt"** gilt auch hier Anm. III zu § 300. Abs. III bestätigt nur die bisherige Auslegung, wonach die Quelle der „Befugnis" außerhalb des Strafrechts zu suchen ist.

IV. **Straffrei** heißt: die Preisgabe ist hier nicht unbefugt, n i c h t r e c h t s w i d r i g. Ebenso E. **71** 21 (hierzu eingehend K. Schäfer in DStrR. 37, 197). In RApothO. v. 18. 4. 37 richtiger: „Eine unbefugte Offenbarung liegt nicht vor, wenn . . ."

11. Ausbeutung Minderjähriger

301. Wer in gewinnsüchtiger Absicht und unter Benutzung des Leichtsinns oder der Unerfahrenheit eines Minderjährigen sich von demselben Schuldscheine, Wechsel, Empfangsbekenntnisse, Bürgschaftsinstrumente oder eine andere, eine Verpflichtung enthaltende Urkunde ausstellen oder auch nur mündlich ein Zahlungsversprechen erteilen läßt, wird mit Gefängnis bis zu sechs Monaten oder mit Geldstrafe bestraft.

Die Verfolgung tritt nur auf Antrag ein.

I. **Gewinnsüchtige** Bereicherungsabsicht. § 253 Anm. V.

II. **Kausalität** zwischen Leichtsinn usw. und Verpflichtung erforderlich: E. **31** 118.

III. **Benutzung:** soviel wie Ausbeutung; vgl. auch § 181a Anm. III.

IV. **Leichtsinn** (Unbekümmertheit um die Folgen) und **Unerfahrenheit** (allgemeine geschäftliche Unkenntnis) müssen bei Eingehung der Verpflichtung hervorgetreten sein und sich auf deren Folgen beziehen. E. **37** 205, **60** 216.

V. **Minderjährige:** Nicht der für volljährig Erklärte.

VI. **Verpflichtung** zur Zahlung einer Geldsumme usw. im Sinne von § 302.

VII. **Zahlungsversprechen** nicht eingeschränkt auf eine der Schuld nachfolgende Zusage. Schon die Bitte um ein Darlehen oder um Lieferung auf Kredit erscheint als Zahlungsversprechen nach § 301, sofern darin und in der Annahme des Kredites die Zusage der Zahlung enthalten ist. Auch durch konkludente Handlungen: E. 31 118.

VIII. **Sich erteilen lassen:** es ist gleichgültig, ob das Versprechen aus eigener Bewegung des Minderjährigen oder auf Verlangen des Ausbeutenden erklärt ist: E. 31 118.

Schwere Ausbeutung Minderjähriger

302. Wer in gewinnsüchtiger Absicht und unter Benutzung des Leichtsinns oder der Unerfahrenheit eines Minderjährigen sich von demselben unter Verpfändung der Ehre, auf Ehrenwort, eidlich oder unter ähnlichen Versicherungen oder Beteuerungen die Zahlung einer Geldsumme oder die Erfüllung einer anderen, auf Gewährung geldwerter Sachen gerichteten Verpflichtung aus einem Rechtsgeschäfte versprechen läßt, wird mit Gefängnis bis zu einem Jahre oder mit Geldstrafe bestraft.

Neben der Gefängnisstrafe kann auf Verlust der bürgerlichen Ehrenrechte erkannt werden.

Dieselbe Strafe trifft denjenigen, welcher sich eine Forderung, von der er weiß, daß deren Berichtigung ein Minderjähriger in der vorbezeichneten Weise versprochen hat, abtreten läßt.

Die Verfolgung tritt nur auf Antrag ein.

Vgl. § 301 mit Anm.

12. Wucher; a) Geldwucher

Vorbemerkung zu den §§ 302a—302e: Die §§ 302a bis d wurden eingefügt durch RGes. v. 4. 5. 1880; § 302e durch RGes. v. 19. 6. 1893, das auch den § 302a erweiterte.

Das erstgenannte Gesetz wollte den Kreditwucher treffen, das zweite (aber nur bei Gewerbs- oder Gewohnheitsmäßigkeit) den Sachwucher. Ueber die allmähliche Verwischung der Grenze vgl. Anm. VI zu § 302a.

Vgl. ferner wegen Kreditwucher den § 360 Nr. 12; wegen Sachwucher: Mieterschutzgesetz (abgedr. hinter § 302e).

302a. Wer unter Ausbeutung der Notlage, des Leichtsinns oder der Unerfahrenheit eines anderen mit Bezug auf ein Darlehn oder auf die Stundung einer Geldforderung oder auf ein anderes zweiseitiges

Rechtsgeschäft, welches denselben wirtschaftlichen Zwecken dienen soll, sich oder einem Dritten Vermögensvorteile versprechen oder gewähren läßt, welche den üblichen Zinsfuß dergestalt überschreiten, daß nach den Umständen des Falles die Vermögensvorteile in auffälligem Mißverhältnis zu der Leistung stehen, wird wegen Wuchers mit Gefängnis bis zu sechs Monaten und zugleich mit Geldstrafe bestraft. Auch kann auf Verlust der bürgerlichen Ehrenrechte erkannt werden.

I. Eine **Notlage** i. S. des Wucherstrafrechts liegt nicht nur dann vor, wenn unmittelbar die wirtschaftliche Existenz des Darlehnssuchers gefährdet ist, sondern auch, wenn er noch Vermögensstücke besaß, deren Verwertung aber die Grundlagen seines wirtschaftlichen Bestehens gefährden würde. Vgl. aber auch unten § 302e Anm. III. Wucher kann auch mit fremdem Gelde begangen werden. Es können mehrere zusammenwirken, indem der eine das Geld gibt, der andere die Geschäftstätigkeit besorgt: E. **36** 226.

II. Ueber **Leichtsinn** und **Unerfahrenheit:** Anm. IV zu § 301.

III. **Eines anderen:** auch einer juristischen Person: E. **38** 363 (365/366).

IV. **Mit Bezug auf:** erkennbarer Zusammenhang zwischen dem Rechtsgeschäft und den gewährten oder versprochenen Vermögensvorteilen nötig: E. zuletzt **45** 198.

V. Der **Vermittler** eines Darlehns ist nur unter der Voraussetzung des § 302e strafbar. E. **28** 288, **35** 111, **36** 226.

VI. **Gleichgestellt** ist dem Gelddarlehn nach E. **35** 111, **39** 126 auch Verkauf von Sachen oder Forderungen zu Schleuderpreisen, um einer Bargeldnot abzuhelfen. Bei dieser Auslegung verschwindet freilich die Grenze zu § 302e und ist es nicht mehr berechtigt, den Fall des § 302a „Kreditwucher" zu nennen. So auch RGZiv. 43, 118.

VII. **Verjährung** beginnt erst mit Fälligkeit der wucherlichen Forderung: E. **38** 426. E. **32** 143 mit ausführlicher Begründung. — die zivilrechtliche Nichtigkeit des Geschäfts (§ 138 BGB.) kommt nicht in Betracht: E. **35** 111.

VIII. **„Ueblich"** ist der nach Ort und Zeit im redlichen Geschäftsverkehr gewöhnliche Zinsfuß. Nur wenn er überschritten, ist das „auffällige Mißverhältnis" zu prüfen. E. **60** 216.

IX. Das **„auffällige Mißverhältnis"** ist (str.) vom Standpunkt des Gläubigers aus zu berechnen (E. **39** 126, **45** 198, **60** 216).

X. Zum **Vorsatz** ist erforderlich und genügend die Kenntnis der die Notlage begründenden Umstände. E. **71** 325, DJ. 38, 44.

Schwerer Geldwucher

302b. Wer sich oder einem Dritten die wucherlichen Vermögensvorteile (§ 302a) verschleiert oder wechselmäßig oder unter

Verpfändung der Ehre, auf Ehrenwort, eidlich oder unter ähnlichen Versicherungen oder Beteuerungen versprechen läßt, wird mit Gefängnis bis zu einem Jahre und zugleich mit Geldstrafe bestraft. Auch kann auf Verlust der bürgerlichen Ehrenrechte erkannt werden.

I. **Verschleiern:** in unwahrer, den Wucher verhüllender Form kontrahieren; z. B. Darlehn gegen Abnahme von Waren oder Lotterielosen, Uebereignungen, Forderungsabtretungen, Bürgschaften, geschäftliche Bindungen. Vgl. DStrR. 38, 241. — Der Verkaufsgewinn ist mit auf dem Vermögensvorteil des Darlehnsgebers zu rechnen. Bei verkauften Losen kann die Gewinnaussicht nicht aufgerechnet werden: E. 20 279. — Verschleierung erfordert nicht Täuschung des Schuldners: E. 18 332.

II. Die **Versicherungen** müssen sich auf die Vermögensvorteile selbst beziehen.

Nachwucher

302 c. Dieselben Strafen (§§ 302 a, 302 b) treffen denjenigen, welcher mit Kenntnis des Sachverhalts eine Forderung der vorbezeichneten Art erwirbt und entweder dieselbe weiterveräußert oder die wucherlichen Vermögensvorteile geltend macht.

Auch wenn jemand in Kenntnis des begangenen Wuchers die Forderung ohne sein Zutun erwirbt (z. B. von Todes wegen) und aus freiem Entschluß die so geschaffene Rechtslage zu seinem Vorteil ausnutzt: E. 36 374.

Gewerbs- und gewohnheitsmäßiger Geldwucher

302 d. Wer den Wucher (§§ 302 a bis 302 c) gewerbs- oder gewohnheitsmäßig betreibt, wird mit Gefängnis nicht unter drei Monaten und zugleich mit Geldstrafe bestraft. Auch ist auf Verlust der bürgerlichen Ehrenrechte zu erkennen.

Das Ges. zur Aenderung des RStGB. v. 4. 9. 41 (RGBl. S. 549) § 3: „Der Wucherer (§§ 302 d, 302 e des Strafgesetzbuchs) wird in besonders schweren Fällen mit Zuchthaus bestraft. Daneben kann auf Geldstrafe in unbeschränkter Höhe erkannt werden", ist durch KRG. 55 aufgehoben.

b) Sachwucher

302 e. Dieselbe Strafe (§ 302 d) trifft denjenigen, welcher mit Bezug auf ein Rechtsgeschäft anderer als der im § 302 a bezeichneten Art gewerbs- oder gewohnheitsmäßig unter Ausbeutung der Notlage, des Leichtsinns oder der Unerfahrenheit eines anderen sich oder einem Dritten Vermögensvorteile versprechen oder gewähren läßt, welche den Wert der Leistung dergestalt überschreiten, daß nach den Umständen des Falles die Vermögensvorteile in auffälligem Mißverhältnis zu der Leistung stehen.

I. Sachwucher. Vgl. zunächst Anm. zu § 302 d. Ueber Einzelheiten vgl. Anm. zu §§ 301 und 302 a. Vgl. auch Gröbe in DJ. 37, 852. — Ueber Abgrenzung gegen § 302 a vgl. dort Anm. VI. — Hier auch Wohnungswucher: E. **53** 285, **61** 234.

II. Gewerbs- und gewohnheitsmäßig: vgl. Vorbem. II 3 vor § 73.

III. Notlage: wirtschaftliche Bedrängnis, die nur den Ausgebeuteten, nicht Einschränkung, die das Volk im ganzen trifft: E. **76** 193.

IV. Auffälliges Mißverhältnis: über den Berechnungsmodus und den dabei einzunehmenden Standpunkt vgl. E. **29** 78. — Ueber Wucher beim schwarzen Grenzübertritt Gera NJW. **48** 437.

Mieterschutzgesetz vom 1. Juni 1923 (17. Februar 1928):

§ 49 a. Wer für die mietweise oder auf Grund eines sonstigen Rechtsverhältnisses erfolgende Ueberlassung von Räumen oder im Zusammenhange damit für sich oder einen anderen einen Mietzins oder eine sonstige Vergütung fordert, annimmt oder sich versprechen läßt, die unter Berücksichtigung der gesamten Verhältnisse als unangemessen anzusehen sind, wird wegen Wuchers mit Räumen mit Geldstrafe oder mit Gefängnis bestraft. Ist die Tat fahrlässig begangen, so ist auf Geldstrafe oder Gefängnis bis zu einem Jahre zu erkennen.

Ebenso wird bestraft, wer für die Vermittlung eines Rechtsgeschäfts der im Abs. 1 Satz 1 bezeichneten Art eine Vergütung fordert, annimmt oder sich versprechen läßt, die unter Berücksichtigung der gesamten Verhältnisse als unangemessen anzusehen ist.

§ 49b. Die Vorschriften des § 49a finden auch auf die von Behörden sowie von der Deutschen Reichsbahn-Gesellschaft überlassenen Räume Anwendung.

Sechsundzwanzigster Abschnitt

Sachbeschädigung

Vorbemerkung: I. Die §§ 303, 305 schützen fremdes Eigentum, der § 304 den gemeinen Nutzen. Von anderen Gesichtspunkten aus werden Sachbeschädigungen gestraft in den §§ 103a, 133 bis 137, 274 Nr. 1, 348 II; bes. §§ 306 ff.; ferner in den Feld- und Forstpolizeigesetzen der Länder.

II. Dem Tatbestand der Sachbeschädigung nachgebildet ist der der Entwendung elektrischer Energie: § 2 G. v. 9. 4. 00 (vgl. Anhang). § 2 ElGes. verhält sich zu § 1, wie § 303 zu § 242.

Einfache Sachbeschädigung

303. Wer vorsätzlich und rechtswidrig eine fremde Sache beschädigt oder zerstört, wird mit Geldstrafe oder mit Gefängnis bis zu zwei Jahren bestraft.

Der Versuch ist strafbar.

Die Verfolgung tritt nur auf Antrag ein.

Ist das Vergehen gegen einen Angehörigen verübt, so ist die Zurücknahme des Antrages zulässig.

I. **Sachen:** hier auch unbewegliche, E. **26** 421. Im übrigen vgl. Anm. II zu S. 242.

II. **Beschädigung:** jede Aenderung der das Wesen der Sache bedingenden Eigenschaften durch Einwirkung auf die Substanz: E. **20** 182, 353. Kurz: Beeinträchtigung der Brauchbarkeit. — Noch weiter E. **43** 204: U. U. auch das bloße Verunreinigen einer Sache, z. B. das Uebermalen einer Marmorbüste. — Bei Tieren kann die Unversehrtheit auch durch innere, pathologische Veränderung (nachteilige Einwirkung auf das Nervensystem!) ohne äußerlich wahrnehmbaren Eingriff in den Bestand des tierischen Körpers aufgehoben werden: E. **37** 411.

III. Eine **Vernichtung** der Sachsubstanz ist unmöglich. Es kann sich nur handeln um einen höheren Grad von Beschädigung (der Sachsubstanz): wesentliche Beschädigung, durch welche die Sache für ihre Zweckbestimmung ganz oder teilweise unbrauchbar wird. Vgl. E. **39** 223. Mit dieser Begründung kann auch das Fliegenlassen eines Vogels oder Auseinandernehmen einer Maschine, einer Uhr ohne weiteres als Sachbeschädigung angesehen werden.

IV. **Innerer Tatbestand:** Irrtum über die Berechtigung macht nach RGer. nur straflos, soweit er sich auf außerstrafrechtliche Rechtssätze gründet: E. **19** 209 und öfter. Vgl. Anm. V zu § 59.

V. **Antragsberechtigt** sind der Eigentümer und solche Beteiligte, deren Rechte unmittelbar verletzt sind (z. B. bei Transportschäden auch der Käufer, da er die Gefahr trägt). Vgl. E. **8** 399, **63** 76, **71** 137. Siehe ferner Anm. V zu § 61.

VI. **Angehörige:** vgl. § 52 Abs. II und Anm. dazu.

Beschädigung oder Zerstörung von res sacrae, religiosae, publicae.

304. Wer vorsätzlich und rechtswidrig Gegenstände der Verehrung einer im Staate bestehenden Religionsgesellschaft, oder Sachen, die dem Gottesdienste gewidmet sind, oder Grabmäler, öffentliche Denkmäler, Gegenstände der Kunst, der Wissenschaft oder des Gewerbes, welche in öffentlichen Sammlungen aufbewahrt werden oder öffentlich aufgestellt sind, oder Gegenstände, welche zum öffentlichen Nutzen oder zur Verschönerung öffentlicher Wege, Plätze oder Anlagen dienen, beschädigt oder zerstört, wird mit Gefängnis bis zu drei Jahren oder mit Geldstrafe bestraft.

Neben der Gefängnisstrafe kann auf Verlust der bürgerlichen Ehrenrechte erkannt werden.

Der Versuch ist strafbar.

I. Sachen: hier nicht notwendig fremde! Die besondere Zweckbestimmung, die den erhöhten Strafschutz bedingt, muß zur Zeit der Tat bestanden haben. Vgl. E. **34** 2, **43** 244. Im einzelnen:

1. **Dem Gottesdienst gewidmet:** vgl. § 168 und § 243 mit Anm., ferner OGH. in E. **1** 201.

2. **Grabmäler:** vgl. § 168. Der Schutz dauert auch dann fort, wenn der Friedhof nur noch ausnahmsweise oder gar nicht mehr benutzt wird: E. **42** 116.

3. **Oeffentliche Denkmäler:** alle Sachen, die geschichtlich oder kunstgeschichtlich von Bedeutung und der Oeffentlichkeit gewidmet sind: E. **43** 240.

4. **In öffentlichen Sammlungen:** zugänglich nicht nur für einen individuell beschränkten Personenkreis.

5. **Zum öffentlichen Nutzen** dienen Gegenstände, welche, wenn auch nicht allgemein räumlich zugänglich, jedem aus dem Publikum unmittelbaren Nutzen bringen, sei durch ihren Gebrauch, sei es in anderer Weise. Unmittelbar heißt: ohne Vermittlung dritter, zu beliebiger Auswahl der Teilnehmer befugter Personen. So, unter Korrektur früherer Entscheidungen, E. **58** 346, **66** 203. Also z. B. Kohlenbergwerk, Fabrikanlage nicht ohne weiteres. Kohlensäurehaltige Quelle nur, wenn allgemein, wenn auch gegen Entgelt, benutzbar. Wasserstandszeichen (E. **31** 143). Eisenbahn- und Straßenbahnwagen (E. **34** 1). Wahlurnen bei öffentlichen Wahlen (E. **55** 60). Anschlagsäulen (E. **66** 203). Oeffentliche Feuermelder (E. **65** 133). — Wenn E. **72** 1 Bienen hierher rechnet, so ist E. Wolf (ZAk. 38, 100) darin beizutreten, daß damit die bisherige Rechtspr. umgestoßen würde: „Denn mittelbar und durch rein tatsächliche Ursachenverkettung kommt sozusagen jedes Ding einmal nicht nur dem Eigentümer, sondern allen zugute." Vgl. auch HRR. **41** 842 (Breslau) betr. Kühe, in deren Futter der Täter Stahlstücke gemengt hatte. Die Entsch. ist angesichts der damaligen Verteilungswirtschaft zu billigen.

6. Auch die **Verschönerung** eines Gebäudes kann mittelbar den Weg verschönern. E. **65** 354.

II. § 304 setzt eine **Beschädigung** der Sache gerade in der Hinsicht voraus, vermöge deren sie zu den durch § 304 geschützten Gegenständen gehört. E. **66** 203. — Betr. **Zerstörung** vgl. § 303 Anm. III.

III. Idealkonkurrenz mit § 303 ist möglich, da § 304 teils enger (Zweckbestimmung), teils weiter (eigene Sachen des Täters). — Vgl. weiterhin § 168 Anm. VI. — Ueber Konkurrenz mit §§ 317, 318a; vgl. E. **34** 249.

Zerstörung von Bauwerken.

305. Wer vorsätzlich und rechtswidrig ein Gebäude, ein Schiff, eine Brücke, einen Damm, eine gebaute Straße, eine Eisenbahn oder ein anderes Bauwerk, welche fremdes Eigentum sind, ganz oder teilweise zerstört, wird mit Gefängnis nicht unter einem Monat bestraft.

Der Versuch ist strafbar.

I. Gegenstand der Handlung ist hier ein **Bauwerk:** dazu rechnet das Gesetz „jedes von Menschenhand hergestellte, mit dem Grund und Boden, wenn auch nur durch die eigene Schwere, in feste Verbindung gebrachte, selbständige, dauernde Werk". So: Fr., Li., M. — Vgl. auch E. **33** 391 **30** 246. — Also auch künstliche Fischteiche: E. **15** 263; jedoch nicht ein Restteil eines zerstörten Gebäudes: E. **27** 420. Für die gesetzlichen Beispiele macht die h. Meinung gewisse Einschränkungen:

1. **Gebäude.** Vgl. § 243 Anm. IV 2, ferner E. **54** 205 und OGHE. **1** 53.

2. **Schiff** nach h. Lehre nur ein Fahrzeug von einer gewissen Größe (anders Binding Lb. 1, 251).

3. **Brücken:** Bauwerke von einer gewissen Erheblichkeit und Größe, inneren Festigkeit und Tragfähigkeit: E. **24** 26. Immobiliareigenschaft erforderlich. E. **33** 391 und Anm. IV 2 zu § 243.

4. **Straße:** Land- oder Wasserstraße.

5. **Eisenbahn:** Vgl. § 243 Anm. IV 4b und E. **55** 169.

II. Handlung: Vgl. § 303 Anm. III (E. **54** 205; hier und OGH. in E. **1** 53, 198, über die teilweise Zerstörung des Gebäudes durch Zerstörung seiner Einrichtung) und betr. Eisenbahn E. **55** 169.

Siebenundzwanzigster Abschnitt

Gemeingefährliche Verbrechen und Vergehen

Vorbemerkungen

I. Gemeingefahr ist gekennzeichnet durch die Unbeherrschbarkeit der Ursache der Gefahr und durch die Unberechenbarkeit ihrer Ausdehnung. Vgl. E. **5** 309. Gefahr ist ein regelwidriger Zustand, bei dem die Möglichkeit des Eintritts einer Verletzung naheliegt: E. **30** 179, OGHE. **1** 394. Ueber die Begriffsbestimmung der Gemeingefahr in § 325 III vgl. dort. Danach, ob das Gesetz schon bei typisch gemeingefährlichen Handlungen straft, oder aber im Einzelfall Gefahreintritt voraussetzt, sind zu unterscheiden:

1. abstrakt gemeingefährliche Verbrechen: §§ 306 f., 311, 324, 327 f.;

2. konkret gemeingefährliche Verbrechen: §§ 308, 2. Fall 310 a, 312—318 a, 321, 324, 326, 330, 330 c 2. Fall.

3. Sonderfall: 330 a, Selbstversetzung in einen ausweislich der Folge gemeingefährlichen Zustand.

II. Nicht alle Tatbestände des Abschn. enthalten „gemeingef. Handlungen". Für die Aufnahme einiger war die äußere Verwandtschaft mit gemeingefährlichen Handlungen entscheidend:

1. Verletzung fremden Eigentums durch Brandstiftung auch ohne Gemeingefahr: § 308, 1. Fall.

2. Gefährdung von Anstaltsinsassen (die also „ungefährlich" sind) durch Rauschmittel: § 330 b. Vgl. ZStrW. 59, 586.

3. Selbstsucht bei individuellen „Unglücksfällen": § 330 c. E. **75** 68.

III. Nicht nur in diesem Abschnitt sind „gemeingefährliche" Verbrechen unter Strafe gestellt. Vgl. bes. StGB. § 265 u. SprStGes.

1. Brandstiftung; a) schwere

306. Wegen Brandstiftung wird mit Zuchthaus bestraft, wer vorsätzlich in Brand setzt:

1. ein zu gottesdienstlichen Versammlungen bestimmtes Gebäude,

2. ein Gebäude, ein Schiff oder eine Hütte, welche zur Wohnung von Menschen dienen, oder

3. eine Räumlichkeit, welche zeitweise zum Aufenthalt von Menschen dient, und zwar zu einer Zeit, während welcher Menschen in derselben sich aufzuhalten pflegen.

I. Die **Handlung** ist vollendet, wenn der Gegenstand auch ohne den Zündstoff selbständig weiterbrennen kann. Flamme nicht nötig, Glühen genügt. E. **40** 323, **64** 273; E. **71** 194, OGHE. **1** 298. — Auch durch Unterlassung begehbar. Aus der brennenden Pfeife des Täters waren Funken in das Stroh eines Hausbodens gefallen: dies begründete seine Pflicht, sie zu löschen. E. **60** 77. OGHE. **1** 317 betr. Handlungspflicht der Freiw. Feuerwehr.

II. **Täter** kann auch der Eigentümer sein. Anders § 308.

III. Die **Gegenstände** der Handlung:

1. **Zu Ziff. 1** vgl. § 167 Anm. I.

2. **Gebäude:** vgl. § 243 Anm. IV, § 305 Anm. I 1 und II.

3. **Schiff:** vgl. § 305 Anm. I 2.

4. **Hütte:** Selbständiges (unbewegliches) Ganzes, das eine gewisse Bodenfläche bedeckt und gegen äußere Einwirkungen ausreichend abgeschlossen ist: E. **17** 179. Weitergehend JW. **38** 3106 (Anm. Mittelbach) betr. Wochenendhäuschen: Verbindung mit dem Erdboden durch die eigene Schwere genügt, Fortbewegungsmöglichkeit auf Rollen steht nicht entgegen; das Bauwerk muß eine gewisse Bedeutung erreichen. Damit wird praktisch das äußerliche Merkmal der Unbeweglichkeit durch die zutr. Abwägung der sozialen Tragweite der Hdlg. ersetzt. Dagegen will OGHE. **1** 245 für Wohnwagen nur Ziff. 3 gelten lassen. — Vgl. ferner E. **73** 201: Eine 16 m lange „Halle" auf einem Jahrmarkt erreicht die für § 308 erforderliche Bedeutung; ein leichtes Holzgerüst als Jahrmarktsbude dagegen nicht (DRZ. **33** Nr. 266).

5. **Zur Wohnung von Menschen dienend:** auch wenn Menschen zufällig und, wie dem Täter bekannt, nicht anwesend waren: E. **23** 103. Auch wenn nur zeitweilig (Wochenendhaus), ist Ziff. 2, nicht nur Ziff. 3 erfüllt: OGHE. **1** 244. — Auch dann, wenn sie ausschließlich durch den Täter bewohnt sind. — Nicht mehr, wenn der Bewohner mit dem ganzen Hab und Gut ausgezogen ist: E. **60** 136; insofern wird hier also konkrete Gefahr gefordert: vgl. Vorbem. I. — Mit §§ 211, 212, 265 (E. **60** 129), 303, 305 ist Idealkonkurrenz möglich.

b) Besonders schwere Brandstiftung

307. Die Brandstiftung (§ 306) wird mit Zuchthaus nicht unter zehn Jahren oder mit lebenslänglichem Zuchthaus bestraft, wenn

1. der Brand den Tod eines Menschen dadurch verursacht hat, daß dieser zur Zeit der Tat in einer der in Brand gesetzten Räumlichkeiten sich befand,

2. die Brandstiftung in der Absicht begangen worden ist, um unter Begünstigung derselben Mord oder Raub zu begehen oder einen Aufruhr zu erregen, oder

3. der Brandstifter, um das Löschen des Feuers zu verhindern oder zu erschweren, Löschgerätschaften entfernt oder unbrauchbar gemacht hat.

I. **Brand:** d. h. die vollendete Inbrandsetzung. Vgl. E. **40** 321.

II. Gemäß Vorbem. III vor § 1 ist **adäquate Verursachung** zu fordern; d. h. der Tod muß „eine" typische Folge „eines" Brandes sein. Zunächst also muß gerade die Anwesenheit in der Räumlichkeit zur Zeit der Tat die Ursache des eingetretenen Todes gewesen sein; das war sie nicht, wenn jemand ums Leben kommt, nachdem er zu Rettungsarbeiten in das brennende Gebäude zurückgekehrt ist: E. **5** 202, **40** 321. Daß der Tod durch Verbrennen erfolgt, ist nicht nötig; auch Absturz, Ersticken, Erschlagenwerden durch stürzende Balken sind typische Folgen eines Brandes. Herzschlag aber infolge Erschreckens oder Erschlagenwerden bei anschließender Plünderung fallen nicht unter § 307.

III. Der Vorsatz des Täters braucht sich auf die im § 307 genannten Umstände und Folgen nicht zu beziehen (erfolgsqualifiziertes Delikt). AA. Olsh. Anm. 3, LK. Anm. 2. — Betr. **Absicht** vgl. Anm. III 1 zu § 59. — **Unter Begünstigung:** also nicht durch die Brandlegung selbst.

c) Einfache Brandstiftung

308. Wegen Brandstiftung wird mit Zuchthaus bis zu zehn Jahren bestraft, wer vorsätzlich Gebäude, Schiffe, Hütten, Bergwerke, Magazine, Warenvorräte, welche auf dazu bestimmten öffentlichen Plätzen lagern, Vorräte von landwirtschaftlichen Erzeugnissen oder von Bau- oder Brennmaterialien, Früchte auf dem Felde, Waldungen oder Torfmoore in Brand setzt, wenn diese Gegenstände entweder fremdes Eigentum sind oder zwar dem Brandstifter eigentümlich gehören, jedoch ihrer Beschaffenheit und Lage nach geeignet sind, das Feuer einer der im § 306 Nr. 1 bis 3 bezeichneten Räumlichkeiten oder einem der vorstehend bezeichneten fremden Gegenstände mitzuteilen.

Sind mildernde Umstände vorhanden, so tritt Gefängnisstrafe nicht unter sechs Monaten ein.

I. Der § 308 straft **zwei Tatbestände,** von denen nur der zweite „gemeingefährlich" ist. Im ersten ist maßgebend fremdes Eigentum; nur hier schließt deshalb die Einwilligung des Eigentümers die Rechtswidrigkeit aus. E. **12** 138. — IdKonk. mit § 265. — § 306 ist gegenüber § 308 das speziellere Gesetz; ebenso § 308 I gegenüber § 303.

II. Gegenstand:

1. **Gebäude:** vgl. § 243 Anm. IV.

2. **Schiff:** vgl. § 305 Anm. I 2.

3. **Hütte:** Vgl. § 306 Anm. III 4.

4. **Magazin:** Niederlageräumlichkeiten einschließlich der darin aufbewahrten Waren: E. **13** 407.

5. **Warenvorräte:** Gegenstände, die zu zukünftiger Verwendung bestimmt sind (E. **28** 39) oder zu weiterem Gebrauche aufbewahrt werden: E. **35** 285.

6. **Oeffentliche Plätze:** vgl. § 116 Anm. I.

7. **Vorräte:** Eine beachtliche Menge, nach der Schwere der Strafdrohung des § 308 abzuwägen (Verhältnis zwischen Strafe und Verbrechen!). JW. **37** 997; E. **73** 204.

8. **Landwirtschaftliche Erzeugnisse:** Rohprodukte der Ausnutzung von Grund und Boden, bei deren Gewinnung derselbe der Substanz nach unverändert bleibt: E. **27** 14. Also nicht: Torf, Steine, Erde. Vgl. auch E. **39** 22.

9. **Baumaterialien:** z. B. Balken- und Bretterstapel zum Aufbau einer 16 m langen „Halle" auf einem Jahrmarkt. E. **73** 204 und § 306 Anm. III 4

10. Was nach der Aberntung als landwirtschaftliches Erzeugnis erscheint, ist vor der Ernte **Frucht auf dem Felde.** Auf Bodenerzeugnisse, die nachwachsen und mehrmaliges Abernten gestatten; auch in den nach der Ernte im Boden zurückbleibenden Teilen, wie Gras- und manche Futterstoppeln: E. **38** 140. Wirtschaftl. Nutzungswert nicht wesentlich. Heide: HRR. **39** 474; Wildgras: GA. **52** 389.

11. **Waldung:** eine umfangreichere, mit Bäumen oder sonstigen Walderzeugnisse bewachsene, in sich zusammenhängende Grundfläche: E. **9** 381. Es genügt das Inbrandsetzen der Bodenbedeckung (Laub usw.), wenn der Vorsatz sich auf Inbrandsetzung des ganzen Waldes erstreckt: E. **2** 314, **6** 22.

12. **Torfmoor.** Inbrandsetzung eines teilweise mit Heide bestandenen Stückes Moorland: HRR. **39** 474. Vgl. Ziff. 10.

III. Täterschaft: Bezgl. mittelb. Brandst. vgl. Recht **40** 3215.

IV. Der **Vorsatz** muß sich nur auf die Eignung als solche beziehen; auch wenn im Einzelfall keine Gefahr bestand, die vielmehr unter den gegebenen Voraussetzungen unwiderleglich vermutet wird.

d) Fahrlässige Branderregung

309. Wer durch Fahrlässigkeit einen Brand der in den §§ 306 und 308 bezeichneten Art herbeiführt, wird mit Gefängnis und mit Geldstrafe oder mit einer dieser Strafen bestraft; ist durch den Brand der Tod eines Menschen verursacht worden, so beträgt die Gefängnisstrafe mindestens einen Monat.

I. Neufassung durch G. v. 4. 9. 41 (RGBl. I 549). Das Gesetz hat die Strafe hinaufgesetzt. Die alte Fassung hatte gelautet: „. . . mit Gefängnis bis zu einem Jahre oder mit Geldstrafe und, wenn durch den Brand der Tod eines Menschen verursacht worden ist, mit Gefängnis von einem

Monat bis zu drei Jahren bestraft." Nach der Sperrvorschrift in Vorbem. vor § 13 darf diese Strafänderung nicht angewendet werden. KRG. 11 hat freilich den § 309 nicht beanstandet.

II. **Handlung:** fahrl. Brandst. durch Unterlassung: DR. 40 1519. — Verkauf von Streichhölzern an 5jährige Kinder, die dann Schadenfeuer verursachen: E. 76 1. — Schornsteinfeger und Bezirksschornsteinfegermeister: DR. 43 76.

III. **Erfolgsqualifikation** im 2. Halbsatz: der Tod braucht nicht auf Fahrlässigkeit des Täters zu beruhen; so z. B. auch, wenn er bei Rettungsarbeiten eintritt: E. 5 202. Vgl. Anm. II zu § 307.

Tätige Reue

310. Hat der Täter den Brand, bevor derselbe entdeckt und ein weiterer als der durch die bloße Inbrandsetzung bewirkte Schade entstanden war, wieder gelöscht, so wird er nicht wegen Brandstiftung bestraft.

I. **Tätige Reue** gegenüber formeller Verbrechensvollendung. Rechtsähnlich: §§ 49 b III, 158. — Anders (d. h. nur gegenüber Versuch): § 46.

II. D. h. ein **weiterer Schaden** nach „Vollendung" der Brandstiftung: E. 1 375. Ueber „Vollendung" vgl. Anm. I zu § 306.

III. **Neufassung** der letzten Worte durch G. v. 28. 6. 35 an Stelle von: „so tritt Straflosigkeit ein". Strafbarkeit unter anderem Gesichtspunkt ist also möglich; z. B. §§ 303 (anders früher E. 57 294), 265 (so schon früher E. 56 95). Auch auf § 310 a bezieht sich § 310 nicht, wie auch schon seine Stellung ergibt. — Weitergeltung unbedenklich.

e) Schutz vor Waldbränden

310 a. Wer

1. **feuergefährdete Betriebe und Anlagen, insbesondere solche, in denen explosive Stoffe, brennbare Flüssigkeiten oder brennbare Gase hergestellt oder gewonnen werden oder sich befinden, sowie Anlagen oder Betriebe der Land- oder Ernährungswirtschaft, in denen sich Getreide, Futter oder Streumittel, Heu, Stroh, Hanf, Flachs oder andere land- oder ernährungswirtschaftliche Erzeugnisse befinden,**
2. **Wald-, Heide- oder Moorflächen, bestellte Felder oder Felder, auf denen Getreide, Heu oder Stroh lagert, durch Rauchen, durch Verwenden von offenem Feuer oder Licht oder deren ungenügende Beaufsichtigung, durch Wegwerfen brennender oder glimmender Gegenstände oder in sonstiger Weise vorsätzlich oder fahrlässig in Brandgefahr bringt,**

wird mit Gefängnis und mit Geldstrafe oder mit einer dieser Strafen bestraft.

Der durch Gesetz v. 28. 6. 35 geschaffene § 310a, gegen dessen Beibehaltung keine Bedenken bestehen, hatte einen neuen TB. gebildet: ein sog. konkret gemeingefährliches (d. h. im Einzelfall Gefährdung verursachendes) Vergehen. Zweck: die Gefährdung von Wald-, Heide- und Moorbränden schärfer treffen zu können. Ergänzend traten andere Gesetze und Verordnungen hinzu, z. B. die GewO. sowie namentlich die VO z. Schutz der Wälder usw. gegen Brände v. 25. 6. 38, die eine Reihe von bestimmten Ver- und Geboten aufstellte (z. B. Rauchverbot in Wäldern) und deren Uebertretung unter Strafe stellte. Diese Vorschriften wurden auch für die Anwendung des § 310a wichtig, da § 310a eine Gefährdung durch „verbotenes" Rauchen oder Feuermachen voraussetzte. Das Gesetz v. 4. 9. 41 brachte folgende Verschärfungen:

1. Es erweiterte den Kreis der geschützten Gegenstände auf alle feuergefährlichen Betriebe, Anlagen und land- oder ernährungswirtschaftlichen Erzeugnisse.

2. Wer eine Brandgefahr i. S. des § 310a herbeiführt, ist künftig unabhängig davon kriminell strafbar, ob das Rauchen usw. „verboten" war (war es dies außerdem, so trifft ihn auf alle Fälle die Uebertretungsstrafe).

3. Auch fahrlässige Gefährdung macht strafbar. Sie setzt voraus, daß der Täter nach Lage der Sache erkennen konnte und mußte, daß einer der genannten Gegenstände in Brand geraten könne. Ueber diesen mit Vorsicht zu handhabenden Begriff der „fahrlässigen Gefährdung" vgl. ferner §§ 314, 316, 318, 318a, 326.

Die Verschärfung des § 310a bedingte eine entsprechende bei § 309.

Zerstörung durch explodierende Stoffe

311. Die gänzliche oder teilweise Zerstörung einer Sache durch Gebrauch von Pulver oder anderen explodierenden Stoffen ist der Inbrandsetzung der Sache gleich zu achten.

I. **Gebrauch:** d. h. Anwendung, Umgehen mit Pulver: E. 19 279.

II. Wasserdampf ist kein **explodierender Stoff:** E. 22 304.

III. Vgl. auch Sprengstoffgesetz v. 9. 6. 84 (**IdKonk.**).

2. Ueberschwemmung; a) vorsätzliche

312. Wer mit gemeiner Gefahr für Menschenleben vorsätzlich eine Ueberschwemmung herbeiführt, wird mit Zuchthaus nicht unter drei Jahren und, wenn durch die Ueberschwemmung der Tod eines Menschen verursacht worden ist, mit Zuchthaus nicht unter zehn Jahren oder mit lebenslänglichem Zuchthaus bestraft.

I. **Gefährdung** in unbestimmter Ausdehnung, welche der Täter also nicht in seiner Gewalt hat: E. 5 309.

II. **Kausalität:** vgl. Anm. II zu § 307.

313. Wer mit gemeiner Gefahr für das Eigentum vorsätzlich eine Ueberschwemmung herbeiführt, wird mit Zuchthaus bestraft.

Ist jedoch die Absicht des Täters nur auf Schutz seines Eigentums gerichtet gewesen, so ist auf Gefängnis nicht unter einem Jahre zu erkennen.

I. **Gemeingefahr:** vgl. § 312 Anm. I.

II. Der — mindestens bedingte — **Vorsatz** muß die Gemeingefahr umfassen: JW. 28, 409.

III. **Nebenfolge:** vgl. § 325 (Polizeiaufsicht).

b) Fahrlässige Ueberschwemmung

314. Wer eine Ueberschwemmung mit gemeiner Gefahr für Leben oder Eigentum durch Fahrlässigkeit herbeiführt, wird mit Gefängnis bis zu einem Jahre und, wenn durch die Ueberschwemmung der Tod eines Menschen verursacht worden ist, mit Gefängnis von einem Monat bis zu drei Jahren bestraft.

I. **Kausalität:** vgl. Anm. II zu § 307.

II. Zur **Rechtswidrigkeit** vgl. E. 5 309: Strafbarkeit trotz bestehender Staurechte.

III. Die **Fahrlässigkeit** muß sich bei Todesfolge auch auf diese beziehen. A.A. E. 63 8. Wie hier Schönke III.

3. Gemeingefährliche Transportstörung

315. Wer die Sicherheit des Betriebs einer Eisenbahn oder Schwebebahn, der Schiffahrt oder der Luftfahrt durch Beschädigen, Zerstören oder Beseitigen von Anlagen oder Beförderungsmitteln, durch Bereiten von Hindernissen, durch falsche Zeichen oder Signale oder durch ähnliche Eingriffe oder durch eine an Gefährlichkeit einem solchen Eingriff gleichkommende pflichtwidrige Unterlassung beeinträchtigt und dadurch eine Gemeingefahr herbeiführt, wird mit Zuchthaus bis zu zehn Jahren bestraft. In besonders schweren Fällen ist auf Zuchthaus nicht unter fünf Jahren oder auf lebenslanges Zuchthaus oder auf Todesstrafe zu erkennen.

Wer auf solche Weise die Sicherheit des Betriebs einer Straßenbahn beeinträchtigt und dadurch eine Gemeingefahr herbeiführt, wird mit Gefängnis bestraft. Der Versuch ist strafbar. In besonders schweren Fällen ist die Strafe Zuchthaus bis zu zehn Jahren.

Gemeingefahr bedeutet eine Gefahr für Leib oder Leben, sei es auch nur eines einzelnen Menschen, oder für bedeutende Sachwerte, die in fremdem Eigentum stehen oder deren Vernichtung gegen das Gemeinwohl verstößt.

I. **Neufassung** der §§ 315, 316 durch G. v. 28. 6. 35, Art. 4. Zweck: Anpassung der Tatbestände an den heutigen Verkehr und Verschärfung der Strafdrohungen. — Vorbild war z. T. Entw. 1927, §§ 230, 236 (Entw. 1925, §§ 206, 212), deren „Begründungen" zur Auslegung wichtig.

Die alten Bestimmungen lauteten:

315. Wer vorsätzlich Eisenbahnanlagen, Beförderungsmittel oder sonstiges Zubehör derselben dergestalt beschädigt, oder auf der Fahrbahn durch falsche Zeichen oder Signale oder auf andere Weise solche Hindernisse bereitet, daß dadurch der Transport in Gefahr gesetzt wird, wird mit Zuchthaus bis zu zehn Jahren bestraft.

Ist durch die Handlung eine schwere Körperverletzung verursacht worden, so tritt Zuchthausstrafe nicht unter fünf Jahren und, wenn der Tod eines Menschen verursacht worden ist, Zuchthausstrafe nicht unter zehn Jahren oder lebenslängliche Zuchthausstrafe ein.

316. Wer fahrlässigerweise durch eine der vorbezeichneten Handlungen den Transport auf einer Eisenbahn in Gefahr setzt, wird mit Gefängnis bis zu einem Jahre oder mit Geldstrafe und, wenn durch die Handlung der Tod eines Menschen verursacht worden ist, mit Gefängnis von einem Monat bis zu drei Jahren bestraft.

Gleiche Strafe trifft die zur Leitung der Eisenbahnfahrten und zur Aufsicht über die Bahn und den Beförderungsbetrieb angestellten Personen, wenn sie durch Vernachlässigung der ihnen obliegenden Pflichten einen Transport in Gefahr setzen.

321. umfaßte früher den Tatbestand „oder (wer) in schiffbaren Strömen Flüssen oder Kanälen das Fahrwasser stört".

322. (Schiffahrtsgefährdung) sah Strafrahmen von Zuchthaus bis zu zehn Jahren bis zu lebenslänglichem Zuchthaus vor, 323 (Bewirkung des Strandens oder Sinkens eines Schiffes) Zuchthaus nicht unter fünf Jahren, bei Todesfolge nicht unter zehn Jahren oder lebenslängliches Zuchthaus.

Diese Strafrahmen sind wegen der Sperrvorschrift (Anm. vor § 13) zu beachten, soweit keine neuen Tatbestände geschaffen worden sind. Todesstrafe ist auf jeden Fall, auch abgesehen vom Grundgesetz, hiernach unzulässig.

II. Die Handlung:

1. **Beschädigen, Zerstören oder Beseitigen von Anlagen oder Beförderungsmitteln.** Ueber Beschädigen und Zerstören vgl. Anm. zu §§ 303 bis 305, ferner E. 55 169 (betr. § 305).

2. **Bereiten von Hindernissen** OGHE 1 393: Unterbrechung der Luftdruckbremsleitung eines fahrenden Güterzuges. Vgl. ferner DRZ. 28 Nr. 167.

3. **Falsche Zeichen oder Signale.**

4. **Aehnliche Eingriffe** — bezieht sich auf 1—3. Vgl. auch insoweit OGHE. 1 393.

5. **Pflichtwidrige Unterlassung,** die an Gefährlichkeit einem solchen Eingriff gleichkommt: Unechtes (nach der früheren Fassung „Zeichen nicht aufstellen . . ." echtes) Unterlassungsdelikt, das schon nach allgemeinen Regeln strafbar wäre. Vgl. E. 74 274 und oben System. Vorbem.

III. Die Handlung muß

1. die **Sicherheit des Betriebes** der aufgeführten Verkehrsmittel **beeinträchtigen** — das ist der Fall, wenn sie eine Gefahr schafft oder über das verkehrsübliche Maß hinaus vergrößert. E. 53 213 —, und

2. **dadurch** eine **Gemeingefahr herbeiführen.** Also **konkrete** Gemeingefahr erforderlich. Vgl. Vorbem. I vor § 306. Ueber die Voraussetzungen

des Nachweises der Gemeingefahr eingehend OGHE. 1 394 ff. — Die zunächst sprachwidrig erscheinende Begriffsbestimmung des Abs. 3 kann allgemeine Gültigkeit dann beanspruchen, wenn man unter „Gemeingefahr für einen Einzelnen" nicht eine Individualgefahr (vgl. E. 75 68), sondern Gefahr für eine noch unbestimmte Person aus dem Publikum versteht. Z. B. Beschädigen eines Steges, den nur jeweils eine Person betreten kann. Auch ob gefährdete Sachwerte einer — noch unbestimmten — oder mehreren Personen gehören, kann keinen Unterschied machen. Für Beschränkung dieser Definition auf die vorl. Stelle hier früher Kohlrausch, ferner Maurach II 136; kritisch auch Welzel § 61, Mezger StB. § 73 II, die jedoch beide die Allgemeingültigkeit der Begriffsbestimmung anerkennen. Ebenso Schönke Vorbem. I vor § 306. Lehrreich noch heute Binding Lb. II, 1 ff.

IV. Vollendete Gefährdung auch dann, wenn das Hindernis vor Beginn des Eisenbahnbetriebes durch einen Dritten entfernt wird: HRR. 39, 270.

V. Gegenstand der Handlung

1. **nach Abs. 1**

a) der Betrieb der **Eisenbahn** mit allen seinen Beteiligten und Funktionen: E. 74 274.

b) der **Schwebebahn.**

c) der **Schiffahrt,** auch des einzelnen Schiffes: E. 74 274.

d) der **Luftfahrt** im gleichen Umfange wie zu a—c.

2. Nach **Abs. 2** die **Straßenbahn.** Sie benutzt Wege, die auch dem allgemeinen Verkehr dienen. Sie bleibt „Straßenbahn", auch wenn sie vorübergehend eine eigene Fahrbahn hat. Anderseits bleibt eine Bahn „Eisenbahn", auch wenn sie vorübergehend eine allgemeine Straße berührt oder kreuzt. Die Beschränkung auch der Neufassung auf Schienenfahrzeuge ist bewußt geschehen; vgl. aber § 321 Anm. II.

VI. Der **Vorsatz** muß alle Tatbestandsmerkmale umfassen, auch die Gemeingefahr. DR. 43, 753, OGHE. 1 396.

VII. Besonders schwere Fälle. Vgl. Vorbem. vor § 1 sowie Anm. VIII zu § 263.

316. Wer fahrlässig eine der im § 315 Abs. 1 bezeichneten Taten begeht, wird mit Gefängnis nicht unter einem Monat bestraft.

Wer fahrlässig eine der im § 315 Abs. 2 bezeichneten Taten begeht, wird mit Gefängnis bis zu drei Jahren oder mit Geldstrafe bestraft.

Betr. Gefährdung des Bahnbetriebes E. 72 286 (= DJ. 38 1881 mit Anm. Fritsch): Der Kraftfahrer, der einen Bahnübergang bei offener Schranke kreuzt, kann zunächst davon ausgehen, daß kein Zug kommen wird, behält aber die Pflicht, auch selbst Vorsicht zu üben. Ebenso im wesentlichen schon DJ. 38 117 sowie RGZ. Bd. 142 356 und DJ. 38 913. Lehrreich E. 20 190 (dazu Meister MDR 47 47). — Bei Nichtbeachtung der Fahrdienstvorschriften durch Bahnbeamten zwar nicht unbedingt (§ 59 Anm. IV 2 a), aber regelmäßig Voraussehbarkeit des Erfolges und damit Fahrl. HRR. 39 1074. Recht 43 1681. DR. 44 770. — Nächtlicher Zusammenstoß mit unbeleuchtet haltendem Zuge: HRR. **41** 985. — Die Fahrl. muß auch die „Gemeingefahr" umfassen, entspr. § 315 Anm. X. DR. **43** 753. OGHE. **1** 397.

4. Vorsätzliche Gefährdung des Telegraphenbetriebes

317. Wer vorsätzlich und rechtswidrig den Betrieb einer zu öffentlichen Zwecken dienenden Telegraphenanlage dadurch verhindert oder gefährdet, daß er Teile oder Zubehörungen derselben beschädigt oder Veränderungen daran vornimmt, wird mit Gefängnis von einem Monat bis zu drei Jahren bestraft.

I. **Oeffentlichen Zwecken dienend:** Für den Gebrauch oder den Nutzen des Publikums oder aber des Staates bestimmt. Ob im übrigen öffentlich oder privat, ist gleichgültig.

II. **Veränderungen vornehmen:** Ohne Verletzung der Substanz und ohne Beseitigung der Verbindung mit anderen Teilen der Anlage den bisherigen Zustand eines Teiles oder der Zubehörung einer Telegraphenanlage beseitigen und durch einen abweichenden Zustand ersetzen: E. **37** 53.

III. **Vorsatz** muß Beschädigung oder Veränderung der Anlage und die Verhinderung oder Gefährdung des Betriebes umfassen: E. **22** 393.

IV. **Konkurrenz:** vgl. § 304 Anm. III.

Fahrlässige Gefährdung des Telegraphenbetriebes

318. Wer fahrlässigerweise durch eine der vorbezeichneten Handlungen den Betrieb einer zu öffentlichen Zwecken dienenden Telegraphenanlage verhindert oder gefährdet, wird mit Gefängnis bis zu einem Jahre oder mit Geldstrafe bestraft.

Gleiche Strafe trifft die zur Beaufsichtigung und Bedienung der Telegraphenanlagen und ihrer Zubehörungen angestellten Personen, wenn sie durch Vernachlässigung der ihnen obliegenden Pflichten den Betrieb verhindern oder gefährden.

Die **Fahrlässigkeit** muß Verhinderung oder Gefährdung des Betriebes umfassen. Dies stellt für den gleichliegenden Fall der Transportgefährdung die Neufassung der §§ 315, 316 sicher. Anders für Abs. 2 E. **20** 191, **22** 164 (bloßer Kausalzusammenhang zwischen Pflichtvergessenheit und Gefährdung genügt). S. a. Boldt ZStrW. 55, 59 ff. Im übrigen vgl. Anm. zu § 317.

Gefährdung des Rohrpost- und Fernsprechbetriebes

318 a. Die Vorschriften in den §§ 317 und 318 finden gleichmäßig Anwendung auf die Verhinderung oder Gefährdung des Betriebes der zu öffentlichen Zwecken dienenden Rohrpostanlagen.

Unter Telegraphenanlagen im Sinne der §§ 317 und 318 sind Fernsprechanlagen mitbegriffen.

I. Eingefügt durch G. v. 13. 5. 1891. — Vgl. ferner über die Strafbarkeit des Errichtens oder Betreibens von Telegraphen- und sonstigen Fernmelde- und Funkanlagen („Schwarzhörer"!), des Mißbrauchs von Notzeichen, des Schutzes von Funkanlagen gegen elektrische Störungen usw.: G. über das Telegraphenwesen v. 6. 4. 1892 (geänd. durch G. v. 7. 3. 08) in der v. 1. 1. 28 geltenden Fassung: RGBl. 1928 I 8. — Ges. geg. Schwarzsender v. 24. 11. 37 (RGBl. I 1298) u. VO. dazu (I 1303). Vgl. Anh. Nr. 15

II. Konkurrenz: vgl. § 304 Anm. III a. E.

[319. Durch G. v. 28. 6. 35 gestrichen. Er enthielt die Nebenstrafe: Aberkennung der Fähigkeit zur Beschäftigung im Eisenbahn- und Telegraphendienst. Ersatz: §§ 42 *l*, 145 c sowie Dienststrafrecht.]

[320. Durch G. v. 28. 6. 35 gestrichen. Er betraf Uebertretung des Verbots, Verurteilte wieder anzustellen. Ersatz wie zu § 319.]

5. Vorsätzliche Beschädigung von Wasserbauten usw.

321. Wer vorsätzlich Wasserleitungen, Schleusen, Wehre, Deiche, Dämme oder andere Wasserbauten, oder Brücken, Fähren, Wege oder Schutzwehre, oder dem Berwerksbetriebe dienende Vorrichtungen zur Wasserhaltung, zur Wetterführung oder zum Ein- und Ausfahren der Arbeiter zerstört oder beschädigt und durch eine dieser Handlungen Gefahr für das Leben oder die Gesundheit anderer herbeiführt, wird mit Gefängnis nicht unter drei Monaten bestraft.

Ist durch eine dieser Handlungen eine schwere Körperverletzung verursacht worden, so tritt Zuchthausstrafe bis zu fünf Jahren und, wenn der Tod eines Menschen verursacht worden ist, Zuchthausstrafe nicht unter fünf Jahren ein.

I. Neufassung durch G. v. 28. 6. 35. Störung des „Fahrwassers" jetzt in § 315 I.

II. Wege: Auch vorübergehend hergestellte Notwege, wenn sie als Wege äußerlich erkennbar sind: E. **27** 363. — Wegsperren sah JW. **35** 456 nicht als Beschädigungen an. Anders die LG. und AG. in DJ. **39** 268, 1805 und — über § 2 (Fassg. v. 1935) — DJ. **39** 267, 663 (Autofallen ohne Raubabsicht) sowie HRR. **40** 762. Die unmittelb. Anw. folgt schon daraus, daß zum „Weg" außer der Bahnung der Erdoberfläche die Freiheit des Luftraumes von Hindernissen gehört. So dann auch RG.: E. **74** 13 und HRR. **40** 1216.

III. Schwere Körperverletzung: § 224.

IV. Verursachung: Vgl. § 307 Anm. II.

V. Zum **Vorsatz** gehört Bewußtsein der Gefährdung: E. **35** 53.

[**322** und **323.** Durch G. v. 28. 6. 35 gestrichen. § 322 betraf vorsätzliche Gefährdung der Schiffahrt, § 323 das Stranden- oder Sinkenmachen eines Schiffes. Ersatz: § 315 I.]

7. Vorsätzliche Brunnenvergiftung

324. Wer vorsätzlich Brunnen oder Wasserbehälter, welche zum Gebrauche anderer dienen, oder Gegenstände, welche zum öffent-

lichen Verkaufe oder Verbrauche bestimmt sind, vergiftet oder denselben Stoffe beimischt, von denen ihm bekannt ist, daß sie die menschliche Gesundheit zu zerstören geeignet sind, ingleichen wer solche vergiftete oder mit gefährlichen Stoffen vermischte Sachen wissentlich und mit Verschweigung dieser Eigenschaft verkauft, feilhält oder sonst in Verkehr bringt, wird mit Zuchthaus bis zu zehn Jahren und, wenn durch die Handlung der Tod eines Menschen verursacht worden ist, mit Zuchthaus nicht unter zehn Jahren oder mit lebenslänglichem Zuchthaus bestraft.

I. **Zum Gebrauch anderer:** D. h. zur Wassergewinnung für Menschen; nicht etwa als Betriebsmittel, zur Wäsche, Viehtränke, Fischzucht usw.

II. **Oeffentlich:** Ohne individuelle Begrenzung der Abnehmer.

III. **Beimischen:** Einerlei, ob der vergiftete oder der ungefährliche Stoff der Grundstoff ist; einerlei auch das Mischungsverhältnis. E. 67 360.

IV. **Verursachung:** Vgl. Anm. II zu § 307.

Polizeiaufsicht

325. Neben der nach den Vorschriften der §§ 306 bis 308, 311 bis 313, 315, 321 bis 324 erkannten Zuchthausstrafe kann auf Zulässigkeit von Polizeiaufsicht erkannt werden.

Vgl. § 45.

Fahrlässige Begehung der Delikte aus §§ 321 und 324.

326. Ist eine der in den §§ 321 bis 324 bezeichneten Handlungen aus Fahrlässigkeit begangen worden, so ist, wenn durch die Handlung ein Schaden verursacht worden ist, auf Gefängnis bis zu einem Jahre und, wenn der Tod eines Menschen verursacht worden ist, auf Gefängnis von einem Monat bis zu drei Jahren zu erkennen.

I. **Schaden:** Im § 321 bedeutet dies: Gefährdung des Lebens andrer E. 2 85. — Jeder Schaden genügt. E. 8 218, 35 399.

II. **Bedingung der Strafbarkeit.** Vgl. auch Anm. II zu § 307.

8. Verletzung von Absperrungsmaßregeln

a) gegen ansteckende Krankheiten

327. Wer die Absperrungs- oder Aufsichtsmaßregeln oder Einfuhrverbote, welche von der zuständigen Behörde zur Verhütung des Einführens oder Verbreitens einer ansteckenden Krankheit angeordnet worden sind, wissentlich verletzt, wird mit Gefängnis bis zu zwei Jahren oder mit Geldstrafe bestraft.

Ist infolge dieser Verletzung ein Mensch von der ansteckenden Krankheit ergriffen worden, so tritt Gefängnisstrafe von drei Monaten bis zu drei Jahren ein.

I. Betr. **Absperrungs- und Aufsichtsmaßregeln.** Vgl. § 328 Anm. I. — Anordn. gem. § 4 GeschlKrGes.: E. **74** 229 = DR. **40** 1516 (Anm. Mittelbach).

II. Zuständige Behörde: Auch Ortspolizei. — § 327 auch anwendbar, wenn das Verbot in einem Gesetz steht: E. **37** 178 (PlenEntsch.; streitig).

III. Zur Verhütung: Daß eine bestimmte Krankheit droht oder schon ausgebrochen ist, ist nicht vorausgesetzt. E. **37** 274, **44** 149.

IV. Ansteckend für Menschen. Tierkrankheiten kommen hier nur in Betracht, soweit für Menschen ansteckend: Rechtspr. **9** 92.

V. Wissentlich. Betr. Irrtum über Blankettgesetze vgl. Anm. VI zu § 59 sowie A. IV zu § 328.

Verletzung der Absperrungsmaßregeln

b) gegen Viehseuchen

328. Wer die Absperrungs- oder Aufsichtsmaßregeln oder Einfuhrverbote, welche von der zuständigen Behörde zur Verhütung des Einführens oder Verbreitens von Viehseuchen angeordnet worden sind, wissentlich verletzt, wird mit Gefängnis bis zu einem Jahre oder mit Geldstrafe bestraft.

Ist infolge dieser Verletzung Vieh von der Seuche ergriffen worden, so tritt Gefängnisstrafe von einem Monat bis zu zwei Jahren ein.

I. Folgende **Sondergesetze** gehen gegebenenfalls dem § 328 vor: G. betr. Bekämpfung gemeingef. Krankh. v. 30. 6. 00, §§ 44—46; G. betr. Rinderpest v. 21. 5. 78, §§ 1 ff.; G. betr. Viehbeförderung auf Eisenbahnen v. 25. 2. 76, § 5; Viehseuchengesetz v. 26. 6. 09, §§ 74—76; G. betr. Schlachtvieh- und Fleischbeschau v. 3. 6. 00. — Vgl. E. **46** 307, **47** 110.

II. Zur Verhütung: Vgl. § 327 Anm. III.

III. Viehseuchen. Tierkrankheiten. Gegensatz zu § 327 Anm. IV.

IV. Wissentlich = vorsätzlich: E. **46** 307, **47** 93 (99). — Täter muß aber wissen, daß das von ihm verletzte Einfuhrverbot zum Zweck der Verhütung von Viehseuchen ergangen ist: E. **23** 313; vgl. E. **22** 296, freilich auch E. **55** 138.

329. Wer die mit einer Behörde geschlossenen Lieferungsverträge über Bedürfnisse des Heeres oder der Marine zur Zeit eines Krieges oder **über Lebensmittel zur Abwendung oder Beseitigung eines Notstandes vorsätzlich entweder nicht zur bestimmten Zeit oder nicht in der vorbedungenen Weise erfüllt, wird mit Gefängnis nicht unter sechs Monaten bestraft; auch kann auf Verlust der bürgerlichen Ehrenrechte erkannt werden.**

Liegt der Nichterfüllung des Vertrages Fahrlässigkeit zum Grunde, so ist, wenn durch die Handlung ein Schaden verursacht worden ist, auf Gefängnis bis zu zwei Jahren zu erkennen.

Dieselben Strafen finden auch gegen die Unterlieferanten, Vermittler und Bevollmächtigten des Lieferanten Anwendung, welche mit Kenntnis des Zweckes der Lieferung die Nichterfüllung derselben vorsätzlich oder aus Fahrlässigkeit verursachen.

Durch Ges. v. 24. 4. 34 war § 329 außer Kraft gesetzt und sein Inhalt als § 92 a in den Abschnitt über den „Landesverrat" aufgenommen worden, obwohl die Nichterfüllung von Notstands-Lieferungsverträgen mit Landesverrat nichts zu tun hat. (Vgl. daher auch die Trennung dieser Bestimmungen im Entwurf 1927). Nachdem nunmehr der gesamte Abschnitt über Landesverrat durch KRG. 11 aufgehoben worden ist, scheint die Strafvorschrift über Nichterfüllung von Notstands-Lieferungsverträgen mit außer Kraft gesetzt zu sein. Für diesen besonderen Fall widerspricht es jedoch nicht dem Sinn des Art IV KRG. 11, wenn unter Weglassung der Strafbestimmung bezüglich der Kriegslieferungverträge § 329 hier wieder aufgenommen wird, da er in der oben zur Anwendung vorgeschlagenen Fassung nicht zu einer aufgehobenen Materie gehört.

9. Verletzung der Regeln der Baukunst

330. Wer bei der Leitung oder Ausführung eines Baues wider die allgemein anerkannten Regeln der Baukunst dergestalt handelt, daß hieraus für andere Gefahr entsteht, wird mit Geldstrafe oder mit Gefängnis bis zu einem Jahre bestraft.

I. Vgl. **ergänzend** § 367 Ziff. 13 bis 15.

II. Bau: Nicht bloß Hoch-, sondern auch Wasser-, Straßen-, Bergbau, dann überhaupt alle Arbeiten, welche zur Herstellung des Baues vorgenommen werden, z. B. Gerüstbau, Erdarbeiten zur Ausschachtung einer Baugrube, Schaffung eines ebenen Terrains für die Erweiterung eines Bahnkörpers durch Sprengungen: E. **23** 277. Auch die Leiter zum Heraufschaffen der Materialien usw.: E. **39** 417. Ebenso der Abbruch eines Gebäudes: E. **25** 90, **28** 320, **31** 180 sowie insbes. DJ. **40** 707, auch betr. Begriff „Bauleiter".

III. Allgemein anerkannt: durchweg in den betreffenden Kreisen bekannt und als richtig anerkannt: E. **44** 76 (78). Nach der Entstehungsgeschichte sind aber nur Regeln für die handwerksmäßige Bauausführung (Maurer, Zimmerleute usw.) gemeint, nicht auch für grundlegende statische Berechnungen u. dgl., wo es eine „allgemeine Anerkennung" in dem hier gemeinten Sinne ebensowenig gibt, wie etwa für den Arzt. — Vgl. auch Anm. V.

IV. Gefahr für andere: also für Leib und Leben. — Und zwar anderer, als des Bauleiters. So z. B. der Bauarbeiter: E. **31** 180. — Die Gefahr muß aus dem gegenwärtigen Zustand des Baues entstehen. So E. **31** 180. Nach Rechtspr. **9** 203 soll die bei bestimmungsgemäßer Verwendung des Baues drohende Gefahr genügen.

V. Idealkonkurrenz mit §§ 222, 230 ist möglich. „Fahrlässige" Tötung und Körperverletzung ist nicht davon abhängig, daß die übertretenen Regeln „allgemein anerkannt" waren.

10. Vollrausch

330 a. Wer sich vorsätzlich oder fahrlässig durch den Genuß geistiger Getränke oder durch andere berauschende Mittel in einen die Zurechnungsfähigkeit (§ 51 Abs. 1) ausschließenden Rausch versetzt, wird mit Gefängnis oder mit Geldstrafe bestraft, wenn er in diesem Zustand eine mit Strafe bedrohte Handlung begeht.

Die Strafe darf jedoch nach Art und Maß nicht schwerer sein, als die für die vorsätzliche Begehung der Handlung angedrohte Strafe.

Die Verfolgung tritt nur auf Antrag ein, wenn die begangene Handlung nur auf Antrag verfolgt wird.

Aus dem Schrifttum: Kohlrausch, Z. 32, 645 (de lege fer.). — Gerland, Z. 55, 784. — v. Weber, GS. 106, 329. — Schlosky, JW. 36, 3427. — Mezger, MoKriBi. 27, 410. — Gramsch, Strafr.-Abh.H. 395. — Domning, Neue dtsch. Forsch. Bd. 239. — H. Mayer, Z. 59, 283. — Flor, JW. 38, 779. — Dahm, ZAk. 39, 267. — Boldt, DR. 39, 1035. — Dollinger, DR. 39, 1033. — Klee, JW. 39, 548; DStR. 40, 109. — Sperlein, ZAk. 39, 569. — Bruns, DStR. 39, 225. — Stutzer, DStR. 39, 250. — Lange, Z. 59, 574. — Schmidt-Leichner, DStR. 40, 109. — Maurach, Schuld usw. 94 ff.

Neufassung (Strafschärfung) durch G. v. 4. 9. 41.

I. Zweck: Die aus § 51 I folgende Unmöglichkeit, einen sinnlos Berauschten für eine Rauschtat zu bestrafen, muß dann, wenn er im Rausch eine Gemeingefahr bildet, ausgeglichen werden durch die Möglichkeit, ihn dafür zu strafen, daß er sich schuldhaft in diesen Zustand versetzt hat. Eingehend ZStW. 59, 574 ff.

II. Tatbestand: Schuldhaftes Sichversetzen in einen die Zurechnungsfähigkeit ausschließenden gemeingefährlichen Rauschzustand mittels geistiger Getränke oder Rauschgifte. **Bedingung der Strafbarkeit** ist jedoch, daß tatsächlich im Rausch eine strafbare Handlung begangen wird. — § 330 a nicht anwendbar, wenn für die Zurechnungsunfähigkeit noch andere Gründe maßgebend waren (E. **70** 85: „Blutkoller"; HRR. **38** 190, **39** 1661: Gehirnerschütterung); wohl aber, wenn äußere Reize den bereits bestehenden Rausch lediglich auslösten, ohne einen selbständigen Beitrag zur Entstehung der Zurechnungsfähigkeit zu liefern: E. **73** 132 (135). Unterscheidung von Fällen wie dem der E. **70** 85 äußerst schwierig! Ohne Bedeutung ist dagegen, ob die Zurechnungsfähigkeit auf normaler oder auf pathologischer Alkoholreaktion (besonders starker Empfindlichkeit) beruht. In beiden Fällen § 330a. So E. **73** 132; HRR. **38** 190. Besondere äußere Umstände und Besonderheiten der Täterpersönlichkeit werden also — mit Recht — verschieden gewertet, da gerade die persönliche Gefährlichkeit erfaßt werden soll (vgl. unten zu III). Wenn die Zurechnungsfähigkeit nur i. S. von § 51 II vermindert war, ist der Tatbestand nicht gegeben. Schon Zweifel, ob sie ausgeschlossen oder nur vermindert war, machen den § 330 a unanwendbar (E. **70** 42), gestatten aber Bestrafung gemäß § 51 II. Vgl. auch E. **73** 238 (für österr. Recht).

III. Gemeingefährlichkeit. Dieses ungeschriebene Tatbestandsmerkmal wird schon durch die Herkunft der Vorschrift aus dem Gewohnheitsverbrechergesetz vom 24. 11. 33 nahegelegt, dessen Ziel die Bekämpfung gefährlicher Persönlichkeiten oder Persönlichkeitszustände bildet. In die gleiche Richtung weist die systematische Einreihung der Vorschrift unter die gemeingefährlichen Vergehen. Maßgeblich aber der oben gekennzeichnete Zweck, der verschuldeten Gemeingefährlichkeit entgegenzutreten; er ist aus dem gesunden Rechtsempfinden zu erschließen, das einerseits in dem bloßen Sichberauschen kein strafwürdiges Unrecht sieht und anderseits eine Erfolgshaftung, wie stets, so auch für die Rauschtat ablehnt, die mit der Tathandlung als Ganzes zu betrachten ist (E. **73** 11). (A. M. H. Mayer Z. 59, 305, 323; wie hier im wesentlichen Welzel § 62 II. Wieder anders Maurach I 104; vermittelnd Mezger StB. § 75 I). Die Rauschtat kann deshalb nur symptomatische, nicht schuldbegründende Bedeutung haben: sie und nur sie beweist, daß der Täter im Rausch gemeingefährlich ist. Der Wortlaut des Gesetzes steht dem nicht entgegen; er schließt nur aus, daß schuldhafte Herbeiführung gerade der konkreten Rauschtat zu verlangen sei.

Die Handlung ist hiernach ein **konkretes Gefährdungsdelikt** mit der Eigenart, daß nur der objektive Verletzungserfolg den Rückschluß auf ihre Gefährlichkeit erlaubt.

Der Unrechtsgehalt des Vergehens wird aber erschöpfend nicht schon durch die äußere Tathandlung, sondern erst durch den Tätertyp des im Rausch Gemeingefährlichen gekennzeichnet. Diesem wird verboten, sich selbst zu entfesseln. Der Täter ist zugleich Tatsubjekt und Tatmittel, während sonst die durch gemeingefährliches Handeln ausgelösten unberechenbaren Kräfte außerhalb des Täters liegen. E. **73** 177 (181) = DR. **39** 1150 mit Anm. von Weber: § 330 a will nicht nur einen Ausgleich bei Rechtsverletzungen schaffen, sondern daneben die Allgemeinheit vor solchen Personen schützen, die im Rausch strafbare Handlungen begehen und sich damit als gefährlich für den Rechtsfrieden erwiesen haben (so auch schon E. **70** 159). Besonders bedeutsam ist das Gefährlichkeitsmoment für die Behandlung des pathologischen Rausches (E. **73** 132 und oben zu II). Gerade der für das Rauschgift abnorm Empfängliche muß wegen seiner Gefährlichkeit erfaßt werden, aber nur, wenn er als Tatsubjekt die Bedeutung seines Handelns in dem zu III und V gekennzeichneten Umfange erkennen konnte. Sonst gerade hier unerträgliche Erfolgshaftung! Anderseits zeigt dieser Fall, daß nicht die Unmäßigkeit als solche Strafgrund des § 330 a ist (so aber H. Mayer Z. 59, 283, 323). Gegen diese wird bei Süchtigen (Trunkenbolden) mit Wirtshausverbot vorgegangen (PolVO. v. 18. 10. 39, RGBl. I 2115). Vgl. GaststGes. (Anh. Nr. 10) §§ 16, 29.

IV. Täterschaft und Teilnahme. Aus dem Gesagten folgt:

1. Mittelbare Täterschaft ist ausgeschlossen. Das Gesetz macht es nur dem Trinker selbst zur Pflicht, über sich zu wachen, und zwar auch, wenn ihn andere betrunken machen: HRR. **38** 1262. Selbstverständlich aber ist mittelbarer Täter der Rauschtat, wer deren Täter bewußt oder fahrlässig in den Rauschzustand versetzt und dabei gewußt hatte (bzw. hätte wissen müssen), daß er im Rausch die Tat begehen könne: dies aber ohne Zuhilfenahme des § 330 a, vielmehr entspr. Vorbem. 2 vor § 47.

2. Anstifter und Gehilfe (Wirt, Zechgenossen!) sind nach allgemeinen Regeln zu bestrafen. Gerade bei ihnen aber sind Anm. III und V 2 zu beachten: ihr Wissen muß sich darauf erstrecken, daß der Täter im Rausch zu strafbaren Handlungen neigt.

V. Innerer Tatbestand.

1. Zurechnungsfähigkeit bei dem Akt des „Sich-Berauschens". Hieran fehlt es, wenn sich ein Unzurechnungsfähiger berauscht, sei es auch mit natürlichem Willen. Unterbringung nach § 42b hier möglich. HRR. **38** 190.

2. Vorsatz und Fahrlässigkeit müssen nicht notwendig die konkrete Rauschtat umfassen. Dies der Unterschied von der actio libera in causa, der freilich bei Fahrlässigkeit nicht immer scharf hervortritt, da hier ein bestimmter Deliktswille fehlt. E. **22** 413 verurteilt einen volltrunkenen Kutscher, der einen Straßenarbeiter überfuhr, aus § 230 II. Unklar E. **70** 85 (87 zu 4): hier wird anscheinend die Vorstellungsmöglichkeit, man tue im Rausch leicht Dinge, die man sonst nicht begehen würde (§ 330a !) mit der, daß es zu einer gef. Körperverletzung kommen könne (§ 230 a. l. i. c. !) gleichgesetzt. Vgl. unten zu 3. und VIII sowie Anm. 3 zu § 51. Wohl aber sind Vors. und Fahrl. zu beziehen a) auf den Rausch; b) auf den durch den Rausch bewirkten Zustand der Zurechnungsunfähigkeit und c) auf die eigene kriminelle Gefährlichkeit in diesem Zustande, d. h. die Neigung, im Vollrausch strafbare Handlungen irgendwelcher Art zu begehen. Das folgt aus dem zu II und III Gesagten. § 330a ist also nicht schon dann anwendbar, wenn der Täter seine geringe Widerstandskraft gegen das Rauschgift kannte oder kennen mußte, sondern erst, wenn er zum mindesten mit der Möglichkeit rechnen mußte, daß er im Rausch Ausschreitungen begehen werde. Erst dann erfüllt der innere Tatbestand die Handlung nicht nur in ihrem äußeren Bilde, sondern in ihrer sozialen und damit rechtlichen Bedeutung. HRR. **38** 1262 folgerte die Schuld aus der eigenen Verantwortung des Täters für das Maß des Trinkens und dessen Folgen, verstand unter diesen aber nur die für sich allein unerhebliche Zurechnungsunfähigkeit. E. **73** 177 (182) nähert sich der hier vertretenen Auffassung, ebenso LG. in HRR. **40** 587. So jetzt auch die Thür. Fassung: „Wer sich . . . in einen . . . Rausch versetzt, obwohl er damit rechnen muß, daß er in diesem Zustand Ausschreitungen begeht . . ."

3. Die actio libera in causa (oben zu 2, vgl. auch unten VIII) erfaßt lediglich die schuldhaft herbeigeführte Einzelverletzung, § 330a aber die Gemeingefahr, also ein aliud, nicht ein minus. Ob eine Tat als a. l. i. c. strafbar wäre, ist daher für die Strafbarkeit nach § 330a gleichgültig. Praktisch vor allem bei Sittlichkeitsverbrechen. Der innere Tatbestand des § 330a ist gegeben, wenn der Täter nur allgemein damit rechnen mußte, daß er im Rausch zu Ausschreitungen neige; aber auch wenn er an sich selbst eine Neigung zu Sittlichkeitsverbrechen kannte oder wenn er damit rechnen mußte, daß er sich jedenfalls an bestimmten, vor ihm spielenden Kindern vergreifen werde. Im letzten Falle kann der Täter wegen fahrl. Sittlichkeitsvergehens, begangen als a. l. i. c., nicht bestraft werden. Wollte man daraus aber die Unanwendbarkeit des § 330a folgern (vgl. Dahm ZAk. 39, 268), so ließe man dessen selbständiges Unrechtsmoment, die Gemeingefährlichkeit, außer acht. Der innere Tatbestand des Sittlichkeitsverbrechens muß zwar als Willensbestandteil der Handlung vorliegen, d. h. der Täter muß das Bewußtsein haben, sich

geschlechtlich zu betätigen; nicht aber als Zurechnungsgrundlage (Vors. oder Fahrl.) für einen Schuldvorwurf. Darüber näher das Folgende.

VI. **Begehung einer mit Strafe bedrohten Handlung** ist eine außerhalb des Deliktstatbestandes (des „schuldhaft Sichberauschens") liegende Bedingung der Strafbarkeit. Vgl. über solche Vorbem. V A vor § 1. Hier ist folgendes erforderlich, aber auch genügend:

1. Eine **tatbestandsmäßige Handlung**, d. h. Willensbetätigung in Richtung auf einen bestimmten Erfolg oder Verursachung eines vermeidbaren Erfolges; wo das subjektive Unrechtselement einer weitergehenden Absicht (Diebstahl, Urkundenfälschung) oder einer bestimmten Tendenz (Sittlichkeitsverbrechen, s. o.) erfordert wird, auch dieses (DJ. **37** 1218; E. **70** 42 [44], **73** 11).

2. Eine **rechtswidrige Handlung**, insbes. das Fehlen von Rechtfertigungsgründen: auch der Berauschte darf Notwehr üben.

3. Für die **Schuld** dagegen fehlt es nach dem Tatbestande des § 330a schon an der allgemeinen Voraussetzung, der Zurechnungsfähigkeit (vgl. § 51 Anm. II). Erst recht entfällt daher eine Zurechnung zu Vorsatz und Fahrlässigkeit als Schuldtypen, also Indizien für die Vorwerfbarkeit. Vgl. Boldt DR. 39, 1035. Man kann daher nicht, wie dies vielfach geschah (vgl. Bruns a. a. O. S. 225) von „natürlicher Schuld" sprechen. Entweder spricht man hier von „natürlichem Vorsatz": so Anm. II 3 zu § 59. Oder man fordert einen „Willen" lediglich als innere Seite der Handlung, die eben Betätigung eines Willens ist. Vgl. hierzu Welzel Z. 58, 491 ff. Nicht unter dem Gesichtspunkt der Schuld und ihres Ausschlusses, sondern nach ihrem Einfluß auf die Bedeutung der Handlung sind daher Willens- oder Vorstellungsausfälle bzgl. der Rauschtat zu würdigen. Der Beweiswert dieser Tat für die Gefährlichkeit des Sich-Berauschens (oben zu III) wird durch solche Ausfälle bald bestätigt, bald widerlegt (s. u.).

Einzelnes: An einer Handlung fehlt es, wenn der Täter etwa im Rausch torkelt und dabei Unheil anrichtet. Nicht den Verlust der körperlichen, sondern den der Willensbeherrschung erfaßt das Gesetz als typisch gemeingefährlich. Mit Recht verlangt deshalb E. **69** 189 eine Willensbetätigung. A. M. aber H. Mayer Z. 59, 313, 323. Verkennt der Täter im Rausch den wahren Sachverhalt (er glaubt auf einen Baum zu schießen, zielt aber auf einen Menschen), so hat er nicht töten oder verletzen wollen, seine Handlung ist den Tatbeständen der §§ 211 ff., 223a ff. nicht gemäß. Hat er einen vermeidbaren Erfolg verursacht, so kommt § 222 bzw. § 230 in Betracht. Wird dem Täter das Gewehr im letzten Augenblick weggeschlagen, so Straflosigkeit, da Versuch der Fahrlässigkeitstat nicht strafbar. (Ebenso, aber mit anderer Begr., Dahm ZAk. 39, 268.) Drückte der Täter ab, ohne überhaupt zu wissen, daß er schoß, so kann er durch die angerichteten vermeidbaren Erfolge die Strafbarkeitsbedingung gem. §§ 222, 230 erfüllen. Lehrreich JW. **36** 456: Die Täter hatten im Vollrausch Zementröhren auf eine Straße gerollt. Hier darf für die Qualifizierung der Rauschtat nicht hypothetisch zugrunde gelegt werden, daß sie in nüchternem Zustand Tötungserfolge u. dgl. vorausgesehen haben würden; vielmehr ist vom wirklichen Willen auszugehen.

Zunächst also Ermittlung der in Betracht kommenden Strafvorschrift durch Feststellung der Tragweite und des Inhalts des Willens. Erst dann sind Ausfälle der Vorstellung über einzelne Deliktsmerkmale zu prüfen (E. **73** 11; dazu Bruns a. a. O.

S. 245 ff.). Wer im Rausch seinen Mantel mit einem fremden verwechselt, will keinen zusätzlichen Besitz an sich bringen. Mangels Zueignungsabsicht fehlt es daher am Handlungstyp des § 242 überhaupt (s. o.); nicht etwa liegt nur ein Irrtum über die Fremdheit der Sache vor. Ebenso im Ergebnis v. Weber Aufbau S. 22. Wenn sich dagegen der Täter an Kindern vergeht, deren Alter er im Rausch überschätzt, hat er in unzüchtiger Tendenz, deliktstypisch gehandelt und nur ein TB.-Merkmal verkannt. Ebenso, wenn er sich Befehlen widersetzt und nur im Rausch nicht sieht, daß er es mit einem Vorgesetzten (DtRpfl. **36** 641), einer Wache (JW. **36** 514) zu tun hat. Vgl. E. **70** 159 betr. „begleitende Umstände".

Auch bei derartigen **Irrtumsfällen** steht immer nur die innere Seite der Handlung in Frage, niemals der Ausschluß der Schuld (s. o.). Schon deshalb fehlen für eine Unterscheidung etwa von Tat- und Rechtsirrtum alle Voraussetzungen (zutr. SchwGer. in E. **73** 11). Anderseits folgt aus dem Begriff der „mit Strafe bedrohten Handlung" keineswegs, daß alle Irrtümer gleichmäßig zu berücksichtigen seien. Denn die Frage ist nicht: gehört die Kenntnis aller Tatumstände zum Begriff der „mit Strafe bedrohten Handlung"?, sondern: wird durch den Vorstellungsausfall der Beweiswert der konkreten Rauschtat für die Gemeingefährlichkeit des Sichberauschens ausgeschlossen? Hier sind grundsätzlich der rauschbedingte und der sonstige Irrtum zu scheiden. Wenn der Rausch dem Täter den Blick dafür trübt, daß das Mädchen, auf das er es abgesehen hat, sich gegen den Geschlechtsverkehr sträubt (§ 177), oder wenn er sich einbildet, von harmlosen Passanten verfolgt zu werden und sich ihrer durch Schüsse erwehren zu müssen (E. **73** 11), so liegt die Gemeingefährlichkeit als Zurechnungsgrundlage des § 330a in besonderem Maße vor. Denn während der Rausch im allgemeinen lediglich einen gewissen Expansionsdrang auslöst, nimmt er im ersten Beispiel darüber hinaus dem Täter die Hemmungen, die ihm im nüchternen Zustand das Recht gesetzt hätte, im zweiten wird der Selbsterhaltungstrieb als blinde Elementarkraft entfesselt. Der rauschbedingte Irrtum beweist also gerade die Gefährlichkeit des Täters in diesem Zustande. Der vom Rausch unabhängige, verständliche Irrtum dagegen, dem der Täter auch im nüchternen Zustand erlegen wäre (HRR. 38, 190), widerlegt das Indiz für die Gemeingefährlichkeit, das sonst in der Rauschtat liegen würde. — A. A. insoweit Welzel § 62 II 2b (auch der rauschbedingte Irrtum sei beachtlich).

Die Rspr. ist nicht einheitlich. E. **69** **187** lehnte jedes Eingehen auf den inneren Tatbestand ab (im Versuchsfall eines Sittlichkeitsdelikts!) E. **69** 189, vor allem aber JW. **36** 514 (mit ablehnender Anm. Hodes) und 1911 sowie DtRpfl. **36** Nr. 641 wollten auch den rauschbedingten Irrtum berücksichtigen. E. **70** 159; JW. **36** 1781 versuchten, von dem Irrtum über die eigentliche Tathandlung die Verkennung „begleitender Umstände" zu scheiden; bzgl. letzterer sei der Irrtum unbeachtlich. Darüber oben. Zutr. jetzt für Nichtberücksichtigung des rauschbedingten Irrtums E. **73** 11, freilich mit zu allgemeiner Begr. aus dem Zweck des Gesetzes und dem Bedürfnis eines gerechten Ausgleichs. — „Begangen" i. S. des Straffreih.Ges. v. 30. 4. 38 ist die Tat des § 330 a erst mit der Begehung der Rauschtat: Dresden in DJ. **39** 1500.

VII. Vergehen. Es genügt, daß die Rauschtat eine Uebertretung ist; der Verstoß gegen § 330 a bleibt auch dann Vergehen. E. **70** 42 (bestr., vgl. Schönke Anm. VII). Denn das Wesen der Tat, die Herbeiführung eines gemeingefährlichen Zustandes, wird durch die mehr oder minder schwere Qualifizierung der Strafbarkeitsbedingung nicht berührt. — Im Urteilstenor ist nur § 330 a zu nennen: E. **69** 187, **70** 42.

VIII. Zusammentreffen.

1. Ein Verstoß gegen § 330a auch dann, wenn in dem gleichen Rausch mehrere Taten begangen werden. HRR. **38** 190. Wohl aber Gesamtstrafe aus den Rauschtaten bis zum Höchstmaß von fünf Jahren Gefängnis möglich. Denn bis zu dieser Grenze soll die der Rauschtat angedrohte Strafe das Höchstmaß bestimmen. So auch K. Schäfer in DJ. 38, 257.

2. Keine Konkurrenz denkbar zwischen § 330 a und dem die Rauschtat mit Strafe bedrohenden Gesetz.

3. Spezialität: § 330 a schließt den § 1 der Straßenverkehrsordnung aus.

4. Verhältnis zur actio libera in causa: soweit nach dieser Bestrafung aus der Deliktsbegehung selbst möglich ist und sich ferner die Gefährlichkeit des Rausches auf das begangene Delikt beschränkt, der Täter also sonst im Rausch nicht zu Ausschreitungen neigt, tritt § 330 a als Gefährdungs- gegenüber dem Verletzungstatbestand zurück. Tateinheit mit a. l. i. c. aber immer dann, wenn die Gemeingefährlichkeit neben dem konkreten Verletzungserfolg selbständigen Unwert hat: jemand rechnet nur damit, daß er im Rausch ruhestörenden Lärm verübt; er mißhandelt aber außerdem Passanten.

11. Verschaffung von Rauschgiften an Anstaltsinsassen

330 b. Wer wissentlich einer Person, die in einer Trinkerheilanstalt oder einer Entziehungsanstalt untergebracht ist, ohne Erlaubnis des Leiters der Anstalt geistige Getränke oder andere berauschende Mittel verschafft, wird mit Gefängnis bis zu drei Monaten oder mit Geldstrafe bestraft.

I. Eingefügt durch G. v. 24. 11. 33 Art. 3 Nr. 17.

II. Auf Grund von §§ 42 c, 42 b oder ohne vorausgegangene Straftat. Aber **„untergebracht"**, also unfreiwillig.

III. Das **Wissen** (Eventualvorsatz genügt nicht) muß sich auf das „Untergebrachtsein" i. S. der Anm. II, auf die Natur des Mittels und auf das Fehlen der Erlaubnis beziehen.

12. Unterlassene Hilfeleistung

330 c. Wer bei Unglücksfällen oder gemeiner Gefahr oder Not nicht Hilfe leistet, obwohl dies nach gesundem Volkempfinden seine Pflicht ist, insbesondere wer der polizeilichen Aufforderung zur Hilfeleistung nicht nachkommt, obwohl er der Aufforderung ohne erhebliche eigene Gefahr und ohne Verletzung anderer wichtiger Pflichten genügen kann, wird mit Gefängnis bis zu zwei Jahren oder mit Geldstrafe bestraft.

Aus dem Schrifttum: Georgakis, Leipz. Stud.H. 114. — Ritter, GS. 115, 239.

I. Eingefügt durch G. v. 28. 6. 35, Art. 9 unter Aufhebung von § 360 Nr. 10 — **Anlaß:** Die Notwendigkeit, unterlassene Hilfeleistung bei W a l d - b r ä n d e n allgemeiner und schärfer zu strafen. Vgl. jetzt die besonderen Hilfeleistungs- und Benachrichtigungspflichten des § 1 der VO. v. 25. 6. 38 (RGBl. I 700) bei Waldbränden sowie des § 5 der 2. DurchfVO. v. 9. 10. 39 (RGBl. I 2024) zum Ges. über das Feuerlöschwesen v. 23. 11. 38 (RGBl. I 1662) bei Schadenfeuern allgemein; die jenen besonderen Anlaß im wesentlichen gegenstandslos gemacht haben.

Aus der f r ü h e r e n R s p r. vgl. DStR. **39** 217 (LG. Bielefeld): Wer die nächtliche Benutzung seines Fernsprechers zwecks Herbeirufung eines Arztes bei einem Unglücksfall nicht gestattet, macht sich strafbar. — Straßenbahnschaffner muß Unpünktlichkeit in Kauf nehmen, um für einen aus der Bahn gestürzten Fahrgast zu sorgen: E. **75** 355. Anders anscheinend DR. **42** 1787.

II. Die **Weitergeltung** ist sehr bestritten und nur teilweise anzuerkennen. § 330 c ist nicht nur spezifisch nationalsozialistisch begründet worden (Amtl. Begr.: „Dieser neue Tatbestand, verglichen mit Nr. 10 des § 360, macht den seit der nationalsozialistischen Erhebung eingetretenen Wandel in den Auffassungen über die Pflichten des einzelnen gegenüber der Volksgemeinschaft und sein Verhältnis zu den Volksgenossen bes. deutlich"), sondern er wurde auch von der Rechtsprechung in typisch nationalsozialistischer Weise, nämlich als Gesinnungsstrafrecht ausgelegt. So insbes. E. **74** 200 („Bestrafung der rücksichtslosen Gesinnung"). Weniger ausgesprochen E. **75** 68; vgl. dazu D a h m DR. 40, 1420, K a l l f e l z DR. 41, 925, S c h ö n k e Anm. I. Dagegen hier die Voraufl., N a g l e r ZAk. 40, 26, jetzt auch M e z g e r StB. II 210.

Abgesehen davon stellt die Fassung von 1933 zwei einander wesensfremde Bestandteile: das frühere polizeiliche Formaldelikt, also den reinen Ungehorsam, und ein ethisierendes Gesinnungsstrafrecht, als Grundbegriff und Sonderfall („insbesondere . . . . .) hin. Das ist in sich widerspruchsvoll. Schließlich ist das „gesunde Volksempfinden" hier — anders als in den §§ 240, 253 — strafbegründender Natur. Daher verstößt es nicht nur gegen KRProkl. 3, sondern wegen der Unbestimmtheit des damit eingeführten Maßstabes auch gegen das Prinzip der Tatbestandsbestimmtheit. (Darüber NJW. 49, 695). Gegen Koblenz NJW. **48** 489 und HESt. **2** 56 muß daher mit Hessen (Kassel) NJW. **48** 488 (= HESt. **2** 55), Kiel Schlesw. Holst. Anz. **47** 232, Hamm MDR. **49** 767 die Weitergeltung auf den Fall der polizeilichen Aufforderung beschränkt werden. Dabei sind überdies die Sperrvorschriften zu beachten: § 360 Nr. 10 war eine Uebertretung. Die Gegenmeinung in der Literatur (S c h ö n k e VII, W e l z e l § 62 I, M e z g e r StB. II 210) weist auf eine ähnliche Bestimmung in Art. 296 des Schweizer Entwurfs von 1918 hin. Aber diese Bestimmung ist eben nicht Gesetz geworden. — Uebersicht bei B u s c h SJZ. 49, 653 (zu Neustadt a. a. O. 650, das § 330c uneingeschränkt anwendet).

III. Unglücksfall. E. **75** 68 (= DR. **41** 925 m. Anm. Kallfelz = ZAk. **41** 227 m. Anm. Bewer): Plötzlich auftretendes Ereignis, das erheblichen Schaden an Personen oder Sachen verursacht und weiteren Schaden zu verursachen droht. Typischer-, aber nicht notwendigerweise handelt es sich um ä u ß e r e Ereignisse. „Auch die Fortentwicklung einer Krankheit kann u. U. einen Unglücksfall in diesem Sinne darstellen, sofern sie eine plötzliche Wendung mit den beschriebenen Schadenswirkungen nimmt": DR. **44** 726. — Der Begriff setzt nicht voraus, daß sich ein Mensch in hilfloser Lage befindet. DR. **39** 713, E. **75** 355 = DR. **41** 2658 m. Anm. Bruns. — Krankheit, Trunkenheit u. dgl. sind kein „Unglücksfall", können ihn aber herbeiführen (z. B. Krampfanfall auf verkehrsreicher Straße); so jetzt auch E. **75** 68, ZAk. 41, 382 m. Anm. Bewer, DStrR. **42** 193; auch über **gemeine Gefahr** (dazu oben Vorbem. vor § 306) und **gemeine Not:** beide müssen eine die Allgemeinheit betreffende Notlage darstellen: DR. **44** 726.

IV. Echtes Unterlassungsdelikt. — Darüber, daß nicht mit Hilfe von § 330c ein unechtes UDelikt konstruiert werden kann, z. B. Mord oder Beihilfe zum Mord, vgl. Vorbem. II vor § 1. Anders freilich E. **71** 187, wo aber auch schon ohne § 330c Beihilfe zum Mord durch positives Tun angenommen werden konnte. Wie hier jetzt E. **73** 52 (für § 139) und bes. E. **75** 68 (73): die Frage sei für das unechte UD., ob dem Täter, auch abgesehen von der Pflicht zur Nothilfe, eine Rechtspflicht zum Handeln obgelegen habe. Doppelt bedenklich dagegen E. **75** 160 (164): aus bloß fahrlässiger (also: i. S. d. § 330c nicht einmal schuldhafter!) Verletzung der Hilfeleistungspflicht könne fahrl. Körperverletzung durch Unterlassung folgen. Die Hilfeleistungspflicht steht als allgemeine Tätigkeitspflicht der besonderen Erfolgsabwendungpflicht bei unechtem Unterlassungsdel. gegenüber (Eb. Schmidt Leipz. Stud. H. 116 S. 82 ff., Georgakis H. 114 S. 9 ff.; ebenso E. **75** 68: da es sich um eine allgemeine Pflicht handle, könne aus § 330c keine Sonderpflicht für Aerzte abgeleitet werden. Auch sie seien nur unter denselben Voraussetzungen wie jedermann verpflichtet; Art u. Maß der Hilfe bestimme sich freilich jeweils nach der Leistungsfähigkeit). — Irreführend ist es, die Verpflichtung aus § 330c als eine Sonderregelung gegenüber den unechten UD. zu bezeichnen. Wer nach Kräften, aber vergeblich hilft, haftet nicht nach § 330c; wer nicht hilft, haftet, auch wenn der Schaden anderweitig abgewendet wird.

V. Pflicht zur Hilfeleistung. Sie ist von Pflichten anderen Inhalts zu unterscheiden. So haben Verstöße gegen die ärztliche Berufspflicht (§§ 1 2 ReichsAerzteO.) nur für das ehren- und berufsgerichtliche Verfahren Bedeutung: E. **75** 68; ZAk. **41** 382 m. Anm. Bewer. Eingehend: DR. **44** 726. Keine Sonderpflicht für Aerzte aus § 330c abzuleiten: E. **72** 75, Koblenz NJW. **48** 489.

VI. Erhebliche eigene Gefahr kann u. U. auch darin liegen, daß sich der Täter durch die Hilfeleistung einer Strafverfolgung (auf Grund falschen Verdachts) ausgesetzt hätte: DR **40** 154. — Sie entschuldigt in allen Fällen des § 330c: ZAk. **41** 382.

VII. Der **Vorsatz** muß die Erkenntnis der Pflicht zur Hilfeleistung und das Bewußtsein, sie zu verletzen, mit umfassen: E. **75** 160.

VIII. Idealkonkurrenz mit § 139a möglich: E. **75** 355.

Achtundzwanzigster Abschnitt

Verbrechen und Vergehen im Amte

Vorbemerkungen

I. Tatbestände: 1. Eigentliche Amtsdelikte, d. h. solche die nur von einem Amtsträger begangen werden können: Widerrechtliche

Vorteilsannahme für Amtshandlungen (§§ 331, 332, 334); Rechtsbeugung (§ 336); Beihilfe zur Doppelehe (§ 338); Aussageerpressung (§ 343); Verfolgung Unschuldiger (§ 344); unzulässige Strafvollstreckung (§ 345); Begünstigung im Strafamt (§ 346); Entweichenlassen von Gefangenen (§ 347); Falschbeurkundung (§ 348); Gebührenüberhebung (§§ 352, 353); Verletzung der Amtsverschwiegenheit (§ 353 a); Verletzung des Post-, Telegraphen- und Fernsprechgeheimnisses (§§ 354, 355); Parteiverrat (§ 356); Verleitung von Untergebenen (§ 357).

2. Uneigentliche (gemischte) Amtsdelikte, d. h. solche, bei denen die Beamteneigenschaft nur einen Straferhöhungsgrund bildet: Nötigung (§ 339); Körperverletzung (§ 340); Freiheitsberaubung (§ 341); Hausfriedensbruch (§ 342); Urkundenfälschung (§ 348); Unterschlagung (§§ 350, 351).

3. Delikte eines Nichtbeamten gegen ein Amt: Bestechung (§§ 333, 334 II). Ferner in den §§ 113 ff., 120 ff. (§ 76 JugWohlfG.), 133 f., 136 f.

II. Wesen der Amtsdelikte. — Grundsätzlich streitig. Frank und mit ihm herrsch. A., neuerdings Welzel § 71, sehen es im Mißbrauch der Amtsgewalt; Liszt u. Allfeld (teilw. abw. Binding Lehrb. II 407) in einer Bedrohung der Staatsverwaltung. Durch das in den letzten Jahren erfolgte Anwachsen des Beamtenapparats und der großen Zahl der beamtenähnlichen Personen ist der ursprüngliche gesetzgeberische Sinn der Regelung fragwürdig geworden.

III. Teilnahme von Nichtbeamten: Anstiftung und Beihilfe bei allen, Mittäterschaft nur bei den uneigentlichen Amtsdelikten strafbar (Anm. vor und zu §§ 47 ff.). E. 39 193, 42 382. — Beamteneigenschaft ist „persönliche Eigenschaft" i. S. des § 50. HRR. 39, 793. Ueber das Unbefriedigende der heutigen Regelung vgl. § 350 Anm. IV a. E. und Anm. zu § 50.

IV. Beamter: Begriff § 359. Vgl. aber auch § 331 Anm. I. — Geschützt wird nur das inländische Amt; vgl. zu § 3 I.

V. Irrtum über Beamtenbegriff soll nach E. **53** 131, **57** 366 den Vorsatz an sich nicht ausschließen; zum Vorsatz sei erforderlich und genügend, „daß der Täter weiß, er befinde sich in einer Dienststellung, die ihm ein besonderes Verhalten zur Pflicht macht und daß ihm aus dieser Pflicht heraus sein Tun verboten war".

Pflichtwidrige Geschenkannahme

331. Ein Beamter, welcher für eine in sein Amt einschlagende, an sich nicht pflichtwidrige Handlung Geschenke oder andere Vorteile annimmt, fordert oder sich versprechen läßt, wird mit Geldstrafe oder mit Gefängnis bis zu sechs Monaten bestraft.

I. Pflichtwidrige Geschenkannahme. Die übliche Bezeichnung „passive Bestechung" (so auch hier in Vorauflagen) ist sprachlich unschön und führt sachlich irre. Richtig schon Goltd. Mat. z. PreußStGB., Württ., Sächs., Bad. StGB., sowie die neuen deutschen Entwürfe. — Aus dem **Schrifttum:** Niederreuther DJ. 40, 352; Holling DR. 42, 1624 mit ausführlicher Angabe der Rechtspr.

II. Für **Nichtbeamte** vgl. zu §§ 331—335 die VO. „gegen Bestechung und Geheimnisverrat nichtbeamteter Personen" v. 3. 5. 17, 12. 2. 20, 22. 5. 43 (RGBl. 17, 393; 20, 230; 43, 347) Anhang Nr. 18. Dazu JW. 39, 339; E. **62** 96, **73** 29: Verpflichtung gem. der VO. schließt Anwendbarkeit der §§ 331 ff. nicht aus. — Der Geschenkgeber ist nicht „Teilnehmer" an § 331, vielmehr durch die Sonderbestimmungen der §§ 333, 334 II erfaßt. Im übrigen aber Teilnahme an § 331 möglich. Darüber eingehend E. **42** 382. — Vgl. auch § 12 UWG. v. 7. 6. 09 (Anhang Nr. 6).

III. Einschlägige Amtshandlung. D. h. eine solche, die in den Kreis der Obliegenheiten fällt, die dem Beamten durch die maßgeblichen Gesetze oder Dienstvorschriften übertragen worden sind. Dazu gehören nicht nur solche, die zum ordentlichen oder regelmäßigen Aufgabenkreise des Beamten gehören. Es genügt, daß die Handlung nicht rein privater Natur ist und nicht völlig außerhalb des Aufgabenbereichs liegt. Dagegen scheidet eine Handlung aus, die, ohne zu den amtlichen Verrichtungen zu gehören, nur unter Einsatz des amtlichen Einflusses oder Ansehens erfolgt. Hamm DRZ. **48** 449 läßt diese Grenze nicht erkennen (Mißbrauch einer Frau durch einen mit der Untersuchung nicht befaßten Beamten). Die Amtshandlung muß genügend bestimmt sein. Beziehung des Geschenkes („für") auf eine konkrete (gegenwärtige, vergangene oder zukünftige) Amtshandlung erforderlich, und zwar im Bewußtsein beider Beteiligten (E. **2** 129, **11** 221). So ständige Rechtspr. des RG. zuletzt in grundsätzl. Entsch. **77** 75 mit zahlr. Nachweisen, Celle SJZ. **48** 685. Zu eng Hamburg SJZ. **48** 688 (berechtigte Kritik in Anm. Bohne). Gegen Annahme „pass. Bestechung" bei Gewährung von Vorteilen nach vollzogener Amtshandlung z. B. Binding, Lehrb. 2, 727. Zu dieser auch schon im preuß. StGB. strittigen Frage s. Goltdammer, Materialien zum PrStGB. Bd. II, S. 670 (StGB. von Bayern, Hessen und Baden verlangten, wie neuerdings Schweiz. StGB., für strafbare Vorteilsannahme bevorstehende, also künftige Amtshandlung).

Motiv- und Kausalzusammenhang und damit Rechtswidrigkeit („für") der Vorteilsannahme ausgeschlossen bei Schenkungen in Anerkennung persönl. Eigenschaften, aus Dankbarkeit oder Pietät, Verkehrssitte (E. **2** 129, **11** 219, **19** 59, **58** 202, grunds. DR. 43, 1040), aus Höflichkeit (bedenklich aber auch insoweit Hamburg SJZ. 48, 688). Mit Recht betont dagegen Celle SJZ. **48** 686 die normative Aufgabe der Rspr. gegenüber eingerissenen Mißbräuchen, vgl. dort auch über Trinkgelder. Lehrreich auch kriminologische Uebersicht bei Bohne a. a. O.

Subjektiv ist hier schon als Unrechtsmoment (Syst. Vorbem. III) bei „Annehmen" oder „Sich-versprechen-lassen" Bewußtsein erforderlich, daß Vorteil für Amtshandlung gewährt wird, und auf seiten des Gebers Wille notwendig, daß Vorteil Gegenleistung für amtliche Tätigkeit oder Unterlassung sein soll. Bei der Begehungsform des „Forderns" letzteres Bewußtsein des Arbeitgebers nicht nötig: E. **77** 76.

IV. „Vorteil": bestritten. RGer. rechnete hierher in ständ. Rechtspr. auch vorübergehende Genüsse wie Beischlafsgewährung, Befriedigung des Ehrgeizes, der Eitelkeit oder des Geltungsbedürfnisses (E. **9** 166, **71** 396, **77** 78, DR. **43** 77. Ebenso Hamm DRZ. **48** 449). Gegenüber dieser subjektiven Auffassung haben das pr. StGB. (Goltdammer, Materialien Bd. II S. 671), Badische StGB., Frank 18. Aufl. S. 131, Binding Lehrb. 2, 720, 869, LK. 4. Aufl. Bem. 4 zu § 331 eine wenn auch „nur vorübergehende, so doch objektiv meßbare Besserung der rechtlichen oder wirtschaftlichen Lage" verlangt. Der Wortlaut des Gesetzes biete keinen Anhalt für rein subj. Auslegung. — Auch „Gefälligkeiten" sind „Vorteile", wenn die Zuwendung das Gefühl einer Verpflichtung für den Empfänger mit sich bringen kann: Celle SJZ. **48** 685.

V. Handlung

1. **Annahme:** auch nachträgliche (oben zu III und E. **63** 367).
2. **Forderung:** einseitiges Verlangen. Vgl. HRR. **40** 197.
3. **Sich versprechen lassen:** vgl. E. **57** 28.

Das Verlangen kann mittelbar oder unmittelbar gestellt werden. Vgl. E. **39** 193. Es genügt ein Verhalten, aus welchem auf Bereitwilligkeit zur Annahme von Geschenken geschlossen werden muß: Rechtspr. **7** 285.

VI. IdKonk. mit Betrug, wenn der Beamte wußte, daß der den Vorteil Gewährende von der irrigen Meinung geleitet war, der Beamte habe auf bestimmte behördliche Entschließungen Einfluß. HRR. **37** 534. A. A. Welzel § 71. Keine IdKonk. mit Erpressung bei unfreiwilliger Zuwendung. So auch Hamburg SJZ. **48** 691. Kein Fortsetzungszusammenhang mit § 332: DR. **43** 757.

Passive Bestechung (Bestechlichkeit)

332. Ein Beamter, welcher für eine Handlung, die eine Verletzung einer Amts- oder Dienstpflicht enthält, Geschenke oder andere Vorteile annimmt, fordert oder sich versprechen läßt, wird wegen Bestechung mit Zuchthaus bis zu fünf Jahren bestraft.

Sind mildernde Umstände vorhanden, so tritt Gefängnisstrafe ein.

I. Die **Handlung** muß also Amts- oder Diensthandlung sein (einschl. der Nebenpflichten: JW. **39** 339); wenn auch eine durch die Dienstvorschriften verbotene, aber doch durch das Amt ermöglichte (E. **69** 393), der Art nach einschlägige (DR. **39** 994). Vgl. § 331 Anm. III. Amtshandlung kann sie, entsprechend dem von der Aufsichtsbehörde verfolgten Zweck, auch dann sein, wenn sie nur einem privatwirtschaftlichen Zweck dient. E. **39** 193, **55** 50, **68** 179. Entspringt die Handlung einem Nebenamt oder einer Nebenbeschäftigung, so ist sie Amtshandlung auch dann, wenn sie freiwillig übernommen wurde. E. **68** 177. Nicht: verbotene außeramtl. oder außerdienstl. Handlung. E. **50** 257; auch **48** 46. Vgl. auch HHR. **40** 872 (Gutachtertätigkeit); DJ. **40** 1062 (Ermessensentscheidungen). Celle, Hamburg SJZ. **48** 685 ff., dazu oben § 331.

II. Pflichtwidrigkeit. Die Rechtspr. (RG., ebenso jetzt Celle SJZ. **48** 685) vertritt, je nachdem, ob es sich um Ermessensbeamten handelt oder nicht, verschiedene Auffassungen. Bei letzteren ist § 332 vollendet, wenn der Beamte vorsätzlich für eine pflichtwidrige Amtshandlung einen Vorteil fordert oder wenn der Vorteil in dem Bewußtsein angenommen oder versprochen wird, daß er für eine Amtspflichtverletzung gegeben wird. Strenger war die ständ. Rechtspr. des RG. bei den Beamten, die ihre Entscheidungen nach eigenem Ermessen zu treffen haben, sogen. Ermessensbeamte. Hier verlangt es im Gegensatz zu z. B. Frank 18. Aufl. S. 751 weder die Feststellung einer pflichtwidrigen Amtshandlung noch ein inneres Bereitsein des Beamten zu solchem Handeln. Der Beamte verstoße schon dadurch gegen seine Amtspflicht, daß er an die Entscheidungen nicht unbefangen, sondern mit der inneren Belastung herangehe, die für ihn in dem gewährten oder erwarteten Vorteil liege. Denn durch eine solche Belastung werde sein Urteil regelmäßig getrübt. Subjektiv sei nicht erforderlich, daß der Beamte innerlich entschlossen sei, sich in der Freiheit seines Ermessens durch Vorteile beeinflussen zu lassen; es genüge vielmehr, daß er — mindestens mit dolus eventualis — erkannt habe, der Vorteilgeber erwarte von ihm eine pflichtwidrige Amtshandlung, und gleichwohl den Vorteil oder das Versprechen eines solchen entgegennimmt. E. **74** 251 und **77** 78.

III. Verfallserklärung: Vgl. § 335.

IV. Verhältnis zu anderen Straftaten: Nicht § 332, sondern § 353 und § 263, wenn der Geber dem Staat zu zahlen glaubt und der Beamte Gebührenschuld vorgespiegelt hat. E. **65** 53. Im übrigen vgl. § 331 Anm. VI.

Aktive Bestechung

333. Wer einem Beamten oder einem Mitgliede der bewaffneten Macht **Geschenke oder andere Vorteile anbietet, verspricht oder gewährt, um ihn zu einer Handlung, die eine Verletzung einer Amts- oder Dienstpflicht enthält, zu bestimmen, wird wegen Bestechung mit Gefängnis bestraft; auch kann auf Verlust der bürgerlichen Ehrenrechte erkannt werden.**

Sind mildernde Umstände vorhanden, so kann auf Geldstrafe erkannt werden.

I. Geschenke: auch dem Gegenstande nach unbestimmte: E. **23** 141.

II. Andere Vorteile: Vgl. § 331 Anm. IV. Grundsätzlich: DR. **43** 1040.

III. Um . . . zu: Die Pflichtwidrigkeit braucht also nicht begonnen zu haben. Der Beamte kann sie ohnehin beabsichtigt haben: HRR. **42** Nr. 251. Es genügt ein Verhalten, welches den Beamten zur Pflichtverletzung zu verführen geeignet ist: E. **37** 171, **52** 234, **74** 251, **77** 78. Auch braucht die pflichtwidrige Handlung dem Beamten nicht gleichzeitig mit dem Gewähren des Geschenks als Gegenleistung angesonnen zu werden: E. **47** 68, DR. 43, 77. — Vgl. im übrigen zu §§ 331 und 332.

IV. Konkurrenzen. Ist die angesonnene Handlung ihrerseits strafbar, so kann Anstiftung zu ihr in IdKonk. mit § 333 in Betracht kommen. E. **55** 181. Nicht aber IdKonk. zwischen § 333 und Anstiftung zur „Annahme" nach § 332 Vorbem. III 2 vor § 73. Vgl. auch Anm. IV zu § 332 und E. **61** 269 sowie HRR. **39** 1201. Realkonkurrenz (kein Fortsetzungszusammenhang) bei Bestechung mehrerer Beamter des gleichen Amtes: E. **72** 174.

Passive und aktive Richterbestechung

334. Ein Richter, Schiedsrichter, Beisitzer einer Arbeitsgerichtsbehörde, Geschworener oder Schöffe, welcher Geschenke oder andere

Vorteile fordert, annimmt oder sich versprechen läßt, um eine Rechtssache, deren Leitung oder Entscheidung ihm obliegt, zugunsten oder zum Nachteile eines Beteiligten zu leiten oder zu entscheiden, wird mit Zuchthaus bestraft.

Derjenige, welcher einem Richter, Schiedsrichter, Beisitzer einer Arbeitsgerichtsbehörde, Geschworenen oder Schöffen zu dem vorbezeichneten Zwecke Geschenke oder andere Vorteile anbietet, verspricht oder gewährt, wird mit Zuchthaus bestraft. Sind mildernde Umstände vorhanden, so tritt Gefängnisstrafe ein.

I. **Qualifizierter Sonderfall** der Bestechung: Abs. 1 gegenüber §§ 331, 332, Abs. 2 gegenüber § 333. Soweit § 334 nicht eingreift (etwa bei nachträglicher Geschenkannahme), finden diese Anwendung.

II. **Rechtssache:** Alle Rechtsangelegenheiten, bei denen mehrere „Parteien" mit entgegenstehenden rechtlichen Belangen einander streitend gegenüberstehen können, wenn über sie nicht durch Verwaltungsmaßnahmen zu befinden, sondern nach Rechtssätzen zu entscheiden ist. So E. **71** 315 betr. Steuerverfahren. Dort auch über **Leitung und Entscheidung**. Diese braucht im Gegensatz zu § 336 nicht auf ein sachlich unrichtiges Ergebnis abzuzielen. Vgl. § 336 Anm. II.

III. Die **aktive** Richterbestechung des Abs. 2 ist kein Amtsdelikt (Vorbem. vor § 331). Sie geht über § 333 auch insofern hinaus als Pflichtwidrigkeit der angesonnenen Handlung nicht vorzuliegen oder angestrebt zu sein braucht.

Verfallserklärung

335. In den Fällen der §§ 331 bis 334 ist im Urteile das Empfangene oder der Wert desselben für dem Staate verfallen zu erklären.

I. **Wesen.** Die Verfallerklärung ist N e b e n s t r a f e ; nicht Wiedergutmachung, auch nicht Sicherungsmaßnahme. Sie kann deshalb auch nur gegen den Täter erlassen werden, der das Bestechungsmittel oder dessen Wert in Händen hat. E. **68** 404, **54** 215, **51** 87; vgl. auch DR. **41** 1887.

II. **Im Urteil** ist die Verfallerklärung auszusprechen. Also ist § 42 unanwendbar, ebenso StPO. §§ 430 ff. E. **68** 406.

III. **Gegenstand** ist 1. **das als Bestechungsmittel Empfangene;** nicht bloß Versprochenes oder Angebotenes, mag es sich auch aus anderer Ursache (als Bestechung) schon in der Verfügungsgewalt des zu Bestechenden befinden: E. **22** 270, **15** 348. Aber nicht nur körperliche Gegenstände; vielmehr alles, was dem Bestochenen irgendwie zugute gekommen ist; z. B. eine Leistung, die dem Bestochenen eine Ausgabe erspart (E. **57** 232); oder Sicherstellung einer Schuld (E. **68** 113).

2. Der **Wert** des Empfangenen dann, wenn es nicht im Vermögen des Bestochenen ist (z. B. seine Schuld ist getilgt worden, er hat den empfangenen Gegenstand weitergegeben. Gleichgültig ist, ob das Vermögen des Bestochenen noch um ihn bereichert ist. E. **67** 29, **68** 119.

Rechtsbeugung

336. Ein Beamter oder Schiedsrichter, welcher sich bei der Leitung oder Entscheidung einer Rechtssache vorsätzlich zugunsten oder zum Nachteile einer Partei einer Beugung des Rechtes schuldig macht, wird mit Zuchthaus bis zu fünf Jahren bestraft.

I. Beamter oder Schiedsrichter: nicht wie in § 334 auch Geschworene oder Schöffen.

II. Rechtssache: Der Begriff hat den gleichen Umfang wie in den §§ 334 u. 356: alle Sachen, in denen der Beamte wie ein Richter zu entscheiden hat; auch Strafbescheide und Strafverfügungen der beamteten Mitglieder von Verwaltungsbehörden (E. **25** 276, **26** 56), Dienststrafverfahren (E. **69** 213), Steuerveranlagungsverfahren (E. **71** 315). Vgl. auch OGHE. **2** 31 ff. betr. Bestimmtheit der Sache.

III. Beugung des Rechts:

1. **Recht** ist im Normalfall = Gesetz, im Konfliktsfall mit unmenschlicher oder sonst in unerträglichem Widerspruch zur Gerechtigkeit stehender positiver Anordnung im materiellen Sinn als „richtiges" Recht zu verstehen.

2. **Gebeugt** aber hat der Richter das Recht noch nicht, wenn er — etwa um der Ordnungsfunktion des Rechts willen — den Konflikt bewußt zugunsten der materiell „unrichtigen", unsittlichen Satzung entscheidet, sondern erst, wenn er dies im Bewußtsein tut, damit rechtsfremden Zwecksetzungen (Willkür, Terror, Ausrottung) zu dienen. Denn eine — im Sinne der abendländischen Kulturwelt — nihilistische Zweckbestimmung schließt auch den Rechtswert der Ordnung und damit die Qualität solcher Normen als Recht überhaupt aus, selbst wenn sie in ein System gebracht sind. Solchenfalls kommt nur noch die Berufung auf Notstand unter dessen allgemeinen Voraussetzungen in Betracht. Vgl. Syst. Vorbem. III und die dort Zitierten; ferner OGHE. **1** 217 (227). Mit Recht hält OGHE. **2** 29 Rechtsbeugung auch innerhalb des gesetzlichen Strafrahmens bei Widerspruch mit eigener richterlicher Ueberzeugung für möglich, da rechtlich gebundenes Ermessen. Vgl. dazu Haensel MDR. 49, 573.

337. ist ersetzt durch § 67 des Gesetzes über die Beurkundung des Personenstandes und die Eheschließung vom 3. 11. 35:

(1) Wer die religiösen Feierlichkeiten einer Eheschließung vornimmt, bevor die Ehe vor dem Standesbeamten geschlossen ist, wird mit Geldstrafe oder mit Gefängnis bestraft.

(2) Eine Bestrafung tritt nicht ein, wenn einer der Verlobten lebensgefährlich erkrankt und ein Aufschub nicht möglich ist.

Beihilfe zur Bigamie

338. Ein Religionsdiener oder Personenstandsbeamter, welcher, wissend, daß eine Person verheiratet ist, eine neue Ehe derselben schließt, wird mit Zuchthaus bis zu fünf Jahren bestraft.

[Widerrechtliche Nötigung im Amte.

339. Ein Beamter, welcher durch Mißbrauch seiner Amtsgewalt oder durch Androhung eines bestimmten Mißbrauchs derselben jemand zu einer Handlung, Duldung oder Unterlassung widerrechtlich nötigt, wird mit Gefängnis bestraft.

Der Versuch ist strafbar.

In den Fällen der §§ 106, 107, 167 und 253 tritt die daselbst angedrohte Strafe ein, wenn die Handlung von einem Beamten, wenn auch ohne Gewalt oder Drohung, aber durch Mißbrauch seiner Amtsgewalt oder Androhung eines bestimmten Mißbrauchs derselben begangen ist.]

Gestrichen durch Artikel 10 b der StrafrechtsangleichungsVO. vom 29. 5. 43. Ersatz: § 240 n. F. bedroht allgemeine Nötigung in besonders schweren Fällen, die bei Amtsmißbrauch regelmäßig vorliegen werden, mit Zuchthaus oder Gefängnis nicht unter sechs Monaten.

Körperverletzung im Amte.

340. Ein Beamter, welcher in Ausübung oder in Veranlassung der Ausübung seines Amtes vorsätzlich eine Körperverletzung begeht oder begehen läßt, wird mit Gefängnis nicht unter drei Monaten bestraft. Sind mildernde Umstände vorhanden, so kann die Strafe bis auf einen Tag Gefängnis ermäßigt oder auf Geldstrafe erkannt werden.

Ist die Körperverletzung eine schwere, so ist auf Zuchthaus nicht unter zwei Jahren zu erkennen. Sind mildernde Umstände vorhanden, so tritt Gefängnisstrafe nicht unter drei Monaten ein.

I. „**In**" gleich während der Amtsausübung; „**in Veranlassung**" gleich bei dieser Gelegenheit; bei beidem aber: in amtlicher Eigenschaft auftretend. E. **17** 165. — E. **75** 355 betr. Straßenbahnschaffner.

II. Begehen lassen: dieser 2. Tatbestand macht Anstiftung und Beihilfe zu selbständigen Straftaten mit erhöhter Strafe. Vgl. E. **59** 86. Bloßes Dulden ist dann Begehenlassen, wenn Hinderungspflicht besteht; insofern zu eng E. **59** 86.

III. Zusammentreffen: Gegenüber § 223 ist § 340 I und gegenüber §§ 223/224 ist § 340 II der speziellere Tatbestand. Deshalb auch § 233 hier ausgeschlossen. E. **12** 223, **59** 86, **61** 191. E. **75** 355 (= DR. **41**, 2658 m. Anm. Bruns) nimmt freilich Idealkonk. von § 340 u. § 223a an. — Wegen Buße vgl. Anm. I zu § 231.

Freiheitsberaubung im Amte

341. Ein Beamter, welcher vorsätzlich, ohne hierzu berechtigt zu sein, eine Verhaftung oder vorläufige Ergreifung und Festnahme oder Zwangsgestellung vornimmt oder vornehmen läßt, oder die Dauer einer Freiheitsentziehung verlängert, wird nach Vorschrift des § 239, jedoch mindestens mit Gefängnis von drei Monaten bestraft.

I. Zwangsgestellung ist in der Sprache der Prozeßordnungen Vorführung (z. B. §§ 51, 133, 134, 236 StPO).

II. Vornehmenlassen: einerlei durch wen (E. **66** 59). Alle Handlungen bedeuten Freiheitsberaubungen i. S. von § 239 (E. **61** 239).

§ 340 Anm. II gilt hier entsprechend.

III. Betr. **Recht** zur Festahme usw. vgl. HRR. **26** 1885, JW. **35** 3395. — Rechtsw. FB. i. A. auch, wenn Entlassung zwar innerhalb der 24-Stunden-Frist des Art. 17 Hess. Verf., aber nicht unverzüglich (§ 128 StPO.): so mit Recht Hessen (Kassel) SJZ. **50** 53.

Hausfriedensbruch im Amte

342. Ein Beamter, der in Ausübung oder in Veranlassung der Ausübung seines Amtes einen Hausfriedensbruch (§ 123) begeht, wird mit Gefängnis bis zu einem Jahre oder mit Geldstrafe bestraft.

I. Betr. **Amtsausübung:** vgl. § 340 Anm. I.

II. Idealkonkurrenz mit § 123 ist möglich: E. **32** 402.

Aussageerpressung

343. Ein Beamter, welcher in einer Untersuchung Zwangsmittel anwendet oder anwenden läßt, um Geständnisse oder Aussagen zu erpressen, wird mit Zuchthaus bis zu fünf Jahren bestraft.

I. Untersuchung: Jedes auf Feststellung und Ahndung einer Tat gerichtete Verfahren, auch polizeiliche Vernehmungen, administrative, dienststrafrechtliche. Vgl. E. **6** 82, **25** 366, **42** 65; OGHE. **2** 70.

II. Zwangsmittel: jedes auf Beeinträchtigung der freien Willensbetätigung gerichtetes Mittel, z. B. Bedrohung mit Vergehen (E. **71** 374).

III. Anwenden lassen: vgl. Anm. I zu § 340.

IV. Erpressen ist hier = nötigen (E. **71** 374).

V. Vorsatz: Bedenklich weit, gegen sonst, geht E. **71** 374 in der Anerkennung eines schuldausschließenden Irrtums des Täters über die Widerrechtlichkeit der Zwangsmittel. Zustimmend Mezger, JW. 38, 33.

Verfolgung Unschuldiger

344. Ein Beamter, welcher vorsätzlich zum Nachteile einer Person, deren Unschuld ihm bekannt ist, die Eröffnung oder Fortsetzung einer Untersuchung beantragt oder beschließt, wird mit Zuchthaus bestraft.

I. Unschuld: auch geringere Verschuldung umfassend. Aber auch Fälle der Unerfolgbarkeit (Binding Lb. II, 548). „Schuld" und ihr Gegenteil sind prozessual zu verstehen.

II. Bekannt: dolus eventualis ist also ausgeschlossen.

III. Untersuchung: vgl. § 343 Anm. I. — Vgl. E. **42** 65. — Hessen (Kassel) SJZ. **47** 443, legt hier den Begriff enger aus: nur ein förmliches Verfahren, nicht polizeiliche oder staatsanwaltschaftliche Ermittlungsverfahren seien gemeint; § 344 sei ein Fall erschwerter Rechtsbeugung. Andernfalls stünden die Strafrahmen des § 341 und des § 344 im Mißverhältnis zueinander. Das ist zugegeben, beruht aber, worauf das Urteil selbst hinweist, auf einem überkommenen Gesetzesfehler. Die auch das Zivilrecht umfassende Rechtsbeugung kann nicht zum Vergleich herangezogen werden. Dagegen spricht auch die Herkunft aus § 320 PrStGB, der die heutigen §§ 344, 345 zusammenfaßte. Unter § 344 fallen außer dem Strafverfahren, auf das sich das pr. Recht beschränkte, die Anordnung von Sicherungs- oder Besserungsmaßregeln oder die Fürsorgeerziehung, auch Disziplinarverfahren, politische Sanktionen u. dgl. (bestr.: a. A. B i n d i n g II, 544).

Unzulässige Strafvollstreckung

345. Ein Beamter, der vorsätzlich eine Strafe oder eine Maßregel der Sicherung und Besserung vollstreckt, die nicht zu vollstrecken ist, wird mit Zuchthaus bestraft.

Ist die Handlung aus Fahrlässigkeit begangen, so tritt Gefängnisstrafe oder Festungshaft bis zu einem Jahre oder Geldstrafe ein.

I. Neufassung des § 345 Abs. 1 nach dem G. v. 24. 11. 33 Art. 3 Nr. 18.

II. Vollstreckungsbeamter: nicht nur an leitender Stelle, sondern irgendwie nach den für ihn maßgebenden Vorschriften verantwortlich mitwirkend. Vgl. E. **63** 175, **73** 294, **76** 394 (letztere beide betr. § 346). Nach HRR. **40** Nr. 650 sogar der Registraturbeamte, der zur Aktenvorlage verpflichtet ist.

III. Fahrlässigkeit bei Irrtum hinsichtlich der Zulässigkeit oder der Ausführung der Vollstreckung. Anwendbar, wenn z. B. an Stelle des gefällten Urteils ein anderes niedergeschrieben oder vollstreckt wird: E. **19** 342; auf die Vollstreckung einer fahrlässig-irrtümlich abgegebenen Entscheidung nicht anwendbar: E. **16** 221.

Begünstigung im Amte

346. Ein Beamter, der vermöge seines Amtes zur Mitwirkung bei einem Strafverfahren oder bei der Vollstreckung einer Strafe oder einer Maßregel der Sicherung und Besserung berufen ist und wissentlich jemand der im Gesetz vorgesehenen Strafe oder Maßregel entzieht, wird mit Zuchthaus bis zu fünf Jahren bestraft.

Sind mildernde Umstände vorhanden, so tritt Gefängnisstrafe nicht unter einem Monat ein.

I. Neufassung des Abs. 1 durch G. v. 24. 11. 33, Art. 3, Nr. 19. Anpassung an „Maßregeln der S. u. B.", sowie Abschwächung des Tatbestandsmerkmals: „A b s i c h t , jemand der gesetzl. Str. rechtsw. zu entziehen", in: „w i s s e n t l i c h".

II. Täter kann nur sein, wer unter eigener Verantwortung mitwirkt. Betr. Registrator eines Amtsgerichts: E. **73** 294 (297). Grundsätzlich: E. **76**

394. — Auch der Beamte, der selbst der allein Geschädigte ist, kann Täter sein: HRR. **41** 839. — Hilfsbeamte der Staatsanwaltschaft haben bei außer dienstlich erlangter Kenntnis Anzeigepflicht hins. schwerer Verbrechen oder die Oeffentlichkeit besonders berührender Straftaten. So Freiburg DRZ. **47** 201 (= HESt. **2** 59) unter Berufung auf E. **70** 252, das diese Frage aber dahinstellte. — Grundsätzlich ebenso Hamburg SJZ. **48** 692. Vgl. aber auch Bohne (ebendort, mit Lit.) zur Problematik des Begriffes „außerdienstlich". — Die eigene Beteiligung des Beamten an der anzuzeigenden Straftat beseitigt nicht die Rechtswidrigkeit (so aber Freiburg DRZ. **47** 201), sondern nur die Zumutbarkeit (wie bei Selbstbegünstigung allgemein). Beteiligung an einer anderen damit zusammenhängenden Straftat oder Gefahr eines Disziplinarverfahrens dagegen nicht: JW. **25** 258, E. **31** 196 (grundlegend) **70** 253, **73** 267.

III. Wissentlich. Eventualvorsatz genügt also nicht. So auch HRR. **37** 1482. Belanglos ist aber jetzt (anders nach der früheren Fassung) der Beweggrund des Beamten, z. B. die Absicht, eigene Verfehlungen zu verdecken; es sei denn, daß hier Selbstbegünstigung vorliegt (s. o. Anm. II). — Hinsichtlich der Vortat genügt dol. ev., E. **76** 34 (betr. § 257), Braunschweig NJW. **49** 436.

IV. Jemand: Nicht: sich selbst (E. **31** 196).

V. Vollendet ist das Verbrechen mit der — wenn auch nur zeitweisen und behebbaren — Unmöglichkeit der Einleitung eines Strafverfahrens oder der Vollstreckung einer erkannten Strafe oder Maßregel. Beisp.: Nichtanzeige seitens eines Polizeibeamten (E. **70** 251); Nichterhebung einer Anklage, obwohl ein Fall, wo von ihr „abgesehen" werden kann, nicht vorliegt (E. **63** 276); Herbeiführung eines Freispruchs trotz Schuld usw. Der Erfolg, die Strafentziehung, muß wirklich eingetreten sein; daher nur Versuch, wenn nach Auffassung der maßgeblichen Strafverfolgungsbehörde überhaupt kein strafbarer Tatbestand gegeben war: HRR. **42** 385. Nichtanzeige der Straftat eines Untergebenen durch den Vorges. nur bei Ermessensmißbrauch oder besonderer Anzeigepflicht: E. **73** 265, E. **74** 178. Eingehend über den Umfang der Anzeigepflicht eines Polizeibeamten HRR. **41** 457. — Entzogen ist auch derjenige, gegen den in einem anhängigen Strafverfahren der Urteilsspruch unterbleibt. Oldenburg HESt. **2** 60.

VI. Sonderdelikt gegenüber § 257 und § 257 a; E. **74** 178 = DR. **40** 1237 (Anm. Mezger) = ZAk. **40** 271 (Anm. Klee).

Entweichenlassen von Gefangenen

347. Ein Beamter, welcher einen Gefangenen, dessen Beaufsichtigung, Begleitung oder Bewachung ihm anvertraut ist, vorsätzlich entweichen läßt oder dessen Befreiung vorsätzlich bewirkt oder befördert, wird mit Zuchthaus bis zu fünf Jahren bestraft. Sind mildernde Umstände vorhanden, so tritt Gefängnisstrafe nicht unter einem Monat ein.

Ist die Entweichung durch Fahrlässigkeit befördert oder erleichtert worden, so tritt Gefängnisstrafe bis zu sechs Monaten oder Geldstrafe ein.

Einem Gefangenen steht gleich, wer in Sicherungsverwahrung oder in einem Arbeitshaus untergebracht ist.

I. Betr. **Gefangene:** vgl. § 120 Anm. I.

II. Anvertraut: Wenn zur Zeit der Entweichung die amtliche Pflicht zur Bewachung bestand: E. **8** 313.

III. Zur **Handlung:** vgl. § 121 Anm. II.

IV. Zu Abs. 2: auch fahrlässig herbeigeführte Befreiung durch Dritte: E. **5** 324. — Die konkrete Art der Entweichung braucht nicht vorhersehbar gewesen zu sein: E. **15** 345; wohl aber die Möglichkeit der Entweichung überhaupt: E. **41** 119.

Falschbeurkundung und Urkundenfälschung im Amt

348. Ein Beamter, welcher, zur Aufnahme öffentlicher Urkunden befugt, innerhalb seiner Zuständigkeit vorsätzlich eine rechtlich erhebliche Tatsache falsch beurkundet oder in öffentliche Register oder Bücher falsch einträgt, wird mit Gefängnis nicht unter einem Monat bestraft.

Dieselbe Strafe trifft einen Beamten, welcher eine ihm amtlich anvertraute oder zugängliche Urkunde vorsätzlich vernichtet, beiseite schafft, beschädigt oder verfälscht.

Der Versuch ist strafbar.

In schweren Fällen ist die Strafe Zuchthaus.

I. Tatbestände. — Abs. I: Falschbeurkundung als reines Amtsdelikt. — Abs. II: Urkundenfälschung (-vernichtung, beiseiteschaffung, -beschädigung) als uneigentliche Amtsdelikte. (Ueber den Unterschied: Vorbem. I vor § 331 und Anm. zu § 267).

II. Abs. I straft **Falschbeurkundung,** d. h. Herstellung einer öffentlichen Urkunde unwahren Inhalts (Beisp.: der Notar erklärt urkundlich, vor ihm sei der X. erschienen und habe eine bestimmte Angabe gemacht, während in Wahrheit der Y. erschienen war und die Angabe gemacht hatte). — Bei der Falschbeurkundung ist das Beurkundete falsch („schriftliche Lüge" in echter Urkunde), bei der Urkundenfälschung die Tatsache der Beurkundung (unechte Urkunde).

1. **Täter** einer strafbaren Falschbeurkundung kann nur ein **Beamter** sein; m. a. W.: der Inhalt einer Beurkundung steht nur bei öffentlichen Urkunden unter Strafschutz. — Ein Nichtbeamter kann als Anstifter oder Gehilfe strafbar sein, falls der Beamte vorsätzlich handelt; andernfalls als „mittelbarer Täter", aber nicht nach den (für reine Amtsdelikte nicht zutreffenden) allgemeinen Grundsätzen der mittelbaren Täterschaft, sondern kraft der Sondervorschrift des § 271. — Der Beamte muß zur **Aufnahme öffentlicher Urkunden befugt** sein, d. h. durch schriftliche Festlegung einer vor ihm abgegebenen Erklärung oder vor ihm geschehenen Tatsache oder von ihm gemachten Wahrnehmung ein Beweismittel für und gegen jedermann zu schaffen, E. **61** 36 (Beisp.: Richter, Urkundsbeamte der gerichtlichen Geschäftsstelle, Standesbeamte, Notare; je nach der

Rechtslage aber auch Briefträger, Gemeindebeamte, Fleischbeschauer usw.; E. 20 369, 22 151, 40 351, 64 136, 67 90, DR. 40 1419). Auch wenn der Beamte unzulässigerweise in eigener Sache tätig wird: E. 72 176. Vgl. auch DR. 40 75. Bei völliger Unzuständigkeit ist die Stelle nicht anwendbar. Ordnungsmäßige, wenn auch stillschweigend (durch Duldung) erfolgte Bestellung erforderlich: Celle Hann.Rpfl. **47** 51. Gemeindediener: HRR. **39** 536 Grundbuchbeamter: HRR. **39** 1493.

2. **Oeffentlich beurkundet,** d. h. in einer Weise schriftlich niedergelegt, die „dazu bestimmt ist (!), unter öffentlichem Glauben ein für und gegen jeden Dritten vollbeweisendes Schriftstück herzustellen"; nicht also Vermerke, die nur für den inneren Dienst bestimmt sind. E. **52** 268, **65** 32, **71** 143, HRR. **42** 195. — Wichtig, was im Einzelfall „beurkundet" ist. Hierzu Anm. III zu § 271; auch E. **41** 131, **48** 416, **50** 367, **67** 90. Ferner E. **71** 46, DR. **43** 1014, Hamm DRZ. **49** 116 betr. Erteilung eines Bezugsscheines. Eine Tatsache, die sich erst mittels gedanklicher Schlußfolgerung ergibt, ist nicht beurkundet. So schon E. **26** 385, **50** 248 und Hamm a. a. O. — Für die Eintragung in öffentliche Register oder Bücher gilt Entsprechendes; eingehend betr. Zollbücher und -listen E. **64** 328. — Einzelnes: Gebührenberechnungen f. Zeugen u. Sachv., die der UrkBeamte der GeschStelle feststellt u. anweist: E. **71** 143. Ausfertigungen einer richterlichen Entscheidung: E. **71** 224. Quittungskarten der Invalidenversicherung: E. **72** 176; ähnlich E. **71** 205 (mit Anm. Mezger in JW. 37, 2394). Postannahmebuch: E. **67** 271. Zollquittung: **69** 105. Nur dem inneren Dienst dagegen dient z. B. das nach der GerVollzO. zu führende Dienstregister: E. **68** 201. Schlachtsteuerbescheid beweist weder Tatsache des Wiegens noch Richtigkeit der Gewichtsangaben: E. **72** 377. — Wiegekarten einer Gemeindewaage: HRR. **39** 62; vgl. HRR. **38** 1374. — Württ. Viehwaagebuch: HRR. **42** 89. — Fahrkarte: HRR. **38** 1440; JW. **38** 1881. Durchschriften von ausgeschriebenen Fahrkarten; dagegen nicht die bei der Behörde verbleibenden „Stämme": HRR. **42** 195. — Quittungen des Vollzugsbeamten eines Finanzamts: HRR. **41** 572. — Tankausweiskarten: E. **76** 305 (= ZAk. **43** 155 mit Anm. Bruns). — Expreßgut-Beklebezettel: E. **76** 385. — Bestimmungs- (Begleit-) Zettel der Güterwagen: Hamburg HESt. **2** 21. — Reisemarken: E. **76** 398. Der Umweg über § 2 n. F. war hier unnötig. Denn zur Urkundeneigenschaft gehört nicht, daß ein bestimmtes Ernährungsamt als Aussteller ersichtlich ist. — **Nicht:** Eichbücher: E. **73** 328; Sparkassenbücher: E. **74** 171. Richtigkeitsbescheinigungen auf Rechnungen: HRR. **41** 571. — Kleiderkarten, auch wenn gestempelt, keine Urkunden, solange nicht Namen eingetragen: E. **75** 318 = DR. **41** 2443 mit Anm. Mittelbach. — Bezugsscheinvordruck mindestens bis zur Ausgabe an den Berechtigten keine Urk. i. S. des § 348, wohl aber amtlich aufbewahrter Gegenstand gem. § 133. Celle Hann.Rpfl. **47** 33. — Nichteintragung ist keine Falschbeurkundung: HRR. **39** 127.

3. **Vorsatz:** erforderlich und genügend ist die Kenntnis der Tatsachen, aus denen rechtlich zu folgern ist, daß es sich um eine öffentliche Beurkundung rechtlich erheblicher Tatsachen durch einen Beamten handelt. Vgl. E. **64** 334; ferner betr. rechtliche Erheblichkeit der falsch beurkundeten Tatsachen E. **12** 297, **39** 370; betr. die die Beamteneigenschaft begründenden Tatsachen E. **53** 131. Unerheblich aber ein Irrtum über die Rechtsbegriffe „Beamter" (E. **53** 131, **57** 366) und „öffentliche Urkunde" (E. **63** 148). — Endzweck gleichgültig: HRR. **40** 1158.

III. Abs. II enthält uneigentliche Amtsdelikte, d. h. Strafsteigerungen gegenüber §§ 133, 267, 274, falls der Täter Beamter ist. — Vgl. E. **38** 46, **45** 164 (Strafprozeß- und Kostenregister); **49** 32 (Restverzeichnis bei einer Behörde); **61** 161 (Mahnungen der Steuerbehörde; ein Entwurf ist aber noch keine Urkunde, da nicht zum Beweise bestimmt); **62** 252 (Nummer- und Gewinnröllchen bei der Lotterie); **73** 235 (Rundfunkgebühren); **77** 149 (amtsärztliches Zeugnis).

1. **Amtlich anvertraut** ist die U., wenn die Verfügungsmacht des Beamten auf amtlicher Anordnung und diese auf dem besonderen Vertrauensverhältnis beruht, kraft dessen der Beamte für die Gebrauchsfähigkeit und Richtigkeit der U. zu sorgen hat (E. **64** 2). **Amtlich zugänglich,** wenn sie für ihn in einer innerhalb seiner Amtsbefugnisse (wenn auch nicht der rechtmäßigen) liegenden Weise erreichbar ist (E. **17** 103, **32** 265, **77** 149). Muß sie erst aus einem ordnungsmäßig nicht zugänglichen Behältnis entnommen werden, z. B. mit Nachschlüssel, so soll nach E. **61** 334 nur § 133, evtl. 243, 3 anwendbar sein. — Auch eine von dem Beamten selbst fälschlich angefertigte Urkunde kann ihm amtlich anvertraut oder zugänglich sein: HRR. **41** 571. — Nicht aber eine Urkunde in einem Brief, den der Beamte unterschlägt: E. **8** 196.

2. **Beiseiteschaffen:** Auch vorübergehende Aufhebung der Gebrauchsbereitschaft der Urkunde. JW. **39** 34; HRR. **39** 665. Nicht bloße Verheimlichung: JW. **39** 624). Räumliche Entfernung erforderlich: E. **72** 192 (197).

IV. Konkurrenz: Gegenüber § 133 ist § 348 II Sondertatbestand (E. **2** 425, **77** 149). IdKonk. mit § 263 (E. **60** 241); mit § 354 (E. **49** 137 gegen **35** 80). — Wegen §§ 350, 351 vgl. dort. — Ein Ablösen von mit urkundl. Entwertungsvermerk versehenen schon verwendeten Stempelmarken ist Zuwiderhandlung sowohl gegen §§ 348 II wie gegen § 276 in Tatmehrheit: E. **68** 204 (gegen E. **59** 321 u. a., die § 276 als Spezialgesetz ansahen). — IdKonk. mit RVersO. § 1497 (Herauslösen von Versicherungsmarken aus Versicherungskarten durch den Beamten): E. **71** 205. — Mit §§ 263, 266; E. **73** 6 u. 235. — Verh. zu § 354: DR. **39** 1861.

V. Teilnahme. Nichtbeamtete Beteiligte an der Tat des Abs. II sind aus § 133 (bzw. § 267 usw.) zu strafen. HRR. **39** 793.

VI. Strafbarkeit des **Versuchs** auf Grund der VO. v. 29. 5. 43. Gegen Weitergeltung keine Bedenken. vgl. aber Vorbem. VI vor § 13.

VII. Schwere Fälle. Abs. 4 ist eingefügt auf Grund der VO. v. 29. 5. 43. Zur Auslegung vgl. Anm. V zu § 1. Zur Frage der Weitergeltung und darüber, inwieweit der frühere § 349 heranzuziehen ist, vgl. Potsdam JR. **48** 33; ferner unten zu § 349. Ueber die Anwendung der Sperrvorschriften: Hamburg HESt. **2** 65.

[Schwere Falschbeurkundung und Urkundenfälschung.

349. Wird eine der im § 348 bezeichneten Handlungen in der Absicht begangen, sich oder einem anderen einen Vermögensvorteil zu verschaffen oder einem anderen Schaden zuzufügen, so ist auf Zuchthaus bis zu zehn Jahren und zugleich auf Geldstrafe zu erkennen.]

Gestrichen durch Artikel 12d, der StrafrechtsangleichungsVO. v. 29. 5. 43. Ersatz: § 348 Abs. 4. Die Vereinfachung entspricht der der §§ 267 ff.

Ihre Weitergeltung ist um so unbedenklicher, als sie der Notwendigkeit enthebt, auch bei Geringfügigkeit des angestrebten Vermögensvorteils auf mindestens ein Jahr Zuchthaus zu erkennen.

Einfache Amtsunterschlagung

350. Ein Beamter, welcher Gelder oder andere Sachen, die er in amtlicher Eigenschaft empfangen oder in Gewahrsam hat, unterschlägt, wird mit Gefängnis nicht unter drei Monaten bestraft; auch kann auf Verlust der bürgerlichen Ehrenrechte erkannt werden.

Der Versuch ist strafbar.

I. Beamter: auch ein vom Dienst enthobener: E. **72** 233 (gegen E. **63** 433).

II. In amtlicher Eigenschaft: d. h. in unmittelbarem Zusammenhang mit der Amtstätigkeit; nicht: bei Gelegenheit einer Amtsausübung. Jedoch nicht notwendig innerhalb seiner Zuständigkeit. Es genügt, daß der Geldgeber den B. für berechtigt hielt, das Geld für die Behörde zu empfangen, und daß der B. dies erkannt hat. E. **71** 106; DR. **41** 1840. Vgl. ferner E. **50** 250, **51** 113; DR. **40** 686 Nr. 13.

III. Unterschlagen.

1. **Gewahrsam.** Vgl. § 242 Anm. IV, aber auch unten Anm. IV, E. **54** 227, 267; **57** 320. Der Begriff stimmt mit dem des § 246 überein nach E. **3** 10. **61** 228; HRR. **25** 1297, OGHE. **1** 253 = JR. 49, 89, Oldenburg Nds. Rpfl. **47** 133, SchöffGer. Lichterfelde JR. **49** 121, B r a n d NJW. **48** 548. Mit Recht macht aber KG. in DRZ. **47** 380 = HESt. **2** 68 hiervon für den Fall des M i t g e w a h r s a m s eine Ausnahme. Auch dieser muß genügen, da die ratio legis besonderen Vertrauensbruchs voll zutrifft, andererseits die ratio, den Bruch auch des Mitgewahrsams durch § 242 zu erfassen, hier gegenstandslos ist. Wie hier S c h ö n k e III 3, T h e i s SJZ. 49, 254.

2. Das in Anm. I zu § 246 Gesagte schließt in § 350 die **Rechtswidrigkeit** nicht aus, da amtlich eingenommene Gelder nicht als vertretbar erscheinen. Jede Verwendung zu eigenen Zwecken fällt unter § 350. Vgl. E. **3** 10, **5** 304. Auch wenn das Unterschlagene vor Entdeckung aus eigenem Geld ersetzt wird, soll nach E. **64** 414 Strafbarkeit gegeben sein. — Bei bloßem Umwechseln wird im allg. Einwilligung die Rechtswidrigkeit ausschließen. — Unbefugte Entnahme eines „Gehaltsvorschusses" kann nicht mit dem Glauben, „ein im Interesse der Gesamtheit liegendes Verbot werde nicht verletzt", entschuldigt werden; solche Verletzung ist nicht Tatbestandsmerkmal i. S. von § 59. Vgl. E. **61** 207. — Unbefugte Gewährung eines Darlehns durch einen Sparkassenbeamten aus Sparkassengeldern ist AUntschl. nur, wenn er das Darlehn aus eigenen Mitteln geben will und hierzu der Kasse Gelder entnimmt. Wenn er dagegen die Sparkasse zum Darlehnsgläubiger machen will, begeht er nur eine unerlaubte Eigenmächtigkeit im Amt (HRR. **38** 635), gegebenenfalls auch Untreue nach § 266. — Da amtlich eingenommenes Geld nicht vertretbar, ist auch Aufrechnung des Beamten mit eigenen Forderungen gegen die Dienststelle ausgeschlossen: DR. **39** 994.

IV. Wegen **Konkurrenz** vgl. §§ 246 Anm. VII, 248a Anm. VI, 266 Anm. VIII, 353 Anm. VI, 370 Nr. 5 Anm. VI. — Die Handlungen des § 351 bilden mit der Amtsunterschlagung eine rechtliche Einheit, gleichviel ob sie ihr vorausgehen oder nachfolgen: HRR. 38, 1377. — Vgl. ferner HRR. 38, 1375 (keine Tateinheit mit § 246); HRR. 38, 1376 und 39 1490; DR. 41, 1659 (Tateinheit mit Untreue); HRR. 40, 576, 961. — Teilnehmer nur dann aus § 350 strafbar, wenn er auch seinerseits Beamter ist und die Sachen in amtl. Eigenschaft empfangen hat: E. 75 289. Das entspricht dem § 50, zeigt aber dessen Inkonsequenz: der Teilnehmer an einem reinen Amtsdelikt wird nach dessen voller Schwere bestraft, auch wenn ihm die strafbegründenden Eigenschaften und Verhältnisse fehlen. Der Entw. wird auch in diesen Fällen mildere Bestrafung ermöglichen.

Schwere Amtsunterschlagung

351. Hat der Beamte in Beziehung auf die Unterschlagung die zur Eintragung oder Kontrolle der Einnahmen oder Ausgaben bestimmten Rechnungen, Register oder Bücher unrichtig geführt, verfälscht oder unterdrückt, oder unrichtige Abschlüsse oder Auszüge aus diesen Rechnungen, Registern oder Büchern, oder unrichtige Belege zu denselben vorgelegt, oder ist in Beziehung auf die Unterschlagung auf Fässern, Beuteln oder Paketen der Geldinhalt fälschlich bezeichnet, so ist auf Zuchthaus bis zu zehn Jahren zu erkennen.

Sind mildernde Umstände vorhanden, so tritt Gefängnisstrafe nicht unter sechs Monaten ein.

I. **Sinn** des § 351: Zwar ist niemand verpflichtet, zu seiner eigenen Bestrafung beizutragen, auch niemand strafbar, wenn er sich seiner Bestrafung zu entziehen sucht; insoweit sind die §§ 139, 257, 346 auf den Täter nicht anwendbar. Dieses Recht der Selbstverteidigung findet aber seine Grenze dort, wo der Täter über die bloße Strafvereitelung hinaus erneut in strafrechtlich geschützte Rechtsgüter eingreift, auch wenn die Unterlassung solchen Eingriffs der Offenbarung seiner Straftaten gleichkommt. Gegenüber § 351 kann sich also der Beamte nicht auf jenes Recht der Selbstverteidigung berufen. Vgl. auch DJ. **37** 1886. — Das Verdecken der Unterschl. braucht nicht der einzige Zweck des Handelns gewesen zu sein: DR. **41** 1659.

II. Im **Verhältnis zu § 350** enthält § 351 keine besondere Straftat, sondern einen die Strafbarkeit erhöhenden Umstand. Vgl. E. **65** 102 (mit früheren Entscheid., bes. E. **10** 123), **67** 177. Deshalb auf Teilnehmer § 50 anwendbar: sie trifft nur dann die schwerere Strafe des § 351, wenn auch sie selber bzgl. der unterschlagenen Sachen die in § 351 vorausgesetzten Amtspflichten haben; andernfalls nur § 350. E. **68** 90, **75** 290. Vgl. auch JR. **49** 171. — § 351 ist also nicht lex specialis gegenüber § 348, sondern es können die §§ 350/351 mit dem § 348 in Idealkonkurrenz stehen.

III. **Beamte:** hier nicht etwa nur Kassenbeamte: E. zuletzt **45** 293.

IV. **Rechnungen, Register oder Bücher:** Ihre Zweckbestimmung ist nicht eng aufzufassen. **„Zur Eintragung oder Kontrolle der Einnahmen oder Ausgaben"** entspricht etwa: Empfang und Wiederablieferung: E. **45** 293. — **„Bestimmt":** deren Führung von zuständiger amtlicher Seite angeordnet worden ist: E. **43** 207, **58** 236. So z. B. das Inventarverzeichnis der

Kreisärzte: E. **45** 293. — Betr. **Register** vgl. § 133 Anm. I ferner E. **59** 399, **60** 311 (Vermögensverzeichnis eines Amtsvormunds). Invalidenquittungskarten: DJ. **37** 199. Fundkartei der Reichsbahn: DR. **41** 2291. „Stämme" der ausgeschriebenen Fahrkarten: HRR. **42** 195, nicht aber Fahrkartenpäckchen: E. **76** 257. — **Bücher:** auch solche, die zur Eintragung von unkontrollierbaren Einnahmen bestimmt sind oder nicht nur Kassenzwecken dienen: DJ. **38** 1645. Nicht: Sparkassenbücher. E. **74** 171.

V. Die Handlung.

1. Die **Unterschlagung** ist als solche nicht eintragungspflichtig. Doch fällt Nichteintragung vereinnahmter, aber unterschlagener Gelder auch dann unter § 351, wenn die Eintragung die Unterschl. offenbaren würde. HRR. **39** 271.

2. **Verfälschen:** vgl. § 267 Anm. V.

3. **Unterdrücken:** vgl. § 274 Anm. VI. Unterdrückung von Belegen als Unterdrückung eines Teiles eines Registers: **E. 67** 197.

4. **Vorlage unrichtiger Abschlüsse, Auszüge oder Belege:** Die Vorlegung unrichtiger Belege über die Ausführung eigener Dienstgeschäfte genügt auch dann, wenn ein anderer Beamter die Register oder Bücher führt, zu denen die Belege zu nehmen sind: E. **67** 196. Vorlegung in mittelbarer Täterschaft durch die Hand von Beamten, die von den Unterschlagungen nichts wissen: E. **69** 298. Mittelb. Täter kann aber nur ein Beamter sein, zu dessen dienstlichen Obliegenheiten die Führung oder doch Mitführung der Bücher gehört: DJ. **39** 227. Ein Kontogegenbuch als „Beleg": E. **69** 184. — Abrechnungen über verkaufte Fahrkarten: E. **76** 257.

VI. Konkurrenz. „B e t r u g" ist die in Beziehung auf die Unterschlagung erfolgte Täuschung nicht. § 351 ist insofern eine den § 263 ausschließende Sonderbestimmung. E. **70** 12. „Betrug" nur, wenn § 350 nicht gegeben ist und die falsche Buchführung nur eine schlechte Amtsführung verdecken soll. — Bei Idealkonk. mit einfacher Untreue ist diese das schwerere Gesetz, wenn mildernde Umstände bzgl. § 351 vorliegen; andernfalls § 351: DR. **41** 1659. — Ueber Realkonk. mit §§ 263, 353, bei besonderer Sachlage: E. **75** 378. — Gegenstand der Verfälschung u. Unterdrückung gem. § 351 sind vor allem i n n e r d i e n s t l i c h e Belege. Daher typischerweise keine IdKonk. mit § 348 (s. dort Anm. II 2). Teilweise abweichend E. **65** 102 (mit Uebersicht über die hier bestehenden Streitfragen). Vgl. auch W e l z e l § 71 IV 2b.

Gebührenüberhebung

352. Ein Beamter, Advokat, Anwalt oder sonstiger Rechtsbeistand, welcher Gebühren oder andere Vergütungen für amtliche Verrichtungen zu seinem Vorteile zu erheben hat, wird, wenn er Gebühren oder Vergütungen erhebt, von denen er weiß, daß der Zahlende sie überhaupt nicht oder nur in geringerem Betrage verschuldet, mit Geldstrafe oder mit Gefängnis bis zu einem Jahre bestraft.

Der Versuch ist strafbar.

I. Rechtsbeistand: Er muß, wenn auch nicht formell „Beamter", doch „Amtsträger" sein (Vorbem. vor § 331). Also nicht Rechtsagenten, die gewerbsmäßig fremde Rechtsangelegenheiten besorgen. E. **51** 220. Auf

Prozeßagenten (auch solche, die nach dem Ges. v. 13. 12. 35 — RGBl. I 1478 — zugelassen sind) nicht anwendbar: E. **73** 126 = DR. **39** 713 (Anm. Hawlitzky). AA. v. Hippel 324, Welzel § 71 IV.

II. Gebühren oder andere Vergütungen: Z. B. Reisespesen, Schreibgebühren: E. **19** 62; nicht Portoauslagen: E. **17** 169, **40** 378.

III. Amtliche Verrichtungen: Soviel wie amtliche Tätigkeit, z. B. Reisen.

IV. Zu seinem Vorteil: Auch mittelbar, indem die Vergütung für den Staat oder eine Kasse erhoben wird, ein Teil aber dem Beamten überlassen bleibt. Vgl. E. **40** 378. Nicht bei zu hohen Kostenerstattungsforderungen des Rechtsanwalts gegenüber der Gegenpartei, da sie zum Vorteil des Mandanten geschehen. Vgl. E. **19** 30, **40** 378. Anders hinsichtlich des obsiegenden Armenanwalts, der selbst das Recht auf Kostenersatz gegen den Gegner hat.

V. Erheben: vgl. HRR. **37** 1061: Ein Armenanwalt ließ sich ein Honorar bewilligen, indem er der Partei, der er zugeordnet war, erklärte, dies habe er zu beanspruchen. Aehnlich der Fall DR. **43** 758, E. **77** 122. — Bereicherungsabsicht nicht erforderlich: HRR. **41** 951.

VI. Der **Vorsatz** muß hinsichtlich des mangelnden Anspruchs unbedingt sein. AA. HRR. 36 Nr. 372.

VII. IdKonk. mit § 263 (E. **18** 219), wenn neben der Gebührenforderung noch besondere Täuschungsakte einhergehen. Grundsätzlich aber ist § 352 Sondergesetz gegenüber § 263: E. **77** 122. Vgl. auch E. **75** 378.

Gebührenüberhebung und Verkürzung von Leistungsempfängern

353. Ein Beamter, welcher Steuern, Gebühren oder andere Abgaben für eine öffentliche Kasse zu erheben hat, wird, wenn er Abgaben, von denen er weiß, daß der Zahlende sie überhaupt nicht oder nur in geringerem Betrage verschuldet, erhebt, und das rechtswidrig Erhobene ganz oder zum Teil nicht zur Kasse bringt, mit Gefängnis nicht unter drei Monaten bestraft.

Gleiche Strafe trifft den Beamten, welcher bei amtlichen Ausgaben an Geld oder Naturalien dem Empfänger vorsätzlich und rechtswidrig Abzüge macht und die Ausgaben als vollständig geleistet in Rechnung stellt.

I. Zweiaktiges Vergehen: 1. amtliche Schädigung des Empfängers, 2. Belastung der öffentlichen Stelle mit der Volleistung. Unrichtige Abrechnung mit dem Empfänger fällt nicht unter § 353 II. Vgl. E. **66** 346.

II. Abgaben: Auch Entgelte für die Benutzung oder Inanspruchnahme einer öffentlich-rechtlichen Anstalt oder Einrichtung nach einem von der Obrigkeit festgesetzten Tarife. Z. B. Frachtbeträge der Eisenbahn: E. 22 306, **52** 165. Auch Vorschüsse und Abschlagszahlungen im Hinblick auf Steuern usw.: E. **41** 91. — Abweichend von § 352 hier auch Portobeträge: E. **3** 87, **17** 169. — A.A. hier Frank I. — Nur solche Abgaben, welche überhaupt von einer **öffentlichen Kasse** erhoben werden, und zu deren

Erhebung sie berechtigt ist. — E. **23** 263 (vgl. auch E. **41** 91: „wenn auch nur beim Vorhandensein besonderer Voraussetzungen") — und welche dieser Kasse auch tatsächlich gänzlich zuzuführen sind: E. **40** 378.

III. Der Beamte braucht jedoch nicht gerade für die Erhebung der geforderten Abgaben **zuständig** zu sein: E. **41** 91.

IV. Eine bei **ordnungsmäßiger** Erhebung begangene Unterschlagung oder Betrügerei gehört nicht hierher. E. **52** 163.

V. Nicht zur Kasse bringen: d. h. nicht als erhobene Abgabe; auch wenn die Abgaben z. B. ungebucht zur Deckung früherer Fehlbeträge oder um sie demnächst unauffällig wieder entnehmen zu können, der Kasse einverleibt werden: E. **26** 259, **75** 378.

VI. Idealkonkurrenz ist möglich z. B. zwischen §§ 353 und 263: E. **65** 53; ebenso zwischen §§ 353 und 350: E. **17** 321. Vgl. auch E. **61** 37. A.A. Welzel § 71 IV 3. Ueber Realkonk. mit § 351 E. **75** 378.

Verletzung der Amtsverschwiegenheit (Arnimparagraph)

353 a. Ein Beamter im Dienste des Auswärtigen Amtes des Deutschen Reichs, welcher die Amtsverschwiegenheit dadurch verletzt, daß er ihm amtlich anvertraute oder zugängliche Schriftstücke oder eine ihm von seinem Vorgesetzten erteilte Anweisung oder deren Inhalt anderen widerrechtlich mitteilt, wird, sofern nicht nach anderen Bestimmungen eine schwerere Strafe verwirkt ist, mit Gefängnis oder mit Geldstrafe bestraft.

Gleiche Strafe trifft einen mit einer auswärtigen Mission betrauten oder bei einer solchen beschäftigten Beamten, welcher den ihm durch seinen Vorgesetzten amtlich erteilten Anweisungen vorsätzlich zuwiderhandelt, oder welcher in der Absicht, seinen Vorgesetzten in dessen amtlichen Handlungen irrezuleiten, demselben erdichtete oder entstellte Tatsachen berichtet.

Aufgehoben durch KRG. 11.

Bruch der Amtsverschwiegenheit

353 b. Ein Beamter oder früherer Beamter, der unbefugt ein ihm bei Ausübung seines Amtes anvertrautes oder zugänglich gewordenes Geheimnis offenbart und dadurch wichtige öffentliche Interessen gefährdet, wird mit Gefängnis, in besonders schweren Fällen mit Zuchthaus bis zu zehn Jahren bestraft; hat der Täter mit der eingetretenen Gefährdung fahrlässig nicht gerechnet, so ist auf Gefängnis bis zu zwei Jahren oder auf Geldstrafe zu erkennen.

Einem Beamten steht eine für eine Behörde tätige Person gleich, die auf die gewissenhafte Erfüllung ihrer Dienstpflicht durch Handschlag oder zur Verschwiegenheit besonders verpflichtet worden ist.

Der Versuch ist strafbar.

Die Tat wird nur mit Zustimmung der dem Täter vorgesetzten Behörde und, wenn er nicht mehr in seinem Amt oder seiner Stellung ist, mit Zustimmung der letzten vorgesetzten Behörde verfolgt. Die

Verfolgung von Personen, die zur Verschwiegenheit besonders verpflichtet worden sind, tritt nur auf Anordnung des Reichsministers der Justiz **ein.**

I. Die §§ 353 b und 353 c sind eingefügt durch G. v. 2. 7. 36 (RGBl. I 532). Erster Tatbestand: vorsätzliche Offenbarung und vorsätzliche Gefährdung; zweiter Tatbestand: vorsätzliche Offenbarung und fahrlässige Gefährdung. Fahrlässige Preisgabe wird nur dienststrafrechtlich verfolgt.

II. Wann **„wichtige öffentliche Interessen gefährdet"** sind, wird im allgemeinen nur die Behörde entscheiden können. Deshalb Abs. IV.

III. Betr. **Geheimnis:** E. **74** 110.

IV. **Zur Verschwiegenheit besonders verpflichtete Person:** vgl. Bekanntm. d. Bundesrats über die bei Behörden beschäftigten Personen v. 3. 5. 17 i. d. Fassung vom 22. 5. 43 (RGBl. I 347; Anhang Nr. 18); ferner amtl. Begr. in DJ. 36, 997

V. Der **Vorsatz** muß sich auch hierauf beziehen, sei es auch nur als bedingter Vorsatz (bewußtes Inkaufnehmen der Möglichkeit). Auf Tatirrtum beruhende Annahme einer „Befugnis" schließt auch, wenn der Irrtum auf Fahrlässigkeit beruht, die Bestrafung aus § 353 b aus; dienststrafrechtlich kann der Fall aber strafbar bleiben!

353 c. Wer, abgesehen von dem Fall des § 353 b, unbefugt ein amtliches Schriftstück, das als geheim oder vertraulich bezeichnet worden ist, oder dessen wesentlichen Inhalt ganz oder zum Teil einem anderen mitteilt und dadurch wichtige öffentliche Interessen gefährdet, wird mit Gefängnis bestraft.

Ebenso wird bestraft, wer unbefugt einem anderen eine Mitteilung weitergibt, zu deren Geheimhaltung er von einer zuständigen Stelle besonders verpflichtet worden ist, und dadurch wichtige öffentliche Interessen gefährdet.

In besonders schweren Fällen ist die Strafe Zuchthaus bis zu zehn Jahren.

Hat der Täter mit der eingetretenen Gefährdung fahrlässig nicht gerechnet, so ist auf Gefängnis bis zu zwei Jahren oder auf Geldstrafe zu erkennen.

Der Versuch ist strafbar.

Die Tat wird nur auf Anordnung des Reichsministers der Justiz verfolgt.

I. **Abs. 1: Offenbarung eines geheimen Schriftstückes.** Hier ist es gleichgültig, auf welchem Wege der Täter (Beamter oder gemäß § 353b II Verpflichteter oder Außenseiter) Kenntnis erlangt hat. Beispiel: gefundene Aktentasche.

II. Die **Handlung** muß **wichtige Interessen gefährdet** haben. Also konkretes Gefährdungsdelikt. Vgl. im einzelnen Anm. zu § 353b.

III. Abs. 2: Weitergabe geheimer Mitteilungen. Auch hier braucht der Täter weder Beamter zu sein noch zu den nach § 353b allgemein Verpflichteten zu gehören. Konkretes Gefährdungsdelikt wie Abs. 1 und § 353b, s. dort.

Verletzung des Briefgeheimnisses

354. Ein Postbeamter, welcher die der Post anvertrauten Briefe oder Pakete in anderen als den im Gesetze vorgesehenen Fällen eröffnet oder unterdrückt, oder einem anderen wissentlich eine solche Handlung gestattet, oder ihm dabei wissentlich Hilfe leistet, wird mit Gefängnis nicht unter drei Monaten bestraft.

I. Postbeamter, auch wenn er mit dem Briefe usw. nicht dienstlich befaßt ist: E. **37** 40. Wegen P o s t a u s h e l f e r n vgl. E. **51** 65, 398. — Zum Vorsatz genügt nach E. **53** 131 die Kenntnis derjen. Umstände, auf denen die Beamteneigenschaft beruht; ob der Täter sich für einen „Beamten" hielt, ist unerheblich.

II. Anvertraut d. h. ordnungsmäßig dem Postverkehr übergeben; z. B. in den Briefkasten eingeworfen (E. **22** 394; DStR. 40, 91). Auch der wegen unrichtiger Bestellung dem Briefträger zurügegebene Brief (E. **36** 207). Endpunkt: Ablieferung an Adressaten (E. **54** 227). — Auch ein zur Ueberführung bestimmter sog. Fangbrief (E. **65** 145). DR. 39, 324 (Anm. Richter).

III. Briefe vgl. § 299 Anm. III. — Unverschlossene Postsendungen nur dann, wenn sie eine Mitteilung enthalten. Also u. U. Postanweisungen: E. **1** 114. Nicht Zeitungen: E. **33** 276.

IV. Handlung: 1. Eröffnung (vgl. § 299 Anm. V oder 2. **Unterdrücken** (vgl. § 274 Anm. VI). Hier analog: dem Postverkehr entziehen: E. **22** 283, **28** 100, **52** 248. Nicht z. B. dadurch, daß der Postbeamte den dem Briefkasten pflichtgemäß entnommenen Brief nicht zur Postanstalt bringt, sondern dem Aressaten oder dem rückforderungsberechtigten Absender aushändigt: E. **47** 68. — Zu weit geht E. **71** 330: Ein Postbeamter, der eine Nachnahmesendung ohne Bezahlung des Nachnahmebetrages aushändige, unterdrücke sie; sogar dann, wenn der Empfänger willens und fähig sei, den Betrag nachträglich unverzüglich an die Post abzuführen, und der Postbeamte sich hierauf verlasse. Die Sendung wird hier dem Postverkehr nicht entzogen, vielmehr dem vom Absender nahmhaft Gemachten bestimmungsgemäß zu Eigentum übertragen. Die Verfehlung des Beamten bezieht sich nur auf die Pflicht der Post, das Eigentum lediglich Zug um Zug zu übertragen. Allenfalls „Untreue", aber nur bei Schädigung des Auftraggebers. Dementsprechend ist auch der „Vorsatz" zu behandeln. — Ueber den Unterschied vom „Beiseiteschaffen" des § 348 II E. **72** 192 (197).

V. Täterschaft auf Grund der Sonderqualität auch bei schwächeren Handlungsbeiträgen des **Gestattens** und **Hilfeleistens.** Der andere kann nicht wegen Beihilfe aus § 354, wohl aber als Täter aus § 299 bestraft werden.

VI. Vorsatz genügt; Absicht ist nicht erforderlich: E. **35** 80 Vgl. ferner oben Anm. I.

VII. IdKonk. mit § 133: E. **54** 122, **58** 334. Vgl. ferner § 348 Anm. IV.

VIII. Nebenstrafe: § 358.

Verletzung des Telegraphen- und Fernsprechgeheimnisses

355. Telegraphenbeamte oder andere mit der Beaufsichtigung und Bedienung einer zu öffentlichen Zwecken dienenden Telegraphenanstalt betraute Personen, welche die einer Telegraphenanstalt anvertrauten Depeschen verfälschen oder in anderen, als in den im Gesetze vorgesehenen Fällen eröffnen oder unterdrücken, oder von ihrem Inhalt Dritte rechtwidrig benachrichtigen, oder einem anderen wissentlich eine solche Handlung gestatten oder ihm dabei wissentlich Hilfe leisten, werden mit Gefängnis bestraft.

Den einer Telegraphenanstalt anvertrauten Depeschen werden Nachrichten gleichgeachtet, die durch eine zu öffentlichen Zwecken dienende Fernsprechanlage vermittelt werden.

I. Fassung des RGes. v. 19. 6. 12. — Ueber den Schutz des „Fernmeldeverkehrs" (einschl. Funkverkehrs) vgl. jetzt auch G. über Fernmeldeanlagen v. 3. 12. 27 Art. III §§ 10 bis 12 und 18, neu bekanntgemacht 14. 1. 28 (RGBl. I 8).

II. Auch die anderen Personen müssen in einem dienstlichen Verhältnis stehen. Und zwar müssen sie mit der Beaufsichtigung **oder** Bedienung betraut sein: E. **26** 183.

III. Betr. **Telegraphenanstalt** vgl. § 317.

IV. Betr. **Verfälschung** vgl. § 267, Anm. V, betr. **Eröffnung** § 299, Anm. V, betr. **Unterdrückung** § 274, Anm. VI, § 354, Anm. IV, betr. **rechtswidrige Benachrichtigung Dritter** E. **49** 213: ob sie vom Inhalt a m t l i c h Kenntnis haben, ist gleichgültig. E. **49** 213. — Betr. **Gestatten** und **Hilfeleisten** vgl. § 358 Anm. V.

Parteiverrat (Prävarikation)

356. Ein Advokat, Anwalt oder ein anderer Rechtsbeistand, welcher bei den ihm vermöge seiner amtlichen Eigenschaft anvertrauten Angelegenheiten in derselben Rechtssache beiden Parteien durch Rat oder Beistand pflichtwidrig dient, wird mit Gefängnis nicht unter drei Monaten bestraft.

Handelt derselbe im Einverständnisse mit der Gegenpartei zum Nachteile seiner Partei, so tritt Zuchthausstrafe bis zu fünf Jahren ein.

I. Literatur. Zusammenfassend: R o e s e n, Der Parteiverrat in der Rechtsprechung des Reichsgerichts. In: JW. 38, 649.

II. Täterschaft. „Advokaten" gibt es seit der RAO. von 1878 nicht mehr. „Anwälte" sind keine Beamte, weder im staatsrechtlichen noch im strafrechtlichen Sinne. Der Umkreis möglicher Täter ist danach schwer zu bestimmen. Probeassessoren und Referendare gehören aber wohl in ihn.

Auch Universitätslehrer, die als solche (StPO. § 138 I) eine Strafverteidigung führen. Zweifelhaft betr. Patentanwälte, Justitiare von Verwaltungsbehörden, namentlich betr. Prozeßbevollmächtigte gemäß ZPO. § 79, Verteidiger gemäß StPO. § 138 II. Nach dem Grundgedanken des § 356 sind aber alle Einschränkungen sinnwidrig; § 356 ist auf alle Personen anwendbar, die entweder Rat oder Beistand kraft ihrer Zugehörigkeit zu einer öffentlich anerkannten Rechtspflegeinstitution erteilen oder die vor der Rechtspflegebehörde kraft allgemeiner gesetzlicher Vorschrift oder kraft Zulassung im Einzelfall auftreten. Vgl. ferner Anm. I zu § 352.

III. **Anvertraute Angelegenheiten:** Mitteilung eines Sachverhalts mit Bitte um Rechtsrat oder Rechtsbeistand genügt. E. **49** 342, **62** 289. Vgl. auch § 300 A. VI.

IV. **Rechtssache** ist jede rechtliche Angelegenheit, bei der mehrere Personen mit widerstreitenden r e c h t l i c h e n Interessen, also mehrere „Parteien", in Betracht kommen. DR. **39** 714: Rechtssache ist gleichbedeutend mit dem Kreise der dem Rechtsanwalt durch den Auftrag anvertrauten Interessen des Auftraggebers. Nicht auf den im Einzelfall geltend gemachten Anspruch, sondern auf den Inhalt des dem RA. entgegengebrachten Vertrauens kommt es an. Vgl. auch HRR. **38 1443.** Auch der Beschuldigte und der Verletzte (auch wenn nicht Privat- oder Nebenkläger) können in diesem Sinne „Parteien" sein. Ein formeller „Prozeß" braucht noch nicht eingeleitet sein; die „Parteien" brauchen auch von dem Widerstreit ihrer Interessen noch gar nichts zu wissen — wenn nur der Anwalt ihn kennt. Vgl. E. **49** 342, **62** 289, **66** 316, **71** 114. — Auch die I d e n t i t ä t beider Rechtssachen ist nicht nach der formellen Prozeßlage, sondern nach der materiellen Interessenlage zu beurteilen: E. **60** 302, **62** 155 und 294. — Hieraus folgt, daß der RBeistand auch dann „beiden Parteien" dient, wenn er in einem RStreit, der „dieselbe RSache" betrifft wie ein voraufgegangener, den Bekl. vertritt, während er in dem voraufgegangenen den Kläger gegen einen anderen Bekl. vertreten hat: HRR. 37, 537. Vgl. auch E. **71** 231. — Tätig werden für den Gegner im Zwangsvollstreckungsverf. kann auch dann gegen § 356 verstoßen, wenn der Auftrag der ersten Partei sich nicht ausdrücklich auf dieses Verfahren erstreckte: HRR. **39** 272. — Mehrmalige Begehung in der gleichen Rechtssache möglich: HRR. **38** 1214. — Die häuslichen und ehelichen Beziehungen zwischen Eheleuten, aus denen sich verschiedene Rechtsansprüche ergeben, sind „dieselbe Rechtssache": HRR. **40** 714.

V. **Beiden Parteien dient pflichtwidrig,** wer einer Partei Rat oder Beistand leistet, nachdem er für die Gegenpartei im entgegengesetzten Sinne tätig war oder doch tätig zu werden sich verpflichtet hatte. Die Pflicht, den Gegner nicht zu unterstützen, dauert nach Erlöschen des ersten Mandats fort, falls nicht damit auch die betr. „Rechtssache" zu bestehen aufhört (E. **66** 104, auch **45** 305, **49** 342). — Der frühere Auftraggeber kann den Rechtsbeistand nicht von dieser Pflicht befreien; denn sie besteht im Interesse des Amts: E. **71** 253, **72** 139. — Zulässig ist g e m e i n s a m e Ratserteilung im Einverständnis mit den Parteien (E. **23** 68); ebenso, im Einverständnis mit dem ersten Mandanten, Bemühung um A u s g l e i c h (E. **45** 305). — Im übrigen vgl. auch Entsch. d. Ehrengerichtshofs f. dtsche. RAnwälte Bd. 25, 153; 26, 229; 27, 79; 29, 85.

Für den V o r s a t z ist die „Wiedererkennung des alten Gegenstandes im neuen Auftrag entscheidend" (E. **60** 298). Diese setzt die Kenntnis der die Identität begründenden Tatsachen und ihre zutreffende Würdigung voraus (E. **62** 294). Nach E. **58** 247, **60** 298, 302, **62** 155, 294, HRR. **37** 1156 soll aus der Hervorhebung der „Pflichtwidrigkeit" folgen, daß sich der Täter außerdem des Verstoßes gegen die RAnwO. bewußt war; jedoch soll der Irrtum über die Auslegung der Begriffe „dieselbe Rechtssache", „in amtlicher Eigenschaft" das Bewußtsein der Pflichtwidrigkeit nicht berühren, vielmehr unbeachtlicher Strafrechtsirrtum sein (?). Vgl. auch E. **72** 141.

Die Partei selber, der der ungetreue RBeistand dient, macht sich nicht strafbar, nicht einmal i. F. des Abs. II; darüber, ob die Partei, wenn sie über bloßes „sich dienen lassen" — also über sog. notwendige Teilnahme — hinausgeht, wegen Anstiftung oder Beihilfe strafbar ist, vgl. Vorbem. IV vor § 47. Bloße Auftragserteilung (auch bei Kenntnis der Konfliktslage) genügt hierzu aber nicht. Vgl. E. **71** 114.

Pflichtverletzung des Amtsvorgesetzten

357. Ein Amtsvorgesetzter, welcher seine Untergebenen zu einer strafbaren Handlung im Amte vorsätzlich verleitet oder zu verleiten unternimmt, oder eine solche strafbare Handlung seiner Untergebenen wissentlich geschehen läßt, hat die auf diese strafbare Handlung angedrohte Strafe verwirkt.

Dieselbe Bestimmung findet auf einen Beamten Anwendung, welchem eine Aufsicht oder Kontrolle über die Amtsgeschäfte eines anderen Beamten übertragen ist, sofern die von diesem letzteren Beamten begangene strafbare Handlung die zur Aufsicht oder Kontrolle gehörenden Geschäfte betrifft.

I. Amtsvorgesetzter. Vgl. OGHE. **2** 26 (LG.Präs. als Vorgesetzter aller Richter des LG.).

II. Verleiten ist soviel wie anstiften. Jede Art der Einwirkung genügt hier (anders als in § 49 a: OGHE. **2** 30).

III. Unternehmen umfaßt hier wie sonst Vollendung und Versuch. E. **42** 266. OGHE. **2** 28; hier auch S. 31 ff. betr. den Grad der Bestimmtheit der Handlung, zu der verleitet werden sollte.

IV. Geschehenlassen bedeutet Beihilfe durch Unterlassung als Sonderdelikt. Der „Geschehenlassende" muß nicht nur gewußt haben, daß der Untergebene die Tat vorhatte, sondern darüber hinaus auch das Bewußtsein und den Willen gehabt haben, durch seine Passivität die Tat zu fördern. Bedingter Vorsatz genügt. Vgl. E. **58** 249, **59** 246, **60** 8 und 24, HRR. 37, 773.

V. Keine **IdKonk.** mit Anstiftung oder Beihilfe; § 357 ist lex specialis (E. **68** 90). — § 358 auch hier anwendbar.

VI. Abs. 2, begangene, lies: „zu begehende"!

Nebenstrafe

358. Neben der nach Vorschrift der §§ 331, 339 bis 341, 352 bis 355 und 357 erkannten Gefängnisstrafe kann auf Verlust der Fähig-

keit zur Bekleidung öffentlicher Aemter auf die Dauer von einem bis zu fünf Jahren erkannt werden.

Auch wenn sie die Dauer von drei Monaten (vgl. §§ 32—35) nicht erreicht.

Begriff des Beamten

359. Unter Beamten im Sinne dieses Strafgesetzes sind zu verstehen alle im Dienste des Reichs oder in unmittelbarem oder mittelbarem Dienste eines deutschen Landes auf Lebenszeit, auf Zeit oder nur vorläufig angestellte Personen, ohne Unterschied, ob sie einen Diensteid geleistet haben oder nicht, ingleichen Notare, nicht aber Advokaten und Anwälte.

Im Sinne des § 359 StGB. sind Beamte:

1. Alle Beamten im **staatsrechtlichen** Sinne, d. h. diejenigen, die zum deutschen Staat, zu einem Land oder zu gewissen öffentlichen Körperschaften (Anm. II) „in einem öffentlich-rechtlichen Dienstverhältnis stehen, das den Angestellten zu angemessener Dienstleistung, zu besonderem Gehorsam und besonderer Treue, den Staat zu besonderem Schutz und zur Leistung der etwa zugesicherten Vergütung verpflichtet und durch disziplinare Vorschriften geschützt ist." Bei diesem Beamten kommt es auf die Art der ausgeübten Tätigkeit unstreitig nicht an. Vgl. E. **60** 139, aber auch unten zu 2., wo die Frage zweifelhaft ist. Auch eine Tätigkeit, die nur Erwerbszwecken dienen soll, kann den Inhalt eines Amtes bilden (E. **67** 299). Auch wenn ein „Beamter" zur Dienstleistung bei einem formell privaten, aber nicht außerhalb des Wirkungskreises der Behörde liegenden Unternehmen bestimmt und von diesem besoldet wird (E. **68** 71: Postbeamter als Vorstand einer Postkrankenkasse).

2. Diejenigen, die ohne Beamte im staatsrechtlichen Sinne zu sein, d. h. ohne Begründung eines öffentlich-rechtlichen Dienstverhältnisses, von einer zuständigen Stelle durch ausdrücklichen oder stillschweigenden öffentlich-rechtlichen Akt zu solchen **Dienstverrichtungen** berufen sind, welche aus der Staatsgewalt abzuleiten sind und nur staatlichen Zwecken dienen (E. **51** 166, **56** 367, **60** 141, **67** 299; JW. **37** 759). Es braucht s. nicht um Obliegenheiten z. handeln, die nur v. e. Beamten mit rechtlicher Wirksamkeit vorgenommen werden können, oder der Ausübung von Hoheitsrechten dienen (E. **39** 232, **51** 65 gegen E. **16** 378, **20** 70, **49** 111). Selbständigkeit und Eigenverantwortlichkeit auch hier nicht erforderlich (JW. **39** 625). Ebenso Bremen HESt. **2** 266 betr. Postfacharbeiter (unerheblich, ob Dienste mechanischer oder höherer Art). Die Entsch. setzt sich mit den mehr auf den „Ermessensbeamten" abstellenden E. **70** 236, HRR. **40** 711 u. 1161, **42** 828 auseinander. Vgl. auch Welzel § 71 Vorbem. 3. Lehrling kann Beamter sein (E. **72** 362). Auch Minderjähriger: DR. 40, 1520. Freilich der bloße Wille der Anstellungsbehörde, jemand zum Beamten in strafr. Hinsicht zu machen, ohne Begründung eines staatsrechtlichen Beamtenverhältnisses und ohne Uebertragung der genannten Obliegenheiten, reicht nicht aus (E. **31** 293; bedenklich E. **16** 378, wo die Frage, ob jemand, der im Innenverhältnis nicht Beamter ist, in seinen Beziehungen nach außen als Beamter anzusehen sei, als eine Frage der Willensauslegung behandelt wird).

Nach der **Rechtspr.** sind Beamte: Postagenten (E. **21** 310) und ihre Vertreter (E. **54** 202, HRR. **40** 711 betr. 15j. Tochter e. Postag.); Postaushelfer

Posthilfsboten (E. **51** 65, **51** 398, **52** 309, Recht **40** 3823; Bremen HESt. **2** 66 betr. Postfacharbeiter mit weiteren Entsch.); öff. angest. Lehrer (E. **35** 182); Kirchenbeamte (E. **13** 432, **14** 130, **23** 268, **56** 225; vgl. aber auch HRR. **39** 273); öff. angest. Fleischbeschauer (E. **38** 349, **53** 165, **73** 169); auch, soweit bei Schlachtsteuererhebung tätig (E. **73** 169); Freibankmetzger (HRR **41** 575); Gemeindevorsteher (E. **21** 398); Kreisausschußmitglieder (E. **57** 126); Mitgl. eines Wohnungsamts (E. **56** 366, **57** 366); Kassen- und Rechnungsführer bei staatl. Betriebskrankenkassen (E. **32** 259); jetzt auch Leiter und Kassierer einer Ortskrankenkasse (E. **76** 105 gegen **62** 24, **70** 236; DR. **42** 315 u. 932; u. U. auch Hilfsangestellte: HRR. **39** 1344; DJ. **40** 1219); preußische Jagdvorsteher (E. **46** 3); vereidigte Justizanwärter (E. **52** 268); leitende Angestellte von Ueberwachungsstellen (E. **73** 29); städtischer Wiegemeister (HRR. **39** 62); angestellter Leiter eines Heeresbaues (DJ. **39** 227); Baukassenverwalter einer Strombauverwaltung (HRR. **38** 1441); Vorsitzender der Wirtschaftsverbände (JW. **37** 2695); Kassenleiter eines Getreidewirtschaftsverbandes (E. **75** 396); Reichsbahnarbeiter bei Ueberwachung der Tierverladung (DJ. **38** 1497 m. Anm. Gährs); Reichsautobahnverwaltung (HRR. **39** 538; Straßenbaumeister bei der Autobahn (HRR. **41** 743); städt. Friedhofsverwalter (HRR. **40** 962); städt. Leihhaustaxator (HRR. **40** 963); Angest. eines Straßenbauamts (HRR. **40** 964); e. Staatsguts (E. **74** 105); d. Universität (E. **74** 251); Hilfsangestellter im Wirtschaftsamt, der Lebensmittelkarten ausgibt (DR. **40** 1828). Städt. Straßenbahnschaffner (DR. **41** 1286, E. **75** 355). Angest. von Berufsgenossenschaften (E. **76** 209).

Nicht als Beamte aufgefaßt; der vertragsmäßig in einem Gefängnis beschäftigte Arzt (E. **33** 29); der Vormund eines Minderjährigen (E. **39** 204); auch nicht, trotz ihres Amtes, Schöffen und Geschworene; Innungsobermeister (Recht 38, 6086); Angest. einer Privatbahn bei Fahrkartenverkauf (DJ. **40** 1220). Lehrreicher Fall betr. vorübergehend Angestellten in HRR. **41** 794.

3. **Mittelbarer Staatsdienst:** Als ihn vermittelnde Körperschaften hat die Rechtspr. angesehen: Gemeinden (E. **56** 366), Gemeindeverbände (E. **50** 356), preußische Landschaften (E. **55** 152). Einzelnes s. Anm. I. Auch **mittelbarer Dienst** im Gesamtstaat genügt (Wortfassung des § 359 zu eng). Er ist gegeben, wenn die unmittelbar anstellende Körperschaft eine Aufgabe zu erfüllen hat, die als Aufgabe des Gesamtstaats anzusehen ist, und wenn sie vermöge ihrer Eingliederung in die Gesamtverwaltung des Gesamtstaats als vermittelnder Träger eines Zweiges der öffentlichen Verwaltung erscheint. Reichsbahnbeamte (E. **60** 139). Ebenso Reichsbankbeamte nach Bankgesetz vom 30. August 1924 (E. **63** 123).

4. Auch **vorläufig** Angestellte. Einmaliger Auftrag genügt aber nicht: E. **5** 147.

5. In der Abnahme des **Eides** kann der formelle Berufungsakt zu den in Anm. I unter 2 genannten Dienstverrichtungen liegen. Vgl. E. **35** 325.

Neunundzwanzigster Abschnitt

Uebertretungen

Auf Uebertretungen sind die Vorschriften des Allgemeinen Teiles anzuwenden, sofern sie nicht ausdrücklich nur für Verbrechen und

Vergehen gegeben sind, vgl. z. B. §§ 43 und 48, wonach Versuch und Beihilfe bei Uebertretungen straflos sind. Ausnahmsweise war der Versuch einer Uebertretung strafbar in § 2 VerbrRStrVO.; dort auch Sonderbest. betr. Verjährungsfrist (§ 21). — Verschulden auch bei Uebertretungen erforderlich; im allgemeinen genügt aber Fahrlässigkeit. Soweit die Uebertretungshandlung begrifflich nur vorsätzlich begangen werden kann (Beispiel: „fahren", „schießen"), kann die Fahrlässigkeit darin liegen, daß der Täter schuldhaft ein Verbot nicht kannte (Beispiel: daß an jenem Ort „das Fahren verboten" war). E. **48** 321, **63** 419.

360. Mit Geldstrafe bis zu einhundertfünfzig Reichsmark oder mit Haft wird bestraft:

1. . . .

2. wer außerhalb seines Gewerbebetriebes heimlich oder wider das Verbot der Behörde Vorräte von Waffen oder Schießbedarf aufsammelt;

3. . . .

4. wer ohne schriftlichen Auftrag einer Behörde Stempel, Siegel, Stiche, Platten oder andere Formen, welche zur Anfertigung von Metall- oder Papiergeld, oder von solchen Papieren, welche nach § 149 dem Papiergelde gleich geachtet werden, oder von Stempelpapier, Stempelmarken, Stempelblanketten, Stempelabdrücken, Post- oder Telegraphenwertzeichen, öffentlichen Bescheinigungen oder Beglaubigungen dienen können, anfertigt oder an einen anderen als die Behörde verabfolgt;

5. wer ohne schriftlichen Auftrag einer Behörde den Abdruck der in Nr. 4 genannten Stempel, Siegel, Stiche, Platten oder Formen, oder einen Druck von Formularen zu den daselbst bezeichneten öffentlichen Papieren, Beglaubigungen oder Bescheinigungen unternimmt, oder Abdrücke an einen anderen als die Behörde verabfolgt;

6. wer Waren-Empfehlungskarten, Ankündigungen oder andere Drucksachen oder Abbildungen, welche in der Form oder Verzierung dem Papiergelde oder den dem Papiergelde nach § 149 gleich geachteten Papieren ähnlich sind, anfertigt oder verbreitet, oder wer Stempel, Stiche, Platten oder andere Formen, welche zur Anfertigung von solchen Drucksachen oder Abbildungen dienen können, anfertigt;

7. wer ohne ausdrückliche Ermächtigung der zuständigen Behörde das Wappen des Reichs oder eines Landes oder den Reichsadler oder den entsprechenden Teil eines Landeswappens führt oder gebraucht, oder wer unbefugt eine Dienstflagge des Reichs oder eines Landes gebraucht; den Wappen, Wappenteilen und Flaggen stehen solche gleich, die ihnen zum Verwechseln ähnlich sind;

8. **wer gegenüber einer zuständigen Behörde oder einem zuständigen Beamten über seinen Namen, seinen Stand, seinen Beruf, sein Gewerbe, seinen Wohnort, seine Wohnung oder seine Staatsangehörigkeit eine unrichtige Angabe macht oder die Angabe verweigert;**
9. **wer gesetzlichen Bestimmungen zuwider ohne Genehmigung der Staatsbehörde Aussteuer-, Sterbe- oder Witwenkassen, Versicherungsanstalten oder andere dergleichen Gesellschaften oder Anstalten errichtet, welche bestimmt sind, gegen Zahlung eines Einkaufsgeldes oder gegen Leistung von Geldbeträgen beim Eintritte gewisser Bedingungen oder Fristen, Zahlungen an Kapital oder Rente zu leisten;**
10. [gestrichen durch G. v. 28. 6. 35, RGBl. I 839. Ersatz: § 330 c].
11. **wer ungebührlicherweise ruhestörenden Lärm erregt oder wer groben Unfug verübt;**
12. **wer als Pfandleiher oder Rückkaufshändler bei Ausübung seines Gewerbes den darüber erlassenen Anordnungen zuwiderhandelt, insbesondere den durch Landesgesetz oder Anordnung der zuständigen Behörde bestimmten Zinsfuß überschreitet;**
13. [statt Z. 13: § 9 III Tierschutzgesetz v. 24. 11. 33, vgl. Anhang Nr. 12].
14. [aufgehoben durch Ges. gegen das Glücksspiel v. 23. 11. 19].

In den Fällen der Nummern [1] **2, 4, 5, 6** [und 14] **kann neben der Geldstrafe oder der Haft auf Einziehung der** [Risse von Festungen oder Festungswerken, der] **Vorräte von Waffen oder Schießbedarf, der Stempel, Siegel, Stiche, Platten oder anderen Formen, der Abdrücke oder Abbildungen,** [oder der auf dem Spieltische oder in der Bank befindlichen Gelder] **erkannt werden, ohne Unterschied, ob sie dem Verurteilten gehören oder nicht.**

I. Nr. 1 war bisher ersetzt durch § 12, 3 SpionageG. v. 3. 6. 1914, nach dessen Aufhebung durch Ges. v. 24. 4. 34 Art. 8 Nr. 1 wurde sie dem Inhalt nach ersetzt durch § 92 f StGB. Dessen Aufhebung durch KRG. 11 hat die Ziffer nicht wieder in Kraft gesetzt (Art. IV KRG. 11).

II. Nr. 2 ist durch Waffengesetz v. 18. 3. 38 nicht berührt (bestr.). — Ueber unbefugten Besitz von Militärwaffen vgl. § 3 VO. v. 14. 12. 16 (RGBl. 1425). Dazu jetzt Besatzungsanordnungen, insbes. KR. Befehl 2 (Amtsbl. des KR. S. 130). — Betr. Vorräte vgl. § 308 Anm. I 7.

III. Nr. 3 betraf Auswanderung Wehrpflichtiger; durch G. v. 28. 6. 35 gestrichen. Betr. § 140 a StGB. vgl. Anm. zu Nr. 1 entspr.

IV. Zu **Nr. 4** vgl. §§ 151, 275, 276. Sondervorschriften betr. Banknotenpapier im G. v. 26. 5. 85 (RGBl. 165) u. v. 2. 1. 11 (RGBl. 25). — Fahrlässigkeit genügt: KG. GoltdArch. 43, 411. — Betr. Stempelpapier und -marken vgl. § 275 Anm. III.

V. Zu **Nr. 5**: Unternehmen auch hier Vollendung und Versuch. Vgl. E. 42 277.

VI. Zu **Nr. 6**: Gefährdungsdelikt (Anfertigung sog. Blüten usw.). Neufassung durch G. v. 26. 5. 33.

VII. Zu **Nr. 7**: Wappenanmaßung. Neufassung durch G. v. 26. 5. 33. Gegen sinngemäße Weitergeltung keine Bedenken.

VIII. Zu **Nr. 8**: Falsche Namensangabe. Nr. 8 neugefaßt durch G. v. 28. 6. 35. Strafbarkeit des unbefugten Führens von Amts- und Dienstbezeichnungen, Titeln und Würden sowie des unbefugten Tragens, Herstellens usw. von Orden und Abzeichen in G. v. 1. 7. 37 (Anh. Nr. 14) und — betr. akademische Grade — G. v. 7. 6. 39 (Anh. Nr. 17). Mißbräuchliche Verwendung von Adelsprädikaten ist gemäß G. v. 11. 8. 19 Namensmißbrauch nach Nr. 8. Ueber die Führung der Bezeichnung Frau durch ledige weibliche Personen vgl. AV. in DJ. 37, 1070; 38, 34; 40, 872; 41, 775.

Zuständiger Beamter ist nicht ein Briefträger: E. **17** 224; wohl aber z. B. der Urkundsbeamte der Geschäftsstelle (E. **72** 30: zuständig der Beamte, der ein hoheitliches Recht hat, nach dem Namen zu fragen).

Zum Namen gehört auch der Vorname: KG. in DStrR. **36** 236.

Der innere Tatbestand erfordert Vorsatz

IX. **Nr. 9** ist, soweit sie sich auf Versicherungsunternehmen im Sinne des G. über die Beaufsichtigung der privaten Versicherungsunternehmungen v. 6. Juni 1931 (RGBl. I S. 315) bezieht, durch § 140 Abs. 3 dieses Gesetzes aufgehoben und durch § 140 Abs. 1 und 2 dieses Gesetzes ersetzt.

X. **Nr. 10** gestrichen. Ersatz: § 330 a.

XI. **Nr. 11** betr. 1. **ruhestörenden Lärm.** 2. **groben Unfug.** Zwei selbständige Tatbestände: Dresden JW. **30** 1628.

Zu 1: Ruhestörender Lärm durch Lautsprecher: KGer. in JW. 35 1948, Rundfunkarchiv **1936,** 54; AGer. Berlin ebda. **1938,** 70. Ueber lautes Klavierspiel: KG. in HRR. **26** 529. Störung der Hausbewohner genügt (a. A. OLG. Hamm in GoltdArch. **72** 113, Schönke XI 1 b).

2. **Grober Unfug** ist nicht schon jedes beliebige grob ungebührliche Verhalten, welches das Publikum beunruhigt oder belästigt; hinzukommen muß Störung oder Gefährdung des äußeren Bestandes der öffentlichen Ordnung: E. **19** 294, **22** 426, **32** 100, **34** 425. Somit kann grober Unfug auch durch die Presse begangen werden, wenn das Gefühl der Beunruhigung im Publikum durch sie so weit getrieben wird, daß der äußere Bestand der öffentlichen Ordnung gefährdet ist: E. **36** 213. Weiter geht E. **34** 364 (vgl. auch E. **53** 139), wonach auch Angriffe gegen einzelne Personen auf der Straße genügen, wenn nach den Tatumständen die Möglichkeit der Wahrnehmung durch andere gegeben und der Angriff so geartet war, daß er infolge der Wahrnehmung eine Belästigung oder Beunruhigung des Publikums als solchen bedingt hätte. Noch weitergehend sah E. **27** 292 in der öffentlichen Aufforderung durch Flugblätter zum Boykott, trotz der bloß psychischen Beunruhigung des Publikums, groben Unfug. DR. 39, 1068: Belästigung der Allgemeinheit durch Nacktbaden, auch auf eigenem Grundstück, entspricht heutigen Auffassungen nicht mehr unein-

geschränkt. Der Vorsatz muß sich nach E. 16 100 nur auf die Handlung selbst erstrecken, während bzgl. ihrer Richtung gegen das Publikum Fahrlässigkeit genügt. KG. in JW. 27 2065 fordert auch insoweit Vorsatz — Betr. IdKonk. mit § 125 vgl. E. 53 257.

XII. Nr. 12 ist ein Blankettgesetz. Vgl. GewO. §§ 34, 38, 53; ergänzend GewO. § 148 Abs. 1 Ziff. 4 a.

361. Mit Haft wird bestraft:

1. **wer, nachdem er unter Polizeiaufsicht gestellt worden ist, den infolge derselben ihm auferlegten Beschränkungen zuwiderhandelt;**
2. (gestr. durch Ges. über Reichsverweisungen vom 23. 3. 34 § 7; damals ersetzt durch dessen § 5; vgl. jetzt AusländerpolizeiVO. v. 22. 8. 38).
3. **wer als Landstreicher umherzieht;**
4. **wer bettelt oder Kinder zum Betteln anleitet oder ausschickt, oder Personen, welche seiner Gewalt und Aufsicht untergeben sind und zu seiner Hausgenossenschaft gehören, vom Betteln abzuhalten unterläßt;**
5. **wer sich dem Spiel, Trunk oder Müßiggang dergestalt hingibt, daß er in einen Zustand gerät, in welchem zu seinem Unterhalte oder zum Unterhalte derjenigen, zu deren Ernährung er verpflichtet ist, durch Vermittlung der Behörde fremde Hilfe in Anspruch genommen werden muß;**
6. **wer öffentlich in auffälliger Weise oder in einer Weise, die geeignet ist, einzelne oder die Allgemeinheit zu belästigen, zur Unzucht auffordert oder sich dazu anbietet;**

6a. **wer gewohnheitsmäßig zum Erwerbe Unzucht treibt und diesem Erwerbe in der Nähe von Kirchen oder in einer Wohnung nachgeht, in der Kinder oder jugendliche Personen zwischen drei und achtzehn Jahren wohnen;**

6b. **wer gewohnheitsmäßig zum Erwerbe Unzucht treibt und diesem Erwerbe in der Nähe von Schulen und anderen zum Besuch der Kinder oder Jugendliche bestimmten Oertlichkeiten oder in einem Hause, in dem Kinder oder jugendliche Personen zwischen drei und achtzehn Jahren wohnen, in einer diese Minderjährigen sittlich gefährdenden Weise nachgeht;**

6c. **wer gewohnheitsmäßig zum Erwerbe Unzucht treibt und diesem Erwerbe in einer Gemeinde mit weniger als zwanzigtausend Einwohnern nachgeht, in der die Ausübung der Unzucht zum Erwerbe durch eine zum Schutz der Jugend oder des öffentlichen Anstandes erlassene Anordnung der obersten Landesbehörde verboten ist;**

7. **wer, wenn er aus öffentlichen Armenmitteln eine Unterstützung empfängt, sich aus Arbeitsscheu weigert, die ihm**

von der Behörde angewiesene, seinen Kräften angemessene Arbeit zu verrichten;

8. **wer nach Verlust seines bisherigen Unterkommens binnen der ihm von der zuständigen Behörde bestimmten Frist sich kein anderweitiges Unterkommen verschafft hat und auch nicht nachweisen kann, daß er solches der von ihm angewandten Bemühungen ungeachtet nicht vermocht habe;**

9. **wer Kinder oder andere unter seiner Gewalt stehende Personen, welche seiner Aufsicht untergeben sind und zu seiner Hausgenossenschaft gehören, von der Begehung von Diebstählen, sowie von der Begehung strafbarer Verletzungen der Zoll- oder Steuergesetze, oder der Gesetze zum Schutze der Forsten, der Feldfrüchte, der Jagd oder der Fischerei abzuhalten unterläßt. Die Vorschriften dieser Gesetze über die Haftbarkeit für die den Täter treffenden Geldstrafen oder anderen Geldleistungen werden hierdurch nicht berührt;**

[10. wer, obschon er in der Lage ist, diejenigen, zu deren Ernährung er verpflichtet ist, zu unterhalten, sich der Unterhaltspflicht trotz der Aufforderung der zuständigen Behörde derart entzieht, daß durch Vermittlung der Behörde fremde Hilfe in Anspruch genommen werden muß.]

In den Fällen der Nr. 9 [und 10] **kann statt der Haft auf Geldstrafe bis zu einhundertfünfzig Reichsmark erkannt werden.**

I. Zu **Nr. 1** vgl. § 39 Nr. 1. — Ob Fahrlässigkeit genügt, ist bestr.

II. Zu **Nr. 2** vgl. Note im Gesetzestext.

III. Zu **Nr. 3. Landstreicher** ist nach DR. 39, 365 einer, der „zwecklos von Ort zu Ort unter ständigem Wechsel des Nachtquartiers umherzieht und dabei mit seinen Lebenskosten überwiegend anderen zur Last fällt"; auch wenn er nicht von fremder Mildtätigkeit lebt, sondern „z. B. durch Felddiebstähle sein Leben fristet" oder „sich durch Bettelbetrug ernährt". Vgl. auch E. **30** 438 sowie jetzt auch § 42 d. Enger Frank III 2, L.-Schm. S. 867 (nur Bettel). Weiter Binding Lb. II 922, der ständigen Ortswechsel nicht verlangt. — Kriminologischer Tätertyp. Ueber seine Bedeutung vgl. Exner Kriminalbiologie S. 302 ff., zur Lit. Meyer Kriminalpolitik S. 144. S. a. Vorbem. vor § 42 a und zu § 42 d sowie v. Hippel VDBesT. II 107 ff.

IV. Zu **Nr. 4. Betteln** ist „das auf wirkliche oder angebliche Hilfsbedürftigkeit gestützte Anrufen fremder Mildtätigkeit für sich oder unterhaltsberechtigte Angehörige." Aber nicht, wenn eine unter bestimmten Voraussetzungen in Aussicht gestellte Gabe beansprucht wird. Also nicht die Bitte um ortsübliche Geschenke (E. **20** 434), namentlich nicht, wo moralische oder soziale Verbindlichkeiten oder andere Gründe für die Hergabe der Unterstützung sich geltend machen; auch nicht das Kollektieren. Vgl. E. **6** 218 (Plen.), **20** 434; wegen Bettelbetrugs § 263 Anm. IV und Vorbem. I. — Vgl. jetzt auch § 42 d. — Kinder: Personen unter 14 Jahren. Nicht vom Betteln abhalten, ist unechtes Unterlassungsdelikt. Vgl. Syst. Vorbem. II. — Zum Betteln ausschicken: ohne daß das Kind gebettelt hat. Sonst läge Anstiftung bzw. mittelbare Täterschaft vor.

V. Zu Nr. 5. Auch der **Spieler, Trinker, Müßiggänger** ist, wie der Landstreicher der Nr. 3, nur als kriminologischer Tätertyp, nicht in einzelnen lokalisierten Verhaltensweisen zu erfassen. — Zustand i. S. der Stelle ist auch moralische Verkommenheit (E. 72 79). Erwerbsunfähigkeit nicht vorausgesetzt: DR. 45 19. Fremde Hilfe auch die seitens nicht Unterhaltspflichtiger, nicht notwendig öffentliche Hilfe. DR. 40 1671.

VI. Zu Nr. 6—6 c. Die Stellen bestrafen die Gefährdung des öffentlichen Anstandes oder des sittlichen Wohles von Kindern und Jugendlichen sowie die Belästigung des Publikums oder einzelner seiner Mitglieder. Nr. 6 c dient dem Schutz ländlicher Bezirke gegen das Unzuchtsgewerbe.

Die ursprüngliche Ziffer 6 beruhte darauf, daß die Ausübung der gewerbsmäßigen Unzucht strafbar war, es sei denn, daß die Prostituierte einer polizeilichen Aufsicht unterstand und die für sie erlassenen Vorschriften (Meldepflicht, ärztliche Untersuchung) befolgte. Im Anschluß an das GeschlKrG. v. 18. 2. 27 wurde die Prostitution als solche für straflos erklärt; es wurden aber gleichzeitig durch Neufassung der Ziff. 6 des § 361 das Publikum und durch die Ziff. 6 a die Jugendlichen unter besonderen Schutz gestellt. Durch abermalige Neufassung der Ziffern 6 bis 6 c durch Ges. v. 26. 5. 33 (Art. I Nr. 20) wurde dieser Schutz verstärkt. — Gefährdungsdelikt vgl. Dresden JW. 34 501. Die Strafdrohung richtet sich auch gegen Männer: E. 72 107. — Unzucht im weitesten Sinne: E. 37 304 mit Entstehungsgeschichte; E. 41 61 betr. Gewerbsmäßigkeit. — Sichanbieten usw.: Königsberg HRR. 39 Nr. 356, dort auch betr. Auffälligkeit, Belästigung und Oeffentlichkeit. Vgl. dazu ferner Breslau DJ. 35 685, Köln HRR. 35, 1358, KG. in DStR. 36 237, LG. Berlin JW. 36 2488. — Betr. Nähe von Kirchen Stuttgart HRR. 30 1893, betr. Wohnungen mit Kindern usw. HRR. 28 1539, betr. zum Besuch durch Kinder usw. bestimmter Oertlichkeiten HRR. 32 492 (Hamburg). — Nach Bay. ObLG. in JW. 28 3393, Düsseldorf DRiZtg. 32 448 soll für Nr. 6 a und b insoweit Fahrlässigkeit genügen.

VII. Zu Nr. 7. Betr. Arbeitsscheu vgl. die oben zu Nr. 3 zit. Lit.

VIII. Zu Nr. 8. Unterkommen: einerlei, ob auf ehrliche Weise erworben oder nicht. E. 36 59.

IX. Zu Nr. 9: Nichtabhalten der Kinder usw. von Diebstählen vgl. Anm. zu Nr. 4. Diebstähle hier auch solche im Sinne von § 370 Ziff. 5, § 248 a und Forstdiebstähle.

X. Zu Nr. 10: Die frühere Nr. 10 ist jetzt durch § 170 b ersetzt.

Geschärfte Haft

362. Die nach Vorschrift des § 361 Nr. 3 bis 8 Verurteilten können zu Arbeiten, welche ihren Fähigkeiten und Verhältnissen angemessen sind, innerhalb und, sofern sie von anderen freien Ar-

beitern getrennt gehalten werden, auch außerhalb der Strafanstalt angehalten werden.

I. **Fassung** des G. v. 25. 6. 1900, Geschl.KrankhG. v. 18. 2. 27, G. geg. gefährl. Gewohnheitsverbrecher v. 24. 11. 33 (Art. 3 Nr. 21) und AusländerPolVO. v. 22. 8. 38.

II. Auch durch vollstreckbar gewordene polizeiliche Strafverfügungen: E. 36 313.

III. Sog. **geschärfte Haft**, von der einfachen des § 18 unterschieden durch Arbeitszwang und Pflicht zur Außenarbeit.

Fälschung von Legitimationspapieren

Der bisherige § 363 ist durch § 281 n. F. ersetzt; er lautete:

Wer, um Behörden oder Privatpersonen zum Zwecke seines besseren Fortkommens oder des besseren Fortkommens eines anderen zu täuschen, Pässe, Militärabschiede, Wanderbücher oder sonstige Legitimationspapiere, Dienst- oder Arbeitsbücher oder sonstige auf Grund besonderer Vorschriften auszustellende Zeugnisse, sowie Führungs- oder Fähigkeitszeugnisse falsch anfertigt oder verfälscht oder wissentlich von einer solchen falschen oder verfälschten Urkunde Gebrauch macht, wird mit Haft oder mit Geldstrafe bestraft.

Gleiche Strafe trifft denjenigen, welcher zu demselben Zwecke von solchen für einen anderen ausgestellten echten Urkunden, als ob sie für ihn ausgestellt seien, Gebrauch macht, oder welcher solche für ihn ausgestellten Urkunden einem anderen zu dem gedachten Zwecke überläßt.

Feilhalten verwendeter Stempelmarken usw.

364. Mit Geldstrafe bis zu einhundertfünfzig Reichsmark wird bestraft, wer wissentlich schon einmal verwendetes Stempelpapier nach gänzlicher oder teilweiser Entfernung der darauf gesetzten Schriftzeichen, oder schon einmal verwendete Stempelmarken, Stempelblankette oder ausgeschnittene oder sonst abgetrennte Stempelabdrücke der im § 276 bezeichneten Art veräußert oder feilhält.

Gleiche Strafe trifft denjenigen, welcher wissentlich schon einmal verwendete Post- oder Telegraphenwertzeichen nach gänzlicher oder teilweiser Entfernung des Entwertungszeichens veräußert oder feilhält.

Wiederverwendung: §§ 275, 276.

§ 365. (Uebertretung der Polizeistunde) ist aufgehoben durch Gaststättengesetz vom 28. 4. 30 und durch dessen § 29 Ziff. 6 u. 7 ersetzt.

366. Mit Geldstrafe bis zu einhundertfünfzig Reichsmark oder mit Haft bis zu vierzehn Tagen wird bestraft:

1. **wer den gegen die Störung der Feier der Sonn- und Festtage erlassenen Anordnungen zuwiderhandelt;**

2. **wer in Städten oder Dörfern übermäßig schnell fährt oder reitet, oder auf öffentlichen Straßen oder Plätzen der Städte oder Dörfer mit gemeiner Gefahr Pferde einfährt oder zureitet;**
3. **wer auf öffentlichen Wegen, Straßen, Plätzen oder Wasserstraßen das Vorbeifahren anderer mutwillig verhindert;**
4. **wer in Städten mit Schlitten ohne feste Deichsel oder ohne Geläute oder Schelle fährt;**
5. **wer Tiere in Städten oder Dörfern, auf öffentlichen Wegen, Straßen oder Plätzen oder an anderen Orten, wo sie durch Ausreißen, Schlagen oder auf andere Weise Schaden anrichten können, mit Vernachlässigung der erforderlichen Sicherheitsmaßregeln stehenläßt oder führt;**
6. **wer Hunde auf Menschen hetzt;**
7. **wer Steine oder andere harte Körper oder Unrat auf Menschen, auf Pferde oder andere Zug- oder Lasttiere, gegen fremde Häuser, Gebäude oder Einschließungen, oder in Gärten oder eingeschlossene Räume wirft;**
8. **wer nach einer öffentlichen Straße oder Wasserstraße, oder nach Orten hinaus, wo Menschen zu verkehren pflegen, Sachen, durch deren Umstürzen oder Herabfallen jemand beschädigt werden kann, ohne gehörige Befestigung aufstellt oder aufhängt, oder Sachen auf eine Weise ausgießt oder auswirft, daß dadurch jemand beschädigt oder verunreinigt werden kann;**
9. **wer auf öffentlichen Wegen, Straßen, Plätzen oder Wasserstraßen Gegenstände, durch welche der freie Verkehr gehindert wird, aufstellt, hinlegt oder liegenläßt;**
10. **wer die zur Erhaltung der Sicherheit, Bequemlichkeit, Reinlichkeit und Ruhe auf den öffentlichen Wegen, Straßen, Plätzen oder Wasserstraßen erlassenen Polizeiverordnungen übertritt.**

Nr. 1 betr. Anordnung gegen die Störung der äußeren Ordnung, der äußeren Heilighaltung der Sonn- und Festtage: E. 20 81. Vgl. Ges. über die Feiertage v. 27. 2. 34; VO. über den Schutz der Sonn- und Feiertage v. 16. 3. 34 und v. 18. 5. 34. Jetzt z. T. überholt durch landesrechtliche Vorschriften.

Nr. 5 betr. nicht Ansteckungsgefahr. „Auf andere Weise" ist sinngemäß auszulegen.

Nr. 7. Werfen von Steinen auf Menschen: Wirkliches Treffen ist nicht nötig: E. 3 306.

Nr. 10 betrifft nur allgemein-verbindliche Vorschriften. Sie können auch von einem einzelnen Beamten ausgehen, falls dieser durch eine PolVO. hierzu ermächtigt ist. — Ausschluß der Rechtswidrigkeit bei Ausübung eines Staatshoheitsrechts: E. 59 404. — Irrtum über die PolVO. schließt, da außerstrafrechtlich, den Vorsatz unbedingt und die Fahrlässigkeit dann aus, wenn er nicht selber auf Fahrlässigkeit beruht: § 59 Anm. V b (Blankettgesetz). — Die Stelle ist jedoch im Bereich der StraßenverkehrsO. v. 13. 11. 37 und der ZulassungsO. vom gleichen Tage (RGBl. I 1179 u. 1215) heute praktisch außer Kraft, soweit Verkehrsgesichtspunkte in Betracht kommen.

Uebertretung der Uferschutzverordnungen

366 a. Wer die zum Schutze der Dünen und der Fluß- und Meeresufer, sowie der auf denselben vorhandenen Anpflanzungen und Anlagen erlassenen Polizeiverordnungen übertritt, wird mit Geldstrafe bis zu einhundertfünfzig Reichsmark oder mit Haft bestraft.

367. Mit Geldstrafe bis zu einhundertfünfzig Reichsmark oder mit Haft wird bestraft:

1. wer ohne Vorwissen der Behörde einen Leichnam beerdigt oder beiseite schafft, oder wer unbefugt einen Teil einer Leiche aus dem Gewahrsam der dazu berechtigten Personen wegnimmt;

2. wer den polizeilichen Anordnungen über vorzeitige Beerdigungen entgegenhandelt;

3. wer ohne polizeiliche Erlaubnis Gift oder Arzneien, soweit der Handel mit denselben nicht freigegeben ist, zubereitet, feilhält, verkauft oder sonst an andere überläßt;

4. wer ohne die vorgeschriebene Erlaubnis Schießpulver oder andere explodierende Stoffe oder Feuerwerke zubereitet;

5. wer bei der Aufbewahrung oder bei der Beförderung von Giftwaren, Schießpulver oder Feuerwerken, oder bei der Aufbewahrung, Beförderung, Verausgabung oder Verwendung von Sprengstoffen oder anderen explodierenden Stoffen, oder bei Ausübung der Befugnis zur Zubereitung oder Feilhaltung dieser Gegenstände, sowie der Arzneien die deshalb ergangenen Verordnungen nicht befolgt;

5a. wer bei Versendung oder Beförderung von leicht entzündlichen oder ätzenden Gegenständen durch die Post die deshalb ergangenen Verordnungen nicht befolgt;

6. wer Waren, Materialien oder andere Vorräte, welche sich leicht von selbst entzünden oder leicht Feuer fangen, an Orten oder in Behältnissen aufbewahrt, wo ihre Entzündung gefährlich werden kann, oder wer Stoffe, die nicht ohne Gefahr einer Entzündung beieinander liegen können, ohne Absonderung aufbewahrt;

[7. aufgehoben durch LebMittG. v. 5. 7. 27, § 24.]

8. wer ohne polizeiliche Erlaubnis an bewohnten oder von Menschen besuchten Orten Selbstgeschosse, Schlageisen oder

Fußangeln legt, oder an solchen Orten mit Feuergewehr oder anderem Schießwerkzeuge schießt, oder Feuerwerkskörper abbrennt;

9. **wer einem gesetzlichen Verbot zuwider Stoß-, Hieb- oder Schußwaffen, welche in Stöcken oder Röhren oder in ähnlicher Weise verborgen sind, feilhält oder mit sich führt;**
10. **wer bei einer Schlägerei, in welche er nicht ohne sein Verschulden hineingezogen worden ist, oder bei einem Angriff sich einer Waffe, insbesondere eines Messers oder eines anderen gefährlichen Werkzeuges bedient;**
11. **wer ohne polizeiliche Erlaubnis gefährliche wilde Tiere hält, oder wilde oder bösartige Tiere frei umherlaufen läßt, oder in Ansehung ihrer die erforderlichen Vorsichtsmarßregeln zur Verhütung von Beschädigungen unterläßt;**
12. **wer auf öffentlichen Straßen, Wegen oder Plätzen, auf Höfen, in Häusern und überhaupt an Orten, an welchen Menschen verkehren, Brunnen, Keller, Gruben, Oeffnungen oder Abhänge dergestalt unverdeckt oder unverwahrt läßt, daß daraus Gefahr für andere entstehen kann;**
13. **wer trotz der polizeilichen Aufforderung es unterläßt, Gebäude, welche dem Einsturz drohen, auszubessern oder niederzureißen;**
14. **wer Bauten oder Ausbesserungen von Gebäuden, Brunnen, Brücken, Schleusen oder anderen Bauwerken vornimmt, ohne die von der Polizei angeordneten oder sonst erforderlichen Sicherungsmaßregeln zu treffen;**
15. **wer als Bauherr, Baumeister oder Bauhandwerker einen Bau oder eine Ausbesserung, wozu die polizeiliche Genehmigung erforderlich ist, ohne diese Genehmigung oder mit eigenmächtiger Abweichung von dem durch die Behörde genehmigten Bauplane ausführt oder ausführen läßt;**

[16. wer den über das Abhalten von öffentlichen Versteigerungen und über das Verabfolgen geistiger Getränke vor und bei öffentlichen Versteigerungen erlassenen polizeilichen Anordnungen zuwiderhandelt.]

In den Fällen der Nr. 7 bis 9 kann neben der Geldstrafe oder der Haft auf die Einziehung [der verfälschten oder verdorbenen Getränke oder Eßwaren, ingleichen] der Selbstgeschosse, Schlageisen oder Fußangeln, sowie der verbotenen Waffen erkannt werden, ohne Unterschied, ob sie dem Verurteilten gehören oder nicht.

Zu Nr. 1 vgl. § 168; betr. Behörde § 114 Anm. IV; betr. Beiseiteschaffen § 133 Anm. VII. Das pathologische Institut hat an aufbewahrten Leichenteilen Gewahrsam; OLG. Hamburg in JW. 57 2285.

Zu Nr. 3 vgl. § 229 Anm. III. Ueber Handel mit Gift und Arzneien vgl. GewO. §§ 6, 56 Ziff. 9, § 42 a, ebenda § 148 Abs. 1 Ziff. 5 und 7 a, § 34; VO. v. 22. 10. 01, betr. den Verkehr mit Arzneimitteln (RGBl. 380) i. d.

Fass. v. 9. u. 24. 12. 24 (RGBl. 772, 996), geänd. durch VO. v. 26. 1. 29 (RGBl. I 19) u. v. 4. 10. 33 (RGBl. I 721). Ferner Opiumgesetz v. 10. 12. 29 (RGBl. I 215; dazu RGBl. I 33, 287; 34, 22; 34, 213). VO. betr. Verkehr mit Betäubungsmitteln v. 1. 4. 30 (RGBl. I 113). — Selbstverbrauch nicht strafbar: E. **67** 193. — Ueber das Verhältnis von § 367 Ziff. 3 und GewO. § 148 Abs. 1 Ziff. 7 a vgl. E. **47** 20, von 367 Ziff. 3 und Opiumgesetz: E. **66** 251. — Betr. Feilhalten vgl. § 184 Anm. IV. — Auch der G e w e r b e g e h i l f e macht sich durch den Verkauf strafbar: E. **27** 167.

Zu **Nr. 4.** Betr. S c h i e ß p u l v e r usw. vgl. GewO. §§ 16, 147 Ziff. 2; SprengstoffG. §§ 1, 9. Dazu jetzt Besatzungsanordnungen.

Zu **Nr. 5** vgl. z. B. SprengstoffG. §§ 1, 9, auch § 8; Eisenbahn-Verkehrsordnung v. 8. 9. 38 § 21; die verschiedenen Postordnungen. — Für Preußen auch die Ministerialverordnung v. 22. 2. 06.

Zu **Nr. 5 a** vgl. §§ 5 ff. der Postordnung v. 30. 1. 29. Hier genügt ohne Zweifel Fahrlässigkeit.

Zu **Nr. 6.** Betr. V o r r ä t e vgl. § 308 Anm. II 7. — Aufbewahrung: Bis zur Zeit der bestimmungsgemäßen Verwendung lagern: E. **22** 435.

Zu **Nr. 8:** Von Menschen besuchter Ort: Ob augenblicklich ein Mensch anwesend, ist gleichgültig. Beisp.: einsame Landstraße. E. **55** 252. — Nicht betroffen ist der Beamte, der zum Gebrauch der Schußwaffe amtlich ermächtigt ist: E. **44** 353. — „Schießen" verlangt begrifflich Vorsatz: E. **48** 323; bedenklich ZAk. 41, 279 (dazu Anm. Lange S. 267). — Strafgrund: Belästigung des Publikums. E. **48** 323, **55** 253. Daher auch blinde Schüsse. — Weitergehend jetzt das Besatzungsrecht.

Zu **Nr. 9** vgl. Waffengesetz v. 18. 3. 38 §§ 1, 2, 25 und KRBefehl Nr. 2 v. 7. 1. 46.

Zu **Nr. 10** vgl. § 227 Anm. II und III. — Hier braucht der „Angriff" nicht von m e h r e r e n auszugehen: E. **13** 3. — Betr. Messer usw. vgl. § 223 a Anm. I.

Zu **Nr. 12:** Nicht immer haftet der Eigentümer des Brunnens usw., sondern unter Umständen auch ein Inhaber oder Verwalter E. **15** 58.

Zu **Nr. 14** vgl. § 305 Anm. I. — Strafbar sind Bauunternehmer und Baumeister.

Zu **Nr. 15:** Die Verjährung beginnt mit dem Ende der Bautätigkeit. Es liegt ein Dauerdelikt vor. Vgl. auch E. **37** 79.

Nr. 16 gegenstandslos; vgl. G. üb. d. Versteigerergewerbe v. 16. 10. 34 (RGBl. I 974) mit DurchfVO. v. 30. 10. 34 (RGBl. I 1091).

368. Mit Geldstrafe bis zu einhundertfünfzig Reichsmark oder mit Haft bis zu vierzehn Tagen wird bestraft:

1. wer den polizeilichen Anordnungen über die Schließung der Weinberge zuwiderhandelt;

2. wer das durch gesetzliche oder polizeiliche Anordnungen gebotene Raupen unterläßt;

3. wer ohne polizeiliche Erlaubnis eine neue Feuerstätte errichtet oder eine bereits vorhandene an einen anderen Ort verlegt;

4. **wer es unterläßt, dafür zu sorgen, daß die Feuerstätten in seinem Hause in baulichem und brandsicherem Zustande unterhalten, oder daß die Schornsteine zur rechten Zeit gereinigt werden;**
5. **wer Scheunen, Ställe, Böden oder andere Räume, welche zur Aufbewahrung feuerfangender Sachen dienen, mit unverwahrtem Feuer oder Licht betritt oder sich denselben mit unverwahrtem Feuer oder Licht nähert;**
6. **wer in gefährlicher Nähe von Gebäuden oder feuerfangenden Sachen Feuer anzündet;**
7. **wer in gefährlicher Nähe von Gebäuden oder feuerfangenden Sachen mit Feuergewehr schießt oder Feuerwerke abbrennt;**
8. **wer die polizeilich vorgeschriebenen Feuerlöschgerätschaften überhaupt nicht oder nicht in brauchbarem Zustande hält oder andere feuerpolizeiliche Anordnungen nicht befolgt;**
9. **wer unbefugt über Gärten oder Weinberge, oder vor beendeter Ernte über Wiesen oder bestellte Aecker, oder über solche Aecker, Wiesen, Weiden oder Schonungen, welche mit einer Einfriedigung versehen sind, oder deren Betreten durch Warnungszeichen untersagt ist, oder auf einem durch Warnungszeichen geschlossenen Privatwege geht, fährt, reitet oder Vieh treibt;**
10. **wer zur Jagd ausgerüstet unbefugt ein fremdes Jagdgebiet außerhalb der zum allgemeinen Gebrauch bestimmten Wege betritt;**

10a. **wer sich mit gebrauchsfertigem Fischereigerät unbefugt auf fremden Fischgewässern oder außerhalb der zum allgemeinen Gebrauch bestimmten Wege an fremden Fischgewässern aufhält;**

[11. Gestr. durch G. v. 28. 6. 35.]

Zu **Nr. 2** ergänzend: Preuß. Feld- und Forstpolizeigesetz v. 21. 1. 26 § 30.

Zu **Nr. 3:** Auch Schornsteine sind Feuerstätten. — Mit der Errichtung oder Verlegung beginnt die Verjährung (kein Dauerdelikt): E. 22 435.

Zu **Nr. 5** vgl. § 242 Anm. betr. Sachbegriff. — Die Eigenschaft einer Sache als feuerfangender bleibt dadurch, daß sie in einem geschlossenen Gefäße aufbewahrt wird, unverändert: E. **30** 108 (113). — Betr. unverwahrtes Feuer oder Licht vgl. E. **7** 207; **30** 108 (115): auch, wenn erst im Raum entzündet.

Nr. 6 neu gefaßt durch G. v. 28. 6. 35, Art. 7.

Nr. 9: Acker ist Teil des Erdbodens, der zur Gewinnung von Bodenerzeugnissen bestimmt: E. **36** 395. — Die besonderen Bestimmungen über Pfändungen sowie über Weidefrevel in den Feld-Polizei-Ordnungen bleiben bestehen. Vgl. EG. § 2 Abs. 2; PostG. §§ 17, 18; BGB. § 917.

Zu **Nr. 10** vgl. Reichsjagdgesetz v. 3. 7. 34 (RGBl. I S. 549) über Jagdbefugnis. — Zur Jagd ausgerüstet: mit einem gebrauchsfertigen Jagdwerkzeug, z. B. Gewehr und Patronen, wenn auch ungeladen. E. 9 412. Nr. 10 und 10 a neu gemäß G. v. 28. 6. 35.

Nr. 11 ist durch G. v. 28. 6. 35 gestrichen. Unbefugtes Ausnehmen von Eiern oder Jungen von jagdbarem Federwild fällt jetzt (gemäß § 1 Nr. 2 des RJagdG. unter § 292; Ausnehmen von Singvogelnestern unter § 12 NaturschutzVO. v. 18. 3. 36.

369. Mit Geldstrafe bis zu einhundertfünfzig Reichsmark oder mit Haft bis zu vier Wochen werden bestraft:

1. Personen, welche ohne obrigkeitliche Anweisung oder ohne Genehmigung des Inhabers einer Wohnung Schlüssel zu Zimmern oder Behältnissen in der letzteren anfertigen oder Schlösser an denselben öffnen, ohne Genehmigung des Hausbesitzers oder seines Stellvertreters einen Hausschlüssel anfertigen, oder ohne Erlaubnis der Polizeibehörde Nachschlüssel oder Dietriche verabfolgen;

3. Gewerbetreibende, welche in Feuer arbeiten, wenn sie die Vorschriften nicht befolgen, welche von der Polizeibehörde wegen Anlegung und Verwahrung ihrer Feuerstätten, sowie wegen der Art und der Zeit, sich des Feuers zu bedienen, erlassen sind.

Ziffern 2 und 3 II aufgehoben durch Maß- und Gewichtsordnung v. 30. 5. 08, § 23. Vgl. jetzt: Maß- und Gewichtsgesetz v. 13. 12. 35 (RGBl. I 1499) §§ 60, 61.

370. Mit Geldstrafe bis zu einhundertfünfzig Reichsmark oder mit Haft wird bestraft:

1. wer unbefugt ein fremdes Grundstück, einen öffentlichen oder Privatweg oder einen Grenzrain durch Abgraben oder Abpflügen verringert;

2. wer unbefugt von öffentlichen oder Privatwegen Erde, Steine oder Rasen, oder aus Grundstücken, welche einem anderen gehören, Erde, Lehm, Sand, Grand oder Mergel gräbt, Plaggen oder Bülten haut, Rasen, Steine, Mineralien, zu deren Gewinnung es einer Verleihung, einer Konzession oder einer Erlaubnis der Behörde nicht bedarf, oder ähnliche Gegenstände wegnimmt;

3. [betraf Handel mit Uniformteilen, aufgehoben durch KRG. 11.];

4. . . .

5. wer Nahrungs- oder Genußmittel oder andere Gegenstände des hauswirtschaftlichen Verbrauchs in geringer Menge oder von unbedeutendem Werte zum alsbaldigen Verbrauch entwendet oder unterschlägt.

Wer die Tat gegen einen Verwandten absteigender Linie oder gegen seinen Ehegatten begeht, bleibt straflos;

6. wer Getreide oder andere zur Fütterung des Viehes bestimmte oder geeignete Gegenstände wider Willen des Eigentümers wegnimmt, um dessen Vieh damit zu füttern.

In den Fällen der Nr. 5 und 6 tritt die Verfolgung nur auf Antrag ein. Die Zurücknahme des Antrages ist zulässig.

Zu **Nr. 1** vgl. § 274 Ziff. 2. — Nr. 1 setzt nicht einen fremden Grenzrain voraus, vielmehr bezieht sie sich auch auf einen gemeinschaftlichen, wobei gemeinschaftliches Eigentum nicht erforderlich ist; es genügt gemeinschaftlicher Besitz (darauf beruhend z. B. Verletzung einer Dienstbarkeit): E. **26** 74.

Nr. 2 bezieht sich auf Bodenbestandteile, z. B. ungestochenen Torf. Wegnahme von gestochenem Torf ist Diebstahl: E. **21** 30. — Betr. Wegnahme vgl. § 242 Anm. II.

Nr. 4 (unberechtigtes Fischen und Krebsen) durch G. v. 28. 6. 35 gestrichen. Vgl. jetzt § 293.

Nr. 5 sog. **Mundraub.** Fassung des Ges. v. 19. 6. 12. — Lex specialis gegenüber den Bestimmungen über Diebstahl und Unterschlagung; aber nicht im Verhältnis zu § 350: E. **46** 376.

I. Nahrungsmittel: die zur Ernährung des menschlichen Körpers bestimmten Eßwaren und Getränke. Nicht: Viehfutter: Rechtspr. 2, 294; wohl aber Saatkartoffeln, solange sie noch genießbar sind: E. **1** 223.

II. Genußmittel: „Stoffe, die, von dem Körper aufgenommen, einen Reiz auf das Nervensystem auszuüben geeignet und bestimmt sind." (Li.) So: Tabak, Zigarren, **Parfüms, Bonbons:** **DR. 43** 1103. Nicht: Blumen E. **4** 72; nicht Feuerungsmaterial (z. B. Torf): E. **9** 46.

III. Andere Gegenstände des hauswirtschaftlichen Verbrauchs: Alle Gegenstände, die im gewöhnlichen Leben zur Befriedigung eines hauswirtschaftlichen Bedürfnisses verbraucht (nicht bloß gebraucht) zu werden pflegen, einerlei ob mit diesem Verbrauch ein unmittelbares Genießen des Menschen verbunden ist oder nicht: E. **47** 247 (261) im Gegensatz zum Oberreichsanwalt (vgl. E. **47** 258) z. B. Viehfutter: E. **46** 379, **47** 247 (265). Nicht: Wäsche, Kleidungsstücke, Schuhzeug; aber z. B. Flickleder: E. **53** 229, **58** 374. Nicht Bau- und Nutzholz, aber z. B. Brennholz: E. **53** 205, DR. **42**, 1787. Terpentin und Firnis zum Anstreichen einer Laube: E. **47** 80.

IV. Geringe Menge, unbedeutender Wert: objektiv, nicht nach dem Bedarf des Verbrauchers zu bemessen. E. **48** 2. Vgl. §§ 247 Anm. V, 248 a Anm. III. Bei mehreren Tätern entscheidet der Gesamtwert der Nahrungsmittel: E. **8** 406. Ist der Vorsatz auf sukzessive Wegnahme größerer Mengen gerichtet, so liegt Diebstahl vor: E. **17** 332. — Bei rationierten Lebensmitteln hat ihr Verlust für den Betroffenen eine wesentlich höhere Bedeutung als sie der Verlust des Geldbetrages hätte, den sie kosten. Dazu Gera NJW. **48** 437: Maßstab die Rationierungsmenge. Anders noch E. **76** 67: allgemeiner Verkehrswert. — Vgl. ferner DR. **43** 1042 aber auch DR. **41** 494; **42** 789. Dazu Schickert DR. **43** 743, 1042.

V. Zum alsbaldigen Verbrauch: also in Verbrauchs a b s i c h t. Vgl. § 59 Anm. III 1. Auch Verbrauch durch dritte Personen: E. **13** 371. Vgl. aber auch DR. **43** 400. — Welcher Art der Verbrauch ist, ist gleichgültig: E. **47** 80. Eintausch gegen andere Lebensmittel soll aber nach HRR. **37** 774 nicht unter § 370 Nr. 5, sondern unter § 242 fallen. — Will der Täter sich durch die Entwendung einen Vorrat für mehrere Mahlzeiten verschaffen, so nicht „alsbaldiger Verbrauch": E. **76** 66 = DR. **42** 789 (Mittelbach).

VI. Zusammentreffen: Ob die Entwendung **unter erschwerenden Umständen** (vgl. § 243) erfolgte, ist gleichgültig; dann ist nur § 370 Ziff. 5 anzuwenden: E. **46** 376. Auch E. **30** 67, **53** 198 nehmen an, daß § 370 Ziff. 5 und schwerer Diebstahl (§ 243) in e i n e r Handlung rechtlich zusammentreffen können. Dagegen bleibt § 370 Ziff. 5 ausgeschlossen, wenn die Tatbestände der §§ 249 oder 252 vorliegen: E. **46** 376. Vgl. auch Anm. V zu § 249 und Anm. IV zu § 252. — § 370 Ziff. 5 und § 133 Abs. 1 stehen u. U. in Idealkonkurrenz, dagegen nicht § 133 Abs. 2 und § 370 Ziff. 5: E. **43** 175.

VII. zu **Abs. 2:** § 247 Abs. 3 findet hier keine Anwendung.

Zu **Nr. 6.** F u t t e r m i t t e l e n t w e n d u n g ohne Aneignungsabsicht, also ein Fall von Gebrauchsanmaßung. Betr. Wegnahme vgl. § 242.

Nebengesetze

1. Gesetz über die Presse*)

Vom 7. Mai 1874 (RGBl. S. 65)

III. Verantwortlichkeit für die durch die Presse begangenen strafbaren Handlungen

§ 20. Die Verantwortlichkeit für Handlungen, deren Strafbarkeit durch den Inhalt einer Druckschrift begründet wird, bestimmt sich nach den bestehenden allgemeinen Strafgesetzen.

Ist die Druckschrift eine periodische, so ist der verantwortliche Redakteur als Täter zu bestrafen, wenn nicht durch besondere Umstände die Annahme seiner Täterschaft ausgeschlossen wird.

§ 21. Begründet der Inhalt einer Druckschrift den Tatbestand einer strafbaren Handlung, so sind

der verantwortliche Redakteur,

der Verleger,

der Drucker,

derjenige, welcher die Druckschrift gewerbsmäßig vertrieben oder sonst öffentlich verbreitet hat (Verbreiter),

soweit sie nicht nach § 20 als Täter oder Teilnehmer zu bestrafen sind, wegen Fahrlässigkeit mit Geldstrafe oder mit Haft oder mit Festungshaft oder Gefängnis bis zu einem Jahre zu belegen, wenn sie nicht die Anwendung der pflichtgemäßen Sorgfalt oder Umstände nachweisen, welche diese Anwendung unmöglich gemacht haben.

Die Bestrafung bleibt jedoch für jede der benannten Personen ausgeschlossen, wenn sie als den Verfasser oder den Einsender, mit dessen Einwilligung die Veröffentlichung geschehen ist, oder, wenn es sich um eine nicht periodische Druckschrift handelt, als den Herausgeber derselben, oder als einen der in obiger Reihenfolge vor ihr Benannten eine Person bis zur Verkündigung des ersten Urteils nachweist, welche in dem Bereich der richterlichen Gewalt [eines deutschen Bundesstaats] sich befindet, oder falls sie verstorben ist, sich zur Zeit der Veröffentlichung befunden hat; hinsichtlich des Verbreiters ausländischer Druckschriften außerdem, wenn ihm dieselben im Wege des Buchhandels zugekommen sind.

IV. Verjährung

§ 22. Die Strafverfolgung von Vergehen, welche durch die Verbreitung von Druckschriften strafbaren Inhalts begangen werden, sowie der nach §§ 18 und 21 dieses Gesetzes strafbaren Vergehen verjährt in einem Jahr**).

*) Weiter in Kraft, vgl. ZJBl. 48, 114.

**) § 22 in der Fassung des Ges. vom 28. Juni 1935.

2. Gesetz gegen den verbrecherischen und gemeingefährlichen Gebrauch von Sprengstoffen*)

Vom 9. Juni 1884 (RGBl. S. 61)

§ 5. Wer vorsätzlich durch Anwendung von Sprengstoffen Gefahr für das Eigentum, die Gesundheit oder das Leben eines anderen herbeiführt, wird mit Zuchthaus bestraft.

Ist durch die Handlung eine schwere Körperverletzung verursacht worden, so tritt Zuchthausstrafe nicht unter fünf Jahren, und wenn der Tod eines Menschen verursacht worden ist, Zuchthausstrafe nicht unter zehn Jahren oder lebenslängliche Zuchthausstrafe ein.

Ist durch die Handlung der Tod eines Menschen herbeigeführt worden und hat der Täter einen solchen Erfolg voraussehen können, so ist auf Todesstrafe zu erkennen.

§ 6. Haben mehrere die Ausführung einer oder mehrerer nach § 5 zu ahndender strafbarer Handlungen verabredet oder sich zur fortgesetzten Begehung derartiger, wenn auch im einzelnen noch nicht bestimmter Handlungen verbunden, so werden dieselben, auch ohne daß der Entschluß der Verübung des Verbrechens durch Handlungen, welche einen Anfang der Ausführung enthalten, betätigt worden ist, mit Zuchthaus nicht unter fünf Jahren bestraft.

§ 7. Wer Sprengstoffe herstellt, anschafft, bestellt oder in seinem Besitze hat, in der Absicht, durch Anwendung derselben Gefahr für das Eigentum, die Gesundheit oder das Leben eines anderen entweder selbst herbeizuführen oder andere Personen zur Begehung dieses Verbrechens in den Stand zu setzen, wird mit Zuchthaus bis zu zehn Jahren bestraft.

Der gleichen Strafe verfällt, wer Sprengstoffe, wissend, daß dieselben zur Begehung eines in dem § 5 vorgesehenen Verbrechens bestimmt sind, an andere Personen überläßt.

§ 8. Wer Sprengstoffe herstellt, anschafft, bestellt, wissentlich in seinem Besitze hat oder an andere Personen überläßt unter Umständen, welche nicht erweisen, daß dies zu einem erlaubten Zweck geschieht, wird mit Zuchthausstrafe bis zu fünf Jahren oder mit Gefängnis nicht unter einem Jahre bestraft. Diese Bestimmung findet auf die gemäß § 1 Abs. 3 [vom Bundesrat] bezeichneten Stoffe nicht Anwendung.

§ 9. Wer der Vorschrift in dem ersten Absatz des § 1 zuwider es unternimmt, ohne polizeiliche Ermächtigung Sprengstoffe herzustellen, vom Auslande einzuführen, feilzuhalten, zu verkaufen oder sonst an andere zu überlassen, oder wer im Besitze derartiger Stoffe betroffen wird, ohne polizeiliche Erlaubnis hierzu nachweisen zu können, ist mit Gefängnis von drei Monaten bis zu zwei Jahren zu bestrafen.

Gleicher Strafe verfällt, wer die Vorschriften des § 1 Abs. 2, die von den Zentralbehörden in Gemäßheit des § 2 getroffenen Anordnungen oder die bereits bestehenden oder noch zu erlassenden sonstigen polizeilichen Bestimmungen über den Verkehr mit Sprengstoffen, auf welche § 1 Abs. 1 Anwendung findet, übertritt.

---

*) Vgl. AenderungsVO. v. 8. 8. 41 (RGBl. I 531), VO. v. 20. 11. 41 (RGBl. I 791) betr. Schießmittel, KRBefehl Nr. 2 v. 7. 1. 46 (Amtsbl. S. 130).

§ 10. Wer öffentlich vor einer Menschenmenge oder wer durch Verbreitung oder öffentlichen Anschlag oder öffentliche Ausstellung von Schriften oder anderen Darstellungen, oder wer in Schriften oder anderen Darstellungen zur Behebung einer der in den §§ 5 und 6 bezeichneten strafbaren Handlungen oder zur Teilnahme an denselben auffordert, wird mit Zuchthaus bestraft.

Gleiche Strafe trifft denjenigen, welcher auf die vorbezeichnete Weise zur Begehung der im Abs. 1 gedachten strafbaren Handlungen insbesondere dadurch anreizt oder verleitet, daß er dieselben anpreist oder als etwas Rühmliches darstellt.

§ 11. In den Fällen der §§ 5, 6, 7, 8 und 10 kann auf Zulässigkeit von Polizeiaufsicht erkannt werden. In den Fällen der §§ 5, 6, 7, 8 und in dem Falle einer Anwendung der Strafvorschriften des § 9 ist auf Einziehung der zur Zubereitung der Sprengstoffe gebrauchten oder bestimmten Gegenstände, sowie der im Besitze des Verurteilten vorgefundenen Vorräte von Sprengstoffen zu erkennen, ohne Unterschied, ob dieselben dem Verurteilten gehören oder nicht.

§ 12. Die Bestimmungen im § 4 Abs. 2 Nr. 1 des Strafgesetzbuchs für das Deutsche Reich finden auch auf die in den §§ 5, 6, 7, 8 und 10 dieses Gesetzes vorgesehenen Verbrechen Anwendung.

§ 13. Der in dem § 139 des Strafgesetzbuchs für das Deutsche Reich angedrohten Strafe verfällt, wer von dem Vorhaben eines im § 5 vorgesehenen Verbrechens oder von einer im § 6 vorgesehenen Verabredung oder von dem Tatbestande eines im § 7 des gegenwärtigen Gesetzes unter Strafe gestellten Verbrechens in glaubhafter Weise Kenntnis erhält und es unterläßt, der durch das Verbrechen bedrohten Person oder der Behörde rechtzeitig Anzeige zu machen.

3. Gesetz über das Auswanderungswesen

(betr. Mädchenhandel)*)

Vom 9. Juni 1897 (RGBl. S. 463)

§ 48. Wer eine Frauensperson zu dem Zwecke, sie der gewerbsmäßigen Unzucht zuzuführen, mittels arglistiger Verschweigung dieses Zweckes zur Auswanderung verleitet, wird mit Zuchthaus bis zu fünf Jahren bestraft. Neben der Zuchthausstrafe ist der Verlust der bürgerlichen Ehrenrechte auszusprechen; auch kann zugleich auf Geldstrafe sowie auf Zulässigkeit von Polizeiaufsicht erkannt werden.

Dieselben Strafvorschriften finden auf denjenigen Anwendung, welcher mit Kenntnis des vom Täter in solcher Weise verfolgten Zweckes die Auswanderung der Frauensperson vorsätzlich befördert; sind mildernde Umstände vorhanden, so tritt Gefängnisstrafe nicht unter drei Monaten ein, neben welcher auf Geldstrafe erkannt werden kann.

*) Vgl. hierzu: Internationales Uebereinkommen zur Bekämpfung des Mädchenhandels vom 4. Mai 1910 (RGBl. 1913 S. 13). — Ferner gegen Mißstände im Auswanderungswesen: VO. v. 14. Febr. 1924 (RGBl. I 107). — Wegen internat. Str.R.: StGB. § 4 III 4 in neuer Fassung.

4. Gesetz, betr. die Bestrafung der Entziehung elektrischer Arbeit

Vom 9. April 1900 (RGBl. S. 228)

Vgl. jetzt Fußnote vor § 242 StGB.

5. Börsengesetz *)

Vom 8. (27.) Mai 1908 (RGBl. S. 215)

§ 95. Ein Kommissionär, welcher, um sich oder einem Dritten einen Vermögensvorteil zu verschaffen,

1. das Vermögen des Kommittenten dadurch beschädigt, daß er hinsichtlich eines abzuschließenden Geschäfts wider besseres Wissen unrichtigen Rat oder unrichtige Auskunft erteilt, oder
2. bei der Ausfühung eines Auftrags oder bei der Abwicklung eines Geschäfts absichtlich zum Nachteile des Kommittenten handelt,

wird mit Gefängnis bestraft. Neben der Gefängnisstrafe kann auf Geldstrafe sowie auf Verlust der bürgerlichen Ehenrechte erkannt werden.

In besonders schweren Fällen tritt an die Stelle der Gefängnisstrafe Zuchthaus bis zu zehn Jahren; ein besonders schwerer Fall liegt insbesondere dann vor, wenn die Tat das Wohl des Volkes geschädigt oder einen anderen besonders großen Schaden zur Folge gehabt oder der Täter besonders arglistig gehandelt hat.

Der Versuch ist strafbar in den Fällen der Ziffer 1.

6. Gesetz gegen den unlauteren Wettbewerb

Vom 7. Juni 1909 (RGBl. S. 499). Mit den Aenderungen vom 21. März 1925, 9. März 1932, 12. Mai 1933, 26. Februar 1935

[§ 4 betr. irreführende öffentliche Angaben über eigenes Geschäft, Waren usw.: Gef. bis 1 Jahr oder Geldstr.].

§ 12. Mit Gefängnis bis zu einem Jahre und mit Geldstrafe oder mit einer dieser Strafen wird, soweit nicht nach anderen Bestimmungen eine schwerere Strafe verwirkt wird, bestraft, wer im geschäftlichen Verkehre zu Zwecken des Wettbewerbes dem Angestellten oder Beauftragten eines geschäftlichen Betriebs Geschenke oder andere Vorteile anbietet, verspricht oder gewährt, um durch unlauteres Verhalten des Angestellten oder Beauftragten bei dem Bezuge von Waren oder gewerblichen Leistungen eine Bevorzugung für sich oder einen Dritten zu erlangen.

Im Urteil ist zu erklären, daß das Empfangene oder sein Wert dem Staate verfallen sei.**)

---

*) Zu § 95 Abs. 2 Börsenges. (n. F.) vgl. MDR. 48, 311, 313.

**) Vgl. VO. gegen Bestechung und Geheimnisverrat nichtbeamteter Personen v. 3. 5. 17/22. 5. 43 (RGBl. 17, 393; 43, 347), unten Nr. 18.

[**§ 15** betr. Schädigung eines fremden Erwerbsgeschäfts durch Behauptung oder Verbreitung falscher Tatsachen: Gef. bis 1 Jahr oder Geldstr.].

§ 17. Mit Gefängnis bis zu drei Jahren und mit Geldstrafe oder mit einer dieser Strafen wird bestraft, wer als Angestellter, Arbeiter oder Lehrling eines Geschäftsbetriebs ein Geschäfts- oder Betriebsgeheimnis, das ihm vermöge des Dienstverhältnisses anvertraut worden oder zugänglich geworden ist, während der Geltungsdauer des Dienstverhältnisses unbefugt an jemand zu Zwecken des Wettbewerbes oder aus Eigennutz oder in der Absicht, dem Inhaber des Geschäftsbetriebes Schaden zuzufügen, mitteilt.

Ebenso wird bestraft, wer ein Geschäfts- oder Betriebsgeheimnis, dessen Kenntnis er durch eine der im Abs. 1 bezeichneten Mitteilungen oder durch eine gegen das Gesetz oder die guten Sitten verstoßende eigene Handlung erlangt hat, zu Zwecken des Wettbewerbes oder aus Eigennutz unbefugt verwertet oder an jemand mitteilt.

Weiß der Täter bei der Mitteilung, daß das Geheimnis im Ausland verwertet werden soll, oder verwertet er es selbst im Ausland, so kann auf Gefängnis bis zu fünf Jahren erkannt werden.

Die Vorschriften der Abs. 1 bis 3 gelten auch dann, wenn der Empfänger der Mitteilung, ohne daß der Täter dies weiß, das Geheimnis schon kennt oder berechtigt ist, es kennenzulernen.

§ 18. Mit Gefängnis bis zu zwei Jahren und mit Geldstrafe oder mit einer dieser Strafen wird bestraft, wer die ihm im geschäftlichen Verkehr anvertrauten Vorlagen oder Vorschriften technischer Art, insbesondere Zeichnungen, Modelle, Schablonen, Schnitte, Rezepte, zu Zwecken des Wettbewerbes oder aus Eigennutz unbefugt verwertet oder an jemand mitteilt. § 17 Abs. 4 gilt entsprechend.

§ 20. Wer zu Zwecken des Wettbewerbes oder aus Eigennutz jemand zu einem Vergehen gegen die §§ 17 oder 18 zu verleiten sucht oder das Erbieten eines anderen zu einem solchen Vergehen annimmt, wird mit Gefängnis bis zu zwei Jahren oder mt Geldstrafe bestraft.

Ebenso wird bestraft, wer zu Zwecken des Wettbewerbes oder aus Eigennutz sich zu einem Vergehen gegen die §§ 17 oder 18 erbietet oder sich auf das Ansinnen eines anderen zu einem solchen Vergehen bereit erklärt.

§ 20a. Auf die Vergehen gegen die §§ 17, 18 und 20 findet die Vorschrift des § 4 Abs. 2 Nr. 1 des Strafgesetzbuchs für das Deutsche Reich Anwendung, wenn sich die Tat gegen das Geheimnis eines inländischen Geschäfts oder Betriebs richtet.

§ 22. Die Strafverfolgung tritt, mit Ausnahme der in den §§ 4, 6, 10, 11 bezeichneten Fälle, nur auf Antrag ein. In den Fällen der §§ 8, 12 hat das Recht, den Strafantrag zu stellen, jeder der im § 13 Abs. 1 bezeichneten Gewerbetreibenden und Verbände.

Die Zurücknahme des Antrags ist zulässig.

Wegen der nach § 4 strafbaren Handlungen ist ebenso wie bei den nur auf Antrag verfolgbaren Handlungen (§§ 8, 12) neben dem Verletzten (§ 374 Abs. 1 Nr. 7 der Strafprozeßordnung) jeder der im § 13 Abs. 1 bezeichneten Gewerbetreibenden und Verbände zur Privatklage berechtigt.

7. Jugendgerichtsgesetz v. 16. 2. 23 siehe in früheren Auflagen, das an seine Stelle getretene RJGG. v. 6. 11. 43 unten Nr. 19.

8. Verordnung betr. Steuerstreik*)

Vom 15. September 1923 (RGBl. I S. 879).

§ 1. Wer öffentlich oder in einer Versammlung oder durch Verbreitung von Schriften oder anderen Darstellungen dazu auffordert oder anreizt, einer Steuerpflicht oder der öffentlich-rechtlichen Verpflichtung zur Leistung von Geld oder Geldeswert an das Reich, die Länder oder Gemeinden (Gemeindeverbände) nicht zu genügen oder die Durchführung der Vorschriften über diese Pflichten auf andere Weise zu hindern, wird, sofern nicht eine schwerere Strafe verwirkt ist, mit Gefängnis nicht unter einem Monat und mit Geldstrafe bestraft; das Höchstmaß der Geldstrafe ist unbeschränkt.

§ 2. Wer öffentlich oder in einer Versammlung oder durch Verbreitung von Schriften oder anderen Darstellungen zur Zurückhaltung von Lebens- oder Futtermitteln, die zur Veräußerung oder Weiterveräußerung bestimmt sind, auffordert oder anreizt, wird, sofern nicht eine schwerere Strafe verwirkt ist, mit Gefängnis nicht unter einem Monat und mit Geldstrafe bestraft; das Höchstmaß der Geldstrafe ist unbeschränkt. Als Lebens- oder Futtermittel gelten auch Erzeugnisse, aus denen Lebens- oder Futtermittel hergestellt werden.

§ 3. In den Fällen der §§ 1 und 2 kann neben der Strafe auf Verlust der bürgerlichen Ehrenrechte erkannt werden. Ferner ist anzuordnen, daß die Verurteilung auf Kosten des Schuldigen öffentlich bekanntzumachen ist. Die Bekanntmachung kann auch durch öffentlichen Anschlag erfolgen.

9. Gesetz zur Bekämpfung der Geschlechtskrankheiten**)

Vom 18. Februar 1927 (RGBl. I S. 61) i. d. Fassung der VO. vom 21. 10. 40 (RGBl. I, S. 1459).

§ 5. Wer den Beischlaf ausübt, obwohl er an einer mit Ansteckungsgefahr verbundenen Geschlechtskrankheit leidet und dies weiß oder den Umständen nach annehmen muß, wird mit Gefängnis bis zu drei Jahren bestraft, sofern nicht den Vorschriften des Strafgesetzbuchs eine härtere Strafe verwirkt ist.

Die Verfolgung tritt nur auf Antrag ein. Ist der Täter ein Angehöriger des Antragstellers, so ist die Zurücknahme des Antrags zulässig.

Die Strafverfolgung verjährt in sechs Monaten.

*) Nach E. 63 170 noch gültig.

**) Ueber landesrechtliche Abweichungen (Württemberg-Baden, Hessen) vg. SJZ. 46, 16, 74, 100. In der sowj. Besatzungszone ist das GBG. durch eine auf Grund des SMAD-Befehls Nr. 273 vom 11. 12. 47 erlassene VO. ersetzt (abgedr. in Heft 2 der Thür. Gesetze und Verordnungen). Die VO. erweitert den Kreis der behandlungspflichtigen Geschlechtskrankheiten um die Lymphopathia venerea und verschärft die Behandlungsvorschriften. Sie sieht insbes. in bestimmten Fällen stationäre Behandlung in einem Krankenhaus vor und macht Patient und Arzt für die Erfüllung dieser Verpflichtung unter Strafdrohung verantwortlich.

§ 6. Wer weiß oder den Umständen nach annehmen muß, daß er an einer mit Ansteckungsgefahr verbundenen Geschlechtskrankheit leidet und trotzdem eine Ehe eingeht, ohne dem anderen Teile vor Eingehung der Ehe über seine Krankheit Mitteilung gemacht zu haben, wird mit Gefängnis bis zu drei Jahren bestraft.

Die Verfolgung tritt nur auf Antrag ein. Die Zurücknahme des Antrags ist zulässig.

Die Strafverfolgung verjährt in sechs Monaten.

[**§ 10:** Geheimhaltungspflicht der Gesundheitsbehörde und -beratungsstelle.]

[**§ 11:** Unbefugte Ankündigung oder Ausstellung von Mitteln usw., die Geschlechtskrankheiten heilen oder lindern sollen: Gef. bis 6 Mon. oder Geldstr.]

§ 14. Mit Gefängnis bis zu einem Jahre und mit Geldstrafe oder mit einer dieser Strafen wird bestraft, sofern nicht nach den Vorschriften des Strafgesetzbuchs eine härtere Strafe verwirkt ist.

1. eine weibliche Person, die ein fremdes Kind stillt, obwohl sie an einer Geschlechtskrankheit leidet und dies weiß oder den Umständen nach annehmen muß;
2. wer ein syphilitisches Kind, für dessen Pflege er zu sorgen hat, von einer anderen Person als der Mutter stillen läßt, obwohl er die Krankheit des Kindes kennt oder den Umständen nach kennen muß;
3. wer ein sonst geschlechtskrankes Kind, für dessen Pflege er zu sorgen hat, von einer anderen Person als der Mutter, ohne sie vorher über die Krankheit und die gebotenen Vorsichtsmaßnahmen durch einen Arzt mündlich unterweisen zu lassen, stillen läßt, obwohl er die Krankheit des Kindes kennt oder den Umständen nach kennen muß;
4. wer ein geschlechtskrankes Kind, obwohl er die Krankheit kennt oder den Umständen nach kennen muß, in Pflege gibt, ohne den Pflegeeltern von der Krankheit des Kindes Mitteilung zu machen.

Straflos ist das Stillen oder Stillenlassen eines syphilitischen Kindes durch eine weibliche Person, die selbst an Syphilis leidet.

[**§ 15:** Stillen fremder Kinder ohne Unbedenklichkeitszeugnis: Geldstr. bis 150 RM. oder Haft.]

10. Gaststättengesetz

Vom 28. April 1930 (RGBl. I 146) u. VO. v. 24. 11. 41 (RGBl. I 769).

§ 16. (1) Verboten ist:

1. an Personen, die das 18. Lebensjahr noch nicht vollendet haben, Branntwein oder überwiegend branntweinhaltige Genußmittel im Betrieb einer Gast- oder Schankwirtschaft oder im Kleinhandel zu eigenem Genusse zu verabreichen;
2. an Personen, die das 16. Lebensjahr noch nicht vollendet haben, in Anwesenheit des zu ihrer Erziehung Berechtigten oder seines Ver-

treters auch andere geistige Getränke oder Tabakwaren im Betrieb einer Gast- oder Schankwirtschaft zu eigenem Genusse zu verabreichen;

3. geistige Getränke im Betrieb einer Gast- oder Schankwirtschaft oder im Kleinhandel an Betrunkene zu verabreichen;
4. Branntwein oder überwiegend branntweinhaltige Genußmittel durch Automaten feilzuhalten;
5. das Verabfolgen von Speisen in Gast- oder Schankwirtschaften von der Bestellung von Getränken abhängig zu machen oder bei der Nichtbestellung von Getränken eine Erhöhung der Preise eintreten zu lassen;
6. Branntwein oder überwiegend branntweinhaltige Genußmittel auf Turn-, Spiel-, Sport-Plätzen oder -Hallen zu verabreichen;
7. [gegenstandslos].

(2) [gegenstandslos].

(3) Landesrechtliche Bestimmungen zum Schutze der Jugend, die über die Ziffern 1 und 2 des Abs. 1 hinausgehen, bleiben unberührt.

§ 29. Mit Haft und mit Geldstrafe bis zu einhundertfünfzig Reichsmark oder mit einer dieser Strafen wird bestraft, wer ...

8. den .... Vorschriften .... des § 16 zuwiderhandelt.

11. Vierte Verordnung zum Schutze des inneren Friedens*)

Vom 8. Dezember 1931 (RGBl. I S. 699/742)

Achter Teil. **Schutz des inneren Friedens**

Kapitel III. **Verstärkung des Ehrenschutzes**

§ 1. Steht im Falle der üblen Nachrede (§ 186 des Strafgesetzbuches) der Verletzte im öffentlichen Leben und ist die ehrenrührige Tatsache öffentlich behauptet oder verbreitet worden und geeignet, den Verletzten des Vertrauens unwürdig erscheinen zu lassen, dessen er für sein öffentliches Wirken bedarf, so ist die Strafe Gefängnis nicht unter drei Monaten, wenn der Täter sich nicht erweislich in entschuldbarem guten Glauben an die Wahrheit der Aeußerung befunden hat.

§ 2. Steht im Falle der Verleumdung (§ 187 des Strafgesetzbuchs) der Verletzte im öffentlichen Leben und ist die ehrenrührige Tatsache öffentlich behauptet oder verbreitet worden und geeignet, den Verletzten des Vertrauens unwürdig erscheinen zu lassen, dessen er für sein öffentliches Wirken bedarf, so ist die Strafe Gefängnis nicht unter sechs Monaten.

§ 3. In den Fällen der §§ 1, 2 kann das Gericht neben der Strafe und unabhängig von einer nach § 188 des Strafgesetzbuchs zu verhängenden Buße auf eine eine an die Staatskasse zu entrichtende Buße bis zu einhunderttausend Reichsmark erkennen.

---

*) Weiter- bzw. Neugeltung bestr., vgl. DRZ. 48 495 u. SJZ. 49 767 sowie oben Anm. zu § 186 StGB.

12. Tierschutzgesetz

24. November 1933 (RGBl. I S. 987)

Abschnitt I. **Tierquälerei**

§ 1. (1) Verboten ist, ein Tier unnötig zu quälen oder roh zu mißhandeln.

(2) Ein Tier quält, wer ihm länger dauernde oder sich wiederholende erhebliche Schmerzen oder Leiden verursacht; unnötig ist das Quälen, soweit es keinem vernünftigen, berechtigten Zwecke dient. Ein Tier mißhandelt, wer ihm erhebliche Schmerzen verursacht; eine Mißhandlung ist roh, wenn sie einer gefühllosen Gesinnung entspringt.

Abschnitt IV. **Strafbestimmungen**

§ 9. (1) Wer ein Tier unnötig quält oder roh mißhandelt, wird mit Gefängnis bis zu zwei Jahren und mit Geldstrafe oder mit einer dieser Strafen bestraft.

(2) Wer, abgesehen von den Fällen des Abs. 1, ohne die erforderliche Erlaubnis einen Versuch an lebenden Tieren (§ 5) vornimmt, wird mit Gefängnis bis zu sechs Monaten und mit Geldstrafe oder mit einer dieser Strafen bestraft.

(3) Mit Geldstrafe bis zu einhundertfünfzig Reichsmark oder mit Haft wird, soweit die Tat nicht schon unter die Strafdrohung der Abs. 1, 2 fällt, bestraft, wer vorsätzlich oder fahrlässig

1. einem der Verbote der §§ 2 bis 4 zuwiderhandelt;
2. einer Vorschrift des § 7 zuwiderhandelt;
3. einer vom [Reichsminister des Innern oder] von einer Landesregierung nach § 14 erlassenen Vorschrift zum Schutze der Tiere zuwiderhandelt;
4. es unterläßt, Kinder oder andere Personen, die seiner Aufsicht unterstehen und zu seiner Hausgemeinschaft gehören, von einer Zuwiderhandlung gegen die Vorschriften dieses Gesetzes abzuhalten.

§ 10. (1) Neben der wegen einer vorsätzlichen Zuwiderhandlung auf Grund von § 9 erkannten Strafe kann auf Einziehung oder auf Tötung des Tieres erkannt werden, wenn es dem Verurteilten gehört. Statt der Einziehung kann angeordnet werden, daß das Tier auf Kosten des Verurteilten bis zur Dauer von drei Monaten anderweit untergebracht und verpflegt wird.

(2) Kann keine bestimmte Person verfolgt oder verurteilt werden, so kann auf Einziehung oder Tötung des Tieres selbständig erkannt werden, wenn im übrigen die Voraussetzungen hierfür vorliegen.

Abschnitt V. **Schlußbestimmungen**

13. Gesetz über die Verwahrung und Anschaffung von Wertpapieren

Vom 4. Februar 1937 (RGBl. I S. 171)

4. Abschnitt

Strafbestimmungen

§ 34. Depotunterschlagung

(1) Ein Kaufmann, der, abgesehen von den Fällen der §§ 246, 266 des Strafgesetzbuchs und des § 95 Abs. 1 Nr. 2 des Börsengesetzes [hier Nebengesetz Nr. 5] eigenen oder fremden Vorteils wegen

1. über ein Wertpapier der im § 1 Abs. 1 bezeichneten Art, das ihm als Verwahrer oder Pfandgläubiger anvertraut worden ist, oder das er als Kommissionär für den Kommittenten im Besitz hat, oder das er im Falle des § 31 für den Kunden im Besitz hat, rechtswidrig verfügt,
2. einen Sammelbestand solcher Wertpapiere oder den Anteil an einem solchen Bestand dem § 6 Abs. 2 zuwider verringert oder darüber rechtswidrig verfügt,

wird mit Gefängnis und mit Geldstrafe oder mit einer dieser Strafen bestraft.

(2) In besonders schweren Fällen tritt an die Stelle der Gefängnisstrafe Zuchthaus bis zu fünf Jahren. Ein besonders schwerer Fall liegt insbesondere dann vor, wenn die Tat das Wohl des Volkes geschädigt oder einen anderen besonders großen Schaden zur Folge gehabt oder der Täter besonders arglistig gehandelt hat.

[§ 35. Unwahre Angaben über das Eigentum bei Pfand- und Zurückbehaltungsrechten.]

[§ 36. Strafantrag betr. Angehörige.]

[§ 37. Strafbarkeit der Verletzung von Sonderpflichten im Falle der Zahlungseinstellung oder der Konkurseröffnung.]

§ 38. Schwere Depotunterschlagung

(1) Ein Kaufmann, der im Bewußtsein seiner Zahlungsunfähigkeit oder Ueberschuldung ein fremdes Wertpapier, das er im Betrieb seines Handelsgewerbes als Verwalter, Pfandgläubiger oder Kommissionär im Besitz hat, sich oder einem anderen rechtswidrig zueignet, wird mit Zuchthaus bestraft, wenn er seine Zahlungen eingestellt hat oder wenn über sein Vermögen das Konkursverfahren eröffnet worden ist; dem Kommissionär steht ein Kaufmann gleich, der nach § 31 in Verbindung mit § 29 die Pflichten eines Verwahrers hat.

(2) Die Vorschriften des Absatzes 1 gelten auch für andere als die im § 1 Abs. 1 bezeichneten Wertpapiere.

(3) In minder schweren Fällen ist die Strafe Gefängnis nicht unter drei Monaten.

[§ 39. Strafbarkeit von Verwaltungsträgern juristischer Personen.]

14. Gesetz über Titel, Orden und Ehrenzeichen

Vom 1. Juli 1937 (RGBl. I S. 725)

§ 6. (1) Mit Gefängnis bis zu einem Jahr und mit Geldstrafe oder mit einer dieser Strafen wird bestraft,

a) wer unbefugt inländische oder ausländische Amts- oder Dienstbezeichnungen, Titel oder Würden führt,

b) wer unbefugt inländische oder ausländische Orden oder Ehrenzeichen trägt, oder wer Abzeichen, die nach ihrer äußeren Form oder Tragweise den im § 5 genannten Orden und Ehrenzeichen ähneln, trägt, herstellt, anbietet, feilhält, verkauft oder sonst in den Verkehr bringt.

(2) [gegenstandslos.]

15. Gesetz gegen die Schwarzsender

Vom 24. November 1937 (RGBl. I S. 1298)

§ 1. Strafandrohung

(1) Der Schwarzsender wird mit Zuchthaus bestraft.

(2) In minder schweren Fällen ist die Strafe Gefängnis.

§ 2. Schwarzsender

Schwarzsender ist,

1. wer ohne vorherige Verleihung der Deutschen Reichspost eine Funksendeanlage errichtet oder betreibt;
2. wer eine Verleihung der Deutschen Reichspost zum Errichten oder Betreiben einer Funksendeanlage hat, die Anlage aber zu Uebermittlungen benutzt, die in der Verleihung der Deutschen Reichspost nicht erlaubt sind;
3. wer eine Funkempfangsanlage entgegen ihrer Bestimmung unerlaubt zum Aussenden von Nachrichten, Zeichen, Bildern oder Tönen verwendet.

§ 3. Fahrlässiges Schwarzsenden

Wer eine der Handlungen des § 2 fahrlässig begeht, wird mit Gefängnis bestraft.

[§ 4 bestraft unbefugte Herstellung, Vertrieb, Besitz von Funksendeanlagen.]

16. Gesetz über Kinderarbeit und über die Arbeitszeit der Jugendlichen (Jugendschutzgesetz)

Vom 30. April 1938 (RGBl. I S. 437). Auszug

§ 24. Strafvorschriften und Zwangsmaßnahmen

(1) Wer einer Vorschrift dieses Gesetzes oder einer auf Grund dieses Gesetzes ergangenen Verordnung oder Anordnung zuwiderhandelt, wird mit Geldstrafe bis zu einhunderfünfzig Reichsmark oder mit Haft bestraft.

(2) In besonders schweren Fällen ist die Strafe Gefängnis und Geldstrafe oder eine dieser Strafen.

(3) Wer gewissenlos eine Person unter achtzehn Jahren, die durch ein Arbeits- oder Lehrverhältnis von ihm abhängt, durch Ueberanstrengung in ihrer Arbeitskraft schwer gefährdet, wird mit Gefängnis nicht unter drei Monaten bestraft. In besonders schweren Fällen ist die Strafe Zuchthaus.

17. Gesetz über die Führung akademischer Grade

Vom 7. Juni 1939 (RGBl. I S. 985)

§ 5. (1) Mit Gefängnis bis zu einem Jahre und mit Geldstrafe oder mit einer dieser Strafen wird bestraft,

a) wer unbefugt einen inländischen oder ausländischen akademischen Grad führt,

b) wer unbefugt eine Bezeichnung führt, welche den Anschein erweckt, als handle es sich um einen inländischen oder ausländischen akademischen Grad.

(2) Dieselbe Strafe trifft denjenigen, der sich erbietet, gegen Vergütung den Erwerb eines ausländischen akademischen Grades zu vermitteln.

§ 6. Das Gesetz über Titel, Orden und Ehrenzeichen vom 1. Juli 1937 findet auf akademische Grade keine Anwendung.

18. Verordnung gegen Bestechung und Geheimnisverrat nichtbeamteter Personen

Vom 3. Mai 1917, neugefaßt am 22. Mai 1943 (RGBl. I S. 351)

§ 1. (1) Wer, ohne Beamter zu sein, bei einer Behörde oder einer Körperschaft des öffentlichen Rechts oder, sofern sich der Staat ihrer für die staatliche Wirtschaftslenkung bedient, bei einer berufsständischen Organisation, einer Personenvereinigung des Handelsrechts, einem Kartell oder einem wirtschaftlichen Verbande haupt- oder nebenamtlich beschäftigt oder ehrenamtlich tätig ist, kann auf die gewissenhafte Erfüllung seiner Obliegenheiten durch Handschlag verpflichtet werden.

(2) Bei Behörden bestimmt der vorgesetzte Minister, bei sonstigen Organisationen der Minister, dem die Aufsicht über die Organisation zusteht, wer die Verpflichtung vorzunehmen hat und in welcher Form die Verpflichtung erfolgen soll. Der Minister kann die Befugnis, diese Bestimmung zu treffen, auf unterstellte Behörden und Dienststellen, mit Ausnahme der Behörden und Dienststellen der unteren Stufe, übertragen.

(3) Bei der Verpflichtung sollen die verpflichtenden Personen auf die Bestimmungen dieser Verordnung hingewiesen werden. Ueber die Verpflichtung wird ein Protokoll aufgenommen, das der Verpflichtete mit unterzeichnet.

(4) Wer nach § 2 der Allgemeinen Tarifordnung für Gefolgschaftsmitglieder im öffentlichen Dienst (ATO.) durch Gelöbnis, Unterzeichnung einer Erklärung oder Berufung auf ein früheres Gelöbnis oder eine

frühere schriftliche Erklärung verpflichtet worden ist, steht während der Geltungsdauer dieser Verpflichtung einem nach Abs. 1 Verpflichteten gleich.

§ 2. Wer gemäß § 1 verpflichtet worden ist, wird mit Gefängnis bis zu einem Jahre und mit Geldstrafe oder mit einer dieser Strafen bestraft, wenn er für eine zu seinen Obliegenheiten gehörende Handlung Geschenke oder andere Vorteile annimmt, fordert oder sich versprechen läßt.

§ 3. Wer gemäß § 1 verpflichtet ist, wird mit Gefängnis und mit Geldstrafe, bei mildernden Umständen mit Gefängnis bis zu drei Jahren und mit Geldstrafe oder mit einer dieser Strafen bestraft, wenn er für eine Handlung, die eine Verletzung der ihm übertragenen Obliegenheiten enthält, Geschenke oder andere Vorteile annimmt, fordert oder sich versprechen läßt.

§ 4. Wer einer gemäß § 1 verpflichteten Person für eine Handlung, die eine Verletzung der ihr übertragenen Obliegenheiten enthält, Geschenke oder andere Vorteile anbietet, verspricht oder gewährt, wird mit Gefängnis bis zu drei Jahren und mit Geldstrafe oder mit einer dieser Strafen bestraft.

§ 5. (1) In den Fällen der §§ 2 bis 4 ist das Empfangene oder dessen Wert im Urteil für den Staat verfallen zu erklären.

(2) In den Fällen der §§ 3 und 4 kann neben Gefängnis auf Verlust der bürgerlichen Ehrenrechte erkannt werden.

§ 6. (1) Wer gemäß § 1 verpflichtet worden ist, wird, soweit nicht nach anderen Bestimmungen eine schwerere Strafe verwirkt ist, mit Gefängnis und mit Geldstrafe oder mit einer dieser Strafen bestraft, wenn er die infolge seiner Tätigkeit erlangten Kenntnisse über Einrichtungen oder Maßnahmen der Behörde oder der Organisation dazu mißbraucht, sich oder einem anderen einen Vermögensvorteil zu verschaffen oder einem anderen Schaden zuzufügen.

(2) Die Strafverfolgung tritt nur mit Zustimmung des im § 1 Abs. 2 bezeichneten Ministers oder der von ihm beauftragten Stelle ein.

§ 7. (1) Wer gemäß § 1 verpflichtet worden ist, wird mit Geldstrafe oder mit Gefängnis bestraft, wenn er Geschäfts- oder Betriebsgeheimnisse eines Dritten, die infolge seiner Tätgkeit zu seiner Kenntnis gelangt sind, unbefugt offenbart.

(2) Neben der Strafe kann auf Verlangen des Verletzten auf eine an ihn zu erlegende Buße erkannt werden. Eine erkannte Buße schließt die Geltendmachung eines weiteren Entschädigungsanspruchs aus.

§ 8. Die Verordnung tritt in dieser Fassung am siebenten Tage nach ihrer Verkündung in Kraft. Der [Reichsminister der Justiz] bestimmt den Zeitpunkt des Außerkrafttretens.

19. Reichsjugendgerichtsgesetz (Auszug)

Vom 6. November 1943 (RGBl. I S. 635)

Ob das alte JGG. v. 16. 2. 23 oder das neue RJGG. v. 6. 11. 43 oder ob je nach dem Inhalt der einzelnen Vorschriften bald das alte, bald das neue Gesetz angewendet werden soll, ist zweifelhaft. Für Gerichtsverfassung und Verfahren verdient das alte Gesetz den Vorzug. Denn beide müssen in den allgemeinen Rahmen, der am 30. 1. 33 bestand, eingefügt werden. Unten werden nur die Bestimmungen des RJGG. v. 6. 11. 43 über das materielle Strafrecht und über die mit ihm zusammenhängenden Vorschriften über Strafregister und über Rehabilitation abgedruckt. Hier handelt es sich um folgende Neuerungen:

1. Neuregelung der Altersstufen:
   a) Herabsetzung der Grenze absoluter Strafunmündigkeit von 14 auf 12 Jahre in § 3, II, 2,
   b) Herabsetzung der Grenze voller Strafmündigkeit in § 20, I und II.
2. Abschaffung der kurzzeitigen (weniger als drei Monate betragenden) Freiheitsstrafe sowie der Geldstrafe: § 5, I.
3. Einführung der relativ unbestimmten Verurteilung: § 6.
4. Einführung des Jugendarrestes: § 8.
5. Mehrfache Betonung, daß auch bei Kindern und Jugendlichen Zweck der Strafe „Ahndung" und „Sühne" sei, obwohl auch der Erziehungsgedanke nicht zu kurz kommen solle (§ 2, III, § 5, II).
6. Bei Tatmehrheit (§ 74 StGB.) Einheitsstrafe, nicht Gesamtstrafe: § 14.
7. Milderung des mit der Strafe verbundenen Makels
   a) durch Aenderungen der Strafregisterverordnung vom 27. 2. 34 und des Straftilgungsgesetzes vom 10. 4. 20/17. 11. 39 in §§ 69, 70.
   b) dadurch, daß neben der gesetzlichen Rehabilitation die richterliche eingeführt wurde: §§ 71 ff.

Typisch nationalsozialistisch ist § 1, II, der unbedenklich weggelassen werden kann.

Die übrigen Neuerungen tragen zum Teil alten, lebhaft erörterten Reformforderungen Rechnung; so Nr. 2, 3, 4. 7. Andere gehen umgekehrt hinter das fortschrittliche alte JGG. wieder zurück; so Nr. 5 und die Nichtaufnahme des § 10 alter Fassung über die „Probezeit". Nr. 6 nahm einen Gedanken vorweg, der für das neue StGB. geplant war.

Nr. 1 enthält eine Verquickung von allgemein kriminalpolitischen Forderungen (Täterschuld, nicht Tatschuld) mit nationalsozialistischen Gedanken (Schwere der Tat, Schutz des Volkes, Herabsetzung der Altersgrenzen mit dem Ergebnis: Gefängnis für Kinder, Zuchthaus und Todesstrafe für Jugendliche). Da sich hier ohne eine Gesetzesänderung, die hier nicht in Betracht kommt, Richtiges von Falschem nicht trennen läßt, müssen § 3, II, Satz 2 sowie der ganze § 20 als unanwendbar gelten (bestr.).

Andererseits können die §§ 10 bis 13 und § 15 des alten JGG. unbeschadet der §§ 58, 59 des neuen RJGG. noch angewendet werden. Denn der Kampf gegen die bedingte Strafaussetzung auch gegenüber Jugendlichen war vorwiegend nationalsozialistisch. Gegen die Beibehaltung des § 6 RJGG. bestehen keine Bedenken. Die „unbestimmte Verurteilung' ist eine alte Forderung der allgemeinen Strafrechtsreform. Für Jugendliche ist sie bereits vorgeschlagen worden im Entwurf 1927 (1930) und im Entwurf zu einem Strafvollzugsgesetz von 1930. Für Oesterreich war sie seit 28. 7. 28 geltendes Recht. Auch im englischen (Borstalanstalten) und in den amerikanischen Rechten wird sie angewendet.

Aehnliches gilt für den Jugendarrest. Er wird von der deutschen Reformbewegung, obwohl lebhaft umstritten, seit 1916 gefordert. Gegenüber den Verfehlungen von Jugendlichen, den Strafmakel für die Zukunft tunlichst zu beseitigen, entspricht gleichfalls alten Forderungen. Die richterliche Rehabilitation (§§ 71 ff.) ist neben der gesetzlichen (§ 70) nicht überflüssig. Straffreies Verhalten genügt hier nicht. Voraussetzung ist einwandfreie Führung und positive Bewährung. Bestimmungen, die Bezug nehmen auf nationalsozialistische Behörden (z. B. §§ 72, III, 73 I), sind insoweit gegenstandslos. Uebersicht über die neuere Rechtspr. bei Otto Lange MDR. 49, 466 ff.

Erster Teil

Verfehlungen Jugendlicher und ihre Folgen

Erster Abschnitt

Allgemeine Vorschriften

§ 1. Anwendungsbereich

(1) Dieses Gesetz gilt, wenn ein Jugendlicher eine Verfehlung begeht, die strafrechtlicher Ahndung unterliegt. Jugendlicher ist, wer zur Zeit der Tat vierzehn, aber noch nicht achtzehn Jahre alt ist.

(2) Das Gesetz gilt für Deutsche. Auf Angehörige anderen Volkstums wird es sinngemäß angewendet, soweit nicht etwas anderes bestimmt ist.

§ 2. Die Folgen der Jugendstraftat

(1) Die Straftat eines Jugendlichen wird mit Strafe oder mit Zuchtmitteln geahndet.

(2) Aus Anlaß der Straftat können Erziehungsmaßregeln angeordnet werden.

(3) Von Strafe und Zuchtmitteln wird abgesehen, wenn Erziehungsmaßregeln oder die Unterbringung in einer Heil- oder Pflegeanstalt die Ahndung durch den Richter entbehrlich machen.

§ 3. Verantwortlichkeit

(1) Ein Jugendlicher ist strafrechtlich verantwortlich, wenn er zur Zeit der Tat nach seiner sittlichen und geistigen Entwicklung reif genug ist, das Unrecht der Tat einzusehen und nach dieser Einsicht zu handeln. Zur Erziehung eines Jugendlichen, der mangels Reife strafrechtlich nicht verantwortlich ist, kann der Richter dieselben Maßnahmen anordnen wie der Vormundschaftsrichter.

(2) Wer unter vierzehn Jahren eine Verfehlung begeht, ist strafrechtlich nicht verantwortlich. Ist der Täter zur Zeit der Tat wenigstens zwölf Jahre alt, so wird er wie ein Jugendlicher zur Verantwortung gezogen, wenn der Schutz des Volkes wegen der Schwere der Verfehlung eine strafrechtliche Ahndung fordert; die Vorschriften über jugendliche Schwerverbrecher werden nicht angewendet*).

Zweiter Abschnitt

Die Strafe

§ 4. Jugendgefängnis

(1) Die Strafe für Jugendliche ist Jugendgefängnis.

---

*) Vgl. Vorbem. — Für Weitergeltung Welzel S. 76, 129.

(2) Der Richter verhängt Jugendgefängnis, wenn das Bedürfnis der Volksgemeinschaft nach Schutz und Sühne wegen der Größe der Schuld oder wegen der schädlichen Neigungen des Jugendlichen, die in der Tat hervorgetreten sind, eine Strafe fordert.

§ 5. Dauer des Jugendgefängnisses

(1) Das Mindestmaß der Jugendgefängnisstrafe beträgt drei Monate, das Höchstmaß zehn Jahre; die Strafrahmen des allgemeinen Strafrechts gelten nicht.

(2) Bei der Strafbemessung muß der Richter berücksichtigen, daß die Strafe eine nachhaltige erziehliche Wirkung gewährleisten soll.

§ 6. Jugendgefängnis von unbestimmter Dauer

(1) Der Richter verhängt Jugendgefängnis von unbestimmter Dauer, wenn eine Jugendgefängnisstrafe von mindestens neun Monaten, höchstens jedoch vier Jahren geboten ist und sich wegen der schädlichen Neigungen des Jugendlichen, die in der Tat hervorgetreten sind, nicht voraussehen läßt, welche Strafdauer erforderlich ist, um ihn durch Erziehung im Strafvollzug wieder in die Volksgemeinschaft einzuordnen.

(2) Der Richter setzt im Urteil das Mindestmaß der Strafe fest, es beträgt mindestens neun Monate. Das Höchstmaß beträgt vier Jahre; der Richter kann ein geringeres Höchstmaß bestimmen, doch soll dann der Unterschied zwischen dem Mindest- und dem Höchstmaß nicht weniger als zwei Jahre betragen.

Dritter Abschnitt
Zuchtmittel

§ 7. Arten und Anwendung

(1) Der Richter ahndet die Straftat mit Zuchtmitteln, wenn Jugendgefängnis nicht geboten ist, dem Jugendlichen aber eindringlich zum Bewußtsein gebracht werden muß, daß er für das von ihm begangene Unrecht einzustehen hat.

(2) Zuchtmittel sind:

1. der Jugendarrest,
2. die Auferlegung besonderer Pflichten,
3. die Verwarnung.

(3) Zuchtmittel haben nicht die Rechtswirkungen einer Strafe; sie werden nicht in das Strafregister eingetragen und begründen nicht die Anwendung von strafrechtlichen Rückfallvorschriften.

§ 8. Jugendarrest

(1) Der Jugendarrest ist Dauerarrest, Freizeitarrest oder Kurzarrest.

(2) Der Dauerarrest beträgt mindestens eine Woche und höchstens vier Wochen. Er wird nach vollen Tagen oder Wochen bemessen.

(3) Der Freizeitarrest wird für die allwöchentliche Freizeit des Jugendlichen verhängt und auf mindestens eine Freizeit und höchstens vier Freizeiten bemessen.

(4) Der Kurzarrest wird aus besonderen Gründen, namentlich wenn die sofortige Vollstreckung notwendig ist, statt des Freizeitarrests verhängt; er beträgt mindestens einen Tag und höchstens sechs Tage und wird nach vollen Tagen bemessen.

(5) Einmaliger Kurzarrest bis zu drei Tagen und Freizeitarrest können nebeneinander verhängt werden.

§ 9. Auferlegung besonderer Pflichten

Als besondere Pflichten kann der Richter vor allem die Wiedergutmachung des Schadens und die Entschuldigung auferlegen. Auch kann er bei leichten Verfehlungen eine Geldbuße festsetzen, wenn anzunehmen ist, daß sie der Jugendliche aus Mitteln zahlt, über die er selbständig verfügen darf. Die Geldbuße fällt dem Reich zu, wenn sie nicht im Urteil zugunsten einer gemeinnützigen Einrichtung auferlegt wird.

§ 10. Verwarnung

Durch die Verwarnung soll dem Jugendlichen das Unrecht der Tat eindringlich vorgehalten werden.

Vierter Abschnitt

Erziehungsmaßregeln

§ 11. Arten

Erziehungsmaßregeln sind:

1. die Erteilung von Weisungen,
2. die Schutzaufsicht,
3. die Fürsorgeerziehung.

§ 12. Weisungen

(1) Weisungen sind Gebote und Verbote, die die Lebensführung des Jugendlichen regeln und dadurch seine Erziehung fördern und sichern sollen. Der Richter kann namentlich den Jugendlichen anweisen, eine Lehr- oder Arbeitsstelle anzunehmen oder bei einer Familie oder in einem Heim zu wohnen, und ihm verbieten, einen bestimmten Aufenthaltsort zu verlassen, mit bestimmten Personen zu verkehren, Gast- oder Vergnügungsstätten zu besuchen, geistige Getränke zu genießen oder zu rauchen.

(2) Der Richter erteilt die Weisungen im Einvernehmen mit der Jugendgerichtshilfe.

§ 13. Schutzaufsicht und Fürsorgeerziehung

Die Voraussetzungen der Schutzaufsicht und der Fürsorgeerziehung richten sich nach den Vorschriften über Jugendwohlfahrt.

Fünfter Abschnitt

Mehrere Straftaten

§ 14. Mehrere Straftaten eines Jugendlichen

(1) Auch wenn ein Jugendlicher mehrere Straftaten begangen hat, setzt der Richter nur eine Strafe, ein Zuchtmittel oder eine Erziehungsmaßregel derselben Art fest. Die gesetzlichen Höchstgrenzen der Jugendgefängnisstrafe und des Jugendarrests dürfen nicht überschritten werden. Soweit es dieses Gesetz zuläßt (§ 18), können Maßnahmen mit der Strafe verbunden oder ungleichartige Zuchtmittel und Erziehungsmaßregeln nebeneinander angeordnet werden.

(2) Ist gegen den Jugendlichen wegen eines Teils der Straftaten bereits rechtskräftig eine Strafe, ein Zuchtmittel oder eine Erziehungsmaß-

regel festgesetzt worden, aber noch nicht vollständig verbüßt, ausgeführt oder sonstwie erledigt, so wird unter Einbeziehung des Urteils in gleicher Weise nur auf eine Strafe oder Maßnahme erkannt. Eine Strafe, für die eine Probezeit läuft, darf nur einbezogen werden, wenn die Entlassung oder die Strafaussetzung widerrufen wird. Aus besonderen Gründen kann der Richter davon absehen, schon abgeurteilte Straftaten in die neue Entscheidung einzubeziehen; dabei kann er Zuchtmittel und Erziehungsmaßregeln für erledigt erklären, wenn er auf Strafe erkennt. Wird auf Jugendgefängnis erkannt, so steht eine Anrechnung bereits verbüßten Jugendarrests im Ermessen des Richters.

§ 15. Mehrere Straftaten in verschiedenen Altersstufen

Auf mehrere Straftaten, die teils vor, teils nach Vollendung des achtzehnten Lebensjahres begangen sind, wird ausschließlich das Jugendstrafrecht angewendet, wenn das Schwergewicht bei der im jugendlichen Alter begangenen Straftat liegt; anderenfalls wird ausschließlich das allgemeine Strafrecht angewendet, jedoch eine Einheitsstrafe nach den Grundsätzen des § 14 gebildet.

Sechster Abschnitt

Gemeinsame Vorschriften

§ 16. Nebenstrafen und Nebenfolgen

(1) Auf Verlust der bürgerlichen Ehrenrechte, Unfähigkeit zur Bekleidung öffentlicher Aemter oder Zulässigkeit von Polizeiaufsicht darf nicht erkannt werden.

(2) Der Gewinn, den der Jugendliche aus der Tat erlangt und das Entgelt, das er für sie erhalten hat, können für verfallen erklärt werden; ist an die Stelle des ursprünglich erlangten Gegenstands ein anderer getreten, so kann dieser für verfallen erklärt werden.

§ 17. Unterbringung in einer Heil- und Pflegeanstalt

Als Maßregel der Sicherung und Besserung im Sinne des allgemeinen Strafrechts kann nur die Unterbringung in einer Heil- oder Pflegeanstalt angeordnet werden.

§ 18. Verbindung von Strafen und Maßnahmen

(1) Der Richter kann neben Jugendgefängnis besondere Pflichten auferlegen, Weisungen erteilen und die Schutzaufsicht anordnen; auf andere Zuchtmittel und auf Fürsorgeerziehung kann er neben Jugendgefängnis nicht erkennen.

(2) Zuchtmittel und Erziehungsmaßregeln, ebenso mehrere Zuchtmittel oder mehrere Erziehungsmaßregeln können nebeneinander angeordnet werden.

(3) Der Richter kann neben Jugendgefängnis, Zuchtmitteln und Erziehungsmaßregeln auf Nebenstrafen und Nebenfolgen erkennen.

§ 19. Nichterfüllung von Pflichten und Weisungen

Kommt der Jugendliche Pflichten oder Weisungen, die ihm der Richter auferlegt oder erteilt hat, schuldhaft nicht nach, so kann Jugendarrest verhängt werden.

Siebenter Abschnitt

Anwendung des allgemeinen Strafrechts

§ 20. Jugendliche Schwerverbrecher*)

(1) War der Jugendliche zur Zeit der Tat sittlich und geistig so entwickelt, daß er einem über achtzehn Jahre alten Täter gleichgestellt werden kann, so wendet der Richter das allgemeine Strafrecht an, wenn das gesunde Volksempfinden es wegen der besonders verwerflichen Gesinnung des Täters und wegen der Schwere der Tat fordert.

(2) Dasselbe gilt, wenn der Jugendliche zur Zeit der Tat nach seiner sittlichen und geistigen Entwicklung zwar einem Erwachsenen nicht gleichgestellt werden kann, aber die Gesamtwürdigung seiner Persönlichkeit und seiner Tat ergibt, daß er ein charakterlich abartiger Schwerverbrecher ist und der Schutz des Volks diese Behandlung fordert.

20. Verordnung der Deutschen Wirtschaftskommission für die Sowjetische Besatzungszone über die Bestrafung von Verstößen gegen die Wirtschaftsordnung (Wirtschaftsstrafverordnung)

Vom 23. September 1948 (ZVOBl. S. 439)

Um die Grundlagen der neuen demokratischen Wirtschaftsordnung zu festigen, das Verantwortungsbewußtsein des für die Wiederherstellung und Entwicklung der Friedenswirtschaft tätigen Volkes zu erhöhen und um die bisher bei der Verfolgung von Verstößen gegen die Wirtschaftsordnung noch angewandten Strafgesetze durch eine einheitliche, dem Geiste der demokratischen Wirtschaft entsprechende Strafgesetzgebung zu ersetzen, hat die Deutsche Wirtschaftskommission in ihrer Vollsitzung vom 23. September 1948 im Einvernehmen mit der Deutschen Justizverwaltung nachstehende Verordnung beschlossen:

I. Abschnitt

Die Verstöße gegen die Wirtschaftsordnung und ihre Bestrafung

§ 1

(1) Wer die Durchführung der Wirtschaftsplanung oder die Versorgung der Bevölkerung dadurch gefährdet, daß er vorsätzlich

1. entgegen einer für ihn verbindlichen Anordnung einer Dienststelle der Wirtschaftsverwaltung die Herstellung, Gewinnung, Verarbeitung, Bearbeitung, Beförderung oder Lagerung von Rohstoffen oder Erzeugnissen ganz oder teilweise unterläßt oder fehlerhaft vornimmt,
2. Gegenstände, die wirtschaftlichen Leistungen zu dienen bestimmt sind, ihrem bestimmungsmäßigen Gebrauch entzieht oder ihre Tauglichkeit hierfür mindert,
3. Rohstoffe oder Erzeugnisse entgegen dem ordnungsmäßigen Wirtschaftsablauf vernichtet, beiseiteschafft, zurückhält oder im Werte mindert,

wird mit Zuchthaus und mit Vermögenseinziehung bestraft.

*) Vgl. Vorbem. vor 1 RJGG. — Für Weitergeltung Gera NJ. 47 254 (abl. Anm. Weiss), Stuttgart DRZ. 48 143, Hessen (Kassel) DRZ. 48 218, Otto Lange MDR. 49, 467. Wie hier dagegen: OGHMDR. 49 502, Welzel 129.

(2) Liegt ein minderschwerer Fall vor oder ist die Tat fahrlässig begangen, so ist auf Gefängnis und Geldstrafe oder auf eine dieser Strafen zu erkennen.

§ 2

(1) Mit Gefängnis und mit Geldstrafe oder mit einer dieser Strafen wird bestraft, wer in Ausübung eines Gewerbes oder Berufes vorsätzlich ohne Genehmigung einer dazu ermächtigten Dienststelle der Wirtschaftsverwaltung

1. für die Bevorzugung eines anderen bei der Lieferung von Waren oder bei Leistungen eine Tauschware oder einen sonstigen Vorteil fordert oder sich oder einem anderen versprechen oder gewähren läßt,
2. die Lieferung einer Tauschware oder einen sonstigen Vorteil anbietet, verspricht oder gewährt oder durch einen anderen anbieten, versprechen oder gewähren läßt, um sich oder einem anderen Waren oder Leistungen bevorzugt zu verschaffen.

(2) In schweren Fällen ist die Strafe Zuchthaus bis zu zehn Jahren, neben dem auf Geldstrafe erkannt werden kann.

§ 3

(1) Mit Gefängnis und mit Geldstrafe oder mit einer dieser Strafen wird bestraft, wer vorsätzlich

1. Bescheinigungen über eine Bezugsberechtigung oder eine Veräußerungsberechtigung oder beweiserhebliche Vordrucke hierfür beiseiteschafft, zurückbehält, nachmacht oder verfälscht,
2. nachgemachte oder verfälschte Bescheinigungen oder Vordrucke dieser Art in den Verkehr bringt oder sich verschafft,
3. durch unrichtige, unvollständige oder irreführende Angaben die Genehmigung, Bewilligung oder Unterstützung einer Dienststelle der Wirtschaftsverwaltung für die Erlangung oder Verwendung von Sachen oder die Ausübung einer Tätigkeit erschleicht.

(2) In schweren Fällen ist die Strafe Zuchthaus bis zu zehn Jahren, neben dem auf Geldstrafe erkannt werden kann.

§ 4

(1) Mit Gefängnis und mit Geldstrafe oder mit einer dieser Strafen wird bestraft, wer in Ausübung eines Gewerbes oder Berufes vorsätzlich oder fahrlässig

1. bewirtschaftete Rohstoffe oder Erzeugnisse ohne Bezugsberechtigung (z. B. Bezugskarten, Bezugscheine, Eintragungen in die Kundenliste, Lieferanweisungen) bezieht oder abgibt oder einem Bezugsberechtigten bewirtschaftete Rohstoffe oder Erzeugnisse, zu deren Abgabe er verpflichtet ist, vorenthält,
2. eine ihm nicht zustehende Bezugsberechtigung sich verschafft, für sich ausnutzt oder die Verfügung über eine Bezugsberechtigung einem anderen überläßt,
3. Gegenstände, deren Erlangung oder Verwendung ihm oder einem anderen durch eine Genehmigung, Bewilligung oder Unterstützung einer Dienststelle der Wirtschaftsverwaltung ermöglicht worden ist, für einen anderen als den angegebenen oder vorgesehenen Zweck oder entgegen Auflagen oder Bestimmungen der Dienststelle verwendet.

(2) Ist die Tat vorsätzlich begangen, so ist in schweren Fällen die Strafe Zuchthaus bis zu zehn Jahren, neben dem auf Geldstrafe erkannt werden kann.

§ 5

(1) Mit Gefängnis bis zu zwei Jahren und mit Geldstrafe oder mit einer dieser Strafen wird bestraft, wer ohne in Ausübung eines Gewerbes oder Berufes zu handeln, vorsätzlich oder fahrlässig

1. bewirtschaftete Rohstoffe oder Erzeugnisse ohne Bezugsberechtigung bezieht, eine ihm nicht zustehende Bezugsberechtigung für sich ausnutzt oder die Verfügung über eine Bezugsberechtigung sich gegen Entgelt verschafft oder in der Absicht, sich zu bereichern, einem anderen überläßt,
2. eine nach § 4 Abs. 1 Ziffer 3 strafbare Handlung begeht.

(2) Ebenso wird bestraft, wer bewirtschaftete Erzeugnisse dem eigenen Betrieb entnimmt, ohne hierzu berechtigt zu sein.

(3) In leichten Fällen kann auf Haft oder auf Geldstrafe bis zu 150 DM erkannt werden.

§ 6

(1) Mit Gefängnis und mit Geldstrafe oder mit einer dieser Strafen wird bestraft, wer vorsätzlich oder fahrlässig

1. die von einer Dienststelle der Wirtschaftsverwaltung im Rahmen ihrer Ermächtigung geforderten Auskünfte über wirtschaftliche Verhältnisse und Vorgänge nicht oder nicht in der bestimmten Frist oder unrichtig, unvollständig oder irreführend erstattet,
2. die von einer Dienststelle der Wirtschaftsverwaltung im Rahmen ihrer Ermächtigung geforderte Besichtigung von Betriebseinrichtungen oder Räumen oder Einsichtnahme in Geschäftsbücher oder Geschäftspapiere verweigert, vereitelt oder erschwert,
3. als Inhaber, Leiter oder Angestellter eines Betriebes entgegen einer Betriebsvereinbarung, einem Tarifvertrag oder einer sonstigen rechtlichen Verpflichtung die Unterrichtung des Betriebsrates oder der Betriebsgewerkschaftsleitung über bedeutsame wirtschaftliche Verhältnisse oder Vorgänge des Betriebes verweigert, vereitelt oder erschwert.

(2) Ist die Tat vorsätzlich begangen, so ist in schweren Fällen die Strafe Zuchthaus bis zu zehn Jahren, neben dem auf Geldstrafe erkannt werden kann.

§ 7

(1) Mit Gefängnis und mit Geldstrafe oder mit einer dieser Strafen wird bestraft, wer

1. vorsätzlich unrichtige, unvollständige oder irreführende Angaben über Verhältnisse oder Vorgänge macht, die für die Wirtschaft bedeutsam sind, und dadurch mittelbar oder unmittelbar die Anordnungen oder Entschließungen der Wirtschaftsverwaltung beeinflußt,
2. vorsätzlich oder fahrlässig als Angestellter oder Helfer einer Dienststelle der Wirtschaftsverwaltung den Wirtschaftsablauf dadurch erheblich stört, daß er Anordnungen der Wirtschaftsverwaltung nicht oder falsch ausführt oder ihre Ausführung vereitelt oder erschwert.

(2) Ist die Tat vorsätzlich begangen, so ist in schweren Fällen die Strafe Zuchthaus bis zu zehn Jahren, neben dem auf Geldstrafe erkannt werden kann.

§ 8

(1) Mit Gefängnis und mit Geldstrafe oder mit einer dieser Strafen wird bestraft, wer vorsätzlich

1. für die Handlung oder Unterlassung eines Angestellten oder Helfers einer Dienststelle der Wirtschaftsverwaltung, die zu dessen Obliegenheiten gehört oder diese verletzt, Geschenke oder andere Vorteile anbietet, verspricht oder gewährt oder durch einen anderen anbieten, versprechen oder gewähren läßt,
2. als Angestellter oder Helfer einer Dienststelle der Wirtschaftsverwaltung für eine zu seinen Obliegenheiten gehörende oder diese verletzende Handlung oder Unterlassung Geschenke oder andere Vorteile annimmt oder durch einen anderen annehmen läßt, fordert oder durch einen anderen fordern läßt oder sich oder einem anderen versprechen läßt,
3. die als Angestellter oder Helfer einer Dienststelle der Wirtschaftsverwaltung erlangten Kenntnisse über Einrichtungen oder Maßnahmen der Verwaltung dazu mißbraucht, sich oder einem anderen Schaden zuzufügen,
4. als Angestellter oder Helfer einer Dienststelle der Wirtschaftsverwaltung persönliche Verhältnisse, Geschäfts- oder Betriebsgeheimnisse eines Dritten, die infolge seiner Tätigkeit zu seiner Kenntnis gelangt sind, unbefugt offenbart oder ausnutzt.

(2) In schweren Fällen ist die Strafe Zuchthaus bis zu zehn Jahren, neben dem auf Geldstrafe erkannt werden kann.

§ 9

(1) Mit Gefängnis und mit Geldstrafe oder mit einer dieser Strafen wird bestraft, wer vorsätzlich oder fahrlässig wirtschaftsregelnden Gesetzen, Verordnungen oder Anordnungen einer Dienststelle der Wirtschaftsverwaltung zuwiderhandelt, wenn das Gesetz, die Verordnung oder Anordnung ausdrücklich auf diese Verordnung Bezug nimmt und die Dienststelle zum Erlaß derartiger Bestimmungen gesetzlich ermächtigt war.

(2) Ist die Tat vorsätzlich begangen, so ist in schweren Fällen die Strafe Zuchthaus bis zu zehn Jahren, neben dem auf Geldstrafe erkannt werden kann.

(3) Ebenso werden bestraft Zuwiderhandlungen gegen

1. wirtschaftsregelnde Befehle oder Anordnungen der Besatzungsmacht, soweit in ihnen keine anderen Strafbestimmungen enthalten sind,
2. Vorschriften und Lieferungsverträge zur Durchführung von Anordnungen, die auf diese Verordnung Bezug nehmen.

§ 10

(1) Wird eine Zuwiderhandlung gegen die Vorschriften der §§ 1 bis 4 und 6 bis 9 in einem gewerblichen oder land- und forstwirtschaftlichen Betrieb begangen, so können die in dieser Verordnung außer den Freiheitsstrafen vorgesehenen Strafen auch gegen Inhaber oder Leiter des Ge-

schäftsbetriebes festgesetzt werden, wenn diese nicht nachweisen, daß sie die im Verkehr erforderliche Sorgfalt zur Verhütung der strafbaren Handlung angewendet haben.

(2) Ist Inhaber des Betriebes eine Handelsgesellschaft, eine juristische Person oder eine sonstige Personenvereinigung, so ist der Nachweis an Stelle des Inhabers von den zur gesetzlichen Vertretung befugten Personen zu führen.

§ 11

Als ein schwerer Fall im Sinne dieser Verordnung ist es insbesondere anzusehen, wenn

1. der Täter bereits wegen eines nach dem 8. Mai 1945 begangenen Verstoßes gegen wirtschaftsstrafrechtliche Bestimmungen mit einer Freiheitsstrafe von mehr als sechs Monaten rechtskräftig bestraft worden ist und danach abermals vorsätzlich einen erheblichen Verstoß gegen die Wirtschaftsordnung begangen hat,
2. der Täter vorsätzlich gehandelt und dabei Möglichkeiten mißbraucht hat, die ihm durch besonderes Vertrauen einer Dienststelle der Wirtschaftsverwaltung eröffnet worden sind,
3. der Täter vorsätzlich gehandelt hat und im Wirtschaftsleben oder in der Wirtschaftsverwaltung eine Stellung einnahm, nach der die Bevölkerung von ihm besondere Achtung vor den Anordnungen der Wirtschaftsverwaltung erwartete,
4. die Tat unmittelbar oder mittelbar eine besonders schwere Störung der Wirtschaftsordnung oder eine besonders schwere Beeinträchtigung der Versorgung der Bevölkerung zur Folge gehabt hat oder haben konnte und der Täter dies voraussah oder voraussehen mußte,
5. der Täter gewerbsmäßig Verstöße gegen die Wirtschaftsordnung begangen hat,
6. die Tat gegen den Bestand oder die Tätigkeit der Volkseigenen Betriebe gerichtet war.

§ 12

Der Versuch ist, abgesehen von den Fällen des § 5 Abs. 3, in allen Fällen dieser Verordnung strafbar.

§ 13

(1) Die Höhe der Geldstrafe ist, abgesehen von den Fällen des § 5, bei allen Zuwiderhandlungen gegen die Vorschriften dieser Verordnung unbeschränkt.

(2) Neben einer Strafe nach §§ 1 bis 4 und 6 bis 10 kann auch die Einziehung bestimmter Vermögenswerte des Täters angeordnet werden.

(3) Die Einziehung des gesamten Vermögens des Täters kann, außer in den Fällen des § 1 Abs. 1, dann angeordnet werden, wenn es sich um einen schweren Fall vorsätzlicher Zuwiderhandlung gegen die Vorschriften dieser Verordnung handelt.

§ 14

(1) Neben einer Strafe nach §§ 1 bis 4 und 6 bis 10 kann auf die Dauer von mindestens einem Jahr und höchstens zehn Jahren

1. dem Täter die leitende Tätigkeit in einem Betriebe oder jede Tätigkeit auf dem Gebiete, auf dem die Zuwiderhandlung gegen die Wirt-

schaftsordnung begangen wurde, ganz oder teilweise untersagt oder die weitere Tätigkeit oder Leitung eines Betriebes von Auflagen abhängig gemacht werden,

2. die Verwaltung seines Betriebes oder des Betriebes, in dem die Zuwiderhandlung begangen worden ist, durch einen Treuhänder angeordnet werden,
3. die völlige oder teilweise Schließung seines Betriebes oder des Betriebes, in dem die Zuwiderhandlung begangen worden ist, angeordnet oder die Weiterführung von Auflagen abhängig gemacht werden.

(2) Die Anordnungen nach Abs. 1 werden mit der Rechtskraft der Entscheidung wirksam. § 42 l Abs. 4 des Strafgesetzbuches gilt entsprechend.

(3) Maßnahmen nach Abs. 1 können einzeln oder nebeneinander angeordnet werden.

§ 15

(15) Besteht der dringende Verdacht, daß vom Inhaber oder Leiter eines Betriebes oder in einem Betriebe eine nach §§ 1 bis 4 oder 6 bis 10 strafbare Handlung begangen worden ist, so kann in jeder Lage des Verfahrens die vorläufige Verwaltung des Betriebes durch einen Treuhänder angeordnet werden.

(2) Unter denselben Voraussetzungen kann in jeder Lage des Verfahrens eine Beschlagnahme des nach § 13 Abs. 2 und 3 der Einziehung unterliegenden Vermögens angeordnet werden.

§ 16

(1) Neben der Strafe können die Gegenstände, auf die sich die strafbare Handlung bezieht oder die zu einer solchen Handlung benutzt worden sind, ohne Rücksicht auf Eigentumsverhältnisse und sonstige Rechte Dritter eingezogen werden.

(2) Für das Recht eines Dritten ist bis zur Höhe des Wertes oder des Erlöses der eingezogenen Gegenstände Entschädigung zu gewähren, es sei denn, daß der Dritte von der Straftat Kenntnis hatte oder haben mußte oder von ihr einen Vorteil hingenommen hat oder hinzunehmen bereit war. Der Anspruch verjährt in einem Jahr nach Eintritt der Rechtskraft der Entscheidung.

(3) Auf die Einziehung kann auch selbständig erkannt werden. Auf das Verfahren finden die §§ 430 bis 432 der Strafprozeßordnung Anwendung. Zuständig ist auch das Gericht, in dessen Bezirk sich der einzuziehende Gegenstand zur Zeit der Stellung des Antrages befindet.

(4) Mit der Rechtskraft der Entscheidung gehen die Rechte Dritter unter.

§ 17

(1) Ueber beschlagnahmte Gegenstände kann schon vor der Entscheidung über die Einziehung verfügt werden, wenn dies zur Befriedigung eines dringenden Bedarfs der Wirtschaft oder der Verbraucher oder zur Aufrechterhaltung eines ordnungsmäßigen Wirtschaftsablaufs erforderlich ist.

(2) Dasselbe gilt, falls und soweit die Entscheidung über die Einziehung wegen Gefahr des Verderbs nicht abgewartet werden kann.

(3) Der Erlös tritt an die Stelle der Gegenstände.

§ 18

Bei Zuwiderhandlungen gegen die Vorschriften dieser Verordnung kann die öffentliche Bekanntmachung der verhängten Strafen und sonstigen Maßnahmen angeordnet werden. Dabei sind die Art der Bekanntmachung sowie die Frist, innerhalb deren sie zu erfolgen hat, zu bestimmen.

§ 19

(1) Wer einer nach § 14 oder § 15 Abs. 1 erlassenen Anordnung zuwiderhandelt, wird mit Gefängnis und mit Geldstrafe oder mit einer dieser Strafen bestraft.

(2) Ebenso wird bestraft, wer jemanden, von dem er weiß, daß gegen ihn eine Anordnung gemäß § 14 oder § 15 Abs. 1 ergangen ist, entgegen dieser Anordnung für sich tätig werden läßt, mit ihm Geschäfte abschließt oder sonst mit ihm zusammenwirkt.

(3) Neben der Strafe kann ohne Rücksicht auf Eigentumsverhältnisse oder sonstige Rechte Dritter die Einziehung der Gegenstände, auf die sich der unzulässige Betrieb oder die unzulässige Tätigkeit bezieht, und der zur Fortführung des Betriebes oder der Tätigkeit bestimmten oder verwendeten Gegenstände und Einrichtungen angeordnet werden. § 16 Abs. 2 bis 4 und § 17 gelten entsprechend.

II. Abschnitt

Zuständigkeitsvorschriften

§ 20

Zuwiderhandlungen gegen die Vorschriften dieser Verordnung werden im gerichtlichen Strafverfahren oder im Wirtschaftsstrafverfahren verfolgt.

§ 21

(1) Anzeigen wegen eines Verstoßes gegen die Strafbestimmungen dieser Verordnung sind nach Abschluß der notwendigen Ermittlungen dem zuständigen Minister oder der von ihm ermächtigten Dienststelle der Wirtschaftsverwaltung zur Prüfung und Entscheidung darüber zuzuleiten, ob ein Wirtschaftsstrafverfahren durchzuführen oder das Verlangen auf gerichtliche Strafverfolgung zu stellen ist.

(2) Erscheint wegen der Schwere oder wegen der Besonderheit der Straftat die Verhängung einer Freiheitsstrafe oder einer Geldstrafe von mehr als 100 000 DM oder eine Vermögenseinziehung erforderlich, oder hält der zuständige Minister oder die von ihm ermächtigte Dienststelle der Wirtschaftsverwaltung aus anderen Gründen die Durchführung eines gerichtlichen Strafverfahrens für geboten, so ist das Verlangen auf gerichtliche Strafverfolgung zu stellen. Anderenfalls wird im Wirtschaftsstrafverfahren durch Wirtschaftsstrafbescheid des zuständigen Ministers oder der von ihm ermächtigten Dienststelle der Wirtschaftsverwaltung auf die nach § 24 zulässigen Strafen oder Maßnahmen erkannt.

(3) Das Verlangen auf gerichtliche Strafverfolgung kann bis zum Beschluß über die Eröffnung des Hauptverfahrens zurückgenommen werden.

(4) Eine gerichtliche Strafverfolgung kann nicht mehr stattfinden, wenn ein Wirtschaftsstrafbescheid rechtskräftig erlassen worden ist.

§ 22

(1) Für die sachliche Zuständigkeit der Gerichte gelten die Vorschriften des Gerichtsverfassungsgesetzes und der Notverordnung vom 14. Juni 1932 (RGBl. I S. 285) mit der Maßgabe, daß die großen Strafkammern auch in den Fällen zuständig sind, in denen nach diesen Vorschriften die Zuständigkeit der Schwurgerichte begründet sein würde.

(2) In dem gerichtlichen Verfahren hat der zuständige Minister oder die von ihm ermächtigte Dienststelle der Wirtschaftsverwaltung die Rechte, die nach §§ 395 ff. der Strafprozeßordnung dem Nebenkläger zustehen. Er kann das Recht der Akteneinsicht ausüben.

§ 23

(1) Oertlich zuständig für das Verlangen der Strafverfolgung und für die Festsetzung von Wirtschaftsstrafen ist die Dienststelle der Wirtschaftsverwaltung, in deren Bezirk der Täter seinen Wohnsitz oder in Ermangelung eines solchen seinen gewöhnlichen Aufenthalt hat oder die strafbare Handlung begangen worden ist.

(2) Bei zusammenhängenden Zuwiderhandlungen, welche einzeln zur Zuständigkeit verschiedener Dienststellen der Wirtschaftsverwaltung gehören würden, ist jede dieser Dienststellen der Wirtschaftsverwaltung zuständig.

(3) Ist hiernach eine Zuständigkeit nicht oder mehrfach begründet, so ist die Dienststelle der Wirtschaftsverwaltung zuständig, die sich zuerst mit der Sache befaßt hat. Sie kann die Sache an eine andere zuständige Dienststelle der Wirtschaftsverwaltung abgeben, wenn dies zweckmäßig erscheint. In Zweifelsfällen bestimmt die gemeinsame höhere Dienststelle der Wirtschaftsverwaltung die zuständige Dienststelle der Wirtschaftsverwaltung.

§ 24

Im Wirtschaftsstrafverfahren kann auf Geldstrafe bis zu 100 000 DM sowie auf die nach §§ 14, 16 und 18 zulässigen Maßnahmen erkannt werden. Auch ist in diesem Verfahren die Anordnung der in §§ 15 und 17 vorgesehenen Maßnahmen zulässig.

§ 25

Die Verfahrensvorschriften für das Wirtschaftsstrafverfahren bleiben den Durchführungsbestimmungen vorbehalten.

III. Abschnitt

Preisverstöße

§ 26

(1) Auf Zuwiderhandlungen gegen Preisvorschriften findet diese Verordnung keine Anwendung.

(2) Verstößt eine nach dieser Verordnung zu bestrafende Handlung zugleich gegen Preisvorschriften, so wird sie nur nach den Vorschriften dieser Verordnung verfolgt, es sei denn, daß der zuständige Minister oder die von ihm ermächtigte Dienststelle der Wirtschaftsverwaltung auf die Verfolgung nach dieser Verordnung verzichtet.

(3) Unberührt bleiben jedoch in jedem Falle für das Verfahren vor den ordentlichen Gerichten wie auch für das Wirtschaftsstrafverfahren die §§ 2 und 4 sowie § 3 Abs. 6 der Preisstrafrechtsverordnung. Für das objektive Einziehungsverfahren nach §§ 3 und 4 der Preisstrafrechtsverordnung verbleibt es bei der Zuständigkeit der Preisbehörden nach § 8 Abs. 4 der Preisstrafrechtsverordnung. Sie können die Einziehung auch dann anordnen, wenn der Täter nach dieser Verordnung bestraft worden ist, sofern nicht die Einziehung des gesamten Vermögens nach § 13 Abs. 3 angrordnet wurde.

IV. Abschnitt

Uebergangs- und Schlußvorschriften

§ 27

Die vor dem Inkrafttreten dieser Verordnung erlassenen allgemeinverbindlichen wirtschaftsregelnden Anordnungen stehen unter dem Strafschutz dieser Verordnung, soweit sie in einer Liste verzeichnet werden, dic mit dieser Verordnung oder unter Bezugnahme auf diese Verordnung verkündet wird.

§ 28

Bei Verstößen gegen die Wirtschaftsordnung, die vor dem Inkrafttreten dieser Verordnung begangen worden sind und die den Tatbestand der durch § 30 dieser Verordnung aufgehobenen Gesetze oder Verordnungen erfüllen, kann der zuständige Minister oder die von ihm ermächtigte Dienststelle der Wirtschaftsverwaltung die Abgabe der Sache zur Verfolgung im Wirtschaftsstrafverfahren verlangen, wenn dies nach § 21 Abs. 2 zulässig ist.

§ 29

Durchführungsbestimmungen zu dieser Verordnung erläßt das Sekretariat der Deutschen Wirtschaftskommission.

§ 30

(1) Diese Verordnung tritt am 14. Oktober in Kraft.

(2) Gleichzeitig treten außer Kraft:

1. die Verbrauchsregelungs-Strafverordnung in der Fassung der Verordnung vom 26. November 1941 (RGBl. I S. 734),
2. die Verordnung zur Ergänzung und Aenderung von Vorschriften auf dem Gebiete der Verbrauchsregelung vom 25. November 1941 (RGBl. I S. 731),
3. die Kriegswirtschaftsverordnung in der Fassung der Verordnung vom 25. März 1942 (RGBl. I S. 147),
4. die §§ 12 bis 15 der Verordnung über den Warenverkehr in der Fassung der Verordnung vom 11. Dezember 1942 (RGBl. I S. 686),
5. alle sonstigen einschlägigen Bestimmungen der Länder Brandenburg, Mecklenburg, Sachsen, Sachsen-Anhalt und Thüringen.

21. Gesetz zur Vereinfachung des Wirtschaftsstrafrechts (Wirtschaftsstrafgesetz)

Vom 26. Juli 1949 (GesBl. VVW. 49 S. 193). (Auszug.)

Der Wirtschaftsrat hat das folgende Gesetz beschlossen:

Erstes Buch. Strafvorschriften

ERSTER ABSCHNITT

Wirtschaftsstraftaten

§ 1

Gefährdung der Bedarfsdeckung

(1) Mit Gefängnis wird bestraft, wer Gegenstände des lebenswichtigen Bedarfs zurückhält, beiseiteschafft, vernichtet oder vorsätzlich oder leichtfertig verderben läßt, obwohl er weiß oder den Umständen nach annehmen muß, daß er dadurch die Deckung des Bedarfs gefährdet.

(2) Der Versuch ist strafbar.

§ 2

Beiseiteschaffung und Fälschung von Bezugsberechtigungen; Gebrauch gefälschter Bezugsberechtigungen

(1) Mit Gefängnis wird bestraft, wer Bescheinigungen über eine Bezugsberechtigung oder Vordrucke hierfür beiseiteschafft, nachmacht oder verfälscht oder wer solche nachgemachten oder verfälschten Bescheinigungen oder Vordrucke sich verschafft, in Verkehr bringt oder zur Erlangung von Bezugsrechten verwendet.

(2) Der Versuch ist strafbar.

§ 3

Vorbereitung der Fälschung von Bezugsberechtigungen

(1) Mit Gefängnis und Geldstrafe oder einer dieser Strafen wird bestraft, wer ohne besondere Erlaubnis der zuständigen Behörde Papier, das dem zur Herstellung von Bezugsberechtigungen verwendeten, durch bestimmte Merkmale erkennbar gemachten Papier hinsichtlich dieser Merkmale gleich oder ähnlich ist oder sonst zur Herstellung von Bezugsberechtigungen geeignet ist, anfertigt, erwirbt, verkauft, feilhält oder sonstwie in den Verkehr bringt.

(2) Die gleiche Strafe trifft denjenigen, der

1. Stempel, Stiche, Siegel und Platten, die zur Herstellung von Bezugsberechtigungen dienen, ohne besondere Erlaubnis der zuständigen Behörde anschafft, anfertigt oder sich sonstwie verschafft oder
2. Chemikalien oder andere zur Anfertigung von Bezugsberechtigungen dienliche Gegenstände mit der Absicht, Bezugsberechtigungen herzustellen, ohne besondere Erlaubnis der zuständigen Behörde anschafft, anfertigt oder sich sonstwie verschafft.

§ 4

Pflichtverletzung von Verwaltungsangehörigen und Sachverständigen

(1) Mit Gefängnis und Geldstrafe oder einer dieser Strafen wird bestraft, wer als Verwaltungsangehöriger oder Helfer auf dem Gebiet der Bewirtschaftung, Preis- oder Marktregelung entgegen den bestehenden Bestimmungen

1. Bescheinigungen über eine Bezugsberechtigung oder eine sonstige Genehmigung an Erzeuger, Gewerbetreibende oder Verbraucher abgibt,
2. bei der Ablieferung oder Zuteilung von landwirtschaftlichen Erzeugnissen Eintragungen vornimmt, die für Nachweis oder Bewertung von Ablieferungen oder für eine Zuteilung erheblich sind.

(2) Ebenso wird bestraft, wer als Sachverständiger auf dem Gebiet der Bewirtschaftung, Preis- oder Marktregelung ein Gutachten gegen besseres Wissen erstattet.

§ 5

Zuwiderhandlungen gegen Berufsverbot oder Betriebsschließung

(1) Mit Gefängnis und Geldstrafe oder einer dieser Strafen wird bestraft, wer entgegen einer Anordnung nach §§ 33, 34 selbst oder durch eine vorgeschobene Person Geschäfte betreibt oder eine ihm untersagte Betätigung oder Betriebsführung ausübt.

(2) Ebenso wird bestraft, wer mit diesen oder für diese Personen ein Geschäft abschließt, obwohl ihm bekannt war, daß ihnen die geschäftliche Betätigung oder Betriebsführung untersagt oder daß der Betrieb geschlossen worden ist.

ZWEITER ABSCHNITT

Zuwiderhandlungen, die Wirtschaftsstraftaten oder Ordnungswidrigkeiten sein können

§ 6

Abgrenzung von Wirtschaftsstraftaten und Ordnungswidrigkeiten

(1) Zuwiderhandlungen nach den Bestimmungen dieses Abschnittes sind entweder Wirtschaftsstraftaten oder Ordnungswidrigkeiten.

(2) Eine Zuwiderhandlung ist Wirtschaftsstraftat, wenn sie das Staatsinteresse an Bestand und Erhaltung der Wirtschaftsordnung im ganzen oder in einzelnen Bereichen verletzt, indem entweder

1. die Zuwiderhandlung ihrem Umfange oder ihrer Auswirkung nach geeignet ist, die Leistungsfähigkeit der staatlich geschützten Wirtschaftsordnung zu beeinträchtigen, oder
2. der Täter mit der Zuwiderhandlung eine Einstellung bekundet, die die staatlich geschützte Wirtschaftsordnung im ganzen oder in einzelnen Bereichen mißachtet, insbesondere dadurch, daß er gewerbsmäßig, aus verwerflichem Eigennutz oder sonst verantwortungslos gehandelt oder Zuwiderhandlungen hartnäckig wiederholt hat.

(3) In allen anderen Fällen ist die Zuwiderhandlung eine Ordnungswidrigkeit.

§ 7

Erschleichung von Bezugsberechtigungen

Eine Zuwiderhandlung im Sinne dieses Abschnitts begeht, wer unrichtige oder unvollständige Angaben tatsächlicher Art macht oder benutzt, um für sich oder einen anderen eine Bezugsberechtigung, Genehmigung, Bewilligung, verbindliche Zusage, sonstige Bescheinigung oder eine Eintragung zu erschleichen.

§ 8

Mißbrauch von Bezugsberechtigungen durch Gewerbetreibende

Eine Zuwiderhandlung im Sinne dieses Abschnitts begeht, wer in Ausübung eines Gewerbes oder Berufs oder in unbefugter Betätigung wie ein Gewerbetreibender vorsätzlich oder fahrlässig

1. bezugsbeschränkte Erzeugnisse ohne 'Bezugsberechtigung bezieht oder abgibt,
2. eine ihm nicht zustehende Bezugsberechtigung für sich ausnutzt,
3. die Verfügung über eine Bezugsberechtigung rechtswidrig einem anderen überläßt oder sich verschafft,
4. Verbrauchern (Versorgungsberechtigten) bezugsbeschränkte Erzeugnisse vorenthält, zu deren Abgabe er verpflichtet ist,
5. Bescheinigungen über die Bezugsberechtigung entgegennimmt oder Abschnitte abtrennt, ohne Ware zu liefern.

§ 9

Mißbrauch von Bezugsberechtigungen durch Verbraucher

(1) Eine Zuwiderhandlung im Sinne dieses Abschnitts begeht, wer ohne in Ausübung eines Gewerbes oder Berufs zu handeln, vorsätzlich oder fahrlässig

1. bezugsbeschränkte Erzeugnisse ohne Bezugsberechtigungen bezieht,
2. eine ihm nicht zustehende Bezugsberechtigung rechtswidrig für sich ausnutzt,
3. die Verfügung über eine Bezugsberechtigung sich gegen Entgelt verschafft.

(2) Eine Zuwiderhandlung im Sinne dieses Abschnitts begeht ferner, wer in der Absicht, sich zu bereichern, eine Verfügung über eine Bezugsberechtigung rechtswidrig einem anderen überläßt.

§ 10

Ermöglichung des Mißbrauchs von Bezugsberechtigungen

Eine Zuwiderhandlung im Sinne dieses Abschnitts begeht, wer vorsätzlich oder fahrlässig unter Verletzung seiner Obhutspflicht es ermöglicht hat, daß ein Dritter eine Bescheinigung über eine Bezugsberechtigung oder einen Vordruck hierfür oder einen der in § 3 aufgeführten Gegenstände erlangt oder verwendet.

§ 11

Ermöglichung des Mißbrauchs bewirtschafteter Gegenstände

Eine Zuwiderhandlung im Sinne dieses Abschnitts begeht, wer vorsätzlich oder fahrlässig unter Verletzung seiner Obhutspflicht es ermöglicht hat, daß ein Dritter bewirtschaftete Gegenstände an sich bringt, beiseiteschafft oder vernichtet.

§ 12

Fahrlässiges Inverkehrbringen gefälschter Bezugsberechtigungen

Eine Zuwiderhandlung im Sinne dieses Abschnitts begeht, wer nachgemachte oder verfälschte Bescheinigungen über eine Bezugsberechtigung oder Vordrucke hierfür fahrlässig in Verkehr bringt oder zur Erlangung von Bezugsrechten verwendet.

§ 13

Fahrlässige Vorbereitung der Fälschung von Bezugsberechtigungen

Eine Zuwiderhandlung im Sinne dieses Abschnitts begeht, wer eine in § 3 mit Strafe bedrohte Handlung fahrlässig verübt.

§ 14

Unberechtigte Entnahme aus dem eigenen Betrieb

Eine Zuwiderhandlung im Sinne dieses Abschnitts begeht, wer rechtswidrig bezugsbeschränkte Erzeugnisse dem eigenen Betrieb vorsätzlich oder leichtfertig entnimmt.

§ 15

Ungerechtfertigte Bevorzugung durch Gewerbetreibende

(1) Eine Zuwiderhandlung im Sinne dieses Abschnitts begeht, wer in Ausübung eines Gewerbes oder Berufs oder in unbefugter Betätigung wie ein Gewerbetreibender im Inlandverkehr

1. für eine Bevorzugung eines anderen bei der Lieferung einer Ware oder bei einer Leistung eine andere Gegenleistung als Geld deutscher Währung oder außer einer Gegenleistung in Geld deutscher Währung einen Vorteil fordert, sich versprechen oder gewähren läßt,
2. eine andere Gegenleistung als Geld deutscher Währung oder außer einer Gegenleistung in Geld deutscher Währung einen Vorteil anbietet, verspricht oder gewährt, um sich oder einem anderen eine Ware oder Leistung bevorzugt zu verschaffen.

(2) Ein Vorteil, der für die Bevorzugung nicht gefordert, versprochen oder gewährt werden darf, ist insbesondere auch der gleichzeitige oder spätere Abschluß eines anderen Rechtsgeschäfts.

(3) Absatz 1 gilt nicht für Rechtsgeschäfte, die allgemein von dem Direktor der zuständigen Verwaltung des Vereinigten Wirtschaftsgebietes durch öffentliche Bekanntmachung oder im Verkehr zwischen dem Vereinigten Wirtschaftsgebiet und einem anderen Besatzungsgebiet von der zuständigen Behörde genehmigt sind.

§ 16

Verstoß gegen Veranlagungs-, Ablieferungs- und Meldevorschriften

(1) Eine Zuwiderhandlung im Sinne dieses Abschnitts begeht, wer auf dem Gebiet der Landwirtschaft und Ernährung vorsätzlich oder fahrlässig

1. das Jahressoll an landwirtschaftlichen Erzeugnissen in Getreidewerten oder sonstige Ablieferungspflichten nicht erfüllt;

2. den Nachweis der Erfüllung eines Jahressolls in Getreidewerten oder sonstiger Ablieferungspflichten gegenüber den zuständigen Stellen nicht führt oder Meldepflichten verletzt;
3. einer Vorschrift oder schriftlichen Verfügung zuwiderhandelt, die auf Grund der Vorschriften über Erzeugung, Veranlagung oder Ablieferung landwirtschaftlicher Erzeugnisse erlassen worden ist, sofern die Vorschrift oder Verfügung ausdrücklich auf die Strafbestimmungen dieses Gesetzes verweist.

(2) Sind Einwendungen des Zuwiderhandelnden gegen die Höhe des Jahressolls Gegenstand verwaltungsgerichtlicher Nachprüfung, so ist das Verfahren wegen der Zuwiderhandlung auszusetzen. Die verwaltungsgerichtliche Entscheidung ist bindend.

§ 17

Verstoß gegen Bewirtschaftungsvorschriften

Eine Zuwiderhandlung im Sinne dieses Abschnitts begeht, wer vorsätzlich oder fahrlässig einer Vorschrift oder schriftlichen Verfügung zuwiderhandelt, die auf Grund der Vorschriften über die Bewirtschaftung und Marktregelung auf dem Gebiet der gewerblichen Wirtschaft, der Landwirtschaft, der Ernährung, der Forstwirtschaft und über den Gebrauch von Verkehrsmitteln erlassen worden ist, sofern die Vorschrift oder die Verfügung ausdrücklich auf die Strafbestimmungen dieses Gesetzes verweist.

§ 18

Verstoß gegen Preisvorschriften

Eine Zuwiderhandlung im Sinne dieses Abschnitts begeht, wer vorsätzlich oder fahrlässig einer Vorschrift oder schriftlichen Verfügung zuwiderhandelt, die Preise, Preisspannen, Zuschläge oder Abschläge, Zahlungsbedingungen, Preisauszeichnungen, Preisbindungen oder andere der Preisbildung oder dem Preisschutz dienende Maßnahmen betrifft, sofern die Vorschrift oder die Verfügung ausdrücklich auf die Strafbestimmungen dieses Gesetzes verweist.

§ 19

Preistreiberei

(1) Eine Zuwiderhandlung im Sinne dieses Abschnitts begeht, wer in Ausübung eines Gewerbes oder Berufs oder in unbefugter Betätigung wie ein Gewerbetreibender für Güter oder Leistungen des lebenswichtigen Bedarfs unangemessene Entgelte fordert, verspricht, vereinbart, annimmt oder gewährt.

(2) In der Regel ist unangemessen insbesondere ein Entgelt, das sinkende Kosten der Wiederbeschaffung oder -erzeugung nicht berücksichtigt. Bei gestiegenen Herstellungs- oder Anschaffungskosten ist unangemessen auch ein Entgelt, wenn die nach Hundertsätzen berechnete Gewinn- und Handelsspanne nicht angemessen gesenkt ist. Unangemessen ist auch ein Entgelt, das einen vom Hersteller als allgemein bekanntgemachten Preis übersteigt oder bei dem die Kosten der Gütererzeugung oder -verteilung unter Vernachlässigung der wegen der Kriegsfolgen besonders gebotenen Sparsamkeit unberechtigt hoch gehalten oder erhöht

sind. Angesichts der Notwendigkeit, den lebenswichtigen Bedarf möglichst billig zu decken, ist ein Entgelt nicht schon deshalb angemessen, weil der in ihm enthaltene Gewinn unter anderen Verhältnissen üblich war.

§ 20

Preistreibende Machenschaften

Eine Zuwiderhandlung im Sinne dieses Abschnitts begeht, wer in Ausübung eines Gewerbes oder Berufs oder in unbefugter Betätigung wie ein Gewerbetreibender

1. Güter oder Leistungen des lebenswichtigen Bedarfs zuückhält oder solche Güter beiseiteschafft, vernichtet oder vorsätzlich oder leichtfertig verderben läßt, obwohl er weiß oder den Umständen nach annehmen muß, daß dadurch der Preis auf eine unangemessene Höhe gesteigert oder auf einer solchen Höhe gehalten werden kann,
2. Güter oder Leistungen des lebenswichtigen Bedarfs dadurch verteuert, daß er sich, ohne die Bedarfsdeckung zu fördern, in den Warenverkehr einschiebt,
3. die Abgabe von Gütern oder Leistungen des lebenswichtigen Bedarfs davon abhängig macht, daß sachlich oder handelsüblich nicht zugehörige Güter oder Leistungen abgenommen werden, obwohl er weiß oder den Umständen nach annehmen muß, daß dadurch die Bedarfsdeckung des Abnehmers verteuert wird.

§ 21

Verletzung der Buchführungspflicht

(1) Eine Zuwiderhandlung im Sinne dieses Abschnitts begeht, wer einer gesetzlichen Pflicht zuwider

1. es unterläßt, Bücher oder Aufzeichnungen zu führen oder Geschäftspapiere oder sonstige Unterlagen aufzubewahren,
2. solche Unterlagen vernichtet, verheimlicht oder so führt oder verändert, daß sie keine Uebersicht seines Geschäftsgebarens gewähren.

(2) Eine Zuwiderhandlung im Sinne dieses Abschnitts begeht ferner, wer es vorsätzlich unterläßt, eine im ordentlichen Geschäftsverkehr übliche Rechnung zu erteilen oder sich erteilen zu lassen.

§ 22

Strafe und Geldbuße in den Fällen der §§ 7 bis 21; Versuch

(1) Ist eine Zuwiderhandlung im Sinne der §§ 7 bis 21 eine Wirtschaftsstraftat, so wird sie mit Gefängnis und Geldstrafe oder einer dieser Strafen bestraft.

(2) Ist eine Zuwiderhandlung im Sinne der §§ 7 bis 21 eine Ordnungswidrigkeit, so kann eine Geldbuße festgesetzt werden. Von der Festsetzung einer Geldbuße ist Abstand zu nehmen, wenn die Ordnungswidrigkeit unter Berücksichtigung aller Umstände ohne Bedeutung ist.

(3) Der Versuch einer Zuwiderhandlung im Sinne der §§ 8, 9, 17 und 18 ist strafbar, wenn sie eine Wirtschaftsstraftat ist; ist sie eine Ordnungswidrigkeit, so kann wegen des Versuchs eine Geldbuße festgesetzt werden.

DRITTER ABSCHNITT

Ordnungswidrigkeiten

§ 23

Verletzung der Aufsichtspflicht

Wird eine Zuwiderhandlung gegen Bestimmungen dieses Gesetzes in einem Betrieb begangen, so kann wegen Verletzung der Aufsichtspflicht eine Geldbuße gegen die Inhaber oder Leiter und falls Inhaber des Betriebes eine juristische Person oder eine Handelsgesellschaft ist, auch gegen diese festgesetzt werden, wenn der Inhaber oder Leiter oder der zur gesetzlichen Vertretung Berechtigte nicht nachweist, daß er die im Verkehr erforderliche Sorgfalt angewandt hat, um die Zuwiderhandlung zu verhüten.

§ 24

Verwirtschaftung

Werden in einem Betrieb Fehlmengen an Waren, die der Bewirtschaftung oder Marktregelung unterliegen, festgestellt, so kann eine Geldbuße gegen den Inhaber oder Leiter und, falls Inhaber des Betriebes eine juristische Person oder eine Handelsgesellschaft ist, auch gegen diese festgesetzt werden, wenn der Inhaber oder Leiter oder der zur gesetzlichen Vertretung Berechtigte nicht nachweist, daß er die im Verkehr erforderliche Sorgfalt angewandt hat, um solche Fehlmengen zu verhüten.

VIERTER ABSCHNITT

Allgemeine Bestimmungen

1. Wirtschaftsstraftaten

§ 25

Schwere Fälle

Hat jemand eine Wirtschaftsstraftat aus Gewinnsucht begangen oder ist er vor Begehung einer vorsätzlichen Wirtschaftsstraftat schon einmal wegen einer solchen zu einer Gefängnisstrafe rechtskräftig verurteilt worden, so kann auf Zuchthaus erkannt werden.

§ 26

Geldstrafen

(1) Der Höchstbetrag einer in diesem Gesetz angedrohten Geldstrafe ist 100 000 Deutsche Mark. Ueber diesen Betrag hinaus kann die Geldstrafe bis zur dreifachen Höhe des durch die strafbare Handlung erzielten Gewinnes oder des Wertes der Gegenstände, auf die sie sich bezieht, erhöht werden.

(2) Hat der Täter in der Absicht gehandelt, sich zu bereichern, so kann auch neben einer ausschließlich angedrohten Freiheitsstrafe auf Geldstrafe erkannt werden.

2. Ordnungswidrigkeiten

§ 27

Verantwortlichkeit Jugendlicher

Eine Geldbuße kann auch gegen Personen festgesetzt werden, die das 18. Lebensjahr noch nicht vollendet haben. Die Bestimmungen des § 3 Absatz 1 Satz 1 und Absatz 2 Satz 1 des Jugendgerichtsgesetzes in der Fassung vom 6. November 1943 (Reichsgesetzbl. I S. 637) sind entsprechend anzuwenden.

§ 28

Teilnahme

Eine Geldbuße kann auch gegen Anstifter und Gehilfen festgesetzt werden.

§ 29

Höhe der Geldbuße; Verwarnung

(1) Die Geldbuße beträgt mindestens drei Deutsche Mark, höchstens 100 000 Deutsche Mark.

(2) In Fällen von geringer Bedeutung kann statt Festsetzung einer Geldbuße eine schriftliche Verwarnung erteilt werden. Für sie kann eine Gebühr von nicht mehr als zwei Deutsche Mark gefordert werden. Auslagen werden nicht erhoben.

§ 30

Verjährung

Die Vorschriften des Strafgesetzbuches über die Verjährung der Strafverfolgung und Strafvollstreckung von Vergehen sind auf Ordnungswidrigkeiten sinngemäß mit der Maßgabe anzuwenden, daß die Verjährung in zwei Jahren eintritt. Einer Handlung, die nach dem Strafgesetzbuch die Verjährung unterbricht, stehen entsprechende Handlungen der Verwaltungsbehörde gleich.

3. Gemeinsame Bestimmungen

§ 31

Irrtum

(1) Wer in unverschuldetem Irrtum über das Bestehen oder die Anwendbarkeit einer rechtlichen Vorschrift seine Tat für erlaubt gehalten hat, bleibt straffrei.

(2) War der Irrtum verschuldet, so kann die Strafe gemildert werden

(3) Entsprechendes gilt für den, der eine Ordnungswidrigkeit begangen hat.

§ 32

Zusammentreffen von Straftaten und Ordnungswidrigkeiten

Stellt ein und dieselbe Handlung eine Ordnungswidrigkeit und eine gerichtlich zu verfolgende Straftat dar, so kann eine Geldbuße nur festgesetzt werden, wenn keine gerichtliche Strafe verhängt wird.

FÜNFTER ABSCHNITT

Nebenfolgen

1. Berufsverbot

§ 33

(1) Das Gericht kann dem Täter neben der Strafe auf dem Gebiet, auf dem die strafbare Handlung begangen ist, die Betätigung oder die Führung eines Betriebes auf die Dauer von mindestens einem und höchstens fünf Jahren untersagen, wenn der Täter sich in der Betätigung oder Betriebsführung als unzuverlässig erwiesen hat. Betätigung und Betriebsführung können auch teilweise untersagt oder von der Erfüllung von Auflagen abhängig gemacht werden.

(2) Wird dem Täter die Führung eines Betriebes ganz untersagt, so kann die Verwaltungsbehörde die Fortführung des Betriebes durch einen Treuhänder anordnen und ihn bestellen. Hiergegen kann der Täter die Verwaltungsgerichte anrufen.

(3) Das Berufsverbot wird mit der Rechtskraft des Urteils wirksam. Wird das Berufsverbot neben einer Freiheitsstrafe verhängt, so wird die Zeit der Strafverbüßung auf seine Dauer nicht angerechnet. Die Bestimmungen des § 42 I Absatz 2 und Absatz 4 des Strafgesetzbuches sind entsprechend anzuwenden.

2. Betriebsschließung

§ 34

Anordnung der Betriebsschließung

(1) Das Gericht kann neben der Strafe die Schließung des Betriebes des Täters auf Dauer oder auf Zeit anordnen.

(2) Zulässig ist auch eine dauernde oder zeitige Einschränkung oder die Zwangsverpachtung des Betriebes.

(3) Sind mehrere Personen Inhaber des Betriebes, so kann die Schließung, Einschränkung oder Zwangsverpachtung des Betriebes nur dann angeordnet werden, wenn sämtliche geschäftsführenden Inhaber die Zuwiderhandlung begangen haben. Daß ein geschäftsführender Mitinhaber nicht schuldig ist, steht der Anordnung nicht entgegen, wenn er der Ehegatte eines schuldigen geschäftsführenden Mitinhabers ist.

(4) Absatz 3 gilt entsprechend für Gesellschaften mit beschränkter Haftung mit der Maßgabe, daß als geschäftsführende Inhaber des Betriebes die Gesellschafter gelten, die zugleich Geschäftsführer sind.

§ 35

Wirkung der Betriebsschließung

Die Betriebsschließung hat die Wirkung, daß dem Verurteilten jede Betätigung untersagt ist, die auf eine Fortführung des Betriebes durch ihn oder durch Dritte oder auf seine Veräußerung als Ganzes hinzielt. Die Bestimmungen des bürgerlichen Rechts zugunsten derer, die Rechte von einem Nichtberechtigten herleiten, finden entsprechende Anwendung.

§ 36

Durchführung der Betriebsschließung und der sonstigen Maßnahmen

(1) Die Durchführung der Maßnahmen nach § 34 obliegt der Verwal-

tungsbehörde. Die Verwaltungsbehörde ist berechtigt, Bestimmungen über die Abwicklung des Betriebes zu erlassen, insbesondere Auflagen zu machen oder einen Liquidator zu bestellen und seine Aufgaben und Befugnisse zu regeln; von zwingenden gesetzlichen Vorschriften über die Liquidation darf sie dabei nicht abweichen.

(2) Gegen Maßnahmen nach Absatz 1 kann der Verurteilte die Verwaltungsgerichte anrufen.

§ 37

Auflösung von Verträgen

Im Falle der Schließung des Betriebes können ohne Rücksicht auf entsprechende vertragliche Bestimmungen Dienstverträge mit der gesetzlichen oder tarifvertraglichen, Mietverträge mit der gesetzlichen Kündigungsfrist gekündigt werden. Das gleiche gilt im Falle der Einschränkung des Betriebes, soweit die Kündigung zu ihrer Durchführung erforderlich ist.

§ 38

Verfahren gegen Abwesende

Betriebsschließung, Betriebseinschränkung oder Zwangsverpachtung kann vom Gericht im Verfahren nach den §§ 430 bis 432 der Strafprozeßordnung auf Antrag der Staatsanwaltschaft durch Beschluß ausgesprochen werden, wenn der Bechuldigte abwesend ist.

3. Einziehung

§ 39

Gegenstand der Einziehung

(1) Das Gericht kann Gegenstände einziehen, auf die sich eine Zuwiderhandlung bezieht oder die durch eine solche gewonnen oder erlangt werden.

(2) Der Einziehung unterliegen auch die zur Begehung der Tat gebrauchten oder dazu bestimmten Gegenstände, insbesondere die bei der Tat verwendeten Verpackungs- oder Beförderungsmittel.

§ 40

Einziehung fremden Eigentums

Ist der Zuwiderhandelnde nicht Eigentümer, so unterbleibt die Einziehung, wenn nicht der Eigentümer die Zuwiderhandlung kannte oder kennen mußte oder von ihr einen Vorteil gehabt hat, dessen Zusammenhang mit der Zuwiderhandlung ihm erkennbar war.

§ 41

Ersatzeinziehung

Ist die Einziehung gemäß § 39 nicht ausführbar, so kann auf Einziehung eines dem Wert der Gegenstände entsprechenden Geldbetrages (Ersatzeinziehung) erkannt werden. Steht nicht fest, ob die Einziehung ausführbar sein wird, so kann für den Fall, daß sie nicht ausgeführt werden kann, auf Ersatzeinziehung erkannt werden.

§ 42

Selbständige Einziehung

(1) Ist die Einziehung oder Ersatzeinziehung unterblieben oder wird ein Strafverfahren nicht durchgeführt, insbesondere, weil der Beschuldigte ab-

wesend ist oder keine bestimmte Person verfolgt oder abgeurteilt werden kann, so kann auf Antrag der Staatsanwaltschaft die Einziehung oder Ersatzeinziehung selbständig durch Beschluß angeordnet werden.

(2) Gegen den Beschluß ist sofortige Beschwerde zulässig.

§ 43

Wirkung der rechtskräftigen Einziehung

Mit der Rechtskraft der Entscheidung geht das Eigentum an den eingezogenen Gegenständen auf das Land über; sonstige Rechte erlöschen.

§ 44

Rechte Dritter am Gegenstand der Einziehung

(1) Für Rechte Dritter ist bis zur Höhe des Wertes oder Erlöses der eingezogenen Gegenstände Entschädigung zu gewähren, wenn nicht der Dritte die Zuwiderhandlung kannte oder kennen mußte oder von ihr einen Vorteil gehabt hat, dessen Zusammenhang mit der Zuwiderhandlung ihm erkennbar war.

(2) Bei der Feststellung, inwieweit ein Recht durch den Wert oder Erlös der eingezogenen Gegenstände gedeckt war, sind vorgehende Rechte auch zu berücksichtigen, wenn bei ihnen die Voraussetzungen des Absatz 1 nicht gegeben sind.

(3) Der Entschädigungsanspruch verjährt ein Jahr nach Eintritt der Rechtskraft. Der Rechtsweg ist zulässig.

§ 45

Geltendmachung von Rechten Dritter

(1) Dem Eigentümer (§ 40) und dem Dritten (§ 44) ist Gelegenheit zu geben, ihre Rechte geltend zu machen. Sie haben selbständig die Rechte des Angeklagten und können sich in der Hauptverhandlung durch einen Verteidiger vertreten lassen.

(2) Sie können, auch wenn sie nicht geladen sind, erscheinen und ihre Rechte geltend machen.

(3) Bleiben sie auf ordnungsgemäße Ladung aus, so wird ohne sie verhandelt.

(4) Wenn sie zur Hauptverhandlung geladen sind oder erscheinen, so ist ihnen das Urteil zuzustellen, wenn sie bei der Verkündung nicht zugegen und auch nicht vertreten gewesen sind.

§ 46

Nachträgliche Geltendmachung der Rechte Dritter

In den Fällen der §§ 40 und 44 kann der Nachweis von Rechten bis zum Ausspruch der Einziehung geführt werden. Kann der Eigentümer oder der Dritte den Nachweis ohne sein Verschulden erst nach Erlaß der die Einziehung aussprechenden Entscheidung führen, so ordnet das Gericht die Wiederherstellung der Rechte oder, soweit dies nicht mehr möglich ist, die Herausgabe des Erlöses an.

§ 47

Schutz des gutgläubigen Erwerbers

Für einen Rechtserwerb, der nach der Rechtskraft der Entscheidung eintritt, gelten die Vorschriften des bürgerlichen Rechts zugunsten derer, die Rechte von einem Nichtberechtigten herleiten.

§ 48

Einziehung bei Ordnungswidrigkeiten

(1) Die Einziehung kann auch bei Ordnungswidrigkeiten angeordnet werden. Die Bestimmungen der §§ 39 bis 44, 45 Absatz 1 Satz 1, 46 und 47 sind sinngemäß anzuwenden.

(2) Die selbständige Einziehung (§ 42) erfolgt durch Bescheid der Verwaltungsbehörde. Der Bescheid steht einem Bußgeldbescheid (§§ 77 ff.) gleich.

4. Abführung des Mehrerlöses

§ 49

Begriff des Mehrerlöses

(1) Hat der Täter durch eine Zuwiderhandlung nach den §§ 18, 19 oder 20 einen höheren als den zulässigen Preis erzielt, so hat das Gericht im Urteil auszusprechen, daß er den Unterschiedsbetrag zwischen dem zulässigen und dem erzielten Preis (Mehrerlös) an das Land abzuführen hat, soweit er ihn nicht auf Grund einer rechtlichen Verpflichtung zurückerstattet hat.

(2) Die Höhe des Mehrerlöses ist zahlenmäßig zu bestimmen. Sie kann geschätzt werden.

§ 50

Rückerstattung des Mehrerlöses

(1) Statt der Abführung kann das Gericht auf Antrag des Geschädigten die Rückerstattung des Mehrerlöses an ihn anordnen, wenn es seinen Rückforderungsanspruch gegen den Täter für begründet hält.

(2) Legt der Täter oder der Geschädigte, nachdem die Abführung des Mehrerlöses angeordnet ist, eine rechtskräftige Entscheidung vor, in welcher der Rückforderungsanspruch gegen den Täter festgestellt ist, so ordnet die Strafvollstreckungsbehörde an, daß der zuerkannte Anspruch nicht mehr vollstreckt oder der Geschädigte aus dem bereits abgeführten Mehrerlös befriedigt wird.

(3) Die §§ 403 bis 406c der Strafprozeßordnung sind anzuwenden mit Ausnahme der §§ 405 Satz 1, 406a Absatz 3 und 406c Absatz 2.

§ 51

Verfahren bei selbständiger Abführung des Mehrerlöses

(1) Die Bestimmungen der §§ 49 und 50 können auch angewandt werden, wenn der äußere Tatbestand einer Straftat nach den §§ 18, 19 oder 20 vorliegt, ein Verschulden jedoch nicht nachgewiesen ist oder die Tat aus anderen Gründen nicht bestraft werden kann.

(2) Die Abführung des Mehrerlöses kann dem Täter nicht mehr auferlegt und der Abführungsanspruch kann nicht mehr vollstreckt werden, wenn die Straftat oder die Vollstreckung einer dafür erkannten Strafe verjährt ist oder, falls eine Strafe nicht verhängt ist, die Vollstreckung einer Geldstrafe in gleicher Höhe verjährt wäre.

(3) § 42 ist entsprechend anzuwenden.

§ 52

Mehrerlös bei Ordnungswidrigkeiten

(1) Bei Ordnungswidrigkeiten sind die Bestimmungen der §§ 49 bis 51 entsprechend anzuwenden.

(2) Die selbständige Anordnung der Abführung des Mehrerlöses (§ 51) ergeht durch Bescheid der Verwaltungsbehörde. Der Bescheid steht einem Bußgeldbescheid (§§ 77 ff.) gleich.

5. Oeffentliche Bekanntmachung

§ 53

(1) Das Gericht kann anordnen, daß die Verurteilung und die Maßnahmen nach §§ 33, 34 auf Kosten des Verurteilten öffentlich bekanntgemacht werden. Die Art der Bekanntmachung sowie die Frist, innerhalb deren sie zu erfolgen hat, sollen im Urteil bestimmt werden.

(2) Bei Festsetzung einer Geldbuße durch die Verwaltungsbehörde ist Absatz 1 entsprechend anzuwenden.

Drittes Buch, Uebergangs- und Schlußbestimmungen

§ 102

Aufhebung von Vorschriften

Mit Inkrafttreten dieses Gesetzes treten übereinstimmende oder entgegenstehende Vorschriften außer Kraft, insbesondere:

1. die Verordnung über Strafen und Strafverfahren bei Zuwiderhandlungen gegen Preisvorschriften vom 3. Juni 1939 (Reichsgesetzbl. I S. 999) in den im Vereinigten Wirtschaftsgebiet geltenden Fassungen,
2. die Verbrauchsregelung-Strafverordnung in der Fassung vom 26. November 1941 (Reichsgesetzbl. I S. 734),
3. die Verordnung zur Ergänzung und Aenderung von Vorschriften auf dem Gebiet der Verbrauchsregelung vom 25. November 1941 (Reichsgesetzbl. I S. 731),
4. das Gesetz gegen Kompensationen vom 3. November 1948 (WiGBl. S. 116),
5. die §§ 1 bis 1d und 22 bis 28 der Kriegswirtschaftsverordnung in der Fassung vom 25. März 1942 (Reichsgesetzbl. I S. 147),
6. die §§ 9 bis 31 des Bewirtschaftungsnotgesetzes vom 30. Oktober 1947 (WiGBl. 1948 S. 3) in der Fassung der Gesetze zur Aenderung des Bewirtschaftungsnotgesetzes vom 5. August 1948 (WiGBl. S. 82), vom 25. Februar 1949 (WiGBl. S. 17) und des Zweiten Ueberleitungsgesetzes vom 19. Januar 1949 (WiGBl. S. 9),
7. die §§ 31 Ziff. 5 und 6, 32, 33 Absatz 1, 34 der Zweiten Verordnung zur Durchführung des Bewirtschaftungsnotgesetzes vom 23. April 1948 (WiGBl. S. 37).
8. der § 20 des Gesetzes zur Neuordnung des Veranlagungs- und Ablieferungswesens in der Landwirtschaft vom 23. Januar 1948 (WiGBl. S. 23).
9. das Bayerische Gesetz Nr. 69 zur Verschärfung der Strafen bei schweren Wirtschaftsverbrechen vom 4. Juli 1947 (Bayer. GVBl. S. 145),
10. das Bayerische Gesetz Nr. 70 zur verschärften Bekämpfung der Fälschung von Bezugsberechtigungen vom 18. Juli 1947 (Bayer. GVBl. S. 146).

§ 103

Ueberleitung des Preistreibereigesetzes

Das Gesetz gegen Preistreiberei vom 28. Januar 1949 (WiGBl. S. 11) wird bis zum 30. September 1949 wieder in Kraft gesetzt.

§ 104

Verweisungen auf aufgehobene Vorschriften

(1) Wären Zuwiderhandlungen gegen Vorschriften oder Verfügungen, die vor Inkrafttreten dieses Gesetzes erlassen sind, nach Bestimmungen zu bestrafen oder zu verfolgen, die nach § 102 außer Kraft getreten sind, so gelten an deren Stelle die entsprechenden Bestimmungen dieses Gesetzes.

(2) Verweisungen auf solche Bestimmungen gelten als Verweisungen auf die entsprechenden Bestimmungen dieses Gesetzes.

(3) Soweit nach solchen Bestimmungen für die Strafbarkeit einer Zuwiderhandlung eine Verweisung nicht erforderlich war, bewendet es hierbei; die Zuwiderhandlung bleibt mit dieser Maßgabe nach den Bestimmungen dieses Gesetzes strafbar.

§ 105

Inkrafttreten

(1) Der § 103 dieses Gesetzes tritt am Tage nach seiner Verkündung in Kraft.

(2) Im übrigen tritt dieses Gesetz am 1. Oktober 1949 in Kraft und am 31. März 1950 außer Kraft*).

22. Bürgerliches Gesetzbuch

§ 227. Eine durch Notwehr gebotene Handlung ist nicht widerrechtlich.

Notwehr ist diejenige Verteidigung, welche erforderlich ist, um einen gegenwärtigen rechtswidrigen Angriff von sich oder einem anderen abzuwenden.

§ 228. Wer eine fremde Sache beschädigt oder zerstört, um eine durch sie drohende Gefahr von sich oder einem anderen abzuwenden, handelt nicht widerrechtlich, wenn die Beschädigung oder die Zerstörung zur Abwendung der Gefahr erforderlich ist und der Schaden nicht außer Verhältnis zu der Gefahr steht. Hat der Handelnde die Gefahr verschuldet, so ist er zum Schadensersatze verpflichtet.

§ 229. Wer zum Zwecke der Selbsthilfe eine Sache wegnimmt, zerstört oder beschädigt oder wer zum Zwecke der Selbsthilfe einen Verpflichteten, welcher der Flucht verdächtig ist, festnimmt oder den Widerstand des Verpflichteten gegen eine Handlung, die dieser zu dulden verpflichtet ist, beseitigt, handelt nicht widerrechtlich, wenn obrigkeitliche Hilfe nicht rechtzeitig zu erlangen ist und ohne sofortiges Eingreifen die Gefahr besteht, daß die Verwirklichung des Anspruchs vereitelt oder wesentlich erschwert werde.

---

*) Inzwischen verlängert.

§ 230. Die Selbsthilfe darf nicht weiter gehen, als zur Abwendung der Gefahr erforderlich ist.

Im Falle der Wegnahme von Sachen ist, sofern nicht Zwangsvollstreckung erwirkt wird, der dingliche Arrest zu beantragen.

Im Falle der Festnahme des Verpflichteten ist, sofern er nicht wieder in Freiheit gesetzt wird, der persönliche Sicherheitsarrest bei dem Amtsgerichte zu beantragen, in dessen Bezirke die Festnahme erfolgt ist; der Verpflichtete ist unverzüglich dem Gerichte vorzuführen.

Wird der Arrestantrag verzögert oder abgelehnt, so hat die Rückgabe der weggenommenen Sachen und die Freilassung des Festgenommenen unverzüglich zu erfolgen.

§ 231. Wer eine der im § 229 bezeichneten Handlungen in der irrigen Annahme vornimmt, daß die für den Ausschluß der Widerrechtlichkeit erforderlichen Voraussetzungen vorhanden seien, ist dem anderen Teile zum Schadensersatze verpflichtet, auch wenn der Irrtum nicht auf Fahrlässigkeit beruht.

*

§ 859. Der Besitzer darf sich verbotener Eigenmacht mit Gewalt erwehren.

Wird eine bewegliche Sache dem Besitzer mittels verbotener Eigenmacht weggenommen, so darf er sie dem auf frischer Tat betroffenen oder verfolgten Täter mit Gewalt wieder abnehmen.

Wird dem Besitzer eines Grundstücks der Besitz durch verbotene Eigenmacht entzogen, so darf er sofort nach der Entziehung sich des Besitzes durch Entsetzung des Täters wieder bemächtigen.

Die gleichen Rechte stehen dem Besitzer gegen denjenigen zu, welcher nach § 858 Abs. 2 die Fehlerhaftigkeit des Besitzes gegen sich gelten lassen muß.

§ 860. Zur Ausübung der dem Besitzer nach § 859 zustehenden Rechte ist auch derjenige befugt, welcher die tatsächliche Gewalt nach § 855 für den Besitzer ausübt.

§ 865. Die Vorschriften der §§ 858 bis 864 gelten auch zugunsten desjenigen, welcher nur einen Teil einer Sache, insbesondere abgesonderte Wohnräume oder andere Räume, besitzt.

*

§ 904. Der Eigentümer einer Sache ist nicht berechtigt, die Einwirkung eines anderen auf die Sache zu verbieten, wenn die Einwirkung zur Abwendung einer gegenwärtigen Gefahr notwendig und der drohende Schaden gegenüber dem aus der Einwirkung dem Eigentümer entstehenden Schaden unverhältnismäßig groß ist. Der Eigentümer kann Ersatz des ihm entstehenden Schadens verlangen.

*

§ 1029. Wird der Besitzer eines Grundstücks in der Ausübung einer für den Eigentümer im Grundbuch eingetragenen Grunddienstbarkeit gestört, so finden die für den Besitzschutz geltenden Vorschriften entsprechende Anwendung, soweit die Dienstbarkeit innerhalb eines Jahres vor der Störung, sei es auch nur einmal, ausgeübt worden ist.

Kontrollratsbeschlüsse

A

Gesetz des KR. Nr. 1 vom 20. September 1945

Aufhebung faschistischer Gesetze

Der Alliierte Kontrollrat ordnet an:

Artikel I

1. Folgende einzeln aufgeführte Gesetze politischen oder diskriminierenden Charakters, auf die sich das faschistische Regime in Deutschland stützte, werden samt allen ergänzenden und erläuternden Gesetzen, Erlassen und Befehlen widerrufen:

a) Das Gesetz zur Behebung der Not von Volk und Reich vom 24. März 1933, RGBl I/41;

b) das Gesetz zur Wiederherstellung des Berufsbeamtentums vom 7. April 1933, RGBl. I/175;

c) das Gesetz zur Aenderung einiger Vorschriften des Strafrechts und des Strafverfahrens vom 24. April 1933, RGBl. I/341;

d) das Gesetz zum Schutze der nationalen Symbole vom 19. Mai 1933, RGBl. I/235;

e) das Gesetz gegen die Neubildung von Parteien vom 14. Juli 1933 RGBl. I/479;

f) das Gesetz über die Volksabstimmung vom 14. Juli 1933, RGBl. I/479;

g) das Gesetz zur Sicherung der Einheit von Partei und Staat vom 1. Dezember 1933, RGBl. I/1016;

h) das Gesetz gegen heimtückische Angriffe auf Staat und Partei und zum Schutze der Parteiuniform vom 20. Dezember 1934, RGBl. I/1269;

i) das Reichsflaggengesetz vom 15. September 1935, RGBl. I/1145;

k) das Gesetz zum Schutze des deutschen Blutes und der deutschen Ehre vom 15. September 1935, RGBl. I/1146;

l) das Reichsbürgergesetz vom 15. September 1935, RGBl. I/1146;

m) das Preußische Gesetz über die Geheime Staatspolizei vom 10. Februar 1936, Pr.G. S. 21;

n) das Gesetz über die Hitler-Jugend vom 1. September 1936 RGBl. I/993;

o) die Verordnung gegen die Unterstützung der Tarnung jüdischer Gewerbebetriebe vom 22. April 1938, RGBl. I/404;

p) die Verordnung über die Anmeldung der Vermögen von Juden vom 26. April 1938, RGBl. I/414;

q) das Gesetz zur Aenderung der Gewerbeordnung für das Deutsche Reich vom 6. Juli 1938, RGBl. I/323;

r) die zweite Verordnung zur Durchführung des Gesetzes über die Aenderung von Familiennamen und Vornamen vom 17. August 1938, RGBl. I/1044;

s) die Verordnung über Reisepässe von Juden vom 5. Oktober 1938, RGBl. I/1342;

t) die Verordnung über die Ausschaltung der Juden aus dem deutschen Wirtschaftsleben vom 12. November 1938, RGBl. I/1580;

u) die Polizeiverordnung über das Auftreten der Juden in der Oeffentlichkeit vom 28. November 1938, RGBl. I/1676;

v) die Verordnung über den Nachweis deutschblütiger Abstammung vom 1. August 1940, RGBl. I/1063;

w) die Polizeiverordnung über die Kennzeichnung der Juden vom 1. September 1941, RGBl. I/547;

x) die Verordnung über die Beschäftigung von Juden vom 3. Oktober 1941, RGBl. I/675;

y) die Polizeiverordnung über die Kenntlichmachung der im Reich befindlichen Ostarbeiter und -arbeiterinnen vom 19. Juni 1944, RGBl. I/14.

2. Durch die Aufhebung der oben erwähnten Gesetze tritt kein Gesetz in Kraft, das nach dem 30. Januar 1933 erlassen und das durch die oben erwähnten Gesetze aufgehoben worden ist.

Artikel II

Kein deutsches Gesetz, wie immer und wann immer erlassen, darf rechts- oder verwaltungsmäßig angewandt werden in den Fällen, wo eine derartige Anwendung Unrecht oder Ungleichheit nach sich ziehen würde, entweder:

a) durch die Bevorzugung irgendeiner Person wegen ihres Verhältnisses zur NSDAP., ihren Formationen oder von ihr geleiteten Organisationen, oder

b) durch die Diskriminierung irgendeiner Person auf Grund ihrer Rasse, Nationalität, Glaubenszugehörigkeit oder Opposition zur NSDAP und ihren Lehren.

Artikel III

Wer irgendein durch dieses Gesetz aufgehobenes Gesetz anwendet oder anzuwenden versucht, wird strafrechtlich zur Verantwortung gezogen.

B

Grundsätze für die Umgestaltung der Rechtspflege
Proklamation des KR. Nr. 3 vom 20. Oktober 1945 (Auszug)

Dank der Vernichtung der Gewaltherrschaft Hitlers durch die alliierten Mächte ist das Terrorsystem der Nazigerichte abgeschafft worden. An seine Stelle muß eine Rechtspflege treten, die sich auf die Errungenschaft der Demokratie, Zivilisation und Gerechtigkeit gründet. Der Kontrollrat verkündet daher die folgenden Grundsätze für die Umgestaltung der Rechtspflege, die für ganz Deutschland Geltung haben sollen.

I. Gleichheit vor dem Gesetz

Alle Personen sind vor dem Gesetz gleich. Niemandem, welches auch seine Rasse, Nationalität oder Religion sei, dürfen die ihm gesetzlich zustehenden Rechte entzogen werden.

II. Gewährleistung der Rechte des Angeklagten

1. Niemand darf des Lebens, der persönlichen Freiheit oder seines Eigentums beraubt werden, es sei denn auf Grund eines gesetzmäßigen Gerichtsverfahrens.

2. Strafrechtliche Verantwortlichkeit besteht nur für rechtlich als strafbar erklärte Handlungen (des faits delictueux prévus par le Droit — offences provided by law).

3. Kein Gericht darf irgendeine Handlung auf Grund von „Analogie" oder im Hinblick auf das sogenannte „gesunde Volksempfinden" als strafbar erklären, wie das im Deutschen Strafgesetzbuch der Fall war.

4. In jedem Strafverfahren müssen dem Angeklagten folgende Rechte zugestanden werden, die einer demokratischen Rechtsauffassung entsprechen: schnelles und öffentliches Gerichtsverfahren, Bekanntgabe von Grund und Art der Anklage, Gegenüberstellung mit den Belastungszeugen, gerichtliche Vorladung von Entlastungszeugen und Hinzuziehung eines Verteidigers. Strafen, die gegen das gerechte Maß oder die Menschlichkeit verstoßen und solche, die das Gesetz nicht vorsieht, dürfen nicht verhängt werden.

5. Verurteilungen, die unter dem Hitler-Regime aus politischen, rassischen oder religiösen Gründen erfolgt sind, müssen aufgehoben werden.

III. Abschaffung der Ausnahme- und Sondergerichte des Hitler-Regimes

Der Volksgerichtshof, die Gerichte der Nationalsozialistischen Deutschen Arbeiterpartei und die Sondergerichte sind aufgehoben. Ihre Wiedereinsetzung ist verboten.

IV. Unabhängigkeit der Gerichtsbarkeit

1. In der Ausübung seiner Amtstätigkeit ist der Richter unabhängig von Weisungen der ausführenden Gewalt. Er ist nur dem Gesetz unterworfen.

2. Der Zugang zum Richteramt steht ohne Rücksicht auf Rasse, Religion oder Nationalität allen Personen offen, sofern sie die Grundsätze der Demokratie anerkennen.

3. Beförderung des Richters erfolgt ausschließlich nach Maßstab seiner Leistungen und juristischen Befähigung.

V.

Ordentliche deutsche Gerichte werden die Rechtspflege in Deutschland in Einklang mit den Grundsätzen dieser Proklamation ausüben.

C

Gesetz des KR. Nr. 10 vom 20. Dezember 1945 (Auszug) Bestrafung von Personen, die sich Kriegsverbrechen, Verbrechen gegen den Frieden oder gegen die Menschlichkeit schuldig gemacht haben

Artikel II

1. Jeder der folgenden Tatbestände stellt ein Verbrechen dar:

a) **Verbrechen gegen den Frieden.** Das Unternehmen des Einfalls in andere Länder und des Angriffskrieges als Verletzung des Völkerrechts und internationaler Verträge einschließlich der folgenden, den obigen Tatbestand jedoch nicht erschöpfenden Beispiele: Planung, Vorbereitung eines Krieges, Beginn oder Führung eines Angriffskrieges oder eines Krieges unter Verletzung von internationalen Verträgen, Abkommen oder Zusicherungen; Teilnahme an einem gemeinsamen Plan oder einer Verschwörung zum Zwecke der Ausführung einer der vorstehend aufgeführten Verbrechen.

b) **Kriegsverbrechen.** Gewalttaten oder Vergehen gegen Leib, Leben oder Eigentum, begangen unter Verletzung der Kriegsgesetze oder -gebräuche einschließlich der folgenden, den obigen Tatbestand jedoch nicht erschöpfenden Beispiele: Mord, Mißhandlung der Zivilbevölkerung der besetzten Gebiete, ihre Verschleppung zur Zwangsarbeit oder anderen Zwecken oder die Anwendung der Sklavenarbeit in den besetzten Gebieten selbst, Mord oder Mißhandlung von Kriegsgefangenen, Personen auf hoher See; Tötung von Geiseln; Plünderung von öffentlichem oder privatem Eigentum; vorsätzliche Zerstörung von Stadt oder Land oder Verwüstungen, die nicht durch militärische Notwendigkeit gerechtfertigt sind.

c) **Verbrechen gegen die Menschlichkeit.** Gewalttaten (atrocities, atrocités) und Vergehen, einschließlich der folgenden, den obigen Tatbestand jedoch nicht erschöpfenden Beispiele: Mord, Ausrottung, Versklavung, Zwangsverschleppung, Freiheitsberaubung, Folterung, Vergewaltigung oder andere an der Zivilbevölkerung begangene unmenschliche Handlungen; Verfolgung aus politischen, rassischen oder religiösen Gründen, ohne Rücksicht darauf, ob sie das nationale Recht des Landes in welchem die Handlung begangen worden ist, verletzen.

d) Zugehörigkeit zu gewissen Kategorien von Verbrechervereinigungen oder Organisationen, deren verbrecherischer Charakter vom internationalen Militärgerichtshof festgestellt worden ist.

2. Ohne Rücksicht auf seine Staatsangehörigkeit oder die Eigenschaft, in der er handelte, wird eines Verbrechens nach Maßgabe von Ziffer 1 dieses Artikels für schuldig erachtet, wer

a) als Täter oder

b) als Beihelfer bei der Begehung eines solchen Verbrechens mitgewirkt oder es befohlen oder angestiftet (ordered or abetted — l'a ordonné ou favorisé) oder

c) durch seine Zustimmung daran teilgenommen hat (took a consenting part therein — y a consenti) oder

d) mit seiner Planung oder Ausführung in Zusammenhang gestanden hat oder

e) einer Organisation oder Vereinigung angehört hat, die mit seiner Ausführung in Zusammenhang stand, oder

f) soweit Ziffer 1 (a) in Betracht kommt, wer in Deutschland oder in einem mit Deutschland verbündeten, an seiner Seite kämpfenden oder Deutschland Gefolgschaft leistenden Lande eine gehobene politische, staatliche oder militärische Stellung (einschließlich einer Stellung im Generalstab) oder eine solche im finanziellen, industriellen oder wirtschaftlichen Leben innegehabt hat.

3. Wer eines der vorstehend aufgeführten Verbrechen für schuldig befunden und deswegen verurteilt worden ist, kann mit der Strafe belegt werden, die das Gericht als gerecht bestimmt. Die folgenden Strafen können — allein oder nebeneinander — verhängt werden:

a) Todesstrafe,

b) lebenslängliche oder zeitlich begrenzte Freiheitsstrafe mit oder ohne Zwangsarbeit,

c) Geldstrafe und, im Falle ihrer Uneinbringlichkeit, Freiheitsstrafe mit oder ohne Zwangsarbeit,

d) Vermögenseinziehung,

e) Rückgabe unrechtmäßig erworbenen Vermögens,

f) völlige oder teilweise Aberkennung der bürgerlichen Ehrenrechte.

Vermögen, dessen Einziehung oder Rückgabe von dem Gerichtshof angeordnet worden ist, wird dem Kontrollrat für Deutschland zwecks weiterer Verfügung ausgehändigt.

4. a) Die Tatsache, daß jemand eine amtliche Stellung eingenommen hat, sei es die eines Staatsoberhauptes oder eines verantwortlichen Regierungsbeamten, befreit ihn nicht von der Verantwortlichkeit für ein Verbrechen und ist kein Strafmilderungsgrund.

b) Die Tatsache, daß jemand unter dem Befehl seiner Regierung oder seines Vorgesetzten gehandelt hat, befreit ihn nicht von der Verantwortlichkeit für ein Verbrechen; sie kann aber als strafmildernd berücksichtigt werden.

5. In einem Strafverfahren oder einer Verhandlung wegen eines der vorbezeichneten Verbrechen kann sich der Angeklagte nicht auf Verjährung berufen, soweit die Zeitspanne vom 30. Januar 1933 bis zum 1. Juli 1945 in Frage kommt. Ebensowenig stehen eine vom Naziregime gewährte Immunität, Begnadigung oder Amnestie der Aburteilung oder Bestrafung im Wege.

D

Gesetz des KR. Nr. 11 vom 30. Januar 1946

Aufhebung einzelner Bestimmungen des deutschen Strafrechts

Artikel 1

Folgende Vorschriften des Strafgesetzbuches für das Deutsche Reich vom 15. Mai 1871 in seiner gegenwärtigen Fassung werden hiermit ausdrücklich aufgehoben: Paragraphen 2, 2 b, 9, 10, 16 Absatz 3, 42 a Ziffer 5, 42 k, 80 bis 94 einschließlich, 102, 103, 112, 134 a, 134 b, 140, 140 a, 140 b, 141, 141 a, 142, 143, 143 a, 189 Absatz 3, 210 a, 226 b, 291, 353 a, 370 Ziffer 3.

Artikel II

1. Folgende Gesetze einschließlich aller zusätzlichen Gesetze, Durchführungsbestimmungen, Verordnungen und Erlasse, werden hiermit ausdrücklich aufgehoben:

a) Gesetz über Verhängung und Vollzug der Todesstrafe vom 29. März 1933 (RGBl. I S. 151).

b) Gesetz zur Gewährleistung des Rechtsfriedens vom 13. Oktober 1933 (RGBl. I S. 723).

c) Gesetz über Maßnahmen der Staatsnotwehr vom 3. Juli 1934 (RGBl. I S. 529).

d) Verordnung über das Sonderstrafrecht im Krieg und bei besonderem Einsatz (Kriegssonderstrafrechtsverordnung) vom 17. August 1938 (RGBl. 1939 I S. 1455).

e) Verordnung über außerordentliche Rundfunkmaßnahmen vom 1. September 1939 (RGBl. I S. 1683).

f) Verordnung gegen Volksschädlinge vom 5. September 1939 (RGBl. I S. 1679).

g) Verordnung zur Ergänzung der Strafvorschriften zum Schutz der Wehrkraft des deutschen Volkes vom 25. November 1939 (RGBl. I S. 2319).

h) Verordnung zum Schutze des Reichsarbeitsdienstes vom 12. März 1940 (RGBl. I S. 485).

i) Verordnung zum Schutze der Metallsammlung des deutschen Volkes vom 29. März 1940 (RGBl. I S. 565).

j) Verordnung über die Strafrechtspflege gegen Polen und Juden in den eingegliederten Ostgebieten vom 4. Dezember 1941 (RGBl. I S. 759).

k) Verordnung des Führers zum Schutze der Sammlung von Wintersachen für die Front vom 23. Dezember 1941 (RGBl. I S. 797).

l) Verordnung des Führers zum Schutze der Rüstungswirtschaft vom 21. März 1942 (RGBl. I S. 165).

m) Verordnung über den Schutz der Waffenabzeichen der Wehrmacht vom 3. Mai 1942 (RGBl. I S. 277).

n) Verordnung zur Sicherung des totalen Kriegseinsatzes vom 25. August 1944 (RGBl. I S. 184).

o) Polizeiverordnung über das Betreten von Seeschiffen in deutschen Häfen vom 16. September 1944 (RGBl. I S. 223).

p) Verordnung zur Sicherung des Fronteinsatzes vom 26. Januar 1945 (RGBl. I S. 20).

2. Gleichfalls aufgehoben ist § 1 des Gesetzes zur Aenderung des Reichsstrafgesetzbuches vom 4. September 1941 (RGBl. I S. 549).

Artikel III

Alle in anderen gesetzlichen Bestimmungen enthaltenen Verweisungen auf Vorschriften des Strafgesetzbuches und gesetzliche Bestimmungen, die durch Artikel I bzw. Artikel II aufgehoben sind, sowie alle mit dem gegenwärtigen Gesetz unvereinbaren Strafvorschriften verlieren gleichfalls jede Rechtskraft.

Artikel IV

Die Aufhebung der in Artikel I und II bezeichneten Vorschriften und Bestimmungen setzt frühere Gesetze, die durch die hierdurch aufgehobenen Vorschriften und Bestimmungen aufgehoben worden sind, nicht wieder in Kraft.

Artikel V

Die Aufhebung der in Artikel I dieses Gesetzes bezeichneten Vorschriften oder der in Artikel II dieses Gesetzes bezeichneten Gesetze und Bestimmungen soll den Erlaß weiterer Gesetzgebung, durch die andere Vorschriften des Strafgesetzbuches oder andere strafrechtliche Gesetze aufgehoben oder abgeändert werden, in keiner Weise beeinträchtigen.

Artikel VI

Wer eine durch dieses Gesetz aufgehobene Vorschrift oder gesetzliche Bestimmung anwendet oder anzuwenden versucht, setzt sich strafrechtlicher Verfolgung aus.

E

Gesetz des KR. Nr. 50: Bestrafung der Entwendung und des rechtswidrigen Gebrauchs von zwangsbewirtschafteten Nahrungsmitteln und Gütern und von Urkunden, die sich auf Zwangsbewirtschaftung beziehen, vom 20. März 1947

Zum Schutze der Bestände von zwangsbewirtschafteten Nahrungsmitteln und sonstigen zwangsbewirtschafteten Gütern, die für die Bevölkerung Deutschlands bestimmt sind, sowie von Urkunden, die sich auf Zwangsbewirtschaftung beziehen, erläßt der Kontrollrat das folgende Gesetz.

Artikel I

Mit lebenslänglicher oder zeitlicher Zuchthausstrafe oder mit einer Gefängnisstrafe nicht unter sechs Monaten und in jedem Falle mit einer Geldstrafe von 5000 RM bis 5 000 000 RM werden bestraft:

Personen, denen die Herstellung, Verwaltung, Beförderung oder Obhut von zwangsbewirtschafteten Nahrungsmitteln oder zwangsbewirtschafteten Gütern aller Art, einschließlich solcher, die sich im Herstellungsverfahren befinden, oder von Urkunden, die sich auf Zwangsbewirtschaftung beziehen, obliegt, wenn sie solche Gegenstände entwenden oder vorsätzlich deren Entwendung, widerrechtliche Vergeudung oder widerrechtlichen Gebrauch gestatten.

Artikel II

Mit Gefängnis von sechs Monaten bis zu fünf Jahren und einer Geldstrafe von 2500 RM bis 250 000 RM oder mit einer dieser Strafen werden bestraft:

Die in Artikel I dieses Gesetzes genannten Personen, wenn sie infolge von Fahrlässigkeit für Entwendung, widerrechtliche Vergeudung oder widerrechtlichen Gebrauch von zwangsbewirtschafteten Nahrungsmitteln oder zwangsbewirtschafteten Gütern aller Art, einschließlich solcher, die sich im Herstellungsverfahren befinden, oder von Urkunden, die sich auf Zwangsbewirtschaftung beziehen, verantwortlich sind.

Artikel III

Dieses Gesetz tritt am 7. April 1947 in Kraft.

F

Gesetz des KR. Nr. 55: Aufhebung von Vorschriften auf dem Gebiete des Strafrechts vom 20. Juni 1947

Artikel I

Folgende gesetzliche Bestimmungen einschließlich aller zusätzlichen und zu ihrer Durchführung erlassenen Gesetze, Verordnungen und Erlasse werden hiermit ausdrücklich aufgehoben:

1. Abschnitt IV der Verordnung des Reichspräsidenten zum Schutze des deutschen Volkes vom 4. Februar 1933 (RGBl. I S. 35).
2. Verordnung des Reichsministers des Innern über das Verbot kommunistischer Demonstrationen im Freistaat Sachsen vom 21. Februar 1933 (RGBl. I S. 78).
3. § 5 der Verordnung des Reichspräsidenten zum Schutze von Volk und Staat vom 28. Februar 1933 (RGBl. I S. 83).
4. Verordnung des Reichspräsidenten gegen Verrat am deutschen Volke und hochverräterische Umtriebe vom 28. Februar 1933 (RGBl. I S. 85).
5. Verordnung des Reichspräsidenten zur Abwehr heimtückischer Angriffe gegen die Regierung der nationalen Erhebung vom 21. März 1933 (RGBl. I S. 135).
6. Verordnung des Reichspräsidenten über die Gewährung von Straffreiheit vom 21. März 1933 (RGBl. I S. 134).
7. Gesetz zur Abwehr politischer Gewalttaten vom 4. April 1933 (RGBl. I S. 162).
8. § 1 des Gesetzes über die Gewährung von Straffreiheit vom 23. April 1936 (RGBl. I S. 378).
9. Gesetz gegen Wirtschaftssabotage vom 1. Dezember 1936 (RGBl. I S. 999).
10. Gesetz zum Schutze von Bezeichnungen der Nationalsozialistischen Deutschen Arbeiterpartei vom 7. April 1937 (RGBl. I S. 442).
11. Gesetz gegen Straßenraub mittels Autofallen vom 22. Juni 1938 (RGBl. I S. 651).
12. §§ 3 und 8 des Gesetzes zur Aenderung des Reichsstrafgesetzbuchs vom 4. September 1941 (RGBl. I S. 549).
13. Polizeiverordnung über das Photographieren und sonstige Darstellung verkehrswichtiger Anlagen vom 29. März 1942 (RGBl. I S. 156).
14. Verordnung zur Erweiterung und Verschärfung des strafrechtlichen Schutzes gegen Amtsanmaßung vom 9. April 1942 (RGBl. I S. 174).

15. Verordnung des Führers zum Schutze der Sammlung von Kleidung und Ausrüstungsgegenständen für die Wehrmacht und den Deutschen Volkssturm vom 10. Januar 1945 (RGBl. I S. 5).

16. Volkssturmstrafrechtsverordnung (VOSTVO.) vom 24. Februar 1945 (RGBl. I S. 34).

Artikel II

Dieses Gesetz setzt gesetzliche Bestimmungen nicht wieder in Kraft, die durch die oben aufgehobenen gesetzlichen Vorschriften oder Bestimmungen außer Kraft gesetzt waren.

Artikel III

Dieses Gesetz tritt am 25. Juni 1947 in Kraft.

Sachregister

Die nicht fettgedruckten Ziffern bezeichnen die Paragraphen, die fettgedruckten die Nummern des betr. Nebengesetzes.

A. bedeutet: Anmerkung zu ..; V. bedeutet: Vorbemerkung vor ..; ein Strich — bedeutet: Wiederholung des betr. Stichworts.

A

B

G

M

W

Z

Nachweis wichtiger Gesetzesausgaben

mit und ohne Erläuterungen, größere und kleinere Kommentare, Lehrbücher, Sammelwerke, Entscheidungssammlungen, Zeitschriften

Walter de Gruyter & Co., Berlin W 35, Genthiner Str. 13

Winter 1949/50

Inhaltsübersicht

I. Allgemeines, Rechtsgeschichte, Rechtsphilosophie

Abhängige Länder. Eine Analyse des Begriffs von der ursprünglichen Herrschergewalt. Zugleich eine staatsrechtliche und politische Studie über Elsaß-Lothringen, die österreichischen Königreiche und Länder, Kroatien-Slavonien, Bosnien-Herzegowina, Finnland, Island, die Territorien der nordamerikanischen Union, Kanada, Australien, Südafrika. Von Dr. R. Redslob, o. Prof. der öffentl. Rechte a. d. Univers. Rostock. Oktav. 352 Seiten. 1914. 10.—

Aktienwesen und Spekulation. Eine ökonomische und rechtspsychologische Untersuchung. Von L. von Petražycki, o. Prof. a. d. Univers. Petersburg. Oktav. IV, 226 Seiten. 1906. (Schweitzer.) Geb. 4.—

Albertus Gandinus und das Strafrecht der Scholastik. Von Dr. jur. H. U. Kantorowicz. 2 Bände. Oktav.
Bd. I: Die Praxis. Ausgewählte Strafprozeßakte des 13. Jahrhunderts nebst diplomatischer Einleitung. Von der Savigny-Stiftung unterstützt. XII, 428 Seiten. 1907. 12.—
Bd. II: Die Theorie. Kritische Ausgabe des Tractatus de maleficiis nebst textkritischer Einleitung. XXVI, 451 Seiten. 1926. 30.—

Allgemeiner Teil des Rechts, Der — — e —. Eine Darstellung der gemeinsamen Lehren des öffentlichen und des privaten Rechts. Von Dr. K. Friedrichs, Just. Rat. Oktav. X, 306 Seiten. 1927. 12.—, geb. 13.50

Alt-Regensburgs Gerichtsverfassung, Strafverfahren und Strafrecht bis zur Carolina. Nach urkundlichen Quellen dargestellt. Von Dr. H. Knapp, k. Reichsarchivrat i. Münster/W. Oktav. X, 375 Seiten. 1914. 8.—

Athenisches Gesetz über die Eleusinische Aparche, Ein — —. Von A. Elter. Quart. 56 Spalten. 1914. 3.—

Attische Geschworenengerichte, Die — n — —. Ein Beitrag zum attischen Staatsrecht. Von M. Fränkel. Oktav. VI, 112 Seiten. 1877. 1.60

Beiträge, Freiburger — — zur Strafvollzugskunde. Herausgeg. von Dr. E. Wolf. Oktav.
Heft 1: Die Stellung der deutschen Sozialisten zum Strafvollzug von 1870 bis zur Gegenwart. Von Dr. A. Behrle. 182 Seiten. 1931. 6.—
Heft 2: Quellenstudien zur Geschichte des deutschen Zuchthauswesens bis zur Mitte des 19. Jahrhunderts. Von Dr. jur. G. Saam. 112 Seiten. 1936. 5.—

Beiträge, Romanistische — — zur Rechtsgeschichte. Unter Mitwirkung von Fachgelehrten herausgeg. von L. Mitteis, J. Partsch, E. Rabel. Oktav.
Heft 1: **Der Kauf mit fremdem Geld.** Studien über die Bedeutung der Preiszahlung für den Eigentumserwerb nach griechischem und römischem Recht. Von F. Pringsheim, o. Prof. a. d. Univers. Göttingen. VI, 180 Seiten. 1916. 9.—
Heft 3: **De claris juris consultis.** Von Th. Diplovatatius. Herausgeg. von H. Kantorowicz, o. Prof. a. d. Univers. Freiburg, und Fr. Schulz, o. Prof. a. d. Univers. Bonn.
Bd. I: Lebensgeschichtliche Einleitung. Von H. Kantorowicz. De claris iuris consultis. Pars prior. Edidit F. Schulz. Mit 4 Tafeln. XXIV, 384 Seiten. 1919. 20.—

Heft 4: **Justa causa traditionis.** Eine Untersuchung über den Erwerb des Eigentums nach römischem Recht. Von Dr. A. Erhardt, Priv. Doz. i. Freiburg. VIII, 207 Seiten. 1930. 18.—
Heft 5: **Prätorische Bereicherungsklagen.** Von Dr. G. H. Maier. VIII, 174 Seiten. 1932. 10.—
Heft 6: **Antikes Lösungsrecht.** Von Dr. W. Felgentraeger, Ger. Ass. a. D. VII, 133 Seiten. 1933. 10.—

Beiträge zur Geschichte der deutschen Strafrechtspflege. Herausgeg. von Dr. M. Grünhut, Prof. i. Bonn und Dr. E. Schmidt, Prof. in Hamburg. Oktav.
Heft 1: Strafrechtspflege in Sachsen-Weimar-Eisenach unter Carl August. Von Dr. Fr. W. Lucht. 111 Seiten. 1929. 7.—
Heft 2: Stellung des Strafrichters in den Gesetzen der französischen Revolutionszeit (1791—1810). Von Dr. R. Höhn. 147 Seiten. 1929. 8.—
Heft 3: Das Strafrecht Italiens im ausgehenden Mittelalter. Untersuchungen über die Beziehungen zwischen Theorie und Praxis im Strafrecht des Spätmittelalters, namentlich im XIV. Jahrhundert. Von G. Dahm, Priv. Doz. a. d. Univers. Heidelberg. XXIV, 555 Seiten. 1931. 35.—

Beiträge zur Kenntnis des römisch-ägyptischen Grundbuchrechts. Von H. Lewald. Oktav. 100 Seiten. 1909. 3.50

Briefe und Erinnerungen. 1852—1868. Von R. v. Ihering. Oktav. 106 Seiten. 1907. (Schweitzer.) 1.80

Byzanz und Persien in ihren diplomatisch-völkerrechtlichen Beziehungen im Zeitalter Justinians. Ein Beitrag zur Geschichte des Völkerrechts. Von Dr. K. Güterbock, Geh. Just. Rat, Prof. der Rechte zu Königsberg. Oktav. VIII, 128 Seiten. 1906. 3.—

Civitas auf deutschem Boden bis zum Ausgange der Karolingerzeit, Die — —. Ein Beitrag zur Geschichte der deutschen Stadt. Von Dr. S. Rietschel, o. ö. Prof. a. d. Univers. Tübingen. Oktav. 102 Seiten. 1894. 3.—

Compensationsverfahren im vorjustinianischen stricti juris judicium, Das — —. Von E. Stampe. Oktav. IV, 98 Seiten. 1886. 2.60

Corpus juris civilis, Taschenwörterbuch zum — —, den Institutionen des Gajus und anderen römischen Rechtsquellen. 4.—5. Auflage. Klein-Oktav. IV, 172 Seiten. 1923. (Schweitzer.) 3.—

Corpus iuris germanici antiqui. Ex optimis subsidiis collegit, edidit et lectionum varietatem adiecit F. Walter. III tomi. Oktav. 1824. cplt. 12.—
Tomus I. Legem Salicam, Ripuariorum, Alamannorum, Baiuvariorum, Burgundionum, Frisionum, Angliorum et Werinorum, Saxonum, edictum Theodorici leges Wisigothorum, et edicta regum Langobardorum continens. XVI, 838 Seiten.
Tomus II. Capitularia regum Francorum usque ad Ludovicum pium continens. VIII, 867 Seiten.
Tomus III. Capitularia regum Francorum et imperatorum post Ludovicum pium, veterum formularum collectionem amplissimam, capitula regum et imperatorum legibus Langobardum addita, et appendicem variorum monumentorum continens. VIII, 803 Seiten.

Deutsche Rechtsaltertümer in unserer heutigen deutschen Sprache. Von L. Günther. Oktav. VII, 160 Seiten. 1903. 2.50

Eid, Der — — bei den Semiten in seinem Verhältnis zu verwandten Erscheinungen, sowie die Stellung des Eides im Islam. Von J. Pedersen. Quart. VIII, 242 Seiten. 1914. (Studien zur Geschichte und Kultur des islamischen Orients. 3. Heft.) 12.60

Enteignung, Die Grenzen der — —. Ein Beitrag zur Entwicklungsgeschichte des Enteignungsinstituts und zur Auslegung des Art. 153 der Weimarer Verfassung, von Dr. O. Kirchheimer. Oktav. 63 Seiten. 1930. 4.—

Entwicklung der Kompensation im römischen Rechte, Über die — —. Von Dr. P. Kretschmar, a. o. Prof. a. d. Univers. Gießen. Oktav. 80 Seiten. 1907. 2.80

Enzyklopädie der Rechtswissenschaft in systematischer Bearbeitung. Begründet von Dr. F. v. Holtzendorf. Unter Mitwirkung von G. Anschütz, L. v. Bar, E. v. Beling, E. Blume, H. Brummer, G. Cohn, K. Crome, H. Dietz, F. Dochow, E. Dorner, K. Flesch, B. Freudenthal, J. Gerstmeyer, O. v. Gierke, P. Heilborn, E. Heymann, Fr. Hiller, L. Laß, O. Lenel, A. Osterrieth, E. Rabel, P. Schoen, J. Stranz, G. Strutz, U. Stutz, H. Trumpler, K. v. Unzner, F. Wachenfeld, M. Wolff. Herausgeg. von Dr. J. Kohler, o. Prof. der Rechte i. Berlin. 7., der Neubearbeitung 2. Aufl. 5 Bände. Quart. Cplt. geb. 85.—
Bd. I: IV, 558 Seiten. 1915. Bd. II: 462 Seiten. 1914. Bd. III: 452 Seiten. 1913. Bd. IV: 551 Seiten. 1914. Bd. V: 588 Seiten. 1914. In Gemeinschaft mit Verlag Duncker & Humblot in München.

Erfüllung, Die — —. 1. Teil: Historische und dogmatische Grundlagen. Von Dr. P. Kretschmar, a. o. Prof. a. d. Univers. Gießen. Oktav. 168 Seiten. 1906. 5.40

L'étude du droit romain comparé aux autres droits de l'antiquité. Von J. Gilson, Docteur en droit. Oktav. 295 Seiten. 1899. 4.—

Excommunikation, Einfluß der — — und der Delicta mere ecclesiastica auf die Fähigkeit zum Erwerb und zur Ausübung des Patronatrechts. (Dissertation.) Von Dr. E. Jacobi, o. Prof. a. d. Univers. Münster/W. Oktav. VIII, 76 Seiten. 1908. 2.20

Festgabe für Rudolf Stammler zum 70. Geburtstag am 19. Februar 1926. Herausgeg. von E. Tatarin-Tarnheyden. Mit 1 Bildnis und 1 Tafel. Oktav. 1926. 28.—, geb. 32.—

Festschrift für Ernst-Heinrich Rosenfeld zu seinem 80. Geburtstag am 14. August 1949. Gr.-Oktav. 243 Seiten. 1949. 16.—

Festschrift für Wilhelm Sauer zu seinem 70. Geburtstag am 24. Juni 1949. Mit Bibliographie. Gr.-Oktav. 296 Seiten. 1949. 18.—

Festschrift der Universität Leipzig zur 500jährig. Jubelfeier gewidmet von der Juristischen Gesellschaft in Leipzig. Oktav. 243 Seiten. 1909. 6.50

Fiducia im römischen Privatrecht, Die — —. Eine rechtsgeschichtliche Untersuchung. Von Dr. jur. P. Oertmann. Oktav. 262 Seiten. 1890. 5.—

Funkentelegraphie im Recht, Die — —. Eine rechts- und verkehrsgeschichtl. Abhandlung. Von Thurn. Lex.-Oktav. 150 Seiten. 1913. (Schweitzer.) 5.—

Gaii institutionum commentarii quattuor. Ex membranis deleticiis Veronensis bibliothecae capitularis eruit J. F. L. Goeschen. Accedit veteris iurisconsulti de iure fisci fragmentum ex aliis eiusdem bibliothecae membranis transcriptum. Carolus Lachmannus ad schedas Goeschenii, Hollwegii, Blumii recognovit. Editio tertia. Cum tabulis aeri incicis. Oktav. LXXV, 512 Seiten. 1842. 3.—

Gaii iurisconsulti institutionum commentarius quartus sive de actionibus. Recensuit, restituere conatus est, adnotationem perpetuam librumque observationum adjecit A. G. Heffter. Quart. VIII, LXXIV, 121 Seiten. 1827. 2.—

Gaii et Justiniani institutiones iures romani. Recognoverunt annotationem adjecerunt coniunctasque ediderunt C. A. C. Klenze et E. Böcking. Quart. XV, 292 Seiten. 1829. 3.—

Gerichtsbuch der Stadt Cassel aus 1505 und 1506. Von A. Stölzel. Oktav. II, 56 Seiten. 1913. 2.50

Gesetzgebung, Rechtsprechung und Verwaltung. Eine Zusammenstellung der wichtigsten geltenden Gesetze, Verordnungen und Befehle, insbesondere für Groß-Berlin, sowie ein Streifzug durch die aktuellen Fragen der heutigen Zeit. Von L. Mohn, RA und Notar, Richter a. Landger. Berlin. Oktav. 208 Seiten. 1948. 9.—

Gestaltung der deutschen politischen Einheit, Die — —. Von Koellreutter. Oktav. 15 Seiten. 1934. (Schweitzer.) —.60

Gottesurteil und Folter. Eine Studie zur Dämonologie des Mittelalters und der neueren Zeit. Von Prof. Dr. H. Fehr, Bern. Mit 1 Tafel. Oktav. 24 Seiten. 1926. 2.50

Handwörterbuch der Rechtswissenschaft. Unter Mitberatung von E. Bumke, L. Busch, L. Ebermayer, F. Endemann, E. Heymann, O. Strecker, K. v. Unzner. Herausgeg. von Dr. jur. F. Stier-Somlo, o. Prof. a. d. Univers. Köln und Dr. jur. A. Elster, Berlin. 7 Bände. Oktav.

Bd. I: Abandon-Deichgüter. XV, 912 Seiten. 1926. 35.—
Bd. II: Deichverbände-Giroverkehr. XII, 960 Seiten. 1927. 37.80
Bd. III: Glaubensfreiheit-Luxemburg. XII, 1004 Seiten. 1928. 43.20
Bd. IV: Mädchenhandel-Reichsexekution. X, 798 Seiten. 1927. 35.—
Bd. V: Reichsgericht-Territorialprinzip. X, 885 Seiten. 1928. 37.80
Bd. VI: Testament-Zwischenstreit. Abkürzungen, Mitarbeiterverzeichnis, Sachregister zu Bd. I—VI. XIII, 1231 Seiten. 1929. 50.40
Bd. VII: (Ergänzungsband). A—Z und Sachregister. VIII, 688 Seiten. 1931. 33.30

Histoire de la législation des anciens Germains. Von G. A. Davoud-Oghlou, 2 tomes. Oktav. 1845. Cplt. 8.—
Tome I: Wisigoths, Baiuvariens, Alamanns, Burgundions, Franc-Saliens, Francs-Ripuaires. CVIII, 660 Seiten. Tome II: Langobards, Thuringiens, Frisions, Saxons. IV, 799 Seiten.

Imperatoris Justiniani institutionum libri IV. Ad fidem antiquorum librorum edidit E. Schrader in operis societatem accedentibus Theoph. Luca Fr. Tafelio, Gualth. Frider. Clossio, Christ. Joh. C. Maiero. Editio stereotypa. Oktav. VI, 216 Seiten. 1874. 1.—

Instutionen des römischen Rechts. Ein Lehrbuch. Von Dr. R. Leonhard, o. ö. Prof. der Rechtswissensch. i. Marburg. Oktav. XIV, 572 Seiten. 11.—, geb. 14.—

Interpellationsrecht, Das — — im Rahmen der modernen Ministerverantwortlichkeit. Von Dr. J. Hatschek, o. Prof. der Rechte a. d. Univers. Göttingen. Eine rechtsvergleichende Studie. (Veröffentlicht für die Geschäftsordnungskommission des Reichstags auf Wunsch ihres Vorsitzenden.) Oktav. 164 Seiten. 1909. 2.20

Intertemporales Recht, Das — — e. Das Recht der zeitlich verschiedenen Rechtsordnungen. Oktav. Von F. Affolter.
Bd. I: Das Intertemporale Privatrecht. 2 Teile.
Teil 1: Geschichte des intertemporalen Privatrechts. XIV, 652 Seiten. 1902. 18.—
Teil 2: System des deutschen bürgerlichen Übergangsrechts. XIV, 468 Seiten. 1903. 14.—

Jugendrecht. Ein Lehrbuch zur Einführung. Von Prof. Dr. A. Wegner. Oktav. VIII, 219 Seiten. 1929. 5.40, geb. 6.75

Juristenlatein, Das — —. Versuch einer Charakteristik auf Grundlage der Digesten. Von W. Kalb, k. Studienlehrer a. Melanchthon-Gymnasium i. Nürnberg. 2. Aufl. Gr.-Oktav. 90 Seiten. 1888. (Schweitzer.) 1.80

Juristische Daten. Nach Rechtsgebieten — unter Beifügung eines besonderen biographischen Abschnitts — chronologisch zusammengestellt. Von A. M. v. Biberstein. 3., verb. u. verm. Aufl. Oktav. IV, 147 Seiten. 1901. (Schweitzer.) 1.80

Juristisches Studium, Die Reform des — —. Von Dr. H. B. Gerland, o. ö. Prof. a. d. Univers. Jena. Oktav. 160 Seiten. 1911. 3.—

Kleines Satzlexikon für Behörden. Deutsch-Englisch. Von D. Borchard. Oktav. 1949. (Cram, de Gruyter & Co. Hamburg.) 2.40

Kreditauftrag, Der — —. Eine Studie nach römischem und neuem bürgerlichen Recht. Von O. Foerster. Oktav. 216 Seiten. 1903. 5.60

Kritische Vierteljahresschrift für Gesetzgebung und Rechtswissenschaft. Herausgeg. von E. Mezger, K. Blomeyer, J. Heckel, A. Hueck, E. Riezler, M. San Nicolò, Ch. Frhr. v. Schwerin, Professoren d. Münchener Juristenfakultät. Gr.-Oktav. Ab 1912 neue Folge. Der Band zu je 4 Heften. Bd. 14—18 je 8.—; Bd. 19 10.—; Bd. 20 16.—; Bd. 21 24.—; Bd. 22 32.50; Bd. 23 27.—; Bd. 24 31.—; Bd. 25 29.—; Bd. 26—32 je 28.— (Schweitzer).

Lex Salica. Zum akademischen Gebrauch herausgeg. und erläutert von H. Geffcken. Oktav. XIV, 332 Seiten. 1898. 7.—

Longi temporis praescriptio im klassischen römischen Rechte, Die, — —. Von J. Partsch. Oktav. 180 Seiten. 1906. 7.—

Magdeburger Fragen, Die — —. Von I. Fr. Behrend. Oktav. L, 300 Seiten. 1865. 6.50

Menschlicher Körper und die Persönlichkeitsrechte. Der — —. Von H. Schreuer. Oktav. 40 Seiten. 1919. —.70

Monumenta legalia antiquitatis Romanae, ex libros iuris Romani sparsa, quae in aere, lapide, aliave materia, vel apud veteres auctores extraneos, partim integra, partim mutila, sed genuina, supersunt. Delectu, forma et variarum lectionum adnotatione usui expeditiori adcommodavit, tum notitiam historicoliterariam omnium, quotquot, exillo genere exstant, monomentorum, tam legalium, quam aliorum praemisit Chr. G. Haubold. Opus ex adversariis defuncti auctoris, quantum fieri potuit, restituit E. Spangenberg. Oktav. CXXXII, 299 Seiten. 1830. 3.—

Mythos vom Recht, Der — — und seine empirischen Grundlagen. Von RRat Dr. Th. Jaehner. Oktav. 219 Seiten. 1933. (Schweitzer.) 10.—

Novae constutiones audientiae contradictarum in curia Romana promulgatae a. d. 1375. Nunc primum edidit. Von J. Förstemann. Oktav. 56 Seiten. 1897. 1.50

Personalexekution im Recht der Papyri, Zur — —. (Habilitationsschrift.) Von H. Lewald. Oktav. 76 Seiten. 1910. 2.50

Persönlichkeit des herrenlosen Sklaven, Die — —. Ein Stück aus dem römischen Sklavenrecht. Von Fr. Affolter. Oktav. VIII, 223 Seiten. 1913. 8.—

Privatrecht, Grundzüge des deutschen — — s. Von Cl. Frhr. v. Schwerin. 2. Aufl. Oktav. XII, 342 Seiten. 1928. (Lehrbücher und Grundrisse der Rechtswissenschaft Bd. XIII.) Geb. 9.90

Privatrecht, Römisches — —. Von F. Endemann. Mit Anhang: Quellenstudien. Oktav. X, 256 u. 30 Seiten. 1925. (Lehrbücher und Grundrisse der Rechtswissenschaft Bd. XII.) Geb. 9.50

Prozeß Heinrichs des Löwen, Der — —. Kritische Untersuchungen von F. Güterbock. Oktav. X, 210 Seiten. 1909. 5.—

Rechtsbegriffe, Über — —. Von Prof. Dr. P. Eltzbacher. Oktav. X, 84 Seiten. 1900. 2.—

Rechtsbuch, Armenisches — —. Mit Unterstützung der Königl. Akademie der Wissenschaften in Berlin. 2 Bände. Quart. Zusammen 40.—
Bd. I: Sempadscher Kodex aus dem 13. Jahrhundert oder Mittelarmenisches Rechtsbuch. Nach der Venediger und der Etschmiadziner Version unter Zurückführung auf seine Quellen herausgeg. und übersetzt von J. Karst. Text und Übersetzung. XXXII, 223 Seiten. 1905.
Bd. II: Sempadscher Kodex aus dem 13. Jahrhundert in Verbindung mit dem großarmenischen Rechtsbuch des Mechithar Gosch (aus dem 12. Jahrhundert). Unter Berücksichtigung der jüngeren abgeleiteten Gesetzbücher erläutert von J. Karst. Kommentar. VII, 424 Seiten. 1905.

Rechtsgefühl, Das — —. Rechtspsychologische Betrachtungen. Von E. Riezler, Prof. a. d. Univers. Freiburg i. Br. Oktav. 164 Seiten. 1921. (Schweitzer.) 1.80

Rechtsgemeinschaft, Die regelmäßige — —. Von Dr. K. Engländer. 1. Teil: Grundlegung. Oktav. IV, 360 Seiten. 1914. 8.—

Rechtsgeschichte, Deutsche — —. Von Dr. H. Fehr, Prof. i. Bern. 4., verb. Aufl. Oktav. XI, 280 Seiten. 1948. (Lehrbücher und Grundrisse der Rechtswissenschaft Bd. X.) Geb. 15.—

Rechtsgeschichte, Lehrbuch der deutschen —. Von R. Schröder und E. Frhr. v. Künßberg. 8. Aufl. in Vorbereitung.

Rechtsgeschichte, Römische — —. Von O. Karlowa. 2 Bände. Oktav.
Bd. I: Staatsrecht und Rechtsquellen. VIII, 1031 Seiten. 1885. 26.—
Bd. II: Privatrecht und Civilprozeß. Strafrecht und Strafprozeß. 1. Teil: Privatrecht. VI, 1416 Seiten. 1901. 40.—

Rechtsphilosophie, Lehrbuch der — —. Von Prof. Dr. Coing. In Vorbereitung. (Lehrbücher und Grundrisse der Rechtswissenschaft Bd. XX.) ca. 18.—

Rechtsphilosophie, Lehrbuch der — —. Von D. Dr. R. Stammler, Prof. a. d. Univers. Berlin. 3., verm. Aufl. Oktav. XV, 396 Seiten. 1928. 13.—, geb. 15.—

Rechtsphilosophie, Leitfaden der — —. Von Coing. In Vorbereitung. (Leitfaden der Rechtswissenschaft.)

Rechtsschule zu Bologna, Die Anfänge der — —. Von Dr. H. Fitting, o. Prof. der Rechte zu Halle. Oktav. 129 Seiten. 1888. 3.—

Rechtsvergleichende Studien zur Gesetzgebung Hammurapis, Königs von Babylon. Von Dr. jur. P. Koschaker, Prof. d. Rechte zu Leipzig. Oktav. XVII, 244 Seiten. 1917. 9.—

Rechtswechsel, Der — — im öffentlichen Recht und seine Einwirkung auf gleichwertige öffentlich-rechtliche Normen. Von Reg. Rat Dr. H. Vervier. Gr.-Oktav. 197 Seiten. 1923. (Schweitzer.) 5.40

Rechtswissenschaft, Einführung in die — —. Von Dr. A. Wegner, o. ö. Prof. der Rechte a. d. Westfälischen Wilhelms-Universität. 2., erw. und verb. Aufl. Oktav. 344 Seiten. 1948. Geb. 18.—

Recht und Gewalt. Von E. Brodmann. Oktav. 114 Seiten. 1921. 3.—

Reichsgericht, Fünfzig Jahre — — am 1. Oktober 1929. Von Dr. A. Lobe, Sen. Präs. a. Reichsger. i. R. Unter Mitarbeit von Mitgliedern und Beamten des Reichsgerichts, der Reichsanwaltschaft und der Rechtsanwaltschaft am Reichsgericht. Mit 14 Bildnissen und 15 Abb. Quart. VIII, 436 Seiten. 1929. 20.—, geb. 24.—

Reichsgerichtspraxis im deutschen Rechtsleben, Die — —. Festgabe der juristischen Fakultäten zum 50jährigen Bestehen des Reichsgerichts (1. Oktober 1929) in 6 Bänden unter Mitwirkung von G. Anschütz, E. Heymann, Th. Kipp, W. Kisch, A. Schultze, H. Siber. Herausgeg. von O. Schreiber. Quart. 1929. Cplt. 110.—, geb. 134.—
Bd. I: Öffentliches Recht. IV, 301 u. 54 Seiten. 18.—, geb. 22.—
Bd. II: Zivil- und Handelsrecht. IV, 326 u. 54 Seiten. 19.—, geb. 23.—
Bd. III: Zivil- und Handelsrecht (Fortsetzung). IV, 383 u. 54 Seiten. 22.—, geb. 26.—
Bd. IV: Handels- und Wirtschaftsrecht. IV, 335 u. 54 Seiten. 20.—, geb. 24.—
Bd. V: Strafrecht und Strafprozeß. IV, 321 u. 54 Seiten. 19.—, geb. 23.—
Bd. VI: Zivilprozeßrecht. IV, 334 u. 54 Seiten. 20.—, geb. 24.—

Richter und Rechtsprechung. Von Dr. A. Düringer, Reichsger. Rat. Oktav. 92 Seiten. 1909. (Erweiterter Sonderabdr. aus: Festschrift der Juristischen Gesellschaft in Leipzig zur 500jähr. Jubelfeier der Univers. Leipzig.) 2.—

Römisches Institutionen-System, Das — —, sein Wesen und seine Geschichte. Einleitender Teil. Tatbestand, Rechtsverhältnisse und Rechtsordnung. Grundlagen eines allgemeinen Teils des Privatrechts. Von Fr. Affolter. Oktav. VI, 568 Seiten. 1897. 12.—

Savigny, Friedrich Karl von — —. Ein Beitrag zu seiner Würdigung. Von Dr. R. Stintzing. Oktav. 59 Seiten. 1862. 1.—

Schöffensprüche, Magdeburger — —. Im Auftrage und mit Unterstützung der Savigny-Stiftung herausgeg. und bearb. von V. Friese und E. Liesegang. Bd. I (Abt. 1—4): Die Magdeburger Schöffensprüche für Groß-Salze, Zerbst und Anhalt, Naumburg und aus dem Kodex Harzgerodanus. Oktav. X, 872 Seiten. 1901. 20.—

Schuldvertrag und Treugelöbnis des Sächsischen Rechts im Mittelalter. Ein Beitrag zur Grundauffassung der altdeutschen Obligation. Von P. Puntschart. Oktav. XVIII, 515 Seiten. 1896. 14.—

Seedarlehen des Altertums, Das — —. Von Dr. H. Sieveking, RA i. Hamburg. Oktav. 48 Seiten. 1893. 1.40

Staatsgedanken des Reichsfreiherrn Karl vom Stein. Von Dr. E. Frhr. v. Scheurl, Hochschul- und Univers. Prof. i. Nürnberg. Oktav. 19 Seiten. 1931. (Schweitzer.) 1.—

Staatsrecht der Zaiditen, Das — —. Von R. Strothmann. Quart. XI, 109 Seiten. 1912. 4.50

Stendaler Urteilsbuch aus dem vierzehnten Jahrhundert, Ein — —, als Beitrag zur Kenntnis des Magdeburger Rechts. Von I. Fr. Behrend. Oktav. XVI, 122 Seiten. 1868. 2.80

Strohal, Emil. Ein Nachruf. Von L. Wenger. Mit einem Portrait. Oktav. 39 Seiten. 1914. 1.—

Syrische Rechtsbücher. Herausgeg. und übersetzt von E. Sachau. Quart. — Bd. I: Leges Constantini Theodosii Leonis. Aus der römischen Handschrift. XXIV, 224 Seiten. 1907. 16.—

Bd. II: Richterliche Urteile des Patriarchen Chenânîschô. Gesetzbuch des Patriarchen Timotheos. Gesetzbuch des Patriarchen Jesubarnun. Aus der römischen Handschrift. XXXIV, 212 Seiten. 1908. 16.—
Bd. III: Corpus iuris des persischen Erzbischofes Jesubocht. Erbrecht oder Canones des persischen Erzbischofes Simeon. Eherecht des Patriarchen Mâr Abhâ. Aus der römischen Handschrift. XXXV, 385 Seiten. 1914. 25.—

Taschenwörterbuch der Rechts- und Geschäftssprache. Englisch-Deutsch, Deutsch-Englisch. Von D. v. Beseler. 2., durchges. und erw. Aufl. Oktav. 271 Seiten. 1947. Geb. 15.—

Theorie der Exceptionen nach klassischem römischem Recht, Die — —. Von Dr. jur. J. v. Koschembahr-Lyskowski. Bd. I. Heft 1: Der Begriff der exceptio. Oktav. XXIII, 173 Seiten. 1893. 6.—

Übersiebnen der schädlichen Leute in Süddeutschland, Das — —. Ein rechtshistorischer Beitrag und Nachtrag. Von Dr. H. Knapp, k. Reichsarchivrat i. Münster/W. Oktav. 88 Seiten. 1910. 2.—

Untersuchungen zur Geschichte der deutschen Stadtverfassung.
Bd. I: Das Burggrafenamt und die hohe Gerichtsbarkeit in den deutschen Bischofsstädten während des früheren Mittelalters. Von Dr. S. Rietschel, o. ö. Prof. a. d. Univers. Tübingen. Oktav. XII, 344 Seiten. 1905. 10.—

Unzüchtige und die Kunst, Das — —. Eine juristische Studie für Juristen und Nichtjuristen. Von Prof. D. Dr. J. Lazarus. Oktav. 168 Seiten. 1909. 3.50

Urkunden zur Geschichte des deutschen Privatrechts. Von Dr. H. Loersch, Priv. Doz. der Rechte a. d. Univers. Bonn und Dr. R. Schröder, o. ö. Prof. der Rechte a. d. Univers. Heidelberg. Für den Gebrauch bei Vorlesungen und Übungen herausgeg. 3., neubearb. Aufl. von R. Schröder und L. Perels. Oktav. XXXII, 250 Seiten. 1912. 6.50, geb. 8.—

Vergleich im Prozesse, Der — —. Eine dogmatisch-historische Untersuchung. Von Dr. P. Kretschmar, a. o. Prof. a. d. Univers. Gießen. Oktav. 102 Seiten. 1896. 3.—

Verhandlungen des Deutschen Juristentages. Herausgeg. von dem Schriftführer-Amt der ständigen Deputation. Oktav. Preise der einzelnen Bände des 1.—37. Juristentages, soweit noch vorhanden, auf Anfrage.

Vermächtnisse, Die sogenannten gesetzlichen — —. Eine erbrechtliche Studie auf Grundlage des römischen und österreichischen Privatrechts unter Berücksichtigung anderer bedeutender Kodifikationen. Von L. Schiffner. Oktav. X, 222 Seiten. 1895. 7.—

Verwirkung, Die — —. Ein Beitrag zur Lehre von den zeitlichen Schranken der Ausübung der subjektiven Rechte. Von St. Karakantas. Oktav. 82 Seiten. 1938. (Aus: Hamburger Rechtsstudien.) (Cram, de Gruyter & Co. Hamburg.) 4.—

Vocabularium iurisprudentiae Romanae iussi instituti Savigniani compositum. Quart.

Vol. I. Fasc. 1: (a-accipio). 1894. 15.—
— — 2: (accipio-amitto). 1898. 15.—
— — 3: (amitto-ceterum). 1899. 15.—
— — 4: (ceterum-cymbium). 1903. 15.—

Vol. II. Fasc. 1: (dactyliotjea-doceo). 1906. 15.—
— — 2: (doceo-ex). 1913. 15.—
— — 3: (ex-gutturosus). 1933. 18.—

Vol. III. Fasc. 1: (habeo-idem). 1910. 15.—
— — 2: (imperator-in). 1931. 15.—
— — 3: (inaedifico-ipse). 1937. 15.—

Vol. IV. Fasc. 1: (nam-numen). 1914. 15.—
— — 2: (numeratio-per [Praepositio]). 1936. 15.—

Vol. V. Fasc. 1: (R-sed). 1910. 15.—
— — 2: (sed-sors, sortis). 1917. 15.—
— — 3: (sortior-tantus). 1931. 15.—
— — 4: (tantus-veneo). 1938. 15.—
— — 5: (venerabilis-zythum). 1939. 17.—

Vorträge aus dem allgemeinen Staatsrecht. Separatabdruck aus den Annalen des Deutschen Reichs. Von M. v. Seydel. Gr.-Oktav. 96 Seiten. 1903. (Schweitzer.) 2.40

Westgothenrecht, Entstehung und Geschichte des — — s. Von A. Helfferich. Oktav. VIII, 475 Seiten. 1858. 6.—

Wirtschaft und Recht nach der materialistischen Geschichtsauffassung. Eine Sozialphilosophische Untersuchung. Von D. Dr. R. Stammler, Prof. a. d. Univers. Berlin. 5., durch einen Nachtrag erg. Aufl. Oktav. VIII, 706 Seiten. 1924. 14.—, geb. 16.—

Wirtschafts-Rechts-Wissenschaft und Wirtschafts-Hochschule. Von M. Rumpf, Mannheim. Oktav. 40 Seiten. 1920. 1.60

Zenten des Hochstifts Würzburg, Die — —. Ein Beitrag zur Geschichte des süddeutschen Gerichtswesens und Strafrechts. Mit Unterstützung der Savigny-Stiftung. Von Dr. H. Knapp, k. Reichsarchivrat. 2 Bände. Oktav.
Bd. I: Die Weistümer und Ordnungen der Würzburger Zenten. 1. Abt. Mit 2 Abb. XII, 708 Seiten. 2. Abt. Mit 1 Abb. IV, 696 Seiten. 1907. 45.—
Bd. II: Das Alt-Würzburger Gerichtswesen und Strafrecht. XI, 979 Seiten. 1907. 30.—

II. Bürgerliches Recht

1. Das Bürgerliche Gesetzbuch

Abhandlungen, Zivilrechtliche und prozeßrechtliche — —. Herausgeg. von Dr. W. Kisch, Prof. a. d. Univers. Straßburg. Oktav.
Heft 1: Das Sammelvermögen. Von Dr. jur. O. Fischbach. XII, 171 Seiten. 1907. 4.50
Heft 2: Das Imperium des Richters. Ein Versuch kasuistischer Darstellung nach dem englischen Rechtsleben im Jahre 1906/07. Nebst 2 Anhängen: Criminal appeal act 1907 und Probation of offenders act 1907. Von A. Mendelssohn-Bartholdy. X, 236 Seiten. 1908. 6.—, geb. 7.—
Heft 3: Streitbefangenheit und Rechtsnachfolge als Voraussetzungen der §§ 265 und 266 der Zivilprozeßordnung. Von Dr. jur. R. Schuman. VIII, 84 Seiten. 1910. 2.50
Heft 4: Die Schadenersatzansprüche bei Körperverletzung und Tötung im Zweikampf. Von Dr. F. Simon. XI, 73 Seiten. 1913. 2.—

Achilles-Greiff, Bürgerliches Gesetzbuch nebst Einführungsgesetz, Jugendwohlfahrtsgesetz, Schiffsrechtsgesetz, Ehegesetz, Testamentsgesetz. Mit Anmerkungen und Sachregister und mit Erläuterungen der Verordnung über das Erbbaurecht, des Gesetzes über die religiöse Kindererziehung sowie von Teilen des Familienrechtsänderungsgesetzes, der Familienrechtsangleichungsverordnung und des Verschollenheitsgesetzes. 19. Aufl. Herausgeg. von Dr. G. Beitzke, R. Frhr. v. Godin, Dr. J. Greiff, Dr. F. Oegg. Oktav. XVI, 1360 Seiten. Dünndruckpapier. 1949. (Guttentagsche Sammlung Nr. 38/39.) Geb. 36.—

Alimentationspflicht, Die — — der Ehegatten. Von Dr. jur. et rer. pol. Fr. Scheppler. Gr.-Oktav. 43 Seiten. 1909. (Schweitzer.) 1.60

Anfechtbarkeit der Verträge für das Vermögen eines Dritten, Die — —. Eine zivilrechtliche Abhandlung. Von Dr. R. Leonhard, o. ö. Prof. der Rechtswissenschaft i. Marburg. Oktav. 56 Seiten. 1892. 1.50

Ausführungsgesetz, Bayerisches — — zum Bürgerlichen Gesetzbuch. Mit den einschlägigen Verordnungen. Erledigt von LGDir. H. Steinert. Oktav. 216 Seiten. 1930. (Schweitzers braune Handausg.) Geb. 7.90

Beiträge zur Lehre von den Realgewerbegerechtigkeiten nach bayerischem Landeszivilrecht. Von Fr. Neuburger. Gr.-Oktav. VII, 30 Seiten. 1913. (Schweitzer.) 1.—

Blanketterklärung, Die — —. Ihre juristische Konstruktion und ihre Behandlung nach dem materiellen Recht und dem Prozeßrecht. Von Dr. J. Siegel. Oktav. VIII, 69 Seiten. 1908. (Schweitzer.) 1.80

BGB, Lexikon des — —. Von Dr. H. Kußmann, RA und Notar i. Frankfurt a. M. 203 Seiten. 1949. 10.—

Bürgerliches Gesetzbuch, Allgemeiner Teil des — —. Von Prof. Dr. jur. H. Lehmann, Köln. 6., verm. u. verb. Aufl. Oktav. XVI, 384 Seiten. 1949. (Lehrbücher und Grundrisse der Rechtswissenschaft Bd. I.) Geb. 20.—

Bürgerliches Gesetzbuch, Familienrecht. Von Prof. Dr. jur. H. Lehmann, Köln. 2., verm. u. verb. Aufl. Oktav. 311 Seiten. 1948. (Lehrbücher und Grundrisse der Rechtswissenschaft Bd. IV.) 15.—

Bürgerliches Gesetzbuch. Erstes Buch. **Allgemeiner Teil.** Von E. Kummerow, RA und Notar. Oktav. 76 Seiten. 1949. (Leitfaden der Rechtswissenschaft Bd. 1.) 3.—

Bürgerliches Gesetzbuch. Zweites Buch. **Das Recht der Schuldverhältnisse.** 1. Hälfte: Allgemeiner Teil. Von Dr. R. Lehmann, Berlin. Oktav. 110 Seiten. 1947. (Leitfaden der Rechtswissenschaft Bd. 2.) 4.—

Bürgerliches Gesetzbuch. Zweites Buch. **Das Recht der Schuldverhältnisse.** 2. Hälfte: Besonderer Teil. Von Dr. R. Lehmann, Berlin. Oktav. 204 Seiten. 1948. (Leitfaden der Rechtswissenschaft Bd. 3.) 6.—

Bürgerliches Gesetzbuch. Drittes Buch. **Sachenrecht.** Von E. Kummerow, RA und Notar. Oktav. 138 Seiten. 1948. (Leitfaden der Rechtswissenschaft Bd. 6.) 4.50

Bürgerliches Gesetzbuch. Viertes Buch. **Familienrecht.** Von E. Kummerow, RA und Notar. Oktav. 122 Seiten. 1947. (Leitfaden der Rechtswissenschaft Bd. 4.) 4.—

Bürgerliches Gesetzbuch. Fünftes Buch. **Erbrecht.** Von E. Kummerow, RA und Notar. Oktav. 93 Seiten. 1947. (Leitfaden der Rechtswissenschaft Bd. 5.) 4.—

Bürgerliches Gesetzbuch, Handkommentar zum — —. (Kleiner Staudinger.) Auf Grund von J. v. Staudingers Kommentar bearb. von OLGRat F. Keidel. 3. Aufl. Oktav. 1231 Seiten. 1931. (Schweitzer.) Geb. 18.90

Bürgerliches Gesetzbuch nebst Einführungsgesetz. Textausgabe mit ausführlichem Sachregister. 21. Aufl. Oktav. 890 Seiten. Nachdruck. 1949. (Guttentagsche Sammlung von Textausgaben ohne Anmerkungen mit Sachregister.) Geb. 6.50

Bürgerliches Recht, Einführung in das — —. Ein kurzes Lehrbuch nach neuem System und neuer Lehrmethode. Von E. Stampe. 1. Teil: Einleitung. Die Gegenstände (Rechtsobjekte). Die Unternehmen und ihre Vermögen (Umformung der Lehre von den „Rechtssubjekten"). Oktav. X, 180 Seiten. 1920. 4.—

Bürgerliches Recht, Praktikum des — — für Vorgerücktere zum akademischen Gebrauch und zum Selbststudium. Von D. Dr. R. Stammler, Prof. a. d. Univers. Berlin. 2., umgearb. Aufl. Mit Fig. Oktav. XVI, 240 Seiten. 1903. 4.50

Bürgerliches Recht, Übungen im — —. Eine Anleitung zur Lösung von Rechtsfällen an Hand von praktischen Beispielen. Von Dr. H. Berg, LGRat. 2. Aufl. in Vorbereitung.

Bürgerliches Recht, Übungen im — — für Anfänger zum akademischen Gebrauch und zum Selbststudium. Von D. Dr. R. Stammler, Prof. a. d. Univers. Berlin. 5., durchgearb. Aufl. Oktav. 227 Seiten. 1922. 4.50, geb. 6.—

Bürgerliches Recht, Zehn Lösungen aus dem — — der Bayerischen Staatsprüfungs-Aufgaben. Von LGDir. F. Gerlach. 1920—1926. Oktav. 92 Seiten. 1931. (Schweitzer.) 2.30
Texte der Aufgaben. Oktav. 44 Seiten. 1931. —.90

Clausula rebus sic stantibus, Die sogenannte — — im Bürgerlichen Gesetzbuch. Von Dr. L. Stahl. Gr.-Oktav. 88 Seiten. 1909. (Schweitzer.) 2.50

Ehegesetz vom 20. Februar 1946 mit Abdruck der noch in Kraft befindlichen Bestimmungen der Durchführungsverordnungen zum Ehegesetz vom 6. Juli 1938. Von R. Frhr. v. Godin, RA i. München und H. Frhr. v. Godin, RA i. München. Mit Erläuterungen der §§ 606—639 Zivilprozeßordnung von Reichsgerichtsrat Dr. Tölke. Oktav. Zweite Auflage. (Guttentagsche Sammlung Deutscher Reichsgesetze Nr. 230.) Im Druck.

Ehescheidungsrecht. Die Ehescheidungsgründe des Bürgerlichen Gesetzbuches durch die Rechtsprechung erläutert. Eine Sammlung grundlegender Entscheidungen des Reichsgerichts, der Oberlandesgerichte usw. Von Dr. jur. G. Tunica, weil. LGDir. 2., umgearb. und erg. Aufl. von Prof. Dr. jur. et Dr. oec. publ. E. Goldschmidt. Oktav. XXIII, 217 Seiten. 1926. 7.50, geb. 9.—

Ehevertrag, Der — —. Preisschrift. Von Dr. A. v. Baligand. Oktav. 161 Seiten. 1906. (Schweitzer.) 4.—

Eigentumsrecht, Das — —. Von Dr. V. Kruse, o. Prof. a. d. Univers. Kopenhagen. Aus dem Dänischen übersetzt von Dr. K. Larsen. 3 Bände. Oktav.
Bd. I: XXI, 881 Seiten. 1931. Geb. 25.—
Bd. II: XIII, 880 Seiten. 1935. Geb. 25.—
Bd. III: XIII, 757 Seiten. 1936. Geb. 25.—

Eigentumsvorbehalt, Der — —. Von RA Chr. Meisner. Gr.-Oktav. 82 Seiten. 1932. (Schweitzer.) 2.80

Eigentumsvorbehalt beim Kauf, Der — —. (BGB. § 455). Von Dr. jur. R. Jaffé. (Dissertation.) Oktav. XI, 100 Seiten. 1910. 3.—

Einheitsmietsvertrag, Der Deutsche — —. Erläutert von RA Dr. A. Dahm. Oktav. 87 Seiten. 1937. (Stilkes Rechtsbibl. Nr. 156.) 2.—

Einrede aus dem fremden Rechtsverhältnis, Die — —. Eine Untersuchung auf dem Gebiete des gemeinen, sowie des deutschen und österreichischen bürgerlichen Rechts. Von Dr. A. Rappaport, k. k. Ger. Sekr. Oktav. 274 Seiten. 1904. 6.—

Erbenhaftung nach dem Bürgerlichen Gesetzbuch, Die — —. 2 Bände. Von S. Riesenfeld, RA i. Berlin. Oktav. 1916. Cplt. geb. 18.—
1. Band. Die Grundsätze der Haftung. XII, 461 Seiten. —
2. Band. Das Inventar und die Mittel der Haftpflichtsbeschränkung. VIII, 455 Seiten.

Erbenhaftung und Nachlaßkonkurs im neuen Reichsrecht. Von Dr. jur., Dr. rer. pol. h. c. E. Jaeger, Prof. der Rechte zu Leipzig. Oktav. 117 Seiten. 1898. 3.—

Erbrecht des Bürgerlichen Gesetzbuches. Von F. Endemann. 2. Aufl. bearb. von Prof. Dr. jur. H. Lehmann, Köln. In Vorbereitung. (Lehrbücher und Grundrisse der Rechtswissenschaft Bd. V.) ca. 5.—

Erklärungshaftung. Ein Beitrag zum System des bürgerlichen Rechtes. Von Dr. jur. H. Hildebrandt, Ger. Ass. Oktav. 311 Seiten. 1931. 18.—

Grundschuld in ihren Beziehungen zur persönlichen Forderung, Die — —. Von W. Weisbecker. Gr.-Oktav. 48 Seiten. 1922. (Schweitzer.) —.90

Grundstücksmiete. Von Dr. F. Kiefersauer. 7. Aufl. In Vorbereitung. (Schweitzers braune Handausgabe.) ca. 8.—

Grundstückverkehrsrecht. Ergänzungsheft. Von Dr. F. Kiefersauer. Lex.-Oktav. 59 Seiten. 1943. (Schweitzer.) 1.80

Haftpflichtgesetz. Erläutert. Von Fr. Seligsohn. 2. Aufl. Oktav. 360 Seiten. 1931. 12.—, geb. 13.50

Haftpflichtgesetz, Das Reichs — —. Kommentar von E. Böhmer, OLGRat b. OLand. Ger. i. Tübingen. 172 Seiten. 1950. ca. 15.—

Hypothekenbeschaffung für Wohn- und Geschäftshäuser. Handbuch für die Praxis der Grundstückswirtschaft. Von Dr. M. Friedländer, RA i. Berlin. Oktav. VIII, 151 Seiten. 1929. 6.—, geb. 7.50

Juristische Person, Die abhängige — —. Von Kronstein. Gr.-Oktav. VI, 140 Seiten. 1931. (Schweitzer.) 7.60

Kauf zur Probe, Der — —. Rechtsbegriff, Rechtsnatur, Rechtsfolgen. Von Dr. L. Levy, RA i. Potsdam. Oktav. 87 Seiten. 1915. 2.—

Lehre vom Mißverständnis, Die — —. Eine zivilrechtliche Untersuchung. Von H. Titze. Oktav. XI, 516 Seiten. 1910. 11.—

Miete, Gesetzliche — —. Reichsmietengesetz in der Fassung der Bekanntgabe vom 24. April 1936. Erläutert von RA Dr. A. Dahm. Oktav. 140 Seiten. 1936. (Stilkes Rechtsbibl. Nr. 153.) Geb. 4.50

Mietrechtslexikon. Von RA A. Dahm, Düsseldorf. Handbuch des ges. Miet- und Wohnrechts im Reich und Preußen. Oktav. Mit 2 Nachträgen. 131 Seiten. 1930. (Stilkes Rechtsbibl. Nr. 93.) Geb. 3.15

Mitschuldklage, zugleich ein Beitrag zur Lehre von der Rechtskraft und dem Einheitsgrundsatz in Scheidungs- und Anfechtungssachen. Von Dr. jur. H. Hildebrandt, Ger. Ass. Oktav. 80 Seiten. 1933. 4.50

Nachbarrecht, Das in Bayern geltende — —. Von RA Chr. Meisner. 3. Aufl. Gr.-Oktav. 606 Seiten. 1923. (Schweitzer.) Geb. 8.50

Notweg, Der — —. Seine Geschichte und seine Stellung im heutigen Recht. Von Dr. G. Buch, a. o. Prof. d. Rechte a. d. Univers. Breslau. Gr.-Oktav. 101 Seiten. 1919. (Schweitzer.) 3.60

Planck's Kommentar zum Bürgerlichen Gesetzbuch nebst Einführungsgesetz. Bisher herausgeg. von Dr. E. Strohal. Bearbeitet von E. Brodmann, L. Busch, J. Ebbecke, F. Flad, M. Greiff, K. Gunkel, P. Knoke, M. Landois, A. Lobe, Fr. Oegg, H. Siber, O. Strecker, K. v. Unzner. 4., neu bearb. Aufl. Oktav.

Bd. I. **Allgemeiner Teil** (§§ 1—240). In 2 Halbbänden. Cplt. LXV, 606 Seiten. 1913. 15.—, geb. 17.—

Bd. II. **Recht der Schuldverhältnisse.** 1. Halbbd.: Allgemeiner Teil (§§ 241—432). XVIII, 640 Seiten. 1914. 15.—, geb. 17.—
— —. 2. Halbbd.: Besonderer Teil (§§ 433—853). XII, 1924 Seiten. 1928. 49.—, geb. 52.—

Bd. IV. 1. Halbbd.: **Familienrecht** (1. Abschn. §§ 1297—1588). VII, 701 Seiten. 1928. 26.—, geb. 28.—

Bd. V. **Erbrecht** (§§ 1922—2385). XII, 1163 Seiten. 1930. 51.—, geb. 54.—

Bd. III. **Sachenrecht.** 1. Halbbd.: Einleitung und §§ 854—1112 und Verordnung über das Erbbaurecht. Bearb. von E. Brodmann und O. Strecker. 941 Seiten. 1936. 43.—, geb. 47.—
— —. 2. Halbbd.: §§ 1113—1296. VIII, 721 Seiten. 1938. 49.—, geb. 53.—

Bd. II. 2. Hälfte: Recht der Schuldverhältnisse (Besonderer Teil) XII, S. 641—1924. 1928. 49.—

Praxis der Vertretungsverträge, Die — —. Von Dr. Fr. Beermann. Gr.-Oktav. 56 Seiten. 1929. (Schweitzer.) 2.70

Recht des Bürgerlichen Gesetzbuches, Das — — in Einzeldarstellungen. Oktav.

Nr. 3: **Das persönliche Eherecht des BGB** für das Deutsche Reich. Von Dr. L. Jacobi. 2., verb. u. verm. Aufl. 122 Seiten. 1899. 2.—, geb. 2.75

Nr. 4: **Das Recht der einzelnen Schuldverhältnisse im BGB.** Eine Darstellung und Erläuterung der Hauptbestimmungen. Von F. Schollmeyer. 2., völlig neubearb. Aufl. 241 Seiten. 1904. 5.—, geb. 6.—

Nr. 6: **Die Reichsgrundbuchordnung** und ihre landesrechtlichen Ergänzungen. Eine Einführung in das Grundbuchwesen des Deutschen Reichs mit besonderer Berücksichtigung Preußens. Von Dr. P. Siméon. 2., neubearb. Aufl. 125 Seiten. 1901. 3.—, geb. 3.75

Nr. 7: **Die allgemeinen Vorschriften des BGB über Rechte an Grundstücken.** Von O. Strecker. 121 Seiten. 1898. 2.50, geb. 3.25

Nr. 8: **Die Deliktsobligationen im System des BGB.** Kritische und dogmatische Randbemerkungen. Von Dr. Fr. v. Liszt. VI, 114 Seiten. 1898. 2.80

Nr. 10: **Der allgemeine Teil des BGB** in seinem Einflusse auf die Fortentwicklung der Rechtswissenschaft. Von Dr. R. Leonhard. XVI, 537 Seiten. 1900. 10.—

Nr. 11: **Das internationale Privatrecht des BGB.** Dargestellt von Th. Niemeyer. VI, 222 Seiten. 1901. 4.50

Nr. 12: **Das Recht der beweglichen Sachen nach dem BGB.** Von H. Buhl. 130 Seiten. 1901. 3.—

Sachenrecht des Bürgerlichen Gesetzbuches. Von Prof. Dr. J. W. Hedemann, Berlin. 2. Aufl. i. Vorbereitung. (Lehrbücher und Grundrisse der Rechtswissenschaft Bd. III.)

Sachenrecht, Grundriß des — — s bei Schiffen und Schiffsbauwerken. Von H. Wolff. Gr.-Oktav. 103 Seiten. 1949. (Cram, de Gruyter & Co. Hamburg.) 4.—

Schiffe und Schiffsbauwerke, Gesetz über Rechte an eingetragenen — — n. Vom 15. November 1940 und Durchführungsverordnung vom 21. Dezember 1940. Oktav. 88 Seiten. 1941. (Guttentagsche Sammlung von Textausgaben ohne Anmerkungen mit Sachregister.) 1.—

Schuldbereinigungsgesetz vom 3. September 1940. Von Dr. W. Vogels, Ministerialdirigent i. Reichsjust. Ministerium. Oktav. 253 Seiten. 1940. (Guttentagsche Sammlung Deutscher Reichsgesetze Nr. 221.) 5.—

Schuldrecht des Bürgerlichen Gesetzbuches. Von Prof. Dr. J. W. Hedemann, Berlin. Oktav. XXX, 422 Seiten. 1949. (Lehrbücher und Grundrisse der Rechtswissenschaft Bd. II.) Geb. 18.—

Schuldrecht, Neubau des — — s. Ein Beitrag zur Reform des deutschen Rechts. Von Reg. Präs. a. D. W. Dörr. Gr.-Oktav. 68 Seiten. 1934. (Schweitzer.) 4.—

Schuld und Haftung im geltenden Recht. Von Dr. Claudius Frhr. v. Schwerin, München. Oktav. 43 Seiten. 1911. (Schweitzer.) 1.30

Staudingers Kommentar zum Bürgerlichen Gesetzbuch. Mit Einführungsgesetz. 10., neubearb. Aufl. Lex.-Oktav. (Schweitzer.) Bisher erschienen: Bd. I. Einleitung von LGRat Dr. Fr. Brändl; **Allgemeiner Teil,** erläutert von Prof. Dr. E. Riezler. XII, 1104 Seiten. 1936. In 4 Lieferungen. Cplt. 44.—, in Halbleder geb. 49.50

Bd. II. Teil 1: **Recht der Schuldverhältnisse.** Lfg. 1: Einleitung und §§ 241—242 von AGRat D. Dr. W. Weber. 442 Seiten. 1940. 22.—

— —. Lfg. 2: **Recht der Schuldverhältnisse,** §§ 243—245, erläutert von D. Dr. W. Weber. 124 Seiten. 1941. 6.—

Bd. II. Teil 2: **Schuldverhältnisse,** §§ 433—610, von Dr. K. Kober, RA Dr. Fr. Ostler, Dr. Fr. Kiefersauer. 885 Seiten. 1937. In 3 Lieferungen. Cplt. 37.—, in Halbleder geb. 42.50

Bd. II. Teil 3: **Einzelne Schuldverhältnisse.** Lfg. 1: **Dienstvertrag,** §§ 611 bis 630, von Prof. Dr. Nipperdey. 480 Seiten. 1939. 20.—

— —. Lfg. 2: **Werkvertrag,** §§ 631—657, erläutert von Dr. K. Kober. 175 Seiten. 1939. 7.50

— —. Lfg. 3: **Recht der Schuldverhältnisse,** §§ 657—661, erläutert von Dr. K. Kober, §§ 662—704, erläutert von Prof. Dr. H. Nipperdey, §§ 705 bis 709, erläutert von K. Geiler, 271 Seiten. 1941. 11.50

— —. Lfg. 4: **Recht der Schuldverhältnisse,** §§ 709—740, erläutert von K. Geiler. 181 Seiten. 1941. 8.—

— —. Lfg. 5: **Recht der Schuldverhältnisse,** Anhang zu §§ 705ff., erläutert von Dr. K. Geiler, §§ 741—758, erläutert von Dr. K. Kober, §§ 759—778, erläutert von Dr. Fr. Brändl, §§ 779—811, erläutert von Dr. K. Kober, §§ 812—822, erläutert von O. Lechner. 518 Seiten. 1943. 22.—

Bd. III. **Sachenrecht,** erläutert von Dr. K. Kober. 2 Teile. VIII, 1671 Seiten. 1936. In 6 Lieferungen cplt. 66.30, in Halbleder geb. 77.30

Bd. V. Teil 1: **Erbrecht.** Lfg. 1: Einleitung und §§ 1922, erläutert von Prof. Dr. G. Boehmer. 292 Seiten. 1938. 12.—
— —. Lfg. 2: **Erbrecht,** §§ 1923—2031, erläutert von Prof. Dr. H. Lehmann. 287 Seiten. 1944. 12.—
Bd. V, Teil 2: Erbrecht. Lfg. 1: Dritter Abschnitt. **Testament.** Einleitung zum dritten Abschnitt von W. Vogels, §§ 2064—2196, erläutert von K. Seybold. VIII, 290 Seiten. 1942. 12.50
Bd. VI, **Einführungsgesetz,** von H. Gramm. VIII, 574 Seiten. 1939.
In 2 Lieferungen cplt. 25.—, in Halbleder geb. 29.50
Weitere Lieferungen und Teile gelangen Ende 1949 und Anfang 1950 zur Ausgabe.
Lfg. 6—9, 23 z. Z. nicht greifbar.

Sukzessivlieferungsvertrag, Der — —. Von Dr. jur. A. Hueck, Ger. Ass. Gr.-Oktav. 204 Seiten. 1918. (Schweitzer.) 4.50

Testamente und Erbverträge, Gesetz über die Errichtung von — — n, vom 31. Juli 1938. Erläutert von Dr. W. Vogels, MinDirig. i. Reichsjust. Min. 4. Aufl. bearb. von Dr. K. Seybold, Notar i. Sulzbach-Rosenberg/Opf. Oktav. 318 Seiten. 1949. (Schweitzer, Verlag für Rechtswissenschaft vorm. Fr. Vahlen G. m. b. H., Berlin.) Halbleinen 15.—

Testamentsvollstrecker, Der — —. Rechte und Pflichten des Testamentsvollstreckers. Von Dr. K. Wegler, RA i. Nürnberg und Dr. J. Leopold, AGRat i. Leipzig. Oktav. IX, 59 Seiten. 1938. 2.—

Todesfälle, Sachliche Beweise bei der Klärung von — — n. Von B. Kenyeres. Mit 83 Abb. Oktav. V, 216 Seiten. 1935. Geb. 12.—

Unterhaltsanspruch der geschiedenen Ehegatten, Der — —. Von Dr. H. Furler, RA i. Pforzheim, Prof. a. d. Techn. Hochsch. Karlsruhe. Oktav. 164 Seiten. 1941. 6.—

Veräußerungsverbot des Bürgerlichen Gesetzbuchs, Das — —. Von Dr. L. Raape, Priv. Doz. a. d. Univers. Bonn. Oktav. XIV, 210 Seiten. 1908. 5.—

Vereine ohne Rechtsfähigkeit nach dem neuen Rechte. Von Dr. O. Gierke, Geh. Just. Rat, o. Prof. d. Rechte a. d. Univers. Berlin. 2., erg. Aufl. Gr.-Oktav. 52 Seiten. 1902. (Schweitzer.) 1.—

Verjährung und gesetzliche Befristung. Von Weiß. Oktav. 155 Seiten. 1905. (Schweitzer.) 3.20

Verschollenheit, die Todeserklärung und die Feststellung der Todeszeit, Gesetz über die — —, vom 4. Juli 1939 (RGBl. I S. 1186). Erläutert von E. Kummerow, RA und Notar. Oktav. 63 Seiten. 1949. (Guttentagsche Sammlung Deutscher Reichsgesetze Nr. 234.) 2.80

Verschuldungsprinzip — Verursachungsprinzip. Von G. Marton. Oktav. 53 Seiten. 1926. (Schweitzer.) 1.80

Vertragsverletzungen, Die positiven — —. Von H. Staub. In 2. Aufl. herausgeg. und erg. von RA E. Müller. Oktav. 66 Seiten. 1913. 2.—

Viehgewährschaftsrecht, Das — —. Von RA Chr. Meisner. 3. Aufl. Oktav. 301 Seiten. 1927. (Schweitzer.) 8.—

Viehkauf (Viehgewährschaft). Von Dr. H. Stölzle, Just. Rat i. Kempten. Neubearb. von Dr. M. Graminger, München. Mit Kaiserl. Verordnung vom 27. März 1899, betr. die Hauptmängel und Gewährfristen beim Viehhandel. Von Dr. E. Fröhner, Geh. Reg. Rat. 7. Aufl. Oktav. 471 Seiten. 1935. (Guttentagsche Sammlung Deutscher Reichsgesetze Nr. 50.) 10.—

Vorteilsanrechnung, Die — — beim Erfüllungsausspruch. Von L. Decker. Gr.-Oktav. 75 Seiten. 1907. (Schweitzer.) 1.60

2. Handelsrecht

(Schiffahrtsrecht, Genossenschaften, Bank und Börse, Verschiedenes.)

Abzahlungsgeschäfte, Das Reichsgesetz betreffend die — —. Vom 16. Mai 1894. Von Dr. K.-A. Crisolli unter Mitwirkung von J. Crisolli. 4., völlig umgearb. Aufl. des Werkes von Hoffmann-Wilke. Oktav. 413 Seiten. 1931. (Guttentagsche Sammlung Deutscher Reichsgesetze Nr. 34.) Geb. 7.20

Aktiengesellschaft, Das Recht der entstehenden — —. Von Dr. L. Homberger Gr.-Oktav. VI, 45 Seiten. 1907. (Schweitzer.) 1.50

Aktiengesellschaften, Die Umgestaltungen der Satzungen der — — nach dem neuen Aktienrecht. Von Dr. W. Schmidt, RA und Notar i. Berlin. Oktav. 197 Seiten. 1938. 5.40

Aktiengesellschaften und Kommanditgesellschaften auf Aktien, Gesetz über — — (Aktiengesetz) vom 30. Januar 1937. Erläutert von R. Frhr. v. Godin, RA und Notar i. München und Dr. H. Wilhelmi, RA und Notar i. Frankfurt a. M. 2. Aufl. in Vorbereitung. (Guttentagsche Sammlung Deutscher Reichsgesetze Nr. 205.)

Aktiengesetz, Das — —. Kommentar zum HGB, Buch 2, Abschn. 3/4. Mit Einführungsgesetz, Durchführungsverordnungen und Einführungsverordnungen für Österreich und die sudetendeutschen Gebiete. Von Vizepräs. C. Ritter und OLGRat J. Ritter. 2., völlig neubearb. Aufl. Lfg. 1: §§ 1—144. VIII, 464 Seiten. 1938. 16.—. Lfg. 2: §§ 145—304; Einf. Ges. zum AkG. §§ 1—32; Durchf. Verord. zum AkG §§ 1—40; 3. Durchf. Verord. zum AkG; Wortregister. Gr.-Oktav. 370 Seiten. 1939. 15.20. Nachtrag 1940. —.80. Ges. Umf. VIII, 834 Seiten. 1939. (Schweitzer.) Mit Nachtrag 32.—, geb. 34.—

Aktienstrafrecht. Kommentar zu den §§ 288—304 des Aktiengesetzes. Von E. Schmidt. Oktav. 50 Seiten. 1940. 3.—

Aktienwesen, Die Entwicklung des deutschen — — s im 19. Jahrhundert. Von Dr. K. Bösselmann. Oktav. XI, 204 Seiten. 1939. 7.—

Aktienwesen, Die Sanierung unseres — — s. Von E. Brodmann. Oktav. 46 Seiten. 1931. 3.—

Aktionärschutz, Über — — nach deutschem, englischem und französischem Recht. Von Dr. W. Böhm. Oktav. IX, 114 Seiten. 1910. (Schweitzer.) 2.70

Aufschlußpflicht, Die — — von Vorstand und Aufsichtsrat gegenüber der Generalversammlung nach deutschem Aktienrecht. Von Dr. A. Arnold. Gr.-Oktav. 80 Seiten. 1908. (Schweitzer.) 2.40

Aufsichtsrat der Aktiengesellschaft, Der — —. Eine Darstellung seiner Aufgaben, Rechte und Pflichten für die Praxis. Von Dr. jur. E. Tremblau. Oktav. VIII, 100 Seiten. 1917. Geb. 3.—

Bankdepotgesetz. Gesetz über die Verwahrung und Anschaffung von Wertpapieren vom 4. Febr. 1937. Erläutert von RA Dr. K. H. Riecke. Oktav. 92 Seiten. 1937. (Stilkes Rechtsbibl. Nr. 163.) Geb. 2.40

Bank- und Kreditgesetzgebung, Die deutsche — —. Zusammengestellt von Dr. jur. J. C. D. Zahn, RA i. Berlin. Oktav. XVI, 342 Seiten. 1937. (Guttentagsche Sammlung Deutscher Reichsgesetze Nr. 202.) Geb. 6.—

Binnenschiffahrts- und Flößereirecht. Erläuterungswerk bearbeitet von O. Vortisch, RA und Notar und Prof. Dr. O. Zschucke. Oktav. XIX, 922 Seiten. 1938. (Guttentagsche Sammlung Deutscher Reichsgesetze Nr. 36.) Geb. 15.—

Devisengesetzgebung, Die — —. Texte und Regelungen (nach dem Stande vom 10. Februar 1937.) Von Dr. jur. K. Urbanek, RA i. Berlin. Mit Verweisungen. Oktav. 199 Seiten. 1937. (Stilkes Rechtsbibl. Nr. 158.) Geb. 4.80

D-Markbilanzgesetz und die Umstellung von Schuldverhältnissen. Kommentar von Dr. H. v. Boehmer, RA b. d. OLand. Ger. i. Düsseldorf. Oktav. XII, 393 Seiten. 1949. 12.—

Dokumentenakkreditive. Einheitliche Richtlinien und Gebräuche für Dokumentenakkreditive. Drucksache Nr. 82 der Internationalen Handelskammer. Neudruck Mai 1948. Herausgeg. unter Mitarbeit von Dr. E. Trost, Berlin. Oktav. 36 Seiten. 1948. (Kommissionsverlag.) 1.—

Erwerbs- und Wirtschaftsgenossenschaften, Das Reichsgesetz, betreffend die — —. Kleiner Kommentar. Begonnen von L. Parisius und Dr. H. Crüger. 26. Aufl. von Dr. J. Lang und Dr. L. Weidmüller. In Vorbereitung. (Guttentagsche Sammlung Deutscher Reichsgesetze Nr. 29.)

Erwerbs- und Wirtschaftsgenossenschaften, Das Reichsgesetz betreffend die — —. Kommentar zum praktischen Gebrauch für Juristen, Genossenschaften und ihre Mitglieder. Von L. Parisius und H. Crüger. Bis zur 3. Aufl. herausgeg. von L. Parisius und H. Crüger, später von H. Crüger und A. Crecelius. 12., neubearb. Aufl. von F. Citron. Oktav. XV, 605 Seiten. 1932. 25.20, geb. 27.—

Gesellschaften mit beschränkter Haftung, Das Reichsgesetz, betreffend die — —. Begonnen von L. Parisius und Dr. H. Crüger. 20. Aufl. von Dr. W. Schmidt, RA und Notar. In Vorbereitung. (Guttentagsche Sammlung Deutscher Reichsgesetze Nr. 32.)

Gesellschaften mit beschränkter Haftung, Kommentar zum Gesetz, betreffend die — — (früher Staub-Hachenburg). Von M. Hachenburg. 5. Aufl., unter Mitarbeit von F. Bing und W. Schmidt. 2 Bände. Oktav. Bd. I: §§ 1—34. VI, 527 Seiten. 1926. Bd. II: §§ 35—84. 452 Seiten. 1927. Neue Auflage in Vorbereitung.

Güter als Seefracht, Gefährliche — —. Neue, durch Nachträge verm. Aufl. 1. Teil: Gesetzliche Vorschriften für die Seeverfrachtung gefährlicher Güter im Auszuge. 2. Teil: Technische Erläuterungen zu den Stoffen des Güterverzeichnisses der Seefrachtordnung unter besonderer Berücksichtigung ihrer Zusammensetzung und gefährlichen Eigenschaften nebst Beispielen aus Seeunfällen. Für Schiffsoffiziere insbesondere Ladungsoffiziere, Verlader und Verfrachter. Von Schmaltz. Oktav. IV, 152 u. 10 Seiten. 1925. 3.—

Handbuch für Baugenossenschaften. Von A. Scheidt, Unterstaatssekr. d. Preuß. Ministeriums f. Volkswohlfahrt. 2., umgearb. Aufl. Oktav. X, 548 Seiten. 1920. 12.—, geb. 13.50

Handelsgesetzbuch nebst Einführungsgesetz vom 10. Mai 1897. Textausgabe mit Sachregister. 16. Aufl. (Guttentagsche Sammlung von Textausgaben ohne Anmerkungen mit Sachregister.) Oktav. 156 Seiten. 1949. 2.80

Handelsgesetzbuch, Das — — mit Ausschluß des Seerechts. Erläutert von Vizepräs. C. Ritter. 2. Aufl. Gr.-Oktav. 914 Seiten. 1932. (Schweitzer.) 28.—, geb. 30.50

Handelsgesetzbuch, Kommentar zum — —. Von Mitgliedern des früheren Reichsgerichts. 2. Aufl. 4 Bde. In Vorbereitung. Je Band ca. 50.—

Handelsgesetzbuch (ohne Seerecht). Mit den ergänzenden Vorschriften des Bürgerlichen Gesetzbuches. Mit Erläuterungen von Dr. E. Heymann, Geh. Just. Rat, o. Prof. a. d. Univers. Berlin, unter Mitarbeit von H. W. Kötter, RA i. Berlin. 3., durchges. Aufl. der Neubearb. (20. Gesamtaufl.) von H. W. Kötter. In Vorbereitung. (Guttentagsche Sammlung Deutscher Reichsgesetze Nr. 4.) Geb. ca. 20.—

Handelsgesetzbuch und Wechselordnung, sowie Nebengesetze und Auszug aus dem Bürgerlichen Gesetzbuche. Von Just. Rat. R. Basch. Erläutert durch die Rechtsprechung des Reichsgerichts. Neubearb. von W. Basch, RA a. Kammerger. u. Notar i. Berlin. 10. Aufl. Oktav. VIII, 460 Seiten. 1931. (Schweitzer.) Geb. 4.50

Handelsrecht, Deutsches — —. Ein Handbuch für den praktischen Gebrauch mit Anmerkungen aus der Rechtsprechung. Von Dr. W. Heun, LGDir. i. Berlin. 2 Bände. 2. Aufl. Oktav. Gesamtumf. XXIV, 1728 Seiten. 1944. (Schweitzer.) Geb. 21.—

Handelsrecht und Schiffahrtsrecht. Von Dr. J. v. Gierke, o. Prof. der Rechte a. d. Georg-August Univers. Göttingen. 6., umgearb. Aufl. Oktav. XIII, 567 Seiten. 1949. Geb. 24.—

Handelsrichter, Leitfaden für — —. Von Dr. M. Isaac, RA und Notar i. Berlin. Oktav. 134 Seiten. 1932. 3.60

Nachindossament des protestierten Wechsel, Das — —. Von Th. Böhme. (Dissertation.) Oktav. IV, 66 Seiten. 1908. 2.—

Nutzungsrecht an Unternehmen und Unternehmensbeteiligungen. Von R. Frhr. v. Godin, RA i. München. Oktav. XII, 129 Seiten. 1949. 8.—

Offene Handelsgesellschaften, Das Recht der — —. Systematisch dargestellt. Von Dr. A. Hueck, Prof. der Rechte a. d. Univers. München. Gr.-Oktav. 309 Seiten. 1946. 18.—

Offene Handelsgesellschaften, Kommanditgesellschaften und stille Gesellschaften von der Errichtung bis zur Auflösung. Nebst Vertrags- und Anmeldeformularen und mit Berücksichtigung des Steuerrechts. Von A. Starke. Oktav. XIV, 167 Seiten. 1928. 5.—

Recht der großen Haverei, Das — —. Von Dr. Ph. Heck, Ger. Ass. u. Priv. Doz. a. d. Univers. Berlin. Lex.-Oktav. XXXV, 839 Seiten. 1889. (Schweitzer.) 18.—

Seerecht, Das öffentliche — —. Erläutert von J. Sebba. Oktav. XVI, 596 Seiten. 1932. (Guttentagsche Sammlung Deutscher Reichsgesetze Nr. 19.) Geb. 11.70

Steuerrecht und Handelsrecht, Die Zusammenhänge zwischen — — und ihre Entwicklung untersucht an dem Gewinn und an der Bewertung. Eine bilanzrechtliche und bilanskritische Darstellung mit praktischen Beispielen. Von Dr. jur. J. Hein. Oktav. IX, 280 Seiten. 1928. 10.—, geb. 12.—

Stimmrecht des Aktionärs, Das — —. Von Dr. J. Haselberger. Gr.-Oktav. VIII, 68 Seiten. 1906. (Schweitzer.) 2.—

Übermäßiger Gewinn im Sinne der Preissteigerungsverordnung vom 23. Juli 1915/23. März 1916. Von RA Dr. A. Rosenthal, Hamburg. Lex.-Oktav. 19 Seiten. 1917. (Schweitzer.) —.80

Verfügungsrecht beim Frachtgeschäft, Das — —, mit besonderer Berücksichtigung des Postfrachtgeschäfts. Von Dr. jur. P. Leutke, Postinsp. Oktav. 270 Seiten. 1905. 5.—

Veröffentlichungen der Vereinigung der Handelsrechtslehrer Deutscher Hochschulen. Oktav. Heft 1: Bericht über die erste Tagung der Vereinigung in Berlin am 7. und 8. März 1927. Mit Beiträgen von E. Heymann, H. Wüstendörfer, O. Schreiber, A. Nußbaum. 65 Seiten. 1928. 5.—

Wechselgesetz und Scheckgesetz mit Anmerkungen und den Texten der Nebengesetze. Von A. Esderts. Oktav. 224 Seiten. 1935. (Stilke.) Geb. 5.50

Wechselgesetz und Scheckgesetz mit Nebengesetzen. Erläutert von Dr. P. Schaefer, Amtsgerichtsrat. Taschenformat. VII, 292 Seiten. Zweite vermehrte Auflage. 1941. (Schweitzer.) 4.—

Wechselordnung, Staub's Kommentar zur — —. Fortgesetzt von J. Stranz und M. Stranz. 13. Aufl. völlig neubearb. für das Wechselgesetz vom 21. Juni 1933. Von M. Stranz und Martin Stranz. Oktav. XII, 835 Seiten. 1934. Geb. 24.—

Wertpapiere, Gesetz über die Verwahrung und Anschaffung von — — n (Depotgesetz) vom 4. Februar 1937. Nebst einem Anhang: Schrankfachvertrag und verschlossene Einlage. Erläutert von Dr. G. Opitz, RA. Oktav. XXXII, 704 Seiten. 1937. (Guttentagsche Sammlung Deutscher Reichsgesetze Nr. 203.) Geb. 14.—

Wertpapiere, Recht der — — (einschl. Wechsel- und Scheckrecht). Von Cl. Frhr. v. Schwerin. 3. Aufl. bearb. von Prof. Dr. W. Siebert, Göttingen. In Vorbereitung. (Lehrbücher und Grundrisse der Rechtswissenschaft Bd. VII.)

III. Grenzgebiete des Bürgerlichen Rechts

1. Privat- und Sozialversicherung

Angestelltenversicherungsgesetz in der Fassung des Ausbaugesetzes vom 21. Dezember 1937 nebst Ausführungsbestimmungen. Kommentar von Dr. F. Allendorf und Dr. F. Haueisen. Mit einem Geleitwort von A. Grießmeyer. Oktav. 511 Seiten. 1938. (Guttentagsche Sammlung Deutscher Reichsgesetze Nr. 214.) Geb. 12.—
Nachtrag. 10 Seiten. 1938. —.30

Angestelltenversicherungsgesetz. Von Ministerialrat G. Ziegler. (Sonderdruck aus: Sammlung in der Praxis oft angewandter Verwaltungsgesetze und Verordnungen.) Oktav. 68 Seiten. 1927. (Schweitzer.) 1.10

Assekuranz, Geschichte der — — und der hanseatischen Seeversicherungsbörsen Hamburg, Bremen, Lübeck. Von F. Plaß. Gr.-Oktav. XIII, 790 Seiten. 80 Abb. und 3 Seeversicherungspolicen in Fksm. 1902. (Cram, de Gruyter & Co. Hamburg.) 18.—

Aufsichtsamt für das Versicherungswesen Groß-Berlin. Veröffentlichungen. 1. Jahrgang. Heft 1. 1948. 6.—. 2. Jahrgang. Heft 1. 1949. 3.80. — —. Heft 2. 1949. 3.60. — —. Heft 3. 1949. 4.—. — —. Heft 4. 1949. 3.20. Erscheinungsweise: Nach Bedarf. Preis je nach Umfang. Als nach dem Kriege wiedererschienene Fortsetzung der:

Veröffentlichungen des Reichsaufsichtsamts für Privatversicherung. Quart. 1.—38. Jahrgang (1939). Einzelne cplte. Jahrgänge sind aus Restbeständen noch lieferbar. Auf Wunsch nähere Angaben.

Beaufsichtigung der privaten Versicherungsunternehmungen und Bausparkassen vom 6. Juni 1931, Gesetz über die — —. Von RA Dr. jur. H. Goltz. Oktav. 165 Seiten. 1931. (Stilkes Rechtsbibl. Nr. 122.) Geb. 4.—

Brandversicherungsgesetz. Von Ministerialrat G. Ziegler. (Sonderdruck aus: Sammlung in der Praxis oft angewandter Verwaltungsgesetze und Verordnungen.) Oktav. 23 Seiten. 1927. (Schweitzer.) —.70

Frachtversicherung, Die — —. Von W. Mohr. Oktav. 60 Seiten. 1927. (Cram, de Gruyter & Co. Hamburg.) 2.70

Haftung des Versicherers, Die — — für Güter aus deutschen Schiffen in italienischen und portugiesischen Häfen. Von R. Martin. Gr.-Oktav. 40 Seiten. 1918. (Cram, de Gruyter & Co. Hamburg.) 4.—

Handwerkerversorgungsgesetz. Das Gesetz über die Altersversorgung für das deutsche Handwerk (Handwerkerversorgungsgesetz) vom 21. Dezember 1938 nebst der Durchführungs- und Ergänzungsverordnung vom 13. Juli 1939, den wichtigsten Vorschriften des Angestelltenversicherungsgesetzes u. sonstiger ergänzender Gesetze u. Verordnungen. Eingehend erläutert von Dr. H. Haaß, Sen. Präs. i. Reichsversicherungsamt, und R. Glanzmann, RGRat. Oktav. 368 Seiten. 1939. (Guttentagsche Sammlung Deutscher Reichsgesetze Nr. 219.) Mit Nachtrag 1940. Geb. 10.50
Nachtrag einzeln. 1.50

Kundenversicherung, Die Grundzüge der — — (Generalversicherung der Speditions- und Lagergüter) mit einer Einleitung über das Interesse als Element der Sachversicherung. Von Dr. J. Weygand, RA i. Leipzig. Oktav. 162 Seiten. 1914. 4.—

Lebensversicherung zu Gunsten Dritter, insbesondere der Interessenkonflikt zwischen dem Begünstigten und den Gläubigern des Versicherungsnehmers. Von W. Schwarz. Oktav. VIII, 50 Seiten. 1914. 1.25

Leistung und Gegenleistung im Versicherungsvertrage. Eine Grundfrage des Privatversicherungsgesetzes. Von Dr. Fr. Haymann, o. ö. Prof. der Rechte a. d. Univers. Köln. Oktav. 103 Seiten. 1933. 6.—

Obergutachten über Unfallvergiftungen. Dem Reichs-Versicherungsamt und anderen Gerichten erstattet. Von Prof. Dr. L. Lewin. Oktav. VIII, 379 Seiten. 1912. 5.—

Pflichtversicherung für Kraftfahrzeughalter und Kraftfahrversicherungsbedingungen. Textausgabe mit Erläuterung der gesetzlichen Vorschriften und Versicherungsbedingungen sowie mit Sachregister. Von G. E. Fromm, Sen. Präs. i. Reichsaufsichtsamt f. Privatversicherung. Oktav. XV, 267 Seiten. 1941. (Guttentagsche Sammlung Deutscher Reichsgesetze Nr. 223.) 5.—

Privatversicherungsrecht, Handbuch des — — s. Von Prof. Dr. W. Kisch. Lex.-Oktav. (Schweitzer.) Bd. II: Die Lehre von der Versicherungsgefahr. XXII, 604 Seiten. 1920. In 4 Lieferungen cplt. 11.70

Reichsknappschaftsgesetz, Das — — in der Fassung der Bekanntmachung vom 1. Juli 1926 nebst Einführungsgesetz zum Gesetz vom 23. Juni 1927. Von Prof Dr. Ing. e. h. M. Reuß, Wirkl. Geh. OBergrat und Dr. F. Hense, OBergrat a. D. 2. Aufl. Mit Nachtrag 1931. Oktav. XVI, 640 u. 7 Seiten. 1927. (Guttentagsche Sammlung Deutscher Reichsgesetze Nr. 155.) Geb. 10.80

Reichsversicherungsordnung, Die — — nebst dem Einführungsgesetze, den wichtigsten Ausführungsvorschriften und den ergänzenden Gesetzen und Verordnungen. Neue Aufl. in Vorbereitung. (Guttentagsche Sammlung Deutscher Reichsgesetze Nr. 161.)

Seeversicherung, Besonderheiten der — —. Von K. Doernberger. Gr.-Oktav. 66 Seiten. 1911. (Schweitzer.) 1.80

Seeversicherung, Das Recht der — —. Ein Kommentar zu den allgemeinen Deutschen Seeversicherungsbedingungen. Von C. Ritter. Gr.-Oktav. 1494 Seiten. 1924. Anastatischer Neudruck 1943. 2 Bände. (Cram, de Gruyter & Co. Hamburg.) Geb. 98.—

Seeversicherungsbedingungen, Allgemeine Deutsche — —. 24. Taus. Oktav. 56 Seiten. 1939. 1.80
Englische Ausgabe: **General Rules of Marine Insurance** adopted by the German Underwriters. Translated by A. Sieveking. Oktav. 64 Seiten. 1920. 2.70

Verantwortlichkeit des Versicherungsnehmers für das Verhalten Dritter. Von Prof. Dr. H. Möller, Univers. Hamburg. Oktav. 105 Seiten. 1939. (Schriften der Akademie für deutsches Recht, Gruppe für Handels- u. Wirtschaftsrecht H. 3.) 6.—

Versicherungsbedingungen für Haftpflichtversicherung, Allgemeine — —. §§ 1—4: Der Versicherungsschutz. Erläutert von Dr. jur. H. Oberbach. Oktav. XII, 280 Seiten. 1938. (Guttentagsche Sammlung Deutscher Reichsgesetze Nr. 213.) Geb. 9.20
— —. Teil II: §§ 5—6: Der Versicherungsfall. §§ 7—12: Das Versicherungsverhältnis. Oktav. 368 Seiten. 1947. (Guttentagsche Sammlung Deutscher Reichsgesetze Nr. 213a.) 20.—

Versicherungsstatistik über die unter Reichsaufsicht stehenden Unternehmungen. Herausgeg. vom Reichsaufsichtsamte für Privatversicherung. Quart. Für 1902—1938 sind noch Restbestände vorhanden. Auf Wunsch nähere Angaben.

Versicherungsunternehmungen, Gesetz über die privaten — —. Vom 12. Mai 1901. Von Dr. jur. h. c. H. Koenige, Sen. Präs. a. Reichsgericht i. R. 3., umgearb. Aufl. von H. Koenige und A. Petersen, OReg. Rat a. D. Oktav. 856 Seiten. 1927. (Guttentagsche Sammlung Deutscher Reichsgesetze Nr. 62.) Geb. 18.—

Versicherungsvertrag, Das Zustandekommen des — — es. Von H. Hagemann. Oktav. 67 Seiten. 1934. (Aus: Hamburger Rechtsstudien.) (Cram, de Gruyter & Co. Hamburg.) 4.—

Versicherungsvertrag, Reichsgesetz über den — —. Von E. Bruck und H. Möller. 8. Aufl. in Vorbereitung. (Guttentagsche Sammlung Deutscher Reichsgesetze Nr. 83.)

2. Arbeitsrecht

Akkordvertrag, Der — — und der Tarifvertrag. Eine Darstellung zweier Vertragsarten aus dem modernen Wirtschaftsleben. Von P. Wölbling, Mag. Rat. Oktav. XIII, 482 Seiten. 1908. 10.—, geb. 11.—

Arbeitsgerichtsgesetz. Kommentar. 2., völlig neubearb. Aufl. von H. Dèpene unter Mitwirkung von Th. Rolfing und E. Heinitz. Oktav. XIX, 861 Seiten. 1932. (Guttentagsche Sammlung Deutscher Reichsgesetze Nr. 168.) Geb. 15.—

Arbeitsrecht. Von Loppuch. In Vorbereitung. (Leitfaden der Rechtswissenschaft.)

Arbeitsrecht der Bühne, Das — —. Von RA Dr. B. Riepenhausen. Oktav. 236 Seiten. 1943. 9.—

Arbeitsvertragsrecht. Die arbeitsrechtlichen Vorschriften der allgemeinen Gesetze mit Erläuterungen aus der höchstrichterlichen Rechtsprechung des Reichsarbeitsgerichts und der Landesarbeitsgerichte von Reichsgerichtsrat i. R. Dr. Czolbe, und Staatsrat Wagemann †. Oktav. XII, 774 Seiten. 1934. (Stilke.) Geb. 15.—

Arbeitszeit in Bäckereien und Conditoreien, Gesetz über die — — vom 29. Juni 1936 nebst der amtlichen Begründung und der Durchführungsbestimmung erläutert von Dr. R. Schneider unter Mitwirkung von H. Wolkersdörfer, Sen. Präs. b. Kammerger. Oktav. 103 Seiten. 1936. (Guttentagsche Sammlung Deutscher Reichsgesetze Nr. 199.) 1.80

Arbeitszeitordnung vom 26. Juli 1934 nebst den amtlichen Erläuterungen, den Ausführungsbestimmungen und anderen arbeitszeitrechtlichen Verordnungen. Erläutert von Dr. R. Schneider unter Mitwirkung von H. Wolkersdörfer, Sen. Präs. b. Kammerger. Oktav. 442 Seiten. 1937. (Guttentagsche Sammlung Deutscher Reichsgesetze Nr. 201.) Geb. 8.—

3. Gewerberecht

Gaststättengesetz vom 28. April 1930 mit den Durchführungs- und Ausführungsverordnungen des Reiches und Preußens. Kommentar von W. Huyke. Neue Aufl. in Vorbereitung. (Guttentagsche Sammlung Deutscher Reichsgesetze Nr. 176.)

Gewerbeordnung für das Deutsche Reich nebst Gaststättengesetz, Kinderschutzgesetz und Hausarbeitsgesetz. Mit Einleitung von A. Elster. Neue Aufl. von G. Erdmann in Vorbereitung. (Guttentagsche Sammlung von Textausgaben ohne Anmerkungen mit Sachregister.)

Pfandleihrecht, Das deutsche — —. Kommentar zum preußischen Pfandleihgesetz unter Berücksichtigung der außerpreußischen Gesetze. Von G. Lenzen. Oktav. XXVI, 266 Seiten. 1929. 20.—

Recht der Reklame, Das — —. Von Dr. F. Wolff, RA und Notar zu Berlin und Dr. K.-A. Crisolli, Ger. Ass. zu Berlin. Oktav. XX, 403 u. 54 Seiten. 1929. 9.—, geb. 10.—

Rechtliche Stellung der Geheimmittel und ähnliche Arzneimittel, Die — —. Von Dr. W. Stader. Oktav. 116 Seiten. 1929. (Stilkes Rechtsbibl. Nr. 89.) Geb. 3.15

4. Geistig-gewerblicher Rechtsschutz

Behandlung der literarisch-musikalischen Werke nach geltendem Recht. Von C. Petzl. Oktav. 61 Seiten. 1911. (Schweitzer.) 1.40

Beiträge zum Patentrecht. Von W. Dunkhase, Geh. Reg. Rat. 6 Hefte. Oktav.
Heft 1: Die Patentfähige Erfindung und das Erfinderrecht unter besonderer Berücksichtigung des Unionsprioritätsrechts. 2. Aufl. 148 Seiten. 1913. 3.—
Heft 2: Die Neuheit der Erfindung nach Patent- und Gebrauchsmusterrecht. 53 Seiten. 1913. 1.50
Heft 3: Die Prüfung der Erfindung auf Patentfähigkeit. 49 Seiten. 1913. 1.50

Heft 4: Der Patentschutz. 97 Seiten. 1914. 3.—
Heft 5: Das Patenterteilungsverfahren und das Patentamt. 152 Seiten. 1914. 4.—
Heft 6: Nichtigkeitsverfahren, Zwangslizenz und Zurücknahme des Patents. 51 Seiten. 1914. 1.50

Berner Übereinkunft über Internationales Urheberrecht, Die — —. Von H. Dungs. Oktav. 75 Seiten. 1910. (Guttentagsche Sammlung Deutscher Reichsgesetze Nr. 95.) Geb. —.90

Eigenbild im Recht, Das — —. Von Dr. J. Kohler, o. Prof. a. d. Univers. Berlin. Oktav. 66 Seiten. 1903. 2.—

Filmgewerbe, Verträge im — —. Insbesondere die Filmpacht, die Filmlizenz und der Filmserienvertrag. Von O. Böhm. Oktav. VII, 79 Seiten. 1919. 2.50

Geheimnis und Erfindungsbesitz. Von Dr. J. L. Seligsohn, RA i. Berlin. Oktav. 147 Seiten. 1921. 3.—

Gesetz zum Schutz der Warenbezeichnungen. Von Dr. A. Seligsohn, Just. Rat. 3. Aufl., bearb. in Gemeinschaft mit M. Seligsohn, RA und Notar i. Berlin. Oktav. 416 Seiten. 1925. 15.—, geb. 16.50

Gutachten der fünf preußischen Sachverständigenkammern für Urheberrecht. Eine Auswahl, bearb. und herausgeg. von E. Wollenberg. Oktav. VIII, 210 Seiten. 1936. 5.—

Patent, Der einheitliche Schutzgegenstand des — — s. Prüfung, Umgrenzung und Auslegung der Erfindungstragweite nach dem neuen Patentgesetz. Von Dr. jur. S. von der Trenck, RA a. Kammergericht. Oktav. XII, 260 Seiten. 1936. 12.—, geb. 13.—

Patentanspruch, Der —. Von Dr. E. Müller, Patentanwalt i. Berlin. Oktav. 93 Seiten. 1925. 4.—

Patentgesetz nebst Ausführungsbestimmungen. Von R. Lutter, Geh. Reg. Rat, unter Mitwirkung von Dr. O. Emersleben und Dr. jur. A. Elster. 11. Aufl. in Vorbereitung. (Guttentagsche Sammlung Deutscher Reichsgesetze Nr. 22.)

Patentgesetz und Gesetz, betreffend den Schutz von Gebrauchsmustern. Erläutert. Von Dr. A. Seligsohn, Just. Rat. 7. Aufl. Mit Nachtrag. Oktav. VIII, 622 u. 8 Seiten. 1932. 22.50, geb. 24.30

Rechtsschutz, Gewerblicher — —. Von Lindenmaier. In Vorbereitung. (Leitfaden der Rechtswissenschaft.)

Rechtsstellung des Drehbuchautors, Die — —. Von Dr. jur. Chr. Andritzky. Oktav. IX, 80 Seiten. 1931. 3.50

Schutz des Urheberrechtes im deutschen Rundfunk, Der — —. Von Dr. jur., Dr. Ing. G. Reininger. Oktav. 87 Seiten. 1929. 4.—

Unlauterer Wettbewerb, Gesetz gegen den — — vom 7. Juni 1909. /Kurzer Kommentar für Praxis und Studium. Von Elster. Neue Aufl. in Vorbereitung. (Guttentagsche Sammlung Deutscher Reichsgesetze Nr. 37.)

Urheber- und Erfinderrecht, Deutsches — —. Eine systematische Darstellung. 1. Abt. Allgemeiner Teil, Besonderer Teil: Urheberrecht an Schriftwerken und Tonwerken; Urheberrecht an Kunstwerken und Photographien; Geschmacksmusterrecht. Von E. Riezler, Prof. a. d. Univers. Freiburg i. Br. Gr.-Oktav. 506 Seiten. 1909. (Schweitzer.) 7.20

Urheber- und Erfinder-, Warenzeichen- und Wettbewerbsrecht. (Gewerblicher Rechtsschutz.) Von Dr. jur. A. Elster. 2., stark erweiterte und völlig umgearb. Aufl. (Mit Abdruck der Gesetzestexte.) Oktav. XII, 611 Seiten. 1928. (Lehrbücher und Grundrisse der Rechtswissenschaft Bd. VIII.) 16.20

Warenzeichengesetz vom 5. Mai 1936 nebst Pariser Verbandsübereinkunft und Madrider Abkommen, erläutert von Dr. R. Busse, Senatsrat im Reichspatentamt in Berlin. 2. Aufl. Oktav. 636 Seiten. 1939. (Stilkes Rechtsbibl. Nr. 40.) Geb. 14.—

Gewerbe- und Industrie-Kommentar (GIK). Unter besonderer Berücksichtigung der Rechtsprechung des Reichsgerichts herausgeg. von H. Koenige. Bd. III: **Warenzeichenrecht.** Kommentar von Dr. A. Hagens, Sen. Präs. Oktav. VIII, 580 Seiten. 1927. 22.—, geb. 24.—

IV. Zivilprozeß

(Freiwillige Gerichtsbarkeit, Grundbuchrecht, Konkursordnung, Zwangsvollstreckung und Kostengesetze)

Beschlagnahme von Lohn, Gehalt und Diensteinkommen, Das Recht der — —. Auf Grundlage des Reichsgesetzes vom 21. Juni 1869, der Verordnung über Lohnpfändung vom 25. Juni 1919 nebst Abänderungen und der Zivilprozeßordnung dargestellt von G. Meyer, Just. Rat, RA b. d. Landger. Berlin und Notar. Mit Nachtrag 1932. Oktav. 175 u. 3 Seiten. 1930. (Guttentagsche Sammlung Deutscher Reichsgesetze Nr. 55.) Geb. 4.—

Beweislastregeln, Die Anwendung der — — im Zivilprozeß und das qualifizierte Geständnis. Von Dr. K. Korsch. Oktav. X, 140 Seiten. 1911. 3.—

Einschränkungen der Aufrechnung und der Konfusion im Konkurs, Die — —. Von Dr. jur. H. Kunick, Ger. Refr. Oktav. 77 Seiten. 1926. 2.50

Freiwillige Gerichtsbarkeit. Von Dr. H. W. Müller, OLGRat i. Reichsjust. Ministerium. 1949. In Vorbereitung. (Leitfaden der Rechtswissenschaft Bd. 8.) ca. 4.—

Freiwillige Gerichtsbarkeit, Die Gesetze des Reiches und Preußens über die — —. Textausgabe mit Sachregister. 2. Aufl. Oktav. 115 Seiten. 1947. (Guttentagsche Sammlung von Textausgaben ohne Anmerkung und Sachregister.) 3.60

Freiwillige Gerichtsbarkeit, Die Gesetze des Reiches und Preußens über die — —. Von H. Jastrow †. 9. Aufl. in Bearbeitung. (Guttentagsche Sammlung Deutscher Reichsgesetze Nr. 46.)

Gebührenordnung für Rechtsanwälte, Die deutsche — —, nebst den landesgesetzlichen Gebühren der Rechtsanwälte. Herausgeg. von LGRat Dr. A. Friedländer u. RA Dr. M. Friedländer. 9., völlig neubearb. Aufl. des Kommentars von Walter-Joachim. Lex.-Oktav. 839 Seiten. 1932. (Schweitzer.) Geb. 32.—

Gebührenordnung für Rechtsanwälte, Tabellen zur — —, zur Reichskostenordnung in freiwilliger Gerichtsbarkeit, zum Gerichtskostengesetz und Umsatzsteuergesetz nebst ergänzenden Bestimmungen und Erläuterungen. Zusammengestellt von G. Quandt, RA i. Brandenburg a. H. 15. Aufl. Oktav. 42 Seiten. 1949. Geb. 6.—

Gerichtliche und Verwaltungs-Meteorologie. Das Wetter in der Rechtsprechung für Gerichte und Rechtsanwälte, Verwaltungen, Magistrate und Hausbesitzer, Berufsgenossenschaften und Versicherungsgesellschaften, für Gewerbe, Handel und Technik. Mit 438 Beispielen aus der Praxis. Von Prof. Dr. C. Kassner, Priv. Doz. a. d. Techn. Hochschule Berlin. Oktav. 208 Seiten. 1921. 4.—

Gerichtsentlastung und Güteverfahren im Krieg und Frieden. Von H. Cahn, RA i. Nürnberg. Oktav. 75 Seiten. 1916. 2.—

Gerichtskostengesetz, Deutsches — — nebst Gebührenordnungen für Gerichtsvollzieher und für Zeugen und Sachverständige in den neuesten Fassungen. Auf der Grundlage der Sydow-Busch'schen Textausg. neu bearb. in 11. Aufl. von Dr. L. Busch, RGRat i. R. und O. Krieg, LGDir. Mit Nachtrag. Oktav. XI, 433 u. 4 Seiten. 1928. (Guttentagsche Sammlung Deutscher Reichsgesetze Nr. 15.) Geb. 6.75

Gerichtskostengesetz, Kommentar zum — —. Von LGRat Dr. A. Friedländer u. RA Dr. M. Friedländer. Gr.-Oktav. XXXIII, 621 Seiten. 1928. (Schweitzer.) Geb. 26.50

Gerichtskostengesetz, Preußisches — — (neueste Fassung). Nach dem Tode des früheren Herausgebers Dr. P. Siméon erläutert von O. Lindemann, Geh. OJust. Rat. 8., völlig umgearb. Aufl. Oktav. 439 Seiten. 1928. (Guttentagsche Sammlung preußischer Gesetze Nr. 17.) Geb. 7.20

Gerichtsverfassung, Deutsche — — auf dem Gebiet der streitigen und freiwilligen Rechtspflege. Von W. Dittmann. Gr.-Oktav. 136 Seiten. (Cram, de Gruyter & Co. Hamburg.) 6.—

Gerichtsverfassungsgesetz mit Einführungsgesetz. Begonnen von Dr. R. Sydow. Neue Aufl. in Vorbereitung. (Guttentagsche Sammlung Deutscher Reichsgesetze Nr. 14.)

Gläubigeranfechtung außerhalb des Konkursverfahrens, Die — —. Erläuterungen des Anfechtungsgesetzes mit systematischer Einführung. 2., völlig neubearb. Aufl. von Dr. jur., Dr. rer. pol. h. c. E. Jaeger, Prof. der Rechte zu Leipzig. Gr.-Oktav. VIII, 387 Seiten. 1938. Geb. 23.—

Grundbuchordnung in der Fassung der Bekanntmachung vom 5. August 1935. Mit Anmerkungen und einer Zusammenstellung der Reichsausführungsbestimmungen und der wichtigsten in Reichs-, Zonen-, und Landes-Gesetzen, -Verordnungen und -Verfügungen enthaltenen Vorschriften über die Grundbuchverfassung und das Grundbuchverfahren. Von Dr. P. Thieme, Sen. Präs. i. Celle. 3., neubearb. Aufl. Oktav. 356 Seiten. 1949. Halbleinen 19.—

Mit Sonderanhang für: Groß-Berlin und die Länder der sowjetischen Besatzungszone. Von Dr. K. Schwarze. 22.—

— — das Land Bayern. Von F. Reichhelm. 20.50

— — das französisch und amerikanisch besetzte Gebiet Württembergs. Von Prof. Dr. Baur. 22.—

— — das Land Hessen. Von Dr. jur. H. Eise. 24.—

— — das Land Bremen. Von Dr. H. L. Schüter. 21.50
(Stilkes Rechtsbibl. Nr. 80.)

Grundbuchordnung für das Deutsche Reich nebst den Ausführungsbestimmungen. Kommentar von W. Hesse in Verbindung mit E. Saage und N. Fischer. Neue Aufl. in Vorbereitung. (Guttentagsche Sammlung Deutscher Reichsgesetze Nr. 42.)

Grundbuchordnung, Kommentar zur — — unter besonderer Berücksichtigung der in Preußen und Bayern weitergeltenden landesrechtlichen Bestimmungen. Von G. Meikel. 4., neubearb. Aufl. von RRat Dr. W. Imhof. Gr.-Oktav. 1310 Seiten. 1940. (Schweitzer.) Geb. 53.—. In Lieferungen: Lfg. 1: 3.60; Lfg. 2: 6.—; Lfg. 3: 6.—; Lfg. 4: 7.20; Lfg. 5: 7.20; Lfg. 6: 20.—; Einbanddecke: 1.50

Grundbuchrecht, Das materielle und formelle deutsche — — in seiner Beziehung zum Liegenschaftskatasterdienst unter besonderer Berücksichtigung der bayerischen und rheinpfälzischen Verhältnisse. Von D. H. Richter. In Vorbereitung.

Grundbuchrecht, Zehn Lösungen aus dem — — der Staatsprüfungsaufgaben seit 1919. Von OARichter Dr. W. Kriener. Oktav. 95 Seiten. 1930. (Schweitzer.) 2.70

Grundbuchrecht, Zehn weitere Lösungen aus dem — — der Staatsprüfungsaufgaben seit 1919. Von OARichter Dr. W. Kriener. Oktav. 117 Seiten. 1934. (Schweitzer.) 2.70

Hinterlegungsordnung, Die Reichs — — vom 10. März 1937. Bearb. von Amtmann M. Bree. Oktav. 163 Seiten. 1937. (Stilkes Rechtsbibl. Nr. 164.) Mit Nachtrag. 1939. Geb. 5.20

Justizbeitreibungsordnung und Einziehung von Vermögensstrafen. Erläutert von R. Witte, Bez. Revis. b. d. Amtsger. Berlin. Oktav. 204 Seiten. 1937. (Guttentagsche Sammlung Deutscher Reichsgesetze Nr. 209.) Geb. 3.80

Konkursgläubigerrecht, Die Feststellung des — — s. KO. § 146. Von E. Bley. (Dissertation.) Oktav. VIII, 107 Seiten. 1914. 3.50

Konkursordnung, Kommentar zur — — und den Einführungsgesetzen, mit einem Anhang, enthaltend das Anfechtungsgesetz, die Vergleichsordnung, Auszüge aus den Kostengesetzen, Ausführungsgesetze und Geschäftsordnungen. Von Dr. jur., Dr. rer. pol. h. c. E. Jaeger, Prof. der Rechte zu Leipzig. 6. u. 7., neubearb. Aufl. Quart. Bd. I: (KO. §§ 1—46.) XXVIII, 828 Seiten. 1931. 49.—. Bd. II: (KO. §§ 47—244, Einführungsgesetze, Richtlinien, Nachtrag und Sachregister.) Quart. XIX, 1037 Seiten. 1933/36. 46.—

Konkursordnung, Vergleichsordnung und Anfechtungsgesetz mit Erläuterungen. Auf der Grundlage der Sydow-Busch'schen Textausg. mit Anmerkungen. 17. Aufl. von Prof. Bley in Vorbereitung. (Guttentagsche Sammlung Deutscher Reichsgesetze Nr. 13.)

Konkursrecht, Lehrbuch des — — s. Von Dr. jur., Dr. rer. pol. h. c. E. Jaeger, Prof. der Rechte zu Leipzig. 8., erw. Aufl. des Grundrisses zur Vorlesung über Konkursrecht. Quart. 255 Seiten. 1932. Geb. 13.50

Konkursrecht und Vergleichsordnung. Von Dr. H. W. Müller, OLGRat i. Reichsjust. Ministerium. 1949. In Vorbereitung. (Leitfaden der Rechtswissenschaft Bd. 10.)

Konkursrichter, Handbuch für — —. Von Senatspräs. OLGRat J. Senst. 4. Aufl., nach dem Tode des Verfassers durchges. von Dr. A. W. Müller. Gr.-Oktav. 301 Seiten. 1928. (Schweitzer.) Geb. 12.60

Kostenfestsetzungsverfahren, Das — — und die deutsche Gebührenordnung für Rechtsanwälte nebst den landesgesetzlichen Vorschriften in Preußen, Bayern, Sachsen, Württemberg, Baden und Hessen. Mit Erläuterungen. 14. Aufl. des Willenbücherschen Werkes in Gemeinschaftsarbeiten von LGDir. F. Junge, LGRat K. Breuer, RA Dr. J. A. Graf Westarp, RA Dr. J. von der Heyde, RA Dr. W. Petersen. Gr.-Oktav. VIII, 575 Seiten und 14 Seiten Tabellen. 1944. (Schweitzer.) 16.50

Kostengesetz und Gebührenordnungen der Rechtspflege. Textausgabe mit Verweisungen, Gebührentabellen und Sachregister. Herausgeg. von R. Witte, Bez. Revis. b. d. Amtsger. Berlin. Oktav. VIII, 288 Seiten. 1937. (Guttentagsche Sammlung Deutscher Reichsgesetze Nr. 204.) Geb. 3.50
Nachtrag. 14 Seiten. 1938. —.30

Kostenordnung vom 25. November 1935. Von Reichsger. Rat G. Rusche. Oktav. 300 Seiten. 1936. (Stilkes Rechtsbibl. Nr. 150.) Geb. 10.—

Kostenrechnung, ABC der — —. Teil 1: Die Gerichtskosten in familienrechtlichen Angelegenheiten, in Nachlaß- und Teilungssachen. Von H. Meyer, Bez. Revis. i. München und K. Schlegel. Just. Amtm. i. Berlin. Oktav. 261 Seiten. 1942. (Schweitzer.) 6.—

Lehrausgaben deutscher Gesetze. Herausgeg. von Dr. O. Bühler, o. ö. Prof. a. d. Univers. Münster/W. Bd. II: **Die Zivilprozeßordnung.** Sachlich geordnet, mit systematischen Paragraphenüberschriften und ausführlichem Sachregister herausgeg. von L. Rosenberg. Mit Nachtrag 1932. Oktav. XI, 564 u. 20 Seiten. 1930. Geb. 8.—

Lehrbücher des deutschen Reichsrechtes. Guttentag'sche Sammlung. Oktav. Nr. 1: **Der Reichs-Civilprozeß.** Von H. Fitting. 12. u. 13., neu durchges. Aufl. Mit Nachtrag: Die Neuerungen der Novelle zur Civilprozeßordnung vom 1. Juni 1909. XVIII, 798 u. 53 Seiten. 1907. 5.—
Nr. 3: **Das Reichs-Konkursrecht und Konkursverfahren.** Von H. Fitting. 3., völlig neubearb. Aufl. XVI, 523 Seiten. 1904. 4.—

Lohnpfändung, Recht der — —. Dargestellt und erläutert von Dr. H. Rühling, LGRat. Oktav. 244 Seiten. 1938. (Guttentagsche Sammlung Deutscher Reichsgesetze Nr. 216.) Geb. 5.—

Mit Ergänzung: Das neue Lohnpfändungsrecht. 1941. 1.50

Offenbarungseid und Haft im Zivilprozeß. Kommentar von W. Huyke. Oktav. 173 Seiten. 1930. (Guttentagsche Sammlung Deutscher Reichsgesetze Nr. 177.) Geb. 3.60

Prozeßführung, Die — — der im ordentlichen gesetzlichen Güterstand lebenden Ehefrau. Von Dr. jur. et rer. pol. Fr. Scheppler. Oktav. 60 Seiten. 1909. (Schweitzer.) 1.30

Das Publikum im Verkehr mit dem Amtsgericht in Familien-, Erb-, Nachlaß- und Testamentsangelegenheiten, Zivilprozessen, Aufgebotsachen, Arresten und einstweiligen Verfügungen, Zwangsvollstreckungssachen. Dargestellt in etwa 180 erläuterten Musteranträgen. Von O. Scheiblich. 5. Aufl. Gr.-Oktav. 211 Seiten. 1937. (Schweitzer.) 3.50

Reichskassenordnung vom 6. August 1927 (RKO.), mit Erläuterungen von Geh. ORGRat Ministerialdirigent i. R. R. Schulze und Ministerialrat Dr. E. Wagner. Oktav. 666 Seiten. 1930. (Stilkes Rechtsbibl. Nr. 92.) Geb. 16.—

Reichskostenordnung. (Verordnung über die Kosten in Angelegenheiten der freiwilligen Gerichtsbarkeit und der Zwangsvollstreckung in das unbewegliche Vermögen.) Vom 25. November 1935. Erläutert von O. Lindemann, Geh. OPostrat. Oktav. 195 Seiten. 1936. (Guttentagsche Sammlung Deutscher Reichsgesetze Nr. 198.) Geb. 3.50

Reichszivilprozeßordnung, Die — — mit Gerichtsverfassungsgesetz und den wichtigsten Nebengesetzen. Herausgeg. von Dr. H. W. Müller. OLGRat. Textausg. 2., neubearb. Aufl. Oktav. LVI, 678 Seiten. 1949. (Schweitzer.) 12.—, geb. 13.50

Sachbericht und Gutachten. Eine Anleitung in Grundrißform. Von LGRat Dr. E. Keßler. 2., neubearb. Aufl. Gr.-Oktav. 91 Seiten. 1937. (Schweitzer.) 2.—

Sachbeweis, Der —. Von W. Polzer. Oktav. Mit zahlreichen Abbildungen. XV, 184 Seiten. 1938. (Schweitzer.) Geb. 6.40

Sachlegitimation, Die — —. Von Dr. K. Rosenthal, Hamburg. Von der rechts- und staatswissenschaftl. Fakultät d. Univers. Würzburg gekrönte Preisschrift. Gr.-Oktav. 82 Seiten. 1903. (Schweitzer.) 2.—

Schiedsrecht. (Recht des privaten Schiedsverfahrens.) Von Dr. Fr. Prager, München. Oktav. 188 Seiten. 1931. (Schweitzer.) 5.—

Schiedsverfahren nach dem deutschen Recht, Das — —. Ein Lehr- und Handbuch für Laien und Juristen. Von H. Teßmer, Syndikus. Oktav. XVI, 301 Seiten. 1915. 7.—

Staatsanwalt in Zivilsachen, Die Tätigkeit des — —. Erläutert von Dr. L. Leiß, Staatsanw. i. München. Lex.-Oktav. 146 Seiten. 1942. (Schweitzer.) 4.—

Unterlassungsklage. Eine Übersicht für den Praktiker. Von RA Dr. A. Rosenthal. Oktav. 1916. (Schweitzer.) 2.40

Vergleichsordnung vom 26. Februar 1935 mit Erläuterungen von O. Krieg, Sen. Präs. beim Kammergericht. Zugleich Nachtrag zu Sydow-Busch-Krieg, Konkursordnung (ersetzt die Seiten 573—767 der 16. Aufl.). 10., völlig neubearb. Aufl. Oktav. VIII, 319 Seiten. 1937. (Guttentagsche Sammlung Deutscher Reichsgesetze Nr. 13a.) Geb. 6.—

Wahrheitspflicht im Zivilprozeß, Die —. Ein Vortrag. Von Dr. H. Welzel, Prof. i. Göttingen. Oktav. 27 Seiten. 1935. 2.—

Wert des Streitgegenstandes in bürgerlichen Rechtsstreitigkeiten, Der — —. Von Just. Insp. Fr. X. Berger. Gr.-Oktav. 103 Seiten. 1935. (Schweitzer.) 2.60

Zivilprozesse für den Rechtsunterricht, insbesondere für die Referendarübungen. Von R. Schneider. Oktav. 119 Seiten. 1914. 2.40

Zivilprozeßordnung und Gerichtsverfassungsgesetz. Begonnen von R. Sydow. 21. Aufl. in Vorbereitung. (de Gruytersche Sammlung Deutscher Gesetze.)

Zivilprozeßrecht. Von Dr. H. W. Müller, OLGRat. 1949. In Vorbereitung. (Leitfaden der Rechtswissenschaft Bd. 7.) ca. 4.—

Zwangshypothek, Die — —. Forschungen zu ihrer Geschichte und Theorie. Von Dr. H. Schanz, o. Prof. a. d. Univers. Würzburg. Oktav. (Schweitzer.) 1. Heft: Die gerichtliche Hypothek des französischen Rechts in ihrer geschichtlichen Entwicklung und Verbreitung. 240 Seiten. 1910. (Schweitzer.) 5.80. 2. Heft: Die Zwangshypothek des deutschen Rechts in ihrer geschichtlichen Entwicklung und Verbreitung. 213 Seiten. 1933. 7.—

Zwangsversteigerung und Zwangsverwaltung vom 24. März 1897, Gesetz über die — —. Mit besonderer Berücksichtigung der bayerischen Ausführungsbestimmungen und mit Beispielen. Von Sen. Präs. A. Steiner. 5., neubearb. Aufl. Lex.-Oktav. 720 Seiten. 1935. (Schweitzer.) Geb. 33.—

Zwangsvollstreckung. Ein Lehrbuch. Von Dr. K. Blomeyer, o. Prof. i. Jena. Oktav. 187 Seiten. 1933. (Lehrbücher und Grundrisse der Rechtswissenschaft Bd. XV.) Geb. 4.50

Zwangsvollstreckung, Die Gesetzgebung, betreffend die — — in das unbewegliche Vermögen im Reiche und in Preußen. Von Dr. J. Krech und Dr. O. Fischer. Neue Aufl. in Bearbeitung. (Guttentagsche Sammlung Deutscher Reichsgesetze Nr. 43.)

Zwangsvollstreckung in Forderungen und andere Vermögensrechte. Von F. Schubert, Just. Insp. i. Freiberg i. Sa. 2., neubearb. Aufl. Oktav. 310 Seiten. 1938. Geb. 5.50
Nachtrag. 1941. —.50

Zwangsvollstreckung und Zwangsversteigerung. Von Dr. H. W. Müller, OLGRat. In Vorbereitung. (Leitfaden der Rechtswissenschaft Bd. 9.)

Zwischenurteile, Über den Einfluß der — — und des bedingten Endurteils auf nachfolgende Versäumnisurteile. Von Zeitlmann. Oktav. 88 Seiten. 1893. (Schweitzer.) 2.—

V. Strafrecht und Strafprozeß

(einschl. Kriminologie)

Abhandlungen des Kriminalistischen Instituts an der Universität Berlin. Vierte Folge. Oktav. Begründet von Dr. Fr. v. Liszt. Herausgeg. von Dr. W. Graf Gleispach und Dr. E. Kohlrausch, Professoren des Strafrechts an der Universität Berlin.
Bd. I, Heft 1: **Liberalismus und Strafrecht im 19. Jahrhundert** unter Zugrundelegung der Lehren Karl Georg v. Waechters. Von Dr. H. Dannenberg. VII, 66 Seiten. 1925. 3.—

— —, Heft 2: **Die systematische Bedeutung der adaequaten Kausalitätstheorie** für den Aufbau des Verbrechensbegriffs. Von Dr. H. Tarnowski, RA a. Kammergericht. X, 340 Seiten. 1927. 18.—

— —, Heft 3: **Der Verrat von Betriebsgeheimnissen** nach englischem und nordamerikanischem Recht. Von Dr. jur. L. Ehrlich. VII, 75 Seiten. 1930. 4.—

— —, Heft 4: **Die juristische Natur der falschen Beweisaussage.** Ein Beitrag zur Geschichte und Systematik der Eidesdelikte, zugleich zur Frage einer Beschränkung der Strafbarkeit auf erhebliche falsche Aussagen. Von Dr. St. Kuttner. VI, 76 Seiten. 1931. 6.—

Bd. II, Heft 1: **Kriminalpolitik und Strafrechtssystematik** unter besonderer Berücksichtigung des sowjetrussischen Rechts. Von Dr. W. Gallas. VII, 88 Seiten. 1931. 5.—

— —, Heft 2: **Das Bewußtsein der Rechtswidrigkeit,** entwickelt an der Lehre vom Hausfriedensbruch. Von Dr. W. Goldschmidt. IX, 51 Seiten. 1931. 4.—

— —, Heft 3: **Bewährungsfrist vor dem Urteil.** Von Dr. jur. Fr. Hoefer. 90 Seiten. 1931. 4.—
Bd. III, Heft 1: **Der moderne Täterbegriff und der deutsche Strafgesetzentwurf.** Von Dr. R. Lange, Ger. Ass. VI, 79 Seiten. 1935. 3.50

— —, Heft 2: **Schutz von Staat und Volk im englischen Recht.** Im Vergleich mit einer rechtsvergleichenden Untersuchung der Verratsverbrechen. Von Dr. E. Schinnerer. XII, 99 Seiten. 1935. 4.50

— —, Heft 3: **Beiträge zur Lehre vom Adhäsionsprozeß.** Von Dr. jur. habil. A. Schönke, Ger. Ass. i. Berlin. XIV, 179 Seiten. 1935. 6.50

— —, Heft 4: **Hegels Notstandslehre.** Von Dr. P. Bockelmann. VI, 69 Seiten. 1935. 3.—

Bd. IV, Heft 1: **Kriminalität in Stadt und Land.** Von Dr. H. Buchardt. 168 Seiten. 1936. 8.—

— —, Heft 2: **Täuschung und Rechtswidrigkeit beim Kreditbetrug.** Von Dr. P. Burchardt. VI, 59 Seiten. 1937. 3.—

— —, Heft 3: **Die Auswirkungen des wertbeziehenden Denken in der Strafrechtssystematik.** Von Dr. H. Mittasch. X, 153 Seiten. 1939. 6.—

Bd. V, Heft 1: **Die notwendige Teilnahme.** Von Dr. R. Lange, Prof. i. Jena. IV, 102 Seiten. 1940. 5.—

— —, Heft 2: **Probleme der Strafe der Brandmarkung im Lichte von rechtsvergleichenden Quellen.** Von Dr. jur. Y. Chen. 56 Seiten. 1948. 4.—

§ 193. Beleidigung und berechtigte Interessen. Eine Sammlung von 40 strafrechtlichen Fällen nach der Spruchpraxis des Bayer. ObLG. Von J. Kurz. Gr.-Oktav. 28 Seiten. 1909. (Schweitzer.) —.50

Blankettfälschung, Die — —. Ihre Stellung innerhalb der Urkundenfälschung. Zugleich ein Beitrag zur Strafrechtsreform. Von Dr. jur. F. Hahn, Reutlingen. Oktav. VII, 76 Seiten. 1910. 1.20

Bücherei, kleine kriminalistische, — —. Herausgeg. von Dr. jur. H. Schneickert. Oktav.

Bd. I: **Die strafrechtlichen Aufgaben der Polizei.** Für den Polizeiunterricht und die Polizeipraxis. Von Dr. jur. H. Schneickert. 182 Seiten. 1923. 2.—

Bd. II: **Beobachtungs- und Ermittlungspraxis im Polizei- und Detektivdienst.** Von L. Philipp. 181 Seiten. 1923. 2.—

Bd. III: **Falschspieler.** Formen und Technik des Spielbetruges nebst einem Anhange: Der Spielprofessor und sein angebliches sicheres System beim Spiele gegen eine öffentliche Roulettebank. Von H. v. Manteuffel. Oktav. 90 Seiten. 1923. 2.—

Bd. IV: **Kriminalistische Spurensicherung.** Sammlung dienstlicher Anweisungen und sachverständiger Ratschläge für den Dienstgebrauch und für Polizeischulen. Herausgeg. von Dr. jur. H. Schneickert. 3., verb. Aufl. Mit 2 Abb. 117 Seiten. 1944. 2.80

Bd. V: **Gerichtsärztliche Tatbestandsfeststellungen** im Dienste der Polizei. Ein Leitfaden für Polizei- und Kriminalbeamte. Von Dr. med. P. Rehfeldt, Pol. med. Rat in Köln. 133 Seiten. 1927. Geb. 3.50

Bd. VI: **Kriminologie.** Von Dr. G. Ledig, OLGRat i. Dresden. 96 Seiten. 1947. 3.—

Entwurf 1925, Der — —. Von Dr. H. B. Gerland, o. ö. Prof. a. d. Univers. Jena. Allgemeiner Teil. Kritische Bemerkungen. Oktav. 96 Seiten. 1925. 5.—

Erforschung des Sachverhalts strafbarer Handlungen, Die — —. Ein Leitfaden für Beamte der Staatsanwaltschaft und des Polizei- und Sicherheitsdienstes. Von Dr. H. Groß, o. ö. Prof. d. Strafrechts a. d. Univers. Graz. 7. Aufl., neubearb. von Reg. Rat Dr. K. Leibig. Mit zahlreichen Abb. im Text. Gr.-Oktav. VIII, 231 Seiten. 1938. (Schweitzer.) Geb. 5.60

Gefängnisarbeit, Die — —. Vortrag, gehalten am 26. Juli 1900. Von Dr. Fr. v. Liszt, o. Prof. der Rechte i. Berlin. Oktav. 20 Seiten. 1900. (Sammlung gemeinverständlicher Vorträge, herausgeg. von der Berliner Finkenschaft.) —.60

Gehirn und Veranlagung des Verbrechers. Beiträge zur Aufhebung der Todesstrafe und zur Einführung eines Verwahrgesetzes. Im Anschluß an die Besprechung interessanter Rechtsfälle. Von Prof. Dr. med. M. Flesch. Oktav. 151 Seiten. 1929. 8.—

Geldstrafengesetz, Das — — vom 6. Februar 1924 mit Begründung und Ausführungsbestimmungen. Von Dr. A. Hellwig, LGDir. i. Potsdam. 3. Aufl. Oktav. XII, 187 Seiten. 1924. (Schweitzer.) 5.40

Gesetz und Schuld im Strafrecht. Von Dr. L. v. Bar, o. Prof. der Rechte i. Göttingen. 3 Bände. Oktav.
Bd. I. Das Strafgesetz. XII, 272 Seiten. 1906. 4.—
Bd. II. Die Schuld nach dem Strafgesetze. XIX, 855 Seiten. 1907. 12.—
Bd. III. Die Befreiung von Schuld und Strafe durch das Strafgesetz. XXVII, 610 Seiten. 1909. 8.—

Handbuch der Kriminalistik. Von Prof. Dr. H. Groß, o. ö. Prof. d. Strafrechts a. d. Univers. Graz, neu bearb. und erg. von Prof. Dr. E. Seelig, Dir. d. Kriminal. Inst. d. Univers. Graz. 8. Aufl. des „Handbuchs für Untersuchungsrichter als System der Kriminalistik“. Oktav. Bd. I: 443 Seiten. 1942. (Schweitzer.) 14.—, Bd. II, Lfg. 2: IV, 214 Seiten. 1944. 6.50. Weitere Lieferungen erscheinen Anfang 1950.

Handlungsbegriff in seiner Bedeutung für das Strafrechtssystem, Der — —. Zugleich ein Beitrag zur Lehre von der rechtswissenschaftlichen Systematik. Von Dr. G. Radbruch, Priv. Doz. a. d. Univers. Heidelberg. Oktav. 147 Seiten. 1903. 3.—

Handwörterbuch der Kriminologie und der anderen strafrechtlichen Hilfswissenschaften. Unter Mitberatung von C. Drucker, Graf W. Gleispach, C. Hafner, M. Hagemann, F. Hartung, E. Kohlrausch, Müller-Heß. Herausgeg. von Dr. jur. A. Elster, Berlin und H. Lingemann, LGDir. i. Köln. Bd. II: Kriminalroman — Zwangs- und Fürsorgeerziehung. Mit Gesamtregister für Bd. I und II. Quart. X, 1208 Seiten. 1936. 69.50, geb. 75.—

Irrtum und Schuldbegriff im Strafrecht. I. Teil. Von Dr. E. Kohlrausch, Prof. a. d. Univers. Berlin. Oktav. VIII, 188 Seiten. 1903. 4.50

Jugendgerichtsgesetz vom 16. Februar 1923. Von AGRat H. Francke. 2. Aufl. Oktav. 133 Seiten. 1926. (Schweitzer.) 4.—

Kriminalistik, Die Photographie in der — —. Eine Einführung in die photographischen Arbeitsmethoden der naturwissenschaftlichen Kriminaluntersuchung. Von Dr. jur., Dr.-Ing. H. Tetzner, RA a. Landger. Traunstein. Mit 51 Abb. Oktav. VIII, 152 Seiten. 1949. 10.—

Krise des Strafrechts, Die — — und ihre Überwindung im Staatsgedanken. Von W. Gallas. Berliner Antrittsvorlesung. Oktav. 18 Seiten. 1933. (Sonderabdruck aus der Zeitschrift für die gesamte Strafrechtswissenschaft, 53. Band.) 1.—

Lehrbuch der Kriminologie. Von W. Sauer, Prof. a. d. Univers. Münster. ca. 280 Seiten. 1949. In Vorbereitung. ca. 13.—

Lehrbuch des deutschen Strafrechts. Von Dr. Fr. v. Liszt, o. Prof. der Rechte i. Berlin. 27. Aufl. in Bearbeitung.

Mitteilungen der Internationalen Kriminalistischen Vereinigung. Bulletin de l'Union Internationale de Droit Pénal. Deutsch und französisch. (11. bis 21. Band im Auftrage des Gesamtvorstandes redigiert von E. Rosenfeld.) Oktav.

Bd. I: 207 Seiten. 1889. 4.—

Bd. II: IV, 236 Seiten. Mit Beilage: Erste Landesversammlung der Gruppe Deutsches Reich. Halle a. S., den 26. und 27. März 1890. (Beilageheft zu Band 10 der Zeitschrift für die gesamte Strafrechtswissenschaft.) 88 Seiten. 1891. 4.—

Bd. III: IV, 429 Seiten. (Mit Beilage: Erste Versammlung der schweizerischen Landesgruppe. Bern, den 15. Juni 1891. [Sonderabdr. aus: Zeitschrift für Schweizer Strafrecht, H. 3.] 42 Seiten. 1891.) 1892. 6.—

Bd. IV: (Deutsch) IV, 367 Seiten. 1894. 8.—. (Französisch) IV, 416 Seiten. 1894. 8.—

Bd. V: IV, 552 Seiten. 1896. 8.—

Bd. VI: V, 604 Seiten. (Mit Beilage: Vorentwurf zu einem Schweizerischen Strafgesetzbuch nach den Beschlüssen der Expertenkommission.) IX, 132 Seiten. 1897. 8.—

Bd. VII: IV, 285 Seiten. (Mit Beilage: Sammlung außerdeutscher Strafgesetzbücher Nr. 11. XXIII, 126 Seiten. 1898.) 1899. 8.—

Bd. VIII: IV, 421 Seiten. (Mit Beilage: Sammlung außerdeutscher Strafgesetzbücher Nr. 14. 53 Seiten. 1899.) 1900. 8.—

Bd. IX: IV, 408 Seiten. 1902. 8.—

Bd. X: IV, 658 Seiten. 1902. 8.—

Bd. XI: IV, 863 Seiten. (Mit 2 Beilagen: Sammlung außerdeutscher Strafgesetzbücher Nr. 18. VII, 88 Seiten. 1903. — Materialien zur Lehre von der verminderten Zurechnungsfähigkeit. Herausgeg. von A. Gottschalk. X, 123 Seiten. 1904.) 1904. 12.—

Bd. XII: IV, 503 Seiten. (Mit 3 Beilagen: Sammlung außerdeutscher Strafgesetzbücher Nr. 20. XVI, 95 Seiten. 1904 und Nr. 21. VIII, 74 Seiten. 1905. — Materialien zur Lehre von der Rehabilitation. Gesammelt und herausgeg. von E. Delaquis und J. Polec. XLVIII, 498 Seiten. 1905.) 1905. 12.—

Bd. XIII: IV, LII, 784 Seiten. (Mit Beilage: Sammlung außerdeutscher Strafgesetzbücher Nr. 22. 20 Seiten.) 1906. 12.—

Bd. XIV: LII, 702 Seiten. 1907. 12.—

Bd. XV: VI, 664 Seiten. (Mit Beilage: Sammlung außerdeutscher Strafgesetzbücher Nr. 25. 114 Seiten.) 1908. 12.—

Bd. XVI: IV, XXXVII, 534 Seiten. (Mit 2 Beilagen: Sammlung außerdeutscher Strafgesetzbücher Nr. 27. 106 Seiten. 1909 und Nr. 30. 104 Seiten. 1910.) 1909. 12.—

Bd. XVII: IV, 576 Seiten. 1910. 12.—

Bd. XVIII: IV, 650 Seiten. (Mit 2 Beilagen: Sammlung außerdeutscher Strafgesetzbücher Nr. 31. 45 Seiten und Nr. 33. 37 Seiten.) 1911. 12.—

Bd. XIX: IV, 702 Seiten. (Mit 4 Beilagen: Sammlung außerdeutscher Strafgesetzbücher Nr. 34. XIV, 107 Seiten, Nr. 35. 12 Seiten, Nr. 36. 100 Seiten und Nr. 37. 37 Seiten.) 1912. 12.—

Bd. XX: IV, LII, 584 Seiten. (Mit 5 Beilagen: Sammlung außerdeutscher Strafgesetzbücher Nr. 38. 109 Seiten, Nr. 39. 188 Seiten, Nr. 40. 165 Seiten, Nr. 41. 43 Seiten und Nr. 42. 184 Seiten.) 1913. 12.—

Bd. XXI: VI, 710 Seiten. (Mit Beilage: Sammlung außerdeutscher Strafgesetzbücher Nr. 43. 46 Seiten.) 1914. 12.—

Bd. XXII: Enthält nur Heft 3 (als Beiheft zur Zeitschrift für Strafrechtswissenschaft Bd. 43, H. 4): 18. Tagung der deutschen Landesgruppe. 1924. 3.—; und Heft 4: 19. Tagung der deutschen Landesgruppe. 1924. 8.—

Hauptregister zu Bd. I—XII. 125 Seiten. 1905. 2.50

Mitteilungen der Internationalen Kriminalistischen Vereinigung. Neue Folge. Oktav.

Bd. I: 20. Tagung der deutschen Landesgruppe gemeinsam mit der Österreichischen Kriminalistischen Vereinigung zu Innsbruck vom 10.—12. September 1925. Im Auftrage des Vorstandes herausgeg. von E. M. Foltin. 256 Seiten. 1926. 14.—

Bd. II: 21. Tagung der deutschen Landesgruppe zu Bonn vom 9.—11. September 1926. Im Auftrage des Vorstandes herausgeg. von E. M. Foltin. 226 Seiten. 1927. 12.—

Bd. III: 22. Tagung der deutschen Landesgruppe zu Karlsruhe vom 11.—13. September 1927. XXIII, 224 Seiten. 1928. 13.—

Bd. IV: 23. Tagung der deutschen Landesgruppe zu Breslau am 24. u. 25. Mai 1929. XXIII, 211 Seiten. 1930. 7.—

Bd. V: 24. Tagung der deutschen Landesgruppe zu Essen am 28. u. 29. Mai 1931. XIII, 210 Seiten. 1931. 9.—

Bd. VI: 25. Tagung der deutschen Landesgruppe zu Frankfurt a. M. am 12. u. 13. September 1932. 219 Seiten. 1933. 8.—

Münzverbrechen und ihre Bekämpfung. Von RegRat Tartaruga, Ob. Pol. Rat. a. D. Lex.-Oktav. 53 Seiten. 1926. (Schweitzer.) 1.40

Nebenklage des Reichsstrafprozesses, Die — —. Ein Beitrag zu der Lehre von den Rechten des Verletzten im Strafverfahren. Von E. H. Rosenfeld. Oktav. VI, 212 Seiten. 1900. 4.—

Polizeihund als Gehilfe der Strafrechtsorgane, Der — —. Ein Hilfsbuch für Staaatsanwälte, Untersuchungsrichter, Verteidiger, Polizeibehörden usw. Von Dr. Th. Zell. Mit Abb. der gebräuchlichsten Polizeihunde. Oktav. 164 Seiten. 1909. 2.—

Reichsstrafprozeßrecht, Deutsches — — mit Einschluß des Strafgerichtsverfassungsrechts. Von E. Beling. Oktav. 568 Seiten. 1928. (Lehrbücher und Grundrisse der Rechtswissenschaft Bd. XVII.) 13.50

Sammlung außerdeutscher Strafgesetzbücher in deutscher Übersetzung. Herausgeg. von den Schriftleitungen der Zeitschrift für die gesamte Strafrechtswissenschaft und der Mitteilungen der Internationalen Kriminalistischen Vereinigung. Oktav.

Nr. 7: Das Strafgesetzbuch für das Großfürstentum Finnland vom 19. Dezember 1889 nebst Verordnung über die Strafvollstreckung. Übersetzt von J. Oehgvist. 85 Seiten. 1891. 2.—

Nr. 8: Das Mexikanische Strafgesetzbuch vom 7. Dezember 1871, gültig für den Bundesdistrikt und das Territorium Nieder-Kalifornien bezüglich der gemeinen Vergehen und für die ganze Republik bezüglich der Vergehen gegen den Bund. 188 Seiten. 1894. 3.50

Nr. 11: Entwurf eines allgemeinen Bürgerlichen Gesetzbuches für das Königreich Norwegen. Übersetzt von E. Rosenfeld und A. Urbye. XXIII, 126 Seiten. 1898. 4.—

Nr. 12: Das bulgarische Strafgesetzbuch vom 2. Februar 1896. 76 Seiten. 1897. 2.50

Nr. 14: Vorentwurf zu einem Strafgesetzbuch für das Kaiserlich japanische Reich. Übersetzt von A. Okada. 53 Seiten. 1899. 1.50

Nr. 15: Strafgesetzbuch der Republik Chile. Amtl. Ausg. Übersetzt von A. Hartwig. VIII, 109 Seiten. 1900. 3.—

Nr. 16: Allgemeines Bürgerliches Strafgesetzbuch für das Königreich Dänemark vom 10. Februar 1866 sowie Gesetz, betreffend die Behandlung einiger im allgemeinen bürgerlichen Strafgesetzbuch behandelter Verbrechen und Gesetz über Gewalt gegen schuldlose Personen vom 11. Mai 1897. Übersetzt von H. Bittl. 60 Seiten. 1901. 1.60

Nr. 17: Die bulgarische Strafprozeßordnung vom 3. April 1897. Übersetzt von A. Teichmann. 86 Seiten. 1902. 2.25

Nr. 18: Die norwegische Strafgesetzgebung des Jahres 1902. 1. Militärstrafgesetzbuch vom 22. Mai 1902. 2. Gesetz über das gerichtliche Verfahren in Militärstrafsachen vom 22. Mai 1902. 3. Gesetz vom 22. Mai 1902, enthaltend Änderungen im Gesetz über das gerichtliche Verfahren in Strafsachen vom 1. Juli 1887 (samt den seitherigen Änderungen). Übersetzt von A. Teichmann. 88 Seiten. 1903. 2.50

Nr. 19: Das Portugiesische Strafgesetzbuch. Übersetzt von F. Zander. XII, 120 Seiten. 1903. 3.—

Nr. 21: Die Ottomanische Strafprozeßordnung, veröffentlicht auf Jrade vom 5. Redscheb 1296 (25. Juni 1879). Übersetzt von W. Padel. VIII, 74 Seiten. 1905. 2.50

Nr. 22: Dänemark. 1. Interimistisches Gesetz Nr. 129 vom 1. April 1905 betr. Änderungen der Strafgesetze (Prügelgesetz). 2. Verordnung betr. Körperstrafe und Vollziehung. 3. Bekanntmachung Nr. 140 vom 6. September 1915 betr. die Durchführung der im interimistischen Gesetze vom 1. April enthaltenen Bestimmungen, daß Gefängnisstrafe bei gewöhnlicher Kost mit Arbeitszwang verbunden ist. 20 Seiten. 1906. —.60

Nr. 23: Strafgesetzbuch für das Kaiserlich japanische Reich vom 23. April 1907. Übersetzt von S. Oba. 47 Seiten. 1908. 1.50

Nr. 26: Spanisches Strafgesetzbuch. Vom 17. Juni 1870. Übersetzt von A. Hartwig. XIII, 127 Seiten. 1909. 3.—

Nr. 27: Neueste englische Kriminalpolitik. 1. Children Act, 1908. 2. Prevention of Crime Act, 1908. 3. Probation of Offenders Act, 1907. Übersetzt von E. Rosenfeld. 106 Seiten. 1909. 2.—

Nr. 31: Japanisches Militärstrafgesetzbuch vom 9. April 1908. Japanische Militärstrafgerichtsordnung vom 19. Oktober 1898. Übersetzt von R. Fujisawa. 45 Seiten. 1911. 1.20

Nr. 32: Vorentwurf zu einem Strafgesetzbuch für das Königreich Serbien. Nach der amtlichen Ausgabe übersetzt und herausgeg. von Z. Topalovits und H. Landsberg. 83 Seiten. 1911. 2.—

Nr. 33: Das Alkoholgesetz in Chile vom 18. Januar 1902. Übersetzt von A. Hartwig. 37 Seiten. 1912. 1.—

Nr. 34: Das Türkische Strafgesetzbuch vom 28. Zilhidje 1274 (9. August 1858) mit Novelle vom 6. Djemazi-ül-achyr 1329 (1. April 1911) und den wichtigsten Strafnebengesetzen. Übersetzt mit Einleitung und Anmerkungen von E. Nord. XIV, 107 Seiten. 1912. 3.50

Nr. 35: Englisches Spionagegesetz vom Jahre 1911. 12 Seiten. 1912. —.80

Nr. 36: Das Gerichtsverfassungsgesetz und die Strafprozeßordnung von Japan. Mit Anhang: Gesetz über die Gefangenenanstalten. Übersetzt und mit Anmerkungen versehen von M. Yamaoka und O. Kerry. 100 Seiten. 1912. 3.—

Nr. 37: a) Das belgische Kinderschutzgesetz vom 15. Mai 1912. b) Französisches Gesetz betr. Jugendgerichte und Schutzaufsicht vom 22. Juli 1912. Übersetzt von Rosenfeld. c) Entwurf eines deutschen Gesetzes über das Verfahren gegen Jugendliche. 37 Seiten. 1912. 1.—

Nr. 38: Das polizeiliche Strafverfahren in Ungarn. Übersetzt von G. von Szöllösy. 109 Seiten. 1912. 3.—

Nr. 39: Regierungsentwurf eines Österreichischen Strafgesetzbuches und einer Abänderung der Strafprozeßordnung (1912). 188 Seiten. 1913. 4.50

Nr. 40: Das Russische Militärstrafrecht. Übersetzt und bearbeitet von Klibanski. 165 Seiten. 1913. 3.50

Nr. 41: Ungarisches Jugendgerichtsgesetz vom Jahre 1913. Mit einem Vorwort von R. Vambéry. 41 Seiten. 1913. 1.—

Nr. 42: Die Strafprozeßordnung des Königreichs Italien vom 27. Februar 1913, nebst dem Einführungsgesetze dazu. Mit Anhang: Gesetz des Königreichs Italien betreffend die Irrenhäuser und die Irren vom 14. Februar 1904. Übersetzt und mit Anmerkungen versehen von G. Erich. 184 Seiten. 1913. 4.50

Nr. 43: Das englische Gesetz betr. die Fürsorge und Verwahrung geistig Minderwertiger. Übersetzt von E. Behrend. 46 Seiten. 1914. 1.20

Nr. 44: Japanische Strafgesetze. 1. Schwurgerichtsverordnung vom 18. April 1923 und strafrechtliche Nebengesetze. Übersetzt von H. Kusano, L. Sugiura und F. Bartelt. 2. Strafvollzugsgesetz vom 28. März 1908 nebst Ausführungsverordnung vom 16. Juni 1908. Übersetzt von T. Tokiwa und W. Gentz. Mit 6 Abb. 55 Seiten. 1927. 3.—

Nr. 45: Die Auslieferungsgesetze Norwegens, Schwedens und Finnlands. Mit einer systematischen Darstellung der Grundzüge des nordischen Auslieferungsrechts im Hinblick auf den Erlaß eines deutschen Auslieferungsgesetzes. Von E. Wolgast. VIII, 487 Seiten. 1928. 20.—

Nr. 46: Das Türkische Strafgesetzbuch vom 1. März 1926. Gesetz Nr. 765 (Türkisches Gesetzblatt Nr. 320 vom 13. März 1926). Ausführungsgesetz zum türkischen Strafgesetzbuch vom 26. April 1926. Übersetzt von K. Ziemke. 138 Seiten. 1927. 5.—

Nr. 47: Entwurf eines griechischen Strafgesetzbuches. Übersetzt und eingeleitet von D. G. Venturas. 123 Seiten. 1928. 7.—

Nr. 48: Italienischer Vorentwurf zu einem neuen Strafgesetzbuch (Progetto di un nuovo codice penale). Übersetzt von K. Bunge. XXXII, 224 Seiten. 1928. 10.—

Nr. 49: Strafgesetzbuch (U golownyi Kodex) der Russischen Sozialistischen Föderation Sowjet-Republik (R.S.F.S.R.) vom 22. November 1926 mit den Änderungen bis zum 1. August 1930. Übersetzt von W. Gallas. 1931. 4.—

Nr. 50: Das italienische Strafgesetzbuch vom 19. Oktober 1930. Übersetzt von Dr. K. Bunge. 227 Seiten. 1933. 7.—

Nr. 51: Das italienische Jugendgerichtsgesetz vom 20. Juli 1934 mit Erläuterungen und einem geschichtlichen Überblick über das italienische Jugendstrafrecht. Von Dr. E. Pritsch. 51 Seiten. 1935. 2.—

Nr. 52: R. Sieverts. Das englische Jugendwohlfahrts- und Jugendgerichtsgesetz vom 13. April 1933. (Children and Young Persons Act, 1933) (23 Geo. 5. Ch. 12). Unter Mitwirkung von Dr. jur. E. Hennings übersetzt, mit einer Einleitung und Anmerkungen versehen von Dr. jur. E. Sieverts. 116 Seiten. 1938. 7.—

Nr. 53: G. von Leask. Das australische Strafrecht, dargestellt von RA Leask, Sydney. Übersetzt von Dr. M. von Gottstein. VI, 203 Seiten. 1939. 8.—

Nr. 54: Das Rumänische Strafgesetzbuch. Carol II. vom 18. März 1936 mit den Abänderungsgesetzen vom 8. April 1936, 22. Dezember 1936, 22. Januar 1938, 24. September 1938 und 7. Oktober 1939. In deutscher Übertragung mit einer rechtsgeschichtlichen Einführung und rechtsvergleichenden Texthinweisen. 224 Seiten. 1942. 12.—

In Vorbereitung: Criminal Iustice Bill. Übersetzt von H. Sieverts.

Schwurgerichte, Erläuterungen der bayerischen Verordnung über die Wiedereinführung der — —. Von E. Brandstetter. In Vorbereitung.

Strafgesetzbuch mit Erläuterungen nebst den wichtigsten Nebengesetzen und einem Anhang über Strafprozeßrecht, Wirtschafts- und Jugendstrafrecht. Zum Gebrauch für Polizei-, Kriminal- und Gendarmeriebeamte. Von LGRat Dr. W. Petters. 20., vollk. neubearb. u. verm. Aufl. Oktav. 1949. In Vorbereitung. (Schweitzer.) ca. 7.20

Strafgesetzbuch, Deutsches — — mit Nebengesetzen. Textausgabe mit Erläuterung der Änderungen. 2. Aufl., besorgt von Dr. R. Lange. Oktav. 168 Seiten. 1949. (Guttentagsche Sammlung von Textausgaben ohne Anmerkungen mit Sachregister.) 6.—

Strafgesetzbuch für das Deutsche Reich mit Nebengesetzen. Von Dr. E. Kohlrausch. 39./40. Aufl. besorgt von Dr. R. Lange, Prof. der Rechte a. d. freien Univers. Berlin. In Vorbereitung. (Guttentagsche Sammlung Deutscher Reichsgesetze Nr. 2.) Geb. ca. 25.—

Strafgesetzreform, Prinzipien einer — —. 1. Die soziale Aufgabe der Strafe. Das Strafensystem. Von J. C. W. Thyrén. Oktav. 200 Seiten. 1910. 5.—

Strafprozeß. Von K. Schäfer. In Vorbereitung. (Leitfaden der Rechtswissenschaft.)

Strafprozeß und Strafrecht, Die Eidesreform in — —. Von M. Boehringer. Oktav. 203 Seiten. 1931. 10.—

Strafprozeßfälle mit Lösungen, Praktische — —. Von LGRat Dr. W. Petters. 5., vollk. umgearb. Aufl. (Petters, Strafrecht und Strafprozeß, Bd. II.) Oktav. XIV, 156 Seiten. (Schweitzer.) 8.—

Strafprozeßordnung für das Deutsche Reich, Die — — vom 22. März 1924 nebst dem Gerichtsverfassungsgesetz und den Gesetzen vom 24. November und 6. Dezember 1933. Kommentar. Von E. Löwe, A. Hellweg und W. Rosenberg. 19., völlig umgearb. Aufl. von H. Gündel, F. Hartung, H. Lingemann und E. Niethammer. Oktav. XII, 1545 Seiten. 1934. 58.—, geb. 63.—

Strafprozeßordnung und Gerichtsverfassungsgesetz. 25. Aufl., besorgt von Dr. R. Lange, Prof. der Rechte a. d. freien Univers. Berlin. In Vorbereitung. (Guttentagsche Sammlung Deutscher Reichsgesetze Nr. 12.)

Strafprozeßordnung und Gerichtsverfassungsgesetz. Textausgabe. Neue Aufl. in Vorbereitung. (Guttentagsche Sammlung von Textausgaben ohne Anmerkungen mit Sachregister.)

Strafprozeßrecht, Zehn Lösungen aus dem — — der Bayerischen Staatsprüfungs-Aufgaben. Von LGDir. F. Gerlach. 1921—1926. Oktav. 101 Seiten. 1931. (Schweitzer.) 2.70
Texte der Aufgaben. Oktav. 72 Seiten. 1931. 1.30

Strafrecht. Von K. Schäfer. In Vorbereitung. (Leitfaden der Rechtswissenschaft.)

Strafrecht, Das deutsche — — in seinen Grundzügen. Von Dr. H. Welzel, Prof. i. Göttingen. 2. Aufl. Oktav. 296 Seiten. 1949. Geb. 14.—

Strafrecht, Deutsches — —. Allgemeiner Teil. Von A. Köhler. Oktav. VIII, 723 Seiten. 1917. 11.50

Strafrecht. Grundriß zu Vorlesungen und Leitfaden zum Studium. Von Prof. Dr. F. van Calker. 4. Aufl. Lex.-Oktav. 199 Seiten. 1933. (Schweitzer.) Geb. 7.40

Strafrechtliche Arbeitsmethode de lege ferenda. Von Dr. L. Zimmerl, Priv. Doz. Oktav. 354 Seiten. 1931. 12.—

Strafrechtliche Aufsätze und Vorträge. Von Dr. Fr. v. Liszt, o. Prof. der Rechte i. Berlin. 2 Bände. Oktav. Bd. I: 1875—1891. 560 Seiten. Bd. II: 1892—1904. 519 Seiten. 1905. 20.—

Strafrechtliche Fälle für Übungen an Universitäten und bei Justizbehörden. Von R. Frank. 9., durchges. Aufl. 56 Seiten. 1933. 1.50

Strafrechtsfälle, Praktische — — mit Lösungen. Von LGRat Dr. W. Petters. 9., vollk. umgearb. u. verm. Aufl. (Petters, Strafrecht und Strafprozeß, Bd. I.) Oktav. 523 Seiten. 1949. (Schweitzer.) 20.—

Strafrechtslehre, Allgemeine — —. 2., völlig neue Aufl. **der Grundlagen des Strafrechts.** Mit Leitsätzen zur Anfertigung von Übungsarbeiten und Urteilen. Von W. Sauer, Prof. a. d. Univers. Münster. Oktav. XII, 264 Seiten. 1949. Halbleinen 14.—

Strafrecht und Strafverfahren. Eine Sammlung der wichtigsten Gesetze des Strafrechts und des Strafverfahrens mit Erläuterungen. Für den Praktiker zum Handgebrauche begründet von Dr. Dalcke, weil. Gen. Staatsanw., Geh. Just.Rat. 35., neubearb. Aufl. besorgt von LGDir. Dr. E. Fuhrmann und OLGRat Dr. K. Schäfer. In Vorbereitung. (Schweitzer.) ca. 35.—

Strafvollstreckung, Die — —. Durchführung der Vollstreckung gerichtlicher Strafen mit Beispielen. Von A. Roeschel, Just. Insp., und E. Blaese. Oktav. 280 Seiten. 1944. 7.50

Strafvollstreckung, Die — —. Ein Handbuch für bayerische Strafvollstreckungsbehörden. Von H. Stoiber, II. Staatsanw. b. Landger. München I. 2. Aufl. Lex.-Oktav. 226 Seiten. 1930. (Schweitzer.) Geb. 4.30

Strafvollzug, Persönlichkeitsforschung und Differenzierung im — —. Von W. Petrzilka. Oktav. 184 Seiten. 1930. (Cram, de Gruyter & Co. Hamburg.) 7.20

System und Praxis der Daktyloskopie und der sonstigen technischen Methoden der Kriminalpolizei. Von R. Heindl. 3., neubearb. und verm. Aufl. Mit 21 Bildertafeln und 905 Abb. im Text. Oktav. VIII, 779 Seiten. 1927. 36.—, geb. 40.—

Todesstrafe, Die — —. Ein Gutachten. Von M. Liepmann. Oktav. 220 Seiten. 1912. 4.—

Typen der Kriminellen, Die — —. Von Prof. Dr. E. Seelig und AGRat Dr. K. Weindler. Oktav. 194 Seiten. 1949. (Schweitzer.) (Grazer Kriminologische Schriften. Herausgeg. vom Kriminol. Inst. d. Univers. Graz.) 9.60

Übungen, Strafrechtliche — —. Siebzig Rechtsfälle und siebzig lehrmäßige Aufgaben. Von Prof. Dr. h. c. E. Niethammer, Reichsger. Rat a. D. Oktav. 76 Seiten. 1948. 3.50

Veruntreuung an vertretbaren Sachen, Die — —. Von Dr. W. Graf Gleispach, o. Prof. der Rechte i. Freiburg. Oktav. 205 Seiten. 1905. 4.—

Wirtschaftsstrafverordnungen. Erläutert von Dr. E. Fuhrmann, LGDir. i. Berlin. Oktav. IX, 203 Seiten. 1943. (Schweitzer.) 5.—

Zeitschrift für die gesamte Strafrechtswissenschaft. Gegründet von Dr. Fr. v. Liszt und A. Dochow. Oktav. Von den bisher erschienenen 62 Bänden sind aus Restbeständen noch einzelne Bände cplt. lieferbar. Neuerscheinen wird vorbereitet.

VI. Öffentliches Recht

1. Staats- und Völkerrecht, ausländisches Recht

Bankaufsichtsgesetze der Welt, Die — — in deutscher Sprache. Im Auftrage des Deutschen Instituts für Bankwissenschaft und Bankwesen gesammelt von Dr. jur. J. C. D. Zahn, RA i. Berlin. Gr.-Oktav. XXX, 819 Seiten. 1937. Geb. 30.—

Beiträge zum ausländischen und internationalen Privatrecht. Herausgeg. in Gemeinschaft mit E. Heymann, M. Pagenstecher, F. Schlegelberger, H. Titze, M. Wolff. Von E. Rabel. (Institut für ausländisches und internationales Privatrecht.) Oktav.

Heft 1: **Vertraglicher Schutz gegen Schwankungen des Geldwertes.** (Goldklauseln und andere Abreden zur Minderung des Valutarisikos.) Von Dr. A. Nußbaum, Prof. a. d. Univers. Berlin. 85 Seiten. 1928. 5.—

Heft 2: **Die Haftung des Verkäufers einer fremden beweglichen Sache in den Vereinigten Staaten** von Amerika in Vergleichung mit dem deutschen bürgerlichen Recht. Von Dr. J. Wolff. 84 Seiten. 1930. 4.—

Heft 3: Die **Bereicherungshaftung im anglo-amerikanischen Rechtskreis** in Vergleichung mit dem deutschen bürgerlichen Recht. Von Dr. W. Friedmann. 148 Seiten. 1930. 7.—

Heft 4: **Die Wirkungen der Wechselerklärungen** im internationalen Privatrecht. Von Dr. L. Raiser, Ass. a. Inst. f. ausl. u. int. Priv. Recht. 124 Seiten. 1931. 9.—

Heft 5: **Die Struktur des vertraglichen Schuldverhältnisses im anglo-amerikanischen Recht.** Von Dr. M. Reinstein. 256 Seiten. 1932. 15.30

Heft 6: **Die Fahrlässigkeit im nordamerikanischen Deliktsrecht** unter vergleichender Berücksichtigung des englischen und des deutschen Rechts. Von Dr. F. Keßler. 187 Seiten. 1932. 9.—

Heft 7: **Zessionsrecht.** 1. Teil. Von Dr. K. Arndt, Ger. Ass. 175 Seiten. 1932. 6.—

Heft 8: **Der Rechtserwerb vom Nichtberechtigten an beweglichen Sachen und Inhaberpapieren** im deutschen internationalen Privatrecht. Von Dr. K. Duden, Ass. a. Inst. f. ausl. u. int. Priv. Recht. 137 Seiten. 1934. 5.—

Heft 9: **Vertragsansprüche Dritter im französischen Recht** unter Vergleichung mit dem deutschen Recht dargestellt an Hand der Fälle der action directe. Von Dr. E. Wahl. IX, 227 Seiten. 1935. 9.—

Heft 10: **Die Ultra-Vires-Lehre im englischen Privatrecht.** Von Dr. C. Schlink, Ger. Ass. XVI, 183 Seiten. 1935. 6.—

Heft 11: **Beiträge zum Problem der internationalen Doppelbesteuerung.** Die Begriffsbildung im internationalen Steuerrecht. Von Dr. W. Wengler, Ass. a. Inst. f. ausl. u. int. Priv. Recht. XIV, 198 Seiten. 1935. 6.—

Heft 12: **Das englische Konkursrecht.** Von Dr. F. Eckstein. XV, 351 Seiten. 1935. 10.—

Heft 13: **Probleme der Aufrechnung:** Gegenseitigkeit und Liquidität rechtsvergleichend dargestellt. Von Dr. G. Kegel, Ass. a. Kaiser Wilh.-Inst. f. ausl. u. intern. Priv. Recht. XI, 225 Seiten. 1938. 7.—

Heft 14: **Studien zur Bedingungslehre.** 1. Teil: Über bedingte Verpflichtungsgeschäfte. Von Dr. A. Blomeyer, Ger. Ass. II, 120 Seiten. 1938. 4.—

Heft 15: **Studien zur Bedingungslehre.** 2. Teil: Über bedingte Verfügungsgeschäfte. Von Dr. A. Blomeyer. 165 Seiten. 1939. 5.—

Heft 16: **Vormund und Mündel im englischen Recht,** verglichen mit französischem und deutschem Recht. Von Dr. H. Abderhalden. VI, 197 Seiten. 1939. 6.—

Heft 18: **Der Neubürger im internationalen Privatrecht.** Fortwirkungen früheren Statuts bei Wechsel der maßgebenden Rechtsordnung. Von Dr. M. Ferid, Staatsanw. u. Priv. Doz. i. München. 1. Teil: Allgemeine Grundlagen. 113 Seiten. 1949. 6.80

Heft 19: **Vorkriegsverträge in Friedensverträgen.** Von Dr. E. Wolff, Präs. d. Obersten Ger. Hofes f. d. brit. Zone. XII, 196 Seiten. 1949. 8.80

Heft 20: **Internationales Zivilprozeßrecht.** Von E. Riezler. VIII, 710 Seiten. 1949. 30.—

Ab Heft 18 in Gemeinschaft mit Verlag J. B. C. Mohr (Paul Siebeck), Tübingen.

Beiträge zum ausländischen öffentlichen Recht und Völkerrecht. Herausgeg. in Gemeinschaft mit Fr. Glum, L. Kaas, E. Kaufmann, E. Schmitz, R. Smend, H. Triepel. Von V. Bruns. (Institut für ausländisches öffentliches Recht und Völkerrecht.) Oktav.

Heft 1: **Staatsrecht und Politik.** Rede beim Antritt des Rektorats der Friedrich-Wilhelm-Universität zu Berlin am 15. Oktober 1926. Von H. Triepel. 40 Seiten. 1927. 2.—

Heft 2: **Volksentscheid und Volksbegehren.** Ein Beitrag zur Auslegung der Weimarer Verfassung und zur Lehre von der unmittelbaren Demokratie. Von Dr. C. Schmitt, o. ö. Prof. der Rechte a. d. Univers. Bonn. 54 Seiten. 1927. 2.60

Heft 3: **Der Aufbau des britischen Reiches.** (Der Verhandlungsbericht der Reichskonferenz von 1926.) Eingeleitet und herausgeg. von Dr. K. Heck, Ger. Ass. 152 Seiten. 1927. 6.—

Heft 4: **Die Souveränität.** Ein Beitrag zur Theorie des Staats- und Völkerrechts. Von Dr. H. Heller, a. o. Prof. a. d. Univers. Berlin. 177 Seiten. 1927. 8.50

Heft 5: **Die Missionsfreiheit nach den Bestimmungen des geltenden Völkerrechts.** Von Dr. Th. Grentrup. 112 Seiten. 1927. 5.50

Heft 6: **Das Minoritätenproblem und seine Literatur.** Kritische Einführung in die Quellen und die Literatur der europäischen Nationalitätenfrage der Nachkriegszeit unter besonderer Berücksichtigung des völkerrechtlichen Minderheitenschutzes. Allgemeiner Teil. Von J. Robinson, RA in Kaunas. 165 Seiten. 1928. 9.—

Heft 7: **Der Reichssparkommissar.** Von Dr. K. Bilfinger o. ö. Prof. der Rechte a. d. Univers. Halle. 68 Seiten. 1928. 3.60

Heft 8: **Die völkerrechtliche Stellung der fremden Truppen im Saargebiet.** Von Dr. H. M. Bumiller. 156 Seiten. 1928. 9.—

Heft 9: **Das Recht des Ausnahmezustandes im Auslande.** (Frankreich, Belgien, Niederlande, Italien, England, Irland.) Bearb. i. Inst. f. ausl. öffentl. Recht u. Völkerrecht. 295 Seiten. 1928. 14.—

Heft 10: **Die Beziehungen zwischen dem Parlament und den Gerichten in England.** Eine rechtsvergleichende Studie. Von Dr. H. B. Gerland, o. ö. Prof. a. d. Univers. Jena. 137 Seiten. 1928. 8.—

Heft 11: **Zu den Problemen des fascistischen Verfassungsrechts.** Von Dr. G. Leibholz, Prof. a. d. Univers. Greifswald. 112 Seiten. 1928. 5.—

Heft 12: **Der deutsche und der französische Reichswirtschaftsrat.** Ein Beitrag zu dem Problem der Repräsentation der Wirtschaft im Staat. Von Dr. Fr. Glum. 188 Seiten. 1929. 9.—

Heft 13: **Das Wesen der Repräsentation unter besonderer Berücksichtigung des Repräsentativsystems.** Ein Beitrag zur allgemeinen Staats- und Verfassungslehre. Von Dr. G. Leibholz, Prof. a. d. Univers. Greifswald. 214 Seiten. 1929. 14.—

Heft 14: **Die Rechtsstellung der russischen Handelsvertretungen.** Von B. Schenk Graf von Stauffenberg, Prof. a. d. Univers. Greifswald. 94 Seiten. 1930. 6.—

Heft 15: Die Verfassungswandlung. Von Dr. Hsü Dau-Lin. 182 Seiten. 1932. 5.40

Heft 16: **Das deutsche Vorkriegsvermögen in Rußland** und der deutsche Entschädigungsvorbehalt. Von Dr. C. Menzel, AGRat i. Altona. IV, 236 Seiten. 1931. 9.—

Heft 17: **Zur Problematik des Volkswillens.** Von Dr. E. Kaufmann. 19 Seiten. 1931. 1.50

Heft 18: **Das parlamentarische Wahlrecht.** Ein Handbuch über die Bildung der gesetzgebenden Körperschaften in Europa. Von Dr. K. Braunias. Bd. I: Das Wahlrecht in den einzelnen Staaten. XVIII, 640 Seiten. 1932. 22.50, geb. 24.30

Heft 18a: **Das parlamentarische Wahlrecht.** Bd. II: Allgemeiner Teil. XII, 320 Seiten. 1932. 15.—, geb. 17.—

Beschränkung der deutschen Gerichtsbarkeit, Die — —. Die Gesetzgebung der Besatzungsmächte, insbesondere Gesetze Nr. 2 und Nr. 52 und Befehl 124 nebst Ausführungsbestimmungen. Zusammengestellt und erläutert. Von Dr. G. Nehlert, LGRat. Oktav. 136 Seiten. 1948. (Guttentagsche Sammlung Deutscher Reichsgesetze Nr. 233.) 5.—

Börsengesetzgebung, Die — — der Vereinigten Staaten. Sonderdruck aus dem „Bank-Archiv", Zeitschrift für Bank- und Börsenwesen 37./38. Jhrg. Von Dr. H. Trumpler. 90 Seiten. 1938. 2.50

Demokratie und Verfassungsreform. Wege zum Ausbau der Legislative und zur Stabilisierung der Exekutive in der Reichsverfassung vom 11. August 1919. Von H. Graf v. Schmettow. Oktav. 103 Seiten. 1925. 2.50

Deutsches Internationales Privatrecht, Die Grundlagen des — —. Von Dr. G. Melchior, Den Haag. Oktav. XXXI, 558 Seiten. 1932. 24.—

Englische Gerichtsverfassung, Die — —. Von Dr. H. B. Gerland, o. ö. Prof. a. d. Univers. Jena. Eine systematische Darstellung. 2 Halbbände. Oktav. 1. Halbband: XVI, 612 Seiten. 2. Halbband: 407 Seiten. 1910. 40.—

Englischer Strafprozeß des 13. Jahrhunderts, Studien und Skizzen zum — —. Von Dr. K. Güterbock, Geh. Just. Rat, Prof. der Rechte zu Königsberg. Oktav. 83 Seiten. 1914. 2.50

Entscheidungen des Oberprisengerichts in Berlin. Herausgeg. im Auftr. des Reichsjustizministeriums. Oktav. Bd. I: XVII, 444 Seiten. 1918. 14.—. Bd. II: XV, 338 Seiten. 1921. 10.—

Haager Abkommen über Internationales Privatrecht, Sechs — —. Von H. Dungs. Oktav. 116 Seiten. 1910. (Guttentagsche Sammlung Deutscher Reichsgesetze Nr. 98.) Geb. 1.35

Internationales Privatrecht nach dem Einführungsgesetz zum Bürgerlichen Gesetzbuch. Von Dr. H. Habicht, aus dem Nachlaß herausgeg. von M. Greiff. Oktav. VI, 254 Seiten. 1907. 6.—

Internationale Schiedssprechung. Eine Sammlung der für das Deutsche Reich verbindlichen Verträge und Vertragsbestimmungen, die sich auf internationale Gerichtsbarkeit, Schiedsgerichtsbarkeit sowie Vergleichsverfahren beziehen, nebst den dazugehörigen deutschen Regierungsdenkschriften. Herausgeg. und eingeleitet von H. Kraus. Oktav. XXXVI, 348 Seiten. 1929. (Guttentagsche Sammlung Deutscher Reichsgesetze Nr. 174.) Geb. 9.—

Minderheitsregierung in Großbritannien. Verfassungsrechtliche Untersuchungen zur neuesten Entwicklung des britischen Parlamentarismus. Von RA Dr. K. Loewenstein, München. Gr.-Oktav. III, 72 Seiten. 1925. (Schweitzer.) 3.—

Monroedoctrin in ihren Beziehungen zur amerikanischen Diplomatie und zum Völkerrecht, Die — —. Von Dr. jur. H. Kraus. Oktav. 480 Seiten. 1913. 9.—

Musta' min, Der — —. Ein Beitrag zum internationalen Privat- und Völkerrecht des islamischen Gesetzes. Von Dr. J. Hatschek, o. Prof. der Rechte a. d. Univers. Göttingen. Mit 7 Tafeln. Oktav. 108 Seiten. 1920. 5.—

Pariser Völkerbundsakte, Die — — nebst den Urkunden über die Pariser Verhandlungen, dem Haager Schiedsgerichtsabkommen usw. Mit einer historischen Einleitung versehen und erläutert. Von H. Wehberg. 2. Aufl. der „Abkommen der Haager Friedenskonferenz". Oktav. 175 Seiten. 1919. (Guttentagsche Sammlung Deutscher Reichsgesetze Nr. 99.) 4.—

Parlamentsrecht des Deutschen Reiches, Das — —. Von Dr. J. Hatschek, o. Prof. der Rechte a. d. Univers. Göttingen. Im Auftrage des deutschen Reichstages dargestellt. 1. Teil. Quart. XI, 628 Seiten. 1915. 16.—

Preußisches Verfassungsrecht, Das — —. Auf der Grundlage der Verfassung des Freistaats Preußen systematisch dargestellt. Von Dr. F. Stier-Somlo, Prof. des öffentl. Rechts. Oktav. VII, 173 Seiten. 1922. 3.30

Rechtsverhältnisse bei verschiedenen Völkern der Erde, Die — —. Ein Beitrag zur vergleichenden Ethnologie. Von A. Bastian. Oktav. LXXX, 435 Seiten. 1872. 8.—

Reichsrecht, Die abstrakte Forderung nach deutschem — —. Von L. Brütt. Oktav. 320 Seiten. 1908. 7.—

Reichs- und Staatsangehörigkeitsgesetz vom 22. Juli 1913 unter besonderer Berücksichtigung der bayerischen Verhältnisse. Erläutert von MinRat J. Woeber. 5. Aufl., bearbeitet von ORRat K. A. Fischer. Oktav. 272 Seiten. 1932. (Schweitzers braune Handausgabe.) 4.50

Reichs- und Staatsangehörigkeitsgesetz vom 22. Juli 1913. Erläutert mit Benutzung amtlicher Quellen und unter vergleichender Berücksichtigung der ausländischen Gesetzgebung. Von Dr. W. Cahn, Kais. Geh. Legat. Rat z. D. Oktav. XVII, 608 Seiten. 1914. 13.50, geb. 16.—

Rheinlandabkommen, Das — — sowie die Verordnungen der Interalliierten Rheinlandkommission. Dreisprachige Textausgabe mit Erläuterungen. Von H. Vogels und Dr. W. Vogels, Reg. Räte b. Reichskommissar f. d. bes. rhein. Gebiete in Koblenz. 2 Bände. Oktav. Bd. I: 144 Seiten. 1920. 4.50. Bd. II: Die Verordnungen 12—82 und die Anweisungen 8—12. 248 Seiten. 1921. 7.50

Staatsbankerott und internationales Recht. Von der Bluntschli-Stiftung gekrönte Preisschrift. Mit Anhang: Die Organisation der intern. Kontrolle der griechischen Staatsfinanzen. Von Dr. R. Pflug, München. Lex.-Oktav. 101 Seiten. 1898. (Schweitzer.) 4.50

Staatstheorien der französischen Nationalversammlung von 1789, Die — —, ihre Grundlagen in der Staatslehre der Aufklärungszeit und in den englischen und amerikanischen Verfassungsgedanken. Von Dr. R. Redslob, o. Prof. der öffentl. Rechte a. d. Univers. Rostock. Oktav. 368 Seiten. 1912. 10.—

Verfassung des Deutschen Reiches, Die — — vom 11. August 1919 mit den wichtigsten Nebengesetzen. Mit Einleitung. 3. Aufl. Oktav. 104 Seiten. 1931. (Guttentagsche Sammlung von Textausgaben ohne Anmerkungen und Sachregister.) —.90

Verfassung des Deutschen Reiches. Erläutert von RRat Dr. L. Gebhard. Gr.-Oktav. 622 Seiten. 1932. (Schweitzer.) Geb. 24.70

Verfassung des Deutschen Reichs vom 11. August 1919, Die — —. Ein systematischer Überblick. Von Dr. F. Stier-Somlo, Prof. des öffentl. Rechts. 3., erg. u. wesentl. veränd. Aufl. Oktav. VIII, 238 Seiten. 1925. 7.—

Verfassung und Verwaltung des Deutschen Reiches nebst den wichtigen Nebengesetzen. Von Dr. jur. M. Gebhardt, Ger. Ass. a. D. Ein Hilfsbuch für die Examina in Justiz und Verwaltung sowie für die Doktorprüfung. Oktav. X, 506 Seiten. 1912. 7.—

Verfassung der Vereinigten Staaten von Nordamerika, Die — —. „Was war, was ist — was wird?" Von James M. Beck. Nach der 9., im Jahre 1925 erschienenen, mit einer Einführung von Calvin Coolidge versehenen Ausg., in genehmigter Übersetzung herausgeg. von A. Friedmann. Mit einer Einleitung von W. Simons. Mit 2 Abb. Oktav. XVI, 438 Seiten. 1928. 8.—

Verfassungsentwicklung von Algerien, Die — —. Mit einem Anhang: Gesetzestexte und Entwürfe. Von H. Gmelin. Quart. XXXIX, 453 u. IV, 115 Seiten. Mit 1 Karte im Text. 1911. (Aus: Abhandlungen des Hamburgischen Kolonial-Instituts.) (Cram, de Gruyter & Co. Hamburg.) 18.—

Verfassungsrecht, Bayerisches — —. Von Dr. H. Nawiasky. Gr.-Oktav. XXIII, 558 Seiten. 1923. (Schweitzer.) 12.80, geb. 14.80

Veröffentlichungen der Vereinigung der deutschen Staatsrechtslehrer. Oktav.

Heft 1: **Der deutsche Förderalismus.** Die Diktatur des Reichspräsidenten. Referate von G. Anschütz, K. Bilfinger, C. Schmitt und E. Jacobi. Verhandlungen der Tagung der Deutschen Staatsrechtslehrer zu Jena am 14. und 15. April 1924. Mit Eröffnungsansprache und einer Zusammenfassung der Diskussionsreden. 146 Seiten. 1924. 5.—

Heft 2: **Der Schutz des öffentlichen Rechts.** Die neueste Entwicklung des Gemeindeverfassungsrechts. Referate von W. Jellinek, G. Lassar, F. Stier-Somlo, L. von Köhler, H. Helfritz. Verhandlungen der Tagung der Deutschen Staatsrechtslehrer zu Leipzig am 10. und 11. März 1925. Mit Eröffnungs- und Begrüßungsansprachen sowie einer Zusammenfassung der Diskussionsreden. 265 Seiten. 1925. 12.—

Heft 3: **Die Gleichheit vor dem Gesetz im Sinne des Art. 109 der Reichsverfassung.** Der Einfluß des Steuerrechts auf die Begriffsbildung des öffentlichen Rechts. Berichte von E. Kaufmann, H. Nawiasky, A. Hensel und O. Bühler. Verhandlungen der Tagung der Deutschen Staatsrechtslehrer zu Münster i. W. am 29. und 30. März 1926. Mit einem Auszug aus der Aussprache. 140 Seiten. 1927. 7.—

Heft 4: **Das Recht der freien Meinungsäußerung.** Der Begriff des Gesetzes in der Reichsverfassung. Berichte von K. Rothenbücher, R. Smend, H. Heller und M. Wenzel. Verhandlungen der Tagung der Deutschen Staatsrechtslehrer zu München am 24. und 25. März 1927. Mit einem Auszug aus der Aussprache. 215 Seiten. 1928. 10.—

Heft 5: **Wesen und Entwicklung der Staatsgerichtsbarkeit.** Überprüfung von Verwaltungsakten durch die ordentlichen Gerichte. Berichte von H. Triepel, H. Kelsen, M. Layer und E. von Hippel. Verhandlungen der Tagung der Deutschen Staatsrechtslehrer zu Wien am 23. und 24. April 1928. Mit einem Auszug aus der Aussprache. 238 Seiten. 1929. 12.—

Heft 6: **Bundesstaatliche und gliedstaatliche Rechtsordnung.** Verwaltungsrecht der öffentlichen Anstalt. Berichte von F. Fleiner, J. Lukas, L. Richter und A. Köttgen. Verhandlungen der Tagung der Deutschen Staatsrechtslehrer zu Frankfurt a. M. am 25. und 26. April 1929. Mit einem Auszug aus der Aussprache. 166 Seiten. 1929. 9.—

Heft 7: **Entwicklung und Reform des Beamtenrechts.** Die Reform des Wahlrechts. Berichte von H. Gerber, A. Merkl, H. Pohl und G. Leibholz. Verhandlungen der Tagung der Deutschen Staatsrechtslehrer zu Halle am 28. und 29. Oktober 1931. Mit einem Auszug aus der Aussprache. III, 212 Seiten. 1932. 10.80

Völkerrecht, Das — — ein Pseudorecht. Von St. E. Edmunds. Autorisierte Übersetzung des amerikanischen Werkes The Lawless Law of Nations (1925) von C. Bruns. Oktav. VII, 465 Seiten. 1933. 6.—

Völkerrecht, Das Problem des — — s. Eine Studie über den Fortschritt der Nationen zu einem universellen Staatensystem, das die Geltung des Völkerrechts verbürgt. Entworfen unter Verwertung der theoretischen und diplomatischen Versuche, die seit dem römischen Weltreich des Mittelalters und bis zu den Haager Konferenzen unternommen sind, und vornehmlich gegründet auf die Entwicklungsgeschichte der Schweizer Eidgenossenschaft. Von Dr. R. Redslob, o. Prof. der öffentl. Rechte a. d. Univers. Rostock. Oktav. VI, 392 Seiten. 1917. 10.—

Völkerrecht, Lehrbuch des — — s. Von D. Anzilotti. Bd. I: Einführung — Allgemeine Lehren. Vom Verfasser durchgesehene und autorisierte Übertragung nach der 3., erw. und revidierten italienischen Aufl. Von C. Bruns und K. Schmid. Oktav. XII, 429 Seiten. 1929. 17.—, geb. 18.—

Wahlgesetz, Kommentar zum — — und zur Wahlordnung im deutschen Kaiserreich. Von Dr. J. Hatschek, o. Prof. der Rechte a. d. Univers. Göttingen. Oktav. 414 Seiten. 1920. 8.—

Wörterbuch des Völkerrechts. Begonnen von Prof. Dr. J. Hatschek, Göttingen, fortgesetzt von Dr. K. Strupp, Frankfurt/M. 3 Bände. Oktav. Bd. I: Aachen — Lynchfall. VI, 860 Seiten. 1924. Bd. II: Maas — Utschiali. 779 Seiten. 1925. Bd. III: Vasallenstaaten — Zwangsversicherung. Mit Anhang: Abessinien — Weltgerichtshof, Sachverzeichnis mit Mitarbeiterregister. 1316 Seiten. 1929. Neue Auflage in Vorbereitung.

Zeitschrift für ausländisches öffentliches Recht und Völkerrecht. Herausgeg. in Gemeinschaft mit E. Kaufmann, R. Smend, H. Triepel, L. Kaas, F. Glum von V. Bruns. (Institut für ausländisches öffentliches Recht und Völkerrecht.) Quart. Aus Restbeständen sind noch einzelne Hefte der Bände 1—12 lieferbar. Auf Wunsch nähere Angaben.

2. Verwaltungsrecht

Aufenthalts- und Freizügigkeitsgesetz. Mit Vollziehungsvorschriften und den einschlägigen Gesetzen (z. B.: Zigeunergesetz). Von MinRat Dr. G. Ziegler. 4. Aufl. Oktav. 210 Seiten. 1930. (Schweitzers braune Handausgabe.) Geb. 6.90

Bauordnung, Die bayerische — —. Von Bez. Amtm. G. Heilmann u. K. Weinisch. 3. Aufl. Oktav. 708 Seiten. 1931. (Schweitzers braune Handausgabe.) Geb. 12.60

Baupolizeigesetze, Die preußischen — — nebst den sonstigen einschlägigen Reichs- und Landesgesetzen erläutert von H. Heine. Oktav. 404 Seiten. 1928. (Guttentagsche Sammlung preußischer Gesetze Nr. 64.) Geb. 7.20

Baupolizeirecht, Münchener — —. Die Münchener Bauordnung und die Münchener Staffelbauordnung. Mit Erläuterungen und Abdruck der einschlägigen Bestimmungen. Von Dr. K. Helmreich, Dr. F. Schels, Dr. A. Steinhauser. Oktav. 550 Seiten. 1927. (Schweitzer.) Geb. 16.—

Beamtengesetz. Von MinRat G. Ziegler. (Sonderdruck aus: Sammlung in der Praxis oft angewandter Verwaltungsgesetze und Verordnungen.) Oktav. 60 Seiten. 1927. (Schweitzer.) 1.40

Bergbau und Grundbesitz nach preußischem Recht unter Berücksichtigung der übrigen deutschen Berggesetze. Von W. Westhoff, Just. Rat, RA und Notar zu Dortmund. 2 Bände. Oktav. Bd. I: Der Bergschaden. XXII, 407 Seiten. 1904. Geb. 9.—. Bd. II: Die Grundabtretung. Die öffentlichen Verkehrsanstalten. XXVI, 437 Seiten. 1906. Geb. 9.50

Berggesetz, Allgemeines — — für die preußischen Staaten mit Kommentar. Von Dr. jur. H. Brassert. 2. Aufl., bearb. von H. Gottschalk. Oktav. XXIX, 1291 Seiten. 1914. 27.—

Berggesetz, Bayerisches —. 3. Aufl., bearb. von ORRat L. Nothaas u. RRat H. Miesbach. Oktav. 988 Seiten. 1927. (Schweitzers braune Handausgabe.) Geb. 25.60

Berggesetz, Preußisches Allgemeines — — nebst Nebengesetzen und wichtigen den Bergbau betreffenden Bestimmungen mit Erläuterungen. Von Dr. jur. H. Ebel, OBergrat. 5. Aufl. XVI, 692 Seiten. 1944. (Guttentagsche Sammlung preußischer Gesetze Nr. 12.) 25.—

Bergrecht, Grundzüge des — — s. Von C. Voelkel. Oktav. 3. Aufl. in Vorbereitung.

Bergrecht, Lehrbuch des preußischen — — s mit Berücksichtigung der übrigen deutschen Bergrechte. Von Dr. R. Klostermann, OBergrat. Oktav. XII, 499 Seiten. 1871. 8.—

Bergschäden, Die Entschädigung für — —. Zugleich ein Beitrag zur Lehre vom Schadenersatz. Von Dr. E. Holländer, Ger. Ass. Oktav. 204 Seiten. 1903. 5.—

Bergwesen. Von MinRat G. Ziegler. (Sonderdruck aus: Sammlung in der Praxis oft angewandter Verwaltungsgesetze und Verordnungen.) Oktav. 60 Seiten. 1927. (Schweitzer.) —.90

Berlin, Gesetz über die Bildung der neuen Stadtgemeinde — —. Vom 27. April 1920. Bearbeitet von P. Wölbling. Mag. Rat der Stadt Berlin. 2. Aufl. mit dem Gesetz zur Änderung des Gesetzes vom 7. Oktober 1920, den Ausführungsbestimmungen und dem Ortsgesetz für die Durchführung der Verhältniswahl. Mit 1 Karte. Oktav. 140 Seiten. 1921. (Guttentagsche Sammlung preußischer Gesetze Nr. 59.) Geb. 1.25

Berliner Stadtrecht. Ein Handbuch des Verwaltungsrechts der Stadt Berlin. Von P. Wölbling, Mag. Rat Oktav. IX, 251 Seiten. 1911. 5.—, geb. 5.75

Berufsbeamtentum, Das — — im neuen demokratischen Staat. Eine staatsrechtliche Studie von Dr. C. Heyland, o. Prof. des öffentl. Rechts i. Gießen. Oktav. 156 Seiten. 1949. 6.—

Besoldung der Kommunalbeamten in Preußen, Die — — unter Berücksichtigung der 24. Ergänzung zum Reichsbesoldungsgesetz und des Deutschen Beamtengesetzes. Bearbeitet von Gerichtsass. a. D. H. Schönebeck unter Mitwirkung von Ministerialdirigent H. Seel und MinRat Dr. U. Krauthausen. Oktav. 212 Seiten. 1937. (Stilke.) Geb. 6.60

Besoldungsgesetz, Preußisches — —. Kommentar. Mit Gehaltstafeln. Von MinRat Dr. H. Erythropel †. 5. Aufl., neubearb. von MinRat O. König. Oktav. X, 564 Seiten. 1932. (Schweitzer.) Geb. 14.80

Denkschriftenband zur Begründung des Entwurfs eines Gesetzes betreffend Änderungen im Finanzwesen. (Zusammengestellt vom Reichsschatzamt.) 4 Teile in 5 Bänden. Quart. 1908. 9.—

Teil 1: Das Finanzwesen der öffentlichen Körperschaften Deutschlands. V, 857 Seiten.

Teil 2: Die Finanzen von Frankreich, Großbritannien und Irland, Italien, Japan, Österreich-Ungarn, Rußland, der Schweiz, den Vereinigten Staaten von Amerika. VI, 442 Seiten.

Teil 3: Materialien zur Beurteilung der Wohlstandsentwicklung Deutschlands im letzten Menschenalter. 132 Seiten.

Teil 4: Materialien zur Beurteilung der Zusammenhänge zwischen dem öffentlichen Schuldenwesen und dem Kapitalmarkte. III, 287 Seiten. Zusammenfassung, Sachregister, Zusätze und Berichtigungen zu Teil 1—4. Mit graphischen Darstellungen und Erläuterungen. XXXII, 34, 6 Seiten.

Dienstordnung, Die allgemeine — — für die bayerischen Staatsbehörden vom 12. Januar 1933. Handausgabe mit Anmerkungen und Sachverzeichnis. Von MinRat Dr. Joh. R. v. Schelhorn. Oktav. 160 Seiten. 1933. (Schweitzer.) 4.50

Disziplinargesetz, Das preußische — — für die nichtrichterlichen Beamten nebst dem Disziplinargesetze für die Privatdozenten. Erläutert und mit den ergänzenden Gesetzesbestimmungen, zumal der Strafprozeß- und Zivilprozeßordnung, versehen von Dr. jur. E. v. Dultzig, Reg. Rat a. D. Oktav. XIV, 364 Seiten. 1914. (Guttentagsche Sammlung preußischer Gesetze Nr. 51.) Geb. 3.80

Eisenbahnverkehrsordnung, Die — — vom 16. Mai 1928 mit Allgemeinen Ausführungsbestimmungen sowie dem Internationalen Übereinkommen über den Eisenbahnfrachtverkehr vom 30. Mai 1925 und dem Internationalen Übereinkommen über den Eisenbahn-Personen- und -Gepäckverkehr vom 12. Juni 1925. Nach dem Tode von Blume herausgeg. mit Anmerkungen von Dr. jur., Dr. rer. pol. h. c. W. Weirauch. 8. Aufl. in Vorbereitung. (Guttentagsche Sammlung Deutscher Reichsgesetze Nr. 91.)

Entschädigungspflicht des Staates für Eingriffe in das private Flußeigentum nach bayerischem Recht. Von Dr. A. Arnold. Gr.-Oktav. 36 Seiten. 1931. (Schweitzer.) 1.80

Fischereigesetz, Bayerisches — — vom 15. August 1908 mit der Landesfischereiordnung vom 23. März 1909 und allen Vollzugsvorschriften. Von Staatsrat J. Bleyer. 5. Aufl. Oktav. 438 Seiten. 1934. (Schweitzers braune Handausgabe.) Geb. 10.80

Fischereigesetz, Das preußische — — vom 11. Mai 1916 in der geltenden Fassung. Erläutert von A. Born. Oktav. 428 Seiten. 1928. (Guttentagsche Sammlung preußischer Gesetze Nr. 62.) Geb. 6.75

Flurbereinigungsgesetz, Bayerisches — — vom 5. August 1922 nach der Fassung vom 11. Februar 1932. Für die Praxis erläutert von MinRat Dr. G. Seubelt. 2., neubearb. Aufl. Oktav. 438 Seiten. 1934. (Schweitzers braune Handausgabe.) Geb. 5.—

Forstgesetz, Das bayerische — —. Kommentar. Mit den Vollzugsvorschriften, dem Aufforstungsgesetz und dem Pfälzischen Forststrafgesetz. Von Dr. W. Wonhas. Gr.-Oktav. 545 Seiten. 1931. (Schweitzer.) 25.—

Gemeindebetriebe, Zum Recht der — —. Öffentlich und privatrechtlich betriebene Gemeindeanstalten und Einrichtungen. Von O. Sperlich, Kiel. (Sonderabdruck aus: Annalen des Deutschen Reichs 1931.) Gr.-Oktav. 100 Seiten. 1931. (Schweitzer.) 4.—

Geschlechtskrankheiten, Gesetz zur Bekämpfung der — —. Erläutert von LGDir. Dr. A. Hellwig. Oktav. 500 Seiten. 1928. (Schweitzers braune Handausgabe.) Geb. 10.30

Gesetzgebung über die allgemeine Landesverwaltung, Die — — und über die Zuständigkeit der Verwaltungs- und Verwaltungsgerichtsbehörden. Bearbeitet von Dr. K. Friedrichs, Just. Rat. 3., durchges. Aufl. Mit Nachtrag 1932. Oktav. XXIII, 295 u. 18 Seiten. 1927. (Guttentagsche Sammlung preußischer Gesetze Nr. 42.) Geb. 4.50

Gesundheitswesen, Die reichs- und landesrechtlichen Bestimmungen auf dem Gebiete des — — s. Zusammengestellt von Dr. jur. et rer. pol. W. Voß, Pol. Verw. Rechtsrat. Oktav. 608 Seiten. 1929. (Guttentagsche Sammlung Deutscher Reichsgesetze Nr. 172.) Geb. 9.90

Höchstpreis, Der — —. Eine systematische Untersuchung auf Grund der Erfahrungen der deutschen Kriegswirtschaft. Von Reg. Rat Dr. E. Stern. Oktav. VIII, 305 Seiten. 1923. (Schweitzer.) 9.—

Irrengesetzgebung in Deutschland, Die — —, nebst einer vergleichenden Darstellung des Irrenwesens in Europa. (Für Ärzte, Juristen und gebildete Laien.) Von Prof. Dr. E. Rittershaus. Oktav. VI, 261 Seiten. 1927. 12.—

Jahrbuch der Entscheidungen für Bau- und Grundstücksrecht. 1937. Von C. Saß. Oktav. VIII, 192 Seiten. 1937. (Schweitzer.) 3.50
— —. 1938. 200 Seiten. 1938. 4.—

Jugendamt als Gemeindewaisenrat, Das — —. Von P. Niestroj. Oktav. 91 Seiten. 1932. 3.—

Justizbauverwaltung, Die preußische — — unter Benutzung amtlichen Materials dargestellt unter Mitwirkung von E. Paterna und P. Regener. Von E. Friedrichs. Oktav. VII, 384 Seiten. 1929. Geb. 18.—

Kriminalpolizeidienst, Handbuch für den praktischen — —. Ein Lehrbuch. Von W. Polzer. Gr.-Oktav. 273 Seiten. 1922. (Schweitzer.) 2.50

Kurtaxe, Die — —. Betrachtungen über ihre rechtliche Natur. Von Dr. J. Kohler, o. Prof. a. d. Univers. Berlin. Oktav. 48 Seiten. 1902. 1.—

Landeskulturbehörden, Gesetz über die — — nebst den für das Verfahren der Landeskulturbehörden geltenden Vorschriften des Landesverwaltungsgesetzes und den Ausführungsvorschriften des Ministers für Landwirtschaft, Domänen und Forsten. Von W. Holzapfel. Oktav. 176 Seiten. 1920. (Guttentagsche Sammlung preußischer Gesetze Nr. 57.) Geb. 1.80

Lastenausgleich, Der — —. Soforthilfegesetz. Sammlung und Kommentierung sämtlicher Gesetze und Verordnungen sowie der laufenden Rechtsprechung auf dem Gebiete der Soforthilfe und des Lastenausgleichs. Teil I: Wortlaut der Gesetze und Verordnungen. Teil II: Kommentierung. Herausgeg. und erläutert von Dr. P. Binder, Staatssekr. a. D.; Dipl.-Kfm. Dr. J. Drexl, MinRat; Dipl.-Kfm. Dr. W. Wehe, Wirtschaftspr.; A. Seweloh, Reichsrichter a. D. des vorm. Reichsfinanzhofs; Dr. L. Zimmerle, Reg. Dir. Din A 5. 984 Seiten in loser Blattform. 1949. (Guttentagsche Sammlung Deutscher Reichsgesetze Nr. 235.) Halbleinen 38.—

Leichen- und Begräbnispolizei in Bayern nebst Dienstvorschrift für den Leichenbeschauer. Von L. A. Grill. 3. Aufl. Oktav. 128 Seiten. 1925. (Schweitzer.) 4.—

Maß- und Gewichtsgesetz vom 13. Dezember 1935 in der Fassung vom 18. Mai 1936. Zusammengestellt von RA Dr. A. Dahm. Oktav. 204 Seiten. 1937. (Stilkes Rechtsbibl. Nr. 162.) Geb. 5.50

Oberbergpolizeiliche Vorschriften, Die — — **für Bayern.** Textausgabe mit Anmerkungen und Sachregister. 4. Aufl. Oktav. 71 Seiten. 1927. (Schweitzer.) 1.10

Ödlandgesetz, Bayerisches — — mit den Ausführungsbestimmungen. Erläutert von MinRat Dr. O. Woerner. Oktav. 266 Seiten. 1925. (Schweitzers braune Handausgabe.) Geb. 5.90

Öffentliches Sachen-Recht, Hauptprobleme des — —. Eine Studie zur Methodik und Dogmatik des deutschen Verwaltungsrecht. Von Dr. Th. Maunz, Priv. Doz. a. d. Univers. München. Gr.-Oktav. XVI, 316 Seiten. 1933. (Schweitzer.) 9.—

Pflegekind, Das — —. Von P. Niestroj. Oktav. 99 Seiten. 1932. 3.—

Preußische Verwaltung, Handwörterbuch der — —. Von Bitter. 3., vollst. umgearb. Aufl. Unter Mitwirkung zahlreicher hoher Reichs- und Preußischer Staatsbeamten herausgeg. von Dr. B. Drews, Staatsminister a. D. und Dr. Fr. Hoffmann, wirkl. Geh. OReg. Rat i. Berlin. 2 Bände. Quart. 1928. Bd. I: Abbaugerechtigkeiten-Kyffhäuserbund. VIII, 1134 Seiten. Bd. II: Lackfabriken-Zwischenkredit. VII, 1220 Seiten. (Verlag von: Walter de Gruyter & Co., Berlin; Carl Heymanns Verlag, Berlin; Roßberg'sche Verlagsbuchh., Leipzig.) 30.—, geb. 36.—

Rechnungslegungsordnung für das Reich vom 3. Juni 1929 (RRO.), mit Erläuterungen von Geh. ORGRat Ministerialdirigent i. R. R. Schulze und MinRat Dr. E. Wagner, 2., durchges. u. erw. Aufl. Oktav. XVI, 666 Seiten. 1941. (Stilkes Rechtsbibl. Nr. 100.) Geb. 16.20

Recht der pfälzischen Pfarrpfründestiftung beider Konfessionen, Das — —. Von W. Gruber. Gr.-Oktav. 199 Seiten. 1913. (Schweitzer.) 4.50

Rechtskartei, Neue — — für Berlin und Brandenburg, enthaltend sämtliche Rechtsvorschriften der Alliierten, des Magistrats Berlin und der Provinzialverwaltung Brandenburg. Von Dr. E. Kohlrausch, o. Prof. a. d. Univers. Berlin und Dr. E. Koffka, RAnwältin i. Berlin. Oktav. 1946. Loseblattausgabe. 30.—

I. Nachtrag. Enthält Ergänzungen zu Teil I Berliner Recht. 1947. 12.—

II. Nachtrag. Brandenburgisches Recht. 1948. ca. 800 Seiten. 30.—

Reichsbewertungsgesetz und Bodenschätzungsgesetz. Textausgabe mit Einführung und Erläuterungen. Von M. Renzi, MinRat i. Preuß. Finanzministerium. Oktav. VII, 194 Seiten. 1935. (Guttentagsche Sammlung Deutscher Reichsgesetze Nr. 190c.) 2.80
Nachtrag zu Nr. 190 c (Reichsbewertungsgesetz, Bodenschätzungsgesetz, erläutert von M. Renzi) enthaltend Durchführungsbestimmungen usw. zu beiden Gesetzen. Oktav. VIII, 167 Seiten. 1935. (Guttentagsche Sammlung Deutscher Reichsgesetze Nr. 190c II.) 2.—

Rückerstattung feststellbarer Vermögensgegenstände in der amerikanischen Besatzungszone. Militärregierungsgesetz Nr. 59 vom 10. November 1947, mit Ausführungsvorschriften. Erläutert. Von R. Frhr. v. Godin, RA i. München und H. Frhr. v. Godin, RA i. München. Oktav. VIII, 319 Seiten. 1948. (Guttentagsche Sammlung Deutscher Reichsgesetze Nr. 232.) 12.—

Sammlung in der Praxis oft angewandter Verwaltungsgesetze und Verordnungen. Von G. Ziegler, MinRat i. Bayer. Staatsministerium f. soziale Fürsorge.

Bd. I: Reichsgesetze und Verordnungen. 5. Aufl. Oktav. XVI, 771 Seiten. 1927. (Schweitzer.) Geb. 17.—

Bd. II: Bayerische Gesetze und Verordnungen. Oktav. II, 1072 Seiten. 1927. Geb. 20.25

Nachtrag: 120 Seiten. 1928. 2.40

Schornsteinfegerwesen, Die reichsgesetzliche Regelung des — —. Von A. K. Maier. Oktav. 20 Seiten. 1936. (Schweitzer.) —.30

Schulwesen in Bayern, Das höhere — —. Eine kurze Darstellung für die Bedürfnisse des Verwaltungsbeamten. Von Dr. W. Wonhas. Lex.-Oktav. 43 Seiten. 1936. (Schweitzer.) —.60

Signalementslehre. Handbuch der Personalbeschreibung und -feststellung für den Polizeiunterricht, den Erkennungs- und Fahndungsdienst. Mit zahlreichen Illustrationen. Von Dr. H. Schneickert. 3. Aufl. Oktav. 241 Seiten. 1937. (Schweitzer.) Geb. 5.40

Soforthilfe, Die — —. Die Leistungen auf Grund des Soforthilfegesetzes. Auszug aus dem Kommentarwerk „Der Lastenausgleich". Abteilung II B — Gesetz zur Milderung dringender sozialer Notstände (Zweiter Teil). Herausgeg. und erläutert von Dr. P. Binder, Staatssekr. a. D.; Dipl.-Kfm. Dr. J. Drexl, MinRat; Dipl.-Kfm. Dr. W. Wehe, Wirtschaftspr.; A. Seweloh, Reichsrichter a. D. des vorm. Reichsfinanzhofs; Dr. L. Zimmerle, Reg. Dir. Din A 5. 218 Seiten. 1949. 12.—

Straßenbaulasten, Die Heranziehung der Anlieger zu den —, auf Grund des § 15 des Fluchtliniengesetzes vom 2. Juli 1875 in Entscheidung, Kostenberechnung und bildlicher Darstellung. Von C. Saß, Gemeindebaurat. Mit einem Plan. Oktav. 102 Seiten. 1913. 4.50

Straßen- und Baufluchtengesetz. Gesetz, betreffend die Anlegung von Straßen und Plätzen in Städten und ländlichen Ortschaften. Vom 2. Juli 1875. Kommentar. (Vormals von R. Friedrichs). Von H. v. Strauß und Torney und C. Saß. 7., neubearb. Aufl. unter Berücksichtigung des Wohnungsgesetzes usw. von O. Meyer. Oktav. 367 Seiten. 1934. Geb. 12.—

Straßenverkehrsrecht (Reichsgesetz über den Verkehr mit Kraftfahrzeugen) mit den einschlägigen Nebenbestimmungen, insbesondere der **Reichsstraßen-Verkehrsordnung** und einem technischen Leitfaden mit Abbildungen, von Geh. RGRat Ministerialdirigent Dr. F. Müller. 16., umgearb. Aufl. Mit zahlreichen, z. T. farbigen Abbildungen. Gr.-Oktav. XVI, 1132 Seiten. 1949. (Stilkes Rechtsbibl. Nr. 44.) Geb. 56.—

Telegraphenwege-Gesetz, Das — —. Vom 18. Dezember 1899 nebst der Ausführungsanweisung vom 26. Januar 1900. Von C. Wolf, Postrefr. a. d. Kaiserl. OPostdir. i. Köln. Oktav. 99 Seiten. 1916. (Guttentagsche Sammlung Deutscher Reichsgesetze Nr. 120.) Geb. —.90

Verkehrssicherheit der Reichswasserstraßen, Die Haftung für die — —. (Öffentlichen Binnenwasserstraßen.) Zugleich eine Untersuchung zur Frage der rechtlichen Natur des Eigentums des Deutschen Reichs an seinen Wasserstraßen. Von Dr. jur. M. Kaczmarzyk. Oktav. XIX, 197 Seiten. 1936. 9.—, geb. 10.50

Verkehrsunfälle, Die polizeiliche Untersuchung von — — n. Von M. Julier. 2. Aufl. Oktav. Mit 25 Abb. u. 15 Skizzen. 200 Seiten. 1949. (Schweitzer.) Halbleinen 10.—

Vermögens- und Haushaltsrecht, Das neue — — der deutschen Gemeinden. Systematische Darstellung. Von Dr. H. Stenger. 2. Aufl. Oktav. XI, 409 Seiten. 1939. (Schweitzer.) 11.50

Verwaltungsgesetzbuch für Preußen. Systematische Zusammenstellung der wichtigsten Verwaltungsgesetze und Verordnungen. Für Praxis und Unterrichtszwecke bearbeitet. Von H. Reichelt. Quart. VII, 1302 Seiten. 1914. Geb. 7.60

Verwaltungsrecht. Grundriß. Von Dr. E. Frhr. v. Turegg, LGDir. In Vorbereitung. (Lehrbücher und Grundrisse der Rechtswissenschaft Bd. XIX.) ca. 18.—

Verwaltungsrecht. Leitfaden. Von Dr. jur. habil. E. Frhr. v. Turegg, LGDir. Oktav. 141 Seiten. 1949. (Leitfaden der Rechtswissenschaft Bd. 11.) 7.—

Verwaltungsrecht, Grundriß des bayerischen — — s unter Berücksichtigung des Reichsrechts. Von Dr. K. Helmreich. Gr.-Oktav. 247 Seiten. 1928. (Schweitzer.) 7.20

Verwaltungsstreitverfahren. Von MinRat G. Ziegler. (Sonderdruck aus: Sammlung in der Praxis oft angewandter Verwaltungsgesetze und Verordnungen.) Oktav. 27 Seiten. 1927. (Schweitzer.) —.55

Verwaltungsstreitverfahren, Das — —. Praktisches Handbuch auf wissenschaftlicher Grundlage bearbeitet. Von F. Kunze, wirkl. geh. ORRat. Oktav. XV, 625 Seiten. 1908. 12.—

Volksschullehrergesetz. Von MinRat G. Ziegler. (Sonderdruck aus: Sammlung in der Praxis oft angewandter Verwaltungsgesetze und Verordnungen.) Oktav. 29 Seiten. 1927. (Schweitzer.) —.55

Wasserrecht. Von MinRat G. Ziegler. (Sonderdruck aus: Sammlung in der Praxis oft angewandter Verwaltungsgesetze und Verordnungen.) Oktav. 39 Seiten. 1927. (Schweitzer.) —.70

Wasser- und Bodenverbandrecht. Erläutert von Dr. A. Bochalli, Reg. Präs. a. D. i. Münster/W. und K. Linckelmann, RA i. Hannover. 2., verm. und verb. Aufl. des Kommentars zum Wasserverbandgesetz und zur 1. Wasserverbandverordnung von Dr. Bochalli. (Guttentagsche Sammlung Deutscher Reichsgesetze Nr. 212.) 386 Seiten. 1949. 10.—

Wildschadengesetz, Das — —. Vom 11. Juli 1891. Von Dr. A. Holtgreven, OLGPräs. und Dr. Th. Wolff, OLGRat. 4., verm. und verb. Aufl. VIII, 216 Seiten. 1902. 4.—

Zeitschrift für Bergrecht. Bis zu seinem Tode herausgeg. von Dr. jur. H. Brassert. Redigiert und herausgeg. von den rechtskundigen Ministerialräten der Bergabteilung des Preußischen Ministeriums für Handel und Gewerbe. Oktav. Von den Bänden 1—78 sind noch Restbestände lieferbar. Auf Wunsch nähere Angaben. Neuerscheinen wird vorbereitet.

3. Steuerrecht

Biersteuergesetz, Das — — vom 26. Juli 1918 mit Durchführungsbestimmungen. Nebengesetzen und Erläuterungen. Von Zapf-Siegert. 3. Aufl., bearb. von MinRat Siegert. Oktav. VI, 429 Seiten. 1931. (Schweitzer.) Geb. 15.—

Bürgersteuergesetz, Das — — vom 16. Oktober 1934 in der Fassung des Änderungsgesetzes vom 16. Oktober 1935 mit der Durchführungsverordnung und den Verwaltungsvorschriften nebst der Saarland-Bürgersteuerverordnung vom 28. Oktober 1935. Für die Praxis erläutert von Dr. H. Schick, Reg. Ass. a. Finanzamt Kaiserslautern. Oktav. 133 Seiten. 1936. (Stilkes Rechtsbibl. Nr. 146.) Geb. 3.20

Einkommensteuergesetz vom 27. Februar 1939 in der Fassung des Gesetzes Nr. 12 der Alliierten Kontrollbehörde (Kontrollrat) vom 11. Februar 1946 und des Gesetzes Nr. 12 vom 19. Dezember 1947. Textausgabe mit kurzen Erläuterungen. Von Dr. H. Wagelaar, Wirtschaftsprüfer. 2. Aufl. Oktav. 303 Seiten. 1948. (Guttentagsche Sammlung Deutscher Reichsgesetze Nr. 228.) 4.50

Gewerbesteuergesetz vom 1. Oktober 1936. Mit Durchführungs-VO. und Richtlinien. Erläutert von ORRat Dr. M. Metz. Oktav. 396 Seiten. 1937. (Schweitzers braune Handausgabe.) Geb. 7.50

Gewerbesteuergesetz (GewStG.) vom 1. Dezember 1936 nebst Einführungsgesetz (EinfGRealStG) vom 1. Dezember 1936 und Durchführungsvorschriften. Von ORGRat E. Kaemmel und RGRat W. Schmiedeke. Oktav. 325 Seiten. 1937. (Stilkes Rechtsbibl. Nr. 166.) Geb. 8.50

Gewerbesteuergesetz vom 1. Dezember 1936 (RGBl. I S. 979). Textausgabe mit kurzen Erläuterungen. Von Dr. H. Wagelaar, Wirtschaftsprüfer. Oktav. 256 Seiten. 1947. (Guttentagsche Sammlung Deutscher Reichsgesetze Nr. 231.) 6.—

Grunderwerbssteuergesetz vom 12. September 1919 (RGBl. S. 1617) in der Fassung des Gesetzes vom 11. März 1927 (RGBl. I S. 72) nebst Einleitung, Sachregister und Ausführungsbestimmungen und den einschlägigen Vorschriften des Finanzausgleichs-Steuermilderungsgesetzes und Steuerstrafrechts für die Praxis erläutert. Von Dr. E. Hagelberg und Dr. L. Krämer, RAnwälte i. Berlin. 2., völl. umgearb. und erw. Aufl. Oktav. 355 Seiten. 1928. Geb. 15.—

Grundsteuergesetz vom 1. Dezember 1936 mit Durchführungsbestimmungen. Durch eine ausführliche Einführung erläuterte Textausgabe von E. Dziegalowski, MinRat i. R. Oktav. VIII, 416 Seiten. 1937. (Guttentagsche Sammlung Deutscher Reichsgesetze Nr. 206.) Geb. 7.— Nachtrag. 72 Seiten. 1938. 1.—

Grundsteuergesetz mit Durchführungsverordnung und den wichtigsten einschlägigen Erlassen. Von ORRat Dr. M. Metz. Oktav. 318 Seiten. 1938. (Schweitzers braune Handausgabe.) Geb. 7.— Nachtrag. 47 Seiten. 1938. —.80

Kapitalverkehrsteuergesetz vom 16. Oktober 1934 nebst den zu dem Gesetz erlassenen Durchführungsbestimmungen und den sonstigen Vorschriften über die Kapitalverkehrsteuer. Erläutert durch Dr. B. Keßler, ORGRat. Oktav. XVI, 352 Seiten. 1935. (Guttentagsche Sammlung Deutscher Reichsgesetze Nr. 193.) Geb. 7.—

Körperschaftssteuergesetz vom 16. Oktober 1934 in der Fassung des Gesetzes Nr. 12 der Alliierten Kontrollbehörde (Kontrollrat) vom 11. Februar 1946. Textausgabe mit kurzen Erläuterungen. Von Dr. H. Wagelaar, Wirtschaftsprüfer. Oktav. 212 Seiten. 1947. (Guttentagsche Sammlung Deutscher Reichsgesetze Nr. 229.) 7.50

Lohnsteuer, Das Recht der — —. Von Dr. W. Spohr. Oktav. 256 Seiten. 1936. (Stilkes Rechtsbibl. Nr. 151.) Geb. 7.50

Preußische Gemeindesteuern (Rechtsmittel und Rechtsprechung.) Von W. Theisen, Reg. Rat. Oktav. 160 Seiten. 1926. 6.—, geb. 7.20

Reichsabgabenordnung vom 22. Mai 1931. Textausgabe mit kurzen Erläuterungen. Von Dr. H. Wagelaar, Wirtschaftsprüfer. Oktav. 256 Seiten. 1949. (Guttentagsche Sammlung Deutscher Reichsgesetze Nr. 236.) Geb. 7.50

Stempelsteuergesetz, Das — — vom 31. Juli 1895 nebst Ausführungsbestimmungen, dem Erbschaftssteuer-, Wechselstempelsteuer- und Reichsstempelgesetz. Kommentar für den praktischen Gebrauch. Von H. Hummel, wirkl. Ger. OFinanzrat und F. Specht, Reichsger. Rat. Oktav. XXIII, 1392 Seiten. 1906. 30.—

Steuerersparungen, Steuererleichterungen und Härteverfahren im deutschen Steuerrecht. Von Dr. J. Hein. Oktav. 148 Seiten. 1933. (Stilkes Rechtsbibl. Nr. 132.) Geb. 3.50

Steuergesetz, Religionsgesellschaftliches — —. Von MinRat G. Ziegler. (Sonderdruck aus: Sammlung in der Praxis oft angewandter Verwaltungsgesetze und Verordnungen.) Oktav. 6 Seiten. 1927. (Schweitzer.) —.25

Umsatzsteuergesetz vom 16. Oktober 1934 nebst Durchführungsbestimmungen. Mit systematischer Einführung und Erläuterungen versehen von H. Hog. Oktav. VIII, 211 Seiten. 1935. (Guttentagsche Sammlung Deutscher Reichsgesetze Nr. 190 d.) 2.50

Urkundensteuergesetz (UrkStG) vom 5. Mai 1936. Bearbeitet von Reichsgerichtsrat G. Rusche und Amts- und Landrichter Dr. Rensch. Oktav. 260 Seiten. 1936. (Stilkes Rechtsbibl. Nr. 154.) Geb. 8.—

Vermögensteuergesetz vom 16. Oktober 1934 und **Erbschaftssteuergesetz** in der Fassung des Gesetzes zur Änderung des Erbschaftssteuergesetzes vom 16. Oktober 1934. Mit systematischer Einführung versehen und erläutert von R. Arens. Oktav. VII, 203 Seiten. 1935. (Guttentagsche Sammlung Deutscher Reichsgesetze Nr. 190b.) 2.80

Vermögensteuergesetz. Von A. Lüke. In Vorbereitung.

Versicherungssteuergesetz. Erläuterungsbuch (unter Berücksichtigung des Versicherungsrechts). Gesetzestext, Durchführungsbestimmungen von Dr. M. Wunschel, ORGRat und R. Kostboth, Amtsrat i. Reichsfinanzministerium. Oktav. XI, 376 Seiten. 1937. (Guttentagsche Sammlung Deutscher Reichsgesetze Nr. 208.) Geb. 9.—

Wandergewerbesteuergesetz vom 10. Dezember 1937. Unter besonderer Berücksichtigung der gewerbepolizeilichen Vorschriften und Entscheidungen der Länder Preußen und Bayern, in Ansehung des Landes Bayern gleichzeitig. 3. Aufl. Erläutert von ORRat L. Jacob. Oktav. 218 Seiten. 1938. (Schweitzers braune Handausgabe.) Geb. 6.—

Wechselsteuergesetz vom 2. September 1935 mit Nebenbestimmungen. Zusammengestellt von RegOberinsp. F. Fricke. Oktav. 59 Seiten. 1935. (Stilkes Rechtsbibl. Nr. 143.) 1.20

Wechselsteuergesetz vom 2. September 1935 nebst dem Wechselgesetz vom 21. Juni 1933, den Durchführungsbestimmungen zum Wechselsteuergesetz vom 2. September 1935 und den sonstigen Vorschriften, die bei der Anwendung des Wechselsteuergesetzes in Betracht kommen. Für die Praxis erläutert von Dr. B. Keßler, ORGRat. Oktav. 152 Seiten. 1935. (Guttentagsche Sammlung Deutscher Reichsgesetze Nr. 197.) 3.—

Wertzuwachssteuerrecht nach der preußischen Mustersteuerordnung und der Berliner Steuerordnung. Von Dr. E. Hagelberg und Dr. L. Krämer, RAnwälte i. Berlin. Kommentar. Oktav. XXIV, 252 Seiten. 1930. 12.—, geb. 13.50

4. Kirchenrecht

Kirchengesetz, Das preußische — —, betreffend Abänderungen der kirchenpolitischen Gesetze vom 21. Mai 1886. Von Dr. P. Hinschius, o. Prof. der Rechte a. d. Univers. Berlin. Oktav. XI, 115 Seiten. 1886. 3.—

Kirchengesetz, Das preußische — —, betreffend Abänderungen der kirchenpolitischen Gesetze vom 29. April 1887. Von Dr. P. Hinschius, o. Prof. der Rechte a. d. Univers. Berlin. Nachtragsheft zu der Ausgabe des preußischen Kirchengesetzes vom 21. Mai 1886. Von Dr. P. Hinschius, o. Prof. der Rechte a. d. Univers. Berlin. Oktav. VII, 37 Seiten. 1887. —.50

Kirchengesetze, Die preußischen — — der Jahre 1874 und 1875 nebst dem Reichsgesetze vom 4. Mai 1874. Herausgeg. mit Einleitung und Kommentar. Von Dr. P. Hinschius, o. Prof. der Rechte a. d. Univers. Berlin. Oktav. XXVIII, 229 Seiten. 1875. 5.—

Kirchengesetze des Jahres 1873, Die preußischen — —. Herausgeg. mit Einleitung und Kommentar. Von Dr. P. Hinschius, o. Prof. der Rechte a. d. Univers. Berlin. Oktav. XLVIII, 212 Seiten. 1873. 5.50

Kirchenrecht, Das — — der Katholiken und Protestanten in Deutschland. Von Dr. P. Hinschius, o. Prof. der Rechte a. d. Univers. Berlin. Oktav. Band I—VI: System des katholischen Kirchenrechts mit besonderer Rücksicht auf Deutschland.
Bd. I: 2 Hälften. XIV, 639 Seiten. 1869. 10.—
Bd. II: 2 Hälften. X, 714 Seiten. 1878. 10.—
Bd. III: VIII, 853 Seiten. 1883. 26.—
Bd. IV: Mit alphabetischem Sachregister zu Bd. I—IV. X, 925 Seiten. 1888. 30.—
Bd. V: XII, 978 Seiten. 1895. 31.—
Bd. VI: 1. Abt. VIII, 425 Seiten. 1897. 14.—

Recht und Kirche. Betrachtungen zur Lehre von der Gemeinschaft und der Möglichkeit eines Kirchenrechtes. Von D. Dr. R. Stammler, Prof. a. d. Univers. Berlin. Oktav. 120 Seiten. 1919. 2.—, geb. 3.—

Staat und Kirche in Bayern. System des bayerischen Staatskirchenrechts. Bd. I, Lfg. 1. Von Hz. W. L. Doering. Gr.-Oktav. 187 Seiten. 1928. (Schweitzer.) 5.—

VII. Volkswirtschaftslehre

Abnehmender Bodenertrag, Das Gesetz des — — seit J. von Liebig. Eine dogmengesch. Untersuchung von Dr. J. Eßlen. Lex.-Oktav. 298 Seiten. 1905. (Schweitzer.) 7.20

Baukredit, Der — —. Von Dipl. Ing. Dr. K. F. Stöhr. Gr.-Oktav. 172 Seiten. 1921. (Schweitzer.) 3.20

Deutsches Bankwesen, Das — —. Von Dr. J. Löhr. Dir. d. bayer. Handelsbank i. München. Gr.-Oktav. 178 Seiten. 1921. (Schweitzer.) 2.50

Dumping, Das — —. Preisunterbietungen im Welthandel. Von Dr. D. Perl. Gr.-Oktav. VIII, 139 Seiten. 1921. (Schweitzer.) 3.30

Einführung in die Politik. Von Prof. Dr. F. van Calker. Oktav. 188 Seiten. 1927. (Schweitzer.) Geb. 5.80

Geldwirtschaft, Die deutsche — —. Von Dr. F. Federau. Oktav. 95 Seiten. 1949. 4.—

Juristische Natur der Kontingente. (Beteiligungsziffern). Von Dr. R. Beer. Oktav. VIII, 79 Seiten. 1927. (Schweitzer.) 3.60

Orient — Export, Der — —. Von W. K. Kubié. Oktav. 140 Seiten. 1918. (Schweitzer.) 3.10

Rücktritt vom Kartell. Von Dr. K. Schröter, München. Oktav. 117 Seiten. 1927. (Schweitzer.) 4.50

Tauschsozialismus und Freigeld. Eine dogmengesch. krit. Untersuchung zur Freigeldlehre. Von Dr. W. Wegelin, St. Gallen. Gr.-Oktav. 126 Seiten. 1921. (Schweitzer.) 3.10

Treuhandwesen in der deutschen Volkswirtschaft, Das — —. Von Syndikus Dr. O. Hintner, Nürnberg. Lex.-Oktav. 182 Seiten. 1926. (Schweitzer.) 7.20

Wiederaufbau in Theorie und Praxis, Grundlagen und Gedanken über den — —. Von C. Saß. In Vorbereitung.

VIII. Entscheidungs-Sammlungen, Zeitschriften

Aufsichtsamt für das Versicherungswesen Groß-Berlin. Veröffentlichungen. 1. Jahrgang. Heft 1. 1948. 6.—. 2. Jahrgang. Heft 1. 1949. 3.80. — —. Heft 2. 1949. 3.60. — —. Heft 3. 1949. 4.—. Erscheinungsweise: Nach Bedarf, Preis je nach Umfang.

Entscheidungen des Oberprisengerichts in Berlin. Herausgeg. im Auftr. des Reichsjustizministeriums. Oktav. Bd. I: XVII, 444 Seiten. 1918. 14.—. Bd. II: XV, 338 Seiten. 1921. 10.—

Entscheidungen des Obersten Gerichtshofes für die Britische Zone. Herausgeg. von den Mitgliedern des Gerichtshofes und der Staatsanwaltschaft.
Entscheidungen des Obersten Gerichtshofes für die Britische Zone in **Zivilsachen.** Bezugspreis für die Heftausgabe (5 Hefte) pro Band 8.—, für die Bandausgabe pro Band geb. 10.—
Entscheidungen des Obersten Gerichtshofes für die Britische Zone in **Strafsachen.** Bezugspreis für die Heftausgabe (5 Hefte) pro Band 8.—, für die Bandausgabe pro Band geb. 10.—
Bisher liegen vor: Zivilsachen. Bd. I, Heft 1—5; Bd. II, Heft 1—3.
Strafsachen. Bd. I, Heft 1—5; Bd. II, Heft 1.
Einbanddecken für den cplt. Band 1.20.

Entscheidungen des Reichsarbeitsgerichts. Herausgeg. von den Mitgliedern des Gerichtshofes. Oktav. Einzelne, der bisher erschienenen 27 Bände, sind aus Restbeständen noch lieferbar. Auf Wunsch nähere Angaben.

Entscheidungen des Reichsgerichts. Herausgeg. von den Mitgliedern des Gerichtshofes und der Reichsanwaltschaft. Oktav. 2 Sammlungen.
1. Entscheidungen des Reichsgerichts **in Zivilsachen.** Zur Vervollständigung dieser amtlichen Sammlung sind noch Restbestände vorhanden. Je 7.—, geb. 9.—. Für die Registerbände bestehen besondere Preise.
2. Entscheidungen des Reichsgerichts **in Strafsachen.** Restbestände noch lieferbar. Je 7.—, geb. 9.—. Für die Registerbände bestehen besondere Preise. Auf Wunsch nähere Angaben.

Entscheidungen des Reichsgerichts, die grundlegenden — — und des Reichsmilitärgerichts auf dem Gebiete des Strafrechts. Für das Studium und die Praxis bearbeitet. Von Dr. M. Apt. Oktav.
Bd. I: Strafrecht. 3. Aufl. Von Dr. M. Apt und Dr. E. Beling. VII, 376 Seiten. 1903.
Bd. II: Das Rheinische Civilrecht. Von Dr. O. Francken. X, 193 Seiten. 1893.
Bd. III: Strafprozeß. Von C. Jacusiel. VIII, 235 Seiten. 1893.
3 Bände cplt. 14.—, geb. 17.—

Entscheidungen des Reichsgerichts in Zivilsachen. Gekürzte Ausgabe der amtlichen Sammlung. Eine Auswahl der für die jetzigen Rechtsverhältnisse noch wichtigen Entscheidungen aus den Bänden 1—171. Nach Fachgebieten zusammengestellt und mit einem chronologischen Register versehen. Herausgeg. von Prof. Dr. Auerbach, RA i. Berlin; Dr. Eylau, Präs. d. Patentamtes i. Berlin; Graf RAnwältin i. Berlin; Dr. Knoll, Ministerialdir. i. Berlin; Kummerow, RA i. Berlin; Reuß, RA i. Berlin; Dr. W. Schmidt, RA i. Düsseldorf; Dr. Swarzenski, LGDir. i. Berlin; Dr. Vahldieck, RA i. Berlin. Etwa 30 Bände.
Geb. je etwa 10.— bis 12.—

Entscheidungen des Reichsgerichts in Strafsachen. Gekürzte Ausgabe der amtlichen Sammlung. In Vorbereitung.

Juristische Rundschau. Mit Beiblatt: Mitteilungen aus der Berliner Justiz und Rechtsanwaltschaft. Herausgeg. von Dr. S. Loewenthal, Chefpräs. des Landger. Berlin, Dr. K. Wergin, Präs. der Rechtsanw. Kammer Berlin, R. Frhr. v. Godin, RA i. München, Prof. Dr. E. Reimer, Präs. d. Deutschen Patentamtes i. München, Dr. E. Wolff, Präs. des Obersten Ger. Hofes f. d. Brit. Zone i. Köln und Dr. W. Schmidt, RA i. Düsseldorf. Ab Juli 1949 2mal monatlich. Je Heft 32 Seiten. Vierteljährl. 9.— Einzelne Hefte der Jahrgänge 1925—1945, cplt. Jahrgänge und einzelne Hefte der ab 1. Juli 1947 wiedererschienenen Zeitschrift, sind aus Restbeständen noch lieferbar. Einbanddecken für die Jahrgänge 1947 und 1948. 1.25

Kritische Vierteljahresschrift für Gesetzgebung und Rechtswissenschaft. Herausgeg. von E. Mezger, K. Blomeyer, J. Heckel, A. Hueck, E. Riezler, M. San Nicolò, Ch. Frhr. v. Schwerin, Professoren d. Münchener Juristenfakultät. Gr.-Oktav. Ab 1912 neue Folge. Der Band zu je 4 Heften. Bd. 14—18 je 8.—; Bd. 19 10.—; Bd. 20 16.—; Bd. 21 24.—; Bd. 22 32.50; Bd. 23 27.—; Bd. 24 31.—; Bd. 25 29.—; Bd. 26—32 je 28.—. (Schweitzer.)

Rechtsprechung der Oberlandesgerichte auf dem Gebiete des Zivilrechts. Herausgeg. von B. Mugdan und R. Falkmann. Oktav.
1.—42. Band. (Bd. 35, 36, 38, 40, 42 vergriffen) 1900—1922. Je 4.50, geb. 6.—
43. Band. 1924. 7.50, geb. 9.—
44.—46. Band. (Bd. 45 nur H. 2—9 vorhanden) 1925—1928. Je 8.—, geb. 9.50
(Fortsetzung s. Rechtsprechung, Höchstrichterliche.)

Rechtsprechung, Höchstrichterliche — — auf dem Gebiete des Strafrechts. Geleitet und herausgeg. von A. Feisenberger. Sonderbeilage der Zeitschrift für die gesamte Strafrechtswissenschaft. Oktav. 1.—3. Jahrgang. 1925—1927. Je 12.—, geb. 13.50
(Fortsetzung s. Rechtsprechung, Höchstrichterliche.)

Rechtsprechung, Höchstrichterliche — —. Vereinigte Entscheidungs-Sammlung der bisherigen Zeitschriften: Rechtsprechung der Oberlandesgerichte in Zivilsachen, Höchstrichterliche Rechtsprechung in Strafsachen und Die Rechtsprechung, Beilage der Juristischen Rundschau. Herausgeg. von E. Friedrichs und A. Feisenberger. Von den Jahrgängen 1—18 (1942) sind aus Restbeständen noch cplte. Jahrgänge und einzelne Hefte lieferbar. Ab 1943 verschmolzen mit der Zeitschrift „Das Deutsche Recht". Preisangaben auf Wunsch.

Reichsgerichtsentscheidungen in kurzen Auszügen. Oktav. 2 Sammlungen.

— — in Zivilsachen und **— — in Strafsachen.** Von beiden Sammlungen sind aus Restbeständen noch cplte. Bände lieferbar. Auf Wunsch nähere Angaben. (Schweitzer.)

Veröffentlichungen des Reichsaufsichtsamts für Privatversicherung. s. Abschn. III, 1 (S. 20).

Zeitschrift für Ausländisches und Internationales Privatrecht. Herausgeg. in Gemeinschaft mit E. Heymann, H. Titze, M. Wolff, M. Pagenstecher, F. Schlegelberger und H. Lewald von E. Rabel. (Institut für ausländisches und internationales Privatrecht.) Quart. Aus Restbeständen sind noch einzelne Hefte der Jahrgänge 1—14 einschl. der Sonderhefte lieferbar. Auf Wunsch nähere Angaben. Wiedererschienen mit dem 15. Jhrg. 1949. H. 1. Begründet von E. Rabel. Herausgeg. vom Kaiser

Wilhelm-Institut für ausländisches und internationales Privatrecht. Dir.: H. Dölle. Erscheinungsweise: Vierteljährlich in Heften von 150 bis 170 Seiten. Abonnementspreis pro Heft 12.—, Einzelheftpreis 14.50. Berechnung erfolgt, auch gegenüber Abonnenten, heftweise. Im Gemeinschaftsverlag mit J. C. B. Mohr (Paul Siebeck) Tübingen.

Zeitschrift für ausländisches öffentliches Recht und Völkerrecht. Herausgeg. in Gemeinschaft mit E. Kaufmann, R. Smend, H. Triepel, L. Kaas, F. Glum von V. Bruns. (Institut für ausländisches öffentliches Recht und Völkerrecht.) Quart. Aus Restbeständen sind noch einzelne Hefte der Bände 1—12 lieferbar. Auf Wunsch nähere Angaben.

Zeitschrift für Bergrecht. Bis zu seinem Tode herausgeg. von Dr. jur. H. Brassert. Redigiert und herausgeg. von den rechtskundigen Ministerialräten der Bergabteilung des Preußischen Ministeriums für Handel und Gewerbe. Oktav. Von den Bänden 1—78 sind noch Restbestände lieferbar. Auf Wunsch nähere Angaben. Neuerscheinen wird vorbereitet.

Zeitschrift für die gesamte Strafrechtswissenschaft. Gegründet von Dr. Fr. v. Liszt und A. Dochow. Oktav. Von den bisher erschienenen 62 Bänden sind aus Restbeständen noch einzelne Bände cplt. lieferbar. Neuerscheinen wird vorbereitet.

IX. Verschiedenes

Justizstaatsdienst, Fünf Aufgaben der Prüfungen für den mittleren — — mit Lösungen aus dem Grundbuch-, Familien-, Erb- und Vollstreckungsrecht. Von OARichter Dr. W. Kriener. Oktav. 91 Seiten. 1933. (Schweitzer.) 2.60

Pandektenübungen, Praktische — — für Anfänger zum akademischen Gebrauch und zum Selbststudium. Von D. Dr. R. Stammler, Prof. a. d. Univers. Berlin. Oktav. X, 536 Seiten. 1896. 7.50, geb. 8.60

Rechtsfälle, Kinkels — — mit Lösungen. Bearb. von Dr. W. E. Kinkel. Oktav. (Schweitzer.)
Bd. I: **Arbeitsrecht.** 124 Seiten. 1936. 2.80
Bd. II: **Bauernrecht.** 85 Seiten. 1938. 2.60
Bd. III: **Bürgerliches Recht.** 101 Seiten. 1939. 2.80

Texte, Juristische — —, für Vorlesungen und Übungen. Herausgeg. von F. Schulz und Cl. Frhr. v. Schwerin. Oktav.
1. Texte zu Übungen im römischen Privatrecht I. Ausgewählt von F. Schulz. 32 Seiten. 1925. 1.40
2. Quellen zur Geschichte der Eheschließung I. Ausgewählt von Cl. Frhr. v. Schwerin. 1925. 3.20
3. Die Epitome Ulpiani des Codex Vaticanus Reginae 1128. Herausgeg. von F. Schulz. XII, 62 Seiten. 1926. 3.20
4. Quellen zur Geschichte der Eheschließung II. Ausgewählt von Cl. Frhr. v. Schwerin. 60 Seiten. 1930. 3.50

Zivilrechtspraktikum. Zum Selbststudium und zum Lehrgebrauche. Von R. Schück. 4., verm. Aufl. herausgeg. von G. Schreiber. Oktav. 160 Seiten. 1930. Geb. 6.—

Lösungen zu dem von R. Schück herausgegebenen Zivilrechtspraktikum. Nach dem Bürgerlichen Gesetzbuch bearb. für Studierende und Referendare. Von H. von der Mosel, RA i. Dresden. 5. Aufl. Oktav. 235 Seiten. 1931. 6.—, geb. 6.50

(T 9) Gustav Hagen, Trebbin, Berliner Str. 49 A 354. 10700. 3. 50. 722/25/50

FSC
www.fsc.org
MIX
Papier | Fördert
gute Waldnutzung
FSC® C083411

Kolibri 360 GmbH
Ferdinand-Jühlke-Straße 7
99095 Erfurt, Deutschland
produktsicherheit@kolibri360.de